壶关林業志

壶关县林业志编纂委员会

中国林业出版社

图书在版编目(CIP)数据

壶关林业志／壶关林业志编纂委员会 主编. —北京：中国林业出版社，2018.8
ISBN 978－7－5038－9745－0

Ⅰ. ①壶…　Ⅱ. ①壶…　Ⅲ. ①林业史－壶关县　Ⅳ. ①**F**326. 272. 54

中国版本图书馆 **CIP** 数据核字(2018)第 217508 号

中国林业出版社
责任编辑：李　顺　陈　慧
出版咨询：(010)83143569

出版：中国林业出版社(100009 北京西城区德内大街刘海胡同 7 号)
网站：**http：//lycb. forestry. gov. cn**
印刷：固安县京平诚乾印刷有限公司
发行：中国林业出版社
电话：(010)83143500
版次：2018 年 10 月第 1 版
印次：2018 年 10 月第 1 次
开本：889**mm**×1194**mm**　1/16
印张：58　　彩插 3. 75 印张
字数：1100 千字
定价：298. 00 元

壶关县林业志编纂委员会

名誉主任：李全心　崔江华

名誉副主任：孙　伟　卫　明　王明德　张月飞　秦元忠　郭　伟
郭亚哲　毛晨霞　郭太国　马国明　栗建平　李立堂
秦庆祥

策　　划：秦元忠　李立堂

主　　任：李爱民　闫晓陵

委　　员：盖红卫　秦王康　李逢松　杨狗则　宋利兵　左满明
王红平　牛晨耕　王林茂　程喜堂

特邀顾问：刘德宝

顾　　问：张平和　李彦忠　牛建忠　张钟晓　徐明珠　赵江峰
李长胜　李书贤　刘安松　张转才　连胜利

特邀指导：张平和

指　　导：张钟晓　李逢松　杨狗则　王红平　杨志良　王林茂

图片统筹：张钟晓

编写统筹办公室：

主　　任：李爱民　闫晓陵

副 主 任：宋利兵　姬小勇　闫晓军　王海燕　武建宏　赵文芳
王绍飞　崔志文　郭军芳　张　鹏　程喜堂　梁军兵
常红卫

壶关县林业志编纂人员

编　　审：李爱民　闫晓陵

主　　编：程喜堂

参加编写人员：宋利兵　姬小勇　闫晓军　王海燕　武建宏　赵文芳
王绍飞　崔志文　郭军芳　贾赵平　宋安民　杜水平
宋水平　马振洲　李天中　李国祥　梁军兵　李清芳
刘云鹏　石保红　张三波　王　岚　王路风　陈向荣
郝秀斌　杨　丽　郭盘龙　申李军　刘彦彪　常志斌
李彩萍　郭　鹏(小)　李林江　杨秀萍　连晋红　王岩花
孙　霞　冯丽娟　杜玉峰　闫月玲　贾彩妮　栗增强
李　霖　张　娟　吴李清　郭　波　张志清　王江红
董丽君　郭文红　郭　鹏　李慧斌　刘丽芳　赵文清
李会强　侯岩巧　宋亚丽　李林红　徐　达　平华鹏
马何民　赵建斌　郭河山　靳丽丽　闫　波　郭　强
杨国清

图　　片：张平和　张钟晓　李清芳　石保红　梁军斌　程喜堂

文字输入：马婷婷

序　一

《壶关林业志》要出版，约我写序。壶关县是全国林业先进县，山西省造林绿化红旗县，山西省第一批林业生态县。几十年来，对全省的林业发展发挥着引领和示范作用，有很多成功经验可供全省借鉴，我答应了他们的要求。

壶关县地处太行山上，是个典型的干石山区，由于自然条件恶劣，一直以来是全省有名的“十年九旱，水贵如油，乱石滚滚，草木稀少”的特困县。1979年开始，壶关县委、县政府总结经验教训，把植树造林，改善生态作为全县脱贫致富的根本出路，坚持不懈，艰苦奋斗，克坚攻难，实干巧干，经过30多年的持续努力，创造了绿化干石山一百万亩，修筑森林防护墙一万华里的生态建设奇迹，将壶关县打造成群山披绿，林木葱茏，生态良好，环境优美，宜居宜业，欣欣向荣的绿色壶关，成就了造福当代，荫及子孙的千秋大业，成为生态兴县的典范。

壶关县是一个出成果出经验的地方。上世纪八十年代初，壶关县以全国劳模王五全为代表的一代人，探索出一套“阴坡育苗阴坡栽，阳坡育苗阳坡栽，就地育苗就地栽；石上集水，石下栽树，石头截水，石缝栽树，石隙过水，见缝栽树，石间盆地，中间栽树”的干石山上栽油松的办法，成功攻克了干石山造林和阳坡绿化的难题，被中国农业电影制片厂拍成科教片在全国推广。八十年代末到九十年代初，壶关县在实施林业区划规划成果的实践中，创造了区划、规划、设计、施工、验收、建档“一条龙”科学营林程序，荣获国家林业部科技进步二等奖。山西省在这个基础上实行营林改革，推行工程造林，在提高营林质量和效益上取得重大突破。进入新世纪以来，壶关县委、县政府创新思路，以山上增林、通道增绿、乡村增景、林业增效为目标，不断推出林业升级提档和绿色开发利用新举措，使壶关林业实现了既要金山银山，更要绿水青山的绿色发展转型，2009年，在长治市召开的全国林业现场会上，重点参观了壶关林业。近几年，全国有20多个省市3700多人到壶关参观学习。在相当长一段时间，壶关县成为全国林业先进典型，原国家林业部曾要求全国“南学广东，北学壶关”。壶关县的经验为全国、全省造林绿化作出了贡献。

壶关林业在全省发挥着示范和引领作用。党的十一届三中全会以来，我国进入了一个伟大的变革时代，林业这项公益性强、近期收入低的事业尤其受到冲击。然而，壶关县始终能够准确把握生态与发展，长远与当前、林业与各业的关系，站在时代前列，在全省的林业发展中发挥着引领和示范作用。农村实行土地承包经营之后，大家还在探索林业如何之时，壶关县就率先推出林业专业户、重点户承包造林，取得振奋人心的良好效果，在全国产生了极大反响，趟出一条林业发展新路；随着农村改革的深入进行，林业专业户、重点户逐步减少，壶关县又顺应形势，大力推行义务工、积累工造林，使全县的造林不但没有因体制的改变而受影响，而且因全民的参与再次进入高潮；再后来，他们又推行村办林场造林、专业队造林，现在又实行招投标造林，无论哪种形式，始终保证了林业的持续发展和快速发展势头。在其它方面，壶关县也是全国、全省的林业先进。就我所知，壶关县是全国科技兴林示范县、国家林业标准化示范区、全国林业宣传先进县、全国森林防火先进县、中国绿色名县、全国生态文明建设先进县、山西省林业建设红旗县、山西首批命名的林业生态县等，可以说壶关林业是山西林业的里程碑。

壶关坚持不懈抓生态建设的精神十分可佳。从1979年到现在30多年的时间里，全县咬定荒山不放松，不达目的不罢休，一步一个脚印地扎实前行。从领导层面说，30多年，壶关县已先后更换了十任县委书记，十二任县长，但领导变发展林业的规划不变，在十几任领导中间，自觉展开一场绿化接力赛，一任接着一任干，一张蓝图绘到底。这中间，有的抓政策落实，有的抓林木管护，有的抓技术普及，有的抓经济林发展，现任领导则把建设生态壶关、绿色壶关、美丽壶关作为战略目标实施。每任领导都根据林业发展的需要，抓的重点各有不同，但目标始终如一。正是由于每任县领导都能立足当前，心装长远，不计眼下政绩，追求长远福祉，绿化接力赛进行的有声有色。因此，才有了壶关今天的绿化政绩。现在的壶关已非昨天，壶关人正在这块绿色的版图上享受生态“红利”，创造美好未来。

《壶关林业志》，全面介绍了壶关林业发展的历史，系统总结了壶关林业发展的经验，充分展现了壶关林业的生态成果，是一部较好的地方林业志书。热切希望壶关县继续探索林业发展经验，继续发挥林业典范作用，继续坚持生态文明建设和绿色发展道路，把“绿水青山就是金山银山”的伟大实践推向一个更高水平，为谱写新时代中国特色社会主义的林业新篇章做出更大贡献！

山西省林业厅厅长

2017年12月

序　二

由壶关县林业志编纂委员会组织编纂的《壶关林业志》一书，详细记载了壶关人民治山治水战天斗地的创业历程，生动描绘了壶关人民挖石栽树垒墙护林的工作场景，真实讲述了壶关人民艰苦奋斗开拓创新的感人故事，客观反映了壶关大地从干石山区到生态绿洲、从穷山恶水到青山绿水的演变轨迹。这是一本探寻壶关绿化历程的参考书、指导壶关林业建设的工具书、继承发扬壶关精神的教科书，对于全县持续推进生态文明建设、全面建成小康社会具有十分重要的意义。

植树造林是功在当代、利在千秋的民心工程、德政工程，对壶关这样一个太行山干石山区县来说更是如此。过去的壶关，干旱缺水，十年九旱，水土流失，灾害频发，人民生活贫穷落后。新中国成立以来，特别是改革开放以来，全县人民在党的坚强领导下，发扬“坚韧厚道睿智奋进”的壶关精神，在一千余平方公里的土地上大搞造林绿化，创造了“绿化干石山百万亩、建设防护墙万余里”两大奇迹，实现了从穷山恶水到青山绿水、从绿水青山到金山银山的两大飞跃，走出了一条生态、经济和社会效益有机结合的绿色发展之路。

昔日干石山区，已成生态绿洲。今天的壶关，林海莽莽，绿浪滔滔，千山竞秀，万木争荣，人民生活蒸蒸日上。40年坚持不懈造林护林，让壶关赢得了“全国造林绿化百佳县”“全国科技兴林示范县”“全国林业生态建设先进县”“全国绿化先进单位”“全国生态文明建设示范县”“国家园林县城”“中国绿色名县”“全国森林旅游示范县”“全国十佳生态休闲旅游城市”“全球环境500佳提名奖”等荣誉称号。绿色成为壶关的一张亮丽名片。

抚今追昔，深感绿化成果来之不易；追本溯源，尤觉壶关精神历久弥新。

40年造林护林的艰辛历程和生动实践，充分体现了壶关干部群众的“绿色追求”“绿色担当”“绿色行动”“绿色情怀”“绿色定力”。十任县委书记、十二任县长开展绿化接力赛，一张蓝图绘到底，一任接着一任干，生动诠释了“功成不必在我，功成必定有我”的使命担当；全国林业劳模王五全发明“干石山上栽油松”新技术，彻底攻克了干石山上栽树难、成活难的技术难题；林业技术人员创造的“区划、规划、设计、施工、验收、建档”“一条龙”工程造林管理办法，“林边围阔、林中补阔、抽针换阔”技术改造模式，大大提高了造林质量和效益；发轫于井则口村的万里森林防护墙，被誉为“天下第一长墙”，载入上海大世界基尼斯纪录，有效保护了百万亩森林安全；依托良好生态环境开发建设的太行山大峡谷旅游业，成为全县转型发展的主导产业、农民增收的重要途径。绿水青山成为金山银山，生态建设效益开始显现。

幸福都是奋斗出来的。壶关造林护林的伟大创举和伟大成就，是30万壶关人民实干苦干、创新创造的结果。建设绿色壶关的过程，就是壶关人民改善生存环境、改变落后面貌的奋斗史，不断探索发明、战胜困难挑战的创造史，推动社会进步、建设美好家园的文明史。总结这段难得的经历，记住这段难忘的历史，有助于我们坚持绿色发展理念，不断开辟壶关绿色发展新境界。

当前，我们正处在大有可为的历史机遇期。新时代开启新征程，新时代呼唤新作为。我们要在习近平新时代中国特色社会主义思想的指引下，按照党的十九大的部署，大力发扬壶关精神，持之以恒地抓好生态文明建设，朝着全面建成小康社会的目标奋勇前行，在壶关这片发展热土上续写新传奇，再创新辉煌！

长治市人大常委会副主任、壶关县委书记　李全心

壶关县委副书记、壶关县人民政府县长　崔江华

2018年5月

序　三

《壶关林业志》就要出版了，这是壶关县有史以来的第一部林业志，是一项前无古人的盛事好事，可喜可贺！

壶关林业的发展史，是壶关精神的集中体现史。新中国成立以来，尤其是中国共产党十一届三中全会之后，全县人民在中国共产党的领导下，艰苦创业，团结奋进，以坚韧不拔、坚持不懈的执着，以“栽活一棵，不愁一坡”的信念，以利用自然、改造自然的科学态度，以“宁愿少喝一碗水，也要浇活一棵树”“山上没土山下背，活人不能栽死树”的勇气和决心，挖起石头栽树，垒起石墙护林，在短短的几十年里，点石成金，布绿除荒，不但扭转了森林资源持续下降，生态环境不断恶化的历史，而且成为全国造林绿化、生态建设的典范。在历史长河的一瞬间，壶关能够有如此之大的变化，生态环境能够得到根本改变，这是壶关人民的伟大创造，是彪炳史册的伟大壮举。壶关林业的发展过程，既是坚韧、厚道、睿智、奋进壶关精神的最好体现，更是壶关精神凝结而成的主体。《壶关林业志》将这段辉煌历史载入史册，必将产生承前启后的作用，这对壶关林业的持续发展、科学发展有着十分重要的意义！

壶关林业的发展史，是一部改天换地的奋斗史。壶关县地处干石山区，十年九旱，灾害不断，生态恶化，生存艰难。在这样恶劣的条件下，壶关人民不畏艰难，奋发图强，立下愚公移山志，咬定青山不放松，以“敢叫日月换新天”的英雄气概，从1979年开始，十几任县委书记、县长坚持不懈、接力绿化，各级领导身先士卒、率先垂范，县级单位带头示范、履行义务，全县上至耄耋老人下到中小学生，人人参与，个个出力，一代接着一代干，绿了一山又一山，硬是在乱石滚滚的干石山上绘就一幅气壮山河的绿色画卷。《壶关林业志》再现了当年植树造林波澜壮阔的生动画面，展示了全县人民丰硕的绿化成果。我们甚为欣然：虽然每个人都为这段历史付出了艰辛，但我们及我们的子孙得到的生态回报更丰厚。这就是奋斗的魅力，这就是人生的价值！

壶关林业的发展史，开启了壶关的绿色发展史。绿色发展已被列为国家发展战略，经过全县人民的努力，壶关县现在已是一块绿色版图，生态稳定，环境优美，绿色资源丰富，社会安定团结。实施绿色发展，占尽天时地利人和。《壶关林业志》的出版，适逢时世，恰遇时势。其中提炼的历史经验可供我们借鉴，总结的技术成果可供我们应用，我们要继续弘扬壶关精神，不忘初心，继续前进，以史为鉴，继往开来，把壶关建设的更加美好，让壶关的绿色绿的更有诗情画意，让壶关的山水永远成为青山绿水、金山银水，让壶关永远成为一个“看得见山，望得见水，留得住乡愁”，风光独好的美丽家园。

壶关县委常委、常务副县长　秦元忠

2017年12月

凡　例

一、本志采用大量真实史料证实林业发展与变化，秉笔直书、实事求是地反映林业的历史与现实。

二、史料选自《壶关县志》、壶关县档案馆和林业档案，少数通过访问、征集等形式收集，并经订正后采用。

三、记述时间上限尽力追溯，下限至 2013 年 12 月 31 日，详今略古。着重记述 1949 年以后，重点记述 1978 年以来 30 多年的林业发展历史。

四、分编、章、节、目和随文附录文章，根据需要附用照片和图表。

五、所录人物重在介绍事迹，一律不为立传。次序按章节需要排列，不分先后。涉及多个章节的人物，在某一章节已有介绍的，不在下一章节重复介绍。

六、纪年采用公元纪年。数字采用阿拉伯数字，引用数字不作变动。地名均以现用名使用，引文地名以原始资料录用。

七、由于各阶段森林资源调查时使用的标准不同，均以当时公布的数据入表，致数字上存在一定差距。

八、部分照片选自 2013 年后。图片说明涉及职务的以 2017 年定稿时的职务为准。

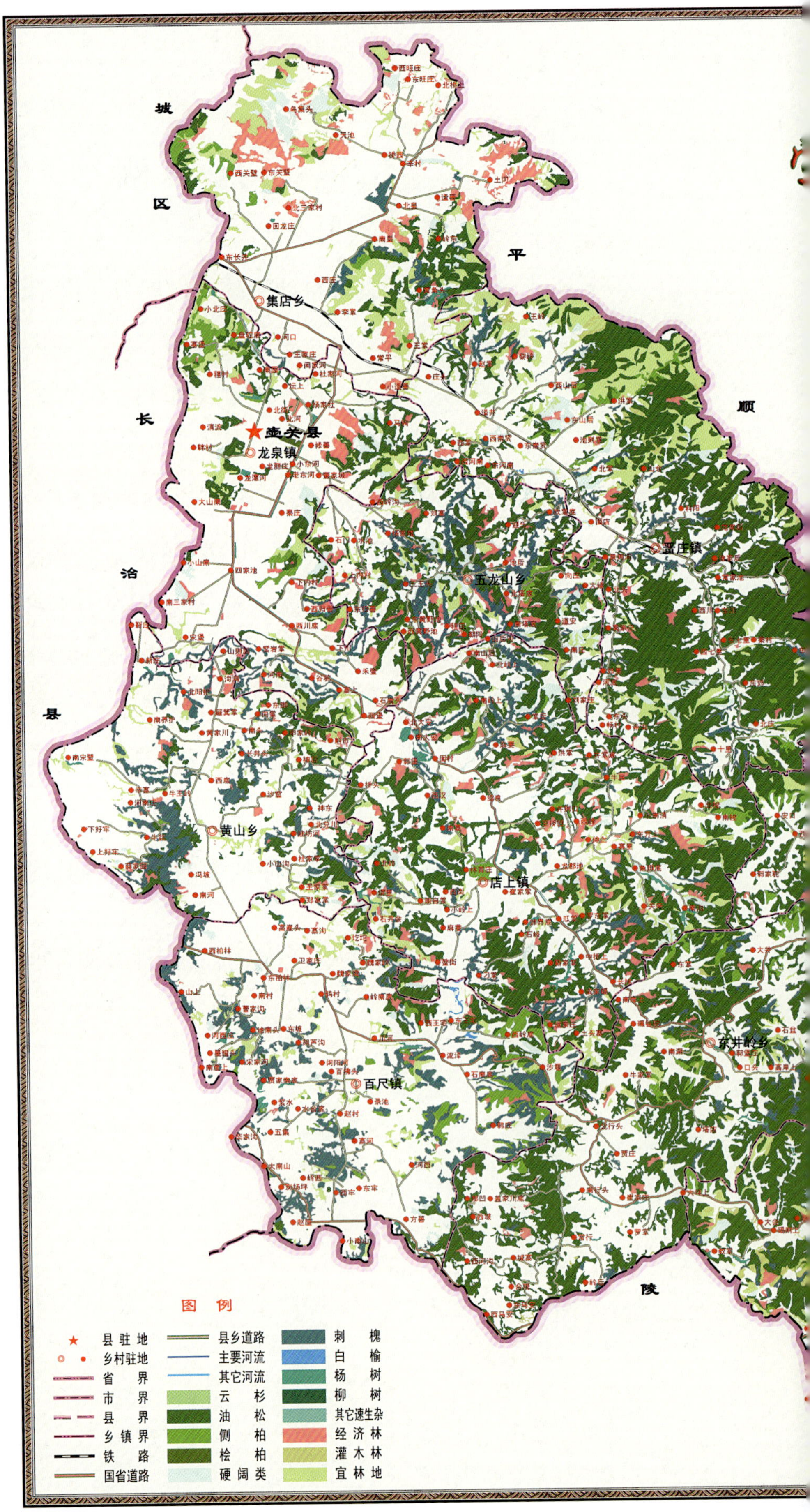
城
区
平
长
治
县
顺
陵
集店乡
壶关县
龙泉镇
五龙山乡
晋庄镇
黄山乡
店上镇
百尺镇
东井岭乡
图 例
县驻地
乡村驻地
省 界
市 界
县 界
乡镇界
铁 路
国省道路
县乡道路
主要河流
其它河流
云 杉
油 松
侧 柏
桧 柏
硬阔类
刺 槐
白 榆
杨 树
柳 树
其它速生杂
经济林
灌木林
宜林地

关县森林资源分布图

山西省林业调查规划院 2010年5月

城
区
平
顺
长
治
县
陵
壶关县
龙泉镇
集店乡
五龙山乡
晋庄镇
黄山乡
店上镇
百尺镇
东井岭乡
图　例
市县乡村驻地
省　界
市　界
县　界
乡镇界
铁　路
国省道路
县乡道路
其它河流
纯　林
混交林
经济林
疏林地
其它灌木林
人工未成林
苗圃地
采伐迹地
火烧迹地
无立木林地
宜林荒山地
耕　地
河　流
水　库
池　塘
荒草地
沙　地
裸岩石砾地
滩　涂
其它未用地
工矿用地
居民点
交通用地
其它用地

关县土地利用现状图

山西省林业调查规划院 2010年5月

壶关林业奇迹之一 绿色尽染干石山

壶关林业奇迹之二 筑起天下第一墙

壶关林业奇迹之三 湖光山色园林城

壶关林业奇迹之四 诗情画意大峡谷

丹山碧水（天泽湖）

挖石栽树 攻克干山

壶关全县有 150 多个山头，3000 多条沟壑，乱石滚滚，草木稀少

岩石裸露，土不成层

全民动手起石栽树

专业户承包荒山绿化

大战十里河，吃住在工地

背土上山，客土造林

凿开岩石栽大油松

宁愿少喝一碗水，也要栽活一株树

通道沿线配套绿化工程

精心栽植，株株成活

为了保护绿化成果，壶关县沿林边筑起一道长1万华里的森林防护墙

打好根基，大石垫底

一包方便面，一米防护墙

妇女老人是修筑防火墙的主力军

扛石上山千万方

万里防护墙一角

壶关县盖家川村农民王五全，经过十多年的实践探索，创造了一套干石山上栽油松的新技术，攻克了专家们没有攻下的绿化难关，被中国农业电影制片厂拍成科教片在全国推广，为全国荒山绿化做出贡献，荣膺全国劳动模范殊荣。

原壶关县林业局长、分管林业副县长张平和，任职期间，先后九次获得林业科技进步奖和科研成果奖，被授予“全国造林绿化模范”。图为张平和（中）向参观人员介绍经验。

集店乡黄角头村（现为常平开发区）农民路其昌（左一），1981 年，带领全家完成承包造林 287 亩，是本村之前 30 年造林总和的 6 倍多，成为山西省第一个林业专业户，为全省趟出一条承包造林新路，被评为山西省林业劳模。

六名林业功臣荣登光荣榜

原分管林业的县委常委、常务副县长牛建忠，倡议并主抓了万里森林防护墙建设，荣获"上党英雄"称号。

1984 年参加山西省林业表彰大会的壶关代表。前排左起：刘德宝　聂庆保　刘书茂　后排左起：刘发顺　王五全　路其昌　常福德　李其兴

三十五载 接力绿化

从1979年到2013年的35年间，壶关县先后更换了十任县委书记、十二任县长，他们变领导不变规划，坚持一张蓝图绘到底，一任接着一任干，任任都有新创造，人人都有新作为，确保了壶关林业的持续发展。

第一任县委书记张国太（任职1977.8-1980.8），在进行大量调查研究和总结历史经验教训的基础上，由县委作出《关于大力发展林牧业生产的决定》，壶关县开始了由30万亩土地上做文章到150万亩版图上搞开发的战略转变，是这场绿化接力赛起跑人。图为张国太在苗圃地检查苗木生长情况。

第二任县委书记张维庆（任职1980.8-1982.8），力推"谁栽谁有"的林业政策落实和专业户承包造林，激发了广大群众的植树造林积极性，绿化步伐显著加快。图为张维庆在林业专业户路其昌的造林工地调研。

第三任县委书记聂庆保（任职1982.8-1983.10），大抓育苗和林木管护，全县育苗面积达到5万亩以上。在全县认命了800名公安护林员，他每次下乡都要佩戴护林员袖章，每见毁林毁树者，都给予严肃处理，刹住了毁林歪风。图为聂庆保参加义务植树。

第四任县委书记王虎林(任职1983.10-1993.5),建立林业激励机制,层层落实领导责任,大力推行科学造林,充分发挥干部、群众和技术人员三个积极性,将壶关林业推向科学、快速发展轨道,同时开始了生态经济县建设的新征程。图为王虎林(右一)在绿化工地。

1989年,张国太、张维庆、聂庆保、王虎林四任书记,聂庆保、闫好勇、徐水云、刘德宝四任县长在麻巷河参观造林成果。左起依次为张维庆、王虎林、刘德宝、徐水云、聂庆保、张国太、闫好勇。

时任县长刘德宝(中)向参观团介绍造林绿化情况

第五任县委书记姚保维（任职 1993.5-1995.10），在前任基础上，推进“村村建果园，经济树围山转，已有树搞改良”工程，主抓生态经济林发展，并提出了森林旅游开发思路。图为姚保维（右一）和县委、政府领导一同学习经济树嫁接技术。

第六任县委书记籍先菊（任职 1995.10-2000.6），一手抓林业发展，一手抓绿色开发，利用已经形成的森林生态环境优势，开始了森林公园建设的前期工作。图为籍先菊（左二）检查经济林建设。

时任县长王玉圣（中）向县政协委员介绍阳坡造林情况

时任县长常光明（左）向原省政府副省长（右）杜五安汇报壶关造林绿化情况

第七任县委书记程前（任职 2000.9-2003.1），把林业发展作为壶关 “王牌”，主打万里森林防护墙推进、百里大峡谷森林公园建设，扩容林业建设的内涵和外延。图为程前（左一）陪同原省委书记田成平（中）走访群众。

时任县长赵春英（右二）带领机关干部栽树

第八任县委书记张红星（任职2003.1-2007.10），将林业定位于“创建全国生态名县、打造中国北方绿城”的新目标，将绿化与美化、生态与景观有机结合，同步推进，把县城绿化推向一个新阶段。图为张红星（右一）、时任县长马朝中（左一）、现任政协副主席秦庆祥（中）参加环城林带植树。

第九任县委书记关小平（任职2007.10-2009.3），以稳定森林生态、提升森林效益为抓手，实施“针叶林边栽阔叶树”的生物隔离带防火工程，全面开展低效林改造，开创了稳林分、提效益的新途径。图为关小平参加义务植树。

第十任县委书记李全心（任职 2009. 3-），持续巩固一种硬精神、一场接力赛、一项新发明、一种新办法、一套新模式、一道防护墙 的“六个一”举措，大力实施山上增绿、通道增林、城乡增景、林业增效“四个增”工程，全面推进绿色壶关、生态壶关、美丽壶关建设，将壶关林业整体推上新高度。图为李全心（右一）县长崔江华（左一）和县级机关干部一同植树。

时任县长段树新在义务植树。

同样，绿化接力赛也在县委、人大、政府、政协领导班子中不懈持续。图为壶关县林业工作会议。主席台从左至右：县委常委宣传部部长毛晨霞、县委常委办公室主任张月飞，县政协主席王明德，县委副书记张宏伟，县委书记李全心，县长崔江华，县人大主任卫明，县委常委组织部部长段尧刚，县委常委纪检委书记郭伟，县政府副县长秦元忠。

上级支持 领导关怀

1988 年 9 月 4 日、1989 年 9 月 21 日，省委书记李立功（右二）两次视察壶关林业。

1989 年 9 月 21 日，省长王森浩（左一）听取王五全（左二）汇报阳坡造林经验。

1989 年 11 月 2 日，林业部副部长刘广运（右一）在壶关检查林业档案管理工作

1989 年 9 月 21 日，郭裕怀副省长（左一）视察壶关时查阅盖家川营林档案。

1994 年 10 月，省委书记胡富国（右四）在壶关视察林业，右三为县委书记姚保维、左二为县长籍先菊。

1994 年 10 月，林业部部长徐有芳（右三）在常石林带视察，市委书记谢栓贵（右一）、省委副书记郑社奎（右二）陪同，副县长张平和（右四）介绍情况。

原林业部部长高德占（左二）考察壶关林业，原省委副书记王文学（右一）副省长杜五安（左一）陪同。

2008 年 6 月 19 日，国家林业局局长贾治邦（左二）视察壶关林业。

2004 年 10 月 14 日国家林业局副局长祝列克（右一）省林业厅厅长杜创业（左一）现省林业厅副厅长尹福建（左二）视察林业，右二为县委书记张红星。

2009 年 8 月 26 日，副省长刘维佳（左一）、林业厅厅长耿怀英（左三）陪同国家政协副主席罗富和（左二）在十里参观考察绿化工程。

原长治市委书记马天荣（左一）、原市长席小军（右一）在壶关参加义务植树

2013 年 10 月 25 日，长治市副市长马四清（右四）、市林业局长江声华（右三）参加全市在壶关县召开的秸秆清理现场会。右五为壶关县县长崔江华、右六为市政府副秘书长秦志云、右一为副县长秦元忠

原长治市委书记田喜荣（右二）、原林业厅厅长李永林（左一）在壶关十里岭视察林业生态工程

原长治市委书记闫爱英（右一），视察壶关经济林建设。左一为原县委书记籍先菊、右二为原县长常光明、左三为长治市政府原副秘书长张兆祥。

原长治市委书记吕日周（左一）在壶关考察林业。左二为原县委书记程前、左三为原县长王玉圣、左四为原长治市副市长常反堂。

原长治市委书记谢拴贵（左一）、副书记张松仪（左二）、省林业厅厅长曹振声（右一）视察壶关林业。右二为原县委书记籍先菊。

专家指导 科技兴林

现任省林业厅厅长任建中（右一）、原厅长耿怀英（左二）、现省林业厅副厅长张云龙（左三）、现省林业厅总规划师黄守孝（右二）、县委书记李全心（左一）等在十里岭考察。

国家林业局的专家（右二），时任长治市副市长许霞（右三）、时任市林业局局长王俊杰（左一）在壶关考察指导。右一为县委书记李全心。

原国家林业部董智勇（右四）张华龄（右三）等专家考察壶关林业

原国家林业部总工王丙乾（左二）在壶关考察林业区划规划

原国家林业部科技司原司长刘效章（前排左三）检查壶关林业。

全国著名林业专家、工程院院士、原北京林业大学校长沈国舫（中）来壶关指导林业生产

省林业设计院专家王国祥（右一）　乔俊　在壶关主持完成了林业区划规划工作。

原省绿化委副主任马如龙（左二）、原省林业厅副厅长李慧培（右二）在壶关视察经济林建设。

原山西省林业厅副厅长霍转业（左三）、原长治市副市长董岩（右二）、原长治市林业局局长江声华（右一）在十里岭参观林业建设工程。

原中国林科院太行山绿化负责人李昌哲（中）和原省林业厅副厅长吕占韶（右）考察壶关林业，左为原林业局长张平和。

原省林业厅副厅长王银娥检查壶关营林档案

2009 年全国造林绿化长治现场会壶关十里岭参观点。图为县委书记李全心向与会人员介绍经验。

各新闻媒体在参观现场采访报道壶关经验

1992 年，德国专家考察壶关林业后说：“阳坡造林是世界奇迹”。

外地的参观车队

外省市参观壶关营林档案

乡领导向参观团汇报绿化情况

中国林学会在壶关召开造林研讨会，王五全介绍阳坡造林技术

1989 年，山西省第一个林业工作会议开在壶关

华北地区林学会联谊会在壶召开

林业部生态经济发展研讨会在壶关召开

全省绿化太行山经验交流会在壶关召开

全国太行山绿化规划实施经验交流现场会在壶关召开

国家级荣誉

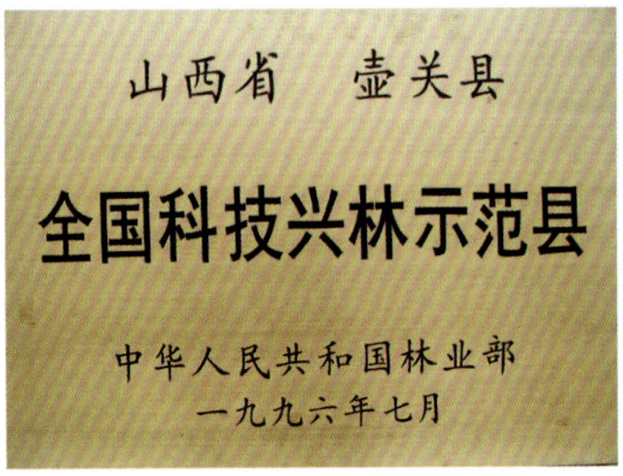

创造了一项大世界基尼斯纪录

省市级荣誉

壶關县
实现基本绿化达标
山西省人民政府
一九九五年九月

1998-2000年林业建设
先进单位
山西省人民政府

全省森林防火工作先进单位
2007—2009年度
山西省人民政府森林防火指挥部
山 西 省 林 业 厅
二○一○年十二月

授予 壶关县
林业建设红旗单位
山西省人民政府
一九九二年九月

全省造林绿化
先进县
山西省人民政府
二○○七年八月

授予：壶关县
山西省人民政府
二○一○年六月

二00五年度林业建设
红旗县

1991-1995年林业建设
红旗单位
长治市人民政府
一九九六年三月

林业生态建设
先进单位
中共长治市委
长治市人民政府
二○○九年十二月

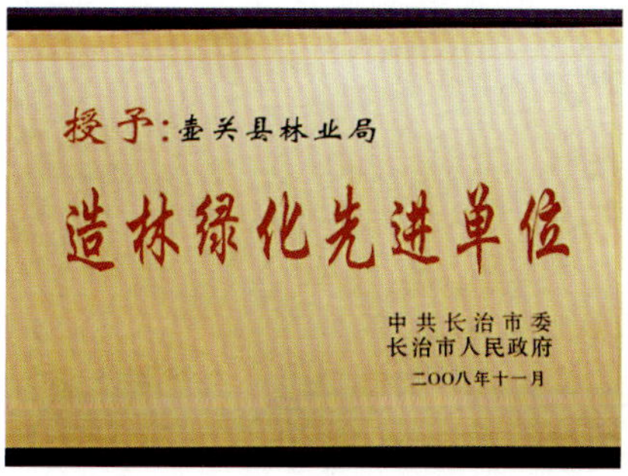
授予：壶关县林业局
造林绿化先进单位
中共长治市委
长治市人民政府
二○○八年十一月

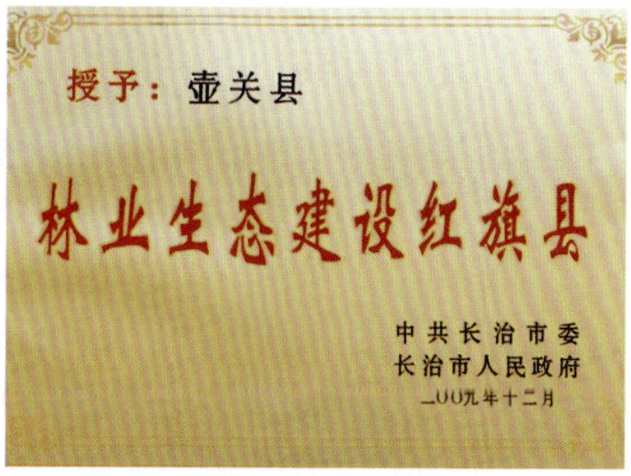
授予：壶关县
林业生态建设红旗县
中共长治市委
长治市人民政府

创建全国绿化模范城市
先进县市区
中共长治市委
长治市人民政府

绿色壶关 宜居宜业

林护农田，稳产高产

山上松柏，山腰核桃，林茂果丰，富山富民。

绿波荡漾十里岭。

千山万壑，绿色尽染

林中乡村美如画

安居村绿化

森林中的旅游公路

工业重镇常平开发区

绿意盎然的壶化集团

绿色长廊

天蓝地绿，风景如画

造福当代 荫及千秋

绿色壶关，诗画峡谷，拉动了壶关经济发展的引擎，图为国际赛事在壶关进行。

旱地西红柿成为壶关的绿色名牌产品

山中珍品，年年丰收

绿色生态，金色家园

核桃成为全县群众的营养佳品

优质苹果

国外游客

丰收的葡萄

青山绿水成为金山银水，太行峡谷里游人如织

满山连翘花，满山中药材

七彩村庄，七彩生活

概　述

（一）

壶关历史悠久。

古为黎国之地，汉高帝元年（公元前 206 年）置县。隶属数次更迭，县域屡有变化，县址几度演替，悠悠 2000 余载，县设至今未变，具有深厚的文化积淀。现辖 5 镇 7 乡 1 个办事处，390 个行政村，1022 个自然村，总人口 30 万，土地面积 1005.89 平方公里，约占国土面积的万分之一。

壶关生态区位重要。

居太行之巅，隶属山西省长治市。东邻河南省林州、辉县二市，西依长治市、长治县，北接平顺县，南界陵川县。太行山分水岭纵贯南北，地形自中部向西北和东南倾斜，东部群峰罗列，崇山峻岭；西部山势趋缓，连绵不断。境内高低悬殊的河流切割和水土流失，形成沟壑纵横、支离破碎的地貌特点。全县分为东西两大水系，各属卫河、漳河源头一支，统属海河流域。历来是华北、中原的战略要地，北京、天津的生态屏障。

壶关林业基础薄弱。

历史上曾经森林茂密，旧县志有“翠松苍桧，凌云千丈”的记载，唐玄宗李隆基有“潞回开新府，壶关宠旧林”之说。晋人刘琨到晋阳抗战途经壶关也留有“狭路倾华盖，骇驷摧双辀”的诗句。据记载，那时气候调匀，水源丰盛，河水清澈，泽泉众多，有着良好的生态环境。随着朝代更替，人口逐渐增多，毁林拓田、伐薪烧炭、战乱频繁、乱砍滥伐以及历代统治阶层大兴土木等，森林日趋减少，几至殆尽。到 1949 年，全县仅保留残林 31050 亩，林木覆盖率不足 2%。自然生态失去平衡，十年九旱、水源奇缺，光山秃岭、乱石滚滚，水土流失、灾害频繁，严重威胁到壶关人的生活与生存。

（二）

新中国成立以来，在党和政府的领导下，壶关对发展林业的认识由初步到深化，发展林业的目的由单一到多元，随着林业被列入全县发展的首要地位和突出地位，发展林业的力度日益加大，发展林业的措施逐渐加强，全县人民艰苦奋斗，坚持不懈，终使林业成为全县人民的经典之作。

回顾新中国成立以来壶关林业发展的进程，大致形成了两个 30 年时间段。即 1949~1978 年为第一个 30 年段。这一时间发展林业主要是为了满足生产、生活中对木材的需要，全县开始了以四旁植树、荒山造林为主的林业生产，取得了一定成效。但由于"大跃进""文化大革命""农业学大寨"等多次运动，林业生产几经折腾，林权利益数度受损，直接影响了林业生产的健康发展，整个林业处于走走停停、缓慢徘徊状态。但总的趋势还是向前发展，扭转了森林日趋减少的局面，而且总量有所增加，特别是在经济树栽植上，成效较为明显。到1978年，全县近30年间有林面积增加到8.7万亩，森林覆盖率上升到5%，但整个生态环境还停留在恶化阶段。

这个30年，最大成就是扭转了森林历史性破坏的势头，森林面积有所增长，同时对以后的林业发展积累了一定的经验教训。

1979~2013年的35年，为第二个30年段。这一时间，在党的十一届三中全会精神指引下，壶关县委、县政府以"实事求是"的新视角，改革开放的新观念，认真总结了过去的经验教训，对壶关的发展做出了全新的科学定位，并于1979年作出《关于大力发展林牧业生产的决定》，至此，壶关县由在30万亩耕地上做文章，开始了在150万亩版图上搞开发的战略转变，翻开了在万分之一国土上搞绿化、做贡献的新篇章。

这个30年段，林业发展创造了奇迹，创造了辉煌，在全省、全国产生反响。一个乱石滚滚的"黄色壶关"变成了一个无处不林的"绿色壶关"。

纵观这一段的林业发展史，又形成了三个阶段：

第一阶段以"山上治本"为主体，时间为1979~2002年。阶段的初期，首先解决了对发展林业的认识问题，把发展林业上升到战略层面，壶关县委在《关于大力发展林牧业生产的决定》中，针对壶关实际，提出"抓林就是抓水，抓林就是抓粮，抓林就是抓钱，抓林就是抓生活，壶关的希望在山上"的新思维，这种林业定位既符合壶关的特定环境，又是干部群众急于改变现状的渴求和向往。同时历届县委、县政府针对不同的发展阶段和形势需要，及时采取不同的政策和办法，使全县人民在干石山上"挖起石头栽树，垒起石墙护林"绿化家乡的过程中，始终保持着坚持不懈、艰苦奋斗、栽树不止、绿化不停的昂然向上的热情和坚韧不拔的精神，为林业的持续发展和创造辉煌打下了坚实基础。

这一阶段在林业发展史上实现了运动造林、政策造林、政策加科技造林的"三级跳"，创下三个之最：

一是参与群众最广。1979~2002年的23年里，全县干部、群众，上至耄耋老人，下至小学生，人人参与，每年参加植树造林的人数达到15万之多，形成了全党动员、全民动手的浩荡气势。

二是经验创新最多。王五全干石山上栽油松技术，区划、规划、设计、施工、验收、建档一条龙营林程序，工程造林等在全省、全国引起反响的技术创新；林业专业户、重点户承包造林，义务工、积累工分红造林，多渠道、多形式解决造林资金等多种激发群众积极性的造林形式；生态经济县建设，林业标准化建设等在全国起到引领作用的首创首施；创造基尼斯纪录的万里森林防护墙的气魄与震撼等都产生于这个时期。

三是造林成效最大。全县有林面积由1979年8.7万亩增加到50万亩，净增41.3万亩，森林覆盖率由5%增加到30%，净增25个百分点，年均1.09个百分点。森林生态效益发挥作用，生态环境逐渐好转。经济林同时得到大发展，基本实现了村村有果园，家家有经济树，林业收入人均达到300元左右。

在这一时期，壶关林业攻克了干石山区阳坡绿化难关，筑起万里森林防护墙，荣获"全国造林绿化百佳县""全国造林绿化先进县""全国林业技术推广先进县""全国林业宣传先进县""全球生态500佳提名奖"，以及山西省委、省政府，长治市委、市政府的多项嘉奖，赢得"太行山区林业区划规划现场会"、首个"山西省林业工作会"在壶关召开。

第二阶段以"身边增绿"为重点，时间自2003年至2008年。经过20多年的努力，大面积荒山、沟坡造林任务基本完成，光山秃岭、乱石滚滚的自然面貌得到改变，水土流失从根本上得以治理，全县的生态环境逐步改善。在这种情况下，县委、县政府根据经济社会条件的改善，人民群众对生活的更高要求，针对全县"山上林多，山下林少，农村树多，县城树少"的实际，从进一步均衡森林分布，稳定森林生态，发挥森林效益，惠及广大群众的角度出发，将林业发展的重点作了调整，把目标定位在"打造中国北方绿城，创建全国生态名县"上，经过数年实施，取得明显成效。

这一阶段开启了林业发展的三个先例：

一是高水平的县城绿化。在县级单位绿化中，以"开窗见绿，门外皆绿"为目标，广泛开展"创建园林化单位"活动，以小带大；在街道绿化上坚持乔灌花立体布局，一路一景，以线带网；在县城绿地拓展上建设了水上公园和多个绿地游园，以园带景；在县城外围绿化上，把路、山作为主体，建设环城林带，以环带面，形成了林在城中、城在绿中的大格局，县城绿化整体水平提高。

二是全县域的园林村建设。村庄绿化是身边增绿的重要组成部分，这个时期，在全县范围内，展开了园林村建设活动，并制定了园林村建设标准，根据地方财力和上级资助，县上每年抓10至30个园林村建设，各乡镇和经济条件好的农村也各有重点。县乡村二级联动，园林村建设得以步步推进，涌现出常平、小逢善、岭西、河西庄、碳场坪等一大批在全县起到带头和示范作用的先进典型。园林村的建设，在一定程度上，改善了农村的居住环境，提升了农民的幸福指数。

三是大面积的退耕还林。以国家退耕还林政策出台为契机，将符合条件的山坡地予以大面积的退耕还林。这对于历史上靠种粮生活的壶关人来说，是一次思想革命和观念更新。全县13个乡镇（区）有309个村的28059户农民，主动退耕还林47500亩，同时退耕还林荒山造林74100亩，总面积计121600亩，为全县的森林覆盖率贡献了8个百分点，同时还按政策享受到国家的资金补助。

这一阶段，壶关县荣获“山西省园林县城”称号，2008年全省林业现场会在长治召开，重点参观了壶关。

这一阶段虽然时间仅六年，但它在壶关林业的发展史上，具有重要的意义。

第三阶段以“全面增效”为主线，时间从2009年到2013年。随着社会经济的不断发展，物质财富的大量增加，人民生活水平的快速提高，生态环境所承受的新的压力也越来越大。碳排放量的日渐增大，雾霾天气的频繁出现，空气质量的下降，沙尘暴的增加等环境问题日益突出，促使人们对绿色产品的要求，对回归自然的向往，对人与自然和谐发展的期盼更强烈。林业面临着新情况、新问题、新挑战、新任务。面对这种新形势、新特点，在县委、县政府的领导下，林业发展的指导思想，从“生态建设”转向“生态文明建设”，把发展重心放在“民生林业”上，把发展重点落在“全面增效”上，把建设“绿色壶关”作为壶关发展的重要战略之一，提出了“山上增色稳定林分、通道增绿固碳降碳、乡村增景改善环境，通过三增，实现林业生态、经济、社会效益的全面提高，达到林业增效的目的”。这一方向的确定，壶关大地上，又涌起了新一轮的绿化大潮。

这一阶段，林业实现了四大跨越：

一是通道绿化林带化。通道绿化作为降低碳排放，提高空气质量的主要手段之一，给予了特别的措施，全县所有的主要通道，在绿化上进行了全面的升级，绿化宽度在原来每侧一米的基础上扩大到10~50米，每侧一行树扩大到省道每侧11~17行，县道每侧3~5行，通道两侧占地绿化面积达到6915.07亩，共栽胸径5厘米以上大树76.065万株，开创了通道绿化林带化的新纪录。

二是林分改造常态化。壶关县的油松纯林多，森林火灾、病虫害隐患大，林分不稳定，对这种林分的改造，既是林业增效的主战场，也是必须解决的当务之急。通过“林边围阔、林中补阔、抽针换阔”等多种形式，将大片的油松林用阔叶林化整为零，使之形成片、带、块状的针阔混交林，起到生物隔离作用，形成相对稳定的林分。改造中把民生林业贯穿始终，做到防火、防病、防虫三防统一，生态、经济、社会三效结合。在树种上,选择既有良好的生态效果,又有突出的观赏效果和经济效果的山桃、山杏、连翘等适合本地自然条件的乡土树,取得了生态林景观化,经济林生态化,风景林效益化,一林多用,一林多效的良好效果。从2009年开始,稳步推进,6年累计改造20万亩,形成了林分改造的常态化。

三是造林形式公司化。这一时期结束了造林任务向乡镇村下达的历史,造林全部实行专业化、公司化。造林任务主要通过按规定程序的公开招投标,确定造林公司完成。至2013年,经过不断完善,已经形成一套较为完善的招投标程序,6年时间,全县累计有上百个造林专业公司和专业队,完成了40多项造林工程,面积10多万亩。这一改革在造林质量管理、造林效益提高等方面向前迈出一大步。

四是森林防火全民化。森林防火是林业增效的基础,这个基础不牢固,林业增效就会落空。为了加固这个基础,县上采取了很多重大举措,最大程度减少和降低了森林火灾的发生。首先是落实了上山不带火,上地不点火,上坟不烧纸;万里防护墙,万枚红袖章,万亩隔离带;一县一个专业队,一乡一个灭火队,一村一个应急队,一户一个护林员,一处一个责任人,一村一个工作队的"三三六"工作法。其次是开展了全民培训,合格上岗。森林防火期,全县行动,县培训乡,乡培训村,村培训户,一级一级培训森林防火知识,培训合格者,发给培训合格证,持证作业,使广大群众认识了森林防火的重要性,提高了森林防火的自觉性。第三是隐患清理。每年秋后,组织所有林边耕地农户,对秸秆、杂草进行清理,减少火灾隐患。通过全方位的落实防火措施,形成全民性的防火氛围。

这一阶段,壶关县先后荣获"国家园林县城""全国生态文明建设先进县""中国绿色名县""中国优秀生态旅游县""全国深呼吸小城100佳",全省首批五个"林业生态县"等荣誉称号。国家林业局2009年在长治召开的林业现场会上重点参观了壶关县,全国政协副主席罗富和等领导对壶关县的林业工作给予了充分肯定。

这一阶段的五年,是壶关林业深化改革的五年,是壶关林业跨越发展的五年,是壶关林业从辉煌走向辉煌的五年。

(三)

三十年林业发展,三十年积累智慧,三十年验证经验。

从1979年到2013年的三十多年里,壶关县能够在林业生产上取得一个又一个的成就,创造一个又一个的辉煌,这无疑是认真贯彻执行党和国家林业政策的结果,是各级领导真抓实干的结果,是全县人民不懈奋斗的结果,是上级领导部门、林业部门和众多林业科技人员支持帮助的结果。这个结果,凝聚了很多人的智慧,积累了很多科学有效的经验和办法。

坚持“一任接着一任干，一张蓝图绘到底”的绿化接力，保证了林业的持续发展。

从1979年县委作出发展林牧业生产的决定到2013年的30多年里，壶关先后更换了10任县委书记，12任县长，这些书记、县长们抱定为官一任，造福一方的朴素情怀，在壶关人民的根本利益、长远利益和个人当前政绩面前，保持着深情的定力，根据壶关的实际，“咬定青山不放松”，一张蓝图绘到底，换领导不换规划，一任接着一任干，每任都有新建树。壶关的林业史上记载下了他们的名字。十任县委书记依次是张国太、张维庆、聂庆保、王虎林、姚保维、籍先菊、程前、张红星、关小平、李全心；十二任县长依次是聂庆保、闫好勇、徐水云、刘德宝、姚保维、籍先菊、常光明、王玉圣、赵春英、马朝中、段树新、崔江华。历届县人大、县政协，围绕县委造林绿化、生态建设这个中心工作，展开监督，建言献策，履行职责，形成合力，为推动全县的林业发展作出了积极贡献。历届分管林业工作的县委、县政府领导丁松珍、李正印、李小保、刘德宝、冯俊琪、张兆祥、王文才、张平和、马明贤、牛建忠、王淑彦、李彦忠、李志强、田兆伟、胡三虎、秦志云、连树斌、秦元忠以及历任林业局局长王来全、张平和、李书贤、刘安松、秦庆祥、李爱民等，在坚定落实县委、政府的决策中，尽职尽责，恪尽职守，开拓创新，勇于担当，为林业发展做出了突出贡献。正是各级领导的坚持与努力，壶关林业得以持续发展，阔步前进。他们每个人都是壶关林业的功臣。

坚持顺应时代的林业改革，把广大干部群众的兴林积极性保持在最佳状态，保证了林业的健康发展。

壶关林业发展时期，正是中国社会大变革的时期，也是农村大改革、农民思想大活跃的时期。在这种形势下，如何保证林业这个具有见效长、公益性强特点的行业的持续发展，历届县委、县政府立足根本，着眼当前，及时作出适应每个时期社会形势的林业改革，保证了林业生产的健康发展。林业发展初期，针对苗木基础薄弱的情况，制定了舍得好地、舍得投资、舍得施肥的“三舍得”政策，连续多年，全县育苗面积达到耕地面积的1%以上，为大面积造林打下了雄厚基础；农村实行“大包干”时，及时顺应形势，发展林业专业户、重点户，不但林业没有遭受损失，反而得到大发展；国家推行全民义务植树时，广泛动员全民参与，每年植树人数达到15万人之多，此外还推行了积累工造林、纪念林、补偿林、造林顶欠款等多种办法，既拓展了造林的群体，又解决了造林资金不足的问题；农村实行“三统一分”后，在各村推广村办林场，及时调整林业生产的载体，实行以林养林，使林业继续得以发展；国家推行工程造林后，针对林业投资逐步提高，但资金又不足以单独承包完成的现实，就将工程任务分解到村，以村完成，按村兑现，实行国家、集体"两条腿"走路；再后来，国家按工程下资金，就完全推行专业化造林，由公司承包，三年后验收交工，并与之配套了四个地方"林业标准"，规范造林标准和质量。这些既保证群众利益，又保证林业不断发展的灵活办法，使壶关林业不但没有出现颠覆性错误，反而呈现出高潮迭起的效果。

坚持造林光荣，绿化有功，让有作为的人有地位的激励机制，保证了林业的快速发展。

在鼓励领导层抓绿化方面，营造了"忧国忧民好干部，先抓教育和植树""不抓林业不能当干部，抓不好林业不是好干部"的氛围；对于连续多年完成和超额完成林业生产任务，政绩突出者，树为"绿化红旗手"和"绿化标兵"，为各级领导树立榜样；对于绿化政绩特别突出，深受广大群众拥戴的优秀干部，提拔到更高一级的领导岗位，让其在林业发展中发挥更大的作用。在林业技术人员中，为其积极创造条件，让其在技术上发挥作用，对于成绩突出者，在技术职称晋级、晋职上给予优先，鼓励其在技术上创新创造。20 世纪 80 年代的时候，对成绩突出的林业技术人员，还给予家属"农转非"的奖励。在群众中，则坚持几十年对造林绿化有功的"草木英雄"给予荣誉奖励和物质奖励。全县有 13 人被授予"林业功臣"、上百人被授予"林业劳动模范"、100 多人被评为"模范林业专业户"和"先进工作者"。这种让在林业上有作为的人社会上有地位的奖励机制，使从事林业的人员，有荣誉感、归属感，从而积极性更高、主动性更强。

坚持培养典型，推广典型，典型引路，以点带面的工作方法，保证了林业的创新发展。

林业的发展，促进了林业英雄的诞生，林业英雄的产生，带动了林业的发展。在一定程度上，壶关林业发展史就是一部千千万万林业英雄的创业史。盖家川村王五全，一个普普通通的农民，他在担任本村林业队长后，连续 10 余年探索油松育苗造林技术，最终创造了一套干石山上栽油松的成功经验，攻克了专家们没有攻下的难关，产生了巨大的社会效益，被中国农业电影制片厂拍成电影在全国推广，平凡的人作出了不凡的业绩，荣登全国劳模金榜。黄角头村路其昌，敢创敢试，在农村实行大改革的初期，义无反顾地带着全家承包了荒山造林，成为全省第一个造林专业户，全家一年完成造林 287 亩，比本村建国 30 年造林的总和还多，荣获全省林业劳模称号。在他的带动下，星星之火形成燎原之势，全县林业专业户发展到 2300 余户，成为一个时期壶关造林绿化的主力军。西土池村刘发顺，不计名、不计利，用十多年时间绿化了本村"光脑山"，面积近千亩。为了不让树木遭受人畜损害，又沿"光脑山"的山脚垒起一道长 500 多米的护林石墙。他的大儿子和老伴先后去世后，他的生活异常艰难，但他没有停止栽树绿化,精神感天动地。原林业局局长张平和任职期间,为壶关林业呕心沥血,殚精竭虑,在总结提升王五全造林技术的同时,大力推广这一技术,在林业区划规划的基础上,以他为首首创了区划、规划、设计、施工、验收、建档"一条龙"营林程序。两项技术的普及推广,为壶关林业发展插上了腾飞的翅膀。张平和被全国绿化委员会、国家林业局、人事部授予"全国造林绿化模范"称号。原分管林业的副县长牛建忠,在分管林业的几年里,为了保护全县的绿化成果,食不甘味,夜不能寐,苦思保护良策,从垒墙保护果园中受到启发,倡议县委、县政府沿山边、地边、村边修筑森林防护墙,并先在自己的家乡井则口村先行先试。之后几年里全县人民以"一包方便面,一米防护墙"的艰苦奋斗精神,在壶关的群山林海中,筑起一道气壮山河的万里森林防护墙,创造了一项基尼斯纪录,牛建忠本人被授予"上党英雄"称号。像他们一样的林业英雄还有很多很多,正是这些人用自己的实际行动,带动和推动着壶关林业的发展,正是这些人影响和感动着千千万万的壶关人,用他们坚韧的脊梁,支撑起绿色壶关、生态壶关的天空。

(四)

六十多年植树播绿,六十多年艰苦奋斗。"萧瑟秋风今又是,换了人间"。

到 2013 年底,全县林地面积达到 103 万亩,林木覆盖率达到 50.6%。光山秃岭,乱石滚滚,生态恶化,十年九旱的壶关历史今日改写,一个生机盎然的绿色壶关展现在世人面前。绿起来的壶关,一切都在发生着深刻变化。

第一,生态环境逐步改善

——水土流失得到根本控制。据水利资料记载,全县水土流失面积由 85%下降到 15%左右。年泥沙流失量由 4700 万吨,减少到 500 万吨。

——气候得到有效调节。以十年九旱闻名于世的壶关正在悄然发生变化。年降水量由 1978 年前的年均 500 毫米增加到 1979 年后年均 550 毫米,特别是季节降水变化明显,3~5 月的降水量由平均 50 多毫米增加到 90 多毫米,而 7~9 月份的降水量却由 380 毫米左右降到 350 毫米左右。

——自然灾害明显减少。风、雹、霜等自然灾害都有明显减少。雹灾减少 47%,风灾下降 23%,霜灾减少 35%。

第二,自然面貌焕然一新

——从光山秃岭到绿树满山,从满河乱石头到满沟槐花香,从"黄色壶关"到"绿色壶关",从风沙弥漫到天蓝水清,从穷山恶水到青山绿水,壶关正在发生蜕变。

——春天山花烂漫,夏天千山竞绿,秋天五彩缤纷,冬天松柏苍翠,壶关的风景如诗如画。

——随着森林的增加，涵养了水源，缺水的历史正在改变，大峡谷一河丽水，两岸青山，胜似三峡。县城的水上公园垂柳倒影，渔翁垂钓，一派水乡风姿，壶关的水成为别样的山色。

第三，社会经济效益显现

——社会地位得以提升。经过几十年的不懈奋斗，壶关为世人展示了一个全新的形象：全国造林绿化先进县、全国造林绿化百佳县、全球生态500佳提名县、全国生态建设先进县、山西省绿化红旗县、山西省生态县等等，壶关和绿色紧密相连，壶关和美丽正在接轨。

——经济效益开始发挥。依托森林资源，由国家批准建设大峡谷森林公园，青山绿水变成金山银水。大峡谷成为知名品牌，吸引了大量中外游客，这里的山水成为看看就要钱的商品，年旅游总收入达1亿多元。

——绿色能量大量释放。森林面积增加，绿色环境形成，减少了污染和公害，壶关县的辛寨醋业、紫团饮业、郭氏羊汤不仅成为省市龙头企业，而且成为深受欢迎的绿色产品企业；农民采连翘、松子、松针、松菇、松花粉、山桃、山杏等原生态林产品收入十分可观。

（五）

壶关林业的发展与林业发展带来的深刻变化，佐证了两个结论："森林与人类生存息息相关"；"森林破坏容易恢复难"。正是从南方水灾到国土沙漠化面积扩大，从风沙逼近北京城到雾霾的屡屡危害等生态灾难中，国家才有了三北防护林、长江防护林、太行山绿化、退耕还林等改善生态的"国字号"工程。一定要牢记历史的经验教训，在关乎生态建设这个根本课题上，树立只有进行时，没有结束时，只有完美时，没有完成时的观念，一代接一代地，把壶关县的林业不断推向前进。

绿色是一种资源，绿色是一种积累的能量，绿色是一种生态潜能。要严格依法保护森林，划定森林保护红线，加强生物和工程隔离带建设，最大限度减少森林火灾，确保森林不断造福人民。

深入进行林权改革，明确林地所有权、林木所有权和林木经营权，推进林地合理流转，把绿色资源盘活，让绿色资源在社会经济发展中流动起来，让广大群众分享到绿色"红利"，补偿广大群众几十年的付出。

充分发挥生态优势，利用丰富的绿色内涵做好绿色外延的大文章，为社会创造绿色产品，把绿色壶关建设成一个绿色产品的生产基地，为国家、为社会、为人民作出贡献。

目　录

第二编 森林资源

第三编　造林绿化

第四编 森林资源管理保护

第六编 生态经济县建设与全省第一批林业生态县

第七编 林木权属与林业投资

第八编 林业科技、教育与对外开放

第十编　古稀树木

第十一编　林业机构

第十二编　林业先进单位

第十三编　人　物

第十四编 文献辑存

大 事 记

附　录

第一编　地理　环境

第一章　位置　境域

第一节　位　置

壶关县位于太行山南段，山西省东南部，长治市东部，东经 113°10′~113°40′，北纬 35°51′~36°13′。东与河南省林州市、辉县市接壤，西与长治市区和长治县为邻，北与平顺县相连，南与晋城市陵川县毗邻。

第二节　境　域

壶关县境西起黄山乡南宋壁村西沿，东至桥上乡东川底村东端，东西直线距离 46 公里；北起集店乡北桥村北界，南至树掌镇南郊村南端，南北直线距离 42 公里。

全境总面积 1005.89 平方公里，约占山西省总面积的 0.6%。其中山地 747.89 平方公里，占 74.4%；丘陵 124 平方公里，占 12.3%；平川 134 平方公里，占 13.3%。

第二章　地形地貌

第一节　地　貌

壶关县是典型的干石山区县。太行山分水岭及其支脉呈东北—西南方向横贯县境中部，地势自县境中部向西北和东南两边倾斜。分水岭东侧濒临林州盆地一线，急剧切割，形成峭壁耸立，峡谷毗连的地貌。分水岭西侧山势由东向西逐渐变缓，高度也由高变低，密度由密变疏，山与山之间的小开阔地又被河流切割，形成了沟壑遍布，支离破碎的地貌特征。县境内以石质山地为主，除少数山间小盆地、河谷和黄土丘陵为黄土沉积外，大部分地区为奥陶纪石灰岩覆盖，立地条件极差，从造林绿化的专业角度看，一部分山地属于“暂难利用地”。

第二节 地 形

县境大部分地区海拔在1000~1300米之间，最高点为石坡乡双井村大虎岭，海拔1872米，最低点为桥上乡东川底村，海拔仅486米，按地表形态，全县大致可分为四种直观地形：

1. 东南部石质山区 地形多呈V形。包括东井岭、石坡、树掌、桥上、鹅屋等乡镇，总面积692543亩，约占45.90%。山高岭峻，云雾山中，峰峦叠嶂，谷深峡幽，山多地少，石多土少。海拔486~1872米。

2. 中部山地沟壑区 地形多呈M形。包括晋庄、五龙山、店上三个乡镇和黄山、百尺两个乡镇的部分村，总面积429257亩，约占28.45%。山多坡陡，岩石裸露，沟壑相连，支离破碎。海拔1100~1500米。

3. 西南部山地丘陵区 地形多呈M形。包括黄山乡和百尺镇的大部、东井岭乡的部分，总面积186017亩，约占12.33%。山丘相连，坡度较缓，河沟纵横，侵蚀严重。海拔1100~1400米。

4. 西北部山间平地 地形呈四围高山，中间低平的盆地形，称壶关盆地。包括集店、龙泉两个乡镇和常平办事处的全部村庄，总面积201018亩，占13.32%。山疏坡小，沟浅地平，田畴阡陌，纵横交错。海拔一般在1000~1200米。

第三章 山系河流

第一节 山 系

壶关县境内山脉皆属太行山系，太行山主脉分水岭纵贯南北，计有大小山头数百个，大小沟壑3368条。其主要支脉在县境内及其县境周边又形成17个小山系。

1. 老顶山山系

包括：老顶山，海拔1364.8米；大掌山，海拔1204米；小岭山，海拔1178.1米。

2. 神山山系

包括：神山，海拔1116.7米；北寺山，海拔1122.5米；北脑山，海拔1155.9米；栲栳山，海拔1108.4米；东脑山，海拔1117.9米。

3. 五龙山山系

包括：五龙头，海拔1340.3米；金钟山，海拔1286米；药王山，海拔1180.4米；砖窑岭，海拔1226.2米；黄池岭，海拔1236.5米；齐岭，海拔1290.5米；老师傅岭，海拔

1247.5 米；轿顶山，海拔 1216 米；龙王山，海拔 1198 米。

4. 老洪岭山系

包括：老洪岭，海拔 1432.4 米；玉皇脑，海拔 1244 米；南山，海拔 1263 米；近掌山，海拔 1292 米；木掌山，海拔 1265.1 米。

5. 十里岭山系

包括：十里岭，海拔 1571.5 米；北头岭，海拔 1377.5 米；甲南背，海拔 1499.5 米；南山，海拔 1648.5 米；陡梁山，海拔 1540.7 米；东山界，海拔 1577.6 米；王宇头，海拔 1588.5 米；东界大脑，海拔 1633 米；五牛山，海拔 1500.4 米；南岭后，海拔 1573 米；东坡岭，海拔 1505.5 米；池岭，海拔 1477 米；岭里，海拔 1486 米；安口岭，海拔 1601 米；上凹山，海拔 1567.5 米；王家煤口岭，海拔 1562.5 米；东风松坡，海拔 1460.7 米；黄土岭，海拔 1596.1 米；西岭上，海拔 1581.4 米；南坡，海拔 1486.7 米；坟掌凹，海拔 1410.6 米；常永岭，海拔 1507.6 米；北岭山，海拔 1521.9 米；尖霍岭，海拔 1584.9 米；梁子脑圪凹，海拔 1412.2 米；掌凹岭，海拔 1442.8 米；鲍家岭，海拔 1426.6 米；脚背，海拔 1340.8 米；大脑山，海拔 1361.5 米；东大掌，海拔 1379 米；小老山，海拔 1357.2 米；小背脚，海拔 1340.8 米；墓掌岭，海拔 1602.3 米；常家岭，海拔 1507.6 米；南岭后，海拔 1562.8 米。

6. 楼风山山系

包括：楼风山，海拔 1313 米；虎头山，海拔 1120.5 米；龙头山，海拔 1172 米；东掌山，海拔 1323.6 米；小松山，海拔 1292.3 米；背脑，海拔 1086 米；大洼堖，海拔 1216.5 米；佛爷山，海拔 1312.9 米；东岭，海拔 1152 米；西岭，海拔 1122 米；牛王山，海拔 1127 米；东堖山，海拔 1217 米；开花山，海拔 1305.9 米；西岭上，海拔 1179 米；沙石山，海拔 1249.4 米。

7. 乌泉寺山系

包括：乌泉寺山，海拔 1333.9 米；掌树凹山，海拔 1329.2 米；白坡山，海拔 1293 米；马家岭，海拔 1328.6 米；磨盘山，海拔 1267 米；黄皮岭，海拔 1297 米；架山，海拔 1297 米；西凹山，海拔 1310.8 米；寨梁，海拔 1286.4 米；东西山，海拔 1329.2 米；棠树凹山，海拔 1329.2 米；小馍馍山，海拔 1289.9 米；北岭山，海拔 1265.1 米。

8. 洪掌岭（肖军岭）山系

包括：洪掌岭，海拔 1564.1 米；元宝山，海拔 1108.2 米；南皇岭，海拔 1211 米；刘家岭，海拔 1337 米；黄家脑，海拔 1551 米；蹄掌，海拔 1521 米；老江太，海拔 1539 米；东坡，海拔 1531 米；范家后岭，海拔 1527.5 米；石龙脑，海拔 1504.5 米；李家凹岭，海拔 1523.5 米；五谷山，海拔 1546 米；池了掌，海拔 1380 米；龙王池，海拔 1383.5 米；汉家山，海拔 1266 米；南坡岭，海拔 1413.5 米；人顶脑，海拔 1564.5 米；岗头脑，海拔 1250.1

米;清凉山,海拔 1381 米;后东凹岭,海拔 1281.8 米;凤凰山,海拔 1165.9 米;风岭垴,海拔 1564.1 米;孤山,海拔 1287.5 米。

9. 行头岭山系

包括:虎头岭,海拔 1324 米;东岸岭,海拔 1308 米;池岭山,海拔 1376.3 米;常行山,海拔 1436.5 米;九泉山,海拔 1449.7 米;西山,海拔 1450.1 米;虎头山,海拔 1403.3 米;豆家垴,海拔 1399.4 米;南垴岭,海拔 1390.2 米;凤凰山,海拔 1299.4 米;池山,海拔 1351.1 米;西凹山,海拔 1420.6 米;福掌岭,海拔 1392 米;白头山,海拔 1346.3 米;铁瓦庙岭,海拔 1310.1 米;平梁山,海拔 1316.2 米;背坡山,海拔 1287.8 米;豆枕山,海拔 1385.6 米;小井坡,海拔 1360.6 米;南松坡,海拔 1372.6 米;不脑山,海拔 1467.9 米;五里坡,海拔 1330.3 米;中间山,海拔 1327 米;分水岭,海拔 1463.4 米;南池山,海拔 1342.5 米;松坡山,海拔 1420. 3 米;南脑山,海拔 1374.4 米;西山背则,海拔 1417.1 米;红岭平,海拔 1432.5 米;小尖山,海拔 1451.7 米;山凹岭,海拔 1501.9 米;沙脑山,海拔 1441.2 米;东家山,海拔 1387.4 米;小老山,海拔 1334.2 米;石盆山,海拔 1558.8 米;老坟上,海拔 1519.4 米;轿顶山,海拔 1606.9 米;东家山,海拔 1467.5 米;长家岭,海拔 1508.5 米;井口岭,海拔 1521.1 米;后低岭,海拔 1466.4 米;凹梁,海拔 1436.2 米;太松坡,海拔 1212.9 米;西山贝则,海拔 1417.1 米;大掌凹,海拔 1501.7 米;山凹岭,海拔 1501.9 米。

10. 高山寨山系

包括:东沟山,海拔 1588.5 米;东坡,海拔 1573.4 米;南山,海拔 1566.7 米;小背背岭,海拔 1544 米;西坡岭,海拔 1617.5 米;东坡山,海拔 1529.5 米;狼窝背,海拔 1635.5 米;大北岭,海拔 1609 米;山神庙岭,海拔 1553.8 米;南岭,海拔 1572 米;中心尖,海拔 1607 米;路圪通,海拔 1602 米;鹰嘴尖,海拔 1605.4 米;驴草沟岭,海拔 1528.6 米;碣则,海拔 1508.2 米;小磨上,海拔 1503.6 米;揭东掌岭,海拔 1574 米;掌掌岭,海拔 1539 米;大狼背,海拔 1558 米;大背山,海拔 1619 米;刘家山,海拔 1560.1 米;庙岭,海拔 1539.5 米;石碣岭,海拔 1598.5 米;小宝山,海拔 1633.7 米;东脑山,海拔 1407 米;尖山岭,海拔 1425 米。

11. 委委池岭山系

包括:分水岭,海拔 1637.3 米;横岭,海拔 1540.9 米;寨刺岭,海拔 1500.1 米;东坡山,海拔 1528.4 米;南沟山,海拔 1578.5 米;老凹岭,海拔 1571 米;东坡山(高岸上),海拔 1514.9 米;松坡,海拔 1575.7 米;黄山坡,海拔 1575.7 米;南山,海拔 1509 米;芦苇山,海拔 1559.8 米;委委池,海拔 1582.8 米;上凹岭,海拔 1571.7 米;南背岭,海拔 1554.2 米;东岭,海拔 1489 米;西岭后凹,海拔 1458 米;西凹山,海拔 1470 米;松坡岭,海拔 1501 米；垒石山，海拔 1455 米；高脑山，海拔 1460 米；南凹岭，海拔 1543.2 米；平岭，海拔 1558.5 米；罗圈凹岭，海拔 1586.9 米；后脚岭，海拔 1512.3 米；尔个寨后，海拔 1540.9 米。

12. 潇和山山系

包括：潇和山，海拔 1477.5 米；孟坡山，海拔 1557.5 米；大南坪尖，海拔 1495.2 米；龙背山，海拔 1532 米。

13. 紫团山山系

包括：桌屋洞梁，海拔 1498 米；升仙台，海拔 1510.2 米；树掌梁，海拔 1537.6 米；崖不石，海拔 1482.3 米；紫沟掌，海拔 1663.9 米；张坡，海拔 1546.4 米；西坡梁，海拔 1516.5 米；南坡，海拔 1531 米；猪头山，海拔 1701.5 米；天师梁，海拔 1703.8 米；小庙岭，海拔 1619.8 米；寨岭，海拔 1543.3 米；窑洞坡，海拔 1454 米；红土岭，海拔 1688.9 米；牙豁岭，海拔 1721.6 米；老窑尖，海拔 1428 米；神树头山，海拔 1550.4 米；马鞍山，海拔 1507.4 米；大脑，海拔 1543.4 米；焦顶山，海拔 1330 米；阎王鼻尖，海拔 1353.4 米；紫沟掌，海拔 1663.9 米；红岭梁，海拔 1772.6 米。

14. 英英山山系

包括：老西凹，海拔 1601.6 米；橤树岭，海拔 1485.8 米；王兴沟岭，海拔 1494.2 米；大高碣，海拔 1434.4 米；西老山，海拔 1610.2 米；禁坡岭，海拔 1514.2 米；南沟岭，海拔 1532.6 米；毛凹岭，海拔 1577.2 米；小妖坝，海拔 1462.8 米；老阴山，海拔 1681 米；砖碣岭，海拔 1556 米；南岭上，海拔 1533.4 米；松坡碣，海拔 1501 米；黄树背，海拔 1478.8 米；南岭，海拔 1530.1 米；马凹山，海拔 1319.8 米；紫岭，海拔 1482.6 米；岭头，海拔 1505.4 米；光道岭，海拔 1416.6 米；影隐山，海拔 1435.3 米；老西岭，海拔 1601.6 米；槐树岭，海拔 1391 米；头草坡，海拔 1458 米；屋门圪头，海拔 1465.2 米；胡洞沟岭，海拔 1472.2 米；小寨岭，海拔 1391.8 米；鹅屋岭，海拔 1439.2 米；官泉凹岭，海拔 1488.6 米；英英山，海拔 1387.2 米；上龙滩河，海拔 1263.6 米；龙王山，海拔 1396.4 米；前圪垛，海拔 1498.2 米；背上，海拔 1391.2 米。

15. 大虎岭山系

包括：石龙脑，海拔 1504.5 米；帅岭，海拔 1614.5 米；南掌岭，海拔 1646 米；长沟山，海拔 1570 米；东沟岭，海拔 1609.4 米；石头碣，海拔 1520 米；羊马碣，海拔 1484.6 米；庄凹岭，海拔 1556.2 米；南坡山，海拔 1583.2 米；老远凹，海拔 1581.4 米；五凹，海拔 1553.2 米；寨岭，海拔 1561.5 米；小南凹岭，海拔 1384.4 米；备战岭，海拔 1480.6 米；安口岭，海拔 1632 米；艾蒿坪岭，海拔 1639 米；轿顶山，海拔 1751 米；大虎岭，海拔 1872 米；东坡岭，海拔 1826 米；大弯岭，海拔 1640.4 米；掌凹岭，海拔 1606.6 米；小庙岭，海拔1601.3米；西凹岭，海拔1613.8米；寨坡，海拔1592.2米；沟岭，海拔1625.9米；西掌岭，海拔1593.4米；扁嘴窑岭，海拔1623.2米；棠梨树凹，海拔1526.8米；牛岭，海拔1578米；大目口岭1681米；西掌岭（杜家岩交界），海拔1613.8米；寨背，海拔1556.8米；西凹碣，海拔1580.8米；北掌碣，海拔1593.4米；小城会岭，海拔1470米；前岭，海拔1400.1米；扁山岭，海拔1475.5米；南岭后，海拔1563.8米；南岭，海拔1648.5米；东界大垴，海拔1633米；五牛山，海拔1500.4米；王字头，海拔1588.5米；东山界，海拔1577.6米；陡垛山，海拔1540.7米。

16. 沙坨岭山系

包括：西凹岭，海拔1628.2米；南坡山，海拔1583.2米；老远凹，海拔1581.4米；五成凹，海拔1553.2米；寨岭，海拔1564.6米；寨背，海拔1666米；石头碣，海拔1522米；南岭，海拔1544米；扁山岭，海拔1555米；庙岭，海拔1395.6米；羊马碣，海拔1484.6米；庄凹岭，海拔1556.2米；小南凹岭，海拔1504.7米；备战岭，海拔1606.4米；老东沟山，海拔1482.2米；孤山沟，海拔1432米；龙君垴岭，海拔1604.6米；火连山，海拔1478米；寺岭，海拔1347.4米；南沟岭，海拔1465.7米；黑山凹岭，海拔1365.4米；迷池岭，海拔1477.6米；龙抡干垴，海拔1478.5米；头道岭，海拔1409.2米；桦尖山凹岭，海拔1491.8米；西掌山，海拔1469米；马地岭，海拔1355.6米；北凹岭，海拔1364.6米；关道岭，海拔1379.8米；虎洞沟岭，海拔1380.4米；小寨岭，海拔1393米；背上，海拔1391.2米。

17. 梯脑山山系

包括：梯垴山，海拔1468米；南坡岭，海拔1437.4米；窟山，海拔1513米；东凹，海拔1462.6米；荫家岭，海拔1486.2米；北岭，海拔1443.4米；贯山，海拔1427.8米；南岭，海拔1433.2米；都不要岭，海拔1073.4米；西岭，海拔1080.1米。

第二节　河　流

壶关县境内河流均属海河流域，以大虎岭、东井岭、神山岭一线为分水岭。分水岭以西为浊漳河南源支流域，有3条支流，即陶清河、石子河和百泉河，流域面积516.05平方公里。分水岭以东为卫河支流域，有两条支流，即淅河、桑延河，流域面积473.95平方公里。除淅河外，大小河流均属山区雨源型。一度是雨来河涨，雨去水枯，雨季往往形成山洪暴发之势，洪灾屡有发生，水土流失十分严重，流失面积达85%以上，年泥沙流失量达4700万吨。

1. 陶清河　发源于东井岭乡西马安村，流经店上、黄山、百尺、东井岭4个乡镇，由黄山乡辛庄村西出境，流入长治县西故县乡河头村。境内全长约33公里，流域面积270.3平方公里，平时无水，汛期遇大雨，集洪水成河，洪峰上涨历时3~5小时，平均纵坡8.85%，平均径流量416万立方米，平均输沙量48.38万吨。

2. 石子河 发源于石坡乡盘马池村西沟河，流经晋庄、龙泉、集店3个乡镇，于集店乡东长井村南出境，流入长治市石子河水库，境内全长26公里，流域面积193.5平方公里，平均纵坡16.7%，平均径流量436万立方米，平均输沙量45.02万吨。

3. 百泉河 发源于集店乡西庄村北一带，流经集店，向北经辛村出境，流入潞城市黄牛蹄水库，境内全长7.5公里，流域面积52.25平方公里，年径流量150万立方米。

4. 淅河 是全县最大的一条清水河流，发源于东井岭乡神山岭和陵川县平城镇交界处，流经树掌、石坡、东井岭、鹅屋、桥上5个乡镇，于桥上乡东川底村注入河南省林州市弓上水库。境内总长49公里，流域面积442平方公里，平均纵坡14%，清水多年平均径流量6260万立方米，多年平均清、洪径流量7727万立方米，最大洪峰流量350万立方米/秒，平均输沙量45.2万吨。

5. 桑延河 位于境内东南部鹅屋乡境内，是一条小清水河流。发源于鹅屋乡牛洞上一带，于本乡黄崖底村东出境，流入河南省辉县市柿园水库。境内全长11.3公里，流域面积31.95平方公里，平均径流量331万立方米，年均清水流量0.10立方米/秒。

第四章 气 候

第一节 气 温

壶关县属暖温带大陆性季风气候区，年平均气温9.4℃，极端最低气温-24.5℃，出现在1975年12月12日；极端最高气温37.4℃，出现在1966年6月21日。全年1月份最冷，平均气温-5.7℃；7月份最热，平均气温22.3℃。

月平均气温一般在10月20日开始下降至10℃以下，最迟为10月23日，下降到0℃以下。气温回升至0℃以上，一般在次年的4月19日，最早在2月初。

年平均最低气温为3.6℃，一般在10月至次年3月出现0℃以下气温，12月至次年2月可出现-10℃以下气温，气温为0℃以下的天气达150天左右；年平均最高气温为16.4℃，7月10日至8月20日的伏旱期均可出现高温闷热天气。其中，西北部年平均气温高于东南部，平川高于山区。树掌镇、石坡乡为比较典型的高寒山区，夏季最高气温偏凉，冬季最低气温偏冷。

第二节 降 水

本县年平均降水量为543.8毫米，有气象记录以来2003年最多，达973.8毫米；1965年最少，仅335.6毫米。总的特点是年际变化大，地区差别小。其中，3~5月份降水量平均为91.2毫米，约占全年降水量的17%；6~8月份降水量平均为325毫米，约占全年降水量的60%；9~11月降水量平均为108毫米，约占全年降水量的20%；12月~次年2月降水量平均为19.6毫米，约占全年降水量的4%。

境内一年四季降雨量，1~6月呈逐月递增趋势，7月达到最高峰。而后，逐月下降，全县各地、各时期雨量分布趋势一致，又略有变化，以东部山区为多，西部较少。

全年降水量主要集中在夏季，以7、8两月最多，各地降水均在245.2毫米以上，占全年降水总量的45%；10月至次年2月为冬季少雨期，降水量68.1毫米，约占全年降水总量的13%。

本县年平均降雨日为88.7天，1964年最多，为130天；1980年最少，为73天。最少的月份为12月和次年的元月份，在6天以下；最多的为6~8月，在37天以上。日雨量≥5毫米的常年平均有32天，1977年最多，为42天，1972年最少，为9天；日雨量≥25毫米的大雨日常年有5天；日雨量≥50毫米的暴雨日，1961年~1996年共计32天，1971年最多为4天；日雨量≥100毫米的大暴雨日年平均0.8天，1962年7月16日最大，达142.6毫米。暴雨日主要集中在6~9月，尤以7月最多。冰雹，1961~1996年发生64次，主要发生在5~8月，6月为最多。一般降雹3~5分钟，少数达到30分钟以上，晋庄镇为本县多雹地带。

降雪主要集中在冬季，常年平均降雪日为29天，1975年最多，为36天；1978年最少，为11天。降雪初日一般出现在11月中旬，1968年最早，为10月10日；1989年最迟，为12月18日。降雪终日为次年的4月上旬，1973年最早，为3月5日；1967年最迟，为5月6日。

积雪年平均为35天，1974年最多，为84天；1965年最少，为13天。积雪初日为12月初，1995年最早，为10月20日。积雪终日为3月下旬，1961年最早，为2月5日；1964年最迟，为4月28日。最大积雪厚度为32厘米，发生在2009年11月12日。

第三节 其他气候要素

1. 蒸发

境内年平均蒸发量为1537.2毫米，约等于年平均降雨量的2.7倍。其中，5月份蒸发量最大，为 282.8 毫米；12 月份蒸发量最小，仅 40.1 毫米。历年最大蒸发量出现在 1978 年，达 1842.5 毫米；历年最小蒸发量出现在 1964 年，仅 1157.3 毫米。

2. 积温

境内全年日平均气温稳定通过 0.0℃的初日为 3 月 10 日，终日为 11 月 18 日，平均初、终间日数为 253.5 天，积温为 3724.0℃；稳定通过 5.0℃的初日为 3 月 31 日，终日为 11 月 1 日，平均初、终间日数为 215.0 天，积温为 3570.3℃；稳定通过 10.0℃的初日为 4 月 21 日，终日为 10 月 8 日，平均初、终间日数为 170.3 天，积温为 3164.7℃；稳定通过 15.0℃的初日为 5 月 15 日，终日为 9 月 12 日，平均初、终间日数为 121.0 天，积温为 2503.0℃。其中，夏季≥15.0℃积温占全年日平均气温稳定通过 0.0℃总积温的 67%；最低气温≤0.0℃的初日为 10 月 14 日，终日为 4 月 17 日，平均初、终间日数为 186 天。地面最低温度≤0.0℃的初日为 10 月 3 日，终日为 5 月 2 日，平均初、终间日数为 212.8 天。

3. 无霜期

境内无霜期因地势而异，年平均为 153 天左右，其霜冻强度及时间也有较大差异。其中，最多达 200 天，为 1998 年；最少仅 110 天，为 1972 年。沿盘马池、东井岭、行头岭到百尺镇赵屋村一带，一般无霜期为 100–110 天左右。境内初霜日一般在 10 月初，最早为 1972 年，为 9 月 4 日；终霜日在次年的 5 月初，最迟为 1979 年和 1980 年，均为 5 月 17 日；有霜日一般出现在 9 月至次年的 5 月。

4. 结冰期

本县结冰期为 150 天左右，结冰初、终间日数长达 195 天，全年平均冻结日数为 110 天左右，一般结冻于 11 月中、下旬之交左右，解冻于次年的 3 月上、中旬之交左右。最大冻土深度出现在 1963 年 2 月，为 74 厘米。

5. 风

境内主导风向，全年以北风、北东北风、南西南风为主，其次是南风。年平均风速 1.9 米 / 秒，定时最大风速为 15 米 / 秒。其中，春、夏两季以北风为主，其次为南风；秋季以北风为主，其次是东北风；冬季以北风为主，其次是西北风。一年中又以春季风速最大，平均为 2.5 米 / 秒；秋、冬两季风速较小，平均为 1.6 米 / 秒。极端最大风速达 21.3 米 / 秒，风向西北，出现在 2010 年 3 月 20 日，极大瞬时阵风达 30 米 / 秒。全年出现 5–7 级大风平均为 7.1 天，1979 年最多，为 15 天；1990、1994、1995 年最少，均为 1 天。其中，4–5 月最多，占全年总天数的 37%；9 月份最少，仅占全年总天数的 0.1%。

第四节 四季特征

境内属暖温带季风气候,主要特征是:大陆性气候明显,四季分明;冬长夏短,雨热同季;季风强盛,年度变化大。

春季:始于2月4日、5日左右,结束于5月4日左右,历时90天左右,天气变化较大,风多,降雨少。

夏季:始于5月5日左右,结束于8月10日左右,历时90天左右。季节降水时间长,雨量集中,暴雨频繁,常可引起山洪暴发而造成洪涝灾害;有的年份则由于雨季结束早,而造成高温伏旱。此时,受单一副热带高压控制,以晴热为主,局部地区午后到夜间有雷阵雨,气温高,日照强,蒸发大,常造成一段时间的干旱,时令正值立秋,故时称桂月期。

秋季:从8月11日左右开始,结束于10月15日左右,历时66天左右。夏末秋初,受冷暖空气相互交汇影响,9月常有一段刮风天气,并间有阴雨绵绵,造成农作物倒伏;10月受西北气流影响,天气比较稳定,常出现天高云淡,爽气宜人的天气,俗称小阳春。

冬季:从10月16日左右开始,结束于次年2月4日、5日左右,历时112天左右,时间最长,气候寒冷,大地封冻,为寒冷干燥季节,常带来严重的霜冻、风雪。

第五章 土壤植被

第一节 土 壤

壶关县境内有2个土类、6个亚土类、21个土属、37个土种,主要呈垂直分布和水平分布,规律较为明显。

淋溶褐土:是分布最高,面积较小的一类土壤,海拔1500~1800米,面积20250亩,占全县面积的1.34%,主要分布于石坡乡大虎岭、树掌镇庙岭山一带,此类土壤为我县的林区土壤。厚度一般在50厘米左右,有明显的树枝叶层。有机质含量表层为8%~10%左右,底层为1.5%;含氮量表层为0.04%~0.05%左右,底层为0.025%~0.03%左右;pH值表层为6.9左右,底层为7.3左右;质地一般以中壤为主。

山地褐土:此类土壤主要发育于石灰岩、砂页岩、闪长岩和黄土母质上,大部分面积在淋溶褐土以下,或与淋溶褐土呈交叉状分布。由于林业生产的发展,大部分山地褐土已被针叶林和针阔混交林覆盖，少部分为耕作土壤，总面积445184亩，占全县面积的29.5%，主要分布在东部海拔1300～1500米的石坡、树掌、东井岭、鹅屋、桥上等乡镇。山地的土层厚度20～30厘米，有机质为3.4左右，pH值为8.2左右。

粗骨性山地褐土：除山上几个乡镇有大面积分布外，其余乡镇的山坡地带均有此类土壤分布，面积734992亩，占全县总面积的48.71%。此类土壤基岩裸露，土中半风化碎岩大于30%，土体发育最差。这些土壤在林业上划分为难利用地或暂难利用地，但目前大部分已作为林业用地使用并进行了绿化。

褐土性土：是本县土壤立类中耕地面积最大的一类土壤，多发育于丘陵地带，被黄土母质覆盖，面积118545亩，占全县总面积的7.86%，分布于海拔1100～1300米之间，多数为耕作土壤。

碳酸盐褐土：分布于本县西北部的山间平地，呈水平分布，面积106700亩，占全县总面积的7.07%，是主要的农业土壤，是粮食的主要产区。

草甸土：县内仅有浅色草甸土一种，主要分布在水库的后尾和已淤积的库底。面积很小，分布零星，很不固定，旱时龟裂涝时泥。

全县80%以上的地区，属奥陶纪石灰岩地质构造，风化慢，漏水强，故地表干旱，地下水十分缺乏。由于水土流失严重，绝大多数山上岩石裸露，土薄而不成层。

第二节 植 被

主要植被类型

壶关县属暖温带阔叶林地带——晋东南晋南西山油松辽东栎林地区——长治盆地谷子、杂粮为主两年三熟栽培植被区。由于历史上的种种原因，天然植被屡遭破坏，原始植被不复存在，目前均为次生植被和人工植被。植被类型如下。

1. 天然次生油松林、油松和辽东栎混交林。集中分布在树掌镇紫团山一带。乔木以油松、油松和辽东栎混交为主，紫团村周边有油松、白皮松混交林。灌木有□子、绣线菊、连翘、黄刺玫、樱草蔷薇、卫矛、金银忍冬、鼠李、虎榛子、溲疏、胡枝子等。草本植物以白羊草为主。是最完好的一种植被类型。

2. 以鹅耳枥为主的天然次生杂木林。集中分布在太行山大峡谷内。乔木中除鹅耳枥外，有栾树、青肤杨、构树、蒙桑、白榆、小叶杨、大果榉、白蜡、山核桃等，前脑、南岭等地有少量栓皮栎。灌木和藤本有暴马丁香、黄栌、叶底珠、连翘、荚□、狼牙刺、野皂角、荆条、铁线莲、胡枝子、接骨木、孩儿拳头、悬钩子、南蛇藤、葛藤、山葡萄等。草本植物有白羊毛、山菊、博落回等。大峡谷内不但植被完好，而且树种最为丰富。占全县树种的85%以上。尤以十八盘上下至庄则上这段,自然生长有在全县罕见的青榨槭、东陵绣球、绿叶胡枝子、圆叶蒙桑、微毛樱桃等乔灌木。在红豆峡内生长有国家一级保护野生植物南方红豆杉、二级保护野生植物脱皮榆,有难得一见的三叶木通、苦木等。在八泉峡有青檀,黄崖底、后脑村有海州常山,猫嵝有红柄白鹃梅等境内少见的植物。

3. 油松人工林。面积最大的人工植被,几乎遍布全县山坡。最为集中连片的地方是大虎岭、十里岭、高山寨、常石林带、委委池岭、老洪岭、肖军岭、沙坨岭、英英山。此类植被郁闭度大,林下灌木少,只在林中空地以及林地边缘有、樱草蔷薇、黄刺玫、荆条、虎榛子、榛子、鼠李、□子、胡颓子、荚□、连翘、沙棘、绣线菊等灌木。草本植物以苔草、山菊、铁杆蒿为主。

4. 油松、山桃人工混交林。此类植被分布于晋庄、石坡、店上、五龙山、东井岭等乡镇的部分地方。自然生长的灌木有樱草蔷薇、黄刺玫、□子、绣线菊、荆条、狼牙刺等。草本植物有白羊草、山菊等。

5. 侧柏,侧柏、山桃人工混交林。此类植被多在干石阳坡和桥上乡河道两侧的陡坡上以及龙泉镇、百尺镇、店上镇部分地方。自然生长的灌木主要有荆条、黄刺玫、酸枣、狼牙刺、地椒等。草本植物以白羊草居多。

6. 山桃、连翘人工林。此类植被是一种新的人工植被,以火烧迹地为主。“4.29”森林火灾之后,吸取油松纯林的教训,将这些火烧迹地全部营造阔叶林,以与大片的油松纯林形成片状针阔、乔灌混交林。现在林内又自然生长了大量樱草蔷薇、黄刺玫、荆条、连翘等灌木。草本植物有白羊草、羊胡草等。

7. 刺槐林。主要分布在黄山乡、百尺镇丘陵地带和全县境内的侵蚀沟。全部为人工林采伐后的次生林植被。树种单一。草本植物主要是白羊草、蒿类、狗尾草、苇草等。这类植被因为森林面积增加,水土流失得到根本控制,一些沟坡逐渐被开发利用,面积有所萎缩。

8. 国槐林。分布于公路两侧。人工栽植,特殊地段间种有紫叶李、山桃等灌木。草本植物以苜蓿、蒿类、狗尾草等为主。

9. 经济林。以人工栽培为主,树种主要有苹果、梨、红果、核桃、柿子等。

10. 农作物群落。以玉米、谷子、山药蛋、西红柿、豆角为主。这类植被是农垦植被,一年一收,随市场和人们的喜好变化而变化。

植被的水平分布

西部,即龙泉镇、集店乡、黄山乡、百尺镇、常平开发区,植被农作物为主,约占总面积的50%左右。山地树种包括油松、侧柏、刺槐、山桃、荆条、鼠李等植被次之,再次则是人工绿地。人工绿地的树种比较丰富。并大多是外来树种。

中部，即店上镇、晋庄镇、五龙山乡，植被以山地绿化树种和自然生长的灌木为主，约占总面积的50%以上。有油松纯林、油松、山桃混交林、侧柏、山桃混交林。灌木有荆条、樱草蔷薇、连翘、鼠李、胡枝子、虎榛子、沙棘、绣线菊等。次之为农耕植被，约占总面积的30%左右。

东部，即东井岭乡、石坡乡、树掌镇、鹅屋乡、桥上乡。山地绿化植被占总面积的75%以上。主要林种有油松纯林，油松、辽东栎混交林，侧柏、山桃混交林，山桃、连翘混交林、杂木林等。是全县植被面积占比最大、自然植被占比最大、树种最丰富植被最完好的区域。

植被的垂直分布

每种植被类型的形成，都有它一定的生态环境和一定的社会条件。天然的植被类型受多种环境影响，而海拔高度的影响最为明显。就人工植被而言，也是在依据自然条件的基础上，根据社会条件进行人工干预形成的。因此，在气候、土壤基本相同的条件下，海拔高度在植被类型形成上，占有很大影响。壶关县地理经度差别虽然只在“分”之间，但海拔高度却相差在1千米以上，因此植被的垂直分布上有一定差别。

海拔1000米以下的峡谷区，即十八盘到桥上乡东川底及鹅屋乡黄崖底一带，植被以杂木为主，树种丰富多样。

海拔1000米—1300米，山地植被以油松、侧柏、刺槐等人工林为主，间有荆条、樱草蔷薇、黄刺玫、鼠李、连翘等灌木。农垦区植被以玉米、谷子、山药蛋、蔬菜为主。

海拔1300—1500米，植被以油松人工林，次生油松、辽东栎及杂木混交林为主。间有虎榛子、胡枝子、连翘、樱草蔷薇、黄刺玫、□子、绣线菊等灌木。农垦作物以玉米、山药蛋为主。

海拔1500—1800米，植被以油松人工林为主，灌木有荆条、樱草蔷薇等。

第二编　森林资源

第一章　森林资源变迁

第一节　新中国成立之前的森林资源

追溯历史,上古时期太行山系到处覆盖着茂密的森林和部分畅茂的草原。壶关地处太行山南段,又是山区,对森林的破坏相对平川要晚。那时,气候调匀,水源丰盛,河水清澈,泽泉众多,有着良好的生态环境。随着时代推移,由于围猎滥牧,毁林拓田,伐薪烧炭,战乱频繁,加之历代统治阶层大兴土木,以及帝国主义和官僚投机商的掠夺,森林日趋减少,终至殆尽。壶关森林变迁,基本上是逐步减少的历史。

如《诗经》载:安阳西部的太行山区是“陡彼景山,松柏丸丸”。《山海经·北次二经》载:“发鸠之山(长治南),其上多柘楮”。均说明靠近城邑的浅山区尚森林满布。

秦、汉时,壶关东南部的淇县、辉县等地的低山、浅山区就有大面积竹林。

魏晋南北朝时,山上森林仍很茂密,但已有些破坏。如东汉末建安十一年(公元206年),曹操从邺城(今临漳县)“北上太行山”征讨袁绍的外甥高干,路经壶关县东南的羊肠坂,在《苦寒行》诗中说羊肠坂是“树木何萧瑟,熊罴对我蹲,虎豹夹路啼,溪谷少人民”,说明那时山林茂密,野兽很多。后曹魏在邺城大建宫殿,“伐上党山林木”。《晋书·刘琨传》载:四世纪初(公元307～318年)刘琨晋阳抗战,他经壶关、长治而到晋阳。说沿路是“狭路倾华盖，骇驷摧双辀”,也说明山区的路旁森林树木很多。十六国时,后赵(公元319～351年)在邺城建规模更浩大的京都和宫殿建筑群，大材也取自太行山南段。到东魏(公元534～550年)、北齐(公元550～577年)在邺城建都的木材仍取自太行山南段，尤其是高洋称帝后（公元551～558年),“性侈土木，往来晋阳，多起离宫”，木材也取自这里。这段时期这一带非常动乱，战争频繁，对森林多有破坏。

隋唐时,羊肠坂附近的紫团山一带,因山高林密,土壤肥沃,空气湿润,主产人参,被专列为皇室的“贡品”。该山古称抱犊,素有“南有武夷,北有抱犊”之誉称。从韦庄、唐玄宗、白居易等人描述太行山南段和壶关一带的诗篇来看,唐朝时该段山区森林依然广布。如唐玄宗《赐崔日知往潞州府》诗曰:“潞国开新府,壶关宠旧林”;吕岩《游灵显观》诗曰："卧听松音临水石，坐看山色老苍烟，林中有鹤窥来看，岩畔无人看落花"。但靠近华北平原的丘陵浅山区，因"户口日增"，森林已遭到破坏而荒废，引起水土流失，故有"陡塌岁决"之记载。

自北宋建都于开封后，政治中心东移，对该段森林的破坏更加严重起来。采伐的林区，已向北推到安阳、林县一带山区。如《林县志》载：瑞拱元年（公元988年），"以河北诸郡建城池仓库及置造兵器"，在县北七十里漳水岸的"番阳城"，"岁办木材于民间，于此城置采造务，特置监官及添置工六百人……每自春二月至十月，采木材于林虑北山，浮于漳，入于铭，达于冀"；同年又在县南五十里淇水岸设"双泉务"，"采木于林虑南山，浮于淇，达于雄霸（今河北雄县、霸县）"。这样大规模的采伐，毁及林县西山及平顺、壶关、陵川东部一带森林。但也说明，靠近华北平原的林虑山，当时木材资源还相当丰富，翻过山的黎城、平顺、壶关、陵川一带当然更多。据《壶关县志》载：壶关和平顺县东南诸山，北宋时还是"松柏千岁""孤干直出百寻""长薄萧深""青松袅袅""红叶半飞""风林哨声""乔林棘寒""逶迤叠翠"等一派茂林景色。

北宋时对该段森林破坏是最严重的，森林大面积减少，林相也大不如前了，近山、浅山区开始出现了大面积荒山。如北宋末沈括（公元1031～1095年）的《梦溪笔谈·杂志》，已说"今齐鲁间松林尽矣"，接着说太行南段靠近华北平原的浅山区是"松林大半童矣"。《山西通志》载有范绒的《静轩记》，说"熙宁三年（公元1070年）二月，来尉于壶关，始至之日，见群山荒障（指靠近上党盆地的边山区）……凡一日所及，莫不使人觑郗而叹息"。《壶关县志》载有崔伯易的《感山图并序》，也说原本是"用材有余，终兴利于无穷"的大片山林，经大肆滥伐后，遂形成"材不爱而木不蕃，而树不滋，始有千里不毛"的局面。

接着金王朝统治了北方后，太行山的"八字"义军主要聚集在太行南段和中条山东段抗金。统治者怕人民"聚啸山林"，其武力所及之外，将山林"尽数烧毁"，又对本段山林进行了一次更大的浩劫。

元朝时，壶关、平顺至陵川一带偏远的太行深山还保留一些片林。如元初李惟馨的《拙庵看山图序》说："太行东南，壶关、陵川之间……舍里曰林青……乡曰紫团，乃太行绝顶……产紫团参……稍北林虑也……草木秀润，翠松苍桧……茂林修竹，与山无穷，葱箐浓郁，拔拂云霞，蔽亏日月……人迹罕到"，说明在崎岖不便的深山、高山处，还有大片森林存在。

明朝时，壶关一带已多是次生残林，材质不好，又远离京都，未见有组织的大规模采伐记载。紫团山主产的人参，因森林环境被破坏，没有了赖以生存的客观条件，在明朝初期已经绝灭了。明弘治、正德年间（公元1488～1521年），"壶关县尚有万羊千马称”,惟因“冬月草少,不得不移牧于南方,及夏而还,若鸿雁之往来南北焉”。

到清朝已基本无大片林可言。据《山西通志》和《潞安府志》之《山川》载,清中叶以前仅记述有壶关南六十里佛耳山“郁郁乔林”。清朝时县志中,已出现“童山不毛”“树无多影”“山多水少”“土薄石厚”等凄惨景象。

中华民国时期,山林继续遭到摧毁。到中华人民共和国成立时,全县仅树掌紫团山、石河沐黑山背保留着两处成片天然次生林外,其余就是部分村有一点“禁坡”林木,森林覆盖率大约在1.6%以下。

第二节 新中国成立之后的森林资源

中华人民共和国成立后,在党和政府的领导下,壶关县加强森林资源保护,坚持植树造林,不但扭转了森林面积连年减少的局面,而且逐年有所增加。特别是党的十一届三中全会以来,历届县委、县政府坚持不懈地带领全县人民艰苦奋斗,植树造林,改善生态,取得了很大成就。

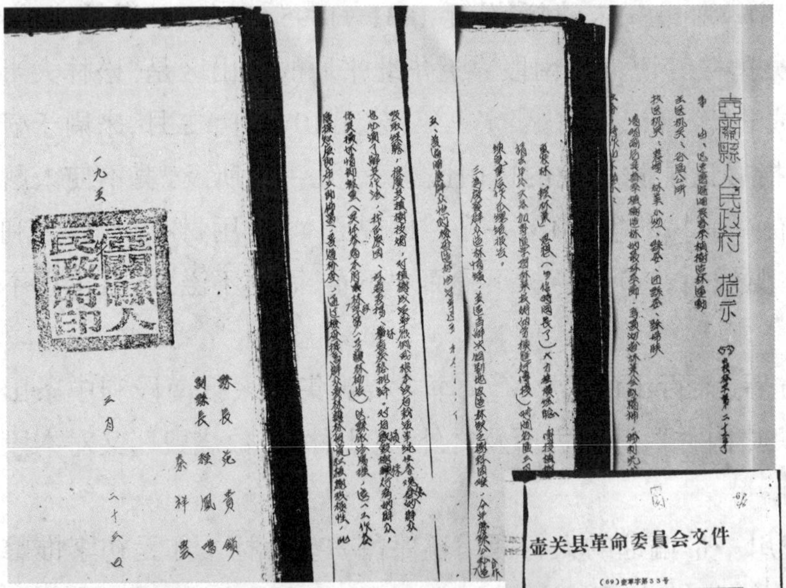

壶关县人民政府发布于1953年的关于开展春节植树造林运动的指示

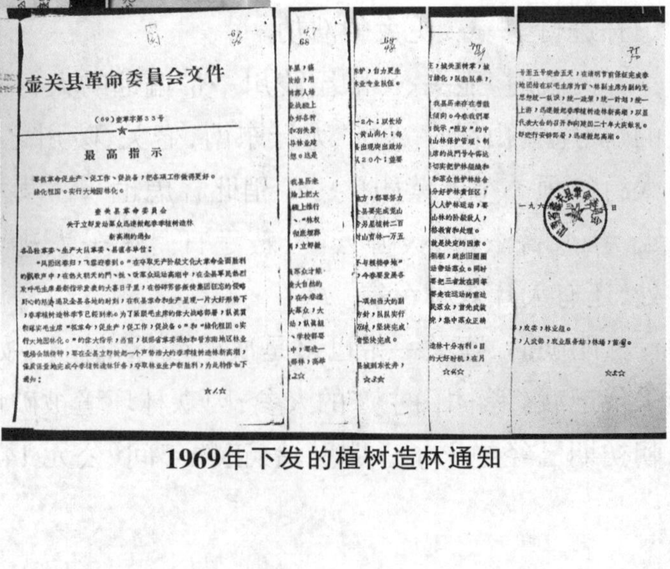

1969年下发的植树造林通知

1. 新中国成立初期至 1977 年的森林资源

建国初期因没有查到记载资料，确切的森林面积无法确定。根据查阅相关资料和访问有关的老人，推测当时全县的森林面积大约在 2 万亩左右，主要分布在树掌、翠谷、紫团山一带，除此之外就是零星分布在部分村“禁坡”的小片林。

1977 年山西省林业调查队对全省的森林资源进行清查，记载壶关县到 1976 年底，全县有林地为 1950 公顷(其中天然林 769 公顷，人工林 1181 公顷)，疏林地 2636 公顷，灌木林地 230 公顷，未成林造林地 564 公顷，苗圃地 162 公顷。

全县活立木蓄积 8.53 万立方米，其中幼龄林面积 1.181 公顷，蓄积 0.21 万立方米；中龄林面积 769 公顷，蓄积 2.36 万立方米；疏林 2.636 公顷，蓄积 5.96 万立方米。

按树种划分，主要是油松和栎类两种，其中油松蓄积为 2.26 万立方米，栎类蓄积 0.31 万立方米。

四旁树株数和蓄积是：总株数 390.2 万株，蓄积 8.21 万立方米；经济树 195.8 万株。用材树主要树种是杨树、柳树、槐树、椿树、榆树、桐树及针叶树；经济树主要树种是苹果、梨、柿树、枣树、核桃、花椒、桑树等。

2. 1983 年林业区划规划时森林资源状况

1978 年到 1983 年，林业得到进一步重视，抓林业的力度不断加大，林业发展速度加快。1983 年山西省林业勘测设计院到壶关进行林业区划规划，对林业资源进行了详细调查。调查结果显示，全县的森林资源有了很大发展。有林地面积达到 9943.53 公顷，疏林地面积 743.6 公顷，灌木林地面积 264 公顷，未成林造林地 5275.2 公顷，合计 16226.33 公顷，占全县总面积的 16%，有林地加四旁树的覆盖率达到 12.4%，森林覆盖率达到 9.8%。从 1978 年到 1983 年的六年间，森林覆盖率年增加 1.27 个百分点。

全县森林蓄积量 16.65 万立方米，其中油松蓄积 13.70 万立方米，占 82.28%；辽东栎蓄积 1.52 万立方米，占 9.13%；其它 1.43 万立方米，占 8.59%。

全县四旁树 349.9 万株，成材树蓄积 3.21 万立方米，其中杨树 151.04 万株，刺槐 71.45 万株，榆树 20.06 万株，其余为柳树、椿树、泡桐、侧柏等。

经济树中桑树 3.52 万株，枣树 10.71 万株，核桃 6.24 万株，其余为苹果、梨、杏、桃、柿、红果等，总产量 320 万公斤。

按林种划分，用材林占优势，面积 10366.4 公顷，占 63.9%；防护林 4315.13 公顷，占 26.3%；薪炭林 60 公顷，占 0.4%；经济林 1524.8 公顷，占 9.4%。

按树种分，以油松为主，面积 6143.8 公顷，占 73%；其次为辽东栎，面积 908.33 公顷，占 10.8%；刺槐林 572.93 公顷，占 6.8%；杨树林 386.13 公顷，占 4.6%；侧柏林 272.93 公顷，占 3.2%；其余为旱柳、白榆、臭椿等共计 132.8 公顷，占 1.6%。

3. 1989 年底的森林资源状况

1984～1989 年的六年间，全县的林业生产进入高峰期。有林地面积增加到 20466.67 公顷,加灌木林、四旁树林木覆盖率增至 19.2%,活立木蓄积量达到 31.28 万立方米。

按林种划分,用材林面积 11033.34 公顷,蓄积 17.86 万立方米;防护林 9360 公顷,活立木蓄积 13.41 万立方米;薪炭林、特用林 73.33 公顷,活立木蓄积 0.01 万立方米。

按树种划分,针叶林面积 16066.67 公顷,阔叶林面积 4400 公顷。

第二章 森林资源现状

第一节 森林面积

据 2009 年全国森林资源清查,壶关县的森林面积为 39521.4 公顷。

1. 按林种划分

防护林 34022 公顷,用材林 3108.7 公顷,经济林 2390.7 公顷。

2. 按树种划分

防护和用材树种(37130.7 公顷)

落叶松:面积 16.8 公顷(属 80 年代引进树种)

油松:面积 32509 公顷

侧柏:面积 697.2 公顷

辽东栎:面积 742.6 公顷

硬阔类:面积 1.4 公顷

刺槐:面积 3062.7 公顷

白榆:面积 55 公顷

杨树:面积 46 公顷

经济树种(2390.7 公顷)

苹果:面积 1241.5 公顷

梨:面积 334.2 公顷

桃:面积 21.7 公顷

枣:面积 37.3 公顷

红果:面积 128.6 公顷

柿子:面积 14.9 公顷

核桃：面积 555.6 公顷

葡萄：面积 19.9 公顷

花椒：面积 16 公顷

桑树：面积 21 公顷

3. 按起源划分

天然林 5171.9 公顷，人工林 34349.5 公顷。

4. 按权属划分

国营 4387.6 公顷，集体 34370.9 公顷，个人 762.9 公顷。

第二节　森林蓄积

全县的森林蓄积量为 92.62 万立方米，其中幼林龄面积 14892.6 公顷，蓄积 14.87 万立方米，占总蓄积量的 16.06%；中龄林面积 12863 公顷，蓄积 42.37 万立方米，占总蓄积量的 45.75%；近熟林 4230.5 公顷，蓄积 17.98 万立方米，占总蓄积量的 19.41%；成熟林 2376.7 公顷，蓄积 13.70 万立方米，占总蓄积量的 14.79%；过熟林 377.2 公顷，蓄积 3.71 万立方米，占总蓄积量的 4.01%。

第三节　森林覆盖率

1977 年，壶关县有林面积仅 1950 公顷，森林覆盖率只有 1.93%，水土流失面高达 82.3%。党的十一届三中全会以来，特别是 1984 年林业区划规划和太行山绿化工程启动以来，全县人民咬定青山不放松，全民动员绿化太行。到 80 年代末，全县有林面积达到 12466.67 公顷，森林覆盖率达到 16.6%。到 90 年代末，全县有林面积 33433.33 公顷，森林覆盖率达到 33.01%。在 2010 年林地保护利用规划时，全县有林面积达到 39773.33 公顷，森林覆盖率达到 39.45%，林木绿化率达到 44.43%。

第三章　树种资源

壶关县自然地理环境复杂，海拔高低悬殊，相对高差 1336 米，属暖温带大陆性季风气候区，适于树木生长，野生乡土树种资源十分丰富，后引进的树种也很多。

第一节 乔木树种

1. 观赏类

原有:侧柏、垂柳、龙柳、皂角、白皮松、南方红豆杉、华山松、海棠、盘槐。

引进:雪松、龙柏、元宝枫、合欢、云杉、桧柏、杜松、蜀桧、全缘栾树、红花槐、银杏、法桐、洋白蜡、五针松、红叶杨、红叶李、樱花、红叶桃、千头椿、馒头柳、金丝柳、金叶榆、樟子松、黄金槐、白玉兰。

2. 果树类

原有:大国光、小国光、青香蕉、金冠、元帅、红玉、倭锦、黄魁、祝光、鸡冠、印度、山楂、大黄梨、伏梨、杏、家桃、伏桃、李子、林檎、花红。

引进:红富士、新红星、大金星、乔纳金、秦冠、王林、津轻、首红、酥梨、雪花梨、鸭梨、泽州红、绛县粉口、雪桃、岗山白、大久保、京杏、蓝宝石李。

3. 木本粮油类

原有:山核桃、核桃、柿树、君迁子、红枣、黑椋子、山杏。

引进:汾阳核桃、隔年核桃、中林1号、中林2号、晋龙1号、香玲、鲁光、太谷壶瓶枣等。

4. 用材类

原有:油松、揪树、小叶杨、青杨、毛白杨、旱柳、刺槐、国槐、榆树、脱皮榆、榉树、扑树、臭椿、香椿、辽东栎、槲树、栓皮栎、毛泡桐、桑树、白桦、青檀、漆树。

引进:落叶松、沙兰杨、107杨、108杨、三倍体毛白杨、银中杨、新疆杨、加拿大杨、北京杨、箭杆杨、大叶桑、速生柳、阿根柳。

5. 药用类

引进:杜仲、山茱萸。

第二节 灌木树种

1. 观赏类

原有:黄刺玫、红刺玫、玫瑰、榆叶梅、丁香、木槿、忍冬、绣线菊、樱桃、月季、蔷薇、牡丹、金银木。

引进:紫荆、火炬、紫薇、紫叶矮樱、红瑞木、锦带花、沙地柏、水腊、小叶女贞、金叶女贞、红叶小檗、小叶黄杨、冬青、卫矛、北海道黄杨、紫玉兰、竹子类。

2. 木本粮油类

原有：山桃、花椒。

引进：文冠果。

3. 药用类

原有：酸枣、连翘、枸杞、葱冬藤、木通等。

4. 水保类

原有：沙棘、胡颓子、荆条、野蔷薇、栒子、杜梨、胡枝子、锦鸡儿、鼠李、黄栌、虎榛子、榛子、杠柳、荚蒾等。

引进：紫穗槐、柠条。

第三节　藤本树种

1. 观赏类

原有：爬墙虎。

引进：五叶地锦、紫藤。

2. 木本粮油类

原有：家葡萄、山葡萄。

引进：巨峰葡萄、先锋葡萄、红提、龙眼等。

3. 药用类

原有：五味子。

引进：金银花。

4. 水保类

原有：葛藤、山葡萄等。

第四章　野生动物

第一节　山西省保护动物

壶关县的森林野生动物随着森林面积的扩大在逐年增加，根据山西省野生动物保护协会提出的保护动物名录，县内有 3 类 7 种。

其中：

一类保护动物 1 种：豹（俗名金钱豹）

二类保护动物1 种:穿山甲

三类保护动物5 种:豹猫、苍鹰、莺、大壁虎、刺猬

第二节　无脊椎野生动物

环节动物有蚯蚓、水蛭(蚂蟥);软体动物有蜗牛、蛞蝓、河蚌;节肢动物有甲壳类的河虾、河蟹、水蚤、剑水蚤,多足类的蜈蚣、蚰蜒,昆虫类的蜻蜓、蜉蝣、草蛉、草蛾、菜粉蝶、凤蝶、灰灰蝶、螟蛾、蚊、苍蝇、天牛、叶甲、甲虫、叩头虫、米象、虎甲、瓢虫、金龟子、蝉、臭虫、蚜虫、介壳虫、蓟马、椿象、蝗虫、蚂蚱、蟋蟀、螽斯、螳螂、蚂蚁、蜜蜂、胡蜂、马蜂、萤火虫、蟑螂、土鳖、潮虫、斑鲨、蝼蛄、梨食心虫、蛛形类的蝎、蜘蛛、红蜘蛛等。

第三节　脊椎野生动物

两栖类的有青蛙、蟾蜍;野鸟类的有麻雀、石鸡、老鹰、猫头鹰、结白雕、黄尖雕、环颈雉、秃鹫、乌鸦、喜鹊、灰喜鹊、山斑鸠、斑翅、山鹑、胡燕、布谷鸟、啄木鸟、水鸭、白头翁、岩鸽、原鸽、珠颈斑鸠、苍鹰、莺、短耳、戴胜、风乌、白脸山雀、画眉、红尾鸲、寒鸦、苍鹭、马野鹊、黑卷尾、黄鹂;哺乳类的有豹、穿山甲、豺、野猪、山羊、山兔、蝙蝠、寒号乌、刺猬、旱獭、老鼠、田鼠、花鼠、狼、黄鼠狼、猫豹、狐狸、青鼬、草兔、孢子、岩松鼠、多齿鼯鼠、小鼯鼠、狗獾、艾虎、猪獾等。

第五章　野生药材菌类资源

壶关县野生中药材、菌类种类繁多,且分布广、面积大。

第一节　植物类中药材

根茎类中草药:党参、沙参、元参、丹参、苦参、生地、黄芪、黄芩、白术、白芍、白芷、白头翁、元胡、山药、大黄、青木香、半夏、桔梗、前胡、柴胡、银柴胡、远志、玉竹、山独活、防风、花粉、苍术、黄精、毛知母、蒿本、南星、常山、狼毒、何首乌、茜草、芦根、地榆、管仲、板蓝根、土贝母、漏芦、白茅根、威灵仙、家百合、洋地黄。

果实类中草药：山枸杞、五味子、大刀子、苏子、莨菪籽、牵牛花、破故子、车前子、菟丝子、冬青子、王不留、苍耳子、莱菔子、白芥子、急性子、地肤子、茴香、枣仁、酸枣、柏子仁、家桃仁、山桃仁、李仁、山芋肉、马斗苓、瓜娄、连翘、槐米、黑芝麻、赤小豆、白扁豆、白蒺藜、皂角、糠谷老、草决明、苦丁香。

全草类中草药：家薄荷、大蓟、小蓟、茵陈、蒲公英、荆芥、瞿麦、益母草、败酱草、透骨草、老观草、扁蓄、地丁、马齿苋、淫羊藿、紫苏、血见愁、牛蒡子。

花叶类中草药：金银花、菊花、红花、冬花、夏花、槐花、合欢花、夏枯草、桑叶、苏叶、大青叶、侧柏叶、艾叶。

树皮类中草药：黄柏、桑柏皮、五加皮、椿树皮、白癣皮、地骨皮。

壶关县树掌村一带森林里产的"紫团参"最为珍贵。曾是唐、宋、元、明时期地方官吏向皇宫进贡的"八贡"之一。唐代大文学家韩愈的七言律诗《送客之上党》、北宋大科学家沈括的科学巨著《梦溪笔谈》、北宋大文学家苏东坡的散文《紫团参》等，都对产自壶关的紫团参给予了很高的评价。

第二节　动物类中药材

全虫（全蝎）、蜈蚣、鸡内金、蜂房、牛黄。

第三节　菌类资源

森林菌类是个庞大家族，已知的有数万种，壶关县的森林菌类可供人们食用的有：松菇、黑木耳、地蘑、猴头菌、香菇、平菇、草菇等。

第三编　造林绿化

第一章　育　苗

第一节　苗木生产

壶关县的育苗生产伴随着造林绿化事业的需要而兴起。20 世纪 40 年代，全县没有苗圃，植树造林所用苗木都是砍杨、柳树枝栽植，荒山则是直接播种。新中国成立后苗圃开始有了发展，但面积很小，从 1949 年到 1954 年，全县每年的育苗面积一直在 10～20 亩左右徘徊。随着对植树造林工作的重视，对苗木的需求紧迫起来，1955 年全县育苗达到了 152 亩，1956 年有了飞跃发展，实有育苗面积达到 760 亩，1957 年开始筹建国营苗圃，并划定苗圃土地 250 亩，正式开始了国营育苗，到 1978 年，全县植树造林用苗大部分由国营苗圃供给。

1979 年 9 月，县委作出《关于大力发展林牧业生产的决定》后，育苗生产被列入重要议事日程，狠抓了县、乡、村、户四级育苗。并强调做到舍得好地、舍得劳力、舍得投资、舍得肥料“四舍得”。

1980 年 9 月，县委、县革委在常行公社盖家川大队（今东井岭乡盖家庄村）召开全县三级干部会议，推广王五全油松育苗造林经验。这是壶关县首次也是至今最后一次把三级干部会议开在农村，同时是在三级干部会议上专题解决育苗一个问题的会议。为了鼓励集体、个人的育苗积极性，会议出台了从经济上进行大力扶持的政策。规定：育一亩油松苗，亩出苗达到 15 万株，资助 80 元，奖励 30 元，计 110 元；育一亩阔叶苗

容器育苗基地

山坡油松育苗基地

资助10元。同时,鼓励建立骨干苗圃,规定凡育苗面积在10亩以上,并且集中连片,一、二级苗达到80%以上者为骨干苗圃,每亩资助30元。这次会议在全县干部群众中产生了重大而深远的影响。当年全县油松育苗1047亩,仅鹅屋一个公社就达414亩。1980年全县总育苗5509亩,占到耕地总面积的1.5%。从1980年以后到1983年,全县骨干苗圃面积每年保持在2000亩以上。仅1980年全县用于苗圃的资助款和奖励款就达23.5万元。

农村实行生产责任制后,县委、县政府把扶持发展林业专业户、重点户,当做发展林业生产的一项重要措施来抓,全县育苗专业户发展到1003户,育苗生产进入高峰期。1983年育苗面积达到7742亩,1985年达到14305亩,成为历史最高值。除满足本县植树造林需要外,还有大量油松苗销往外地。

1984年后,壶关县开始实施林业区划规划,1986年全省又开始实行工程造林,对造林树种、苗龄、质量都有了具体要求,育苗随之逐步进入定向育苗、按需育苗、科学育苗的新阶段,在一定程度上大大提高了育苗的针对性。这一阶段全县的育苗处于相对稳定状态,供需平衡。

1990年后,立地条件较好的荒山逐步减少,裸根苗在土质条件差的荒山上造林的成活率有所降低,因此在继续推广王五全就地育苗就地栽的实用技术的同时,加大了容器育苗的推广力度。

1998年以来,国家把林业生态建设提到了更高的高度,"六大工程"先后启动。2002年国家又启动了退耕还林工程,再次推动了本县的种苗建设。个人临时苗圃得到大量发展。

2006年造林实行招投标制以来,造林向公司化、专业化方向发展。造林标准化、规范化水平的提高,推动育苗形式也发生了深刻变化,育苗开始实行许可证制度,育苗地由零星、临时开始向规模连片发展,出现了专业化的个体苗圃。到2013年,全县注册的个体苗圃共有11家,育苗面积1050亩。

第二节 育苗品种

壶关县各个时期的造林重点不同,育苗品种也有所不同。解放之初,育苗以杨柳树为主,有少量的果树育苗。1958年国营苗圃成立后,育苗品种有所增加,引进了当时的优良杨树品种,如加拿大杨、箭杆杨等,柳树也由单一的旱柳扩大到曲柳、垂柳,同时各种果树新品种也成为育苗的重点。

20世纪60年代末到70年代初,北京杨以其明显的优良性能,逐步代替了其他杨树品种。刺槐在这一阶段也得到了大量发展。

20世纪70年代末到80年代,全县的育苗品种进一步丰富起来,木材树中,杨树增加了毛白杨、群众杨、沙兰杨,柳树增加了漳河柳,特别是荒山绿化树种开始了油松、侧柏育苗移栽的新形式,油松育苗基本达到村村有苗圃,沟坡绿化先锋树种刺槐也得到大的发展,果树中增加了红果和红富士、巨峰葡萄、酥梨等外来新品种。

20世纪90年代育苗果树方面以核桃、花椒为主。木材树以毛白杨、三倍体毛白杨、107杨、108杨、柳树为主。

1997年国营苗圃经过多方努力,抢抓时机、利用国家优惠政策,通过贴息贷款,加大资金投入,在杜家河库容内建立了三倍体毛白杨培育基地,有关专家多次来进行技术指导,三年后三倍体毛白杨的产苗量达到了原北京杨的五倍。经济效益增加了三倍。

2000年后,随着国家退耕还林政策的启动,因造林树种变化,育苗品种也有了很大改变,山桃、山杏、侧柏、连翘、元宝枫、火炬、刺槐等品种占主要地位,经济林以核桃为主。同时这一时期大规格观赏树种育苗有了较大发展,主要树种有刺柏、侧柏、国槐、白皮松、云杉、垂柳、金丝柳、红豆杉、元宝枫等。

落叶松苗木

核桃苗圃

香椿苗木

油松育苗基地

白榆苗圃

第三节 育苗面积

1979～1989 年育苗面积统计

单位:亩

年份	当年新育	年末保存
1979	1855	3666
1980	5509	6067
1981	4776	6666
1982	4995	6393
1983	4319	7742
1984	10705	12223
1985	5066	14305
1986	2200	8160
1987	3572	10778
1988	2750	7700
1989	2800	7400

1990～2013 年育苗面积统计

单位:亩、万袋

年份	任务		完成		按种类划分						备注
	合计	其中:新育	合计	其中:新育	合计	针叶树	阔叶树	经济林	花灌木	其中:容器袋	
1990	4500	2000	4800	2300	4800	2555	1555	668	22	500	
1991	3050	1050	4000	2000	4000	2416	963	603	18	800	
1992	3200	1500	3308	1608	3308	1832	950	510	16	400	
1993	3200	1500	3317	1617	3317	1974	822	506	15	700	

（续）

1994	3200	1500	3272	1572	3272	1633	1118	502	19	400	
1995	3200	1500	3273	1573	3273	1532	1036	686	19	400	
1996	2600	1300	2700	1400	2700	1346	923	416	15	400	
1997	2600	1100	2700	1200	2700	1376	903	405	16	700	
1998	2700	1050	2800	1200	2800	1324	1060	396	20	300	
1999	2700	1200	2800	1400	2800	1098	1274	410	18	321	
2000	2500	1200	2740	1620	2740	1230	1085	406	19	410	
2001	2800	1600	2847	1658	2847	1120	1285	426	16	312	
2002	2900	1200	2950	1300	2950	665	1860	410	15	100	
2003	2900	1500	2930	1630	2930	706	1683	521	20	110	
2004	2800	1500	3020	1630	3020	695	1811	496	18	120	
2005	2900	1500	3125	1630	3125	686	1935	483	21	600	
2006	3200	1600	3250	1650	3250	672	2083	476	19	65	
2007	3600	1600	3660	1680	3660	766	2364	510	20	520	
2008	3600	1600	3600	1600	3600	925	2177	482	16	600	
2009	4000	1500	4100	2200	4100	1139	2213	726	22	570	
2010	3800	2000	3850	2100	3850	1086	2036	713	15	550	
2011	4600	2500	4600	2550	4600	1723	2021	836	20	70	
2012	4600	2500	4605	2550	4605	1830	1826	928	21	201	
2013	4600	2500	4600	2500	4600	1721	1864	996	19	150	

第四节　育苗实行生产经营许可

2000 年以后，育苗生产逐步规范化、标准化，育苗实行生产经营许可。

2009 年以前办理许可证在山西省林业厅、长治市林业局，从 2010 年开始在县林业局即可办理。

办理林木种子生产、经营许可证需要提供的证件有：

（1）主要林木商品种子生产许可证申请表；

（2）生产用地使用证明、采种林分证明；

(3)单位主要负责人或者个人身份证明；

(4)林木生产地检疫证明；

(5)林木种子检验人员和生产技术人员资格证明；

(6)生产主要林木的商品种子目录；

(7)经营林木种子目录；

(8)法律法规定的其他条件。

办理林木种子生产、经营许可证的程序是：

林木种子经营许可证

(1)申请者按规定向审核机关提出申请。

(2)审核机关在收到申请材料15日内完成审核工作,审核时要对生产地点等项目进行实地考察。按规定签署审核意见,上报审批机关。

(3)审批机关在收到审核意见15日内完成审批工作。对符合条件的,发给苗木生产许可证;不符合条件的,退回审核机关并说明原因。审核机关应将不予批准的原因书面通知申请人。

审批权下放县林业局后,审核、审批均由县林业局负责。

第五节　苗木“四证一签”

2000年以来，根据上级要求，壶关县的退耕还林工程苗木调运、工程结算，实行“四证一签”制度。四证是：苗木产地主管部门出具的《苗木合格证》、苗木企业的《苗木生产许可证》和《苗木经营许可证》《苗木产地检疫证》；一签是：苗木标签。使用方根据苗木方的四证一签进行复验合格后，才可在工程中使用。苗木费的结算也凭“四证一签”和苗木税票。

第二章　工程造林

第一节　概况

1985年开始,壶关县运用林业区划规划成果,首创了“区划、规划、设计、施工、验收、建档”一条龙造林管理办法,取得明显成效。山西省推行的工程造林,在一定程度上吸收了壶关县的一条龙造林管理办法。山西省林业勘测设计院高级工程师王国祥,在他主编的《营林科学管理》一书中明确指出,“1986年山西省开始在全省推行工程造林,就是从以上基本程序(注:指壶关一条龙程序)中派生出来的,加上了计划管理程序,提出了按项目投资,按设计施工的管理办法”。可见壶关县的经验为全省的林业发展做出了贡献。

工程造林是以一个流域造林,一个山系造林或一条路绿化造林,或一个经济林建设基地等作为一项造林工程,实施造林管理。

工程造林的基本程序是:

(1)立项并提报造林工程项目建议书;

(2)进行重点造林工程的规划设计;

造林施工之前先培训

壶关县成立了全国第一个县级林业区划规划设计队

实地验收造林地

实行一队两员一卡 保证区划规划实施

(3)工程设计；

(4)施工造林；

(5)验收；

(6)建档。

“高山寨防护林工程”“梯脑山防护林工程”“英英山防护林工程”等三个绿化重点工程是首批省级工程，开启了工程造林的新时代。工程造林的启动，不但将造林绿化置于科学管理的全过程，提高了造林质量，加快了绿化步伐，而且借助上级资金拉动了全县的绿化进程。

第二节 造林工程

自实施工程造林后，壶关县先后承担了国家、省、市多项工程建设，具体项目是：

(1)太行山绿化示范工程。启动于1994年。该工程由中央、省、市、县四级投资，投资额度不断加大，亩均投资由开始的100元，现在增加到400元。至今除2003年中断一年外，共实施了20年，累计完成造林31.33万亩，其中完成植苗造林13.68万亩，飞

(直)播造林2.08万亩,封山育林14.9万亩,低效林改造0.7万亩。涉及全县13个乡镇区,是实施时间最长、涉及面最大的一项工程,也是对壶关县荒山绿化贡献最大的一项工程。

太行山绿化示范工程

(2)太行山重点防护林工程。该工程属中央预算内工程专项投资(国债工程),亩投资300元,从1998年开始实施。到2013年底,共完成造林5.27万亩,其中植苗造林2.92万亩,封山育林2.35万亩。涉及鹅屋、东井岭、石坡、树掌、晋庄等乡镇。

(3)中央财政补贴工程。该工程从2011年开始实施,到2013年底,共完成植苗造林0.8万亩。涉及晋庄镇、百尺镇、东井岭乡、石坡乡、树掌镇、店上镇6个乡镇。

(4)扩大内需工程。2008年和2009年省市下达拉动内需防护林工程总任务2.3万亩,其中2008年0.5万亩,2009年1.8万亩,国家投资311万元。

(5)碳汇工程。该工程于2010年实施,规划1929亩,涉及晋庄镇洪掌村和百尺镇赵屋村。工程投资121.5万元。

(6)采石边坡绿化工程。该工程由市政府投资,主要是对主干公路沿线两侧目击到的采石场进行地貌恢复。2010年实施,共25处,主要分布在长壶一级路、青羊线、长平线两侧,涉及集店、开发区、龙泉、店上四个乡镇。整个工程共砌石方933立方米,动用石方7万立方米,回填客土14万立方米,码叠40×60cm的土草袋17万个,栽植侧柏、爬山虎、山桃、山杏等树木1.5万株,总投资为977.8494万元。

环城林带工程

(7)环城荒山绿化工程。该工程从2006年开始实施,到2008年结束。三年共完成植苗造林5826.4亩,涉及龙泉、集店2个乡镇。

(8)植被恢复工程。该工程从2011年开始实施,主要是对2011年4月29日干雷暴引起的森林火灾迹地进行植被恢复,由市县两级投资。2011到2012年两年共完成8183亩,涉及石坡、东井岭、桥上3个乡镇。工程规划树种以防火性强的山桃、连翘为主,在空间上使之起到生物隔离作用。

植被恢复工程

交通沿线荒山绿化工程

(9)农田林网工程。该工程实施于2006年,由市政府投资,在集店乡、龙泉镇的部分平川村实施。以纵横交错的田间路、进村路、河渠等为主要控制对象,栽植毛白杨、国槐等高大乔木,既美化了通道又保护了农田。

(10)交通沿线荒山绿化工程。该工程从2007年开始实施,到2011年结束,四年共完成植苗造林1.5万亩,涉及长平线、川荫线、晋百线,主要由省里投资。

(11)高速路两侧荒山绿化工程。该工程于2013年实施,共完成造林2000亩,涉及龙泉、黄山、晋庄、集店、常平开发区5个乡镇(区)。

(12)灌木经济林工程。该工程是从2012年开始实施的一项林业增效工程,涉及全县13个乡镇68个行政村,总面积2.7万亩。整个工程建设是以近自然林业理论为指导,以提高林业的经济效益为目的,树种设计以既有良好生态效益,又有一定经济效益的山桃、连翘为主。

(13)退耕还林配套荒山工程。该工程为退耕还林配套工程,亩投资较低,从2002年开始实施,到2012年底,十一年来,共完成植苗造林5.8万亩,封山育林1.61万亩,涉及全县13个乡镇区。

(14)退耕还林薪炭林工程。该工程从2008年开始实施,到2012年底,四年共完成植苗造林4951亩,涉及石坡、东井岭、店上、百尺4个乡镇区。

第三章　封山育林

第一节　概　况

新中国成立以来,党和政府一直十分重视封山育林工作。1950年,壶关县人民政府在《做好当前几项林业工作》的指示第二条中说:“封山育林,恢复发展山林,因以保护培养山林为主,在当前确定林权时,可商同群众留出牧放牛羊坡及打柴坡,把大山林和战争时期破坏的森林封禁起来,禁止牛羊入山放牧,逐渐培育成有价值的森林。”1980 年 3 月,县委、县革命委员会发布了《关于保护山林、树木的若干规定》,第五条指出:“凡育有苗、种有树的山、坡,一律封禁起来,不经林业部门和护林人员批准,任何单位和个人都不准进入林区和封禁的山沟林坡,违者,每人每次罚款一元”。1983 年 4 月 1 日,县人民政府颁布《关于保护森林树木的布告》,规定“现有林地、宜林地都要封禁起来,严禁开荒(已开了荒的要种草种树);严禁乱砍乱扒树枝喂兔、熏肥;严禁擅自修筑工程设施和开矿取石;严禁其他有损林业生产的生活活动”。封山边界上都采用垒石磊、树立封山碑等形式标明界限,同时制定了护林公约,明确了护林人员。

第二节 措 施

新中国成立以来,特别是 1978 年以来,壶关县的封山育林形式主要是垒石磊。确定封山范围之后,沿山的边沿,每隔几十米,用石头垒一个高 1~1.5 米的石磊,作为封山标志,禁止牛羊进入。这种办法首先在原有天然林的地方推行,取得明显的成效。据森林资源清查资料,解放初全县共有天然林 3.1 万亩,到 1975 年天然林增加到 5.1 万亩,1990 年调查,天然林增加到 6.73 万亩,40 年间全县新增天然林 3.63 万亩。

从 1992 年开始,国家对部分重点区域的封山育林有了投资,壶关县抓住这个机遇,不断改进封山育林措施,创新封山育林技术,采取造封结合和封山育林与低效林改造结合的办法,加快了封山育林的步伐。到 2013 年底,列入工程范围的封山育林面积达 8 万多亩,新增林地近 6 万亩,改造油松纯林林地 20 万亩,形成一种生态稳定,防火、防病虫害能力强,很大程度上属于自然组合的新林分。

这一阶段县政府对封山育林十分重视,2007 年县政府作出了《关于封山禁牧的决定》,2008 年县政府办公室又印发了《壶关县落实封山禁牧决定的实施方案》。封山育林措施主要有设立封山育林碑牌,修筑防护墙,架设铁丝网等。在技术上采用活封和死封两种,死封是封禁期间,禁止一切人为活动和牛羊进入;活封是人为进行干预,即在封禁区内,选择条件适宜的地方,进行人工造林,使人工栽植的树木和自然生长的树木形成乔灌混交林或者是灌木混交林。

第四章 退耕还林

第一节 概 况

壶关县人多地少,毁林开荒问题普遍存在,个别地方甚至比较严重,尽管政府制止开荒种地,但为了解决吃饭问题,一直没有得到彻底制止。至上世纪80年代以来,退耕还林与毁林种地一直处于此起彼伏的相持状态。随着农业技术的不断进步,特别是土地承包到户和种子、化肥、地膜覆盖等农业技术的推广和普及,吃饭问题得到较好解决后,一方面为了进一步改善生态环境,一方面为了调整农业结构,增加农民收入,壶关县积极响应党中央、国务院的号召,于2002年春季在全县13个乡镇区全面启动了退耕还林工程。

在本县的林业工程中,退耕还林工程是一项涉及面最广,工序最复杂,群众参与度最高的林业生态建设工程。这一工程的实施,彻底扭转了毁林开荒种地的不良现象。

第二节 退耕还林工程完成情况

自2002年开始启动退耕还林工程以来,到2012年底全县共完成退耕还林工程12.16万亩。其中:按地类分,退耕地4.75万亩,荒山7.41万亩;按林种分:经济林0.64万亩,生态林11.52万亩。

根据"先山后川、先急后缓、因地制宜、适地适树、规模连片"的原则,在退耕地造林中,完成生态林4.11万亩,主要树种为刺槐、元宝枫、杨树、侧柏、山桃、山杏;经济林0.64万亩,主要树种为核桃、枣、梨、柿子、花椒等。分三个年度实施,其中:2002年完成2.3万亩;2003年完成2.35万亩;2006年完成0.1万亩。涉及全县13个乡镇区、309个行政村、28059户退耕户。

按乡镇区分布情况是:

开发区退耕514.7亩,涉及5个行政村,253户;

集店乡退耕2298.84亩,涉及12个行政村,1616户;

五龙山乡退耕3224.9亩,涉及23个行政村,1530户;

百尺镇退耕2916.3亩,涉及29个行政村,3027户;

桥上乡退耕3008.89亩,涉及20个行政村,1042户;

黄山乡退耕3292.85亩,涉及32个行政村,2228户;

龙泉镇退耕4962.59亩,涉及31个行政村,3572户;

树掌镇退耕3899.9亩,涉及23个行政村,2114户;

晋庄镇退耕3742.54亩,涉及29个行政村,2572户;

店上镇退耕4282.3亩,涉及43个行政村,2875户;

东井岭乡退耕5739.8亩,涉及24个行政村,3476户;

鹅屋乡退耕3009.57亩,涉及16个行政村,1854户;

石坡乡退耕6606.82亩,涉及22个行政村,1900户。

第三节　退耕还林工程实施的组织机构

为了加强对退耕还林工作的领导,县委、县政府成立了壶关县退耕还林工作领导组,领导组组成人员是:

组　长:赵春英(县委副书记、政府县长)

副组长:王淑彦(县委副书记)

　　　　李彦忠(县政府常务副县长)

成　员:刘安松(县林业局局长)

　　　　秦月胜(县发展计划局局长)

　　　　郑平则(县财政局局长)

　　　　赵德芳(县农业局局长)

　　　　杜学敏(县国土资源局局长)

　　　　谭明玉(县地税局局长)

　　　　侯全胜(县粮食事业发展中心主任)

　　　　秦国庆(县农经服务中心主任)

领导组下设办公室,办公室设在林业局,办公室主任:刘安松(兼)。期间,县委、县政府多次对退耕还林工作进行研究部署,进一步确立了退耕还林工作乡镇党委书记是第一责任人,政府相关部门的一把手是直接责任人,进而把退耕还林任务和责任明确落实到各乡镇党委书记和乡镇长头上。这样使全县的退耕还林工作形成了党委书记亲自抓,县乡长具体抓,党委政府共同抓,全县上下一齐抓的良好局面。

第四节　退耕还林工程的运行机制和操作程序

按照上级要求实行"户承包、村申请、乡组织、县管理"的工程运行机制和"户有卡、村建账、乡建册”的管理办法，全县各乡镇在认真落实“个体承包”基本政策的基础上，坚持政策引导与农民自愿相结合，按生态建设与市场经济的客观要求，结合实际，推广了户退村还，此退彼还等有效形式，从整体上加快了全县退耕还林的实施进度。

退耕还林具体的操作程序如下：

（1）宣传动员：各乡镇任务明确后，乡村两级召开会议，宣传动员，政策引导，召开村民大会，把党中央、国务院的优惠政策宣传到家喻户晓，鼓励农民自愿退耕。

（2）申请：通过宣传，由自愿退耕的农户向村委申请，然后由村委汇总情况，向乡镇政府写出书面申请，申请后面附自愿退耕户花名表，并由各退耕户签名盖章，最后由乡镇政府对照土地使用证一一核实，审检后，申请县林业局进行规划设计。

（3）规划设计：根据村委、乡镇政府提供的申请、土地使用证，由林业局进行规划设计。设计的内容有：现场调查小班因子，调绘规划小班，求算小班面积。作业面积根据乡村两级提供的申请书、土地证，进行确定。规划设计结束后，设计人员要把土地使用权证书复印件交到退耕办存档。

（4）设计结果公示：规划设计结束后，由村委负责对规划设计结果进行公示，公示内容包括退耕户姓名、退耕地点、退耕面积、林种、树种、土地使用证编号等，公示5天，确实无异议后，由乡村两级签字盖章，送交退耕办备案。

（5）签定合同书、责任卡：对规划设计结果公示无异议后，由乡镇政府与各退耕户签定合同书、责任卡。

（6）施工：以上工作完成后，便进入施工阶段，各乡镇、各行政村、各退耕户必须严格按照规划设计中的地点、树种、密度、株行距、混交方式、混交比例进行组织施工，任何单位和个人不能擅自更改，更不能随意变动退耕地点和面积。

（7）管护：退耕地的管护工作，各级政府和村委是主要责任人，各退耕户是各自退耕地的直接责任人。

（8）乡镇自查：退耕还林工程结束后，各乡镇要成立林管员、土管员、农经员、农科员等人员参加组成的自查组，以作业设计图表为依据，逐村、逐小班、逐地块、逐户，对照申请书、土地证、合同书，认真对退耕面积、还林荒山面积进行核查，核查结果用表格形式经乡镇长签字后上报县退耕办，并用书面形式向县退耕办写出自查报告、验收申请。

（9）验收：县退耕办接到乡镇验收申请后，成立检查验收组，按照国家规定的检查验收办法，现场进行逐小班验收。

（10）验收结果公示：经县退耕办对各行政村验收后，将验收结果交给村委进行张榜公示。公示无异议后，经乡村两级负责人签字盖章后报退耕办。

（11）发放粮款供应证：县退耕办接到乡镇村报来的合格退耕户花名表后，经退耕办审核，退耕还林领导组负责人签字后，给各退耕户发放粮款供应证。

（12）兑现：各退耕户凭退耕办发放的粮款供应证到指定地点领取粮款补助。

第五节　退耕还林工程的成果巩固

为了进一步巩固好退耕还林工程成果，解决好退耕农户长远的生计问题，确保“退得下、还得上、留得住、不反弹”，特别是解决好退耕农户的“人口”“灶口”“居住”和“增收”四个方面的问题，国家在2008年启动了巩固退耕还林成果项目，具体有基本口粮田建设、农村能源建设、后续产业建设、生态移民、技能培训、补植补造六项内容。从2008至2012年全县共完成基本口粮田建设0.9186万亩；农村能源建设中沼气、炕连灶、太阳灶343户，薪炭林建设0.495万亩；后续产业建设中棚圈建设11250平方米，干果经济林0.94万亩；技能培训方面，劳动力转移技能培训950人，退耕户农业科技培训900人；生态移民50人；补植补造4.54万亩。

第六节　退耕还林资金

退耕还林工程补助标准

第一轮的补助标准是：

（1）2002～2003年补助标准：每亩退耕地每年补助粮食（原粮）100公斤，医教补助20元。粮食（原粮）每公斤按1.4元折价计算。

（2）2004～2007年改成补助现金，每亩每年补助粮食款140元，医教补助20元，每亩每年增加粮食调运费10元，共计补助现金170元。

（3）2008年后粮食调运费取消，每亩每年补助粮食款140元，医教补助20元，共计每亩每年补助现金160元。

补助年限：退耕还草补助2年，退耕还生态林补助8年，退耕还经济林补助5年。

由于解决退耕农户长远生计问题的长效机制尚未建立，随着退耕还林政策补助陆续到期，部分退耕农户生计将出现困难，为此国家启动第二轮粮款补助，即在原补助年限的基础上又延长了一个周期。补助标准适当降低，每亩每年补助现金90元，其中有20元管护费。

退耕还林总投入情况：

（1）自2002年实施退耕还林到2013年底，退耕还林资金总投资达7962.2万元，其中种苗费 836.2 万元，中央直补 6942 万元，地方配套(粮食调运费)184 万元。

(2)巩固退耕还林成果到目前为止中央总投资为 1603.5 万元，其中基本粮田建设投资 399.44 万元；农村能源建设投资 269.11 万元；后续产业建设投资 615 万元；生态移民投资 25 万元；补植补造投资 227 万元；技能培训总投资 67.95 万元。

第七节 退耕还林成效

退耕还林工程启动之后，各级领导重视，农民基本满意，工程建设的进展比较顺利，取得了显著成效：

1. 直接增加了农民收入

退耕还林十一年，仅粮食和医教补助一项，农民可直接增加收入 7126 万元，退耕户户均可直接增加收入 200 余元。退耕还林栽植的山桃已成林的有 1 万余亩，每亩按采山桃 100 斤，每斤按 2 元计，可收入 200 余万元。核桃经济林刚开始挂果的有 0.2 万亩，每亩按 20 斤，每斤按 10 元计，可收入 40 万元。几年后经济树进入盛果期，产量倍增，退耕户的收入也将倍增。

龙泉镇下内村村退耕还林核桃经济林

2. 优化了产业结构，提高了粮食单产

退耕还林给农村产业结构调整带来了千载难逢的机会，据不完全调查，通过退耕还林，全县新发展林草间作面积 1 万亩，新增牛羊头数 2.5 万只，新增加中药材种植面积 0.5 万亩，纯收入达 100 万元左右，使以前单一的种植粮食变为了利用土地大搞种植业、养殖业、林果业等综合多渠道发展的模式，生产内容，收入来源实现了多元化。同时，由于土地的减少，使农民改变了以前对土地那种广种薄收的粗放经营模式，对剩余耕地进行精耕细作，集约经营，大大提高了粮食的单产。

3. 解放了农村劳动力，推动了第二、三产业的发展

通过退耕还林，广大农民历史性地从广种薄收的农业生产中解放了出来，使广大农民把精力转移到了发展第二、三产业上来。十多年来，全县新增小型养殖、种植、运输、建筑等企业 200 余个，从农业中转移剩余劳动力 3 万余人。同时，由于退耕还林的优惠政策,许多农民可以放心离乡外出打工、经商、办企业、搞建筑,使工程区农民的增收致富渠道前所未有地拓宽了。

4. 改善了工程区的生态面貌

退耕还林工程实施以来,壶关县的生态面貌得到了显著改善,据统计,通过退耕还林,直接增加有林面积12.16万亩,工程区林草覆盖率平均增加了8个百分点,水土流失和风沙危害明显减轻。尤其是通过退耕还林把全县林间耕地、林边耕地、油松纯林与农田交互分布的耕地全部种上了阔叶林和灌木林,使原来的油松纯林与其形成了乔灌、针阔复层混交林,稳定了林分。同时,通过退耕还林栽植了具有较高观赏价值的风景树和阔叶树,把自然景观点缀得更加靓丽,使全县的旅游业得到了更大发展。

第八节　经验教训

退耕还林工程在壶关县虽然取得好的成效,提供了生态建设的经验,但由于是一项新生事物,政策性强,操作复杂,又面对的是千家万户的切身利益,因此,也有一些深刻教训值得记取。例如2003年10月23日《人民日报》对壶关县东井岭乡南岸上村退耕还林工程建设和补助粮款兑现中存在的问题披露曝光,在全县、全市乃至全省引起了强烈反响。县委、县政府在深入调查的同时,按照《退耕还林条例》《关于对违反退耕还林政策规定责任人员党纪政纪处分的暂行规定》,对有关责任人员进行了严肃处理。这件事,给全县各级敲响了警钟。

第五章　飞机播种造林

壶关县东南部石质山区,山场丰富,有飞播造林的良好条件。为了加快绿化步伐,造福山区人民,1985、1986两年进行了两次飞播造林。

1985年6月26日在鹅屋乡沙岗沟、五里沟村进行飞机播种造林。飞播前组织人员进行了粗放整地。这次共飞播4架次(不含试飞一次),播种7000亩,播种量5600斤,亩均播种0.8斤(油松0.7、侧柏0.05、沙棘0.05)。时任县委书记王虎林任总指挥,林业局局长张平和负责地面指挥,鹅屋乡配合,一天顺利完成了任务。当年9月10日,林业局组织技术人员对飞播造林实地(固定样本)调查,亩均出苗1900株。总的来看是,阴坡比阳坡出苗率高,飞播地上散生树木多的地方比无树或树少的地方出苗率高,粗放整地好的地方比粗放整地差的地方出苗率高,坡度陡的地方比坡度缓的地方出苗率高，土壤肥沃的地方比土壤浅薄的地方出苗率高。一年后对播区进行检查，由于干旱比较严重，保存率为51%，平均每亩有苗266株。

1986年7月5日在石河沐乡仙居、安居、子良庄、南石窑四个村飞播造林7500亩，飞行五架次（不含试飞一次），用种子7500斤，其中油松种子6000斤，侧柏种子1500斤。播区设立10个固定样本，共计1亩。通过调查，每平方米的落子数7—9粒，一年后，保存率为45%，平均每亩有苗252株。

第六章 经济林木

第一节 概 况

经济树在壶关县已有悠久的栽培历史，栽植树种大都是桃、杏、李子、林檎等。主要是群众自发在房前屋后宅基地上栽植，成片林极少。

据档案资料记载，从上世纪五十年代初期开始，全县对经济树的发展开始重视起来。在《壶关县一九五六年植树造林计划》草案中，原文有"我县计划一九五六年在全县范围内，开展一个大规模的群众性的植树造林运动，深入而普遍地进行宣传发动，贯彻执行谁种谁有、多种多有、村种村有的林业政策。"计划中第一项就是栽植干果林二十五万株，水果林十万株。在一九五八年《壶关县人民委员会关于1958年林业建设工作计划》中提到"根据1957年—1967年全国农业发展纲要(修正草案)精神，在绿化造林中要十分注意发展各种经济树""根据县委提出的：1963年实现山楂县，1964年实现苹果县，1965年实现梨树县，1967年实现核桃县的要求，我们在1958年要栽核桃树850万株、山楂树50万株、苹果树50万株、梨树50万株，除此以外，还要完成栽植花椒树200万株、柿树3万株、葡萄树10万株、桑树10万株、红枣树20万株、桃杏树35万株、其他12万株"。并制定了六项措施：第一是书记挂帅，全党动员，全民动手，户户造林，人人植树；第二是县人民委员会发布奖励发展林业的政策，鼓励个人零星植树，实行谁栽谁有，社栽社有，集体栽归集体所有，社员宅旁的树归社员所有，社员的自留地和宅、河、路沟渠零星植树的归社员所有，布告全民执行；第三是经常向群众进行植树造林好处的宣传教育；第四是建立健全林业专业队伍，合理解决劳动报酬；第五是人人采种植树，社社育苗造林；第六是加强技术指导，培育典型，组织参观等。

1959年进一步提出"远山高山森林山，近山低山花果山，村里村外园林化，水旁路旁皆绿化。"的奋斗目标。在《壶关县园林化规划》（草案）中根据绿化、美化、香化、彩化相结合的原则，提出了园林化的标准和要求："远山深山，坡上树靠树，山山成密林；近山低山，顶上葱绿松柏橡；山腰坡坡花果山，奇花异草放香气，地岸桑树栽成行；四旁达到：路旁水旁成林带，村旁宅旁绿满墙；城镇村庄要做到，家家院院栽鲜花，户户宅旁铺香花，庭院布满观赏树，家前屋后五果好"。集中力量在全县大搞2个花果山和6个核桃山。两个花果山：①十里岭以西至五龙头山，计75个平方公里；②固村和店上之间的五泉寺山。六个核桃山：①沙窟以北到掏井河水库，计5个平方公里；②百尺的铁洼岭计3.3个平方公里；③郭家驼以东的龙山，计5.25个平方公里；④行头岭的神山后计4.25个平方公里；⑤鹅屋至柳泉的中间山计5.1个平方公里；⑥梯脑山凡是能搞核桃的山全部搞成核桃山。在已确定了的地方内选择土壤深厚、湿润、阴坡和半阴坡，挖成5市尺长，宽2市尺，半圆形的鱼鳞坑，坑的左右距离1丈远，坑的上下距离1.5丈远，成品字形，在秋季每坑播种一粒核桃。

1972年和1973年秋分前后，全县开展了一次大种核桃树的活动。非核桃产区种子由商业部门协调解决，核桃产区的自行解决。

这段时间，全县的经济树发展，虽然在数量上有很大折扣，也存在不科学的问题，但也确实取得一定成效，保留下来不少成片果园和零星干水果树，至今还有大量大核桃树在挂果，为群众增加了不少收入。

1984年林业区划规划实施后，经济林作为一个重要部分，得到了更大的发展。特别是1991年，壶关县委作出《关于大力发展经济林的决定》，从规模目标、产量目标、贮藏加工目标、效益目标等方面做出规划，并采取了一系列的扶持政策，全县的经济林发展进一步加快。

第二节　主要树种

1. 苹果

苹果树在壶关县发展最多最快的时期是在20世纪70年代和80年代，品种很多，据调查统计，全县共有46个品种，主栽国光占60%，其次是红星、青香蕉、元帅、红玉等约占35%，红富士约占5%。

2. 梨

梨树在壶关县栽植历史较长，栽植品种大约有35个，其中有酥梨、大小黄梨、伏梨、雪花梨等优良品种十多个。

3. 山楂

山楂在壶关县的发展较早，最初的品种很少，大多是野生的多。在上世纪50年代大搞五果山、花果山时，有了较大的发展，到上世纪 80 年代又有了突飞猛进的发展。鹅屋乡的红果，以个头大、果肉绵、果汁少，酸甜适度而深受好评。

4. 桃

建国初，壶关县以毛桃为主，60 年代，才不断引进部分新品种，但栽植面积小。到上世纪 70 年代和 80 年代有了新的发展，引进的品种不断增加，主要品种有五月鲜、初笑美、岗山白等 14 个品种。

5. 杏

杏树栽植历史悠久，零星栽培于家庭院落，成片生长的也有。品种丰富，有的地方甚至一树一品。

6. 葡萄

建国初期，葡萄树零星栽培于宅旁院内，品种很少。改革开放以后，引进了很多品种，以巨峰、龙眼、红提等为主。并出现了很多成片葡萄园。

7. 花椒

全县 13 个乡镇区均有分布，栽植形式以宅旁为主。桥上乡、鹅屋乡部分气温较高的村有小片栽植。目的以自用调料为主，品种不多。

8. 柿子

柿子树在壶关县由于气温和气候的原因，仅在鹅屋乡和桥上乡的部分村内有栽植，品种不多。

9. 枣树

枣树在壶关县栽培历史悠久，但以小枣为主。近年来引进了一些新品种，但因气候条件限制，形不成规模。品种有壶瓶枣、糖枣等。

10. 核桃

核桃在壶关县栽培历史较长，在树掌一代现存百年以上大树还有很多，特别是树掌回车村的核桃还有一定名气。由于核桃适合本县的自然条件，从历史到现在都是发展的重点，近几年的发展渐显品种优良化、规模连片化、园区产业化势头。主要新品种有：中林 1 号、晋龙 1 号、香玲、鲁核 1 号、辽核 1 号等。

第三节　经济林分布

因各地气候不同，树种分布区域各有不同。海拔较低的桥上乡和鹅屋乡的部分村以柿子为主，株数和产量均占全县的 95%以上；树掌镇、石坡乡和鹅屋乡的部分村以核桃、红果为主，株数占全县的 30%以上，产量要达到全县的 40%以上；店上镇、五龙山乡、晋庄镇以苹果、梨为主,株数占全县的40%左右,产量占全县的50%以上;枣树以集店乡为主,数量和产量占全县的80%以上。杏、桃、花椒、海棠等果类,全县都有零星分布,但都没有形成规模。

第四节　栽培管理

壶关县果树生产在20世纪50年代中期,基本上是群众自己栽培管理,自己销售。1958年之后,专门成立了果树管理机构,组织培训了果树专业队伍。并请外地技术人员和果农传授技术。采取走出去,请进来,互相交流经验等办法,培养了一批农民果树技术人员,使全县果树管理队伍逐年扩大,管理水平有所提高。但这期间由于苹果腐烂病爆发流行,果园受到很大损失,部分村庄的果园整园死亡。直到七十年代后期,由于加强了管理,同时又有一部分新果园发展起来,果品产量逐渐增加,质量也有所提高。八十年代初绝大部分果园实行了承包,取得了明显效益。但是,也有相当一部分果园由于承包责任制不够完善,承包年限不合理,加之,部分村将果园承包给不懂果树技术的人。形成了掠夺性经营,只求产出不讲投入,一些果园的果树严重衰弱,甚至发生死亡现象,造成了一定损失。针对上述问题,县委、县政府责成有关部门逐园完善了承包合同,纠正了承包中的不正之风,并加强了检查监督工作,稳定了承包人和承包时间,提高了管理人员的积极性、责任感,经济林发展有了明显好转,果园管理的集约经营程度大有提高,果品产量连年上升,到2000年前后,全县的干水果产量一度达到2000万公斤。那个时期,全县基本上是村村有果园,户户栽果树,还有很多户也建起了自己的小果园。

2005年之后,果品价格连续三到四年持续走低,最低时每斤苹果仅一角多钱,果园经营者大量赔钱。在这种情况下,经营者放弃了对果园的管理,致使大量果园整园感染腐烂病死亡,全县的经济林,特别是水果林受到重创,至今没有得到恢复。

第五节　加工贮藏

20世纪五六十年代,壶关县果品不能满足市场需求,在果品加工贮藏上,只加工少量的柿饼。到70年代,随着经济林的发展,果品产量增加,果品产区的店上、五龙山、辛村等乡镇土法建立了果品贮藏库,开始果品贮藏,同时出现了果品加工厂。进入80年代,产量逐年增加,市场果品供大于求,这样,一方面由于有关部门的引导、扶持,另一方面由于群众商品观念增强,果品贮藏业应运而生,全县贮藏库达到十余个,贮藏果品200多万斤,出现了国营、集体、个体搞贮藏的新景象。在生产、贮藏的基础上又走向了加工增值的更高层次,变产品为商品,增加了经济效益。1989年年底,全县果品加工厂达到23个,产品有苹果、梨、红果、核桃等制成的罐头、沙棘饮料、果脯、糖片等20多个品种,年产值800万元,收入500万元。仅鹅屋乡,年加工罐头、糖片、饮料等300万斤,收入100万元。产品在全国十多个大中城市畅销不衰,多次被评为省优产品。1990年以后,由于加工工艺改进跟不上市场的需要,同时也由于果品品质和果品产量的影响,果品加工业逐渐被淘汰。

第六节 名优特产

1. 鹅屋山楂罐头

鹅屋山楂以色艳肉绵,酸甜适度,个大核小闻名全县。鹅屋产的红果罐头有"化饮食、消积肉,增强心肌收缩力,增加冠状动脉血流量,降压清胆固醇,抑制体外痢疾杆菌"的作用,深受人们喜爱。山楂产品曾获山西省优质产品奖。

2. 店上红星苹果

原店上镇办林场的红星苹果底色紫红,白点满布,似星闪烁,甘甜可口,果肉淡黄、脆嫩、个大、色艳、味正、皮薄、耐贮藏。七十年代曾获原晋东南地区果品评比第一名,山西省果品评比二等奖,多年称雄上党市场。

3. 辛寨黄梨

黄山乡辛寨黄梨果个硕大,色泽金黄,皮薄质细,汁多肉脆,食之如蜂蜜,嗅之如醇酒,曾在北方果品评比会上名列前茅。

4. 回车核桃

树掌镇回车村核桃素以个大、皮薄、肉厚而闻名全县,现在石坡、桥上、鹅屋等乡镇均有栽培,是壶关主要出口创汇产品之一。

5. 程庄家杏

程庄村三面环山,气候温和,形成了一个独特的小气候。这个村素有栽杏的习惯,家杏成为这里的一大特产。奇的是这里的杏一树一品:从颜色上分红、黄、青、紫各有特色;从味道和质地上分酸、甜、绵、脆各具千秋。每到成熟季节,卖买家杏者川流不息,几乎家家到外卖杏,小商小贩求购者更是络绎不绝。可惜的是经过林权几次变动,杏树几乎被砍绝,现存无几。

第七章 县城绿化

第一节 环城绿化

2006年以来,壶关县以现代林业建设为方向,建设园林化县城为目标,围绕“县城绿化要带头、乡镇绿化要跟上、通道绿化要上去、荒山绿化要持续、村庄绿化要启动”的工作思路,2006至2007两年投资300余万元,并结合义务植树,在县城周边第一山脊内,通过补植补造和见空补绿,建成2000余亩环城荒山防护林带,同时以长壶一级路为主体在县城外围建成一条2000亩的环城林带(含植物园、龙丽绿苑)。分两步实施:

第一步是在县城周边第一山脊内山坡和荒地新植和补植风景阔叶乔灌木，由洪掌造林专业队和丰庆园艺绿化中心负责施工,工程范围涉及药王山、董家坡山、修善山、小马驹山、盘驼底山、南园山、北寺山、清流山、神山、栲栳山等。共栽植山桃、国槐、刺柏、连翘、侧柏(大苗)、元宝枫等254263株,容器侧柏苗40000袋。起到了优化林分结构和增加县城景观的双重效果。

第二步是以长壶一级路和西城路为主框架,结合通道绿化,在县城建成区外围的山脚空地和退耕还林地,采用乔灌结合、针阔混交、小品点缀的方法,建成了一条宽幅10~100米,全长19公里、面积2000多亩的环城林带,共栽植大油松、大刺柏等针叶乔木1.8万株,胸径5厘米以上的毛白杨、速生杨5万株,金丝柳3.2万株,地径1~2厘米的山桃、火炬、连翘、小叶黄杨、冬青等花灌木50余万株,栽植绿篱1400米,形成了一道靓丽的风景线和绿色屏障。

第二节 绿地游园建设

2003年开始,县城的绿地游园建设进入鼎盛时期,使原本缺林少树的县城,焕发出勃勃生机,县城面貌发生了深刻变化。到2013年县城内已拥有中大型绿地公园13处,面积达到175.58万平方米。其中:北寺山游园建于2004年,面积3.3万平方米;政府游园建于2004年,面积0.4万平方米;神山游园建于2005年,面积116.68万平方米;农修厂游园建于2005年,面积0.3万平方米;审计局游园建于2005年,面积0.15万平方米;水上游园建于2006年,面积15.9万平方米;恒安游园建于2006年,面积1.25万平方米;南城广场建于2007年,面积6.9万平方米;滨河游园建于2007年,面积2.5万平方米；南园游园建于2007年，面积8.7万平方米；污水处理厂游园建于

2008 年，面积 2.5 万平方米；九牛寨游园建于 2012 年，面积 8 万平方米；玉壶广场建于 2013 年，面积 9 万平方米。

第三节　街道绿化

街道绿化大致可分为两个时期，以 2003 年为标志，2003 年之前为街道两侧各一行树木，树种以柳树、杨树为主。绿化标准低，树种单一。2003 年以后，街道绿化水平有了较大提升，街道绿化的面积有了很大拓展，所有新筑的街道都留出了绿化带，绿化树种多达 20 多个，并且形成了乔灌草立体布局，在色彩和造型上丰富多彩。

2003 年后新修街道绿化树种与布局：

西城路南延段，主栽树种白蜡、雪松，绿化带花灌木有刺柏球和小叶黄杨等；西城路北延段主栽树种栾树、国槐，绿化带花灌木有小叶黄杨、红叶小檗、金叶女贞等；新建路南延段主栽树种国槐、法桐，绿化带有刺柏、小叶黄杨、红叶小檗、金叶女贞、红瑞木等；新建路北延段主栽树种银杏，绿化带有黄杨球等；东外环主栽树种毛白杨、油松、刺柏，灌木有山桃、山杏、火炬、元宝枫、桑树等；北大街主栽树种油松、法桐、银杏，绿化带花灌木有刺柏、卫矛等；府前街主栽树种刺柏，花灌木有小叶黄杨等；南城路主栽树种云杉、红果，绿化带有刺柏球等；健康街主栽树种法桐；龙丽街主栽树种红花槐；柳南街主栽树种国槐，绿化带有小叶黄杨等；奋进街主栽树种刺柏，绿化带有小叶黄杨、红叶小檗、金叶女贞等；恒安街主栽树种国槐、刺柏，绿化带有小叶黄杨、红叶小檗、金叶女贞等。

第四节　机关单位绿化

机关绿化一直以来都是一个薄弱环节，1995 年以前大都以职工义务的形式来完成，不注重绿化规划，标准低、质量差。“九五”以来，县上提出园林化庭院建设，并开展了创建园林达标单位的活动，并以口为单位下达任务。1998 年完成达标单位 25 个，其中:县直党委 6 个，教育党委 4 个，经贸党委 5 个，财贸党委 5 个，农委党委 3 个，公安党委 2 个；2000 年又创建 20 个园林达标单位。据 2012 统计，全县 64 家机关单位总占地面积 29.52 公顷，完成绿化面积 9.28 公顷，绿化覆盖面积 9.62 公顷，绿化覆盖率 32.6%。

2012 年壶关县县城机关单位绿化汇总表

单位：公顷

序号	单位名称	占地面积	绿化面积	绿化覆盖面积
1	县　委	0.8	0.28	0.29
2	政　府	1.06	0.36	0.37
3	老干局	0.11	0.04	0.04
4	党　校	1.66	0.53	0.54
5	审计局	0.05	0.02	0.02
6	科技局	0.34	0.12	0.14
7	宾　馆	0.88	0.28	0.3
8	文广局	1.59	0.39	0.39
9	教育局	0.25	0.08	0.08
10	计生局	0.2	0.07	0.07
11	卫生局	0.44	0.15	0.16
12	疾控中心	0.17	0.05	0.05
13	新华书店	0.09	0.02	0.02
14	公安局	0.2	0.06	0.06
15	法　院	1	0.34	0.35
16	检察院	0.33	0.12	0.13
17	民政局	0.27	0.09	0.1
18	交警队	0.08	0.03	0.03
19	看守所	0.74	0.25	0.26
20	武装部	0.19	0.06	0.07
21	人社局	0.21	0.06	0.06
22	住建局	0.27	0.09	0.1
23	环保局	0.14	0.04	0.05
24	物资公司	0.37	0.09	0.09
25	农业局	0.21	0.07	0.08
26	林业局	0.87	0.3	0.3
27	水利局	0.27	0.09	0.09
28	畜牧中心	0.27	0.07	0.07

（续）

29	国土局	0.06	0.02	0.02
30	农机中心	0.16	0.05	0.05
31	供水处	0.35	0.07	0.07
32	气象局	0.32	0.1	0.1
33	经信局	0.24	0.06	0.07
34	交通局	0.4	0.13	0.14
35	财政局	0.2	0.06	0.07
36	安监局	0.64	0.2	0.21
37	中小企业局	0.08	0.03	0.04
38	外贸公司	0.16	0.04	0.04
39	商贸公司	0.08	0.03	0.04
40	质监局	0.32	0.1	0.11
41	供电公司	0.38	0.12	0.13
42	公路段	0.66	0.2	0.21
43	煤运公司	4.7	1.42	1.44
44	移动公司	0.31	0.09	0.09
45	邮政局	0.11	0.03	0.04
46	国税局	0.53	0.16	0.16
47	地税局	0.29	0.08	0.08
48	人保公司	0.16	0.04	0.04
49	人民银行	0.38	0.12	0.12
50	农业银行	0.39	0.12	0.12
51	工商银行	0.21	0.07	0.08
52	石油公司	0.2	0.05	0.05
53	工商局	0.4	0.1	0.1
54	烟草局	0.34	0.11	0.11
55	信用联社	0.55	0.16	0.16
56	敬老院	0.45	0.16	0.17

（续）

57	福利中心	0.44	0.15	0.16
58	广电中心	0.26	0.08	0.08
59	印刷厂	0.13	0.03	0.03
60	污水处理厂	1.88	0.76	0.78
61	木材公司	0.39	0.11	0.11
62	城镇社	0.04	0.01	0.01
63	生产资料公司	0.05	0.01	0.01
64	消防队	0.2	0.06	0.07
合计	64	29.52	9.28	9.62

第八章　通道绿化

第一节　长壶一级路绿化

长壶一级路是省道长平线最高标准的一段。该路段西接市郊北石槽村，南至壶关县城南苏壶路交叉口，长 9.6 公里，宜绿化长度 9 公里。刚通车时，两侧各栽树一行，树种为毛白杨和刺柏；2005 年，县级机关单位干部职工在该段两侧整修斜坡 3 万多平方米，栽植花灌木 300 万株，两侧林带各加宽至 10 米，栽植毛白杨 3 行；2006 年在原有绿化基础上，在路的两侧各栽 1 行胸径 13 公分，树高 5.5 米以上，冠幅 4 米以上大油松 500 余株，林带加宽至 20 米，栽植毛白杨 7 行；2007 年又投资 1000 余万元使长壶一级路单侧绿化宽度达到 50 米，栽植树木 17 行；同时于 2009 年前后，在沿路两侧的骞堡、盘坨底、南园、修善、秦庄等村地界内，建成五处游园式大型绿地，使该路段初步显现出生态大道、景观大道的效果。

该路段绿化占用的土地采用租赁方式，每亩每年 500 元，年底由县财政兑现到户。

第二节　壶关至平顺青羊线绿化

青羊线是壶关县 2008 年“1+5”城市群绿化项目组成部分。该工程从长壶一级路盘驼底口起经集店、东长井、北皇，东至平顺界，总长度 11.9 公里，宜绿化里程 10.4 公里，规划绿化宽度为每侧 20 米，占用土地由县财政按年兑现到户。每侧栽植胸径≥5cm 国槐 7 行，共栽植 42240 株，总投资 191.9 万元。该工程规划为 3 个标段，采取招投标办法确定绿化专业队，于 2008 年 3 月 15 日在《壶关工作》上发布招标公告，2008 年 3 月 20 日在林业局西楼会议室进行开标，通过林业系统专家评标，确定 3 家中标单位，分别是：壶关县国营苗圃、壶关县丰盛园艺绿化中心、壶关县永乐园艺绿化中心。这是壶关县首次以公开招投标方式进行工程造林。

第三节 全国造林绿化现场会参观线绿化

该线路包括长平线大山南至东井岭段、荫林线东井岭至大井段、大南线大井至十里岭段、晋百线十里岭至范家后村口段、壶龙线范家后村口至肖军岭壶平交界，全长 53.4 公里，宜绿化里程 37.6 公里，总投资 812.24 万元，于 2009 年春季一次完成。整个工程分十三个标段，采取公开招投标办法选择了 13 家施工单位，分别是：壶关县松风园艺绿化中心、壶关县丰庆园艺绿化中心、壶关县龙泉四季春盆景花卉中心、壶关县龙泉镇骞堡苗圃、壶关县志强绿化有限公司、壶关县永乐园艺绿化中心、壶关县店上艺苑绿化服务部、壶关县国营苗圃、壶关县晋庄农林服务中心、壶关县石坡加强种植服务部、壶关县鹏飞花木中心、壶关县晋庄忠义绿化队、壶关县丰盛园艺绿化中心。于 2008 年 12 月 20 日签订施工合同，施工工期 4 个月，自 2008 年 12 月 20 日至 2009 年 4 月 20 日。单侧绿化宽度 20 米，新栽树木 8 行，株行距 3 米×2 米，共栽植苗木 152412 株，其中：国槐 59706 株，柳树 76706 株，侧柏 16000 株。为给全国林业现场会议准备一个高质量的现场，绿化中采取了一系列的新举措：一是一个标段落实一名林业技术员，既是技术员，又是承包方担保人，工程承包商和技术员双重负责。二是割裂发包方、承包方和监理方三者关系。首次聘请山西省嘉森纳园林绿化监理有限公司对全县的绿化工程进行全程独立监理。监理方严格把关，认真执法，用游标卡尺测定树木的粗度，胸径精确到了毫米，用米尺测量根系长度和冠幅，做到了根系不好的不栽、损毁树皮的不栽、粗度不达要求的不栽。本年是壶关县有史以来，通道造林绿化树木标准、质量把关、技术要求最为严格的一年，也是效果最好的一年。自此多年形成的粗放经营的旧观念开始改变，在实现造林绿化规范化、标准化上打下良好基础。占用土地为租赁。

第四节　四赵线绿化

四赵线北起龙泉镇四家池村南，南至百尺镇赵屋村东，绿化段至川荫线(西柏林口)，全长12.7公里，宜绿化长度8.2公里。总投资171.3152万元，于2010年春季绿化，2011年和2012年分别进行补植、管护。整个工程由5家施工单位完成，分别是：长治市绿洲苗木花卉有限公司、壶关县店上艺苑绿化服务部、壶关县石坡加强种植服务部、屯留县天宾绿艺苗木花卉有限公司、长治市富桥苗木花卉培植有限公司。2010年3月10日签订施工合同，工期30天，管护3年。单侧绿化宽度8米，新栽国槐5行，株行距3米×2米，共栽植苗木27085株，其中：国槐25681株，毛白杨1404株。占用土地为租赁。

第五节　高速路绿化

壶关县境内的高速路是长治环城高速的组成部分，壶关段北接平顺县交界，西至长治县交界，境内里程25.7公里，宜绿化长度18.8公里。于2011年春季完成主体绿化，2012年和2013年分别进行补植、管护，总投资1474.6375万元。工程共划分10个标段，通过招投标择优选择了10家施工单位。中标单位分别是：长治市绿润园林绿化有限公司、长治市丰苑园林绿化工程有限公司、沁源县荣强苗木绿化有限责任公司、长治市新艺苑园林绿化工程有限公司、河北省第五建筑工程有限公司、长治市绿苑林业科技开发有限公司、安阳市东平花木园林建设有限责任公司、山西绿泽园林绿化工程有限公司、河南省昱泰园林绿化有限公司、河南省一清园林工程有限公司。开工日期为2011年4月20日，单侧绿化宽度50米，新栽苗木17行。第一层林带是火炬和侧柏、成品桃、杏树和柳树，株行距分别是2×3米和3×3米，植树6行；第二层林带为国槐，株行距3×3米，植树6行；第三层林带为毛白杨，株行距3×3米，植树5行。共栽植苗木226797株，其中：国槐74250株，毛白杨61875株，成品桃、杏树24552株，火炬36300株，侧柏12000株，柳树17820株。占用土地为租赁。

第六节　城际路绿化

城际路是壶关境内的一条高等级公路，双向6车道，道内设两条宽度2米的绿化带。该路南接长壶一级路，北至李东线，全长4.1公里，宜绿化长度4公里。总投资600万元，绿化面积487.1亩，于2012年春季完成。由县林业局委托长治市万联建设项目管理有限公司进行招投标。该公司于2012年2月28日在山西招投标网发布公告，2012年3月16日在长治市太行东街168号永盛大厦八楼会议室进行评标，河南省昱泰园林绿化有限公司中标，2012年3月22日签发中标通知书。根据城建和园林部门的规划，该工程单侧绿化宽度50米，前15米以园林景点建设为重点，栽植红叶李、榆叶梅等花灌木，株行距3米×3米，草花每平米25株；后35米为防护林带，共栽植11行树木，主要树种是毛白杨和柳树，株行距3米×3米，柳树在前，栽植4行，毛白杨在后，栽植7行。该路段绿化共栽植各类苗木20800株，草花314850株，铺设草坪32000平方米，拉设防护网8200米。分别是：毛白杨6400株，柳树4800株，紫叶桃2400株，紫叶矮樱2400株，鸢尾104950株，石竹104950株，宿根菊花104950株。2012年是本县林业建设项目首次委托代理机构进行招标，为规范工程造林又向前迈进了一步。占用土地由政府出资租赁。

第九章 园林村绿化

壶关县的园林村建设，起始于20世纪90年代初，由于上级没有专项投资，仅限于在经济条件较好的村进行，标准较低，离园林村的要求有很大的差距。自2006年"六大工程"实施以来，省市对省级园林化村庄建设给予投资补助，省级园林村每村补助资金3万元，市级园林村每村补助资金2万元。虽然补助资金有限，但对园林村建设起到了促进作用。壶关县乘此机会，加大园林化村建设的推进力度，并于2006年首次制定了"园林化村庄建设标准"，此后园林村建设被列为林业工作中的一项重要内容。

园林村建设标准的主要内容有6条：

(1)通村道路绿化：和主干道相连的进出村通道，每侧栽植3排树木。非连接主干道的通村路每侧栽树一行，株距3米。

(2)村周绿化：村周要栽植3排以上树木，形成环村林带。

(3)街道绿化：在街道两侧因地制宜种植乔木和常绿树，并点缀花草灌木，达到四季有绿，三季有花。

(4)庭院绿化：动员广大村民，每户在自家庭院内栽植3~5株树木，实现满院绿色。

(5)公共绿地建设：在村内适当场地建设园林小品式公共绿地，每块面积不少于500平方米。

(6)苗木标准：阔叶乔木树胸径≥5厘米，常绿乔木树高≥2米以上，灌木高≥70

厘米。

园林村建设示范村要达到所有要求标准，园林村建设重点村要达到其中4项以上标准，园林村建设推进村要达到其中3项以上标准。

2006年全县规划园林化村庄11个，其中：省级10个，市级6个(5个与省级重复)。省级园林化村庄是：黄山乡黄山村、百尺镇河西庄村、岭西村、五龙山乡石门村、石坡乡石坡村、桥上乡桥上村、龙泉镇南关村、盘驼底村、集店乡集店村、常平开发区小逢善村；市级园林化村庄是：百尺镇河西庄村、岭西村、五龙山乡石门村、常平开发区常平村、小逢善村、龙泉镇南关村。

2007年规划园林化村庄31个，其中：省下达村庄绿化任务20个；市下达11个。省下达的村庄是：鹅屋乡鹅屋村，龙泉镇西街村、清流村、南园村、西川村，树掌镇大会村，桥上乡大河村，店上镇固村村、赛里村，百尺镇百佛图村，集店乡东长井村，常平开发区杜家河村，黄山乡黄家川村、沟洞村，晋庄镇北庄村、庄头村、畅村，石坡乡南平头坞村，东井岭乡东井岭村，五龙山乡欢掌底村；市级园林化村庄是：百尺镇河西庄村、岭西村，五龙山乡石门村，常平开发区常平村、小逢善村，龙泉镇南关村、盘驼底村，集店乡集店村，黄山乡黄山村，树掌镇树掌村，石坡乡石坡村。施工按照“晋林植发【2007】47号文件”和壶关县2006年出台的“园林化村庄建设标准”进行。

2008年规划园林化村庄32个，涉及全县13个乡(镇)区，分别是：龙泉镇龙丽庄村、三家村、杨家社村、下内村，店上镇林青庄村、明自掌村、牛居村、瓜掌村，百尺镇五集村、百尺村、流泽村、东柏林村，晋庄镇东崇贤村、固店村，树掌镇神南村、大坪上村、河东村，五龙山乡杨家堆村，集店乡逢善村，黄山乡山则后村、簸箕掌村，东井岭乡常行村、南岸上村，石坡乡北平头坞村、安口村、盘马池村，桥上乡王家庄村、下石坡村，常平开发区王掌村、闫家河村，鹅屋乡东壶陵水村、阴山坝村。因本年园林村建设列入新农村建设的组成部分，责任领导是各乡(镇、区)书记，技术负责人是各乡(镇)林管员，项目实施人是各村支书(主任)。任务完成后由各乡(镇)进行自查，然后由县林业局复查，凡复查合格的，县财政局根据复查结果按省市投资标准拨付补助资金。

2009年规划园林化村庄44个，其中：省、市级25个；县级19个。本年的44个园林村全部规划在全国造林绿化现场会参观线上，绿化要求因地制宜、一村一景、突出特色。同时县委、县政府还发动县级机关单位结对帮扶沿线村庄园林村建设，全县共有52个县直单位与51个村结成园林化建设重点村帮扶关系，在资金、技术、树苗以及机械等方面给予支持。这年的园林化村建设取得了环境整治变化大、绿化档次标准高的效果。

2010年长治市给壶关县下达了27个园林村建设任务,分别是:集店乡集店村、逢善村、北皇村、东长井村、三家村,龙泉镇四家池村、秦庄村、盘驼底村、宋堡村、修善村、小山南村、寨上村、大山南村,黄山乡沟洞村、黄家川村、黄山村,百尺镇东柏林村、西柏林村、西王宅村、川河村、鸦村、百尺村、流泽村,店上镇店上村、林青庄村、鳌街村、麻巷村。本年,长治市政府要求全市各县80%以上的村庄要初步达到园林村标准,给本县下达的任务是307个村,其中示范村44个,重点村88个,推进村175个,完成绿化面积15350亩。县上将此任务下达了各乡镇,但由于没有投资,各村筹集资金困难,虽然都进行了绿化,但质量标准不高。

2011年规划园林化村庄51个,其中:环城高速上能目击到的村庄14个;国家现场会参观沿线及目击到的村37个。

第十章　矿企绿化

1. 常平集团绿化

常平集团在本县共有下属企业18个,占地面积1700万平方米,绿化面积487.94万平方米,累计投资5997.6万元。其中:环厂外围荒山绿化70万平方米,累计投资860万元,涉及常平、李掌、王章、黄角头4个村;环厂林带和厂区内绿化25万平方米,累计投资307万元;生态园区绿化66.6万平方米,累计投资819万元;水上公园绿化2万平方米,累计投资24.6万元;街道和小品、村庄绿化107.14万平方米,累计投资1317万元;苗圃地3.9万平方米,累计投资48万元;殡葬区绿化33.3万平方米,累计投资409万元;退耕还林经济林、生态林绿化180万平方米,累计投资2213万元。同时常平集团于1998年组建了自己的绿化管护队,现有管理人员、技术人员、工人共53名,并纳入集团职工编制,常年负责常平集团范围内绿化工程的规划、设计、施工、管护等工作。

常平集团是民营集团企业,在发展的过程中,把绿化美化作为企业环境保护的一项重要措施,给予了自始至终的特别重视和全面落实,事实上,这里良好的绿化环境也成为该集团企业对外的标志性形象。

2. 壶化集团绿化

壶化集团在本县共有下属企业2个,占地面积60730.35平方米,绿化面积31515.75平方米。其中:化工厂占地面积34017平方米,绿化面积13506.75平方米;九牛寨乳业占地面积26713.35平方米,绿化面积18009平方米。

第十一章 植 树

第一节 概 况

植树的历史久远,从古到今植树已成为一种风俗习惯。壶关人民勤劳朴实,更把植树作为一种勤俭持家的美德一代一代传承下来,延续至今。特别是,建国之后,党和国家对植树更为重视,把植树作为林业生产中的一项重要任务,列入国民经济计划,年年要下达植树任务。本县的植树在新中国成立之前是以个人自发为主,植树地点仅限于房前屋后。新中国成立后,由生产大队和后来的村民委员会组织,植树地点也扩大到村旁、宅旁、路旁、渠旁,所植树木所有权归集体。在植树品种上也有了大的变化,由原来的杨、柳、榆、槐、椿,扩大到毛白杨、国槐、刺柏、侧柏、苹果、梨、红果、法桐、白蜡等20多个。植树在林业建设中占有重要地位,在解决农民用材方面贡献突出,在全县的生态建设和增加覆盖率方面也发挥了重要作用。根据森林资源清查,全县现有零星植树150万株,按100株折合一亩林地算,对覆盖率的贡献是0.99个百分点。同时从新中国成立到2013年,贡献木材约在10万立方米以上。

第二节 历年植树数量统计

历年植树统计表

单位:万株

年 份	植 树	年 份	植 树
1949	3.5	1982	433.06
1950	3.9	1983	214.03
1951	7.3	1984	256.26
1952	9.5	1985	206.2
1953	27.6	1986	213
1954	458	1987	174
1955	17.1	1988	181
1956	88.9	1989	218.8
1957	167.8	1990	205

（续）

年　份	植　树	年　份	植　树
1958	225.7	1991	154.3
1959	144.3	1992	136
1960	196.1	1993	124.5
1961	258	1994	124
1962	154.9	1995	126
1963	204	1996	127
1964	245	1997	127
1965	180	1998	123
1966	205	1999	121
1967	186.12	2000	136
1968	228	2001	125
1969	217	2002	123
1970	388	2003	123
1971	330	2004	83
1972	551.4	2005	80
1973	430	2006	60
1974	400.59	2007	72
1975	251.54	2008	70
1976	253.83	2009	111.8
1977	282.81	2010	179.4
1978	199.86	2011	105.2
1979	217.17	2012	84
1980	344.17	2013	81
1981	481.3		

注：各个时期统计植树的范围不太一致。

第三节　义务植树

义务植树是壶关县林业发展中的一项重要举措，它的意义和作用曾一度在全县产生了深远影响。义务植树兴起于上世纪80年代，1981年12月第五届全国人民代表大会第四次会议，根据邓小平同志的提议，审议通过了《关于开展全民义务植树运动的决议》。把绿化祖国作为公民的义务，以法律的形式固定下来。决议决定，凡是具备条件的地方，年满11岁的中华人民共和国公民，除老弱病残者外，因地制宜，每人每年义务植树3~5棵，或者完成相应劳动量的育苗、管护和其它绿化任务。这一决定，对于壶关这个急于改变生态恶化状况的贫穷县来说意义重大。县委、县政府不失时机地抓住这个机遇，充分发动群众，在全县城乡、农村、机关、学校、产矿、企业等各行各业，各个单位掀起了持续多年的全民义务植树运动，并且，县委、县政府、人大、政协等领导，自1981~2013年，一年都不间断地带头参加义务植树，使义务植树的普及率达到了85%以上，全县乡村、乡镇机关单位、县级机关单位，除义务绿化本单位外，还建立了义务造林基地，各级领导都有义务植树造林点，全县累计义务植树1500万株以上，义务造林10万亩。据1989年统计，仅县级机关义务造林面积达0.4万亩，绿化了神山、圪栳山、猪嘴山、修善山、马驹山、董家坡山、程村山、南园山、秦庄山等13个山头，绿化道路累计100多千米。山西省绿化委员会曾于1986年在本县召开全省义务植树现场会。

时任政府副县长张兆祥与各公社领导签订绿化任务书

第十二章　造林组织形式

壶关县的造林形式因时代的不同而组织方式各有不同，按时期划分，主要分为群众性造林，专业户、重点户承包造林，村办林场造林，义务工、积累工造林，专业队承包造林，公司化招投标造林。几种不同的造林方式均是把握当时的形势而做出的调整，这种与时俱进的调整，确保了全县造林绿化的持续发展。

第一节　群众性造林

群众性造林在全县持续的时间较长，从时间上前可以追溯到建国初期（这之前造林形式以个体为主）至 1980 年以后，历时 30 年。期间社会体制主要实行人民公社和生产大队管理，植树造林由生产大队统一组织，到植树造林季节，组织群众采用突击形式完成任务，由大队或生产小队记工。有的还以公社组织大兵团突击，也是由生产队记工。这种方式虽然取得一些成效，但由于责任不落实，加之全部是直播造林，造林效果与付出比例悬殊，据统计，从 1949～1978 年 30 年间，全县造林 47 万亩，但实际保存下来的面积仅有 2.86 万亩，保存率为 6.1%。这其中还有一部分是社办林场的造林保存面积。

第二节　专业户　重点户造林

专业户、重点户造林兴起于 1981 年土地承包到户经营前后，这段时间，农村大力推行家庭承包责任制，壶关县农村开始出现专业户、重点户专门承包造林、育苗等林业生产。专业户、重点户与生产队或后来的村委会签订包任务、包成活、包管护、包完成时间、包劳动报酬的"五包"责任制，从根本上调动了群众的植树造林积极性，推动了全县林业的快速发展。1982 年林业专

林业专业户荒山造林

业户、重点户发展达到高峰，全县达到 2345 户，占到全县总农户的 4.3%。其中承包造林的专业户达到 471 户，年造林 5 万亩左右，占到全县造林面积的 60%以上。最为典型的是集店乡黄角头村林业专业户路其昌，不但成为山西省出现最早的林业专业户之一，而且成了全省最著名的林业专业户。1981 年他家与大队签订了 200 亩荒山造林合同，路其昌带领全家八口人，经过一年的努力，完成造林 287 亩，超任务 87 亩，成活率均在 85%以上。一家造林相当于全大队解放以来造林保存面积的六倍。根据合同规定，全家一年挣工 2600 个，收入 1820 元，超任务奖款 287 元。1982 年路其昌被评为山西省劳动模范。专业户、重点户的出现，为壶关的林业发展带来了前所未有的活力。

第三节　村办林场造林

土地承包到户以后，集体经济收入逐步减少，林业专业户、重点户承包造林的兑现问题显露出来，同时，土地承包之后，集体经济收入的主要部分来自林业包括果园，多数村为了集体的事情好办，逐渐对林业的经营统了起来。针对这种形势，为了不影响林业的健康发展，这一阶段全县普遍推广了村办林场（有的村叫林业专业队），各村的造林任务主要由村办林场完成。村办林场出现在 1986 年前后至1989 年，全县建村办林场 312 个（包括林业专业队），占行政村总数的 80.4%，其中有一大部分实行了经营权分离。村办林场在造林和管护上，虽然没有专业户、重点户那时有生气，但也保持了壶关林业一直向前发展的良好势头。

联户绿化荒山

第四节　义务工　积累工造林

随着农村经营体制的进一步改革，植树造林这项公益性很强的事业面临投工难、资金难等种种难题，当时县委、县政府及时出台了相关规定，一是在全县发动广大群众参加义务植树，除完成国家法定的义务植树任务外，还根据实际情况制定了每个劳力每年再投一定的义务工进行植树造林。这项政策的实施，对推进全县的造林绿化事业产生了巨大作用。据当时统计，全县每年所投入的义务工造林面积达到完成总面积的50%以上。二是投劳动积累工。劳动积累工是投工记账，统一分红。县委专门下文，对劳动积累工的投向、用途、数量、使用办法做出具体规定，以调动广大群众的植树造林积极性。据1987年统计，全县一年投劳动积累工82万个，相当于164万元的投资，超过国家该年下拨全县造林资助款的10倍多。

穷地方的穷办法：全民义务植树的同时，利用劳动积累工造林，栽各种纪念树，还欠款造清欠林，批宅基地造补偿林，审批伐木先栽树，这些都是壶关林业发展的地方政策。

利用劳动积累工造林

第五节　专业队承包造林

为了减轻农民负担，农民义务工和劳动积累工逐渐取消。与此同时，国家对林业的投资逐渐增加，造林亩投资不断提高。加之，所剩荒山都集中于少数村。这期间，造林绿化任务已不再往各乡镇和各村下达，而是在做好规划后，选择有一定造林经验和能力的人临时组织专业队承包完成。环城绿化工程、部分太行山绿化示范工程，就是通过专业队承包完成的。专业队承包工程，由于责权利比较明确，绿化成效比较明显。同时在执行规划上比较规范，也便于技术指导。专业队承包造林形式存在时间不长，但作为一个过渡，也发挥了应有的作用。

第六节 公司化招投标造林

随着国家对林业投资的加大,各种造林工程增多,对工程管理也在不断地完善和规范,上级相关单位明文规定造林工程要实行招投标制。从2009年以来,全县造价超过50万元的造林工程,全部实行了招标或议标。

参加投标的单位,必须具备有营业执照、合法法人、税务登记证、组织机构代码证、造林绿化资质证等必备的证件,特别是造林公司在取得资质证时,必须有林业工程师和助理工程师若干名,并且必须有一名林业工程师担任技术负责人,这在一定程度上,强制了公司对林业技术的重视。

到2013年底,全县取得省级绿化资质的绿化造林公司、中心、合作社等已达到14家,其中:

取得山西省造林绿化二级资质的有5家,即:

壶关县国营苗圃

壶关县骞堡苗圃

壶关县丰庆园艺绿化中心

壶关县鹏飞花木中心

壶关县松丰园艺绿化有限公司

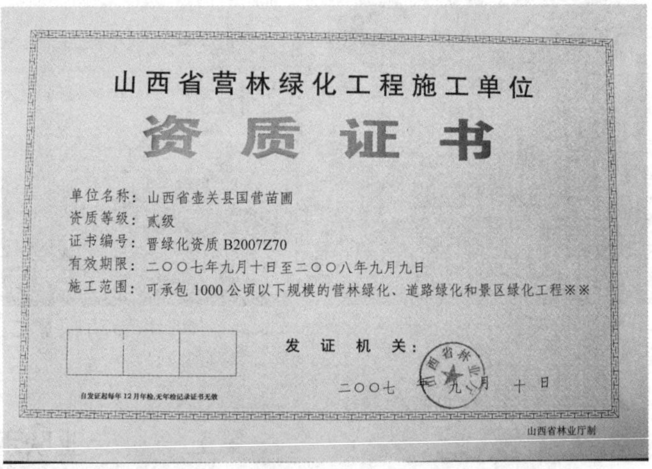
山西省营林绿化工程施工单位
资质证书
单位名称:山西省壶关县国营苗圃
资质等级:贰级
证书编号:晋绿化资质B2007Z70
有效期限:二〇〇七年九月十日至二〇〇八年九月九日
施工范围:可承包1000公顷以下规模的营林绿化、道路绿化和景区绿化工程※※
发证机关:
二〇〇七年九月十日
自发证起每年12月年检,无年检记录证书无效
山西省林业厅制

山西省林业厅颁发的绿化资质证书

取得山西省林业厅造林绿化三级资质的有9家,即:

壶关县丰盛园艺绿化中心

壶关县龙泉四季春园艺绿化中心

壶关县志强绿化有限公司

壶关县金兴农牧开发专业合作社

壶关县晋庄忠义绿化队

壶关县连胜农资专业合作社

壶关县石坡加强种植服务部

壶关县店上艺苑绿化服务部

壶关县永乐园艺绿化中心

造林绿化公司的兴起,是造林绿化史上的一次变革,全县从2009~2013年的所有造林绿化工程都由专业公司完成,造林质量和成活率、保存率均有保证。

第十三章 植树造林基本技术和模式

根据全县不同的立地类型，在长期的实践中，林业技术人员从育苗到造林绿化，探索出59种技术模式。

第一节 与育苗相关的造林技术模式

(1)阴坡育苗阴坡栽。在阴坡上育苗，就近在阴坡上造林，不改变小苗的生长条件，成活率高。

(2)阳坡育苗阳坡栽。阳坡上的苗木，适应了阳坡的生长条件，在阳坡上造林，同样可以提高造林成活率。

(3)就地育苗就地栽。主要是减少运苗环节，随起随栽，根系在阳光下暴露时间短，利于成活，同时可以减少运苗的费用和成本。

(4)沟地育苗四旁栽。阔叶育苗需选用土肥水充足的沟凹地，这样的土地培育的苗木壮实。四旁绿化不同于荒山，它的特点一是防护和景观作用，二是提供木材的作用，三是立地条件较好，四是栽植时有浇水条件，因此绿化时需要壮苗、大苗。

第二节 与地类相关的造林技术模式

1. 干石山造林技术模式

干石山的基本特点是石多土少，土壤瘠薄，土不成层。

(5)起石刨坑，客土栽植。将石头刨起，从有土的地方运土过来，填入坑内，之后栽树。

(6)选择大苗，带土栽植。选择三年到五年生以上抗干旱、耐瘠薄的山桃、侧柏大苗，起苗时按胸径八到十倍的比例带土球栽植。

(7)随机刨坑，集土栽植。不强求株行距的一致，哪里有土，就在那里刨坑，把周围的土集于坑里，创造条件栽植。

2. 薄土层山地造林技术模式

薄土层地类关键是少土，由于少土又无以存水，要解决的首要问题一是土，二是水。

(8)选好壮苗，二龄栽植。薄土层地类，大苗根大，刨坑不易达到深度，容易窝根，影响成活。用一年生小苗,本身储存水分少,抗不住干旱,苗木多因失水而死亡。根据长期实践,这类荒山造林,选用二年生油松苗栽植最好。此类苗地上部分针叶多可称是"大胖子",根系须根发达是"大胡子",根茎比是 2:1,整株苗木就是四肢发达的"壮小子",非常适合这类山地造林。

(9)直壁刨坑,舒展栽植。这类地因土层薄,一般不搞预整地,多采用随刨坑,随栽植。刨坑时站在顺坡的一侧,将坑刨出一个直壁,深度以超过苗根长度为宜,栽植时将苗木贴于直壁上,使根系能够完全舒展,这样栽植的苗木,返苗快,生长旺。

(10)泥浆蘸根,保水栽植。栽植前,需用肥沃的森林褐土打成泥浆,对苗木进行蘸根,通过蘸根,通常可保护根系一周内不脱水,不干根,保护小苗不因失水死亡。

(11)湿土围根,保命栽植。在栽植的过程中,在刨起的坑土中,寻找一把湿润、细密的土,首先围于苗根,使根须在恢复阶段能够首先出新根于好土中,然后慢慢复苏,提高抗性,适应条件,这是一把保护小苗的围根土。

(12)三埋二压,精心栽植。栽植针叶树小苗与栽植四旁大苗不同。针叶树小苗的毛根细如发丝,易被损坏,在采用"三埋二压"的栽植过程中,埋土的时候要拣净土壤中的石块、草根,以防土壤透气,失水过快,引起死亡;两踩是变踩为压,即用一块石头,先从坑的外围逐步向苗根处压实,切忌硬踩硬捣,损伤苗根。

3. 厚土层地类造林技术模式

表面有粗骨土覆盖,厚度在 30 厘米以下,10 厘米以上,土壤中石块石子占 50%左右,以下是岩石结构。

(13)大穴整地,小坑栽植。在造林的头年进行整地,规格是坑长 1 米,宽 60 厘米,深 50 厘米。经过半年以上的自然踏实,第二年刨小坑栽植树苗。这样可以不破坏大坑内的土壤水分,利于小苗成活。

(14)山头山梁,适当密植。根据壶关山地的特点,山头山梁的土层相对较厚,保水保土从山头山梁抓起,因此,山头山梁要适当密植,每亩栽树不少于 220 株。

(15)山脚山腰,混交栽植。坡度较缓的山地,山脚山腰的土层较厚,条件较好,而且接近地边、路边,是森林火灾的多发地,营造混交林可有效防止森林火灾和森林病虫害的发生。混交比例油:山桃、山杏 =5:5;柏:刺 =5:5;柏:山桃、山杏 =5:5。

4. 岩石裸露山地造林技术模式

裸岩面积在 50%左右,严重地带在 80%以上。这类地被专家列为暂难利用地,主要绿化目的是扩大绿色植被,见缝插绿,绿化方式主要是利用微域小地形,随地巧挖坑,见缝栽树。

(16)石上集水,石下栽树。岩石不渗水,利用它的天然积水作用,把地表径流汇集到石块下部，使干旱区的有限降水得到集中利用，为苗木成活生长提供一个水湿条件较好的小环境。

（17）石头截水，蓄水栽树。山坡上的大石块可以堵截上部径流，起到拦蓄作用，淤渗之后，则是苗木生存的良好环境。在这种石块的上部刨坑栽树，用其蓄水，供养苗木生长发育。

（18）石隙过水，见缝栽树。在顺坡的石缝和石侧，当雨水降至岩石上时，会分流两侧积水于石隙，加上上部流经此地的雨水，造成了一个过水地小环境，在此地栽植苗木，同样能成活生长。

（19）石间盆地，中间栽树。四周都是石头构成的中间低处，形成了石间小盆地，也是石质山地造林的有利地形。

（20）搬起活石，石窝栽树。山上有很多活石块，活石块下集存有土层，将石块搬起，利用石窝栽树，既省力省事，树苗成活率又高。

5. 侵蚀沟地类造林技术模式

侵蚀地类主要有三种，一是河道型。这类地形因以前洪水泛滥，泥石流特点明显，河道乱石滚滚，绿化难度较大，需起石换土，同时需要在山坡治理的基础上进行。二是河坡型。因河流侵蚀，两侧不断塌陷，形成河道斜坡，这种地类土层深厚，但水土流失严重，绿化应以固土性能良好的刺槐、杨树为主。三是水库后尾的淤积滩地。这类地土壤肥沃，深厚，地势开阔，以栽植杨树速生丰产林为主，发展商品林基地。

（21）明确目的，适地栽植。侵蚀沟造林目的之一是保持水土，目的之二是产生经济效益。为此把地平水足的地段规划为速生丰产林或经济林，把河道两侧的陡坡规划为水土保持作用明显的刺槐林，把季节性河道规划为不怕水湿的柳树林，适地适树，科学栽植。

（22）先坑后苗，及时栽植。营造速生丰产林和经济林，要先将树坑刨好后再调运苗木，确保随起随运随栽，尽量避免苗木失水，缩短缓苗期，做到快栽、快活、快生长、快丰产。

（23）熟土埋根，大坑栽植。刨大坑栽树，有利于苗木快长。在刨大坑栽树的过程中，要将刨起的熟土置于一边，先将生土回填于坑底，再将熟土埋于根部。这样利于根系尽快吸收营养。

（24）及时浇水，虚土栽植。在大苗造林时，要抛开“栽树没巧，深栽实捣”的传统栽树方法，采用虚土栽植法，即在埋土三分之二时，用脚踩一遍，再填土至地平，大水浇透，借水踏实，待水完全渗下后，虚土掩埋。这样栽树，根系和土壤接触松紧适度，便于树木生长和速生丰产。

(25)长途运苗,水浸栽植。对于部分新引进的优良树种,为确保成活,弥补运苗中苗木水分的损失,采用水浸的方法,视失水情况,水浸1~3天,成活率基本不受影响。

(26)两侧陡坡,刺槐密植。刺槐是保持水土、护岸护坡的先锋树种,自身繁殖能力特强,绿化河沟两侧陡坡,密植刺槐,见效快,效果好。

(27)石质河床,换土稀植。有些石质河床几经改道,加之随着林木保水的作用,山上的水越来越少,河道闲置,可利用这些地方进行绿化,改善河道的生态环境。但又为了不妨碍一旦有几十年不遇的洪水泄洪,要适当稀植一些大树冠的阔叶树,下不影响行水,上能有效覆盖。

6. 山丘阶地地类造林技术模式

这类地区以利用小地形、小气候为主,在山的中上部营造防护林的同时,在这些区域营造经济林。这种地形分为三类情况,第一山脚、山洼,气候温暖,三面环山,背风向阳,这类地营造山地果园;第二山区阶地,地与地之间的斜坡夹岸,利用夹岸,发展核桃、花椒、柿子等木本粮油林;第三林田接壤的空间地带,栽植阔叶经济林带,也叫"围山转",这种林带既是经济带,也是生物防火隔离带。

(28)山地梯田,夹岸栽植。利用地块与地块之间的夹岸斜坡,栽植核桃、红果,小苗不占地,树大不胁地,田产粮,树长钱,生态效益、经济效益相辅相成,互相促进。

(29)保温保湿,覆盖栽植。大片栽植经济林,在采用大肥、大水、优种的基础上,为确保苗木成活、快长,要用地膜覆盖,保水分,抗干旱,提地温,促成活。

(30)连片发展,背风栽植。连片发展果园,要选择背风向阳的洼地,以减少风害和冻害。

(31)提高效益,园区栽植。为了进一步提高经济效益,发展果园和经济林要结合旅游、采摘等新兴的项目,建设功能齐全,环境优美的核桃、桃杏、柿子、大枣等园区,以游提效,以采提效。

7. 通道两侧造林绿化技术模式

通道两侧土地相对平坦,交通方便,易于管理。

(32)里低外高,梯形栽植。通道栽树每侧两行以上又规划不是同一树种时,就要采用梯形栽植的办法,根据各种树的生物学特性,向路一侧栽低矮树种,向外一侧由低到高依次排列栽植。

(33)多样树种,搭配栽植。通道绿化的目的主要是发挥防护作用,要确保防护作用,就要充分考虑树种多样性,选择多种树搭配栽植,这样不仅可有效防止病虫害的发生,而且不会在某种自然灾害下,使通道树木遭受毁灭性重创,景观效果也比单一树种要好。

(34)一次成林,大苗栽植。在人车流量较大的通道两侧栽树,为尽快降低汽车碳排放量对人的危害,要栽能够在短时间内形成降碳作用的大树,一次绿化,一次成林。一般胸径不低于5~8厘米。

(35)十字立交,造景栽植。对于主要的交通十字口、立交桥,要采用乔灌草,果花球(型),绿红黄相结合的办法随地造景,增加绿化层次,丰富绿化色彩,增强观赏效果,提升绿化效益。

8. 村庄绿化技术模式

(36)一街一景,花样栽植。根据街道的宽窄,按照树冠大小选择树种。每条街道的绿化富于变化,做到一街一景,丰富多彩。

(37)高低搭配,层次栽植。城镇乡村,人口集中,绿地有限,要使有限的绿地发挥更大作用,就要高效率利用,选择高中低树种搭配栽植,充分利用空间,使一块地产生多块地生态效果。

(38)村中空地,小品栽植。对于村内的小片空地,进行科学规划,按绿化小品的标准,结合农民健身需要,因地制宜建造休闲绿地,改善居住环境,提升农村品味,增加绿色文明。

第三节　与坡向相关的造林技术模式

1. 阳坡半阳坡造林模式(10厘米以下小苗)

(39)反坡整地,原墒栽植。阳坡半阳坡造林,整地时要整出一个反坡,与阳坡半阳坡形成反向的小阴坡,以给小苗创造一个阴湿的小环境。在栽植树苗时,不要在小阴坡坡面上刨坑,要在小阴坡的底部刨坑,借原有土层的墒情栽树,便于成活。

(40)石片覆盖,保墒栽植。树木栽好后,就地取材,在树坑上覆盖一层石片,覆盖面积要稍大于树坑的面积。一可以保墒,二可以减少雨水的冲刷。

(41)竖石遮荫,挡阳栽植。对于不能整修小阴坡的造林地,树苗栽好后,在树苗的向阳面竖一块石头,为树苗挡住太阳的直射和暴晒。要将石块竖立牢固,以防倾倒压住树苗。

(42)蒿草虚掩,保湿栽植。雨季造林时,最怕太阳暴晒,在有条件的情况下,随手拔一把蒿草,虚掩于树苗之上,为树苗起保湿作用。

2. 阴坡半阴坡造林模式

(43)掌握墒情,趁墒栽植。阴坡半阴坡的墒情好于阳坡半阳坡,要掌握好墒情,不宜太早也不宜太迟。太早土壤湿度大,易成泥团结块,太迟失墒,影响成活。

(44)切忌硬夯，适度栽植。阴坡土壤潮湿，不能和阳坡一样栽树时怕土壤中的空隙散失水分，要将土壤反复踩实，而是要视土壤的湿度，把土埋实即可，如果土壤湿度大，埋的太实，会使苗木返苗时间太长。

第四节 与疏密度相关的示范工程造林技术模式

(45)等高整地，成行栽植。整地时按等高线水平延伸，成行栽树。每亩整坑 50~60 个，株距 3 米左右，行距 4 米左右。

(46)品字排列，成丛栽植。树穴按"品"字排列，穴的规格要求是长 2 米，宽 1.5 米，高(穴深)60 厘米，每穴栽树 2 丛，每丛 2 株。

第五节 与栽植时间相关的造林技术模式

各种树木都有共同的也有它自己的生态特性，因此，在栽植时间上，既有共同点也有不同点。同时在每个造林季节，因气候不同，也会有最佳时期：

(47)春季造林，顶凌栽植。就是在造林地已解冻，但又未完全解冻时，抢墒造林。这时候土壤湿度大，利于成活。

(48)雨季造林，巧妙栽植。以天气预报为依据，有雨就栽，无雨就停，有雨来临赶快栽，连阴雨天突击栽。

(49)秋季造林，晚秋栽植。秋季造林要适当晚一些，等树木的树液完全停止流动之后，时间一般在寒露至霜降之间。

(50)冬季造林，隆冬栽植。这是指油松、侧柏、刺柏一类的大树，带土移植。这时候土壤完全结成冻块，易于带土。

(51)苗木带土，常年栽植。营养袋育苗、营养钵育苗以及带土球苗木在需要的情况下，又有浇水条件的，可以常年造林。此种方式主要是造林成本较高。

(52)槐类树种，出垛栽植。刺槐等发芽迟的树种，要在芽饱满的现出小骨垛时，移栽成活率最高。这时栽植树液流动旺盛，气温高，栽后即活，缓苗时间短。

第六节 与混交栽植相关的造林技术模式

混交造林可以有效预防森林火灾和森林病虫害的发生，是壶关县多年来一直提倡和大力推行的造林办法，混交方式有带状、块状、片状三种，混交比例一般是 5:5、

6:4、7:3、5:3:2。混交树种针叶树有油松、侧柏、刺柏、华北落叶松、云杉;阔叶树有山桃、山杏、杨树、刺槐、柳树、榆树、国槐、连翘;经济树有核桃、花椒、柿子、红果、枣、桃、杏等。

(53)石质山地,针阔栽植。大部分石质山地土层薄,条件差,混交栽植时以油松、侧柏、与山桃、黄刺玫、荆条等为主。

(54)乡土杨柳,土坡栽植。土坡绿化时要充分利用有土的条件,栽植一些抗旱、抗寒的乡土杨柳树,并进行混交栽植,既可以相互抑制病虫害发生,又能提供生产生活木材。

(55)柳树刺槐,沟坡栽植。对于大量的沟坡,要分情况在沟坡的两侧栽植萌蘖性强的刺槐树种,有效防治水土流失;在有季节性河流的河沟内,栽植抗水湿的柳树,起到坡沟河综合治理的效果。

(56)核桃红果,夹岸栽植。在山区有大量的梯田夹岸,要把这种夹岸作为一种资源利用起来,混交栽植适合山区生长的核桃、红果,对土地是充分利用,对群众是增加收入。

(57)山桃山杏,满坡栽植。我县的荒山立地条件差,石多土少,石厚土薄,山桃山杏抗旱、抗瘠薄性能极强,可以在不能栽植其它树种的石质山地,满坡栽植山桃山杏,增加森林覆盖率。

(58)连翘山桃,选地栽植。连翘是优良的中药材,山桃可做药材,又可作为种子出售,都具有一定的经济价值,但要它生产药材和种子,就要选择立地条件较好的地方栽植,栽植时要进行块状混交,这样两个不同的树种,可以避开因某种自然灾害同时欠收。

(59)柿子大枣,河谷栽植。柿子、大枣是两个喜温怕寒的树种,果实要求有较长的生长和成熟期,在我县最适宜的栽植区域是桥上乡以及鹅屋乡的部分低海拔村。选择好栽植区域,才能达到丰产丰收的效果。

第十四章　20 世纪 80 年代的林业先进典型村

1. 科学造林典型——盖家川村

常行公社盖家川大队(今东井岭乡盖家川村)位于太行分水岭西侧,是有名的干石山区。全队共有 162 户,667 口人。占总面积 2/3 的荒山石厚土薄,石多土少,在这里植树造林,实在是石上栽桑——难上难。但就在这样极端困难的情况下,盖家川大队在荒山造林上,勇于实践,敢于探索,大胆革新,坚持不懈,经过七、八个年头的努力,终于在五里坡、小背凹等处青石板上创出了一条油松春、雨、秋三季育苗，常年移植造林的新路。到1982年已营造人工林1350亩，四旁沟坡植树27万株，人均达到427株，果园74亩，林业收入占到总收入的10%左右。

2. 刺槐绿化典型——山上村

山上村的林业生产起步较早。早在上世纪70年代之初就充分发动群众，大搞植树造林，且取得了显著成效。

最初，该村是以杨、柳树种为骨干品种。但由于地处山区、土质较差、多数荒山沟坡属沙质土壤，加之壶关十年九旱的气候特点，所以很不适宜杨、柳树种的生长条件。他们所栽植的沙拉杨、箭杆杨、蹿天杨、加拿大杨等多种杨树，长势很不理想，购买树种代价又高，且病虫害繁多，树种很快被淘汰。后来他们反复讨论研究，倾听群众意见，选择了用刺槐树种在基本没有土壤的炉渣山沟搞试验，结果一试，长势喜人。于是他们便因地制宜，选定了以刺槐为本村绿化骨干树种。充分发动群众，在秋收季节就地采集树籽，自繁自育苗木，在所有荒山沟坡全部栽上了刺槐。由于刺槐成活率高，适应性强，病虫害少，生长速度快，所以不到三年时间，全村500亩宜林面积，全被满山遍野绿油油的刺槐树种覆盖，引起了县林业局及县委政府领导的高度重视。

1977年县长聂庆保组织全县各公社人员到山上村参观学习。后来，全县林业大观摩，县委书记张国太等县委四大班子领导又组织全县观摩团二十多辆大汽车，到山上等各村进行林业巡回观摩。之后，不少地方组织大小队干部到山上参观学习。

3. 荒山沟坡综合治理典型——赵掌村

崇贤公社赵掌大队（今晋庄镇赵掌村），共有244户，997口人。全队耕地面积1753亩，而宜林面积就有1700多亩。特别是横贯村中的一条六百余亩的大沟，土壤肥沃，水分充足，有很好的植树造林条件。但是，过去只搞以粮为纲造平原，全村动用200余个劳力，先后三次打坝垫地，务工二万多个，结果都被洪水冲垮。党的十一届三中全会以后，这里的干部群众认真总结了以往的经验教训，坚持一切从实际出发，提出了大搞植树造林，让荒山沟坡生财献宝的口号。从1980年开始，他们坚持年年大搞植树造林。同时，他们还讲究科学，引进了速生丰产杨树，在沟底水分充足的地方营造了丰产林，在两边沟坡栽上了刺槐。三年时间，他们共在这条沟植树十八万余株，同时还绿化荒山600余亩。两项造林1200亩。

功夫不负有心人，汗水换来丰收果。到1982年，他们栽的树木已郁闭成林，1980年栽的速生杨，已长成椽材。他们对这条沟的树木价值做了一下估算，到1985年总价值二十万元，全队户均800元，人均200元。

4. 沟坡绿化典型——麻巷村

店上公社麻巷大队(今店上镇麻巷村),西面靠山,东面临河,有宜林面积1500亩。

三中全会以后,这个大队认真总结了建国以来在山区建设上的正反经验,从而确立了大抓林业的信心。由于领导重视,统一规划,采取专业队伍和群众运动相结合,专业个体户和联户相结合、治沟与治山相结合的办法,大大加快了林业发展步伐。二年共完成荒山沟坡造林1100亩,四旁植树5万株,定植大叶桑10万株,育各种树苗72亩。分别超过建国三十年造林保存面积100亩的10倍,四旁植树4万株的0.25倍,定植大叶桑1万株的9倍,累计育苗50亩的0.44倍。

5. 落实绿化责任典型——北岭村

固村公社北岭大队(今店上镇北岭村)是一个只有六十户人家的小山庄,全大队耕地面积800亩,而宜林荒山沟坡面积就有1000多亩。过去由于只抓粮食过"长江",林业生产丢一旁,结果是越抓越穷,1978年,社员辛苦一年每个劳动日还要倒赔二分钱。三中全会后,大队党支部分别组织党员干部和社员群众认真学习党的林业政策和中央领导同志对林业的有关指示,联系实际,认真总结建国三十年来,改变山区面貌的经验教训,分析发展林业生产的有利条件,大家一致认为,只有因地制宜,发挥沟坡多的优势,大抓林业生产才是治穷致富的一条根本出路。

干部群众的认识统一后,他们开始大抓林业生产,动员全村人员大搞植树造林,为了保质保量完成任务,大队党支部在公社党委的指导下,按流域统一规划,以户竖牌立界,确定责任范围。大队干部和党员分头包户,督促检查。全村奋战二十天,造林660多亩,共栽下刺槐树23.7万余株,人均1077株。这个大队的群众看到所栽树木株株成活,喜上眉梢,他们算了一笔帐:现在人均植树1000多株,5~7年每人就平均1000多根椽,每根以一元计算,人均收入就是1000多元。10~15年后收入就可观了。他们高兴地说:三中全会送春风,农业林业齐头进,沟坡栽下"摇钱树",从此"穷神"不上门。

6. 刺槐造林典型——西底村

西底大队(今黄山乡西底村)地处丘陵地区,共有60户,281口人,耕种着682亩土地。过去,由于片面搞单一粮食经营,使沟坡多的优势没有得到充分发挥。三中全会之后,他们解放思路调整农业内部结构,因地制宜大力发展林业生产。三年时间,全队林业专业劳力占到了总劳力80个的18%,耕地育苗每年都在20亩以上,占到总耕地的3%,四旁沟坡新栽木材树15万株,人均560株;加上原有基础达到22.5万株,人均800株,成材树产值人均420元,还发展各种经济树7万株,人均15株。能栽树的地方，基本上都栽上了树，有林面积980亩，覆盖面积达到了30%。

7. 采育结合典型——王家庄村

桥上公社王家庄大队（今桥上乡王家庄村），采用社员用料先栽树的办法，正确处理采与栽的关系，社员满意，集体有利。1980、1981两年批出10棵树，新栽小树300株，使大队树木越采越多，促进了林业发展。

王家庄大队开始只号召社员栽树，对个人请示用料却卡的很死。社员对植树造林的积极性不大，致使大队多年来林业没有新的发展。他们认真总结了过去的经验教训，摆正了栽树与用材的关系，制定了一条社员用料先栽树的办法。规定：批伐一株梁材树，栽树30株，批一株檩材树，栽树15株。社员用料先申请，大队给予规划植树地点，供给树苗，付给报酬。栽后一年，检查验收，达到标准后，大队根据急用者先批的原则，写出采伐计划，报县林业局审批，然后个人付款用料。

社员用料有盼头，植树造林有劲头。1980年春就有十户社员栽树300多株，大队按规定批给他们梁材树10棵，1981年春又有15户社员栽树500多株。社员植树造林积极性的提高，促进了大队林业的发展。两年，这个大队共植树10000株，新造林100亩。桥上公社作出决定，在全社推广了他们的经验。

8. 生态经济建设典型——北大安村

固村公社北大安大队（今店上镇北大安村）位于壶关县城东部，全村197户，782口人，总面积3620亩，其中规划林业用地1649亩。

北大安村的生态经济林

1984年以来，该村以林业区划规划为依据，以建设生态经济村为目标，结合本村实际，因地制宜地制定了“山上油松防护林，山脚梯田经济林，沟坡刺槐水保林，河滩杨树丰产林”的立体绿化规划，组织发动群众以投义务工、积累工的形式，对山沟田河立体治理，收到明显成效。从1985～1989年，五年时间，该村就营造以苹果、梨、仁用杏为主的山地果园790亩，绿化荒山711亩，发展杨树丰产林296亩，四旁植树203万株。全村林木覆盖率达到53%，人均1亩经济林。人均林业收入1100元，占人均总收入的75%。

林业发展，生态环境改善，集体经济实力增强，出现了农、牧、副、企各业良性循环、协调发展的新势头，成为全县生态经济建设的典型。类似北大安生态经济建设的典型村还有麻腰村、绍良村。

第四编　森林资源管理保护

第一章　林地管理

第一节　林地审批权限

壶关县对林地征占用实行严格管理,所有占用林地都要按规定进行审批。

1. 永久性征占用林地审批

勘查、开采矿藏和修建道路、水利、电力、通讯等工程,需要永久占用或者征用林地的:

第一，用地单位向县级以上人民政府林业主管部门提出用地申请，经审核同意后,按照国家规定的标准预交森林植被恢复费,领取使用林地审核同意书。用地单位凭使用林地审核同意书依法办理建设用地审批手续。占用或者征用林地未经林业主管部门审核同意的,土地行政主管部门不得受理建设用地申请。

第二,占用或者征用防护林林地或者特种用途林林地面积 10 公顷以上的,用材林、经济林、薪炭林林地及其采伐迹地面积 35 公顷以上的,其他林地面积 70 公顷以上的,由国务院林业主管部门审核;占用或者征用林地面积低于上述规定数量,由省人民政府林业主管部门审核。占用或者征用重点林区的，由国务院林业主管部门审核。

第三,用地单位需要采伐已经批准占用或者征用的林地上的林木,向林地所在地的县级以上地方人民政府林业主管部门或者国务院林业主管部门申请林木采伐许可证。

2. 临时性占用林地审批

用地单位申请临时占用林地,应当填写《使用林地申请表》,同时提供下列材料:

(1)项目批准文件;

(2)被占用或者被征用林地的权属证明材料;

(3)有资质的设计单位作出的项目使用林地可行性报告;

(4)与被占用或者被征用林地的单位签订的林地、林木补偿费和安置补助费协议(临时占用林地安置补助费除外)。

森林经营单位申请在所经营的林地范围内修筑直接为林业生产服务的工程设施

占用林地的,应当提供前款(1)、(2)项规定的材料。

建设工程需要临时占用林地的,按以下规定办理:

第一,临时占用防护林或者特种用途林地面积 5 公顷以上,其它林地面积 20 公顷以上的,由国务院林业主管部门审批;

第二,临时占用防护林或者特种用途林林地面积 5 公顷以下的,其它林地面积 10 公顷以上 20 公顷以下的,由省人民政府林业主管部门审批;

第三,临时占用除防护林和特种用途林以外的其他林地面积 2 公顷以上 10 公顷以下的,由辖区的市和自治州人民政府林业主管部门审批;

第四,临时占用除防护林和特种用途林以外的其他林地面积 2 公顷以下的,由县级人民政府林业主管部门审批。

森林经营单位在所经营的范围内修筑直接为林业生产服务的工程设施需要占用林地的,应当遵守下列规定:

(1)国有森林经营单位需要占用林地的,由省、自治区、直辖市人民政府林业主管部门批准,其中国务院确定的国家所有的重点林区内国有森林经营单位需要占用林地的,由国务院林业主管部门或其委托的单位批准;

(2)其它森林经营单位需要占用林地的,由县级人民政府林业主管部门批准。

第二节　林地征占用

壶关县林地征占用分为通道征占用和企业征占用两种:

1. 通道占用林地

(1)新建铁路占用

中南部铁路通道是经国家发展和改革委员会批准建设的,是连接晋、豫、鲁三省的铁路大通道,途经壶关县黄山乡、龙泉镇、集店乡。该项目永久性征占用本县集体林地总面积 2.6540 公顷,施工时间为 2010 年 6 月～2014 年 9 月。

(2)太行山大峡谷旅游循环公路南线占用

该工程建设项目是经山西省发展和改革委员会(晋发改交通发[2008]1240 号)批准建设的旅游循环通道,途经本县树掌镇、鹅屋乡、桥上乡和晋城市的陵川县。该项目永久性征占用林地面积 16.07 公顷,其中壶关境内 11.61 公顷(国有 2.12 公顷,集体 9.49 公顷),陵川县境内 4.46 公顷,施工时间为 2010 年 2 月至 2013 年 7 月。

(3)长安高速公路长治至平顺县段占用

该路是山西省高速公路网“大字骨架,九横九环”布局规划和长治市公路交通“三

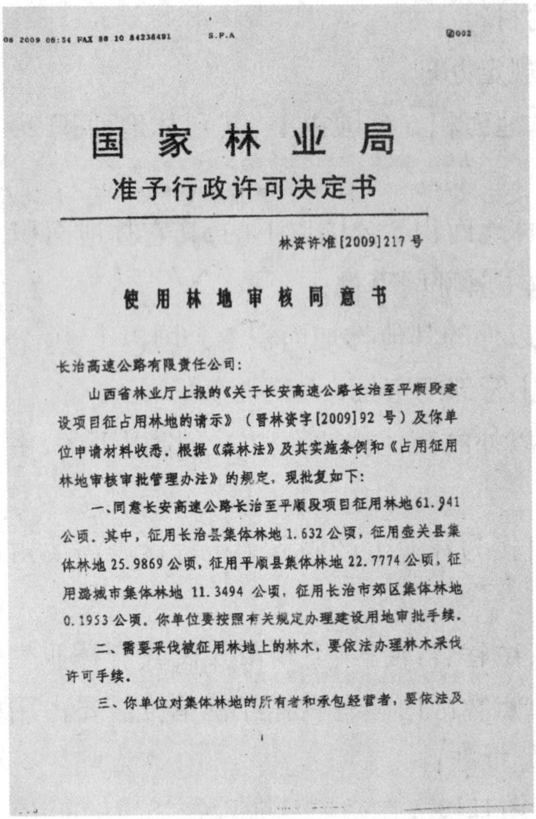

08 2009 08:54 FAX 86 10 84238491 S.F.A 002

国家林业局

准予行政许可决定书

林资许准[2009]217号

使用林地审核同意书

长治高速公路有限责任公司：

山西省林业厅上报的《关于长安高速公路长治至平顺段建设项目征占用林地的请示》（晋林资字[2009]92号）及你单位申请材料收悉。根据《森林法》及其实施条例和《占用征用林地审核审批管理办法》的规定，现批复如下：

一、同意长安高速公路长治至平顺段项目征用林地61.941公顷。其中，征用长治县集体林地1.632公顷，征用壶关县集体林地25.9869公顷，征用平顺县集体林地22.7774公顷，征用潞城市集体林地11.3494公顷，征用长治市郊区集体林地0.1953公顷。你单位要按照有关规定办理建设用地审批手续。

二、需要采伐被征用林地上的林木，要依法办理林木采伐许可手续。

三、你单位对集体林地的所有者和承包经营者，要依法及

1

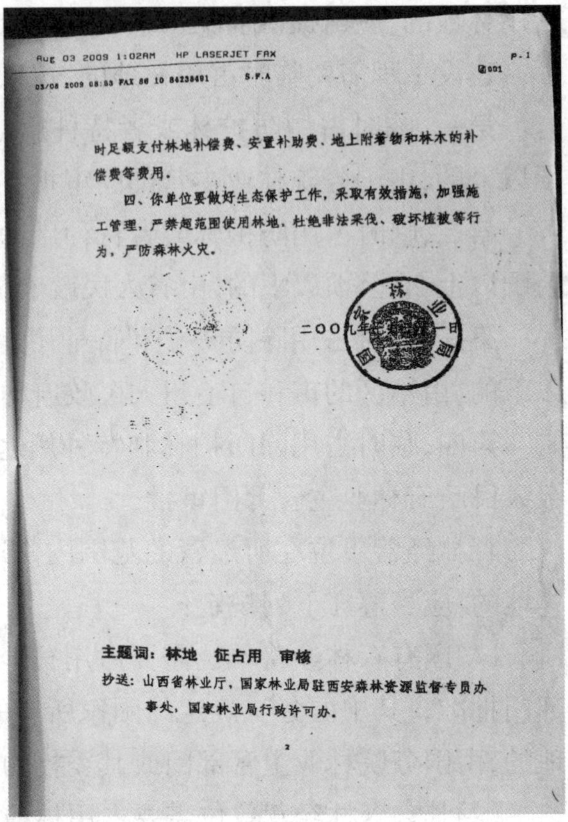

Aug 03 2009 1:02AM HP LASERJET FAX p.1

03/08 2009 08:53 FAX 86 10 84238491 S.F.A 001

时足额支付林地补偿费、安置补助费、地上附着物和林木的补偿费等费用。

四、你单位要做好生态保护工作，采取有效措施，加强施工管理，严禁超范围使用林地，杜绝非法采伐、破坏植被等行为，严防森林火灾。

二〇〇九年

主题词：林地　征占用　审核

抄送：山西省林业厅，国家林业局驻西安森林资源监督专员办事处，国家林业局行政许可办。

2

高速路占用林地国家林业局批文

通一环一网”发展规划的重要组成部分，也是《山西省高速公路网调整规划》“三纵十一横十一环”中长治环线和平顺县河坪—壶关县逢善段连接线的重要建设内容。2008年11月26日，山西省发展和改革委员会（晋发改交通发[2008]1388号）《关于长安高速公路长治至平顺段可行性报告的批复》批准立项建设。公路途经壶关县黄山乡、龙泉镇、常平开发区、集店乡，全长25.7公里，永久性征占用壶关县林地面积25.98公顷，施工时间为2009年5月～2011年5月。

2. 企业占用林地

2009年以来，在全县开展集中整治非煤矿山企业工作中，县林业局分别对黄山乡南河联合厂（占用王家掌集体宜林地2亩）、百尺镇韩庄欧件建材有限公司（占用流泽村集体未成林造林地1.6亩）、东井岭崔家庄徐方石料厂（占用该村集体有林地2亩）、晋庄镇东崇贤红安石料厂（占用东崇贤村宜林地2亩）、集店乡嵘泰石料厂（占用西关壁村宜林地6亩）、雁达石料厂（占用西关壁村宜林地4亩）、西庄宏志石料厂（占用西庄村集体灌木林地2亩）、龙泉石料厂（占用西关壁村灌木林地2亩）、回龙庄爱民石料厂（占用会龙庄村集体宜林地8亩）、西关壁建云石料厂（占用西关壁村集体灌木林地2亩）等10家占用林地、非法开采企业进行了整治，并进行了处罚。

2011年，按照省、市安排，县林业局结合县委、县政府对矿山企业进行资源大整合开展了一次全县征占用林地大检查工作，分别对晋庄镇王岭村的东信砂石有限公司（占用集体灌木林地20亩）、欣兴建材有限公司（占用集体灌木林地30亩）、西山后的紫金石材综合开发有限公司（占用集体宜林地22亩）、西掌村幸源建材有限公司（占用集体灌木林地42.8亩）、西山后村宏安建材有限公司（占用集体宜林地25亩）、五龙山乡西沟村的玉鑫建材有限公司（占用集体疏林地60亩）、西沟村的金鑫建材有限公司（占用集体有林地20亩）、山王头村石阔建材有限公司（占用集体宜林地28亩）、百尺镇西王泽村的丰册建材有限公司（占用集体灌木林地9.72亩）、龙泉镇禾登村增源建材有限公司（占用集体宜林地30亩）等10个企业进行了规范治理。

2012年分别对东井岭乡崔家庄村的黄沙山战斗烈士公墓（占用集体无立木林地2.25亩）、岭后村的东井岭煤业有限公司（占用集体无立木林地30亩）等2家企业进行了登记许可。

2013年分别对黄山乡牛盆村的山西太行陶瓷有限公司（占用集体宜林地3.5亩）、树掌镇大会村的壶关县森浩耐火材料有限公司（占用国有火烧迹地25.5亩）、集店乡东长井村的长治市潞海商品砼有限公司（占用集体有林地0.52亩）3家企业进行了登记许可。

第二章 木材采伐管理

第一节 采伐限额

壶关县“十一五”期间年森林采伐限额11576立方米，其中集体林8816立方米，国有林场2760立方米。按森林采伐类型分项限额为：主伐524立方米，抚育采伐8280立方米（其中：集体林5520立方米，国营林场2760立方米），低产（效）林改造采伐2052立方米，其它采伐720立方米。

壶关县“十二五”期间年森林采伐限额12310立方米，其中集体林9320立方米，国有林场2990立方米。按森林采伐类型分项限额为：主伐54立方米，抚育采伐9275立方米，更新采伐1450立方米，其他采伐1531立方米。按森林类别分项限额为：公益林采伐（抚育、更新采伐）4377立方米，商品林采伐（主伐、抚育、其他采伐）7933立方米。按森林起源分项限额分为：人工林采伐8216立方米，天然林采伐4094立方米。

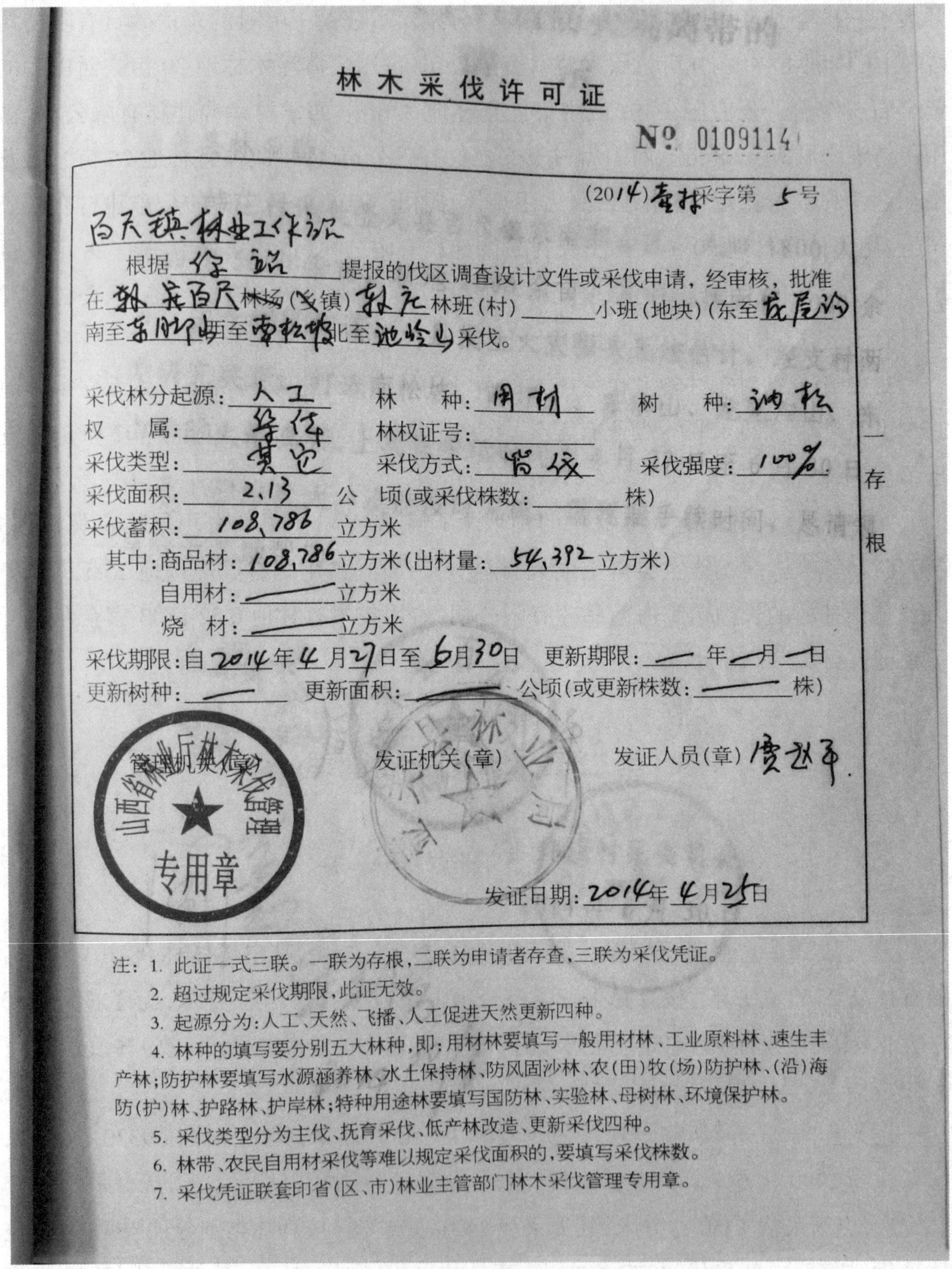

林木采伐许可证

№ 0109114

(2014)壶林采字第 5 号

百尺镇林业工作站

根据 作站 提报的伐区调查设计文件或采伐申请，经审核，批准在 壶关百尺 林场(乡镇) 郭庄 林班(村) ______ 小班(地块)(东至 庞岸沟 南至 东脚岭 西至 南松坡 北至 池岭山 采伐。

采伐林分起源：人工　林　种：用材　树　种：油松

权　属：集体　林权证号：______

采伐类型：其它　采伐方式：皆伐　采伐强度：100%

采伐面积：2.13 公　顷(或采伐株数：______株)

采伐蓄积：108.786 立方米

其中：商品材：108.786 立方米(出材量：54.392 立方米)

自用材：—— 立方米

烧　材：—— 立方米

采伐期限：自 2014 年 4 月 27 日至 6 月 30 日　更新期限：— 年 — 月 — 日

更新树种：——　更新面积：—— 公顷(或更新株数：—— 株)

管理机关(章)　发证机关(章)　发证人员(章) 贾志军

山西省林业厅林木采伐管理专用章

发证日期：2014 年 4 月 25 日

一存根

注：1. 此证一式三联。一联为存根，二联为申请者存查，三联为采伐凭证。

2. 超过规定采伐期限，此证无效。

3. 起源分为：人工、天然、飞播、人工促进天然更新四种。

4. 林种的填写要分别五大林种，即：用材林要填写一般用材林、工业原料林、速生丰产林；防护林要填写水源涵养林、水土保持林、防风固沙林、农(田)牧(场)防护林、(沿)海防(护)林、护路林、护岸林；特种用途林要填写国防林、实验林、母树林、环境保护林。

5. 采伐类型分为主伐、抚育采伐、低产林改造、更新采伐四种。

6. 林带、农民自用材采伐等难以规定采伐面积的，要填写采伐株数。

7. 采伐凭证联套印省(区、市)林业主管部门林木采伐管理专用章。

全省统一使用的木材采伐证

壶关县“十一五”、“十二五”期间林木采伐产量

单位:立方米

年度	合计	其中			备注
		国营木材产量	村及村以下各种组织木材产量		
			村别	产量	
2006	1060.4	642.6	29	417.8	
			西河沟	25	
			小南清	15	
			靳家掌	4	
			流泽	30	
			龙潭河	2.3	
			欢掌底	2.7	
			山后河	5	
			料阳	21.5	
			北掌	24.3	
			黄角头	60	
			常行	13	
			城寨	20	
			杜家岩	20	
			盘马池	25	
			寺尾沟	15	
			牛洞上	10	
			西土池	10	
			黄崖底	10	
			黄崖头	7.5	
			红脑上	7.5	
			阴山坝	15	
			东壶陵水	10	
			鹅屋	5	
			南倒寺	15	
			赵和池	10	
			大会	7.5	

（续）

年度	合计	其中			备注
		国营木材产量	村及村以下各种组织木材产量		
			汪流水	10	
			福头	7.5	
			教掌	10	
2007	911.5	350	25	561.5	
			麻巷	14	
			石井会	11	
			石峪	20	
			罗东掌	15	
			角脚底	10	
			料阳	50	
			东土池	13	
			河南	11.5	
			岭后	10	
			南梭	35	
			修善	82	
			韩庄	50	
			紫水	10	
			流泽	30	
			东坡	12	
			汪流水	25	
			树掌	15	
			翠谷	25	
			西七里	25	
			北掌	22	
			西坡	15	
			城寨	20	
			东脑后	15	
			寺尾沟	20	

（续）

年　度	合　计	其　中			备　注
		国营木材产量	村及村以下各种组织木材产量		
			谓里	6	
2008	384.5	275	4	109.5	
			前山庄	25	
			北河	20.5	
			南大安	52	
			刁掌	12	
2009	922.6	802.3	9	120.3	
			王桥凹	25	
			韩庄	25	
			崔家庄	1.4	
			谷驼	3	
			集店	4.8	
			西庄	8.7	
			林青庄	1.2	
			东长井	11.6	
			河西	39.6	
2010	804.5	713.2	3	91.3	
			韩庄	35.5	
			录池	3.6	
			南园	52.2	
2011	4429.3	763.1	25	3666.2	
			方善	5.7	
			冯坡	60	
			仙居	23	
			北庄	25.5	
			三郊口	2.9	
			南宋壁	2.5	
			靳庄	0.3	

（续）

年度	合计	其中			备注
		国营木材产量	村及村以下各种组织木材产量		
			桥西	7.2	
			西旺庄	29.6	
			丁家岩	11.1	
			沙岗沟	7.7	
			师家背	1.1	
			鹅屋	30.7	
			柳泉	0.3	
			恶石掌	0.6	
			河东	3.2	
			大井	158.9	
			西河	948.3	
			北头	196.1	
			南头	587.8	
			城会	227.9	
			石坡	652.4	
			西水	408.3	
			郭家驼	148.4	
			下石坡	126.7	
2012	355.6		13	355.6	
			南行头	38.8	
			崔家庄	38	
			山则后	0.9	
			林青庄	12.1	
			西川底	3.8	
			黄崖底	8.1	
			北大安	64.3	
			固店	12.9	
			南园	6.2	

（续）

年 度	合 计	其 中			备 注
		国营木材产量	村及村以下各种组织木材产量		
			石峪	37.6	
			赛里	9.4	
			牛盆	53.5	
			刁掌	70	
2013	974.2	310	9	664.2	
			流泽	50	
			韩庄	11.5	
			郭堡	4.9	
			马驹	49.3	
			西川	252.2	
			十里	100	
			岭后	46.3	
			城寨	48	
			常行	102	

第二节　森林采伐审批程序

单位或个人采伐林木时，必须申请林木采伐许可证。县林业局按程序进行审批：

（一）审查申请。集体、个人和国有林场申请采伐林木，分别由乡林业工作站和申请采伐林木的单位将《林木采伐申请审批表》送县林业局，林业局接到申请后，对申请审批表逐项进行审查。

（二）现场调查。经审查符合采伐规定的，由县林业局组织人员到拟采伐区进行调查设计。

（三）领导审批。由核发员将《林木采伐申请审批表》连同《伐区调查设计说明书》或《伐区简易调查设计表》一并报单位领导，由领导在《林木采伐申请审批表》上签署审批意见。

（四）填发采伐许可证。核发员根据领导审批意见填写林木采伐许可证，属集体、个人采伐林木的，由乡林业工作站将林木采伐许可证送达采伐申请人；属国有林场采伐林木的直接发给申请采伐单位。

第三节　森林采伐类型和主要方式

森林采伐类型包括主伐、抚育采伐、低产(效)林改造采伐、更新采伐和其它等五种类型。

1. 主伐

主伐分为皆伐、渐伐和择伐三种方式。

2. 抚育采伐

抚育采伐分为用材林抚育采伐和防护林抚育采伐。

用材林抚育采伐主要包括透光伐和生长伐;防护林抚育采伐主要包括定株抚育和生态疏伐。

3. 低产(效)林改造采伐

低产(效)林改造采伐包括低产用材林改造和低效防护林改造采伐。改造采伐方式主要包括皆伐改造、择伐改造和综合改造。

4. 更新采伐

更新采伐包括林分更新采伐和林带更新采伐。

林分更新采伐主要包括渐伐、择伐和径级择伐等采伐方式;林带更新采伐主要包括全带采伐、断带采伐和分行采伐等采伐方式。

5. 其它采伐

其它采伐是指除上述四种类型外因其它特殊原因进行的林木采伐。

第四节　森林采伐监督

森林采伐作业应在监督之下进行。县林业主管部门委托乡(镇)林业站进行实地采伐监督。在采伐前要对采伐地点、采伐树种、采伐方式、采伐量公示3~5天,无异议后,通知采伐单位在采伐期限内进行采伐,同时签订《林木采伐责任状》。在采伐开始后林业工作站要到实地进行监督,并填写《伐中检查调查表》,在伐后进行验收,并填写《伐后验收调查表》,最后书写采伐调查报告并同《伐中检查调查表》《伐后验收调查表》交到县林业局。

第三章　木材经营管理

第一节　市场管理

2005年以来,壶关县根据省市木材市场管理工作安排,分别对全县13个乡镇区

2001年3月，工作人员对木材市场进行检查

木材市场进行了调查，全县每年消耗各种规格的木材3000立方米，其中外购木材2000多立方米，本县集体和个人等自产1000立方米。共有木材经销商25家，其中有证经营16家(2005年办理10家，2006年办理3家，2007年办理3家)。无证经营的6家，其中:非法烧制木炭的3家，无证经营摊点3家，给予了立即取缔。

2005年度壶关县木材经营(加工)许可证申办登记表

序号	企业名称	地址	法人代表	企业性质	经营范围	木材来源	年消耗量	证件编号	办证日期	年检情况	备注
1	城南庆伟木料场	县城南关	苗庆伟	个体	原木、小径木	省内、省外	500m^3	晋0340	2005.1.1		
2	迷喜家俱店	店上镇店上村	秦迷喜	个体	原木、小径木	省内、省外	300m^3	晋0341	2005.1.1		
3	军青木材经销站	树掌镇树掌村	冯军青	个体	原木、小径木	省内、省外	300m^3	晋0342	2005.1.1		
4	神北木材经销站	树掌镇神北村	盖秦胜	个体	原木、小径木	省内、省外	300m^3	晋0343	2005.1.1		
5	西河沟木材经销站	东井岭乡西河沟村	王世芳	个体	原木、小径木	省内、省外	300m^3	晋0344	2005.1.1		
6	城南茂书木料场	县城南关	王茂书	个体	原木、小径木	省内、省外	300m^3	晋0345	2005.1.1		
7	城南岩林木料场	县城南关	李岩林	个体	原木、小径木	省内、省外	500m^3	晋0346	2005.1.1		
8	城南建光木料厂	县城南关	冯建光	个体	原木、小径木	省内、省外	500m^3	晋0347	2005.1.1		
9	店上镇日用木器场	店上村	武泽芳	个体	原木、小径木	省内、省外	500m^3	晋0348	2005.1.1		
10	下川木材经销站	龙泉镇下川村	杨国珍	个体	原木、小径木	省内、省外	300m^3	晋0349	2005.1.1		

2006 年度壶关县木材经营(加工)许可证申办登记表

序号	企业名称	地址	法人代表	企业性质	经营范围	木材来源	年消耗量	证件编号	办证日期	年检情况	备注
1	双木林产品加工厂	黄山乡冯坡村	李岩林	个体	加工三合板材料	自购	500m^3	0350	2006.1.1		
2	江伟木材加工厂	西柏林村	张江伟	个体	加工三合板材料	自购	500m^3	0351	2006.1.1		
3	常有木材经销站	黄家川村	吴常有	个体	原木、小径木	自购	500m^3	0352	2006.1.1		

2007 年度壶关县木材经营(加工)许可证申办登记表

序号	企业名称	地址	法人代表	企业性质	经营范围	木材来源	年消耗量	证件编号	办证日期	年检情况	备注
1	万年木料场	神北村	杨万年	个体	原木、小径木	自购	300m^3	0355	2007.1.1		
2	江文木料厂	福头村	刘江文	个体	原木、小径木	自购	300m^3	0356	2007.1.1		
3	学青木材经销站	森掌村	牛学青	个体	原木、小径木	自购	300m^3	0357	2007.1.1		

2008~2013 年期间,没有再办理木材经营(加工)许可证

第二节　木材运输管理

1. 木材运输证的办理

运输木材必经持有县级以上人民政府林业主管部门核发的木材运输证。

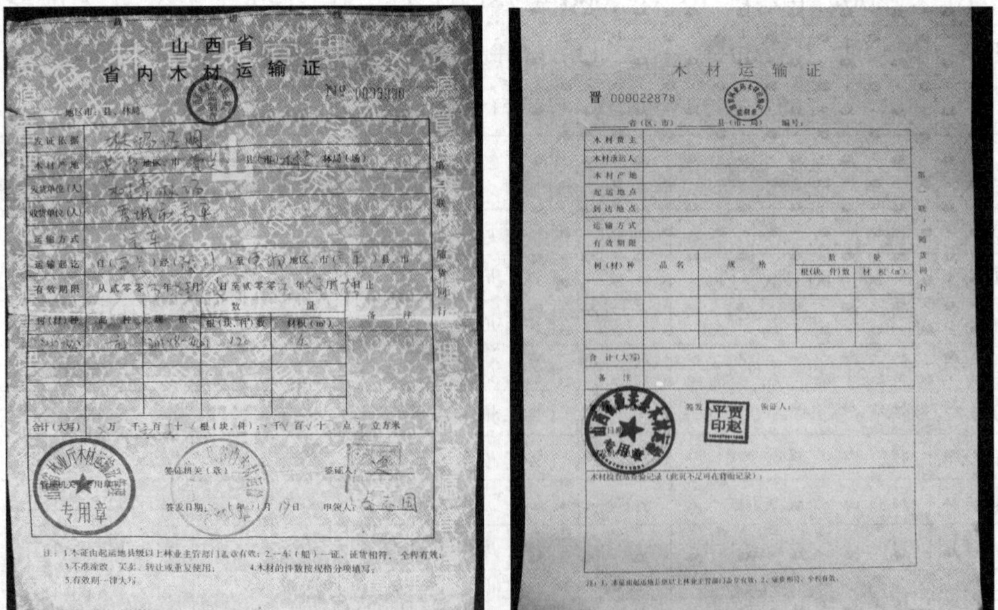

2009年前的木材运输证

木材运输证的式样由国务院林业主管部门规定。

申请木材运输证,应当提交下列证明文件:

(1)木材采伐许可证或者其它合法来源证明;

(2)检疫证明;

(3)省、自治区、直辖市人民政府林业主管部门规定的其它文件。

木材运输实行一车一单一证(即检尺码单、木材运输证),票货相符,凭证运输。

2. 木材检查站

木材检查站的主要任务是依法对木材、竹材、松香、野生动植物的运输实施监督检查和在森林防火期内进行防火检查。木材检查站的设立,需经上级批准。

1975年国营树掌林场在桥上乡盘底村设立了“桥上木材检查站”,站员有冯安则、申连发等,1976年又在东井岭乡口头村设立了“口头木材检查站”,站员有冯三保等;同年在树掌镇翠谷村设立了“福水木材检查站”,站员有冯安则、郭小忠等。1994年经省政府批准,该站由盘底村移至桥上村,站名未改。

1981年壶关县林业局又在鹅屋乡牛洞上村牛洞岭设立了“鹅屋木材检查站”,站员有赵文芳、候世元、王玉圣等人。

1994年5月,山西省人民政府批准建立“壶关县鹅屋木材检查站”和“壶关县桥上木材检查站”,并颁发了公路设站许可证书,壶关县鹅屋木材检查站,编号:151号,地址:鹅屋乡牛洞岭;壶关县桥上木材检查站,编号:152号,地址:桥上村。

2005年12月山西省政府重新整顿登记,保留了桥上木材检查站,并进行了换证,颁发了山西省设立公路站卡许可证(晋政许L字第067号,站卡名称:桥上木材检查站,地址:壶关县桥上村)。

主管部门:山西省林业厅

批准文件:晋政函[2005]159号

管理单位:壶关县林业局

工作范围:依据《中华人民共和国森林法》《野生动物保护法》以及有关法律、法规,对野生动植物、木材及其产品、制品实施监督检查。

第四章 森林防火

第一节 森林火灾

多年来,壶关县委、县政府在森林防火上,认真贯彻“预防为主,积极消灭”的方针，采取了一系列重大防范举措，收到十分明显的效果，虽然没有彻底杜绝森林火灾的发生，但在森林面积发生率上降到了最低限度。自2000年以来，壶关县发生森林火灾18起，年均每72万亩森林发生一次森林火灾，而且每次火灾都得到了及时处置，把损失降到了最低。

2000年至2013年壶关县森林火灾登记表

时间	地点	过火面积(亩)	损失(元)	备注
2000.3.28	禾登村	18		禾登村村民闫××、男、64岁，郭英则、女、59岁上午在该村烧秸秆引发森林火灾。
2003.12.28	店上镇牛居村	13.5	3300	2003年12月28日，店上镇牛居村精神病患者申××将本村山边荒草点燃引发森林火警，过火面积13.5亩，有林面积8.7亩，直接经济损失3300元。
2005.4.3	百尺镇高崖头村	36	4374.7	2005年4月3日中午13时20分左右，百尺镇高崖头村村民在自家地里烧根茬引发森林火警，过火面积36亩，有林面积4.1亩，直接经济损失4374.7元。
2005.4.4	黄山乡北兑川村	759	893908.8	2005年4月4日上午10时30分左右，黄山乡北兑川村村民李××在自家地里烧根茬引发森林火灾，过火面积759亩，有林面积539.8亩，直接经济损失893908.8元。
2006.3.27	石坡乡盘马池村	200	130000	2006年3月27日下午17时左右，村民侯××，女，38岁，在自家地里烧地岸根茬引发森林火灾，火灾过火面积200亩，有林面积70亩，直接经济损失130000元。
2007.4.19	石坡乡石坡村	639	340000	2007年4月19日下午2时50分左右，石坡村后沟自然村村民郭××，男，52岁，在责任地后岸吸烟引发火灾。经实地调查，过火面积639亩，有林面积390亩，直接经济损失34万元。
2007.5.8	集店乡西关壁村	397	154800	2007年5月8日上午9时40分左右集店乡西关壁村村民陈××，男，73岁，在鬼叫洼地边点烧杂草引发火灾。过火面积397亩，有林面积172亩，直接经济损失154800元。
2007.11.5	百尺镇西王宅村	25	5400	2007年11月5日上午11时30分左右，百尺镇西王宅村村民宋××，男，74岁，在自家地里烧秸秆引发森林火警，过火面积25亩，有林面积10亩，直接经济损失5400元。
2007.11.7	石坡乡北平头坞村	3.9	19628	2007年11月7日下午2时30分左右，村民李××，女，在自家地里烧秸秆引发森林火警，过火面积3.9亩，有林面积3.5亩，直接经济损失19628元。
2007.11.24	树掌镇马家庄村	114.6	39447.6	2007年11月24日中午12时左右，村民郭××，女，在自家地里烧秸秆引发森林火警，过火面积114.6亩，有林面积42.6亩，直接经济损失39447.6元。
2008.1.8	五龙山乡南塔底村	11.5	8595.6	2008年1月8日下午18时40分左右，五龙山乡南塔底村发生一起森林火警，经公安机关现场勘验，起火点在山腰中上部，发现有蓄电池、高压器、80余米半线状铁丝一条。起火原因和肇事人没有查明。
2009.3.7	店上镇绍良村	98		2009年3月7日下午5时许，店上镇绍良村果园凹发生火情，该村村民侯××，女，59岁，在旧果园废弃地开荒烧蒿草引起，过火面积98亩，系旧果园荒地。

（续）

时间	地点	过火面积（亩）	损失（元）	备　注
2010.3.11	树掌镇青松岭村	101	10120	2010年3月11日12时20分，桥上乡西柏坡村通往树掌镇青松岭村的民用高压线（51－52#杆）碰撞产生火花落地引发火灾，过火面积101亩，有林面积12亩在，直接经济损失10120元。
2011.3.16	石坡乡城会村	16.4亩		
2011.4.29	石坡、东井岭、桥上、树掌等四个乡镇	42947亩	2656.3万元	2011年4月29日晚9时15分，石坡、东井岭、店上、百尺等4个乡镇8个村因同时遭受干雷暴天气袭击，引发17处森林火情，经过三个昼夜奋战，5月2日16时52分将明火全部扑灭。据调查，4.29森林火灾起火点41个，全因雷击引起，过火面积42947亩，有林面积34214.3亩，造成经济损失2656.3万元，其中直接损失2449.5万元，间接损失206.8万元。
2012.4.4	桥上乡梯脑山村	116亩	170609.5元	2012年4月4日下午2时左右，桥上乡梯脑山村发生一起森林火灾。经公安机关侦查，起火原因系邓××回祖籍上坟祭祖引起，经初步调查灾过火面积116亩，其中荒坡80.6亩，有林面积35.4亩，直接经济损失170609.5元。
2013.3.7	鹅屋乡南倒寺村	208亩	102487.5元	2013年3月7日下午，鹅屋乡南倒寺村东沟自然庄村民景××在自家责任田擅自野外用火焚烧药材黄芩苗，引发森林火情，过火面积208亩，其中有林面积41亩，疏林地面积23亩，无林地面积144亩，造成直接经济损失共计102487.5元。
2013.3.7	晋庄镇北头村	359亩	281261元	2013年3月7日下午，晋庄镇北头村民赵××在自家责任田擅自野外用火焚烧秸秆，引发森林火情，过火面积359亩，其中有林面积137亩，无林地面积222亩，造成直接经济损失共计281261元。

总共18起，其中12起因在地烧秸秆荒草引起，2起为高压线引起，1起吸烟引起，1起雷击引起，2起不明原因。

8起为下午引起，4起为上午，3起为中午，1起为晚上。

第二节　森林防火机构

全县森林防火的最高领导机构是森林防火指挥部，壶关县森林防火指挥部设立于1979年。总指挥由政府县长或分管林业的副县长担任，副总指挥由分管副县长、县武装部部长或政委、县人大、政协的副主任、副主席、县林业局局长等担任，组成人员有相关局的局长、主任、经理等。主要职责是：贯彻执行国家森林防火工作的方针、政策，监督森林法规的实施；进行森林防火宣传教育，制定森林防火措施，组织群众预防森林火灾；组织森林防火安全检查，消除火灾隐患；推广森林防火先进技术，培训森林防火专业人员；检查森林防火设施的规划和建设，组织有关单位维护管理防火设施及设备；掌握火情动态，制定扑火预备方案，统一组织和指挥扑救森林火灾；配合有关单

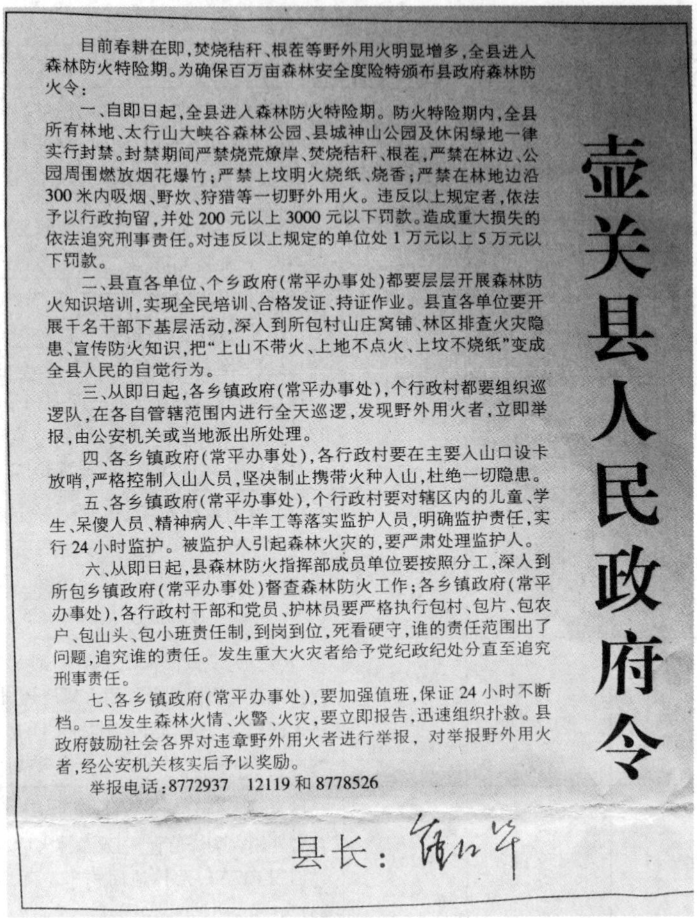

壶关县人民政府令

目前春耕在即，焚烧秸秆、根茬等野外用火明显增多，全县进入森林防火特险期。为确保百万亩森林安全度险特颁布县政府森林防火令：

一、自即日起，全县进入森林防火特险期。防火特险期内，全县所有林地、太行山大峡谷森林公园、县城神山公园及休闲绿地一律实行封禁。封禁期间严禁烧荒燎岸、焚烧秸秆、根茬，严禁在林边、公园周围燃放烟花爆竹；严禁上坟明火烧纸、烧香；严禁在林地边沿300米内吸烟、野炊、狩猎等一切野外用火。违反以上规定者，依法予以行政拘留，并处200元以上3000元以下罚款。造成重大损失的依法追究刑事责任。对违反以上规定的单位处1万元以上5万元以下罚款。

二、县直各单位、个乡政府(常平办事处)都要层层开展森林防火知识培训，实现全民培训、合格发证、持证作业。县直各单位要开展千名干部下基层活动，深入到所包村山庄窝铺、林区排查火灾隐患、宣传防火知识，把“上山不带火、上地不点火、上坟不烧纸”变成全县人民的自觉行为。

三、从即日起，各乡镇政府(常平办事处)，个行政村都要组织巡逻队，在各自管辖范围内进行全天巡逻，发现野外用火者，立即举报，由公安机关或当地派出所处理。

四、各乡镇政府(常平办事处)，各行政村要在主要入山口设卡放哨，严格控制入山人员，坚决制止携带火种入山，杜绝一切隐患。

五、各乡镇政府(常平办事处)，个行政村要对辖区内的儿童、学生、呆傻人员、精神病人、牛羊工等落实监护人员，明确监护责任，实行24小时监护。被监护人引起森林火灾的，要严肃处理监护人。

六、从即日起，县森林防火指挥部成员单位要按照分工，深入到所包乡镇政府(常平办事处)督查森林防火工作；各乡镇政府(常平办事处)，各行政村干部和党员、护林员要严格执行包村、包片、包农户、包山头、包小班责任制，到岗到位，死看硬守，谁的责任范围出了问题，追究谁的责任。发生重大火灾者给予党纪政纪处分直至追究刑事责任。

七、各乡镇政府(常平办事处)，要加强值班，保证24小时不断档。一旦发生森林火情、火警、火灾，要立即报告，迅速组织扑救。县政府鼓励社会各界对违章野外用火者进行举报，对举报野外用火者，经公安机关核实后予以奖励。

举报电话：8772937　12119和8778526

县长：[签名]

政府令

位调查处理森林火灾案件；进行森林火灾统计，建立火灾档案。

森林防火指挥部下设办公室，办公室设在林业局。办公室具体负责以上工作的落实。办公室主任由林业局局长兼任，分管森林防火的副局长为办公室副主任，办公室工作人员3～5人。

第三节　森林防火队伍

2000年之前，全县的森林防火队伍主要是分布于各村的护林员，护林员最多时达到1200多名，村均3名。1981年，壶关县公安局还在全县任命了800名公安护林员，公安局发有任命书。全县先后涌现出石坡乡辘轳城村李其兴、鹅屋乡东壶陵水村任赵成、集店乡集店村崔正祥、店上镇小南清村郭喜松等一批无私无畏的护林员，带动了全县的护林防火工作，为全县的森林防火做出了贡献。随着农村形势的变化，林业本身公益性强，近期经济效益差，护林员的工资兑现问题越来越突出，护林员逐步减少，加之树木逐渐长大，护林防火形势日益严峻起来。在此情况下，2004年县委、县政府安

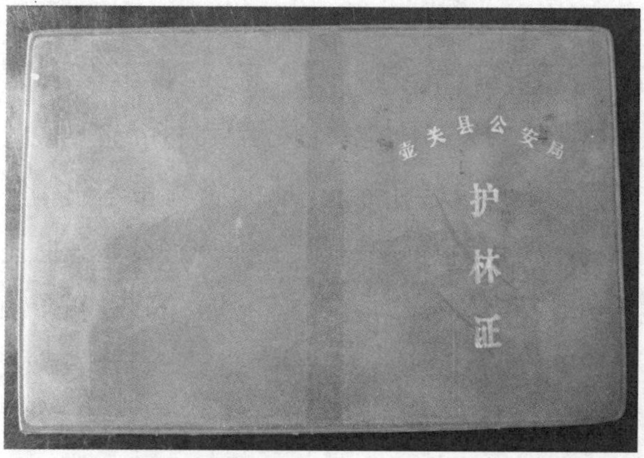

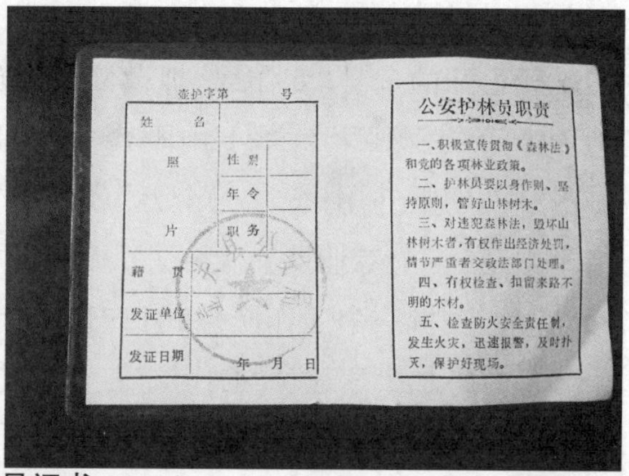

公安护林员证书

邀请森林警察部队教官培训灭火队员

排34名大中专生进入林业局，充实林业和森林灭火队伍。林业局成立了林业行政综合执法大队，大队部驻林业局，其余人员分编为三个中队，一中队7人，驻扎在晋庄镇东崇贤村的原公社院内；二中队6人，驻扎在石坡乡南平头坞村荫林路路边；三中队6人，驻扎在树掌镇福头村国营林场院内。大队和中队有森林防火和组织火灾扑救的职责，但不是专业防火。为了适应森林防火工作的迫切需要，2008年县委、县政府首次通过体能测试和文化考试、体检等，在全县招收退伍军人和社会青年30人，成立了壶关县有史以来第一支森林灭火专业队。工资由县财政拨款解决。2013年又通过招考将灭火队人员增加到60人。这支队伍在全县的森林火灾扑救中发挥了突击队作用。

第四节　森林防火“三三六”工作法

2009年新任县委书记李全心针对有林面积大、森林防火任务重的实际，在充分调研的基础上，提出了森林防火“三三六”工作法，即：万里防火墙、万枚红袖章、万亩自然隔离带；上山不带火、上地不点火、上坟不烧纸；一户一个护林员、一户一个宣传员、一户一个红袖章、一户一个责任人、一村一个灭火队、一村一个工作队。在2012年4月10日召开的全县“变作风、抓落实、促转型”干部教育大会上，对“三三六”工作法进行了完善，“三个不”就是上山不带火、上地不点火、上坟不烧纸，关键是不带火、不点火，严禁一切野外用火。“三个万”就是万里防护墙、万枚红袖章、万亩隔离带。“六个一”即：一县一个专业队、一乡一个灭火队、一村一个应急队、一户一个护林员、一处一个责任人、一村一个工作队。2013年在全县开展了“全民培训、合格发证”的森林防火宣传教育活动，“三三六”工作法在全县进行了普及，提高了全民防火意识，有效减少了森林火灾，为保护全县生态安全起到了积极的作用，得到省、市领导的充分肯定和高度评价。

第五节　森林防火机具

1990年以前森林火灾扑救没有专业工具，主要是铁锹、扫把。1990年以后逐步增加了专业灭火工具，有风力灭火机，2、3号工具，灭火弹，专业防火服等。2000年以后又配备了水泵、水桶灭火水枪、组合工具等。2010年以后又增加了更为先进的高压储能水枪、高压脉冲水枪等机具。到2013年底，库存灭火机具：风力灭火机32台、灭火弹1000发、水泵4台、水枪105支、水桶灭火水枪30支、水袋25条、组合工具52套、铁锹150把、铁扫把360把、皮扫把140把、斧头140把、进口灭火机1台、加油桶5个、水囊1个、背囊60个、割灌机5台、防火服43套。森林防火车辆六部，分别是：晋D62119、晋D63119白色皮卡2辆，晋D64119、晋DDH119、晋DHL119运兵车3辆，晋DDS119小客车一辆，小型运水车一辆，大型运水车3辆。

十里岭森林防火瞭望台

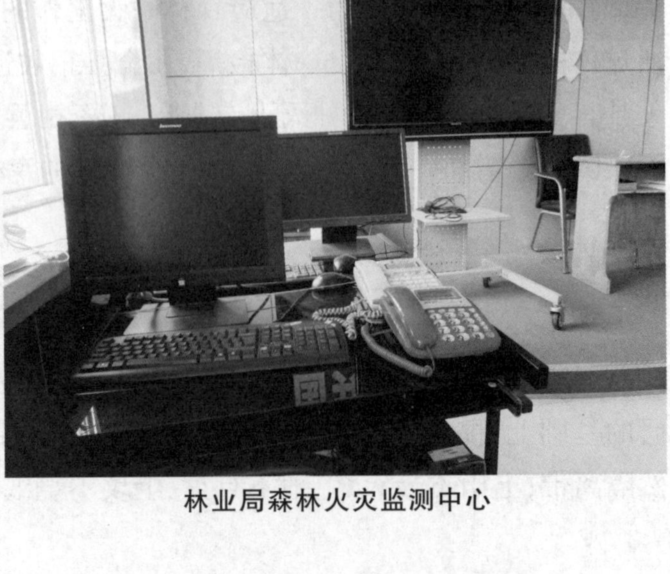
林业局森林火灾监测中心

2011年底长治市政府为各县配备了森林防火车，壶关县分到11辆，2012年县政府又购置四辆，为13个乡镇（区）、县林业局、园林处各配备一辆，用于森林防火。

第六节　森林火灾监测

为能尽快发现森林火灾，在省市的资助下，2010年壶关县建立了森林火灾视频系统。2010年进行了林火视频系统监控点选址、设计。经实地勘察、调研，分别在晋庄镇十里岭、百尺镇沙堰岭、树掌镇青松岭、石坡乡申家奄岭、鹅屋乡的鹅屋村西山方向、东井岭乡东井岭村的西山方向等6个点安装了视频监控仪器，在壶关县林业局三楼安装了视频监控室。

林火视频系统的安装，都选择在各个地区的海拔最高点，每个观察半径都在5公里以上，观察面积达到80多万亩，通过对林火视频监控的安装，使壶关100多万亩的森林有三分之二基本达到视频覆盖。

林火视频系统监控点选址情况

序号	地　名	东　径	北　纬	海拔（米）	观察半径（公里）	观察面积（万亩）	主要树种
1	晋庄镇十里村	113°21′	36°01′	1540	5	10	油松
2	东井岭电管站	113°21′	35°57′	1606	5	10	油松
3	百尺镇沙堰村	113°17′	35°56′	1400	5	10	油松
4	树掌镇青松岭村	113°28′	35°56′	1553	5	10	油松
5	石坡乡申家奄村	113°25′	36°01′	1731	5	10	油松
6	鹅屋乡鹅屋村	113°33′	35°53′	1426	5	10	油松

第七节　森林火灾联防

一、晋豫两省边界森林防火联防会从1988年开始至今已召开26届，共涉及两省7地（市）12县（市）和中条山林局（2012年在垣曲开会时新增）。每年一次的联防会议，由河南省沁阳市、博爱县、修武县、辉县、林州市、济源市，山西省阳城县、泽州县、陵川县、平顺县、壶关县、垣曲县和中条山林局轮流在各地召开。期间第十一、二十三届在壶关县召开。

二、林平壶边界森林防火联防会从1990年开始至今已召开24届，共涉及两市三县十一个乡镇。每年一次的联防会议由林州市原康镇、合涧镇、城郊乡、石板岩乡、任村镇，平顺县杏城镇、东寺头乡、虹梯关乡、石城镇，壶关县鹅屋乡、桥上乡轮流召开。

晋豫边界森林防火联防会议

期间在壶关县召开四届，其中第三、十四届在鹅屋乡召开，第八、十九届在桥上乡召开。

三、2012 年 2 月壶关县、长治县、长子县、高平市、陵川县五县(市)达成联防，实行每年召开一次森林防火会议，由五县(市)分别主持。

第八节　森林火灾扑救预案

制定森林火灾扑救预案，对于森林火灾发生后能够及时应对，迅速展开有效的扑救行动，在短时间内扑灭林火，把灾情和损失减少到最低程度有着重要作用。自 2005 年后，每年都要制定森林防火预案。经过多年的实践和完善，到 2013 年，森林火灾扑救预案日臻完善，内容如下：

1. 总则

1.1　编制目的

为做好森林火灾应急处置工作，正确处理因森林火灾引发的紧急事务，确保对森林火灾反应及时、准备充分、决策科学、措施得力，最大限度地减轻或者避免因森林火灾造成的人员伤亡和财产损失，保障人民群众的生命财产安全和森林生态安全，维护社会稳定。

1.2　编制依据

依据《中华人民共和国突发事件应对法》《中华人民共和国森林法》《森林防火条例》《山西省实施森林防火条例办法》《国务院处置重特大森林火灾应急预案》《山西省森林火灾应急预案》《壶关县突发公共事件总体应急预案》等法律、法规和规章，结合我县实际，制定本预案。

1.3 工作原则

(1)坚持统一领导,分级负责。在县政府统一领导下,县森林火灾应急指挥部负责协调、组织实施本预案,落实各项责任制。

(2)坚持协调配合,形成合力。预案中涉及的县有关单位,根据本单位在森林防火工作中应履行的职责,落实各项保障措施,尽职尽责,全力配合,确保处置森林火灾及时快速。

(3)坚持以人为本,安全第一。在处置森林火灾时,要坚持以人为本,把保护人民群众的生命财产安全放在首位,力争把森林火灾的损失降到最低限度。

(4)坚持落实措施,健全机制。各乡镇人民政府、常平办事处和森林经营单位(包括各行政村、国营林场)及个人要落实预防森林火灾的各项措施,做好应对突发森林火灾的思想准备和工作准备,做到应急机制健全,快速反应、处置得当。

1.4 适用范围

本预案适用于壶关县境内发生的一般和较大的森林火灾应急处置工作。

2. 组织指挥体系及职责

2.1 县森林火灾应急指挥部及职责

成立县森林火灾应急指挥部(以下简称“县应急指挥部”),作为全县森林火灾应急工作的领导机构,组成人员如下:

总　指　挥:崔江华　县委副书记、政府县长

副 总 指 挥:徐思江　县委常委、县人武部政委

卫　明　县委常委、常务副县长

张月飞　县委常委、县委办主任

李志平　县人大副主任

马国民　县人大副主任

徐玉明　县人大副主任

赵文栋　县政府副县长

方　宇　县政府副县长

连树斌　县政府副县长

常务副总指挥:秦元忠　县政府副县长

副 总 指 挥:秦庆祥　县政协副主席

许巨清　县长助理、公安局局长

崔秀清　县政府党组成员、县政府办公室主任

李爱民　县林业局局长

成　　　　员：仇志军　　县人大办公室主任
王　瑛　　县政协办公室主任
李志芳　　县纪委副书记、监察局局长
马光明　　县发改局局长
赵保忠　　县农委主任
郭太国　　县财政局局长
闫红兵　　县交通运输局局长
李建芳　　县民政局局长
李富增　　县卫生局局长
王起堂　　县国土资源局局长
王国林　　县水利局局长
闫文斌　　县教育局局长
王明夫　　县气象局局长
宋忠孝　　县政府办公室副主任、县机关事务管理中心主任
秦世英　　县粮食中心主任
张文宝　　县委宣传部副部长、电视台台长
王月红　　县委宣传部副部长、新闻中心主任
郎建忠　　县宾馆经理
李玉堂　　县社主任
王宏方　　县商贸中心主任
李志强　　县供电公司经理
马慧芳　　县联通公司经理
宋文明　　县移动公司经理
司晓林　　县石油公司经理
姬小勇　　县林业局副局长、森林消防大队队长
张　鹏　　县国营林场场长
裴国兴　　县公安消防大队教导员
刘　瑜　　县武警中队中队长

各乡镇、常平办事处、国营林场也要成立相应的森林火灾应急指挥机构。

县应急指挥部主要职责：

组织协调全县森林火灾预防预警工作，发生一般森林火灾和较大森林火灾时，负责协调有关单位调动扑火力量扑救森林火灾，做好扑火救灾的综合调度、物资保障、

技术咨询和现场督导以及灾后处置等工作。决定启动和终止实施本预案。落实和执行国家、省、市交办的其他森林火灾应急处置等重大事项。

2.2 县应急指挥部办公室及职责

县应急指挥部下设办公室,作为日常办事机构,办公室设在县林业局,办公室主任李爱民兼任。

县应急指挥部办公室主要职责:

负责执行县森林火灾指挥部的调度指令,落实指挥部的工作部署;协调处理森林火灾应急工作中的具体问题;组织有关单位及技术力量会商森林火灾发生发展态势;负责收集、调查和评估森林火灾损失情况;按规定沟通上报火情信息;完成指挥部安排的其他各项工作。

2.3 县森林火灾应急指挥部成员单位职责

县委办、县政府办、县人大办、县政协办、县林业局:负责组织协调各有关单位做好森林火灾预防和扑救的各项工作;承担森林火灾信息的收集、分析、评估、审核和上传下达等工作;承办国家、省、市交办的森林防火救火任务;完成县森林火灾应急指挥部交办的各项应急事务;做好本级预案的修订和演练等工作。

县气象局:及时提供森林火灾发生地天气预报和相关信息,并根据天气条件适时开展人工增雨作业。

县交通运输局:优先组织运送森林火灾扑救人员和扑救物资,确保道路畅通,提供绿色通道。

县移动公司、县联通公司:负责提供森林火灾应急通信保障。

县民政局:及时设置避难场所和救灾物资供应点,并转移妥善安置灾民,做好灾民救助工作。

县公安局、县交警大队、县公安消防大队:维护森林火灾地治安秩序,加强治安管理,实行交通管制疏导;组织指挥公安干警参与森林火灾扑救救援,主动或者配合森林公安调查森林火灾案件。

县卫生局:负责按相关规定,对森林火灾发生地开展医疗救援和疾病防控工作。

县机关事务管理中心、县粮食中心、县商贸公司、县社、县宾馆、县石油公司:负责做好后勤保障工作,确保物资供应,确保参与森林火灾救援人员生活、食用。

县发改局:负责森林火灾应急物资的储备、调拨。

县财政局:负责协调森林火灾应急救援工作所需费用,做好资金使用和监督管理工作。

县教育局:负责全县中、小学生的森林防火宣传教育工作,并做好应对森林火灾的安全避险教育工作。

县农委、县国土资源局、县水利局:负责提供农牧业生产信息、房屋建筑等设施设备和应急取水措施等工作。

县电力公司:负责森林火灾发生地,在电力线路及设施设备等危险地段开设防火隔离带,并组织人员巡护、检查、维修、确保正常使用。

县委宣传部、县新闻中心、县广电中心:在第一时间内从县森林火灾应急指挥部获知森林火灾相关信息,及时、准确、全面、客观进行宣传报道,积极引导社会舆论。

各乡镇人民政府、常平办事处,国营林场森林火灾应急指挥机构的职责参照县森林火灾应急指挥部规定执行。

3. 预防、监测与预警

3.1 森林火灾预防

全县各单位,各乡镇人民政府、常平办事处,国营林场要开展经常性森林防火宣传教育,提高全县人民森林防火意识;严格控制和管理野外火源,规范生产、生活用火行为;加大对高火险天气、时段和危险区域的监督检查,消除各种火灾隐患;有计划地清除林缘可燃物,开设防火隔离带;加强森林防火基础设施设备建设,全面提高预防森林火灾的综合能力。县应急指挥部办公室利用森林远程视频监控系统和上级传达卫星林火监测信息,及时掌握火情动态;充分利用了望台观察和地面人工巡逻,监视火情、火场动态,做到早发现、早报告、早处置。

3.2 森林火险预警

发生一般和较大森林火灾后,县气象局要全面监测火场天气实况,及时提供火场天气形势预报,县森林火灾应急指挥部办公室认真分析火险形势,向全县人民发布火险形势预警报告;同时,每隔 2 小时向上级森林火灾应急指挥部办公室报告火灾发展态势和扑救情况。

3.3 森林火灾级别

按照受害森林面积和伤亡人数,森林火灾级别分为一般、较大、重大和特别重大四级。

(1)一般森林火灾:受害森林面积在 1 公顷以下或者其他林地起火的,或者死亡 1 人以上 3 人以下的,或者重伤 1 人以上 10 人以下的。代表颜色为“蓝色”,级别为“Ⅳ级”。

(2)较大森林火灾:受害森林面积在 1 公顷以上 100 公顷以下,或者死亡 3 人以上 10 人以下的,或者重伤 10 人以上 50 人以下的。代表颜色为“黄色”,级别为“Ⅲ”。

(3)重大森林火灾:受害森林面积在 100 公顷以上 1000 公顷以下,或者死亡 10

人以上30人以下，或者重伤50人以上100人以下。代表颜色为"橙色"，级别为"Ⅱ"。

(4)特别重大森林火灾：受害森林面积在1000公顷以上，或者死亡30人以上，或者重伤100人以上。代表颜色为"红色"，级别为"Ⅰ"。

上述条款中，"以上"包括本数，"以下"不包括本数。

4. 森林火灾应急响应

4.1　分级响应

根据森林火灾发展态势，按照分级响应的原则，及时调整应急指挥机构级别。一般情况下，随着灾情的不断加重，应急指挥机构的级别也相应提高。森林火灾的应急响应级别由低到高分为四级。

(1)Ⅳ级响应：县域内发生一般森林火灾，或火场持续24小时未得到有效控制，由县森林火灾应急指挥部启动应急预案，统一指挥进行处置。森林火灾发生地乡镇、常平办事处、国营林场应急指挥部应全力配合，协调地方群众积极处置。

(2)Ⅲ级响应：县域内发生较大森林火灾，或火场持续24小时未得到有效控制，或威胁居民地、重要设施及重点林区，或发生在县(市、区)交界处及省级自然保护区和重点风景名胜区，或需要市级援助的森林火灾时，县森林火灾应急指挥部报请市森林火灾应急指挥部，由市森林火灾应急指挥部启动应急预案，并统一指挥调度，进行处置。

(3)Ⅱ级响应：县域内发生重大森林火灾，或火场持续48小时未得到有效控制，或严重威胁居民地、重要设施及重点林区，或发生在市交界处及国家自然保护区和重点风景名胜区，或需要省里援助扑救的森林火灾时，县森林火灾应急指挥部报请市、省森林火灾应急指挥部，由省森林火灾应急指挥部启动应急预案，统一指挥调度，进行处置。

(4)Ⅰ级响应：县域内发生特别重大森林火灾，或火场持续72小时未得到有效控制或严重威胁居民地、重要设施及重点地区，或发生在省交界处，或需要国家援助扑救的森林火灾时，县森林火灾应急指挥部要逐级报请市、省、国家森林火灾应急指挥部并国务院应急办，请求启动国家森林火灾预案，进行处置。

4.2　扑火指挥

发生森林火灾后，无论是森林火灾、荒火，首先由发生森林火灾地乡镇人民政府、常平办事处，国营林场应急指挥部进行处置，同时要严格按照有火必报制度的规定，在10分钟内报县防火办；对省、市通报的热点信息，接到县防火办通知后，要立即组织核查，并在30分钟内以书面形式报县防火办。对发生森林火情的，各乡镇、常平办事处主要领导必须在20分钟内到达火场，组织当地干部群众进行扑救，并向县防火办报告。接到报告后,县森林灭火队要在1小时内赶赴火场(桥上乡、石坡乡、树掌镇、鹅屋乡部分村交通不便的村时间可适当延长)。县森林防火指挥部成员单位对所包乡镇发生森林火灾的,主要领导必须在接到报告后,1小时内赶到火场,协助当地政府扑救。到达火场后,县森林火灾应急指挥部统一组织和指挥扑救,参加扑火的单位和个人必须服从县森林火灾应急指挥部的统一指挥。

4.3 火灾扑救

根据森林火灾扑救工作的需要,在县森林火灾应急指挥部的统一领导下,迅速成立现场扑救组、后勤保障组、医疗救护组、火情侦察组、交通秩序组、通讯保障组,负责森林火灾的扑救工作。

(1)现场扑救组

组 长:秦元忠 县政府副县长

副组长:李志平 县人大副主任

马国民 县人大副主任

徐玉明 县人大副主任

连树斌 县政府副县长

秦庆祥 县政协副主席

成 员:李爱民 县林业局局长

宋利兵 县林业局副局长

姬小勇 县林业局副局长、森林消防大队队长

秦志强 县政府办公室副主任

森林火情发生地乡镇政府、办事处主要领导。

职 责:负责火场指挥、扑救工作。

(2)后勤保障组

组 长:崔秀清 县政府党组成员、政府办公室主任

副组长:宋忠孝 县政府办公室副主任、县机关事务管理中心主任

成 员:郎建忠 县宾馆经理

李玉堂 县社主任

王红方 县商贸中心主任

秦世英 县粮食中心主任

司晓林 县石油公司经理

职 责:负责扑火人员物资供应、食品发放。

(3)医疗救护组

组　长:赵文栋　县政府副县长

副组长:李富增　县卫生局局长

成　员:魏学斌　县医院院长

韩玉昆　县中医院院长

李和平　县妇幼院院长

职　责:负责火场医疗救援工作。

(4)火情侦察组

组　长:高联喜　县政协副主席、统战部部长

副组长:许巨清　县长助理、公安局局长

李爱民　县林业局局长

成　员:火情发生地乡镇、办事处主要领导

职　责:准确研判火场地形,合理调度扑救力量,制定具体扑救方案。

(5)交通秩序组

组　长:卫　明　县委常委、常务副县长

常务副组长:许巨清　县长助理、公安局局长

副组长:郭旭斌　县交警大队队长

闫红兵　县交通运输局局长

职　责:负责火区交通指挥、车辆停放、交通管制。

(6)通讯保障组

组　长:方　宇　县政府副县长

副组长:宋文明　县移动公司经理

马慧芳　县联通公司经理

职　责:保证火区通讯畅通(包括前线指挥部的固定电话)。

4.4　扑火通信

在充分利用森林通信网的基础上,由县移动公司、县联通公司建立火场应急通信系统,保障在紧急状态下扑救森林火灾时的通信畅通。

4.5　扑火安全

火场指挥员必须认真分析地理环境和火场态势,在扑火队伍行进、驻地选择和扑火作战时,要时刻注意观察天气和火势的变化,确保扑救人员安全。

4.6　居民点和群众安全

火灾发生地乡镇人民政府、常平办事处要在林区居民点周围开设防火隔离带,预

先制定紧急疏散方案，落实责任人，明确安全撤离路线。当居民点受到森林火灾威胁时，要及时果断采取有效阻隔措施，有组织、有秩序地及时疏散居民，确保群众生命财产的安全。

4.7 医疗救护

因森林火灾造成人员伤亡时，县卫生局要组织开展救援工作，对伤员进行医疗救治，对死难者进行妥善处置。

4.8 扑火力量组织和动员

扑火力量应以县森林灭火专业队，乡镇、办事处、国营林场森林灭火专业队及县公安消防队，县武警中队、县武装部民兵队等扑火力量为主。同时可动员机关干部、职工和地方群众非专业力量参加余火清理和火场看守工作。

4.9 案件查处

发生森林火灾后，由县公安局指定部门警种或者由发生地地方派出所或者由县森林公安派出所等单位负责森林火灾案件的调查工作。

4.10 信息发布

一般森林火灾和扑救动态等信息由县森林火灾应急指挥部负责发布。较大、重大和特别重大森林火灾和扑救动态等信息分别由市、省森林火灾应急指挥部负责发布。

4.11 应急结束

一般森林火灾得到有效控制后，根据火场实际情况，由县森林火灾应急指挥部适时宣布应急工作结束，恢复正常的森林防火工作。

5. 森林火灾后期处理

5.1 火灾评估

森林火灾扑灭后，县森林火灾应急指挥部办公室会同县林业局要对过火面积、森林受害面积进行调查，评估森林资源损失情况；县公安局要派出技术力量对因火灾伤亡的人员进行调查评估。

5.2 灾民安置和灾后重建

县、乡两级政府根据有关规定，妥善做好灾民安置和灾后重建工作，确保受灾群众的衣食住行和病情医治，并重点保证基础设施和安居工作的恢复重建。

5.3 工作总结

森林火灾应急处置工作结束后，县、乡两极要进行全面工作总结，重点分析火灾发生的原因和应汲取的经验教训，提出改进措施，严肃查处肇事者和有关责任人。

6. 保障措施

6.1 通信保障

县、乡人民政府和国营林场应建立火场通信网络和火场应急通信保障体系，要配备与扑火需要相适应的通信设备和通信指挥车，建立集接受综合气象信息、火情调度等内容的快速、安全、稳定、可靠的森林防火通信专用网。

6.2 后备力量保障

加强森林灭火专业队伍建设，在坚持重点建设专业队伍，专业扑火力量的同时，也需要重视后备专业队伍，专业扑火力量的准备，保证有足够的扑火梯队。确保统一组织指挥，互相支援，积极配合、协同作战。

6.3 物资保障

县森林火灾应急指挥部办公室设立的森林防火物资储备库，应保证扑救一般和较大森林火灾的扑救物资急需，完成森林防火任务。

6.4 资金保障

处置一般和较大森林火灾所需财政经费，按县森林火灾应急指挥部要求或者县财政应急保障预案执行。

6.5 技术保障

县气象局要提供火场气象服务，包括火场天气实况、天气预报、高火险警报、人工增雨等技术保障。

6.6 培训演练

县森林火灾应急指挥部每年开1~2次扑火培训演练，对扑火指挥员和扑火队员进行扑火指挥、扑火技能战术和安全避险知识培训，加强实战训练的扑火演习，提高扑火队伍的综合素质和扑火作战能力。要对林区应急分队配备必需的扑火机具，进行必要的扑火知识讲座，保证有足够的扑火后备力量。

6.7 奖励与责任

对在森林防火工作中做出贡献的单位和个人，按有关规定给予表彰和奖励。对在森林防火扑救中致病、致残或者受伤的人员，按照有关规定给予相应的补助和救助。对在森林防火扑救工作中造成死亡的人员，按照国家有关规定给予相应的抚恤金，对表现突出英勇献身的人员，可追认烈士。对火灾肇事者，按有关法律依法追究责任。对火灾事故有关责任人，按《山西省森林防火行政责任追究暂行办法》和纪委、监委有关规定追究责任。

7. 附则

7.1 术语和定义

森林防火：森林防火是指森林、林木和林地火灾的预防和扑救。

森林火灾:凡是失去人为控制的,对森林、森林生态体系和人类带来一定危害和损失的林火。

过火面积:被火烧过的面积。

受害森林面积:林地过火的就为受害森林面积。

其他林地:包括有林地、荒坡、荒地。

7.2 应急预案备案

本应急预案由县森林火灾应急指挥部备案,并上报市森林火灾应急指挥部备查。

本预案自公布之日起生效。

7.3 预案管理

本预案由县森林火灾应急指挥部办公室会同有关单位制定和修订，由县森林火灾应急指挥部解释。

8. 附录

8.1 县森林火灾应急响应程序示意图

8.2 森林火灾应急流程图

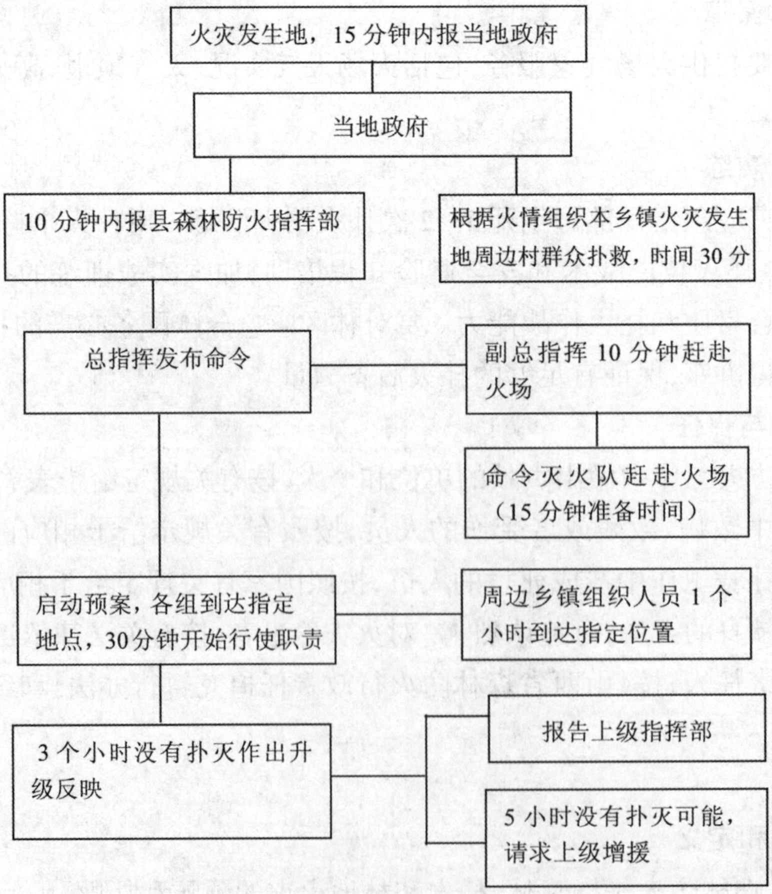

8.2　森林火灾应急流程图

8.3　县森林火灾应急预案应急启动、结束程序

8.4　壶关县森林火灾应急处置新闻发布格式

8.5　森林火灾应急工作领导组人员联系电话

8.3　壶关县森林火灾应急预案应急起动、结束程序

一、值班人员接到上级森林火情指令或乡镇、办事处、国营林场或其他单位、个人举报森林火情电话后、要认真登记来电号码、单位(个人)、时间、地点、具体情况,同时向带班领导汇报。

二、带班领导听取汇报后要快速进行核查落实是否存在森林火灾,然后报县森林火灾应急指挥部办公室。

三、县森林火灾应急指挥部办公室视森林情况立即向县森林火灾应急指挥部报告,由总指挥部决定是否启动县森林火灾应急预案。

四、预案启动、进行处置,处置结束后由县森林火灾应急指挥部总指挥决定宣布本次应急预案结束,恢复正常的森林防火工作。

8.4　壶关县森林火灾应急处置新闻发布格式

一、发布单位参加人员

二、发布时间及地点

三、发布内容(包括森林火灾发生时间、地点、起火原因、扑救情况、天气信息、火案调查、受害损失、人员伤亡、责任追究等。)

第九节　万里森林防护墙

1. 森林防护墙的起源

1999 年前后,山西省大面积遭受罕见的秋旱连冬旱、冬旱连春旱的罕见旱象,壶关尤甚。由于干旱的持续,加之秋、冬、春季节风异常干燥, 1999 年清明期间,有时一天竟发生森林火灾数起,火险、火情此起彼伏,防不胜防。痛定思痛,如何彻底根除引发森林火灾隐患,保护壶关人民用心血和汗水栽植起来的森林,成了县委、县政府亟待解决的一个课题。在教育群众的同时,隔断、隔离森林与村庄、耕田、道路的连接是消除火患的唯一途径。

时任壶关县政府副县长牛建忠从群众修筑石墙保护果园的实践中得到启示,向县委、县政府进行了汇报,县委、县政府领导经过大量实地调研,提出了“垒墙护林”的方案,率先在井则口村筑起了长 5 公里、宽 0.5 米、高 1 米的示范墙。经过试验总结出,

森林防护墙具有三防即防火、防盗、防畜害，三保即保水、保土、保植被的综合作用，可以用较少的付出，获取较大的收益。为此，县委、县政府利用当地石头多的优势，全县动员，全民参战，实施万里森林护林墙工程。

2. 森林防护墙的修筑

万事开头难，给 80 万亩林地修一个“大院墙”，确实难以想象。但是，壶关人深知，不用坚韧的付出保护 80 万亩森林，20 年绿化成果将付之东流。

晋庄镇十里村是防护墙建设的重点村。开工之初，村民普遍有畏难情绪，思想不好统一。支部书记向学平首先带领支村两委班子和全村党员，抬着锅灶，带着工具，开赴十里岭，在山上挖石头垒石墙。支部书记向学平连续 10 天，吃住在现场，数日不下山，垒起了党员干部示范墙。这一行动，首先感动了该村六七十岁的老人，他们自动组织起来，也在十里岭安营扎寨，风餐露宿，坚持垒墙。喊破嗓子，不如摆出样子，不少村民坐不住了，他们对垒墙态度开始由犹豫变为参与，由参与到全家上阵，全村的防护墙建设顺利推进，在全县修筑了有示范作用的 500 米样板墙，走在全县最前头。

经过十余次现场会、观摩会、交流会的不懈发动，护林墙由局部行为，变为全县性热潮。各级党政领导和机关干部率先垂范，建起了机关干部示范墙；建起了民兵参建样板墙；建起了巾帼英雄标准墙；建起了共青团员先锋墙。在修筑万里护林墙的过程中，受到了各级领导的关心和支持。省委书记、省长亲临现场，修筑防护墙；市委书记、市长亲临现场，修筑防护墙；市县党政部门，亲临现场修筑防护墙；在外打工人员，返乡积极修筑防护墙；壶关上至 80 岁的白发老人，下至十几岁的少年儿童，都箪食壶浆，参与到防护墙的建设之中。

大世界基尼斯之最石碑

在修筑过程中，为确保质量，在规划上，“紧靠林边，连绵不断”；在施工中，“铲出根基、夯实不虚，大石垫底、超出 1 米，上窄下宽、梯形石体，有棱有面、好干好看”；在质量上，坚持“底宽八十，上宽四十，高度一米五”的“8415”标准。森林防护墙的修筑得到上级的充分肯定，县四套班子领导一线指导工作，参加义务劳动。2000 年长治市委、长治市人民政府作出《学习壶关发扬艰苦奋斗精神，建设万里护林防火工程经验的决定》，省委书记田成平也来到十里村，看到绵延的防火墙不禁感慨，说十里村的百姓好样的，山西省省长刘振华在下乡调研时来到壶关，看到被绿色覆盖的大山上盘旋着宛如长城一样的长墙，连声称赞“了不起！”他说，“这是一项伟大创造，是我们在办公室无论如何也想不出、也不敢想的伟大工程。这说明了一个道理，只要对人民有益的事情，人民就会积极响应。”

防护墙工程浩大、用料巨多。壶关人民百折不挠、迎难而上，“挖起石头栽树、垒起石墙护林”，用“一包方便面，一米防护墙”的微薄投入，经过近两年的艰苦实践，全县在13个乡镇（区）389个行政村筑起了高1.5米、底宽0.8米、上宽0.4米的梯形石墙3500公里，全县共义务投工350万个，动用土石方420万立方米，创造了价值达3500万元的财富。2001年6月，被上海大世界基尼斯总部认定为“最长的森林防护墙”。截至2009年夏，森林防护墙总长度达到10000华里，号称“天下第一长墙”。全县森林防护墙总投工400万个，动用石方500万方，造价2亿元，初步建成了一道工程浩繁、用料巨大、气势恢宏、美丽壮观的“万里长墙”，在保护生态、造福人民和经济建设中越来越发挥出巨大的效益和作用。

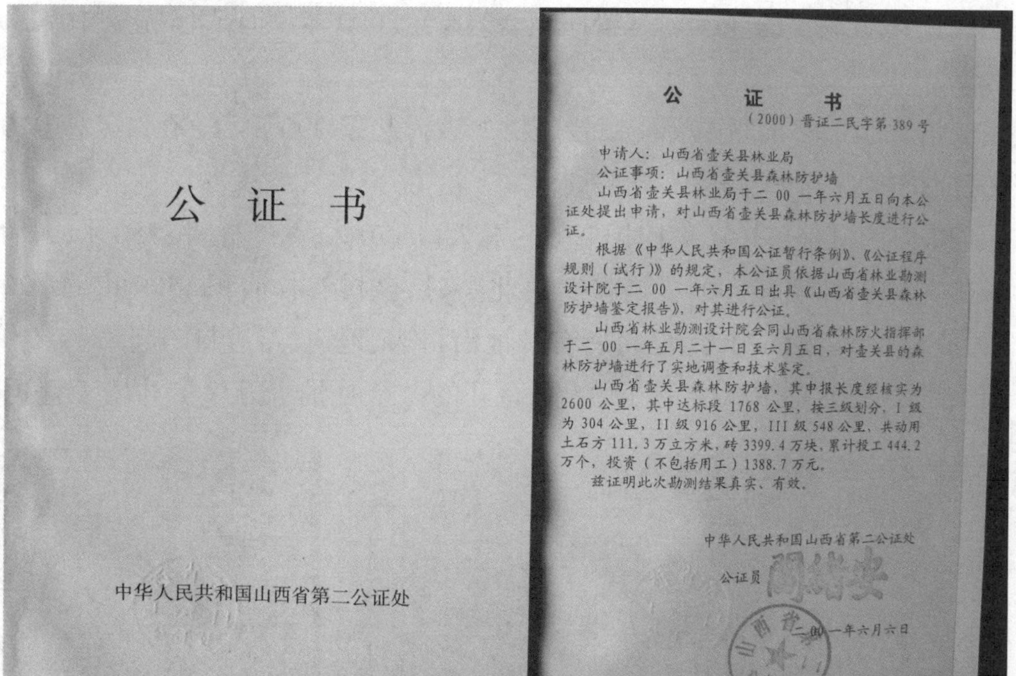

公　证　书

中华人民共和国山西省第二公证处

公　证　书

（2000）晋证二民字第389号

申请人：山西省壶关县林业局

公证事项：山西省壶关县森林防护墙

山西省壶关县林业局于二00一年六月五日向本公证处提出申请，对山西省壶关县森林防护墙长度进行公证。

根据《中华人民共和国公证暂行条例》、《公证程序规则（试行）》的规定，本公证员依据山西省林业勘测设计院于二00一年六月五日出具《山西省壶关县森林防护墙鉴定报告》，对其进行公证。

山西省林业勘测设计院会同山西省森林防火指挥部于二00一年五月二十一日至六月五日，对壶关县的森林防护墙进行了实地调查和技术鉴定。

山西省壶关县森林防护墙，其申报长度经核实为2600公里，其中达标段1768公里，按三级划分，I级为304公里，II级916公里，III级548公里，共动用土石方111.3万立方米，砖3399.4万块，累计投工444.2万个，投资（不包括用工）1388.7万元。

兹证明此次勘测结果真实、有效。

中华人民共和国山西省第二公证处

公证员

二00一年六月六日

申报基尼斯公证书

3. 森林防护墙的功效

坚固的石墙封闭林地后，在很大程度上阻止了牛羊入山，阻止了乱捕滥猎野生动物，森林防护墙不仅具有防火、防盗、防畜害，保水、保土、保生态的“三防、三保”作用，而且还产生了美化环境、旅游观光、陶冶情操的社会效益，更为重要的是通过修筑森林防护墙，全县人民从思想上筑起了一道无形的“护林长墙”，森林火情、火警下降90%。

4. 壶关县万里护林墙工程建设之最

最早提出营造万里护林墙工程的县领导是县委常委、政府副县长、护林防火指挥部总指挥牛建忠。他于1999年5月初在回家探视重病的父亲时提出,并首先在本村实施。

最早构筑护林墙的村是店上镇井则口村,时间是1999年5~6月。墙高100厘米,墙宽50厘米,长5公里。

最早推广营造护林墙经验的会议是县委、县政府在鹅屋乡召开的会议。时间是1999年6月20日。参加会议的人员是各乡(镇)的党委书记和乡(镇)长。会上参观了井则口村的护林墙,提出了质量要求,下达了全县当年完成200万米的垒墙任务。

最早实施护林墙工程的乡是西川底乡。该乡在鹅屋会议之后,全面发动,出动劳力一万多个,机动车300多辆次仅一个月时间完成护林墙20华里。1999年8月14日,县委、县政府在西川底乡召开了现场会议,乡党委书记马先明作了经验介绍。

完成护林墙最多的乡(镇)是晋庄镇,该镇至2000年9月底已完成167239米,人均11米。

完成护林墙最多的村是晋庄镇晋庄村。该村共有390户,1490口人,至2000年9月底,完成护林墙17998米,人均12米。

人均最多的村是东井岭乡上庄村,该村总人口170人,垒护林墙3750米,人均22米。

最先完成护林墙任务的村是晋庄镇北头村,该村有林面积1500亩,到2000年9月,全村完成护林墙6670米,已将所有林地沿村边、地边、路边封闭起来。

最大的动员会是2000年7月15日召开的"全县推进万里护林墙工程再动员大

防护墙分布图

山西省林业勘测设计院出具的鉴定报告

会”,参加本次会议的有各有关单位、各乡(镇)党委书记、乡(镇)长、389个村的支部书记,共计600多人。

最有特色的护林墙是城关镇的护林墙。该镇根据靠近县城的实际,把护林墙建成风景墙,全镇所有的护林墙均是下石上砖,城堡形状,既坚固耐用,又新颖美观。

第十节 生物隔离带

生物隔离带是壶关县针对油松纯林采取的一种生物防火措施。就是在油松纯林的边沿或林中空地上营造不易着火的山桃、山杏、刺槐等阔叶林,以发挥其阻隔林火的作用。全县已营造这种生物防火林10万亩。针对实际情况,隔离带营造办法有几种:

1. 四种地类搞混交

一是林中空地。这部分地类分布于油松林中,造成阔叶林之后,可有效阻隔林火的迅速蔓延。

二是林地边沿。多数林地的山脚边缘遗留有大量空地,在这部分地类上造阔叶林,可在油松林的外围形成一道生物隔离带,对防止火源入山有明显作用。

三是火烧迹地。在对所有的火烧迹地进行更新造林时,禁止再造油松、侧柏等易燃的针叶林,全部更新为阔叶林,扩大阔叶林比例。

四是间伐林地。对油松林间伐时,从技术角度上适当加大间伐量,降低油松密度,让林地充分透光,为灌木生长创造良好条件,改变树种单一的状况。通过以上四种地类的造林,将油松林逐步改造成针阔混交林,达到长效防火的目的。

2. 两个空地搞隔离

一是林中便道。现在的林中道路多是村与村之间的小路、田间道路、原来的采矿采石道路。为使其发挥隔离作用,在原基础上进行扩宽。同时,还要根据林业经营的需要,在成片的林地中规划足够的林道。一方面起隔离作用,一方面可用于森林抚育和扑救森林火灾作业时,拉运人员和机具。

二是林地中村与村交界地。在山区,这种交界多以山脊、山梁、山凹为界,都是隔离林火的最有效地段。过去造林时,多数村与村交界的地方就留有一定空间,现在需要通过间伐和皆伐强化这种空间,宽度达到30至50米,这样便于以村防范,也能够有效扑救林火。

3. 十样树种稳林分

树种选择关系到林分的稳定,而林分的稳定则是减少火灾发生的重要基础。本县从现有造林地的立地条件和油松林多的实际,以及群众利益和建设旅游大县的目标

郭家坨村的生物隔离带

出发，在造林树种选择上，以山桃、山杏、连翘、火炬、刺槐、小叶杨、核桃、元宝枫、黄刺玫、侧柏等为主。这十个树种的共同优点：一是都是土生土长的乡土树，适应当地气候特点，好栽好活好管。二是枯枝少、不易着火、耐火烧、恢复快。三是多种效益兼具。春有花、夏有果、秋有色、冬有景，生态、经济、景观效益具佳。栽植时根据各树种的适应性，分布于阴坡、阳坡，山脚、山腰，山脊、山凹，山就变成了五彩缤纷的山，果实累累的山，一般情况下不易着火的山。

4. 三种摸式营造林

壶关县地处太行山干石山区，立地条件差，造林难度大，投资成本高，更要从多方面选择好造林方式。在实践中，重点采用了三种营造林模式：

一是现代模式。适宜土肥条件好的地方，有很强的规划目标，完全通过人为的干预完成，如园林景点。

二是近自然造林模式。大面积的荒山沟坡造林，根据造林目的在造林地内均匀稀植主栽树种，每亩50～100株左右，给其它植物生长留出空间，使其自然形成多树种混交林，这种林分抗火能力强。

三是封山育林模式。适宜土层较差而又分布不一的地方。在适宜的地方人工栽种一些乔灌木，大部分地方通过封山进行自然育林。这样，这部分山地既增加了全县的覆盖率，又形成了林火的隔离带。

第十一节 隐患清理带

隐患清理带是在森林边沿50米内，将其中的杂草、秸秆，通过机械、人工等措施，清理出来，减少森林火灾隐患。这项措施已在全县实施多年，2013年山西省、长治市开始大力推行，并按亩给予资助，壶关县在这方面起到了带头作用，2013年10月25日，长治市政府在本县召开现场会推广壶关经验。

清理秸秆、杂草后的林地边缘

附一：

壶关县林缘秸秆杂草清理禁烧
行动方案

为彻底清除林缘秸秆杂草，消除森林火险隐患，为今冬明春森林防火工作打下良好的基础，根据《长治市林缘秸秆杂草清理工作方案》的精神要求，经县政府研究决定，利用50天时间，集中开展林缘秸秆杂草清理禁烧行动，特制定本方案。

一、清理目标

以消除森林火灾隐患为目标，按照“全面清理、标本兼治”的原则和集中清理与综合利用相结合的办法,动员全县广大干部群众,集中人力,集中开展一场大干50天清理林缘秸秆杂草大会战行动,为今冬明春森林防火工作打下坚实基础。

二、清理任务和标准

将全县林缘30米范围内及各有关单位责任区域内所有耕地和林中插花地的秸秆、根茬、地堰、道路两侧等杂草全部清理至林缘50米以外的安全地带进行集中处理,与林地形成自然的隔离。

三、清理时间

2013年10月20日~2013年12月10日

四、组织形式

以乡镇、部门为单位组织,以村为单位划定地块和区域,实行乡干部包村、村干部包片(户)责任制,明确责任人,签订责任书,确保清理工作落到实处。

五、实施步骤

(一)动员部署阶段(10月20日~10月25日)

各乡镇、办事处,各有关单位召开专题动员部署会议,成立相应领导组,并结合各自实际,制定工作实施方案,确定阶段任务和工作措施。大力宣传林缘秸秆、杂草清理行动的目的和意义,营造浓厚氛围。

(二)组织实施阶段(10月26日~11月30日)

各乡镇、办事处,各单位根据制定的实施方案要求,对所辖区、本部门内林缘30米和责任区域范围的所有耕地插花地的秸秆、根茬、地堰、道路两侧等杂草全部清理至林缘50米以外或安全区域内进行集中处理。各乡镇、办事处,各单位主要负责人是此次行动的第一责任人,务必加强领导,要把林缘秸秆杂草清理禁烧工作作为当前本乡镇、本单位的第一任务来抓,亲自安排部署,亲自检查落实。

(三)验收兑现阶段(12月1日~12月10日)

各乡镇、办事处,各单位要成立秸秆杂草清理工作验收组,采取边清理、边验收的方法,清理一村,验收一村,发现问题,及时整改。清理工作完成后,将验收结果汇总上报县森林防火指挥部,县森防抽调有关人员组成核验组进行抽查核验,核验合格后,兑现补助资金。

六、工作要求

(一)高度重视。各乡镇、办事处,各单位要把秸秆清理作为今年秋冬季排除森林火险隐患的重要工作来抓,主要领导要亲自挂帅,亲自安排部署,亲自督促检查,分管领导要亲临一线、亲自指挥,确保按时按质完成清理工作。

(二)加大投入。今年秸秆清理市县两级政府将给予20元/亩的补助资金,各乡镇、办事处也要设法挤出资金加大投入,确保秸秆清理工作顺利进行。

(三)认真组织。各职能部门要协商配合,认真履职。林业局负责做好农林交错区内清理范围、工作任务、工作进度的划定和同时安排专业技术人员组成13个小组派往各乡镇指导清理工作;要安排专门人员深入各乡镇、办事处对有困难的农户要帮助及时清理;要做好全县林缘地秸秆杂草清理的组织协调和各项资料收集、汇总工作;要组织技术人员,以村为单位逐块划定清理区域及集中处理点,并标注在1:10000地形图上;同时,逐块确定清理责任人、完成时限和工作进度。县农委负责做好秸秆综合利用和种植结构调整规划及指导工作;进一步支持和鼓励广大农户使用秸秆取暖,大力推广秸秆气化、秸秆炭化、秸秆采暖、秸秆栽培食用菌等秸秆利用技术。农机中心负责做好秸秆还田的组织工作;对全县林缘30米范围内的耕地要合理安排机械全部进行秸秆粉碎还田和旋耕,山区乡镇可以采用手扶旋耕机来操作,机械覆盖不到的地方,要安排专业队协助农户清理,关键是做到清理到位。经信局要全力组织全县所属各中小企业对监管区内的林区和企业周边的杂草进行彻底清理,集中处理。交通局负责将全县范围内县乡公路两侧特别是紧邻山林边缘区域内的杂草进行全部清理集中处理。公路段负责做好全县范围内省道两侧特别是紧邻山林边缘区域内的杂草进行全部清理,集中处理。安监局要积极协调所属各煤矿、非煤矿山等企业对所辖区域内的灌木、杂草全部清理,集中处理。旅游中心要积极与桥上乡政府协调配合负责做好所监管的景区特别是太行山大峡谷区域林缘30米范围内的秸秆杂草的清理和集中处理工作。国营林场要认真做好护林员的巡查工作,不断岗,不空岗,切实做好林地边缘30米范围内的秸秆杂草的清理和集中处理工作。宣传部门特别是新闻单位要对秸秆清理工作中出现的好经验好做法,及时组织宣传报道,鼓励先进,鞭策后进。

(四)严格督查。县政府将成立专门督查组,对清理工作每个阶段的组织、实施、进度进行全方位、不间断的督查,发现问题,督促整改;同时,县纪委、监察局也要牵头组织县委、县政府督查室人员深入乡镇、村进行交叉检查,特别是对各乡镇、办事处在清理过程中违规焚烧秸秆杂草现象进行专门督查,坚决做到发现一起,查处一起,严肃追究相关责任人的责任。督查组每周对检查结果汇总后报送县委、县政府办公室并进行公开通报,对工作开展积极、按时完成进度的乡镇进行通报表扬,并给予一定的奖励,对清理工作组织不力、进度缓慢的乡镇,提出通报批评,并追究相关责任人责任,确保秸秆杂草清理禁烧工作圆满完成。

(五)总结经验。秸秆清理工作结束后,各乡镇、办事处要认真总结好的经验做法,形成长效机制。

附表：

(一)壶关县县领导包乡镇名单；

(二)壶关县秸秆杂草清理禁烧督查组人员名单；

(三)壶关县林业局包乡镇人员名单。

附件一：

壶关县县领导包乡镇人员名单

乡　镇	县　领　导
常平办事处	李全心　张月飞　郭志敏
龙泉镇	崔江华　秦元忠　秦庆祥　许巨清
晋庄镇	李志平　杨建龙
集店乡	张占雄　高联喜
树掌镇	王明德　秦志平　王家胜
东井岭乡	卫　明　贾金花
黄山乡	段尧刚　柴中行
百尺镇	张　剑　徐玉明　张云骏
鹅屋乡	徐思江　马国民
五龙山乡	魏海玲　连树斌
桥上乡	栗建平　靳海棠
店上镇	赵文栋　郭亚哲　王　兵
石坡乡	方　宇　路　洲

附件二：

壶关县秸秆杂草清理禁烧督查组人员名单

督查组	带队领导	人　员	督查乡镇
第一组	徐思江	李　波　李　耀 宋里刚　冯丽娟	龙泉镇 集店乡 常平办事处
第二组	马国民	秦振阳　张永红 崔旭峰　连晋红	树掌镇 鹅屋乡 桥上乡

（续）

督查组	带队领导	人　员	督查乡镇
第三组	秦庆祥	李　谦　秦　栋 范慧勇　李清芳	店上镇 石坡乡 晋庄镇 五龙山乡
第四组	许巨清	李　波　牛太红 张庆祥　董丽君	百尺镇 黄山乡 东井岭

附件三：

壶关县林业局包乡镇人员名单

乡　　镇	包　乡　镇　人　员
常平办事处	李爱民　　常志斌
东井岭乡	宋利兵　　郭鹏(小)
树掌镇	姬小勇　　李慧斌
百尺镇	闫晓军　　郭盘龙
黄山乡	闫晓军　　申李军
龙泉镇	王海燕　　李　霖
集店乡	王海燕　　王江红
店上镇	武建宏　　张志清
五龙山乡	武建宏　　李林红
桥上乡	赵文芳　　栗增强
鹅屋乡	赵文芳　　郭文红
晋庄镇	王绍飞　　徐　达
石坡乡	王绍飞　　郭鹏(大)

附二：

在长治市秋冬季森林防火壶关县现场会上的汇报

壶关县人民政府副县长　秦元忠

（2013年10月25日）

尊敬的马市长，各位领导，各位同仁，同志们：

大家上午好！

我们壶关是一个人工造林大县，森林密度高、分布广、面积大，可以说是山地相连、山路相连，林中有地、地中有林，特别是油松纯林占到有林面积的80%以上，农林交错区面积达到96.21万亩，形成了易着火、扑救难、大灾风险高的现状，森林防火压力非常大。今年秋收结束以来，我县认真贯彻省、市森林防火工作会议精神，严格按照市政府林缘秸秆杂草清理工作要求，全面落实"三三六"护林防火工作法，全县总动员，干群齐上阵，突出严管控，大干50天，坚决打胜林缘秸秆杂草禁烧攻坚战，实现了秸秆清理无缝隙。我们的主要做法是：

一是宣传认识到位。我们坚持把做好宣传教育作为护林防火和林缘秸秆清理工作的第一道工序、第一项任务、第一个环节来抓，通过张贴护林防火令、出动宣传巡逻车、悬挂标语、喇叭广播、发放传单、发送手机短信、新闻媒体开辟宣传专栏等形式，广泛宣传护林防火知识，做到了乡不漏村、村不漏户、户不漏人、家喻户晓。特别是10月23日上午，在全县秸秆还田暨林缘秸秆杂草清理禁烧动员大会上分别与各乡镇签订了目标责任书，重点林区乡镇还做了表态发言，在全县掀起了秋冬季护林防火和林缘秸秆清理新一轮高潮。

二是组织领导到位。进入秋季防火期以来，我县高度重视，明确责任，狠抓落实，先后多次召开护林防火工作会议，特别是县委李书记、政府崔县长分别就全县护林防火和林缘秸秆清理工作进行了专门强调和督促推进，进一步强化落实了县四套班子领导包乡、县直单位和乡镇干部包村、村干部包组、护林员包山头地块的分片包干责任制，把护林防火和林缘秸秆清理责任落实到了分管领导的肩上、包村干部的身上、支村两委的具体行动上，做到了"山有人包、路有人守、地有人看、坟有人管"，构筑起了一级抓一级、层层抓落实的县、乡、村三级群防群治护林防火责任网格，确保了护林防火时时处处有人抓、有人管。

三是办法措施到位。总的举措就是严格实行"三三六"护林防火工作法，所谓"三三六”即“三个不”、“三个万”和“六个一”。“三个不”就是上山不带火、上地不点火、上坟不烧纸，严禁一切野外用火。“三个万”就是万里防火墙、万枚红袖章、万里隔离带。万里隔离带，就是把近山、林缘30米内的秸秆、杂草进行全部清理，形成了一个秸秆清理“围山转”工程。“六个一”就是一县一个专业队、一乡一个灭火队、一村一个应急队、一户一个护林员、一处一个责任人、一村一个工作队。

今年秋季以来，针对以往发生火情教训大都是因焚烧秸秆、杂草引发的实际情况，我们重点把清理秸秆、杂草作为森林防火的突破口，制定了《壶关县林缘秸秆杂草清理禁烧行动方案》，明确了秸秆杂草清理的完成时间、目标任务和标准要求。采取以乡镇为单位组织实施，以村为单位划定地块和区域，明确责任人，签订责任书，重点将全县林缘30米范围内所有耕地和林中插花地的秸秆、根茬、地堰、道路两侧杂草全部清理至林缘50米以外的安全地带。通过领导包村、党员包户、联户帮扶等方式，全面推进林缘秸秆杂草清理工作，这项工作目前在全县已形成高潮。预计在11月底将完成全县总任务的80%，我县规定的50天大会战中即12月10日可全部完成。主要方法有四种：一是秸秆粉碎旋耕。就是在秋收结束后，由县农机中心牵头组织以行政村为单位，把林边300米内的秸秆，结合翻地就地粉碎，翻入土壤内，既可有效消除火灾隐患，又能改良土壤，增加土壤有机质。全县一半的秸秆清理采取了这种办法。二是秸秆深埋。就是由县农委组织牵头在秋收后的玉米田内就地挖50~60厘米深的土沟，按玉米种植时的走向，一沟一沟将玉米秆埋入土下，或按行平铺于地面，然后用土覆盖起来，使其发酵腐烂，既可有效控制地下地表水份挥发，又利于土壤中微生物生存和繁殖，增强地力，疏松土壤。晋庄、石坡、龙泉等乡镇，普遍采用了这种办法。三是禽畜圈养转化(也叫过腹还田)。就是以畜牧中心牵头组织动员广大养牛、养羊大户和专业合作社全力回收秸秆，变传统的放养为圈养，既可消耗部分秸秆，又能促进畜牧业的健康发展，目前全县已形成规模禽畜圈养户100余家，年消耗秸秆500吨。四是秸秆地暖和秸秆气化灶利用。就是在新农村建设中，设计秸秆转化池，将秸秆粉碎后装入池内，由风门控制燃烧量，通过地暖取暖和气化灶做饭，是一种农村新型、环保的能源使用办法。目前已在全县6个乡镇50多个行政村和今年新建的10个移民新村中推广。

四是资金保障到位。我县是国家级贫困县，为切实解决资金难题，我县在财力十分紧张的情况下，挤出150万元的资金专门用于林缘秸秆清理工作并实行了资金五挂钩，调动了各级清理秸秆的积极性。一是与市级补助资金挂钩；二是与森林防火经费挂钩；三是与公益林补助资金挂钩；四是与退耕还林补助挂钩；五是与村干部的工资挂钩。同时各乡镇也采取了多种办法，促进秸秆清理工作。如有的乡镇实行土地补助与清理秸秆结合,有的乡镇是低保补助与清理秸秆结合,扶贫救济与秸秆清理相结合,切实做到了抓不好清理工作有压力,抓好清理工作有奖励有动力,变“叫我干”为“我要干”。

五是督促检查到位。针对秋冬季森林防火的严峻形势，县政府成立了专门督查组,对清理工作每个阶段的组织、实施、进度进行全方位、不间断的督查,发现问题,督促整改;同时,县纪委、监察局还牵头组织县委、县政府督查室人员深入乡镇、村进行交叉检查,特别是对各乡镇、办事处在清理过程中违规焚烧秸秆杂草现象进行专门督查,坚决做到发现一起,查处一起,严肃追究相关责任人的责任。

六是追究惩处到位。我们明确规定,凡是林缘30米范围内秸秆清理不到位甚至在林区违规用火的,即使没有发生火灾,也要进行严肃处罚,非公职人员一律予以行政拘留,公职人员一律开除公职,是领导的一律免职。在发生影响较大的安全稳定时间,主要领导、分管领导、包抓领导、职能部门和乡镇相关责任人一律严肃查处,给予撤免停调降处分。

七是应急处置到位。我们专门组建了60人的县森林消防中队,在东井岭、树掌、石坡重点林区乡镇成立了消防灭火队,其他乡镇组建了以大学生村官、民兵为主要力量的应急分队,同时组织举办森林消防专业队火场扑救技能培训班,对县、乡两级森林灭火队进行了业务培训,确保火情发生后,能够召之即来、来之能战、战之能胜,实现火情的早发现、早处置,打早、打小、打了。

总之,我县将以这次推进会为契机,下定决心,以忘我的工作热情和拿不下任务绝不收兵的决心,全县总动员,大干50天,彻底打胜林缘秸秆清理的攻坚战,为今冬明春护林防火工作打下坚实基础,以优异成绩向市委、市政府,向全县30万人民交上一份满意答卷,为全市实施“五五”战略、率先全面小康作出我们应有的贡献!

第十二节　森林防火全民培训

森林防火全民培训是根据县委李全心书记的意见，由壶关县政府和森林防火指挥部具体实施的一项最大范围的森林防火宣传教育，时间选在大多数人在家过春节期间,内容重点是“三不”:一是上山不带火,二是上地不点火,三是上坟不烧纸。通过县培训乡镇,乡镇培训各村,各村干部分别深入各户的培训,使全县群众进一步明确了护林防火期内不能在野外用火。经培训合格的由各乡镇发给“森林防火培训合格证”,全县实行了持证上地制度,森林火灾明显减少。

壶关县森林防火培训合格证

全县人手一册的森林防火手册

附一:

壶关县人民政府森林防火指挥部
森林防火知识培训方案
壶森防字【2013】3号

为进一步加强森林防火宣传教育工作,不断提高全社会的森林防火意识,积极构建全民关心、支持、参与的社会化森林防火格局,从根本上减少森林火灾发生,特制定本方案。

一、指导思想

培训工作的指导思想是以党的十八大精神为指导,坚持“预防为主,积极消灭”的方针,普及森林防火预防扑救常识,提高全民森林防火意识,把“上山不带火、上地不点火、上坟不烧纸”变为全县人民的自觉行动,努力推进全县森林防火工作再上新台阶。

二、任务目标

通过森林防火知识培训,提高全社会参与森林防火工作的积极性和主动性,提高全民规范用火、安全用火意识,达到培训教育全覆盖,争取实现“零”火灾目标。

三、培训时间

趁春节人员相对集中的时机,即2013年2月20~2月28日,其中县级培训2月20日,乡镇(办事处)培训2月22~24日,村级培训2月25~28日。3月1日全县农村实行持培训合格证上地。

四、培训内容

1. 森林防火“三三六”工作法;

2. 森林防火预防和扑救常识;

3. 违章用火典型案例及野外用火处罚规定；

4. 火情的报警与处置；

5. 森林火灾的危害性及森林防火工作的重要性，倡导全民积极参与森林防火。

五、培训形式

由县培训乡镇(办事处)、乡镇(办事处)培训村，分批进行培训，做到县不漏乡、乡不漏村、村不漏户、户不漏人，实现全县干部群众受教育的目标。县级培训由县政府牵头，参加培训人员由县直机关一把手及各乡镇乡镇长、分管领导、林管员。培训结束后，县直机关一把手负责培训本单位干部，乡镇长培训本乡镇干部和所辖行政村三大主干，乡镇包村干部、县直机关包村干部培训所包村，县森林防火成员单位一把手必须参加所包乡镇的培训，县直机关包村干部必须参加所包村的培训。

县团委、妇联、工会、教育等部门要把森林防火知识培训作为一项日常工作，团委负责对团员的培训，妇联负责妇女的培训，工会负责对企业的培训，教育部门负责对中小学生的培训。

六、发证备案

县四套班子领导、县直机关干部、乡镇干部、企业职工、各村村民都要参加森林防火知识培训，培训合格统一颁发《壶关县森林防火培训合格证》。培训结束后要建立档案，县森林防火指挥部负责对参加县级培训人员的档案；县直单位负责对本部门参加培训人员的档案；各乡镇负责对参加本乡镇培训人员的档案；各村负责对参加本村培训人员的档案。

七、培训要求

(一)加强组织领导。为确保本次培训活动的成效，特成立培训领导组，组成人员如下：

组　长：秦元忠　政府副县长

副组长：李爱民　林业局局长

　　　　宋利兵　林业局副局长

　　　　姬小勇　林业局副局长

成　员：县森林防火指挥部成员单位负责人、县直机关有包村任务的负责人，县团委、妇联、工会、教育部门负责人，各乡镇乡镇长。县直各单位、各乡镇(办事处)要成立领导组，制定详细的培训方案。

(二)强化督促检查。县委、县政府督查室要牵头组织纪检、监察、林业、新闻等单位对县直各单位、各乡镇培训情况进行督查，对培训工作流于形式、应付的要通报批评，追究主要领导的责任，并将培训情况作为年终考核的一项重要内容。

（三）确保培训成效。对参加本次培训合格的要颁发《壶关县森林防火培训合格证》，实行持证上地，对培训不合格的要继续培训，直至合格。

壶关县人民政府森林防火指挥部
2013年2月19日

附二 森林防火全民培训资料：

森林火灾 后患无穷

1. 森林火灾不仅能烧死许多树木，降低林分密度，破坏森林结构；同时还引起树种演替，由低价值的树种、灌丛、杂草更替，降低森林利用价值。

2. 由于森林烧毁，造成林地裸露，失去森林涵养水源和保持水土的作用，将引起水涝、干旱、山洪、泥石流、滑坡、风沙等其他自然灾害发生。

3. 被火烧伤的林木，生长衰退，为森林病虫害的大量衍生提供了有利环境，加速了林木的死亡。森林火灾后，促使森林环境发生急剧变化，使天气、水域和土壤等森林生态受到干扰，失去平衡，往往需要几十年或百年才能得到恢复。

4. 森林火灾能烧毁林区各种生产设施和建筑物，威胁森林附近的村镇，危及林区人民生命财产的安全，同时森林火灾能烧死并驱走珍贵的禽兽。森林火灾发生时还会产生大量烟雾，污染空气环境。此外，扑救森林火灾要消耗大量的人力、物力和财力，影响工农业生产。有时还造成人身伤亡，影响社会的安定。

多措并举 以防为主

一、落实“三三六”，人人防林火

三个不

上山不带火，上地不点火，上坟不烧纸

三个万

万里防护墙，万枚红袖章，万亩隔离带

六个一

一县一个专业队，一乡一个灭火队，一村一个应急队，

一户一个护林员，一处一个责任人，一村一个工作队。

二、牢记十不准，做到六不烧

十不准

1、不准携带火种入山

2、不准携带易燃、易爆物品入山

3、不准在林区和林间道路吸烟

4、不准上坟烧香、烧纸、燃放鞭炮

5、不准焚烧秸秆、根茬

6、不准烧荒、燎岸

7、不准在林区野外用火取暖、烧干粮煮饭

8、不准在林区施工用电、放炮采石

9、不准放牧人员、痴呆、傻、精神病人随意入山

10、不准在林区烧火驱蜂、狩猎。

六不烧

1、未经县级以上主管部门批准不烧

2、未开好100米宽以上的防火隔离带不烧

3、未组织好足够人员看守不烧

4、未准备好扑火工具不烧

5、没有用火负责人和安全监督员在场不烧

6、刮风、高温、干旱天气不烧。

三、抓好全民培训,坚持持证作业

全民培训四不漏

1、县不漏乡

2、乡不漏村

3、村不漏户

4、户不漏人。

工作落实四到人

1、森林防火知识培训到人

2、防火地块落实到人

3、防火责任明确到人

4、合格证发放到人。

四、清理秸秆杂草,消除火灾隐患

秸秆杂草清理

一个五

林地边缘50米内全部清理

五个净

林地边缘荒坡杂草净

林地边缘耕地里秸秆净

林地边缘耕地里根茬净

林地边缘的退耕还林地内荒草净

林地边缘耕地夹岸杂草净。

五、坚持依法护林,严肃责任追究

四个追究

1. 森林防火期内,违反规定,随意用火者要追究;

2. 森林防火期内,村干部责任不落实,造成森林火灾的要追究;

3. 森林防火期内,乡镇包村干部不在岗,造成森林火灾的要追究;

4. 森林防火期内,值班人员擅自离岗,造成森林火情传达不及时的要追究。

扑灭林火 注意安全

五个注意事项

扑救森林火灾,由当地人民政府或森林防火指挥部统一组织和指挥。接到扑火命令的单位和个人,必须迅速赶赴指定地点,投入扑救工作。

沿着火头侧面顺风扑打

防止树上被烧断的树枝和被上方倒木滚下来砸伤

注意气象变化

正确使用扑火工具

不得动员老人、残疾人、孕妇和儿童参加扑火

四个自救办法

扑火队员一旦被林火围困或袭击,要果断决策,迅速选择突围和避火路线,采取正确的避火方法,避免发生伤亡事故。

1. 点火解围

在较开阔的平坦地,可以以河流、小溪、道路为依托,使用点火器点迎面火,使新火头向大火头方向逆风蔓延,阻挡火锋解围。请注意在控制线另侧一定要有巡护人员,以防飞火产生新火点。

在无河流、小溪、道路为依托时,在时间允许的情况下,使用点火器点顺风火,扑

火员跟火进入火烧迹地避火，并用手扒出地下湿土，紧贴湿土呼吸或用湿手巾捂住口鼻防止一氧化碳中毒。

2. 强行顶风冲越火线

当点火或其它条件不具备时，切忌顺风跑，要选择已经过火或杂草稀疏，地势平坦的地段，用衣服蒙住头部，快速逆风冲越火线，进入火烧迹地即可安全脱险。

3. 卧倒避烟(火)

当点火解围来不及时；就近有河流(河沟)、无植被或植被稀少的迎风平坦地段时，用水浸湿衣服蒙住头部，两手放在胸部，卧倒避烟(火)。卧倒避烟(火)时，为防止烟雾呛昏窒息，要用湿毛巾捂住口鼻，并扒个土坑，紧贴湿土呼吸，可避免烟害。

4. 快速转移

发现大火袭来，人力无法控制时，只要时间允许，迅速转移到安全地带，避免发生伤亡。

附三　森林防火培训资料：

搞好森林防火 保护绿色家园

一、绿色壶关，美好家园

改革开放以来我县经过三十多年不懈奋斗、艰苦创业创造了两大奇迹：

一是挖起石头栽树，绿化干石山100万亩。

二是垒起石墙护林，修筑森林防护墙1万华里。

两大奇迹造就了一个绿色壶关。

绿色壶关带给我们的是生态改善，环境优美，幸福安康，安居乐业的美丽家园。有三个方面十大标志：

第一，生态环境逐步改善

——水土流失得到根本控制。小雨不流河，大雨流清河，暴雨不塌坡。水土流失面积由85%下降到15%左右。保住了水土就是保住了农田，保住了农田就保住了粮食，保住了粮食就保住了基本的生存条件。

——气候得到有效调节。以十年九旱闻名于世的壶关正在悄然发生变化。年降水量明显增加，特别是季节降水变化明显，3~5月的降水量由平均30多毫米增加的50多毫米，而7~9月份的降水却由380毫米降到350毫米。一增一降随的是农民的心愿，春天捉苗比较容易了。

——自然灾害明显减少。风、雹、霜等自然灾害都有明显减少。雹灾减少47%,风灾下降23%,霜灾减少35%。

第二,幸福指数相应提高

——空气质量令人羡慕。壶关绿树成荫,天蓝水清,空气质量好,令外地人羡慕。近段时间全国多地出现雾霾,壶关很少见。专家称雾霾比非典更可怕。

——自然面貌发生深刻变化。从光山秃岭到绿树满山,从满河乱石头到满沟槐花香,从黄色壶关到绿色壶关,从风沙弥漫到天蓝水清,从群山恶水到清山绿水。

——四季风景如诗如画。

春天山花烂漫,灿若云霞;

夏天千山竞绿,生机无限;

秋天红黄绿紫,五彩缤纷;

冬天松柏苍翠,风景依然。

——湖光山色胜似江南。随着大峡谷的开发,水的巧妙利用,颠覆了壶关干旱缺水的旧印象,树立了湖光山色的新形象。大峡谷一河丽水,两岸青山,胜似三峡。县城的水上公园也有烟波浩渺、鱼翁垂钓、垂柳倒影的江南水乡的风姿。

第三,社会经济效益显著显现

——社会地位得以提升。经过几十年的不懈奋斗,壶关为世人展示了一个全新形象:全国造林绿化先进县、全国造林绿化百佳县、全球生态500佳提名县,全国生态建设先进县、山西省绿化红旗县、山西省生态县等等。壶关和绿色紧密相连,壶关和美丽正在接轨。

——经济效益开始释放。由青山绿水变成金山银水。大峡谷成为壶关县的知名品牌,是看看就要钱的商品;牛羊吃的是中草药,喝的是矿泉水,无污染、无公害,以此为原料的郭氏羊汤、紫团饮业成为省市龙头企业;农民采连翘、松子、山桃、山杏、刨药材收入十分可观。天然松菇等菌类食品俯拾皆是。

——绿色能量积累可观。100万亩森林是巨大财富,是巨大的生态潜能。中共十八大提出建设生态文明和建设美丽中国,要求提供生态产品,我们壶关生活在绿色中,空气清新,环境优美,优势得天独厚,有捷足先登的独特条件。

我们的绿色,不是远古神话,不是历史传说,不是先人给我们留下的遗产,它是全县人民30多年奋斗的结果,按十年一代说,它是经过近四代人的不懈努力得来的,来之十分不易,我们要用保护生存条件,保护自己生命之心来保护绿色,保护森林。

二、森林防火,重任在肩

森林防火已成为全世界的命题,像美国、澳大利亚、俄罗斯等国都受森林火灾的困扰,我国更是森林火灾多发,2013年1月份就发生146起,比去年同期增加84.8%。壶关县的森林火灾,从近几年看,由于树木长大,树冠紧接,着大火、成大灾的危险性很大,防火形势异常严峻。为了搞好森林防火,国家专门颁发了森林防火条例,并明文规定森林防火实行行政首长负责制。行政领导是第一责任人,分管领导是主要责任人,有林单位一把手是直接责任人。责任明确,责任重大,重任在肩。作为责任人,我们要对全县的森林防火工作有充分认识:

第一,要充分认识森林防火的艰巨性

一是路在林中,村在林边,林在地边,易着火。

二是松林多,密度大,一着就是树冠火,极易形成大火大灾。

三是我县是新兴的林区县,群众防火意识相对薄弱,难防范。

四是野外用火的旧习难改,防不住。

第二,要高度重视森林火灾的危害性

星星之火,可以燎原,一点星星火,可毁万亩林。毁坏容易恢复难,一旦着火:

烧毁的是30年绿化成果。2011年"4.29"雷击森林火灾,三天多时间,烧毁森林近四万亩。火灾扑灭耗资巨大,飞机灭火在龙丽河水上公园取水,起飞一次13万元。而且是杯水车薪,效果有限。

烧毁的是生态环境。"4.29"之后当年夏季,林业局在川荫线上搞植被恢复,一下雨就流黑水,水土流失严重。据科学测定,在山上的表面,形成1厘米厚的土层需要100年时间。流失掉的土,需要多长时间才能恢复?

烧毁的是个人前程。近几年已有几十个乡村干部因森林火灾而受到处分,对个人也是很大损失。

第三,要切实加强森林防火的责任心

层层落实森林防火责任制

主要领导责任制

分管领导责任制

包片领导责任制

包村领导责任制

村干部责任制

护林员责任制(山头地块)

一级一级落实,一人一人落实,一块一块落实。

第四,要充分发挥群众防火的积极性

党员的模范作用

干部的带头作用

亲属的引导作用

有责任心群众的示范作用

低保户的作用

五保户的作用

调动一切可以调动的积极力量。

三、森林火灾,防是重点,把握规律,搞好防范

森林防火的方针是预防为主,把防字放在首位。防火是主动措施,扑火是被动办法。水火无情,一旦着起来,不为人的意志而控制。防火防什么,怎样防,以下是个简单分析。

1. 对全县森林火灾的分析

近10年间,全县发生森林火灾12期,我们对这12期进行剖析,就能发现一些规律性的东西。

(1)从发生时间分析

季节:春季7起,占58%,最多。

冬季3起,占25%。

夏季2起,占17%。

时段:上午10~12点7起,占58%。

中午13~15点4起,占33%。

晚上1起,占9%。

(2)从发生原因分析

——人为原因8起,占66.6%。其中:

烧秸秆根茬4起

吸烟1起

狩猎1起

燎岸1起

燃放鞭炮1起

——自然原因2起,占16.6%。

全部为雷击火。

——其它原因2起,占16.6%。

全部是高压线引起。

(3)从肇事人员分析

老弱及单身4起

妇女1起

羊工1起

呆傻1起

儿童1起

(4)从心理状态分析(人为火)

侥幸心理的6起,占75%.

故意1起

玩耍1起

2、森林防火工作的防范重点

通过以上分析,我们可以找到以下重点:

第一,防火的重点

森林防火的重点是防人为火灾,防人为火灾的重点就是防野外用火,防野外用火的重点是防地边、山边、路边,地边是重点中的重点。

近年自然火灾呈上升势头,要高度重视。

第二,防人的重点

勤人(多数人未上地他上地,都把地做好的时候他又要开小地,缺少监督,侥幸心理更大)

懒人(见多数人种好了,就找捷径,烧根茬)

老人(年老体弱,活动不便,图省事)

女人(偷偷点火,自欺欺人,更可怕)

儿童(玩耍)

痴呆人(童心)

牛羊工(山上吸烟、取暖)

外来人(不知道村上规矩,赶时间做地,胡乱点火、上坟烧纸)

泄私愤的人(自己的目的没达到,给干部颜色看)

3. 森林防火的基本办法

“三三六”工作法是森林防火的总方针,能把“三三六”工作法贯彻落实好,就能避免森林火灾。

第一个三是三个不:上山不带火,上地不点火,上坟不烧纸。

最通俗、最直接、最易懂、最明确,这是“三三六”工作法的中心。要做到这三点,需要我们做大量工作,需要我们认真落实。

第二个三是三个万:万里防护墙,万枚红袖章,万亩隔离带。

森林防火墙是固定的防火墙,万枚红袖章是流动的防火墙,万亩隔离带是生物隔离墙,三种墙形成三保险。

六是六个一即:一县一个专业队,一乡一个灭火队,一村一个应急队,一户一个护林员,一处一个责任人,一村一个工作队。

六个一是对县、乡镇、村、户、护林员的工作要求,也是硬性的任务和具体的指标,带有强制性和考核性。

通过以上分析的重点和规律,我们把落实“三三六”工作法分解成12个步骤:

(1)秋后集中清秸秆

统一组织,以片以洼进行,干部要亲临指挥,有地户全部参加,清理的范围是林边50米以内。

(2)坚持不懈抓宣传

人之初,性本善,性相近,习相远。习就是见习、知识、认识、学识,护林防火的习,靠的是宣传。

宣传要让人乐于接受。

要把工作做到户,做到人。

层层宣传,做到县不漏乡,乡不漏村,村不漏户,户不漏人。让人人都知道上山不能带火,上地不能点火,上坟不能烧纸钱,不能在野外用火。

(3)认真落实护林员

落实护林员是搞好森林防火的一个关键措施,近几年因村里经济困难,护林员没有了,要想法恢复。

有了护林员,干部就有了眼睛,就能看见问题。

(4)责任落到人头上

层层落实责任,任务到人,各负其责,形成书面文字,有据可查。

(5)把住入口控火源

在进山、进林的主要路口,设立岗哨,坚决杜绝带火种入山入林。

(6)特殊人群要看严

特殊人群包括:痴、呆、傻、精神病、儿童、牛羊工。

按照谁家的人谁负责的办法,一个一个落实监护人。

(7)化整为零保大片

大虎岭、高山寨、十里岭、常石林带、肖军岭、莺莺山、老顶山、老横岭、龙王山、梯脑山等连片面积大的地方,要逐步开发防火隔离带,化整为零,保住重点。

(8)死看硬守抓重点

大风天气、久旱无雨雪天气,清明节前后,必须死看硬守。

(9)把握规律严防范

掌握特殊人群的活动规律:儿童放鞭炮、红白喜事、放羊人活动,老人上地,春节到元宵节期间放"孔明灯"等。

(10)小火大打很关键

一旦着了火,不要怕人知道,不要怕上报以后上级批评。要立即报告,组织人力扑打。小火也要有充足的人力扑打,不能让小火着成大火。打早、打小、打了。有个小火,又立即扑灭了,领导不会批评。有了火掖着、瞒着,自己扑打,越着越大,无法扑灭了,才向上报告,结果耽误了最佳时机,小火成了大火,这时候就不是领导批评了,是要受处分。

(11)干部关照老弱户

老弱孤寡要多关照,多宣传,把工作做到家,才能减少火情。必要时帮忙处理一下,也许这一年就能安全度险。

(12)和谐护林少风险

护林要讲和谐,要疏堵结合,方式方法要用对,不能粗暴形成对立。好话一句三冬暖,人心顺畅,万事可成。

第十三节　森林防火经费

林业的特点是生态效益明显,经济效益短期较差,而森林防火又是一项投资大,投入高的重要工作。为了巩固全县人民的绿化成果,保护好来之不易的绿色生态环境,从2008年开始,县委、县政府在县财政十分困难的情况下,克服种种困难,将森林防火经费列入财政预算,按每亩森林1元的标准,为各乡镇下拨森林防火经费。为了保证经费能够用在关键时刻,分三次拨付:第一次在清明节前森林防火特险期,拨付40%,第二次在清明节后野外用火高峰期,拨付40%,第三次在10月份进入森林防火期之前,拨付20%。自2008~2013年,全县共拨付410万元。

同时,为了加强各乡镇领导森林防火的责任心和积极性,从2008年开始,县政府对各乡镇的乡镇长、分管森林防火的副职、林管员,林业局分管森林防火领导,每人每月发给森林防火补助100元、80元和70元。此项补助定岗不定人,谁在岗谁享受。

第五章 “4·29”雷击森林火灾

第一节 起火原因

2011年4月29日的森林火灾由干雷暴引起。这天晚上9时15分，壶关县石坡、树掌、东井岭、店上、百尺5个乡镇9个村因同时遭受干雷暴天气袭击，引发17处森林火情。其中东井岭、店上、百尺三个乡镇的火情，由于距村较近，发现早，在短时间就被扑灭。石坡、树掌两个乡镇的着火点距村远，山势陡峭，夜里扑火人员无法及时赶到，加之风起，酿成一场大灾。经专家实地调查，这天晚上壶关境内共有39处遭到干雷暴袭击，其中处于森林内并引起火情的有17处。壶关境外的陵川县、平顺县，以及阳泉市的部分县同时遭到袭击，都发生了森林火灾。

这次火灾发生直接的原因是干雷暴，隐形的原因一是这年的春天连续两个月没有有效降水，气温又持续升高，天气十分干燥。二是林分的不稳定性，大片的油松林密度过大，而抚育需要大量人力物力，上级没有投资，地方没有能力，致使一旦发生森林火灾就形成树冠火，扑救十分困难。

省市县专业人员对雷击点进行调查(图为石坡村雷击点)

东井岭乡南湖村雷击点

店上镇土头寨村雷击点

东井岭乡三郊口村雷击点

石坡乡东水村雷击点

第二节　扑救过程

火灾发生后，县委、县政府及时启动应急方案组织扑救，同时报告省、市森林防火指挥部，请求增援，在军民和灭火专业队的共同努力下，经过 3 个昼夜的奋战，于 5 月 2 日扑灭。

附：

壶关县4.29火情扑救方案

一、指挥部

政　　委：李全心　县委书记

总 指 挥：段树新　县委副书记、政府县长

副总指挥：张占雄　县人大主任

马先明　县委常委、县政府常务副县长

卫　明　县委常委、宣传部长

牛安林　县委常委、政法委书记

常　庆　县委常委、县委办主任

崔海书　县委常委、武装部长

张　剑　县委常委、纪委书记

李志平　县人大副主任

马国民　县人大副主任

胡三虎　县政府副县长

郭海英　县政府副县长

方　宇　县政府副县长

高联喜　县政协副主席、统战部长

徐玉明　县政协副主席

徐思江　县人武部政委

李寿昌　县政府党组成员、县公安局长

指挥部设在壶关县石坡乡人民政府。

指挥部电话：0355-8672008

二、火场扑救组

（一）石坡火区

1、组 长：张占雄　县人大主任

副 组 长：马先明　县委常委、县政府常务副县长

牛安林　县委常委、政法委书记

常　庆　县委常委、县委办主任

崔海书　县委常委、武装部长

张　剑　县委常委、纪委书记

李志平　县人大副主任

胡三虎　县政府副县长
郭海英　县政府副县长
方　宇　县政府副县长
高联喜　县政协副主席、统战部长
徐玉明　县政协副主席
徐思江　县人武部政委

成　员：崔秀清　县政府办主任
张月飞　县委办常务副主任
秦志强　县政府办公室副主任
马江涛　县政府办公室副主任
秦庆祥　县林业局局长
宋忠孝　石坡乡党委书记、乡长
李志强　石坡乡副书记

2、前线扑火队伍：

(1)0号、1号着火点

扑火队伍：长治武警200人，配清余火队伍壶化集团300人、龙泉镇100人、石坡乡100人、集店乡100人、五龙山乡100人、黄山乡100人。

负责人：牛安林　县委常委、政法委书记
李志平　县人大副主任
胡三虎　县政府副县长

向　导：闫文斌　县教育局长
王国平　县卫生局副局长、卫生监督所长
徐　明　石坡乡常务副乡长
李　鹏　石坡乡村民
冯海波　石坡乡村民

(2)2号着火点

扑火队伍：运城武警扑火队200人，配清余火队伍常平开发区100人、常平集团100人、县住建局100人、晋庄镇100人、石坡乡100人。

负责人：高联喜　县政协副主席、统战部长

向　导：秦月强　县安监局副局长
马赵平　石坡乡政府统计员
付春方　石坡乡村民

冯立元　石坡乡村民

(3)3号、4号着火点

扑火队伍:屯留扑火队30人,配清余火队伍坦克部队200人、县公安局和县法院共60人、石坡乡100人。

负责人:崔海书　县委常委、武装部长

徐思江　县人武部政委

徐玉明　县政协副主席

向　导:秦志华　县经信局局长

赵志伟　石坡乡武装部长

李立兵　石坡乡村民

李　慧　石坡乡村民

(4)扑灭点:西河余火扑灭点

扑火队伍:海军100人,沁县扑火队30人,配清余火队伍县安监局100人、石坡乡100人。

负责人:马先明　县委常委、县政府常务副县长

常　庆　县委常委、县委办主任

张　剑　县委常委、纪委书记

向　导:董安军　县人社局副局长

程建明　石坡乡财政所长

张建亮　石坡乡村民

张建党　石坡乡村民

(二)树掌火区

1、组　长:卫　明　县委常委、宣传部长

副组长:马国民　县人大副主任

成　员:张红卫　树掌镇党委书记、镇长

2、前线扑火队伍:

(1)临汾武警扑火队200人,配店上镇、百尺镇、树掌镇各100人。

负责人:卫　明　县委常委、宣传部长

向　导:张红卫　树掌镇党委书记、镇长

冯小红　树掌镇副书记

(2)北京森警300人,太岳林业局灭火队50人,壶关扑火队伍30人,配树掌镇、东井岭乡各100人。

负责人:马国民　县人大副主任

孙炳明　太岳林业局灭火队长

向　导:赵文芳　县扑火队队长

三、后勤供给组

(一)设备配置

1、水壶 2000 个(石坡火区 1200、树掌火区 800)

负责人:赵保忠　县农委主任

职责:必须在晚 10 点前送到石坡乡政府和树掌村。

2、水车 6 辆(石坡火区 4、树掌火区 2)

负责人:王国林　县水利局长

职责:必须灌满水凌晨 2 点前送到指定地点。

3、手电筒 1000 个(石坡火区 700、树掌火区 300)

负责人:王宏方　县商贸公司经理

职责:必须在晚 10 点前送到石坡乡政府和树掌村。

(二)食品供给

食品 10000 份(每份 3 个面包、2 个鸡蛋、1 个火腿肠、1 包榨菜、1 瓶矿泉水)

负责人:李建宏　县政府办公室副主任、后勤中心主任

职责:必须在晚 7 点前将今晚和明早的食品发给每个扑火队员。

四、交通指挥组

负责人:李寿昌　县政府党组成员、县公安局局长

郭旭斌　县交警队大队长

职　责:负责火区交通指挥、车辆停放、交通管制,交通管制时间为 4 月 30 日晚 20:00~5 月 1 日(等指挥部命令)。

五、通讯保障组

组　长:郭海英　县政府副县长

副组长:宋文明　县移动公司经理

马慧芳　县联通公司经理

职　责:保证火区通讯畅通。

六、医疗保障组

组　长:郭海英　县政府副县长

副组长:李富增　县卫生局局长

成　员:苏泾波　县人民医院院长

韩玉昆　县中医院院长

李和平　县妇幼院院长

七、部队与地方对接安排

1、森警 300 人　负责人：胡三虎　徐　明

2、长治武警 200 人　负责人：李志平　马天绪

3、坦克部队 200 人　负责人：徐思江　程建明

4、运城武警 200 人　负责人：高联喜　马赵平

5、临汾武警 200 人　负责人：卫　明　张红卫

6、海军 100 人　负责人：马先明

职责：按照指挥部的命令将扑火队按时送到指定地点。

八、火场看守组

组　长：段树新　县委副书记、政府县长

副组长：胡三虎　县政府副县长

成　员：崔秀清　县政府办主任

秦庆祥　县林业局局长

宋忠孝　石坡乡党委书记、乡长

张红卫　树掌镇党委书记、镇长

冯小红　树掌镇副书记

李志强　石坡乡副书记

职　责：待明火扑灭后，由壶关县人民政府组织人员清理余火、看守火场 72 小时。

2011 年 4 月 30 日

责任领导和单位名单

一、东井岭乡

1、塔　店：责任领导：卫 明

责任单位：宣传系统 120 人（和雪平，宣传部副部长）

东井岭乡责任领导：靳栋梁（常务副乡长）、秦新效（副乡长）

2、口　头：责任领导：张 剑

责任单位：常平开发区 120 人（吕志强，开发区副主任）

东井岭乡责任领导：宋利兵（人大主席）

3、高岸上:责任领导:贾金花

责任单位:计划系统100人(牛燕辉,发改局副局长)

东井岭乡责任领导:张海江(常务副书记)

4、三郊口:责任领导:徐思江

责任单位:政法系统120人(赵世英,政法委副书记)

东井岭乡责任领导:(王志力,纪委书记)

东井岭乡总负责人:李爱民(乡党委书记)

二、树掌镇

1、马家庄:责任领导:马先明

方　宇

责任单位:县委总支50人(闫宏斌,县直工委副书记)

政府总支30人(马江涛,总支副书记)

树掌镇责任领导:冯小红(常务副书记)

2、大　会:责任领导:马国民

责任单位:农业系统120人(赵保忠,县农委主任)

树掌镇责任领导:张红卫(镇党委书记)

三、石坡乡

1、井　沟:责任领导:张占雄

徐玉明

责任单位:壶化党委100人(程扎根,副书记)

石坡乡责任领导:王水清(纪委书记)

2、张自岭:责任领导:李志平

胡三虎

责任单位:经贸系统100人(秦志华,经信局长;杨国胜,副书记)

石坡乡责任领导:徐明(常务副乡长)

3、石河沐:责任领导:高联喜

责任单位:经贸系统50人(秦志华,经信局长;向瑞明,副局长)

石坡乡责任领导:宋忠孝(乡党委书记)

2011年4月30日

扑火分组情况及职责

一、设备配置

1、水壶2000个(石坡火区1200、树掌火区800)

责任人:赵保忠

职责:必须在晚10点前送到石坡乡政府和树掌村

2、水车6辆(石坡火区4、树掌火区2)

责任人:王国林

职责:必须灌满水凌晨2点前送到指定地点。

3、手电1000个(石坡火区700、树掌火区300)

责任人: 王宏方

职责:必须在晚10点前送到石坡乡政府和树掌村。

二、向导组

1、石坡火区向导10个负责人:

向导姓名:

职责:必须在1小时内将扑火队从指挥部领到火场。

2、树掌火区向导5个负责人:

向导姓名:

三、通讯组

负责人:宋文明

四、交通指挥组

负责人:李寿昌 郭旭斌

职 责:负责火区交通指挥、车辆停放、交通管制,交通管制时间为4月30日晚20:00至5月1日(等指挥部命令)。确保扑火车队交通畅通无阻。

五、后勤供给组

负责人:李建宏

食品10000份(每份3个面包、2个鸡蛋、1个火腿肠、1包榨菜、1瓶矿泉水)

六、部队地方对接

1、森警300人 3人负责 分别为:

2、长治武警200人 1人负责

3、坦克基地300人 1人负责

4、运城武警200人 1人负责

5、临汾武警 200 人 1 人负责

职责:按照指挥部的命令将扑火队按时送到指定地点。

树掌火区灭火方案

总指挥:许　霞　长治市人民政府副市长

现场组:政　委　李全心　壶关县委书记

总指挥:段树新　壶关县人民政府县长

一线指挥:胡　伟　北京森警副参谋长

前线灭火队伍分三路:

一路:由北京森警副参谋长胡伟和临汾武警队长尚清礼分别带队,各带灭火队伍 150 人;由壶关县委宣传部长卫明和东井岭乡常务副乡长靳栋亮联系带路;火场向导王红兵;水车供水王国林;送水李伟红;看守火场由东井岭乡书记李爱民组织 300 人负责。

二路:由北京森警队长王文和长治武警队长赵建生分别带队,各带灭火队伍 150 人;由壶关县人大副主任马国民和树掌镇副书记冯小红联系带路;火场向导万东;水车供水杨长青;送水赵保忠;看守火场由树掌镇书记张红伟组织 300 人负责。

三路:由屯留灭火队负责人任建喜带队 30 人、沁县灭火队负责人曹连鱼带队 30 人、太岳灭火队负责人孙炳明带队 50 人、壶关灭火队负责人赵文芳带队 40 人组成;火场向导树掌镇党委秘书景月红和东井岭乡副书记张海江;供水由林业局常建伟负责;看守火场由壶关县委组织部副部长杨斌芳组织 200 人负责。

后勤供给组、交通指挥组、通讯保障组、医疗保障组的具体负责人名单同石坡火场扑救方案。

2011 年 5 月 1 日

第三节　扑救报告

壶关县"4·29"森林火灾扑灭后,县政府于 2011 年 5 月 11 日向长治市人民政府,山西省人民政府森林防火指挥部,进行了专题汇报,汇报内容如下:

2011 年 4 月 29 日晚 9 时 15 分,壶关县石坡、树掌、东井岭、店上、百尺 5 个乡镇 9 个村因同时遭受干雷暴天气袭击,引发 17 处森林火情。经过参战官兵和干部群众四个昼夜的英勇奋战，于5月2日16时52分将最后一处火点明火全部扑灭，取得了“4·29”森林火灾扑救工作的决定性胜利。

4月29日晚，因遭强雷击，我县石坡乡、东井岭乡、店上镇、百尺镇、树掌镇5个乡镇9个村同时发生17起森林火情。火情发生后，我县县委、县政府迅速启动森林灭火应急预案，成立了由县委书记李全心任政委、政府县长段树新任总指挥，县四套班子成员任副总指挥的森林灭火指挥部。指挥部设在石坡乡人民政府。并立即向市森林防火指挥部报告情况。同时，认真制定了灭火方案，明确了具体责任，并依据火情实际，分别设立了石坡、树掌两个火区和杜家岩、石河沐、下石坡、西河、树掌五个战区，分别由县四套班子领导分工负责、各把一关，组织动员全县13个乡镇(区)，农委、城建、交通、水利、公安、交警、安监、卫生等100余个县直单位的干部和群众，以及常平集团、壶化集团、煤矿、中南铁路等大型企业的民兵，共计3500余人，赶赴火场全面展开了扑救工作。当晚，百尺、店上、东井岭等5个乡镇的14处火点被扑灭。鉴于石坡乡杜家岩、西河、树掌镇树掌村3处火场地势陡峭，又处于夜间，考虑到扑火人员安全，我们在省、市有关领导的指导下，决定对大火进行轮班观察，在每个火区的主要地段、路上都安排专人严密看守，检测火情火势的走向，以便选择最佳的时段，科学组织扑救。期间，我们根据火情走势和风向，组织灭火队伍在临近火区的地方砍伐出了30~50米宽的隔离带。

4月30日凌晨，我们开始对石坡乡杜家岩、西河、树掌镇树掌村3处火情较大的火场进行扑救。石坡乡杜家岩火场由副县长胡三虎带领屯留森林灭火专业队和常平集团、壶化集团500余人进行扑救；西河火场由县委常委、常务副县长马先明带领周边村群众500余人进行扑救；树掌镇树掌火场由县委常委、宣传部长卫明，县人大副主任马国民带领树掌镇干部群众600人进行扑救。但由于出现大风天气，火势不断加大，火线越来越长，扑救难度越来越大，在单靠我们自身力量无法控制的情况下，我们及时请示市领导同意，并向市森林防火指挥部报告，请求给予支援。接到报告后，党中央、国务院和省、市领导高度重视，中共中央政治局常委、国务院总理温家宝，中共中央政治局委员、副总理回良玉，国家森林防火指挥部总指挥、国家林业局局长贾治邦，省委书记袁纯清，省长王君、副省长刘维佳等领导先后作出重要批示，要求全力扑救确保安全。武警部队副参谋长黄海辉，国家森林防火指挥部副总指挥、国家林业局森林公安局局长杜永胜，武警部队森林指挥部司令部副参谋长胡伟，副省长刘维佳，省武警总队队长仲轩，省武警总队副总队长杨建国，省林业厅厅长李永林，省林业厅副巡视员温普德，省林业厅党组成员、省森林公安局局长李更，省森林公安局政委李瑞，省林业厅机关党委副书记续河元，市委书记田喜荣，市长张保，市委常委、秘书长李东峰,副市长许霞,市政政府秘书长于川,市林业局局长王俊杰、总工石存信等领导亲临火灾现场指挥灭火工作,并紧急调集市武警支队、驻市坦克训练基地、市海校的官兵和屯留、沁县、太岳林局灭火队以及北京森警、运城、临汾、长治武警部队等救援队伍总计1300余人,赶赴我县支援扑救工作。同时成立了由市委田喜荣书记任政委,张保市长任总指挥,许霞副市长任常务副总指挥的长治市4·29壶关、平顺森林火灾扑救指挥部,启动了二级应急预案,并依据火情重新制定了火灾扑救方案,从组织机构、火场扑救、后勤供给、交通指挥、通讯保障、医疗保障、部队与地方对接安排、火场看守等八个方面提出了具体要求。总指挥部设在壶关县石坡乡政府,张保市长、许霞副市长坐镇指挥。指挥部下设壶关、平顺两个分指挥部。我县指挥部由县委书记李全心担任政委,政府县长段树新担任总指挥,对石坡、树掌两个火区和杜家岩、石河沐、下石坡、西河、树掌五个战区扑救人员进行了重新分工。第一战区为石坡乡杜家岩、龙尾头村,由县委常委、政法委书记牛安林,县人大副主任李志平,县政府副县长胡三虎负责,其中,扑火队伍由长治武警200人组成;清理余火队伍由壶化集团300人,集店、龙泉、五龙山、黄山、石坡乡民兵各100人共800人组成,共1000人。第二战区为石坡乡石河沐村,由县政协副主席、统战部长高联喜负责,其中,扑火队伍由运城武警200人组成;清理余火队伍由常平开发区100人、常平集团100人、县住建局100人、晋庄镇100人、石坡乡100人共500人组成,共700人。第三战区为石坡乡下石坡村,由县委常委、武装部长崔海书,县人武部政委徐思江,县政协副主席徐玉明负责,其中,扑火队伍由屯留扑火专业队30人组成;清理余火队伍坦克部队200人、县公安局和县法院共60人、石坡乡100人共360人组成,合计390人。第四战区为石坡乡西河村,由县委常委、常务副县长马先明,县委常委、县委办主任常庆,县委常委、纪委书记张剑负责,其中,扑火队伍由海军100人,沁县扑火队30人,共130人组成。清理余火队伍县安监局100人、石坡乡100人共200人组成,合计330人。第五战区为树掌乡树掌村,由县委常委、宣传部长卫明,县人大副主任马国民负责,其中,第一支队伍由临汾武警扑火队200人,配店上镇、百尺镇、树掌镇各100人,共500人组成;第二支队伍由北京森警300人、太岳林业局灭火队50人、壶关扑火专业队30人,配树掌镇、东井岭乡各100人共580组成,合计1080人。

5月1日凌晨2时,扑火队伍开始出发,按10人一小组、50人一大组进行有序扑救,清理余火队伍2时10分按50人一组分批出发,每人提20公斤水上山清理余火。通过军民携手奋战,5月1日中午,成功将石坡火区火灾全部扑灭。随后,扑火指挥部又从石坡乡政府移师东井岭乡政府,具体指挥树掌火区的灭火工作。当晚,前线指挥部领导与森警、武警等领导根据火情实际,仔细讨论研究,科学制定方案,确立了空中飞机与地面扑火相结合、部队官兵与地方力量相结合、专业队伍与干部群众相结合，森警部队一线打火头、武警部队跟进清余火、地方力量看守火场的科学扑救办法，兵分三路对树掌火区进行扑救，统一由北京森警副参谋长胡伟进行一线指挥。一路由北京森警副参谋长胡伟和临汾武警队长尚清礼分别带队，各带灭火队伍 150 人；由壶关县委宣传部长卫明和东井岭乡常务副乡长靳栋亮联系带路；火场向导王红兵；水车供水王国林；送水李伟红；看守火场由东井岭乡书记李爱民组织 300 人负责。二路由北京森警队长王文和长治武警队长赵建生分别带队，各带灭火队伍 150 人；由壶关县人大副主任马国民和树掌镇副书记冯小红联系带路；火场向导万东；水车供水杨长青；送水赵保忠；看守火场由树掌镇书记张红伟组织 300 人负责。三路由屯留灭火队负责人任建喜带队 30 人、沁县灭火队负责人曹连鱼带队 30 人、太岳林局灭火队负责人孙炳明带队 50 人、壶关灭火队负责人赵文芳带队 40 人组成；火场向导树掌镇党委秘书景月红和东井岭乡副书记张海江；供水由林业局常建伟负责；看守火场由壶关县委组织部副部长杨斌芳组织 200 人负责。

5 月 2 日，经过参战官兵和干部群众连续的英勇奋战，截止 5 月 2 日 16 时 52 分，我县最后一处火点明火全部扑灭，取得了 4·29 森林火灾扑救工作的决定性胜利。特别是我县首次采用飞机观测火情、飞机提水救火的办法，为艰险山区救火提供了成功范例。

为巩固灭火成果，坚决杜绝火场死灰复燃，取得彻底胜利，根据中央和省、市领导指示精神，经县委、县政府研究，成立了由县长段树新任总指挥、四套班子领导任副总指挥的火场看守指挥部，专门制定了火场看守方案，将 1600 余人的灭火队伍分区划片，严格落实了看守责任，细化分解了任务，将责任落实到山头、地段，具体到领导、人头。同时我们制定了 6 条措施：一是东井岭乡辖区火场由乡党委书记李爱民负总责，抽调 20 名乡镇干部、300 名灭火人员，分布三郊口、塔店两个火场清理余火，昼夜看守；由县领导宣传部长卫明、纪委书记张剑、人武部政委徐思江、政协副主席贾金花等负责火场清理，确保不发生死灰复燃；由长治、临汾、运城武警支队现场留守待命。二是树掌镇辖区火场由镇党委书记张红卫负总责，抽调 20 名乡镇干部、300 名灭火人员，分布辖区火场清理余火，昼夜看守；由县领导常务副县长马先明、人大副主任马国民、副县长方宇等负责火场清理，确保不发生死灰复燃；由屯留、沁县、太岳林局灭火队现场留守待命。三是石坡辖区火场由乡党委书记宋忠孝负总责，抽调 20 名乡镇干部、300 名灭火人员，分布辖区火场清理余火，昼夜看守；由县领导人大主任张占雄、副县长胡三虎、人大副主任李志平、政协副主席高联喜、政协副主席徐玉明等负责火场清理，确保不发生死灰复燃；由壶关县灭火队现场留守待命。四是乡镇书记是防止火场死灰复燃的第一责任人，必须严格落实责任，做到守土有责。如果发生死灰复燃问题，一律就地免职。五是清理余火的乡镇和县直部门，抽调的700名人员留守指定地点，从5月2日下午5时~5月5日下午5时，72小时配合所在责任乡镇，死看硬守，保证火场安全。有关乡镇要选好多名向导，一旦有火情发生，以便立即组织扑灭。此项工作由组织部、县纪委和林业局负责实施。六是留守火场的有关乡镇和县直部门，从5月2日晚7时~5月5日晚7时，每隔两小时向政府办主任崔秀清上报火场情况，由政府办将情况汇总后，及时向县委、县政府汇报。在这期间，各清理余火队伍，发扬肯吃苦、能战斗、勇奉献的精神，不怕苦、不怕累、坚守岗位、连续作战，对各火场余火进行了无缝隙、全覆盖的排查清理，特别是与后期赶来的灭火队团结作战，密切配合，对东井岭三郊口火场的腐植层进行了地毯式翻查，对暗火进行了彻底清理，确保了火灾扑救的全面胜利。

壶关“4·29”森林火灾的胜利，是在“山高、坡陡、林密、物燥、风大”的极端恶劣条件下取得的，主要得益于以下几点：一是领导重视，靠前指挥。火灾发生后，国家、省、市领导极为关切，国务院、中央军委、国家林业局、省委、省政府等主要领导多次作出重要指示，武警部队、省、市、县等领导亲临一线现场指挥，给予了参加扑火的官兵、干部、群众极大的鼓舞，为整个火场的清理、守候和扑灭提供了强大的精神力量。二是周密部署，科学调度。我县坚决贯彻执行国家、省、市领导及上级部门的重要批示和指示，统一部署，靠前指挥，抢抓战机、果断决策，全面协调，保障有力，整个扑救工作高效、安全、有序。三是突出实效，方法得当。注重在实战中探索有效战法，特别是针对风大、火强、地势险要的实际，采取了空中飞机与地面扑火相结合、部队官兵与地方力量相结合、专业队伍与干部群众相结合，森警部队一线打火头、武警部队跟进清余火、地方力量看守火场的科学扑救办法，大大提高了扑灭山地火灾的成功率。四是协同作战，合力攻坚。各有关部门、单位、集体和个人以扑火救灾为中心，主动配合、大力支持，有人出人，有力出力，有物出物。前方武警官兵、扑火应急分队争上一线、争打头阵，奋不顾身，英勇顽强，直击明火，防堵暗火。后方干部群众想尽一切办法，及时送饭送水，全力做好后勤保障。各种扑火力量所形成的警民配合和军民配合，确保了扑火斗争的胜利。

第四节　表彰奖励

“4·29”森林火灾，是壶关县建国以来最大的一次森林火灾，在扑灭火灾的战斗中，涌现出很多先进集体和先进个人，为火灾的扑灭做出了突出的贡献。为此，中共壶关县委、壶关县人民政府于2011年6月28日做出了关于表彰“4·29”雷击森林火灾扑救先进单位、先进个人和先进志愿者的决定,决定指出:

2011年4月29日晚,我县石坡、树掌、东井岭、店上、百尺5个乡镇30余个村因遭强雷击发生大面积森林火灾,在同一时间引发火点40多处,分布面积达上百平方公里。火情发生后,国家和省、市领导对这次森林火灾高度重视,中共中央政治局常委、国务院总理温家宝,中共中央政治局委员、副总理回良玉,国家森林防火指挥部总指挥、国家林业局局长贾治邦,省委书记袁纯清,省长王君、副省长刘维佳等领导先后作出重要批示,要求全力扑救,确保安全。县委、县政府迅速启动森林灭火应急预案,成立森林灭火前线指挥部,科学制定灭火方案,组织动员全县13个乡镇(区)、100余个县直单位的干部群众,以及常平集团、壶化集团等企业的民兵4500余人,全面展开扑救工作。经过全体人员三天三夜奋力扑救,于5月2日下午16时52分将最后一处火点明火全部扑灭,取得了“4·29”森林火灾扑救工作的决定性胜利。

在这场突如其来、史无前例的森林火灾扑救过程中,广大参战官兵和干部群众充分发扬冲锋陷阵、奋勇当先,团结协作、密切配合,不怕疲劳、连续作战的优良作风,抓住火灾扑救的有利时机,使林火在最短时间内得到扑灭,把火灾造成的损失降到了最小程度,有效保护了全县及太行山大峡谷自然风光旅游区森林资源安全。特别是我县在此次森林火灾扑救中坚持空中飞机与在地面扑火相结合、部队官兵与地方力量相结合、专业队伍与干部群众相结合,采取森警部队一线打火头、武警部队跟进清余火、地方力量看守火场的科学扑救办法,受到了国家森林防火指挥部的高度赞誉。国家森林防火指挥部副总指挥、国家林业局森林公安局局长杜永胜指出,各级领导高度重视,指挥有力;扑火队伍意志坚定,众志成城;参战军民配合密切,各司其职;扑火前指果断决策,指挥有方;后勤保障组织有力,及时到位,是全国扑火的成功范例。

为鼓励先进,宣传典型,切实提高全社会参与支持森林防火、共建生态绿色壶关的积极性,县委、县政府决定对在这次森林火灾扑救中表现突出的237个先进单位、129名先进个人和2名先进志愿者进行通报表彰。希望受表彰的单位和个人要珍惜荣誉,再接再厉,再创佳绩,再立新功。全县各级各部门和广大干部群众要以受表彰的先进单位和先进个人为榜样,认真学习他们牢记宗旨、忠诚履职,服从命令、听从指挥,不畏火险、英勇善战,攻坚克难、勇夺胜利的精神,在今后的工作中勤勉敬业、锐意进取、扎实工作、无私奉献,为推进全县转型跨越发展,建设实力壶关、绿色壶关、和谐壶关做出新的更大的贡献!

“4·29”雷击森林火灾扑救先进单位、先进个人和先进志愿者名单

一、先进乡镇（区）（13个）

常平经济开发区管委会　　龙泉镇人民政府
百尺镇人民政府　　店上镇人民政府
树掌镇人民政府　　晋庄镇人民政府
集店乡人民政府　　五龙山乡人民政府
黄山乡人民政府　　东井岭乡人民政府
石坡乡人民政府　　桥上乡人民政府
鹅屋乡人民政府

二、先进单位（96个）

县委总支（8个）

县委办　人大办　政协办　组织部
纪检委　编　办　老干局　信访局

政府总支（7个）

政府办　审计局　科技局　档案局
机关事务管理中心　壶关宾馆　残　联

宣传党委（12个）

中共壶关县宣传系统党委　教育局　计生局　文明办
卫生局　广电中心　新华书店　疾控中心
卫生监督所　新农合中心　县医院　中医院

政法党委（10个）

县委政法委　检察院　法　院　公安局
民政局　司法局　交警大队　消防队
城关派出所　县武警中队

武装部党委（1个）

壶关县人民武装部党委

计划党委（7个）

发改局　住建局　人社局　环保局
统计局　粮食中心　物资公司

农业党委（12个）

县农委　国土资源局　林业局　水利局
畜牧中心　农经中心　气象局　扶贫办　供水处
国营农场　国营林场　壶关县森林灭火队
经贸党委(27 个)
经信局　交通局　财政局　县　社　安监局
中小企业局　公路段　外贸公司　商贸总公司　质监局
供电公司　煤运公司　煤管站　联通公司　邮政局
移动公司　国税局　地税局　财保公司　人　行
农　行　工　行　石油公司　信用联社　工商局
华阳公司　烟草公司
壶化党委(1 个)
山西省壶关化工有限责任公司
常平集团(8 个)
常平集团钢铁有限公司　壶关县常盛炼铁有限公司
壶关县常浩炼铁有限公司　山西常平集团实业有限公司
壶关县常平炼铁有限公司　山西常平钢铁有限公司保安部
壶关县常平热电厂　山西常平钢铁有限公司质检部
其它(3 个)
壶关县中南铁路建设协调领导组
中南铁路一分部施工项目部
中南铁路四分部施工项目部

三、先进村、乡镇派出所(128 个)

石坡乡(16 个)
盘马池村　石坡村　西河村　双井村　沙坨村
杜家岩村　西掌村　庙郊村　安居村　龙尾头村
石河沐村　西黄花水村　北平头坞村
郭家坨村　东黄花水村　石坡乡派出所
东井岭乡(6 个)
三郊口村　高岸上村　塔店村
口头村　大井村　东井岭乡派出所
树掌镇(18 个)
大会村　树掌村　磨掌村　森掌村

碣则上村 大坪上村 教掌村 神北村
神南村 上河村 河东村 翠谷村
南坡脑村 芳岱村 福头村 马家庄村
回车村 树掌派出所
桥上乡(16个)
盘底村 桥上村 洪底村 大河村
东脑村 沙滩村 南岭村 后脑村
桥后沟村 丁家岩村 杨家池村 东川底村
下石坡村 庄则上村 东柏坡村 王家庄村
店上镇(4个)
林青庄村 绍良村 固村村 崔家掌村
晋庄镇(1个)
东郊村
龙泉镇(26个)
秦庄村 禾登村 寨上村 宋堡村 西堡村
南关村 南园村 河南村 西街村 马驹村
东街村 三家村 修善村 北河村 迁北村
川底村 程 村 小山南村 龙丽庄村 四家池村
杨家社村 沟西坡村 大山南村 石岩头村 小东河村
盘驼底村
百尺镇(2个)
河西村 山上村
五龙山乡(11个)
刘寨村 水池村 程庄村 迎乐村 欢掌底村 西河南村
三王头村 南塔底村 五龙头村 东归善村 朝阳村
集店乡(17个)
集店村 北皇村 土河村 南皇村 逢善村
天池村 西庄村 东长井村 东关壁村 回龙庄村
乌集头村 北桥上村 东旺庄村 西旺庄村 北三家村
桥西村 辛村村
黄山乡(6个)
南阳护村 南宋壁村 上好牢村 下好牢村 冯坡村 辛寨村

常平经济开发区(5个)

常平村　李掌村　王章村　黄角头村　坛上村

四、先进个人(129个)

县委总支(10个)

刘建宏　平　源　左满明　弓少伟　李孝国

李峰松　秦建孝　张国旗　贾秋平　李晓波

政府总支(10个)

苏建红　马江涛　韩计平　秦志强　申文明

贾少辉　周卫国　赵庆明　牛太红　向立方

宣传党委(13个)

和雪平　韩振宇　马志方　郭运红　杨孝则

徐海斌　靳学义　李宏勇　李卫红　秦忠孝

李　军　梁宇伟　郭维恩

农业党委(13个)

赵文芳　李　霖　郭　波　贾赵平　王绍飞

刘云鹏　平华鹏　郭鹏(大)李慧斌　郭　鹏

郭盘龙　申李军　宋海方

石坡乡(18个)

郭海霞　宋小锋　郭辛勤　申建青　刘有江　郭书根

冯建军　董发增　李小丑　张建明　秦忠贤　秦立贤

景德平　张迷福　郭贵平　殷建忠　郭书忠　申雪兵

东井岭乡(26名)

张海江　王松有　秦新效　牛满红　李国明　李兴则

赵国兵　李志红　李书平　赵永斌　郭志国　王红彬

候松林　仇学斌　李红梅　郭江平　国秀江　张慧峰

候徐方　赵建青　张徐孝　盖国胜　王保忠　李秦书

皇甫连生　皇甫杜忠

树掌镇(1个)

郭宏飞

桥上乡(6个)

苏清泉　冯建军　秦有松

郭建方　吕保生　赵会生

店上镇(5个)

高雪刚　王志明　韩有忠　吕建基　牛迷根

百尺镇(5个)

赵水平　闫国明　杨聚胜　赵志刚　赵连胜

晋庄镇(4个)

赵申岗　张卫明　雪　刚　李路斌

龙泉镇(1个)

王东升

五龙山乡(5个)

王　巍　秦保才　宋金孝　王小平　杨保和

集店乡(1个)

秦红兵

黄山乡(6个)

李　军　李振军　常　亮　刘诚义　李建平　田国亮

常平经济开发区(5个)

吕志强　张召喜　闫国华　秦　泰　李东方

五、先进志愿者(2个)

秦文娥(王家庄村鸡场)　王建华(建华商店老板)

第五节　"4·29"森林火灾战例评析

2011年6月30日,山西省人民政府森林防火指挥部对壶关"4·29"森林火灾进行了战例评析,内容如下:

壶关县位于山西省东南部、太行山东南端,太行山大峡谷是该县的著名景点(4A级)。全县辖5镇7乡1个办事处,390个行政村。30多年来,经过全县人民坚持不懈搞绿化,全县有林面积达到103万亩,森林覆盖率达50.6%,是全国造林绿化先进县、首批全省林业生态县;在森林防火工作方面,万里防火墙获得骄人的吉尼斯世界纪录。

1.森林火灾案例综述

(1)火灾基本情况

2011年4月29日晚8时50分,壶关县东井岭乡、石坡乡、百尺镇、店上镇、树掌镇、桥上乡六个乡镇因干雷暴引发41处森林火情。壶关县委、县政府接到报告后,立即组织当地干部群众进行扑救,在国家、省、市各级领导的高度重视下,在森警、武警、驻市部队、全市森林消防专业队以及当地干部群众奋力扑救下,历时3个昼夜,5月2日下午4时将明火全部扑灭。据统计,此次火灾扑救,共投入总人力约3700余人,其中,部队官兵1500名,周边县森林消防专业队200人,干部群众约2000人;调用车辆500余台,直升飞机2架,投入灭火弹4500余发,风力灭火机150台,2、3号扑火工具5000余把,水壶2000余个,对讲机200部;过火面积2863.1公顷,受害面积2280.95公顷,造成直接经济损失2449.5余万元,扑火费用约200万元,没有造成人员伤亡。

(2)火灾的扑救

壶关县县委、县政府在接到火灾报告后,立即召开紧急会议,成立了由县委书记李全心任政委、县长段树新任总指挥、县四套班子领导为副总指挥的"4.29"火灾前线扑救指挥部,指挥部设在离火场最近、便于指挥的石坡乡政府,同时迅速启动四级森林火灾扑救应急预案。在对火场地形、气象条件进行综合分析后,制定了保重点林区、保人员安全、保重点目标、控制一定区域的"三保一控"扑救方案。火灾扑救共分四个阶段:

第一阶段(4月29日晚9时35分~4月30日下午4时):全力以赴,开展自救。

预案启动后,"4.29" 火灾前线扑救指挥部领导按照分工, 动员全县13个乡镇(区),公安、交警、安监、卫生等100余个县直单位,以及常平集团、壶化集团等大型企业的干部、民兵、群众共计1200余人,由分管副县长胡三虎、林业局长秦庆祥、政协副主席徐玉明、人大副主任李志平带领,分别赶赴东井岭、石坡、百尺、店上等火场全力展开扑救,围追堵截,以快制胜,经过2个小时的奋战,当晚11时,14处起火点被全部扑灭。

4月30日凌晨5时左右,在树掌境内人口较少的林区,又新发现24处起火点,加之当时火场气候突变,山上风力骤增至七级,树掌、石坡两个乡镇境内火势呈爆发态势,迅猛蔓延,很快形成了杜家岩、西河、磨掌三个火区。前线扑救指挥部根据当前火场形势,及时调整扑救方案,组织干部群众1000余人在石坡、东井岭和桥上重点林区交界处开设了宽100米、长5公里的防火隔离带,使得火灾没有向高山寨、打虎岭和太行山大峡谷国家森林公园蔓延。由于情况突变,当时,单靠壶关本县的扑救力量已无法完成扑救任务,上午9时,前指立即向市森林防火指挥部发出增援的请示。

第二阶段(4月30日下午5时~5月1日早上6时)军民合力,扑救大火。

市森林防火指挥部接到壶关县增援报告后, 迅速成立了以市委书记田喜荣任政委、市长张保任总指挥、副市长许霞任常务副总指挥的"4·29"森林火灾扑救指挥部,下设火场扑救组、后勤供给组、交通指挥组、通讯保障组、医疗保障组、部队与地方对接组、火场看守组、火情侦察组,同时向省森林防火指挥部请示,启动了二级森林火灾扑救应急预案。4月30日晚6时左右,省森林防火指挥部调集全省4地市武警官兵、驻市部队1500余人星夜赶赴火场,省森林防火指挥部在听取了壶关前指情况汇报后,决定调用省公安厅警用直升机对火场态势进行全面侦察,并依据火情发展态势重新制定了扑救方案。方案将壶关境内火场分为五个战区:第一战区为石坡乡杜家岩、龙尾头村,由分管副县长胡三虎负责,带领长治武警200人和县机关干部、企业工人800人展开扑救;第二战区为石坡乡石河沐村,由县林业局长秦庆祥负责,带领运城武警200人和当地干部群众500人展开扑救;第三战区为石坡乡下石坡村,由人大副主任李志平负责,带领屯留扑火专业队30人、坦克部队县公安局和县法院、石坡乡360人展开扑救;第四战区为石坡乡西河村,由人武部政委徐思江负责,带领海军100人、沁县扑火队30人及当地干部群众200人展开扑救;第五战区为树掌镇树掌村,由县政协主席李彦忠负责,两路出击,第一支队伍由临汾武警扑火队200人和当地干部群众500人组成,对树掌境内北边火场展开扑救,第二支队伍由北京森警300人、太岳林业局灭火队50人、壶关扑火专业队30人及当地干部群众580人组成,对树掌境内南边火场展开扑救。5月1日早上6时,国家森防指抽调的洒水直升机抵达壶关境内后,立即投入战斗,参加火灾扑救(取水地点在县城龙丽水库,每次洒水约需20分钟,洒水桶数44次)。根据火场当时气温低、湿度大、风力小的特点,指挥部采取军民结合、专群结合、空地结合,森警打火头、武警清余火、群众看火场的办法围剿火魔。截止下午5时,火势最大的石坡乡境内明火被全部扑灭。

第三阶段(5月1日早上8时~5月2日下午4时)专业力量,彻底歼灭。

由于火势蔓延,树掌和东井岭形成一个火场,在石坡境内的明火全部扑灭后,前方指挥部马上转移至东井岭乡政府。由分管副市长许霞担任前线总指挥,县委书记李全心、县长段树新任副总指挥,由北京森警副参谋长胡伟负责扑救方案的制定和火场扑救指挥。5月2日凌晨4时30分,前指整合全部扑救力量,兵分二路,一路由北京森警副参谋长胡伟带领的森林武警700人组成,负责东井岭火场的扑救工作,二路由屯留灭火队负责人任建喜带领的各县区灭火队和运城武警500人组成,负责树掌火场的扑救工作。继续采取森警打头火,武警清余火,群众看火场的方法,发扬不怕疲劳、连续作战的精神,密切配合,全面打响扑救歼灭战,经过1200名军民12个小时的连续奋战,5月2日16时52分,最后一处明火全部扑灭。至此,“4.29”森林火灾扑救工作取得了决定性胜利。

第四阶段(5月2日下午5时~5月5日下午5时)不留隐患,清理火场。

明火全部扑灭后,根据任务的转变,成立了由县长段树新任总指挥、四套班子领导任副总指挥的火场看守指挥部,并马上制定了火场看守方案。根据方案,指挥部组织2000多名干部群众对火点四周地表可燃物进行了全面清理，调集10余台水车，采取高压水泵将水泵至半山，人工提至火场，用过筛的方法全面清理。同时分区划片，落实责任，细化任务，将看守责任落实到了山头、地段，具体到了领导、人头。经过72小时的看守，经县森林防火指挥部进行全面验收签字后，逐步撤出看守人员，确保火灾扑救的最后胜利。

2. 森林火灾特点综合分析

（1）雷电监测报告

长治市气象台雷电监测报告：壶关县在4月29日20时50分开始出现雷暴，持续时间5分钟。中国气象局雷电监测网监测记录：4月29日19时～23时，山西省有正闪6次，负闪1042次，其中长治负闪346次，壶关雷电次数162次。

（2）气象、火场条件

4月29日～5月2日，壶关县境内平均最高气温32℃，伴有4～6级东南风，特别是30日早上7时，大风达到七级以上。火场内山高路陡，地形复杂，以油松纯林为主，林间植被较厚，杂草丛生，林下可燃物异常干燥。

（3）林火行为分析

这次火灾起火点多，树种以油松纯林为主，林下植被茂盛，火灾发生的当天晚上组织力量对发现的17处起火点扑灭14处，但由于4月30日早上出现了七级以上大风天气，林火由初期的地表火发展为急进的树冠火，后期发展为地表火、地下火和树冠火，致使扑救难度加大。

3. 案例评析

（1）好的做法

①*各级领导重视是火灾扑救取得胜利的保证。*党中央、国务院和省、市领导对这次森林火灾高度重视。国务院总理温家宝，副总理回良玉，国家森林防火指挥部总指挥、国家林业局局长贾治邦，省委书记袁纯清，省长王君，省森林防火指挥部总指挥、副省长刘维佳等领导先后作出重要批示，要求全力扑救，确保安全。武警部队副参谋长黄海辉，国家森林防火指挥部副总指挥、国家林业局森林公安局长杜永胜，武警森林部队直属支队副参谋长胡伟，武警山西总队总队长仲轩、副总队长杨建国，省林业厅厅长李永林、副巡视员温普德，省森林公安局局长李更、政委李瑞，省林业厅机关党委专职副书记续河元，市委常委、秘书长李东峰，及市政府秘书长于川等亲临火情现场指挥灭火工作。长治市成立了由市委书记田喜荣为政委，市长张保为总指挥，市森林防火指挥部总指挥、副市长许霞为常务副总指挥的“4.29”森林火灾扑救指挥部，始终坚持“以人为本、科学扑火、安全扑火”的原则，准确掌握火情动态和火场气象条件，

精心制定扑火方案，合理布局兵力，特别是把扑火一线的指挥权授予了森警部队首长，从而形成了前指统一指挥、统一调度，各种扑火力量密切配合、协同作战的指挥体系，有效避免了多头指挥、各自为战的现象，为在短时间内扑灭森林火灾争得了主动、赢得了先机。

②军民团结一心是火灾扑救取得胜利的基础。4月30日～5月1日凌晨，前线风力陡增至7级，部分火点火势呈爆发态势。30日9时，前指提出增援要求。面对严峻的扑救形势，国家和省、市森林防火指挥部紧急调集北京森警，武警运城、临汾、长治支队以及驻市坦克训练基地、海校官兵和屯留、黎城、沁县、武乡、潞城、长治县、太岳林局灭火队等救援队伍总计1500余人，驰援壶关进行扑救，并首次调集灭火直升飞机参加扑救。在扑救过程中，长治市人民群众和全体官兵一道，军民一心，谱写了一曲新太行山上的英雄颂歌。森警部队从北京长途跋涉刚到壶关就马上投入战斗，连续奋战3个昼夜，为大火的扑灭起到了决定性的作用。长治市政协委员、壶关县个体经营户王建花为扑救森林火灾人员免费提供矿泉水、面包等食品。正是由于淳朴的太行老区人民和英勇善战的官兵的不计得失和奋力扑救，才使得此次大火能够在短时间内被很快扑灭。

③扑救措施有力是火灾扑救取得胜利的关键。在前线指挥部的统一指挥下，科学制定扑救方案，牢固树立保安全就是保胜利的思想，把扑救人员的安全放在首位，针对火点多、火线长、风力大、火势猛的火场情况，采取“打控结合、打清结合、先控后打、边打边清”的策略，灵活运用开设隔离带、以水灭火等多种战法，坚持空中飞机侦察和洒水与地面扑火相结合、部队官兵与地方力量相结合、专业队伍与干部群众相结合，采取森警部队一线打火头、武警部队跟进清余火、地方力量看守火场的科学扑救方法，全面打响了“4.29”森林火情扑救歼灭战。参站官兵和干部群众不怕疲劳，冲锋陷阵，密切配合，连续作战，团结一心，众志成城，经过3个昼夜的英勇奋战，5月2日16时52分，壶关的最后一处明火被彻底扑灭，取得了“4.29”森林火情扑救工作的决定性胜利。此次扑火工作，创造了多处火情扑救的成功范例，受到了国家森林防火指挥部的高度赞誉。

(2)存在不足

客观上因雷击引发的火点多，天气持续干燥，林下植被较厚，风大山陡扑救困难。但是也存在一定的不可回避的主观原因：

一是对雷击起火的认识防范不足。4月29日因强雷击引发的森林火灾，是壶关县从未发生过的一次特大自然灾害，壶关县森林防火的重点是预防人为野外用火，对雷击引起的暴发性森林火灾认识不够，缺少对自然灾害处置能力的经验。

二是对扑救较大森林火灾能力不强。壶关县有林面积103万亩,且以油松纯林为主,地形地貌复杂。这次雷击森林火灾的暴发,起火点多、火线长,加之大风天气,火势之猛,虽然在三天时间依靠人力扑救了这次较大火灾,创造了扑救工作的全面胜利,但对这种数种情况并发,扑救难度之大的情况认识不足、能力不强。

三是森林防火基础设施相对滞后。壶关县是国家级贫困县,财政十分紧张,防火通道及隔离带建设相对滞后,缺少先进高效的扑火机具和通信保障车,直接影响兵力物资输送、火场信息沟通、指挥命令下达,从一定程度上延误了最佳扑救时机。

4. 应该吸取的教训

4月29日雷击引发的森林火灾,是一次始料未及的特大自然灾害,今后在预防人为森林火灾的同时,要加强对自然森林火灾的防范,积极探索雷击火的发生特点、发生规律和防范措施,同时要结合正在进行的集体林权制度改革,探索开展森林保险试点,尽快建立政策性森林保险制度,提高森林经营单位抵御森林火灾风险的能力,确保森林资源安全。

第六章　森林病虫害防治

第一节　概　况

20世纪60年代之前,壶关县的森林多数是天然次生林,林分结构自然形成的成分占绝对优势,未发生过大面积的森林病虫害,但随着人工林面积的不断扩大,森林病虫害危害程度也不断加大。根据90年代末调查,全县有森林病虫害28种。随着绿化面积的增加,绿化树种也由原来的山上油松、侧柏、四旁杨树、沟坡刺槐的格局转向多元化,病虫害也随之多了起来。到2013年全县的森林病虫害已达74种。其中病害有核桃溃疡病、杨树溃疡病、冠瘿病、杨树烂皮病、毛白杨锈病、国槐腐烂病、烂皮病、松针锈病、松落针病、叶枯病、柳树锈病、苗木猝倒病、白粉病、烟煤病、根腐病、干缩病、枣疯病、炭疽病、柿蒂病、柿炭疽病、叶锈病、轮纹烂果病、果树腐烂病、锈病、褐斑病、桃流胶病、叶斑病、银杏叶枯病、银杏早期黄花病、茎腐烂病等30种。

虫害有核桃举肢蛾、光肩星天牛、青杨天牛、杨大透翅蛾、杨卷叶象鼻虫、春尺蛾、油松毛虫、松阿扁叶蜂、红脂大小蠹、红蜘蛛、松切梢小蠹、双条杉天牛、介壳虫、蚜虫、刺蛾、春尺蛾、枣尺蛾、柿蒂虫、花椒蚜虫、黑绒金龟子、花椒草履蚧、山楂红蜘蛛、梨小食心虫、桃小食心虫、桃红颈天牛、桃蚜、杨叶蜂、金龟子、华北蝼蛄、白杨叶甲、榆吉丁虫、叩头甲、四点象天牛、斑衣蜡蝉、蝽象、大牙锯天牛、中华草蛉、姬蜂、黑蚱蝉、蒙古灰象、白星花潜、杨毒蛾、柳十八斑叶甲、牡蛎蚧等44种。

本县的森林病虫害较多，常见的森林病虫害有杨叶蜂、松阿扁叶蜂、油松毛虫、光肩星天牛、杨大透翅蛾、青杨天牛、红蜘蛛、桃小食心虫、核桃举肢蛾、杨树溃疡病、核桃溃疡病、桃树流胶病、山楂红蜘蛛、白粉病、松针锈病、梨小食心虫、春尺蛾、黑绒金龟子、华北蝼蛄、蚜虫、金龟类等。

第二节　主要病虫害及分布区域

1. 主要虫害及分布区域

(1)杨叶蜂：主要分布在龙泉、集店、黄山、店上一带，以幼虫取食杨树叶片为害。

(2)光肩星天牛：在全县均有分布，主要危害杨、柳、榆、桑等阔叶树种，以幼虫蛀食树干为害。

(3)杨大透翅蛾：主要分布在龙泉、集店、黄山、店上晋庄一带，以幼虫蛀食5年以上大树的树干茎部，主要危害杨、柳等。

(4)青杨天牛：全县均有分布，主要危害杨、柳、榆、桑等阔叶树种，以幼虫在皮下蛀食后钻入木质部危害。

(5)松阿扁叶蜂：油松毛虫主要分布在我县树掌、东井岭、石坡一带，以幼虫取食油松针叶为害。

(6)红蜘蛛：分布在店上、五龙山、东井岭、鹅屋、石坡、晋庄，主要危害油松，以成、幼、若虫刺吸寄主汁液为害，严重时使整株树木死亡。

(7)桃小食心虫：全县均有分布，主要以幼虫危害苹果、桃、梨、枣、山楂等果实。

(8)梨小食心虫：全县均有分布，主要以幼虫危害梨、桃、杏、苹果、山楂等果实。

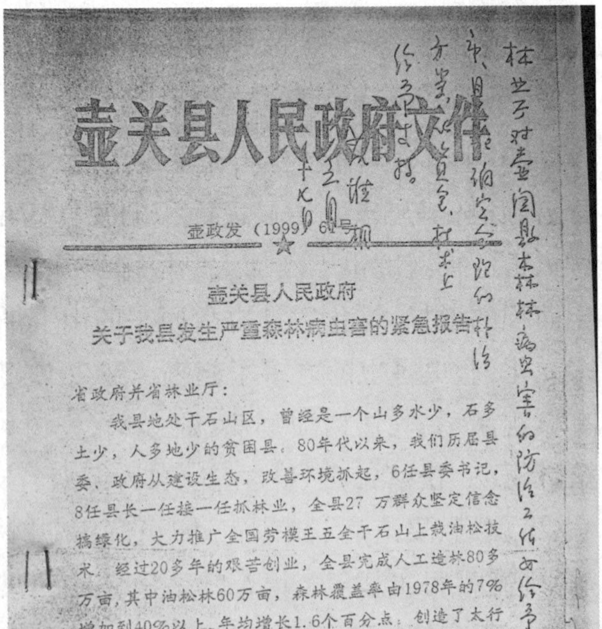
壶关县人民政府文件

壶政发（1999）61号

壶关县人民政府

关于我县发生严重森林病虫害的紧急报告

省政府并省林业厅：

我县地处干石山区，曾经是一个山多水少，石多土少，人多地少的贫困县。80年代以来，我们历届县委、政府从建设生态，改善环境抓起，6任县委书记，8任县长一任接一任抓林业，全县27 万群众坚定信念搞绿化，大力推广全国劳模王五全干石山上栽油松技术。经过20多年的艰苦创业，全县完成人工造林80多万亩，其中油松林60万亩，森林覆盖率由1978年的7%增加到40%以上，年均增长1.6个百分点，创造了太行山绿化的奇迹，也为全国的造林绿化提供了经验。森林增加，环境改善，石山变林山，荒沟变绿沟，"干

红蜘蛛发生后，时任山西省副省长范堆相在县政府的紧急报告上批示

(9)核桃举肢蛾：全县均有分布，以

幼虫危害核桃果实，俗称“黑核桃”。

（10）山楂红蜘蛛：红蜘蛛：全县均有分布，以成、若螨刺吸芽、果的汁液，主要危害桃树、山楂、梨、杏、苹果等。

（11）春尺蛾：主要分布在东井岭、店上一带，以幼虫危害树木幼芽、幼叶、花蕾，严重时将树叶全部吃光。

（12）黑绒金龟子：全县均有分布，以成虫取食果树、桑树、榆、杨、柳树叶片为害，还危害高粱、玉米、向日葵、蔬菜等。

（13）华北蝼蛄：全县均有分布，对针叶树苗、农作物和经济作物苗甚重，以成虫、若虫危害。

（14）蚜虫：全县均有分布，以成虫和若虫群集在寄主的嫩梢、嫩叶上吸食危害，使芽梢枯萎减缩或组织增生，形成虫瘿，同时排泄大量蜜露，诱发煤污病。主要危害槐树、杨树类等树木和花生大豆等多种豆科农作物。

（15）金龟子类：全县均有分布，是农、林、牧草花卉植物的大敌，以幼虫、成虫危害，幼虫在土内取食植物的根茎和萌发的种子，成虫出去取食植物的叶、花、幼芽和幼果，严重时将叶片全部吃光。

2. 主要病害及分布区域

（1）杨树溃疡病：全县均有分布，是一种细菌性病害，以危害杨树枝干，直至整株树木死亡。

（2）核桃溃疡病：全县均有分布，是核桃树干上的一种常见病害，严重时可导致树木死亡。除危害核桃外，还危害垂柳、刺槐、苹果等树种。

（3）桃流胶病：全县均有分布，是一种非侵染性生理病害，除桃树外还危害梅花、樱花、李、杏等树木。

（4）松针锈病：全县均有分布，发病初期感病处出现黄色段斑，严重时可造成大量松针脱落，影响松树生长。

（5）白粉病：全县均有分布，是各种阔叶树上最普遍的一种病害，主要危害叶片，有的危害嫩梢、花、果实等。

第三节　病虫害防治

壶关县对森林病虫害的防治工作一贯以来都十分重视。从20世纪70年代开始，在林业生产安排意见中都对森林病虫害的防治工作进行安排，并量化管理，确保虫灾不向外蔓延。

本县的病虫害灾害有三个高峰期,一是发生在20世纪70年代的松阿扁叶蜂,二是发生在20世纪90年代的天牛、杨叶蜂等,三是发生在1999~2000年的红蜘蛛。

1978年松阿扁叶蜂曾在紫团山一带大量发生，这是一个食叶新虫种，每年繁殖1代,高峰时虫口密度达到每平方米100~150条,可将松针全部食光,如同大火烧过一样。1980年危害面积最大,成灾面积达到2万亩以上。1995年在上级林业主管部门的大力支持下，6月22日上午10时在树掌镇巍巍池油松林内开始打响了围歼松阿扁叶蜂的战斗，省森防站技术人员和市林业局分管领导张光清、市森防站站长于燕群等专程到现场视察指导，下午5时政府县长籍先菊、县委副书记王文才、副县长张平和、农委副主任李龙松、林业局局长李书贤到现场检查防治情况。

森林病虫害防治

这次围歼松阿扁叶蜂共用十枚打粉炮和数台喷雾机、喷粉机，历时20天，投工1000个,防治2万亩,喷3%"666"粉剂15吨、"1605"农药2吨,总计费用8万余元,松阿扁叶蜂死亡率达91%以上,取得了初步的胜利。

1996年6月26日,在东脑后岭开始了第二次松阿扁叶蜂防治工作,到7月15日结束,历时20天,投工2000余个,购置喷粉炮20门、机动喷粉机3台,施用3%林丹粉20吨,合计费用10余万元,害虫死亡率达91.1%,取得了预期的效果。经过连续10年的及时防治,这个新虫种已被有效控制,此后没有大的发生。

20世纪90年代的森林病虫害以危害阔叶树为主，虫种主要是杨叶蜂和天牛。1991年底调查全县发生虫灾2.07万亩,其中杨叶蜂危害5700亩、天牛等危害10000亩以上。

1993年和1994春、夏连续2年对杨叶蜂发生比较严重的城关、店上的行道树使用"666"粉剂和"741"烟雾剂进行防治,历时15天,效果良好。

红蜘蛛暴发于1999~2000年。1999年4月,本县油松发生大量死亡现象,受害面积达11.78万亩,死亡树木约100万株以上。全县20个乡镇均有发生,其中较严重的有固村、五龙山、东井岭、鹅屋、石坡、石河沐、晋庄7个乡镇,占全县面积的50%,在死亡树木中5~20年生油松均有。

经过技术人员调查，死亡树木上没有明显的病虫害症状，不能确定是什么病虫害。4月24日县林业局局长刘安松带死亡标本赴省厅找专家鉴定，当时也未得出结论。5月份省林业厅科宣处处长王玉田来壶关检查工作,县林业局就油松死亡问题作了汇报,并到现场进行鉴定,初步认为是干旱所致。7月17日长治市森防站副站长祁新华来壶,带上标本到上级森防部门鉴定,经山西农业大学张志勇教授和山西省林业厅森林病虫害防治站的专家共同鉴定，最终确认是小爪螨即红蜘蛛。这种虫体积很小,体长0.5毫米左右,体宽0.3毫米左右,不注意肉眼不容易发现,它以吸食树液为生。导致小爪螨暴发的原因是干旱造成。

就此虫害,本县采取了积极的防治措施。首先为了防治病虫继续蔓延采取了刨死树烧毁的措施。7月12日以林业局文件下发了"关于突击清除死亡油松"的紧急通知。政府县长王玉圣、县委副书记马民贤、县委常委、常务副县长牛建忠等领导分别在7月15日和8月14日的会议上专门强调了病虫害防治和清除死亡树木工作。8月15日林业局长刘安松再次到省林业厅请示防治经费，并向林业厅分管病虫害工作的王银娥副厅长作了紧急报告。

虫情发生阶段,县委、县政府领导高度重视,亲自部署防治工作,通过人工、机械、化防、生防同时并举,对主要病虫害全面围剿,取得了较好的防治效果。加之2000年的后半年雨水充足,林木抗性增强,虫情得到缓解,大部分受害树木恢复生长。

2001年后,本县未发生成灾的森林病虫害。一是加强了预测预报工作,早发现、早防治,防患于未然。二是加强检疫检验工作,严防新的病虫害流入,确保全县林木的安全。特别是2004年以来在营林措施上下功夫,大力改造低效林、营造针阔混交林,在很大程度上抑制了病虫害的发生。

第七章　林政执法机构

第一节　森林公安派出所

在上级主管部门的大力支持下,2010年组建了壶关县公安局森林派出所和森林公安警察大队(一套人马两块牌子)。2010年3月26日,壶关县公安局森林派出所、壶关县森林公安警察大队揭牌仪式在县林业局举行，这是全市首家挂牌成立的森林派出所。股级建制,正式编制9人,实有人员8名,其中所长、指导员各1名,警员6名,实行公安、林业双重领导管理体制,行政、党组织关系隶属林业主管部门,业务工作接受上级森林公安机关和本级公安部门指导。

森林公安是国家公安和林业机关的重要组成部分，是一支具有武装性质并兼有刑事执法和行政执法职能，专门保护森林及野生动植物资源、保护生态安全、维护林区社会治安秩序的重要力量。

省森林公安局调研员徐清河，市林业局副局长原俊敏，县领导段树新、李彦忠、马先明、牛安林、李志平、胡三虎、方宇及政府党组成员、公安局局长李寿昌、各乡镇党委书记、市森林公安分局、县公安局有关人员出席揭牌仪式。

第二节　林政资源站

林政资源站设立于1981年，隶属壶关县林业局，主要负责全县的森林资源管理保护，具体职责是宣传《森林法》，监督检查林业法律、法规执行情况；依法对森林采伐限额、凭证采伐、木材运输、木材市场进行管理；依法征收育林基金和森林植被恢复费；依法行使林业行政处罚权利；依法审批林地征用、占用手续；依法对木材经营加工进行审批管理；查处非法运输、非法经营加工木材等林政案件。

第三节　森林病虫害检疫站

森林病虫害检疫站成立于1987年，主要负责全县的森林病虫害检疫和防治工作。主要职责是：

一、宣传贯彻国家和省、市关于林业有害生物防治检疫的方针、政策和法规，在全县内依法开展林业有害生物预测预报、检疫和除治工作，防止危险性林业有害生物的传播蔓延。

二、负责全县林业有害生物防治的组织管理工作和执行森林植物检疫检验。

三、制定本县林业有害生物事件应急预案和处置办法，及时发布森防预警预报，并提出防治方案。

四、制定监测预警和除治措施，负责预测预报点的技术指导工作，提出防治经费预算，合理调配防治药剂、药械，协助防治单位做好除治技术指导。

五、组织森林植物产地检疫、调运检疫、疫情普查，签发产地检疫合格证，指导种苗生产、培育无检疫对象种苗。

六、受理森林植物检疫报检申请，依法检疫并签发《植物检疫证书》，开展证书信息网上传输业务，根据调入情况及时进行复检和补检工作。

七、正确行使森防检疫职权，负责执行森林检疫任务，依法查处一切违反森防检疫法规的行政案件。

工作人员现场检测

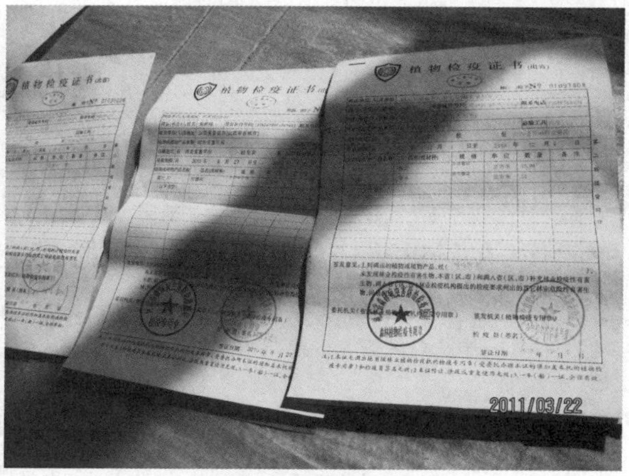

苗木检疫证书

森林病虫害检疫站设有省级病虫害监测点一个，拥有各种设备30台件。

第八章　林业案件查处

林政案件查处是林业局的一项主要职能，根据规定，林业行政案件由林业局林政执法人员侦破查处，属于刑事案件的移交公安机关侦破。多年来，先后依法查处了多起林业案件，有效地发挥了震慑作用，维护了林区秩序，保证了林业的健康发展。2004年以来，全县共查处各种涉林案件82起，其中：毁林案8起、非法占用林地案13起、滥伐林木案20起、盗伐林木案11起、无证运输25起、失火案4起、非法经营1起。在这82起林业案件中，刑事案件8起（移送公安机关8起），林业行政处罚74起。

第一节　非法占用林地案件案例

案例1：

非法占用林地案，2006年—2009年6月间，壶关县嵘泰石料厂，在没有办理征占用林地手续的情况下，擅自在壶关县集店乡西关壁村梁掌凹山，开工建设一年产2万吨石料加工企业。所占地类为宜林地，占用林地面积11.65亩。针对该企业的违法行为，县林业局对该企业下发了停占林地通知书，根据《森林法》和《森林法实施条例》的有关规定，给予该企业限期恢复原状并处非法开垦林地每平方米10元的罚款处罚。

案例2：

2009年7月，林业局在开展林地执法大检查时发现，黄山乡南河村民刘××，在没有办理林地占用手续的情况下，擅自在王家掌村节气山开山取石，执法人员对其下发了停占林地通知书，并对刘其作出20010元的罚款处理。

第二节　乱砍滥伐林木案件案例

2005 年，五龙山乡刘寨村，以造地为由，擅自将本村二仙沟、小寨沟、河东沟的刺槐砍伐，在村里造成极坏影响，引起村民上访，后经林业局执法人员实地调查，情况属实，形成滥伐，案件移送公安机关立案调查，该村支部书记被判刑一年。

第三节　盗伐森林树木案件案例

2004 年 11 月 8 日，树掌镇树掌村李××、赵××两人合伙在树掌村小庙坡盗伐本村集体杨树 4 棵，于 2004 年 11 月 9 日上午用三轮车将木料运往陵川的途中，被林业局执法人员发现查扣，经检尺量算，盗伐集体林木立木蓄积 0.751 立方米，被处罚款 1500 元。

第四节　森林火灾案件案例

2013 年 3 月 7 日下午 1 时 20 分，晋庄镇北头村发生一起森林火灾，肇事者为该村村民赵××，男，58 岁。因赵××在自家责任田内燎岸引火上山，发生森林火灾。经过火场调查，林地过火面积 359 亩，其中：受害有林面积 137 亩，无林地面积 222 亩，烧毁的森林为油松纯林，树龄为 28 年，平均树高 3.7m，平均胸径 5 公分，造成经济损失达 28.13 万元，在全市造成了不良影响。3 月 12 日上午，县委召开常委会议对行成火灾的有关责任人分别作出严肃处理。

1. 给予晋庄镇党委书记、镇长（对火情发生负有重要领导责任）免职处分。

2. 给予晋庄镇常务副书记（分管全镇护林防火工作，对火情发生负有重要领导责任）党内严重警告处分。

3. 给予晋庄镇武装部长、片长（对所属区域森林防火责任落实不到位，火情发生负有主要领导责任）行政降级处分。

4. 给予晋庄镇北头村村官（对火情发生负有主要领导责任）罚款 5000 元处分，责令其作出深刻检查。

5. 给予晋庄镇北头村党支部书记、村委主任（对火情发生负有直接责任）开除党籍，责令辞去村委主任职务处分。

第九章 野生动物保护

第一节 保护机构

壶关县林业局是全县野生动物保护的县级机构,主要职能是:贯彻执行国家有关保护野生动物资源的法规和方针政策;开展保护野生动物知识和有关法律、法规的宣传教育;保护野生动物及其栖息环境;制止乱捕滥猎野生动物的非法行为;协作公安、司法机关查处违法案件。

在林业局内部,2012年前野生动物保护工作划归森林防火办公室负责,2013年单设了野生动物保护站,具体落实各项工作。各乡镇的野生动物保护机构由各乡镇林业工作站代管,实行一套人马,两块牌子。乡镇野生动物保护站挂牌工作于1994年统一进行,站长由林业工作站站长兼任。

第二节 狩猎管理

壶关县的野生动物资源比较丰富,为维持自然生态平衡发挥着不可替代的作用。加强狩猎管理,保护野生动物,一直得到县委、县政府的高度重视。1994年7月,壶关县人民政府专门下发了《关于加强保护野生动物资源的通知》,通知指出,野生动物资源是国家的宝贵财富,是森林资源的重要组成部分。近几年来,随着森林面积的扩大,野生动物种类增多,重点林区已发现有豹、鹿等国家和省一、二级保护动物。通知要求各乡镇要加强宣传,形成共识;健全机构,明确职能,各乡镇人民政府要尽快将"野生动物保护管理站"的牌子挂起来,迅速开展工作;要严管猎枪弹具,依法保护野生动物。林业、公安等部门要严格管理猎枪、弹具,对私自制造、自行经营或非法购买的猎枪、弹具要坚决查封、没收并予处罚。各乡镇人民政府和林业工作站要严禁外地人员进入本境内狩猎。珍稀野生动物栖息和出没的林区要全线封锁,严禁狩猎。之后的多年时间,本县的野生动物保护工作一直得到加强,并随着形势的发展,对野生动物的人工饲养加大了管理力度,野生动物保护工作取得明显成效。

第三节 野生动物救护

《中华人民共和国野生动物保护法》实施以来,全县的野生动物保护工作逐步开展起来。为了提高广大群众对保护野生动物意义的认识,2009 年 9 月 30 日,本县举行了一次野生动物放养仪式,长治市市委书记吕日周等市领导和壶关县委书记程前、县长赵春英等,于早六点在马驹山上,放养野生锦鸡、石鸡、猫头鹰等 40 多只。

全县野生动物保护的好人好事不断涌现。1991 年 8 月龙泉镇西堡村村民在西堡水库发现一只迁徙途中受伤的天鹅,便带回家中,一边找医生包扎伤口,一边专程到林业局报告,后经联系送到长治市有关单位疗伤。1999 年,龙泉镇一村民,在自家地里发现一只受伤的猫头鹰,主动交到县林业局,局领导安排时任出纳兼保管的马振洲负责治伤和饲养,马振洲买来云南白药和创可贴为猫头鹰医治伤腿,每天还要捉些老鼠喂养受伤的猫头鹰,经过半个多月的精心照料,这只猫头鹰完全康复后由林业局送到福会沟林果场放生。2005 年,石坡乡村石坡村民在山上发现一只受伤狍子,立即送交驻扎在该乡的林业执法中队,林业执法中队又立即送交到林业局,经过医治恢复后放生。2002 年,苗圃职工在苗圃地内发现有几个儿童在捉刺猬玩耍,就说服教育他们,将刺猬放生。2001 年,石坡乡孤山沟一村民,在本村山上发现一只死亡的金钱豹,立即向县政府报告,后经县政府批准,由专业部门做成标本交由有关部门保存。2004 年,林业局技术员刘云鹏在下乡途中遇到一只受伤麋鹿,带回林业局治伤,伤好后放归山林。

第十章 国家公益林确定

第一节 国家公益林的申报

壶关县于 2000 年、2005 年两次向山西省国有林管理局申报争取国家级公益林。由于当时不符合《国家公益林区划界定办法》中区划范围和标准(一、江河源头;二、江河两岸;三、国家级自然保护区;四、水库;五、水土流失严重地区),未能得到批准。直到 2012 年底晋林场发【2012】24 号《关于落实国家级公益林补进面积的通知》中被确定。

第二节 国家公益林的批复

2012 年底完成了补进国家级公益林面积的核实落界工作,并报市林业局林管站进行了初审,最后到省直林局进行了数据对接。全县 73.23 万亩森林被确定为国家级公益林。

第三节 国家公益林的实施

壶关县被纳入国家级公益林总面积是73.23万亩。其中国有6.94万亩,集体66.29万亩。按地类分,有林地58.65万亩,其中:国有6.49万亩,集体52.16万亩;灌木林地12.26万亩,其中:国有0.41万亩,集体11.82万亩;疏林地2.32万亩,其中:国有0.04万亩,集体2.28万亩。按照生态区位划分:全部归类为荒漠化和水土流失严重地区。公益林保护等级定为二级。壶关县国家公益林共涉及12个乡镇、1个办事处和国营壶关树掌林场。国家公益林的实施分四步:

(一)认真做好国家级公益林落界和分级区划工作,以全县林地保护利用规划为基准,将国家级公益林面积分别落实到了小班,并将国家级公益林面积全部录入"国家重点公益林管理信息系统"中,建立了小班基础信息数据库。

(二)壶关县人民政府根据《中央财政森林生态效益补偿基金管理办法》《山西省森林生态效益补偿基金项目管理办法》,制定了《壶关县森林生态效益补偿基金管理办法实施细则》。

(三)壶关县人民政府与各实施单位签订壶关县国家公益林责任书共14份。完成公益林现场界定书7000余份。壶关县林业局与村集体和国营林场签订管护合同协议364份,签订禁、限伐协议364份。

(四)为加强对国家公益林的管护,确保全县生态安全,壶关县林业局出台了《壶关县国家公益林碑牌设施建设实施方案》,在全县范围内建设"国家公益林公示碑"14座,"国家公益林管护责任牌"200个。

石坡乡盘马池村的公益林标示牌

第五编　林业产业

第一章　森林旅游

第一节　太行峡谷国家森林公园

1. 范围

太行山大峡谷国家森林公园位于太行山南段，山西省壶关县东南部。1996 年申报国家森林公园时，面积 5848.3 公顷。经过 10 多年的发展，公园范围不断扩大，到 2007 年，公园四至为：西起壶关县店上镇和五龙山乡，东至壶关县桥上乡东川底村，南至树掌镇和鹅屋乡，北至壶关县与平顺县分界的山岭大虎岭。

森林公园门票

太行峡谷森林公园建设之初的出入口

公园位于东经 113°23′~113°38′、北纬 35°52′~35°56′之间。东西长 51.3 公里，南北宽 18.7 公里。涉及壶关县树掌、桥上、鹅屋、石坡、店上、五龙山等 2 镇 4 乡，总面积 52486 公顷。

2. 特点

高山、深峡、幽水、植被茂盛是公园的主体形象。公园处于华北平原与山西高原的交接地带，整个地势以太行山主脉——位于壶关县东井岭乡境内的行头岭为界，由西向东急剧而下，形成了陡崖绝壁、高低悬殊、峡谷连绵、流水不断的自然地貌地形。山岭最高点大虎岭海拔为1872米，峡谷最低处东川底村仅为486米，相对高差1386米。境内共有大小山头980余个，大小峡谷100多条。山头、山坡植被茂盛，乔、灌、草、花相间混生，林草覆盖率达74.97%。峡谷幽深狭长，四季流水不断，为公园增添了灵气与活力。

以人工林为主，兼有少量天然林，是公园森林资源的主要特色。据统计，该公园人工林面积为32301.7公顷，占95.6%；天然林面积为1486.7公顷，仅占4.4%左右。

山上以油松为主，沟坡以刺槐为主，悬崖以灌木为主，构成了公园多层面的植被景观。公园共有乔、灌木、草200多种，分布极具规律性。山上以挺拔苍翠的油松为主，占到整个林地的80%以上，侧柏、山桃、栎类等树种约占20%左右。沟坡则以长势旺盛的刺槐为主，约占90%左右。在悬崖峭壁上，芳香鲜亮的黄刺玫、连翘、金银木等灌木在石缝生根，或向天空斜立，或向峡谷侧伸，显示了顽强的生命力。

阳坡与阴坡一样，皆是绿树成荫，提高了公园植被的覆盖率。在黄土高原，阴坡绿化似乎不是什么难事，而要在阳坡上特别是在岩石裸露、土不成层的干石山区的阳坡上植树造林，却非易事。壶关县从20世纪70年代末开始，采用全国劳模、油松专家——壶关县常行乡盖家川村农民王五全用长达7年时间研究、探索、总结出来的“油松常年移植造林新技术”，不仅解决了干石山阳坡造林绿化的难题，而且造林绿化的成效达到了与阴坡一样的成活率、保存率和良好长势。目前，公园内的所有阳坡，都是绿树成荫，郁郁葱葱。

景观品种较多，极具观赏性，增加了公园的魅力。全园以高山寨、英英山、梯脑山三大林山为主峰，五指峡、龙泉峡、王莽峡三大峡谷为主线，串联紫团洞、真泽宫、红豆峡、八泉峡、青龙峡、万佛山、女娲洞、天桥等主体景观，以太行山系的悬崖断壁和丰足的水资源为构景要素，以传奇的神话故事为条条红线，汇集太行风采于奇峰涧壑之中，林海、悬崖、山石、溶洞、清泉、瀑布、寺庙融为一体，有实有虚，有明有暗，有光有色，有奇有险。形成“形散而神不散”的景观特色。雄浑壮观的大峡谷，久负胜名的“紫团洞”“真泽宫”，栩栩如生的象形石、象形峰，随处可见的瀑布、水潭和溪流，还有松涛林海，奇花异草，自然景观和人文景观相结合，构成了太行山大峡谷森林公园的景观特色。

3. 申报过程

大峡谷森林资源茂密丰盛，森林景观秀丽独特，自然风光雄、险、奇、秀。为了尽快把其资源优势和景观优势变为经济优势、产业优势和旅游优势，让更多的地区、单位、

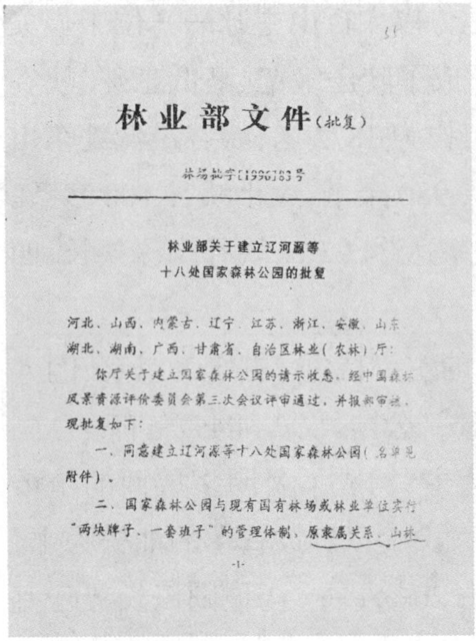

林业部文件（批复）

林场批字[1996]83号

林业部关于建立辽河源等
十八处国家森林公园的批复

河北、山西、内蒙古、辽宁、江苏、浙江、安徽、山东、湖北、湖南、广西、甘肃省、自治区林业（农林）厅：

你厅关于建立国家森林公园的请示收悉。经中国森林风景资源评价委员会第三次会议评审通过，并报部审批，现批复如下：

一、同意建立辽河源等十八处国家森林公园（名单见附件）。

二、国家森林公园与现有国有林场或林业单位实行"两块牌子、一套班子"的管理体制，原隶属关系、山林

-1-

林业部森林公园批件1

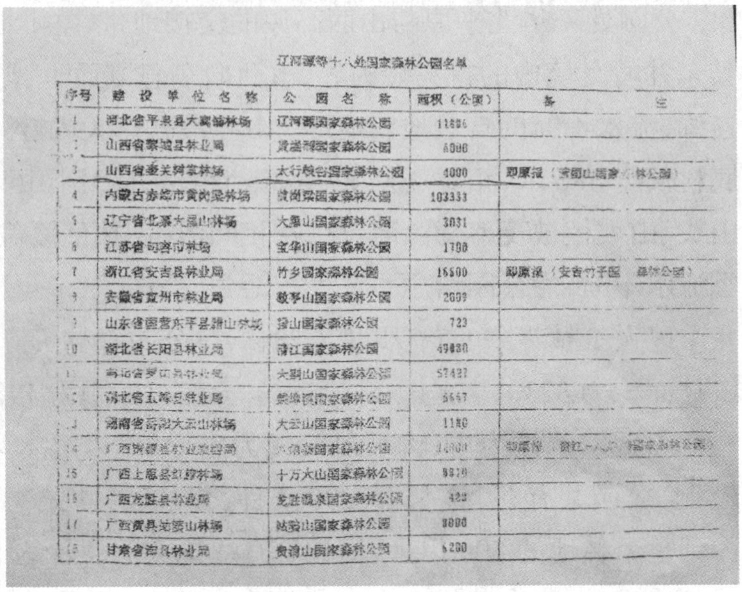

辽河源等十八处国家森林公园名单

序号	建设单位名称	公园名称	面积（公顷）	备注
1	河北省平泉县大窝铺林场	辽河源国家森林公园	11686	
2	山西省黎城县林业局	黄崖洞国家森林公园	6000	
3	山西省壶关树掌林场	太行峡谷国家森林公园	4000	即原报（[illegible]森林公园）
4	内蒙古赤峰市黄岗梁林场	黄岗梁国家森林公园	103333	
5	辽宁省北票大黑山林场	大黑山国家森林公园	3031	
6	江苏省句容市林场	宝华山国家森林公园	1700	
7	浙江省安吉县林业局	竹乡国家森林公园	16500	即原报（安吉竹子园森林公园）
8	安徽省宣州市林业局	敬亭山国家森林公园	2009	
9	山东省国营东平县腊山林场	腊山国家森林公园	723	
10	湖北省长阳县林业局	清江国家森林公园	49080	
11	[illegible]	大别山国家森林公园	57427	
12	湖北省五峰县林业局	柴埠溪国家森林公园	5667	
13	湖南省岳阳大云山林场	大云山国家森林公园	1180	
14	[illegible]	[illegible]	[illegible]	即原报（[illegible]森林公园）
15	广西上思县红旗林场	十万大山国家森林公园	5810	
16	广西龙胜县林业局	龙胜温泉国家森林公园	423	
17	广西贺县姑婆山林场	姑婆山国家森林公园	8000	
18	甘肃省漳县林业局	贵清山国家森林公园	6200	

林业部森林公园批件2

部门了解和支持太行山大峡谷这块神奇之地的开发、建设，迅速提升大峡谷的知名度，壶关县人民政府及林业局，诚聘资质齐全、技术雄厚的山西省林业勘测设计院进行了总体规划，之后历经壶关县人民政府、长治市林业局及山西省林业厅的逐级申报和国家林业部资源司、森林公园管理司，派出专家实地考察，1996年8月12日，国家林业部以林场批字（1996）83号文件正式批准壶关县太行山大峡谷森林公园为国家级森林公园。

森林面积和蓄积量

（1）森林面积。公园内现有森林面积33788.4公顷，其中人工林32301.7公顷，天然林1486.7公顷。按林权划分，国有林为2966.7公顷，民营林为30821.7公顷（包括集体林29327.2公顷，个体林1494.5公顷）

在国有林中，近熟林167.1公顷，占森林面积的5.6%，主要分布在公园东南翠微山一带；成熟林113.0公顷，占森林面积的3.8%，主要分布在东南紫团山一带；过熟林4.5公顷，占森林面积的0.2%，主要分布在公园境内村庄周围；疏林地126.8公顷，占森林面积的4.3%；中龄林842.2公顷，占森林面积的28.4%；幼龄林1713.1公顷，占森林面积的57.1%。

（2）森林蓄积量。公园林木总蓄积为38381.3立方米，其中阔叶林蓄积为10123.1立方米，针叶林蓄积为28258.2立方米。在阔叶林中，中龄林蓄积7920.3立方米，占总蓄积20.6%；近熟林蓄积2202.8立方米，占总蓄积5.7%。在针叶林中，近熟林蓄积4232.2立方米，占总蓄积11%；成熟林蓄积4763.4立方米，占总蓄积12.4%；过成熟林蓄积113.2立方米，占总蓄积0.3%；疏林蓄积697.0立方米，占总蓄积1.8%；中龄林蓄

积 17522.7 立方米，占总蓄积 45.6%；幼龄林蓄积 929.7 立方米，占总蓄积 2.4%。在公园总蓄积中，人工林蓄积 28575.5 立方米，占总蓄积的 75.1%，其中针叶林蓄积 18452.4 立方米，阔叶林蓄积 10123.1 立方米。人工林树种以油松为主，其次是刺槐、侧柏和山杨。

附：太行山大峡谷申报国家森林公园电视片解说词

太行峡谷国家森林公园一日游导游词

太行山大峡谷
申报国家森林公园电视片解说词

程喜堂

本解说词为太行峡谷申报国家森林公园而作，时间：1996 年 6 月 10 日。该电视片由壶关县旅游局邀请长治电视台李四保等摄影师拍摄。

大自然的神奇创造了神奇的大自然！

莽莽太行山似一条游龙，腾跃数千里后，在它的东南端陡然收步，形成与连绵起伏主体风格截然不同的峡谷地带，这就是座落在山西省壶关县东部的太行山大峡谷。太行山大峡谷的地层主要有太古界桑干系，上元古界震荡系，古生界寒武系，古生界奥陶系和古生界石炭系。东与河南省林洲交界，南与英英山为邻，西与紫团山腹毗连，北与高山寨相望。总面积 4389.4 公顷。

太行山大峡谷是绿色的峡谷，森林的峡谷。许许多多不同类型的小气候，形成多层次的植物景观，因为人迹罕至，多处保存着原始的风貌。

谷上林海茫茫，碧波荡漾；峭壁翠树倒挂，千姿百态；谷下草灌丛生，流水潺潺，犹如一幅幅青山绿水的立式画卷。全峡有林面积 3287.6 公顷，覆盖率达 74.9%。分布木本、草本、花卉、药材等植物 300 余种，各种动物 130 多种。

太行大峡谷雄浑壮观，仰视峰云相接，立地顶天；俯观云遮雾罩，深不可测，奇峰万耸，气象万千。由五指峡、龙泉峡、王莽峡组成，长达一百公里。

五指峡全长 40 公里，景点 80 多个。福川路贯穿首尾。乘车而下，五指崖举手致意，沿五指崖母指方向，下十三弯，过母子洞，渐入峡谷胜景。

这里有密林、孤山、神钳、瀑布、古道羊肠坂。

羊肠坂是古代中原登太行的一条关隘险道，因盘曲狭窄如羊肠而得名。三国时曹操率兵攻打盘踞于上党壶关的高干时，曾在《苦寒行》中发出“北上太行山，艰哉何催巍！羊肠坂诘屈，车轮为之摧，树木何萧瑟，北风声正悲……”的千古悲吟。

沿羊肠坂而下即到云盖寺。这里有保存完好的摩崖石刻、无禅大师普同塔。云盖寺对面峰顶有白云寺、紫团洞，东南峡谷中有滴谷寺。三寺遥遥相对，从地形图上测量其直线距离，恰成一个正三角形。这里还有神话传说颇多的建于唐昭宗乾宁元年的真泽宫。

云盖寺建于五指峡中，寺前有天然形成的照壁峰，两恻有东西二华表，后有围屏山。鬼斧神工，自然天成。

照壁峰后是南极园。这里是闻名遐迩的紫团参发源地。面积数十亩左右。紫团参曾是唐、宋、元、明时八大贡品之一。李时珍所著《本草纲目》中说“其他诸参犹不及上党者佳”，特别提到潞州太行紫团山所出者谓紫团参。相传在云盖寺当和尚的道荣，就是在这里种参，偷吃了人参精而升仙成为紫团真人。

出云盖寺向西，顺峡而进，逆水而上，便到白龙潭和黑龙潭。二潭属同一水源，从颜色上看却大相径庭。黑龙潭水黑如墨，一道白帘顺势而下，钻入黑潭再无踪影。而白龙潭则如一位白衣仙女，娴静恬雅，落落大方，款款深情。

带着白衣仙女的深情，沿一峡奇峰丽水转入五指峡的支峡洪底峡。景随步换，又是另一番景象。数十米长的藤本植物从崖壁上垂下，喜阴喜光、喜湿喜干多种生物习性不同的树种和睦相处，和谐共生，层次错落，各占一席之地，显现出一幅原始森林的美景。

在这里有一种与山萸、枫杨、辽东栎混交共生，树姿阿娜，清香常绿的植物—南方红豆杉。南方红豆杉属亚热带植物，在北方极为罕见。大峡谷气候独特，生长不足千株，因此，此物虽然最相思，但还劝君别采撷。

这里生长着一种草本植物——瑞香狼毒，它与蝎子有着一段神奇的故事。相传，原来这里蝎子很多，一日蛰了淑惠二仙的要害，二仙发怒，一甩手让它退出45里，并让瑞香狼毒负责监视。

传说真伪无从考证，但在敬奉二仙奶奶的真泽官周围45里，凡有狼毒花的山上，没有蝎子却是千真万确的事实。

出一峡神话一峡景，一峡英雄一峡诗，一峡古迹一峡宝的五指峡便到龙洞峡。龙洞峡因剑峰上有一石洞而得名。此峡长20公里，景点二十多处。

峡东梯脑山自有登天之梯美传。此山观日出，自有一番峡谷日出的壮丽与独特。梯脑山上，有一酷似雄鸡的山峰，只要能在晨霭中看清雄鸡的轮廓，登山观日恰倒好处。

这里的日出十分壮观，眼前晨雾笼罩，耳边百鸟合唱，足下万峰肃立，东方半天红霞,红艳艳的一个园盘在众峰的托举下冉冉而升。

梯脑山腰有一巨石,长宽各15米,厚3米。相传它是南天门外的照壁,孙悟空大闹天宫时一棒子将其打下,流落此地。奇的是石上长有一株柏树,无论旱涝,傲然挺立,不知度过多少悠悠岁月!

与石壁遥遥相对的是一圆柱形山峰,直插云霄,实乃擎天一柱。

龙泉峡的瀑布千姿百态,最为壮观。青龙潭瀑布,跌差30多米,远听如雷声半空轰鸣,近看似银河落天,泼银泻玉,使人陶然入醉。瀑布的后面是一半圆形悬崖,崖下可容百人游玩。这里林木茂密,瀑布从树林之间喷涌而下,形成一幅绝妙的水墨画。据考证龙泉峡是淇河的源头,《诗经》里说"送子涉淇,淇河汤汤",就是指这里。《封神演义》里的动人故事,就在淇河两岸展开。

龙泉峡峡深谷幽,宽处20余米,窄处仅二、三米,崖高几百米。峡内弯急弯多,形成一个个天井,行于其中,几欲感觉山塞无路,突然一转又别有天地,妙景再现。

仔细欣赏,两边山崖巍然争秀,脚下流水哗然入耳,崖半百鸟盘旋和唱,峰巅线天白云飘舒。峡风轻拂,绿树婆娑,葱笼如洗。方寸之地,便可享大自然的多种赐于。美哉,壮哉!

游过龙泉峡,顺荫林路西上,过"仙人桥"进入王莽峡。

王莽峡以前曾名万宝河,西汉时改为王莽河,长约40公里的王莽河犹如四十里巨幅画卷,景点多达五十余处。

突兀奇立的石峰构成一幅幅惟妙惟肖、形象逼真的人物、鸟兽图画。

刺猬、恐龙、石佛、龟峰,景随步移,一步一景。还有一个个随你的心情变化而变化,看什么象什么的岩石。

最逼真的是王莽心肝。高300多米的崖壁上,半空悬挂着一块酷似心肝的岩石。

王莽心肝的前面有刘秀头像。

这里还有一个美丽的传说。相传,西汉末年大奸臣当朝太师王莽篡位后,追杀汉朝幼主刘秀,一直从南阳追至太行山中。刘秀隐身岩石之后,王莽没有发现,快马加鞭,追至崖边,待发现前边悬崖,已经悬崖勒马,为时已晚,人马坠崖而亡,身躯被利岩割裂,心肝五脏被挂崖间。

这里还有热水弯。严冬到来,白雪皑皑,冰溜垂挂,一幅壮丽的北国风光中,热水弯里有热气腾腾的清泉流淌。传说这是刘秀逃到这里,人困马乏,对天长叹,须臾之间便出现这一热泉。

这里最有趣的是众僧听经。一尊石佛,端然而坐似在诵经,众僧在下,必恭必敬,洗耳恭听。看了这一群峰,谁能不为大自然的鬼斧神工所倾倒!

王莽峡的腹部有十八盘。这是大唐盛世时,为了沟通上党东部与河南省的商业文化而在峭壁上人工凿修出的一条"过步每千虑,毛发亦为寒"的栈道。康熙十年被山洪冲毁后重修,并拓宽了路基,共砌石阶1300阶,现有石碑留存可考。

五指峡、龙泉峡、王莽峡风光旖旎,景色奇异,山景、水景、林景、树景,名胜古迹、古道古关,神话传说,相映成趣,虚景实景、明景暗景、奇景险景,珠联璧合,品位之高、内容之丰富,实乃旅游之胜地。

五指峡、龙泉峡、王莽峡,一峡一个特色,一峡胜于一峡,一峡美于一峡,代表了太行山大峡谷的壮美。

太行三峡的壮丽与秀美可与长江三峡比美,敢与桂林山水争秀!

太行山大峡谷国家森林公园一日游导游词

栗建平　程喜堂

太行山大峡谷国家森林公园,位于晋豫两省交界处,壶关县东南部,占地面积5848公顷,共有景观44处,景点400余个。一日游涉及景观12个,景点20个,是大峡谷精品中的精品。其中以峡谷为主体的峡景、洞景、水景,山景、树景、林景,云景、雾景、雨景,古庙、古寺、古塔,古桥、古路、古陵,神址、神像、神话,珠联璧合,交相辉映,形成一幅幅人间仙景。如此一日游,犹如一日仙。

大峡谷是个绿色的峡谷,远离喧嚣的城市,靠近原始的自然,处处弥漫着返璞归真回归自然的气息。

一日游的第一站是真泽宫,俗称奶奶庙,座落于历史名山——紫团山西神郊河北岸,建于唐昭宗乾宁二年。庙内供奉着商朝微子之后的一对孪生姐妹,因其继母暴虐,仍至孝不二,感动天地,升入仙界。二仙真人"生能纯孝不谕于亲,神能忠诚于国而恩泽于民",宋徽宗赵佑,于政和辛卯年夏,敕封二仙真人号"冲惠""冲淑",庙额曰"真泽"。

真泽宫红墙碧瓦,雕梁画栋,全庙一律使用砂石柱础,琉璃瓦脊,斗拱飞檐,气宇非凡,五进院落前低后高,占地10余亩。主殿3座,楼台廊庑240余间,并有牌坊,碑廊点衬。当央大殿现存为元代遗物。第二大殿"真泽寝宫",塑有二仙真人卧像,墙壁之上"百子图"栩栩如生,寝宫两侧插花二楼相伴,东西两厢有"送子娘娘"和"王母娘娘"塑像。最后为圣公母大院,建于清乾隆三十年。整个建筑结构严密,布局合理,雕石画坊精美典雅,有十分珍贵的历史和艺术欣赏价值。

与“真泽宫”隔河相望是翠微山，山上有翠微洞，洞中山水与人间无异，石髓之上钟乳如槟榔、葡萄、穗垂至地面，如玉柱，巨至合抱，虎豹游龙，闪烁变幻，旁穴歧径，旋转即迷。最为奇特的是，洞中山石皆有隙孔相通，雨季，水从山根汩汩流出。故而前人留下了“石窦玲珑万窍通，蒙泉山下出无穷”的诗句。

翠微山顶有一平台巨石，传说是二仙真人当年升仙之地，这块岩石至今尚存清晰的手足印。

距真泽宫5华里的森掌村，有圣公母墓，现存两碑，墓地方园3.2亩，当地居民称这里是“龙头虎尾凤凰山”，为中国第三风水宝地。

一个美丽的传说，把五指峰和五指峰下的石洞描绘的惟妙惟肖：供奉在“真泽宫”内的二仙真人幼时替父采药，途经这里，忽遇罕见的狂风暴雨，正无躲身之处，只见一道闪电划过，头顶一声巨响，山石被雷炸裂，就在倾刻坠地之时，王母娘娘正好路过，见有两个山村女子即遭厄运，遂将左手举至口前，吹口仙气，当见一只巨形大手飘然而至，将下坠的巨石扶正后，端立其上，五指峰由此形成。王母走后，大雨仍然倾注，不一时齐天大圣也驾云而来。齐天大圣常在凡界活动，对人间之事知之甚多，他感二女孝德，随手一指五指峰说：“此处可避风雨”，只见一道白光闪处，五指峰下出现一洞，后人称之为——五行山大圣洞。

从五指峰的一侧向前看，一座山顶有人工筑起的高墙，这座高墙非同一般，那是曹操攻打壶关时筑起的堡垒，是古战场的见证，可见当时的烽火硝烟已漫延至深山峡谷。

与烽火硝烟的古战场形成鲜明对照的是“超然云雾中，不与群山伍”的孤山。自盘古开天，还未有人类踏上这块土地，成为一方“净土”，这里的天然植被保持着原始状态，具有很高的科学考察价值。

这里独特的自然地貌还引起了一桩难断的官司：当年东西柏坡两个村为争“孤山”的管辖权，官司打得难分难解，于是就请当地的大村树掌村的人来评理，树掌人看其确与周围的山峰毫无瓜葛，为免纠纷，就说：“这座山是大水从我树掌村冲下来的，应归树掌”。由此，这座孤山就被当地群众叫成了“树掌理”。至今这座孤山仍归远在10华里外的树掌村管辖。

孤山下是一段长5公里的峡谷，完整的自然形成状态，真实地记录着峡谷的久远。据请教有关专家，像这样的峡谷每100年只能下切一厘米，由此推算，这段深百米的峡谷已有100万岁，历史在这里得到了高度的浓缩。

下到十八弯，走进黑龙潭。黑龙潭以水黑如墨而著称。每到丰水季节，整个谷里龙吟虎啸，惊心动魄。传说黑龙潭中有一黑龙栖息。过去黑龙潭是当地百姓的求雨之地，每当久旱不雨时人们便来此叩头烧香,必有应验。

出黑龙潭乘车而下不远便是云盖寺遗址。据现有碑文记载,此寺始建于北魏时期,规模宏大,气势磅礴,是大峡谷内的白云寺、崇云寺、万佛寺等诸多寺庙的总部,最兴盛时达到1300多人。如此宏大的规模,为何如今荡然无存?原来,明代这里发生过一次大地震,整个寺庙毁于一旦,剩下的遗物经历战乱,毁坏不少,特别是文革期间,更遭到了彻底的破坏。

从云盖寺攀援而上便可到达座落于半山腰悬崖间的"慈云院",其内供奉有菩萨、关公、十八罗汉等三十三尊神像。据考证,慈云院当年是一小巧玲珑的悬空寺。

云盖寺的前面有两座石峰巍然耸立,尤如两位威武雄壮的把门将军,古诗:"招提依绝壁,门拱二将军",就是一个绝妙的写照。

云盖寺对面是照壁峰,照壁峰后是南极园,是闻名遐迩的紫团参发源地,面积不多不少七七四十九亩整。李时珍《本草纲目》中说:"其他诸参犹不及上党者佳"紫团参是唐宋时八大贡品之一。难怪,传说在"云盖寺"当和尚的道荣,就因偷食了紫团人参精而修炼成紫团真人。紫团洞里有他修炼的宝地。

云盖寺后有围屏山,侧有塔林,最完好的是无瑕禅师的普同塔。塔高4.5米,六角滚园,塔基莲花状,石雕结构,这里还有正德三年的辉公宝塔,斌公宝塔等,可惜仅剩塔基。

慈母洞至十八弯,这段路就是古道羊肠坂,长达十余华里。建安11年,公元206年曹操北上太行山攻打袁绍的外甥高干时,由此而过。写下了《苦寒行》:"北上太行山,艰哉何崔巍!羊肠坂诘屈,车轮为之摧。树木何萧瑟,北风声正悲。熊罴对我蹲,虎豹夹路啼。溪谷少人民,雪落何霏霏。延颈长叹息,远行多所怀,我心何佛郁,思欲一东归。水深桥梁绝,中路正徘徊。迷惑失故路,薄暮无宿栖。行行日已远,人马同时饥,担囊行取薪,斧冰持作糜。悲彼东山诗,悠悠使我哀"。这位怀有"思欲一东归"鸿图大志的英雄,在羊肠坂都产生了"悠悠使我哀"的想法,留下了千古悲吟,可见这里的艰苦卓绝。

停车桥上村石桥旁,徒步而进八泉峡。八泉峡源头有八道泉水在太阳的照射下呈不同颜色喷涌而出,十分壮观。这里峡深幽幽数十里,峰高巍巍数百米,最宽处20余米,最窄处仅2至3米,仰望线光辉辉,俯视波涌浪翻。这里是古淇河的上游,《诗经》中说:"淇河汤汤""送子涉淇"就是指这一带,《封神演义》里的动人故事,就在淇河的两岸展开。可见它岁月的古老,文化的深厚。

来到桥上,已是人困车乏,一日游的设计者别出心裁,恰到好处地给游人在此设立了大峡谷酒家。一餐美味佳肴又使人精力充沛。稍事休息之后,来一番安全而又不乏刺激，平稳之中体会新奇的漂流活动，使游人尽尝以水代路，以舟代车的滋味。

怪龙峡的怪龙潭，是一个天然浴场，可容百人尽情享受水雾的洗礼，林草的芳香。从这里可看到“壁石翠柏”“金鸡报晓”“玉兔越壑”等山石景观。怪龙峡的深处还有莲花台、狐仙洞、杨景寨等景点。

由此而上可登猫路险道，看天下奇观。此地有一天桥，天造地设，拱形横跨于两峰之间，跨度50余米，桥面宽2～4米，桥高一、二百米，可谓世界之最。

天桥旁是悬崖小径“猫路”。据传当年杨六郎被辽军围困于鹅屋山顶。向北望，千仞悬崖绝壁深不见底，半崖雾气缭绕，脚下行云匆匆，东西南三面辽旗猎猎。六郎长叹“天将灭我将士于此地”，随即手起剑落砍在石上，不想惊起一只野猫，顺崖夺路而逃，杨六郎急中生智率部沿猫逃窜的地方撤出险境，绝处逢生。现在的猫路已拓展为一米多宽的登山观景的线路。登猫路胜似登华山，游人何必舍近求远呢！由于时间关系，这两处胜景只能听听而已，要想眼见为实，您得参加三日游和五日游。

天桥、猫路对面的崖上有金牛洞，这里又有一个美丽的传说。相传有一个南蛮盗宝者得知金牛洞有一头金牛，并且只有用经过秦时明月，汉时烟雾的千年草才能将金牛引出洞来。于是这个人就千方百计地寻找这种草，后来终于在沙滩村一个白发老婆婆家找到了。她家用千年草编成帘子挂在门外和窗外，以防风寒。盗宝人用高价购买了她家的帘子，老人欢喜之余又生疑惑，两个破草帘能卖得如此多的银两？她趁买草人不注意就顺手抽下几根千年草藏在门后。盗宝者得到千年草后直奔金牛洞，每喂金牛一根草金牛就向外面走一步，当金牛将近洞口时，千年草没有了，金牛也就不再往外面走了。这下可把盗宝人给急坏了，慌忙之中，他双手抱住金角使劲往外拉，咔嚓一声金牛角折，金牛缩回洞中不见了。幸亏老婆婆留下几根草才使南蛮没盗走金牛。金牛洞两侧的山峰之上，有两个人，一聋一哑，南边山上的哑吧看到有人盗牛，有口难言，自能用手比划，北边山上的聋子看到哑吧比手划脚，不知所云，最后哑巴急火攻心，倒地而亡。传说毕竟是传说，然而得到现实的印证就带有传奇色彩了。金牛洞下的庙上村，从古到今留有一个奇特现象，凡村里的牛，生下时都有两个完整的倚角，但到死时，无论什么原因，只能保留一只倚角。是庙上村的现象引出了金牛洞的传说，还是金牛洞的缺角金牛引出了庙上村的现象，至今无解。

此桥是仙人桥。建于明代，曾有晋、豫、冀、鲁、秦5省92县数千名工匠参与修建。桥墩安扎于两岸天然峭壁之上，工艺精湛，气势恢宏。相传施工期间，有一白须老人利用七天七夜的时间凿成蛟龙状拱石后，悄然离去。大桥合拱时，费尽周折，难以合拢，搬来老人凿的拱石一试，竟天衣无缝。事后人们才知道，那位老人是鲁班仙人降凡相助，被人们叫成仙人桥。如今胜仙桥已代替了仙人桥，不过它没有留下那美好的传说，因为在我们这个时代，超出鲁班仙人造桥技术的已大有人在，不足为奇，不过仙人桥距今已有500年的历史，它的坚固，它的宽度，足以承受几十吨大卡车畅通，可见当时的设计眼光之远，造桥技术之高超。

仙人桥的斜对面有一石洞，洞里洞外两重天，洞外天宽地阔放眼可触河南平原，洞里峭壁悬崖山穷水尽塞无路；洞外花红叶绿日，洞里冰雪消融时。当地群众叫此洞为慈母洞，传说早年河南有一书生，年幼丧父，由母亲一人抚养成人，赴京赶考途中，攀越悬崖，不慎身亡。其母为免他人再遭此难，变卖家产，露宿崖下，昼砍柴提水，夜烧崖泼浇，暑来寒往，用了整整十二年终于烧穿石崖打开通道，后人念其功德，取名“慈母洞”。

背靠神碑崖，面对倚秀峰，右有羞羞涩涩“睡美人”，左有世外桃园五皇寨。过去五皇寨上住有一户人家，自食其力，与世隔绝。直到70年代初，一白须老翁下山来，问的第一句话就是：“日本鬼子走了没有？”可见信息闭塞之程度。现在五皇寨上人虽不见了，但桃花依然红，上有桃园、杏园、梨园六十多亩。当你心烦意乱时，不妨到五皇寨上静静心，养养神。

观过睡美人，离开五皇寨，便进入了王莽峡。王莽峡曾叫万宝河，西汉时改为王莽河，这里有块悬挂于崖间的钟乳石被人们叫成“王莽心肝”，并流传着一个传说：西汉末年大奸臣当朝太师王莽篡位后追杀汉朝幼主刘秀，一直从南阳追至太行山中，王莽一路快马加鞭，追至崖边，悬崖勒马，为时已晚，人马坠崖而亡，身躯被利岩割裂，心肝五脏挂于崖间，落下一个奸臣可悲的下场。这个传说反映了人们对于奸臣憎恶。

王莽峡的中间有条曲曲弯弯的古道，你可别小看了它。碑文记载它“西临山陕，东达广河”，修于大唐盛世，共有九折十八弯，1300阶，全靠人工在峭壁上凿修而成。登登十八盘才能真正体会到古人“过步每千虑，毛发亦为寒”的感受。当你攀登至中，注足俯视，脚下的荫林公路光滑坦荡，车流涌动，今非昔比的感觉油然而生。

这里还有“刘秀隐身像”。就是刘秀藏身于此，王莽才落下个粉身碎骨的下场。王莽峡的特点就是象形山石特别多，犹如一个神奇的画廊，随着人的心情变化而变化，想什么就象什么。

大峡谷更绝妙之处就是景色的不断变化。春、夏、秋、冬四季，早晨、午时、晚间，雪天、雨天、阴天，季季不同，天天不一。春天山花浪漫，芳香醉人；夏天林木争荣，绿满峡谷；秋天满山红叶，如火如荼；冬天苍松翠柏，傲立冰雪。有幸碰到雾天，那算你有缘到家了，登高一望，雾海翻波，峰舟飘摇，美妙之极。

要想体会太行峡谷神，唯有多来太行峡谷游！

第二节 神山森林公园

壶关县神山森林公园由山西省林业厅于2009年批准,属县级森林公园。公园位于县城西侧,北起盘驼底村,南至大山南村,东邻西城路,西与长治市郊区石桥村、长治县东兴、定流、小辛庄等村接壤,共有大小山头5个,南北长3千米,东西宽1.1千米,总面积200公顷,涉及韩村、南园、大山南等10个村庄。东经113°23′~113°38′、北纬35°52′~35°56′之间,所占用土地权属均为集体所有,使用权为神山森林公园管理处。

公园共规划建设面积3010亩。虽然公园面积较小,但环境幽雅,园内花香鸟语,空气清新。全园现有各类景点24处,是精致的近郊型森林公园,是县城居民理想的锻炼身体、陶冶情操、修身养性的好去处。

1. 自然景观

小天池:位于大山南村西北坡,直径约50米,水深5米;

绿色走廊:位于大山南村北山松树林中,也称大山南环形路,该走廊两侧均为松树林,林中松树平均高约8米;

森林浴场:位于公园南部,大山南村北。

松海听涛:位于公园南部,大山南村东北。

山花烂漫:位于公园中部,南园村南。

2. 人文景观

真武庙:位于神山顶,总占地面积900平方米,各种殿堂富丽堂皇。

文化长廊:位于神山庙东南侧,总长80米,共有大小120多块石碑组成。

烈士陵园:位于神山东坡,总占地面积1300平方米,内有雕梁画坊的多室墓掩映在苍松翠柏之间。

微型长城:位于神山顶东侧,总长80米,高3米。

观景亭:位于神山顶微型长城北头,两层四角亭,游人登临,远眺太行群峰龙腾虎跃,俯瞰县城全貌尽收眼底。

读书亭:位于真武庙西南150米,藏于松林花丛中。

月亮桥:位于真武庙东部100米,是东门游客到神山顶的必经之处,桥下有日月潭。

石象:位于微型长城与真武庙中间,长约8米,高约4米形象逼真。是老人儿童娱乐的好地方。

公园东门:位于神山顶东侧山脚,四柱三顶,古色古香。

高位水池:位于北寺山。

3. 民俗风情

壶关人热情好客、智慧温良、肯吃苦、能节俭、善经纪、守本分,有很多传统的民俗文化值得人们去体验。

第三节　森林景观

几十年的植树造林和封山育林，壶关县的森林面积由建国初期的几万亩增加到百万亩。森林面积的增加不仅改善了壶关的生态环境，成为壶关经济发展的生态支撑,还形成了多处森林景观,变成直接的经济效益。太行峡谷国家森林公园的成立就带动了全县旅游业的迅速发展,现在已是国家AAAA级景区,全国最美峡谷之一。除峡谷景区整体的森林景观之外,全县各地还有很多美不胜收的单个森林景观,这是进一步进行森林旅游开发的宝贵资源,也是取之不尽用之不竭的宝贵财富。

1. 森林景观之一——天然氧吧高山寨

高山寨主体位于东井岭乡,由大井村村口向东南而上,沿混凝土铺成的便道,穿行于密密匝匝的松林和春夏秋三季不断开放的山花之间，蜿蜒蛇形8千米左右即到高山寨寨台之下的停车平台。这里有记录壶关县生态建设和壶关县民兵参建森林防护墙建设的石碑、有上海大世界基尼斯总部给本县颁发的“世界上最长的森林防护墙”证书的石雕。高山寨寨台位于停车平台的北部山顶,海拔1700米左右。平台到寨顶设有台阶,拾阶而上,时而需用手拨开灌丛,时而需躬身进入树枝之下。上到山顶,站在灰砖砌垒的城墙之上,举目了望,皆是奇观:天色湛蓝无暇,白云随风舒卷,千里无穷目;四野群山起伏,风动绿涛奔涌,一望无疆际;林环山沟梯田,禾壮果硕溢香,耳边百鸟欢歌,眼前山花烂漫,头上时有雄鹰、山鸡展翅划过,脚下常遇野兔、松鼠出没,世外桃源一般。这里一眼可望周围七个乡镇连片20多万亩的人工林,一山连着一山,一岭接着一岭,延伸到天的尽头,地的边界。森林改变了这里的自然条件和生态环境,气候宜人,空气清新,据专家评估,这里的负离子每立方厘米在1万以上,而对人体有害的物质和细菌却很少很少,等于是一个天然大氧吧,对人体健康十分有利。有人形容这里的空气说,吸一口神定气闲,吸两口肺腑清爽,吸三口延年益寿,吸到第十口,能活九十九。看海能够博大胸怀,游山可以壮阔视野,吸氧可以治病健体。高山寨集生态、美景、林海、群山于一体,可使人心旷神怡,康身健体。“海纳百川是胸怀,心容千山更豪杰,天然氧吧高山寨,世外桃源真福地”,是森林生态游玩的首选去处。

高山寨人工林

高山寨

2. 森林景观之二——湖光山色八泉峡

八泉峡位于桥上乡桥上村，湖光山色是八泉峡景区中的主体景观。八泉峡的水来自其上游的八道水，八道水是天然泉水，由八股泉水汇聚合流至八泉峡，由八泉峡大坝拦蓄成湖，颇有高山出平湖之风采，八泉峡由此取名。

八泉峡的水色随季节而变化，春夏秋冬各不相同。乘艇而入，水面随峡谷弯曲，在多处“山穷水尽疑无路”时，又见“柳暗花明又一村”，一弯是阳光普照，波光粼粼，一弯又暗如夜晚，日月无光。两岸是悬崖峭壁，鬼斧神工，身移形变，神化莫测；壁上树灌丛生，峰顶松柏苍翠，鱼游浅底，鸟翔天井。山中有水，水中有山，水因山色而增水色，山因水色而加山色，山色水色交相辉映，“一河丽水一河景，两岸青山两岸画”，湖光山色媲美桂林漓江，不亚长江三峡。

八泉峡大坝

3. 森林景观之三——爱情圣地桃花嵝

桃花嵝在桥上乡桥上村北，是桥上通往梯脑山盘旋在悬崖峭壁间的一条险径，全程 5 华里左右。

名为桃花嵝，有两种说法：一种是说此嵝十分陡峭险峻，而周围又生长着许多山桃树，险道配以盛开的桃花，别有情趣，故而得名；另一种说法更为有趣，说是因常常有人，特别是正在谈情说爱的年青人通过登嵝易交“桃花运”而得名，而且还有许多交桃花运的美妙传说和动人故事，把此地视为爱情圣地。

实地考察一番，对在这里能交桃花运不但不足为奇，反觉在情理之中。或炎炎烈日，或嗖嗖寒风，或霏霏细雨，或蒙蒙云雾，恰遇佳丽攀援，香汗淋漓、举步维艰，甚或头晕目眩，摇摇欲坠。这时的你，男人的赳赳之气顿生，出语壮胆，伸手相帮，险要之处，揽丽人于怀，牵纤指于手，托柳腰于臂，置生死于度外，护佳丽于崖旁，那份真诚不是十分而是十二分。上得山顶，你还在气喘嘘嘘之际，那女子却心潮澎湃，一路见你真情相助，并无乘人之危的邪念，无暇品德，昭然若揭，虽无海誓山盟，却有凛然表现，情随意行，面若桃花，秋波频传爱意，这时你也就在不知不觉中交上了“桃花运”。

这里还确实是当地在外工作女子考验“爱情”的地方。她们把山里人的质朴和城里人的浪漫结合起来，带男友来家乡赏玩大峡谷的奇山丽水后，便要来个小插曲，找个借口让男友同往梯脑山，在这奇险的桃花嵝上，对男友进一步考验。若男友真心实意，一定能“同嵝共济”排险除难，相携而上，到达顶峰。如果是虚情假意，小肚鸡肠，遇险缩头，怕苦怕累，半途而废，就表明不足以许配终身，这“桃花运”也就由此而终。

无论哪种说法，都与桃花有关，这里尽管桃花不多，但桃花嵝已经过祖祖辈辈传至今日，这是人们对桃花的宠爱，对爱情的向往。

4. 森林景观之四——植物王国红豆峡

红豆峡位于荫林公路上盘底村西南的紫团山脚下。因峡内生长着成片珍稀树种红豆杉而得名。红豆峡出口狭长，腹地开阔，形似葫芦。沿峡而进，两侧悬崖矗立，峰巅腹地怪石交错，崖间瀑布悬挂，泉眼点点，河谷流水潺潺，古木、珍稀树种及各类植物遍布峡谷。

红豆峡是一处天然植物园区。据植物学家考察，峡中现长有330余种植物，其中稀有植物和观赏品位较高的植物颇多。此处环境、气候、规模和植物的种类、品位均达天然植物园区标准，是休闲、旅游、观赏和研究植物的佳地。尤其红豆杉在此成片生长实属罕见。

红豆峡尤以红豆杉成片生长为贵。红豆杉属国家一级保护植物，在北方极为罕见。由于小气候的特点，峡谷内有多处天然红豆杉林，数量在10000株左右，与山萸、枫杨、辽东栎混交共生。该树小枝对出，树叶交叉对生，排列成羽状，树叶极像植物活化石——水杉。其树干、叶有香气，四季叶色各不相同，色彩鲜艳，是著名的观赏树种。而且其根、叶、树皮、木材、球果、杉节均可入药，能提取抗癌药物紫杉醇，医用价值很大。“红豆生南国，春来发几枝。愿君多采撷，此物最相思。”这是唐代诗人王维对红豆杉的赞美诗。自太行山大峡谷开发以来，慕名到红豆峡观光者很多，游者总会在红豆杉树上摘一些叶片，捡几颗红豆，赠与朋友、情人，以表永恒的爱意。

5. 森林景观之五——黄金通道十八盘

十八盘是太行山大峡谷景区之一，处于荫林公路之旁，每到四月份，在通往十八盘前后的十余公里之内，一弯连一弯的峡谷道路两旁，连翘花开放的铺天盖地，金光灿灿，一旦进入这段峡谷通道，仿佛置身黄金世界之中，使人浮想联翩，流连忘返。春天是一片金黄，秋天是黄金一地。连翘是优质药材，采药材的山里村妇或在坡上，或在崖头三个一群，五个一伙，采收果实，一天一人收入在100~200元，因此这里被称为黄金通道。

6. 森林景观之六　长墙蜿蜒十里岭

十里岭位于壶关县城东南40华里，海拔高1539米，因绵延数十里被称为十里岭。它是漳河、卫河水系在壶关境内的分水岭。

进入十里岭有三条路可行。东路与太行山大峡谷相连，那是一条峡谷风光之路，峰回路转，雄险幽奇，森林中行，氧吧中游，可谓心旷神怡。南路与长治到平城的二级路相接，从二级路岔入就是一种两山夹一沟的山地风貌。山高林绿，沟多果香，一个个小巧玲珑的村庄，有一种世外桃源的宁静与美丽。北路从壶花线的半腰岔入十里河，由十里河直登十里岭。这条路是2009年8月，全国造林绿化现场会议的参观线路。

十里岭群山逶迤，连绵不断，林海茫茫，随群山起伏的有一道白色长墙，它如游龙奔走，随山腾跃，附林蜿蜒，一望无际。这就是创造大世界基尼斯纪录的万里防护墙，壶关县用三年时间筑成主体，以后几年，随造林面积增加而不断延伸，目前全县已达万余华里。共动用石方600万方，投工350万个，境内有80万亩森林被这种石墙保护起来，产生了防火、防盗、防牲畜，保水、保土、保植被的良好的生态效果。创造了护林史上的奇迹。现在已被拓展为旅游资源。壶关人不无骄傲地说：北京有八达岭，壶关有十里岭，北京有万里长城，壶关有万里长墙。

十里岭上有一个小小的广场，取名基尼斯广场。名字来源于壶关县的万里森林防护墙获得上海大世界基尼斯证书，并将证书拓样用汉白玉雕刻后置放于此。广场设计富有寓意：总面积10万平方厘米，寓意壶关人民历经十多年的艰苦奋斗，修筑了1万华里的防护墙。广场宽20.09米，寓意2009年全国造林绿化现场会在这里参观。广场平台分为三级，寓意壶关人民造林绿化30年，经历了起步、科学、转型发展的三个阶段。在第三级平台上，矗立着三块巨石，中间一块形似拳头，上面镶嵌着森林防护墙基尼斯证书，既是壶关生态建设的成果展示，也蕴含着壶关人民坚韧、执着的伟大精神和无穷力量。背面是自1978~2008年之间的壶关林业大事记。左边的汉白玉浮雕展示的是全国劳模、壶关县东井岭乡盖家川村农民王五全创造的干石山上栽油松的技术和经验。右边的汉白玉浮雕展示的是壶关人民在干石山上"挖起石头栽树，垒起石墙护林""·包方便面，·米防火墙"修筑万里防护墙的伟大创举。广场的第二级平台上，镶有1:10000的壶关县森林防护墙分布图，驻足这里，可以对一万华里防护墙一目了然。

7. 森林景观之七——万紫千红紫团山

紫团山山岭逶迤,树木参天,松柏耸翠。驻足山峰极目远眺,茫茫林海无边无际。在春夏季节,紫团山四周山坡上,苍松翠柏的背景下,山桃、野杏、连翘、野玫瑰等开花灌木和各种草本花卉争相竞放,红、黄、兰、白、紫各色花朵互相映衬,呈现出万紫千红的绚丽景色。

8. 森林景观之八——雾凇奇丽大虎岭

大虎岭位于石坡乡北端,以人工种植油松林为主,一年四季,林木繁盛,郁郁葱葱。大雪降临,大虎岭的雾凇景观分外奇丽:由一簇簇松针托住飘落的雪花,最终形成了"千树万树梨花开"的壮美景象。如果在晴好的冬日里驻足远眺,可见大虎岭千山含烟,万岭罩雾,一片银装素裹的晶莹世界,其壮美的神韵无与伦比,把冬日的山岭装扮得奇丽多姿。由于大虎岭雾凇面积的广大,被文人墨客誉为"百里烟雾"。

全县类似的雾凇景观还有紫团山、高山寨、十里岭、神山等山岭。

9. 森林景观之九——人间仙境大观园

大观园位于常平村北,背依松柏苍翠的元宝山,面对欣欣向荣的常平村别墅群。占地面积200余亩,由观光果园、金秋宾馆以及通道三大主体组成。这里的景观主要由各种植物人工造成,不同色彩的植物,不同形状的造型,布满梯田式的果园、别墅式的宾馆,田园间的环形车道。园内春季百花绽放,蜂飞蝶舞,夏季桃红杏黄,山绿园秀,秋季累累硕果,香气四溢,冬季白雪皑皑,绿树点缀,人间仙境,言不为过。

10. 森林景观之十——松涛吟歌五全坡

五全坡位于东井岭乡盖家川村东北,海拔高1500米,是全国劳模王五全创造《干石山上栽油松》经验的试验和实践基地。原名叫五里坡,为了纪念王五全同志,1999年改名叫五全坡。

五全坡总面积1000余亩,山上石多土少,土壤瘠薄,自然条件极差。1973年,王五全担任林业队长后,带领林业队连续三年在这里直播松籽造林,都失败了。这不但没有挫败王五全的锐气,反而激起了他的豪气。他开始进行育苗移栽,经过多年的不断探索,终于创造出"阴坡育苗阴坡栽,阳坡育苗阳坡栽,就地育苗就地栽,石上积水,石下栽树;石头截水,蓄水栽树;石隙过水,见缝栽树;石间盆地,中间栽树"等一套油松育苗移栽的成功经验,不仅绿化了五里坡,而且绿化了全村的荒山,壶关县推广他的经验绿化了全县,他的经验被中国农业电影制片厂拍成电影在全国推广。现在的五全坡已是一片林海,当年乱石滚滚,草木不生的干石山,现在已是山坡沟梁草丰花香,绿林起伏松涛吟歌,树枝之上百鸟和鸣。在这里可以领略王五全不屈不挠,坚韧不拔,敢于创新,善于创造的侠骨,又能体会他躬耕石山,汗润瘠土,跪抚幼苗,视树如子的柔情,见证一个平凡人物的伟大,一个伟大人物的平凡。

11. 森林景观之十一　五月槐花香壶关

每到五月槐花开放的季节,槐花的清香就会弥漫整个壶关的山乡,这是壶关绝妙的一景。

在你不经意间,槐花随时在你身边漫过高山,漫过河流,漫向田野,流进村庄,从敞开的门户漫向室内,把每个人都笼罩在花香中。

沐浴槐花清香,观赏槐花景致,是一种高贵的享受。五月里,登高眺望:蔚蓝的天空,飘着片片白云,莽莽林海中,点缀着点点白色,犹如一碧海水里的白帆飘动。远远近近的道道沟里白花花一片,曲曲弯弯伸向远方,有风吹来,白色的波澜一滚一翻,在宽阔处汇成一片。遥遥望去,像水库、像湖泊、像海洋。那支支叉叉、曲曲弯弯的白带子,却是河道,但河道里流动的不是水,而是阵阵夏风涌动的槐花。壶关县象这样的沟有 3368 条,以往条条都是乱石沟,现在条条都是刺槐沟。所以,你不管走到哪里,都有槐花的清香伴随。随着森林的增加,生态环境的改善,水土流失得到根本的治理,一些沟坡已被开发成其他用地,虽然槐花的香气有所变淡,但由于树木长大,花量俱升,槐花的景致和槐花的香气还不减当年。况且发展林业的初衷已经实现,可惜而不可憾。

12. 森林景观之十二　百花迎春行头岭

行头岭位于壶关县东井岭乡境内,它既是太行山主脉的分水岭,也是太行山大峡谷森林公园的分界线,由店上镇向东缓缓登上此岭,便进入了太行峡谷森林公园;翻越此岭向东急剧直下,便进入了公园的腹部地区。行头岭海拔 1538 米,是公园海拔的亚高地区。

这里交通便利,省道荫林线(长治县荫城镇—河南省林州市),长平线(长治市东郊—陵川县平城镇)二级公路交汇此处,呈"八"字型分别进入公园。山岭上树种丰富,既有山桃、山杏、连翘、紫穗槐、火炬灌林,又有横贯南北的松柏林带,还有核桃、苹果等经济林。一到初春,粉红的桃花、白色的杏花和金黄色的松花、连翘花争娇斗艳,笑颜大开,整个一片花的海洋,令人留恋忘返。进入行头岭,到处都能看到百花迎春的美景。

13. 森林景观之十三　红叶落霞万佛山

万佛山位于鹅屋乡境内,这里天然生长着大量的黄栌、三角枫、柿树、山楂树,每到重阳节前后,漫山的翠叶经过秋霜的洗礼,开始变红,在秋阳的照射下,热烈绚丽、灿烂鲜亮。一簇簇深红,一丛丛浅红。有的温暖如丹霞,有的热烈似火焰。秋天的万佛山是一片红叶的世界,正如诗人所赞:"千山腾烈焰,百里铺落霞。"

第二章 花卉

第一节 发展概况

新中国成立以来,壶关县的花卉业经历了从无到有,从小到大的发展历程。最初的发展起步于1987年,这年在县林业局的大力支持下,壶关国营苗圃在南关修建玻璃温室400平方米,开始了花卉种植。这是壶关有史以来第一座花卉种植大棚,也是有史以来第一次进行花卉生产。大棚由苗圃职工李怀有、王贵英负责。年产花卉达1000盆以上,经营品种最多时达100多个。后来由于受市场影响,花卉生产出现下滑,

壶关县第一代大棚养花人王贵英(右一)

长治市常务副市长阎好勇视察壶关花卉大棚

到1996年，仅保留一个小温室，面积100多平方米，品种十几个，比较高档的花卉已经断绝。1997年苗圃温室大棚实行承包经营，花卉生产得以复兴。2000年后，由于广大群众的生活水平不断提高，对花卉的需求日渐旺盛，全县的花卉业得到了较大、较快发展。到2013年，全县已拥有专门经营花卉生产销售的个体工商户、小公司、合作社等13户，塑料花卉大棚6处，面积达到2000多平方米。

第二节　花卉产量

花卉产量一直处于低水平徘徊，从1987～1997年的十年间，全县就只有苗圃一家经营，产量最高1000盆左右，而且都是室内花卉，用量少，年收入仅万元上下。1997年以后除室内花卉得到恢复外，室外花卉渐渐兴起，尤其是时令花卉受到各个单位的青睐，“五一”节、国庆节花卉摆放成为时尚，促使了花卉业的发展。2013年全县花卉产量达到5万盆。

第六编　生态经济县建设与全省第一批林业生态县

生态经济县建设是在壶关县荒山绿化大面积任务已经完成，森林覆盖率基本稳定在35%以上，水土流失得到根本治理，生态环境有所改善，林业发展的初期目标得以实现的情况下，根据壶关实际和进一步改善农民生活的需要，通过总结经验，聘请专家科学论证后作出的决策。生态经济县建设，在全国起到了带头作用，产生了积极影响。

第一章　生态经济县建设方案

壶关县生态经济县建设方案由壶关县人民政府制定。方案将生态经济县建设的路线图和时间表作了详细规划，当时制定的方案如下：

党的十三届七中全会提出了今后十年和"八五"时期经济建设的战略目标。根据壶关地理条件、自然资源、经济发展状况和总体工作基础，我们认为：通过十年努力，将我县初步建成生态经济县是十分必要的，也是切实可行的。实现这项工程，不仅是我县实现第二步战略目标的基本希望所在，也是我县今后十年经济建设的主要任务。为使生态经济县的建设有所遵循，稳步前进，取得最佳效益，根据中央环境、经济和社会协调发展的方针，特制定如下方案。

1. 基本条件

①概况概貌：我县位于山西省东南部，太行山东南端，东与河南省林、辉二县接壤，西与长治为邻，北靠平顺，南连陵川。境内东西长46千米，南北宽42千米，版图面积1013平方千米，约占国土面积的万分之一，全县共辖5个镇，15个乡，388个行政村，988个自然庄，66000户，26万人口，拥有总劳力87600个，耕地35.3万亩，粮田32万亩。

②地理条件：我县系石质山区，80%以上的地区为奥陶纪石灰岩地质构造，石质山岭之间插花分布着黄土丘陵，冲积河谷阶地和山间小平川。全境山峦起伏，沟壑纵横，最低点为河郊沟出境处，海拔486米，最高点为东部的大虎岭，海拔1822米，相对高差1336米。境内共有大小山头150余个，大小沟壑3368条。山坡沟地面积占到版图面积的70.2%，约106.7万亩，为生态经济县的建设提供了广阔的地域优势。

③气候特征：我县属暖温带大陆性季风气候区，年平均气温8.8℃，极端最高气温37.4℃，极端最低气温-24.5℃，全年平均日照时数为2560～2580小时，日照率为59%，无霜期110～180天，年平均降水量550mm左右，具有气候温和、光照充足、温差较大等自然特征，适宜发展林果业，有利于生态经济的开发和建设。

④生态环境：林业是陆地生态系统的主体。经过十多年的艰苦努力，我县林业生产已取得明显进展。截止目前，全县有林面积达到65.6万亩，占到规划林业用地面积的92%，占总版图面积的43%；林业覆盖率由1978年的7%上升到23.4%，林草覆盖率由22.4%上升到39.8%，荒山绿化任务基本完成。在发展林业的过程中，我县遵循区划规划原则，因地制宜，因害设防，把发展林业同小流域治理结合起来，乔、灌、草齐兴，工程措施、生物措施兼施，初步形成了有效的片、带、网相结合的防护体系，水土流失面积由80%下降到30%，风沙危害减轻，干旱洪水灾害大大缓解，整个生态环境得到初步改善，为生态经济县建设提供了前提条件。

⑤人口发展：1990年全县总人口为26.03万人。按照"八五"计划和十年规划，我县人口以每年平均7‰的增长速度，到1995年，总人口为26.5万人，其中农业人口25万人；2000年总人口为27.5万人，其中农业人口为25.85万人。

⑥经济状况：党的十一届三中全会以来，我县综合经济实力逐年增长，到1990年，全县粮食总产达到8087万千克，亩产252.7千克，人均占有粮食346千克，全县工农业总产值达到15571万元，财政收入达到937万元，农民人均纯收入达到413元，分别比1978年增长3.7倍、3.4倍和8.6倍，实现了第一个翻番的战略目标。全县13.6万贫困人口也全部达到初步脱贫标准，为生态经济县的建设奠定了一定的物质基础。

⑦拳头产业：全县经济林初具规模，构成了建设生态经济县赖以辐射开发的可靠依托。全县现有经济林7.5万亩，零星经济树137万株，总计经济树425万株，人均17.7株。现在多数经济林园已开始进入结果期，若综合利用，大力发展，集约经营，则可能出现林果兴百业旺的前景。

⑧实践论证：在近几年的生产实践中，我县部分地区对建立生态经济模式作了自发性的探索。鹅屋乡在完成大面积绿化任务的同时，大抓以经济林为突破口的山区经济发展。到1990年，全乡经济林达到9000亩，人均经济树40株，经济林年产量达到105万公斤。依托林果资源，全乡兴办果品加工厂13个，年加工125万公斤，加工增值125万元，仅果品一项收入230万元，人均增收250元，占到总收入的65%，鹅屋乡的发展之路具有一定程度的生态经济特色，尽管是雏形性的，尚处于低层次，始开发阶段，但我们从中得到了启示，它从局部实践的意义上证明了生态经济的可行性和必然性。

⑨群众基础:经过多年的林业实践和变迁,加之商品经济的冲击和人们价值观念的更新,全县广大群众靠山养山、依林致富的意识和欲望日益增强,对林业产生了极大的依恋和希望,在荒山基本绿化的现阶段,强烈追求林业的生态、经济效益,增加实际收入。所以建设生态经济县也是人心所盼,众望所归。

综上所述,我县建设生态经济县具有诸多的有利条件和积极因素,只要我们精心组织,正确引导,全县人民团结奋斗,持续拼搏,年复一年,前景必然是广阔的。

2. 建设原则

生态经济县建设既是一项开拓性的工作,也是一项探索性的工作。它的实施推进与发展,关系到县委、县政府决策的正确与失误,关系到全县人民的贫富与荣辱。所以在建设过程中,必须有明确的指导思想,有符合客观规律的正确思路和开发手段。鉴此,初步确定以下几项原则:

①理论指导原则。生态经济的开发,在一定程度上代表山区建设的方向和未来,是一项高度知识密集型的工程,要以生态经济学为理论基础,以生态、经济和社会协调发展为总的指导原则,积极运用生态科学、环境科学、大农业、大林业、畜禽学、微生物学等多学科的原理和现代技术成果,正确驾驭和调控整个生态经济县的建设。每个生产环节和生产层次都必须具有科学性和实践性,避免盲目性、主观性和随意性,切忌费宏效小和大起大落而诱发的中途夭折、劳民伤财等不良后果。

②生态增值原则。生态环境和自然资源是生态经济县建设的基础。侧重点在经济,着眼点在致富。但丰富而不断增值的自然资源和优良的生态环境是取得生态效益的前提,不能偏重对生态资源的依赖和攫取,必须注重对生态物流和能流的投入,根据地质、地貌、气象、土壤等条件,因地制宜,不断增加植被,改善生态,确保生态系统不断有新的增值提高,以保证经济发展的后劲。

③产业布局原则。建设生态经济县,涉及农业、林业、牧业、加工业等各个产业。根据区划、规划的大盘子,按照生态环境、经济效益同步发展的要求,应对各业进行合理的布局,做到重轻有当,优势互补,综合效益最佳。根据生态经济县建设的需要,今后各业应坚持林、农、畜、加的发展顺序,即以林业为主攻产业,以农业为基础产业,以林农的生产效益确定牧业、加工业和第三产业的发展速度和发展规模,使产业结构日趋合理和优化。

④资源开发原则。要利用全县92%以上的版图面积和最大限度的自然资源,进行多学科、多门类、多品种、多层次、全方位的立体开发和综合发展。山沟滩路田、光热气水土要科学开发、合理利用,林粮果草花、牛羊猪鸡兔要发展得当,链条运转,良性循环,环环增值,最终取得生态资源的最佳综合效益。

⑤分步实施原则。生态经济县的建设,要分两步实施。从现在起到1995年重点完成基础性的工程,基本铺好生态经济县的大盘子和总体轮廓,形成以经济林为基础,带动整个林业乃至整个大农业向生态经济效益转变的战略态势。第二步是从1996年到2000年全面优化生产要素,向以林为主的生态农业以至整个版图面积资源的开发要效益,力求使全县整个国民经济纳入生态与经济协调发展的轨道。按照这个部署必须依据方案,由各有关单位制订出具体配套实施细则,力求做到长计划、短安排,分步实施总体规划,分段确定工作目标,分业同步协调发展,并适时采取相应的过硬措施。

⑥效益最佳原则。建设生态经济县就是生态建设和经济建设的统一结合,是把生态经济纳入国民经济范畴进行有效开发的生产实践。在建设过程中,要注重四个效率的提高,即森林和林草覆盖,自然资源和版图面积的开发利用率,农林畜产品的加工率和增值率,经济效益的年增长率。争取在十年后的本世纪末,根据本县的发展状况,达到生态效益、经济效益和社会效益的最优结合和最佳发挥。

3. 产业分布

(1)综合分区

根据农业综合区划的原则,兼顾到全县各类地域特征、自然条件、各业现状和内部联系,要进行必要的分区划片,因地制宜安排和发展各业生产,这是生态经济县地域格局的宏观摆布,是必不可少的先行工作。据分析评价,全县分四个一级区:

①西北部山间平地粮油肉乳农田林网区。本区包括辛村乡、集店乡、城关镇、西川底乡的全部,共67个村、总面积201018亩。

②西南部丘陵山地粮油蚕果水保区。本区包括黄家川乡的全部和黄山乡、东柏林乡、常行乡、百尺镇的大部,共76个村,总面积186017亩。

③中部山地沟壑粮油水保经济林区。本区包括晋庄、东崇贤、五龙山、固村、店上五个乡镇的全部和黄山、东柏林、百尺、常行四个乡镇一小部分,共136个村,总面积429257亩。

④东南部石质山水源涵养林多种经营区。本区包括东井岭、石坡、树掌、桥上、石河沐、鹅屋六个乡镇的全部,共109个村,总面积702923亩。

(2)产业结构

遵循综合分区的基本原则,考虑到生态经济县建设的现状和未来,特别是考虑到林业这个拳头产业对各业的连锁反应和促进作用,在宜林则林、宜农则农、宜牧则牧的前提下,并顾及城乡工业发展的需要,今后将逐步扩大林业在农业内部的比例,相应调整农业用地比例,稳定牧业和城乡工业及其他用地比例。今后,林业将继续发展,农业则要在单位面积的产出量上下大力。林、农、牧和其用地的比例,要从47%、

32.2%、15%、5.6%调整为50%、29.3%、15%、5.6%，即林业用地759012亩，农业用地445000亩，牧业用地227850亩，城镇及其他用地86583亩。这种调整将有利于生态经济县的长远发展。

(3)各业发展

①林业:建立以林业为主体的日益丰厚的生态经济系统,是今后我县经济工作的发展重点。目前,全县已基本完成绿化任务。今后林业生产的任务可以概括为:重点抓管护,突出抓效益,集中啃"骨头"。

抓管护,就是针对全县现有林面积越来越大的实际,把林业生产的重点由植树造林转到管树护林上来,进一步健全县、乡、村三级管理体制,建立一支稳定的林业管护队伍,制定一套规范化、制度化的科学营林管理办法,确保林业成果的巩固和发展。到1995年完成未成林补植补造10万亩,中幼林抚育50万亩,疏林改造2万亩,从根本上提高林分质量。同时,要加强林木管护基础设施建设,到2000年,全县建立林木病虫测报站21个,护林防火瞭望台50座,检查站8个,切实搞好林木病虫防治和护林防火工作,确保全县林木蓄积量的正常增长。

抓效益,就是要把林业的经济效益放到突出位置,特别下功夫抓好经济林的规模经营和集约经营。"八五"期间,新植经济林4万亩,经济树120万株,并利用沟坡夹岸适当发展干果林。改造低产老果园3万亩,尚未成型的幼果园加密2万亩,亩植株数达到60株以上,嫁接改优干果树238万株,达到现有经济树数的50%以上。"九五"期间,对老果园和已成型的新果园要主攻单株,每株产量15公斤为基本线,25公斤为达标线,50公斤为创优线。新建和未成型的幼果园,要主攻亩产,亩产量500公斤为基本线,800公斤为达标线,1500公斤为创优线。同时要抓好现有成林地、未成林地和疏林地的结构调整,对立地条件好、林木生长慢、经济效益低的林地,要逐步改造成适宜的速生丰产树种和经济树种;对未成林地和疏林地,要注意配植其他适宜树种和灌木,调整林分组成,形成混交林。要长短结合,主次有当,林、果、草、药、花适度配植,提高综合效益。

啃"骨头",就是对目前尚未绿化的近5万亩立地条件差、造林难度大、耗工费资多的干旱石质山阳坡面积，要采用王五全贫瘠干旱石质山阳坡油松造林技术和容器育苗造林技术,集中啃"骨头",一点一点突破,打好绿化歼灭战。到2000年,使全县森林面积发展到75.9万亩,覆盖率50%;四旁树、林网树发展到1163万株,人均47株,覆盖率7.7%。总计全县林木覆盖率达到57.7%,其中全县经济林面积达到10万亩,零星经济树达到300万株,人均30株,果品产量达到1亿公斤。

②农业:基本发展方针是稳定面积,主攻单产,提高单位面积产出率。对于30万

亩粮田面积，要通过深翻壮垡、加厚活土层、配方施肥、增加有机质等改土措施和大面积推广优种、机械播种、地膜覆盖、密植花栽培、精耕细作等新技术，提高集约化经营的水平，达到土地越种越肥，单位面积产量稳定高产，实现细粮部分自给，粗粮自给有余，使全县平均粮食亩产达到350千克，粮食总产达到10500千克，人均占有粮食达到420公斤。

③牧业：鉴于全县畜牧业发展不太景气的状况，今后发展的方针是，稳定吃粮的，发展吃草的。具体来讲，一是要加强牧坡改良，改变牧草结构。对现有灌木草丛类草场，覆盖度在0.4左右的地段要严禁放牧，实行封山育草，对面积较大覆盖度在0.6以上的地段，要补播优质豆科牧草，实行轮封轮养，养用结合。二是要调整畜禽结构，增加以牛、羊、兔为主的草食动物，兼顾其他畜禽，着重发展肉乳蛋畜牧业。三是实行区域化养殖，山区以发展羊、牛大牲畜为主，半山区以猪、兔为主，平川区以奶牛、鸡为主，使全县以草食为主的家畜家禽由现在的53.2万头(只)，发展到86万头(只)，其中牛、马、骡等大牲畜2万头、猪4万头、羊10万只、兔20万只、鸡50万只，户均分别达到0.3头、0.7头、1.7只、3.4只、8只。

④农林牧特产品加工业：随着生态经济县的建设，我县农林牧特产品将不断增加。目前全县主要农林牧产品有粮食、蔬菜、木材、各种干鲜水果、蚕桑、野生纤维、野生淀粉、药材、木耳、蘑菇、毛、肉、蛋等。为此，今后农林牧特产品加工业的发展方向是立足本地优势，就地取材，挖掘潜力，加工增值。全县现有农林牧特产品加工厂虽然为数不少，但多数加工量小，设备差，加工增值率仅有11.3%。“八五”期间，全县要组建粮食、果品、肉蛋三个综合加工总厂，若干分厂，县乡搞大中型的，村户搞小型的，统一规划，统一规格，统一标签，统一销售，集团发展，力争使全县农林牧特产品加工率达到25%以上，2000年达到30%以上。

⑤乡村企业：要在发展与大工业配套项目的同时，立足当地原料、资源优势，重点发展深层利用、转化增值的加工工业和以林、农、牧为依托的产、供、销经济实体，使乡镇企业总产值在1990年11590万元的基础上，1995年达到18000万元，2000年达到25000万元。

⑥县级工业：发展重点要放在化工、建材、采掘、陶瓷等产业上，要在立足挖掘现有企业潜力，走内涵发展为主，质量效益型路子的同时，抓好新项目上马。做到以骨干带一般，突出“龙头”优势；变分散为集中，形成辐射优势；由单一到系列，形成规模优势。以壮大县级经济实力，逐年减少国家补贴，最终实现自给有余。

⑦第三产业：包括商业、信息、教育、科技、服务业等。发展重点是围绕生态经济县建设，做好配套服务工作。

4. 地域设计

我县地形地貌比较复杂，而在这复杂的面积上要取得全方位开发的最佳效益，这就要求每个地域、每个立地单元都应该具有鲜明的生态经济特色。根据目前我们的视野和设想，把全县山沟滩路田，城村厂校院归纳为八种地域单元。每种单元的发展形态分别设计为：山坡林草化，沟凹林果化，河滩林粮化，农田开发多层化，道路网络林荫化，村庄工厂园林化，庭院经济立体化，城镇学校公园化，具体设计是：

①山坡林草化。我县有荒山荒坡面积106.7万亩，占全县总面积的70.2%，形成了英英山、梯脑山、高山寨、肖军岭、常行岭五大山系。这些山系的绿化已基本完成，除留有10%的牧坡种草外，其余基本以油松为主。今后在成林面积中，要适时抚育间伐，促其早成材、成好材，在幼林和疏林面积中，要有目的地进行混交造林，实行林草、林药、林果间作，针叶林、阔叶林配植，提高林分质量；未绿化的5万亩暂难利用地，用王五全阳坡造林新技术和容器育苗的办法，以油松为主，补植山桃山杏，首先取得生态效益。在宜牧山坡中，要抓草种改良，改变牧草结构，提高载畜能力。通过山坡的发展，得到坡绿、草丰、畜旺。

②沟凹林果化。全县的沟凹约3300条，通过近几年的治理，生态环境已大有改善，今后在成林沟坡要加强抚育，提高林木生长量；在未成林和幼林沟凹地要间植山桃、山杏等经济林及灌木；在主沟的支流要垒坝砌岸、种草拦水、保持水土。在土质比较好的沟凹要大力发展苹果、梨、山楂等经济树，争取有50%的沟凹建成林果沟。

③河滩林粮化。全县有大的河滩五大条，即陶清河、石子河、百泉河、神郊河、淅水河。现在大都栽有槐、杨、柳等速生丰产林，也有的开辟为农田。今后根据河滩的光、热、风、土、水等资源评价，进一步优化种植结构，宜林则林，宜果则果，宜农则农。达到林长其势，粮尽其力，水流其渠，实现河滩变绿洲。

④农田开发多层化。我县农田分平川耕地、丘陵阶地、山区梯田三大类型，比例为7∶12∶11。无论哪种类型，都要实行多层次开发利用，做到人尽其力，地尽其利。从外部形态讲，要实现山区梯田石岸化，丘陵阶地地埂桑林化，平地农田林网化。从农田内部开发上讲，重点是在搞好农田基本建设，全面推广有机旱作，增加物化和活化投入的基础上，实行有机无机肥并举，改土、改种、改耕并重，培养地力，集约化经营，推广粮油、粮菜、粮药间作，长中套短，高中套矮，尽可能提高复种、间套指数，主攻单位面积产量，做到多层开发，旱涝保收，稳产高产。

⑤道路网络林荫化。交通是生态经济县的命脉。要把通往河南的两条公路，通往长治的一条公路，通往平顺的一条公路，和贯穿全县南北的两条公路以及石河沐至桥上，鹅屋至桥上两条荫林路的沟通配套工程，共八条主要干线，在5年内全部建成油

路，扩大对外交流，以适应生态经济县的需要。同时要加强乡村公路建设，做到乡乡村村通汽车，田间、林区有大道，各类道路两旁都要种植优质树种或果树，达到路通、道平、树齐、花果香。

⑥村庄工厂园林化。我县有388个行政村，988个自然庄，连同工矿企业，共占面积6万多亩。根据实际，拟作以下设计：环村（厂）山丘以栽植常青松柏为主，点缀山杏、山桃、连翅、刺玫野花；村（厂）旁土沟栽植槐、杨、柳、梨树、红果、苹果、核桃；宅旁和厂内空地发展小果园，种苹果、红果、梨、葡萄、杏树、核桃等经济树种；村内街道和厂内道路尽可能因地制宜、合理规划发展花果树、风景树；街道厂道中心设置花池、画壁和艺术雕塑；较大的公共场所和游乐场所，要建筑、树木、花草、池塘，统筹摆布，错落有致，美观实用。厂矿要注重采取工程措施和生物措施相结合的方法，治理“三废”污染，绿化美化生产生活环境。

⑦庭院经济立体化。全县有6.6万户，其中农户6.3万户共有庭院面积1万余亩。这部分土地资源的利用，涉及千家万户，并具有便于管理、便于投入、便于收益的优势。它的开发利用是很有前途的。总的说，庭院的设计要兼顾增加收入和美化环境两个方面，坚持做到三个结合，四个为主。即：规划建新房和利用旧宅基地结合；平面发展和立体开发结合；种植果木树、蔬菜、花卉和养殖业、加工业结合。植树以栽果树为主、配植一定量的风景树；种植以一年生细菜为主，配植黄花菜、草莓等多年生作物，种花以观赏为主，配植一定量有价值的枸杞、牡丹等药材花卉；养植以一种家禽为主，兼养其他种类的家禽。庭院内达到生机勃勃、果实累累。

⑧城、镇、学校清洁美化。县城、乡镇所在地和学校要按照规划原则和卫生标准，因地制宜规划工作区、生活区、游乐区，做到建筑整齐、布局合理、风格新颖、环境优美。城、镇、校主要街道（道路）和机关单位达到绿化、美化、香化、净化；城镇特别要开辟和改善农贸市场和交通网点，方便农副产品的集散，发挥宏观调控和产品吞吐作用，成为生态经济县的产品窗口和指挥基地。凡有条件的学校，都要有自己的营林基地和实验基地，通过参加生产实践，使学生掌握生态经济建设的知识和本领，以培养和造就建设生态经济县的后备人才。

5.效益评估

（1）生态效益

建设生态经济县方案实施后，我县造林面积为75.9万亩，林木覆盖率将由现在的23.4%提高到57.7%；草地面积为24.8万亩，覆盖率提高到14.3%，林草覆盖率可以达到70%以上。人均林地2.74亩，草地0.95亩。加上工程措施，可以使全县80%的水土流失面积得到控制，阻止地表径流，使更多的雨水流在土壤里或渗入地下，达到小雨不流河，中雨流小河，大雨流清河，暴雨不塌坡，林草的增加形成了天然屏障，可调节气候，延长无霜期，提高空气湿度，增加降雨量，减轻旱情，增加小泉小水，缓解和改变我县十年九旱的缺水状况，进而促进各业发展。

(2)社会效益

绿色是美好的象征，是一个国家，一个地区，一个部门文明的标志。森林是绿色银行，是天然的除尘器、消声器，空气的净化器、制氧机。建设生态经济县方案实施后，我县将出现一个沟绿山青，坡秀田丰，道路四通八达，城乡繁荣昌盛，业业发展兴旺，人人心情舒畅的美好景象，将极大地改善人们的生活和劳动条件，陶冶人们的思想和道德情操。全县人民在这样一个绿化、美化、香化、净化的舒适空间中生活、学习、劳动、工作，定能更加精神振奋、精力充沛，激发出更大的劳动热情，致力于美好的未来开发。

(3)经济效益

①全县现有森林蓄积量36万立方米，四旁树木蓄积量7万立方米，林木总蓄积量43万立方米，人均1.72立方米。

现有森林蓄积除间伐利用外，年净增长率以4%计算，1995年蓄积可达42.1万立方米，2000年蓄积可达51.17万立方米；现有未成林造林地37.5万亩，1995年和2000年每亩分别以1立方米、2立方米计，蓄积量分别可达37.5万立方米和75万立方米；现在起新造人工林5.3万亩，按10年生每亩平均0.5立方米和1.5立方米计，1995年蓄积可达2.63万立方米，2000年能达7.95万立方米；四旁树1995年达到最终树数1163万株，以70%计木材树，1995年蓄积可达60.14万立方米，2000年可达120.28万立方米。

以上四项总蓄积量1995年为142.37万立方米，2000年为254.4万立方米，人均分别为5.7立方米和10.2立方米。年伐以4.5%，出材以69%计，1995年生产木材3.84万立方米，2000年可生产木材6.8万立方米，按每方300元算，1995年收入可达1152万元，人均46元；2000年收入可达到2000万元，人均80元。

②现有经济林7.5万亩，零星经济树137万株，今后五年，从农业用地中调出4万亩发展经济林，原有7.5万亩经济林中不成片的1.5万亩经济林即45万株计入零星经济树中，再新植120万株，总计经济林达到10万亩，零星树300万株。1995年，干果、水果经济树总数达到738万株。以每亩产果量231公斤、每株平均产量6.78公斤计算，1995年果品产量将由现在的977万公斤，达到5000万公斤，按每公斤1元折价，收入可达5000万元，人均190元。到2000年，以每亩产果量700公斤，每株平均挂果15公斤计算，果品产量即可达到11000万公斤，按每公斤1元折价，收入可达到

11000万元,人均可达400多元。上述预估是留有余地的。

另外,到2000年可发展干果树90万株,产量达到900万千克,收入可达900万元,人均35元。

③全县有农户庭院6万处,每处以0.12亩空闲地计,可利用面积7200亩。用半数面积栽植经济树,每亩植树60株,能栽经济树21.6万株。1995年和2000年分别以每株平均产果8千克、15千克计,产量可达172.8万千克和324万千克。每公斤以1元计,1995年可收入172.8万元,2000年达到324万元。其余面积主要用于种细菜,1995年每亩按本地西红柿、黄瓜、青椒、豆角等半数产量1750千克,每千克单价以0.6元计,蔬菜产量可达630万千克,收入能达到378万元。2000年按当地每亩产量的80%计算,总产可达1000万千克,收入600万元。院落其他空闲处搭鸡舍、垒兔窝、围羊栏、盖牛圈、饲养草食为主家禽家畜,每户以一种家禽为主,兼养其他家禽。1995年和2000年分别实现养殖目标以后,每头猪以200元、鸡20元、兔8元、羊50元计算;庭院养殖收入1995年可达到2240万元,2000年达到2710万元。庭院栽树、种菜、养殖总计收入1995年可达2790万元,人均107元;2000年达到3634万元,人均140元。

④全县林特产品1995年以总量的25%,2000年以30%加工,每公斤按增值1元计算,1995年可增值1250万元,人均50元,2000年可增值2500万元,人均100元。

⑤全县乡镇企业,1995年总产值18000万元,纯收入2700万元,务工农民工资总额4500万元,人均288元,2000年总产值25000万元,纯收入3750万元,务工农民工资总额6250万元,人均384元。

⑥1995年,全县粮食单产300千克,总产9600万千克,收入4080万元,按1995年人口发展指标计算,人均155元。2000年粮食单产可达350千克,总产将由现在的8087万千克提高到10500万千克,收入4500万元,人均165元。

仅以上六项,到1995年全县经济总收入可达21472万元,人均859元。到2000年全县生态经济收入即可达34534万元,人均1328元。人均占有粮食420千克。其他不可预估的第三产业和劳务收入均未测算。

6. 实施措施

①领导措施。实现生态经济县的战略,县情和生态现状是基础,领导的决心和意识是关键。首先要以壶关的出路和各级干部肩负的使命为课题,以必要性和可行性为论点,在各级干部中展开讨论,从理论和实践的结合上全面论证,一经形成共识,就要把建设生态经济县作为各级干部在壶关任职的基本任务,百折不挠,一抓到底,发挥好决策和领导作用。在此基础上要通过学习培训,提高党政干部的专业知识水平,要有三分之二的党政干部基本成为发展生态经济县的内行,以避免长官意志和随意性

的指挥。其二要组建专业性的工作机构。原有的经济开发办公室，已配备了强有力的工作人员，前不久又组建了林果办公室和生态经济研究所，各乡镇还成立了生态经济开发领导组，由乡镇长任组长。今年内，还将增设一名专职林业副乡长。这样，则可从组织上保证具体工作的落实。三是进行样板指导。今、明两年，山沟滩路田，城村厂校院，每个地域和各种类型单位都要拿出试点示范样板。要求县五套班子领导每人抓好一个典型，亲自规划，亲自设计，亲自指导实施，亲自总结经验。目前这项工作已开始，待取得经验后，将全方位推开。

②智力措施。生态经济县的建设，在某种意义上讲，是一种超前性的且带有高度知识密集型的艰巨工程。鉴于壶关专业性人才缺乏，文化素养较低，且小农经济的习惯势力尚为严重等现实，很难想象只知春种秋收、粗放经营的农民能适应这种建设的需要。所以进行全员智力开发、更新观念、更新知识、不断进取、学习技术是至关重要的战备措施。在近期内，一是以涉农部门的现有技术人员为骨干，深入乡村，组织群众学习，首先普及急需的实用技术，而后再逐步提高。二是与大中专院校广泛联系，逐年有计划委托培训各种技术人才(今年我县已与山西农大联系委托培训一个班)。同时，还要采取请进来、走出去的办法，从外地聘请技术人才，以师代徒；并选派有一定专业技术特长，热爱此项工作的同志到外地对口学习，提高专业知识和科学管理水平。三是后备人员的培训。县职业中学要在原有一个林果班基础上，增设和生态经济县密切相关的其他专业班，扩大招生数。县乡中学要继续以“3+1”的方式，缺什么，学什么，不断增补后续人才。总之要把智力开发同生态经济县的建设捆在一起同步考虑，使全县人民的智能素质有一个快速的提高。“八五”期间，全县有相当技术水平的专门人才要达到6万人，实现家家有技术员，村村有技术组，乡乡有技术站，县上有技术研究和指挥系统，确实形成四级技术网络，使之承担起建设生态经济县的技术指导任务。

③资金措施。建设生态经济县作为一项长期连续性工作，必须有可靠的资金来源，县上每年要从扶贫资金、农业发展基金和地方财政资金中划拨出一定数额的款项用于生态经济县建设。近三年内每年不低于100万元，以后再酌情逐步增加。金融部门要全力配合，积极扶持，根据生产所需，提供农贷资金。各乡村要自力更生，艰苦创业，采取义务投工、积累工、群众集资，投工抵欠的办法，积极筹集资金。县上对资金的投向要合理安排，做到财尽其用。乡村两级要对上级拨款、农民提留，土地征用、以工补农等多项资金，统一管理，统筹使用，优先为生态经济建设工程项目安排款项。整个生态经济县建设的筹措资金，要建立专帐，专款专用。

④设施措施。主要是：Ⅰ水　壶关干旱缺水由来已久，从83年起修建东水西调工程，截止去年底，受益面积达9个乡镇10万余人。今年县委、县政府提出东水西调二

期工程开始，将水引至离主管道较远而又严重缺水的树掌镇、晋庄镇、崇贤乡、石坡乡、集店乡等两镇三乡，解决全县大部分乡村人畜用水问题。距调水工程主渠道较近的乡村果园，要充分利用水源推行管灌滴灌。与此同时，全县都要普遍重视微型、小型蓄水工程建设，有效利用天上水，蓄住地上水，做到水尽其用。Ⅱ路　重点抓好通往河南林县的荫林公路主体工程，1991年底完成；通往河南辉县的四赵公路，92年完成三级改二级公路的任务；通往平顺的杜肖公路，明年完成油路铺设工程。同时沟通石河沐至桥上，鹅屋至桥上的公路，使之与荫林公路配套，以扩大壶关对外省、市、县的联系和交往。Ⅲ电　我县的电力建设在完成35千伏和10千伏输变电线路工程以后，电力紧张状况有所缓解，但要建设生态经济县还远不能满足需要。今年又开始了11万伏输变电线路工程和桥上三级水电站的建设，两项工程投入使用后，将大大有助于生态经济县的建设。

⑤奖惩措施。在建设生态经济县的过程中，要引入激励机制，在全县干部群众中开展争先创优竞赛。每年县上要组织一次较全面的评比工作，根据在本方案原则下拟定的具体实施细则确定好中差，实行奖优罚劣。凡在生态经济县建设中有发明、有突破、有贡献的国家干部、技术人员和农民群众，县委、县政府要颁发嘉奖令，并给予相应的奖偿；凡属集团性的优胜者，且奖额又较大的，要以奖代资，鼓励扩大再生产。对有失职、渎职行为的领导干部，要视情节和后果分别予以通报、警告、记过、罚款、撤职等处分。对于县委、政府在全局指导中的重大失误，主要领导要承担主要责任。

本方案经专家论证认可，提交县十届人大二次会议审议通过后予以颁布，在实施中要制定与之相配套的有关细则。

1990年已出台的《壶关县集体林经营方案》和1991年元月中共壶关县全体会议通过的《关于发展经济林的决定》以及建设生态经济县的实施细则，均系本方案的具体配套规则。

第二章　生态经济县建设顾问及论证意见

第一节　壶关建设生态经济县顾问委员会名单

为了确保壶关县的生态经济县建设具有科学性、超前性，县委、县政府在全国聘请知名专家作为顾问，对生态经济县的实施给予具体指导，这些专家有：

杨　钟　国务院扶助贫困地区办公室常务副主任

董智勇　中国林学会理事长、林业部科学技术委员会主任、教授级高级工程师

石　山　中国生态经济学会常务副理事长、研究员

沈国舫　中国林学会副理事长、北京林业大学校长、教授

张华龄　林业部原林政和资源司司长、林业部林业区划办公室顾问、教授级高级工程师

詹昭宁　林业部原林政和资源司副总工程师、林业部林业区划办公室顾问、教授级高级工程师

何迺维　中国社会科学院农村发展研究所主任研究员、中国生态经济学会副理事长

冉彬彦　山西省林业厅副厅长、教授级高级工程师

马维义　山西林业勘察设计院院长、高级工程师

王国祥　山西林业勘察设计院副院长、教授级高级工程师

李昌哲　中国林业科学研究院林研所副主任、副研究员、中国林学会秘书长

冯宗炜　中国科学院环境研究中心副主任、研究员

壶关县建设生态经济县论证会

第二节　壶关县建设生态经济县论证会专家发言要点

1991年5月19日，相关专家组成论证委员会，对壶关县建设生态经济县进行论证，参会专家都发表了意见。论证委员会主任董智勇，副主任何迺维、宋朝枢。

何迺维　（中国社会科学院农村发展研究所主任研究员、中国生态经济学会副理事长）

看了壶关建设生态经济县的初步方案,我感到壶关不是机械照搬中央文件,而是实事求是地办事,是符合壶关县情的。因为壶关是个贫困落后的地区,只有生态经济协调发展,才能有朝一日赶上发达地区,并且超过它。因此,我觉得建设生态经济县这一发展方向确实是太行山社会经济发展的最佳出路,不但适应太行山,也是符合全国、全世界潮流的。

宋朝枢 (中国林科院林研所 研究员)

壶关县的这一构想,把生态列入社会经济发展的范畴,是一种新的探索和新的尝试,也是一种新的趋势。规划方案中,我认为有四点应进一步考虑:一是人口。到2000年人口的增长列入方案,不能按现有人口规划。二是现有基础。现在的基础是多少,如粮食产量及林业等。还有经济林,要查清现有的基础数字。三是林业用地规划。每年近一万亩,如何拿出。四是水利问题。现在只解决了吃水问题,用水问题如何解决?生态经济县要求实现水利配套,生态环境必须山青水秀,不能山青水干,关键还在于建小池塘、小水库、打井打池。总的看,壶关的基础从干部的精神状态看是很好的,不足的是经济基础。

詹昭宁 (国家林业部 副总工程师)

壶关在实施区划规划方面有成绩,在全国是带了头的,我感到建设生态经济县,现在的经济指标起点是多少,要明确。现在的优势、劣势是什么,也应该冷静地分析一下。经济林的发展方向和布局是对的,也是比较合理的,养殖方面不应局限于猪、鸡、兔。我认为应该成立一个生态经济战略领导小组,研究市场信息、产品结构和产品销路等等问题。生态经济县要解决资金问题,要启动资金,注重滚动发展,要办盈利林业,要用实惠调动群众积极性,把“要我种树”转化为“我要种树”。另外,在保证措施中,任期目标要有规划,一年一个目标,有奖有罚。

王九龄 (北京林业大学 教授)

建设生态经济县一方面改善生态,一方面以更大的精力改善经济。壶关县首先提出,这是一个大胆的勇敢的设想,考虑是周全的、全面的。在全国来讲,在一个县搞生态经济是没有先例的,从农、林、牧三个方面讲点意见:壶关精耕细作的水平比较高,重点还要发展节水型农业;林业问题,太行山造林之难是相当深刻的,今后除把现有的林业经营好之外,一个是要发展经济林,干果是应该注意的,保存期长又能深加工;另一个是如何研究木材的销路和转化问题,也就是要注重小材小料的加工转化;牧业问题，要解决林牧矛盾，到壶关山上看了，植被比较稀少，真正把养殖业发展起来，还要搞好种草，林牧结合，重点突出草食畜禽。

杨立文 （中国林科院）

我谈四点体会。第一，生态经济县这个方向是对的，是个创举。过去的生态经济是片片段段的，但现在系统起来了。河北生态经济沟方向也对，但不够系统，和它相比，壶关的更完整。第二，关于科学经营，效益的提高关键在于合理的科学经营。东北一个林场一年采伐20万方，之后怎么办就不管了，应该是管栽管砍，在某些条件下，用材林还是我们的优势，不能放弃。第三，关于林工商问题，把自然资源变成产品优势，产品优势变成商品优势，再变成经济优势。第四，参观壶关，我认为壶关的优势果树是第一位，还有四旁树、庭院是个优势，从生态经济县的角度看，养殖业也是优势，要以家禽为主。

曹再新 （中国林科院副研究员）

这个初步方案是符合壶关"四多四少"的自然特点的，是从壶关的实践中总结出来的，是有远见的，是符合太行山区的一条长远的发展路子，很有新义。现在的关键问题有两点：一是调整现有林种结构，经营好现有的森林资源，调理的方向，应该是经济林、防护林、用材林兼顾。经济林是巩固防护林的一个很重要方面，要办好用材林加工业，剩下的暂难利用地(5%的面积)也不要急于求成，要看投入多少逐步绿化。二是争取国家更多的投资。以防护林为主体的生态经济县，是为大城市和其他地方服务的，仅让农民负担是不公平的。因此要得到国家的支持，把壶关县列为试点，列入国家计划之内，由国家重点扶持。

王幼民 （西北林学院 教授）

总的感觉是县上党政领导有高瞻远瞩的伟大胸怀，确有改变壶关贫困面貌的伟大气魄，同时也看到了太行山人民艰苦奋斗的精神。初步方案总的构想是符合壶关实际的，必然会为山区建设创出一条新路，具体意见提以下几点：一是关于分步实施原则，分两步走是对的，希望把95年以前的年度计划列的更细致一些；二是"产业结构"应改为"土地利用结构"，因为产业结构不仅仅是个农业问题，希望把产业结构本身作为一个问题提出来；三是初步方案第11页"河滩林粮化"中的"宜林则林、宜农则农"，不能过于笼统，应具体化；四是"庭院花果化"，要再完善一下提法，从内容讲，庭院不仅是花果，还有笼养鸡等等；五是"县城文明化"，是否全体都要文明化，内涵也要广一些；六是在指导思想里应加一条，各级领导都应树立商品意识。

于宗周 （河北林学院 副教授）

壶关提出建设生态经济县是比较早的，这个初步方案方向明确，措施得当，是可行的，是能够实现的。我提几点意见：第一，衡量生态经济县的指标问题。我考虑应该有这几个内容，一是生态指标。包括林草覆盖率、调洪，是否得到规定标准；二是经济指标。包括生产率、人均收入、各业比例。第二，应该提村镇城精神文明建设。第三，通篇中商品意识较淡薄，应加强。第四，各业的发展要有几个方案的比较，选出最优方案，要输入电子计算机进行运算。第五，各业发展指标应把国民生产总值加进去。第六，规划中要有人口增长率这一动态性的分析。第七，“牧坡轮封轮放”（12 页）是否提倡舍饲，靠割草圈养。第八，对发展果品生产，是否予以特殊的政策。第九、山区建设是否和县直各单位挂钩，这也是筹措资金的一个办法。

马联春 （四川省林科院 高工）

生态经济县的设想和指导思想是明确的，不是空对空，作为方案，构想是成功的，方案中的发展与建设、开发与利用，前者较好，后者缺乏动态分析，尤其缺乏商品意识，优势在一定程度上受很多限制。要把生产率确定为明确指标，要把两个阶段的人口、耕地等动态因素考虑进去，人增多少，地减多少，消费水平提高多少，要加以分析，在措施里要加上一条智力开发。另外，方案中近期、长期，乡镇企业的开发，涉及太少，太不具体，建议此方案要进一步完善。

李昌哲 （中国林科院林研所 副主任）

我的感受有这样几点：第一，这个方案和构想是先进的，是理论和实践的产物。第二，方案中优化意识较强烈。第三，从产业结构到土地资源利用，这个模式，符合山区建设实际，壶关党政领导提出这样的方案，不仅说明他们高瞻远瞩，而且有很强的科学头脑。第四，方案是可行的。首先是领导决心大，从社会环境看，老区群众基础好；从经济环境看，离长治市近，铁路、公路交通好；从自然环境看，由林业转变到土地面积资源开发上，由产业—产品—商品的转变是很有潜力的。

几点建议：核心是经济林和庭院，政策上不能仅靠思想觉悟，方案中应有科技培养教育内容，这样一个先进方案，应注意到投入产出率的动态变化情况，如何把方案数量化，搞成一个动态的半开放的数量化的模型。

杨继镐 （中国林科院 副研究员）

壶关这个设想，总的看是先进的、可行的，就是要先发展再提高，先绿化再美化。林种安排以经济林为主，我觉得是合适的，五万亩暂难利用地补栽油松我看不如补侧柏，注意交通网络建设是很对的，不然的话，有了产品、商品也出不去。

刘双绂 （河南林研所）

河南过去曾搞过生态村，现在又搞"二一一工程"，就是搞两个科技兴林示范县。这次来，看到壶关先进了一步，而且气魄比我们更大，方案比我们更全面，感到壶关党政领导确确实实是在干工作。几点看法：一是以林为主无可非议，但方案第6页分区问题是否再研究考虑一下，文字上应再推敲；二是经济林中，是否以干果为主；干果管理粗放，易储藏，好加工；三是在目标中应有科技因素。

顾龙俊 （全国绿化委办公室）

壶关县的绿化是全国有名的，也是比较先进的。现在提出建设生态经济县，很有新意，新就新在生态和经济结合在一起，方案是可行的，但还不太完善，生态和经济的关系的论证还不太充分，一些提法上还不太准确，如厂校公园化、县城文明化等。

赵志成 （河北林科所副所长 高工）

壶关提出建设生态经济县很有远见、很有新意、很有必要，方案考虑很周到，是可行的。我讲几点意见：一要注意水保林与经济林的结合，两者要配起套来。二要注意污染问题，方案中没有涉及这一点。三要注意数量化模型问题，到2000年人均740元不高。

罗茂林 （河北省林业厅副厅长）

我认为方案是个好方案，能提出这样一个方案，说明壶关党政领导思想是先进的、气魄和胆略是大的。我们河北搞了多年也没有这个方案更科学、更全面，确实值得我们推广。搞生态经济县，壶关是全国第一家，所以不能要求一下就很完善，看到壶关近几年林业发展基础，又看到他们的信心和干劲，我相信经过十年努力，初步建成生态经济县是完全可能的。河北的一些情况也可以参考，比如果品要搞拳头产品，发展经济林不要只限于果树，不要忽略种桑，桑比果收入更快，方案先进，生产手段也要现代化。比如不能采取天然放牧的办法，要用舍饲、圈养等现代化的牧养方式。

第三节 论证意见

专家们经过全面实地考察和充分论证,形成了论证意见:

论证委员会听取了壶关县委书记王虎林同志,代表县委、县政府所做的关于建设生态经济县的构想与实践的汇报,审阅了壶关县"关于建设生态经济县的初步方案",并现场考察了林业生态经济村点样板经验,经过全体论证委员的认真评议,一致通过如下论证意见:

一、壶关县党政领导在多年生产实践的基础上,运用生态经济学的理论,提出建设生态经济县的初步方案,这是在我国县一级具有重大意义的新的尝试,是该县生产建设一个新的发展阶级,是符合该县的实际情况,符合自然与经济发展规律,也是符合中央所确定的环境、经济和社会协调发展的方针。这对太行山区以至北方山区生态经济建设,将会有重要的示范、推动作用,是具有深远意义的创举。

二、"建设生态经济县的初步方案"、建设方向、指导思想和建设原则正确,发展目标明确,产业结构(土地利用)布局相对合理,近期措施比较得当,具有可行性和科学性。特别是县级干部决心大,全县人民艰苦奋斗的干劲足,只要落实必需的资金投入,是可以按期完成的。

三、这个方案提出到2000年实现生态经济县的初级阶段为最终实现生态经济县的目标打下可靠的基础,分阶段实施是得当的。在实现全县绿化的基础上,把着眼点和立足点放在全县资源立体开发和综合加工利用,实现林、农、牧、水、工、商、路、产、供、销等协商发展,取得生态经济建设的最佳综合效益安排是合理的。

四、建设生态经济县就是生态建设与经济建设的协调统一,因此,在建设方案中,尚需在人口增长率、牧业、水利、乡镇企业、工业布局、城市环境保护、商品流通等方面加以论证补充,增加生态经济发展的动态阐述和分析。

五、论证委员会认为该方案修改补充完善后,建议提交县人大审议通过,做为具有立法性的决议,以便在施行中长期奋斗不懈,保证方案的实施和目标的实现。

六、建议中央和省、市有关部门,将壶关作为太行山区生态经济县建设的试点县,关心、扶持该县生态经济的建设,使其在实施中不断完善与提高。

壶关县建设生态经济县专家论证委员会名单

1991年5月19日

序号	评委会职务	姓名	工作单位	专业	职称 职务	签名
1	主任	董智勇	国家林业部	林业	教授、科技委主任	董智勇
2	副主任	何迺维	中国社会科学院	林业经济生态经济	研究员 主任	何迺维
3	副主任	沈国舫	北京林业大学	造林	教授 校长	沈国舫
4	副主任	宋朝枢	中国林科院	造林、森林植物	研究员	宋朝枢
5	副主任	王九龄	北京林业大学	造林	教授	王九龄
6	秘书	李昌哲	中国林科院	水土保持	副研究员、副主任	李昌哲
7	委员	詹昭宁	国家林业部	林业规划设计	正高工	詹昭宁
8	委员	顾龙俊	国家林业部	林业	高工 副处长	顾龙俊
9	委员	杨继镐	中国林科院	森林土壤	副研究员	杨继镐
10	委员	曹再新	中国林科院	森林资源	副研究员	曹再新
11	委员	李国猷	中国林科院	林业经营、应用生态	副研究员	李国猷
12	委员	朱劲伟	中科院沈阳应用生态研究所	生态、水文	副研究员	朱劲伟
13	委员	赵志诚	河北省林科所	水土保持	正高工 副所长	赵志诚
14	委员	刘双绂	河南省林科所	林业	副研究员 副所长	刘双绂
15	委员	马联春	四川省林学会	造林	高工 秘书长	马联春
16	委员	王幼民	西北林学院	水土保持	教授	王幼民
17	委员	余建辉	福建林学院	生态经济	讲师	余建辉
18	委员	张梦周	河北省林科所	造林	正高工	张梦周
19	委员	王国祥	山西省林业设计院	林业规划设计	正高工	王国祥
20	委员	马维义	山西省林业设计院	林业规划设计	高工 院长	马维义
21	委员	马耀先	山西省造林局	造林	高工 副局长	马耀先
22	委员	吕赞韶	山西省林科所	林业	高工 所长	吕赞韶
23	委员	刘学勤	山西省林科所	林业	高工 副所长	刘学勤
24	委员	葛茂荣	山西省林业厅宣传处	文学	副编审 副处长	葛茂荣
25	委员	马贵书	山西省长治市政府		副市长	马贵书
26	委员	林文琼	山西省长治市林业局	林业	高工 副局长	林文琼
27	委员	罗茂林	河北省林业厅	林业	高工 副厅长	罗茂林
28	委员	马如龙	山西省绿化委员会		副主任	马如龙
29	委员	于宗周	河北林学院	林业	副教授	于宗周

附:给董智勇副部长的一封信

尊敬的董智勇部长:

我们山西省壶关县自1984年实施林业区划规划以来,由于得力于专家、学者们的精心指导,使我县林业生产得到了科学、高效发展。到目前为止,全县造林面积达到了65.6万亩,占宜林面积的92.5%,全县绿化任务已基本完成。在这种情况下,如何使今后的林业生产向新的高度发展?这是我们面临的一个新课题。基于壶关的具体实际,我们萌生了建设生态经济县的思考,决定把着眼点和立足点放到全县版图面积资源的立体开发和综合利用上,以求得生态效益、经济效益和社会效益的最佳结合和同步发展,进而使全县在本世纪末实现经济翻番有个可靠的依托和坚实基础。为此,我们在反复调查研究的基础上,制定了《关于建设生态经济县的初步方案》。

生态经济县的基本构架,概要来讲是体现五个特征,达到九个标准,提高四个效率。五个特征:一是以林为主,树、花、果、草齐兴,植被覆盖达到最大限度。二是地平土肥,集约经营,粮、油、菜、桑并茂,旱涝增收。三是坡绿草丰,牧坡载畜量与产出量成正比发展。四是农林牧特产品适量适时吞吐,工商企业星罗棋布,交通网络四通八达。五是各业协调发展,良性循环,环环增值。九个标准是:山坡林草化、沟凹林果化、河滩林粮化、粮田集约化、道路网络化、村庄园林化、庭院花果化、厂校公园化、县城文明化。提高四个效率是:林草覆盖率达到70%以上,版图面积直接开发利用率达到95%以上,农特产品加工率达到30%以上,经济效益年增长率达到10%以上。

上述目标,我们计划分两步实施。从现在起到1995年,重点完成基础性工程,铺好生态经济县的大盘子,形成以发展经济林为基础,带动整个林业乃至整个大农业向生态经济效益转变的战略态势。第二步是从1996~2000年,重点是全面优化生产要素,向以林业为主的生态农业以至整个版图面积资源的开发要效益。

建设生态经济县是一个新课题,是一种新尝试,加之我们的实践经验、理论水平和认识能力有限,这种思路难免有偏颇和失当之误。我们深知,您在这方面有研究,有见地,造诣深,声望高。为此,我们特聘请您为壶关生态经济县建设顾问,敬请您于百忙之中帮助我们研究论证,源源赐教。

此致

敬颂大安!

1991年5月18日

第三章 生态经济县建设决议

中共壶关县委六届八次全体
(扩大)会议关于建设生态经济县方案的
决 议

（1991 年 6 月 26 日通过）

中共壶关县委六届八次全体(扩大)会议,审议通过了《壶关县建设生态经济县方案》(以下简称《方案》),会议认为,经过十年努力,壶关建成生态经济县是切实可行的,也是完全必要的。这一决策,符合党的十三届七中全会精神,符合壶关县情和全县人民的根本利益。《方案》所拟定的发展目标、产业布局、政策措施等都比较得当,具有科学性、开放性、实践性、现实性,是在今后改革和建设中完全可以遵循的重要文件。

会议决定,通过工作程序提交县第十届人民代表大会第二次会议审议通过后,将《方案》作为地方性法规颁布实施。

壶关县第十届人民代表大会
第二次会议关于建设生态经济县
方案及关于《方案》说明的决议

（1991 年 7 月 3 日通过）

壶关县第十届人民代表大会第二次会议讨论和审查了《壶关县建设生态经济县方案》(以下简称《方案》),审议了姚保维县长代表县人民政府所作的《关于制订〈壶关县建设生态经济县方案〉的说明》(以下简称《说明》)。会议认为,“八五”期间以至今后十年,全县致力于生态经济建设,符合自然与经济发展规律,符合党的十三届七中全会精神,是具有改革意义的创造性事业;也是确保全县人民“翻两番”、达小康的一项根本性措施。《方案》和《说明》指出的指导思想、建设原则是正确的,拟定的发展目标、产业布局、政策措施是得当的。会议决定批准《壶关县建设生态经济县方案》,批准《关于制订〈壶关县建设生态经济县方案〉的说明》。

会议号召全县人民要统一思想,增进共识,求真务实,拼搏进取,以极大的奉献精神和严谨的科学态度搞好生态经济县建设，为利在当代、功荫千秋的壶关大业作出应有的贡献。

中国人民政治协商会议
壶关县第三届委员会第二次会议
政治决议

（1991年7月3日三届二次会议通过）

中国人民政治协商会议壶关县第三届委员会第二次会议，于1991年7月1~3日在县城举行。来自全县各条战线、各个方面的委员聚集一堂，满怀政治热情和对我县两个文明建设的高度责任感，围绕学习贯彻中共十三届七中全会精神，实施我县“八五”计划，建设生态经济县和开创政协工作新局面，直抒己见，畅所欲言，积极参政议政，为兴壶富民和实现社会主义现代化建设第二步战略目标献计献策。会议始终洋溢着民主、团结、热烈的气氛。

与会委员一致同意刘全富副主席所作的县政协常务委员会工作报告和赵振国副主席作的提案工作报告。大家认为，在过去的一年里，政协常务委员会积极带领全体委员，广泛团结各界人士，自觉遵照党的一个中心、两个基本点的基本路线和中共十三届四中、五中、六中、七中全会精神，紧紧围绕经济建设中心，积极开展政治协商、民主监督，有效地履行了人民政协的基本职能，为促进我县政治、经济和社会的稳定与发展，发挥了积极的作用，做出了应有的贡献。大家认为，这些成绩的取得是县委重视、政府支持、各部门配合和委员努力的结果。政协工作是卓有成效的，令人满意的。常务委员会关于今后工作任务的安排意见，符合中共十三届七中全会精神，符合县委要求，符合我县政协工作实际，是积极可行的，应认真组织实施。会议认为，县政协为提高委员提案质量、答办质量和速度，做了大量工作，县党政领导及有关部门委员提案的落实，提高了认识并给予了重视和支持。最后，委员表示满意。

会议听取了市政协副主席李森庭同志的讲话，大家深受鼓舞和启发。听取了中共壶关县委书记王虎林同志的重要讲话。大家认为，王书记的讲话，不仅充分肯定了我县政协工作的成绩，而且对政协工作提出了更新更高的希望和要求，充分说明县委对政协工作是高度重视的，人民政协是大有作为的。委员们表示，决不辜负县委的期望，一定要努力工作，积极进取，充分发挥自己的聪明才智，认真履行委员的责任和义务。

与会全体委员列席壶关县人大十届二次会议，听取了姚保维县长所作的《关于制定生态经济县方案的说明》和其他有关报告，学习讨论了《壶关县国民经济和社会发展十年规划和“八五”计划纲要》《壶关县建设生态经济县方案》两个重要文件(以下简称《纲要》《方案》)。会议认为,“七五”期间,我县政治、经济和社会发展都取得了令人瞩目的成就,整体经济实力得到了进一步加强,为实现“八五”计划和第二步战略目标奠定了良好的基础。会议认为,《纲要》《方案》两个重要文件,是广泛民主、科学决策的产物,是集体智慧的结晶,体现了全县人民的根本利益和愿望。两个文件确定的指导思想正确,奋斗目标宏伟,发展重点突出,政策措施得力,鼓舞人心,切实可行。是实现我县第二步战略目标的行动纲领,必须坚决认真地全面贯彻落实。

会议要求,政协组织和政协委员,要在中共壶关县委的领导下,继续高举爱国主义和社会主义两面旗帜,进一步强化时代感、使命感、责任感和紧迫感,积极履行政协职能,充分发挥智力优势,围绕我县实施“八五”计划和建设生态经济县的战略目标,参政议政,献计献策。

会议号召,全体政协委员要积极行动起来,认真学习贯彻中共十三届七中全会和中共中央《意见》《通知》精神,进一步加强同各界人士的联系。团结一切可以团结的力量,调动一切积极因素,同心同德,群策群力,为胜利实现“八五”计划和建设生态经济县的宏伟目标,为振兴中华,统一祖国,拼搏进取,努力工作,争取做出新的更大贡献。

第四章　入选全省第一批林业生态县

根据山西省人民政府决定,2010 年要在全省表彰一批林业生态县。壶关县按照创建条件,首先进行了认真细致的自查,并将自查结果上报省、市。2010 年 5 月省林业厅组成省级检查验收组,于 5 月 16~26 日对壶关县进行了实地验收,并形成了验收报告。检查验收组组长龚怀勋,技术负责人梁林峰,检查组划分了 6 个组:

第一组:组长吴国礼,组员杨玉亭、张成勇

第二组:组长黄瑞生,组员高成德、高万敏

第三组:组长张志娟,组员赵锦珺、王晓冰

第四组:组长孙永明,组员张占中、侯柏林

第五组:组长杨树勋,组员李启宽、秦文辉

第六组:组长王立鑫,组员贾胜利、梁青峰

附:省级检查验收组检查验收报告

山西省壶关县林业生态县
省级检查验收报告

一、壶关县自然条件和社会经济状况

山西省壶关县位于我省东南部,地处太行山东南端,北纬35° 51′~36° 13′,东径113° 10′~113° 40′。境内山大坡广,沟壑纵横,全县东西长约46千米,南北宽约42千米,国土面积1013平方千米,属于典型的石质山区和生态脆弱区,土壤以淋溶性褐土为主。

壶关县年平均气温9.96℃,年极端最高气温35.5℃,年极端最低气温-19.7℃,年降水量485.7毫米,年日照时数2660h,无霜期为172天。

全县辖390个行政村,总人口29万,其中农业人员25.9万。改革开放30年来,全县有林地面积由1979年的5800公顷,达到现在的68667公顷,森林覆盖率由5.7%提高到44.9%。

随着造林绿化的深入推进,带动了壶关绿色蔬菜、优质水果、小杂粮、中药材等一批绿色产业基地的建设,兴办了郭氏羊汤、紫团饮业、辛寨陈醋、石坡黄花茶等一批绿色龙头加工企业,形成了农、林、牧各业良性循环、协调发展的绿色产业格局。2008年全县粮食总产量达到了8792万kg,财政收入达到3.5亿元,农民人均收入达到2328元。

二、森林资源评价

以山西省最新二类调查数据为基础,其中60%的行政村利用该县自查更新数据,对全县森林资源进行统计。全县现有有林地面积45255.8hm^2(包括油松纯林35267.7hm^2,纯林占有林面积78%;混交林687.9hm^2,混交林占有林面积1.5%,为天然次生林,集中分布在桥上、鹅屋和树掌三个乡镇),疏林地面积2185.2hm^2,灌木林地5288.9hm^2,未成林造林地5064.3hm^2,无立木林地428.9hm^2,宜林地3505.3hm^2。森林覆盖率为44.9%。

壶关县现有森林以20世纪80年代开始营造的人工油松纯林为主,绝大部分已经郁闭,郁闭度在0.7以上,林相比较整齐,树冠截流效果好。全县灌木林资源丰富,不仅面积大,而且覆盖率高。近10年来,每次大雨之后,从未发生洪水和泥石流,也没有发生护坡、道路被冲毁的现象。当地总结了三句话:小雨不见河,大雨流清河,暴雨不塌坡。该县在加强生态建设的同时,积极发展森林生态旅游,以国家级森林公园、国家级地质公园为主,县级城郊森林公园为辅的森林旅游及保护体系已经形成,以大峡谷

为品牌的休闲旅游已经推向全国。森林的景观效益不断发挥,森林旅游蓬勃发展。

三、林业生态县建设概况

改革开放以来，壶关县把大搞造林绿化作为改变壶关贫穷落后面貌的一项基础工程、治本工程、造福工程来抓,三十年如一日坚持大搞绿化,十任县领导持续接力,三十万人民群众同心播绿,使座座荒山披上绿装,条条沟壑尽显生机,取得了生态效益、经济效益和社会效益同步提高、协调发展的突出成效。

有林地面积显著增加,生态效益日益显现。从1979年到2009年的30年间,壶关县有林地面积由5800hm^{2}增加到了68667hm^2,森林覆盖率由5.7%提高到了44.9%,极大地控制了水土流失,有效调节了气候,改善了生态环境。据统计,全县水土流失面积由83%下降到15%;年均降水量由375.3mm增加到了485.7mm,增加了114.4mm;空气相对湿度提高了2.7个百分点,达到了62.7%;无霜期延长了34 d,达到了172 d,旱、洪、雹、霜等自然灾害明显减少。

绿色壶关渐有名气,社会效益明显扩大。长时期、大面积的造林绿化,不仅大大改善了壶关县的生态环境,促进了经济发展,提高了人民群众的生活质量,也使壶关作为太行山"绿色明珠",知名度大大提高。先后获得"全国造林绿化先进县""全球生态500佳提名奖""全国生态建设示范区"和"全国森林防火先进县""全国绿色名县"等荣誉称号。良好的生态环境,吸引了社会各界前来壶关参观考察、观光旅游、投资兴业,为壶关的发展注入了新的生机与活力。

绿色旅游做大做强,自然环境面貌有了彻底改变。从寸草不生、穷山恶水到绿树满坡、青山绿水,使壶关县的自然面貌发生了质的变化。壶关县依托丰富的森林资源、灿烂多姿的人文景观,积极建设森林公园,大力发展生态旅游,太行山大峡谷、高山寨生态旅游区和县城神山森林公园等一批标志性绿色旅游正在做大做强，特别是地处壶关县东部山区的太行山大峡谷,纵横百余里,自成立太行山大峡谷国家森林公园以来,吸引了大量游客,以绿色为特征的太行山大峡谷,已成为国家4A级旅游景区、国家森林公园、国家地质公园、国家攀岩基地、中国十大最美峡谷。每年有大量游客前来观光旅游。2009年,游客达到63.3万人次,门票收入950万元,社会总收入1.2亿元,荣获"山西省旅游十大杰出品牌"。

回顾壶关县30多年来造林绿化,特别是创建全省林业生态县过程中,壶关县的主要经验是:

1. 坚持领导抓、抓领导,持续营造建设绿色壶关的浓厚氛围

各级领导率先垂范。县委、县政府响亮地提出了"不抓林业不能当干部,抓不好林业不是好干部"的口号,明确要求各级领导干部抓林业以身作则,搞绿化率先垂范。从

1982年开始,县四套班子领导每年都要带领县直机关干部职工参加义务植树劳动,30多年来共绿化了县城周围11个山头,绿化面积达1.9万亩,为建设绿色新壶关发挥了表率作用。

重奖绿化有功者。壶关县把造林绿化工作好坏作为考核使用领导干部的重要依据,有力鞭策了各级干部树绿化志、干绿化事、创绿化业。30多年来,全县共有130多名干部因抓绿化政绩突出被提拔重用。涌现出路其昌和王五全省林业劳模、全国林业劳模和全国劳模。同时还将省以上林业劳模的事迹写进壶关县志,让子孙后代永远铭记他们的绿化功绩。

2. 坚持靠群众、靠政策,始终保持建设绿色壶关的不竭动力

开展全民义务植树运动,发动社会力量搞绿化。全县广泛宣传义务植树的全民性、法定性和义务性,从县城到乡村、从机关到学校、从干部到群众,逐级发动、逐层动员,组织开展了声势浩大的全民义务植树绿化活动。30多年间全县参加义务植树的尽责率一直保持在95%以上,义务植树造林占到全县总造林面积的20%左右。特别是今年创建全省林业生态县中,采取县直机关帮扶一个园林村建设,把园林村建设作为机关义务植树基地,不仅拓展了全民义务植树的形式,而且把义务植树提上一个的新水平。

创新造林机制,推行公开招投标和专业化造林。随着我国林业产权制度改革的不断深化,壶关在推进林业生态建设工程,特别是在林业生态县创建中,不断创新造林机制,采取公开投标、专业队承包、工程化造林等办法,把专业化造林作为造林绿化的重要形式。积极引导农民专业队抓绿化,鼓励大户承包搞绿化。近年来,全县的林业重点工程都在审计、纪检、公证等部门的全程参与和监督下,向社会进行了公开招标,通过由绿化资质的农民专业队进行绿化,不仅有效提高了造林质量,而且成为本县农民增收的一个新渠道。

重点绿化工程为动力,实现造林绿化新跨越。党的十七大提出建设生态文明的重大决策后,县委、县政府对壶关林业进行了新的审势、新的定位,提出了“打造中国北方绿城,争创全国生态名县”的奋斗目标,在全县掀起了造林绿化二次创业新高潮。全面实施了以通道绿化扩面积、荒山绿化补空档、林中绿化增效益、村庄绿化提档次、县城绿化添景观、市县出口扮靓丽等重点造林绿化工程。2008～2009年全省、全国造林绿化现场会分别参观了壶关的造林绿化工作,与会领导及代表给予高度评价。

3. 坚持重技术、重创新,不断探索建设绿色壶关的科学方法

大力推广干石山阳坡绿化技术,提高造林成活率。壶关地处干石山区,土层薄、水分少、立地条件差,造林成活更为不易,成活率低是造林绿化的一个难题。农民专家王

五全经过反复实践探索，总结出干旱阳坡造林关键技术，成功破解了这一难题。全县把这一经验印成技术资料并拍摄成《干石山上栽油松》科教片，每年的春、雨、秋三季造林动员会开在造林现场，现场讲技术、作示范，进一步提高广大干部群众对这项技术的应用能力。这项技术的成功运用和推广，不仅极大地提高了造林成活率，而且也为整个太行山区绿化提供了借鉴、做出了贡献。

认真实施“一条龙”管理程序，促进造林科学化。在成功解决造林成活难题的同时，又按照因地制宜、科学营林、确保质量的原则，狠抓了“区划、规划、设计、施工、验收、建档”一条龙营林程序。

不断探索绿化新模式，确保造林高效益。壶关县坚持多树种科学组合、乔灌合理配置，在绿化实践中创新了生态主导型、生物产量型、生态观赏型和生态隔离型“四种模式”。

4. 坚持严管理、严保护，努力形成建设绿色壶关的管护机制

“一墙一带”双隔离。“一墙”即森林防护墙，为了保护森林资源，从1999年开始，在干石山上“挖起石头栽树，垒起石墙护林”，筑起了5000余千米森林防护墙，起到了较好的保水、保土、保生态，防火、防盗、防畜害的“三防三保”作用。“一带”即生物隔离带，壶关县结合山多林多的实际，在林边、山脚和森林防护墙内外营造了一道宽15～20米的阔叶林生物隔离带。“一墙一带”形成了工程措施、生物措施双隔离的保护网络。

“一封一禁”双保险。“一封”指封山育林，“一禁”指禁止牲畜入山。县委、县政府出台了《封山禁牧的决定》，全县封山禁牧面积达到80万亩。同时，为有效缓解林牧矛盾，县上还扶持有关乡村建起舍饲圈养养殖小区81个，养殖量达到17.6万头(只)，既促进了畜牧业的快速发展，又保护了森林资源。

“一队一员”双防范。“一队”为林业综合执法大队和县森林灭火队，两块牌子一套人马。2004年起，成立了林业综合执法大队，全部列入事业编制，统一经费，统一装备，统一管理，统一执法。2008年又对森林灭火队进行了充实，配置了灭火器具，大大提高了预防和扑救森林火灾的能力。“一员”为专业护林员，在全县组织了800名素质较高、责任心较强的农民专业护林员。“一队一员”上下配合，各司其职，形成了严密的防护网，有效保护了全县的森林资源。

30年不懈奋斗，30年绿染壶关。干部在绿化中受锻炼，群众在绿化中得实惠，山川在绿化中披绿装，壶关在绿化中大变样。

四、检查验收工作概况

省林业厅5月12日召开“山西省林业生态县检查验收视频会议”后，壶关县检查

验收组组长与相关领导沟通后，迅速与驻并单位、运城和临汾两市检查验收组成员进行了联系，进行了各项事宜准备。

检查验收组于5月16日到达壶关县。5月17日上午，检查验收组与壶关县主要领导就生态县检查验收有关情况和相关要求进行了座谈。壶关县政府县长、分管县长、人大副主任、林业局长等参加了座谈会。

5月17日下午，检查验收组全部成员和壶关县配合检查验收的10名同志，集中培训和学习了"山西省创建林业生态县实施方案(试行)""山西省林业生态县检查验收办法(试行)"和"山西省林业生态县检查验收技术细则(试行)"文件。技术负责人对检查验收技术细则进行了专题讲解，并对内业数据处理难点和技术进行了培训；验收组组长就检查验收的相关工作进行了安排部署，要求大家认真工作，克服困难，廉洁自律，圆满完成省厅交给的任务。进行了人员分组，共分为6个小组。按照省厅要求，小组长由驻并单位人员担任，每组各一名临汾和运城人员。

检查验收组在查看了"壶关县山西省林业生态县自查"材料后，根据县级自查工作的进度，严格按照检查验收细则规定，按照不同的起始号和间隔号，分批次对各乡镇抽检村进行了抽样。5月18日正式开始了林业生态县检查验收外业调查工作，共进行了9天，外业调查工作于5月26日结束。

检查组按照二类调查技术要求对47个村的调查小班进行了面积、地类、优势树种、郁闭度调查；对全县抽中村宜林荒山(含宜林沙荒地、其他宜林地、退耕(牧)地等)面积和2005年以来已绿化的宜林荒山面积；调查了煤炭企业绿化任务完成率；采用角规绕测的方法进行蓄积量调查；根据水利(水土保持)主管部门提供的水土流失面积数据，调查了抽中村林业用地内水土流失面积、生物治理面积；调查了全县适宜营造道路防护林带的里程和已绿化里程；调查了通道两侧第一山脊线以内的宜林荒山荒地(含宜林荒山荒地、宜林沙荒地、其他宜林地、退耕(牧)地等)的小班面积、二级地类、郁闭度、保存率、适宜绿化面积、已绿化面积、主要树种等；对县城建成区公园绿地、专用绿地、生产绿地、防护绿地、风景绿地和街道绿化等，逐地段、地块进行调查；调查了全县范围内各乡镇抽中行政村各类经济林面积；对全县范围内森林公园、自然保护区、保护小区四至面积、批准文件、总体规划等情况进行调查，对自然保护小区四至面积、管护协议等进行全面调查；对三年内全县实际征占用和改变林地用途的林地以及办理征占用林地手续的情况进行了调查；并进行了古树名木建档保护率调查。

本次检查共检查了12个乡镇，47个行政村，1800多个小班；251.3公里的通道绿化；涉及74个单位的204.1万平方米的城区绿化；47个行政村的村镇绿化；国家森林公园和地质公园各一处；征占用林地30个项目；212株古树名木保护建档情况；近三年来全县森林火灾和森林病虫害发生情况进行了检查与核实。

外业调查工作结束后，由各小组组长对检查验收结果进行确认并签字。之后，各小组进行了内业汇总和补充调查。检查组统计汇总了壶关县森林覆盖率、宜林荒山绿化率、煤炭企业绿化任务完成率、活立木蓄积量和固碳量年净增率、林业用地内水土流失生物治理率、通道绿化率、通道两侧荒山绿化率、县城林木覆盖率和建成区人均公共绿地、农民经济林人均面积、保护体系所占比率、征占用林地审核率和古树名木建档保护率共12大项指标，在此基础上，又查阅了县志、地方统计年鉴等资料，形成本检查验收报告。

五、省级检查验收结果

1. 各项检查验收结果分析

本次省级检查验收工作，严格按照相关技术标准，对各项验收指标进行了统计计算和分析，同时与县级自查结果进行了对比分析，主要结果对比如下：

序号	验收指标	县级自查结果	省级检查验收结果
1	森林覆盖率	49.1%	53.3%
2	宜林荒山绿化率	86.9%	87%
3	煤炭企业绿化任务完成率	16.2%	16.2%
4	活立木蓄积量(固碳)年净增率	3.83%	3.8%
5	水土流失生物治理率	100%	100%
6	公路宜绿化里程绿化率	100%	100%
7	通道两侧宜林荒山绿化率	99.7%	99.8%
8	县城绿化	人均公共绿地 34.0m²(含城郊森林公园1处)	人均公共绿地 34.0m²（含城郊森林公园1处）
9	村镇绿化	村镇人均公共绿地 0.4m²	村镇人均公共绿地 0.52m²
10	经济林建设	农民人均经济林面积 0.0533 公顷，折合 0.8 亩	农民人均经济林面积 0.0533 公顷，折合 0.8 亩
11	保护体系	保护面积占国土面积 16%，森林火灾受害率 0.039‰森林病虫害成灾率 0；征占林地审核率 100%；古树名木建档保护率 100%	保护面积占国土面积 16%，森林火灾受害率 0.039‰森林病虫害成灾率 0；征占林地审核率 100%；古树名木建档保护率 100%

2. 省级各项验收指标分述：

(1)省级验收抽查村总面积 14118.2 公顷，其中有林地面积 7520 公顷，本次省级验收抽中村的森林覆盖率为 53.3%，高于太行山土石山区生态县森林覆盖率 31%以上的验收标准(见附表 2)。

(2)省级验收抽中村有 37 个村涉及宜林荒山绿化，宜林荒山荒地 630.8公顷，已造林绿化面积545.9公顷，宜林荒山绿化率87%，高于生态县宜林荒山绿化率达到85%以上的验收标准(见附表7)。

(3) 壶关县煤炭企业整合后，新审批采掘面积5925.03公顷，已完成绿化面积4804.14公顷，年完成16.2%绿化任务，高于生态县煤炭企业新审批采掘面积每年完成15%的绿化任务的验收标准(见附表6)。

(4)省级验收抽中村活立木蓄积量164829.1m^3(不含四旁树蓄积)，基准年份(2005年)的活立木蓄积量138671.7 m^3，活立木蓄积量年净增率3.8%，高于太行山土石山区生态县年净增率3.4%以上的验收标准(见表5)。

(5) 省级验收抽中村水土流失林业用地面积3882公顷，已完成生物治理面积3882公顷，水土流失生物治理率100%，高于生态县水土流失治理率65%以上验收标准(见附表8)。

(6)省级验收全查壶关县通道绿化工作251.3千米，宜绿化里程179.9千米，已完成宜绿化里程179.9千米，宜绿化里程绿化率100%，高于生态县通道绿化宜绿化里程绿化率90%验收标准(见附表9)。

(7)省级验收抽中村通道两侧宜林荒山荒地326.9公顷，已造林绿化面积326.4公顷，通道两侧宜林荒山绿化率99.8%，高于生态县通道绿化宜绿化里程绿化率90%验收标准(见附表10)。

(8)省级验收全查壶关县建成区绿化，建成区绿化覆盖率35.5%，人均公共绿地面积34m^2，县城周边5公里范围内无宜林荒山，建成神山城郊森林公园一处，符合山西省生态县县城绿化要求(见附表11)。

(9)省级验收抽中村镇林木覆盖率达到26.2%，都建有供村民活动的公共绿地，符合山西省生态县村镇绿化要求(见附表12)。

(10)省级验收抽中的47个村，经济林面积1576.52公顷，农业人口29466人，农民人均经济林0.8亩，符合太行山土石山区生态县标准(见附表13)

(11) 省级验收调查壶关县太行山大峡谷森林公园和大峡谷地质公园保护面积16118.6公顷，全县国土总面积100809公顷，保护面积占全县国土面积的16%；近三年来森林火灾受害面积1.8公顷，有林地面积45255.8公顷，森林火灾受害率0.025‰；森林病虫害成灾率为0；征占林地审核率100%；古树名木建档保护率100%，上述3项指标全部符合生态县保护体系建设的要求(见附表14,15,16,17)。

总之，壶关县林业建设成就巨大，已达到山西省生态县建设各项指标。

六、分析评价

30年间，壶关县从一个森林覆盖率仅有5.7%的少林县，达到了现在的44.9%，宜林荒山绿化率达到86%，水土流失生物治理率100%，初步建成了生态保护体系，同时为了有效提高农民收入，近年来发展各类经济林 2800 hm^2，创造了山西省林业生态建设史上的奇迹。

目前壶关县生态旅游和绿色产业发展方兴未艾，据壶关统计年鉴，2008 年壶关县第三产业增长率达到 11.4%，而同期该县第一产业增长 0.2%，第二产业下降 4.3%，壶关县第三产业增长主要得益于生态产业发展，壶关生态文明建设正成为该县经济结构转型和结构调整的推进器。

1. 经济效益分析

壶关县现有有林地面积 45255.8公顷，其中乔木林 35955.5公顷，每公顷蓄积量平均 30.5 立方米，活立木总蓄积量 1096642 立方米，木材总价值 4.39 亿元。固碳年净增长率 3.8%，年固碳蓄积量 41672 立方米，2015 年全县固碳蓄积量将达到 1305004 立方米，木材总价值 5.2 亿元。全县经济林以核桃为主，大多数处于产前期或初产期，5 年后，将进入盛果期，每年每公顷收入 1.5 万元，每年为农民增加收入 1.395 亿元。灌木林面积 5288.9 公顷，以连翘、欧李、黄刺玫、丁香、绣线菊等构成，其中连翘和欧李灌木果实有药用和食用价值，丁香花是一种香料，在国际市场价格昂贵，有重大开发价值。

2. 生态效益分析

30 年来壶关县在造林绿化中取得了优异成绩，森林覆盖率达到了 44.9%，有效地改善了生态环境，当地气候冬夏温差幅度减小，降水量增加，蒸发量减少，无霜期延长，空气湿度提高，有利于农作物和林木生长，更有利于人类生存。

下表是壶关县 1979 年与 2007 年、2008 年和 2009 年各项气象指标比较表。

各项气象资料比较表

年份	三年均值与 1979 年差值	1979 年	近三年			
			平均	2007	2008	2009
年均温(℃)	0.86	9.1	9.96	10.5	9.4	10
最高温(℃)	-1	35.2	34.2	34	33.2	35.5
最低温(℃)	1.3	-19.4	-18.1	-15	-19.7	-19.6
降水(mm)	110.4	375.3	485.7	494.1	463.7	499.2
蒸发量(mm)	-547	1835.9	1288.9	1326.9	1253.8	1286.1
无霜期(d)	33.7	138	171.7	190	145	180
日照时数(h)	-79.4	2773.3	2693.9	2615.1	2768.8	2697.9
空气湿度(%)	2.70	60	62.70	64	64	60

气候发生明显改观。由表中可知，近3年，年均温比30年前的1979年增加0.86℃,年最高温度均值比1979年减少1℃,年最低温度均值比1979年增加1.3℃,空气湿度均值比1979年增加2.7个百分点,日照时数均值比1979年减少79.4小时近3年,降水量均值比30年前的1979年增加110.4毫米,降水蒸发量均值比1979年减少547毫米,无霜期均值比1979年增加了34天,表明壶关农林业生产环境得到了改善,更利于农作物的生长发育和品质提高。

林地水土保持功能增强。二十世纪八十年代壶关县磨掌和西堡水库常年各蓄水40万立方米,近年来除雨季有部分蓄水外,其他季节水库干涸,根据表19近年来壶关县降水量增加了,降水显然被森林这个天然水库储存起来了。又如2003年壶关县降水量达1000毫米,但并没有发生洪水和泥石流等灾害。

30年前的壶关石山多石头多,百里鸟不落,山上石漠化,夏雨地冲垮,经过30年坚持不懈的造林绿化,形成了千峰戴松帽,万岭披绿装,沟壑长满杨槐柳,固土防洪效果好的生态景观。农田由过去的三天无雨苗发黄,下点急雨就冲光的“三跑田”(跑水、跑肥、跑土)变成了“无雨地有墒,有雨苗更壮,大雨无洪灾,旱涝保丰收”的高产田。土壤有机质含量由30年前的19.7g/kg,增加到目前的20.1g/kg,增加了0.4g/kg。

2009年壶关县遇到了特大干旱,主要农作物单产仍比30年前增产。根据壶关县上世纪70年代资料,和近3年主要作物亩产和耕地变化情况与粮食总产量进行了比较分析。

粮食产量变化表

单位:万公斤 公斤 万 hm^2

年份	差值	70年代	近3年			
			平均	2007年	2008年	2009年
总产	1505.4	5730.1	7235.5	8791.7	8496.0	4418.8
亩产	109.2	183.5	292.7	346.7	349.6	181.8
玉米亩产	132.0	183.5	315.5	374.0	362.5	210.6
谷子亩产	81.5	171.5	253	215.0	209.0	335.0
耕地面积	−0.726	2.35	1.624	1.633	1.620	1.620

数据表明：耕地面积从1979～2009年,30年间减少了7260hm^2，折合亩数为108900亩,而粮食总产量30年增加了1505.4万kg,主要作物玉米和谷子近三年平均亩产比1979年的亩产分别增加了132kg和81.5kg,由于年降水增加、蒸发量减少、无

霜期延长、空气湿度增加等局部气候的改善，以及土壤有机质含量的增加，对壶关粮食增产起了关键作用。

调查数据表明，经过大规模生态建设，壶关县的生态环境已经较30年前发生了根本性改善，并将继续向更适宜人类生存的生态环境转变。

3、社会效益分析

生态环境的不断改善，促进了全县产业的均衡发展，尤其促进了第三产业的发展，太行大峡谷旅游资源开发，红豆峡、八泉峡、青龙峡等一批旅游景区的建成，带动了旅馆、餐饮业发展，就业人员达到0.63万人。农民通过开设农家乐致富脱贫，如洪底村是有名的“光棍”村，随着旅游景区的开发，农民收入不断增加，昔日的“光棍”先后娶妻生子，盖了新房。农村的面貌发生了巨变，95%以上的村庄旧房基本消失，群众用“白墙红瓦合金窗，横看成排竖成行，街道美化路灯亮，绿荫绕村百花香”来描述新农村，人们的精神面貌焕然一新。

绿色森林覆盖壶关，城市和农村镶嵌在森林中，人们生活在天然氧吧中，每天享受着森林浴的快乐，人民健康水平不断提高，人均寿命不断增加。

七、问题和建议

从总体上看，壶关县森林面积较大，单位面积蓄积量低（$2m^3$/亩）；林分密度大（每亩达350株以上），林地生产率低下，生长量低（树高平均3-4m）；全县有林地80%为人工油松林，纯林比重大，结构单一，林分稳定性差、森林灾害风险高（死地被物多，林地卫生条件差，死亡枝杈和半死亡枝杈多，易发生森林病虫害）。需要尽快通过轻勤抚育，进一步加大林中补阔、林缘植阔、抽针补阔等营林措施，改善林分结构，提高林分稳定性，增加林地生产力，提升森林的综合效益。同时要通过防火林带和林道建设，改善林分结构，将连续可燃物分割，降低森林灾害风险。

2010年6月，山西省人民政府在晋中召开全省林业会议，对全省第一批林业生态县进行专项表彰，壶关县是这次表彰的六个县中的第二名，长治市仅壶关县一家。时任县长段树新参会领奖。

第七编　林木权属与林业投资

第一章　林权确定

第一节　建国初期的林权确定

林权确定直接决定和影响着林业的发展，壶关县历来对林权确定十分重视，1950年5月5日，壶关县人民政府在发布的《保护和发展林木暂行约公》中的第一条，就是林权确定，约公中规定，“本县境内之自然木林，非村与私人所有者，林权归县所有；习惯上某一林山归数村所有者，林权归数村群众共有，习惯上归一村所有者，林权仍归一村群众共有，习惯上归私人所有，并确有证据者，林权归私人所有；私人在公地造林者，地权归公，林权归私，如出卖时，政府有买得之优先权。”同年10月25日，壶关县人民政府在发布全县的指示第一条中指出，确定林权是当前林业工作有时间性的重要任务，应争取按期完成。这些记载说明全县的林权工作是从建国初期就开始抓起的。

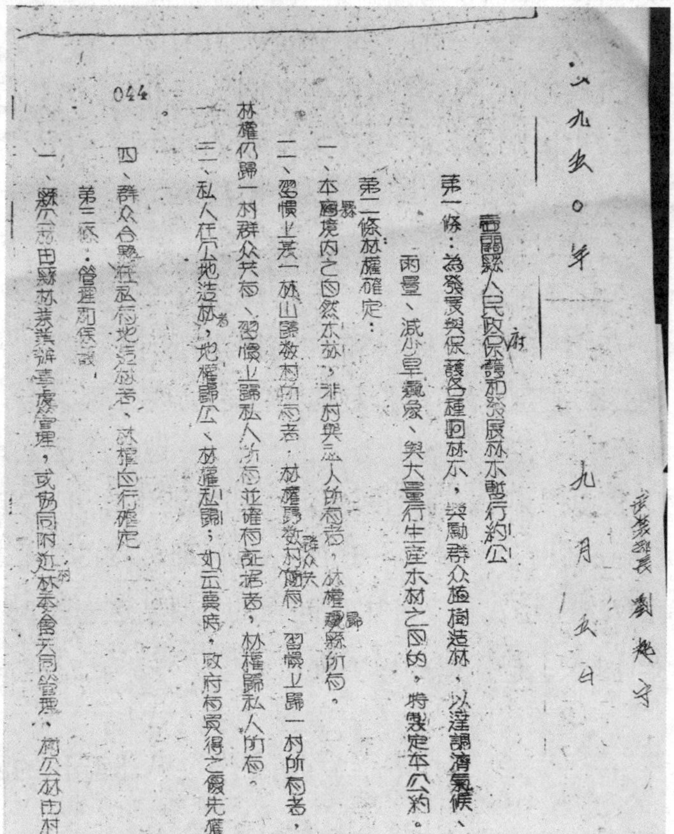
一九五〇年九月五日
壺關縣人民政府保護和發展林木暫行約公
第一條：為發展與保護各種樹林木，獎勵群眾植樹造林，以達調濟氣候、雨量、減少旱災、與大量行生產木材之目的，特製定本公約。
第二條林權確定：
一、本縣境內之自然木林，非村與私人所有者，林權歸縣所有。
二、習慣上某一林山歸數村所有者，林權歸數村群眾共有，習慣上歸一村所有者，林權仍歸一村群眾共有，習慣上歸私人所有並確有証據者，林權歸私人所有。
三、私人在公地造林者，地權歸公，林權私歸；如出賣時，政府有買得之優先權。
四、群眾合夥在私有地造林者，林權應行確定。
第三條：管理和保護
一、縣公有由縣林業幹事處管理，或協同附近村林委會共同管理，村公林由村
044

1950年，县政府在发展林木约公中，首先要求落实林木权属

第二节　六十年代的林权确定

据一些知情人回忆，1958年大跃进时大刮“共产风”，造成了林权的混乱。1963年3月28日，中共壶关县委员会、壶关县人民委员会根据上级精神，制定了《关于确定林

木所有权与填发林木所有证的实施方案》，方案中说这次林权确定的目的：“由于林权长期没有确定，林权现在非常混乱，使许多应该划归国有的山林，没有划归国有，该集体管理的，集体也没有管理起来，使许多新造的林地还没有固定林主，各大队、社员原有的四旁树木，也一直没有得到一个合法手续。因此，思想动摇，不积极经管，再加上国营山和集体山，大队和大队的山混淆插花，界线不明，因而常常引起互相间的纠纷，既影响了国营和集体之间的互相团结，也影响了集体与社员个人之间的关系，更严重的是山林遭受了不应有的损害，大大影响了林业生产的发展，影响了山区的经济建设。”方案要求在全县开展一次清理林权和填发林木所有证工作，把所有的纠纷和遗留问题彻底处理，把广大群众植树造林的积极性进一步调动起来。实施方案中要求了七点：一是广泛深入地宣传贯彻林业政策；二是选拔技术人才，成立机构；三是做好填证和发证工作；四是应注意的几点事项；五是在林木所有权确定以后，要建立一套保护和管理林木的规章制度；六是时间安排；七是关于确定林权中的经费开支和用工问题的处理。这一次的林权确定，虽然没有达到方案中的要求，但大多数林地和树木都发了证，对以后一段的林业发展产生了积极影响。

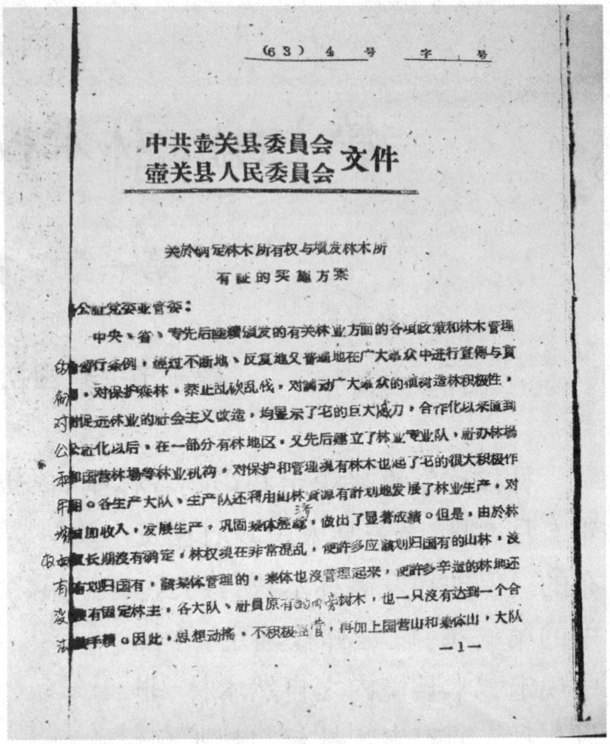
（63）4 号 字 号

中共壶关县委员会
壶关县人民委员会 文件

关於确定林木所有权与填发林木所
有证的实施方案

公社党委业管委：

中央、省、专先后陆续颁发的有关林业方面的各项政策和林木管理的暂行条例，经过不断地、反复地又普遍地在广大群众中进行宣传与贯彻，对保护森林，禁止乱砍乱伐，对调动广大群众的植树造林积极性，对促进林业的社会主义改造，均显示了它的巨大威力，合作化以来直到公社化以后，在一部分有林地区，又先后建立了林业专业队，社办林场和国营林场等林业机构，对保护和管理现有林木也起了它的很大积极作用。各生产大队、生产队还利用山林资源有计划地发展了林业生产，对增加收入，发展生产，巩固集体经济，做出了显著成绩。但是，由於林权长期没有确定，林权现在非常混乱，使许多应该划归国有的山林，没有划归国有，该集体管理的，集体也没管理起来，使许多新造的林地还没有固定林主，各大队、社员原有的四旁树木，也一只没有达到一个合法手续。因此，思想动摇，不积极经营，再加上国营山和集体山，大队

—1—

1963年制定的确定林木所有权与填发林木所有证的实施方案

第三节 八十年代的稳权发证

20世纪80年代的稳权发证是在党的十一届三中全会之后，全国进行拨乱反正的大背景下进行的。开始于1981年，1982年6月结束，历时一年半时间。这次发证的目的是以“定权、定山”为核心。一是定“权”。针对过去受“左”的影响，林业政策多变，造成林木权属的混乱，影响了群众植树造林积极性的问题，进行认真的林权确定。对山林一片一片的确权划界，对零星树木一株一株的清查。这次共解决林权纠纷19起，树权纠纷3730起，发放林权证、树权证42800张，多年来形成的林权问题得到较为彻底

宣传稳权发证政策

的解决。二是定“山”。在定权的基础上，县委、县政府对全县的宜林荒山，按国家、集体、个人各自的经营能力划分，定山定责，明确规定谁造谁有，并发放了宜林地使用证。划给国营林场2万亩，集体235200亩，社员个人17697亩。为了帮助个人造林，还实行了三条扶持办法：①集体供给社员个人苗木，栽活不收钱，栽不活收苗木费，鼓励个人多栽树，栽活树；②社员个人造林达到要求标准的同样享受国家资助；③个人造的林，由大队护林员负责管护，个人不摊管护费。这次的稳权发证，较以往认真彻底，政策优惠，全县个人植树造林的积极性空前高涨，对全县的林业发展产生了深远影响。

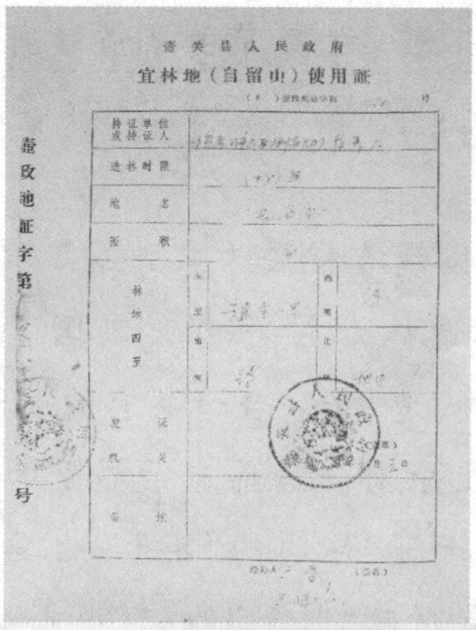

壶关县人民政府

宜林地（自留山）使用证

1980年代县政府颁发的宜林地使用证

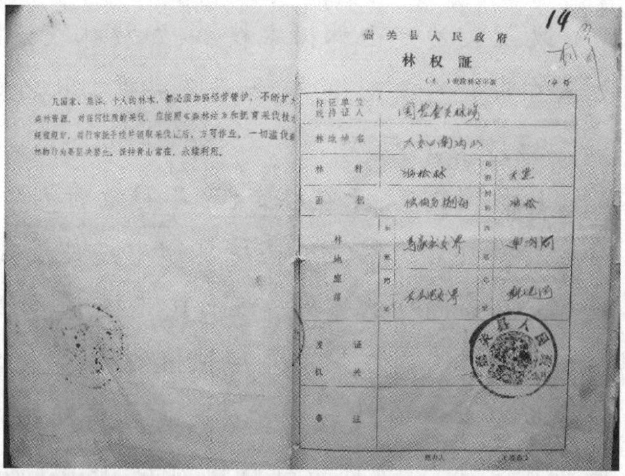

壶关县人民政府

林权证

1980年代县政府颁发的林权证

附:壶关县山林树木稳权发证的意见

关于山林、树木稳权发证的意见

(一)

林业是国民经济的重要组成部分,认真落实党的林业政策,大力发展林业生产,是彻底改变我县面貌,使我县人民尽快富裕起来的治本大计。但是长期以来,在“左”倾错误的影响下,我县相当一些社队,在林业政策和山林、树木权属问题上,朝令夕改,反复折腾,大大挫伤了干部群众植树造林的积极性,影响了林业生产的发展。1966年,全县植树造林的成活株数和保存面积分别为780万株和8.6万亩,十年之后的1976年,反而分别减少了180万株和6300亩。

党的十一届三中全会以来,特别是中共中央、国务院关于保护森林发展林业的决定发布以来,我县在纠正“左”的错误,落实党的林业政策,稳定林木权属,发展林业生产方面做了不少工作,取得了一定成效。但是还很不够,其集中表现在山林、树木的权属至今没有得到很好解决,林业政策仍然统得过死,严重影响着群众植树造林积极性的调动,影响着县委提出的“三年绿化沟坡、五年绿化荒山,1985年全县林业收入占到农林牧副总收入15%”的奋斗目标的实现。为此,县委、县政府认为有必要在全县干部、群众中进行一次普遍深入的党的林业政策教育,并在此基础上,按照中央和省、地委的有关政策规定,彻底解决我县林业方面的历史遗留问题,扎扎实实地搞好稳定山林、树木权属,发放林权证的工作。

(二)

为了使稳定山林树木权属、发放林权证的工作沿着党的政策的轨道健康发展,各社队在进行这项工作中,必须坚决贯彻执行如下规定:

一、林木所有权

1. 稳定权属,意在稳定,而不是重新划分。必须以现有权属为基础。

2. 全县各级都必须坚持贯彻中央关于社队集体造林为主,积极发展国营造林,鼓励社员个人植树的方针。实行国造国有,社造社有,队造队有,合造共有的政策。

3. 社员个人在房前屋后种植的树木,永远归社员所有。房前屋后界限的确定:合作化以前就有的以土改时人民政府颁发的“土地房产证”注明的“四至”为准,合作化后新建房屋,以集体给社员规划的“四至”为准;没有明确“四至”的,可根据当地具体情况,参照历史习惯,由社员讨论,大队决定。社员批上新地基,旧地基需要收回时,成材树由本人处理,幼林作价付款后归集体。

4. 社员个人在生产队指定的地方种植的树木,归社员个人所有,但面积及“四至”界限要划清,社员未经允许,在生产队的沟坡、荒滩、路旁、渠旁、河旁和空隙地带种植的树木,不管现在生长的或已经砍伐利用的,均应酌情处理。

5. 社员宅基地、场、院,如果被集体规划占用或由集体规划给他人占用,原有树木,是幼龄干、水果树的归集体或新户主,已成材的木材树由原户主伐用。

6. 合作化时,确定归社员个人所有的树木(包括果园、枣园等)仍归社员个人所有,社员迁居到外村、外地,原属本人的树木、成材树归本人砍伐利用,幼树作价付款归集体,如生产队砍伐,应按砍伐时树木大小和价格合理作价赔偿。如系五保户,可收归集体。

7. 1962 年“四固定”时,社员个人树木作价收归集体的,树权归集体。如果确有证据,作价未付款或未作价的、可按当时树木大小和价格合理作价,偿还原主。

8. 社员在自留地上种的树,长期归社员个人所有。自留地一般应坚持长期稳定不变,如果确实需要变动时,幼树可合理作价、归新户主所有。已成材的,由原主伐用。社员原自留地上自栽的树被集体或个人砍伐,应按当时树的大小和价格折价给以赔偿。新划自留地上的树木、可作价归社员个人,也可用调整自留地的办法解决。在不影响集体和他人粮食和经济作物的生长的情况下,允许社员在自留地栽树育苗。

9. 合作化时,老坟地上留给社员的树木,归社员个人所有。合作化以后,社员在坟地上栽的树,凡经生产队或山林所有者允许的,归社员个人所有。未经批准的,树权归集体,但要付给社员一定的成本费。

10. 集体在社员,社员在他人宅基地或“四至”范围新栽的树木,区别不同情况,共同协商处理。

11. “四清”“文化大革命”以来,错收、平调的社员个人的树木,必须退赔,原树在的退原树;原树不在的,可按当时树的大小和价格,折价赔偿。

12. 城镇居民、职工在祖遗、自盖、自买的住宅上新栽的树木归个人所有。如住公产房屋,主管单位统一栽植和管护的,归单位所有;主管单位栽植,分户管护的,收益比例分成;经过规划,由住房居民自栽自管的,归职工个人所有。个人砍伐树木时,需经主管部门同意。

二、山林所有权

13. 国家、集体所有的山林树木,个人所有的林木和归个人使用的林地,凡是权属清楚的,一律予以承认。不准重新划分和打乱平分。

14. 解放时已有的天然林,划给国营林场的,权属归国家所有;没有划给国营林场的，归集体所有。

15. 1962年“四固定”和历次确定林权时，划给山庄窝铺社员个人所有的天然林，社员已迁居外地的，其林地应收归所在大队或生产队所有。

16. 天然更新的林木，有土地证的停耕地，归集体所有；没有土地证的归国营所有。国营林场在建场时总体规划范围内的荒山、荒地所造的林，归林场所有。

17. 国营林场和集体在同一宜林地上所造的林，应根据当时各自投工、投资和成活率多少，由双方共同协商，合理划分林权。

18. 国营和集体相互在对方宜林荒山上造的林，应坚持“谁造谁有”的原则，由县人民政府划清权属界限。为了管理方便，可以调整兑换。

19. 国家和社队合作营造的人工林，有合同协议的，执行协议，无合同协议，但确有证明是合作造的林，由双方协商划分林权。

20. 社与社、队与队联合造的林，如原来对所有权和收益分配有明确规定的，按原规定执行，原来规定不明确的，由有关社队互相协商划分林权。

21. 国营与集体、集体与集体的交叉山林，应从便于经营管理，便于林权界限的划定出发。本着等价交换的原则进行调整。

22. 原有林权证的“四至”与实际面积不符的，一般应以“四至”为准。个别“四至”有明显错误的，以实际面积为准。如果四至、面积都不清不准的，从实际情况出发，由双方协商解决。

23. 凡有争议的树权、林权、山权（包括沟坡纠纷），均应按“四至”界线，参照行政区划、自然流向，本着有利于保护森林、发展林业和安定团结的原则，由社队或政府组织有关双方，协商解决。协商无效时，可请人民法院裁决，确实保障国家、集体和个人林木所有权不受侵犯。在林权纠纷未解决之前，任何一方都不准砍伐有争议的林木，违者依法惩处。

三、宜林地使用权

24. 现有宜林荒山、沟坡，由集体统一规划和安排植树造林，谁植谁造归谁所有。

25. 水库周围、干渠两侧由水利部门自造、自管、自有。也可划一部分让附近社队绿化，地权归国家，树权归社队。公路、铁路两侧应分段划给就近社队植树，林权归社队。已有树木谁栽谁有，联合栽的，比例分成。机关、团体、厂矿、企业、部队、学校等单位，除义务造林外，所营造的林木归造林单位所有。

26. 农村道路、支沟支渠，由社队统一规划，可以队造队有；也可以队造户管，林权归队所有，收益比例分成；还可以划给社员栽树，谁栽谁管，归谁所有。

27. 国营林场经营范围内的宜林荒山，除近期国营林场要绿化的荒山外，其余要在政府主持下,通过协商划给附近社队造林。山权仍归国家所有,收益归社队,也可以同社队联合造林,共同经营,收益按比例分成。

28. 凡有条件的大队、生产队,都应将宜林宜牧荒山、沟坡的三分之一划给社员作自留山、自留地,并限期在3~5年内绿化(种草、种树)。到期绿化不了的,要重新收回划给绿化完成好的社员使用。

不准把集体的成片林划作自留山。新划给社员自留山、坡上的零星树木,可以归社员所有;也可以规定成材之后按比例分成。

自留山、坡应以现有人口、户数及自然界限为依据,尽量就近划分,以后生不添,死不减。超生子女和计划外出生的子女以及他们的父母不得划分给自留山、自留坡。

自留山、坡划定后,生产队要给社员安排造林时间,并在资金、苗木、技术等方面给予支持。

社员在自留山、坡上栽的树永远归社员所有,其子女有继承权。

划给社员的自留山、坡所有权仍归集体。社员只能种树种草,不能开荒种地,不准转让买卖和典当。

29. 除划归社员自留山、坡以外的宜林荒山和沟坡,由集体规划出占总户数5%的林业专业户以及专业队、专业组、专业人负责育苗、造林和管护。具体要求是三年栽满沟坡,五年绿化荒山。任务完成好的要给予表扬和奖励;不能按时完成任务或质量很差的,要进行经济处罚,并将未绿化的荒山、沟坡收回,分配给搞得好的专业户、专业队、专业组、专业人绿化。

30. 凡经确定以后的林权、树权和林地使用权,不论国家、集体和社员个人,一律由县人民政府统一印制,颁发证件,旧有的证书也应一律换发新证。

31. 林权、树权和林地使用权应受法律保障,而林权证、树权证和林地使用证就是具有法律效力的重要依据,必须妥善保存,不得丢失。

（三）

根据中央“在明春以前完成稳定林权工作”的要求,我县决定从现在开始,到年底用三个多月的时间完成这项工作。

具体分三步进行:

第一步:培训骨干。从9月15~18日,用四天时间,对各公社管委主任,分管林业的副书记或副主任、林管员、司法助理员或行政秘书,以及各公社试点大队的队长,县有关部门的人员,共150人进行集中训练。通过训练,集中解决好三个问题,一是提高对搞好稳权发证工作的重要性、必要性和紧迫性的认识;二是掌握稳权发证工作的政策规定;三是学会进行稳权发证工作的具体办法。

第二步:搞好试点。从9月20日～10月底,各公社要选择一至两个情况比较复杂,稳权发证工作量较大,代表性较强的大队进行试点,从中取得经验。

第三步:全面铺开。从11月初～12月底,用两个月时间完成。具体工作分五个阶段进行:

一是宣传发动阶段。这一阶段重点是要组织干部群众,认真学习中央和省、地的有关文件,广泛宣传搞好稳权发证工作的目的意义和方法步骤,帮助干部、群众掌握稳权发证工作的各项方针、政策。

二是落实权属阶段。具体任务是:调查研究,澄清底子(集体个人林木底;历次定权发证底;平调群众树木底;山、林、树权纠纷底);处理纠纷,搞好退赔;依靠群众,划定权属;列榜公布,复议定案。

三是发证阶段。山林、树木经过复议最后定案后,大队要组织专人逐一把国家、集体和个人的林权证、树权证、宜林地使用证填写清楚,并认真审核,确实做到准确无误。在此基础上,以大队召开群众大会,对此项工作进行一番认真的总结,很隆重地把上述"三证"发到权属者手中。

四是加强和完善林业生产责任制阶段。具体要从本大队或生产队的实际出发,通过群众讨论来确定自己的林业生产责任制形式。要重点提倡专业队、组、户、人等"四专"责任制。要分别把任务(数量、质量和时间要求)、报酬、奖惩落实到队、到组、到户、到人。

五是总结验收阶段。要采取社与社交叉进行和县上直接抽查两种办法,进行认真的检查验收,在此基础上,搞好各项善后工作,如登记造册,立卷归档等;还要提出巩固发展稳权发证成果的新打算;对少数搞得不好的要让其进行复查和补课。最后还要评出稳权发证的模范单位和先进工作者,进行表彰。

检查验收要按以下五条标准进行:

1. 查群众发动的是否充分。主要看对稳权发证的重要意义认识了没有;党的方针政策掌握了没有;各类思想问题解决了没有;绝大多数干部、群众参加了没有?

2. 查党的政策是否落到了实处。主要看是否坚持了以现有的权属为基础;是否对"四清"以来平调的树木进行了彻底退赔;是否按规定比例给社员划分了自留山、自留沟、自留坡;是否按政策规定妥善解决了各种林权争执;是否健全了各种手续,并把"三证"发到了户主手中。

3. 查林业生产责任制是否建立和完善。主要看发展林业生产的具体规划搞出来了没有;以"四专"为主的林业专业队伍组织起来了没有;各项具体任务落实下去了没有;各项规章制度建立健全了没有;林业人员的报酬确定下来了没有,是否合理、恰当。

4. 查是否促进了植树造林。主要看国家、集体、个人三个方面植树造林的积极性大不大;完成任务的速度快不快,质量高不高;现有森林保护的好不好。

5. 查是否达到了国家、集体、个人和工作组四满意。看是否促进了当地的安定团结,由于林权问题而发生的民事纠纷是否大量减少或基本消灭。

检查验收以后,有关山林树木权属的凭证、图表、协议书等档案材料,要统一上交县林业局,由林业局按档案处理的规定,整理成卷,移交县档案馆,并专卷保存。

稳权发证工作全部结束后,经常性的工作,如注销、遗失、补发等,由县林业局负责办理。

(四)

稳权发证是一项工作量很大、政策性很强的工作,必须切实加强各级党委和行政部门的统一领导。为此:

一、县、社、队都要建立健全领导机构。县委、县政府已成立稳权发证领导组。县委副书记丁松珍同志任组长,副县长李小保、农委副主任杜虎英、林业局长王来全同志任副组长,成员有公安局、检察院、司法局、民政局、农业局、水利局、交通局等单位的负责同志共11人组成。下设办公室,由林业局副局长张平和同志任主任,地点设在林业局。各社队也应迅速建立相应的领导机构。

二、要组织一支稳权发证工作队伍。除林业局全力以赴外,县、社两级要组织四百人,每个大队组织四至五人,总共达到二千人,专门从事这项工作,直到结束。

三、搞好试点,以点带面。各公社党政领导,尤其是稳权发证领导组成员,要按照县上的统一部署和要求,首先集中精力,下大功夫,抓好一两个试点。在全面铺开以后,也要建立严格的分工合作责任制。做到抓好一个队,带好一个片。

四、因地制宜,分类指导。各社队情况千差万别,在进行这一工作的过程中,各级领导一定要在不违背党的政策原则的前提下,因地制宜地开展工作。不死搬上边的条文,不搞一个摸式,不搞“一刀切”。一定要深入实际,调查研究,及时发现和解决稳权发证工作中出现的问题,保证发证工作健康进行。

五、充分发扬民主,坚持群众路线。林木权属的历史演变和现实状况如何,广大群众,特别是一些老党员、老干部,心里最清楚,最有发言权。所有领导这项工作的同志,都要主动向他们作调查,注意倾听他们的意见。要把林木权属的决定权,交给社员代表大会,由群众讨论决定,决不能由少数人说了算,也不能由工作组包办代替。

六、各行、各业、各部门要积极支持,大力配合。

第四节　2004 年的林权登记发证

2004 年的林权登记发证工作，是按照《中华人民共和国森林法》和国家林业局关于《林木和林地权属登记管理办法》的具体规定和要求进行的，县政府专门成立了“壶关县林权登记发证工作领导组”，并制定了《壶关县林权登记发证工作方案》。

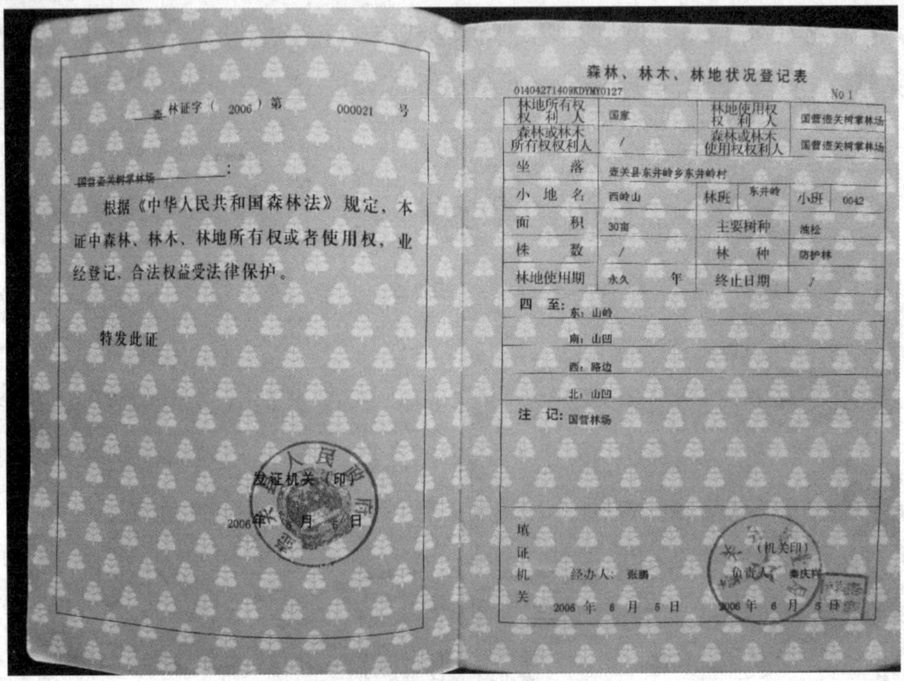

2008年县政府颁发的林权证

附：

壶关县林权登记发证工作方案

为加强全县森林、林木和林地权属登记发证与管理，切实做好全国统一式样林权证的登记发证工作，根据《中华人民共和国森林法》《山西省实施〈中华人民共和国森林法〉办法》的规定，按照国家林业局关于《林木和林地权属登记管理办法》《国家林业局关于进一步加快林权登记发证工作的通知》的具体规定和要求，在全县开展林权登记发证工作。

加强林权登记发证工作，是巩固林业建设成果，实现依法治林，促进林业跨越式发展的一项重要工作。通过林权登记发证，依法明晰和落实森林资源所有权、使用权，对调动社会各方面造林、育林、护林的积极性，依法保护林权权利人的合法权益，维护林业生产经营秩序，推进森林、林木、林地使用权的合理流转。全县各乡镇、开发区、县直有关单位一定要充分认识林权登记发证工作的重要意义,要做到认识到位,领导到位,措施到位,工作到位。

一、林权登记发证的基本原则

1. 坚持依法登记发证的原则。

2. 坚持自愿申请登记的原则。

3. 坚持公开、公正的原则。

4. 坚持政策的连续性和稳定性原则。林业“三定”时期划定的自留山,由农民长期无偿使用,分包到户的责任山要保持稳定。1982 年以来,经县人民政府确认并核发的林权证是这次换发新证的主要依据。

5. 坚持统一规范的原则(使用全国统一式样的林权证)。

6. 维护林权权利人(单位)的根本利益的原则。

7. 坚持不重复发证的原则。

8. 坚持先易后难,突出重点的原则。

9. 坚持先行试点,质量第一的原则。

10. 凡在本境内的林场林木、林地由本级政府统一发证的原则。

二、登记发证范围

凡在壶关境内的国有、集体和个人以及机关、团体、农场、工矿企业、学校、部队等单位和城镇、城建、公路、水利、煤炭等部门拥有的森林、林木和林地,其所有权和使用权明确应进行林地、林木权属的登记发证工作。重点是:

1. 1982 年山西省稳权发证以来,由国家、集体和个人独资合资通过人工造林、飞播造林、封山育林的森林、林木及林地。

2. 经当地人民政府批准规划、区划的宜林地和已经拍卖承包给其他经济组织及个人的“四荒”用于植树造林的林地,和当地人民政府批准规划为林地在册耕地的经济林和丰产林。

3. 按照国家政策退耕还林地及配套荒山造林地。

4. 对当地人民政府核发的林权证等,经实地核实后旧证换发新证。

5. 凡占基本农田植树造林的,不得颁发林权证。

6. 对于有林权争议的林地、林木,按照长政发[2004]65 号、壶政办发[2004]39 号文件解决,解决后给予发证。否则,暂缓发证。

三、时间安排

从 2004 年 11 月~2005 年 6 月底全部完成上述任务。具体安排是:

(一)在2004年11月底前搞好全县林权发证的宣传发动,县、乡两级技术培训工作。

(二)到2005年2月底前搞好退耕还林等林业重点工程新增的森林、林木、林地的确权发证工作。

(三)到2005年6月底全部完成全县的林权证发证工作。

四、组织领导

开展林权登记发证工作是各级人民政府及其林业主管部门的法定职责，一定要加强领导,成立机构,组织专业队伍,落实经费,配备必要的设备。

为加强对林权登记发证工作的领导，县政府成立以李志强副县长为组长的县林权登记发证领导组,副组长由林业局局长秦庆祥担任,领导组成员有林业局、发展计划局及财政局、档案局、民政局、农业局、国土资源局、城建局、水利局、交通局、煤炭局、环保局、公路站等部门的主要负责同志。领导组下设办公室,办公室设在林业局,办公室主任由林业局局长秦庆祥担任。副主任由崔志文、张鹏副局长、贾赵平副队长担任,各乡镇也要把林权登记发证工作纳入重要工作日程,高度重视,精心组织,密切配合,务必在2005年6月底完成全县的林权登记发证工作。

五、资金来源

根据国家林业局的有关文件精神，林权登记发证工作的经费要纳入同级财政预算,确保林权登记发证工作的顺利开展。

六、前期准备及业务培训和试点工作

(一)资料及设备的准备

地形图、GPS、林权证、林权登记申请表表格,以及工程建设的规划和验收的图纸和资料等。

(二)业务培训

业务培训是林权登记发放工作的重要的基础性工作,关系到发证工作的成败,各乡镇、区、县直各有关单位,做好培训工作,在业务培训工作中要注意:做好充分的准备,特别是政策和技术的准备,县、乡多级培训、技术人员、干部、配合人员的全员培训、政策、技术的全面培训、县乡多级试点以及试点后的技术总结和工作。总之,业务培训要达到全部参加人员深刻理解林权登记发证工作的有关政策，全面掌握林权登记发证技术的目的。

(三)试点

培训完成后,县、乡要选择具有代表性的点进行林权登记发证工作。参加人员要适当多一些,作为下一步全面开展工作的技术骨干。试点完成后要进行全面的技术和政策方面的总结,为全面铺开工作做好技术和政策两方面的准备。

七、工作方法和步骤

(一)宣传发动

林权登记发证工作,是一项政策性强、工作量大、涉及面广,是贯彻落实党和国家林业政策、维护和保障广大林木、林地权利人合法权益,实践"三个代表",调动广大人民群众发展林业,改善生态环境建设的重大举措,要充分利用广播、电视、公告等多种形式宣传林权登记发证工作的重要意义;使发证程序、条件、期限、国家政策达到家喻户晓,人人皆知。

(二)申请登记

林权权利人向县级以上人民政府"林权登记发证办公室"提出申请登记,林权权利人要按照省林权登记发证办公室规定的登记表格填写林地位置、面积、树种、有效期等内容,并提供相应的林权权利依据,以乡(镇)村为单位核实林权的真实性后,上报县级以上人民政府"林权登记发证办公室"予以受理和登记。

(三)外业勘验

林权登记发证办公室对林权权利人的申请登记表,要到实地逐块全面调查核对、修正。

(四)出榜公告

为了体现林权登记发证工作的公开、公正、公平,为妥善解决处理好林权发放过程中的各种矛盾和纠纷,在外业勘测验收结束后,要以行政村为单位,按照申请登记表填写《林权申请公示表》,将《林权申请公示表》贴到各自然村的公告栏内,公开接受群众的监督,把申请登记表保存到行政村,以便林权权利人及相关人员查阅,并通知相邻和相关利益单位和个人,公告期30天。

以后进入正常发证变更阶段后,自受理之日起的10个工作日之内开始公告。

(五)成图签字盖章

成图:以乡(镇)林场为单位绘制1∶1万的《林权分布图》。

签字盖章:村、乡(镇)林权单位的主管单位、登记发证机关、相邻和相关利益单位或个人在申请表上签字盖章。同时,人民政府、相邻和相关利益单位或个人在《林权分布图》上签字盖章。

(六)发放林权证

经外业勘测、出榜公告、相邻和相关利益集体或个人签字认可后,由林权登记发证办公室打印林权证。人民政府盖章发放全国统一式样的林权证。林权证由县上报市林权登记办公室,汇总后上报省林业厅统一向国家林业局制定。

若是按照国家政策退耕还林地,同时由国土资源管理部门依法进行土地变更登记。

以后进入正常发证变更阶段后，自受理之日起3月之内予以登记，并及时核发林权证。

(七)统计汇总、总结、上报。

八、检查验收存档

(一)检查验收

县检查组随机抽查10%宗地，市随机抽查5%宗地，省随机抽查2%宗地。其中上一级抽查的宗地数量的20%包括下一级抽查过的宗地。抽查后要写出检查验收报告，并提出改进意见。

(二)存档并进入正常的档案管理

发证完成后，登记发证机关应当配备专(兼)职人员和必要的设备，建立林权登记档案。存档内容除第九条规定(九、成果和上报)内容外，还包括国家、省、市、县本次各级林权证登记发证的有关政策、工作方案和技术方案等内容。

存档以后，进入正常的档案管理，对每年新增的林地要及时颁发林权证，对变更后的林地要及时对林权证和档案进行变更。

九、成果和上报

(一)成果

1. 工作总结。

2.《林权证发放统计表》。

3.《林权登记申请表》附图及有关材料。

4.《受理林权登记申请登记表》。

5. 为了保证电脑输入准确，由林权权利单位或个人可以负责的单位签字后校对表一《林权登记申请情况表》。

6.《林权证发放登记表》。

7.《林权登记台账》。

8. 林权登记机关的调查材料和审核确认材料。

9. 处理林权纠纷的文件及相关材料。

10.《林权分布图》。

11. 县、乡、村、林场单位编码。

12. 原始数据录入的微机光盘。

(二)上报

以县为单位上报市林权登记发证办公室由林权登记发证办公室汇总上报省林权登记发证办公室如下材料：

1. 工作总结

2.《林权证发放统计表》

壶关县林权登记发证办公室

2004年11月20日

第二章 林权改革

第一节 概 况

壶关县林权改革工作开始于2004年。这次改革是在农村改革进一步深化,土地承包政策得以进一步稳定的大背景下进行的。是对农村经营制度的又一重大变革,是促进农村和谐稳定的有力保障,其意义同土地家庭承包经营同等重要。政策依据是:中共中央、国务院《关于全面推进集体林权制度改革的意见》(中发【2008】10号)、《中共山西省委、山西省人民政府关于开展集体林权制度改革的意见》(晋发【2008】24号),以及《国家林业局关于进一步加快林权登记发证工作的通知》《山西省人民政府办公厅关于开展林权登记发证工作的通知》精神、山西省林权登记《实施方案》《技术方案》等。壶关县人民政府于2004年11月26日召开了县直各包乡、包村干部,技术人员,各乡(镇)党委书记、乡镇长,分管林业的副乡镇长及县直有关单位主要领导参加的全县林权证登记发放工作动员会。积极稳妥地展开了全县所有山林树木的权属登记、确认等前期工作。历时1年零5个月,于2006年4月底全面完成了林权登记发证工作的申请登记公示,表格填写和微机输入,确认林业用地面积84.5万亩,其中,有林地面积58.9万亩,疏林地7.6万亩,灌木林地0.7万亩,未成林造林地(含退耕还林)6.4万亩,苗圃地0.03万亩,宜林荒山荒地10.9万亩,四旁树株数154万株。

2008年6月8日,中共中央、国务院《关于全面推进集体林权制度改革的意见》(中发【2008】10号)、《中共山西省委、山西省人民政府关于开展集体林权制度改革的意见》(晋发【2008】24号)之后,集体林权制度进入了全面推进和深化阶段。

2010年8月壶关县人民政府制定了《壶关县集体林权制度改革方案》《壶关县集体林权制度改革工作细则》。

集体林制度改革按照先易后难、试点先行的方法进行。先在山上6个乡镇和山下6个乡镇各选一个有代表性的村进行试点。试点村山下片确定为龙泉镇下内村、山上片确定为晋庄镇洪掌村,试点工作8月5日开始,月底前结束。之后全面推开,并在年底前完成全县集体林权制度改革任务。

全县涉及林改的村为 340 个，林改涉及农户 5.9 万户，人口 21.63 万人，在完成县、乡、村界线修正和林业二类资源补充调查的基础上，摸清了全县集体林地总面积为 84.6 万亩，全县 340 个村制定了村级林改工作方案。全县除三个森林公园的 18.6 万亩没有到户外，纳入本次林改面积 60.06 万亩，其中：家庭承包 24.1 万亩，联户承包（15 户以下）的 29.07 万亩，股份制经营 0.21 万亩，集体统一经营 5.55 万亩，其他形式经营 1.13 万亩，家庭承包率为 88.5%，产权明晰率为 100%。到 2011 年底，基本完成集体林权制度改革任务，初步建立起“产权归属明晰，经营主体落实，责权划分明确，利益保障严格，流转顺畅规范，监督服务有效”的现代林业产权制度。

林权改革档案资料

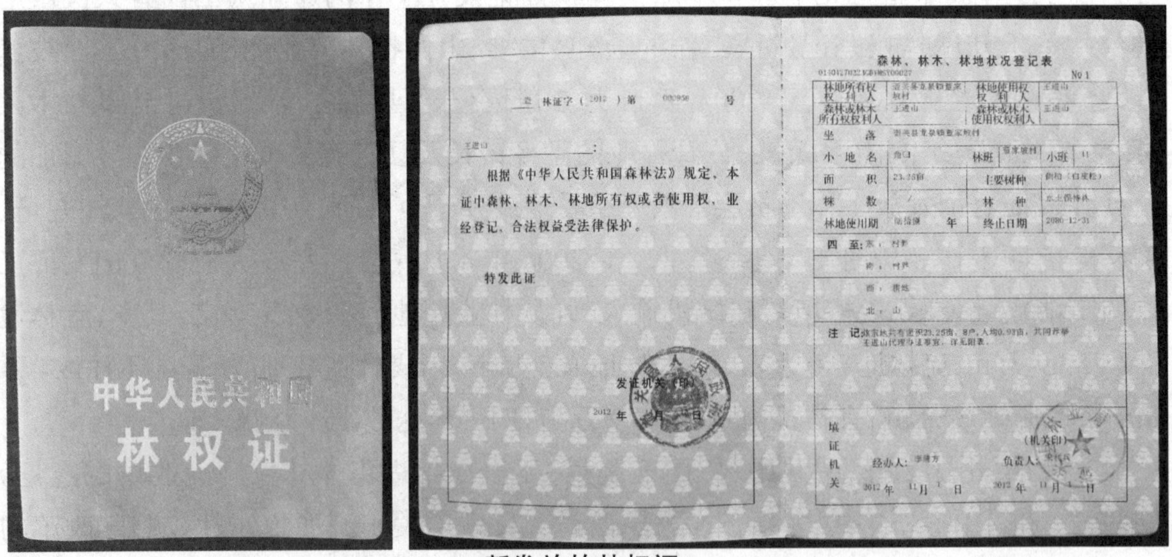

新发放的林权证

第二节 林权改革方案

为了搞好林权改革，壶关县人民政府于 2009 年 9 月 22 日，以壶政发[2009]35 号文件，向全县印发了壶关县集体林权制改革工作方案。

附:

壶关县集体林权制度改革工作方案

为全面贯彻落实《壶关县关于全面推进集体林权制度改革的意见》,积极稳妥地开展好我县集体林权制度改革工作,特制定本方案。

一、基本情况

壶关县版图面积151.9万亩,根据林业二类资源调查,林业用地面积91.1万亩,其中,集体林地面积80.19万亩。全县农村总户数为7.67万户,林改涉及人数25.69万人,农村人均林地面积3.1亩。

二、目标任务

(一)总体目标

到2010年12月底,基本完成集体林权制度改革任务,初步建立起"产权归属明晰、经营主题落实、责权划分明确、利益保障严格、流转顺畅规范、监督服务有效"的现代林业产权制度,通过放活经营、完善服务、规范管理,逐步形成集体林业发展的良性机制,实现森林增长、生态改善、农民增收、林区社会和谐的目标。

(二)主要任务

完成全县农村集体林权、林地和林木的确权发证任务。推进林业管理体制创新和机制创新,促进林权依法流转,实行林业综合行政执法,建立健全服务体系,基本建立适应市场发展需要的林业要素市场,使林业的经营管理、采伐运输管理、林权抵押、信贷支持、证件管理等综合服务水平提高到一个新的阶段。

(三)基本要求

1. 坚持农村土地基本经营制度,确保农民享有平等权利。

2. 坚持尊重农民意愿,充分发挥农民在集体林权制度改革中的主体作用,改革方式、经营管理形式由本集体经济组织成员民主决策、自主选择,同时统筹兼顾各方利益,确保农民得到实惠。

3. 坚持依法改革,严格执行《森林法》《农村土地承包法》《村民委员会组织法》《物权法》等相关法律法规,切实维护群众的知情权、参与权、决策权和监督权,做到改革内容、程序、方法、结果四公开,确保公开、公平、公正。

4. 坚持科学指导,实行分类经营。管好公益林,放活商品林,促进林业生态体系和林业产业体系协调发展。

5. 坚持尊重历史,保持政策连续性。巩固林业"三定"(划定自留山、稳定山权林权、确定林业生产责任制)以来的改革成果,依法维护承包经营者的合法权益。本着有利于维护农民的权益、保护资源和发展林业的原则，妥善处理历史遗留问题。

三、改革范围和主要内容

（一）改革范围

本次集体林权制度改革的范围主要是：农村集体经济组织统一经营的，农村居民在承包林地、自留地及其他土地拥有的，以及通过合法流转获得的包括林木所有权、林地使用权在内的集体林产权。

（二）主要内容

集体林权制度改革的主要内容是明晰产权、放活经营权、落实处置权、保障收益权。通过开展以明晰产权为核心的主体改革，在坚持集体林地所有权不变的前提下，依法将林地经营权和林木所有权，通过家庭承包经营等方式落实到本集体经济组织的农户，确立农民作为林地承包经营权人的主体地位，做到“山有其主、主有其权、权有其责、责有其利”。同时要积极探索配套改革的政策措施。

1. 明晰产权。在对集体林权现状进行全面调查摸底的基础上，进一步明晰林地、林木所有权和使用权，并落实到山头地块，通过核发或换发《林权证》，落实和完善以家庭承包经营为主体，多种经营形式并存的集体林权经营管理体制。

2. 对已划定的自留山要保持长期稳定不变。自留山继续坚持长期无偿使用，不得强行收回。自留山上林木一律归农户所有。责任山在承包期内，林地使用权和林木所有权归承包者。自留山和责任山由林农和承包户申领《林权证》，允许继承和流转。

3. 林地承包期为70年，上一轮承包到期后可再延长一个承包期。原承包合理的，可直接续包。新一轮承包和此次确权发证，都要签订书面承包合同，明确所有权、使用权、收益权和处置权。

4. 集体林地林木，村庄片林以及其他农村土地上的林木，按照“树随地走、谁造谁有、合造共有”的原则，落实林木经营主体，发给《林权证》。通过拍卖、承包、租赁等方式取得林木或“四荒”等经营权的，也要发给《林权证》。

5. 目前尚未确权到户的集体山林，应以农户为单位，按人均确权到户，实行家庭承包经营。对符合国家计划生育政策的农村独生子女户、双女户，在分配比例上可以多分一份。集体统一经营状况好且群众满意的山林，经本集体经济组织成员的村民会议三分之二以上成员或三分之二以上村民代表同意，可以继续由集体统一经营，但必须转换经营机制，明确管护责任和收益分配办法；也可以采取招标、拍卖等形式转让经营，落实经营主体。对利用贷款营造的集体山林，在落实经营主体时，必须按照“债随林权走”的原则，明确债务偿还主体，落实抵押物。

6. 已经落实承包责任制和明确经营责任主体的林地，应当限期造林绿化。对因抛荒被集体收回组织造林的，要按照“谁造谁有”政策落实林权和受益分成比例，并按照承包者享有林地使用权、经营者享有林木所有权发给《林权证》。一个轮伐期内，林木采伐后，林地使用权再归还给原承包经营农户。经济林的经营期由双方约定解决。

7. 对林业“三定”以来划定的自留山和责任山，属于同一集体经济组织内的林地，在农户自愿的基础上，可以通过协商方式互换，或自愿联合入股经营，互换后应当重新核发林权证，并保持对林地的承包关系不变。

8. 规范流转。按照“依法、自愿、有偿、规范”的原则，鼓励产权明晰的林木所有权和林地使用权有序流转，盘活现有森林资源存量，活跃林业要素市场。无论采取何种形式的流转，均不得改变林地性质，不得将林地变为非林地。国家、省级公益林等确需流转的，也不得改变其公益林的性质。

9. 林权流转的一方应当向当地乡镇林业站或县级以上林业主管部门提出申请，凭合法有效的《林权证》和其他相关材料，办理相关手续，并签订林权流转合同进行交易，其流转结果受法律保护。流转的森林资源资产是否需要经过评估，由当事人双方协商确定。流转的期限不得超过承包期的剩余期限。

10. 林地承包经营权流转合同一般包括以下条款：

(1)双方当事人的姓名、住所、身份证号码、联系方式。

(2)流转林地的林权证号、林地所在地名称、小班位置、四至界线、树种、林种、面积、林木蓄积等。

(3)流转期限和起止日期。

(4)双方当事人的权利和义务。

(5)流转价款及支付方式。

(6)违约责任。

11. 集体经营的林地流转，其流转方式、流转基价、流转收入及其使用、分配等都要提前向村民公示，经本集体经济组织的村民会议三分之二以上成员或三分之二以上村民代表同意，并经森林资源资产评估机构评估后流转。流转的收益大部分应当用于本集体经济组织成员的分配，其余部分用于本集体经济组织发展林业和公益事业，任何组织和个人不得擅自截留、扣缴和挪用。

12. 承包到农户经营的林地，在流转时应当签订合同，当事人应当向县级以上人民政府林业主管部门申请登记，发给《林权证》。如果未经登记，再流转时，第三方要求登记发证的，此前流转的双方不得提出异议。林地经营权流转的费用以及流转的森林资源资产是否评估，由当事人自主决定。

13. 对已经流转的林权，要区分不同情况区别对待。按照维护、协商、纠正三个层次加以解决。对依法操作、手续完备的应当予以维护;对基本合法、确有不合理或争议较大的,要在政府主导下协商解决;对暗箱操作、以权谋私、徇私舞弊、损害集体和群众利益的流转,要依法予以纠正。

14. 随着林改的推进,应当加强乡镇基层林业工作站建设,发挥林业综合行政服务职能,负责办理有关行政许可事项和业务服务项目,为林农提供一站式服务。

15. 创新林业执法管理体系。按国家有关林业综合行政执法的要求,强化执法队伍建设,完善林业执法体系,把具有行政执法的木材检查、林业案件查处、森林植物检疫、野生动物保护管理、种子生产经营等职能整合在一起,加强林业综合行政执法。

16. 鼓励和引导成立林业行业协会和林业专业经济合作组织,实行适度规模经营和集约经营,带领千家万户闯市场,把产供销、抵押贷串联起来,一条龙服务,降低风险,提高效益。

17. 针对我县油松纯林面积大的实际,森林防火和管护责任重大的特点,在强化乡村两级护林防火责任的基础上,要重点探索林权改革后新的护林防火有效机制。

四、时间与步骤

我县集体林权制度改革工作从2010年1月开始,到2010年底结束,原则上分四个阶段推进。

第一阶段:宣传发动,组织培训(2010年1月至2010年3月底)

1. 学习宣传。深入学习《壶关县关于开展集体林权制度改革的意见》精神,乡、镇(区)、村要充分利用广播、电视、简报、专栏等宣传工具,采取召开会议、下发文件、印发公开信、张贴通告、宣传车等多种形式向群众宣传林改的重大意义和林改政策。同时要讲清改革的目的、意义和步骤程序,讲透改革的特点、政策和办法,做到家喻户晓,深入人心,使广大群众了解林改、支持林改、参与林改,确保林权改革顺利实施。

2. 成立机构。在成立全县集体林权制度改革领导组的基础上,各乡、镇(区)要对照成立乡级集体林权制度改革领导组和办公室,负责组织开展全乡集体林权制度改革工作。同时,各乡、镇(区)要抽调基层工作经营丰富,责任心强的同志,在县包乡人员的配合下,成立林改工作队,负责包村指导开展各村的林权制度改革工作。

3. 动员部署。全县集体林权制度改革动员会将在2010年春召开,之后,各乡、镇(区)要及时组织召开集体林权制度改革动员会,并组织各村召开党员会,村民大会,认真安排部署集体林权制度改革工作。

4. 组织培训。县林改办公室要以林改的政策、工作方案、确权发证要求、技术规定、有关表格的填写、及其林业保障政策等内容为主编写统一的培训资料,对县领导组成员、包乡村干部职工、基层干部和林业技术人员开展培训学习,使参加林改的所有人员吃透法律法规和政策精神，掌握改革的方式和方法，提高应对解决改革过程中复杂情况的能力和水平，确保改革质量符合要求。

5. 预算资金。县林改办要按照国家、省市规定，将宣传培训、外业勘察、内业数据、图标绘制、登记发证和档案建设经费做出预算，报县林改领导组审批后，解决工作经费，确保改革顺利进行。

第一阶段工作结束后，各乡镇（区）要把工作总结、乡级领导文件、村林改工作队名单、乡村召开的会议记录、培训资料等装订成册，及时上报县林改办备案。

第二阶段：摸底调查，制定方案(2010 年 4~6 月底)

1. 调查摸底。林改工作队进村入户，全面掌握本村集体林地、林权现状和社会经济情况；摸清林地、林木数量质量。准确登记农户基本情况，公示调查结果。

2. 制定方案。在认真调查摸底，广泛收集群众意见的基础上，各乡镇要认真研究制定本乡、镇（区）的改革方案，经本级政府批准后，报县林改办备案。制定林权改革方案要发扬民主，体现民意，坚持以人为本和公开、公平、公正的原则，要让群众满意，把好事办好。

第二阶段结束后，各乡、镇（区）要及时向县林改办报送乡、镇（区）集体林权制度改革方案。

第三阶段：组织实施，确权发证(2010 年 7~11 月底)

1. 前期准备。准备现场勘验、确权发证所需的设备和资料，制定集体林权制度改革相关工作制度，并向社会公布。

2. 选举工作小组。在乡、镇（区）政府组织下，由各村选举成立林权登记工作小组。林权登记工作小组要吸纳那些责任心强、甘于奉献、群众信得过的、有威望的、认真负责的老党员、老干部、老代表参加。

3. 拟定村级实施方案。各村集体林权制度改革小组在充分收集群众意见，认真研究讨论的基础上，依照法律法规拟定并公布村级实施方案。

4. 通过实施方案。依法召开本集体经济组织的村民会议或村民代表大会，讨论通过实施方案。

5. 确权勘界。勘界小组核实林权权属、面积和四至界线。在技术人员指导下进行逐块调查登记和地形图小班勾绘，并将四至界线和确权结果张榜公布、登记及资料整理、上报。

勘界方法：

(1)对照《乡村林业资源基本情况调查簿》规定的内容，印制全村《森林、林木、林地四至范围图》(1:1 万地形图)，小班调查表等资料。

(2)在技术人员指导下进行逐路、逐渠、逐块调查、勘界、登记,用 GPS 定位,并在全村 1:1 万地形图上现场绘制四至范围,若面积过小,在 1:1 万地形图上标注位置,要求范围勾绘准确,并注明小地名、小班号、明显的地形、地物,如居民点、沟、路、渠、河流等。小地名按当地的习惯称呼。

(3)现场填写《森林、林木、林地现场勘界登记表》,调查人员和村林改组成员、群众代表现场签字确认。小班调查登记表的小地名、小班号及四至范围要与《森林、林木、林地四至范围图》(1:1 万地形图)完全一致。面积、株数数据要准确(面积单位为亩,保留一位小数)。

(4)面积的确定。采取地形图勾绘和实地丈量(GPS)方法计算面积,林木呈线状或散生林木用株数折算面积。退耕还林的面积以上报核实兑现补助政策的为准。

6. 明确主体、登记造册。在明晰林木权属,准确掌握全村林木林地面积,资源状况的基础上,由村林改小组按人口确定承包份额和分配方案,经村民会议或村民代表会议通过后进行张榜公示。在按照分配方案确定各户的林地范围,四至后,农户可按照承包的份额单户承包经营,也可合股经营或进行有偿流转,相互调换所承包的林地,有偿转让和互换林地予以明确,以上过程最终落实经营主体后,再进行张榜公布。确属无误后,承包林地农户与村委要签订承包合同,完善法律手续,并将权属落实情况登记造册。

7. 林权登记公示。林权登记结束后,按照原林权所属范围由林权登记工作小组分别在乡、镇(区)、村及村民组予以公示。公示期 30 天。并出示公示证明(公示照片)。

8. 填表。经公示无异议后,林权登记工作小组填写《壶关县林权登记申请表》。

9. 争议纠纷调处。对林权争议和林权流转等争议引发的矛盾纠纷,按照"属地管理、分级负责、依法调处"的原则,制定和完善调处预案,明确职责,加大调处力度。对于历史遗留问题,要本着"尊重历史、依法依规、妥善处理"的原则,在深入调查研究和广泛听取群众意见的基础上,通过协商等方法妥善解决。调处完成的再进行第二次公示。调处不成的,暂缓办证。

10. 其他材料。包括各类争议、矛盾纠纷调处材料、有关会议表决、记录材料等。

11. 材料整理上报。将下列材料(一式三份)整理、完善,经村级初审后上报乡、镇(区):

(1)《林业资源基本情况调查簿》

(2)《森林、林木、林地四至范围图》(1:1 万地形图)

(3)《农户基本情况调查簿》

(4)各村《集体林权制度改革方案资料》

(5)各村《农户承包资料》

(6)各村《基本情况公示资料》

(7)《壶关县林权登记申请表》

(8)申请人(林权权利人)身份证复印件、申请报告。

(9)其他材料。包括各类争议、矛盾纠纷调处材料、有关会议表决、记录材料等。

(10)核发林权证。乡、镇(区)对上报的所有材料要进行严格审核签署意见,经核对无误后将材料报县林改办。县林改办对所有林权登记材料审核同意报县政府批准后,核发或换发国家统一样式的《林权证》。

12. 档案建立。林权改革文件、方案、林权登记材料等按档案管理要求收集整理、归档,上交县档案局管理。

第四阶段:检查验收,总结表彰(2010 年 12 月底)

对外业区划勘界、林权登记发证、微机录入建档以及林权流转等进行全面验收,总结完善。验收工作由县林改办组织逐项验收。

确权发证情况:按合格、良好、优秀三级验收。凡通过这次林改之后,确权发证数量达到应发证总数即发证率 70%以上的为合格标准;达到 80%以上的为良好等次;达到 90%以上的为优秀等次。

档案建立情况:林改文件、方案、林权登记材料等按建档管理要求收集整理、归档、有固定地点存放。

验收结束后,县,乡、镇(区)林权改革领导小组要对这次工作进行全面总结评比表彰,对表现突出、成绩显著的,将给予表彰奖励,对于工作失误或有违法乱纪行为的,要限期返工改正,批评教育直到纪律处分和追究刑事责任。

五、保障措施

(一)加强领导,强化推进措施。我县集体林权制度改革工作采取“县直接领导,乡、镇(区)组织实施,村(组)具体操作,部门搞好服务”的运行机制。各乡、镇(区)要充分认识搞好集体林权制度改革试点工作的重要性、艰巨性和复杂性,切实增强责任感和紧迫感。要把集体林权制度改革作为一件大事,摆上重要位置,予以高度重视,实行县、乡、村主要领导负责制,层层落实领导责任。各成员单位要积极参与改革,主动支持改革,各司其职,密切配合,通力协作。林业主管部门当好参谋,加强指导和服务。乡、镇(区)要精心组织,周密安排,确保工作落实到位、政策宣传到位、指导服务到位。要搞好集体林权制度改革全过程的组织、协调,处理好改革中出现的重大问题。要搞好集体林权制度改革工作督查和目标任务考核工作,建立信息反馈机制,实时掌握工作动态。要加强试点村基层党组织建设,发挥党员干部先锋模范作用,带好头、引好路,把改革大事办好办实。

（二）依法办事，规范操作程序。集体林权制度改革试点一定要以《森林法》《物权法》《农村土地承包法》等相关法律法规为依据，认真落实《省委、省政府关于全面推进集体林权制度改革的意见》和《壶关县关于全面推进集体林权制度改革的意见》，实行林地家庭承包经营制度，确保村民依法享有平等的林地承包权，确保改革内容、程序、方法符合国家法律和政策规定，改革成果合法有效。林地承包经营，要依据法定程序的规定，选举林改工作小组、拟定承包方案、实施承包方案、签订承包合同。每个程序都要阳光操作，确保公开、公平、公正，防止暗箱操作，滋生腐败。

（三）强化队伍，严格履行职责。按照“政策引导、部门服务、县乡组织、村组操作”的要求，各乡镇要组织一支林改的专门队伍。在确权时，要有对子孙后代负责的精神，推选那些责任心强、甘于奉献、群众信得过的、认真负责的老党员、老干部、老代表参与林改确权，在县乡行政领导和技术负责人的带领指导下开展工作。同时明确各级一把手都是本次林改的第一责任人，县领导与各部门，各部门与乡、镇（区），乡、镇（区）与各村委会层层挂钩，定任务、定进度、定责任、定考评，使本次林改工作具体化，具体工作责任化，人人肩上有任务，个个心中有责任。

（四）突出重点，抓住关键环节。明晰产权是集体林权制度改革的核心。要做到以村为单位，林地经营权和林木所有权归属清楚，经营主体落实。核发证书是集体林权制度改革的关键。对符合发证条件的林地经营者、林木所有者在规定时间内及时核发林权证。要妥善处理历史遗留问题的“四荒”拍卖、小流域治理等林权问题，对符合法律规定、承包或流转合同规范的，予以维护；承包和流转合同不规范的，予以完善；不符合规定的，依法予以纠正。各乡镇确定的试点村，要做到在操作上有突破、结束后有成果。

（五）积极探索，搞好配套改革。林权制度改革试点工作要坚持改革基本原则，保持改革正确方向，认真落实“四权”，积极推进主体改革，努力搞好配套改革。要按照试点内容和重点，进一步解放思想，大胆创新，加大探索力度。通过探索宜林荒山承包到户后造林绿化的组织形式，加快推进全县造林绿化步伐；通过探索多渠道筹集生态公益林补偿资金途径，建立适合自身的生态公益林补偿制度；通过探索林地林木流转办法，规范林地林木流转程序；通过探索林业投融资机制，建立支持集体林业发展的公共财政制度；通过探索简化林木审批程序，完善资源管理制度；通过探索组建森林公安队伍、加强乡、镇（区）林业站建设的配套措施，搞好林业专业化和社会化服务。

（六）保护资源，维护社会稳定。推进集体林权制度改革，要保持森林资源管理程序良好，切实加强森林火灾、森林病虫害的监测监控，预防乱砍滥伐林木、乱占滥用林地案件发生。要结合实际，本着尊重历史、尊重事实、互谅互让、依法办事的原则，按照属地管理、分级负责要求，完善林权纠纷调处机制，对群众反映的林权纠纷，要及时调查，认真研究，妥善处理，把矛盾解决在基层，化解在萌芽状态，保持农村社会和谐稳定，今后凡变更集体林权属，都要严格执行《省委、省政府关于全面推进集体林权制度改革的意见》和《壶关县关于推进集体林权制度改革的意见》，防止农民失山失地。对违反《意见》规定，造成严重后果的，将依法追究有关人员的责任。

第三节　林权改革领导组

为认真落实省委、省政府《关于开展集体林权制度改革的意见》（晋发[2008]24号）精神，扎实推进全县集体林权制度改革工作，2010年8月31日县委、县政府决定调整壶关县集体林权制度改革领导组，并以壶办发[2010]30号文件下发，调整后的领导组组成人员如下：

组　　长：段树新（县委副书记、县长）

常务副组长：胡三虎（县政府副县长）

副 组 长：崔秀清（县政府办公室主任）

秦庆祥（县林业局局长）

成　　员：张月飞（县委办副主任）

马江涛（县政府办副主任）

张君平（县纪委副书记、监察局局长）

李志方（县委宣传部副部长）

陈淑芳（县委政法委副书记）

马光明（县发改局局长）

赵保忠（县农委主任）

王起堂（县国土局局长）

郭太国（县财政局局长）

张世兵（县司法局局长）

李建芳（县民政局局长）

赵庆明（县档案馆馆长）

闫二斌（县国税局局长）

石喜斌（县地税局局长）

盖红伟（县计生局局长）

崔文清（中国人民银行壶关县支行行长）

王国林(县水利局局长)

秦志云(龙泉镇党委书记、镇长)

贾风鸣(百尺镇党委书记、镇长)

连树斌(店上镇党委书记、镇长)

张志平(晋庄镇党委书记、镇长)

张红伟(树掌镇党委书记、镇长)

李立堂(集店乡党委书记、乡长)

王世英(黄山乡党委书记、乡长)

徐云开(五龙山乡党委书记、乡长)

李爱民(东井岭乡党委书记、乡长)

宋忠孝(石坡乡党委书记、乡长)

闫志斌(桥上乡党委书记、乡长)

高福生(鹅屋乡党委书记、乡长)

弓书霞(常平开发区党委副书记)

郭军芳(县林业局副局长)

武建宏(县绿化委副主任)

领导组办公室设在县林业局。

办公室主任:秦庆祥(兼)

办公室副主任:郭军芳(兼) 武建宏(兼)

第四节 工作细则

根据中央林业工作会议精神,按照中共中央、国务院《关于全面推进集体林权制度改革的意见》和长治市委、市政府《关于开展集体林权制度改革的意见》,结合我县的实际情况,壶关县人民政府于 2010 年 9 月 1 日,印发了壶关县集体林权制度改革工作细则,从 2010 年 10 月开始,在全县范围内全面推进集体林权制度改革。

1. 指导思想

认真贯彻落实科学发展观,坚持以人为本,发展现代林业,实施生态兴县战略,大力推进集体林权制度改革,调动广大农民及社会各界参与林改的积极性,创新集体林经营机制,进一步明晰集体林地使用权和林木所有权,放活经营权,落实处置权,保障收益权。

2. 主要任务

2010 年,全县以乡镇(区)为单位要全面完成集体林地的主体改革任务,力争全县达到80万亩以上。

本次集体林权制度改革的范围是集体所有的林地、林木。

公路通道绿化工程、环城绿化工程、神山森林公园和太行山大峡谷森林公园、国家地质公园划定的范围暂不纳入本次改革范围，其经营管理方式按原渠道管理。

在坚持林地所有权不变的前提下，依法将林地使用权和林木所有权，通过家庭承包方式落实到本集体经济组织的农户，确立农民作为林地承包经营权人的主体地位。林地承包期为70年。村集体经济组织可保留少量集体林地，由集体经济组织依法实行民主经营管理。

尚未承包到户，仍由集体统一经营的集体林地，依法采取家庭承包方式落实到农户，以本集体经济组织户口人数为基数进行均分。人均林地面积较大的村组，要按人分山、以户承包，林地产权明晰到户；人均林地少、不宜单户承包的村组，可实行以人分山、联户承包，林地产权明晰到联户。

已经承包到户或流转的集体林地，要进一步稳定和完善承包关系。"三定"期间划定的自留山，实行"增人不加林、减人不少地"的政策，由农户长期无偿使用。户包治理小流域、"四荒"使用权拍卖、民营造林等以招标、拍卖、公开协商等方式承包和流转的集体林地，对程序合法、双方权利义务合理、合同形式和内容规范的，要予以维护；对双方权利义务显失公平、合同不完善的，要本着尊重历史、依法办事的原则，进一步完善合同；对不符合法律规定的，要依法纠正。承包到本集体经济组织成员的集体林地、林木，合同不完善的，要依法进行完善，承包期满可直接续包，农户不愿意继续承包的，交回原集体经济组织另行发包。

群众不愿承包的宜林荒山，可由集体绿化后再承包到户。对不宜实行家庭承包经营的宜林荒山，依法经本集体经济组织成员同意，可采取招标、拍卖、公开协商等方式发包，均利或者均股到农户，并明确绿化期限。在同等条件下，本集体经济组织成员享有优先承包权。

承包方案必须经本集体经济组织三分之二以上成员或者三分之二以上的村民代表（户代表）同意。

在林改过程中，要积极探索建立森林生态效益补偿制度；建立健全林权抵押贷款、林农小额信用贷款以及林农联保贷款制度；建立和完善家庭承包到户的农民造林补助机制；建立规范有序的集体林权流转机制；加强乡镇林业工作站建设。通过完善政策、规范管理、健全服务，逐步形成集体林业良性发展的机制。

3. 实施步骤

集体林权制度改革工作要按照市委、市政府《关于开展集体林权制度改革的意见》(长发[2008]22号),分四个阶段推进。

第一阶段:宣传发动、组织培训(2010年9月1~10日前完成)

①学习宣传。认真组织学习《中共中央国务院关于全面推进集体林权制度改革的意见》,学习市委、市政府《关于开展集体林权制度改革的意见》。充分利用各种媒体,采用形式多样、形象直观、通俗易懂的方法,广泛深入地开展宣传活动。通过宣传,把政策真正交给基层干部和农民群众,让群众了解政策、支持改革、参与改革;通过宣传,把各级领导和广大农民群众的认识统一到中央和省委、省政府精神上来。

②成立机构。林权改革实行行政首长负责制。各乡镇(区)要成立以政府主要领导为组长、有关人员参加的集体林权制度改革领导组及办公室,领导组组成人员由纪检、组织、宣传、政法、民政、司法等组成,领导组要设办公室,办公室要配备专职人员,确定工作场所,配备电脑等办公设施和交通工具。村级林改工作小组以本集体经济组织成员为主,要求有一定的代表性,注意选择为人正直、熟悉情况、懂政策、办事公道的成员参加。

各乡镇要组建集体林权制度改革工作队,抽调政治业务素质强、政策理论水平高、基层工作经验足的同志,组成林改工作组,派驻到村具体指导林改工作,做到村村有工作组。

③动员部署。各乡镇(区)要召开集体林权制度改革动员会,村级要召开党员会、村民大会,安排部署集体林权制度改革工作。

④组织培训。各乡镇(区)要对乡、村两级林改工作人员进行政策和业务培训,使参与改革的领导干部吃透有关法律、法规和政策,掌握改革的方式方法,提高应对改革复杂情况的能力。

⑤落实资金。集体林权制度改革工作经费,由县、乡镇(区)、村分别承担。乡镇(区)村主要承担外业勘测、林权纠纷调处、内业汇总、档案管理工作。

第二阶段:调查摸底、制定方案(2010年9月底完成)

①调查摸底。一是查清森林资源底数。对所有集体林地、林木,包括自留山、责任山、退耕还林地、已确权林地和已流转林地,都要实地逐块核实权属、面积、蓄积、林种、林龄和四至界线。根据调查摸底资料,对本集体经济组织的林地进行全面梳理,分类统计林地面积。二是查清参改人口状况。参改人口为本集体经济组织成员,原则上以在册户籍为依据,在册户籍的集体经济组织成员一律平等。户籍截止时间统一确定为2010年8月31日。调查摸底结束后进行公示。

②制定方案。在调查摸底的基础上,制定村级集体林权制度改革实施方案。乡镇(区)改革方案要经本级政府批准,并报上一级林改办备案;村级集体经济组织的改革

方案要经村民大会或村民代表(户代表)会议三分之二以上讨论通过后,报乡(镇)政府批准、报县林改办备案。

第三阶段:组织实施、确权发证(2010年11月底完成)

①前期工作准备。准备现场勘验、确权发证所需设备和资料,制定集体林权制度改革相关工作制度,并向社会公布。

②选举工作小组。本集体经济组织成员的村民会议选举产生林权制度改革工作小组。

③拟定承包方案。集体林权制度改革工作小组依照法律法规拟定并公布承包方案。

④通过承包方案。依法召开本集体经济组织成员村民会议或村民代表(户代表)大会,讨论通过承包方案。

⑤进行勘界确权。公开组织实施承包方案,确权到户。在县、乡技术人员帮助下,采取万分之一地形图配合电子影像图勾绘、GPS定位、实地测量等办法开展实地勘界,通知林权权利人和权利相关人现场相互确认权属界址,逐块、分户造表登记。林地四至界线,统一以文字描述加拐点处经纬度标注,影像图调绘作为林权证附图。

⑥公示承包结果。勘界确权完成后进行公示,公示期15天。

⑦签订承包合同。林权经公示无异议后,由村委会或农村集体经济组织与农户依法签订集体林地家庭承包经营合同书,明确发包方与承包方的权利、义务。

⑧核发林权证。按照"申请、审查、勘查、公示、颁证、建档"六个步骤,及时核发全国统一式样的林权证。

⑨统一建档管理。林改档案建设要与林改每个阶段的工作同步进行,分级管理,纸质档案和电子档案同时保存。各级档案行政管理部门要加强监督和指导,确保林改档案资料的真实、准确和完整。

第四阶段:检查验收、完善提高(2010年12月底前完成)

建立县、乡镇(区)两级集体林权改革检查验收制度。检查验收主要内容包括:组织实施、方案制定、实地勘界、承包合同签订、林权证核发、林权纠纷调处、林权档案管理和群众满意程度等情况。检查验收实行乡镇自查、县核查。检查验收报告要逐级上报。

以上四个阶段,既相互独立,又密不可分。各乡镇(区)要整体把握,有序推进,确保质量。

4. 工作要求

(1)加强领导,确保工作到位

集体林权制度改革工作采取"县级直接领导,乡镇组织实施,村组具体操作,部门搞好服务"的运行机制。各乡镇(区)、各有关单位要站在全局和战略高度,充分认识搞好集体林权制度改革工作的重要性、艰巨性和复杂性，切实增强责任感和紧迫感。要将林改工作纳入年度考核内容，层层落实责任，认真进行考核督查。各成员单位要积极参与改革、支持改革，要各司其职，密切配合，通力协作。林业局要当好参谋，加强指导和服务。各乡（镇）要精心组织，周密安排，确保工作扎实圆满。

（2）依法办事，严格操作程序

集体林权制度改革一定要以《森林法》《物权法》《农村土地承包法》等相关法律法规为依据，认真落实《中共中央国务院关于全面推进集体林权制度改革的意见》和市委、市政府《关于开展集体林权制度改革的意见》，确保生态受保护，农民得实惠；确保改革内容、程序、方法符合国家法律和政策规定；确保工作小组、实施方案、承包方案、承包合同等符合程序要求；确保每个程序公开、公平、公正，严禁暗箱操作。

（3）保护资源，维护社会稳定

推进集体林权制度改革，要保持森林资源管理秩序良好。切实加强森林火灾、森林病虫害的监测监控，预防乱砍滥伐林木、乱占滥用林地案件发生；要结合实际，本着尊重历史、尊重事实、互谅互让、依法办事的原则，做好林权纠纷调处工作。对群众反映的林权纠纷，要及时调查，认真研究，妥善处理，把矛盾化解在萌芽状态。对权属确有争议的林地、林木，要在争议解决后方可落实经营主体。对权属不清、争议未解决的，暂不纳入改革范围。对强行分配权属有争议的林地、恶意激化矛盾的行为，要务必严肃查处，追究相关人员的责任。

第三章　林业投资

林业是一项关乎生态环境改善，关系人类生存质量的公益性事业，尤其在壶关这个干石山区更是投入要远远大于收益。受这种特定的环境影响，林业投资的主体一直是各级政府。从1989年以来，国家、省、市、县共投入林业发展资金23960.61万元，其中国家投资8954.63万元，省投资3856.38万元，市投资5617.30万元，县投资5532.3万元。投资在逐年提高，项目也在逐步增多。但就林业发展的需要看，投资一直不足。20世纪80年代初，上级投资荒山造林每亩3元，种子款都不足，本县为了多造林，还把3元分开，每亩投资1.5元，每年要造林3万亩以上。不足部分要靠县财政补助、乡村投工和农民投义务工。实行承包造林后，主要靠村集体投工，上级验收后下发一点有限的资助款。所以本县的造林绿化一直是在艰苦奋斗中前进。直到2008年以后，上级投资加大，实行了列项投资，项目预算，招投标造林，只要是批准实施的林业项目，投资基本可以得到保障。国家、省、市、县投资如下表：

1989年至2013年 国家投资一览表

单位：万元

年度	项目投资金额(万元)															
	小计	油价补贴	退耕还林	营造林	造林补贴	公益林	森林抚育	病虫害防治	危房改造补贴	森林管护	集体林权制度改革	森林防火	基地建设	森林派出所	育苗	生产设施建设
2013年	2102.0447	14	588.4122	160	285.79	332.45	32	10		679.2925						
2012年	1397.8678	1	558.4653	130.11			8	5	13	680.2925				2		
2011年	778.6611	2	638.8911	68			60	6.37						3.4		
2010年	1237.4341		1005.334	134							74			24.1		
2009年	606.3027		308.3027	248			50									
2008年	222.25		45.2	130				9.075				37.98				
2007年	175		40	80			50	5								
2006年	833.87		747.5	80				6.37								
2005年	891.5		779	107.5				5								
2004年	8											5	3			
2003年	192.5		192.5													

（续）

2002年	255		255													
2001年																
2000年																
1999年																
1998年	163			163												
1997年	11			10												1
1996年																
1995年																
1994年	71.2			13.2											50	8
1993年																
1992年																
1991年																
1990年																
1989年	9			9												

1989年至2013年省级投资一览表

年度	项目投资金额(万元)																
	小计	退耕还林	营造林	公益林	森林抚育	病虫害防治	危房改造补贴	森林管护	集体林权制度改革	森林防火	基地建设	育林基金	技术推广	森林公园建设	野生动物保护	生产设施建设	育苗
2013年	442		395.5			12		34.5									
2012年	221		151			7	13	22				28					
2011年	453.78	16	340.78					57	40								
2010年	306		232			12		24	32		5		1				
2009年	818.9		651.1					27		100		35.8		5			
2008年	469.5		384					23.5				37		10	15		
2007年	242.89	125.69	77.2			10		15						5	10		
2006年	344.02	95	247.02			2											
2005年	106.54	46.5	55.04			5											
2004年	44.1		36.1	5						3							
2003年	99	93	6														

（续）

2002 年	12	12															
2001 年	29		19							10							
2000 年	8.8		5.8			3											
1999 年	20		13							5						2	
1998 年	24.1		18.1			2				2						2	
1997 年	20		11													4	5
1996 年	13		12														1
1995 年	17.9		14.4			3				0.5							
1994 年	16.5		15			0.5										1	
1993 年	74.75		40.6		0.15	1				1						30	2
1992 年	48.9		35			5.2										2	6.7
1991 年	15.7		15														0.7
1990 年																	
1989 年	8							1.5								2.5	4

1989 年至 2013 年市级投资一览表

单位：万元

年度	项目投资金额(万元)								
	小计	油价补贴	营造林	病虫害防治	森林管护	森林防火	办公经费	绿化奖励资金	育苗
2013 年	356		296		35	25			
2012 年	265.5		219			31.5	15		
2011 年	738.5	7	714			2.5		15	
2010 年	2504		2486			18			
2009 年	1421		1421						
2008 年	24.3	3.8	8					12.5	
2007 年	8.554	1.554	7						
2006 年	212.55	1.55	211						
2005 年	5.1		5.1						
2004 年	7		5	2					
2003 年	5.5		4.5	1					
2002 年	4.2		3.7					0.5	
2001 年	10.3		9.3	1					
2000 年	3								3
1999 年	3		3						
1998 年	6.5		6.5						
1997 年	9.1		6						3.1
1996 年	7.1		3.4	2.5					1.2
1995 年	3		1						2
1994 年	3.7		0.5					2.2	1
1993 年	8.2		1					6	1.2
1992 年									
1991 年	5		2						3
1990 年									
1989 年	6.2			0.9					5.3

1989年至2013年县级投资一览表

单位:万元

年度	项目投资金额(万元)								
	小计	退耕还林	营造林	病虫害防治	集体林权制度改革	森林防火	办公经费	绿化奖励资金	占地补偿费
2013年	1037.3					235	91.7		710.6
2012年	1433	70.5	640		7.5	308	38		369
2011年	448.5		220	82.5		95	51		
2010年	577.5		410		20	58	47	42.5	
2009年	45.9					42.9	3		
2008年	957.5		498.5			131	6		322
2007年	772		725	10		25	2		10
2006年	167.8	15.3	116.5		18	5	13		
2005年	86.8	4.2	57.1		5	20.5			
2004年									
2003年									
2002年	6		6						
2001年									
2000年									
1999年									
1998年									
1997年									
1996年									
1995年									
1994年									
1993年									
1992年									
1991年									
1990年									
1989年									

第八编　林业科技、教育与对外开放

第一章　林业科研成果

第一节　科研成果获奖项目

壶关县林业科学技术研究在1978年以前，基本属于空白。党的十一届三中全会之后，随着林业发展的需要，壶关县的林业科学研究工作被提上了议事日程。尽管没有专门的研究机构，没有设备，没有经费，没有专职研究人员，但广大林业科技人员紧紧围绕生产需要，把造林地作为实验场，把适地适树和提高造林成活率作为主攻方向，因地制宜，因陋就简，刻苦钻研，展开了多项科研项目。1984年“贫瘠干旱石质山油松阳坡造林”和“壶关县林业区划”获晋东南地区科研成果一、二等奖，为科研工作首开先河。填补了壶关县的历史空白。这两项技术分别达到国内同类造林技术的先进水平和国内县级林业区划的先进水平。更进一步调动了广大科研人员的积极性，一时掀起了“科研热”，截止2013年，林业系统已有8个成果13次获奖，其中有两个成果荣获林业部1988年科技进步二等奖和山西省1986年度科技进步二等奖。

壶关县的林业研究成果被收入省级研究报告

1979年至2004年壶关县林业系统科技成果统计表

课题名称	主要完成人	授奖等级	授奖部门	年份
松扁叶蜂生态特性的研究	赵瑞良、李仲明、秦平有	科研成果三等奖	山西省人民政府	1979
壶关县林业区划	张平和、赵迷锁、程喜堂	科研成果二等奖	晋东南地区行政公署	1984
贫瘠干旱石质山阳坡油松造林	王五全、张平和	科研成果一等奖	晋东南地区行政公署	1984
壶关县林业区划规划	张平和、赵迷锁、李书贤	优秀设计奖	山西省环保厅	1987
贫瘠干旱石质山阳坡造林技术推广	张平和、平书祥、连胜利、申本书、栗增录	科技进步一等奖	长治市人民政府	1988
贫瘠干旱石质山阳坡油松常年造林	王五全、张平和、李书贤、程喜堂、连胜利	科技进步二等奖	山西省科学技术委员会	1988
壶关县林业区划	张平和、赵迷锁、李书贤	调查设计优秀成果二等奖	林业部	1988
壶关县林业区划与实施	刘德宝、赵迷锁、平书祥、马爱书	科技进步二等奖	林业部	1988
壶关县营林档案	张平和、王建强、申有贵、秦元忠、栗增录	科技进步二等奖	山西省林业厅	1989
林业区划在生产中的应用	张平和、程喜堂、秦元忠、马金书、秦庆祥	科技进步二等奖	长治市人民政府	1990.5
贫瘠干旱石质山阳坡油松常年造林技术的推广应用及效益	张平和、候才龙、张扁贵、刘长勤、栗增录	科学技术进步三等奖	山西省科学技术委员会	1993.4
太行山西侧石灰岩山地抗旱造林技术研究	山西省林科所等人，壶关县林业局张平和、李书贤、程喜堂	科技进步一等奖	山西省科学技术委员会	1994.5
2003年度社会林业工程项目研究与实施	壶关县林业局	科技进步一等奖	国家林业局科学技术司	2004.1

第二节　科研成果简述(部分)

本县获得的林业科研成果中，有两项成果在林业生产中具有"革命"性意义，不但改变了本县"年年造林不见林"的情况，取得了造一片成一片的明显成效，甚至在山西省在太行山区和全国都产生了积极影响，被广泛推广应用。

1. 贫瘠干旱石质山区阳坡油松常年造林技术简述

(1)培育适生苗。就是“阳坡育苗阳坡栽,阴坡育苗阴坡栽,就地育苗就地栽”。阳坡苗在干旱条件下生长,会对苗木的生理机能和生态构造产生一定的影响,提高苗木的抗性和适应性。加之运途短等综合条件,造林成活率一般都比较高,异地育苗造林正好反之,就是在一座山上阳坡苗和阴坡苗在阳坡移栽也有差异。

(2)选用适令苗。从 1974 年开始的不同苗令的造林试验结果,是一小四大二正好,三年用作补植苗。二年生苗成活、保存率都很高。其原因是二年生苗根茎比大,毛根也多(群众称“长胡子、矮个子、大胖子”),而且根系较小,坑穴规格易达要求,容易栽植。不但造林成活率高,而且发苗快,二年就离土出窝。

(3)随地巧挖坑。石质山地土薄,一般不搞预整地。可充分利用有利地形,扬长避短,采用随刨坑随栽植的办法。具体做法是:

①石上积水,石下栽树。岩石不渗水,却可起到天然积水的作用,把表面径流汇集到石块下部,使干旱区的有限降水,集中利用,为苗木成活,生长提供了一个土壤水分条件好的小环境。

②石头截水,蓄水栽树。山坡上的大石块可以堵截上部径流,起到拦蓄作用,淤渗之后,则是苗木生存的良好环境。因而,在这种石头的上部刨坑栽植,用其蓄水,供养苗木成活、生长、发育。

③石隙过水,见缝栽树。在顺坡的石缝和石侧,当雨水降至石头上时,积水于石隙,加上上部流经此地的雨水,造成了一个过水地小环境。在此处栽植苗木,同样也可成活生长。

④石间“盆地”,中间栽树。四周都是石头构成的中间低凹处,形成石间“小盆地”,也是石质山地造林的有利地形。

利用小地形造林,是理论联系实际,科学地利用了地形地物,进一步发展创造了一个“阳坡不阳”“旱坡不旱”的自然环境,不但苗木成活率高,而且发育生长快。这主要是因为苗木享受到成倍积水,幼苗期“隐避”在石头下侧或石缝中,避免了山坡上夏季干热风,冬春季的干寒风所引起干稍等危害。在石质山地阳坡造林,利用小地形巧用积水是扬长避短,取得造林成功的重要措施。

(4)环环抓保根

“人活心,树活根”。根系,尤其是须根的完好是干旱地区造林成活的重要因素。怎样保证根系完好,要掌握以下六个环节:

①起苗开沟保全根。起苗时,先在苗行一侧开沟,沟比苗根稍深,然后在另一侧用镢直刨或用锹直挖带土坨起苗,这样土坨内的根系保存完整。

②运苗带坨水浸根。运苗时把带土坨的小苗根系浸入水中，使苗根既不离土，又增加了水分；避免了根系“见光露风”，造成干根死苗，也使苗木饱吸水分，增加抗旱能力，有利成活。

③水中分苗保须根。成丛带土的苗木，直接把土坨捏碎分栽，就要有50%以上的须毛根撕裂拉断。采取把土坨放在水中浸软泡散，使苗根全部离土，再把一株株的苗根分开，这样就保证了须毛根90%以上的完好率，保住了根系吸水最活跃的组织。

④泥浆蘸根保润根。泥浆用较细的土搅匀而成，使用分根时剩下的原土最好。泥浆的稀稠以能在蘸根后，使根保持原舒展状态为宜。泥浆含有充足的水分，在根的四周形成了保护层，使根能一直处在湿润的环境里，对保护旺盛的机能大有好处。泥浆还促使根系与土壤的充分结合，为根系在土壤中生存打下了基础。特别是在干旱情况下，数天无雨仍能维持生命。应该注意的是泥浆不易太稠，过稠的泥浆易使根“打辫子”，粘成一缕，这样很容易在根周围形成一层泥套，对根系的呼吸和生长造成障碍，影响成活。

⑤关键围根一把土。苗木放入栽植穴靠近坡下部的一侧坑直壁上，把根系舒展，埋入直接与苗根接触的一把围根土，对成活十分关键。在土薄或粗骨土上栽苗时，要从其他地方找一把肥沃的湿土“客土围根”，使苗木移动后条件不差，恢复阶段营养不减。实际是新植的苗木首先扎根于这把好土中，然后再逐步适应恶劣的条件。

⑥分层埋土由边向里砸实。一把围根土放好后，向穴内填上表层好土和湿土。第一次填土60%，用石头由四周向中间逐渐砸实。然后再填平土，用前种方法砸实，上复一层虚土即可。由外向里砸实的方法好处是根系舒展，不伤苗根，新填土能与坑壁土壤密接，可重新接通毛管水，为充分利用土壤中的水分创造条件。

(5)一把细土围苗根。在特别干旱的情况下，栽苗时填土60%后，浇一碗水，然后上覆30%的土，稍拍实，再覆土做成反坡。这样，可以解决苗木短期缺水之急，保证苗木能在湿土中生根成活。

(6)分层夯实不伤根。在造林后的反坡坑面上铺盖一层小石块，不但保墒，而且还防止水土流失。其理由是：石头不吸水，但接触下雨面积不小，雨水沿石隙下渗，土层得到的水不少，而相应减少了雨水对表土的溅击和冲刷，保住了土。同时，又能减轻太阳直射暴晒，阻隔水分蒸发，相对土壤湿度就大，造林成活率也相应提高。

(7)两种遮阳法。雨季造林时，在植好的小苗向阳面一侧，放几块高于树苗的石块或就地采点树枝、杂草，为小苗遮阳，以防苗木遭太阳暴晒死亡。

进行常年造林，除认真执行以上六 项技术外，在造林时间，造林坡向，使用苗木，操作技术方面也有很大讲究。在气温低、光照弱、蒸发量小的情况下，造林容易成活，要求技术不甚严格；在气温高、光照强、蒸发量大的情况下，阳坡造林应抓两头：上午十点钟前，下午五点钟以后，避开强烈高温，适用二年生的就地苗木，在阳坡随挖随栽。雨季造林要充分利用阴天或雨前、雨后栽植。

干旱阳坡油松常年造林成功的技术要点：首先抓住了苗木内在素质的定向改造——如苗木的抗旱锻炼；二是抓移栽过程中苗木根系的特别保护；三是抓外界诸多影响水分因素的利用和改造；四是认真细致按科学规律办事。这就构成了一套对干旱贫瘠山区，乃至严重裸岩地区的成功的造林技术措施。这一套围绕用水、护根、驯苗的措施，经过实践证明是卓有成效的。

2. 壶关县林业区划简述

1983年秋，壶关县在省林业厅、林业设计院、地区林业局的大力协作下，县委、县政府领导亲自挂帅，组织了一百二十多人的调查队伍，历经九个月，顺利完成了土地资源调查和森林资源调查。在此基础上，制定了适合壶关县实际情况的林业区划方案和发展林业的战略目标及具体措施。这些区划规划方案是综合本县的自然资源情况，社会经济情况，经过科学的分析、研究和可行性论证确定的，它对于促进全县林业发展具有重要意义。

根据自然资源情况和社会经济状况，在林业专业调查与林业专题调查的基础上进行了林业区划。把全县划分为五个一级区：

（1）西北部山间平地农田林网区。这个区包括辛村、集店、城关、西川底的全部，总面积201018亩，宜林地面积21920亩。

（2）西南部丘陵山地水保林区。包括黄家川乡全部、黄山、东柏林、常行乡和百尺镇的大部。总面积186017亩，宜林地面积17766亩。

（3）中部山地沟壑水保经济林区。全区包括晋庄镇、东崇贤乡、固村乡、五龙山乡、店上镇的全部，黄山乡、东柏林乡、百尺镇、常行乡的一小部分。总面积为429257亩，宜林地125988亩。

（4）东南部分石质山水源涵养用材林区。本区包括东井岭乡、石坡乡、树掌镇、石河沐乡、鹅屋乡的全部，桥上乡的梯脑山、西坡沟。总面积636213亩，宜林地250642亩。

（5）东部河谷经济林区。本区包括桥上乡的十三个村，总面积66750亩，宜林地25934亩，本区气候温暖，土壤肥沃，有着发展各种干鲜水果的优良条件。

在区划的基础上进一步搞出规划。规划方法是，以区划中查明的不同海拔、光、热、土、气候等主导因子为依据，确定了立地条件类型和应选择的造林树种；以区划中查明的坡向、坡度级别为主要依据，调整了树种结构；以区划中查明的资源状况为依据，安排了林种结构；以区划中查明的资源状况为依据，确定了林业发展的方向，制定

相关领导与到壶关进行林业区划的省市林业专家合影

了管理措施；以区划中提供的潜力为依据，确定了林业发展目标。总之，是根据因地制宜，因害设防，适地适树，讲究效益的原则确定了发展方向。规划林地面积到本世纪末达到71.3万亩，森林覆盖率达47%，加林网和四旁树1163万株，最终的覆盖率要达到54.7%。

通过区划规划把全县划分为石质山、黄土丘陵、平川地三个地貌类型。在此基础上又划分了十个立地条件类型。即：

(1)石质山区阳向坡。这种类型属阳坡（南坡）、半阳坡（东南坡），水分条件较差。

(2)石质山区阴向斜缓坡。这种类型属阴坡（北坡）、半阴坡（西北坡），坡度平缓（6°～15°），土壤水分条件较好。

(3)石质山区阴向急陡坡。这种类型属阴坡、半阴坡，坡度陡（26°～35°），土壤水分条件好。

(4)石质低山（海拔500～1000米，山的相对高度为200～500米）河谷区斜缓坡。这种类型坡缓，水分条件较好，气候温暖。

(5)石质山区山地梯田。这种类型立地条件较好，除作为耕地外，可适当退耕还经济林。

(6)黄土丘陵阶地。这种类型平坦，水分条件较好。

(7)黄土丘陵阳向斜缓坡。这种类型为阳坡、半阳坡，光照条件好，土壤水分条件差。营造以苹果、核桃为主的经济林。

(8)黄土丘陵阴向斜缓坡。这种类型多为阴坡及半阴坡，土壤水分条件好，营造以刺槐为主的水土保持林。

(9)黄土丘陵急陡坡及沟壑。这种类型多为急陡坡(36° ~45°),侵蚀强烈,水土流失严重,以营造水保林为主。

(10)平川地及沟平地。这种类型多为平整的土地,水肥条件好,以发展水果经济林、农田林网和小片丰产林为主。

第二章 林业技术

第一节 林业技术普及推广

林业科学技术的普及推广,直接关系到林业生产力的发展。多年来,壶关县对林业技术的普及推广工作是比较重视的,也是有成效的。但由于交通闭塞,文化落后,加之小农意识影响较深,林业科技的普及率低,更新率更低,致使林业生产发展不快。就油松造林讲,从新中国成立到1978年,全县基本沿袭直播一项传统技术,耗费了大量人力物力,但成效甚微。林业局成立后,林业技术力量得到了加强,林业科学技术普及工作逐步走上轨道。特别是一些林业科技典型的出现,群众从活生生的事实中受到教益,林业科学技术开始得到了全县干部群众的重视,科技人员开始受到广大群众的尊重,随之,县、乡林业技术培训工作得以广泛开展。在技术普及推广中,全县办起了林业技术家庭咨询站,县、乡、村,局、站、场形成普及网络,技术普及工作出现了新局面。1979年到2013年,全县已有20项技术得到普及,取得了明显的经济效益,林业生产开始进入科学营林阶段,同时也为林业科学技术的研究打下良好的基础。

林业技术员张福锁在检查大坑整地质量

第二节　主要技术普及推广与实施应用项目

1. 酸枣切根嫁接大枣技术

1990年在桥上乡的桥上村、桥后沟村，鹅屋乡的五里沟村、黄崖底等村，推广并实施了该项目。

主要参加人员有连胜利、宋水平、马何民、杨国青等。

2. 温室核桃芽接苗技术

1992年，实施推广了温室核桃芽接育苗技术，为全县优质优种核桃苗木培育创出一条新路。

主要参加人员有申本书、马金书、王岚、宋水平、杨国青等。

3. 核桃去雄技术的推广与实施

人工疏雄减少了树体水分养分消耗，节省的水分和营养用于雌花的发育，从而改善了雌花发育过程中的营养条件，而使座果率提高，产量增加。

1990年以来，通过在树掌镇回车村的试验，当年增产40%，收到良好的效果。试验成功后，在全县的主要核桃产区进行了普及推广。分别是石坡乡的杜家岩、双井、龙尾头、西沐、东沐等村；鹅屋乡的黄崖底、西土池、五里沟、沙岗沟、牛洞上等村；东井岭乡的东脑后、石盆等村；桥上乡的后沟、丁家岩等村；树掌镇的南坡脑、马家庄、神北等村。去雄株树达到10000余株。

4. 核桃树高接换优技术

1990～1995年，壶关县林业局分别在黄山乡的东脚村，桥上乡的丁家岩村，石坡乡的东水村，树掌镇的树掌村、大会村，百尺镇的流泽村、录池村，鹅屋乡的黄崖底村、西土池村、鹅屋村、师家背等村对劣质核桃树进行了嫁接改良，均取得了很好的效果。

主要参加人员有王建强、马金书、申本书、宋水平、马何民、王岚、杨国青、宋安明、张来胜等。

5. 酸枣改接大枣技术

1999年～2000年县林业局从运城的河津、绛县，省林科所等地引进优良新品种接穗，分别在桥上乡的东川底、杨家池、桥上、桥后沟、南岭，集店乡的东关壁，鹅屋乡的五里沟、沙岗沟、西土池、黄崖底，龙泉镇的程村、河南等村进行了嫁接改良。

主要参加人员有张来胜、宋水平、马何民、王岚、杨国青等。

6. 径流林业造林技术

此项技术的普及推广，首先在东井岭乡的高山寨；晋庄镇的赵掌岭、十里岭；百尺

县四套班子领导带头学习经济林嫁接技术

乡镇林业员研究探讨嫁接技术

镇的虎头山、白头山；店上镇的飞鹰岭等典型造林地进行试验，后在全县推广。该技术推广以来，荒山造林成活率显著提高，从1987年开始到2013年已推广50余万亩。

7. ABT生根粉、根宝蘸根造林技术

1990年以来，在荒山造林、公路绿化、大树大苗移栽等绿化工程中，推广应用了ABT生根粉、根宝蘸根造林技术，取得一定成效。

8. 生物覆盖（杂草、秸秆）技术

生物覆盖即夏天、秋天利用杂草、秸秆，结合中耕除草对果园进行覆盖。既利用了有利的资源，又可保墒，杂草、秸秆腐烂后又是很好的肥料。1995年以来，在经济林管理上先后分别在集店乡的辛村、东关壁、西关壁，店上镇的福会沟林场、北大安等村推广应用了此项技术。

9. 火炬树育苗、造林技术

火炬树为漆树科盐肤木属落叶小乔木。果扁球形，有红色刺毛，紧密聚生成火炬状。秋后树叶变红，十分美丽。我国1959年由中国科学院植物研究所引种，1974年以来向全国各省区推广。以黄河流域以北各省（区）栽培较多，主要用于荒山绿化风景林树种。

本县于2000年以来，在退耕还林工程中普遍推广了火炬树育苗、造林技术，现在该树种已遍及全县13个乡镇（区）。

10. 连翘扦插育苗及播种育苗技术

连翘又名黄花条、连壳、青翘、落翘、黄奇丹等，连翘可清热解毒，主治热病初起，风热感冒，发热，心烦，咽喉肿痛，急性肾炎等，是良好的中药材，全县的重点推广树种。为了加快连翘的发展速度，2000年以来，成功推广了连翘扦插育苗和播种育苗技术。

11. 元宝枫播种育苗技术

元宝枫叶形秀丽，嫩叶红色，秋叶黄色、红色或紫红色，为优良的秋色叶树种。其木材坚硬，为优良的建筑、家具、雕刻、细木工用材。树皮纤维可造纸及代用棉。

2001 年以来，本县大力推广元宝枫苗木的培育，仅此一种苗木面积达百余亩，为退耕还林和公园绿化提供了足够的高质量苗木。

12. 白皮松育苗技术

白皮松：常绿乔木，是中国特有树种。树形优美，干皮斑驳，也是优良的园林绿化树种。

近几年来，引种育苗，取得了较好成效，突破了该树种育苗难成活的难题。

13. 红豆杉育苗技术

红豆杉：常绿乔木，是珍稀树种，被列为国家一级重点保护植物。

红豆杉树形美丽，果实成熟期红绿相映令人陶醉，尤其所含的紫杉醇可防癌、治癌，有巨大的开发价值。

2000 年以来，红豆峡景区、树掌镇李家河、梁家等村，进行了种子育苗、扦插育苗，取得了突破性成功。

14. 植物蒸腾抑制剂

植物蒸腾抑制剂主要是在植物表面形成特殊保护膜，通过缩小植物气孔开张度而抑制蒸腾，减少植物体内水分散失。同时增加叶面保水能力和叶绿素含量，促进根系生长，提高抗旱抗寒能力，促使苗木成活。

2008 年以来，在长壶一级路、长平线、青羊线等主要干线公路通道绿化工程中，应用植物蒸腾抑制剂，使栽树成活率有了一定提高。

15. 树木防啃剂

树木防啃剂，是一种新型多功能树木生长防护剂，对鼠、兔、羊、牲畜等有极强拒避作用，树木涂刷后可免遭啃咬。同时兼有防寒、防水份蒸发、防树木创口病菌侵入功能，也可用于树木修剪、啃咬创口及枝干腐烂病患处刮削后创面的保护康复。在生产中应用后，有明显成效。

16. 大树营养液

大树营养液，也叫大树吊针液，大树吊袋液。有利于给大树补充水分，药液由导管直接输入到树干中心，树木很容易吸收，增强树势的恢复力，促根生根，调节生理代谢、增强光合作用，提高树木抗病、抗虫、抗旱、抗冻能力，促进成活。

2008 年以来，在长壶一级路、长平线、青羊线等主干公路及公园绿化中，给新栽植的大树大苗补充营养，有效提高了树木的成活率和保存率。

17. 大树移植技术

2000 年以来，在通道绿化、城市绿化中，推广应用了大树移植技术，并取得一套完整经验，为之后对外承包大树移植工程打好了技术基础。

18. 塑料薄膜覆盖造林技术的推广与实施应用

2000 年以来，在公园建设、主要干线公路绿化及经济林建设工程中，采用了塑料薄膜覆盖造林技术，大大提高了造林成活率，一次性栽植成活率达到 95%以上。

19. 核桃树综合丰产管理技术

1995 年以来，对核桃经济林，从育苗下种、苗期管理、嫁接、出圃、栽植、施肥、修剪普及推广了一整套核桃树综合丰产管理技术，无论从育苗成活还是到树木成长都收到了明显的效果，得到广大林农认可。并分别在龙泉镇的下内村、西堡村、清流村，店上镇的北大安村、林青庄村，集店乡的东关壁村，晋庄镇的十里村，五龙山乡的欢掌底村，东井岭乡的北行头村，树掌镇的神北村，黄山乡的黄家川村、南河村、沟洞村等村，建立了优质核桃园 10 余个，成为全县核桃经济林发展的示范点。

20. 苹果树高接换优技术

1986 年以来，对全县大国光、小国光、倭绵、红玉等苹果老品种进行高接换优，逐步交换为富士系列的新品种，提高了苹果的品质和果园的经济效益。这项工作由县经济林办公室和农业果蚕果站完成。

第三节　新名特优树(品)种的引进

1985 年以来，壶关县先后对一些名特优新树(品)种，进行了引种试验，均取得了明显的成效。

1. 核桃优良新品种

(1)早实核桃

①中核 1 号

果实椭圆形，果基圆，果顶微尖，平均坚果重 16 克，壳面光滑，色黄；壳厚 1.1 毫米，极易取整仁。核仁充实饱满，浅黄色，味甜，出仁率 58%，品质中。7 月底成熟。

该品种丰产稳产，抗旱、耐瘠薄，结果早。

②中核 2 号

果实椭圆形，果基圆，果顶平，平均坚果重 16.7 克，壳面较光滑，有少量浅坑，黄褐色；壳厚 1.2 毫米，极易取整仁。核仁充实饱满，黄白色，味香而不涩，出仁率 55%，品质中上等。

该品种丰产稳产，抗旱、耐涝、耐瘠薄，结果早，丰产。

③西扶 1 号

果实长圆形，果基圆形，平均果重 12.5 克，壳面光滑，色浅；壳厚 1.2 毫米，可取整仁，出仁率 53%，核仁充实饱满，色浅，味香甜；脂肪含量 68.49%，蛋白质含量 19.31%。

该品种适应性强，耐旱，特丰产，品质优良，适宜矮化密植栽培。

④辽核 1 号

果实圆形，果基平，果顶略成肩形，平均单果重 9.4 克；壳面较光滑，色浅；壳厚 0.9 毫米，可取整仁。核仁饱满，浅黄色，出仁率 59.6%。

该品种较耐寒、耐旱、抗病性强。

⑤中林 1 号

果实圆形，果基圆，果顶扁圆，平均单果重 14 克，壳面较粗糙，壳厚 1 毫米，可取整仁或半仁；出仁率 54%，核仁脂肪含量 65.6%，蛋白质含量 22.2%。

该品种适应性较强，特丰产，品质优良。

⑥香铃

果实卵圆形，坚果重 12.6 克，浅黄色；壳厚 0.9 毫米左右，易取整仁；核仁充实饱满，色浅，味香而不涩，品质上等，出仁率 65.4%；早实丰产性好，大小年不明显。

该品种适应性较强，较丰产，易嫁接繁殖，坚果美观，宜带壳销售。

⑦晋香

果实中等大，圆形，平均单果重 11.54 克，最大 14.2 克，壳厚 0.71 毫米，壳薄而不露，可取整仁，出仁率 63.97%。

该品种适应性较强，果形美观，但果个较小，可取整仁。

⑧鲁丰

果实椭圆形，基部圆，果顶尖，单果重 12.9 克，壳面多浅沟，不太光滑；壳厚 1.1 毫

辽核1号

中林1号

香 玲

晋 香

米，易取整仁，核仁充实饱满、色浅、味香而不涩，出仁率 60.17%，产量高。

⑨鲁香

果实倒卵形，单果重 12.7 克，壳面多浅坑，较光滑；壳厚 1.1 毫米，有奶油香味，不涩，品质上等，出仁率 66.5%。

该品种早实性好。

⑩元丰

果实卵形，单果重 12 克，壳面刻沟浅，光滑美观，色较浅，壳厚 1.15 毫米，易取整仁，核仁充实饱满，出仁率 49.7%。

该品种早实丰产性好，适应性强，丰产稳产。

⑪鲁光

坚果卵圆形，平均单果重 12.0 克，最大 15.3 克，三径平均 3.76 厘米，壳面光滑美观，壳厚 1.07 毫米，缝合线较紧，可取整仁，出仁率 56.9%，仁色浅，风味香。

该品种特别丰产，品质优良，适宜在肥水条件较好的地方集约化栽培。

鲁　光

⑫中林 3 号

果实椭圆形，单果重 11 克。壳中色，较光滑，缝合线窄而凸起，结合紧密，壳厚 1.2 毫米。可取整仁，出仁率 55%，核仁饱满，色浅。

该品种适应性强，耐干旱瘠薄，丰产性强，核仁品质上等，为较好的仁用品种。

中林3号

⑬扎 343

果实中等大，平均单果重 12.4 克，最大 15.3 克，壳面光滑，壳厚 1.16 毫米可取整仁，出仁率 56.3%，风味香，品质中上等。

该品种适应性强，较抗寒、耐旱、较抗病，属丰产，品质上等。

⑭薄丰

果实中等大，卵圆形，平均单果重 11.12 克，最大 13.5 克，壳厚 1.06 毫米，缝合线较紧，可取整仁，出仁率 54.1%，仁色浅，品质上等。

该品种适应性强，耐旱、抗病、抗寒性强。

⑮西林2号

果实圆形，三径平均3.93厘米，平均单果重16.96克。壳面光滑，略有小麻点；缝合线窄、平，结合紧密，壳厚1.21毫米。易取整仁，出仁率61%。味脆而甜香，核仁淡黄。

该品种有较强的适应性。

⑯温185

果实中等大，平均单果重11.2克，最大14.2克，壳厚1.09毫米，缝合线较松，可取整仁，出仁率58.8%，风味香，品质上等。

该品种适应性较强，特丰产，品质优良。

⑰薄壳香

果实较大，平均单果重13.02克，最大15.5克，壳厚1.19毫米，缝合线紧，可取整仁，出仁率51%，风味香，品质上等。

该品种适应性强，较丰产稳产，品质优良。

（2）晚实核桃

①晋龙1号

果实近圆形，平均果重14.85克。壳面较光滑，色较浅，壳厚1.1毫米，易取整仁，出仁率61%左右，核仁色浅味香，充实饱满，脂肪含量为64.9%，蛋白质含量为14.32%。

②晋龙2号

果实较大，平均单果重5.92克，最大8.1克，圆形，壳面光滑美观，壳厚1.22毫米，可取整仁，出仁率56.7%，平均单仁重9.02克，仁色中，饱满，风味香甜，品质上等。

③西洛3号。

嫁接树第3～4年开始结果，7年后进入盛果期。

该品质适应性强，早期丰产，耐干旱，抗病性强。

④晋薄2号

果实圆形，中等大小，平均单果重12.07克，最大14.2克，壳厚0.63毫米，易取整仁，出仁率71.09%，风味香，品质上等。

该品种适应性强，出仁率高，品质特优。

⑤清香

果实近圆锥形，单果平均重14.3克，果个大小均匀。壳厚1.2毫米，取仁容易，种仁饱满，出仁率55%左右，仁色浅，味香，不涩。种仁含蛋白质23.1%，粗脂肪65.8%。

该品种耐寒、抗病、抗晚霜。

（3）果材兼用型

①鲁核1号

果实圆锥形，浅黄色，果顶尖，果基增圆。果面光滑，外形美观，平均坚果重13.2

克。壳厚1.2毫米，可取整仁，核仁饱满，有香味，出仁率55%，脂肪含量67.3%，蛋白质含量17.5%，坚果综合性状优良。

②鲁核2号

果实扁圆形，黄白色，果顶微尖，果基圆；平均单果重15.2克，壳面光滑，核仁饱满，色浅味香而不涩，坚果品质优良。

③鲁核3号

果实长圆形，果顶圆；平均坚果重14.4克，壳面光滑，色浅，壳面1.2毫米，可取整仁，核仁饱满，中色，味香而不涩，出仁率50%。

2. 枣树优良新品种

①冬枣

又名沾化冬枣、鲁北冬枣。果实中大，近圆形；平均单果重14克，最大果重23.2克，大小较整齐；果皮薄而脆，赭红色，果肉脆嫩汁多，极甜，略具酸味和草辛味，无渣，鲜食含糖量40%，可食率96.9%，品质极上。

适应性较强，在粘土、沙土及轻盐碱地上均能较好地生长结果。定植后3年结果，产量中等。

②长红枣

又名躺枣，是鲜食制干兼用型品种。果实中大，长圆柱形。平均单果重16.7克，最大果重31.7克，大小较整齐，果皮薄，赭红色，果肉肥厚，汁液含量少，鲜枣含糖量为36%，可食率94.2%，品质上等。制干率47%，干枣含糖量为79%。

耐瘠薄，平原山区均可栽培，花量中等，座果稳定，早果性和丰产性均好。

③泗洪大枣

果实大，短圆柱形；单果重40～60克，最大果重83克，整齐度一般；果皮中厚，赭红色，果肉肥厚，核中等大，汁液含量少，鲜枣含糖量33%，可食率92%，品质上等。

早果性较差，栽后3年结果，5年方能进入结果盛期。

④梨枣

又名山西梨枣。原产山西运城地区。为鲜食枣品种。果实大，长圆形，果重25～30克，最大果重50克，果面不很平整，果皮中厚，淡红色，果肉厚，白色，肉质松脆，汁多味甜，鲜枣含糖27.9%，可食率97%，鲜食品质上等。

适宜秋雨较少的地区栽培。

⑤大雪枣

为特晚熟鲜食品种。果实扁圆形，单果重27～42克，最大果重80克；果面平整光滑，赭红色。果肉肥厚，绿白色，鲜枣含糖量30%，可食率95%。新生枣头结果能力强，前期丰产性好。

⑥大白铃枣

果实大，不很整齐，多数近球形或椭圆形，少数呈馒头形；平均果重26.8克，最大果重42克；果皮中厚，棕红色，美观，果面有不明显的凹凸起伏。果肉松脆，汁液中多，味甜，鲜枣含糖33%，可食率96%，品质中等，丰产稳产。

⑦赞皇大枣

果实大而整齐，长圆形或倒卵形，平均单果重17.3克，最大果重29克，果皮深红色，较厚，韧性好。果肉致密质细，汁液中等，鲜枣含糖35%，可食率96%，品质上等。制干率47.8%。

适应性强，耐旱，耐瘠薄，较丰产。

⑧金丝新4号

平均果重10克，是金丝小枣品种群中果个最大的。果皮薄，浅棕红色，果肉细胞致密，鲜枣含糖45%，可食率97.3%，品质极上。

树势较强，座果稳定，高产稳产。

⑨板枣

山西名枣。果实较小，扁倒卵形，平均单果重10克左右，大小较均匀。果肉厚，绿白色，肉质致密而脆，甜味浓，鲜食、制干、加工兼用。

本品种结果早，较丰产，品质优。

⑩相枣

又名贡枣，山西名枣。果实大小不均匀。果皮厚，深红色，果面光滑；果肉厚，肉质硬，味甜，适宜制干。

本品种适应性较强，结果较早，丰产，果实大，适宜制干。

⑪骏枣

山西名枣。果实大，柱形或长倒卵形，平均单果重22.9克，大小不均匀。果肉厚，肉质细而脆，味甜、汁多。鲜食、制干、加工蜜枣、酒枣皆宜。

本品种适应性强，结果较早，丰产，果实大，品质好，用途广。

⑫壶瓶枣

山西名枣。果实大，长倒卵形或柱形，平均单果重20克左右，大小不均匀。果肉厚，肉质细而酥脆，味甜、汁多。鲜食、制干、加工皆宜。

本品种结果较早，丰产，品质好，适应性较强。

⑬木枣

果实中大，柱形，平均单果重15克左右，大小较均匀。果肉厚，肉质较硬，味甜、汁多，适宜制干。

本品种抗逆性强，适应性广，易管理，丰产，品质中上。

⑭油枣

果实中大，椭圆形，果面光滑，大小较均匀。肉质硬，味酸甜，汁中多。鲜食、制干、加工兼用。

本品种适应性强，丰产，品质中上。

⑮官滩枣

果实较小，短柱形，平均重 11 克，大小较均匀；肉食细密，味甜，汁少，适宜制干。

本品种较丰产，适宜制干，抗裂果。

⑯屯屯枣

又名灵宝大枣。果实大，扁圆形，平均重 16.3 克，大小较均匀。味甜，略酸，汁较多，适宜制干和加工。

本品种结果迟，较丰产，品质中上，抗裂果。

⑰郎枣

果实中大，柱形，平均重 14.9 克，大小较均匀。果肉厚，肉质致密，味酸甜，汁较多，适宜制干。

本品种适应性强，丰产。

⑱金瓶枣

果型特大，外形美观。平均单果重 35 克，最大果重 80 克，品质优良，鲜食、制干均为上品。皮薄、肉厚、核小，口感极佳。

本品种适应性好，抗性强。耐寒，抗旱，耐瘠薄。结实早，丰产稳产。

以上新特优（品）树种的引进，一方面是引进成品苗新建枣园，一方面是引进接穗进行嫁接改良。近年来，共引进枣树接穗 50000 余根，枣树成品苗 10000 余株。分别对桥上乡的东川底、杨家池、桥上、桥后沟、南岭，集店乡的东关壁，鹅屋乡的五里沟、沙岗沟、西土池、黄崖底，龙泉镇的程村、河南等村的酸枣树进行了嫁接改良。

3. 花椒优良新品种

①小红椒

长治地区叫小椒或小红袍。定植后 3～5 年开始结果，10 年后进入盛果期，株产鲜椒 5～7.5 公斤，结果龄可达 40 年。为早熟品种，具有丰产性状，是一个较好的栽培品种，但抗旱性较差。

②大红袍

也称狮子头，大红椒，是分布广泛的栽培品种。丰产性强，高产、稳产。喜肥水，抗旱性、抗寒性较差。栽培后 4 年结果，8～10 年进入盛果期，有时出现大小年现象。全省分布较普遍，长治大部分县区有栽培。

③白沙椒

也称白里椒。丰产性强，无明显的隔年结果现象。在土壤深厚肥沃的地方，树体高大健壮，产量稳定。定植后3~5年开始挂果，盛果期8~15年。

4. 其他树木新品种：

①欧美杨107号

欧美杨107号是中国林业科学研究院2000年重点推广的杨树新品种，其特点是：材性好，纤维度和木材密度均优于1-214杨；干型美、树冠窄、侧枝细、叶满冠、御风能力强，抗光肩星天牛。

②108杨

108杨树最大特点是与欧美杨107号相比虽然生长率相似，但比107杨树更为抗寒、抗旱，胸径年生长量可达4厘米左右。

③中华红叶杨

中华红叶杨是一个彩叶新品种，又称变色杨。红叶杨不仅属高大乔木，而且叶片大而厚，叶面颜色三季四变，一般正常年份，在3月20日前后展叶，叶片呈玫瑰红色，可持续到6月下旬，7~9月份变为紫绿色，10月份为暗绿色，11月份变为杏黄或金黄色，树干7月底以前为紫红色。叶柄、叶脉和新梢始终为红色，色泽诱人，观赏价值颇高，可在城市绿化中广泛种植。

中华红叶杨

④香花槐

香花槐耐寒、耐热、耐旱、耐脊薄、生长快。二年开花,三年进入盛花期。黄河以南香花槐每年开三次花,每次花期20~40天;东北、华北地区香花槐每年五月(花期20天)、七月(花期40天)两次开花。

香花槐花朵大、花形美、花量多、花期长,每株成树开200~500朵花,每年盛花期,一串串红色花朵,色泽极为艳丽,芳香典雅,独具特色,具有较高的观赏价值,香花槐又是营造速生丰产林的优良树种。

香花槐

金丝柳

⑤金丝柳

金丝柳是家庭、别墅园林绿化,美化环境的优良树种之一。金丝柳树形优美,抗病虫能力强。幼时枝干绿色,秋季落叶后枝干为金黄色,披针形叶,叶长10.3厘米,叶宽1.6厘米。无性繁殖容易,生长快,一年生扦插苗平均生长不低于2.0厘米。金丝柳根系发达,对毒气有一定的抗性,并能吸收二氧化硫。

⑥银中杨

银中杨为雄性无性系。树干通直,皮灰绿色,被白粉;树冠呈圆锥形。树姿优美,叶大型,叶片两色,叶面深绿色,叶背面银白色,密生绒毛。形态优美,雄花不飞絮,适宜城乡绿化。

⑦全缘栾树

全缘栾树,落叶乔木;树皮厚,灰褐色至灰黑色,老时纵裂;小枝具疣点,喜光,稍耐

全缘栾树

法　桐

半荫，耐寒；不耐水淹；耐干旱和瘠薄，对环境的适应性强，喜欢生长于石灰质土壤中。栾树有较强的抗烟尘能力，对粉尘、二氧化硫和臭氧均有较强的抗性。病虫害少，栽培管理容易。以播种繁殖为主，分蘖或根插亦可。是通道和公园绿化的优良优质树种。

⑧法桐

法桐是悬铃木科悬铃木属优良品种。该品种树冠扩展，叶大荫浓、树势强健。吸滞烟尘能力强，并可耐多种有毒气体污染，生态效应明显。

第四节　推广成效

多年来，壶关县普及推广各项林业先进、实用新技术，引进各种名特优新品种，得到了社会的好评，也得到了上级的肯定。

1993 年“经济林综合管理技术”，获壶关县农村技术承包“一等奖”。

1994 年核桃树高接换优技术，获长治市人民政府新技术推广“二等奖”。

1997 年“百里核桃带工程”，获山西省科学技术委员会技术承包“三等奖”。

林业技术推广及技术论文获奖项目

获奖人姓名	颁奖单位	获奖项目	获奖时间
张平和、李书贤、程喜堂	山西省林学会	《干石山上栽油松》科普创作二等奖	1985
程喜堂	林业部科技司、中国林学会、中国林业报社	《利用大气候、建立新载体、选好突破口》科技兴林征文三等奖	1990 年 3 月
张平和、李书贤、程喜堂 龚怀勋、王加强	山西省科学技术协会	《石灰岩山地裸岩区微域小地形油松造林的初步研究》1989-1990 年度叁等优秀学术论文	1992 年 11 月

（续）

获奖人姓名	颁奖单位	获奖项目	获奖时间
连胜利、马金书、宋水平 马何民、王根有	长治市人民政府	核桃树高接换优	1993年1月
秦庆祥	森林病虫通讯	黑角翼丝叶蜂的初步研究论文奖	1994年
王　岚	中国林业科学研究院	1994年度ABT生根粉系列研究与推广	1995年1月
李书贤、张来胜、申本书、王岚、宋水平、张孝科、吴月英、程喜堂、张斌君、马何民	山西省科学技术委员会	农村技术承包集体三等奖	1996年5月
李书贤、张来生、申本书、王岚、宋水平、张斌君、程喜堂、王海燕	山西省科学技术委员会	百里核桃带技术承包集体三等奖	1997年
刘安松、程喜堂、赵建斌	山西省林学会	《壶关县营造针阔混交林势在必行》获首届青年科技学术研讨会论文二等奖	2001年11月
刘安松、程喜堂、王海燕	山西省林学会	《壶关县混交林营造模式探讨》获首届青年科技学术研讨会优秀论文三等奖	2001年11月10日
程喜堂、赵建斌	中国林学会、森林防火专业委员会、中国消防协会森林消防专业委员会	论文《生态环境保护与绿色的防火技术探讨－营造森林防护墙的实践与效果》被评为2002年度至2003年度优秀论文	2003年10月
秦庆祥、程喜堂、王海燕	山西林学会	《低效林改造的实践与思考》获山西省林学会优秀学术论文一等奖	2004年9月
程喜堂	国家林业局科技司	2004年度社会林业工程项目研究与实施，获社会林业工程优秀论文二等奖	2005年1月
王海燕	中国林业科学研究院	2004年度《社会林业工程创新体系的研究与实施》项目先进个人三等奖	2005年1月
程喜堂	中国林业科学研究院	2004年度《社会林业工程创新体系的研究与实施》项目先进个人三等奖	2005年1月
宋水平	长治市林业局	全市林业科技推广工作先进个人	2008年
王海燕、刘云鹏、吴李清	山西省科学技术厅	山西省农村技术承包个人三等奖	2012年
李爱民、宋利兵、李彩萍 王路风、王岩花、张志清 连晋宏、王江红、郭　鹏	长治市人民政府	火烧迹地植被恢复工程技术承包奖	2013年

第三章　林业标准化建设

林业标准化建设，是从技术角度为造林、育苗建章立制，是技术法规，对提高造林质量，加快绿化步伐有着十分重要的意义，这是一项新工作。自1996年以来，壶关县在林业区划、规划、设计、施工、验收、建档"一条龙"造林程序的基础上，深入探索，从推行林业区划、规划、设计、施工、验收、建档"一条龙"工程造林标准化入手，在省林业厅科技处和科技处处长尹福建的支持帮助下，经过全县各乡镇、村干部群众、林业局广大技术人员的多年努力，使这项工作不但实现了从无到有的突破，而且被列为全国林业标准化建设试点县，并荣获"全国林业标准化建设示范县"称号。

第一节　"一条龙"工程造林标准化实施

壶关县"一条龙"工程造林标准化建设开始于1997年，至2002年结束，历时6年。为了便于这项新工作的展开，首先选择技术上比较成熟，群众中有一定基础的区划、规划、设计、施工、验收、建档"一条龙"营林程序为突破口，在全县推行林业标准化建设。实施内容是：荒山荒地造林12.15万亩，其中营造生态防护林10.26万亩，经济林1.14万亩，育苗7500亩，涉及13个乡镇，260个村。造林分五年完成，每年作业2.43万亩。分解到各乡镇的任务是：龙泉镇造林1.7万亩，育苗800亩；百尺镇造林1.1万亩，育苗700亩；晋庄镇造林1.2万亩，育苗800亩；集店乡造林0.8万亩，育苗550亩；常平开发区造林0.3万亩，育苗200亩；黄山乡造林0.9万亩，育苗600亩；五龙山乡造林0.7万亩，育苗400亩；店上镇造林1.2万亩，育苗700亩；东井岭乡造林0.9万亩，育苗600亩；石坡乡造林1万亩，育苗700亩；树掌镇造林0.9万亩，育苗700亩；鹅屋乡造林0.7万亩，育苗450亩；桥上乡造林0.5万亩，育苗300亩。

造林模式主要有以下五种：

1）荒山荒地：因为干旱缺水，石厚土薄，生态脆弱，立地条件差，因此在树种选择上要选耐干旱瘠薄的树种，具体选乔灌混交模式。混交方式：带状混交，混交比例5:5、6:4。株行距2×2米，2×1.5米，密度168株／亩，220株／亩。沿等高线整地，"品"字型排列，小穴栽植，具体包括三种类型：油松＋侧柏；侧柏＋元宝枫；侧柏＋柠条，荒沟荒地主要营造刺槐纯林，株行距1.5×2米，密度222株／亩，穴状整地（具体见防护林营造技术规程）。

2）海拔在1200米左右的造林地：选乔木和乔木混交模式，混交方式：带状或块状，混交比例5:5，密度133株／亩，株行距2×2.5米，整地方法穴状，整地规格50×40×30厘米，具体类型包括：油松＋侧柏；侧柏＋元宝枫。

3）海拔在1500米左右的造林地：主要选乔灌混交模式，混交方式带状或块状，混交比例6:4，乔木树种株行距2×2米，灌木树种株行距为1.5×2米，整地规格为50×40×30厘米，穴状整地，密度为每亩乔木80株，灌木90株。具体类型有：刺槐＋山桃；

元宝枫+山桃;刺槐+柠条;元宝枫+柠条;侧柏+山桃;侧柏+紫穗槐;元宝枫+紫穗槐。同时在有些油松纯林下部的造林地可营造刺槐、山桃等纯林,形成与原油松纯林乔乔或乔灌块状混交模式,但下部必须与草进行间作,以防造成新的水土流失。

4)在景区和公路沿线周围的造林地:营造乔灌混交风景林,混交方式:带状或块状,混交比例6:4,乔木树种株行距2×2.5米,灌木株行距为1.5×2米,乔木每亩80株,灌木每亩90株,穴状整地,整地规格为50×40×30厘米。具体类型有:元宝枫+山桃;一些特殊地段可营造油松、侧柏、山桃(杏),元宝枫等纯林。形成乔乔混交或乔灌混交,既可防火,又可起到美化作用。

5)海拔在1000米以下的造林地:可营造核桃、花椒、柿子、枣等经济林,株行距以《造林技术规程》为准。可间作紫花苜蓿等。

第二节 壶关县地方标准的制定

壶关县在推行"一条龙"工程造林标准化6年的时间里,积累了大量林业标准化建设的经验,林业技术人员从全县林业建设的需要出发,开始研究制定本县的地方标准。经过反复多次的修改,于2003年初形成初稿后,邀请省林业厅的专家进行审定,在按专家提出的修改意见进行修改后,专家们最后形成了鉴定意见。2003年10月1日经壶关县质量技术监督局按程序发布全县执行。这次出台的是壶关县系列营林技术规程,包括四个部分的地方标准。第一部分是《防护林工程建设技术规程》,编号为

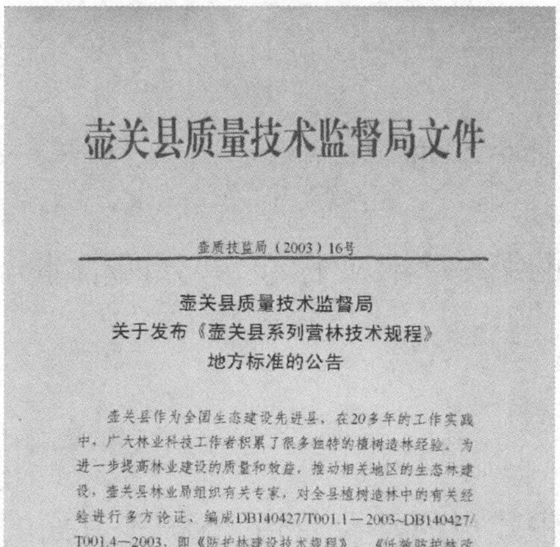
壶关县质量技术监督局文件

壶质技监局(2003)16号

壶关县质量技术监督局
关于发布《壶关县系列营林技术规程》
地方标准的公告

壶关县作为全国生态建设先进县,在20多年的工作实践中,广大林业科技工作者积累了很多独特的植树造林经验。为进一步提高林业建设的质量和效益,推动相关地区的生态林建设,壶关县林业局组织有关专家,对全县植树造林中的有关经验进行多方论证,编成DB140427/T001.1—2003~DB140427/T001.4—2003,即《防护林建设技术规程》、《低效防护林改造技术规程》、《石质山阳坡造林技术规程》、《一条龙营林管理技术规程》四个地方标准。2003年9月1日,经我局组织相关人员审定,现批准发布,于2003年10月1日起施行。

二〇〇三年九月十日

壶关县质量技术监督局发布的公告

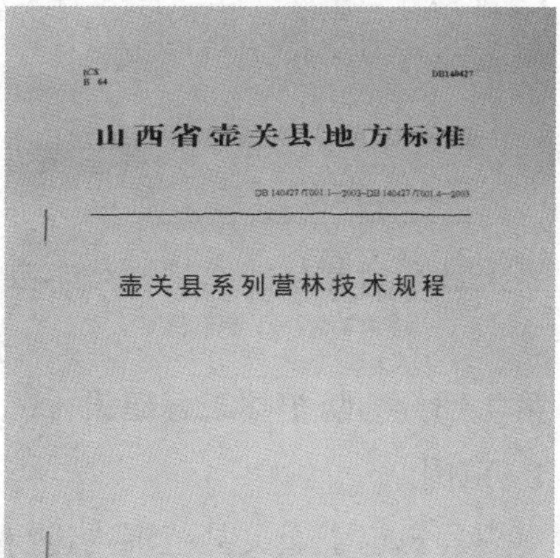
ICS
B 64

DB140427

山西省壶关县地方标准

DB 140427/T001.1—2003~DB 140427/T001.4—2003

壶关县系列营林技术规程

2003—09—01发布　　2003—10—01实施

壶关县质量技术监督局 发布

地方标准

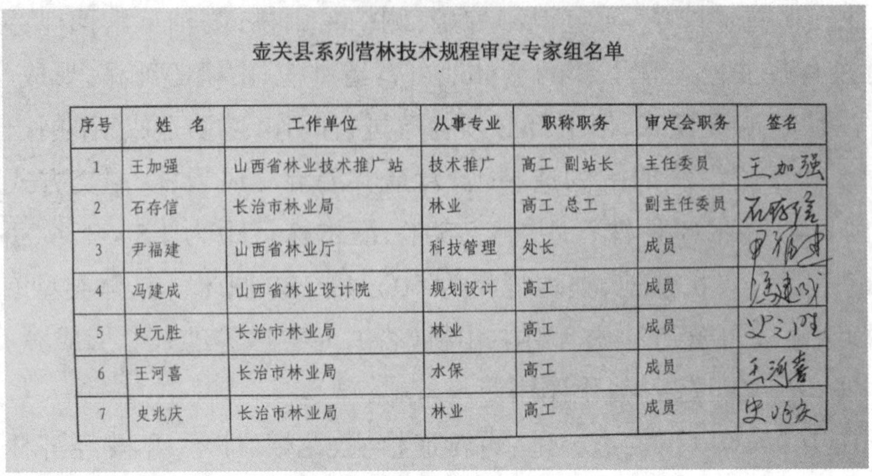

壶关县系列营林技术规程审定专家组名单

序号	姓　名	工作单位	从事专业	职称职务	审定会职务	签名
1	王加强	山西省林业技术推广站	技术推广	高工 副站长	主任委员	王加强
2	石存信	长治市林业局	林业	高工 总工	副主任委员	石存信
3	尹福建	山西省林业厅	科技管理	处长	成员	尹福建
4	冯建成	山西省林业设计院	规划设计	高工	成员	冯建成
5	史元胜	长治市林业局	林业	高工	成员	史元胜
6	王河喜	长治市林业局	水保	高工	成员	王河喜
7	史兆庆	长治市林业局	林业	高工	成员	史兆庆

鉴定专家名单

DB 140427/T001.1—2003，主要起草人：刘安松、程喜堂、王海燕、赵建斌、李跃进。第二部分是《低效防护林改造技术规程》，编号为 DB 140427/T001.2-2003,主要起草人：程喜堂、王海燕、赵建斌、刘安松、李跃进。第三部分是《石质山区阳坡造林技术规程》，编号为 DB 140427/T001.3—2003，主要起草人：程喜堂、王海燕、赵建斌、秦庆祥、刘安松。第四部分是《一条龙营林管理技术规程》，主要起草人：秦庆祥、程喜堂、王海燕、赵建斌、李跃进。参加起草的人有：马振洲、张晓霞、李国祥、蔡莉、宋安明、申本书、郭玉明、王岚、郝秀斌、赵文清等。在这些技术规程的编制中，得到了壶关县委、县政府、省林业厅科技处、长治市林业局等单位的领导张红星、尹福建、张树堂、赵春英、张云龙、王加强、郝晓宏、石存信、王淑彦、李志强、刘安松、秦庆祥，以及简易、马国荣、田国庆、牛大刚等专家的大力支持。

第三节　壶关县的地方标准

壶关县系列营林技术规程是本县有史以来的第一个林业标准，共分四个部分。

第 1 部分　防护林工程建设

1　范围

本规程规定了壶关县范围内进行防护林工程建设所涉及营造、管护等方面的技术要求。

本规程适用于壶关县及太行山类似地区的防护林工程建设。

2　规范性引用文件

下列文件中的条款通过 DB 140427 / T001.1 本部分的引用而成为本部分的条款。

凡是注日期的引用文件，其随后的所有修改单（不包括勘误的内容）或修订版均不适用于本部分，然而，鼓励根据本部分达成协议的各方研究是否可使用这些文件的最新版本。凡是不注日期的引用文件，其最新版本不适用于本部分。

GB　6000—1999　主要造林树种苗木质量分级。

GB／T　15163—1994　封山（沙）育林技术规程。

GB／T　15776—1995　造林技术规程。

GB／T　18337.3—2001　生态公益林建设，技术规程。

LY　1000—91　容器育苗技术。

3　定义

3.1　防护林

以防护为主要目的的森林、林木和灌木林地。是利用森林改造自然的性能而划定的天然林和人工林。

3.2　防护林工程

利用森林培育学、生态学、水土保持学和生态系统控制工程学原理，按基本建设工程的要求，组织开展包括规划设计、施工作业、营造培育、经营管理、配套基础设施等建设项目的系统工程。

3.3　水土保持林

在水土流失地区，以调节地表径流，防止土壤侵蚀，保持和恢复土地肥力，改善农业生产条件为目的的防护林。

3.4　水源涵养林

为调节、改善水源流量和水质而培育、经营的森林和林木。其防护作用为调节地表与地下径流，以达到汛期滞洪，枯季增流，改善水文状况，保护饮水水源和水质的目的。

3.5　农田防护林

保护农田减轻或免受风沙、干旱等自然灾害，改善农田小气候和土壤条件，促进农作物增产的林分（林带、林片）。

3.6　防风固沙林

防止风沙危害和控制土地沙漠化为目的而营建的森林和林木。

3.7　通道防护林

以保护铁路、公路等陆地通道免受风、沙、水、雪等危害，保护通道和交通车辆及交通参与者安全，绿化美化通道环境，减轻车辆对通道两侧环境污染为主要目的的森林和林木。

3.8 村镇防护林

村庄、城镇周围用来改善小气候、护村护镇、绿化美化的林木(林带、片林)和树木。

3.9 混交林

由两种或两种以上的树种组成的林分,其中每个树种的混交比不应少于10%。

3.10 治理模式

针对特定地区，综合主要因子而制定的并且经生产实践证明成功的治理关键技术和措施要点。

3.11 纯林

由单一树种构成的,或混交有其他树种但材积都分别不超过10%的林分。

3.12 景观功能

森林美化环境,保护特种多样性、自然特殊性和美景,遮掩特殊建筑及设施的效能。

3.13 水土保持能力

森林通过减少地表径流,根系固持土壤,防止林地及邻近立地因水力和风力侵蚀而发生流失和位移,并通过产生和保护枯落物来提高土壤肥力的能力。

3.14 水源涵养能力

森林通过提高土壤渗透能力,吸贮降水,调节河川径流、削洪增枯;在洪水区减弱洪水流速及其破坏力,增加沉积量,防止下流水库淤塞;通过生物和机械作用净化水质,保障水源供应的能力。

3.15 固碳能力

森林林木通过光合作用固定大气中的二氧化碳,使之转化为干物质的能力。

3.16 生物多样性

定位空间或地段内生物物种的多样化程度。包括所有植物、动物、微生物种类,可用单位调查空间或地段上所有物种的种类数,即物种丰富度表示,也可综合考虑物种丰富度和各物种均匀度等指标后,用物种多样性指数表示。

3.17 小气候

从地面到不受地面影响高度(10～100m)的气候。这一层是人类生活和植物生长的区域和空间。

4 总则

4.1 为适应林业生态体系建设新的要求,规范防护林体系工程建设技术,根据国家林业法规和相关法规制定本规程。

4.2 防护林工程建设以充分发挥森林生态功能,改善生态环境,提高区域内森林的整体质量和效益,实现社会经济可持续发展为目的。

4.3 本规程依据建设区域的实际情况,遵循自然规律,在整体布局、宏观控制、功能配置及原则内容、营造方式与技术等方面提出了具体要求。

5 建设原则

5.1 坚持防护林建设与经济社会可持续发展协调一致原则。

5.2 坚持生态优先,兼顾社会和经济效益原则。

5.3 坚持依靠科技进步,提高工程科技含量和建设质量原则。

5.4 坚持建设与保护结合,造林与封育结合,乔与灌、草结合原则。

6 林地资源与分类

6.1 建设用地

林业区划所确定的生态公益林建设用地。

6.2 林地分类

根据防护林建设用地所处的地理位置、自然条件、生态防护的重要程度分为四类。

6.2.1 水源区

6.2.1.1 河流两岸第一山脊或平坦区 1000 m 以内的森林、林地与林木。

6.2.1.2 水库周围第一山脊或平坦区 500 m 以内的森林、林地与林木。

6.2.1.3 水源源头区的森林、林地与林木。

6.2.2 侵蚀区

6.2.2.1 坡度在 10° 以上的瘠薄地,且植被覆盖率低于 30%的林地。

6.2.2.2 土壤侵蚀模数每平方公里大于 500 吨的林地。

6.2.2.3 岩石裸露在 40%以上的地段。

6.2.3 保护区

6.2.3.1 森林公园、旅游景区的核心区及缓冲区。

6.2.3.2 国家一、二级保护野生动、植物的主要分布、栖息与繁殖区。

6.2.4 村镇区

6.2.4.1 农业生产区的农田防护林。

6.2.4.2 铁道、国道、省道、县道两侧 1000m 范围内森林、林地及林木。

6.2.4.3 县城、乡镇所在地周围可视区内的森林、林地及林木。

水源区以营造水源涵养林为主,侵蚀区以营造水土保持林为主,保护区和村镇区根据不同的特点,营造重点不同的防护林。

7　防护林营造

7.1　营造方式

采用人工造林。包括植苗造林、播种造林。

植苗造林：是防护林体系建设的主要造林方式。一般采用挖穴栽植。

播种造林：适用于易发芽并具有一定抗旱能力的树种。

7.2　树种选择

7.2.1　基本原则

7.2.1.1　造林地立地条件与树种的生物学和生态学特性相一致。

7.2.1.2　因地制宜地确定针、阔、乔、灌树种的合理配比，防止树种以及林分结构的单一化。

7.2.1.3　树种选择以乡土树种为主，引进稳定性好，抗病虫害能力强的优良树种。

7.2.2　树种选择与搭配参见表1

表1

林　种	主要造林树种
水土保持林	小叶杨、臭椿、榆树、楸树、刺槐、旱柳、杜仲、油松、落叶松、云杉、侧柏、黄栌、五角枫、山杏、山桃、黄刺玫、荆条、沙棘、紫穗槐、连翘、虎榛子、胡枝子、酸枣、杠柳
水源涵养林	油松、落叶松、白皮松、云杉、小叶杨、椿树、旱柳、楸树、刺槐、五角枫、国槐、柿树、黑枣、山楂、山桃、山杏、丁香
农田防护林	毛白杨、小叶杨、香椿、臭椿、桑树、榆树、柳树、刺槐、国槐、核桃、柿树、银杏、杜仲、大枣
通道防护林	河南桧、蜀桧、垂柳、合欢、木槿、白腊、白皮松、云杉、毛白杨、国槐、法桐、红枫、红瑞木、樱花、樱桃、连翘、黄刺玫、小叶黄杨、月季、紫叶李、金叶女贞
村镇防护林	白皮松、云杉、毛白杨、国槐、五角枫、白腊、合欢、垂柳、河南桧、蜀桧、油松、侧柏、丁香、连翘、黄刺玫、金叶女贞、月季、刺槐、楸树、小叶黄杨

7.3　树种混交

7.3.1　混交模式

7.3.1.1　针叶树种与阔叶树种混交。

7.3.1.2　深根性树种与浅根性树种混交。

7.3.1.3　喜阴性树种与喜阳性树种混交。

7.3.1.4　乔木树种与灌木树种混交。

7.3.2　混交方法

带状混交：同一树种连续栽植几行，构成一条“带”，与另一树种连续几行构成一条“带”轮番栽种的混交方法。

块状混交:将一个树种栽成一片,与另一个栽成一片的树种轮番地配置。

行间混交:一个树种的单行与另一树种的单行依次种植的方法。

7.3.3　混交比例

一般伴生树种在30%以上。立地条件差的地方和水土流失严重的地区,适当加大灌木的比例。

7.4　种苗标准

用材树种和经济树种裸根苗必须使用GB 6000—1999规定的Ⅰ、Ⅱ级苗木;容器苗执行LY1000—91的规定。

7.5　整地

7.5.1　整地方法

7.5.1.1　穴状整地

山地、丘陵地广泛采用的整地方法，规格因树而定（见表2），沿等高线“品”字排列。

表2

树种	整地规格(m)		
	长	宽	深
油松	0.80	0.50	0.30–0.40
侧柏	0.60	0.40	0.30–0.40
刺槐	1.00	0.80	0.40–0.60
杨树	1.00	0.80	0.50–1.00
元宝枫	0.80	0.60	0.40–0.50
山桃	0.80	0.60	0.40–0.60
黄刺玫	1.50	0.60	0.40
荆条	1.50	0.80	0.40
连翘	1.50	0.80	0.40
黄栌	1.50	0.80	0.40

7.5.1.2　鱼鳞坑整地

蓄水保土的整地方法。适用于陡坡、沟坡造林。鱼鳞坑为半月形,外高内低。一般规格为,坑长0.8 m—0.6 m,沿等高线“品”字排列。

7.5.1.3　带状整地

斜缓坡地段的整地方法之一。宽度 0.5 m—0.8 m，带长根据地形确定，深度一般 0.3 m—0.35 m，带间要保留自然植被带，沿等高线进行。

7.5.2 整地时间

一般应在造林前一年整好地。

7.6　密度

不同造林树种的适宜造林密度参见表 3。

表 3

造林树种	株行距(m)	初植密度(株/hm^2)
油松、侧柏、白皮松	2.0×2.0	2,500
刺槐、杨树、五角枫、榆树、旱柳、臭椿、国槐等	2.0×2.5	2,000
黄刺玫、连翘、荆条、黄栌、山桃、山杏等	1.5×2.0	3,330

7.7　栽植

7.7.1　栽植时间

分春季栽植、秋季栽植和雨季栽植。

7.7.2　技术要求

7.7.2.1　苗木处理

造林前根据树种、苗木特点和土壤墒情，对苗木进行剪梢、截杆、修根、修枝、剪叶、摘芽、苗根浸水、泥浆蘸根等处理；也可采用促根剂、蒸腾抑制剂等新技术处理苗木。播种造林在播种前根据需要对种子进行浸种、催芽、拌药等处理。

7.7.2.2　栽植深度

根据立地条件、土壤墒情和树种确定栽植深度，一般应略超过苗木根径。播种造林覆土厚度一般为种子直径的 3~5 倍。

7.7.2.3　定干覆土

苗干要竖直，根系舒展，深浅要适当，填土一半后提苗踩实，再填土踩实，最后覆上虚土。有条件的要再盖一层石片、石块或蒿草保墒。

7.8　其他未特别列出的营林技术要求应按 DB/T15776 的规定执行。封山育林技术要求执行 GB/T15163 的规定。

8　防护林抚育

8.1　适时抚育间伐

前三年每年松土除草两次。之后通过去劣留优的抚育措施，使林分结构趋于合理。

8.2　人工整枝

对树冠浓密自然整枝能力弱的防护林树种，采取人工整枝措施，改善林内光照条件，促进林下灌草发育。

9　防护林管护

9.1　设置标志

在防护林的周边明显处，如主要山口、沟口、河流交叉口，主要通道路口树立永久标牌，立牌公示。

9.2　人工巡护

设置专职护林员进行巡护，严禁在林内放牧和进行其他人为活动。护林防火特险期，在主要入山口设卡，杜绝火种入林。

9.3　设置防护墙

就地取石，垒筑防护围墙，进行围封。防护墙分两种，一种底宽 0.5m，上宽 0.3m，高 1.0m，为 5310 型；一种底宽 0.8m，上宽 0.4m，高 1.5m，为 8415 型。应根据地域和主导风向设置。

10　森林防火

村与村交界开设防火线或者营造防火隔离带，健全森林防火组织，建立专兼职灭火队伍，严防森林火灾发生。

11　病虫害防治

做好病虫害监测和预报工作，极早发现，综合防治。

第 2 部分　低效防护林改造

1　范围

DB 140427 / T001.2 的本部分规定了壶关县低效防护林改造方面的技术要求。

本部分适用于壶关县及类似地区的低效防护林改造。

2　规范性引用文件

下列文件中的条款通过 DB 140427 / T001.2 本部分的引用而成为本部分的条款。凡是注日期的引用文件，其随后的所有修改单(不包括勘误的内容)或修订版均不适用于本部分，然而，鼓励根据本部分达成协议的各方研究是否可使用这些文件的最新版本。凡是不注日期的引用文件，其最新版本不适用于本部分。

GB / T15163　1994　封山(沙)育林技术规程。

GB / T15776—1995　造林技术规程。

GB / T15781—1995　森林抚育技术规程。

GB / T18337.3—2001　生态公益林建设,技术规程。

DB 140427 / T001.1—2003 防护林工程建设,技术规程。

3　定义

DB140427 / T001.1 中的定义适用于本部分,另外本部分还做了如下定义:

3.1　低效防护林

因自然和人为因素导致防护效能低下的防护林。其中:在自然状态下因立地条件较差或生长环境恶劣而自然形成的为原生性低效防护林;因人为干扰、种质低劣、经营管理不当而形成的为经营性低效防护林。

3.2　低效防护林改造

以改造低效防护林的林分、树种、层次结构,提高林分防护效益为主要目的的技术经济措施。

3.3　油松纯林

由油松一个树种构成的,或混有其他树种但材积都分别不超过 10%的林分。

3.4　生态功能

指森林的保持水土、涵养水源、改善小气候、防止污染、净化空气、降低噪音的效能。

3.5　疏林

树木零散分布,郁闭度在 0.10～0.19%的林地。

3.6　灌木林

由灌木树种或因生长环境恶劣矮化成灌木型的乔木树种组成，覆盖度在 30%以上的林地。

4　总则

4.1　为适应林业生态体系建设和社会发展对生态的要求，规范低效防护林改造的技术，根据《中华人民共和国森林法》《中华人民共和国森林法实施条例》制定本规程。

4.2　低效防护林改造,以维护国土生态安全,充分发挥森林生态功能,改善生态环境,提高区域内森林的整体质量和效益,实现社会经济可持续发展为目的。

4.3　低效防护林改造要从实际情况,遵循自然规律,因地制宜地确定相应的改造措施和技术指标。

5　改造目的

5.1　稳定林分,增强自身抗灾水平。

5.2 增加植被盖度,提高防护林的复层郁闭水平。

5.3 诱导形成层次结构完整的森林群落,充分显示涵养水源、保持水土、防风固沙等主导功能。

5.4 通过利用自然改造自然的手段,将人工林调控为近自然林,在生态效益达到最佳的基础上,产生更大的经济效益和景观效益。

6 改造原则

6.1 措施与目的一致性原则

6.2 因地制宜原则 干石山区的立地条件差,树木成活十分困难,在确定改造技术措施时,要充分考虑自然条件和社会经济条件。

6.3 依靠科技进步原则 技术措施要具有先进性和超前性。

6.4 统一规划,分步实施,先易后难原则。

7 改造对象

7.1 林分分布不均,林隙多,郁闭度<0.3;

7.2 郁闭度<0.2的疏林地;

7.3 层次单一,盖度低于40%的灌木林地。

8 改造对象

8.1 林木分布不均林地

8.1.1 均匀补植

8.1.1.1 适应范围

林间空隙面积较大,分布不均匀的林分。

8.1.1.2 单元面积改造时间

一年一次性。

8.1.1.3 技术措施

8.1.1.3.1 在林分中清理造林环境。

8.1.1.3.2 进行穴状整地。整地规格执行DB140427/T001.1的规定。

8.1.1.3.3 补植密度执行DB140427/T001.1的规定。

8.1.1.3.4 改造后应形成针叶树和阔叶树镶嵌分布的混交群落。

8.1.2 局部补植

8.1.2.1 适用范围

林间空隙多,面积较小分布极不均匀的林分。

8.1.2.2 单元面积改造时间

一年一次性或多年多次性。

8.1.2.3　技术措施

利用边缘效应原理，选择适宜树种在林隙内人工栽植阔叶树或针叶树，形成不同规格"效应岛"，初植密度依照树种而定。改造后形成原有林分与"效应岛"镶嵌分布的复合群落结构。

8.2　郁闭度 < 0.2 的疏林地。

8.2.1　封山（地）育林

8.2.1.1　适用范围

立地条件极差，经多次造林树木保存很少的疏林地。

8.2.1.2　单元面积改造时间

五年一次性。

8.2.1.3　技术措施

8.2.1.3.1　全封 5 年，借助大自然的力量育林育苗。

8.2.1.3.2　育林技术要求执行 GB / T15163 的规定。

8.2.2　客土造林

8.2.2.1　适用范围

土层薄、土质差的疏林地。

8.2.2.2　单元面积改造时间

一年一次性或多年多次性。

8.2.2.3　技术措施

起石整坑，客土造林。整地规格和种植密度执行 DB140427 / T001.1 的规定，造林技术执行 GB / T15776 的规定。

8.2.3　补空造林

8.2.3.1　适用范围

乔木树种和灌木树种散生，分布不均匀的疏林地。

8.2.3.2　单元面积改造时间

一年一次性或多年多次性。

8.2.3.3　技术措施

不损害原有的乔灌木，见空补植，达到合理密度。造林技术执行 GB / T15776 的规定。

8.3　盖度低于 40%的灌木林地。

8.3.1　见空补乔

视空间大小，适当补植乔木树种，使其形成复层林，补植树种依立地条件而定，补植数量每 900 株／hm^2～1,000 株／hm^2。

9　低效防护林改造主要造林树种

9.1　乔木类针叶树种

油松、侧柏、白皮松、落叶松。

9.2　乔木类阔叶树种

刺槐、旱柳、小叶杨、臭椿、五角枫、杜梨、黄栌、山核桃、杏树、柿树、花椒、山楂、黑枣、火炬、杜仲、山杏。

9.3　灌木类树种

黄刺槐、山桃、沙棘、柠条、荆条、山皂角、紫穗槐、连翘、樱桃、酸枣、枸杞、杠柳、胡枝子、虎榛子、鼠李、石榆、枸子木、绣线菊、丁香、山丁子。

10　防护林质量等级特征林分评价指标。（见表 1）

表 1

因　子	级　　别		
	Ⅰ(好)	Ⅱ(中)	Ⅲ(差)
林分郁闭度	≥0.8%	0.5–0.7	0.2–0.4
群落层次	群落结构完整	群落结构较完整	未形成森林群落
植被盖度	植被盖度≥70%		
高度≥0.6m	植被盖度 50%–70%，高度 0.3m–0.5m	植被盖度≤20%，高度 0.2m–0.3m	
枯枝落叶层	厚度≥3 cm	厚度 2 cm–3 cm	厚度≤1 cm
物种多样性	针阔混交，比例≥5：5，动植物物种丰富	混交比例针阔混交，混交比例≥7：3，物种较丰富	单一针叶林或单一灌木植被

第 3 部分　石质山区阳坡造林

1　范围

本规程规定了在壶关县范围内进行阳坡造林的技术要求。

本规程适用于壶关县及类似地区的阳坡造林。

2　规范性引用文件

下列文件中的条款通过 DB 140427／T001.3 本部分的引用而成为本部分的条款。

凡是注日期的引用文件，其随后的所有修改单（不包括勘误的内容）或修订版均不适用于本部分，然而，鼓励根据本部分达成协议的各方研究是否可使用这些文件的最新版本。凡是不注日期的引用文件，其最新版本不适用于本部分。

GB／T15776—1995　造林技术规程。

GB／T6000—1995　主要造林树种苗木质量分级。

3　定义

3.1　阳坡苗

在阳坡上培育的苗木。

3.2　就地苗

在造林地中，或在造林地附近类似条件培育的苗木。

3.3　容器苗

利用各种容器，装入配制好的营养土进行播种或移植培育的苗木。

3.4　微域小地形

批准单元面积较小的单个造林地形。

4　技术措施

4.1　树种选择

选择抗干旱、耐瘠薄的造林树种是阳坡绿化的关键技术之一。主要树种有侧柏、山桃、山杏、油松、黄刺玫、荆条、山皂角、绣线菊等。

4.2　苗木选择

4.2.1　选择阳坡苗、就地苗和容器苗。

4.2.2　苗龄：针叶树二年生；阔叶树一年生；容器苗 1 龄以上。

4.2.3　苗木等级执行 GB 6000—1999 标准和 LY 1000—91 标准。

4.3　整地

4.3.1　整地规格

穴长 0.5m，穴宽 0.3m。整成反坡穴面，坡度 20°～25°。外侧石块砌边。

4.3.2　整地时间

造林前一年完成。

4.3.3　密度

根据不同的树种确定密度。沿等高线布设，“品”字形排列。

4.4　栽植

除符合 GB／T15776 的规定外，还应根据苗木的不同，实行不同的栽植方法。

4.4.1　小坑栽植

根据苗木根幅大小挖坑，使苗根在坑内自然舒展。

4.4.2　直壁靠边栽植

针叶树种裸根苗，采用小坑靠边直壁栽植法。刨坑时人站于坡的一侧，用窄镢将坑的内侧刨成一个“直壁”。栽植时将苗根贴于直壁一面，根颈与直壁的穴面平齐，取湿润细土掩于苗根周围，分层踏实。

4.4.3　容器苗栽植

刨小坑，将母土完整的容器苗放于坑中埋土，容器的上沿与穴面埋平，容器周围的土要填实。

4.4.4　保水措施

造林后因地制宜采取石片覆盖、石砾覆盖、蒿草覆盖等保水措施。

4.4.5　裸岩地造林

在岩石裸露区造林，要充分利用小地形。

4.4.5.1　石上集水，石下栽树。利用岩石的天然积水作用，在岩石下的集水处刨坑栽树。

4.4.5.2　石头截水，蓄水栽树。利用山坡上大石块堵截上部径流的作用，在径流的汇集处刨坑栽树。

4.4.5.3　石隙过水，见隙栽树。利用顺坡石缝和石侧的过水作用，整埂拦水，刨坑栽树。

4.4.5.4　石间盆地，中间栽树。利用四周石头构成的石间小盆地，在其中间刨坑栽树。

第4部分　“一条龙”营林管理

1　范围

本规程规定了在壶关县范围内进行营造林工程建设，所涉及区划、规划、设计、施工、验收、建档（下简称“一条龙”营林管理程序）等方面的技术要求。

本规程适用于壶关县及太行山类似地区造林工程建设。

2　规范性引用文件

下列文件中的条款通过 DB 140427／T001.4 本部分的引用而成为本部分的条款。凡是注日期的引用文件，其随后的所有修改单（不包括勘误的内容）或修订版均不适用于本部分，然而，鼓励根据本部分达成协议的各方研究是否可使用这些文件的最新版本。凡是不注日期的引用文件，其最新版本不适用于本部分。

GB／T15776—1995　造林技术规程。

GB／T18337.2—2001　主要造林树种苗木质量分级。

3 总则

3.1 为了提高造林质量，规范营林工程管理，根据有关法规和太行山绿化规划总体要求，制定本规程。

3.2 以全方面提高营林质量为目的。

3.3 以立地条件为基础规划树种，以因害设防、因地制宜为原则选择林种。

3.4 从宏观指导到微观实施环环相连，科学性、可行性、操作性协调一致。

4 "一条龙"营林管理程序

"一条龙"营林管理程序包括：区划——规划——设计——施工——验收——建档。

4.1 区划

4.1.1 区划的目标任务

查清资源状况，分析资源现状作出资源利用现状评价，制定分区发展方向。

4.1.2 区划的方法步骤

4.1.2.1 开展林业区划工作首先要做好图表仪器准备、人员组织、技术培训、制定工作计划等前期准备工作

4.1.2.2 开展土地资源现状调查

4.1.2.3 完成土地资源利用现状调查报告和土地利用区划报告

4.1.3 前期准备

4.1.3.1 准备比例尺 1∶50000、1∶10000 地形图和 1∶20000 新近的卫片、航片、计算机、经纬仪、GPS 等用品。

4.1.3.2 人员组织与培训。

4.1.4 外业调查

用地形图、卫片野外实地调查和座谈访问社会经济情况，特别是对森林资源状况要详细调查并记载坐标、土质、土壤、坡向、坡度、海拔及地被物种类、盖度、产量产值等。按林种、起源、权属和坡度、坡向及疏密度、树龄、树高、胸径，调绘并划分小班。林种分为防护林、用材林、经济林、薪炭林、特种用途林；地类分为有林地、灌木林地；起源主要分人工和天然；坡度按平、缓、斜、陡、险划分；坡向以东、南、西、北、东南、东北、西南、西北划分。小班必须单独地类，必须写小班登记表并以行政村为单位统一编号。为了校正误差，航片调绘的区域需用实测校正投影误差。

4.1.5 内业整理

外业调查结束后进行面积分类量算与统计，开始土地资源利用现状调查报告和土地利用区划报告的编写工作。

4.1.5.1 面积量算采用网格纸(透明)或求积仪认真进行,量算两次。

4.1.5.2 统计工作按二类调查的要求进行。

4.1.5.3 报告编写

土地利用现状调查报告和土地利用区划报告,要在对土地、森林资源利用现状作出科学的分析研究和客观公正评价的基础上，对今后土地资源利用的方向提出建议和对林业发展目标作出可行的设想和宏观部署。

4.1.6 区划成果

根据地域特征和自然条件分区划片,分类指导。分区的原则依据是:影响林业生产、森林发育的自然条件(地貌、气候、特别是水分条件、土壤植被等)和社会经济条件;与相关各业的协调;与周边县的林业区划衔接;一级区要保证地域上的连片。

4.2 规划

4.2.1 规划的原则

4.2.1.1 因地制宜的原则

根据不同的地形地貌,规划与之相适应的林种树种,最大限度地做到适地适树。

4.2.1.2 效益优先的原则

规划时必须做好林种树种的科学组合和乔灌木的有机结合,充分考虑主导功能,同时综合生态、社会、经济效益的同步发挥。

4.2.1.3 科学合理的原则

规划植树造林时既要坚持科学的态度,体现先进生产力的发展要求,又要顺乎自然规律,符合客观实际。

4.2.1.4 统筹兼顾的原则

由于植树造林是社会和经济发展的重要组成部分，因此在规划时必须充分考虑当地的社会经济条件和与相关部门产业间的利益关系,尽量减少顾此失彼、相互制约情况的发生。

4.2.2 规划的具体内容

4.2.2.1 发展规划

按照区划所确定的发展原则，制定中短期或阶段性工作部署，确定年度作业任务,造林指标。

4.2.2.2 树种规划

确定植树造林的最佳树种,包括引进树种和乡土树种等。

4.2.2.3 林种规划

根据客观现实和发展需要在因害设防、因地制宜的原则下,确定林种类型。如防护林、用材林、经济林等林种结构的比例。

4.2.2.4　种苗规划

根据发展规划和林种规划有目的有计划地搞好优质对路苗木培育，最大限度满足造林需求，避免盲目发展。

4.2.2.5　“三防”规划

在造林前就要充分考虑防火、防盗、防病虫害工作，搞好林种树种搭配和道路、器械、药具等基础设施建设的规划。

4.2.2.6　林木消长与经营规划

1)确定林木生长蓄积的林分生长率、(年度)盖度

2)确定年度利用数量

3)制定管护经营措施

4)加强林木监管力度

5)多种经营，在大力发展工业生产的同时和在不影响林木健康生长的前提下，要考虑林地的综合开发和科学利用工作。在林下种牧草、种药材、采蘑菇、割藤条和养羊、养牛、养兔、养蜂及枯枝落叶的综合加工利用

4.2.3　规划要求

规划必须遵循客观规律和自然规律；规划必须具体到乡镇到村到山头到地块。规划过程可参照 GB／T18337.2 第 6 章的内容。

4.3　设计

4.3.1　设计的原则

4.3.1.1　按规划设计

4.3.1.2　按地类设计

4.3.1.3　按立地条件设计

4.3.1.4　按小班设计

4.3.2　设计的内容

4.3.2.1　整地设计(时间、季节、方法、规格、标准等)

4.3.2.2　种苗设计(品种、规格、数量、质量、价格等)

4.3.2.3　造林设计(造林时间、地点、密度、株行距、方式、模式、林种、树种、投工、投资、需苗量及施工单位和责任人等)

4.3.2.4　管护设计(主要确定管护形式、方式、方法、标准及措施等)

4.3.2.5　划分立地条件类型(包括坡度、坡向、土壤质地、厚度、植被盖度、海拔高度及类型名称、代号等)

4.3.3　设计成果

设计卡片、设计图、设计表、作业设计说明书和有关附件。

4.4　施工

4.4.1　施工的原则

1)按设计施工

2)按小班施工

3)以村为单位施工

除符合 GB／T15776 的规定外,还应根据苗木的不同,实行不同的栽植方法。

4.4.2　施工的要求

4.4.2.1　搞好宣传发动

4.4.2.2　切实加强领导

层层建立造林绿化目标责任制,把任务和责任依次分解到县、乡、村各级领导头上,积极推行各级党政一把手包乡镇、包工程工作,一级抓一级,层层抓落实。

4.4.2.3　搞好劳力调配和施工组织,确保造林绿化顺利推进和圆满完成

4.4.2.4　搞好技术指导和督促检查

4.5　验收

4.5.1　验收的范围

1)当年造林绿化任务的完成情况

2)上年存在问题的完善情况

3)施工(作业)质量的鉴定

4.5.2　验收的依据

1)规划设计卡片

2)施工作业合同

3)技术规程要求

4.5.3　验收的方法及标准

4.5.3.1　面积验收

采用 1∶10,000 地形图,实地调绘量算;施工(作业)内容对照规划设计全面核查;完成或未完成面积,达标或不达标项目详细量算记载。

4.5.3.2　成活率或保存率验收应以村或小班为单位,在不同造林地内随机设置机械样地进行抽查;由专业人员在检查小班内设样带或样点进行成活率检查。采用样带时,样带宽度为 10～20 米,沿垂直等高线方向随机布设。在所调查的小班内,样带长度根据样带调查面积比例及样带宽来确定。采用样方时,样本面积为 200 平方米,样

本数量根据调查面积比例来确定。具体样地(样带或样方)调查面积比例为:小班面积在 10hm^2 以下时,调查面积不少于造林面积的 3%;当小班面积在 10～30hm^2 时,调查面积不少于造林面积的 2%,且不低于 0.33hm^2;小班面积为 30hm^2 以上,调查面积不少于造林面积的 1%,且不低于 0.6hm^2。

面积合格率和成活率的计算方法:

面积合格率 = 合格小班面积 ÷ 检查小班面积 × 100%;

成活率(保存率) = 标准地成活株数 ÷ 标准地种植株数 × 100%;调查允许误差 ±2%。

平均成活率 =(1 号小班面积 × 成活率 +2 号小班面积 × 成活率 +3 号小班面积 × 成活率 +……)÷(1 号小班面积 +2 号小班面积 +3 号小班面积……)× 100%

4.5.4　验收时间

验收工作每年进行一次,一般在施工(造林)结束后 11～12 月份进行,年底前结束。

4.5.5　验收的结果评定

4.5.5.1　人工造林成活率≥85%为合格面积,41%～84%为补植补造面积,≤40%为不合格面积。

4.5.5.2　造林保存率≥85%可统计为未成林造林地, 划入林地资源,41%～84%者,重新补造,40%以下者划入宜林地重新造林。

4.5.5.3　质量合格率达到 95%为合格,合格面积占到 100%为完成任务。

4.6　建档

4.6.1　建档的分类与内容

建档工作主要包括两个内容。以村为单位建立营林档案;以乡镇(区)为单位建立森林资源档案。

4.6.2　建档的基本要求

a)营林档案包括

1)各村造林情况示意图

2)乡村各类土地面积统计表

3)林地按小班面积统计表

4)宜林荒山按小班统计表

5)设计卡片

6)小班活动记录

7)小班森林林分生产情况调查表等资料

b)森林资源档案包括

1)小班调查登记表

2)森林资源统计表

3)森林资源分布图

4)林业生产统计表

5)森林资源消长分原登记表

6)土地资源相关变化表

7)土地面积统计表

8)森林面积(人工林)蓄积按龄组统计表

9)森林面积(人工林)蓄积年生产量按龄组统计表

10)疏林地、未成林造林地的面积蓄积和经济林树种面积产量分类统计表

c)应建立小班档案、卡片。

第四章 林业教育

第一节 壶关县福头林业中学

福头林业中学学校,1964年10月创办,校址设在原树掌公社福头大队古庙。桌凳从树掌中学调拨,招收临近公社高小毕业生和在家从事农业生产的知识青年,属于半耕半读性质。

林业中学由教育局、农林局合办。学校负责人靳福山,公办教师张东有,民办教师平德秀,兼职教师张嘉丰(林场技术员),临时工友秦三虎(树掌公社给学校安排的),半年后平德秀、秦三虎转正。共招收2班学员,计90名,第一班招生60名(1965年秋),学制3年。课程以初中文化课为主,专业课学习油松的栽培和管理。1967年第一班学员毕业时,因"文化大革命"的干扰,第二班也同时毕业,此后学校停办。

林业中学是自力更生,白手起家创建的,是在条件十分艰苦的情况下坚持办学的。当时学校一边上课,一边植树,二年时间(1966年前),荒山播种油松4000亩,栽油松苗3000亩,勤工俭学经费达五千余元,教师工资,学员生活费,学校办公费达到了三自给。1965年,学校师生到大虎岭(属石坡公社地界)栽树,一次要带足十天的粮菜,还要携带工具、被褥等行李。当时因缺水,师生要到二十里以外的大虎岭山头上去担。曾有三天阴雨连绵不能上山担水,就食用沤麻池的水,周围群众无不为之感动。

由于办学成绩显著,1965 年《晋东南教育通讯》曾以"半耕半读的先进典型"予以通报表彰。

到 1985 年,这所学校播种、栽培的油松约 1000 亩已成檩材,其余大部分已成椽材,毕业学员有的担任大队支书、主任、会计,有的担任林业技术指导员,还有 17 名通过各种途径成为国家工作人员。

第二节 壶关一中农林班

壶关一中农林班于 1975 年 2 月从往届初中毕业生中招收,共有学生 43 名。课程设政治、语文、数学、农业技术,班主任为壶关一中教师裴进亭,政治课教师为一中校长张培荣,语文教师裴进亭,数学教师王钱忠,农业基础课一中教师赵保书,校外教师请农林局的技术人员:林果课教师张平和、张家丰,蚕桑教师张福锁,还有玉米良种繁育教师,每周六节技术课。1976 年春在壶关一中分校集店公社黄角头大队实习 20 天。1977 年 1 月毕业。临近毕业在店上公社林场和五龙山公社林场实习半个月。毕业时由农林局出具介绍信,向社办林场和各村果园推荐任技术员,其中一大部分人在本村果园担任了技术员,少数人进了社办林场。现在有人成为林业工程师,有人成为乡镇林业干部和村干部。

县农委、农林局领导与农林班毕业的同学合影

第三节 林业职业教育

1970 年,壶关一中红旗技校增设林业班,1972 年停办。1970 年国营福头林场还办有不定期林业班一个,学员 50 人。1980 年,工农中学改称五七农业大学,设林业、畜牧两个专业,共计 4 个班,208 名学生。

1983 年 9 月改五七农业大学为壶关县职业技术学校,设农学、果林、畜牧 3 个专业,计 6 个班,学员 300 人。

1983 年壶关县职业技术学校又更名为壶关县职业中学。其中林业班开设的课程：基础课有语文、数学、政治，专业课有病虫害防治学、农业气象学、蚕桑学、养蚕学、栽培学、植物生理学、土壤学、育种学。学制 2 年。经费由县林业局每年拨付 10000 元，其余靠勤工俭学。1983 年以后经费同普通中学一样，由县教育局统一划拨。1983 年林业班的毕业生有 22 人被县林业局招聘为林业规划队队员，1990 年又被招聘为干部，现在这批人中有副处干部 1 人，正科干部 3 名，副科干部 2 名。

第四节 山西农大代培

根据山西省“人才扶贫”计划，壶关县作为重点县，1991 年经县政府批准，选送 30 名往届高中毕业生，进入山西省农业大学学习林果专业，由山西农大代培，学生毕业后去向实行“哪里来那里去”，学制二年，连续三批，总人数达 100 人。这些人毕业后，优秀的根据有关规定由县政府安排了一部分，一部分回到原籍担任了技术员或村干部。

第五节 固村乡“三加一”学校

固村乡（2001 年并入店上镇）是全国造林绿化“百佳乡”，村村有人工造林和成片果园。为了适应林业发展的需要，经上级批准，1985 年开始组建“三加一”林果班，即在校的初中生学习三年文化课，外加一年林果课。1986 年 4 月开始授课，每天两节。筹建人有当时的固村乡党委书记韩振国、学区校长牛树生、班主任郭达则、林果专业授课技术员张书荣。专业课内容主要有：果树栽培管理、病虫害防治、林木育苗、容器育苗、二元覆盖技术等。从 1986 年到 1995 年，招生 10 多起，毕业生达 600 人。校长更换过三人，第一任是牛树生，第二任是皇甫晓方，第三任是李建平。林果专业技术授课人一

实行三加一教学，普及造林护林知识

固村乡三加一班上专业课

直是张书荣。

第六节　林业知识普及教育

学校开展林业知识竞赛

壶关县的林业基础教育开始于1980年后，主要针对中小学生进行。1990年之前的主要教育内容是爱林、护林，每年春天各个学校都要组织中小学生参加一天到两天的义务植树活动，并要讲一到两堂林业课，让中小学生从小就树立爱林护林意识。1990年之后，主要是森林防火的内容，每个学校每年都要在冬春最易发生森林火灾的时候，开设森林防火课程，县教育局还要印发大量森林防火宣传手册，让中小学生在森林防火上发挥宣传家长、宣传亲友的作用，以“小手拉大手”的形式预防森林火灾发生。

第五章　林业对外开放

壶关林业的对外开放走在壶关各业的前列，具有标志性意义。

1989年10月，壶关县首次派出壶关县林果研究所所长王建强到日本学习先进的果树管理经验，历时半年。之后王建强又两次受长治市派遣任团长赴日本学习，其中

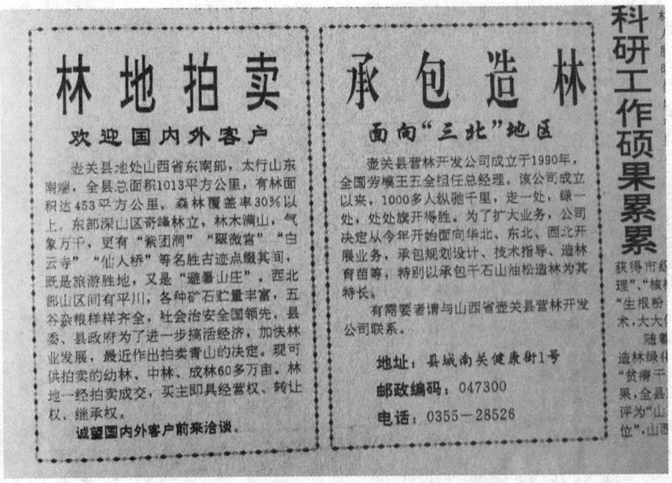

林地拍卖

欢迎国内外客户

壶关县地处山西省东南部，太行山东南端，全县总面积1013平方公里，有林面积达453平方公里，森林覆盖率30%以上。东部深山区奇峰林立，林木满山，气象万千，更有“紫团洞”“翠微宫”“白云寺”“仙人桥”等名胜古迹点缀其间，既是旅游胜地，又是“避暑山庄”。西北部山区间有平川，各种矿石贮量丰富，五谷杂粮样样齐全，社会治安全国领先。县委、县政府为了进一步搞活经济，加快林业发展，最近作出拍卖青山的决定。现可供拍卖的幼林、中林、成林60多万亩。林地一经拍卖成交，买主即具经营权、转让权、继承权。

诚望国内外客户前来洽谈。

承包造林

面向“三北”地区

壶关县营林开发公司成立于1990年，全国劳模王五全担任总经理。该公司成立以来，1000多人纵驰千里，走一处，绿一处，处处旗开得胜。为了扩大业务，公司决定从今年开始面向华北、东北、西北开展业务，承包规划设计、技术指导、造林育苗等，特别以承包干石山油松造林为其特长。

有需要者请与山西省壶关县营林开发公司联系。

地址：县城南关健康街1号

邮政编码：047300

电话：0355－28526

科研工作硕果累累

刊登在1993年4月16日《中国林业报》上的林地拍卖和面向全国承包造林的广告

壶关县又有多人参加。

1991 年 9 月，中国林业科学研究院，加拿大国际发展研究中心，联合在北京举办国际农用林业培训班，参加人员有印度、菲律宾、泰国、印尼、美国等 18 个国家的官员、专家、教授等，特邀壶关县授课。壶关县委书记王虎林、县长姚保维、副县长张平和三人撰写的《太行山区壶关县小流域治理的实践与研究》作为教材之一，由张平和副县长现场授课，并放映了本县拍摄的电视片《太行山区壶关县生态经济模式》，引起轰动，多人争先索要壶关资料，并要求与张平和合影。壶关县的林业建设经验走向国际。

壶关县的生态治理经验被编入
国际农用林业培训班教材

1992 年 4 月 12 日，德国格鲁斯库博士等三名林业专家，在山西省林业厅科教处处长于若飞陪同下，专程到壶关县进行林业考察，专家们看了本县的干石山绿化，觉得不可思议，非常惊奇，连声称赞“奇迹，太棒了”！这是本县第一次接待国外林业专家。

第九编　林业宣传

第一章　宣传报道

第一节　概况

林业宣传报道是鼓励发动群众投身林业建设的一项长效措施，与壶关县的林业建设成就息息相关，在林业建设中发挥了举足轻重的作用。可以这样概括：全县的林业发展，一靠政策，二靠科技，三靠领导，四靠宣传。宣传报道的内容，一是发展林业的作用和意义；二是发展林业过程中的先进经验和办法；三是涌现出来的典型单位和模范人物；四是林业发展的形势和方向。宣传紧跟林业发展的需要，宣传领导、带动群众；激励典型、鼓励群众；传播经验、指导实践；传授技术、提高质量。这种经久不衰的宣传氛围，不但有效地推动了全县林业的持续健康发展，而且使壶关林业在全国产生影响。1994 年 2 月被国家林业部授予“全国林业宣传先进县”称号。

护林防火宣传车深入山庄窝铺宣传《森林法》

第二节　省级以上报刊发表的报道目录

文章题目	发表报刊	刊登时间	作者姓名
壶关县委提出加强林业队伍建设的三项要求	《山西林业》4 期	1980 年	赵银书
壶关县认真配备公社林管员	《山西林业》5 期	1980 年	王来全
肯下管护功 换得满山青	《中国林业》12 期	1980 年 12 月	赵银书
壶关县林业局实行岗位责任制	《山西日报》	1981 年 3 月	县委通讯组
壶关县林业局分片包干各负其责	《山西日报》	1981 年 3 月 11 日	张平和　程喜堂
靠责任制和法制搞好林业管护工作	《山西林业》5 期	1981 年	壶关县护林防火指挥部
下定决心抓林业誓变“三缺”为“三有”	《山西林业》6 期	1981 年	张维庆

（续）

文章题目	发表报刊	刊登时间	作者姓名
壶关县社员个人植树多	《人民日报》	1981年9月8日	程喜堂
三姊妹二十多天植树九千株	《中国青年报》	1981年11月21日	李彦忠
壶关县林业局不吃“大锅饭”	《山西日报》	1982年	雷郭堂
解决林业专业户报酬六例	《山西农民报》	1982年	牛建忠
专业户“路其昌”	《山西农民报》	1982年3年13日	籍希晋 张玩月 王金水 孙春生 牛建忠 刘先成
责任制威力大	《山西农民报》	1982年3月13日	评论员
壶关县建立造林专业户	《山西日报》	1982年3月23日	牛建忠
专业承包 联产联心	《中国林业》3期	1982年3月	路其昌
林户可畏	《山西林业》5期	1982年	刘先成
林业专业户生产责任制的调查	《中国林业》6期	1982年6月	牛育才
强大的生命力	《山西林业》6期	1982年	刘先成
林业专业户好	《山西林业》6期	1982年	本刊评论员
石坡公社林业发展快	《山西林业》6期	1982年	孙春生
壶关县解决林业专业户报酬的一些方法	《中国林业》10期	1982年10月	牛建忠
壶关县大力发展林业专业户	《中国农民报》	1982年12月9日	新华社发
壶关县建立植树造林专业户	《人民日报》	1983年	新华社发
林业技术送到家	《山西林业》1期	1983年	张平和 程喜堂
壶关县靠两户加快发展林业	《山西日报》	1983年	牛建忠
把技术送到“专业户”重点户	《中国林业》3期	1983年3月	张平和 程喜堂
壶关县建立造林专业户	《山西日报》	1983年3月21日	新华社发
壶关县为造林、护林有功者树碑立传	《山西林业》5期	1983年	牛育才
以改革精神完善责任制	《山西林业》6期	1983年	牛建忠
以张候拉为榜样办好林业“两户”	《山西林业》8期	1983年	壶关县县委、县政府
场队挂钩 联防护林	《山西林业》8期	1983年	雷郭堂
发展专业户 绿化太行山	《山西日报》	1983年11月3日	牛建忠 许正午
绿化太行山区划规划试点在壶关全面展开	《山西日报》	1983年11月28日	程喜堂
绿化太行山要大力发展林业“两户”	《中国林业》12期	1983年12月	张平和

（续）

文章题目	发表报刊	刊登时间	作者姓名
定把蓝图实现	《山西林业》6 期	1984 年	黄培银
油松专家王五全	《山西林业》6 期	1984 年	刘先成　张乡荣
壶关县林业区划规划工作胜利完成	《山西林业》6 期	1984 年	程喜堂　王新江
农民王五全创造造林新技术	《山西日报》	1984 年 7 月 4 日	程喜堂　王新江
林业部在壶关县召开太行山区林业区划规划工作现场会	《山西林业》7 期	1984 年	陈茂盛
油松阳坡造林	《中国林业》7 期	1984 年 7 月	张平和
太行山区林业区划规划会议在壶关召开	《山西日报》	1984 年 10 月 19 日	程喜堂　王新江
壶关县完成土地资源调查	《中国林业》10 期	1984 年 10 月	程喜堂　王新江
农民王五全大胆改革造林技术一项成果节支 44 万元	《山西农民报》	1985 年 1 月 22 日	程喜堂　王新江
壶关县科学营林迈出新步伐	《山西林业》1 期	1985 年	程喜堂　葛富贵 王新江
推广技术成果 收到显著效益	《山西林业》1 期	1985 年	程喜堂　王新江
贫瘠干旱石质山阳坡油松造林的研究	《北京林业》3 期	1985 年	张平和
岳四则贮藏苹果三年获利近三万元	《山西日报》	1985 年 5 月 1 日	王新江　杨志飞
王五全异地包荒山	《山西日报》	1985 年 5 月 7 日	杨志飞
王五全到外地推广造林技术	《山西农民报》	1985 年 7 月 4 日	杨志飞
油松育苗 常年移栽	《山西农民报》	1985 年 7 月 4 日	杨志飞　王新江
林业科技进山入户兴林富民	《林业部林业工作研究》	1985 年 7 月 13 日	程喜堂　张德明
壶关县兴办林业技术家庭咨询站	《山西林业》7 期	1985 年	程喜堂　张德明
壶关县育苗超万亩	《山西日报》	1985 年 8 月 15 日	程喜堂　栗增录
人均千株树 年增一千元	《山西林业》8 期	1985 年	程喜堂　栗增录
油松雨季山地造林经验介绍	《林业科技推广》	1985 年 9 月 28 日	葛富贵　郝鹏飞 张平和　程喜堂
壶关县兴办家庭技术咨询站	《中国林业》10 期	1985 年 10 月	程喜堂　张德明
苗圃改革 经济效益好	《中国林业》12 期	1985 年 12 月	程喜堂　栗增录
山地油松育苗新方法	《绿色天地》1 期	1986 年	程喜堂　张德明
壶关县利用冬闲推广林业技术	《绿色天地》1 期	1986 年	程喜堂　栗增录
打破区域界限 异地承包荒山	《山西农民报》	1986 年 2 月 15 日	程喜堂　栗增录
远涉六百里外异地承包荒山	《山西日报》	1986 年 2 月 16 日	程喜堂　栗增录

（续）

文章题目	发表报刊	刊登时间	作者姓名
运用林业区划规划建设地上绿色宝库	《林业资源管理》3 期	1986 年	壶关县林业局
“油松专家”王五全绿遍壶关绿阳泉	《农民日报》	1986 年 5 月 20 日	程喜堂　栗增录
壶关县完善果园责任制	《山西日报》	1986 年 5 月	张　秀　许正午
切实解决“两山”出现的新问题	《中国林业》5 期	1986 年 5 月	程喜堂
十“愚公”绿山记	《山西农民报》	1986 年 6 月 12 日	王新江　刘玉栋
壶关县飞播造林	《山西日报》	1986 年 7 月 5 日	程喜堂　栗增录
壶关县进行飞播造林	《山西科技报》	1986 年 7 月 8 日	程喜堂　栗增录
土专家送绝招	《山西日报》	1986 年 7 月 22 日	程喜堂　栗增录
壶关县进行毛白杨嫁接培训	《山西科技报》	1986 年 8 月 22 日	栗增录
一片赤城绿壶关	《绿色天地》8 期	1986 年	程喜堂　栗增录
壶关县百余名造林能手异地承包荒山	《山西农民报》	1986 年 9 月 23 日	程喜堂　栗增录
山庄窝铺的传技人	《山西广播电视报》	1986 年 10 月 6 日	李和平
山庄里的传技人	《山西科技报》	1986 年 11 月 7 日	李和平
壶关县采用油松大苗绿化近山	《绿化与生活》	1987 年 1 月	张平和
采用油松大苗绿化近山是个捷径	《绿色天地》1 期	1987 年 1 月	张平和
专业户余永富入党	《绿色天地》1 期	1987 年 1 月	栗增录
壶关县工程造林效果好	《林业区划》2 期	1987 年 2 月	张钟晓　许正午
追求	《支部建设》	1987 年 2 月	栗增录
角脚底村成立林业合作社	《绿色天地》2 期	1987 年 2 月	壶关县林业局
壶关县工程造林劳动组织形式	《林业区划》2 期	1987 年 2 月	李书贤 王建强
桥上乡广栽经济树	《绿色天地》2 期	1987 年 2 月	栗增录
王五全为绿太行献技	《中国环境报》	1987 年 2 月 26 日	李和平　王新江
农民王五全发明新技术 降低造林成本	《中国农村经营报》	1987 年 2 月 27 日	李和平　王新江
壶关城关镇阳坡绿化快	《山西日报》	1987 年 3 月 11 日	栗增录
壶关县推广王五全一项技术成果节省资金 60 多万元	《山西日报》	1987 年 3 月 12 日	李和平　王新江
植树造林资金缺乏怎么办？请看壶关县的八种办法	《经济效益报》	1987 年 3 月 22 日	王新江
壶关县解决造林资金	《山西日报》	1987 年 3 月 24 日	王新江
油松育苗常年移栽法	《山西农民报》	1987 年 3 月 26 日	杨志飞　王新江

（续）

文章题目	发表报刊	刊登时间	作者姓名
实施区划规划 加速壶关林业发展	《绿色天地》4期	1987年	栗增录
生产加工一齐抓	《绿色天地》4期	1987年	栗增录
兴林走上致富路	《绿色天地》4期	1987年	栗增录
投积累工发展林业	《绿色天地》4期	1987年	栗增录
在万分之一国土上搞绿化做贡献	《国土绿化》	1987年4月	王虎林　刘德宝
壶关县植树造林重成效	《山西日报》	1987年4月7日	张平和　程喜堂
绿化太行山先锋县的经验 种护并举才能取得成效	《中国环境报》	1987年4月6日	王新江
偏僻山区的育花人 -- 王贵英	《山西妇女报》	1987年4月27日	栗增录
壶关县妇女大力发展庭院经济	《山西妇女报》	1987年5月4日	李和平
四妯娌苦绣井沟山	《绿色天地》5期	1987年	栗增录
采伐与植树挂钩	《绿色天地》6期	1987年	栗增录
壶关县多方解决造林资金	《中国林业》6期	1987年6月	王新江
按工程管理 按设计施工	《中国林业报》	1987年7月1日	刘先成　丁文学　程喜堂
搞好工程管理 提高造林质量	《绿色天地》7期	1987年	丁文学　程喜堂
油松雨季造林技术	《绿色天地》7期	1987年	张平和　栗增录　程喜堂
壶关县林业生产走上科学化轨道	《山西情况》	1987年7月4日	壶关县委办公室
壶关县发展庭院经济独具特色	《山西农民报》	1987年7月7日	王新江　李和平
油松的雨季造林技术	《山西科技报》	1987年7月14日	栗增录
壶关县发展“一村专一品”庭院经济	《科技信息报》	1987年7月17日	王新江　李和平
发展经济林 开拓致富路	《绿色天地》8期	1987年	程喜堂　栗增录
固村乡大念苹果经	《山西农民报》	1987年9月1日	陈振宇　杨志飞
农民王五全造林功绩上县志	《经济信息报》	1987年9月6日	王新江　李和平
立足万分之一国土搞绿化	《中国林业报》	1987年9月12日	刘德宝
合理控制林木采伐量 壶关县森林稳步增长	《中国环境报》	1987年9月15日	栗增录
山西壶关县发展庭院经济有新招	《信息报》	1987年9月17日	王新江　李和平
壶关县营造200公里防火林带	《山西日报》	1987年9月22日	栗增录
植树不止 绿化有功	《山西日报》	1987年10月12日	王新江　李和平
壶关县根据档案资料控制林木采伐	《山西经济报》	1987年10月20日	栗增录
壶关县引进华北落叶松	《山西环境报》	1987年10月25日	栗增录

（续）

文章题目	发表报刊	刊登时间	作者姓名
建立科技组织 促进林业发展	《林业科技推广》	1987年11月15日	栗增录
防牲畜啃树新法	《山西农民报》	1987年12月1日	刘国孝
壶关县普及林业技术效果好	《中国城乡信息报》	1987年12月6日	栗增录
壶关县根据档案资料控制林木采伐	《经济信息报》	1987年12月10日	栗增录
壶关县村村设置营林指导员	《林业科技推广》	1987年12月10日	栗增录
壶关县林业"两户"承包造林育苗	《中国林业报》	1987年12月12日	栗增录
壶关县千余名农家妇女从事林业生产	《区县经济报》	1987年12月20日	栗增录
走出家门敢与男子比试 千名农妇从事林业生产	《山西农民报》	1987年12月29日	栗增录
角脚底村农民享受七免费	《中国妇女报》	1988年1月4日	栗增录
农民盼学经济林管理技术	《科技经济咨询部》	1988年1月25日	栗增录
油松绿化阳坡的几个途径	《绿化与生活》1期	1988年	王建强
壶关县兴办家庭技术咨询站	《科技经济咨询报》	1988年2月10日	栗增录
村办林场遍壶关	《山西农民报》	1988年2月11日	栗增录
壶关县护林防火实行三个系列化	《法制日报》	1988年2月20日	栗增录
壶关县采取措施 保护生态动物	《中国环境报》	1988年2月23日	栗增录
壶关县出现300个村办林场	《山西环境报》	1988年2月25日	栗增录
油松予整地造林效果好	《林业科技推广》	1988年2月29日	栗增录
沙棘硬枝扦插育苗技术	《绿色天地》3期	1988年	王建强
干旱阳坡造林如何提高成活率	《山西农民报》	1988年3月10日	栗增录
建立家庭服务站的好处	《科技经济咨询报》	1988年3月10日	栗增录
壶关县积极保护野生动物	《法制日报》	1988年3月13日	栗增录
油松专家王五全 异地造林搞绿化	《中国农金报》	1988年3月14日	栗增录
壶关县林业区划获部颁奖	《山西日报》	1988年3月24日	栗增录
壶关县给树建档上"户口"指导生产	《中国林业》3期	1988年	栗增录
壶关苗圃是怎样搞好的?	《绿色天地》3期	1988年	栗增录
油松育苗常年移栽技术要点	《林业科技推广》	1988年3月	王新江
王五全被人称为"绿色种子"	《经济信息报》	1988年3月31日	王新江
壶关县20名青年绿化荒山大显身手	《山西农民报》	1988年4月2日	王根有
核桃去雄好	《山西科技报》	1988年4月8日	刘国孝
壶关县大抓春季造林	《山西环境报》	1988年4月15日	栗增录

（续）

文章题目	发表报刊	刊登时间	作者姓名
店上镇对林业合同实行法律公证	《中国环境报》	1988年4月19日	栗增录
壶关县千余农户依靠林业摘掉贫困帽	《信息导报》	1988年4月20日	栗增录
农民岳四则土法贮藏苹果5年获利5万元	《中国合作经济报》	1988年4月23日	王新江　杨志飞
李爱忠办起家庭林业技校	《山西农民报》	1988年4月3日	刘国孝
壶关县3万名团员青年在绿化太行山中大显身手	《中国市容报》	1988年5月1日	栗增录
泽井村22位老党员承包荒山搞绿化	《山西农民报》	1988年5月19日	王根有
炊事员上大学争做有为青年	《绿色天地》5–6期	1988年	赵建兵
我为集体护林不是为了挣钱	《绿色天地》5–6期	1988年	阎建喜
果树害虫梨椿象	《绿色天地》5–6期	1988年	秦庆祥
刘来发修剪核桃树效益高	《山西农民报》	1988年5月28日	阎建喜
绿在他心中	《中国林业》5期	1988年	程喜堂
岳四则创地窖贮藏水果法	《农民日报》	1988年6月22日	王新江　杨志飞
壶关县林业局五年推出七项科研成果	《山西科技信息报》	1988年6月24日	栗增录
他为果圃献余热	《山西工人报》	1988年6月26日	栗增录
他为祖国披绿装	《老区建设报》	1988年6月28日	王新江
促进树木伤口愈合五法	《山西科技报》	1988年3月28日	秦庆祥　马金书
壶关县解决植树造林资金8种办法	《信息产业报》	1988年6月29日	王新江
东崇贤乡实行抵押造林	《山西农民报》	1988年7月2日	刘国孝
鹅屋乡加工红果拓富路	《中国农金报》	1988年7月13日	赵竹青
壶关县科学营林 典型发挥示范作用	《经济信息报》	1988年7月31日	栗增录
保存水果有高招 旺季贮藏淡季销	《农村未来》7期	1988年	王新江　杨志飞
农民王五全造林植树功绩大	《山西科技报》	1988年8月5日	王新江
壶关县三分之一村庄 实行绿化美化	《中国市容报》	1988年8月14日	栗增录
关于发挥林业技术人员积极性问题的探讨	《林业工作研究》	1988年8月15日	程喜堂
做官即为做事 –“科研局长”张平和小记	《山西科技信息报》	1988年8月19日	栗增录
太行南麓的“植树王”	《人民日报》	1988年8月21日	王新江
农民王五全发明一项造林新技术	《中国林业报》	1988年8月27日	王新江
壶关县城关镇用抵押办法促进荒山造林	《山西日报》	1988年8月29日	栗增录

（续）

文章题目	发表报刊	刊登时间	作者姓名
充满活力的新生力量	《中国林业》8 期	1988 年	程喜堂
捕捉信息 育苗致富	《绿色天地》8～9 期	1988 年	郭建宏
树掌镇 28 年营林育林尝到了甜头	《中国市容报》	1988 年 9 月 4 日	栗增录
落叶松秋播育苗效果好	《山西科技报》	1988 年 9 月 16 日	刘国孝
核桃树秋季修剪要点	《山西农民报》	1988 年 9 月 17 日	刘国孝
壶关县国营苗圃让合同工与固定工公平竞争	《中国林业报》	1988 年 10 月 1 日	栗增录
壶关县建立乡镇林业站 加强林业经营管理	《四川林业报》	1988 年 10 月 26 日	栗增录
山西省林业会议代表栽植纪念树	《西北信息导报》	1988 年 10 月 31 日	栗增录
立足万分之一国土加快造林绿化步伐	《绿色天地》10 期	1988 年	壶关县人民政府
壶关县解决林业站经费的几种办法	《绿色天地》10 期	1988 年	栗增录
绿化太行山经验交流会在壶关襄垣召开	《绿色天地》10 期	1988 年	向平 增江
林业生产周期长一定要早抓	《中国林业报》	1988 年 11 月 5 日	程喜堂
花椒树的冬春季管理	《山西农民报》	1988 年 11 月 5 日	刘国孝
壶关县采用多种形式解决造林投资投工问题	《四川林业报》	1988 年 11 月	栗增录
农民王五全绿化荒山 810 亩	《农村未来》11 期	1988 年	王新江
壶关县展开群众性护林防火活动	《中国环境报》	1988 年 12 月 1 日	栗增录
果药间作 以药养果	《山西经济报》	1988 年 12 月 13 日	栗增录
核桃树冬季管理	《山西科技报》	1988 年 12 月 16 日	刘国孝
冬季桑园管理和蚕种的护理	《山西科技报》	1989 年 12 月 16 日	刘国孝
对村办林场的实践与认识	《绿色天地》1 期	1989 年	张平和 李书贤 程喜堂
王五全办起林业技术家庭咨询站	《山西农民报》	1989 年 1 月 12 日	栗增录
壶关县林业局对林产品经销站实行抵押承包	《四川林业报》	1989 年 1 月 14 日	栗增录
农民王五全自办造林技术咨询站	《中国林业报》	1989 年 1 月 21 日	栗增录
“傻子”余永富	《中国林业》1 期	1989 年	程喜堂
干旱阳坡油松造林方法	《中国林业》2 期	1989 年	栗增录

（续）

文章题目	发表报刊	刊登时间	作者姓名
油松山地育苗	《绿化与生活》1期	1989年	王建强 赵海俏
壶关县树立22名绿化红旗手	《中国林业报》	1989年2月13日	栗增录
壶关县林业区划及实施获林业部科技进步二等奖	《山西科技信息报》	1989年2月17日	栗增录
店上镇承包果园要“文凭”	《山西农民报》	1989年2月21日	雪冰 钟晓 红兵
壶关县四任领导同念“造林经”	《中国林业报》	1989年2月25日	栗增录
薛家园村发展经济林见成效	《经济信息报》	1989年2月26日	刘国孝
壶关县五年用积累工造林16万亩	《山西农民报》	1989年3月4日	栗增录
壶关县建立领导任期林业目标责任制的探讨	《绿色天地》3期	1989年	张平和 李书贤 程喜堂 栗增录
贫瘠干旱石质山阳坡油松造林技术	《绿色天地》3期	1989年	栗增录
壶关县万名民兵成为护林防火骨干	《山西消防报》	1989年3月10日	栗增录
壶关县四任书记搞绿化	《山西日报》	1989年3月12日	宋新柱 姜平
壶关四任领导接力抓造林	《多种经营报》	1989年3月13日	栗增录
张平和潜心绿化设计获殊荣	《山西工人报》	1989年3月16日	栗增录
壶关县林业局长张平和五年获8项研究成果奖	《山西科技信息报》	1989年3月24日	栗增录
神圣的接力赛	《山西日报》	1989年4月1日	宋新柱 姜平
不抓林业不能当干部	《山西日报》	1989年4月1日	宋新柱 姜平
会后十忧	《晋政信息》38期	1989年	刘德宝
用经济效益牵动生态效益	《山西日报》	1989年4月1日	刘先成
王五全油松移栽经验	《绿化与生活》4期	1989年	程喜堂 王根有
王虎林捐款造林	《老区建设报》	1989年4月11日	栗增录
“绿化好汉”王五全	《山西日报》	1989年4月28日	姜平
绿化劳模王五全组建造林专业队	《中国林业报》	1989年4月29日	栗增录
植树造林缺乏资金怎么办?壶关县的办法是级级带头层层发动捐集资金	《绿色天地》增页	1989年4月	张钟晓 申有贵 赵海俏

（续）

文章题目	发表报刊	刊登时间	作者姓名
流泽村人均“绿色银行”存款3500元	《国土绿化》4期	1989年	王根有
建立乡镇林业机构 加速全县林业发展	《林业资源管理》6期	1989年	程喜堂　栗增录
壶关县推广王五全造林技术五年节省种子费30多万元	《中国林业报》	1989年6月3日	刘国孝
运用典型推广科技	《林业科技推广》	1989年6月15日	栗增录
在绿色的竞赛中接力	《科技经济导报》	1989年6月24日	栗增录
壶关县店上镇给两果园承包户黄牌警告	《山西科技报》	1989年6月27日	栗增录
壶关县五千名党员成为林业生产骨干	《山西科技报》	1989年6月30日	栗增录
西山后村圈养羊实现农林牧全面发展	《山西科技报》	1989年7月28日	栗增录
“林业书记”的热心肠－记壶关县委书记王虎林	《山西工人报》	1989年8月10日	栗增录
王五全被编入《山西名人词典》	《山西日报》	1989年8月13日	王新江 王庆伟 栗增录
壶关县千余名护林员工资待遇得到保障	《中国林业报》	1989年8月19日	刘国孝
管“闲事”	《中国林业报》	1989年8月26日	刘国孝
全省林业工作会议在壶关召开	《山西日报》	1989年9月25日	宋新柱 翟翠明 王 涛
绿龙从这里奋起	《中国林业报》	1989年9月30日	刘先成
壶关县林业局五年推出七项成果	《山西科技报》	1989年10月6日	栗增录
油松栽植专家王五全的阳坡造林技术	《山西科技报》	1989年10月6日	景茂盛　张忠晓
壶关县被誉为“绿化太行山先锋县”	《人民日报》	1989年10月9日	王艾生
王五全致富不忘众乡亲	《山西农民报》	1989年10月12日	张钟晓　韩玉祥
山西壶关四任县委书记造林绿化接力赛赛出水平	《中国市容报》	1989年10月19日	王新江
壶关县林业局为领导赠订《中国林业报》	《中国林业报》	1989年11月4日	栗增录
绿色的种子	《中国环境报》	1989年11月4日	栗增录
造林模范王五全	《区县经济报》	1989年11月8日	王新江
王五全攻克阳坡造林关	《中国林业报》	1989年11月25日	张钟晓　高中录
冬季是防治果树病虫的好时机	《农民日报》	1989年11月27日	栗增录
壶关县被命名为“绿化太行山先锋县”	《城乡经济报》	1989年11月29日	高福生 张钟晓 王庆伟

（续）

文章题目	发表报刊	刊登时间	作者姓名
壶关县推广一项技术成果节省投资 88 万元	《中国林业报》	1989 年 12 月 30 日	栗增录
山西推广王五全造林技术	《农民日报》	1990 年 2 月 26 日	秦跃忠 张钟晓 高福生
王五全试验成功油松移栽技术	《河北日报农村版》	1990 年 3 月 12 日	秦跃忠 张钟晓 高福生
绿化“接力赛”中的哲学思考	《中国林业报》	1990 年 3 月 27 日	刘德宝
树多蓄旺，林茂粮丰－兼答“林牧争坡、林粮争地”质疑	《中国林业》	1990 年 5 期	刘德宝
壶关县成立王五全造林开发公司跨地区承包荒山造林	《人民日报》	1990 年 10 月 20 日	郭金玉 吕 品
壶关县推广十项科学造林技术	《山西日报农村版》	1991 年 2 月 9 日	郭金玉
层层建基地发卡片全民搞绿化办林业	《中国林业》	1991 年 3 期	栗增录
太行树圣	《中国林业》	1991 年 3 期	马如龙 李书贤 程喜堂 王根有
壶关县成为全国造林绿化先进县	《山西经济报》	1991 年 3 月 30 日	张钟晓 秦跃忠
壶关实施生态经济县	《山西科技报》	1991 年 6 月 14 日	栗增录 张钟晓
壶关县铺开“建设生态经济县”的浩大工程	《科技与信息报》	1991 年 7 月 1 日	张钟晓
壶关县建设生态经济县	《山西日报》	1991 年 7 月 9 日	董志智 张钟晓
壶关县 10 万农民成为科技兴林能手	《人民日报》	1991 年 7 月 26 日	刘先成
壶关县坚持义务植树覆盖率增加了 16 个百分点	《绿色天地》	1991 年 6 期	李书贤 程喜堂 栗增录
壶关县大搞品种改良	《中国林业报》	1991 年 8 月 27 日	程喜堂
德国专家考察壶关阳坡绿化技术	《山西环境报》	1992 年 5 月 2 日	张钟晓 栗增录
德国专家慕名前来壶关考察	《人民代表报》	1992 年 5 月 6 日	张钟晓 栗增录
壶关县依托“绿色企业”兴县富民奔小康	《中国市容报》	1992 年 9 月 20 日	王新江 张钟晓
巩固发展绿化成果，建设生态经济林业	《山西日报》	1992 年 10 月 2 日	
县长当教授洋人当学生张平和应邀向外国官员授课	《山西日报》	1993 年 1 月 28 日	李彩霞 王新江 程喜堂
为林业进入社会主义市场经济接轨	《绿色天地》	1993 年 4 期	程喜堂
抓绿化、抓营护、抓效益、促使壶关林业向新阶段迈进	《中国林业报》	1993 年 4 月 16 日	姚保维 籍先菊

（续）

文章题目	发表报刊	刊登时间	作者姓名
壶关县造林绿化成效显著	《中国林业报》	1993年4月16日	李书贤 连胜利 程喜堂 栗增录 王根有 董广德
科技巧扮壶关装	《中国林业》	1994年1期	程喜堂
绿起来、活起来、富起来	《经营时报》	1994年2月9日	秦跃忠 王新江 郭金玉
阳坡造林闯新路，敢教黄龙变绿龙	《生活晨报》	1994年9月20日	张月飞
山西“林模”下广东	《人民日报》	1995年3月6日	丁文学 程喜堂
“树圣”王五全	《农民日报》	1995年3月13日	程喜堂
王五全在广东大显身手	《山西日报农村版》	1995年2月17日	马存洪 丁文学 程喜堂
绿起来的壶关富起来	《山西日报农村版》	1995年3月10日	程喜堂
壶关大力发展林农混合林业	《山西日报》	1995年5月15日	程喜堂 张斌君
山歌	《国土绿化》	1995年4期	程喜堂 秦元忠
山歌	《正气》	1995年6期	程喜堂 秦元忠
壶关成为全国科技兴林示范县	《山西科技报》	1997年4月1日	刘先成 程喜堂
科技驻壶关林兴人进步	《中国林业报》	1997年3月27日	刘先成 程喜堂
他为百姓栽富根—记壶关县固村乡党委书记张志民	《山西林业》	1998年3期	程喜堂
千山万壑林草壮	《中国绿色时报》	1999年7月12日	程喜堂 尹福建 赵晓萍 王佳会
壶关80万亩森林告急	《山西日报》	2000年1月20日	程喜堂
桂冠为何总与壶关有缘	《山西日报》	2000年5月12日	郑 炳 程喜堂
壶关千军万马“垒石墙”	《山西日报》	2000年8月4日	郑 炳 程喜堂
看巨龙怎样舞太行	《山西日报》	2000年11月4日	王俊文
壶关县森林防护墙进基尼斯纪录	《山西日报》	2001年8月6日	翟翠明 程喜堂 赵建斌
壶关县森林防护墙创世界之最	《中国绿色时报》	2001年8月17日	程喜堂 赵建斌
天下第一墙	《人民日报》	2001年8月28日	左满明 赵江峰
为护林防火竖一道坚实屏障	《中国绿色时报》	2002年7月15日	刘安松 程喜堂 赵建斌
喜看壶关林业发展新跨越	《中国绿色时报》	2005年6月28日	赵晓萍 程喜堂 赵建斌
绿色壶关	《山西日报》	2005年7月23日	李久标 赵晓萍 程喜堂 赵建斌

（续）

文章题目	发表报刊	刊登时间	作者姓名
30年打造出一颗绿色明珠	《中国绿色时报》	2008年6月3日	赵晓萍 程喜堂
两道难题	《中国绿色时报》	2008年9月9月	程喜堂
油松纯林改造的实践与思考	《中国林业论文集》	2009年	赵建斌
龙泉镇造林绿化力度大	《国土绿化》1期	2009年	梁军兵
壶关成功对冬春绿化工程招标	《中国林业》2期B	2009年	梁军兵
壶关举报违章野外用火有奖	《中国绿色时报》	2009年2月10日	梁军兵
森林资源保护工程的建设与发展	《中国林业》3期	2009年	李彩萍
接力共换壶关绿 -- 壶关林业生态建设综述	《国土绿化》3期	2009年	申李军
壶关全力做好春季森林防火工作	《中国林业》3期A	2009年	申李军
壶关造林解决万名返乡农民工就业	《中国林业》3期B	2009年	梁军兵
十万红袖章筑牢壶关森林防火墙	《中国绿色时报》	2009年3月13日	梁军兵
壶关多管齐下严防森林火灾	《中国绿色时报》	2009年3月31日	梁军兵
壶关多举措推进荒山绿化	《中国林业》4期A	2009年4月	梁军兵
壶关致力营造碧水蓝天	《中国林业》4期B	2009年4月	申李军
壶关推行“三三六”森林防火工作法	《中国绿色时报》	2009年4月2日	申李军
壶关县村村都有防火检查站	《中国绿色时报》	2009年4月13日	梁军兵
壶关县千名干部一线防火	《中国绿色时报》	2009年4月13日	梁军兵
壶关森林防火实行日报制	《中国绿色时报》	2009年4月20日	梁军兵
壶关以生态建设促旅游发展	《中国绿色时报》	2009年4月28日	梁军兵
大学生村官成为我县生态建设主力军	《国土绿化》5期	2009年	梁军兵
壶关多措并举确保树木成活	《中国绿色时报》	2009年5月4日	梁军兵
壶关着力提高绿化工程质量	《中国绿色时报》	2009年5月5日	申李军
壶关今春实现零森林火灾	《中国绿色时报》	2009年5月11日	申李军
世界最长防火墙在延伸	《中国绿色时报》	2009年5月18日	梁军兵
世界最长防火墙在延伸(图片)	《中国绿色时报》	2009年5月18日	李清芳

（续）

文章题目	发表报刊	刊登时间	作者姓名
壶关县加强夜间森林防火巡查	《中国绿色时报》	2009 年 5 月 20 日	梁军兵
壶关“绿剑二号”行动成效大	《中国绿色时报》	2009 年 5 月 29 日	梁军兵
壶关县森林防火现状与对策	《山西林业》6 期	2009 年	孙霞
壶关开展“回头看”活动	《中国林业》6 期 A	2009 年	申李军
壶关多举措提高绿化工程质量	《中国林业》6 期 B	2009 年	申李军
十大工程打造绿色壶关	《中国绿色时报》	2009 年 6 月 9 日	梁军兵
壶关县高标准建成 51 个园林化村庄	《山西农民报》	2009 年 6 月 16 日	梁军兵
壶关县推进园林化村庄建设	《中国绿色时报》	2009 年 6 月 17 日	梁军兵
壶关万株大苗提升县城绿化品位	《中国绿色时报》	2009 年 6 月 30 日	梁军兵
壶关快速推进园林化村庄建设	《中国林业》7 期 A	2009 年	梁军兵
十大工程打造绿色壶关	《中国林业》7 期 B	2009 年	梁军兵
壶关林下经济助农增收	《中国绿色时报》	2009 年 7 月 7 日	梁军兵
壶关林业积极抗旱保林	《中国绿色时报》	2009 年 7 月 14 日	梁军兵
2600 万元打造壶关绿色长廊	《山西农民报》	2009 年 7 月 21 日	申李军
壶关为古树建档上户	《中国绿色时报》	2009 年 7 月 24 日	申李军
壶关县 2600 万打造绿色长廊	《国土绿化》8 期	2009 年 8 月	申李军
“四个一”营造生态和谐新壶关	《山西日报》	2009 年 8 月 5 日	申李军
壶关为荒山美容	《中国绿色时报》	2009 年 8 月 11 日	申李军
壶关生态建设创五项纪录	《中国绿色时报》	2009 年 8 月 14 日	程喜堂　梁军兵
50 余处园林景点提升壶关绿化品位	《山西农民报》	2009 年 8 月 28 日	梁军兵
壶关苜蓿惠农增收 400 万元	《中国绿色时报》	2009 年 9 月 23 日	梁军兵
优质苜蓿成为壶关林下经济新的增长点	《中国林业》10 期 A	2009 年 10 月	梁军兵
壶关加大封山禁牧力度	《中国绿色时报》	2009 年 10 月 12 日	梁军兵
壶关:从乱石沟到生态沟	《中国绿色时报》	2009 年 10 月 21 日	梁军兵
壶关十里沟变生态沟	《中国绿色时报》	2009 年 10 月 26 日	梁军兵
壶关提前进入森林防火期	《中国绿色时报》	2009 年 10 月 27 日	梁军兵
壶关三招清理秸秆防火灾	《中国绿色时报》	2009 年 10 月 30 日	梁军兵
壶关县秸秆炭转化设备投入生产	《中国林业》11 期 B	2009 年 11 月	梁军兵

（续）

文章题目	发表报刊	刊登时间	作者姓名
壶关25台秸秆转化设备投入生产	《山西经济日报》	2009年11月2日	梁军兵
壶关秸秆炭转化设备投入生产	《山西日报》	2009年11月7日	梁军兵
壶关强化造林绿化监理	《中国绿色时报》	2009年11月19日	梁军兵
太行山上的绿色明珠(图片)	《前进》杂志	2009年12月1日	李清芳
太行山上的绿色明珠	《前进》杂志	2009年12月1日	秦庆祥　程喜堂　赵建斌
中国优秀生态旅游县落户壶关	《工人日报》	2009年12月29日	申李军
壶关县2009年生态建设成效显著	《山西日报》	2009年12月30日	梁军兵
壶关成为优秀旅游生态县	《中国绿色时报》	2009年12月31日	梁军兵
壶关多举措推进生态建设工程	《工人日报》	2010年1月3日	申李军
壶关县林业工程硕果满枝	《山西日报》	2010年1月27日	申李军
壶关十项措施促生态建设	《中国绿色时报》	2010年2月9日	梁军兵
十大生态工程为壶关添彩	《山西日报》	2010年2月10日	申李军
壶关县开展“绿锋一号”专项行动	《国土绿化》3期	2010年	梁军兵
壶关县考核造林专业队	《中国绿色时报》	2010年3月1日	梁军兵
壶关县20万元重奖绿化功臣	《中国绿色时报》	2010年3月5日	梁军兵
壶关县开展专项行动打击毁林	《中国绿色时报》	2010年3月10日	梁军兵
壶关县重点绿化工程公开招标	《中国绿色时报》	2010年3月16日	梁军兵
壶关县林业重点工程显成效	《山西日报》	2010年3月17日	申李军
壶关县开展形式多样的森林防火宣传活动	《中国林业》4期B	2010年	梁军兵
壶关县采石场边坡绿化工程快速推进	《国土绿化》5期	2010年	梁军兵
中国优秀生态旅游县落户壶关	《工人日报》	2010年5月9日	申李军
壶关县推进采石场边坡绿化	《中国绿色时报》	2010年5月12日	梁军兵
壶关县快速推进林业生态建设工程	《山西日报》	2010年5月19日	梁军兵
壶关不断加大森林病虫害防治力度	《中国林业》7期A	2010年7月	吴李清　闫月玲　李　霖
壶关:绿色成为经济增长点	《中国绿色时报》	2010年8月5日	梁军兵

（续）

文章题目	报刊报刊	刊登时间	作者姓名
壶关三举措推进集体林权制度改革	《国土绿化》10 期	2010 年	梁军兵
壶关三举措推进集体林权制度改革	《中国林业》10 期 B	2010 年	梁军兵
壶关建起林改 QQ 群	《中国绿色时报》	2010 年 10 月 18 日	梁军兵
壶关县把 11 月定为林改月	《中国绿色时报》	2010 年 11 月 5 日	梁军兵
壶关县森林防火工作做到三早	《中国绿色时报》	2010 年 11 月 24 日	梁军兵
壶关大学生村官成为林改主力军	《中国绿色时报》	2010 年 11 月 25 日	梁军兵
壶关县推进采石场边坡绿化	《山西日报》	2010 年 12 月 14 日	梁军兵
壶关“十二五”期间大力发展经济林	《中国林业》1 期 A	2011 年	梁军兵
壶关一年完成造林五万亩	《中国绿色时报》	2011 年 1 月 14 日	梁军兵
壶关县森林灭火队建设纪实	《国土绿化》2 期	2011 年	梁军兵
壶关进行干果经济林大培训	《中国绿色时报》	2011 年 2 月 1 日	梁军兵
壶关三举措发展干果经济林	《中国林业》3 期 A	2011 年	梁军兵
壶关县林业技术人员实行保姆式技术指导	《国土绿化》5 期	2011 年	梁军兵
壶关工程招投标提高绿化质量	《中国绿色时报》	2011 年 5 月 4 日	梁军兵
壶关县川荫线植被恢复工程快速推进	《国土绿化》8 期	2011 年	梁军兵
壶关村庄绿化实现全覆盖	《中国绿色时报》	2011 年 10 月 12 日	梁军兵
壶关县提前进入森林防火特险期	《中国绿色时报》	2012 年 2 月 17 日	梁军兵
壶关开展森林火场扑救培训	《山西经济日报》	2012 年 3 月 23 日	梁军兵
壶关林业局多举措严把苗木关	《山西经济日报》	2012 年 4 月 3 日	梁军兵
壶关县实行森林火灾零报告制度	《山西经济日报》	2012 年 4 月 24 日	梁军兵
壶关手机短信通报火情信息	《中国绿色时报》	2012 年 4 月 27 日	梁军兵
壶关县招聘森林灭火队员 30 名	《中国绿色时报》	2012 年 7 月 18 日	梁军兵
壶关县创新机制绿化荒山	《中国绿色时报》	2012 年 8 月 17 日	梁军兵
壶关县城乡行道树几个问题的研究	《国土绿化》10 期	2012 年 10 月	闫月玲
壶关县成立森林消防中队	《山西经济日报》	2012 年 10 月 30 日	梁军兵
壶关县成立森林消防中队	《中国绿色时报》	2012 年 11 月 6 日	梁军兵

（续）

文章题目	发表报刊	刊登时间	作者姓名
壶关县林业局党政公开成效明显	《山西省新闻网》	2012年11月26日	梁军兵
壶关县林业局传达学习党的十八大精神	《山西省新闻网》	2012年12月1日	梁军兵
壶关县三措施确保新栽核桃越冬	《中国绿色时报》	2013年1月14日	梁军兵
壶关县创新森林防火宣传形式	《山西新闻网》	2013年1月24日	梁军兵
壶关县创新森林防火宣传形式	《中国绿色时报》	2013年1月30日	梁军兵
壶关县四年累计完成造林20万亩	《中国林业》2期	2013年	梁军兵
壶关县千名机关干部驻村防火	《中国绿色时报》	2013年3月29日	梁军兵
壶关县发放森林防火知识培训合格证26万	《中国林业》4期下	2013年	梁军兵
壶关县千名机关干部驻村防火	《山西新闻网》	2013年4月1日	梁军兵
壶关春季一季完成全年林业生产任务	《山西新闻网》	2013年5月2日	梁军兵
壶关县顺利推进四大林业生态建设工程	《中国林业》6期上	2013年	梁军兵
壶关县全力清理秸秆杂草减少火灾隐患	《国土绿化》12期	2013年	梁军兵

第三节　重要报道择选

山西科技报
SHANXI SCIENCE AND TECHNOLOGY NEWS

张文栋获中国青年科技奖

献给萎缩症患者一片温馨

依靠科技办林业　立足林业促发展
壶关成为全国科技兴林示范县

科技兴林　绿化达标
阳曲向生态经济林县迈进

动员千家万户　鏖战千沟万壑
武乡10万大军打响造林攻坚战

天镇春耕备耕扎实有效

阳武一村出现联组经营户

山西日报　农村版

第4249期

国内统一刊号CN14—0002　邮发代号21—11　1995年3月10日　星期五　农历乙亥年二月初十

绿起来的壶关　富起来

石多土少、山多地少，干旱缺水的干石山区壶关县，经过十多年的大面积造林绿化，使全县在绿起来的基础上逐步富起来。1994年，全县人均纯收入达到698.6元，接近人均700元的脱贫线。

壶关县地处我省东南部，过去这里十年九旱，植被稀少，土壤瘠薄，水土流失严重，人民生活困难。到1987年人均收入仅46元，是全省最贫困县之一。党的十一届三中全会后，该县从人多地少，山大坡广的实际出发，作出了《关于大力发展林业生产的决定》，从此，壶关县大搞植树造林，取得了丰硕成果。到1994年底，全县73万亩宜林荒山全部披上绿装，林地面积占到总面积的50.2%，森林覆盖率由1978年的7%上升到36.9%。

一绿兴百业。绿色面积多起来，生态环境好起来，各种资源兴起来，绿壶关开始变成富壶关。

森林资源——财富之源

封山育林，树长草生，一向被人们认为是穷之根源的荒山荒坡，一下子成为生财聚宝之地。全县林木蓄积量达到50万立方米，价值4亿元。林区每年仅藤条、药材、天然蘑菇、蚕桑叶等多种林产品及林副产品，收入3750万元左右，人均150元。店上镇麻巷河蜿蜒20多公里，是一条常发洪水的害河，从1981年开始，这里全部栽植了荆条、刺槐，槐花开放时，这里放养着500箱蜜蜂，一季产蜜2万公斤，收入10万元。

经济园林——绿色银行

经济园林建设是壶关造林绿化的重头戏。多年来，壶关县在大搞积极绿化的同时，不断调整大农业和林业内部结构，采取鼓励规模经营大抓经济林发展，目前规模在100亩以上的经济林园达500多个，其中200亩以上的达170多个。这些园林多数形成了自己的拳头产品，如长治至店上主干公路两侧2万亩红富士苹果基地，长井到常家池公路两侧5万亩酥梨基地等。全县经济林总面积达到180万亩。这些园林已成为"绿色银行"。1994年，各种干鲜果品产量达2050万公斤，收入4100万元，人均164元。固村乡北大河村，1984年后，先后发展经济林808亩，去年林果收入83万元，人均1047元。

绿色环境——致富之径

现在的壶关县有山皆绿，有内皆林，维护生态平衡的绿色主体基本形成。干旱缺水、多灾多难的壶关县……农业发展、农民致富创造了一个良好环境，打下了一个坚实的基础。现在水土流失得到根本控制，土壤有机质增加，林草资源丰富起来，畜牧业发展迅速，同时促进了农业及加工业发展，全县出现了协调发展，良性循环、环环增产的良好势头。　杨春堂

中国绿色時報
CHINA GREEN TIMES

新疆土地沙化扩展速度大幅降低

喜看壶关林业发展新跨越

天津防沙治沙凸现多重效应

推动林业产权制度改革向纵深发展

可可西里为产羔藏羚羊建临保站

推进"相持阶段"林木种苗事业持续发展

首届中国国际绿化博览会

距开幕还有90天

生态建设相持阶段怎么干

长治日報
CHANGZHI RIBAO

标题新闻

防火长城盘踞太行　老区壮举名扬四海
壶关县森林防护墙创造大世界基尼斯之最

吕日周同志要求全市学习襄垣经验
确保按期完成中小学危房改造任务

结合实际学

张家界双飞五日游

三姊妹二十多天植树九千株

李彦忠

本报讯　山西省壶关县西庄公社黄角头大队共青团员路平和妹妹路安、路宽，在今秋造林中苦干二十多天，植树9000株。

路平今年十九岁，路安十七岁，路宽十六岁。她们从学校毕业回乡一年多来，踏实肯干，各项工作做得出色。她们常说，农村是苦点，但经过我们奋斗，改变了面貌，不就是苦尽甜来吗？秋前，大队决定对林业实行专业承包，路平姊妹和父亲向大队承包了三条沟和四个坡。他们天不亮就钻进沟里，天很黑了才出来。在挖坑、栽树、培土等环节上，处处严格按照标准进行，做到高质量，保证栽一株活一株。二十多天来，路平植树3700百株，路安植树3300百株，路宽植树两千株，受到了县、社、队的表扬。

原载1981年11月21日《中国青年报》

壶关县社员个人植树多

程喜堂

本报讯　山西省壶关县今年社员个人已植树74万多株，占全县植树总数的五分之一，人均3株，是建国以来社员个人植树最多的一年。

为了鼓励社员个人植树的积极性，壶关县委、县人民政府在50个大队，给没有植树地方的957户社员划分沟坡1081亩，让社员个人植树造林，并明确规定谁栽谁有；对以前无偿平调社员的树木全部退还或作了赔偿。

原载1981年9月8日《人民日报》

责任制威力大

本报评论员

壶关县西庄公社黄角头大队林业专业户路其昌一家植树造林的事迹表明，党的政策威力无穷，只要认真落实党的政策，因地制宜地实行多种形式的林业生产责任制，群众的智慧和力量就会迸发出来，社会生产力就会成倍地增长。如果各地都能像黄角头大队那样去认真落实林业政策，都能像路其昌一家那样去植树造林，我省林业大有希望，从根本上改变我省自然条件大有希望。

路其昌一家只有四个全半劳力，一年荒山造林 287 亩，四旁植树 102000 株，成活率达到 90%以上，这应该说是一个难能可贵的成绩。他们为什么能做到这一点，妙诀只有一条，就是实行了专业承包，克服了平均主义，纠正了“大锅饭”“大呼隆”，体现了按劳分配，多劳多得的原则。把集体利益和个人利益紧密地联系了起来。群众一旦看到了自己的利益所在，就会把集体的事业当成自己的事业，就会产生高度的责任感，就会迸发出无穷的智慧和力量。

要迅速发展我省林业，靠什么？一是靠政策，二是靠科学。靠政策，除了解决好林权问题，就是要认真推行多种形式的林业生产责任制，这个问题解决不好，林业生产就不可能大幅度发展。现在的问题是一些地方至今只重视推行农业生产责任制，忽视林业生产责任制，造成了林业生产发展不快，毁林现象严重。还有一些人对专业户承包怀有戒心，总认为那是搞单干，因而有条件搞群众也想搞而不让搞。请看路其昌一家，他们对集体、对社会主义事业有什么坏处？难道有什么资本主义的自发因素吗？

林多林茂是国家富足、民族繁荣，社会文明的重要象征，各地只要认真落实林业生产责任制，千万个路其昌就一定会涌现出来，我省林业就一定会有一个大的发展。

原载 1982 年 3 月 13 日《山西农民报》

壶关县建立造林专业户

去年全县造林相当于过去三十一年人工造林的一倍多

新华社太原三月二十一日电 山西省壶关县建立起造林、育苗管护等不同类型的植树造林专业户 2345 户，平均一个生产大队有 6 户，分别承包全县造林任务和育苗任务的 73%和 36%。

这个县建立植树造林专业户的做法是从西庄公社黄角头大队社员路其昌专业承包植树造林受到启发的。1981 年 4 月，这个大队把 200 亩荒山承包给路其昌一家造林。这一家人起早搭黑，精心种植、管护，半年时间就成片造林 281 亩，四旁沟坡植树 12000 多株，成活率都达到 95%以上，相当于全大队解放以来 31 年造林总数的六倍。县委、县政府先后两次在黄角头召开现场会，组织有较大宜林荒山荒坡的社队学习、推广建立植树造林专业户的经验。

壶关县建立植树造林专业户的办法是：专业户不承包土地，集体不给定投工任务。专业户的造林任务一般以每个劳力每年造林不低于 50 亩确定，同时还负责管护全大队树木。年终按质量记工，参加集体分配。林业投资由集体负担。由于各社队林业生产条件不一样，有的户专一造林，有的户专一育苗，有的户专一管护，大多数则是从整地、植树到管护负责到底。

壶关县委、县政府领导经常了解和解决专业户在林业生产中遇到的问题,分管林业生产的领导还建立了联系专业户的制度;县林业部门负责对专业户供应优良苗木,进行技术培训和技术指导,定期检查、验收、评比、表彰、奖励先进专业户。

壶关县除了在绿化任务较重的社队建立植树造林专业户外,在宜林荒山较少的社队,也因地制宜地建立了320多户以林为主,亦林亦粮的林业生产重点户。

建立植树造林专业户、重点户促进了全县林业生产的发展。去年以这两种责任制为主,全县造林81540亩,育苗9140亩,四旁沟坡植树480万株,分别超过国家计划的154%、128%和40%,一年造林相当于31年中人工造林总和的1.27倍。

原载《山西日报》1983年3月12日头版头条

壶关县建立植树造林专业户

山西省壶关县建立起造林、育苗、管护等不同类型的植树造林专业户2345户,平均一个生产大队有6户。

壶关县建立植树造林专业户的办法是:专业户不承包土地,集体不给定投工任务。专业户的造林任务,一般每个劳力每年造林不低于50亩,同时还负责管护全大队的树木。年终按质量记工,参加集体分配。林业投资由集体负担。由于各社队林业生产条件不一样,有的户专一造林,有的户专一育苗,有的户专一管护,大多数则是从整地、植树到管护负责到底。

(据新华社)原载《人民日报》

壶关县解决林业专业户报酬的一些办法

牛 建 忠

山西省壶关县在农业实行"双包"的新形势下,认真调查研究,林业专业户报酬问题解决得较好,促进了林业生产。全县1729户不同类型的林业专业户,分别承包了全年育苗、植树、造林和林区管护任务的37.7%、21%、44.3%和50%。今年以来,专业户已完成育苗3200亩,植树12万株,雨季造林3.5万亩,分别占全县完成任务的70%、25%和42%。这个县在解决林业专业户报酬上有以下一些办法:

一、以林养林。大体有两种情况:有林业收入的大队,从林业收入中抽取资金。阳护公社宋壁大队,实行成材林管护、砍伐、加工、补栽"一条龙",每年用收入解决林业专业户的报酬。没有林业收入的大队,靠育苗出售苗木。崇贤公社赵掌大队,去年育苗87亩,去秋今春出售插条和树苗,收入1.5万元,用于荒山造林专业户的报酬。

二、以副养林。这种办法主要用于工、副业基础好,门路多的社队。西庄公社常平大队,工、副业生产每年上交纯利润7万多元,林业开支只用7万元,支付林业专业户报酬没有困难。

三、以牧养林。晋庄公社北庄大队,每年畜牧业收入9000元,抽出一部分支付4户造林专业户报酬。

四、从农业提留中解决。一些工、副业基础差,收入少或基本无收入的大队,主要靠这种办法。石河沐公社,多数队无工、副业门路,荒山面积大,林业专业户报酬大部分从农业提留中解决,一般占到提留的10%~30%不等。

五、顶还欠款。南阳护公社沟洞大队规定,欠大队粮款的社员可用植树造林的办法顶还。植树时,由大队指定地点,供给树苗,个人负责栽管,秋后验收,成活一株顶款一分五厘,死亡一株罚款二分。社员郭张法欠大队800元钱,当了林业专业户后,全家7口人一春栽树3万多株,成活率90%,可顶还欠款400多元。他计划今年秋后再栽3万多株,到明年即可全部还清欠款。

六、实行大包干。西庄公社李掌大队,把25亩杨树苗圃用大包干形式包给专业户,合同规定,育苗投资自付,收入全部归己,大队出款供给树秧,育苗必须占用好地(全部是河滩沟坝下湿地),成苗后优先供应集体,每亩苗圃上交大队7元提留(和种责任田所交提留一样)。

七、规定造林工。石坡公社经济条件差,人均八亩山,绿化任务大,支付专业户植树造林报酬有困难,他们采取了群众性义务刨坑整地,专业户栽植管护的办法。具体规定是:全社每个劳动力投五个义务植树工,专业户每栽管一亩荒山,成活率达到85%,每亩得款1元,达不到标准由个人补栽补管,实行这种办法,队里基本不用拿钱或拿很少一点钱,靠国家造林资助款就可以解决专业户的报酬问题,减轻了集体经济的负担。

八、林业收益比例分成。大队指定地点,供给树苗,专业户造管,受益后比例分成。五龙山公社欢掌底大队社员梁元松守着有林子的坡地住,大队就近划给他五亩沟坡,供给树苗,连同坡内的零星树木一起由他栽管,树木有收益后,四六分成大头归大队。这种办法一般用于本人经济条件好,挨近林区住或有零星树木难管理的地方。

九、带种机动地(也叫带种经济田)。就是用经济田的收入顶专业户造林的报酬。这种经济田多数是在本人承包的林区内。黄山公社沙窟大队社员常昌则,全家八口人,有三个劳力,承包三百亩荒山造林任务,山上有队里八亩机动地,全部划给他种经济作物顶造林报酬。他植树3万株,连同去年大队植的树达到80万株,折合面积200亩。他在八亩机动地里种了葵花,预计收入1200元。他还育了6.5亩刺槐苗,嫁接桑树一点二万株(收入另有规定),秋后全家收入可达三千元以上。

十、实行林粮、林菜间作。在不影响水土保持和林业生产的情况下于林区小块地或头年的苗圃地里间种小杂粮和蔬菜,以解决部分不种口粮田的林业专业户的生活困难问题,这也算是一种报酬。辛村公社南皇大队,在头年17亩泡桐苗圃地里间种豆角,注意浇水施肥,树苗长得旺,豆角也丰收。除解决了专业户的吃菜问题,还卖了一些钱,增加了收入。

十一、发展家庭养殖业。西庄公社黄角头大队,利用林业专业户采集饲草方便的有利条件,帮助他们买兔种,建兔窝,发展养兔。现在13户林业专业户中有12户养了兔,平均每户养兔一百多只。许多大队都注意帮助林业专业户发展家庭养殖业,作为他们的辅助收入。

原载1982年第8期《中国林业》

发展专业户 绿化太行山

壶关县林业"两户"占总农户百分之四,造林占到全县造林面积的百分之六十八

牛建忠 许正午

本报讯 壶关县发展壮大林业专业户、重点户,加速了荒山绿化步伐。从1980年以来,全县荒山沟坡造林216000亩,其中仅占全县总户数4%的2345个林业"两户",造林147000亩,占68%,相当于建国三十年全县造林保存面积的二倍多。同时,以林业"两户"育苗为主,提供苗木二亿多株,保证了全县植树造林的需要。

林业生产周期较长,开始由于缺乏经验,多数承包合同都是"一定一年",承包者缺乏长远打算。各社队经过和社员协商,对合同进行了调整,变"一定一年"为"一定多年"。过去林业专业户中,有许多只承包植树造林中的一项任务,或是育苗,或是造林,荒山造林专业户在造林季节忙不过来,过了造林季节又没事干。育苗专业户春季又整地,又育苗,忙得不可开交。到夏季活少了又不够干。另外,育苗、植树各管各,也影响成活率。为了改变这种情况,将1000多户分项承包专业户,逐步变为育苗、造林、管理"一条龙"生产专业户。有些大队还采取育苗专业户和造林专业户联合,造林专业户和管护专业户联合,管护专业户和羊工、牛工联合的办法。这种自愿的联合,仍以户为核算单位,协作部分"以工换工",对双方互有利,调动了每个人的积极性。开始专业户造林是千家万户遍地开花,不好看护管理,不便检查验收。后来,由县林业局牵头协助各

社队按山系、按流域进行了规划，专业户按统一规划集中连片造林。全县重点搞了三个林带，各公社搞了重点林区。

在为林业“两户”服务方面，全县改变以往那种到植树造林季节才集中对社队进行技术指导的做法，坚持技术服务到户。林业局3名领导建立分片包干责任制，全面负责林业“2户”的服务工作。林业局技术员和各公社林管员共35人，每人联系两个林业专业户，签订合同，包户服务，把联系户搞成“示范户”。林业局直接和林业科研户签订合同，付给科研费，进行品种引进、速生丰产、防病灭虫等试验项目，在全县推广科学造林先进经验。全县建立了林业“2户”登记卡片，全面掌握情况，有的放矢地进行技术指导和其他服务工作。

原载1983年11月3日《山西日报》

远涉六百里外 异地承包荒山
壶关“油松专家”王五全在阳泉找到用武之地

程喜堂 栗增录

本报讯 壶关县常行乡盖家川村农民王五全，在家乡绿化基本完毕后，去年带领40人到阳泉市郊承包荒山，造林育苗，不仅使自己的一技之长有了用武之地，而且推动了当地的绿化步伐。

王五全是全省林业劳模，他的“油松育苗移植造林”的经验曾拍成科教片在全国推广。但随着家乡造林任务的基本完成，他面临着“英雄无用武之地”的困境。而阳泉市郊一些乡村的农民不熟悉造林技术，又多在小煤窑就业，近几年绿化步伐缓慢。去年初，王五全接受阳泉市郊的邀请，与那里的2个乡、6个村和一个乡办林场签订了异地承包荒山的合同。合同规定：造林700亩，亩付酬30元，苗款另付；油松育苗亩达10万株，亩付酬200元。

山西日报
星期版
代号21—1
1986年2月16日 星期日
农历丙寅年正月初八 第13228号

远涉六百里外 异地承包荒山
壶关「油松专家」王五全在阳泉找到用武之地

本报讯 壶关县常行乡川底村农民王五全，在家乡绿化基本完毕后，去年带领四十人到阳泉市郊承包荒山，造林育苗，不仅使自己的一技之长有了用武之地，而且推动了当地的绿化步伐。

王五全是全省林业劳模，他的「油松育苗，移植造林」的经验曾拍成科教片在全国推广，但随着家乡造林任务的基本完成，他面临着「英雄无用武之地」的困境。而阳泉市郊一些乡村的农民不熟悉造林技术，又多在小煤窑就业，近几年绿化步伐缓慢。去年初，王五全接受阳泉市郊的邀请，与那里的两个乡、六个村和一个乡办林场签订了异地承包荒山的合同。合同规定，造林七百亩，亩付酬三十元，苗款另付；油松育苗亩达十万株，亩付酬二百元。

之后，王五全在本村和外村组织了四十人，自带粮食来到六百里外的阳泉市郊，并将来人分为三个小组，实行按成活率计酬的办法，以调动大家的积极性。经过近一年的努力，王五全等人共造林一千七百六十亩，是合同指标的二点一倍，油松育苗亦达六十五亩，成活率均达合同所定指标。他们从中收入四万六千多元，每日人均七元多。其间，阳泉市曾召开十余次现场会，请王五全现身说法，使当地很多群众掌握了油松造林技术，所造油松成活率均达到百分之八十以上。

现在，又有四个乡镇邀请王五全承包重点工程「瀚河走廊」的绿化任务。已回到家乡的王五全愉快地接受了邀请，决心再赴阳泉大显身手。

（程喜堂 栗增录）

市郊一些乡村的农民不熟悉造林技术，又多在小煤窑就业，近几年绿化步伐缓慢。去年初，王五全接受阳泉市郊的邀请，与那里的2个乡、6个村和一个乡办林场签订了异地承包荒山的合同。合同规定：造林700亩，亩付酬30元，苗款另付；油松育苗亩达10万株，亩付酬200元。

之后，王五全在本村和外村组织了40人，自带粮食来到六百里外的阳泉市郊，并将来人分为3个小组，实行按成活率计酬的办法，以调动大家的积极性。经过近一年的努力，王五全等人共造林1760亩，是合同指标的2.1倍；油松育苗也达到65亩，成活率均达合同所定指标。他们从中收入46000多元，每日人均7元多。其间，阳泉市曾召开十余次现场会，请王五全现身说法，使当地很多群众掌握了油松造林技术，所植油松成活率均达到80%以上。

现在，又有四个乡镇邀请王五全承包重点工程“陶河走廊”的绿化任务。已回到家乡的王五全愉快地接受了这个邀请，决心再赴阳泉大显身手。

原载1986年2月16日《山西日报》

英雄有了新的用武之地
壶关县百余名造林能手异地承包荒山

程喜堂　栗增录

壶关县林业局积极当“红娘”，为完成绿化任务的造林能手牵线搭桥，使这些人有了重显身手的机会。日前，全县已有110余人异地承包荒山造林。

这个县近两年部分林业专业户已完成承包任务，本村的绿化任务也已全部或基本完成，他们面临着“转业”的困境。在这种情况下，县林业局积极为他们牵线搭桥让其外出承包荒山造林。盖家川村农民，“油松土专家”王五全等70余名造林能手，去年到阳泉市郊承包造林1700多亩，今年又承包了2000亩，现在已经基本完成。今年黄角头村路其昌等10余名造林能手，到西山矿务局等地承包荒山造林2500余亩。在本县范围内，15名造林能手今年承包了乡镇办林场2000余亩，有10余名造林能手承包了外村荒山1000余亩。

原载1986年8月23日《山西农民》

层层承包　讲究科学　严格检查
壶关县植树造林重成效

张平和　程喜堂

1978~1986年，全县共造林45万亩，保存面积达32万亩，占造林面积的71%，比1978年前保存率提高11倍多。

本报讯　壶关县把植树造林成活率、保存率作为衡量林业生产好坏的重要标准。1978～1986年，全县共造林45万亩，保存面积达32万亩，占造林面积的71%，比1978年前造林保存率提高11倍多。

山西日报

SHANXI RIBAO

层层承包 讲究科学 严格检查

壶关县植树造林重成效

1978年至1986年，全县共造林45万亩，保存面积达32万亩，占造林面积的71%，比1978年前造林保存率提高11倍多

提高营林质量 注重经济效益

本报评论员

据国民经济资料记载，壶关县新中国成立后至1978年前，全县累计造林47万亩，但保存面积仅2.6万亩，只占造林面积的5.5%。近8年来，这个县为了提高成活率和保存率，县委、县政府确立了以提高质量为中心的指导思想，并采取了三条措施：

一是层层承包，责利挂钩。全县的造林重点工程以及重要的区段都承包到专业户，由县林业局和专业户直接签订合同；对于全民性义务植树造林或积累工造林，也普遍实行“以户划片、责任到户、奖罚兑现”。不论哪种形式的造林，均以成活率与造林者的利益直接挂钩。造林报酬分三年付给。低于40%的成活率、保存率不算面积，不付报酬。对于义务造林和积累工造林，以工折款，不达标准者也按以上规定扣款。

为了加强技术服务和领导的督促检查工作，这个县对各级领导和专职技术人员也都实行了承包制。根据干部所包乡、村、户完成任务情况实行奖惩。成活率达85%，不奖不惩，否则，联系本人全年的奖金和工资，进行超奖减罚。

二是推广技术，科学造林。为了提高造林成活率、保存率，这个县根据当地时间气候、海拔、土壤、无霜期等因素和不同树种的生态特性、适生环境“对号”，把林种、树种具体落实到了每块林地。将每块林地应栽什么树，应采取哪种造林技术，填在卡片上，落实到承包人的名下，承包人按小班设计施工。

三是严格质量检查，及时解决问题。每季造林，除县上的干部、技术人员现场指导把关外，县委、县政府还要组织三次严格的检查，由分管林业的副县长亲自带队。第一次为初期检查。主要看苗木质量、落实情况，以及林地规划是否与全县总体设计吻合；第二次检查栽植质量，发现问题及时纠正，必要的坚决返工重栽；第三次为末期检查，全面衡量质量，检查督促栽后管护措施的落实。

原载1987年4月7日《山西日报》头版头条

提高营林质量　注重经济效益

本报评论员

提高营林质量,注重经济效益,是林业建设上需下狠心解决的一个重要问题。长期以来,一些地方的造林成活率很低,保存率更低。形成了年年栽树不见树,岁岁造林难成活,其根源就在于不讲造林质量。

如何提高营林质量?既有技术问题,也有认识问题。从技术上讲,就是要实行工程管理,按技术规程办事,严格管护。从认识上讲,就是要把植树造林当作一项工程来对待,保栽保活,注重效益。现在的问题是,造林粗放,造后不管,成活率、保存率又怎么能提高呢？就以壶关来说,这个县从建国到1978年,累计造林47万亩,实际保存面积仅有2.6万亩,保存率为5.52%。1978年以后,全县造林45万亩,保存面积32万亩,保存率71%。同样的条件,为什么这8年就比以前的造林保存率提高10多倍呢?原因就在于重视了质量,层层承包,科学造林,加强管护。如果各地都能象壶关那样去做,造林质量肯定会有一个大的提高。

坚持把质量和经济效益放在首位,正确处理好质量和数量,效益和速度,是中共中央关于制定“七五”计划中提出的一个必须遵循的原则。质量是效益的基础,没有质量,就谈不上效益。营林质量低,经济效益差,是林业建设的致命弱点。在今后的发展中,我们一定要努力克服缺点,提高营林质量,讲究经济效益,把林业建设扎扎实实踏步前进!

原载1987年4月7日《山西日报》

壶关县工程造林效果好

张钟晓　许正午

山西省壶关县从1984年开始,大胆改革创新,在完成林业区划的基础上,实行工程造林,显示出不凡的效果:第一,保证了林业区划规划的实施。到去年,全县展开7项造林工程,累计造林171705亩,占三年总造林面积的77%,经检查验收,工程的林种、树种、苗木、密度、管护等主要项目全部合乎区划要求;4项省批工程,有3项达省定标准,1项创全优工程。第二,提高了造林质量。经检查核实,3年来工程造林成活率达到85.3%,保存率达到77%,分别较1983年提高40%和12%。第三,降低了造林投资。解放初期到1978年的30年间亩均造林投资达115.8元;三中全会以后,1979～1983年,亩均造林投资37元,近三年,实行工程管理,亩均造林投资下降到33元,较1978年前节约投资161.4万元。第四,克服了浮夸虚报,保证了面积扎实。去年省林业厅对5乡15村近三年工程造林情况进行计算机抽样调查,核实面积7059亩,超上报面积293亩,去年全县上报工程造林5.2万亩,经航片核定,超上报面积2200亩。第五,为林业科学管理奠定基础。过去造林分散,形不成经营面积,难于统一管理,现在已按山系,按流域集中连片,出现20处2000~10000亩的连片林地。第六,带动了一般性的群众造林趋向科学化、规范化。经检查,三年来,一般性的群众造林,基本符合区划规划的程序和技术要求。

壶关县工程造林的显著效果引起上级的重视,最近,省林业厅在壶关县召开了"太行山绿化规划实施经验交流现场会",充分肯定了他们的工程造林经验。壶关县工程造林的做法是:

一、以区划规划为基础确定工程

壶关县是位于太行山东南端的一个干石山区,荒山荒沟面积达106.7万亩,占总面积的70.2%。三中全会前30年全县上报人工造林面积44.5万亩,经资源清查核实,保存面积仅28600亩,保存率6.5%。低效益的林业引起县委、县政府的重视。三中全会以后,县里作出《关于大力发展林牧业生产的决定》,实行稳权发证、划分"两山"、发展"两户"等政策措施,调动了全县人民植树造林积极性,推动了林业生产发展。为把政策造林与科学造林结合起来,创出一条既符合科学规律和本县实际,又能够获取最佳效益的利用发展在之路。他们从1983年秋~1984年秋,在省林业工程技术人员的指导和帮助下,完成了全县区划规划工作,根据不同的地形地貌,特别是水、热、土壤、植被等因素,将全县划分为5个一级区,即西北部以北京杨、毛白杨为主的山间平地农田林网区;西南部以刺槐、油松为主的丘陵山地水保林区;中部以油松、侧柏、山桃、山杏和苹果为主的山地沟壑水保经济林区;东南部以油松、栎类和侧柏、核桃、苹果为主的石质山水源涵养林区和东部以红果、花椒、柿子为主的河谷经济林区。同时,根据全县土地利用现状和森林资源分布情况编制了3个地貌类型、10个立地条件类型和23个造林典型设计,规划造林小班13210,并分期定出1984~2000年期间的发展目标。

区划规划为壶关林业振兴找到科学依据,绘出美好蓝图。如何使之付诸实施,变为现实呢?壶关县委、县政府认为,必须从抓重点造林工程项目入手全面推广。为此,他们以区划规划为依据,在5个一级区因地制宜确定7项集中连片的重点工程。这7项工程是:"三线"(即杜家河至常家池、城关至碾谷驼、四家池至赵屋三条公路干线两侧),"三山"(即英英山、梯脑山、高山寨万亩林片),"三川"(即八里川、集店川、谷驼川),"五河"(即麻巷河、七里河、油坊河、神郊河、赛里河)。这样,就把小班纳入工程,把工程落实到小班，使工程造林与区划规划趋向一致，成为相互依附、互为作用的一个统一整体，实践证明，工程造林确为实施区划规划的重要措施。目前，全县已完成工程总量的60%以上，达到造一个小班、活一个小班、成林一个小班。鹅屋乡去年设计造林10024亩，作业小班46个，套用11个造林典型设计，经实地检查对照，设计和地面完全一致，成活率达85%以上。

二、以作业设计为标准组织施工

作业设计就是将年度任务以村为单位落实到造林小班，以小班进行的设计。小班设计包括：①确定实际作业面积，林种及造林树种比例；②对照航片和原规划资料对造林密度、造林方式、技术要求、造林季节等内容进行现场设计；③填写清林权、承包者、合同编号、林地议定书编号，这种设计卡，既是任务落实卡，也是技术标准卡，又是施工责任卡，还是档案资料卡。因而，作业设计是对区划规划的微观应用，也是工程造林的关键环节。在工程造林中，壶关县严格按照作业设计施工，采取四条措施：一是印发《林业区划规划简述》《林业区划实施要点》和《工程造林要点及管理》等方面的资料1万余份，上发县委、人大、政府、政协每个领导，下发乡村干部群众，大力宣传实行工程造林，实施区划规划的意义和作用。二是通过培训班、家庭咨询室、广播讲座等形式在全县搞技术培训4000余人次，其中县五大班子先后办5次实施区划规划培训班，还组织县、乡、村三级干部种“试验山”132亩，育苗11亩。这样使上至五大班子成员、乡村干部，下至工程承包者和技术骨干都达到懂林业政策，懂区划规划成果，懂造林典型设计，懂造林技术，会使用营林档案、村级台帐，会按小班作业施工卡片要求指导施工，取得了运用区划规划成果，实行工程造林的主动权。三是建立县、乡、村三级工程技术管理网络。县上抽调21名通业务，善管理的青年组织林业区划规划队，专门负责各乡镇造林作业设计，技术指导和检查验收；各乡镇由林管员兼任设计员，协助县委设计队完成本乡镇的设计、施工、验收、建档工作；在各行政村按工程量选聘营林指导员857名（工程任务在2000亩以上选聘3名，1000～2000亩以上选聘2名，1000亩以下选聘1名）负责落实本村规划设计，施工技术指导和检查督促工作。四是定期检查验收，评估工程，总结经验、反馈信息。每年春、夏、秋三季造林，县里都要组织检查，第一次主要检查苗木准备情况及林地规划是否与全县规划相吻合；第二次主要检查栽植质量，及时发现，控制和纠正问题。对每年的造林面积还要进行两次验收。第一次验收在造林三个月后进行，主要看成活情况，总结季节造林经验。第二次验收在第一次验收一年后进行，除验收成活率和保存率外，还要看其他项目是否与小班设计要求吻合。验收后，要详细填写验收卡，立档存案，由于措施得力，把关严，这个县工程造林小班合格率达到95%以上。

三、以工程项目为重点投放资金

过去,壶关县的造林资金是按各乡村造林亩数平均分配;这种“撒胡椒面”的分配方法,实践证明既保证不了重点,又保不了质量,投资效益很差。为了克服这种弊端,保证林业生产的投入产出良性发展,1984年后他们实行了“按工程项目投资”的改革,从资金上保证工程造林。1986年,全省推行“按项目投资”的办法后,他们只要一小部分造林面积能享受上级资助。壶关是个穷县,县财政对得不到资助的大面积造林工程又无力解决。这在一定程度上影响着工程造林的正常运行,在这种情况下,他们采取两种办法“按工程项目资助”。其一是对省造林工程重点扶持。凡承包省定工程百亩以上,由县里直接资助,资助标准由每亩3元提高到6元,由县林业局负责同其签定合同执行。其二是对县定工程实行劳动工积累政策,县委发文对劳动积累工的投向、用途、数量、使用方法等作了具体规定,要求每个劳力每年投劳动积累工10~15个。1986年全县共投造林积累工12.3万个,相当于24.7万元的投资。同时,还组织造义务林、补偿林、纪念林、抵欠林等也有效地弥补了资金不足问题。采取这些措施,缓解了资金困难,保证了重点工程,促进了一般工程。去年全县工程造林52000亩,育苗10000亩,圆满地完成了当年的工程造林任务。同时,英英山水源涵养林工程还被省有关部门命名为“全优工程”;今年高山寨工程也有新突破,为创“全优工程”上了新台阶。

四、以启动活力为根本强化管理

管理是工程造林的重要保证。为使这项保证性的工作真正发挥其保证作用,壶关县将改革精神引入工程管理,以启动活力,增强工程管理职能的约束性和科学性。

首先,对造林工程实行联责联利层层承包。县级五大班子成员实行包工程包乡镇。重点工程造林实行领导包干,全盘负责,一抓到底;各乡镇主要领导和技术人员包片、包村、包实施样板;各村主要领导包小班、包任务、严把施工关;专业户、专业队、联合体包施工、包质量、包成活率和保存率。无论那一级的承包任务,都要以合同形式落实到人头,并与其经济利益挂钩。县乡领导和技术人员拿出全年奖金的30%用于林业奖罚;村干部联系本人全年工资30%,按每年检查验收结果进行奖罚兑现;对承包户,以乡(镇)为单位结算,施工前先预付种苗款30%,当年验收造林成活率85%以上,再付30%,次年验收,保存率达80%以上,再付40%,如次年验收达不到要求标准,限期三年内补植补造,并扣减20%,作为延误费,仍不能如期达标者,撤回合同,转包他人,全部收回预付资金。这种责利合同承包办法,把行政领导、技术人员的责任和利益紧紧捆在一起,调动了各方面的积极性。

第二,对县、乡、村各级领导建立林业工作实绩考核制,为了保证各级领导按时、按量完成所包任务,县里成立了造林工程管理领导组,在组织施工的同时,严格考核各级干部的工作情况，并将各次检查、验收结果详细记录在案，交付组织人事部门存档，作为使用干部的主要依据。壶关县委、县政府规定："不抓林业不能当干部，抓不好林业不是好干部"。根据这一条，从1983年到现在，县委、县政府把在林业工作上作出显著成绩，各方面条件具备的7名同志提拔到更高一级领导岗位。同时，对2名林业工作起色不大的乡镇主要干部，降职使用。去年，还在乡镇主要领导中树立了5名书记、2名乡长、3名管林业的干部为"绿化红旗手"。县委书记王虎林、县长刘德宝被上级命名为"全省义务植树模范"。

第三，按工程程序和技术要求强化了基础管理，是工程管理趋向科学化。壶关县工程造林的基础管理主要是建立了造林和森林资源"两种档案"。造林档案，是整个造林过程中变化的详细记录，它包括6个方面的内容：一是造林示意图；二是小班各类工地面积统计表；三是各小班林业用地统计表；四是宜林荒山小班绿化设计施工表；五是小班登记卡片；六是小班活动纪实。工程完成后，经过二年的验收，合格率大于85%以上，就把这些林地面积转入资源档案，按资源管理要求进行管理，资源档案是按林种、树种、面积等项目进行详细记载。两种档案的建立，产生了三个主要作用：(1)把全县林地和宜林地进行了详细记载，澄清了家底；(2)为集约经营，提高营林效益提供了科学依据；(3)避免了浮夸虚报情况。

先进科学的管理制度，增强了造林工程的管理职能，使各级干部、工程技术人员和生产经营者产生了压力、动力和活力，加速了全县工程造林的进度。据三年来全县7项造林工程数字分析，每年工程造林以5.7万亩的速度向前迈进，以此类推，全县绿化任务6年内就可完成，将比原规划速度加快三年。

原载1987年第2期《林业区划》

按工程管理　按设计施工

山西省壶关县实行工程造林，成活率达到百分之八十五点三

刘先成　丁文学

本报讯　山西省壶关县从1984年开始，对营林管理进行改革。实行按工程管理，按项目投资，按规划设计，按设计施工，简称"工程造林"。到去年底，累计工程造林171705亩。经检查验收，成活率达到85.3%，造林工程管理费用一亩地由过去77元降到39元。

合理区划　科学施工

壶关县荒山面积106.7万亩，占总面积的70.2%。三中全会前的30年，全县上报

中国林业报

ZHONGGUO LINYE BAO ·1987年7月1日·星期三·第1号·
·农历丁卯年六月初六·代号1—122·

按工程管理 按设计施工

山西省壶关县实行工程造林，成活率达到85.3%

本报讯 山西省壶关县从1984年开始，对营林管理进行改革，实行按工程管理、按项目投资、按规划设计，按设计施工，简称"工程造林"。到去年年底，累计工程造林171,705亩，经检查验收，成活率达到85.3%。造林工程管理费用一亩地由过去77元下降到39元。

合理区划 科学施工

壶关县宜林面积106.7万亩，占总面积的70.2%。三中全会前的30年，全县上报完成造林面积44.5万亩，保存面积仅有28600亩，保存率为6.5%。县委、县政府在总结教训的基础上，于1983年秋，在省林业工程技术人员指导帮助下，对全县发展林业作出了宏观上的规划，将全县宜林荒山荒滩荒沟，以村为单位，划分了34217个小班，印在图上，按小班实施。选择了23种造林办法，根据各小班的立地条件进行落实，哪个小班用哪种造林设计，在图上、表上写得一清二楚。作到了因地制宜、适地适树、合理密度、讲究实效，造一个小班，活一个小班，成一个小班。

建立队伍 狠抓落实

县上成立了21人组成的林业规划设计队，专门负责各乡（镇）造林规划设计、技术指导和检查验收；全县20个乡（镇）都设有规划员，协助县规划设计队完成本乡（镇）施工设计和建档工作；全县387个村委都聘任了营林指导员。这样，县、乡、村三级都有规划设计队伍，工作各有侧重，又都协同作战，形成了工程管理网络，有效地保证了工程管理工作的实施。

层层承包 责利挂钩

壶关县的工程管理，每个项目都由行政和技术负责人签字，有四级合同作保证。一是县政府委托林业局与乡（镇）长和本部门技术员签订合同；二是乡（镇）长与工程造林的村长签订合同；三是村长与工程造林的村民组长签订合同；四是村民组长与承包造林的专业户、专业队、联合体签订合同。无论哪级合同，都与承包者的经济利益直接挂钩。

这种层层承包的办法，把行政领导、技术人员、施工人员捆在了一起，"一利都利，一损俱损"，调动了3个方面的积极性，使工程造林管理收到十分明显效果。

建立两档 科学管理

为了掌握造林进度、工程实施情况和资源变化情况，以乡（镇）为单位建立了造林档案和森林资源档案。造林档案包括造林示意图，小班各类土地面积统计表，各小班林业用地情况表，宜林荒山小班绿化设计施工表，小班登记卡片，小班活动记实等六项内容。工程造林完成以后，经过二年验收合格率达到80%以上，就把这些林地面积转入资源档案，按资源管理要求进行管理。资源档案中按林种、树种、面积等项目进行详细记载。

建立两种档案，是工程管理中必不可少的一道工序。它有三个好处：一是把全县林地和宜林地进行了详细记载，记载在小班中，画在图上，填在表上，作到了家底清；二是能为集约经营，提高营林效益提供科学数据；三是避免了虚报浮夸。这种既能提高工程造林效益，又可以培养基层干部实事求是的工作作风。

（刘先成）

完成造林面积44.5万亩，保存面积仅有28600亩，保存率为6.5%。县委、县政府在总结教训的基础上，于1983年秋，在省林业工程技术人员的指导帮助下，对全县发展林业作出了宏观上的规划。将全县宜林荒山荒滩荒沟，以村为单位，划分了34217个小班，印在图上，按小班实施。选择了23种造林办法，根据各小班的立地条件进行落实。哪个小班用哪种造林设计，在图上、表上写得一清二楚。做到了因地制宜、适地适树、合理密度、讲究实效，造一个小班，活一个小班，成一个小班。

建立队伍 狠抓落实

县上成立了21人组成的林业规划设计队，专门负责各乡镇造林规划设计、技术指导和检查验收；全县20个乡镇都设有规划员，协助县规划设计队完成本乡镇施工设计和建档工作；全县387个村委都聘任了营林指导员。这样，县、乡、村三级都有规划设计队伍。工作各有侧重，又都协同作战，形成了工程管理网络，有效地保证了工程管理工作的实施。

层层承包 责利挂钩

壶关县的工程管理，每个项目都由行政和技术负责人签字，有四级合同作保证。一是县政府委托林业局与乡镇长和本部门技术员签订合同；二是乡镇长与工程造林的村长签订合同；三是村长与工程造林的村民组长签订合同；四是村民组长与承包造林的专业户、专业队、联合体签订合同。无论哪级合同，都与承包者的经济利益直接挂钩。

这种层层承包的办法，把行政领导、技术人员、施工人员捆在了一起，"一利都利，一损俱损"，调动了3个方面的积极性，使工程造林管理收到十分明显效果。

建立两档 科学管理

为了掌握造林进度、工程实施情况和资源变化情况，以乡镇为单位建立了造林档案和森林资源档案。造林档案包括造林示意图、各类土地面积统计表、林业用地情况表、宜林荒山小班绿化设计施工表、小班登记卡片、小班活动纪实等六项内容。工程造林完成以后，经过二年验收合格率达到80%以上，就把这些林地面积转入资源档案，按资源管理要求进行管理。资源档案中按林种、树种、面积等项目进行详细记载。

建立两种档案，是工程管理中必不可少的一道工序。它有三个好处：一是把全县林地和宜林地进行了详细记载，记载在小班中，画在图上，填在表上，做到了家底清；二是能为集约经营、提高营林效益提供科学数据；三是避免了虚报浮夸。这样既能提高工程造林效益，又可以培养基层干部实事求是的工作作风。

原载1987年7月1日《中国林业报》

太行南麓的"植树王"

王新江

本报讯 50岁的王五全在家乡植树16年，使山西壶关县常行乡盖家川村2100亩干石山穿上绿装。3年前，他应邀带着100多人到阳泉市郊搞绿化，3900亩松林又绿涛起伏。壶关县推广了他"育苗移栽"造林新法，31万亩油松又扎了根。王五全走到哪儿，绿就在那儿落户，他成了太行山南麓远近闻名的"植树王"。

王五全从1971年起在家乡的干石山上造林，经过10年探索，他发明了变油松直播为育苗移栽的新技术，使造林时间从3个月延长到9个月，植树成活率从20%提高到85%以上，耗种量也比过去节约了70%。壶关县用此法造林，8年的绿化面积比解放后30年造林保存面积大8倍，并节约树种费64万元。他的发明获省科技进步二等奖，并被中国农业电影制片厂拍成了《干石山上栽油松》的科教片在全国推广。

原载1988年8月21日《人民日报》

神圣的接力赛

宋新柱 姜 平

接力赛——运动员依次接替进行的集体竞赛项目。每队4人，各跑四分之一距离。交替时前一人须将接力棒在20米长的接棒区内传给次一人。接力赛跑可发展速度和培养协作精神。

——摘自《辞海》

运动场上的接力赛，在短时间内进行，因其竞争激烈，常常博得满场喝彩；而工作中的接力赛，因其周期较长，见效较慢，又常常鲜为人知。今天，我们要向读者介绍的，就是壶关县四任县委书记在连续10年内展开绿化工作接力赛的实况。他们的接替次序是：张国太、张维庆、聂庆保、王虎林。

张国太——铺路奠基石一块

任期:1977年7月~1980年8月

绿化政绩:找准了兴林富壶的路子。

自古“壶关是干壶,抓水抓不住”。干旱是壶关县工农业生产的最大制约因素。解放以来,这个县的历任领导都为干旱而大伤脑筋,尽管做了大量的工作,倾注了满腔的热血,付出了辛勤的汗水,虽使干旱逐步缓解,但始终未能找到一条彻底治旱的路子。张国太1977年7月调任壶关县委书记后,第一个愿望就是治旱兴农。

然而,治旱的“良方”是什么呢,打井?不行。壶关县志早有记载:“掘地三千尺,犹不及泉也”。深层地下水的开发利用一时还难以办到。开渠?也不行。壶关县是个贫困县,暂时还没有长距离开渠引水的物质基础。那么,壶关的出路究竟何在呢?张国太是一个十分自信的人,他信奉“脚下有路”的人生哲学。1978年的夏天,县委、县政府组织了100多人的调查队,分赴全县的每个乡村进行深入细致的调查研究,决心找到一条治旱兴农的新路。

树掌镇在壶关县的大山里,这里的老百姓有“旱收山,涝收川”的说法。1976~1978年,连续三年大旱,最低年份的降雨量只有400毫米,全县粮食平均亩产不达150千克,而这个镇每年的亩产都在250千克以上,原因就是这里有几万亩天然森林,可以涵养水源,缓解干旱,形成了生态小气候。这个典型的发现,就象一颗希望之星在张国太眼前腾然升起,他多次深入树掌镇进行了实地考察,终于得出了这样一个结论:植树造林是治旱兴农的一条重要措施。造林可以改变生态,涵养水源,而有了水就能增产粮食,有了水和粮食就能发展工副业。所以,抓林就是抓水,就是抓粮,就是抓钱。他在全县的各种会议上大声疾呼:壶关的希望在山上,出路在造林。

1979年10月13日,县委正式作出了《关于大力发展林牧业生产的决定》(以下简称《决定》)。《决定》明确指出:全县发展林牧业的方针和策略只能不断完善和提高,不能更改或夭折,更不能一个将军一道令,一个书记一把火。今后不管谁当壶关县的县委书记,都要把兴林富壶的路子走到底。

自此,壶关县定下了“在万分之一国土上搞绿化”的基调,发生了依山致富的大转折。即由原来的在一亩半耕地上搞温饱,转向了在150万亩版图上搞开发。

张国太,种下一颗绿色的种子。

张维庆——稳权发证定民心

任期:1980年8月~1982年8月

绿化政绩:唤起了绿化壶关的民心。

1980年8月,张维庆接了张国太的班。

自古新官上任三把火,张维庆会不会把发展林牧业的决定一火烧掉呢?有人怀疑,有人耽心,有人等待,有人观望。但张维庆经过调查研究之后,在第一次县委常委会上就明确表态:壶关要致富,长远抓植树。前任县委作出的《大力发展林牧业生产的决定》是符合壶关县实际的,我们这一任县委要继承发展,只能干好,不能干坏!

张维庆"烧"的第一把"火"就是落实林业政策,大搞稳权发证。他在全县的造林动员会上指出,过去平调、没收社员的树木,该退赔的要退赔,该补偿的要补偿。今后谁栽树归谁所有,各级领导都要把稳权发证当作一项严肃的政治任务来完成。当时有人提出,壶关是个穷县,退赔没钱,今后不再干违反林业政策的事就行了。但张维庆坚持说:"要想取信于民,必须理清旧帐,有树的还树,有钱的还钱,没钱的记帐,决不能有半点含糊。"

晋庄镇十里村农民向庆堂,解放初在院子里栽了40株刺槐树,到1962年全都长成檩材了。没想到,一股"共产风"把他的满院春色吹了个精光。那一年,村里架高压线,不分清红皂白砍了他3株树做电杆,只给他扔下5元钱。向庆堂一气之下,把剩下的树全砍了,发誓再不栽树。稳权发证时,村干部来到他家亲自赔礼道歉,并给他每株树补偿了10元钱。向庆堂激动地说:"尽管补的钱不多,但起码承认过去的做法不对,承认树是我的。憋了20年的气总算消了。"1982年春天,他又在自家的院子里栽了60株刺槐和杨树。

黄山乡西底村是一个80户人家的小村庄,村里有一条河槽,50年代时,村民们在河槽两岸种满了自留树,共有1700余株,也是在1962年,被无偿收归集体。农民从此再不栽树了,原有的树也没有保住。集体砍大的,社员偷小的,到1981年,河槽两岸的树基本被砍光了,在稳权发证过程中,村干部为了取信于民,除把留下的200余株树全部归还个人外,又拿出1000多元钱进行退赔。这一下,重新唤起了农民植树造林的积极性,仅1982年一个春天,河槽两岸就又全部栽起了树。如今,这个村是"人均千株树,不愁吃穿住"。

经过稳权发证,稳定了民心,唤起了民众,全县的植树造林出现了前所未有的生机和活力。但张维庆并没有以此为满足,他又带领县委一班人开始了另一项更为艰巨、更为重要的工作——扶持造林专业户和重点户,建立多种形式的造林责任制。

集店乡黄角头村农民路其昌,带领全家8口人,一年造林287亩,县委、县政府及时总结推广他的经验并把路其昌树为"林业功臣"发给奖金和证书。真是一花引的百花开,到1982年底,全县造林专业户和重点户就发展到了2234个。"两户"的迅速发展，又影响和带动了全县人民，县委利用这个好的势头，积极培养典型，力图把植树造林变成全县公民的自觉行动。店上镇组织7个村的1000多个劳力，在麻巷河搞了一个绿化大会战，仅1981年秋和1982年春，就完成了17里沟坡绿化。从此，壶关县的造林运动由无计划零星植树，进入了有计划连片造林的新阶段。

1982年7月，省林业厅在壶关县召开东山用材林基地县现场会，给张维庆的绿化政绩划上了一个重重的感叹号！

聂庆保——依法兴林有功劳

任期：1982年8月～1983年10月

绿化政绩：刹住了乱砍滥伐的歪风。

1982年8月，聂庆保接任了壶关县委书记。他除了继续完善和提高绿化责任制外，又走出了一条依法兴林的新路。

全省实行土地联产承包责任制以后，有的农民误认为大包干就是“分光吃尽”，全县乱砍滥伐集体树木的现象屡屡发生，“腰插一把斧，一根七块五”成了某些人的生财之道。聂庆保从大量的毁林案件中认识到，光抓造林，不抓管护，绿化成果就难以巩固。因此，他主持制定了《关于保护山林树木的布告》，在全县城乡到处张贴，深入宣传。与此同时，在全县组织起一支800人的公安护林队伍，遍及每个乡、村。县级领导都是义务公安护林员，并发有证书和袖章。

1983年春季造林时，聂庆保到东井岭乡检查工作，路上遇到5辆拉草车，远远发现有人往草里塞东西，走近一看，是赶车人拔了路边的侧柏树苗往草里藏。聂庆保上前制止，赶车人口出狂言：

“你少管闲事！”

“这事我非管不可！”

“你是什么人？”

“我是公安护林员。”

聂庆保出示了证书和袖章，赶车人一见，立即软了下来跟着他进了乡政府。最后的结局是对赶车人罚款170元。

当时的县委农工部代部长（后任县长）刘德宝持公安护林员的证书和袖章，一年没收毁树镰杆13个，并且记下了镰杆主人的所在村庄和姓名。他把这些镰杆作为“战利品”送交县林业局处理。

县级领导身先士卒，大长了公安护林员的志气，他们早出晚归，依法护林，迅速刹住了乱砍滥伐的歪风。据统计，在聂庆保任职期间，共发生毁林案件24起，全部破获处理,先后判刑9人,行政处分4人,开除党籍2人。自此以后,壶关县每年的毁林案件仅有一、二起发生。

1983年,壶关县被省政府命名为“绿化太行山先锋县”,聂庆保也被评为省林业劳动模范,受到了省委、省政府的表彰奖励。

王虎林——科学营林布绿荫

任期:1983年10月至今

绿化政绩:推出了工程造林一条龙。

1983年的金秋十月,王虎林从聂庆保手中接过了绿化“接力棒。”

前任们给他留下了一个良好的绿化环境,壶关的植树造林已经开始起步,形成规模,但如何更向前推进一步,再上一个新台阶呢?王虎林在苦苦地思索着,认真的探索着。他要在总结前任绿化经验的基础上,再走出一条科学营林的新路。

王虎林上台伊始,办的第一件事就是争取把壶关县列入太行山区绿化区划规划试点县。他和县长、县林业局长一起上北京、去太原,陈述壶关的有利条件,请来专家进行考察,终于取得了上级林业部门的支持,进入了试点县的行列。

1983年11月,由省、市、县三级组成的136人的林业区划规划队,正式在壶关县开始了工作。王虎林亲自给各乡镇部署,要像当年欢迎八路军那样,欢迎区划规划队的科技人员。最好的房子让他们住,最好的饭菜端给他们吃。王虎林和县上的领导还多次带着慰问品到山上去慰问科技人员,使区划规划队的全体同志大为感动。结果,仅用了半年时间就把野外作业完成了,又用了3个月,总体设计也搞出来了。通过专家审议,认为是太行山区林业区划规划得最早、最好的。1984年10月,林业部在壶关县召开了北方14省、自治区直辖市参加的太行山区县级林业区划规划现场会。

纸上的蓝图由科技人员绘出来了,山上的图画,还要靠壶关人民自己去绘。王虎林不仅是绘图人,而且是图中人。他和县林业局的领导和工程技术人员一起发现典型,总结经验,终于在实践中摸索出了“区划、规划、设计、施工、验收、建档”一条龙的工程造林管理程序。

这6个步骤像连环套一样,把每个环节都连接起来,形成了一个科学性和实践性都很强的整体,保证了工程造林的标准和质量,从而使壶关县走上了科学营林的轨道,翻开了造林史上新的一页。

科学技术为壶关林业插上了金翅膀,利用工程造林“一条龙”的管理程序,全县从1985~1988年底,共完成造林小班8242个,累计造林22.3万亩,保存面积18.1万亩,保存率达81.2%,完全达到了设计要求。

1987 年，壶关县“贫瘠干旱石质山区阳坡油松常年造林”获省级科技进步二等奖。

同年 10 月，省林业厅在壶关县召开全省绿化太行山经验交流会，并授予壶关县“80 年代科学营林新水平”锦旗一面。

王虎林正如虎入林，在壶关县找到了他的用武之地，相信他一定能让壶关的“绿龙”腾飞。

原载 1989 年 4 月 1 日《山西日报》

不抓林业不能当干部

本报记者宋新柱　实习生 姜平

记者从壶关县林业局区划规划展览室见到了一张图表。图表显示该县林业工程一条龙管理。它分为两个体系：一个体系是技术队伍（即设计队—规划员—营林指导员—工程技术人员—档案管理员）。另一个体系是工程管理（即生产程序：区划—规划—设计—施工—验收—建档）。从图上可见，在壶关的绿色天地里，除了工程管理一条龙外，还有另一条龙，那就是技术队伍一条龙。这两条龙互相依赖、互相促进，又相互监督，形成了一个不可分割的整体。

为了让“绿龙”腾飞，壶关县委、县政府从强化领导干部的绿化意识入手，明确提出了这样两个口号“忧国忧民好干部，先抓教育和植树”；“不抓林业不能当干部，抓不好林业不是好干部”。县、乡、村三级层层建立干部任期绿化目标责任制，并把绿化任务分解为十项具体指标（造林面积、株数、成活率、保存率、覆盖率、森林资源消长、果品产量、病虫害防治、火灾及乱砍滥伐案件），逐级用合同形式固定下来。与此同时，还实行了五挂钩政策。即：使用干部与绿化成绩挂钩；县乡干部完成绿化指标情况同奖金挂钩；村干部完成绿化指标情况同浮动工资挂钩；乡（镇）村完成绿化任务情况与资助款挂钩（成活率达 85%以上，每亩资助 9 元），绿化成绩与政治荣誉挂钩（完不成绿化任务不能评劳模、当先进）。

1983 年以来，先后有 15 名干部因造林有功，被提拔为县级领导，28 名乡镇一般干部和半补贴干部对绿化做出重大贡献，被选拔为乡镇一级的正职领导；同时，也有 5 名乡镇领导因完不成绿化任务，被免职或降职使用。原农业局副局长张福锁分管蚕桑果树工作，他认真实践，苦心钻研，发表了 10 多万字的林业专著，被选为县政协副主席。鹅屋乡党委书记赵德方，原是县委宣传部的干事，他在集店乡蹲点，因抓四旁绿化在全县冒了尖被提拔。桥上乡的任劲松，原是一名半补贴干部，他在大油松移植和荒山造林方面贡献突出，被转为国家正式干部，后又提拔为桥上乡的党委书记。而东崇贤乡乡长，由于组织不力，连续2年造林失败，被降为副科级使用。石坡乡乡长，因完不成任期绿化目标，且对乱砍滥伐现象制止不力，被降为东崇贤乡党委副书记。

从1983年至今的5年间，全县先后树立了13个“林业功臣”、42个“绿化红旗手”，还有42名国家干部因领导造林有功，其家属被照顾了农转非指标。每年的全县农村工作会议和劳模会期间，都要把各乡镇十项绿化指标的完成情况出榜公布，奖优罚劣；林业劳模占全县劳模的30%以上。本年度的林业功臣还要披红挂花，跨马游街，敲锣打鼓送回家里。并由县委、县政府的主要领导亲手把“林业功臣”匾挂到大门上。

为了把绿化指标落到实处，县乡两级领导还实行“层层办点，以点带面”的工作方法。县级五大班子领导人人蹲点包片，个个真抓实干。乡镇领导每人每年造一分林，栽30株树，育一厘苗，并作为制度规定下来，完不成任务就没有资格当乡镇领导。每年的植树造林都是县级机关打开台锣鼓，5500人上山，一年绿化一座山头，5年共完成13个造林小班，绿化面积达1480亩，完成义务植树任务96%以上。

这些措施和做法，就像春风春雨滋润着壶关大地，使这里的植树造林年年都有新发展，岁岁都有新绿添。

原载1989年4月1日《山西日报》

绿化“接力赛”中的哲学思考

刘德宝

引子：从绿化“接力赛”说起

一棒紧接一棒，一程紧接一程，为着一个共同的目标拼搏、奋进，这是“接力赛”的题中应有之义。我县近10年的造林绿化工作，就是在一任接一任的“接力赛”中发展起来的。从党的十一届三中全会到现在10余年间，壶关县前后共换了四任县委书记、四任县长，但换书记不换主意，换县长不换主张，坚持不懈抓林业，取得了显著成绩。到1989年底，全县有林面积累计达到57.3万亩，占到宜林面积的80%，占版图面积的37.7%,覆盖率由1978年的7.5%提高到了22.5%。省、市先后授予“绿化太行山先锋县”“科学营林先进县”的称号，省委李立功书记称赞壶关是“干石山区造林绿化的一面旗帜”。

要说我们县的造林绿化工作体会，可以数出十条、八条，其中首要的一条则是四任县委、县政府领导坚持绿化“接力赛”。而“接力赛”能够坚持下来，成为一个成功的实践，其本身就蕴含着不少哲学性的启示。

思考之一：肯定前任，同时也是肯定自己

我们这一任是在前三任抓造林绿化的基础上接任的，理所当然也面临着一个如何看待前任的问题。对此，我们没有上任伊始就另出“高招”，而是深入实际，深入群众作了一番调查研究。我们感到，前三任县委、县政府领导作出的大搞植树造林、改变全县面貌的决策以及为此而采取的一系列政策措施，确实符合县情，抓在了点子上。我们不但充分肯定了前几任领导的思路和政绩，而且进一步制定和实施了一系列扩大造林绿化成果的新措施，举县动员，继续奋斗。事实表明，广大干部群众对我们能够实事求是，肯定前任，看准方向，继续前进，表现出了积极的支持和拥护。有的干部说：“过去是一个将军一道令，现在是几任同念绿化经，这样做，壶关林业大有希望。”一些植树造林专业户、重点户看到县委、县政府一如既往抓林业，树权、林权政策很稳定，植树造林积极性更高，劲头更大了。

后任如何对待前任是一个普遍的问题。如果后任都去否定前任，像有些地方一样，王书记来了栽桑树，张书记来了砍桑树栽红果，李书记来了又砍红果栽葡萄……形成一种“循环否定”，结果不但会一事无成，还会造成新的“穷折腾”。而我们把前任的正确思路和做法接受过来，把他们的成绩当成基础、作为起点，在继承的基础上发展，我们这一任就会取得更大的成绩。从这个意义上讲，盲目地否定前任，也就是否定了自己；实事求是地肯定前任，也就是肯定自己。

思考之二：政绩的创建要靠量的积累

“为官一任，树绩一方”，这几乎是每一任领导共同的愿望。而政绩的创建，既不能企求有朝一日“天上掉下馅饼”，也不可能毕其功于一役，“一锹子掘个井”，必须靠量的积累，在前任的工作基础上进行。

我们县有一条麻巷河，是一条典型的侵蚀沟。一条主沟长 15 千米，还有 20 条支沟，耕地面积 2 万多亩，流域面积达 60 平方千米，过去水土流失十分严重。1980 年，当时的县委、政府领导对这条河作了调查，规划了“麻巷河水保林工程”；此后的两任领导按照规划要求，组织领导绿化了半截主沟和部分支沟，水土保持开始见效。我们接任后，从 1984 年开始，组织流域内 3 个乡镇 20 个村庄的干部群众，再战麻巷河，沟坡栽刺槐，山岭植松柏，全面完成了整个流域的绿化治理。现在，这条沟已是“下小雨，不流河；下大雨，流小河；下暴雨，流清河；连阴雨，不塌坡；水土保持见效果”，成了我县林业上的一块“金牌”。而这块“金牌”，正是前后几任领导带领群众连续作战，共同铸成的。

麻巷河全面治理的过程可以说是我县造林绿化“接力赛”的一个缩影。在植树造林这个“大政绩”中，每一任县领导都付出了智慧，流出过汗水。马克思主义的哲学观点认为，质量都表现为一定的数量，量的积累会引起质的飞跃。我们全县的绿化和整个山区建设就是这么一个任任相接、年年相承的由渐变到突变、由局部突破到整体发展的过程。如果中间放弃“接力赛”,停止量的积累,只能是半途而废,无果而终。

思考之三:继承的生命力在于发展

绿化“接力赛”从本质含义上讲要求的是既要有继承,又要有发展。只接力而不赛,仅仅算简单的继承。只有既接力又赛,才能在继承中创新发展,开拓前进。否则,简单的继承就会停滞、落后,甚至会倒退。归根到底,继承的生命力全在于创新发展。

发展,首先是在前任基础上的创新。从我们前后四任县委、县政府领导抓造林绿化来说,第一任主持作出了《关于大力发展林牧业生产的决定》,从指导思想上确定了发展林业建设山区的战略;第二任从调动全县人民植树造林积极性入手,认真抓了落实林业政策的工作;第三任着重抓了林木管护,巩固了绿化成果;我们这一任突出抓了科学营林,科技兴林。正是靠了一任接一任的创新,才使我们县的林业生产实现“三级跳”:从运动造林阶段发展到政策造林阶段;从政策造林阶段又发展到了政策加科技的造林阶段,呈现出了持续发展的势头。

发展,还是对前任工作的完善。从林木管护一项来说,我县经历了以下几个段落:最初是村村设立护林员;之后是结合发展林业“两户”(专业户、重点户),发展管护专业户;再后来从依法治林着眼,全县建立了800人的公安护林员队伍;前段我们又针对绿化面积越来越大、管护任务日益艰巨的实际,加强了村办林场建设,依托村办林场这个“载体”,负起管护责任。可以说,后任所采取的措施,都是根据实际情况对前任工作的进一步完善。

发展,也包含着对前任工作某些方面的调整。比如造林绿化目标,由于种种因素限制与形势的发展变化,及不可预测因素的出现,前一任就不一定制订得十分准确、可行,后一任当然有责任使目标调整的更加符合实际。这种调整,因为大目标没变,因而应当看做是正确的继承,是积极的扬弃,而不是令人无所适从的朝令夕改,“政策多变”。

原载1990年3月27日《中国林业报》

看巨龙怎样舞太行

壶关县建设万里护林防火墙纪实

本报记者 王俊文

穿行在秋色掩映的山路上,当车子驶入壶关县境内后,一道蔚为壮观的景色蓦然映入眼帘:在被绿色和金黄色覆盖着的茫茫无际的群山峻岭中,一条宛如长城般的白色巨龙从望不到头的山的尽处奔腾而来, 又依山势盘旋着每一座山头呼啸而去。左面、右面，近处、远处，凡是有树的山头都蜿蜒着这条白色巨龙气势恢宏的身影。

这就是壶关人民用一小块一小块石头垒筑起的总里程达2500千米的森林防火墙。这就是总投资至少需要4000万元而壶关人民却没有花一分钱完全是依靠精神的奉献完成的护林工程。难怪刘振华省长在这里视察工作时会来到山上，一边和群众搬运石头垒筑防火墙，一边连声称赞道："这是一项伟大的工程，这是人民群众的伟大创造。它充分显示了壶关人民保护森林的坚强决心。"

防不胜防的森林之火随时威胁着总价值达30亿元的"绿色银行"的安全。为寻求根除火灾隐患的途径，壶关县的各级领导纷纷走进了群众中间。

1998年秋季~1999年春季，罕见的秋旱连冬旱、冬旱连春旱使本来就地处干石山区的壶关县到处呈现着百年不遇的严重旱象。点雨不降、片雪不飞，已经使农业减产、农民减收成为定局，然而更令各级领导坐卧不安的是持续干旱，加之秋、冬、春季的风大物燥更是对全县的80万亩森林构成了直接的威胁。火险、火情此起彼伏，防不胜防。壶关县是全国著名的绿化先进县，全县荒山绿化率已达到84.9%，森林覆盖率达到39.6%，总价值达30多亿元的2.4亿株树木已成为全县人民储备明天希望的"绿色银行"，管林护林自然成为全县各项工作的重中之重。在火情最为严重的那段日子里，县政府连续下达过三个特急防火命令，县级四套班子领导深入所包乡镇同基层干部一道死看硬守，实行包片、包村、包山头责任制，强化防火意识和防火措施。这一切努力虽然在一定程度上减少了森林火灾的发生，但火灾隐患并没有根除。

作为全县护林防火指挥部总指挥，副县长牛建忠无疑承受着最重的压力。1999年初夏，正是火警频发的紧要关头，牛建忠回老家井则口村探视病重的父亲。当晚，他就与村里的干部群众共同商讨防火措施。井则口村是一个绿树环抱的小村庄，昔日的1300亩荒山已全部变为郁郁葱葱的森林。村里人永远也忘不了曾经发生过的森林之火给他们带来的是怎样的恐惧与惶恐。干部群众说，森林火灾绝大多数是村边、路边、地边用火不慎随风蔓延而造成的，一些地方烧秸秆、烧根茬和上坟烧纸又是引发森林火灾的主要隐患。也就是说，只要设法管住了这些地表火向森林的蔓延，就能保证森林的安全。夜已经很深了，但牛建忠和村里的干部群众却没有丝毫的倦意，那倾心的交流不断触发出一个个新的兴奋点。群众说，要根除森林火灾的隐患，固然要加强防火意识，但更重要的是要设法营造障碍物将森林隔离开来。

群众的建议，顿时使牛建忠的眼界豁然开朗起来。他想到了外地拉铁丝网护林的做法，但群众马上说，铁丝网无法隔火。那么，最有效的隔火护林途径在哪里呢？第二天一大早，牛建忠就带着村干部和几位老农来到村后的那片山林里实地勘察，最后议定了"垒墙护林"的方案。

直接引发了日后在全县山林中建设“万里长城”的决策就这样产生了。随即,井则口村就动员组织群众用当地山上的石头,在村边、地边、路边等筑起了宽 50 厘米、高 100 厘米、长 5 公里的石头护林墙,全村的山林全部被围在了这道用石头垒起的护林防火墙里。火被挡在了石墙外面,牲畜被挡在了石墙外面,连人也无法再随意进出山林了。石头墙体刷成了纯白色,远远望去防火墙就像一条奔腾跳跃在群山与绿树之间的白色巨龙。

县委、县政府及时总结推广了人民群众的伟大创造。面对浩大的工程投入,他们大力弘扬艰苦奋斗精神, 创造了不到一年时间就在巍巍太行山上筑起了绵延数千里的白色长城的奇迹。

井则口村人民的创举,对于苦苦寻觅着防火新途径的壶关县委、县政府来说无异是雪中送炭。县四套班子的领导来了,县有关部门的同志来了。在实地查看中,在与村民的交谈中,他们看到了建设护林防火墙的必要性和可行性。所谓必要性,就是鉴于壶关山多林多又多靠近耕田的实际,护林墙不仅可以隔离村边、路边、地边不慎引起的地表火,还可以起到“三防”、“三保”的综合作用,即防火、防盗、防牲畜;保水、保土、保植被。所谓可行性,就是尽管在全县 80 万亩森林中建设护林防火墙工程浩大,所需要资金投入远非现有的财力所能及,但壶关人民有着艰苦奋斗的光荣传统,壶关遍地都有筑墙所需的石头等材料,垒石墙技术要求低,男女老少都能干。对井则口村的实地调查研究,更加坚定了县委、县政府的决心:建设护林防火墙既符合壶关县情,又是保护壶关人民 20 年辛勤植树成果的最为有效的措施。不管困难多大,也要坚定不移地建设全县的森林防火墙。

去年 6 月,县里在井则口村召开了第一个由全县 20 个乡镇党政一把手参加的现场会,使大家初步认识到了建设护林防火墙的现实意义和长远利益之所在。会后,西川底乡党委、政府率先广泛发动群众,全乡投入劳力万余人次,仅用一个月时间就建成 20 华里护林防火墙。县委、县政府抓住这个典型,及时在西川底乡召开了第二次现场会。就在这次会上,全县各级干部形成了这样的共识:建设护林防火墙一家一户不好干,发动千家就好干;一村一庄不好干,村村动员就好干;小干大困难,大干小困难,形成气候无困难。以此为起点,全县 20 个乡镇全部掀起了建设护林防火墙的高潮。

营造万里护林防火墙,其规模之宏大、工程之繁浩、用料之巨多、劳民之广泛,都是壶关县历史上所没有过的,因此,从一开始,县委、县政府就把防火墙建设质量放在了最突出的位置。在规划上要求技术人员突出“紧靠三边,连绵不断”,让防火墙真正成为有林地带的一道天然屏障,将林地与耕地、林地与村庄、林地与道路隔开,从而减少对森林的人为破坏。在具体实施中,又建立了严格的施工程序和验收标准,对全体技术人员和乡镇工作人员、村委干部进行了现场培训,有效地保证了防火墙的建设质量。去冬今春,得到了实践检验和认可的防火工程,已经显示出其巨大的社会效益和经济效益:凡是构筑了符合标准的防火墙的地方,都没有发生火灾或毁林事故。

推进护林防火墙建设的过程,也是振奋干部精神、转变干部作风、密切干群关系的过程。当县里把防火墙建设列入全县林业生产重点任务,连同其他生产指标一同考核之后,县乡村三级干部带头逐级签订了责任书,一级对一级负责,一级向一级交账,形成了人人头上有指标,个个肩上有压力的领导氛围。县级领导所包乡镇都有护林防火墙示范工程,不少同志和群众摸爬滚打在一起,既作指导,又受锻炼。东井岭乡上庄村支书李国明,每个环节都走在前头,他所垒的防火墙在全乡都是一流的,为群众作出了样板。晋庄村支书刘书成主动把自己垒的质量不高的防火墙推倒重来,对群众起到了无声教育的作用。常行乡党政领导一班人在防火墙建设中出工最早,下工最迟。在工程建设的紧要关头,更是有病不休息,假日不回家。各级干部身先士卒,率先垂范,成了动员和组织群众最具说服力的无声力量。七八十岁的老人上阵了,平时很少出门的妇女上山了,就连十几岁的学生也在假期参加了垒筑防火墙劳动。就这样,从去年 7 月到今年 9 月,他们在县财政基本拿不出多少钱的情况下,依靠坚韧不拔的艰苦奋斗精神,全县共出动劳力 10 万余人次,投工 100 余万个,动用土石方 170 余万立方米,修筑护林防火墙 2500 千米,相当于创造了近 3000 万元的经济价值,为开拓壶关依林致富的前景奠定了坚实的基础。

壶关人民的创举,给各级领导带来了鼓舞。就在长治市委、市政府作出建设万里防火墙,保卫全市 500 万亩森林的决策的同时,这条白色巨龙已舞向太行山更加辽阔的疆域。

今年 3 月,长治市委、市政府迅速作出了在全市范围内建设护林防火的“万里长城”,以保护全市 500 万亩森林的决策。4 月 5 日,是一个艳阳高照的春日。在市四套班子全体领导的带领下,正在开展“三讲”教育的各县市区和市直机关 500 多名县处以上领导干部深入到了壶关县 15 个乡镇的 87 个村庄,吃在村里,住在乡下,与基层干部和群众共同垒筑防火墙。这天中午,正在长治市考察工作的刘振华省长途经壶关县固店村时,被对面山上火热的筑墙场面深深地吸引了。他情不自禁地走下车来,沿着崎岖的山路爬到山上,搬起石头,和干部群众一起垒起了防火墙。他深情地对正在工地参加劳动的长治市的干部说:“护林防火墙这样气势恢宏的工程所以能产生于群众之中,又在财力不许可的情况下很快形成燎原之势,收到实效,充分说明了这样的一个真理:只要是对人民群众有益的事情,人民就会积极响应。”

是的,诞生在人民群众中的、蜿蜒在群山峻岭的护林防火墙,既显现着广大人民群众的共同追求,也体现了蕴藏在人民群众中巨大的精神力量和无穷的智慧。所有这些,无时不在坚定着各级领导的决心和信心,并影响着他们的决策。一个更加宏伟大胆的规划就这样诞生在广袤的上党大地:以推广壶关人民的伟大创造为契机,长治市规划设计出三大森林防火工程,即修筑护林防火墙12000千米;建设防火隔离带3000千米;建设生态防火林带4200千米。市委、市政府的决定,很快就变作了各县市区的自觉行动,工程建设由点到面全面铺开。其中,6个有林县结合雨季造林,边设计、边规划、边施工,不到两个月就建起护林防火墙1000多千米,构建万里护林防火墙工程取得实质性进展,全市拥有的护林防火墙总里程已达到近4000千米。

上党老区,一个曾因荒山多、石头多、干石山区多而总使有志者感到奋斗的艰辛与进步的困难的地方。当年,上党老区人民用惊天地泣鬼神的艰苦奋斗精神在光秃秃的太行山上营造出整整500万亩绿色森林,创造了令人惊叹的辉煌业绩;今天,他们又在用伟大的太行精神重新铸就着保护人民利益的"万里长城"。那连绵不断的、蜿蜒在太行山绿色森林中的白色巨龙不正是老区人民在迈向新世纪的征途中树起的又一座历史丰碑吗?

原载2000年11月4日《山西日报》头版头条

天下第一"护林墙"

左满明 赵江峰

在层峦叠嶂的太行山脉东南部,有一道道随山势起伏蜿蜒的白色石墙,如万里长城一般把草木葱郁的林地圈成或圆形或带状的封闭圈,这就是被西方媒体称为"不明战略设施"、被上海大世界基尼斯总部命名的世界上"最长的森林防护墙"。它是由山西省壶关县当地群众用双手筑起的3500千米森林防护墙。它的修筑,保护了该县80万亩人工栽植的森林,使镶嵌在太行山上的绿色明珠、全国绿化先进县更加熠熠生辉。

壶关县是太行山干石贫困山区。过去,该县与我国当前许多中西部地区一样,生态环境极其脆弱,水土流失严重,十年九旱,农民靠天吃饭,恶劣的自然环境使壶关人民的生存面临着极为严峻的挑战。穷则思变。20世纪70年代末,该县群众创造出"阳坡育苗阳坡栽、阴坡育苗阴坡栽、随地育苗随地栽"的荒山绿化经验,二十年如一日,举县兴林,绿化荒山,有林面积由5万亩增加到80万亩,森林覆盖率由5%上升到45.6%,年均增长两个百分点,被林业专家誉为绿化奇迹,荣获"太行山绿化先锋县""全国造林绿化先进县""全国生态建设先进县"以及"全球500佳提名奖"等荣誉和称号。

创业难,守业更难。1999 年前后,山西省大面积遭受罕见的秋旱连冬旱、冬旱连春旱的罕见旱象,壶关尤甚。由于干旱的持续,加之秋、冬、春季节异常干燥,到 1999 年“清明”期间,有时一天竟发生森林火灾数起,火险、火情此起彼伏,防不胜防。痛定思痛,如何彻底根除引发森林火灾隐患,保护壶关人民用心血和汗水栽植起来的森林,成了县委、县政府亟待解决的一个课题。在教育群众的同时,隔断、隔离森林与村庄、耕田、道路的连接是消除火患的唯一途径。

县委、县政府领导经过大量的实地调研,得出了上述启示,议定了“垒墙护林”的方案,并率先在该县井则口村筑起了长 5 公里、宽 0.5 米、高 1 米的示范墙。在调研中,县领导还得出,森林防护墙具有三防即防火、防盗、防畜害,三保即保水、保土、保植被的综合作用,可以用较少的付出,获取较大的收益。为此,县委、县政府利用当地石头多的优势,全县动员,全民参战,实施万里森林护林墙工程。经过近两年的艰苦实践,全县在 13 个乡镇(区)389 个行政村筑起了高 1.5 米、底宽 0.8 米、上宽 0.4 米的梯形石墙 3500 公里,全县共义务投工 350 万个,动用土石方 420 万立方米,相当于创造了价值达 3500 万元的财富,初步建成了一道工程浩繁、用料巨大、气势恢宏、美丽壮观的“天下第一墙”,在保护生态、造福人民和经济建设中越来越发挥出巨大的效益和作用。近两年壶关县的森林火情、火警下降 90%,凡垒筑了森林防护墙的地方,没有发生一起森林火灾;坚固的石墙封闭林地后,在很大程度上阻止了牛羊入山,阻止了乱捕滥猎野生动物,森林生态环境进一步优化。同时,森林防护墙还成了亮丽的风景线,进一步点缀了壶关秀美山川的景色,使旅游人数大增。

国家林业局对壶关县的做法予以充分肯定,山西省政府和长治市政府先后作出了学习壶关经验、建设森林防护墙的决定。

原载 2001年 8 月 28 日《人民日报》

古树缘

刘德宝

说到我的古树缘,还得从任职壶关县县长时,陪同省林业厅原厅长、全国著名古树专家、我尊崇的师长刘清泉,赴壶关调研说起。

1986 年夏秋之交,年过花甲的清泉厅长不顾远途劳顿,由我和县林业局长张平和陪同,爬山越岭,奔波一周,涉足十几个乡镇,考察了全县最为珍稀的 20 多株古稀树木。其间,或车上,或树下,教者不倦,学者不厌,使我初触底蕴深厚的古树文化,对古树的认识开始升华——古稀树木是保护树种资源多样性、培育优良新树种的基因库；是研究地域自然生态环境变迁的活化石；是一个地方众多自然景观、人文景观中不可或缺的风景线；是当地人民群众世代热爱自然、保护林木、生态传统美德的标志物。

送别清泉厅长月余，接到他编纂的装帧精美、图文并茂、引人入胜的《山西古稀树木》一书。这是他老人家满怀绿缘树情，不畏山高路险，走遍三晋大地，详察古树身姿，现场摄影记录，精编文字说明，倾注大量心血，付出艰辛劳动，方才付梓成书的。打开书卷，如同步入浩瀚无垠的古树之林，满目老干新枝，苍颜绿叶，让人迎接不暇，嗟叹不已。我打开了书卷，书卷也打开了我的心扉。紧迫地感到，壶关全县幸存不多的古稀树木应该厚爱、特护了。

打那以后下乡，但凡碰到株古树，我总要停车、趋近、驻足、观瞻、合抱，笔记下它形态各异的长相，拍照下它历经苍桑的身影，不忘叮嘱在场的老乡：要把古树当作景观、村志、传世乡宝予以呵护，保证不损坏它的一枝一叶、一根一须。继而同张平和局长等一块研究，列出条件，遴选出散布县域的100株古稀树木，从“壶古树1”一直到“壶古树100”编了号，建了档，挂了牌。还召开县长办公会议，研究拟发特护古树的县政府文告。筹划紫团山风景区“一日游”时，又动议把沿途附近的古稀树木列为景点，供游人观赏。

调到省城工作后，离家乡远了，但树木情结却系得照紧不松。每逢遇到壶关老家来人，谈毕所托事情，问毕友人近况，总还要问询问询某某山上栽的小树长高了没有，某某村口那株古树保护得如何。一次，听到县里来人讲，马安驼村民修树，竟将“五柱擎天马安驼，绿荫如盖舞婆娑”的著名“五株迎客松”树冠下部舒展美丽的枝梢砍去不少，顿感有切肤断臂之痛，当下奋笔修书一封，寄至马安驼村，呼吁村民再也不要干那种“大煞风景”的事了。

如今工作之余，我的心神时常飞临家乡壶关，徜徉在那些古稀树木之下，仰赏他们各具特色的奇姿靓影；夜里屡屡梦见给那几株特别珍稀的古树测量胸径、树高，打开快门摄影、记录。这些古稀树木计有：

黄山村东南“遍身虬结岁年远，满盖叶荫根本深”的古槐；

罗掌村南坡头“冠如巨伞盖、荫及下田人”的巨檀；

王家河村中“沧桑历尽古门槐，车马洞中能往来”的门槐；

石盆村南池畔“盛世春风剪柳梢，老枝嫩絮报新潮”的古柳；

梯脑山庙前“半亩荫凉千尺冠，三围胸径十寻躯”，树皮斑驳、灰白相间，人称“怪树”的脱皮榆；

石坡村西巨石块上“浑然石上一青松，洪旱风雷任尔攻”的独秀一松；

马驹村东北“竞相入云杆通直,村志不劳问路忙”的姊妹杨;

桥上村东头“春时一树新妆绿,秋日千枝熟果红”的柿树王;

梁家村南岭“万木凋黄叶,双松举绿龙”的双株松;

高岸上村东“松榆绕作连理枝,根错节盘共扶持”的连理松榆;

冯坡村西古寺旧址上“主干笔挺通直、针叶排列奇特、壶关独此一株”的华山松;

郊界底村中“岁过三百载,冠盖半村凉”的小叶杨;

向庄村西山洼“松母抱柏子,干同冠不同”的松柏同株;

寨里村西北庙前“风来叶响迎宾客,雨洗枝新送瑞祥”的迎客杨;

紫团山麓、洪底沟坡成片生长“层层枝绿漫,粒粒果红绯”的珍稀树种红豆杉……

古树牵思,乡情萦绕,诗情涌动,催我写出一组咏唱家乡古树的诗词,分别寄给古树所在村庄的父老乡亲,以期表达我的乡爱、绿缘、古树情;以期唤起父老乡亲热爱、观赏、保护古稀树木的情感和觉悟。此引其中《破阵子·石盆村南池古柳新志》两阕作结:

老干新枝绿柳,
旧池清水黄牛。
二月报春风剪叶,
三季遮荫鹊唱讴。
池前笑语稠。

禾壮山青畜旺,
人勤地沃天酬。
树历春秋成史志,
村遇盛时争上游。
年轮长十周。

2002 年植树节·并州绿屋

原载《人民日报》2005 年 4 月 5 日

两道难题

程喜堂

我正好是 1978 年 12 月参加工作的,第二年春天植树造林的时候,《山西林业》编辑部的几个记者到我们壶关县采访。我爱好写作,局领导便让我陪同。两天时间里,先后采访了黄山乡西底村、晋庄镇北庄村、常家池村和原崇贤乡赵掌村、常行乡北行头村。所到之处，干部群众那种植树造林的劲头令记者们十分感动。可到最后一天，摄影的杨记者说，两天里都是栽树的劳动场面，缺少几张带有绿色的照片。这可把我难住了，刚到林业局我就查阅了有关资料：壶关县总面积为151.9万亩，其中有林面积只有8.5万亩，而人工造林不足3万亩。这些林子多在深山区，零零散散。碍于我能够在领导面前留下“圆满完成任务”的好印象，也碍于壶关的绿化成就，在记者面前怎么也不能说没有呀！我就硬着头皮，让司机拉着我们见有树的地方就去，可到近前一看，不是树木稀稀拉拉，参差不齐，就是“歪脖子”树和“老头树”。一连跑了四个地方，没有拍下一张照片。一直很有耐心的杨记者这时也有些不耐烦了。我觉着自己的脸阵阵发烧，很有点无地自容的感觉。中午在招待所吃过饭，下午驱车在高低不平的山路上跑了60多公里，来到树掌镇总算拍了一张带有绿色的照片。这是我刚参加工作不久就遇上的第一道难题，至今难忘。

万万没有想到，此后的30年里，工作上轻车熟路，顺心顺手的我，又遇上一道难题，而这道难题又出在摄像上。那是前几年的一个秋天，山西电视台驻林业厅记者站的周三白等同志，来我县拍摄科技兴林的电视专题片，他们冠我以“编导”，我带着他们在壶关的山山沟沟、村村户户，跑了十多天。今次我胸有成竹，因为近30年来，我们壶关县举县兴林，全民动手，大搞生态建设，全县人工造林面积达到了80万亩，总有林面积达到85万亩，绿化率达到55.96%，林木覆盖率由7%增加到了47.6%。以前的干石山、乱石沟，想也不敢想地被苍翠的松柏、葱郁的杨槐覆盖起来，山凹里更是苹果、核桃连成了片。周记者说，壶关县不愧为全国造林绿化先进县，名副其实。我听了心里美滋滋的。但没有想到周记者随口就又给我出了一道难题。他说，这十多天里没有发现一处荒山荒坡，光有树林，怎样反映今昔变化？于是我们就又找荒山，可是跑了一天也没有结果，有两处牧坡虽然没有树，但草又太茂密了，反映不了壶关县造林之前的干石山的基本地貌，最后他们遗憾地走了。三十多年前的那道难题，虽然费了点事，可总算有解了。而三十多年后的这道难题却没有解出来。但在我心中，那道有解的题，想起来总不是滋味，而这道无解的题，却让我自豪！

原载2008年9月9日《中国绿色时报》

壶关县2009年生态建设创五项纪录

程喜堂 梁军兵

今春以来，山西省壶关县围绕建设生态文明和谐新壶关的目标，以通道绿化扩面、荒山绿化加密、林中绿化增效、村庄绿化提档、县城绿化添景、市县出口扮靓为重点,全县的造林绿化工作在巩固中提高、在发展中完善,创五项新纪录,取得了显著成效。

纪录之一:全县39个有注册、有执照、有资质的造林绿化专业公司(中心)从2009年农历正月初八开始到七月份,每天有2000~6000人一日不间断地在各个绿化工地栽树、浇水、管护,他们要连续三年,直至所栽树木成林后方为完成任务。从专业程度上,刷新了壶关专业化造林的纪录。

纪录之二:壶关县同时铺开12项造林绿化重点工程,总投资达1.2亿元。目前已完成荒山造林1.6万亩,刨标准大坑88万个,栽树176万株;通道绿化77千米,栽植树木32万株;完成地埂绿化1500亩,栽树15万株;园林化村庄建设51个,绿化企业43个,栽植各种树木和花灌木80余万株;建成绿色游园景点50多处;完成防火墙建设500千米;架设防护网53千米;完成大苗进城1万余株。全县已完成投资1.1亿元,刷新了壶关造林绿化资金投入纪录。

纪录之三:林业部门于今年6月份,对今春所栽树木一个坑一个坑、一株树一株树地进行了认真的检查验收。全县的任务完成率达到100%,树木成活率达到95%以上,质量合格率达到97%以上。全面刷新壶关县植树造林"三率"纪录。

纪录之四:在全国林业现场会议壶关参观沿线,共拆迁改造房屋1.5万平方米,拆除小水泥预制厂、小砖厂28家,违章建筑158处,残墙断壁6000多米,扩大绿地300余亩。刷新了壶关拆迁扩绿的纪录。

纪录之五:在全面整修万里森林防火墙的同时,对重点地段的500余千米防护墙进行加固新建,关键地段防护墙,用水泥沙浆砌筑。刷新了壶关森林防火墙建设质量的纪录。

原载2009年8月14日《中国绿色时报》

从"乱石沟"到"生态沟"看壶关身边增绿

梁军兵

山西省壶关县十里沟地处十里河流域,全长6.5千米,涉及9个村,总面积1100亩。过去这里曾是一个沟壑纵横、水土流失、砖瓦窑遍布的乱石滩,小砖窑多达20多家,生态环境恶劣。"晴天乱石沟、下雨洪水流,庄稼难生长、十年九不收"这是当地群众对十里沟过去生态状况传唱的一首打油诗。

为改变这里的生态环境,该县坚持把生态治理的长远利益和当前经济利益统筹考虑,一是对现有砖窑进行整合。县四套班子领导集中乡村干部,走一处落实一处,现场办公解决问题，将原来不符合产业政策的25座小砖窑整合成2座大砖窑，把剩余下来的农民工组成造林绿化专业队，常年进行造林及管护，使他们仍然有活干、有钱赚。二是沿十里河沟清理水道，砌岸护坡，推土填沟，复垦造地。共彻护岸石墙3000米，动用土方11万立方米，造地300余亩，同时对十里河两侧的9个村庄进行了集中整治。通过拆墙增绿、填沟建绿和完善周边荒山绿化、地埂绿化、村庄绿化，形成了山坡沟，路岸河立体化绿化格局。三是科学营林。在绿化过程中，坚持造林与造景结合、生态效益和经济效益结合、乔灌草齐上、果药花齐兴，营造生态经济林千余亩，建成园林景点15处，建设园林村庄9个。同时，在绿化过程中针对这里降水少、气温低、水土易流失的自然特点，因地制宜采用了地膜覆盖和石片覆盖结合的办法，这不仅有保墒提温、抑制杂草、促进苗木生长的作用，而且降低了管护成本、确保树木成活。经过一年多的努力，壶关县硬是把一条“遍布砖窑乱石沟”打造成了绿意盎然的“生态经济沟”，彻底改变了这里的生态环境，初步形成了“小雨不流河、大雨流清河、暴雨不塌坡”的生态效果。

十里沟的综合整治是壶关县身边增绿的一个缩影，近年来，该县共拆迁改造房屋1.5万平方米，拆除小水泥预制厂、小砖厂58家，违章建筑158处，残墙断壁6000多米，绿化美化沿线村庄51个，企业43个，打造大小景点100余处，初步形成了一村一景、一企一品，三里一小景、五里一大景的园林化村企建设新格局。

原载2009年10月21日《中国绿色时报》

一任接着一任干，山西壶关县33年人工造林百万亩
干石山上的绿色奇迹

王连中　王月红

昔日的壶关，曾经是出了名的“干壶”：山大坡广，沟壑纵横，十年九旱，20世纪70年代末，全县森林覆盖率仅7%。

今天的壶关，变成了太行山区的“绿壶”：全县森林覆盖率提高到50.6%，一座座干石山成了生态绿洲。

2009年8月26日，全国造林绿化现场会在长治召开，许多代表对壶关现象惊叹：一个国家级贫困县，能在干石上造林海，是个奇迹！

咬定绿色不放松　千年“干壶”变“湿壶”

壶关穷在山，全县398个村庄，就有393个村庄有山。山都是石头山，打不下粮，挖不

出矿，发展怎么办？

1978年，张国太任壶关县委书记后，通过深入调研，提出“壶关希望在山，出路在林”，拉开了兴林富县的绿化史。

30多年来，壶关县先后更换了10任书记、12任县长，但造林绿化的思路始终没有变，一张蓝图绘到底，一任接着一任干，壶关展开了一场绿色接力赛。

在干石山上种树，谈何容易。但壶关人认准的事不放弃，老百姓称之为“疙瘩精神”。山上没有水，就用扁担挑；自己不喝水也要救活一棵树；栽树没有土，就用箩筐背，用手去石头缝里抠……

20世纪80年代，裹着白头巾连饭都吃不饱的农民王五全，想承包100亩山坡造油松林。妻子一听说差点儿背过气去：“你个憨货！你见过阳坡长松树？”他的堂兄也来劝，阳坡自古不长松树，那不是白费劲吗？

可倔强的王五全说，只要是山就能长树，哪怕一年长个大头钉，三年长个火柴梗，五年长个筷子棍，十年长个气闷棍。

第一年他把阴坡育的苗子移上阳坡去，有70%蔫了。第二年，他苦苦琢磨的“阴坡育苗阴坡栽，就地育苗就地栽”的方法成功了，成活率竟达到85%。

“一碗保命水、一层保墒石、一个小阴坡”，王五全在太行山上创造了奇迹，成为全国劳模。他发明的造林技术，被拍摄成专题科教片推向全国。

一任任政府接力，30多万群众坚持不懈，壶关变了：全县林地面积由1978年的8.7万亩增加到现在的103万亩，水土流失面积由原来的83%下降到15%，水旱灾害减少了43%，年均降水量由550毫米增加到670毫米，千年“干壶”变成了“湿壶”。

绿化可持续 “干壶”变成“绿壶”

播绿更要护绿。壶关人挖起石头栽树，搬起石头筑墙，用石头垒砌了高1.5米、宽约50厘米的森林防护墙，发挥了防火、防盗、防畜害，保水、保土、保生态的“三防三保”作用。

在保护中发展，壶关不断提升造林质量，调整结构，山上青松盖帽，山间果树缠腰，山下良田万顷，山沟刺槐涌涛，实现了生态、经济、社会效益的良性循环：发展了郭氏羊汤、紫团饮业、辛寨陈醋等一批绿色龙头加工企业，形成了农、林、牧、企协调发展的绿色产业格局。

“全国造林绿化先进县”“全球环保500佳提名奖”“全国林业生态建设先进县”“全国中小城市生态建设示范区”……一个又一个“绿色名片”落户壶关，这里再不是过去的“干壶”，已成为适合人类居住的“绿壶”。

打造绿色银行　推动转型跨越

换个思路看大山，尽是财富。

依托绿色优势，推动转型跨越，全县粮食总产达到1.08亿公斤，养殖大户发展到200余户，太行山大峡谷年创旅游总收入9亿元……绿起来的大山成了“绿色银行”。70多岁的张德全老人说，地里长的、山上养的都是“钞票”，不光卖给中国人，还要赚“老外”的钱。

县长崔江华说：“我们有信心通过打造知名品牌、拓展旅游市场，走出一条大旅游、大产业、大发展的路子，用3至5年的时间，把太行山大峡谷建成世界地质公园。”

在新的历史起点，壶关正向更高更新的目标迈进。县委书记李全心说：“以创建国家森林城市为主题，按照生态建设产业化、产业发展生态化的要求，我们要用5年时间，使壶关真正成为实力壶关、绿色壶关、和谐壶关。”

原载2012年7月 15 日《人民日报》

第二章　林业简报

林业简报作为一种宣传手段，伴随壶关林业走过了三十多年的历程。简报上送至国家（林业部）林业局，省林业厅各有关局、处、室，市林业局各站室，县委、县政府、县人大、县政协领导以及各部委局，下发至各乡镇。为及时传达上级林业精神，贯彻林业法规，反映林业动态，宣传林业典型，传播林业经验，推广林业技术，鼓励群众造林等发挥了独特的作用，在上级单位和本县产生了相当大的影响。到 2013 年，林业简报分别以《绿化战报》《壶关林业》《绿色壶关》刊头印发 779 期，974 条，累计 80 万字。

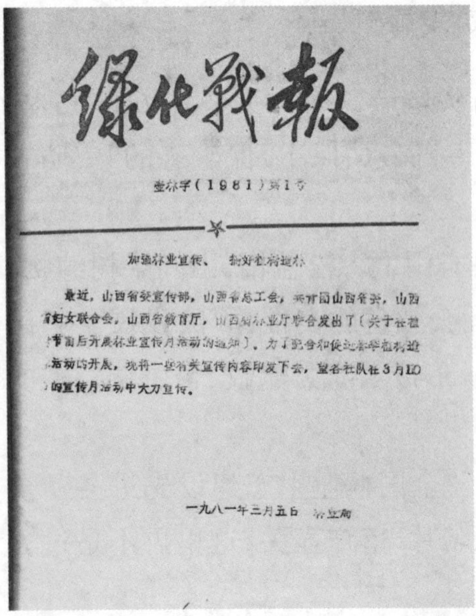
绿化战报

壶林字（1981）第1号

加强林业宣传、　搞好植树造林

最近，山西省委宣传部，山西省总工会，共青团山西省委，山西省妇女联合会，山西省教育厅，山西省林业厅联合发出了《关于在植树节前后开展林业宣传月活动的通知》。为了配合和促进群众植树造林活动的开展，现将一些有关宣传内容印发下去，望各社队在3月10 [illegible] 的宣传月活动中大力宣传。

一九八一年三月五日 [illegible]

第一节《绿化战报》

1981 年 3 月 5 日创刊，主办单位是壶关县绿化指挥部、壶关县林业局。第一期的内容题目是《加强林业宣传，搞好植树造林》，并印发了山西省林业厅《关于鼓励社员个人植树造林的暂行办法》等三个宣传资料，作为山西省委宣传部、山西省总工会、共青团山西省委、山西省妇女联合会、山西省教育厅、山西省林业厅联合发出《关于在植树节前后开展林业宣传月活动的通知》壶关县宣传月的宣传内容之一。第三期刊登了县委、县革命委员会在五龙山公社召开林业现场会的情况和县委书记张维庆、县革命委员会主任聂庆保带领县委常委在八里川冒雨栽树的情况。第四期刊登了县委书记张维庆在全县植树造林五龙山公社现场会上的讲话，这次讲话首次提出换书记不换方针，明确表态“过去县委作的《关于大力发展林牧业生产的决定》不能变”。

《绿化战报》共出9期28条，于1981年5月7日刊出第9期后终止。

第二节《壶关林业》

1981年7月15日《绿化战报》改为《壶关林业》，主办单位是壶关县绿化指挥部、壶关县林业局。由第十期开始。《壶关林业》连续刊出23年(其中1983、1984、1995年的简报佚失)，出刊460期，共编发621条。

《壶关林业》

合计	460期	621条
1981年	1～24期	
1982年	1～31期	
1983年	丢失	
1984年	丢失	
1985年	1～42期	
1986年	1～53期	
1987年	1～36期	
1988年	1～23期	
1989年	1～36期	
1990年	1～35期	
1991年	1～25期	
1992年	1～23期	
1993年	1～20期	
1994年	1～23期	
1995年	丢失	
1996年	1～21期	

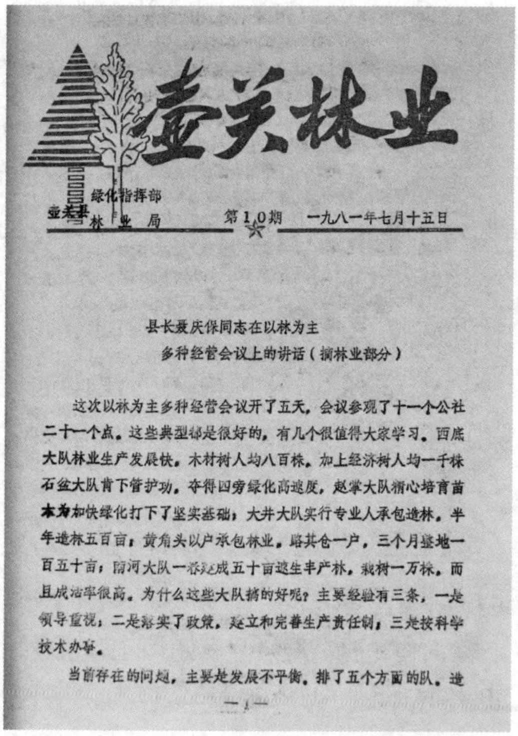
壶关林业

壶关县 绿化指挥部 林业局　第10期　一九八一年七月十五日

县长聂庆保同志在以林为主
多种经营会议上的讲话（摘林业部分）

这次以林为主多种经营会议开了五天，会议参观了十一个公社二十一个点。这些典型都是很好的，有几个很值得大家学习。西底大队林业生产发展快，木材树人均八百株，加上经济树人均一千株石盆大队肯下管护功，夺得四旁绿化高速度，赵掌大队精心培育苗木为加快绿化打下了坚实基础；大井大队实行专业人承包造林，半年造林五百亩；黄角头以户承包林业，路其仓一户，三个月整地一百五十亩；陌河大队一春建成五十亩速生丰产林，栽树一万株，而且成活率很高。为什么这些大队搞的好呢？主要经验有三条，一是领导重视；二是落实了政策，建立和完善生产责任制；三是按科学技术办事。

当前存在的问题，主要是发展不平衡，排了五个方面的队，造

—1—

1997 年　　1 ~ 10 期

1998 年　　1 ~ 6 期

1999 年　　1 期

2000 年　　1 ~ 11 期

2001 年　　1 ~ 19 期

2002 年　　1 ~ 10 期

2003 年　　1 ~ 11 期

第三节 《绿色壶关》

2004 年 6 月 20 日《壶关林业》改刊为《绿色壶关》。此次改刊由山西省造林局局长张云龙提议,并根据壶关林业建设的重点由造林绿化向绿色开发转变而改刊。在改刊词中,对《壶关林业》做了总结,对改刊《绿色壶关》做了说明。改刊词收录如下:

从 1981 年 7 月刊出第一期到 2004 年 6 月,《壶关林业》紧跟壶关林业已走过 23 个年头。

23 年来,《壶关林业》从未间断!

23 年来,《壶关林业》刊出 460 多期!

23 年来,《壶关林业》总字数达到 204000 字!

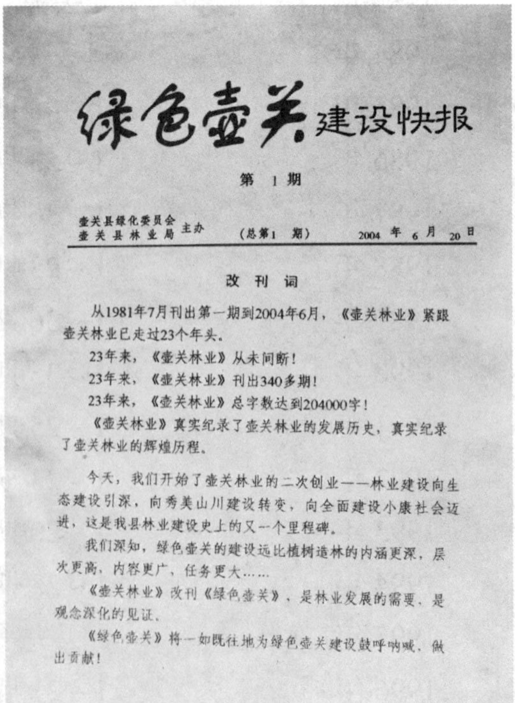

绿色壶关建设快报

第 1 期

壶关县绿化委员会
壶 关 县 林 业 局 主办　　(总第1 期)　　2004 年 6 月 20 日

改 刊 词

从1981年7月刊出第一期到2004年6月,《壶关林业》紧跟壶关林业已走过23个年头。

23年来,《壶关林业》从未间断!

23年来,《壶关林业》刊出340多期!

23年来,《壶关林业》总字数达到204000字!

《壶关林业》真实纪录了壶关林业的发展历史,真实纪录了壶关林业的辉煌历程。

今天,我们开始了壶关林业的二次创业——林业建设向生态建设引深,向秀美山川建设转变,向全面建设小康社会迈进,这是我县林业建设史上的又一个里程碑。

我们深知,绿色壶关的建设远比植树造林的内涵更深,层次更高,内容更广,任务更大……

《壶关林业》改刊《绿色壶关》,是林业发展的需要,是观念深化的见证。

《绿色壶关》将一如既往地为绿色壶关建设鼓呼呐喊,做出贡献!

《壶关林业》真实记录了壶关林业的发展历史,真实记录了壶关林业的辉煌历程。

今天,我们开始了壶关林业的二次创业——林业建设向生态建设引深,向秀美山川建设转变,向全面建设小康社会迈进,这是我县林业建设史上的又一个里程碑。

我们深知,绿色壶关的建设远比植树造林的内涵更深,层次更高,内容更广,任务更大……

《壶关林业》改刊《绿色壶关》,是林业发展的需要,是观念深化的见证。

《绿色壶关》将一如既往地为绿色壶关建设鼓呼呐喊,做出贡献!

《绿色壶关》从 2004 年开始,到 2013 年底,共刊出310期,编发325条。

《绿色壶关》

合计	310期　325条
2004年	1～32期
2005年	1～30期
2006年	1～20期
2007年	1～40期
2008年	1～37期
2009年	1～38期
2010年	1～56期
2011年	1～27期
2012年	1～20期
2013年	1～10期

第三章 书籍出版

第一节 《太行树圣》概况

1990年第一本林业书籍《太行树圣》正式出版。该书由壶关县文联主席李长胜主编,山西省副省长郭裕怀作序,新华出版社出版发行。全书13.7万字,收录了《神圣的接力赛》《太行树圣王五全》等十六篇报告文学,对在绿化壶关中做出贡献的四任县委书记、盖家川村农民王五全、集店乡黄角头村林业专业户路其昌等人物进行了颂扬。有关领导为本书题字。国家林业部副部长刘广运的题字是“壶关县是绿化太行山的好榜样”,山西省委常委、宣传部长张维庆的题字是“发扬愚公精神,建设立体林业,造福壶关人民”,山西省林业厅厅长李里的题字是“千万愚公战太行,誓让荒山披绿装”,长治市委书记张正书的题字是“总结经验,再攀高峰”。

第二节 《营林科学管理》概况

《营林科学管理》一书由中国林业出版社出版发行。该书系统介绍了壶关县区划、规划、设计、施工、验收、建档“一条龙”造林经验。由山西省林业勘测设计院、长治市林业局、壶关县林业局编著。编写领导组负责人：马维义、王虎林、杨相堂；成员：姚保维、刘德宝、刘振良、杨杰、林文琼；编写组：主编王国祥，副主编张平和、李书贤、乔俊、林文琼；成员：程喜堂、申有贵、王根有、秦元忠、吕荣华、栗增录，绘图王靖国。全书共分十章，第一章总论，第二章壶关县基本情况及森林资源分析，第三章县级林业区划，第四章县级林业规划，第五章作业设计，第六章造林施工，第七章造林检查验收，第八章建档，第九章现有林的管理与经营，第十章工程造林。原国家林业部副部长、国家林业部科技委主任董智勇作序，对壶关县的营林经验给予了充分肯定。他在序中说，山西省壶关县在县委和政府的领导下，营造了大片林木，初步改变了这个属于太行山区贫困县的自然面貌。特别是在技术上解决了阳坡营造油松的难题，成绩十分突出。同时他们在实施林业区划过程中，形成了林业区划、规划、设计、施工、验收、建档“一条龙”的营林经验，这对我国造林、营林生产具有普遍的应用价值。

第三节 《绿色壶关》画册概况

该画册是为迎接2009年全国造林绿化现场会在长治召开而制作出版。壶关县委书记关小平、政府县长马朝中作序。收集了56幅照片，从五个方面反映壶关县的造林绿化成就。一是全民动手绿壶关，二是银蛇蜿蜒玉带娇，三是靓丽县城满眼春，四是乡村厂矿绿成荫，五是千沟万壑皆春色。画册编委主任关小平、马朝中；主编李志强；副主编常庆、崔书华、秦庆祥、王新江、程喜堂；执行主编王新江；责任编辑程喜堂、岳崧；装帧设计武旭东、殷茹；摄影岳峰、王新江、张海、盖喜忠、牛晨耕、张占雄、李清方、赵葆青、牛海燕、蔺卫鹰、王新谱、关军亮、杜红兵。

第四章 影像

第一节 科教电影片《干石山上栽油松》

《干石山上栽油松》以壶关县农民土专家王五全和林业局的技术人员长期探索的栽植油松经验为基础，由中国农业电影制片厂进行实地实拍，拍摄时动用了飞机进行航拍。该片为科教电影片，撰稿人是时任县政府办公室副主任赵江峰，技术顾问由县林业局局长张平和担任，编导是中国农业电影制片厂的王军武。片长 18 分钟，分上下两个拷贝。在全国发行，产生了广泛影响。拍摄时间 1984 年。

附：电影片《干石山上栽油松》解说词

科教电影片《干石山上栽油松》解说词

赵江峰

常言说：山上草木生。

而这儿的山却是另一番景象：座座山，面面坡，岩石战败群雄，坐山为王；不长树，不长草，成了死寂的山。

这是一种石质山。现在我国有百分之八十的山成了这副模样，称为干石山。

油松，抗顽石耐干旱，是绿化干石山的好树种。

怎样能使它在这种干石山上尽快生长起来呢？

采取直播的办法，不行；不少种子成了鸟兽的美味佳肴，幸运者虽开始长芽了，但在土壤瘠薄的土地上，遇风旱袭击，水分无从供养，只得“含恨而死”。山西省壶关县造林三十年，直播面积 47 万亩，成活只有三万亩。每亩仅种子一项投资达 47 元。能不能减少投资，加快绿化的步伐呢？

“草木英雄”、“造林功臣”——壶关县常行公社林业队长王五全，在县委和县林业局的支持下进行了大胆实践。

他变直播为育苗移栽。油松育苗问题很多。熟土地病菌多，不但苗出不齐，而且出了土的苗还会成片枯死。

困难面前,他没泄气。他发现,在当年开的生土地上进行育苗,效果较好。

在苗圃里他还发现:低凹处,积水多,淤泥厚,板结重,松苗难以顶破土;凸出的地方,不积水,出苗全。这些意外的发现给了他很大的启发,他总结出:油松育苗要在当年开的生土地上进行,地要整成这种里低外高的反坡形;播下种子后埋土,要把垄堆成瓦背形。

地里堆起了垄,雨水小时沟里能积水,增加土壤墒情;

雨水大时,水会顺沟流走,垄背不板结,破壳幼芽易出土。

育苗获得了成功,接着他在阴坡上进行了移栽试验,成活率达百分之九十多。这一成绩的取得更坚定了他大胆试验的决心,他开始攀登更高的山峰。

在干石山上,阳坡占着博大的面积,要使干山穿绿装,不能丢下阳坡不去管。

把阴坡育出的苗移到了阳坡试栽。不好,这儿的死掉了,

那儿的也没有成活;

百分之七八十的苗死掉了,这是什么原因呢?

原来,阴坡上的土质较阳坡厚,水分蒸发量也较阳坡少;

空气凉爽,很适宜油松生长。

阳坡上,它土质薄,石头多,气候干旱。阴坡苗来到阳坡上生长适应不了这种环境。

油松要在阳坡上移栽成活,就得让它从小在这种环境下进行锻炼,提高抗旱的素质。于是,王五全采取了"阳坡育苗阳坡栽"的方法。

有了阳坡苗,在阳坡上又该怎样来栽植呢?

他的试验,采取整地栽苗效果不佳。

石质山,地面是小石头,地下是大石头,要修整好鱼鳞坑,只有到别处去取土。

把找来的土堆在石板上,经风吹日晒,这层土就成了一层干土,土层中无水分,苗能不死吗!

不下雨失水严重,一下雨发生径流,大雨将土一推而光。新栽的树苗没成活,旧有的植被也破坏了。山成了水土流失的山。

实践出智慧。从此后,王五全创造出一套不整地的栽苗方法:

阳坡栽苗,关键要保证苗木根系完好。

起苗时,先在苗垄一侧开沟,沟较苗根深,然后在另一侧直刨,带土起苗。

有人这样来起苗,这种不费力的起苗方式,起出苗伤了根,苗一般不易成活。

带上土坨的苗木分栽时,要放在水盆中浸泡,分苗不伤根。原土形成的泥浆又粘在了原根上,保持了原有的生理机能。

不采用浸水分根,生拉硬扯,须根被撕裂拉断,成活率很低。

土壤干旱的苗圃,起苗带不上土,把苗起出后要放到水盆里。

坑刨八寸深,随刨随栽。

陡坡刨坑要站在坡面一侧,这里有两个秘密:

一是不会把坑下方的草皮揭起,保持原来抗洪和涵养水分的能力。

二是将坑下方的壁挖成了垂直面,栽苗后坑面可形成“小阴坡”:

坑内若无“小阴坡”,阳光照射强烈,苗木体内的水分在大量散发,根系供水组织一时还恢复不了功效,就因缺水而死亡了。

坑内有了“小阴坡”,小阴坡上阳光弱,把苗栽在这一方,幼苗失水少,根系稍有微弱的吸水能力,就供上了苗的需要,幼苗易成活。

栽苗时,选取原坑湿度大、质地好的一把土围住苗根——使根系首先存身于这一把好土中,逐步适应恶劣条件。这叫关键一把“保命土”。

有了“保命土”,还要三埋两砸一提苗。

第一次往坑内放60%的土,这次的土也要用无杂草、无石头而细碎的表土。

轻轻提一下苗,舒展根系。

砸土,先砸苗根附近,就会形成窝根;要由四周向中间逐渐砸实;

第二次埋土到青黄交界处,再由外向里砸实;

第三次,上埋一层虚土、碎石即可,坑面呈反坡形。

他们的试验,除了封冻时期外,油松可天天进行移栽。关键是要选择适宜的苗木。一年生苗木,组织细嫩,抗性弱。

三年生以上的苗木,根系大,养分、水分需要量大,一时供不上,容易死亡。

二年生苗木,春秋两季移栽成活率可达90%;夏季移栽成活率都在80%以上。

看,在这儿,油松终于全部“战领了阵地”。真是“尔来四万八千岁,今日绿色傲千山。”

坡面低洼处成了油松立足的“小天地”;

这儿,四周有石块挡风,中间栽树,这是个石间“小盆地”;

在这儿,背靠大青石,脚下湿润条件好,有雨水,石上集水,石下成了小水池;

大的石块上方,石块堵截上部径流,蓄水拦土,也是个好环境;

石头缝更成了油松的“安乐窝”。发生径流,水过土淤,“自有它处送来粮”。

不是吗,凡是有石头的地方,油松就长得壮。无石头的地方,松苗反而长势弱。难怪有人说“阳坡栽油松,青松要伴青石长”。

近几年来,壶关县总结推广了王五全的种植经验,加速了干石山的绿化步伐。四年中造油松20万亩,保存面积16万亩,投资32万元,亩均2.8元,总共节约投资7480

万元。

这一油松移栽的经验，已推广到了沟壑纵横，风沙弥漫，乱石滚滚的西北并获得了好的成效。

自然教育了人类。

人类征服了自然。

展示在我们面前的是一幅多么爽心悦目，多么瑰丽壮观的图景啊！

第二节 电视片《太行山区壶关县生态经济模式》

电视片《太行山区壶关县生态经济模式》是中国林业科学研究院，指定壶关县为中国林业科学研究院和加拿大国际发展研究中心联合举办的国际农用林业培训班，提供的专题授课片。片长15分钟。重点介绍了壶关县小流域五种生态治理、开发模式。该片得到参加培训各国专家的一致好评。中国林业科学研究院为本片解说词作者赵江峰、马先明、程喜堂颁发了获奖证书。

附:《太行山区壶关县生态经济模式》解说词

电视片《太行山区壶关县生态经济模式》解说词

赵江峰　马先明　程喜堂

茫茫太行山，雄视黄河，屏障京津，绵延于山西、河北、河南、北京数省市之间，曾是中华民族的一块绿色宝地。

此后，由于历代战乱、灾害和人为的乱砍滥伐，大片的森林遭到破坏，生态环境日趋恶化。

位于太行山东南端的山西省壶关县，就是太行山变迁的一个缩影。

光山秃岭，沟壑纵横，土地瘠薄，十年九旱，森林覆盖率仅有7%，水土流失面积高达80%以上。

从新中国成立到1978年30年间，经历了程度不同的26个旱灾之年，粮食产量亩均不过120千克，农民人均收入只有40~50元。生态和经济恶性循环，苦不堪言。

自然教育了人类，人类认识了自然。若干年来，壶关人民着眼太行山的现实和未来，兼顾改善生态和脱贫致富两个目标，按照生态效益和经济效益相结合的原则，在全县的版图面积上，全面合理的对农、林、牧、副、企各业进行最优的时空摆布，力求实现生态素质、生物产量和经济收入的良性循环。

他们对全县的山、沟、滩、田、路、村、院进行统筹安排、科学规划，在实践中创建了五种地域的治理、开发模式。

小流域治理是山区改善生态，发展经济的基础工程，是治理山区的重点所在。

壶关的水土流失曾一度惊人。以石子河流域为例，版图面积30平方千米，每年被洪水冲刷的泥土达129万吨。其下游的杜家河水库，原设计寿命为50年，结果不到16年就淤满报废了。

为了彻底治理祸患，他们把相关的山、坡、谷、沟列为一个地域范畴，实行整体治理：根据因地制宜，因害设防和地尽其利的原则，对山顶、山脚、谷地、沟壑等地域分别进行设计。

大多数山坡属石质山，岩石裸露，土不成层，立地条件很差，他们选择油松、侧柏等耐干旱、耐瘠薄的树种，通过采用石上积水、石下栽树；石隙过水、见缝栽树；石间盆地、中间栽树等微域造林技术措施，已将大片的不毛之地和干石阳坡披上了绿装，涵养水源，恢复植被的功能日渐增强。

山脚立地条件较好，采用多树种和山桃、山杏等耐瘠薄的经济林进行片、带、行等形式的混交，相生相克，优势互补，可以做到防火、防虫，促进生长，增加收入的综合效益。

山间谷地借助于山坡林草对水土的控制，同时本身兼有避风向阳、日照充足、昼夜温差较大等特点，小气候条件较好，他们在这类地域大量发展苹果、红果、梨、核桃、花椒等经济林，并在树下间作有肥地作用的豆类、花生、马铃薯、药材等作物，以耕代管，使土地潜力得到充分发挥。这样的土地每亩可产苹果2000千克，连同树下间作物收入1850元，比单一种植粮食增收1500元。

对于沟壑的治理，实行工程措施、生物措施相结合。在沟壑上游分段闸若干石质漏水坝，拦截泥沙；下游建土质拦水坝，发展水产业；背水坝以下开发土地，实行林粮间作或营造杨树速生丰产林。

这样从山到沟，从上到下分层治理，立体开发，小流域内的各种资源就可以实现优化利用。壶关县大小沟壑3368条，90%的得到治理。麻巷沟原是一条长25千米，面积为3.4平方千米的乱石沟，如今栽满了刺槐，蓄积量达到2000立方米，年生产木材200立方米，加之树枝烧柴，叶子喂畜，槐花养蜂，直接经济效益每年可达15万元之多。

壶关的丘陵多，土质结构为沙壤型，海拔在1100～1300米之间，这类地约占全县总面积的20%。地下有比较丰富的煤、矿资源。对丘陵地的开发利用采取林矿促进型和林粮结合型。

林矿促进型，是利用开采地下煤炭资源的收益，支持地上丘陵山地的生态改善，发展适应于在低海拔条件上生长的刺槐林。刺槐木质坚硬，又为煤矿提供大量的坑木。

刺槐林具有良好的固氮作用。丘陵地通过固氮,促进了沙质土壤的改善和生态优化,提高了地力。之后,逐步实行林粮间作。现在,这类地区的粮食亩产量已由过去的130千克上升到230千克。

林粮结合型,是在梯田的夹岸和地埂上,借助通风透光的特点,栽植适宜的核桃、红果、桑树等经济树,而这些经济树又对种植在梯田里的玉米、谷子等农作物起着生态保护作用,二者互为促进,相得益彰。

川地是该县的重点产粮区,约占全县面积的15%。但受自然条件的限制,春旱、秋霜时有发生,严重困扰着土地的产出效益。改变这种状况,该县主要是采用农田林网模式。林网多为单行,约6~7公顷一个方,树种以深根性的优种杨树为主。

四通八达的主干路、乡村路、田间路、路路有林。全县共2479千米,每千米栽树约60株,共栽树15万株。由于这些地区条件较好,树木速生丰产。15年生树,每千米的活立木蓄积量可达12立方米。仅此,可抵2066公顷荒山的活立木蓄积量。

田网、路网的结合,有效地防护了川地,调节了气候,遏制了旱灾、风灾、霜灾的危害。

在林网的保护下,农田的有机质日渐增加,地力逐渐提高,他们利用有限的川地农田进行高低杆作物套种,实现了单位面积的最优产出。

壶关县的滩地主要有两种类型，一种是季节性河流长期切割后遗留下的干石河滩;另一种是河流冲积形成的淤积河滩。

对于干石河滩,先起石换土栽植杨、柳、刺槐等树种,待其条件改善,土层增加后,再实行林果、林粮间作。

对于泥沙淤积的河滩,通过兴修水利工程改滩造地,因其水份条件好,适宜种植小麦等细粮作物，有的地段也营造速生丰产林。面积为0.2平方千米的龙丽河,1984年营造的速生丰产林,年增260立方米,年增值13万元。

村庄是实行农林牧副企良性循环的调控基地。其功能的发挥是利用生物间转化共生的规律,通过时间、空间科学摆布,村内、村外协调运作,实现各业的相互转化,良性循环,深度开发,环环增值。

树掌镇树掌村,420户,1980口人。近年来,他们以林业为依托,农林牧全方位开发循环,进行深度加工。大豆加工腐竹,马铃薯加工粉条,果品加工罐头、果脯。加工后的渣滓和作物秸秆、树木落叶用于养猪、养鸡、养兔,家畜、家禽的粪便再上到田地,增加土地肥力,促进丰产丰收,形成良性循环。这个村的人均收入达到580元,比单一经营、产业切割的前十年提高12倍。

庭院是村庄的基本单元,发展庭院立体经济是一项投资小、效益高的项目。在庭院的有限空间内,充分利用光、热、气、水、土等自然因素,实行林、果、药、花、家禽、家畜的合理配置,可以收到很好的经济效益。一个经营水平中等的庭院,年收入可达500~800元以上。

山西省壶关县生态经济建设的实践,富有探索性和开创性。现在,全县90%以上的宜林地基本绿化,森林覆盖率提高到23.4%,生态环境开始改善,人民生活有了提高,全县农民人均收入比改革开放前的1978年提高了5.6倍,粮食由国家调补变为自给有余。

山川秀美,百业兴旺。一个充满生机的山区生态经济模式,必然遵循自然和经济发展规律,向着更加美好的前程推进。

第三节 电视片《神圣的接力赛》

《神圣的接力赛》电视片由长治市广播电视台于1989年拍摄,县委办公室副主任赵江峰、林业局办公室主任程喜堂撰稿,同年在长治市电视台播出。该片主题是介绍自1978~1989年十年间,在壶关县任职的张国太、张维庆、聂庆保、王虎林四任县委书记和聂庆保、闫好勇、徐水云、刘德宝四任县长,变领导不变规划,一张蓝图绘到底,一任接着一任干,形成绿化接力赛,把壶关林业不断推向前进的事迹。这对于当时各级领导习惯于后任否定前任,“一人一把号,各吹各的调”的工作倾向,给予了正面的和积极的引导,在全市、全省产生了很大影响。

附:《神圣的接力赛》电视片解说词

电视片《神圣的接力赛》解说词

赵江峰 程喜堂

千山竞绿,万木争荣!

地处太行之巅的山西省壶关县经过十年的坚韧奋斗,山、沟、路、田绿色尽染,成为太行腾飞的重要一翼!

几年来,国家林业部以及省、市分别在这里召开会议,推广他们的绿化经验,并授予“绿化太行山先锋县”“科学营林先进县”“当代营林新水平”等光荣称号。

壶关县总面积1013平方千米,约占国土面积的万分之一。过去,由于历史的原因和恶劣的立地条件,壶关县多数地带山上无树、沟坡无草、乱石遍野、风沙弥漫。贫瘠穷困状态不言而喻。

自然教育了人类,人类认识了自然。革命老区的土壤和党的改革政策培育的壶关人民不甘于寂寞,不甘于贫困!

1978年以后,他们根据县情,把治山兴林作为治穷致富的突破口,在国土万分之一的壶关大地上展开了千军万马搞绿化的神圣接力赛。而接力赛的主力运动员就是四任县委书记和四任县长。

四任书记依次是张国太、张维庆、聂庆保、王虎林;四任县长依次是聂庆保、闫好勇、徐水云、刘德宝。

四任书记、县长接力赛的十年间,绿化面积41.5万亩,为1949~1978年三十年间4.5倍。到1988年底,全县有林面积50.1万亩,占宜林面积的70.3%,覆盖率由解放初的2.3%、1978年的7.5%上升到19.2%。现在让我们回顾一下他们的接力赛程吧!

1977年后半年,张国太、聂庆保分别调任壶关县委书记、县长。他们乘十一届三中全会的东风,用实事求是的视角,寻求壶关的致富之路!

他们翻阅县志,查看资料,并组织全县70多位科局长和技术人员爬山越岭,进行了为时一个多月的精心调查。经过多方面论证,提出:壶关山多坡广,优势在山上,出路在造林。用红头文件发出了具有战略意义的《关于大力发展林牧业生产的决定》。从此,壶关县播下了绿色的种子,发生了依山致富的大转折。

不久,全县首次在常行乡盖家川村召开三级干部会议,吹响了全县人民向大面积荒山进军的号角,壶关县的绿化步伐,踏上了大有希望的征程!

张维庆、聂庆保接替上任领导的绿化棒是1980年。他们说,“前任县委的决定,符合壶关实际,我们只能继承,不能变更,只能干好,不能干坏!”

同时认为,绿化山头,先要“绿化”人头,只有人定心,才能树定根。

他们对在“左”的影响下搞乱了的林木权属问题进行了认真清理。颁发了林权证、树权证和宜林地使用证,用政策唤起了绿化壶关的民心。晋庄镇十里村农民向庆堂,解放初在院子里栽了40株刺槐树,后来刮“共产风”,村里砍了三株做电杆,只给他放下5元钱。他一气之下,把剩下的树全部砍掉,发誓再不栽树。稳权发证时,村干部给他赔情道歉,并每株补偿10元钱。他吃了“顺气丸”,当年春天就在院子里栽树60株。

随着林业政策的落实,书记、县长又大抓林业专业户和示范户的发展。通过典型引导,求得速度和质量的统一。农民路其昌,带领全家8口人,一年造林287亩。张维庆、聂庆保经常登门同他共商兴林大计，总结推广他的经验。

一花引得百花开，全县的“草木英雄”异军突起。壶关县出现了专业化造林和群众运动造林有机结合的新势头。为了保证造林质量，书记、县长亲自带队外出参观学习。一次，张维庆在麻巷河绿化工程上，对不符合栽植标准的七株刺槐，和群众一起返工重栽。这一举动对强化质量意识产生了良好的影响。全县出现造一山绿一山，栽一沟成一沟的营林效果。

林业要发展，管护是关键。在全国推广联产承包责任制的1982年8月，第三任书记聂庆保、县长闫好勇接过了前任的绿化棒。当时一些农民误认为大包干就是“分光吃净”，“腰插一把斧，一棵七元五”，成了某些人的生财之道，乱砍滥伐集体树木的毁林案件屡有发生。群众说，重栽树，轻管护，绿化成果难巩固。鉴于这种情况，这一任领导主持制定了《关于保护山林树木的布告》，在全县广为宣传。并组织起800名公安护林员，遍及每个乡村。1983年春，聂庆保到东井岭乡检查工作，路上发现一人偷砍树木，当即停车查讯，并把他带到了乡政府作了严肃处理。老百姓说：“县官亲手抓小偷，真新鲜，今后发展林业准成！”果真不假，全县的毁林案件直线下降，依法兴林的小气候迅速形成。

1983年的金秋十月，第四任县委书记王虎林走马上任了。他同县长闫好勇，后任县长徐水云、刘德宝开始了时间最长，路程最远的接力竞赛。他们在前三任的基础上，把林业生产纳入了科学化发展的轨道，翻开了壶关林业史上崭新的一页！

上任伊始，书记、县长、林业局长，跑长治，到太原，请来36名高、中级工程师，在全县组织了120名技术人员，于1984年10月前完成了林业区划、规划的基础性工作。

根据自然条件，全县划为五个一级区。

根据立地类型，全县规划了13210个绿化小班。

一个科学营林的蓝图绘成了！

王虎林及三任县长既是制图者，又是图中人。他们身体力行，真抓实干，同全县干部群众一道搞绿化、做贡献。

县、乡、村三级干部都建立了任期绿化目标责任状。县委还明确提出，在壶关，不抓绿化不能当干部，抓不好绿化不是好干部。

在这一任领导的带领下，全县上下形成了一股“树绿化志，干绿化事，创绿化业”的浩荡“热流”！经过长期的艰苦实践，他们总结、探索出了区划、规划、设计、施工、验收、建档“一条龙”科学营林管理程序。

精细、全面、成套的林业档案是工作的积累，是科学的总结，是获得经济效益和生态效益最佳结合的教科书。

科学技术为壶关林业添上了翅膀。实行一条龙营林程序的四年间，全县造林保存率比1978年前的30年提高81%；造林亩均投资降低82.8元。

——1984年10月，国家林业部在壶关召开了太行山区县级区划规划现场会

——1987年，壶关县林业区划规划获全国林业科技进步二等奖。

——1988年，壶关县阳坡油松常年造林技术获山西省科技进步二等奖。

——1989年9月，省委、省政府在壶关召开了全省林业工作会。省委书记李立功、省长王森浩、省委常委、宣传部长张维庆、副省长郭裕怀，对壶关的林业给予很高的评价，号召全省林业外学广东，内学壶关。

自然，对四任县委书记、县长的绿化接力赛也划了一个粗重的感叹号！

在中华人民共和国成立四十周年前夕，四任书记、县长盛情聚会，他们面对与群众共同创建的业绩，心潮起伏，感慨万千。

"壶关今朝何所有，乱石荒山变绿洲！"

"茫茫绿荫数百里，银行建在林海里！"

他们在总结——壶关老区人民长期形成的自力更生、艰苦创业的精神是壶关林业得以发展的基本动力！

他们在自勉——为官一任，就要象亲手栽植的青松一样，志在高山，深扎根，傲风寒，坚韧不拔，乐于奉献！

他们在磋商——发展林业是周期性较长的宏大工程。他们没有因为工作的变更而断档，而是一任接一任，一茬接一茬，一以贯之，常抓不懈，才有了绿化大业的不断前进。

他们在展望——只要咬定青山不放松，真抓实干讲科学，壶关这个干石山区一定能够荒山变绿山，穷山变富山。

看吧！现任书记王虎林、县长刘德宝作为第四任运动员仍在奋力拼搏，他们决心带领全县25万人民在1998年建成高标准绿化县。

我们相信，发生在壶关大地上的这场神圣的绿化接力赛，必将达到胜利的终点！

第四节 电视片《绿染壶关》

电视片《绿染壶关》由壶关电视台录制，片长10分钟，壶关县林业局文宣办公室主任梁军兵、壶关县广播电视中心副主任郭寒冰撰稿。该片为申报全国绿化模范城市制作，分四个方面详细介绍了壶关县30多年来造林绿化情况。一是介绍十任县委书记、十二任县长30多年来，带领全县人民接力绿化；二是介绍壶关县全社会办林业，

全民抓山上治本、身边增绿的事迹；三是实行科学造林，大力推广王五全经验和“一条龙”管理，创新绿化机制，推行招投标造林；四是造管并重，修筑万里护林墙。

附：

电视片《绿染壶关》解说词

梁军兵　郭寒冰

步入壶关，登高远眺：茫茫林海，绿浪滔天；护林长墙，起伏蜿蜒；沟壑山谷，花果飘香……

壶关，这块生机勃发的土地，张扬着绿色，传承着神奇，孕育着希望……

（推出片头）

壶关县地处山西省东南部，太行山东南端，版图面积1013平方千米，总人口29.3万，是一个典型的干石山区，生态脆弱区。

30年前，这里荒山秃岭、生态脆弱，1978年以来，历届壶关县委、县政府带领全县人民攻坚克难、因地制宜、科学规划、持续推进生态绿化工程，取得明显成效，有林面积已由1978年的8.7万亩增加到76.6万亩，森林覆盖率由7%提高到47.1%，林木覆盖率达到50.6%，名列全市第二。先后获得“全球环境500佳提名奖”“全国造林绿化先进县”“全国生态建设示范区”“全国文明县城”“国家卫生县城”“国家园林县城”等荣誉称号，2010年，获全省首批、全市唯一的“林业生态县”。

在多年的生态绿化实践中，全县探索并巩固了一场接力赛、一项新技术、一种新办法、一套新模式和一道防护墙的“五个一”造林模式，壶关走上了一条全面可持续发展的绿色崛起之路。

持续接力 全民造绿

壶关县坚持把绿化工作纳入可持续发展规划，不断增强县绿化委员会组织保障。

从上世纪八十年代开始，壶关人民在历届县委、县政府的领导下，发扬“咬定青山不放松，敢教日月换新天”的壶关精神，10任县委书记、12任县长，大搞绿化接力赛，一任接着一任干，一张蓝图绘到底，带领全县人民战天斗地，植绿不止，创造了造林绿化奇迹。特别是近年来，县委书记李全心、县长崔江华及县四套班子领导坚持深入一线现场办公，解决实际问题，在每年造林绿化的关键时期，身先士卒，率先垂范，深入一线，义务植树，并建立了各自的绿化点。在县四套班子领导的带动下，全县上下积极行动，奋勇争先，大打义务植树攻坚战。30多年来，参加义务植树的人数一年比一年多，质量一年比一年高，效果一年比一年好，义务植树造林达到17万亩，占到全县总造林面积的20%左右。近年来,根据适应新的形势和要求,壶关县又走出了一条从个人义务植树到机关单位义务绿化的新路子,每个县直机关帮扶一个园林村,不仅拓展了全民义务植树的形式,而且把义务植树提上一个新的水平。全县义务植树建卡率达到97%,公民履行义务植树尽责率达到96.6%。

社会办林 身边增绿

在总结以往造林经验的基础上,近年来壶关县造林绿化干劲不减,他们举全县之力,以通道绿化扩面、荒山绿化增色、林中绿化增效、村庄绿化提档、县城绿化添景、市县出口扮靓等十大生态工程为重点,全县的林业生态建设整体推进、重点突破。县城绿化方面,壶关县按照因地制宜、突出特色的原则,重点建设了神山休闲生态园、南城植物园、城南绿地广场和北寺山游园、恒安花园游园等生态游园、绿地,全县大型绿地总数达到20多个。在县城4路9街,广植绿带,更新树种,形成了一路一品、一街一景的绿化格局。采取拆旧布绿、缩院扩绿、改废建绿、门前增绿等方式见缝插绿,规划建成一批园林化单位。县城绿化覆盖率达到42.83%;人均公共绿地面积达到20.96平方米,初步形成了林在城中、城在林中、人在绿中的格局。在通道绿化上,壶关县以环城高速、"1+6"上党城镇群路网工程、长壶一级路、长平线为重点,采取宽林带、多树种、立体式绿化模式,形成了通道绿化新景观。在村企绿化上,坚持绿化与美化、亮化、硬化、净化相结合,拆除违章建筑,整顿土小企业,平整荒沟废地,配套石刻工艺,建成了迎宾苑、石书苑、壶碑苑和基尼斯广场等绿化景点50余处,完成园林化村庄203个,形成了一村一景、一企一品,三里一小景、五里一大景的园林化村企建设新格局。取得了荒山绿化,绿染太行;身边增绿,震撼人心;百里长廊,满眼绿洲的效果。

创新机制 科技兴绿

在造林绿化上,壶关人学科学、用科学的精神令人敬佩。壶关农民、全国劳模王五全经过多年实践,探索出一套"阴坡育苗阴坡栽,阳坡育苗阳坡栽,就地育苗就地栽"的成功经验。这一技术彻底攻克了千百年来干石山上栽树难、成活难的难题,被中国农业电影制片厂拍摄成科教片推向全国。在成功解决造林成活难问题的同时,壶关县又根据地质地貌、气候土壤等特征,进行了林业区划、规划,在全国首创了区划、规划、设计、施工、验收、建档"一条龙"科学营林管理办法,大大提高了造林绿化成活率。实施了梯脑山、莺莺山、高山寨、十里岭等35个万亩以上绿化重点工程。1984年,国家林业部在壶关召开现场会,推广了这一经验。

实现森林生态、经济和社会三大效益的综合发挥,是造林绿化的目的所在。为此,壶关县坚持多树种科学组合、乔灌草合理配置,在绿化实践中创新了针叶林、阔叶林混交新模式。在以油松为主的大面积林地中,通过"林边围阔、林中补阔、抽针换阔"等措施，混交阔叶林20多万亩，稳定了林分结构，完善了生态体系，增强了抗灾能力，提高了综合效益，2004年被国家林业局确定为低效林改造试点县。特别是在创建全国绿化模范单位中，不断创新造林机制，采取公开招标、专业队承包、工程化造林等办法，积极引导、鼓励大户承包搞绿化，全县重点绿化工程全部由具有资质的专业公司施工，专业公司从刨坑、整地、栽植到管护一包到底，保证了工程质量，绿化工程达到了一次成活，一次成林，一次成景。

造管并重 特色护绿

上世纪90年代末，为从根本上消除引发森林火灾的隐患，壶关县全县动员，全民参战，"搬起石头植树，垒起石墙护林"，修筑起了具有"防火、防盗、防牧"和"保水、保土、保护野生动物"，"三防、三保"作用的万里防护墙，创造了上海大世界基尼斯记录。近年来，壶关县又投资1500万元，对全县森林防护墙进行了全面加固和维修，并高标准新修防护墙500千米。全县森林防护墙总长度已达1万余华里，总造价2亿元，创造了壶关县生态建设史上的又一大奇迹。在抓好森林防护墙建设的同时，壶关县认真实施森林防火"三三六"工作法，即万里防护墙、万枚红袖章、万亩隔离带"三个万"，上山不带火、上地不点火、上坟不烧纸"三个不"和一县一个专业队、一乡一个灭火队、一村一个应急队、一户一个护林员、一处一个责任人、一村一个工作队"六个一"，及时修改和制定扑救森林火灾预案，印发了《壶关县森林防火工作责任制》，坚持24小时值班和森林火灾零报告制度，加大日常巡逻和违章野外用火的查处力度，使全县预防和扑救森林火灾的能力不断得到加强。与此同时，壶关县狠抓古树名木保护工作，对全县209株古树名木全部建立档案，挂牌保护，全面落实养护管理措施，确保了古树名木长势良好。

绿起来的壶关不仅生存条件好了，而且各业发展的环境好了，全县粮食产量稳步增长，畜牧业更是如鱼得水，以丰富的林地资源为依托，牛、羊、兔等养殖业和延伸产业发展迅速，涌现出了山西紫团生态农业有限公司、郭氏食品有限公司、九牛寨乳业、辛寨醋业等一批农业龙头企业。尤使壶关人高兴的还是旅游业的发展，位于县境东南的国家级森林公园太行山大峡谷，依托丰富的森林资源，大力发展生态旅游，吸引了大量游客，2011年，游客达到98万人次，门票收入1480万元，社会总收入13.21亿元，先后被评为国家4A级旅游景区，国家森林公园，国家地质公园，国家攀岩基地，中国十大最美峡谷，成为山西省一张杰出的绿色名片。

壶关这艘满载着希望的绿色航船，正紧紧围绕林业转型发展、跨越发展的现代林业发展要求，扬帆远航。

第五节 电视片《壶关县营林走上科学轨道》

《壶关县营林走上科学轨道》是山西省林业厅于1986年拍摄的电视专题片。主要介绍了壶关县实施林业区划、规划、设计、施工、验收、建档“一条龙”造林经验以及壶关县实施以来取得的成效。片长15分钟，由山西省林业厅宣传处处长刘先成撰稿，周三白拍摄，程喜堂编导。该片在全省林业系统发行，山西省电视台播出。对全省推广壶关科学造林经验发挥了作用。获山西省林学会优秀科普作品奖。

第五章 林业宣传获奖作品

受奖人	颁奖单位	获奖篇目及奖项	颁奖时间
程喜堂	全国林业文学工作者协会 全军绿化委员会办公室	《“傻子”余永富》获全国《绿叶》文学有奖征文二等奖	1989年8月30日
张平和 程喜堂	《山西日报》等8家媒体	《壶关县植树造林重成效》获山西省1987～1989年度林业好新闻二等奖	1990年1月
程喜堂	中国林学会、中国林业报社、林业部科技司	《利用大气候建立新载体选好突破口》获科技兴林征文三等奖	1990年9月25日
程喜堂	林业部机关团委、中国林业报社	《奉献者青春更光彩》获我为林业献青春征文纪念奖	1991年2月
张钟晓 李书贤 程喜堂	山西省林业好新闻评选委员会	《壶关县十万农民成为科技兴林能手》荣获山西省第二届林业好新闻二等奖	1993年5月
程喜堂	山西省人民广播电台等6单位	《数字变化看育苗》山西省“种苗杯”有奖征文二等奖	1993年5月
张平和 李书贤 程喜堂	山西省林学会	《壶关县营林走上科学轨道》录像获壹等优秀科普作品	1993年6月5日
程喜堂	林业部宣传办公室 中国林业文联	《父亲给我送树苗》被选入《95林业文学作品征集优秀作品》	1995年11月
赵晓萍 程喜堂 赵建斌	全国政协人口资源环境委员会 全国绿化委员会 国家林业局 国家广播电影电视总局 中华全国新闻工作者协会 中国绿化基金会	《喜看壶关林业发展新跨越》荣获关注森林新闻奖三等奖	2007年9月

第六章 林业标语

第一节 1980 年代的林业标语

在万分之一的国土上搞绿化做贡献

全党动员,全民动手,植树造林,绿化壶关

植树造林,福及当代,荫及子孙

大搞义务植树,履行法定义务

忧国忧民好干部,先抓教育和植树

栽好树,修好路,干部群众都拥护

不抓林业不能当干部,抓不好林业不是好干部

领导带头,绿化山头

绿化好不好,关键在领导

实现四化,山要绿化,人要文化

山区要想富,少生孩子多栽树

植树造林,苗木先行

绿化太行山,黄龙变绿龙

人均百株树,不愁吃和住

山上造满林,子孙不受穷

户均百株树,十年万元户

房前屋后栽满树,家家不愁吃和住

山上栽满树,等于修水库,雨多它能吞,雨少它能吐

造林一时,护林一世

三分栽树,七分管护

只栽不管,劳民伤财

管住牛羊不进山,干石山上树满山

人叫人干人不干,政策调动千千万

树权清,树成林,林权清,林生金

山定权,人定心,树定根

树随地走,谁栽谁有

实施区划规划,走科学营林之路

科学上山，林木满山

科技上了山，荒山披绿装

发展林业专业户，造林绿化迈大步

专业户承包造林，责权利明确到人

责任落实，荒山变绿

1980年代的黑板报

1980年代的林业标语

第二节　1990 年代的林业标语

树绿化志、干绿化事、创绿化业

真抓实干，绿化壶关

为官一任，绿化一方

育人育树，百年大计

修好富裕路，栽满摇钱树

孩子要读书，山上要栽树

全党动员，全民动手，建设生态经济县

发展生态经济林，建设生态经济县

以林促农，林茂粮丰

户户发展庭院经济，村村建设绿色宝库

山顶油松戴帽，山腰红果核桃

林草林药间作，生态经济俱兴

绿了荒山头，河里清水流

森林是银行，存款花不完

吃山养山青山常在，养山吃山细水长流

层层落实责任制，扎扎实实搞绿化

抓典型，树样板，以点带面促发展

兴林致富，重在管护

护林防火，人人有责

保护森林资源，建设美好家园

抓好护林防火，巩固绿化成果

进入林区，防火第一

护林光荣，毁林可耻

谁烧山，谁坐牢

清明上坟不用火，文明祭祖好处多

管住火源，森林平安

栽好树，护好林，子子孙孙不受穷

冬春草木干，严防火烧山

一点星星火，可毁万亩林

1990年代的林业标语

第三节 2000年后的林业标语

落实中央《决定》精神,打造林业生态强县

突出林业生态地位,实现经济社会可持续发展

打造中国北方绿城,创建全国生态名县

建设长治后花园,创建山西绿色县,打造北方森林城,争创全国生态县

加快林业发展,建设秀美山川

全社会办林业,全民搞绿化

金杯银杯不如百姓口碑,金山银山不如绿水青山

山上治本建设生态体系,身边增绿优化人居环境

铸太行山脊生态屏障,保华北平原生态安全

筑起生态屏障,保护碧水蓝天

弘扬太行精神,建设生态文明

建设绿色通道,创优发展环境

抓好退耕还林,加快生态建设

退耕还林,利国利民

坚持依法治林,实现造管并重

科技兴林,依法治林

构建绿色生态屏障,科学发展现代林业

加快林业生态建设,促进人与自然和谐

倡导绿色文明,营造绿色家园,构建和谐社会

搞好生态建设,享受低碳生活

生态建设产业化,产业发展生态化

弘扬生态文化,建设生态文明

发展林下经济,拓宽致富门路

森林是生态,生态是环境,环境是效益

青山绿水环境好,护林防火心灵美

一点星星火,可毁万亩林

上山不带火,上地不点火,上坟不烧纸

野外少一次用火,森林多一份安全,家人多一份平安

挖起石头栽树,垒起石墙护林

油松边沿栽山桃，防病防虫防火烧
森林效益人人共享，保护森林人人有责
推进生态文明，建设美丽壶关

第七章　文艺表演作品

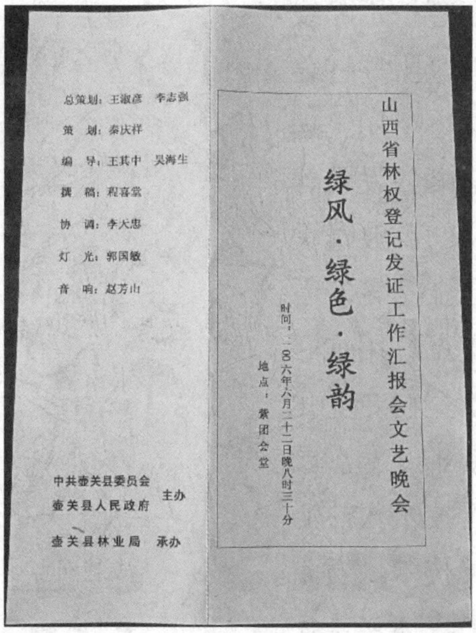

山西省林权登记发证工作汇报会文艺晚会
绿风·绿色·绿韵
时间：二〇〇六年六月二十二日晚八时三十分
地点：紫团会堂

总策划：王淑彦　李志强
策　划：秦庆祥
编　导：王其中　吴海生
撰　稿：程喜堂
协　调：李大忠
灯　光：郭国敏
音　响：赵芳山

中共壶关县委员会
壶关县人民政府　主办
壶关县林业局　承办

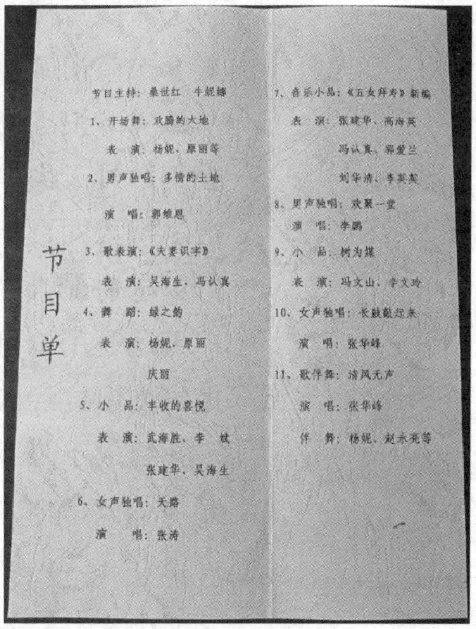

节目单

节目主持：桑世红　牛妮娜
1、开场舞：欢腾的大地
表　演：杨妮、原丽等
2、男声独唱：多情的土地
演　唱：郭维恩
3、歌表演：《夫妻识字》
表　演：吴海生、冯认真
4、舞　蹈：绿之韵
表　演：杨妮、原丽
庆丽
5、小　品：丰收的喜悦
表　演：武海胜、李　斌
张建华、吴海生
6、女声独唱：天路
演　唱：张涛
7、音乐小品：《五女拜寿》新编
表　演：张建华、高海英
冯认真、郭爱兰
刘华清、李英英
8、男声独唱：欢聚一堂
演　唱：李鹏
9、小　品：树为媒
表　演：冯文山、李文玲
10、女声独唱：长鼓敲起来
演　唱：张华峰
11、歌伴舞：清风无声
演　唱：张华峰
伴　舞：杨妮、赵永亮等

林业文艺晚会节目单

（快　板）

林业专业户路其昌

壶关有个路其昌，专业造林是榜样。
全家共有八口人，劳力仅有两个半。
去年造林二百八，沟坡栽树一万三。
今年又造三百亩，育苗完成十亩多。
集体造林三十年，保存只有四十亩。
落实林业责任制，他家二年五百八。
其昌去年入了党，今年当了省劳模。
要知事迹有哪些，下面咱再接住讲。
合同立下军令状，北脑山上摆战场。

全家大小齐出动，各尽其力有分工。
起早搭黑抢时间，早午两餐吃在山。
其昌老伴身有病，多年没踏地岸边。
自从成了专业户，忙了家务就上山。
去年出勤一百五，今年将近二百天。
三分造林七分管，只造不管苗难全。
为了保住每棵苗，全家管护不断线。
夏天松苗怕暴晒，石板遮阴圪针盖。
寒冬风冷怕冻死，株株小苗用土埋。
去年六月天大旱，树苗晒的发了蔫。
抗旱担水四百担，保住幼苗渡过关。
野兔吃树最难办，其昌全家轮着看。
白天巡逻用枪打，黑夜点灯用炮吓。
他家创出好经验，带动全村专业化。
一花独放不是春，万紫千红春满园。
其昌积极帮他人，传授技术很热心。
家里办起咨询站，普及技术做贡献。
专业承包好处大，利了集体又富家。
去年收入二千四，今年超过四千元。
十二大、鼓干劲，其昌精神更振奋。
决心今秋再大干，开创林业新局面。

1982年

科学造林迈大步

壶关有个行头岭，岭下有个盖家川。
千亩油松绿山岗，条条沟壑林成片。
四旁空地栽满树，林业收入七八千。
这里林业大发展，省地领导常参观。
问起谁的贡献大，社员都夸王五全。
盖家川是干石山，山上有草也稀罕。
要在这里栽活树，石上栽树难上难。

过去也曾下过功，投资不下一两万。
连续干了五六年，一棵树苗也不见。
林业队长王五全，大胆革新不畏难。
直播不行改育苗，开出荒地一条条。
反坡条田先预整，小暑前后要下种。
条播沟深不过寸，撒种均匀四十斤。
复土要细呈凸面，严加看管插圪针。
头年育得小苗壮，二年移栽最适当。
就近育苗就地栽，成活容易长的快。
移植造林效果好，可惜两季时间少。
要是四季都能搞，林业发展大飞跃。
为此他又苦钻研，掌握理论多实践。
月月移栽百十株，观察记载不间断。
坚持探索七八年，创出造林新经验。
每年三至十一月，移植造林不断线。
只要把好四道关，移栽时间不受限。
天旱无雨把地整，有墒下雨搞移栽。
农忙季节耕种地，农闲季节把林造。
常年移栽办法好，专业造林离不了。
有了成绩不自满，五全又创新局面。
今年落实责任制，他又当上专业户。
承包造林二百亩，现已完成三百整。
精心移栽严管护，苗全苗旺人称赞。
五全造林讲科学，林业战线有贡献。
地县召开现场会，推广技术学经验。
老王当上省劳模，全县人民学习他。
队队都来办科研，荒山旧貌变新颜。
中央召开十二大，五全心里乐开花。
科学造林迈大步，再谱林业新篇章。

1982 年

（小品）

树为媒

作者并表演者　吴海生　马何民

内容提要：

故事发生在某县的一个山区农村，由于交通不便，经济贫困，年近43岁的庄稼汉子马富，光棍打20年，后来靠党的富民政策，承包了村上的荒山，靠栽树发了家，致了富，他的事迹深深打动了邻村的翠莲，是树使他们共同走上了幸福的爱情之路。

马富：(扛一捆树苗上)

马富：马富我今年43，光棍打了20年，自从退耕还了林，我的生活大改变，买了座荒山正发展，还找了个对象叫翠莲，你瞧我，40岁，好运转，心里头说不上来多喜欢。哟，正说她哩，她倒来了。

(李翠莲提个小饭筒，唱着"桃花来你就红来杏花来你说白，爬山越岭送饭来啊呀呀……"马富示意翠莲别唱)

马富：快不要唱了，人家还要说山里头有个老狐狸的，成了精了啦！

翠莲：你个老东西，要不是怕饿着你，我才不偷死摸鬼的给你送饭来哩！

马富：送饭送饭吧，好好唱甚类。

翠莲：我唱吧，我会呀，你怎么不唱哩？

马富(唱)：想亲亲想的我……

翠莲：哎呀，你快小声点吧，叫那都听见了，还说是山上小狼的出窝哩。

马富：咱管他都说什哩，我不在乎，反正我这一凹树茂腾腾的长起来了，我高兴。哎？早几天，你闺女还打听我来，说咱俩的事。

翠莲：她说甚来？

马富：对，问我咱俩的事进展的怎么样了。

翠莲：啊呀，她知道了，既然是这个，咱俩今日得定夺，圪急马利快，行喽，就结婚办证，不行，就快刀斩乱麻，一刀两断！

马富：(惊讶)哎，翠莲，今天你是怎来呀？

(摸住翠的手，陪笑)

翠莲：老马，有什感觉没那呀？

马富：(莫名其妙)什感觉？什感觉也没那呀。

翠莲：(推开马的手)我算是明白了，那都说"摸住小姐手，说像回到十八九，摸住媳妇的手，什的感觉也没有"(看着自己的手)这还没那正式到一处哩，就什的感觉也

没那呀！（哭）

马富：翠莲，你好好的哭什哩？

翠莲：你今日推明日，明日推后日的，不给我结婚，你是不是老牛还想吃个嫩草哩？

马富：你瞧你说的是个什！你光知道嫩草好吃，就不知道姜还是老的好？你就不知道这小葱的火大，要粗嘴哩？

翠莲：你要不是嫌我老，就是嫌我胖哩。

马富：哎呀，要想富，坑上坐个胖媳妇，胖喽好，胖喽好啊。

翠莲：不是嫌我胖，那你就是嫌我丑哩吧！

马富：丑媳妇，家中宝，漂亮媳妇招风草，丑怕什哩，放心呀！

翠莲：你放心，说喽半天，你还是嫌我丑哩吧？

马富：不不不，我是说，丑媳妇咱不要，好媳妇跟我跑，你这不是跟我跑哩？

翠莲：老马，要不是林业局支持你，在这虎头岭上栽了这么多树，就你那点出息，没那人给你送饭啊。（放下饭筒）

马富：你说的不差，什的饭啊？

翠莲：自己瞧，还成喽切疙瘩喽？

马富：嘿，香菇木耳红烧肉，外加几个大蒜头，香、香，啊呀，这真是黄馍馍，白馍馍，有儿不如有老婆啊！

翠莲：那可不，刀削面，三和面，有儿不如有老汉，俺想给你作个伴，谁想你那个心呀，就像一个铁圪蛋！

马富：我的心太软，根本不是铁圪蛋，把你想，把你盼，哎！你说这话，实在是冤。

翠莲：我问你咱俩什的时候结婚？说！你说！

马富：村上给了咱一座山，政府给咱恁多钱，小树还没那长成个椽，我就先把喜事办？领导给我的资金是叫我绿化荒山哩，不是叫我娶媳妇哩！

翠莲：我又不是要你的财礼哩，你不要往这上头圪推。

马富：小翠莲呀，我打了 20 年光棍了，苦透我了，我是想这些树都大些喽，钱也挣了啦，好风风光光的把你娶过来，瞧，真是寡妇生心，等不到清晨，瞧你，比我还急哩！

翠莲：你这个人还很讲良心哩呀！

马富：你不知道，那天市里的领导来这里下乡握住我这个手啊，说"老马，有什么困难，你就说，政府一定支持你！"当时啊，我这个心啊，就通通的要跳出来哩，我握住领导的手啊，就是舍不得放开，那是什的手啊？

翠莲：什的手啊？

马富:这是党和政府的手啊,我三天都没那舍得洗啊!(握住手)

翠莲:老马这会你有什的感觉没那?

马富:没那什的感觉,就是感觉肚的饥哩!

翠莲:哼!(甩开马富的手)

马富:(猛然明白,紧紧握住翠莲的手)玻璃翠,我有感觉,真是有,真是有呀!

翠莲:你说什的感觉?

马富:这……,握住你的手,就像回到十八九,上身的酥,下身的抖,就像有股大电流!

翠莲:老马,我是嫌你一个人费事哩呀,我过来,你抱圪道我扛树,你填生土我捉住,咱深深的刨,实实的捣,俩人怎也比一个人好啊。

马富:(想)他妈的,办!

(音乐:《桃花红杏花白》二个坐下)

马富:翠莲……

翠莲:老马等咱办事那天,咱把亲戚朋友都请上来,请上市委、市政府的领导。

马富:对,咱用大红请帖,把领导们请上来。

翠莲:出上八顶八的桌。

马富:再请最好的八音会。

马富:叫领导们瞧瞧,咱们的山变绿了,山上的树茂盛了,没有辜负了各级领导对咱的希望和支持。哎呀,谁家的牲口啃树哩,你往那厢撵,我往这厢撵!

(数来宝)

说说护林防火墙

(对口、群口均可表演)

打起竹板连天响,
说说护林防火墙。
这名堂出自壶关县,
各地推广学经验。
护林墙,怎么搞?
请你给咱做介绍。

护林墙，建三边，
村边地边道路边。
能防火，能防盗，
能防牛羊往山上跑。
能保水，能保土，
能把植被来保护。
说来好处真是多，
可惜咱没见识过。
壶关情况我熟悉，
我可领你参观去。
这话说得够朋友，
你说去来咱说走。
别着急，别着忙，
咱先把基本情况讲一讲。
不用讲，不用聊，
壶关的情况我知道——
山大沟深石头多，
出得门来就爬坡。
童山秃岭岩石露，
天一下雨山洪流。
你还翻的是老皇历，
和现在完全不能比！
七十年代后几年，
出了个能人王五全。
干石山上栽油松，
阴坡阳坡都成功。
科学总结做推广，
壶关大打绿化翻身仗。
连续奋战二十年，
壶关大地生态变。
松林一坡连一坡，
山山岭岭涌绿波。

生态环境大变样，
林茂草丰百宝藏——
山鸡叫、野兔跑，
黄羊遛遛达达把对象找。
蘑菇木耳连着生，
各样药材数不清。
可就是，有一样，
千万别碰上大灰狼。
有金钱豹子做主帅，
灰狼不敢来作怪。
总而言之一句话，
壶关的林业生产不虚夸。
绿色银行建上山，
漫山遍野尽是钱。
业难创，更难守，
有个问题真发愁。
(夹白)啥问题呀？
漫山野岭都是树，
线长面广难管护。
有些人，觉悟低，
深更半夜常出击——
又是锯，又是砍，
连偷带抢胡乱干！
有的地方牛羊多，
随随便便进山坡。
嘴也啃，蹄也刨，
草木当下就糟糕！
这些祸害还不算，
最可怕的是火患！
秋烧秸秆春烧茬，
稍不留神火苗就往山上爬。
清明节，处处上坟把纸烧，

那火种，乘着春风到处飘。
年年都有火灾发，
造成的损失实在大。
下文件，发布告，
管护难见大成效。
群众着急有怨言，
领导心中更不安。
为了寻求好办法，
深入乡间细调查。
又访问，又座谈，
诚请父老乡亲把计献。
老百姓，最聪明，
因由首尾看得清。
指出了问题关键点——
在村边地边和路边。
这三边，最要紧，
应从这里多用心。
若能垒上隔离墙，
山林必可免遭殃。
建议来自群众中，
护林墙宏图心头生。
井则口村先试验，
西川底乡做示范。
四大班子领导成共识，
反复研究定标尺。
县委政府发号令，
全县上下都行动。
乡乡村村摆战场，
广筑护林防火墙。
因地制宜求实效，
保证质量第一条。
道道墙头沿山走，

曲折延绵不见头。
省长前来做视察，
登高望远连声夸：
壶关人民不简单，
要向全省做宣传。
长治市委吕书记，
调查研究到实地。
健步登上打虎岭，
遥望浩繁大工程。
激动地翘起大拇指，
兴致勃勃做指示：
壶关的经验了不起，
全市都要来学习。
紧接着,现场会议开壶关，
各县领导来参观。
见那,市直机关大行动，
驻地部队忙出征。
三千人马出城来，
浩浩荡荡往壶关开。
分赴各镇各乡村，
群众中间去扎根。
呼呼啦啦上了山，
挽起袖子就把活干。
挥镐挖基搬石头，
意气风发热汗流。
壶关人民受鼓舞，
如同又见老八路。
干群共筑防火墙，
党的传统作风又发扬。
东风吹得花更艳，
壶关人民再把干劲添。
建墙进度更加快，

精品工程放异彩。
进了壶关极目望，
画中有画美景藏。
护林墙跌宕起伏绕山转，
就如那万里长城在眼前。
各处工程有特点，
巨幅壮图展画卷——
登上常行五全坡，
条条青龙脚下过。
再看川底石岩头，
条条白龙竞上游。
漫步晋庄十里岭，
长龙腾跃好威风。
站在巍巍高山寨，
犹见群龙出苍海。
城关镇，精品多，
气势不凡大气魄。
石头坐底砖垒墙，
墙垛排列增轩昂。
白灰勾缝功夫好，
水泥封顶坚又牢。
一处处，一项项，
美好业绩说不完。
祝愿那，
壶关林业生产再度写辉煌，
创业之歌唱得更嘹亮！

2000 年 9 月

林业会议文艺晚会主持词

六月是草木滴翠的季节，

六月是绿色铺张的季节，
六月是百花绽放的季节，
六月是神采飞扬的季节。

在这生机勃勃的季节，迎来了全省林权登记发证工作会议的召开，迎来了各位嘉宾和朋友。受中共壶关县委、壶关县人民政府、壶关县人大常委会、壶关县政协的委托，我们对会议的召开，对各位领导和嘉宾的到来，表示最热烈的欢迎和最诚挚的问候！

绿色染绿了山川，
绿色染绿了江河，
绿色染绿了大地，
绿色染绿了天空，
绿色染绿了人的意识，
绿色的事业神圣，
制造绿色的人令人尊敬，
我们为来自全省各地的务林人送上最最美好的祝福。

绿色的壶关拥抱您，
开放的壶关期待您，
壶关的发展有您的支持会更好，
壶关的振兴有您的帮助会更快，
壶关的腾飞有您的推动更强劲。
衷心感谢各位领导对壶关的厚爱，
衷心希望各位领导对壶关厚爱有加，
演出到此结束。
祝会议圆满成功，
祝大家身体健康。

2008 年 6 月山西省林权登记发证会议在壶关召开，壶关县为该会议举行了专场晚会。

第十编　古稀树木

第一章　古稀树木调查

古稀树木调查，对于树木的适应性和树木的生物学特性研究，有着重要意义。壶关县有着丰富的古稀树木资源，这些树木是壶关过去林木丰富的见证，也是研究历史和自然发展演变的重要依据，更是古代绿色文明的象征。新中国成立后，壶关县曾进行过两次调查，第一次在1986年，由壶关县绿化委员会牵头，组织林业局的技术人员进行了一次小范围的调查。本次调查全县有百年以上古稀树木40株，并建立了档案。第二次调查是在2010年，与第一次调查时隔20多年。这次调查由壶关县林业局组织，抽调20名技术员，分四个组，历时15天。调查采用村村到的办法进行，调查的比较彻底和详细，期间填写了每木调查表，并逐一照相留影，基本摸清了全县的古稀树木资源。调查查明全县共有树龄100年以上古稀树木207株，后经长治市林业局的专家审定，确定165株。树种17个，比上次调查增加8个，涉及13个乡镇区的上百个村。有些树种在全县仅有一、两株，十分珍贵。但这次调查，由于对部分古树辨认不准，树名以当地群众的习惯叫法定名，后经查证，出入较大，因此在本编的第三章古稀树木名录中，只将已确定无疑的收录其中。

第二章　古稀树木保护

1986年9月20日，壶关县绿化委员会专门发文，要求保护古稀珍奇树木，之后相关乡镇都因地制宜地对这些树木普遍进行了一次保护管理，保护以乡村为主。主要措施一是编号挂牌，宣传保护。县绿化委员会把已查明的40株古稀树木逐一编号，通知相关乡村，列入《村规民约》，作为县级重点文物予以保护。二是落实专人、专

技术人员为梁家村古松治虫

户管理。根据就近原则,把树木具体落实到户头和人头管理,每年由乡村给予一定的报酬。三是严禁乱扒乱砍。县绿化委员会明确规定,对于古稀树木,修枝抚育要经县林业部门批准,在林业技术人员的指导下方可进行,否则,以破坏森林论处。

2009年以后,国家对古稀树木的保护越来越重视,并不断加大保护投资,促进了壶关县的古稀树木保护工作,从2009~2013年对全县的古稀树木,不但加强了常规保护,而且还充分利用上级投资,对部分树木采用了加筑护栏、根部保护,病虫害防治、输营养液等特殊措施。在采取特殊措施进行保护的树木中,按年度分,2009年2株,2010年4株,2011年4株,2012年3株,2013年3株。

第三章 古稀树木图录

第一节 古树图录

编号:01
树种:油松 *Pinus tabulaeformis* Carr
生长地点:桥上乡马安驼村
树龄(年):500
树高(米):8
胸围(厘米):210
冠幅(米):15
管护单位:马安驼村委

编号:02
树种:油松 *Pinus tabulaeformis* Carr
生长地点:桥上乡马安驼村
树龄(年):500
树高(米):8
胸围(厘米):201
冠幅(米):10
管护单位:马安驼村委

编号 :03
树种:油松 *Pinus tabulaeformis* Carr
生长地点:石坡乡六六城村
树龄(年):400
树高(米):12
胸围(厘米):190
冠幅(米):11.5
管护单位:六六城村委

编号 :04
树种:油松 *Pinus tabulaeformis* Carr
生长地点:桥上乡马安驼村
树龄(年):400
树高(米):10
胸围(厘米):140
冠幅(米):10.5
管护单位:马安驼村委

编号 :05
树种:油松 *Pinus tabulaeformis* Carr
生长地点:东井岭乡三郊口村信号塔旁
树龄(年):300
树高(米):8.7
胸围(厘米):215
冠幅(米):10
管护单位:三郊口村委

编号 :06

树种:油松 *Pinus tabulaeformis* Carr

生长地点:石坡乡北平头坞村

树龄(年):300

树高(米):12

胸围(厘米):212

冠幅(米):16.5

管护单位:北平头坞村委

编号 :07

树种:油松 *Pinus tabulaeformis* Carr

生长地点:石坡乡苇则水村庙角

树龄(年):300

树高(米):12

胸围(厘米):212

冠幅(米):16.5

管护单位:苇则水村委

编号 :08

树种:油松 *Pinus tabulaeformis* Carr

生长地点:石坡乡六六城村

树龄(年):300

树高(米):18

胸围(厘米):250

冠幅(米):13.5

管护单位:六六城村委

编号 :09

树种:油松 *Pinus tabulaeformis* Carr

生长地点:鹅屋乡阴山坝村南竭岭

树龄(年):300

树高(米):6

胸围(厘米):224

冠幅(米):16.5

管护单位:阴山坝村委

编号 :10

树种:油松 *Pinus tabulaeformis* Carr

生长地点:东井岭乡三郊口村靳振兴

树龄(年):200

树高(米):9

胸围(厘米):140

冠幅(米):6

管护单位:三郊口村委

编号 :11

树种:油松 *Pinus tabulaeformis* Carr

生长地点:东井岭乡三郊口村

树龄(年):200

树高(米):10

胸围(厘米):140

冠幅(米):6.5

管护单位:三郊口村委

编号:12

树种:油松 *Pinus tabulaeformis* Carr

生长地点:东井岭乡东掌村

树龄(年):200

树高(米):12

胸围(厘米):130

冠幅(米):8

管护单位:东掌村委

编号:13

树种:油松 *Pinus tabulaeformis* Carr

生长地点:东井岭乡贾庄村南坡北面

树龄(年):200

树高(米):4.5

胸围(厘米):130

冠幅(米):9

管护单位:贾庄村委

编号:14

树种:油松 *Pinus tabulaeformis* Carr

生长地点:东井岭乡贾庄村南坡南面

树龄(年):200

树高(米):6

胸围(厘米):120

冠幅(米):10.5

管护单位:贾庄村委

编号 :15

树种:油松 *Pinus tabulaeformis* Carr

生长地点:东井岭乡贾庄村庙东

树龄(年):200

树高(米):7

胸围(厘米):200

冠幅(米):17.5

管护单位:贾庄村委

编号 :16

树种:油松 *Pinus tabulaeformis* Carr

生长地点:东井岭乡西马安村

树龄(年):200

树高(米):12

胸围(厘米):120

冠幅(米):5.5

管护单位:西马安村委

编号 :17

树种:油松 *Pinus tabulaeformis* Carr

生长地点:晋庄镇黎岭村

树龄(年):200

树高(米):17

胸围(厘米):300

冠幅(米):14

管护单位:黎岭村委

编号 :18

树种:油松 *Pinus tabulaeformis* Carr

生长地点:晋庄镇郊里村

树龄(年):200

树高(米):10

胸围(厘米):155

冠幅(米):10

管护单位:郊里村委

编号 :19

树种:油松 *Pinus tabulaeformis* Carr

生长地点:五龙山乡南塔底村

树龄(年):200

树高(米):9

胸围(厘米):110

冠幅(米):6

管护单位:南塔底村委

编号 :20

树种:油松 *Pinus tabulaeformis* Carr

生长地点:五龙山乡池后村

树龄(年):200

树高(米):9

胸围(厘米):130

冠幅(米):11

管护单位:池后村委

编号 :21

树种:油松 *Pinus tabulaeformis* Carr

生长地点:五龙山乡池后村

树龄(年):200

树高(米):10

胸围(厘米):140

冠幅(米):8

管护单位:池后村委

编号 :22

树种:油松 *Pinus tabulaeformis* Carr

生长地点:五龙山乡迎乐村

树龄(年):200

树高(米):9

胸围(厘米):160

冠幅(米):10

管护单位:迎乐村委

编号 :23

树种:油松 *Pinus tabulaeformis* Carr

生长地点:石坡乡庙郊村

树龄(年):200

树高(米):13

胸围(厘米):215

冠幅(米):10

管护单位:庙郊村委

编号 :24

树种:油松 *Pinus tabulaeformis* Carr

生长地点:石坡乡六六城村背角山

树龄(年):200

树高(米):10

胸围(厘米):138

冠幅(米):10.5

管护单位:六六城村委

编号 :25

树种:油松 *Pinus tabulaeformis* Carr

生长地点:石坡乡前山庄村松树疙顶

树龄(年):200

树高(米):17

胸围(厘米):150

冠幅(米):12

管护单位:前山庄村委

编号 :26

树种:油松 *Pinus tabulaeformis* Carr

生长地点:石坡乡前山庄村长岭上

树龄(年):200

树高(米):15

胸围(厘米):153

冠幅(米):8.5

管护单位:前山庄村委

编号 :27
树种:油松 *Pinus tabulaeformis* Carr
生长地点:鹅屋乡红脑上村花尖上
树龄(年):200
树高(米):9
胸围(厘米):150
冠幅(米):8
管护单位:红脑上村委

编号 :28
树种:油松 *Pinus tabulaeformis* Carr
生长地点:鹅屋乡红脑上村南角上
树龄(年):200
树高(米):9
胸围(厘米):140
冠幅(米):9.5
管护单位:红脑上村委

编号 :29
树种:油松 *Pinus tabulaeformis* Carr
生长地点:鹅屋乡石圪爽村
树龄(年):200
树高(米):8
胸围(厘米):120
冠幅(米):6
管护单位:石圪爽村委

编号:30
树种:油松 *Pinus tabulaeformis* Carr
生长地点:桥上乡盘底村学校
树龄(年):200
树高(米):21
胸围(厘米):180
冠幅(米):11.5
管护单位:盘底村委

编号:31
树种:油松 *Pinus tabulaeformis* Carr
生长地点:树掌镇梁家村
树龄(年):500
树高(米):15
胸围(厘米):231
冠幅(米):15.5
管护单位:梁家村委

编号:32
树种:油松 *Pinus tabulaeformis* Carr
生长地点:东井岭乡石盆村
树龄(年):200
树高(米):12
胸围(厘米):150
冠幅(米):10.5
管护单位:石盆村委

编号 :33

树种:油松 *Pinus tabulaeformis* Carr

生长地点:集店乡东旺庄古台脑

树龄(年):100

树高(米):11

胸围(厘米):120

冠幅(米):7

管护单位:东旺庄村委

编号 :34

树种:油松 *Pinus tabulaeformis* Carr

生长地点:集店乡东旺庄古台脑

树龄(年):100

树高(米):9

胸围(厘米):150

冠幅(米):9.5

管护单位:东旺庄村委

编号 :35

树种:油松 *Pinus tabulaeformis* Carr

生长地点:集店乡东旺庄古台脑

树龄(年):100

树高(米):9

胸围(厘米):150

冠幅(米):8

管护单位:东旺庄村委

编号 :36

树种:油松 *Pinus tabulaeformis* Carr

生长地点:集店乡东旺庄古台脑

树龄(年):100

树高(米):9

胸围(厘米):130

冠幅(米):7.5

管护单位:东旺庄村委

编号 :37

树种:油松 *Pinus tabulaeformis* Carr

生长地点:东井岭乡大井村山神庙凹

树龄(年):100

树高(米):7

胸围(厘米):135

冠幅(米):9

管护单位:大井村委

编号 :38

树种:油松 *Pinus tabulaeformis* Carr

生长地点:晋庄镇北掌村

树龄(年):100

树高(米):8

胸围(厘米):90

冠幅(米):7

管护单位:北掌村委

编号 :39

树种:油松 *Pinus tabulaeformis* Carr

生长地点:晋庄镇庄头村

树龄(年):100

树高(米):9

胸围(厘米):100

冠幅(米):3.5

管护单位:庄头村委

编号 :40

树种:白皮松

Pinus bungeana Zucc.ex Endl

生长地点:石坡乡前山庄村草岭

树龄(年):300

树高(米):9

胸围(厘米):180

冠幅(米):9

管护单位:前山庄村委

编号 :41

树种:白皮松

Pinus bungeana Zucc.ex Endl

生长地点:石坡乡前山庄村草岭

树龄(年):300

树高(米):13

胸围(厘米):210

冠幅(米):11

管护单位:前山庄村委

编号 :42

树种:白皮松

Pinus bungeana Zucc.ex Endl

生长地点:五龙山乡刘寨村

树龄(年):150

树高(米):9

胸围(厘米):90

冠幅(米):7

管护单位:刘寨村委会

编号 :43

树种:侧柏

Platycladus orientalis (L.) Franco

生长地点:集店乡西旺庄村

树龄(年):200

树高(米):10

胸围(厘米):110

冠幅(米):5

管护单位:西旺庄村委

编号 :44

树种:侧柏

Platycladus orientalis (L.) Franco

生长地点:桥上乡前脑村柏树岭

树龄(年):500

树高(米):6

胸围(厘米):140

冠幅(米):6.5

管护单位:前脑村委

编号 :45

树种:旱柳

Salix matsudana Koidz

生长地点:东井岭乡石盆村池边

树龄(年):400

树高(米):21

胸围(厘米):580

冠幅(米):20.5

管护单位:石盆村委

编号 :46

树种:核桃

Juglans regia L.

生长地点:鹅屋乡红脑上村中央

树龄(年):200

树高(米):10

胸围(厘米):344

冠幅(米):12.5

管护单位:红脑上村委

编号 :47

树种:白榆

Ulmus pumila L.

生长地点:东井岭乡南湖村旧校

树龄(年):100

树高(米):16

胸围(厘米):200

冠幅(米):13.5

管护单位:南湖村委

编号 :48

树种:国槐

Sophors japonica L.

生长地点:常平开发区闫家河村

树龄(年):1000

树高(米):20

胸围(厘米):712

冠幅(米):23.5

管护单位:闫家河村委

编号 :49

树种:国槐

Sophora japonica L.

生长地点:集店乡回龙庄村

树龄(年):1000

树高(米):13

胸围(厘米):580

冠幅(米):16

管护单位:回龙庄村委

编号 :50

树种:国槐

Sophora japonica L.

生长地点:黄山乡黄山村

树龄(年):800

树高(米):16

胸围(厘米):575

冠幅(米):14.5

管护单位:黄山村委

编号 :51

树种:国槐

Sophora japonica L.

生长地点:常平开发区杜家河村

树龄(年):600

树高(米):15

胸围(厘米):370

冠幅(米):15.5

管护单位:杜家河村委

编号 :52

树种:国槐

Sophora japonica L.

生长地点:龙泉镇盘驼底村

树龄(年):500

树高(米):18

胸围(厘米):480

冠幅(米):20

管护单位:盘驼底村委

编号 :53

树种:国槐

Sophora japonica L.

生长地点:龙泉镇韩村

树龄(年):300

树高(米):8

胸围(厘米):330

冠幅(米):14.5

管护单位:韩村村委

编号 :54

树种:国槐

Sophora japonica L.

生长地点:龙泉镇骞堡村李天伦门前

树龄(年):300

树高(米):13

胸围(厘米):400

冠幅(米):20

管护单位:骞堡村委

编号 :55

树种:国槐

Sophora japonica L.

生长地点:五龙山刘寨村

树龄(年):300

树高(米):12

胸围(厘米):320

冠幅(米):10

管护单位:刘寨村委

编号 :56

树种:国槐

Sophora japonica L.

生长地点:石坡乡南平头坞村

树龄(年):300

树高(米):34

胸围(厘米):410

冠幅(米):14.5

管护单位:南平头坞村委

编号 :57
树种:国槐
Sophora japonica L.
生长地点:龙泉镇南园村
树龄(年):200
树高(米):8
胸围(厘米):350
冠幅(米):7
管护单位:南园村委

编号 :58
树种:国槐
Sophora japonica L.
生长地点:集店乡乌集头村张文岐门前
树龄(年):200
树高(米):8
胸围(厘米):290
冠幅(米):10.5
管护单位:乌集头村委

编号 :59
树种:国槐
Sophora japonica L.
生长地点:龙泉镇寨上村幸福桥东
树龄(年):200
树高(米):7
胸围(厘米):270
冠幅(米):8
管护单位:寨上村委

编号 :60
树种:国槐
Sophora japonica L.
生长地点:五龙山乡程庄村
树龄(年):280
树高(米):10
胸围(厘米):290
冠幅(米):21.5
管护单位:程庄村委

编号 :61
树种:国槐
Sophora japonica L.
生长地点:桥上乡王家庄村北坡
树龄(年):100
树高(米):26
胸围(厘米):430
冠幅(米):19
管护单位:王家庄村委

编号 :62
树种:柿树
Diospyros kaki L.F.
生长地点:桥上乡前脑村东沟
树龄(年):100
树高(米):9.4
胸围(厘米):200
冠幅(米):12.5
管护单位:前脑村委

编号 :63
树种:小叶杨
Popilus simonii Carr
生长地点:店上镇郊界底村
树龄(年):300
树高(米):8
胸围(厘米):590
冠幅(米):7
管护单位:店上镇郊界底村委

第二节 珍稀树图录

编号 :1
树种:南方红豆杉
Taxus mairei(Ceme.et Levl)S.r.Hu ex Liu.
生长地点:太行山大峡谷红豆峡景区
壶关县是南方红豆杉在山西省自然分布最北的县。有很高的药用价值和观赏价值,十分珍贵,国家保护树种。

编号 :2
树种:流苏
Chionanthus S L.
生长地点:石坡乡寺尾沟村,壶关仅见一株。

编号:3
树种:文冠果
Xanthoceras sorbifolia Bunge
生长地点:树掌镇芳岱村
壶关县境内少见。

编号:4
树种:大果榉
Zelkova sinica Schneid.
生长地点:壶关县大峡谷一带
有零星分布。

编号:5
树种:荆条
Vitex negundo var. heterophylla (Franch.) Rehd.
生长地点:桥上乡南岭村
生长数百年,根部径粗 20cm 左右,极罕见。

编号 :6

树种:皂角

Gleditsia sinensis Lam.

生长地点:桥上乡前脑村

树龄(年):200

树高(米):15

胸围(厘米):290

冠幅(米):28

编号 :7

树种:秋子梨

Pyrus ussuriensis Maxim

生长地点:东井岭乡罗掌村

树龄(年):400

树高(米):12

胸围(厘米):320

冠幅(米):17.5

第四章　故事传说

1. 气象槐

黄家川乡辛庄村中有一株清朝时栽的国槐,树高 13 米,胸径 2.3 米。据传说,槐树底有一只大蛤蟆,久旱不雨时,蛤蟆就要叫唤,叫一声天就会下雨,如果连续叫唤,就要遭水灾。为此,这个村的人就靠它来预测天气变化,把它叫做气象槐。尤其干旱时,人们就自愿来烧香跪拜,诚心诚意求解旱情。

2. 阁老松

相传,在很久以前,小南清村出了一位姓郭的阁老,膝下有四个儿子,由于阁老功勋卓著，皇上曾赠他宝马一匹。

一次，在早朝时，郭阁老不慎犯了欺君之罪，要诛杀家族。这时，宝马就驼着他的两个儿子出逃，当逃到如今的石河沐乡马安驼村时，宝马又饥又渴，忽见一股清泉出现在眼前，宝马迫不及待去泉边饮水。一不小心，马失前蹄一跌趴下，从此就未能起来。后来宝马变为一座马鞍状的山，阁老的两个儿子就在两边定居下来，繁育生息，故取名马安驼村。后来，在马背上长出了三棵油松，中间的一棵大树与断头的凤凰十分相似，据说这是郭阁老被斩首后的化身，两棵小树则是另外两个儿子。这样马安驼村的人世世代代把这三棵松树视为自己的祖先。

3. 八路槐

集店乡会龙庄村有株500多年，胸径2米多粗的古槐树，因当年八路军的保护才保留下来，人们就习惯地把它叫成了“八路槐”。

原来，会龙庄村古槐苍松甚多，日本入侵壶关国后，魔爪就伸向了这里，他们开着汽车砍伐这里的树木。就在老槐树即将遭受厄运之际，八路军伏击了日本拉运木材的汽车，并将汽车炸毁。从此，日本人再也没敢来砍树，老槐树这才保存下来了。至今，老槐树虽然老态龙钟，但还枝叶繁茂。

4. 再生槐

集店乡王家河村有株古槐，尽管已有500多岁的高寿，但它不仅不显老态龙钟之状，反到郁郁葱葱，生机勃勃。

这株古槐50多年前就树干中空腐烂，奄奄一息。据现今70多岁的人回忆，他们小时候捉迷藏就常常从树下部的一个空洞中钻进去，再从树干上部的空洞中钻出来。1956年至1957年间，此树就象一个耗尽生命的老人，默默地与世长辞了。两年时间无出一个叶片，小枝全部干枯。然而到1958年，奇迹出现了，从树干上部又抽出十多条新枝，此后三十余年，越长越旺，树干下部那个空洞，也逐渐愈合地只剩两只脚那么大。

古槐死而复生，村上的一些善男信女们就把它视作神仙，常常到此烧香叩拜，祈求平安长寿。

第十一编　林业机构

第一章　县设林业机构

第一节　县绿化指挥部

为了加强对绿化工作的领导，协调各行各业的绿化工作，壶关县委、县革命委员会于1980年成立了壶关县绿化指挥部。指挥部由23人组成，县委副书记丁松珍任总指挥，韩恩俊、路振明、常友好、李小保、侯德山、路民牛任副总指挥。本届绿化指挥部历时二年。

第二节　县绿化委员会

壶关县绿化委员会成立于1982年2月10日，是根据山西省人民政府作出的关于贯彻五届人大四次会议《关于开展全民义务植树运动的决议》的决定第十条规定成立的。主任委员聂庆保（县政府县长）。副主任委员丁松珍（县委副书记）、李小保（县政府副县长）、张汉卿（县武装部部长）、杜虎英（县农委主任）、王来全（县林业局局长），办公室设在林业局。随着人事的变动，1986年县委、县政府对壶关县绿化委员会成员进行调整，共21人组成。政府县长徐水云任主任，丁松珍、王天福、张兆祥、封建文、刘德宝、高电雷、张福锁、李永胜、张平和任副主任。1987年8月设立绿化委员会专职副主任，由张转才担任，工作地点在林业局。1988年壶关县绿化委员会组成人员再次调整，由22人组成。政府县长刘德宝任主任，阎成兴、张兆祥、刘书茂、陈学平、张福锁、张德忠、张平和、张转才任副主任。此后，壶关县绿化委员会没有根据领导变动再作调整，也没有行文撤销。张转才继任专职副主任至1999年4月退休。牛海龙于1999年5月接任绿化委员会专职副主任。2001年12月，壶关县人民政府办公室〔《壶政办发(2001)67号关于印发〈壶关县林业局职能配置内设机构和人员编制方案〉的通知》〕，将县绿化委员会办公室的行政职能划归林业局承担，壶关县绿化委员会专职副主任一职撤销，改设为壶关县绿化委员会办公室副主任，牛海龙任职至2002年2月调离，后由郭军芳接任，时间自2002年2月～2007年4月。郭军芳调林业局后，由武建宏、张彦伟接任。张彦伟任职自2007年5月~2011年10月调离,武建宏从2007年5月任职至今。

第三节　县护林防火指挥部

为了加强全县的林木管护工作,于1979年首次成立了护林防火指挥部,县委副书记丁松珍任总指挥。以后每次调整,都要以文件印发相关单位。历次调整情况如下:

1985年护林防火指挥部人员进行调整,县委副书记李正印任指挥,张兆祥、连晋义、李存福任副指挥。

1987年11月护林防火指挥部人员调整,张兆祥任总指挥,县委农工部部长张德忠、林业局长张平和、绿化委员会常务副主任张转才任副总指挥,办公室设在林业局。

1991年10月10日县政府对护林防火指挥部人员进行调整。由政府副县长张平和任总指挥,农工部部长张德忠、绿化委副主任张转才、公安局副局长李赵保、林业局局长李书贤任副总指挥。

1998年11月1日县政府对护林防火指挥部成员进行调整,县委常委、常务副县长牛建忠任总指挥,县委常委、武装部政委吴庆良、县人大副主任张德忠、政府副县长李志强任副总指挥,农委主任赵德芳、公安局局长李建国、林业局局长刘安松任指挥。

2001年3月21日县政府对原护林防火指挥部成员进行调整,县委常委、常务副县长牛建忠任总指挥,县委常委、武装部政委宋建庭、县人大副主任张德忠、政府副县长李志强任副总指挥,农委副主任郭辛成、公安局局长李建国、林业局局长刘安松任指挥。

2002年1月8日县政府对原护林防火指挥部成员进行调整,政府常务副县长李彦忠任总指挥,县委常委、武装部政委宋建庭,公安局局长刘一平,林业局局长刘安松任副总指挥。

2002年3月25日县政府对原护林防火指挥部成员进行调整,政府常务副县长李彦忠任总指挥,县委常委、武装部政委宋建庭,农口党委书记、农业局局长赵德芳,公安局局长刘一平,林业局局长刘安松任副总指挥。

2007年11月28日县政府对原护林防火指挥部成员进行调整,县委副书记、政府县长马朝中任总指挥,县委常委、县人武部部长崔海书,县人大副主任马国民,县政协副主席徐玉明任副总指挥,县政府副县长李志强任常务副总指挥。

2008年4月1日县政府对原护林防火指挥部成员进行调整,县委副书记、政府县长马朝中任总指挥，县委常委、政法委书记牛安林，县委常委、县委办主任常庆，县委常委、县人武部部长崔海书，县人大副主任马国民，县政协副主席徐玉明任副总指挥，县政府副县长李志强任常务副总指挥 。

2011年12月12日壶关县护林防火指挥部根据长治市人民政府森林防火指挥部【长政森防字(2011)44号】文件精神要求，将壶关县护林防火指挥部，更名为“壶关县人民政府森林防火指挥部”。

2012年1月4日县政府对原森林防火指挥部成员进行调整，县委副书记、政府县长崔江华任总指挥，县委常委、县人武部政委徐思江，县委常委、县委办主任张月飞，县人大副主任马国民任副总指挥，县政府副县长秦志云任常务副总指挥，县政协副主席秦庆祥，县政府党组成员 、公安局党委书记许巨清，县政府办公室主任崔秀清，县林业局局长李爱民任副总指挥。

2012年10月9日县政府对原森林防火指挥部成员进行调整，县委副书记、政府县长崔江华任总指挥，县委常委、县人武部政委徐思江，县委常委、县委办主任张月飞，县人大副主任马国民任副总指挥，县政府副县长秦元忠任常务副总指挥，县政协副主席秦庆祥，县长助理、公安局局长许巨清，县政府办公室主任崔秀清，县林业局局长李爱民任副总指挥。

第四节 县退耕还林工作领导组

壶关县退耕还林工作领导组成立于2002年10月。这年国家启动退耕还林工程，壶关县多数地方符合退耕还林条件，为了加强对退耕还林工作的领导，县委、县政府决定成立壶关县退耕还林领导组，组长由县委副书记、政府县长赵春英担任，副组长由县委副书记王淑彦、县政府常务副县长李彦忠担任。领导组下设办公室，办公室主任由林业局局长刘安松兼任，办公室设在林业局。到2013年，壶关县退耕还林领导组一直没有行文撤消。退耕还林领导组办公室随着人员变动，办公室成员有所变动。

第五节 县林权改革领导组

壶关县林权改革领导组成立于2010年，同年8月县政府办公室根据领导变动情况，对壶关县林权改革领导组进行了调整，调整后的领导组组长由县政府县长段树新担任，常务副组长由县政府副县长胡三虎担任，副组长由县政府办公室主任崔秀清、县林业局局长秦庆祥担任(以后没有行文作过调整)，办公室设在林业局。具体业务由林政资源站承担。2013年后业务工作由林业局内部成立的林权改革服务中心承担。

第二章　壶关县林业局

第一节　机构演变及领导更迭

1949年壶关县人民政府始设农林建设科,管理全县的农业、林业、水利等项工作。下设有林业办事处,具体负责林业工作的管理。

1960年,农林建设科改为农林局,下设林业股,由两人专管林业。

1964年,农林局改设农林水利局,下设农林站,有专业干部10人。

1974年,水利局从农林水利局分出,农林水利局改为农林局。

1977年8月,林业局从农林局分出,正式成立了林业局,有行政干部两人,技术干部6人。

建局之初,办公地址设在农业局院内,1980年县政府在农业局院内建办公楼,林业局借用县委党校6间房办公,1981年政府楼建成,林业局又搬进政府楼内办公,1982年林业局正式迁入在南关新建的办公地址,1986年建起办公楼,总占地面积9600平方米,其中建筑面积2699平方米。位于壶关县城健康街。

1977年成立林业局,班子成员是:

局　长:王来全(1977年8月~1984年3月)

副局长:宋保新(1978年4月~1981年1月)

刘书田(1980年12月~1984年3月)

张平和(1981年7月~1984年3月)

林业局党支部:

支部书记:王来全

1984年机构改革中,县委对林业局的班子调整,其组成人员是:

局　长:张平和(1984年3月~1990年6月)

副局长:赵迷锁(1984年3月~1987年9月)

李书贤(1984年3月~1991年5月)

调研员:王来全(1984年3月~1993年12月)

局党支部组成人员:

支部书记:王来全(1984年3月~1985年12月)

张平和(1986年1月~1991年6月)

支部副书记:李书贤

组织委员:王建忠

宣传委员:申有贵

1991 年县委对林业局的班子调整,其组成人员是:

局　长:李书贤(1991 年 6 月 ~ 1998 年 8 月)

副局长:连胜利(1991 年 6 月 ~ 1998 年 8 月)

　　　张来胜(1993 年 12 月 ~ 1998 年 8 月)

　　　栗建平(1993 年 12 月 ~ 1998 年 8 月)

　　　秦庆祥(1993 年 12 月 ~ 1995 年 12 月)

　　　崔志文(1996 年 3 月 ~ 1998 年 8 月)

局党支部组成人员:

支部书记:张转才(1991 年 6 月 ~ 1998 年 8 月)

副 书 记:牛林芳(1996 年 1 月 ~ 1998 年 8 月)

组织委员:张扁贵

宣传委员:连胜利

1998 年县委对林业局班子调整,其组成人员是:

局　长:刘安松(1998 年 8 月 ~ 2003 年 10 月)

副局长:张来胜(1998 年 8 月 ~ 2002 年 3 月)

　　　崔志文(1998 年 8 月 ~ 2003 年 10 月)

　　　栗建平(1998 年 8 月 ~ 1998 年 12 月)

　　　张　鹏(2002 年 1 月 ~ 2003 年 10 月)

主任科员:李智胜(1999 年 1 月 ~ 2007 年 4 月)

局党支部组成人员:

支部书记:张转才(1998 年 9 月 ~ 1999 年 5 月)

　　　　刘安松(1999 年 6 月 ~ 2003 年 10 月)

副 书 记 :牛林芳(1998 年 9 月 ~ 2003 年 10 月)

组织委员:程喜堂

纪检委员:赵文芳

宣传委员:申有贵

2003 年县委对林业局班子调整,其组成人员是:

局　长:秦庆祥(2003 年 11 月 ~ 2011 年 10 月)

副局长:崔志文(2003 年 11 月~2011 年 11 月)

张　鹏(2003 年 11 月~2007 年 4 月)

郭军芳(2007 年 5 月~2011 年 10 月)

主任科员:张鹏(2007 年 5 月~2011 年 10 月)

局党支部组成人员:

支部书记:刘安松(2003 年 11 月~2006 年 6 月)

秦庆祥(2006 年 7 月~2011 年 10 月)

支部副书记:牛林芳(2003 年 10 月~2007 年 4 月)

赵文芳(2007 年 5 月~2011 年 10 月)

组织委员:郭盘龙

宣传委员:程喜堂

纪检委员:刘云鹏

2011 年机构改革中,县委对林业局的班子调整,其组成人员是:

局　长:李爱民(2011 年 11 月至今)

副局长:崔志文(2011 年 11 月~2012 年 1 月)

郭军芳(2011 年 11 月~2011 年 12 月)

宋利兵(2012 年 4 月至今)

姬小勇(2012 年 1 月至今)

纪检组长:闫晓军(2012 年 4 月至今)

总　工:王海燕(2012 年 1 月至今)

绿化委员会办公室副主任:武建宏

灭火队长:赵文芳(副科级待遇 2012 年 1 月至今)

派出所所长:王绍飞(2012 年 1 月至今)

主任科员:崔志文(2012 年 1 月至今)

郭军芳(2012 年 1 月至今)

张　鹏(2011 年 11 月至今)

局党支部组成人员:

支部书记:李爱民(2011 年 11 月至今)

支部副书记:赵文芳(2011 年 11 月至今)

支部委员:姬小勇、刘云鹏、郭盘龙、申李军、陈向荣

第二节 历任局长及现局领导班子成员简介

1. 历任林业局长简介

第一任林业局长：

王来全

王来全，男，1933年10月生，1950年10月参加工作，壶关县五龙山乡朝阳村人。

1950年10月～1958年12月，在城关、川底、常行、石坡、店上等公社任教师；1959年1月～1962年5月，在教育局、团县委工作；1962年5月～1973年4月在石河沐、常行等公社任团委书记、党委书记；1973年5月～1977年4月，任壶关县粮食局支部书记；1977年8月～1984年3月，任林业局局长、支部书记；1984年3月～1985年12月，任林业局支部书记。

第二任林业局长：

张平和

张平和，男，1945年生，1966年参加工作，壶关县百尺镇星耀头村人。

1966年至1972年在国营苗圃任技术员、会计；1973年～1977年7月任农林局林业站技术员；1977年8月～1981年6月任林业局办公室主任、会计；1981年7月～1984年3月，任林业局副局长；1984年3月～1990年6月，任林业局局长。

第三任林业局长：

李书贤

李书贤，男，1952年生，壶关县石坡乡东黄花水村人。

1970年～1974年在部队服役；1975年～1977年7月，在山西省林校学习；1977年10月～1980年12月，任林业局技术员；1981年～1984年3月，任林业局营林站站长；1984年3月～1991年5月，任林业局副局长；1991年6月～1998年8月，任林业局局长。

刘安松

第四任林业局长：

刘安松，男，1953年2月生，1969年12月参加工作，1974年7月入党，大专学历，壶关县集店乡东关壁村人。

1969年12月～1974年10月县武装部干事；1974年11月～1983年12月在城关、辛村公社任武装干事、武装部长；1983年12月～1987年3月，任辛村公社党委副书记；1987年4月～1991年5月，任百尺镇党委副书记；1991年5月～1994年12月先后任石河沐乡、树掌镇乡长、镇长；1994年12月～1998年8月，任树掌镇党委书记；1998年8月～2003年10月，任林业局局长；1999年6月～2006年6月，任林业局党支部书记。

秦庆祥

第五任林业局长：

秦庆祥，男，1963年9月生，山西省平顺县西沟乡申家坪村人。1986年7月毕业于山西农业大学林学系，1986年9月参加工作，工程师职称。

1986年9月～1991年12月任县林业局森防站站长；1992年1月～1993年12月主持国营壶关树掌林场工作；1993年12月～1995年12月任林业局副局长兼国营壶关树掌林场场长；1996年1月～1997年8月任黄山乡乡长；1997年8月～1998年8月任黄山乡党委书记兼乡长；1998年9月～2001年1月任原东崇贤乡党委书记；2001年3月～2003年10月任乡镇企业局局长；2003年11月～2011年10月任林业局局长；2006年7月～2011年10月任林业局党支部书记。

李爱民

第六任林业局长：

李爱民，男，1964年5月生，1981年12月参加工作，中共党员，大专文化程度，壶关县店上镇谓里村人。

1981年12月～1991年7月，在县委党史办工作；1991年7月～1997年6月，在县委办公室工作；1997年

7月~2000年12月县委党史研究室副主任主持工作,2000年10月任党史研究室主任,2001年1月~2002年1月,任五龙山乡党委副书记、乡长;2002年1月~2006年4月,任鹅屋乡党委副书记、乡长;2006年5月~2010年3月,任鹅屋乡党委书记、乡长;2010年3月~2011年10月,任东井岭乡党委书记、乡长;2011年11月至今,任壶关县林业局局长、支部书记。

2. 现领导班子成员简介

局长:

李爱民(见第六任局长介绍)

副局长:

宋利兵,男,1971年1月生,1991年7月毕业于长治农业学校,1991年9月参加工作,1993年函授山西省委党校大专班毕业,1994年12月加入中国共产党。壶关县龙泉镇马驹村人。

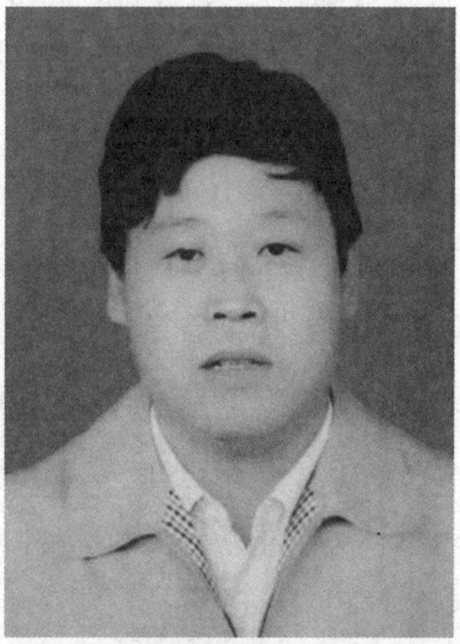
宋利兵

1991年9月~1997年6月任壶关县黄山乡科协主席、行政秘书;1997年7月~2000年12月任壶关县百尺镇党委委员、党委秘书;2001年1月~2012年3月任壶关县东井岭乡副乡长、纪检书记、人大主席;2012年4月至今任壶关县林业局副局长。

副局长:

姬小勇,男,1973年10月生,山西省壶关县东柏林村人,1993年5月入党,1997年参加工作,山西省人民武装学院毕业,大专文化。

姬小勇

1990~1993年,武警四川总队达州市中队服役;1993~1997年,在山西省人民武装学院读书;1997年至2001年,任壶关县常行乡政府武装干事;2001~2006年,任壶关县桥上乡政府武装部长;2006~2011年,任壶关县直属机关委员会武装部长;2012年1月至今,任壶关县林业局副局长。

纪检组长：

闫晓军，男，1974 年 5 月生，大学学历，中共党员，壶关县龙泉镇南园村人。

1998 年 9 月～2002 年 3 月，在县畜牧局，先后从事办公室干事和动物防疫监督工作；2002 年 4 月～2007 年 3 月，任畜牧中心繁改站站长；2007 年 4 月～2012 年 3 月，任县畜牧兽医中心副主任；2012 年 4 月至今，任县林业局纪检组长。

闫晓军

总工程师

王海燕，男，1971 年 11 月生，山西省壶关县店上镇北岭村人。山西农大林学系毕业，1996 年 10 月入党，1992 年 9 月参加工作。

1992 年 9 月～1995 年，任壶关县林业局技术员；1996～2011 年 11 月，任营林站站长；2011 年 12 月至今，任壶关县林业局总工程师。2004 年 6 月被国家林业局授予太行山绿化先进个人，2005 年 12 月被省林业厅授予全省种苗质检先进个人，2005 年获中国林科院《林业工程创新体系研究与实施》项目先进个人奖。

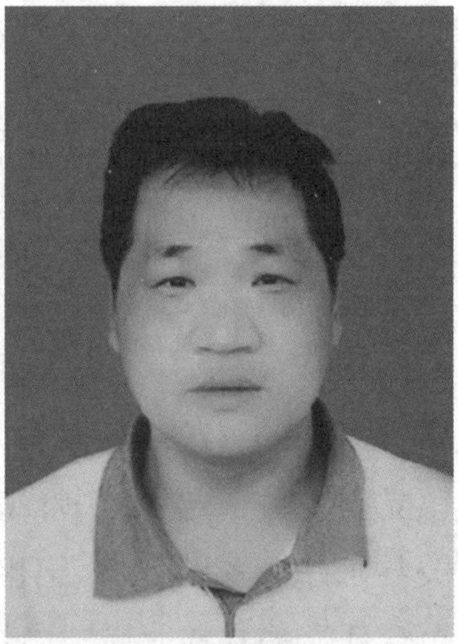
王海燕

现为副科实职人员简介：

绿化委员会办公室副主任：

武建宏，男，1964 年 11 月生，山西省壶关县黄山乡北阳护村人。1994 年 7 月入党，1988 年 10 月参加工作，山西农大毕业。

1988 年 10 月～2007 年 3 月任壶关县国营苗圃技术员；1993 年 11 月～2007 年 3 月任壶关县国营苗圃主任；2007 年 4 月至今任壶关县绿化委员会办公室副主任，多次受到上级表彰。

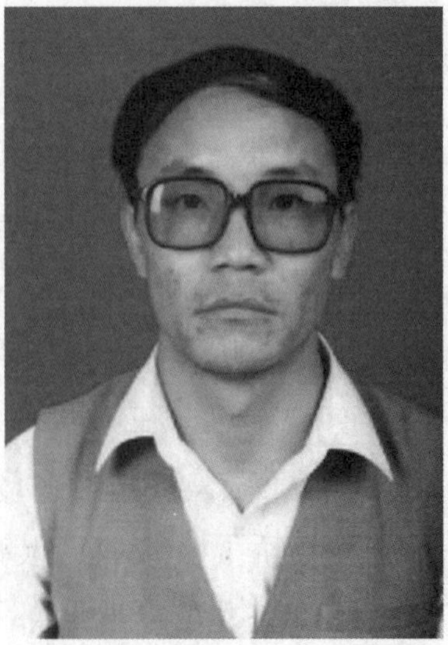
武建宏

灭火队队长：

赵文芳，男，1963 年 4 月生，山西省壶关县店上镇店上村人。1985 年 5 月入党，1983 年参加工作，1997 年函授山西省委党校大专班毕业。

赵文芳

1983 年 1 月 ~ 1985 年 10 月，在壶关县鹅屋乡木材运输检查站工作；1985 年 11 月 ~ 2011 年 12 月，在壶关县林业局先后从事机关后勤、林政资源、行政执法、森林防火、支部等工作；2012 年被任命为森林防火队队长（副科）。1999 年 3 月，被壶关县委、县政府授予先进工作者；2004 年 5 月，被山西省人民政府森林防火指挥部、山西省林业厅授予 2001 ~ 2003 年度全省“森林防火工作先进个人”；2007 年 10 月，被山西省人民政府森林防火指挥部、山西省林业厅授予 2004 ~ 2006 年度全省“森林防火工作先进个人”；2009 年 3 月，被壶关县委、县政府授予 2008 年度“劳动模范”；2010 年 3 月获“全国森林防火工作纪念奖章”。

森林派出所所长：

王绍飞，男，1981 年 5 月生，壶关县百尺镇赵屋村人。2004 年参加工作，2005 年 1 月担任森林病虫害防治站站长，2010 年 3 月担任森林公安派出所所长。

王绍飞

第三节　各站室股负责人更迭

壶关县林业局的内设站室随着林业的发展和职能的增加、变化而变化。建局之初设办公室、林业站和果树站三个站室。

办公室（1977 ~ 1991 年）

主　任：张平和（1977 年 8 月 ~ 1984 年 3 月）

　　　　连胜利（1984 年 3 月 ~ 1991 年 6 月）

林业站（1977 ~ 1991 年）

站　长：王永泉（1977 ~ 1980 年）

　　　　李书贤（1981 年 ~ 1984 年 2 月）

平书祥（1984年3月~1987年6月）

杨斌方（1987年6月~1991年6月）

申有贵（1990年7月~1991年5月）

蚕果站（1977~1981年）

站 长：张福锁

1982年增设林产品经销站（1982~1991年）

站 长：侯才龙（1982年3月~1986年2月）

张扁贵（1986年3月~1991年5月）

1984年增设林管站、林业设计队、经济林站

林管站（1984~1991年）

站 长：张文灵（1984年3月~1989年4月）

赵文芳（1989年4月~1991年5月）

经济林站（1984~1991年）

站 长：马振东（1984年3月~1988年4月）

申本书（1988年5月~1991年5月）

设计队

队 长：秦元忠（1984年3月~1991年5月）

1985年增设林业技术推广站

站 长：马金书（1985年6月~1991年5月）

1986年增设森林病虫害防治站

站 长：秦庆祥（1986年9月~1991年5月）

1990年成立林科所

所 长：王建强（1990年3月~1991年5月）

1991年林业局站室调整

办公室

主 任：程喜堂（1991年7月~1998年8月）

营林站

站 长：申有贵（1991年6月~1994年1月）

王根有（1994年1月~1995年12月）

林管站

站 长：赵文芳（1991年6月~1995年12月）

宋安民（1996年1月~1998年7月）

经济林站

站　长:马振东(马爱书)(1991年6月~1993年5月)

申本书(1993年6月~1994年12月)

宋水平(1995年1月~1998年7月)

设计队

队　长:秦元忠(1991年6月~1993年5月)

申有贵(1993年6月~1994年12月)

马何民(1995年1月~1998年7月)

资源站

站　长:申有贵(1995年1月~ 2003年12月)

推广站

站　长:马金书(1991年6月~1994年12月)

申本书(1995年1月~1998年7月)

森防站

站　长:秦庆祥(1991年6月~1993年12月)

秦平有(1994年6月~1998年7月)

林产品经销站

站　长:张扁贵(1991年6月~1997年12月)

侯才龙(1991年6月~1992年1月)

贾赵平(1996年1月~1997年12月)

林科所

所　长:王建强(1991年6月~1993年8月)

马金书(1993年8月~1994年3月)

1998年林业局站室调整

办公室

主　任:程喜堂(1998年8月~2003年10月)

营林站

站　长:王海燕(1996年1月~2003年10月)

林政管理站

站　长:宋安民(1998年8月~2003年10月)

技术推广站

站　长:宋水平(1998年8月~2003年10月)

林建基金征收站

站 长:郭玉明(1995年~2003年7月)

森防站

站 长:申本书(1998年8月~2004年12月)

林果研究所

所 长:马何民(1998年8月~2003年)

设计队

队 长:马何民(1998年8月~2003年10月)

退耕办

主 任:王 岚(2002年4月~2003年10月)

档案室

主 任:赵海俏(1998年~2004年12月)

2003年林业局站室调整

办公室

主 任:程喜堂(2003年10月~2011年10月)

人事劳资股

股 长:马振洲(2003年10月~2011年10月)

营林站

站 长:王海燕(2003年11月~2011年10月)

林管站

站 长:宋安民(2003年11月~2011年2月)

贾赵平(2011年3月~2011年10月)

防火办

主 任:赵文芳(2003年11月~2011年12月)

经济林站

站 长:宋水平(2003年11月~2004年10月)

杜水平(2004年11月~2011年12月)

设计队

队 长:马何民(2003年11月~2010年2月)

杜水平(2010年3月~2013年12月)

技术推广站

站 长:宋水平(2004年10月~2013年12月)

森防站

站　长:王绍飞(2005年1月~2011年10月)

质检站

站　长:李天中(2005年1月~2013年12月)

文印室

主　任:李清方(2003年11月~2011年10月)

档案室

主　任:赵文清(2005年1月~2009年6月)

　　　王路风(2009年7月~2011年10月)

安全股

股　长:石保红(2009年6月~2013年12月)

统计股

股　长:郝秀斌(2006年11月~2011年11月)

退耕办

主　任:王岚(2003年11月~2011年1月)

森林灭火队

队　长:赵文芳(2008年4月~2010年8月)

　　　李　霖(2010年9月~2011年9月)

林建基金征收站

站　长:贾赵平(2003年9月~2008年12月)

法制股

站　长:刘云鹏(2006年12月~2011年10月)

派出所

所　长:王绍飞(2010年3月~2011年10月)

林业行政执法大队

大队长:程喜堂(2004年9月~2008年12月)

石坡中队队长

　　　宋安民(2004年9月~2008年12月)

晋庄中队队长

　　　赵文芳(2004年9月~2008年12月)

百尺中队队长

　　　刘彦彪(2004年9月~2008年12月)

树掌中队队长:秦建秀(2004年9月~2008年12月)

林业鉴定中心

主 任:李 霖(2011年9月~2011年10月)

第四节 现设机构及负责人(2013年底)

办公室

主 任:程喜堂(2011年11月至今)

人事劳资科

科 长:马振洲(2011年11月至今)

营林站

站 长:刘云鹏(2012年1月至今)

林管站

站 长:贾赵平(2011年11月至今)

技术推广站

站 长:宋水平(2011年11月至今)

森防站

站 长:宋安民(2012年1月至今)

设计队

队 长:杜水平(2011年12月至今)

质检站

站 长:李天忠(2011年11月至今)

政宣室

主 任:梁军斌(2011年11月至今)

经济林站

站 长:张三波(2012年1月至今)

林权中心

主 任:李清方(2011年11月至今)

统计股

股 长:郝秀斌(2011年11月至今)

退耕办

主 任:王 岚(2011年11月至今)

公益林办

主　任:李彩萍(2012 年 1 月至今)

档案室

主　任:王路风(2012 年 1 月至今)

防火办

主　任:常志斌(2012 年 1 月至今)

安全股

股　长:石保红(2011 年 11 月至今)

妇　联

主　任:闫月玲(2012 年 1 月至今)

农廉办

主　任:申李军(2012 年 1 月至今)

森林灭火队

队　长:郭　波(2011 年 11 月至今)

野保站

站　长:刘彦彪(2012 年 1 月至今)

森林公安派出所

所　长:王绍飞(2011 年 11 月至今)

第五节　现有人员构成

全局现有人员共 102 人,构成分行政和事业两个部分。

一、行政人员:行政 12 人,占总人数的 11.8%。其中,正科 6 人,副科 3 人,科员 2 人、行政工人 1 人。

二、事业人员:事业 90 人,占总人数的 88.2%。其中,中级职称的有 19 人,占总人数的 21.1%,初级职称的有 23 人,占总人数的 25.6%,职员 38 人,占总人数的 42.2%,工人身份的 10 人,占总人数的 11.1%。在中级职称中,林业工程师有 15 人,会计师 1 人,经济师 3 人。在工人中,技师 2 人、中级工 2 人、初级工 6 人。

文化程度构成是:本科生 41 人,占总人数的 40.2%;大专生 33 人,占总人数的 32.4%;中专及以下的 28 人,占总人数的 27.5%。

第三章　乡镇林业工作站

第一节　乡镇林业工作站的成立

根据省委、省政府文件规定，县委、县政府于1979年在20个公社招聘20名林业员，负责林政管理和营林生产工作，1988年改为乡（镇）林业工作站，乡镇林业工作站名录如下：

壶关县城关镇林业工作站
壶关县西川底乡林业工作站
壶关县集店乡林业工作站
壶关县辛村乡林业工作站
壶关县东崇贤乡林业工作站
壶关县晋庄镇林业工作站
壶关县五龙山乡林业工作站
壶关县固村乡林业工作站
壶关县店上镇林业工作站
壶关县东井岭乡林业工作站
壶关县常行乡林业工作站
壶关县石坡乡林业工作站
壶关县石河沐乡林业工作站
壶关县桥上乡林业工作站
壶关县鹅屋乡林业工作站
壶关县树掌镇林业工作站
壶关县百尺镇林业工作站
壶关县东柏林乡林业工作站
壶关县黄山乡林业工作站
壶关县黄家川乡林业工作站

第一批林业员1982年培训后合影

第二节 乡镇林业工作站的演变

2000年,将原20个乡镇林业工作站撤并为12个乡镇林业工作站,撤并后为:

壶关县龙泉镇林业工作站(原城关镇林业工作站、西川底乡林业工作站)

壶关县集店乡林业工作站(原集店乡林业工作站、辛村乡林业工作站)

壶关县晋庄镇林业工作站(原东崇贤乡林业工作站、晋庄镇林业工作站)

壶关县店上镇林业工作站(原固村乡林业工作站、店上镇林业工作站)

壶关县东井岭乡林业工作站(原东井岭乡林业工作站、常行乡林业工作站)

壶关县石坡乡林业工作站(原石坡乡林业工作站、石河沐乡林业工作站)

壶关县百尺镇林业工作站(原百尺镇林业工作站、东柏林乡林业工作站)

壶关县黄山乡林业工作站(原黄山乡林业工作站、黄家川乡林业工作站)

壶关县五龙山乡林业工作站

壶关县桥上乡林业工作站

壶关县鹅屋乡林业工作站

壶关县树掌镇林业工作站

2006年乡镇机构改革将12个乡镇林业工作站合并为五个乡镇林业管理中心站:

1. 壶关县五龙山林业管理中心站(龙泉镇林业工作站、五龙山乡林业工作站)

2. 壶关县晋庄林业管理中心站(晋庄镇林业工作站、集店乡林业工作站、常平开发区)

3. 壶关县百尺林业管理中心站(百尺镇林业工作站、黄山乡林业工作站)

4. 壶关县东井岭林业管理中心站(店上镇林业工作站、东井岭乡林业工作站、树掌镇林业工作站)

5. 壶关县石坡林业管理中心站(石坡乡林业工作站、鹅屋乡林业工作站、桥上乡林业工作站)

合并为五个乡镇林业管理中心站后,原林业工作站的人员还在各自乡镇工作。

第四章　下属单位

第一节　国营壶关树掌林场

1. 林场场长变化情况:国营壶关树掌林场创建于1958年12月,场址在树掌镇福头村,2003年迁至县城新建南路。自建场以来,林场共历经十二任场长:第一任场长杨李狗,任期1958年12月~1960年6月;第二任场长李树世,潞城县微子镇王都庄村人,任期1960年7月~1962年12月;第三任场长刘德山,龙泉镇南关村人,任期1963年1月~1972年9月(郭广则,店上镇山后村人,任支部书记,其中1968年6月~1972年9月,由林场技术员张家丰担任林场革委会负责人,负责林场工作);第四任场长赵万有,店上镇店上村人,任期1972年10月~1975年5月;第五任场长秦聚则,龙泉镇程村人,任期1975年6月~1984年6月;第六任场长秦杰,任期1984年6月~1985年12月;第七任场长肖福平,石坡乡石河沐村人,任期1986年1月~1990年3月;第八任场长平书祥,龙泉镇马驹村人,任期1990年4月~1991年3月;第九任场长秦庆祥,平顺县申家坪村人,任期1991年4月~1995年3月;第十任场长栗建平,桥上乡大河村人,任期1995年4月~1999年3月;第十一任场长李智胜,黄山乡下好牢村人,任期1999年4月~2007年4月;第十二任场长张鹏,树掌镇磨掌村人,任期2007年5月至今。五十多年来,林场从弱到强,从造林培育到采育结合,经营水平不断提高,在全县的林业工作中起到了先锋与带头作用。

2、营造林情况:建场初期,林场经营面积6.3万亩,其中,有林地面积仅1.8万亩,主要分布在树掌、东井岭两个乡镇,基本上都是天然次生林,主要树种为油松。五十多年来,通过义务植树,工程造林,林场累计完成人工造林4.3万亩,经营面积达8.08万亩,有林地面积达7.3万亩,增加了5.5万亩,森林蓄积量达26.2万立方米,净增19.5万立方米。森林覆盖率91.5%。涉及树掌、石坡、桥上、东井岭、店上、五龙山、集店、晋庄等8个乡(镇)的66个行政村,设有固定的护林点8处。

3、人员变化及职工工资情况:建场初期,林场有职工4人,1980年增加到15人,1990年后增加到40人,至2013年,林场共有正式在编职工28名,长期合同工5名,在编退休人员12名,合同工退休人员4名,享受遗属补助的家属8名,另外还有临时工及补贴护林员10名。

建场初期,林场职工平均工资为每月14元,1980年职工平均工资增加到每月28元,1990年职工平均工资增加到每月300元。2005年7月14日,经县四套班子研究决定,并形成会议纪要,将林场由自收自支事业单位转为差额预算事业单位,行政级别为股级,职工60%工资纳入了县财政预算,职工工资大幅提高,平均工资达到每月1000元以上,至2013年职工平均工资达到每月2000元以上。

4、产业发展情况:1984年,林场因地制宜开展了木材废料加工等多种经营项目,开始由封闭型林业走向开放型林业,并发挥技术优势,积极为农民传授技术,在全县起到了积极的示范作用。

1996年,林场以紫团山、太行山大峡谷范围的国有森林风景资源为主体,经国家林业部(林场批字[1996]83号)文件批准,设立了太行峡谷国家森林公园。森林公园与国营壶关树掌林场实行的是“两块牌子,一套班子”的管理体制。太行峡谷国家森林公园位于壶关县东南部,西起树掌神郊,东至桥上杨家池,南至鹅屋,北达石坡,涉及四个乡镇的27个行政村,总面积达5848.3公顷(87724.5亩),森林覆盖率达74.9%。

5、基础设施及民生改善情况：林场旧场部位于树掌镇福头村，共有办公用房954.4平方米,都是在1969年和1970年以前所建的砖木楼房和平房,已基本上成为危房,有些已倒塌,失去使用价值。2003年以来,林场在壶关县城新建南路新建钢混结构办公用房438.2平方米,将场部搬迁到县城,改善了职工办公和生活条件,缓解了职工子女上学和就医的困难,解除了职工的后顾之忧。特别是2012年,林场按照国家危旧房改造政策,有13户符合危旧房改造条件的职工,在国家的资助下进行了改造。

自建场到2013年,林场修建林区道路150千米。

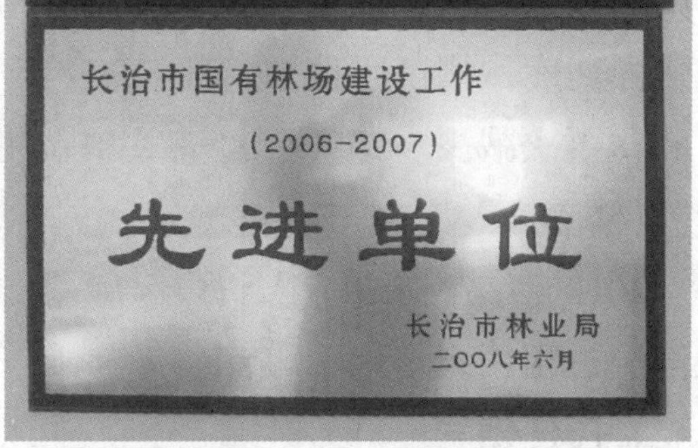

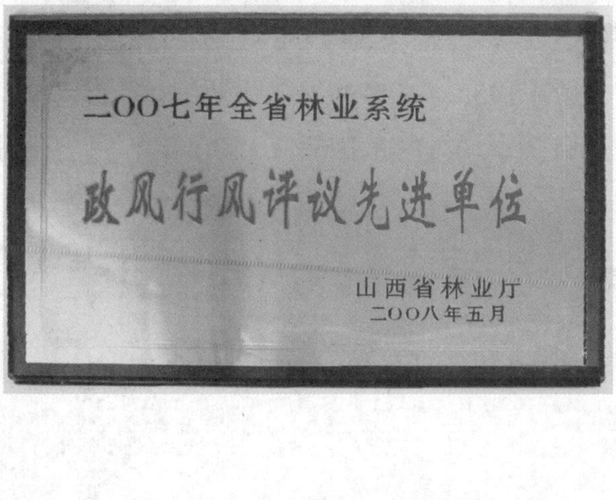

林场职工卫生所

位于福头村的旧场址

位于福头村的新场址

位于县城的新场部

第二节　国营壶关苗圃

国营壶关苗圃,1957年10月筹建于百尺镇五集村,1958年圃址确定在黄家川乡南宋壁村,1984年主圃址迁往县城南关。

建圃初期,苗圃共4人。国家投资建窑三孔,划定苗圃地250亩。其中,宋壁村150亩,辛寨村100亩。1960年退还宋壁村土地50亩,辛寨村100亩,圃地减少到100亩。为了扩大育苗面积,1970年,经县委领导批准,苗圃又占用县农场耕地30亩,秦庄村耕地20亩和杜家河村厂矿征而未用耕地15亩,并在南关修建房屋5间。1979年苗圃又占用杜家河报废水库190亩库容面积培育苗木。1984年,苗圃又在南关修建房屋25间,375平方米。1985年后又建房25间,500平方米。1986年,按照有关文件精神,苗圃退还秦庄村耕地18亩,办理了32亩耕地的征用手续。1985年县武装部在杜家河修建弹药库占用苗圃地10亩。2009年后杜家河水库的育苗地逐步归还给原单位,育苗面积再次减少。2007年经有关单位批准,苗圃建商品楼一栋,面积7800平方米,实行"以楼养人"。

2013年,苗圃共有干部职工19名,经营土地面积50亩,其中育苗地50亩。另外在沟洞村租用育苗地30余亩。

1. 历任领导

筹建初期,苗圃由杨天松任主任。共有人员4名,任期到1958年,后调离。

第二任主任秦天富。晋庄镇河底村人,任期1958~1962年底,后返乡务农。

第三任主任李树世。潞城县微子镇王都庄村人,任期1963~1970年8月,后调离。

第四任主任郭广则。固村乡南山后村人,任期1970年9月~1972年3月,后改任副主任,1983年离休。

第五任主任杜九则。店上镇鳌街村人,任期1972年4月~1983年,1983年底退休。

1984 年～1986 年 6 月间,由王增福主持工作,桥上乡东川底村人。

第六任主任王建忠。石坡乡双井村人,任期 1986 年 7 月～1993 年 10 月。

第七任主任武建宏。黄山乡北阳护村人,任期 1993 年 11 月～2008 年 12 月。

第八任主任常红卫。晋庄镇常家池村人,任期 2009 年 1 月至今。

2. 生产情况

从 1959 年开始,国营壶关苗圃围绕全县林业生产积极育苗,到 1988 年底,累计培育各种苗木 1000 万株,各种花卉 3 万余盆,为全县城乡绿化做出了贡献。1984 年,在乡村苗圃大量发展的新形势下,苗圃采用“你无我有,你有我优,你优我转”的育苗办法,定向培育苗木,并积极开展了木材经销、花卉展销、铁皮加工、木材加工、运输等多种经营项目,进一步搞活了苗圃经济,增强了发展后劲。1987 年多种经营收入达 5 万元,占到苗圃总收入的 41%。1987 年以来修建花卉温室 400 平方米,打水井两眼,修水渠配套工程两处,打围墙 700 米。1988 年被评为山西省国营苗圃先进单位。1989～2001 年苗圃从林业发展需要出发,不断改变育苗品种和苗木规格,以新品种育苗和大规格苗为主,经济效益有所好转。2002～2013 年间,苗圃依托国家退耕还林工程和国家生态建设工程,一方面继续改制,实行个人承包育苗,一方面进行苗圃的逐步转型,取得了山西省造林绿化资质, 积极参与造林绿化工程的投标竞标, 在林业局的支持下,实行了育苗、绿化“两条腿”走路,工人工资开始实行档案工资,个人收入有了大的提高并有了一定保证,离退休人员的养老保险也基本能按时上缴。

第十二编　林业先进单位

第一章　受省部级表彰的先进单位

第一节　壶关县受表彰情况

在长达几十年的造林绿化、生态建设中，涌现出大量林业建设先进单位。这些先进单位在不同的历史时期，发挥了不同的引领、示范、先锋作用，为全县林业的快速发展，科学发展、持续发展，作出了积极贡献。特别是壶关县作为一个林业先进集体，在长达30年的时间里，一直走在全省、全国前列，多次受到长治市、山西省和国家的表彰奖励。这充分证明，上级对壶关县大抓林业发展，改变自然面貌，改善生态环境，建设生态文明方面的坚持与执着，成就与成效，给予肯定和褒扬，这应该成为壶关人民的一份荣誉与自豪。

受奖单位	颁奖单位	称　号	颁奖时间
壶关县	山西省绿化委员会	绿化先进单位	1988年
壶关县	山西省委、省政府	林业先进单位	1989年
壶关县	山西省委、省政府	全省林业建设红旗单位	1992年9月
壶关县	国家林业部	全国林业宣传先进单位	1994年2月
壶关县	农业部、人事部、国家科学技术委员会、林业部、国家农业综合开发办公室等六部委	全国农业科技推广先进单位	1995年2月
壶关县	全国绿化委员会	全国造林绿化百佳县	1995年3月
壶关县	山西省人民政府	实现基本绿化达标	1995年9月
壶关县	山西省人民政府	造林绿化特别奖	1995年9月
壶关县	全国绿化委员会、林业部、人事部	全国造林绿化先进单位	1996年3月
壶关县	国家林业部	全国科技兴林示范县	1996年7月
壶关县	国家林业局	全国林业生态建设先进县	2000年3月
壶关县	山西省人民政府森林防火指挥部	森林防火先进单位	2000年11月
壶关县	山西省太行山干石山区农业综合开发工程指挥部	1996~1999山西省太行山干石山区农业综合开发工程先进单位	2000年
壶关县	山西省人民政府	1998年~2000年林业建设先进单位	2001年9月
壶关县	国家森林防火指挥部	全国森林防火先进县	2002年3月
壶关县	国家林业局	1998~2000年全国森林防火工作先进单位	2002年3月

（续）

受奖单位	颁奖单位	称 号	颁奖时间
壶关县	国家林业局	太行山绿化工程先进单位	2004 年 10 月
壶关县人民政府	国家标准化管理委员会、国家林业局	国家林业标准化示范区	2005 年 10 月
壶关县	山西省人民政府	全省造林绿化先进县	2007 年 8 月
壶关县	中华人民共和国建设部	国家园林县城	2008 年 2 月
壶关县	中国绿色名县推介委员会、中国县镇绿色发展论坛	中国绿色名县	2010 年 3 月
壶关县	山西省人民政府	全省林业生态县	2010 年 6 月
壶关县	山西省人民政府森林防火指挥部	全省森林防火工作先进单位	2010 年 12 月
壶关县	全国生态文明先进县推介委员会、全国生态文明建设发展论坛组委会	全国生态文明先进县	2011 年 11 月
壶关县	山西省集体林权制度改革领导组	全省集体林权制度改革先进县	2012 年 2 月

第二节 乡镇村受表彰情况

受奖单位	授奖单位	称 号	授奖时间
鹅屋公社林场	山西省人民政府	林业先进集体	1980 年
店上公社林场	山西省人民政府	林业先进集体	1980 年
店上公社小南青大队	山西省绿化委员会	林业先进集体	1980 年
鹅屋公社	山西省人民政府	林业先进集体	1981 年
鹅屋公社	山西省绿化委员会	义务植树先进单位	1982 年
石坡公社	山西省绿化委员会	义务植树先进单位	1982 年
石河沐公社	山西省绿化委员会	义务植树先进单位	1982 年
店上公社麻巷大队	山西省绿化委员会	义务植树先进单位	1982 年
东崇贤公社赵掌大队	山西省绿化委员会	义务植树先进单位	1982 年
五龙山公社刘寨大队	山西省绿化委员会	义务植树先进单位	1982 年
常行公社盖家川大队	山西省绿化委员会	义务植树先进单位	1982 年
东井岭公社石盆大队	山西省绿化委员会	义务植树先进单位	1982 年
固村公社北岭大队	山西省绿化委员会	义务植树先进单位	1982 年
固村乡政府	山西省绿化委员会	义务植树先进单位	1984 年
鹅屋乡政府	山西省人民政府	林业先进集体	1984 年

（续）

受奖单位	授奖单位	称　号	授奖时间
常行乡政府	山西省绿化委员会	义务植树先进单位	1984 年
树掌镇政府	山西省绿化委员会	义务植树先进单位	1984 年
晋庄镇北庄村	山西省绿化委员会	义务植树先进单位	1984 年
石河沐乡孤山沟村	山西省绿化委员会	义务植树先进单位	1984 年
鹅屋乡政府	山西省绿化委员会	林业先进集体	1984 年
晋庄镇常家池村	山西省绿化委员会	林业先进集体	1984 年
鹅屋乡	山西省绿化委员会	绿化先进单位	1988 年
固村乡北大安村	山西省绿化委员会	绿化先进单位	1988 年
店上镇林业站	山西省绿化委员会	林业建设先进单位	1998 年 9 月

第三节　单位受表彰情况

受奖单位	授奖单位	称　号	授奖时间
壶关县林业局	山西省绿化委员会	义务植树先进单位	1984 年
壶关县林业局	山西省绿化委员会	绿化先进单位	1988 年
壶关县林业局	山西省委、省政府	先进单位	1988 年
壶关县林业局	国家林业部	全国先进林业工作站	1992 年 12 月
五龙山乡林业工作站	国家林业部	先进林业工作站	1992 年

第二章　受市、厅级表彰的先进单位

第一节　县委、县政府受表彰情况

受奖单位	授奖单位	称　号	授奖时间
壶关县人民政府	长治市政府	科学营林先进集体	1988 年
壶关县	山西省林业厅	科技兴林先进单位	1991 年 12 月
壶关县	长治市委、市政府	“绿金杯”竞赛特等奖	1991 年
壶关县	长治市委、市政府	“绿金杯”竞赛第二名	1993 年 3 月
壶关县	山西省科学技术委员会	山西省科技进步三等奖	1993 年
壶关县人民政府	山西省林业厅	全省“林业建设特别奖”	1994 年 2 月

（续）

受奖单位	授奖单位	称　　号	授奖时间
壶关县人民政府	山西省林业厅	全省"林业宣传先进单位"	1994年12月
壶关县	长治市人民政府	1991–1995年林业建设红旗单位	1996年3月
壶关县	山西省林业厅	山西省太行山绿化工程建设先进县	1996年9月
壶关县	中共长治市委	2002–2004林业建设红旗县	2005年1月
壶关县	山西省林业厅	2002–2005太行山绿化精品工程	2006年2月
壶关县	中共长治市委	2005年度林业建设红旗县	2006年2月
壶关县	长治市绿化委员会	县城东外环环城绿化精品工程	2007年2月
壶关县	长治市绿化委员会	小逢善绿化精品工程	2007年2月
壶关县	长治市委、市政府	造林绿化红旗县	2008年11月
壶关县	长治市委、市政府	林业生态建设先进单位	2009年12月
壶关县	长治市委、市政府	创建全国绿化模范城市先进县	2010年11月
壶关县	长治市人民政府	2012年度林业生态建设模范县	2013年3月

第二节　乡镇村受表彰情况

受奖单位	授奖单位	称　　号	授奖时间
国营苗圃	长治市人民政府	绿化先进单位	1988年
石坡乡政府	长治市人民政府	绿化先进单位	1988年
固村乡政府	长治市人民政府	绿化先进单位	1988年
城关镇政府	长治市人民政府	绿化先进单位	1988年
树掌镇政府	长治市人民政府	绿化先进单位	1988年
店上镇角脚底村	长治市人民政府	绿化先进单位	1988年
五龙山乡林业工作站	省林业厅	林业工作站建设先进单位	1993年10月
石坡乡	长治市人民政府	林业建设先进单位	1996年3月
五龙山乡林业工作站	长治市人民政府	林业建设先进单位	1996年3月
东井岭乡大井村	长治市人民政府	林业建设先进单位	1996年3月
龙泉镇政府	长治市委、市政府	造林绿化先进单位	2008年11月
集店乡政府	长治市委、市政府	造林绿化先进单位	2008年11月
常平开发区管委	长治市委、市政府	造林绿化先进单位	2008年11月

第三节　单位受表彰情况

受奖单位	授奖单位	称　　号	授奖时间
县人民医院	长治市人民政府	绿化先进单位	1988年
壶关县林业局	长治市人民政府	先进单位	1988年
壶关县林业局	长治市防火指挥部	护林防火先进单位	1990年11月
壶关县林业局	山西省林业厅	林业宣传先进单位	1991年3月
壶关县林业局	山西省档案局	档案工作模范单位	1991年4月
壶关县林业局	长治市委市政府	先进集体	1991年4月
壶关县林业局	长治市防火指挥部	1990年护林防火先进单位	1991年4月
壶关县林业局	山西省人事局	"七五"期间全省档案系统先进集体	1991年4月
壶关县林业局	山西省林业厅	森防工作先进单位	1991年5月
壶关县林业局	长治市人民政府	科技进步一等奖	1991年5月
壶关县林业局	长治市人民政府	科技进步二等奖	1991年5月
壶关县林业局	长治市人民政府	软科学理论二等奖	1991年5月
壶关县林业局	中共长治市委	先进集体	1991年5月
壶关县绿委	长治市绿化委	绿化知识竞赛优秀组织奖	1991年11月
壶关县林业局	山西省林业厅	全面推广工程造林和技术培训成绩显著	1991年12月
壶关县林业局	山西省科委	贫瘠干旱石质山阳坡造林技术进步二等奖	1992年11月
壶关县林业局	山西省林业厅	森林资源档案管理先进单位	1992年12月
壶关县林业局	山西省林业厅	林业标语大赛"先进单位"	1995年1月
壶关县林业局	长治市人民政府	"八五"期间档案工作先进单位	1996年4月

（续）

受奖单位	授奖单位	称　　号	授奖时间
壶关县林业局技术站	山西省科学技术委员会	“百里核桃带”农村技术承包“集体三等奖”	1997 年 6 月
壶关县技术推广站	长治市人民政府	“百里核桃带技术推广”三等奖	1999 年 3 月
壶关县林业局	山西省林业厅	林业生态建设宣传先进集体	1999 年 12 月
壶关县林业局	山西省林业厅	山西省森林资源“二类”调查工作先进单位	2006 年 1 月
壶关县林业局	山西省林业厅	林业宣传先进单位	2006 年 2 月
壶关县林业局	山西省林业厅	2005 年度林业系统政风行风评议先进单位	2006 年 6 月
壶关县林业局	山西省林业厅	2006 年度林业系统政风行风评议先进单位	2007 年 6 月
壶关县林业局	中共长治市委、市政府	造林绿化先进单位	2008 年 11 月
壶关县城建局	中共长治市委、市政府	造林绿化先进单位	2008 年 11 月
壶关县林业局	山西省林业厅	2008 年度全省林业系统政风行风评议先进单位	2009 年 6 月
壶关县林业局	中共长治市委	林业生态建设先进单位	2009 年 12 月

第三章　受县委、县政府表彰的先进单位

受奖单位	授奖单位	称　　号	授奖品时间
城关镇马驹村	县委、县政府	绿化红旗单位	1986 年
西川底乡下内村	县委、县政府	绿化红旗单位	1986 年
辛村乡岭东村	县委、县政府	绿化红旗单位	1986 年
集店乡常平村	县委、县政府	绿化红旗单位	1986 年
晋庄镇常家池村	县委、县政府	绿化红旗单位	1986 年
东崇贤乡北掌村	县委、县政府	绿化红旗单位	1986 年
黄山乡西底村	县委、县政府	绿化红旗单位	1986 年

（续）

受奖单位	授奖单位	称　号	授奖品时间
黄家川乡东脚村	县委、县政府	绿化红旗单位	1986 年
固村乡北大安村	县委、县政府	绿化红旗单位	1986 年
五龙山乡刘寨村	县委、县政府	绿化红旗单位	1986 年
店上镇角脚底村	县委、县政府	绿化红旗单位	1986 年
百尺镇韩庄村	县委、县政府	绿化红旗单位	1986 年
东柏林乡高崖头村	县委、县政府	绿化红旗单位	1986 年
常行乡盖家川村	县委、县政府	绿化红旗单位	1986 年
东井岭乡石盆村	县委、县政府	绿化红旗单位	1986 年
石坡乡双井村	县委、县政府	绿化红旗单位	1986 年
树掌镇树掌村	县委、县政府	绿化红旗单位	1986 年
桥上乡梯脑山村	县委、县政府	绿化红旗单位	1986 年
石河沐乡东沐村	县委、县政府	绿化红旗单位	1986 年
鹅屋乡阴山坝村	县委、县政府	绿化红旗单位	1986 年
西川底乡西川底村	县委、县政府	林业生产先进集体	1987 年
固村乡绍良村	县委、县政府	林业生产先进集体	1987 年
店上镇靳家掌村	县委、县政府	林业生产先进集体	1987 年
东井岭乡南岸上村	县委、县政府	林业生产先进集体	1987 年
石坡乡双井村	县委、县政府	林业生产先进集体	1987 年
树掌镇河东村	县委、县政府	林业生产先进集体	1987 年
石河沐乡前山庄村	县委、县政府	林业生产先进集体	1987 年
鹅屋乡阴山坝村	县委、县政府	林业生产先进集体	1987 年
鹅屋乡	县委、县政府	林业生产先进集体	1987 年
石坡乡	县委、县政府	林业生产模范单位	1988 年
黄家川乡东脚村	县委、县政府	林业生产模范单位	1988 年
店上镇桥后沟林场	县委、县政府	林业生产模范单位	1988 年
树掌镇河东村	县委、县政府	林业生产模范单位	1988 年
石河沐乡前山庄村	县委、县政府	林业生产模范单位	1988 年
鹅屋乡师家背村	县委、县政府	林业生产模范单位	1988 年
东井岭乡	县委、县政府	林业生产先进单位	1992 年
鹅屋乡沙岗沟村	县委、县政府	人均造林面积全县第一	1992 年
固村乡北大安村	县委、县政府	人均林业收入全县第一	1992 年
石河沐乡龙尾头村	县委、县政府	人均育苗全县第一	1992 年

（续）

受奖单位	授奖单位	称　号	授奖品时间
晋庄镇范家后村	县委、县政府	荒山造林质量全县第一	1992 年
桥上乡南岭村	县委、县政府	人均干果产量全县第一	1992 年
常行乡岭后村	县委、县政府	林木管护全县第一	1992 年
常行乡盖家川村	县委、县政府	油松育苗全县第一	1992 年
石坡乡南平头坞村	县委、县政府	油松育苗面积全县第一	1992 年
晋庄镇	县委、县政府	林业生产红旗单位	1996 年
石坡乡	县委、县政府	林业生产红旗单位	1996 年
鹅屋乡	县委、县政府	林业生产红旗单位	1996 年
东井岭乡	县委、县政府	干果生产红旗单位	1996 年
国营林场	县委、县政府	系统先进单位	1996 年
东井岭乡	县委、县政府	林业生产先进单位	1997 年
树掌镇	县委、县政府	林业生产先进单位	1997 年
晋庄镇	县委、县政府	林业生产先进单位	1997 年
固村乡	县委、县政府	经济林生产先进单位	1997 年
东井岭乡	县委、县政府	经济林生产先进单位	1997 年
国营林场	县委、县政府	系统先进单位	1997 年
壶关县林业局	县委、县政府	林业生态建设红旗单位	2009 年
壶关县城建局	县委、县政府	林业生态建设红旗单位	2009 年
龙泉镇人民政府	县委、县政府	林业生态建设红旗单位	2009 年
晋庄镇人民政府	县委、县政府	林业生态建设红旗单位	2009 年
店上镇人民政府	县委、县政府	林业生态建设红旗单位	2009 年
石坡乡人民政府	县委、县政府	林业生态建设红旗单位	2009 年
东井岭乡人民政府	县委、县政府	林业生态建设红旗单位	2009 年
集店乡人民政府	县委、县政府	林业生态建设红旗单位	2009 年
常平开发区管委	县委、县政府	林业生态建设红旗单位	2009 年
桥上乡人民政府	县委、县政府	林业生态建设红旗单位	2009 年
壶关县农业局	县委、县政府	林业生态建设模范单位	2009 年
壶关县公安局	县委、县政府	林业生态建设模范单位	2009 年
壶关县财政局	县委、县政府	林业生态建设模范单位	2009 年
壶关县交通局	县委、县政府	林业生态建设模范单位	2009 年
壶关县交警队	县委、县政府	林业生态建设模范单位	2009 年
壶关县扶贫办	县委、县政府	林业生态建设模范单位	2009 年

（续）

受奖单位	授奖单位	称　号	授奖品时间
壶关县广电中心	县委、县政府	林业生态建设模范单位	2009 年
壶关县新闻中心	县委、县政府	林业生态建设模范单位	2009 年
壶关县电力公司	县委、县政府	林业生态建设模范单位	2009 年
壶关县公路段	县委、县政府	林业生态建设模范单位	2009 年
壶关县园林处	县委、县政府	林业生态建设模范单位	2009 年
壶关县体育中心	县委、县政府	林业生态建设模范单位	2009 年
壶关县化工集团	县委、县政府	林业生态建设模范单位	2009 年
壶关县城建局	县委、县政府	园林村建设帮扶先进单位	2009 年
壶关县林业局	县委、县政府	园林村建设帮扶先进单位	2009 年
壶关县煤运公司	县委、县政府	园林村建设帮扶先进单位	2009 年
壶关县财政局	县委、县政府	园林村建设帮扶先进单位	2009 年
壶关县农业局	县委、县政府	园林村建设帮扶先进单位	2009 年
壶关县民政局	县委、县政府	园林村建设帮扶先进单位	2009 年
壶关县教育局	县委、县政府	园林村建设帮扶先进单位	2009 年
壶关县安监局	县委、县政府	园林村建设帮扶先进单位	2009 年
壶关县发改局	县委、县政府	园林村建设帮扶先进单位	2009 年
壶关县劳动保障局	县委、县政府	园林村建设帮扶先进单位	2009 年
壶关县环保局	县委、县政府	园林村建设帮扶先进单位	2009 年
壶关县水利局	县委、县政府	园林村建设帮扶先进单位	2009 年
壶关县经贸局	县委、县政府	园林村建设帮扶先进单位	2009 年
壶关县国税局	县委、县政府	园林村建设帮扶先进单位	2009 年
壶关县地税局	县委、县政府	园林村建设帮扶先进单位	2009 年
壶关县审计局	县委、县政府	园林村建设帮扶先进单位	2009 年
壶关县委办公室	县委、县政府	园林村建设帮扶先进单位	2009 年
壶关县政府办公室	县委、县政府	园林村建设帮扶先进单位	2009 年
壶关县人大办公室	县委、县政府	园林村建设帮扶先进单位	2009 年
壶关县政协办公室	县委、县政府	园林村建设帮扶先进单位	2009 年
壶关县检察院	县委、县政府	园林村建设帮扶先进单位	2009 年
壶关县法院	县委、县政府	园林村建设帮扶先进单位	2009 年
壶关县公路段	县委、县政府	园林村建设帮扶先进单位	2009 年

（续）

受奖单位	授奖单位	称　号	授奖品时间
壶关县国土局	县委、县政府	园林村建设帮扶先进单位	2009 年
壶关县交通局	县委、县政府	园林村建设帮扶先进单位	2009 年
壶关县广电中心	县委、县政府	园林村建设帮扶先进单位	2009 年
壶关县卫生局	县委、县政府	园林村建设帮扶先进单位	2009 年
壶关县粮食中心	县委、县政府	园林村建设帮扶先进单位	2009 年
壶关县中小企业局	县委、县政府	园林村建设帮扶先进单位	2009 年
壶关县统计局	县委、县政府	园林村建设帮扶先进单位	2009 年
壶关县计生局	县委、县政府	园林村建设帮扶先进单位	2009 年
壶关县石油公司	县委、县政府	园林村建设帮扶先进单位	2009 年
壶关县畜牧中心	县委、县政府	园林村建设帮扶先进单位	2009 年
壶关县信用联社	县委、县政府	园林村建设帮扶先进单位	2009 年
壶关县电力公司	县委、县政府	园林村建设帮扶先进单位	2009 年
壶关县扶贫办	县委、县政府	园林村建设帮扶先进单位	2009 年
龙泉镇西川底村	县委、县政府	园林化建设先进村	2009 年
龙泉镇四家池村	县委、县政府	园林化建设先进村	2009 年
龙泉镇盘驼底村	县委、县政府	园林化建设先进村	2009 年
龙泉镇老东河村	县委、县政府	园林化建设先进村	2009 年
龙泉镇石岩头村	县委、县政府	园林化建设先进村	2009 年
龙泉镇紫岩掌村	县委、县政府	园林化建设先进村	2009 年
店上镇北大安村	县委、县政府	园林化建设先进村	2009 年
店上镇南大安村	县委、县政府	园林化建设先进村	2009 年
店上镇瓜掌村	县委、县政府	园林化建设先进村	2009 年
店上镇长林村	县委、县政府	园林化建设先进村	2009 年
店上镇林青庄村	县委、县政府	园林化建设先进村	2009 年
店上镇绍良村	县委、县政府	园林化建设先进村	2009 年
晋庄镇十里村	县委、县政府	园林化建设先进村	2009 年
晋庄镇北庄村	县委、县政府	园林化建设先进村	2009 年

（续）

受奖单位	授奖单位	称　号	授奖品时间
晋庄镇西七里村	县委、县政府	园林化建设先进村	2009年
晋庄镇东川村	县委、县政府	园林化建设先进村	2009年
晋庄镇常家池村	县委、县政府	园林化建设先进村	2009年
晋庄镇徐家后村	县委、县政府	园林化建设先进村	2009年
集店乡集店村	县委、县政府	园林化建设先进村	2009年
集店乡逢善村	县委、县政府	园林化建设先进村	2009年
集店乡北皇村	县委、县政府	园林化建设先进村	2009年
东井岭乡大井村	县委、县政府	园林化建设先进村	2009年
东井岭乡上庄村	县委、县政府	园林化建设先进村	2009年
东井岭乡碾谷驼村	县委、县政府	园林化建设先进村	2009年
石坡乡安口村	县委、县政府	园林化建设先进村	2009年
石坡乡郭家驼村	县委、县政府	园林化建设先进村	2009年
石坡乡西黄花水村	县委、县政府	园林化建设先进村	2009年
常平开发区常平村	县委、县政府	园林化建设先进村	2009年
常平开发区杜家河村	县委、县政府	园林化建设先进村	2009年
常平开发区坛上村	县委、县政府	园林化建设先进村	2009年

第十三编　人　物

第一章　省以上劳模简介

第一节　全国劳模简介

王五全（1938 年 3 月—1999 年 5 月），男，农民，壶关县东井岭乡盖家川底村人。全国劳动模范。

王五全的家乡地处太行山主要支脉行头岭上，山高石多，属于典型的干石山区，年年造林不见林，尤其是油松，被当地人视为“神树”，凡人不会栽活。1970 年王五全担任本村林业队队长后，带领十几名队员在山上直播油松籽造林，连续三年，都以失败告终。挫折没有让王五全退却，而更激起了他探索的勇气。直播不成功就搞育苗移栽，育苗移栽成功之后，他又进行了阴坡阳坡不同坡向和不同季节的育苗移栽，经过十几年的反复实践、不懈探索，于 1983 年总结出“阴坡育苗阴坡栽，阳坡育苗阳坡栽，就地育苗就地栽；石上积水、石下栽树，石头截水、蓄水栽树，石隙过水、见缝栽树，石间盆地、中间栽树；选用适龄苗，随地巧挖坑，环环抓保根，处处巧用水，阳坡上制造小阴坡”等一整套油松常年育苗移栽造林经验，攻克了林业专家没有攻克的难关，被誉为太行树圣。这一技术被中国农业电影制片厂拍成科教片《干石山上栽油松》在全国推广。

王五全成为绿色天地封面人物

王五全创造的油松造林经验产生了巨大的经济效益，得到了上级的充分肯定。1985 年他被壶关县委、县政府授予“林业功臣”称号；1986～1988 年，连续被评为长治市劳动模范、山西省劳动模范、山西省特级劳动模范；1989 年，被评为全国劳动模范，出席了全国劳模表彰大会，受到党和国家领导人江泽民、邓小平、李鹏的亲切接见。王五全历任壶关县八届、九届人大常委会委员，长治市七届、八届人大代表，山西省七届人大代表。

张平和

张平和，1991年，被全国绿化委员会、国家林业部、人事部授予“全国造林绿化模范”。（简介见本编第二章第一节）

第二节　省部级劳模简介

冯安则（1944年6月—1994年），男，国营壶关树掌林场护林员，壶关县五龙山乡西黄野池村人。

参加工作以来，积极主动，敢于负责。1979年3月的一天黑夜，他获知有人要盗运木材。就不畏刺骨寒风，只身一人巡逻到深夜二点多钟，直到盗运木材的汽车驶来。冯安则反复下令停车，终归无效，于是他毫不犹豫地一个箭步跨到公路中间，一把抓住汽车栏杠，被汽车拖出190多米远仍不松手。盗运木料者恼羞成怒，有三个人从车上跳下来，捂住他的嘴，将他毒打致昏。后经冯安则在医院提供线索，及时侦破了这起案件。县委为表彰冯安则这种保护森林，临危不惧的精神，对他进行了嘉奖，并号召全县人民向他学习。1980年，山西省政府授予他林业劳模称号。

路其昌（1934年10月—2007年12月），男，农民，壶关县常平办事处（原集店乡）黄角头村人。是山西省最早出现的林业专业户，山西省林业劳模。

1981年中国农村大范围推行家庭联产承包责任制，路其昌放弃能够多挣钱的行业，带领妻子、三个儿子和三个女儿全家八口人，承包了本村的荒山造林任务。开始不懂技术，全家在承包山上整坑3000多个，经检查不合格，他毅然返工重来。小苗栽好后，恰遇伏旱，为了保住树苗，他和全家人担水上山浇树一个多月。冬春天野兔啃食树苗，他又和全家人轮流值班日夜巡逻看护，甩鞭、打锣、放鞭炮驱赶。经过全家一年的艰辛努力，造林287亩，超过承包任务87亩，成活率达到87%。全家一年造林等于集体30年造林总和的6倍，这在当时周围几十里的村庄创造了神话。之后他又在本村和外地承包完成荒山造林500多亩。在他的影响和带动下，壶关县的林业专业户发展到2300多户。

路其昌专业户造林的事迹，不但在壶关县产生了强烈反响，而且在全省、全国产生了积极影响。《山西日报》《中国林业》对他的事迹进行了大幅报道。他带动了全省林业专业户的发展,为农村新形势下造林绿化创出一条新路。1981年和1984年两次被评为山西省林业劳模,1982年获全省义务植树模范称号,1984年,壶关县委、县政府授予他“林业功臣”称号。

聂庆保(1928年生),男,武乡县涌泉村人。1977年9月~1983年10月间,先后任壶关县县长和县委书记。任职期间重点抓了林木管护和护林队伍建设,带头参加义务植树,推动了壶关的林业建设,1982年被评为全省义务植树模范个人,1984年被评为全省林业劳动模范。

王虎林(1945年生),男,晋城市梨川人。1983年10月至1993年5月任壶关县委书记。期间他向全县干部提出“不抓林业不能当干部,抓不好林业不是好干部”的口号,把林业政绩作为一个重要条件提拔使用干部,调动了广大干部干绿化事、创绿化业的积极性, 推动了壶关林业的大发展。本人每年都要带领全家参加县里的义务植树,1984年、1988年两度被评为全省义务植树模范,1989年被评为山西省林业劳动模范。

刘德宝(1945年生),男,壶关县店上镇寨里村人。1983~1990 年4月先后任壶关县政府副县长、县长。任职期间,把林业工作作为全县的突破口,提出“在万分之一国土上搞绿化、做贡献”,大力推广林业区划、规划、设计、施工、验收、建档“一条龙”营林程序和王五全干石山造林技术,使全县林业走上了科学化发展轨道。1984年、1988年两度被评为全省义务植树模范,1989年被评为山西省林业劳动模范。

李其兴(1912年4月—1989年4月),男,农民,壶关县石坡乡辘轳城村人。

李其兴1944年参军,参加闻名中外的徐州战役时,徒手打败过四个敌人,救过一个司令员的命,立下了赫赫战功,部队提拔他当排级干部他不干,又让他当师后勤管理员也谢绝了。1952年退伍,部队授予他一块题有“真英雄”的金字大匾。

退伍回家后,李其兴当上了村支书。看到村上的树木经常被偷砍,而护林员一直发现不了。1970年他把支部书记让贤他人,主动要求当上了最惹人、最辛苦的村护林员。在将近20年的时间里,他在管护山林1000多亩的同时,还为集体造林300亩,植树3万株,嫁接红果树1000株。刚当上护林员时,为了把林木看护好,他就在山上的一块岩石下,搭起窝棚,吃住在山上日夜看守,很快就抓住了好几个偷砍树木的人。在这些人中他首先对自己的小舅子、村支书的儿子和村上最厉害的人进行处罚,迅速刹住了偷砍树木的歪风,使林业成为全村群众的主要收入。由于护林得罪了很多人,有人对他进行威胁,有人乘他家无人,将他院里的两株正在盛果期的核桃树砍掉。但他为了全村群众,无怨无悔,一直坚守在山上,直到1989年他77岁时病逝。

李其兴1984年被壶关县委、县政府授予“林业功臣”称号,1986年被评为山西省林业劳模。

刘发顺(1927~2013年),男,农民,壶关县鹅屋乡西土池村人。

刘发顺的家乡有一座山一棵树都没有,祖祖辈辈叫光脑山。刘发顺年青的时候去河南串亲戚,看到人家的山上都有树,这时候他就一心想让光脑山绿起来。1970年,正当壮年的刘发顺有了自己的主意,主动要求绿化光脑山,至此他就一生守护着光脑山直到2013年去世。村上把绿化光脑山的任务交给刘发顺时,他就开始了一个人绿化一座山的事业,寒暑交替,日复一日,经过14年的艰辛劳作,栽下松柏、红果等树木32万株,单镢头就磨秃25把。树长起来后,他怕牛羊损毁,沿光脑山筑起一道长1000多米,高一米的石墙,将树木围起来。1985年和1986年,他的大儿子和他的老伴相继去世,生活的重担落在他一个人身上,但他始终没有中断绿化光脑山的事业。到了老年时,他患上了多种疾病,身子弯曲成九十度,晚上睡觉衣服不能脱,只能和衣坐着休息。在这种情况下,他仍然念念不忘光脑山上的树木,隔三差五地到光脑山旁边去看看他栽下的树木。

刘发顺爱树护树的精神感动着许多人。1983年国家林业部李慧兰处长到壶关后亲自到西土池去看望了他。1983年刘发顺被县委、县政府授予"林业功臣"称号,1984年被评为山西省林业劳模。2013年,刘发顺老人走完86岁的人生,默默地离开了人世,但他给后人留下了无尽的精神和物质财富。

任赵成(1917~1988年),男,农民,壶关县鹅屋乡东庄上村人。

1980年被任命为本村护林员,护林600亩,涉及东西两个山头,中间隔着一道深沟。1980~1985年,村上每年都要在两个山上搞油松育苗,为荒山绿化揺育苗木。播种后到成苗的二年时间里,开始是乌鸦野雀刨食种籽,出苗后是鼢鼠、松鼠啃食幼苗,再往后是兔子、山羊危害。任赵成东山、西山来回跑,两个山头上还都绑上"稻草人"惊吓。一开始还管用,没几天就不灵了,仍然进行危害。任赵成又购买上土枪,东山打几枪,再到西山打几枪,野兽们怕枪,就又本能地把寻找食物的时间改在了早晚。任赵成掌握到这个规律,也早上天不亮就上山,晚上10点多等兔子、松鼠都睡了才要回家,就这还是有一部分树苗遭到危害。任赵成像自己家的庄稼苗被毁一样心痛,就动员全家在东西山上垒起两个石庵,把老伴带上山,安排在西山头,他在东山头。夜里,一人一盏马灯,他在东山上放鞭炮,老伴在西山上打铜锣,就这样,一连四、五个冬春,保住了600亩山林和30多亩苗圃,单苗圃累计出苗300万株。

任赵成一心为集体护林受到广大村民的尊重,推举他当上鹅屋乡劳动模范,1983年,被壶关县委、县政府授予"林业功臣"称号,1984年,被评为山西省林业劳模。

张兆祥(1941年12月生),男,壶关县集店乡辛村村人。1983~1991年间,先后任壶关县人民政府副县长、中共壶关县委副书记，长期分管林业工作，为壶关林业发展作出了贡献，1989年，被山西省政府授予“山西省林业劳动模范”。

李书贤，1992年9月，被山西省人民政府授予“山西省林业劳动模范”。见本编第二章第二节简介。

秦庆祥，2004年9月，被国家林业局授予“太行山绿化先进个人”。见本编第二章第一节 简介。

王海燕，2004年9月，被国家林业局授予“太行山绿化工程先进个人”。见第十一编第二章第二节简介。

时任晋庄镇党委书记、山西省绿化模范张德忠向参加
太行山区县级林业区划规划现场会的与会人员介绍生态经济林建设经验。

第三节 全国林业奖章获得者简介

张转才（1939年4月出生），男，壶关县树掌镇碣则上村人。1957年当兵，1962年5月入党，1965年转业任崇贤公社武装部长，1966年至1971年任鹅屋公社党委副书记、武装部长，1972～1983年任鹅屋公社主任，1983年11月至1985年1月任常行乡乡长，1985年2月～1987年6月任常行乡党委书记，1987年7月至1999年任壶关县绿化委员会专职副主任，1999年退休后到太行山大峡谷搞旅游开发，2007年任林业局老干部支部书记至今。

张转才

赵文芳

1986年壶关县委、县政府授予“绿化红旗手”称号，1992年山西省绿化委员会授予“绿化先进工作者”，1993年全国绿化委员会授予“全国绿化奖章”。

李书贤，1997年2月，全国绿化委员会授予“全国绿化奖章”，简介见本编第二章第二节。

赵文芳，2013年3月，获国家森林防火指挥部、国家林业局颁发的“全国森林防火工作纪念奖章”，见第十一编第二章第二节简介。

第二章 林业干部被提拔为科级以上领导者简介

第一节 被提拔为副处以上领导人员简介

张平和，男，汉族，1945年生，壶关县百尺镇星耀头村人，中共党员，全国林学会会员、山西省生态经济学会理事。1966年山西农大运城分校毕业，分配到壶关县国营苗圃工作。1973年调农业局林业站，1977年成立林业局，先后任办公室主任、副局长、局长，1990年任壶关县政府副县长，1998年被选为政协壶关县五届委员会主席。2003年离任，退休后任壶关县关工委主任、三晋文化研究会会长，负责红豆峡风景区的开发建设，并任董事长。在林业局工作期间，先后有9项科研成果获部、省、市表彰奖励；个人获国家、省、市、县劳动模范、特级劳模和“五一劳动奖章”、时代新闻人物等荣誉称号。其业绩编入《中国林业专家大辞典》《中国专家名人辞典》《中华优秀人物大典》等多部辞书。

担任林业局领导期间，实践总结并成功推广了王五全经验，在全国首创了林业区划、规划、设计、施工、验收、建档“一条龙”造林程序，开创了壶关林业的新局面，为整个太行山绿化做出了突出贡献。

牛育才，男，汉族，中共党员，山西省平顺县苗庄人。1980年分配到林业局，1981年调到壶关县委办公室，先后任西川底乡乡长，晋庄镇党委书记，1993年5月～1998年5月任壶关县纪律检查委员会书记，1998年5月～2001年6月任壶关县委副书记、纪律检查委员会书记，2001年7月调任长治市质量技术监督局局长。

马先明，男，汉族，1963年9月生，1982年10月参加工作，1984年10月加入中国共产党，本科学历，壶关县晋庄镇西川村人。1982年10月～1983年10月在壶关县林业局工作；1983年10月～1988年8月在壶关县政府办公室工作；1988年8月～1993年2月任壶关县政府办公室副主任；1993年2月～1995年12月任壶关县石坡乡党委书记；1995年12月～2001年1月任壶关县西川底乡党委书记；2001年1月～2001年12月任壶关县委办公室主任；2001年12月～2006年7月任壶关县委常委、县委办公室主任；2006年7月～2011年5月任壶关县委常委、常务副县长；2011年5月至2013年9月任壶关县委副书记、政法委书记；2013年9月至今任中共长子县委副书记、长子县人民政府县长。

栗建平，男，汉族，本科文化程度，1963年8月生，壶关县桥上乡大河村人。1985年12月加入中国共产党，现任壶关县人大常委会副主任。

1981年9月～1993年12月，任壶关县林业局干事、会计；1993年12月～1996年1月，任壶关县林业局副局长；1996年1月～1999年3月，任壶关县林业局副局长、国营树掌林场场长、太行峡谷国家森林公园管理处主任；1999年3月～2003年9月，任壶关县旅游局局长；2003年9月～2006年4月，任壶关县旅游局局长、壶关县桥上乡党委书记；2006年4月～2006年6月，任壶关县桥上乡党委书记、乡长；2006年6月～2010年3月，任壶关县政府党组成员、长治市太行山大峡谷旅游开发管理区主任（副处级）、壶关县桥上乡党委书记、乡长。

2010年3月～2011年5月，任壶关县政府党组成员、长治市太行山大峡谷旅游开发管理区主任（副处级）。2011年5月～2012年8月，任壶关县人大常委会副主任、长治市太行山大峡谷旅游开发管理区主任。2012年8月至今，任壶关县人大常委会副主任。

王建强，男，汉族，1964年7月生，中共党员，山西省陵川县人，大学本科学历。

1982年9月～1986年7月，在山西农业大学读书。1986年8月～1993年10月，任壶关县林业局办公室干事、工程师、壶关县林果研究所所长。1993年11月～1998年12月，任壶关县集店乡党委副书记、乡长，壶关县农村经济委员会副主任（正科）。

1999年1月至今,任长治市人民政府招商局副局长。1998年3月至今,兼任长治市中日友好农场场长。1989～1997年期间,受长治市政府派遣曾三次任团长率团赴日本学习农业技术。

在壶关县工作期间,曾多次被评为壶关县劳动模范、优秀共产党员、优秀共青团干、优秀乡镇干部,并出席过长治市第六次党代会。曾编译出版《日本的农协》一书,在探索日本农民专业合作社、农业技术推广方面有所作为。

秦庆祥(1963年9月生),男,汉族,山西省平顺县西沟乡申家坪村人。1986年7月毕业于山西农业大学林学系,工程师职称。1986年7月入党,1986年9月参加工作。

1986年9月～1991年12月任壶关县林业局森防站站长;1992年1月～1993年12月主持国营壶关树掌林场工作;1993年12月～1995年12月任林业局副局长兼国营壶关树掌林场场长;1996年1月～1997年8月任壶关县黄山乡乡长;1997年8月～1998年8月任黄山乡党委书记兼乡长;1998年9月～2001年1月任壶关县原东崇贤乡党委书记;2001年3月～2003年10月任壶关县乡镇企业局局长;2003年11月～2011年5月任壶关县林业局局长、党支部书记;2011年5月～2011年11月任县政协副主席、林业局局长。2011年11月至今任壶关县政协副主席。

1991年,被山西省林业厅授予"森防先进工作者"称号,获长治市政府科技成果二等奖;2000年,被市政府授予"科技标兵"称号;2003年,被全国乡镇企业东西合作经贸洽谈会长治组委会评为"先进工作者";2004年,获省林学会科技论文一等奖,被国家林业局授予"太行山绿化工程先进个人"称号;2006年,被省林业厅授予"2001—2005年太行山绿化工程建设优秀局长"称号;2007年,被长治市劳动竞赛委员会记二等功一次;2008年,被省委宣传部、省文明办评为全省"十大环保卫士",2008年被山西省劳动竞赛委员会记二等功一次;2009年,被山西省绿化委员会授予"全省林业建设先进个人"称号;2010年,被山西省绿化委员会授予"山西省绿化奖章"。

秦元忠(1963年9月生),男,汉族,共产党员,大专学历,壶关县龙泉镇下内村人。1983年毕业于壶关县职业中学,同年到林业局参加林业区划规划,1984年任林业规划队队长。1993年4月～1995年12月任鹅屋乡副乡长;1996年1月～1999年3月任石河沐乡党委副书记、政法书记;1999年1月～2001年1月,任鹅屋乡党委副书记、乡长;2001年1月～2003年8月,任店上镇党委副书记、镇长;2003年8月～2010年2月,任黄山乡党委书记、乡长;2010年2月至2012年7月,任县住房保障和城乡建设管理局局长;2012年8月至今,任壶关县人民政府副县长。在林业局期间获多项林业科技成果奖。

第二节　被提拔为正科领导的人员简介

赵迷锁,男,壶关县黄山乡薛家园村人。1967 年毕业于山西农大运城分校,同年参加工作。1984 年 2 月任林业局副局长,1987 年 9 月被提拔为东崇贤乡党委书记,1993 年任壶关县卫生局局长,2000 年退职。

李书贤(1952 年生),男,石坡乡东黄花水村人。1977 年参加工作,中共党员,中专学历。1970～1974 年在部队服役;1975～1977 年山西林校学习;1981～1984 年 2 月在壶关县林业局任营林站站长,1984 年 3 月任林业局副局长,1991 年任林业局局长,期间获得多项林业科技成果奖,1992 年 9 月,被评为“山西省林业劳动模范”,1997 年 2 月,被全国绿化委员会授予“全国绿化奖章”;1999～2006 年任壶关县审计局局长;2006 年 4 月退职;2012 年退休。长治市九届、十届、十一届人大代表。

杨斌芳(1963 年 10 月生),男,共产党员,大学学历,壶关县树掌镇神北村人。1986 年 8 月分配到林业局工作,任营林站站长,1990 年 7 月～1993 年 2 月任鹅屋乡党委副书记,1993 年 2 月～1995 年 12 月任桥上乡党委副书记、乡长,1995 年 12 月～1999 年 3 月任固村乡党委副书记、乡长,1999 年 3 月～2001 年 1 月任固村乡党委书记,2001 年 1 月～2004 年 9 月任壶关县煤炭局局长,2004 年 9 月～2011 年 10 月任壶关县委组织部副部长,2011 年 10 月至今任壶关县科技局局长。

贾凤鸣(1964 年 7 月生),男,1980 年参加工作,中共党员,大专文化程度,东井岭乡郭堡庄村人。1980 年～1983 年任崇贤公社林业员;1984 年～1989 年任统计员;1990 年至 2000 年任武装部长;2001～2004 年任晋庄镇党委副书记;2005～2010 年任晋庄镇、党委副书记、镇长;2011～2013 年 3 月任百尺镇党委书记、镇长;2013 年 4 月至今任壶关县住房保障和城乡建设管理局局长。

张斌君(1972 年 6 月生),男,汉族,1993 年 9 月参加工作,中共党员,大专文化程度,壶关县百尺镇星耀头村人。1993 年 9 月～2001 年 2 月,壶关县林业局办公室工作;2001 年 2 月～2006 年 7 月,任五龙山乡党委副书记、政法书记;2006 年 7 月～2007 年 5 月,任五龙山乡常务副乡长;2007 年 5 月～2010 年 6 月,任五龙山乡人大主席;2010 年 6 月至今,任五龙山乡党委副书记。参加工作以来,先后参与了多项林业技术推广项目,并获得上级部门的科技进步奖,连续几年被县委、县政府授予政法、综治、宣传、精神文明、统战等工作先进个人荣誉称号。

栗增录(1962 年 11 月生),男,中共党员,大专文化程度,壶关县石坡乡石坡村人。1978 年 3 月～1980 年 12 月任石坡公社通讯员;1981 年 1 月～1984 年 5 月任石坡公社林业员；1984年6月～1993年12月在壶关县林业局工作，获得助理工程师任职资格，曾参与三项科研成果，分别获得市级科技进步一等奖、省林业科技进步二等奖和省科技进步三等奖；1994年1月至1995年12月在壶关县政府办公室工作；1996年1月～2001年1月任店上镇党委副书记；2001年1月～2006年4月任店上镇人大主席；2006年5月乡镇机构改革，45岁提前退出实职，现在店上镇政府从事农村工作。

董广德（1963年10月生），男，中共党员，中专文化，壶关县石坡乡西掌村人。1981年壶关县职业中学林业班毕业，1988年至1990年中央农业广播电视学校林业中专函授毕业。1983年11月～1995年12月在壶关县林业局工作，先后任事务长、内务干事、办公室副主任等职务。1996年1月～1999年3月任石坡乡副乡长，1999年4月～2000年12月任原固村乡副乡长，2001年1月～2011年12月任店上镇副镇长，2012年1月至今任壶关县环保局主任科员（2009年6月被抽调到壶关县太行山大峡谷旅游循环公路指挥部至今，任副经理兼工程部部长）。

王根有（1963年7月生），男，壶关县龙泉镇紫岩掌村人。中共党员，1983年10月～1993年12月，先后在壶关县林业局林业规划设计和办公室工作。1993年12月～1996年1月任营林站站长。1996年1月～2012年8月先后任鹅屋乡政府副乡长、黄山乡副乡长、百尺镇副镇长。2012年8月至今在壶关县信访局工作，任主任科员。

王迷芳（1961年11月生），男，中共党员，壶关县东井岭乡口头村人。1983年10月参加工作。1980年7月～1982年7月，壶关县农业大学林业班学习（现壶关县职高）；1987年～1990年函授于山西省农业广播电视学校林业专业；1992年～1995年函授于太原理工大学会计学专业，专科学历。1983年9月～1991年5月在壶关县林业局工作；1991年6月～1998年，在国营壶关树掌林场任会计；1997年4月～1999年4月，任壶关县旅游开发有限公司总经理。1999年5月～2012年7月，任壶关县旅游局副局长。2012年8月至今，任长治市太行山大峡谷旅游开发管理中心副主任、壶关县旅游事业发展中心副主任、山西太行山大峡谷旅游发展股份有限公司董事，正科职务。

王新江（1962年1月生），男，中共党员，本科学历，壶关县石坡乡西黄花水村人。1980年5月～1983年6月，在石坡公社工作；1983年7月～1984年12月，在县林业局工作；1985年1月～1986年5月，任西川底乡团委书记、党委秘书；1986年6月～1999年4月，在县委办公室工作；1999年5月至今，先后在《长治日报》社任新闻部主任、广告部副主任、闻欣广告公司总经理等职。是长治摄影家协会副主席。

张鹏，男，1968年4月生，共产党员，大学学历，壶关县树掌镇磨掌村人。2002年1

月从壶关县信访局调到林业局任副局长,2007 年 4 月任林业局主任科员、国营壶关树掌林场场长。

郭军芳(1969 年 6 月生),男,共产党员,大专学历,壶关县店上镇罗东掌村人。2002 年从壶关县城建局调到林业局，任壶关县绿化委员会办公室副主任,2007 年任林业局副局长,2012 年任林业局主任科员。

秦孝菊,女,1964 年 4 月生,中共党员,壶关县龙泉镇河南村人。1985 年 1 月 ~ 1989 年 8 月任西川底乡林业员;1989 年 9 月 ~ 1993 年 6 月，任东井岭乡妇联主任;1993 年 7 月 ~ 1995 年 12 月,任西川底乡妇联主任;1996 年 1 月 ~ 1999 年 12 月,任西川底乡计生副乡长;2000 年 1 月 ~ 2012 年 7 月,任龙泉镇副镇长;2012 年 8 月至今任东井岭乡人大主席。

第三节　被提拔为副科领导的人员名单

武建宏,黄山乡北阳护村人,由国营苗圃主任提拔为县绿化委员会办公室副主任。

王海燕,店上镇北岭村人,由林业局营林站站长提拔为林业局总工程师。

赵文芳,店上镇店上村人,由林业局防火办公室主任提拔为林业灭火队队长。

王绍飞,百尺镇赵屋村人,由林业局森防站站长提拔为公安局森林派出所所长。

连胜利,鹅屋乡西土池村人,由林业局办公室主任提拔为林业局副局长。

郭建平,石坡乡石河沐村人,由乡镇林业员提拔为晋庄镇副镇长。

牛保元,鹅屋乡西土池村人,由乡镇林业员提拔为黄山乡副乡长。

侯建国,东井岭乡南行头村人,由乡镇林业员提拔为东井岭乡副乡长。

闫建喜,晋庄镇泉则河村人,由乡镇林业员提拔为店上镇纪检书记。

贾月平,东井岭乡郭堡庄村人,由乡镇林业员提拔为树掌镇副镇长。

张金良,东井岭乡城寨村人,由乡镇林业员提拔为百尺镇人大副主席。

闫建芳,晋庄镇料阳村人,由林业员提拔为晋庄镇副镇长。

李炜斌,店上镇角脚底村人,由林业员提拔为壶关县商贸中心副主任。

第三章　受县以上表彰的林业先进个人名单

壶关县的林业发展,带动了一大批林业先进个人的涌现,大批先进个人的涌现,又推动了壶关林业的发展。多年来,壶关县仅受到县级以上表彰的林业劳模、先进个人就达 300 多人(次),他们为壶关的绿化事业做出了积极贡献。

第一节　1989 年前受表彰的林业先进个人名单

姓名	单位	职务	年份	命名机关	称号
王五全	常行乡 盖家川村	农民	1980 年	山西省政府	林业劳模
			1983年	壶关县委、县政府	林业功臣
			1984年	山西省政府	林业劳模
			1987年	中央绿委	绿化劳模
			1987年	长治市政府	特级林业劳模
			1987年	壶关县委、县政府	特殊贡献奖
			1988年	山西省绿委	绿化模范个人
			1989年	山西省委、省政府	特级林业劳模
			1989年	国务院	全国劳模
冯安则	国营壶关县树掌林场	护林员	1980年	山西省政府	林业劳模
路其昌	集店乡 黄角头村	农民	1981年	山西省政府	林业劳模
			1982年	山西省绿委	义务植树模范
			1984年	壶关县委、县政府	林业功臣
聂庆保	壶关县委	书记	1982年	山西省绿委	义务植树模范
			1984年	山西省政府	林业劳模
王虎林	壶关县委	书记	1984年	山西省绿委	义务植树模范
			1988年	山西省绿委	绿化模范个人
			1989年	山西省委、省政府	林业劳模
阎好勇	壶关县政府	县长	1984年	山西省绿委	义务植树模范
刘德宝	壶关县政府	副县长	1984年	山西省绿委	义务植树模范
			1988年	山西省绿委	绿化模范个人
		县长	1989年	山西省委、省政府	林业劳模

（续）

姓名	单位	职务	年份	命名机关	称号
张平和	林业局	局长	1984年	山西省绿委	山西省义务植树模范
			1985年	晋东南地区行署	林业劳动模范
			1986年	长治市委、市政府	劳动模范
			1987年	长治市委、市政府	林业先进工作者
			1987年	县委、县政府	特殊贡献奖
			1988年	长治市政府	特级绿化模范
			1989年	山西省人民政府	林业劳模
张德忠	晋庄镇	党委书记	1984年	山西省绿委	义务植树模范
			1986年	县壶关委、县政府	绿化红旗手
梁忠文	集店乡	党委书记	1984年	山西省绿委	义务植树模范
			1986年	壶关县委、县政府	绿化红旗手
刘书茂	城关镇	党委书记	1984年	山西省绿委	义务植树模范
			1986年	壶关县委、县政府	绿化红旗手
赵周清	石坡乡	党委书记	1984年	山西省绿委	义务植树模范
常反德	晋庄镇常家池村	农民	1984年	山西省绿委	义务植树模范
			1986年	壶关县委、县政府	林业功臣
刘发顺	鹅屋乡西土池村	农民	1983 年	壶关县委、县政府	林业功臣
			1984 年	山西省政府	林业劳模
李其兴	石河沐乡辘轳城村	农民	1983年	壶关县委、县政府	林业功臣
			1984年	山西省政府	林业劳模
任赵成	鹅屋乡东庄上村	农民	1983年	壶关县委、县政府	林业功臣
			1984年	山西省政府	林业劳模
王满昌	黄山乡油坊河村	农民	1984年	壶关县委、县政府	林业功臣
余永富	辛村乡北皇村	农民	1986年	壶关县委、县政府	林业功臣
			1988年	长治市政府	绿化模范
杨李德	晋庄镇北庄村	农民	1988年	壶关县委、县政府	造林功臣
王树金	百尺镇方善村	农民	1986年	壶关县委、县政府	造林功臣
张兆祥	壶关县委	副书记	1989年	山西省人民政府	林业劳动模范
平书忠	龙泉镇马驹村	农民	1989年	壶关县委、县政府	造林功臣

（续）

姓名	单位	职务	年份	命名机关	称号
李爱忠	常行乡岭后村	农民	1986年	壶关县委、县政府	造林功臣
侯松怀	石坡乡盘马池村	农民	1986年	壶关县委、县政府	造林功臣
韩振国	固村乡	党委书记	1986年	壶关县委、县政府	绿化红旗手
张转才	常行乡政府	乡长	1986年	壶关县委、县政府	绿化红旗手
程天保	树掌镇政府	镇长	1986年	壶关县委、县政府	绿化红旗手
梁永田	鹅屋乡政府	副乡长	1986年	壶关县委、县政府	绿化红旗手
李志安	石坡乡政府	副乡长	1986年	壶关县委、县政府	绿化红旗手
冯来保	东崇贤乡政府	副乡长	1986年	壶关县委、县政府	绿化红旗手
牛长青	城关镇龙丽庄村	支书	1986年	壶关县委、县政府	绿化红旗手
李双学	城关镇四家池	支书	1986年	壶关县委、县政府	绿化红旗手
杨来圈	晋庄镇北庄村	支书	1986年	壶关县委、县政府	绿化红旗手
			1988年	长治市政府	绿化劳模
常福德	晋庄镇常家池村	支书	1986年	壶关县委、县政府	绿化红旗手
申和宝	东崇贤乡赵掌村	支书	1986年	壶关县委、县政府	绿化红旗手
李建珍	黄山乡冯坡村	副支书	1986年	壶关县委、县政府	绿化红旗手
赵爱景	店上镇刁掌村	支书	1986年	壶关县委、县政府	绿化红旗手
赵富贵	百尺镇流泽村	支书	1986年	壶关县委、县政府	绿化红旗手
盖路孩	常行乡南凹村	副主任	1986年	壶关县委、县政府	绿化红旗手
					模范专业户
李才胜	鹅屋乡沙岗沟村	支书	1986年	壶关县委、县政府	绿化红旗手
杨振山	鹅屋乡师家背村	主任	1986年	壶关县委、县政府	绿化红旗手
宋书荣	龙泉镇马驹村	主任	1986年	壶关县委、县政府	绿化红旗手
苏志斌	东井岭乡政府	副乡长	1988年	长治市政府	绿化模范
马光明	西川底乡政府	副乡长	1988年	长治市政府	绿化模范
徐何书	东崇贤乡东河南村	支书	1988年	长治市政府	绿化模范
郭书则	石河沐乡东沐村	支书	1988年	长治市政府	绿化模范

（续）

姓名	单位	职务	年份	命名机关	称号
盖建文	常行乡盖家川底村	支书	1988年	山西省绿委	绿化模范
秦双楼	五龙山乡大端村	林业员	1989年	壶关县委、委政府	绿化红旗手
申德勤	集店乡常平村	农民	1986年	壶关县委、县政府	模范专业户
张富屯	东崇贤乡西山后	农民	1986年	壶关县委、县政府	模范专业户
秦文贤	黄家川乡沟洞村	农民	1986年	壶关县委、县政府	模范专业户
申书则	固村乡桥头村	农民	1986年	壶关县委、县政府	模范专业户
王聚才	五龙山乡刘寨村	农民	1986年	壶关县委、县政府	模范专业户
李俊方	店上镇小南青村	农民	1986年	壶关县委、县政府	模范专业户
段天则	店上镇牛居村	农民	1986年	壶关县委、县政府	模范专业户
秦虎松	百尺镇流泽村	农民	1986年	壶关县委、县政府	模范专业户
王根有	东井岭乡口头村	农民	1986年	壶关县委、县政府	模范专业户
鲍德民	石坡乡双井村	农民	1986年	壶关县委、县政府	模范专业户
谷进才	树掌镇磨掌村	农民	1986年	壶关县委、县政府	模范专业户
申文明	树掌镇树掌村	农民	1986年	壶关县委、县政府	模范专业户
马路喜	桥上乡桥上村	农民	1986年	壶关县委、县政府	模范专业户
崔海朝	石河沐乡子良庄村	农民	1986年	壶关县委、县政府	模范专业户

第二节　1990年后受表彰的林业先进个人名单

受奖人	授奖单位	称　号	授奖时间
张平和	山西省人民政府	山西省优秀科技工作者	1990年
程喜堂	中共壶关县委　壶关县人民政府	1988、1989年度模范通讯员、模范信息员	1990年1月
张平和	全国绿化委员会　国家林业部　人事部	全国造林绿化模范	1991年
侯进福	中共壶关县委　壶关县人民政府	林业模范个人	1991年
李书勤	中共壶关县委　壶关县人民政府	林业模范个人	1991年
秦刘贵	中共壶关县委　壶关县人民政府	林业模范个人	1991年
王书孝	中共壶关县委　壶关县人民政府	林业模范个人	1991年
赵德方	中共壶关县委　壶关县人民政府	林业模范个人	1991年
郭雷平	中共壶关县委　壶关县人民政府	林业模范个人	1991年
秦月胜	中共壶关县委　壶关县人民政府	林业模范个人	1991年
张志明	中共壶关县委　壶关县人民政府	林业模范个人	1991年
栗相堂	中共壶关县委　壶关县人民政府	林业模范个人	1991年
郭建国	中共壶关县委　壶关县人民政府	林业模范个人	1991年
李彦忠	中共壶关县委　壶关县人民政府	林业模范个人	1991年
崔天松	中共壶关县委　壶关县人民政府	林业模范个人	1991年
王其忠	中共壶关县委　壶关县人民政府	林业模范个人	1991年
赵元有	中共壶关县委　壶关县人民政府	林业模范个人	1991年
王兰亭	中共壶关县委　壶关县人民政府	林业模范个人	1991年
王兴盛	中共壶关县委　壶关县人民政府	林业模范个人	1991年
王雪亭	中共壶关县委　壶关县人民政府	林业模范个人	1991年
牛宏德	中共壶关县委　壶关县人民政府	义务植树模范个人	1991年
贾国林	中共壶关县委　壶关县人民政府	义务植树模范个人	1991年
王爱英	中共壶关县委　壶关县人民政府	义务植树模范个人	1991年
宋石泉	中共壶关县委　壶关县人民政府	义务植树模范个人	1991年
徐明珠	中共壶关县委　壶关县人民政府	义务植树模范个人	1991年
靳福山	中共壶关县委　壶关县人民政府	义务植树模范个人	1991年
张德忠	中共壶关县委　壶关县人民政府	义务植树模范个人	1991年
马书勤	中共壶关县委　壶关县人民政府	义务植树模范个人	1991年
张　毅	中共壶关县委　壶关县人民政府	义务植树模范个人	1991年
王金忠	中共壶关县委　壶关县人民政府	义务植树模范个人	1991年

（续）

受奖人	授奖单位	称　号	授奖时间
刘丑孩	中共壶关县委　壶关县人民政府	义务植树模范个人	1991 年
李州海	中共壶关县委　壶关县人民政府	义务植树模范个人	1991 年
阎有才	中共壶关县委　壶关县人民政府	义务植树模范个人	1991 年
阎玉庆	中共壶关县委　壶关县人民政府	义务植树模范个人	1991 年
王同庆	中共壶关县委　壶关县人民政府	义务植树模范个人	1991 年
侯志中	中共壶关县委　壶关县人民政府	义务植树模范个人	1991 年
郭东方	中共壶关县委　壶关县人民政府	义务植树模范个人	1991 年
赵金书	中共壶关县委　壶关县人民政府	义务植树模范个人	1991 年
张仁吉	中共壶关县委　壶关县人民政府	义务植树模范个人	1991 年
牛庆方	中共壶关县委　壶关县人民政府	义务植树模范个人	1991 年
张玉梅	中共壶关县委　壶关县人民政府	义务植树模范个人	1991 年
李贵则	中共壶关县委　壶关县人民政府	义务植树模范个人	1991 年
陈淑方	中共壶关县委　壶关县人民政府	义务植树模范个人	1991 年
王前忠	中共壶关县委　壶关县人民政府	义务植树模范个人	1991 年
贾庆祥	中共壶关县委　壶关县人民政府	义务植树模范个人	1991 年
元桂英	中共壶关县委　壶关县人民政府	义务植树模范个人	1991 年
赵茂友	中共壶关县委　壶关县人民政府	义务植树模范个人	1991 年
秦书法	中共壶关县委　壶关县人民政府	义务植树模范个人	1991 年
李　勇	中共壶关县委　壶关县人民政府	义务植树模范个人	1991 年
阎天平	中共壶关县委　壶关县人民政府	义务植树模范个人	1991 年
牛志力	中共壶关县委　壶关县人民政府	义务植树模范个人	1991 年
盖月英	中共壶关县委　壶关县人民政府	义务植树模范个人	1991 年
李海珍	中共壶关县委　壶关县人民政府	义务植树模范个人	1991 年
王天福	中共壶关县委　壶关县人民政府	义务植树模范个人	1991 年
王金书	中共壶关县委　壶关县人民政府	义务植树模范个人	1991 年
王贵龙	中共壶关县委　壶关县人民政府	义务植树模范个人	1991 年
阎建珍	中共壶关县委　壶关县人民政府	义务植树模范个人	1991 年
王建忠	中共壶关县委　壶关县人民政府	义务植树模范个人	1991 年
栗增录	山西省林业厅	林业宣传模范个人	1991 年 3 月
程喜堂	山西省林业厅	林业宣传模范个人	1991 年 3 月
李书贤	中共长治市委 长治市人民政府	劳动模范	1991 年 4 月
李书贤	山西省绿化委员会	山西省义务植树模范	1992 年 3 月
张平和	山西省人民政府　森林防火指挥部、林业厅、人事厅	森林防火先进个人	1992 年

（续）

受奖人	授奖单位	称　号	授奖时间
牛建忠	山西省绿化委员会山西省林业厅	山西省义务植树模范	1992 年
李书贤	山西省人民政府	山西省林业劳动模范	1992 年 9 月
程喜堂	长治市林业局	1993 年林业系统优秀林业宣传员	1993 年 12 月
栗增录	山西省林业厅	1993 年度林业先进工作者	1994 年 2 月
杨来圈	山西省绿化委员会　省林业厅	全省植树造林模范个人	1994 年 11 月
余永富	山西省绿化委员会　省林业厅	全省植树造林模范个人	1994 年 11 月
牛联科	山西省绿化委员会　省林业厅	植树造林绿化先进工作者	1994 年 11 月
王五全	长治市人民政府	1994 年度植树造林先进工作者	1995 年 3 月
叶书则	长治市人民政府	1994 年度植树造林先进工作者	1995 年 3 月
张平和	长治市人民政府	林业建设特级劳动模范	1996 年 3 月
王五全	长治市人民政府	林业建设特级劳动模范	1996 年 3 月
张志民	长治市人民政府	林业建设劳动模范	1996 年 3 月
程喜堂	长治市人民政府	林业建设劳动模范	1996 年 3 月
牛联科	长治市人民政府	林业建设劳动模范	1996 年 3 月
冯彦芳	长治市人民政府	林业建设劳动模范	1996 年 3 月
徐弄宽	长治市人民政府	林业建设劳动模范	1996 年 3 月
平书忠	长治市人民政府	林业建设劳动模范	1996 年 3 月
李书贤	全国绿化委员会	全国绿化奖章	1997 年 2 月
武建宏	中共壶关县委　壶关县人民政府	系统先进工作者	1997 年
王五全	中共壶关县委　壶关县人民政府	林业功臣	1997 年
牛联科	中共壶关县委　壶关县人民政府	系统先进工作者	1998 年
程喜堂	山西省林业厅	1997 年“511”双文明林业宣传模范个人	1998 年 2 月
赵文芳	中共壶关县委壶关县人民政府	一九九八年度先进工作者	1999 年 3 月
赵建斌	中共壶关县委	优秀组织工作者	1999 年 6 月
程喜堂	中共壶关县委　壶关县人民政府	先进科技工作者	1999 年 5 月
程喜堂	中共壶关县委　壶关县人民政府	1999 年度先进工作者	2000 年 2 月
牛建忠	长治市委、市政府	“上党英雄”银质奖章	2001 年 8 月
程　前	山西省绿化委　山西省林业厅	林业建设先进个人	2001 年 9 月
武建宏	中共壶关县委　壶关县人民政府	先进工作者	2001 年
王　岚	山西省农村妇女“双学双比”竞赛活动协调领导组	山西省“三八”绿色奖章	2002 年 7 月

（续）

受奖人	授奖单位	称　号	授奖时间
程喜堂	山西省林业厅	林业科技功臣	2003年2月
王海燕	国家林业局	太行山绿化工程先进个人	2004年9月
秦庆祥	国家林业局	太行山绿化先进个人	2004年9月
程喜堂	山西省林业厅	2004年度全省林业政务信息工作先进个人	2005年2月
李志强	中共长治市　长治市人民政府	2002–2004年林业建设先进个人	2005年9月
秦庆祥	中共长治市　长治市人民政府	2002–2004年林业建设先进个人	2005年9月
仇建斌	中共长治市　长治市人民政府	2002–2004年林业建设先进个人	2005年9月
程喜堂	中共长治市委　长治市人民政府	2002–2004年度林业建设先进个人	2005年9月
王海燕	山西林业厅	种苗执法质检工作先进个人	2005年12月
秦庆祥	山西省林业厅	太行山绿化优秀局长	2006年2月
秦庆祥	长治市劳动竞赛委员会	二等功	2007年
赵建斌	山西省林业厅	“十五”期间林业宣传先进个人	2006年2月
程喜堂	山西省林业厅	“十五”期间林业宣传先进个人	2006年2月
秦庆祥	壶关县人民政府	2005年度安全生产工作先进个人	2006年6月
贾赵平	中共壶关县农业系统委员会壶关县农村工作办公室	二00六年度先进工作者	2007年4月
李清芳	县农发委和县农村办公室	先进工作者	2007年4月
宋水平	中共壶关县农业系统委员会壶关县农村工作办公室	二00六年度先进工作者	2007年4月
赵建斌	中共壶关县农业系统委员会壶关县农村工作办公室	2006年度先进工作者	2007年4月
马振洲	中共壶关县农业系统委员会 壶关县农村工作办公室	二00六年度先进工作者	2007年4月
武建宏	中共壶关县委直属机关工作委员会	优秀共产党员	2007年7月
赵文芳	山西省森林防火指挥部山西省林业厅	2004–2006年度全省森林防火工作先进个人	2007年10月
郭太国	中共长治市委　市政府	浩林绿化先进个人	2008年11月

（续）

受奖人	授奖单位	称　号	授奖时间
关小平	中共长治市委　市政府	造林绿化先进个人	2008年11月
马朝中	中共长治市委　市政府	造林绿化先进个人	2008年11月
李志强	中共长治市委　市政府	造林绿化先进个人	2008年11月
秦庆祥	中共长治市委　市政府	造林绿化先进个人	2008年11月
秦庆祥	山西省委宣传部省文明办	全省十大环保卫士	2008年
秦庆祥	山西省劳动竞赛委员会	二等功	2008年
武建宏	中共长治市委 长治市人民政府	造林绿化先进个人	2008年11月
梁军兵	中共壶关县委 壶关县人民政府	2008年度林业生态建设先进个人	2008年11月
梁军兵	中国林业杂志社	《中国林业》2008年度优秀通讯员	2008年12月
武建宏	中共壶关县委 壶关县人民政府	先进工作者	2008年
张平和	中共长治市委 长治市人民政府	森林旅游开发标兵	2008年11月
宋水平	长治市林业局	林业科技推广先进个人	2009年1月
赵文芳	中共壶关县委 壶关县人民政府	二00八年度行业劳动模范	2009年3月
段树新	山西省绿化委员会	生态建设先进个人	2009年11月
秦庆祥	山西省绿化委员会	全省林业建设先进个人	2009年11月
武建宏	中共长治市委 长治市人民政府	林业生态建设先进个人	2009年12月
李全心	中共长治市委 长治市人民政府	林业生态建设先进个人	2009年12月
程喜堂	中共壶关县委 壶关县人民政府	林业生态建设先进个人	2010年2月
王　岚	中共壶关县委 壶关县人民政府	林业生态建设先进个人	2010年2月
梁军兵	中共壶关县委 壶关县人民政府	林业生态建设先进个人	2010年2月
马振洲	中共壶关县委 壶关县人民政府	林业生态建设先进个人	2010年2月
杜水平	中共壶关县委 壶关县人民政府	林业生态建设先进个人	2010年2月
马何民	中共壶关县委 壶关县人民政府	林业生态建设先进个人	2010年2月
平华鹏	中共壶关县委 壶关县人民政府	林业生态建设先进个人	2010年2月
刘云鹏	中共壶关县委 壶关县人民政府	林业生态建设先进个人	2010年2月
郭盘龙	中共壶关县委 壶关县人民政府	林业生态建设先进个人	2010年2月
苏清泉	中共壶关县委 壶关县人民政府	林业生态建设先进个人	2010年2月
郝秀斌	中共壶关县委 壶关县人民政府	林业生态建设先进个人	2010年2月

（续）

受奖人	授奖单位	称 号	授奖时间
王海燕	中共壶关县委 壶关县人民政府	林业生态建设先进个人	2010年2月
马天绪	中共壶关县委 壶关县人民政府	林业生态建设先进个人	2010年2月
马江涛	中共壶关县委 壶关县人民政府	林业生态建设先进个人	2010年2月
牛东方	中共壶关县委 壶关县人民政府	林业生态建设先进个人	2010年2月
牛加强	中共壶关县委 壶关县人民政府	林业生态建设先进个人	2010年2月
牛姣平	中共壶关县委 壶关县人民政府	林业生态建设先进个人	2010年2月
牛晨耕	中共壶关县委 壶关县人民政府	林业生态建设先进个人	2010年2月
牛德胜	中共壶关县委 壶关县人民政府	林业生态建设先进个人	2010年2月
王天明	中共壶关县委 壶关县人民政府	林业生态建设先进个人	2010年2月
王志力	中共壶关县委 壶关县人民政府	林业生态建设先进个人	2010年2月
王志刚	中共壶关县委 壶关县人民政府	林业生态建设先进个人	2010年2月
王松有	中共壶关县委 壶关县人民政府	林业生态建设先进个人	2010年2月
王娟娟	中共壶关县委 壶关县人民政府	林业生态建设先进个人	2010年2月
左满明	中共壶关县委 壶关县人民政府	林业生态建设先进个人	2010年2月
平林兵	中共壶关县委 壶关县人民政府	林业生态建设先进个人	2010年2月
平常青	中共壶关县委 壶关县人民政府	林业生态建设先进个人	2010年2月
申建平	中共壶关县委 壶关县人民政府	林业生态建设先进个人	2010年2月
刘云鹏	中共壶关县委 壶关县人民政府	林业生态建设先进个人	2010年2月
吕志强	中共壶关县委 壶关县人民政府	林业生态建设先进个人	2010年2月
孙建国	中共壶关县委 壶关县人民政府	林业生态建设先进个人	2010年2月
闫 斌	中共壶关县委 壶关县人民政府	林业生态建设先进个人	2010年2月
闫志斌	中共壶关县委 壶关县人民政府	林业生态建设先进个人	2010年2月
闫秀国	中共壶关县委 壶关县人民政府	林业生态建设先进个人	2010年2月
闫建国	中共壶关县委 壶关县人民政府	林业生态建设先进个人	2010年2月
闫忠义	中共壶关县委 壶关县人民政府	林业生态建设先进个人	2010年2月
闫晓陵	中共壶关县委 壶关县人民政府	林业生态建设先进个人	2010年2月
宋水平	中共壶关县委 壶关县人民政府	林业生态建设先进个人	2010年2月
宋忠孝	中共壶关县委 壶关县人民政府	林业生态建设先进个人	2010年2月
宋海芳	中共壶关县委 壶关县人民政府	林业生态建设先进个人	2010年2月
张 文	中共壶关县委 壶关县人民政府	林业生态建设先进个人	2010年2月
张庆利	中共壶关县委 壶关县人民政府	林业生态建设先进个人	2010年2月

（续）

受奖人	授奖单位	称 号	授奖时间
张志平	中共壶关县委 壶关县人民政府	林业生态建设先进个人	2010年2月
张志强	中共壶关县委 壶关县人民政府	林业生态建设先进个人	2010年2月
张建立	中共壶关县委 壶关县人民政府	林业生态建设先进个人	2010年2月
张晓军	中共壶关县委 壶关县人民政府	林业生态建设先进个人	2010年2月
张晓刚	中共壶关县委 壶关县人民政府	林业生态建设先进个人	2010年2月
张鲜明	中共壶关县委 壶关县人民政府	林业生态建设先进个人	2010年2月
李 兵	中共壶关县委 壶关县人民政府	林业生态建设先进个人	2010年2月
李 耀	中共壶关县委 壶关县人民政府	林业生态建设先进个人	2010年2月
李小平	中共壶关县委 壶关县人民政府	林业生态建设先进个人	2010年2月
李小兵	中共壶关县委 壶关县人民政府	林业生态建设先进个人	2010年2月
李斗胜	中共壶关县委 壶关县人民政府	林业生态建设先进个人	2010年2月
李东红	中共壶关县委 壶关县人民政府	林业生态建设先进个人	2010年2月
李先孝	中共壶关县委 壶关县人民政府	林业生态建设先进个人	2010年2月
李红卫	中共壶关县委 壶关县人民政府	林业生态建设先进个人	2010年2月
李红艳	中共壶关县委 壶关县人民政府	林业生态建设先进个人	2010年2月
李宏波	中共壶关县委 壶关县人民政府	林业生态建设先进个人	2010年2月
李志红	中共壶关县委 壶关县人民政府	林业生态建设先进个人	2010年2月
李国明	中共壶关县委 壶关县人民政府	林业生态建设先进个人	2010年2月
李建民	中共壶关县委 壶关县人民政府	林业生态建设先进个人	2010年2月
李建国	中共壶关县委 壶关县人民政府	林业生态建设先进个人	2010年2月
李虎江	中共壶关县委 壶关县人民政府	林业生态建设先进个人	2010年2月
李春生	中共壶关县委 壶关县人民政府	林业生态建设先进个人	2010年2月
苏建红	中共壶关县委 壶关县人民政府	林业生态建设先进个人	2010年2月
连小花	中共壶关县委 壶关县人民政府	林业生态建设先进个人	2010年2月
连胜利	中共壶关县委 壶关县人民政府	林业生态建设先进个人	2010年2月
陈光华	中共壶关县委 壶关县人民政府	林业生态建设先进个人	2010年2月
陈红星	中共壶关县委 壶关县人民政府	林业生态建设先进个人	2010年2月
周雷兵	中共壶关县委 壶关县人民政府	林业生态建设先进个人	2010年2月
岳文斌	中共壶关县委 壶关县人民政府	林业生态建设先进个人	2010年2月
赵华兵	中共壶关县委 壶关县人民政府	林业生态建设先进个人	2010年2月
赵江峰	中共壶关县委 壶关县人民政府	林业生态建设先进个人	2010年2月
侯保吉	中共壶关县委 壶关县人民政府	林业生态建设先进个人	2010年2月

（续）

受奖人	授奖单位	称　号	授奖时间
秦王康	中共壶关县委 壶关县人民政府	林业生态建设先进个人	2010年2月
秦德芳	中共壶关县委 壶关县人民政府	林业生态建设先进个人	2010年2月
贾书平	中共壶关县委 壶关县人民政府	林业生态建设先进个人	2010年2月
贾风鸣	中共壶关县委 壶关县人民政府	林业生态建设先进个人	2010年2月
郭永亮	中共壶关县委 壶关县人民政府	林业生态建设先进个人	2010年2月
郭刚德	中共壶关县委 壶关县人民政府	林业生态建设先进个人	2010年2月
郭志明	中共壶关县委 壶关县人民政府	林业生态建设先进个人	2010年2月
郭志毅	中共壶关县委 壶关县人民政府	林业生态建设先进个人	2010年2月
郭建叶	中共壶关县委 壶关县人民政府	林业生态建设先进个人	2010年2月
郭姣秀	中共壶关县委 壶关县人民政府	林业生态建设先进个人	2010年2月
郭喜平	中共壶关县委 壶关县人民政府	林业生态建设先进个人	2010年2月
高福生	中共壶关县委 壶关县人民政府	林业生态建设先进个人	2010年2月
常建勋	中共壶关县委 壶关县人民政府	林业生态建设先进个人	2010年2月
盖俊杰	中共壶关县委 壶关县人民政府	林业生态建设先进个人	2010年2月
程海英	中共壶关县委 壶关县人民政府	林业生态建设先进个人	2010年2月
雷学波	中共壶关县委 壶关县人民政府	林业生态建设先进个人	2010年2月
靳红亮	中共壶关县委 壶关县人民政府	林业生态建设先进个人	2010年2月
魏书则	中共壶关县委 壶关县人民政府	林业生态建设先进个人	2010年2月
秦庆祥	山西省绿化委员会	山西省绿化奖章	2010年3月
李天忠	山西省林业厅	全省林木种苗先进工作者	2010年8月
贾赵平	中共壶关县委 壶关县人民政府	2010年度劳动模范	2011年1月
郭　波	中共壶关县委 壶关县人民政府	2011年度劳动模范	2012年1月
马振洲	山西省林业厅	计划财务先进个人	2012年3月
贾赵平	山西省劳动竞赛委员会	记个人二等功一次	2012年12月
郭　波	中共壶关县委	2012年度劳动模范	2013年1月
李全心	山西省绿化委员会	山西省绿化奖章	2013年12月

第四章 获得市以上科研成果者和中级职称以上技术人员简介

第一节 中级职称以上技术人员简介

程喜堂

程喜堂，男，1958年7月生，大专学历，壶关县五龙山乡程庄村人。1977年1月毕业于壶关一中农林班，1977年5月，五龙山公社林场任技术员，1978年12月被抽调到壶关县林业局，参加壶关县东山用材林基地规划，1979年转为林业局合同工，在办公室工作，1986年转正，1988年，晋升助理工程师，1995年通过考试破格晋升为林业工程师。先后获得六项科研成果和科技进步奖，有多篇论文在各级报刊发表并获奖。2002年，被山西省林业厅授予“山西省林业科技功臣”称号，多次被评为市、县劳动模范。1988～1994年，连续7年被国家林业部政策法规司聘为特邀政策研究员，先后为长治市作家协会会员，中国林业文学艺术者联合会会员，壶关县政协第六、七届委员。

申有贵

申有贵，男，1955年12月生，高平市神农镇申家村人。1980年1月毕业于山西省林业学校。1980年5月参加工作，1988年4月获助理工程师职称，1996年4月由助理工程师职称晋升为工程师职称，在壶关县集体林经营的研究项目中担负收集资料任务，该项目于1991年5月获得长治市科技进步一等奖。

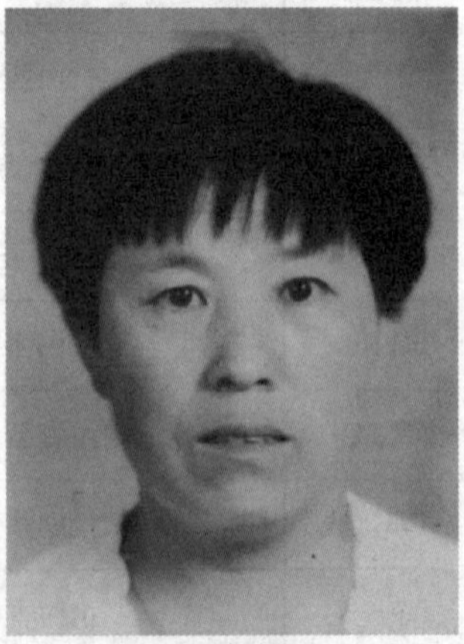
赵海俏

赵海俏，女，1955年3月生，壶关县集店乡土河村人。1976年7月毕业于山西长治农校果林系。1976年7月参加工作，1987年12月获助理统计师职称，1993年6月由助理统计师职称晋升为中级统计师职称。在林业区划，阳坡油松常年造林项目中担负统计调查、整理档案任务，该项目获得市级科研成果二等奖。1991年后连续十余次被评为省市优秀统计先进工作者。

杨秀萍，女，1972年6月生，壶关县集店乡西庄村人。

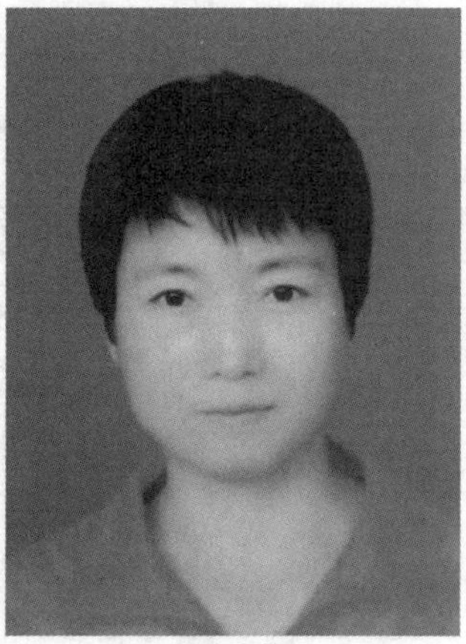
杨秀萍

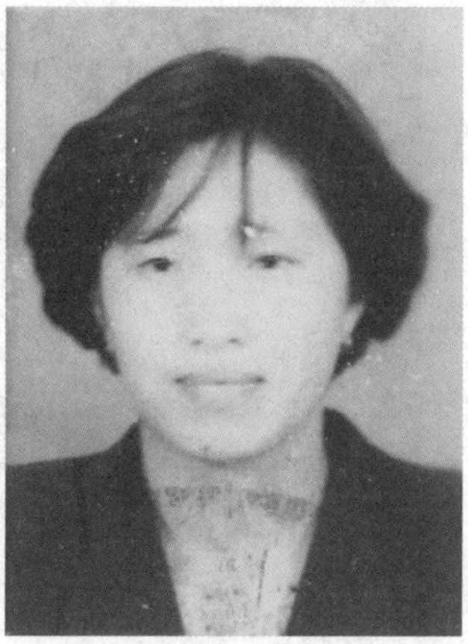
赵文清

王 岚

1993年7月毕业于长治市教育学院中文系,2008～2011年山西农大函授本科毕业。1993年9月参加工作,1998年12月获助理工程师职称,2004年1月晋升为工程师。

赵文清,女,1968年1月生,壶关县百尺镇西牢村人。1997年7月毕业于山西省委党校经济管理系,1988年6月参加工作,2001年9月获助理工程师职称,2005年12月由助理工程师职称晋升为工程师职称。

王岚,女,1972年3月生,壶关县店上镇南岭上村人。1992年毕业于山西林业学校,本科学历。1992年9月参加工作,2006年12月取得工程师资格。1995年,获中国林科院ABT生根粉系列研究与推广表彰奖;1996年获山西省科委"核桃围山转"技术承包三等奖;1997年,获山西省科委"百里核桃带"技术承包三等奖;同年获长治市优秀共青团员新长征突击手称号;1999年,获长治市人民政府"百里核桃带"技术推广三等奖;2002年获山西省"三八"绿色奖章;2005年获壶关县妇女儿童工作委员会巾帼建功标兵。

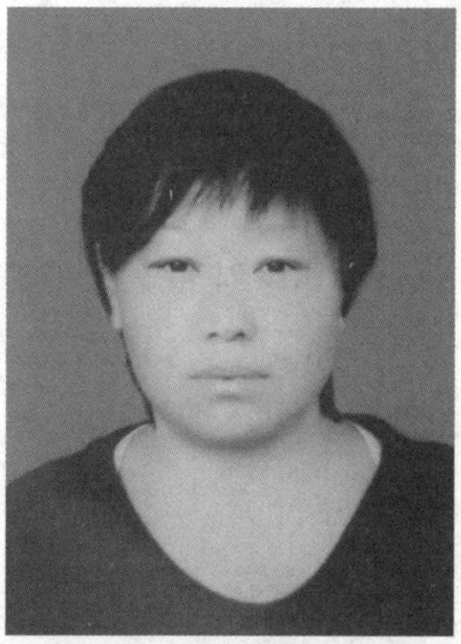
李彩萍

李彩萍,女,1972年8月生,壶关县晋庄镇东山后村人。1994年6月毕业于天津园林学校规划设计专业,1994年9月参加工作,2010年5月获工程师职称。政协壶关县第八届委员会委员。

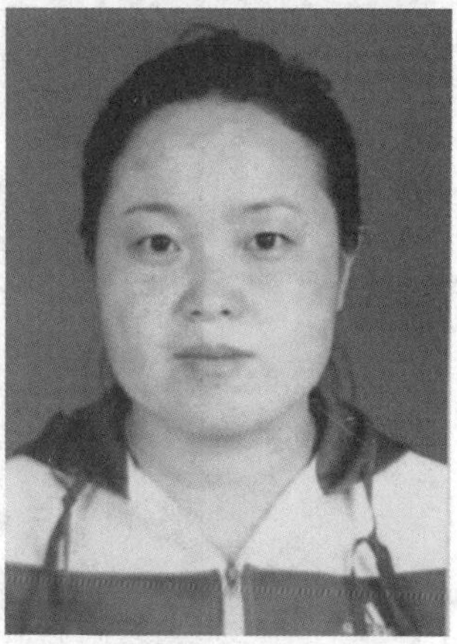
张晓霞

张晓霞,女,1979年3月生,壶关县晋庄镇赵掌村人。1978年7月毕业于运城农校农学系,1998年9月参加工作。2003年11月获助理工程师职称,2010年5月晋升为工程师。

梁军兵,男,1981年2月生,山西省壶关县树掌镇梁家村

梁军兵

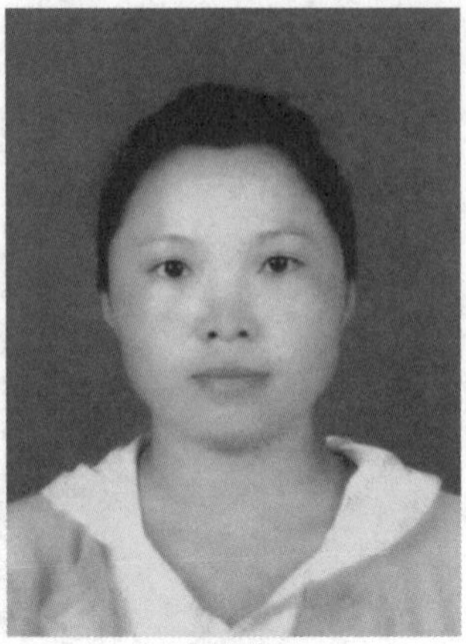

宋亚丽

郝秀斌

人。2000年7月毕业于长治农业学校,2000年9月参加工作,2006年11月获助理工程师职称,2008年12月晋升为经济师职称。2008年、2009年,两次被县委、县政府授予林业生态建设先进个人称号。

宋亚丽,女,1981年10月生,壶关县店上镇林青庄村人。2001年6月毕业于晋东南地区会计学校,同年自学考试专科毕业于山西财经大学,2003年7月参加长治市会计电算化比赛获"最佳会计主管奖",2009年1月晋升为中级会计师职称。

郝秀斌,女,1974年11月生,壶关县东井岭乡郭堡庄村人。1995年7月毕业于山西省林业学校,1996年参加工作,2002年7月山西省委党校函授经济管理专业毕业。2009年12月取得助理工程师资格,2010年5月晋升为工程师。

孙霞,女,1977年10月生,襄垣县古韩镇南关村人。1998年7月毕业于长治农业学校乡镇企业管理系,1998年9月参加工作,2003年11月获助理工程师职称,2010年5月晋升为工程师。

王岩花,女,1974年9月生,壶关县黄山乡上好牢村人。2000年7月毕业于山西农业大学林学系,2000年9月参加工作,2006年7月获助理工程师职称,2011年1月晋

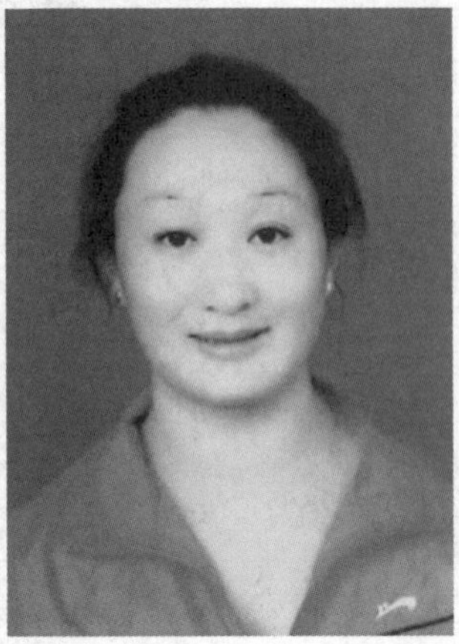

孙 霞

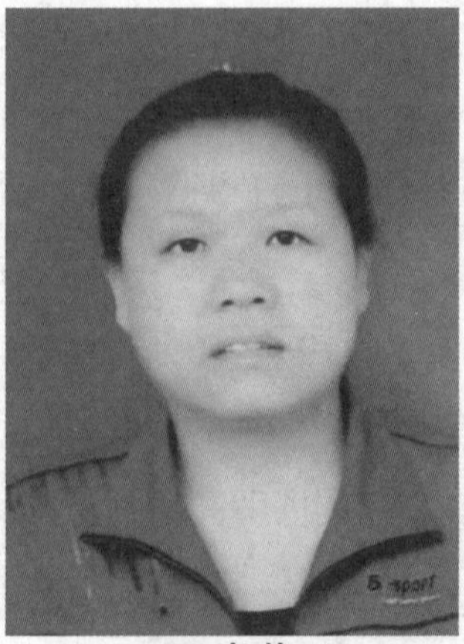

王岩花

升为工程师职称。

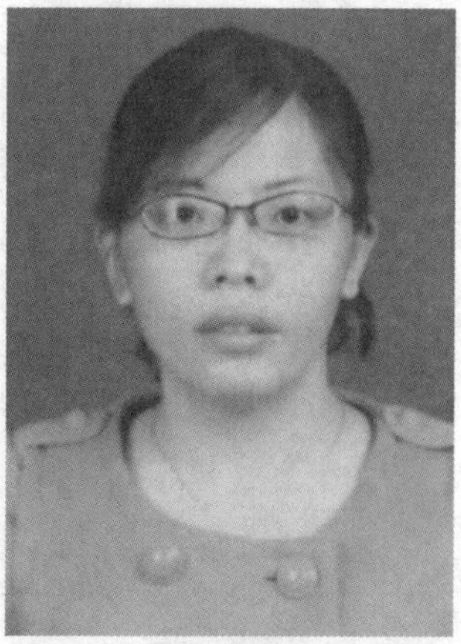
王路风

王路风，女，1981 年 3 月生，壶关县黄山乡南宋壁村人。2001 年 7 月毕业于山西省行政管理学校文秘与档案管理系，2001 年 8 月参加工作，2009 年 12 月获助理工程师职称，2011 年 1 月由助理工程师职称晋升为经济师职称。

杨　丽

杨丽，女，1979 年 6 月出生，壶关县集店乡北皇村人。2000 年 7 月毕业于忻州商业学校会计电算化系，2000 年 8 月参加工作，2009 年 12 月获助理工程师职称，2011 年 1 月晋升为经济师职称。

刘云鹏，男，1979 年 11 月生，壶关县东井岭乡三郊口村人。1998 年 7 月毕业于山西省林业学校资源管理专业，1998 年 9 月参加工作，2006 年 3 月获助理工程师职称，2012 年 3 月晋升为工程师职称。

吴李清，女，1979 年 3 月生，壶关县集店乡西庄村人。2000 年 7 月毕业于山西省长治农业学校农学系，2000 年 8 月参加工作，2007 年 12 月获助理工程师职称，2013 年 3 月晋升为工程师职称。在壶关县公路绿化油松大苗移植绿化工程技术承包项目中担负技术指导任务，该项目于 2013 年 3 月获得山西省农村技术承包奖。

张三波，男，1979 年 6 月生，壶关县店上镇固村人。1999 年 7 月毕业于山西林业学校，1999 年 9 月参加工作，2007 年 12 月取得助理工程师职称，2013 年 3 月晋升为工程师职称。

刘云鹏

吴李清

张三波

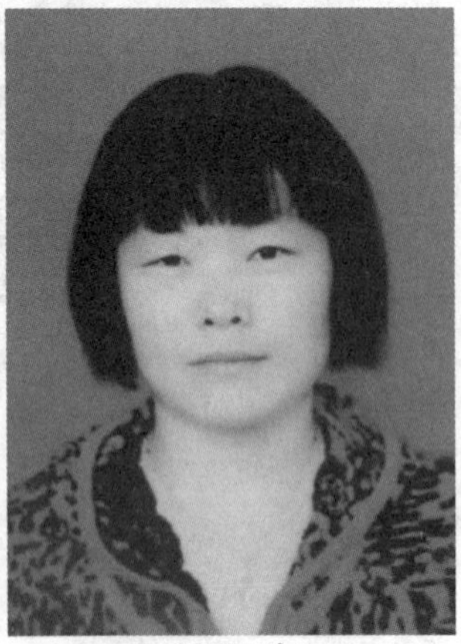
闫月玲

陈向荣

杜玉峰

闫月玲,女,1975年3月生,壶关县龙泉镇北河村人。1997年毕业于天津园林学校,1998年9月参加工作,2006年3月获助理工程师职称,2013年3月晋升为工程师。

陈向荣,女,1977年5月生,壶关县龙泉镇南关村人。1998年7月毕业于湖北省黄冈林业学校金融与税收专业,1998年9月参加工作,2007年12月获助理工程师职称,2013年12月晋升为工程师职称。

杜玉峰,女,1977年12月生,壶关县百尺镇录池村人。2000年7月毕业于山西农业大学农学系,2000年8月参加工作,2009年3月获助理工程师职称,2013年12月晋升为工程师职称。

李霖,男,1978年7月生,壶关县龙泉镇大山南村人。2001年7月毕业于山西省农业机械化学校汽车与拖拉机应用与维修系,2001年8月参加工作,2009年3月获助理工程师职称,2013年12月晋升为工程师职称。

郭少波,男,1976年11月生,壶关县树掌镇马家庄村人。1998年6月毕业于山西省晋东南煤矿学校,1998年9月参加工作,2005年7月毕业于山西省委党校函授经济管理专业,2012年11月取得农业经济师资格。

李 霖

郭少波

秦平有，男，1943年10月生，系山西省壶关县东井岭乡南行头村人。1970年毕业于山西农业大学林学系。1970年8月~2003年，在国营壶关林场工作。1984年至1991年，任国营林场副场长。1988年获工程师职称。1991~2003年，借调在县林业局，任森防站站长。工作期间他在省林科所赵瑞良老师的指导下完成了《油松扁叶蜂生物特性及其防治的初步研究》，获1979年度山西省科技成果三等奖，同年主持冰雹炮喷施“666”粉防治松扁叶蜂，1980年，被山西省林业厅授予“五好职工”称号。

李清方

李清方，男，1973年9月生，店上镇小南清村人。1996年7月毕业于北京林业大学，1996年9月参加工作，2006年加入中国共产党，2008年12月取得助理工程师资格，2013年12月取得工程师资格。

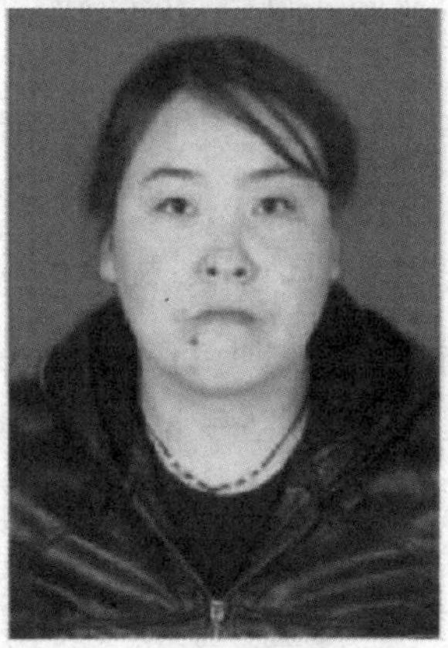
郭艳风

郭艳风，女，1977年12月生，黄山乡辛庄村人。2000年7月毕业于山西农业大学，2004年9月参加工作，2007年12月取得助理工程师资格，2013年12月取得工程师资格。

第二节 获得市以上科研成果人员简介

在已获得的市以上林业科技进步奖和林业科研成果奖等奖项中，共涉及刘德宝、张平和、秦元忠、秦庆祥、赵迷锁、李书贤、王五全、程喜堂、连胜利、赵瑞良、李仲明、秦平有、平书祥、申本书、栗增录、马爱书、王建强、申有贵、候才龙、张扁贵、刘长勤、马金书等人，在这些人中，其它章节已有简介的，本节不再重复。

连胜利

连胜利，男，1946年5月生，壶关县鹅屋乡西土池村人。1967年8月毕业于长治农校，1967年9月，壶关县良种场任技术员、拖拉机驾驶员，1969年4月~1971年5月，借调在壶关县农代会工作，1971年6月~1973年8月，借调在壶关县钻井队工作，1980年5月~1994年2月，在壶关县林业局从事技术工作，1984年3月~1991年6月，任林业局办公室主任，1991年6月~1998年8月任林业局副局长。工作期间，获得山西省科技进步二等奖、长治市科学技术研究和推广一等奖、长治市农村技术承包集体二等奖；1995年获壶关县农村集中整治“优秀工作队员”奖。

申本书

申本书，男，1955年10月生，壶关县黄山乡东街村人。1974年~1976年就读于长治农校，毕业后分配到国营苗圃工作。1983年调到壶关县林业局，先后任经济林站、技术推广站、森防站站长等职。1996年4月，被长治市科学技术协会授予94、95年度科协先进工作者称号；1991年8月，获长治市推广适用技术二等奖；1996年12月，获中国林科院综合技术研究开发中心“ABT生根粉推广特等奖”；1994年2月获长治市 核桃树高接换优集体二等奖；1996年5月，获山西省科学技术委员会核桃围山转工程承包集体三等奖；1988年3月，获长治市科技进步一等奖。

宋水平

宋水平，男，1962年9月生，壶关县黄山乡南阳护村人。1983年11月参加工作，1987年至1990年参加中央农业广播学校林学专业学习，1993年11月获 助理工程师 职称。1994年2月，“核桃树高接换优”获长治市 农村技术承包集体二等奖。

杜水平，男，1963年12月生，1982年毕业于壶关县职业中学，壶关县店上镇鳌街村人。1983年参加工作，先后任经济林站站长、林业设计队队长。1993年取得助理工程师职称，1989~1990年参加了《壶关县集体林经营的研究》，该项目获长治市科学技术进步一等奖。

马何民，男，1962年6月生，1982年毕业于壶关县职业中学，壶关县石坡乡双井村人。1983年参加工作，1987~1990年参加中央农业广播学校林学专业学习。先后任林业设计队队长、营林站站长等职。1993年获得助理工程师职称，1996年参加了核桃

杜水平

马何民

围山转工程技术承包项目，获得省科委技术承包三等奖，2010年获壶关县林业生态建设先进个人奖。

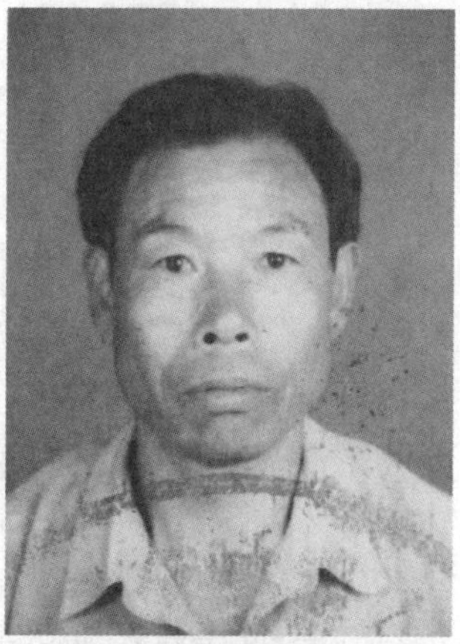

马振东

马振东，男，1945年9月生，壶关县晋庄镇北掌村人。1960年至1983年12月，任国营壶关树掌林场技术员，1984年1月～2005年10月。任壶关县林业局技术员、经济林站站长等。参与完成的壶关县林业区划与实施，获林业部科技进步二等奖。

平书祥

平书祥，男，1953年11月生，壶关县龙泉镇马驹村人。先后任林业局营林站站长、副局长、林场场长等职，获一项长治市科技进步一等奖，一项林业部科技进步二等奖。

侯才龙，男，河南省林县人。先后任国营壶关树掌林场技术员，林业局林产品经销站站长等职，获一项山西省科技进步三等奖。

张扁贵，男，1944年9月生，壶关县龙泉镇龙泉河村人。1961年参加工作，1984年5月从黄山乡调入林业局，任林产品经销站站长，获一项山西省科技进步三等奖。

刘长勤，男，1951年生，壶关县东井岭乡三郊口村人。1987年11月从桥上水电站调入壶关县林业局，任林产品经销站会计，获一项山西省科技进步三等奖。

马金书，男，1958年12月生，壶关县店上镇绍良村人。1985年2月从太行林业局调入林业局，先后任技术推广站站长，林科所所长等职，获一项长治市科技进步二等奖。

张扁贵

刘长勤

马金书

第五章 长期从事林业技术和管理、生产人员

第一节 从事林业技术和管理工作30年以上人员简介

马振洲，男，1962年11月生，1982年毕业于壶关县职业中学，壶关县树掌镇马家庄村人。1983年参加工作，1987～1990年参加中央农业广播学校林学专业学习。先后任林业局保管、出纳、会计、财务股股长等职。任会计期间，其账目管理是全市学习的样板。

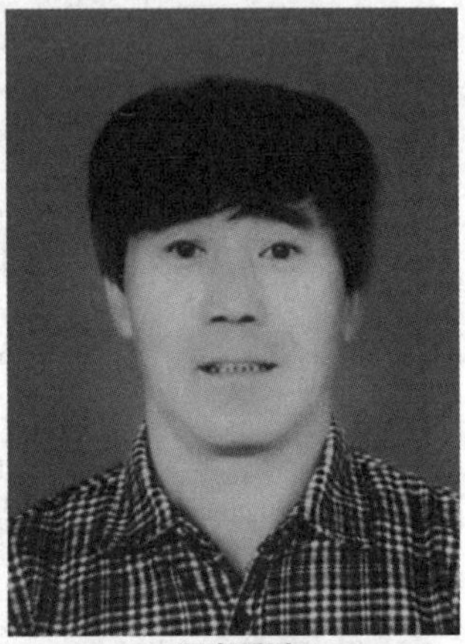
马振洲

贾赵平，男，1963年11月生，1982年毕业于壶关县职业中学，壶关县店上镇王桥凹村人。1983年参加工作，1987～1990年参加中央农业广播学校林学专业学习。先后任林业行政综合执法大队副大队长、林政资源站站长等职。1993年获得助理工程师职称。在1988年和1989年的木本粮油树资源调查及区划工作中，分别获得省市"先进工作者"，2010年，被评为壶关县"劳动模范"，2012年，山西省社会主义劳动竞赛委员会记个人二等功一次。

贾赵平

宋安明，男，1962年6月生，1982年毕业于壶关县职业中学，壶关县晋庄镇西崇贤村人。1983年参加工作，1987～1990年参加中央农业广播学校林学专业学习。先后任林政资源站站长、林业行政综合执法中队队长，现为森林病虫害防治站站长。1993年获得助理工程师职称，1999年被县委、县政府授予林业先进工作者。

宋安明

李天中，男，1961年8月生，中专文凭，壶关县树掌镇马家庄村人。毕业于壶关县职业中学，1983年参加工作，先后任苗圃会计，种苗站站长。2010年8月，被山西省林业厅授予"全省林木种苗先进工作者"。

李国祥，男，1961年6月生，1982年毕业于壶关县职业中学，壶关县树掌镇马家庄村人。1983年参加工作，1987～1990年参加中央农业广播学校林学专业学习。助理工程师职称，曾随全国劳模王五全在太原市北郊区承包荒山造林。先后担任林业局后勤管理员、办公室副主任。多次被评为先进工作者。

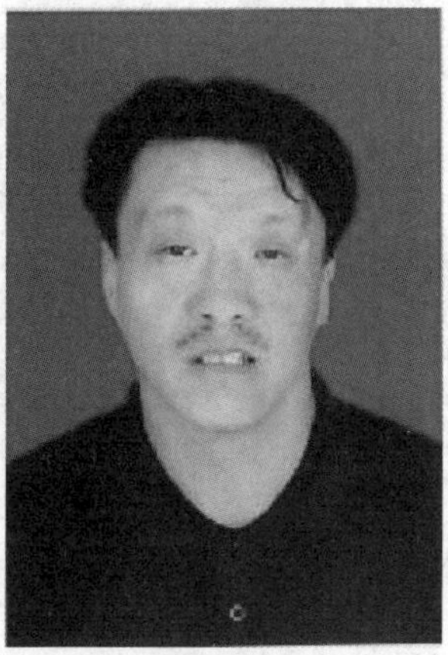
李天中

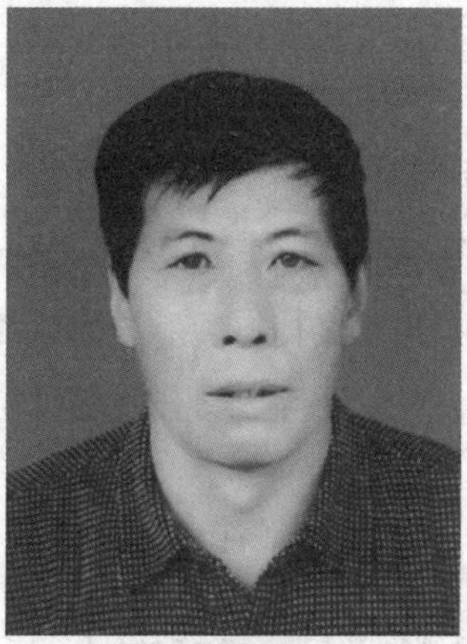
李国祥

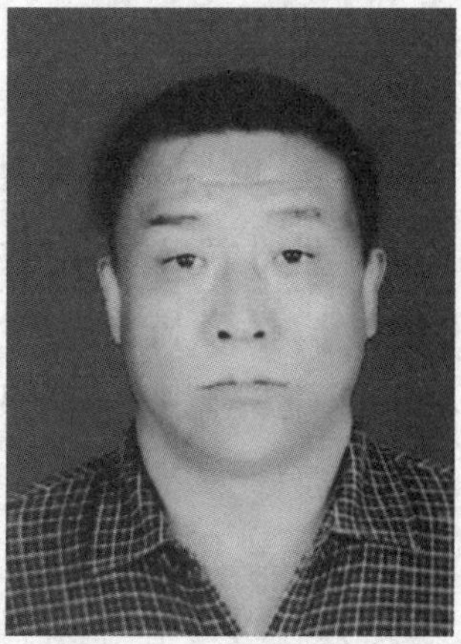
刘彦彪

刘彦彪,男,1965 年 6 月生,中专学历,壶关县树掌镇福头村人。1983 年 7 月参加工作,1987～1990 年参加中央农业广播学校林学专业学习,现任野生动物保护站站长。

赵建斌,男,1959 年 2 月生,1982 年毕业于壶关县职业中学,壶关县黄山乡薛家园村人。1983 年参加工作,1987～1990 年参加中央农业广播学校林学专业学习,1996～1999 年参加山西省委党校经济管理函授学习，取得大专学历，任办公室副主任。1984～2010 年间,先后 8 次被评为壶关县先进工作者,2006 年被评为山西省林业宣传先进个人,有多篇论文获奖。

郭建宏,男,1963 年 10 月生,1982 年毕业于壶关县职业中学,壶关县石坡乡龙尾头村人。1983 年参加工作,1987～1990 年参加中央农业广播学校林学专业学习,取得中专学历。在林业局设计队工作 12 年,在原固村公社任林业管理员 5 年,2000 年至今在店上镇任林业管理员。1994 年获中国林业科学研究院“ABT”生根粉推广一等奖。

宋龙青,男,1963 年 7 月生,1982 年毕业于壶关县职业中学,壶关县五龙山乡南塔底村人。1983 年参加工作,1987～1990 年参加中央农业广播学校林学专业学习,取得中专学历。1995～2000 年任崇贤乡林业管理员,2001 年任晋庄镇林业管理员,2002 年至今任五龙山乡林业管理员。1998 年和 2008 年,被县委、县政府授予林业先进工作

赵建斌

郭建宏

宋龙青

者、林业生态建设先进个人称号，2013年，被评为壶关县十大道德楷模（绿色家园的守护者）。

冯先昊

冯先昊，男，1961年10月生，壶关县常平办事处李掌村人。1981年毕业于壶关一中，1982年参加工作，1987～1990年参加中央农业广播学校林学专业学习，取得中专学历。1983年至1994年任崇贤乡林业管理员，1995年至今任石坡乡林业管理员。多次被评为先进工作者。

王建忠

王建忠，男，1961年4月生，1982年毕业于壶关县职业中学，壶关县石坡乡西黄花水村人。1983年参加工作，1987～1990年参加中央农业广播学校林学专业学习，取得中专学历。1983～1991年在林业局工作，1992年至1995年任店上镇林业管理员，1996年至2000年任辛村乡林业管理员，2001年至今任集店乡林业管理员。

张仁锁，男，1953年3月生，壶关县百尺镇东柏林村人。1970年毕业于沙窟中学，1980年8月被招聘为东柏林公社林业管理员，1996年任黄山乡政府林业管理员，2013年退休，从事林业技术和管理工作33年。

张忠孝，男，1957年8月生，壶关县黄山乡南阳护村人。1976年毕业于南阳护中学，1987～1990年参加中央农业广播学校林学专业学习，取得中专学历。1980年被招聘为黄家川公社林业管理员，2000年2月任黄山乡林业管理员至今。

赵水平，男，1963年1月生，壶关县百尺镇流泽村人。1984年参加工作，1987年至1990年参加中央农业广播学校林学专业学习，取得中专学历。1984～1994年任百尺镇林业管理员，1995～2000年任东柏林乡林业管理员，2001年至今任百尺镇林业管理员。多次被评为先进工作者。

张仁锁

张忠孝

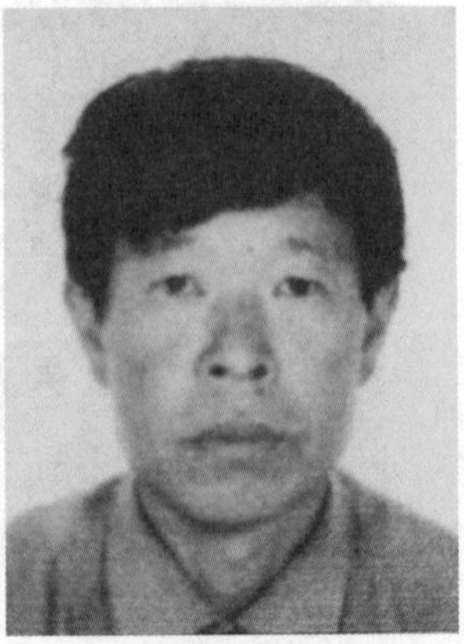
赵水平

第二节　现实际从事林业工作者名单

至2013年还未获得中级以上职称，从事林业管理工作不达30年的，现实际从事林业工作的人员如下：

姓名	性别	出生年月	文化程度	参加工作时间	籍贯
李林江	男	1970年11月	大专	1988年8月	林州市合涧镇上庄村
连晋红	女	1979年11月	大专	1994年8月	鹅屋乡沙岗沟村
栗增强	男	1975年7月	大专	1995年9月	石坡乡石坡村
张志方	男	1974年5月	大专	1995年9月	店上镇洪掌村
李清芳	男	1973年9月	大专	1996年9月	店上镇小南清村
闫永斌	男	1975年11月	大专	1998年9月	龙泉镇杜家河村
闫文娟	女	1978年3月	本科	1998年9月	龙泉镇北街村
闫建英	女	1974年12月	本科	1996年9月	集店乡北三家村
石保红	男	1977年1月	大专	1998年9月	长子县石哲镇晋义村
郭少波	男	1976年1月	大专	1998年9月	树掌镇马家庄村
郭盘龙	男	1977年11月	大专	1998年3月	树掌镇神北村
靳丽丽	女	1977年7月	本科	1999年9月	店上镇靳家掌
郭　波	男	1980年8月	大专	2004.08	店上镇中桥村
李　霖	男	1978年7月	大专	2004.08	龙泉镇大山南村
王江红	男	1980年6月	大专	2004.08	百尺镇紫水村
郭艳凤	女	1977年12月	本科	2004.08	黄山乡辛庄村
张　娟	女	1981年10月	大专	2004.08	黄山乡黄山村
董丽君	女	1979年9月	大专	2004.08	东井岭乡贾庄村
冯丽娟	女	1980年11月	大专	2004.08	树掌镇树掌村
牛立飞	男	1981年11月	大专	2004.08	黄山乡牛王岭村
常志斌	男	1979年10月	大专	2004.08	龙泉镇紫岩掌村
平华鹏	男	1980年5月	中专	2004.08	龙泉镇马驹村
侯岩巧	女	1975年9月	大专	2004.08	桥上乡桥上村
李慧斌	男	1981年4月	本科	2004.08	东井岭乡大井村
申李军	男	1980年11月	大专	2004.08	黄山乡东脚村
郭　鹏	男	1980年7月	大专	2004.08	百尺镇赵村
贾彩妮	女	1981年7月	大专	2004.08	晋庄镇东崇贤村

（续）

姓名	性别	出生年月	文化程度	参加工作时间	籍贯
郭　鹏	男	1980年7月	大专	2004年8月	百尺镇赵村
刘丽芳	女	1981年9月	大专	2004年8月	集店乡逢善村
常建伟	男	1983年11月	本科	2006年9月	城区李家庄
张志清	男	1972年7月	大专	1992年9月	百尺镇鸦村
王红彬	男	1971年12月	大专	1992年10月	石坡乡南平头坞村
马孝方	男	1971年12月	大专	1992年11月	树掌镇马家庄村
李林红	男	1972年11月	高中	1990年10月	龙泉镇大山南村
李　凯	男	1984年2月	高中	2008年4月	黄山乡东角村
杨卫平	男	1980年4月	高中	2008年4月	店上镇小南清村
苏兴斌	男	1985年2月	大专	2008年4月	桥上乡盘底村
赵　明	男	1980年7月	高中	2000年12月	东井岭乡南湖村
秦何江	男	1985年7月	高中	2008年4月	店上镇牛居村
徐　达	男	1989年5月	高中	2008年10月	晋庄镇徐家后村
李世冠	男	1984年9月	大专	2007年3月	五龙山乡刘寨村
李慧娟	女	1986年4月	本科	2012年1月	店上镇角脚底村
郭文红	男	1969年7月	高中	2003年4月	百尺镇赵屋村
李会强	女	1979年9月	大专	2004年8月	百尺镇西王宅村
郭河山	男	1963年7月	中专	1986年9月	店上镇南山后村
鲍彦堂	男	1955年10月	高中	1973年1月	店上镇关帝村

第三节　从事造林育苗等林业生产30年以上人员名单

国营壶关树掌林场从事造林生产30年以上人员名单

姓名	性别	民族	出生年月	参加工作时间	退休时间	文化程度	籍贯	备注
王茂林	男	汉	1954年10月	1972年12月		高小	壶关县树掌镇福头村	在职
秦建则	男	汉	1963年4月	1980年1月		初中	壶关县龙泉镇程村	在职
李贵珍	男	汉	1957年11月	1980年3月		初中	壶关县晋庄镇北庄村	在职
郭进中	男	汉	1960年7月	1981年12月		初中	壶关县五龙山乡道安村	在职

（续）

姓名	性别	民族	出生年月	参加工作时间	退休时间	文化程度	籍贯	备注
李雷钢	男	汉	1961年12月	1978年8月		中专	壶关县集店乡辛村	在职
秦平友	男	汉	1943年12月	1969年8月	2004年9月	本科	壶关县东井岭乡常行村	退休
冯来法	男	汉	1939年3月	1959年10月	1993年2月	初中	壶关县树掌镇神郊村	退休
侯起山	男	汉	1943年4月	1959年10月	2003年4月	初中	壶关县店上镇寨上村	退休
靳扎根	男	汉	1944年10月	1966年8月	2001年8月	初中	壶关县百尺镇五集村	退休
刘存玉	男	汉	1944年8月	1966年8月	2001年7月	大专	壶关县树掌镇福头村	退休
李书高	男	汉	1944年2月	1960年1月	2001年8月	初中	壶关县店上镇角角底村	退休
黄正有	男	汉	1945年4月	1960年8月	2001年7月	初中	壶关县石坡乡石坡村	退休
冯幸福	男	汉	1948年2月	1969年10月	2003年11月	初中	壶关县树掌镇树掌村	退休
李树才	男	汉	1949年2月	1965年4月	2011年5月	初中	壶关县东井岭乡东掌村	退休
李长法	男	汉	1948年6月	1969年6月	2011年7月	初中	壶关县集店乡西庄村	退休
聂建宏	男	汉	1956年1月	1973年8月	2014年1月	大专	壶关县黄山乡辛寨村	退休
刘德三	男	汉	1919年7月	1942年2月	1984年6月	高小	壶关县龙泉镇南关村	2011年病故
秦李姣	男	汉	1919年1月	1942年12月	1987年6月	高小	壶关县晋庄镇七里村	2010年病故
魏福昌	男	汉	1924年10月	1943年3月	1984年6月	高小	壶关县树掌镇福头村	2008年病故
赵胖玉	男	汉	1941年12月	1959年10月	1994年6月	初中	壶关县树掌镇大坪上村	2012年病故
申连发	男	汉	1937年4月	1959年10月	1997年3月	初中	壶关县集店乡天池村	2013年病故
闫喜松	男	汉	1933年8月	1955年2月	1991年12月	初中	壶关县晋庄镇固店村	2013年病故
张根忠	男	汉	1943年1月	1959年10月	1995年11月	初中	壶关县百尺镇方善村	2002年病故
牛起福	男	汉	1943年12月	1959年10月	2003年12月	初中	壶关县龙泉镇马驹村	2005年病故
赵万有	男	汉	1934年4月	1956年4月	1989年8月	高中	壶关县店上镇店上村	1999年病故
靳广有	男	汉	1941年7月	1971年1月	2001年8月	初中	壶关县东井岭乡高岸上村	2003年病故
冯安则	男	回	1944年6月	1959年10月		初中	壶关县龙泉镇寨上村	1994年病故

国营壶关苗圃从事育苗生产30年以上人员名单

姓名	性别	民族	出生年月	参加工作时间	退休情况	文化程度	籍贯
崔海云	女	汉	1964年11月	1982年12月	2014年12月	初中	集店乡集店村
郭合义	男	汉	1956年5月	1983年10月		初中	店上镇山后村
马秀文	男	汉	1963年7月	1980年10月		初中	黄山乡南宋壁村
杜忠孝	男	汉	1960年3月	1980年11月		高中	店上镇鳌街村
李怀有	男	汉	1923年3月	1944年7月	1985年3月	小学	桥上乡紫团村
程月书	男	汉	1937年5月	1958年12月	2003年12月	初中	城关镇四家池
贾志堂	男	汉	1948年6月	1969年11月	2009年9月	小学	石坡乡郭家坨村
任天保	男	汉	1943年12月	1963年12月	2003年12月	初中	黄山乡南宋壁村

第十四编　文献辑存

第一章　现代文献

第一节　文件 布告

壶关县人民委员会

关于认真保护林木严禁人畜毁山树株的

布　告

<62>壶农郭字第143号

几年来,我县的造林事业有了很大发展,许多荒山、荒地和河滩已经绿化,许多新兴的林业基地已经建立起来。在此情况下,认真做好护林工作,就显得更加重要了。为保护林木安全生长,进一步促进农、牧业发展,支援国家建设,特布告如下:

一、坚决贯彻执行林业政策。今后不论公社、生产队、个人或机关、学校、厂矿的新造林木,都要发给林权证,谁造归谁,谁有谁管谁收益,对过去所造的林,亦应该发给林权所有证,以保障他们的所有权。

二、加强林木管理。凡是新植林区和已经播种的荒山、河滩、林坡,不论国有、社有、队有或社员个人所有,一律禁止放牧。对于公路两旁和重要地区林木,不经县人委批准不得随意乱伐。同时要合理规划牧坡,管好六畜,不许啃踏林木。采摘树籽、树叶、野果、木本油籽时,只许保护树木,不准伤害林木。

三、认真执行"护林有功者奖,毁林者罚"的政策。严禁在林内或林区附近玩火吸烟,以防引起火灾。对于私自盗伐国家、集体和社员个人的林木,要分别情节给予应得之处分:对有意纵火破坏森林者,要依法严惩;对于查获、检举坏人、护林有功人员要分别给予荣誉和物质奖励。

四、健全林业机构,加强护林领导。社、队两级要立即健全机构,必须把护林工作列入议事日程,加强护林工作的具体领导。并要把原有群众性的护林组织,迅速整顿,健全与巩固起来。公社要设护林委员会,生产大队要设护林小组,并且要制定护林公约。要做到任务到队,责任到人,扎扎实实要做好护林工作。

上述各条,望全县人民认真遵照执行。

此布

县长:郭宏太

1962年6月9日

中共壶关县委文件

壶发(1979)44号

通　知

各公社党委、各基层党支部:

现将中共壶关县委《关于大力发展林牧业生产的决定(草案)》发给你们,望组织广大干部群众认真学习讨论,坚决贯彻执行。

实行农林牧并重的方针,大力发展林牧业生产,把我县建成林牧业生产基地,这个指导思想,在今年年初召开的全县三级干部会议上就提出来了。半年多来,通过多方面的调查研究和反复征求群众意见,产生了《关于大力发展林牧业生产的决定(讨论稿)》,于今年九月下旬召开的全县三级干部会议上,正式提交大会讨论。现在下发的这个《决定(草案)》,就是集中了大家的讨论之后,经过修改、补充确定下来的。各公社党委、各基层党支部和广大干部群众,在贯彻执行中还可以继续提出修改意见和补充意见。但总的来说,这个《决定(草案)》,所确定的方向、政策和措施,是同党的十一届三中全会和五届人大二次会议精神,同党中央的两个农业文件,同壶关的实际情况,同全县人民的要求完全相符的,是肯定无疑的。因此,必须坚决贯彻执行,立即付诸实施,坚持在执行中修改,在实施中补充。

贯彻执行《关于大力发展林牧业生产的决定(草案)》,要同当前正在深入进行的贯彻四中全会通过的《中共中央关于加快农业发展若干问题的决定》结合起来,站在中央决定的高度,进一步加深对县委决定的理解;在贯彻县委决定中把中央的决定落到实处。同时还要把贯彻执行县委的决定,同各社队的具体情况结合起来,一定要做到实事求是,因地制宜,突出特点,各有侧重,坚决避免过去哪种"一刀切"的错误做法。

各公社党委、各基层党支部,可把修改补充意见和贯彻执行的情况及时报告县委。

中共壶关县委

1979年10月13日

中共壶关县委
关于大力发展林牧业生产的决定
（草 案）

根据党的十一届三中全会和五届人大二次会议精神，以及中央提出的以粮为纲，全面发展，因地制宜，适当集中的方针，中共壶关县委决定：今后在发展全县农业生产中，要调整农业内部的比例关系，实行农林牧并重的方针。其中桥上、鹅屋、石河沐、树掌、石坡、东井岭、常行等七个山区公社和店上、晋庄、五龙山等公社的部分山区大队，实行以林牧为主。在这一方针指导下，全县人民要奋战五年，在继续抓紧粮食生产的同时，有计划、有步骤地把我县建成初具规模的林牧业生产基地。

一、认识

实行农林牧并重的方针，完全符合壶关的自然条件，完全符合全县人民的根本利益，完全符合党的十一届三中全会和五届人大二次会议的基本精神。

壶关山多地少，全县版图面积约一百五十万亩，其中荒山沟坡面积占四分之三。大力发展林牧业生产，可以充分利用自然资源，使四分之三的山沟面积，也同四分之一的耕地面积一样，为四化建设和全县人民的生活提供大量的物质财富。

壶关十年九旱，水源奇缺，对发展农业十分不利。大力发展林牧业生产，可以控制水土流失，促进生态平衡，增加有机肥料，从根本上改变壶关的干旱面貌，为农业发展创造有利条件。

壶关县群众生活水平很低，大力发展林牧业生产，可以提供肉类、果类、油类、蛋类、奶类等付食品，补充粮食短缺，改变膳食结构，同时还可以提供大量经济收入，逐步提高人民群众的生活水平。

壶关县人稠地窄，在粮食方面对国家贡献甚少，大力发展林牧业生产，可以为国家提供大量的林牧产品，从而变小贡献为大贡献，变一种贡献为多种贡献。

总之，大力发展林牧业生产，对于我县是一项战略性措施，是一条根本出路，在一定意义上说抓林牧就是抓粮，就是抓水，就是抓钱，就是抓生活，就是具体地贯彻执行党中央的两个农业文件，就是因地制宜地进行农业现代化建设。

因此，全党同志和全县人民一定要极大地重视林牧业，把林牧业作为一项伟大的社会主义事业来办，一定要下大决心，花大气力，把林牧业生产坚决搞上去。

二、任务

从一九八零年到一九八四年,五年内我县林牧业生产的任务是:

1. 荒山造林十五万亩,人均六分,连同现有林面积十七万亩,达到三十二万亩,占到宜林面积三十八万亩的百分之八十四。

2. 四旁和沟坡植树五千万株,人均二百株,连同现有基础达到六千二百五十万株,人均二百五十株。其中人均木材树一百五十株,经济树一百株。

3. 经济树中要突出发展桑树、红果树和木本油科树。全县桑树新植八百四十万株,连同现有一百六十万株,达到一千万株。山下十三社和常行等十四个宜桑公社人均达到六十株。全县产茧量由现在的五万斤达到一百万斤,其中南阳护、黄山、百尺每社产到十万斤以上;东柏林、店上、城关、固村、晋庄、东崇贤、五龙山每社产到五至七万斤;辛村、西庄、川底、常行每社产到三万斤以上。还要有五十个蚕桑重点大队达到年产万斤茧或户均一张蚕。

红果树新植二百七十四万株,连同现有二十六万株,达到三百万株。山上七社和店上、晋庄、五龙山等公社的部分山区大队,人均达到三十株以上。全县红果总产量由现在的一百万斤达到四百万斤。

木本油料树新栽三百二十七万株,连同现有四十八万株,达到三百七十万株,人均十五株。其中人均核桃树、花椒树和其它油科树(文冠果、山桃、山杏等)各五株。

同时,要继续发展苹果、梨、桃、杏等水果树,有条件的地方还要发展柿子、大枣等木本粮食树和梧柳、紫穗槐等经济灌木。

4. 新增大牲畜一万头,连同现有二万头,达到三万头。山上七社和店上、晋庄、五龙山等公社的部分山区大队力争达到户均一头,其余力争达到两户一头。发展大牲畜重点是养牛,要求占到大牲畜总头数的百分之七十。

5. 一九八一年生猪饲养量、一九八二年生猪存栏数分别达到十一万头,户均两头。

6. 一九八零年家兔饲养量达到二十四万只,人均一只。其中鹅屋、桥上、石河沐、东井岭、树掌、石坡等公社达到人均两只;常行、店上、晋庄、五龙山等公社达到人均一只;其余十社达到两人一只。

7. 养羊业要因地制宜,适当发展,特别要搞好品种的更新与改良,三年内普及改良羊。

上述任务完成以后,全县森林覆盖率可由现在的百分之十二点九增加到百分之三十二。林牧业收入在各业收入中所占比重,可由现在的百分之九点八,提高到百分之三十以上。

三、措施

1. 扩大林牧投资。县上要把每年地方财力支农资金和国家农业投资的绝大部分，用来发展林牧生产。此外，各社队还要发扬自力更生精神，采取各种办法，积极自筹林牧资金。其中林牧业基础好的大队，可在林牧收入中抽出一定比例，扩大林牧再生产，实行以林牧养林牧。林牧业基础差的大队，可在公积金中抽出一定比例用于发展林牧生产。

2. 组织林、牧专业队，各大队都要建立林、牧业两个专业队，分别负责培育树苗、护林看山、移栽补栽、修剪管理、产品收贮、更新嫁接和饲养管理、繁殖育种、积肥等项工作。专业队的劳力要因事设人，逐年增加。要和生产队一样，另立户头，自设帐目，联系产量、产值计酬。

3. 建立育苗基地。县、公社、大队三级都要育苗，社员户也可育苗。今年秋季至明年秋季户均育成一分苗圃，全县达到五千四百亩。其中，宜桑社队要育桑苗二千亩，宜红果社队要育红果苗二百亩，全县要育木材树苗二千亩。

育苗要舍得占好地、占水地，要选择一些水土条件较好的大队，建设育苗基地，其经济费用由县上给予适当补助。

4. 设置繁殖网点。一九八零年县上要办起奶牛、肉牛等优畜引进站，公社要办起配种站，大队要办起繁殖场，生产队也要养到二至三头生育母畜。其中每个公社都要有一个五十头以上的牛场，作为养牛基地，并由县上给予适当补助。与此同时，各大队都要办母猪繁殖场，连同社员户养母猪，全县达到一万头，五户平均一头。公养母猪按每头二分地的要求种植聚合草 、大力推广高平县储青经验，解决饲料问题。

5. 加强林牧技术研究和推广工作。县上要设置林牧业和蚕果技术推广站，公社要配备林牧业技术员和蚕果员，大队林牧专业队中都要有一、两名兼职技术员。全县四级农科网也应是四级林科网、牧科网，把研究和推广林牧科学技术作为主要任务。县上要不定期举办林牧技术训练班，为社队培养技术人才。要不断加强兽医院、站建设，增加兽医数量，提高兽医的医疗水平。同时还要有组织、有计划地从外地聘请蚕桑、肉牛等方面的技术人员，对全县进行技术传授和指导工作。

6. 建立健全检查验收制度。县上每年要组织一次大检查，逐社逐队审查年度计划的落实情况。在此基础上，一九八四年进行总验收。对超额和提前完成规定任务者，要大张旗鼓进行表扬和奖励，对完不成任务者要追究责任，提出批评，直至给予必要的处罚。

四、政策

1. 国家宜林山坡要因地制宜，具体规划，继续采取国家出钱、社队出工等有效办法，加速进行绿化。如有必要，也可以划分给就近社队造林，并实行谁栽谁有政策。但要签定合同，以保证按时绿化完毕。到期绿化不完者，国家有权重新收回，转让给别的社队绿化。

县城附近宜林山坡，要分别划分给城关公社和县级机关单位，限期完成绿化任务，谁栽、谁管、归谁所有。

2. 集体植树实行集体栽树，专人管理的办法。不便于集中管理的，也可以采取责任到人，按树计酬的方法，三年头上点树结算，保活一株付款一元，余款户可顶存款，欠款户可顶还款，欠粮户可以粮折款，顶还借粮。

3. 积极鼓励社员在房前屋后栽树。对房前屋后无地栽树的社员户，集体可根据坡场条件，规划分配自留树地方，保证谁栽谁有。社员栽树集体供给树苗，栽活不收钱，栽不活照价收钱。

4. 县办国营林场要派驻两名公安人员，负责护好国有林。各大队要确定二至三名责任心和原则性强的老年社员任专职护林员，分段分片看护树木。全县人民无论男女老幼都有护林的义务和权利。凡损坏一株三年以下的小树，罚款三元；损坏三年以上的树木以树作价，加倍罚款。儿童损坏罚家长，牲畜、猪羊损坏罚户主和饲养员。罚得的款三分之一归树主，三分之二归抓获者个人。对有意破坏树林，偷砍各种树木者，则要按照森林法，给予法律处分和经济制裁。

5. 集体牲畜以集中饲养为主，也可以实行分户饲养。饲养员的工分按饲养牲畜的头数定工，按投肥和膘情大体相等的比例记工。还要根据饲养牲畜的类别、膘情基础、积肥的数量和质量确定具体标准，分别进行奖惩。

集体猪也以集中饲养为主，同时可以试验推广“固定养猪专业户”的办法。

6. 集体母畜要实行专人喂养。凡有生育能力的母畜三年下两胎的每胎奖工四十个，三年不下一胎的惩工五十个。

7. 林牧业搞的好、成绩大的单位和个人，在评模授奖时，同农业方面的先进单位和个人，享受同等待遇。饲养牲畜或经营林业在十年以上，为集体创造价值万元以上者，给予“集体经济创业人”光荣称号，男社员从六十岁、女社员从五十五岁起，每年由集体付给养老工一百个。

8. 允许社员养大牲畜，特别鼓励社员养肉牛和奶牛。社员养牛集体要根据条件补给一定数量的玉米秆，并按国家标准付给饲料，社员要向集体交售圈肥，各作各价。下一头小牛，成活一年以上，补粮一百斤。

9. 对社员养猪实行以户定猪，以猪定肥，以质论价，以款带粮：每一元投肥款给粮五斤，肥出圈，粮兑现。此外，也可以因地制宜确定其他办法，鼓励社员养猪。

10. 社队配种站要积极支持社员的母畜和母猪到站配种，并要做到收费合理。大队为社员加工青饲料，可以免费。解决社员吃水问题时，也要兼顾牲畜、猪、羊的用水需要。

11. 集体和社员养的牲畜、生猪，在完成国家派购任务后，允许自由出售，自行宰杀。

12. 收购站及其工作人员要全面执行国家的收购政策，实行分头下乡目测，集体回站收购，吸收群众参加，共同评级论等的收购办法，决不容许营私舞弊和压级压价，克扣群众。

五、领导

1. 各级党委必须带领广大干部群众紧密联系实际开展真理标准问题的讨论，认真总结多年来只抓粮食不抓林牧，结果受到大自然惩罚，路子越走越窄，集体经济和群众生活都面临严重困难的历史教训，冲破林彪、“四人帮”极左路线和小农经济思想的束缚，解放思想，放开手脚，打破常规，大抓林牧。要树立雄心壮志，敢于和善于走前人没有走过的道路，真正做到气魄大，劲头足，办法好，尽快把林牧基地建设起来。

2. 要教育全县人民树立艰苦创业的革命精神。发展林牧业生产周期较长，在最初几年里，必须舍得投工投资，付出大的代价。特别是在连续几年遭灾的情况下，更需要奋发图强，艰苦创业，拿出尽可能多的人力、物力和财力，从事林牧业的基础工作。广大干部群众一定要把美好的远景规划同扎扎实实的工作结合起来，埋头苦干五年，为我们今后生活好转和子孙后代的幸福奠定基础。

3. 各级党委要集中精力抓林牧。今后农林牧生产就是全县党的中心工作。县、社、队各级党委，特别是各级领导同志一定要把发展林牧作为衡量工作好坏的主要内容，真正把它拿到自己手上，始终抓得很紧很紧。

要全面调查自然资源，广泛征求群众意见，于今年冬季制定出本社队、本单位的林牧业五年规划和逐年实施规划。规划中，要因地制宜，各有侧重，充分体现各自的特点。

要集中精力研究和落实林牧业经济政策和措施，用政策调动集体和社员造林养牧的积极性。

要根据林牧业生产规律，不失时机的抓住主要生产环节，每年集中狠抓几次，每次突出一至两项，每项做到有始有终有成果。

要身体力行，亲自参加林牧业劳动，带头学习和掌握林牧业技术，成为植树养牧的模范和内行。

要深入基层，调查研究，不断发现、研究和解决新问题、新矛盾，保证林牧业生产能够持续发展。

4. 实行典型引路，以点带面。县上要重点培养农林牧综合发展的典型，和各个不同侧面的典型。其中包括南阳护、西底、庄头、马驹、禾登、绍良、欢掌底、麻巷等八个蚕桑典型，树掌公社红果山、桥上公社后脑大队、鹅屋公社、东井岭公社等四个红果典型，西庄、四家池、大安沟等三个木材林典型，集店、北庄、大井、土河、沙堰等五个养牛典型。各公社也要抓出一两个象样的典型。这些典型要先走一步，创造经验，摆出样板，确实对全县起到示范和促进作用。

5. 充实和加强业务部门。要选派强有力的干部充任林牧单位的领导工作和日常工作。县林业局、畜牧局和蚕果站的人员编制，要保证使用，逐步增加。所有林牧业技术员，原则上都要归队，公社三养员和林业技术员，要专职专用。要从政治上、工作上、生活上关心林业技术员和畜牧兽医，鼓励他们安心本职，积极工作。

6. 各行各业各部门都要围绕建设林牧基地部署工作，开展业务，政法部门要在贯彻森林法，保护自然资源，监督林牧合同执行等方面发挥作用；财贸部门要拿出足够的财力 、物力、人力，积极扶植林牧生产，做好林牧生产资源供应工作和林牧产品收购工作；工业部门要努力为林牧生产的机械化和半机械化做出贡献，积极发展林牧产品加工工业；宣传文教部门要大力宣传发展林牧业的好处和生产常识，积极开展林牧业科研活动；工、青、妇、武等群众组织，也要围绕林牧生产开展独立工作，争当建设林牧基地的促进派和生力军。

7. 开展全县性的林牧业生产竞赛活动。各社队、各单位都要互相学习，互相竞争，看看谁家能够先走一步，谁家最早达到计划。广大党、团员和干部群众都要充分发挥自己的才干，看谁的积极性最高，做出的贡献最大。造成一种你追我赶，大干林牧的生动局面。

8. 本决定和各社队制定的林牧业发展规划一经讨论通过，就要坚决贯彻到底。任何领导和任何一届党委，都只能在继续前一任领导和上一届党委所做工作的基础上，纠正某些不切实际的地方，增添某些需要补充的内容，决不允许一个将军一道令，使之中途夭折。

1979 年 9 月 22 日

中共壶关县委 壶关县革命委员会
关于保护山林、树木的若干规定

为了保护全县人民的植树造林成果，尽快把我县建设成林牧业生产基地，根据《森林法》的基本精神，结合我县的实际情况，作出如下护林规定，望各社队、各单位和全县人民群众认真贯彻执行。

一、在全县城乡深入持久地进行《中华人民共和国森林法》和国务院《关于保护森林制止乱砍滥伐的布告》的学习、宣传和教育，社队、机关、学校、厂矿及企事业单位都要发动和组织群众，订立护林护树公约，逐步在全县人民中牢固地树立起"护林护树光荣，毁林毁树可耻"的道德观念和良好风尚。

二、各国营林区，各农村社队，各机关厂矿单位，都要对所属的山林、树木，认真划分一次管护范围，并逐一将管护落实到人。做到在全县范围内座座山林有人管，株株树木有人护。

三、全县各大队都要根据自己的林木多少，确定一至几个专职护林员。专职护林员要由群众推荐、大队批准，公社上报，县上命名，并要发盖有"壶关县护林防火指挥部"印章的"护林员袖章"，各级在确定护林员时，要注意多吸收一些老党员、老干部和老复转军人参加，要本着山坡以亩，四旁以株计算的原则，付给护林员合理报酬，要尊重护林员的职权，支持护林员的工作。对无理谩骂，殴打护林员者，社、队和县政法部门要严加追究。

四、明确各级管护责任，社员栽的树木由自己管护，并和国家、集体树木一样，受法律保护。集体在社员住地附近栽的树，由集体包给社员看管。落实包产到庄，包产到户的山庄窝铺，孤庄独户，要同时把庄、户附近的山林、树木的管护责任包下去。除包给社员以外的山林、树木，一律由专职管护员管护。社员为集体看管林、木，要根据管护林、木的多少，由大队管委会研究确定付给合理报酬。

县、社林场的林、木由自己配备专职或者兼职护林员管护。

城内街道上的树木，由建委统一登记造册，并雇用专人管护，树木所在单位，要给予大力协助和配合。

县级机关、单位所栽的"四旁"树木，所育的苗圃，所包干绿化的荒山，都要雇用或定专人管护起来。

公路两侧的树木按管辖的范围以队划段管理。属于国家出钱组织在公路干线上栽的树木，由县公路站和所在大队签订管护和收益分成合同。

五、凡育有苗、种有树的山、坡，一律封禁起来，不经林业部门和护林人员批准，任何单位和个人都不准进入林区和被封禁的山沟林坡，违者，每人每次罚款一元，被批准进入者，严禁携带易燃易爆物品，羊群、牲畜进林坡一次，罚羊工、饲养员或使役员款三元。如毁坏树，另按规定处罚。凡擅自进入林区砍树枝者，一株树罚款二元。

六、大队、生产队在自己的范围内，采伐一立方米以下的木材，要请示公社护林领导组批准。一立方米以上的，由公社护林领导组签注意见，报县护林防火指挥部批准。任何单位和个人，不经县林业部门批准，都不准擅自进入国营林区采伐和收购木材，违者，将木材收回国有，没有县林业部门的签证，木材一律不准出县。违者，一律扣压，一月内 补不上手续者，收回国有。

为了尽快提高覆盖率，对社员自栽的树木，也要提倡和教育他们多栽少伐和成材后再伐。

七、凡毁坏四旁幼树者，毁一株，栽三株，保证成活；毁坏三年以下的树，一株罚款三元；毁坏三年以上的树，以树作价，加倍罚款。儿童和学生毁树罚家长；猪、羊毁树罚户主和牧工；牲畜毁树罚饲养员或使役员。在护林员管护的范围内丢失树木而本人未发现或隐瞒不报，要和偷盗者一样受罚。以上罚金的一半，要归检举揭发者个人。

对毁林开荒、毁林搞副业的，要追究组织者或当事者的责任。

对偷盗国家、集体和个人树木者，除追回原物外，要以原物作价加倍处罚。其中，情节恶劣，民愤极大的，要给予法律制裁。

林场职工和社队护林人员偷、毁林、木或勾引外人偷、毁林、木加倍处罚。

要健全森林防火制度，对违法违章引起火灾的，要根据情节轻重和损失大小，分别给予罚款、纪律处分或法律制裁。对放火烧林的坏人，要严加惩处。

八、县政法部门要在国营林区长期派驻公安干警，及时侦破一切破坏山林、树木的案件，林区附近内的民兵和治保组织，要把保卫国家、集体和社员个人的林、木，作为自己的一项重要任务。各社队干部群众，要主动检举揭发一切毁林毁树的人和事，积极防范和打击毁林毁树的破坏活动。

九、对护林护树中做出显著成绩的集体和个人，各级都要注意总结表彰他们的先进经验和模范事迹，并根据有关规定，给予荣誉和物质奖励。

十、为了加强对全县护林防火工作的领导，及时处理护林中出现的问题和纠纷，县上成立护林防火指挥部，社、队成立护林防火领导小组。

1980 年 3 月 10 日

壶关县人大常务委员会
关于县城树木花草管护规定

（一九八二年四月二十四日第七届人民代表大会常务委员会第七次会议通过）

为了尽快把我县县城建设成园林化的城镇，给县城居民创造一个良好的生活环境和生产、工作、学习场所，根据《森林法》和国务院《关于开展义务植树运动的实施办法》，结合我县实际情况，特作以下规定：

一、县城机关、厂矿、学校、企事业单位和四街大队必须教育本单位干部、职工、学生和社员群众，积极开展植树造林、种花种草活动，逐步把县城（包括万紫千红山）建成一个春季百花满园，夏季绿树成荫，秋季果实累累，冬季松柏长青的美好乐园。

二、凡县城主要街道的树木，都归国家所有。四街大队树木，归大队集体所有。县城居民和社员个人植树，归个人所有。以上均由县人民政府发放树权证，给以法律保护。任何人不得超越权属范围，随意进行砍伐和损坏。

三、街道树木、花草及护树设施由基本建设委员会固定专人和树木花草所在单位或居民共同负责管护。四街大队的树木、花草，由大队确定护林员负责管护。万紫千红山的树木由林业局责成专人负责管护。各单位的树木、花草管护工作也要落实到人。

四、国家单位和大队集体树木的砍伐，必须事先请示林业局，发给采伐证，方可采伐，否则以破坏城镇树木论处。对城镇居民个人树木，要教育他们有计划采伐，近期内要多栽少伐或成材后再伐，以保证县城尽快绿化。

五、电业、邮电、广播部门，对影响线路的树木，要事先通知林业局和树权所有者，在技术员的指导下，进行必要修枝，坚决制止乱砍乱扒。

六、保护树木花草人人有责。具体要做到“七不准”和“五项责任制”。“七不准”是：不准摇折树枝花草；不准在林区放牧和抽烟点火；不准在树上拴牲口；不准在树上拉绳搭棚；不准在树旁生火卖饭；不准往树坑内倒垃圾；不准在小树下摆摊。“五项负责制”是：儿童毁树家长负责；学生毁树老师负责；猪羊毁树户主或牧工负责；牲口毁树饲养员或使役员负责；车辆毁树司机和赶车人负责。

七、凡破坏县城树木花草者，视情节轻重和毁坏程度，分别给予处罚，毁幼树一株罚款三元至十五元；毁成材树要以物作价，处以三倍的罚款。罚金50%奖励检举者或抓获者。如果毁坏树木、花草而护林员和所在单位未发现或隐瞒不报，除责成护林员和所在单位补植起同等数量的树木花草外，视情节轻重确定罚款数额，由护林员和所在单位各半分摊。

八、护林员要坚守岗位，坚持原则，大公无私，敢于同一切损坏树木花草的行为作斗争，及时制止和处理损坏树木花草的人和事，任何人不得玩忽职守，徇情枉法，否则，要给以罚款、扣发工资或解除护林员职务等处分。

九、各单位要积极支持和大力协助护林员工作，对于不听劝告无理谩骂、殴打护林员或受罚后暗中报复者，要严加追究，个别情节严重的给予纪律处分，直至追究刑事责任。

十、本规定责成基本建设委员会、林业局贯彻实施，从公布之日起执行。

壶关县人大常务委员会

1982年4月26日

壶关县人民政府布告

植树造林，绿化环境是我国的重大国策。为了保护森林树木，加速发展我县林业，特布告如下：

一、全县人民都要学习宣传，贯彻执行，坚决维护《森林法》和县人大常委会《关于县城树木花草管护规定》，牢固树立"保护树木，人人有责"的思想，自觉遵守"护树光荣、毁树可耻"的社会公德，积极主动地同各种毁坏森林树木的现象和行为作斗争。

二、重申林木所有权，以一九八二年颁发的"林权证""树权证"为准，长期稳定不变；国造国有，社造社有，队造队有，社员个人在房前屋后或自留山造林归社员个人所有的政策继续稳定不变。国家、集体（包括承包给社员的）、个人，任何一方都不准以任何借口侵占另一方的林木，各方的树木所有权同样受到国家法律的保护。如果发生争议可向上级反映解决，争议双方不准擅自抢伐。

三、社、队、个人、各单位采伐、间伐和更新自己的林木，都必须事先写出请示，由县林业局按照国家计划和技术规程进行审批，发给入山证、采伐证。社员房前屋后林木需要砍伐或更新，要经大队批准。其余任何机关单位和任何一级领导都无权以任何借口批准砍伐。无证采伐、少批多伐、不在指定地点乱伐、超越规定权限批伐者，都以破坏森林论处。

电业、邮电、广播部门，对影响线路的树木，要先与林木所有者协商，经林业部门批准进行必要修枝，要坚决制止乱砍乱扒。

林区木材及半成品由林业部门统一经营管理,其它任何部门和单位,都不得进入林区采伐、收购和加工。

木材运输要持有准运证,并认真执行木材检查制度,无证运输者,检查站有权扣留。

四、现有林地、宜林地都要封禁起来。封禁区域严禁随便用火;严禁放牧;严禁开荒(已经开了荒的要种草种树);严禁乱砍乱扒树枝喂兔、熏肥;严禁擅自修筑工程设施和开矿取石;严禁其它有损林业的生产和生活活动。

五、毁林毁树者必须受罚,儿童毁坏罚家长,学生毁坏罚教师,猪羊等家畜家禽毁坏罚户主或牧工,牲畜毁坏罚户主或使役员,机动车辆毁坏罚司机。受罚标准:椽材以下小树,每毁一株罚款三至五元,并在指定地点罚栽三株,保栽保活;椽以上树,以树作价,罚款三至五倍;情节严重者,依法追究刑事责任。毁坏特种树(如风景树、名贵树等),另予特殊处理。所收罚金百分之五十奖励检举者或抓获者。对引起森林火灾者要视损失轻重、责任大小给予赔偿损失或刑事处分。

六、国营林场、各社队的护林员,都要坚守岗位坚持原则,认真履行职责,大胆行使权利,发现毁坏树木者,有权劝阻制止;有权凭证按规定罚款;对情节严重或不听劝阻,不接受处罚者有权扭送当地领导机关和公安派出所,有权拦阻毁坏林木的车辆查处来路不明的木材。

凡护林有功的护林员和其它人员,除按第五条规定执行外,各级政府还要给予物资奖励授予政治荣誉,个别玩忽职守者,也要给予必要的惩处。

七、对侵占、偷盗和抢砍滥伐树木,搞木材投机倒把和有意制造毁林事故,以及殴打护林人员等案件,要严肃对待,坚决查处;对破坏森林的首要分子和殴打护林人员,造成严重后果的罪犯,要严惩不贷严厉打击。任何人、任何单位都不得姑息迁就,包庇纵容。

八、各级领导干部和广大党员要带头植树造林,带头保护树木,带头同毁坏林木的坏人坏事作斗争;带头查处毁林案件;带头支持护林员工作;带头坚持原则,以法治林;带头执行《森林法》和本布告的各项规定,负责把管辖区域以内的林木管护好。今后凡林木毁坏比较严重或连续发生毁林案件而得不到及时处理的地方,要首先追究当地领导责任。

以上各条,望全县人民遵照执行。

此布

1983年4月1日

中共壶关县委文件

壶发(1983)29号

中共壶关县委会

壶关县人民政府

关于授予王五全等四名同志“林业功臣”光荣称号并号召向他们学习的

决　定

党的十一届三中全会以来,我县林业生产同其它各业生产一样,取得了令人鼓舞的成绩,涌现出了一批值得尊敬和学习的英雄模范人物。其中,常行公社盖家川大队王五全、鹅屋公社西土池大队刘法顺、石河沐公社六六城大队李其兴、鹅屋公社东庄上大队任赵成就是典型代表。他们的主要成绩是:

王五全:油松育苗三十亩,荒山造林三百亩,移植油松十万株。尤其是首创的“三季育苗、常年移栽”经验在全县推广后,改变了我县油松籽直播的传统习惯,获得了油松植树造林,成活率高,成本低,每年节省资金几万元的经济效益。

刘法顺:荒山造林三亩,移植油松三十二万株,嫁接红果树二百株,管护挂果树一千株,总产由三千来斤提高到一万斤左右,并筑起一道一米高一千五百米长的护林墙。

李其兴:造林三百亩,嫁接红果树一千株,管护林坡一千亩,四旁植树三万株。

任赵成:管护油松六百亩,零星树二百亩,成活率在百分之九十以上。

为表彰四名同志热心务林的英雄事迹,县委、县政府决定授予他们“林业功臣”光荣称号,并作出关于向他们学习的决定。

(一)学习“林业功臣”植树造林建设山区的雄心壮志,四名同志都是身居山沟的老年人,他们抱着“前人栽树,后人乘凉”的态度,几十年如一日,战斗在林业战线上,取得了植树造林荒山绿化显著成绩。学习他们,就要坚决贯彻发展林业的重大国策,树立为社会进步,振兴中华,群众致富,造福子孙而奋斗的好思想,把发展林业作为改变壶关面貌的治本措施一抓到底,不断夺取造林绿化的新胜利。

(二)学习“林业功臣”艰苦奋斗,战胜困难的创业精神。四名同志不怕风吹日晒,不怕山高坡陡,以山为家,以苦为荣,成年累月造林护林,表现了他们不怕困难,艰苦创业的可贵精神。学习他们,就要发扬老区人民的光荣传统,树立革命的苦乐观,自力更生,艰苦奋斗,战胜困难,改造自然,力争到八五年绿化壶关,改变贫困面貌。

(三)学习“林业功臣”钻研技术、科学造林的改革思想。四名同志勤于实践,创造了不少科学育苗、科学造林、科学管护的新技术,新经验,不断提高了苗木、林木成活率和保存率。学习他们,就要勇于改革,刻苦学习,钻研技术,用科学指导林业生产,加速绿化步伐。

(四)学习“林业功臣”不计名利、先公后私的高尚风格。四名同志,不唯名不唯利,认真负责,忘我劳动、一心一意为集体和国家创造财富。学习他们,就要克服一切向钱看的陈腐观念,全心全意为人民服务,在发展我县林业上立大功。

县委和政府还决定,对于林业生产,每年评比一次,八六年总评一次,对于造林有功者,要分情况,上光荣册,挂英雄匾,树纪念碑。我们号召全县共产党员、共青团员、各级干部、林业专业户和广大群众,要认真学习“林业功臣”们的革命精神和英雄事迹,积极推广他们的宝贵经验,争当造林英雄模范,圆满实现我县三年绿化沟坡、五年绿化荒山的奋斗目标,为全县人民治穷致富,为绿化祖国,造福人类的伟大事业做出积极贡献。

1983 年 7 月 17 日

中共壶关县委
壶关县人民政府
关于改造、开发“四荒”的若干规定

(试行稿)

改造、开发四荒(荒山、荒坡、荒沟、荒滩),是改善生态环境,向大自然索取的一项伟大事业;尤其对四荒面积占总面积四分之三的我县来说,更是治穷致富的希望所在。解放以来,特别是党的十一届三中全会之后,我们贯彻实事求是的原则,实现了由在亩半耕地上“闹革命”到向荒山、荒沟进军的战略转变;而农村生产责任制的推行又从政策措施上加速了这一转变的进程,治理四荒取得了明显成绩。为了更好地贯彻党中央最近提出的绿化太行山的指示,进一步解放思想,集中意志,调动千军万马,治理千沟万壑,实现“黄龙变绿龙”的宏伟目标,彻底改变壶关的干旱贫困面貌,特作改造、开发“四荒”的若干规定。

一、总则

1. 荒山、荒坡、荒沟、荒滩的治理要以自然辩证法为指导,尊重客观规律,统筹规划,综合治理,坚持生态效益与经济效益,宏观利益与微观利益相结合,以整治国土、

计利人民,造福子孙为基本出发点。

2. 四荒治理要在中央绿化太行山的总体规划下进行,清除"左"的影响,实事求是,宜林则林、宜草则草、宜工程则工程,治一处,成一处,步步为营,达到速度和效果的统一。

3. 治理方针是以土为首、山、水、田、林、草、路、蓄通盘设计、综合改造、科学开发。建立生态平衡、良性循环、治用协调,左右相济的立体农业结构。

4. 认真贯彻党的农村政策, 用顺乎民心的各种责任制调动干部群众开拓四荒的积极性和创造力。要把责、权、利结合起来,把国家、集体、个人三者利益统一起来,使群众现在有甜头,将来有盼头,治理四荒有劲头。

5. 自力更生、艰苦奋斗,把希望寄托在自己力量的基点上。克服治理四荒完全靠国家出钱的思想,用有限的资金,办较多的事情,取得最佳的效益。

6. 要坚持科学态度,讲求科学技术。较大工程要经科学论证,取得科学依据,经县级以上技术部门认可方可施工;一些小型项目,也要以科学技术作指导,不得盲目蛮干,以免造成人力、物力、财力、时间等方面的浪费,否则,要追究责任。

7. 全县一盘棋。统一领导、统一规划、统一标准、统一安排和调整治理面积中的水、电、交通设施以及各种建筑。各治理单位均不得以小失大,以眼前损害长远,以自己损害他人,以局部损害全局。

8. 治理四荒要纳入各社队经济建设的指标之内,半年一初评,一年一总评,根据任务完成情况逐年排队,并以此决定资金资助的多少。

9. 治理四荒是县、社、队三级党政领导同志的重要工作任务。要以此为重要依据,决定干部的经济奖罚和工资浮动。对于治理四荒成绩特别显著的干部和群众,要分情况,予以出席各级劳模会、颁发奖品、带花挂匾,以至树碑立传等荣誉,使"草木之人",流芳百世。治理四荒奖惩议定权属上一级领导部门。

10. 各主管部门、技术部门、服务部门和各级分管领导同志要同心协力,紧密配合,积极工作。治理四荒中的领导、技术、资金、设备、工具、交通、苗种、药品等要适时提供,保证跟上。若一方被动,遭致全局失利者要承担责任。

二、权属

11. 集体所有的四荒面积,要通过群众讨论,实行一放二包。即以下放自留区域和承包责任区域两种形式大部或全部划分到户。自留区域和责任区域的比例要因地制宜,经济条件差的队以下放自留区域为主,少数距离村庄较远,立地条件很差,暂划不出去的区段,可以集中利用劳动积累工或义务植树造林,由集体统一组织治理。

12. 划分自留荒山以后,原有的零星树木作价归户,二年内收回价款,社员按统一规划对自留区域进行治理和绿化。凡新栽的树，新种的草，新从事的多种经营项目，长期归己，允许继承，集体每亩每年可收一至二角土地资源利用费。

13. 承包四荒区域一般以承包的土地为基点，山、坡、沟、滩随地走，承包面积宜多则多，宜少则少，多少不限。责任地周围有四荒面积的农户，都有承包四荒治理的任务。

14. 自留区域和责任区域的划分要标签立界，明确四至，自留（山、沟、坡、滩）以县政府颁发的自留山证为据；责任区域以合同为据，合同一式四份，承包户、大队、公社、县主管部门各执一份，无论责任区域和自留区域都要按要求完成治理任务；逾期者，每亩面积每年征收荒芜费二元，在一个公社范围内，对四荒面积大，三年内无力完成绿化任务者，或任务虽小，不积极完成治理任务的大队，公社有权将其尚未绿化的四荒面积划给其它大队。山权和林权归治理大队所有。

15. 社员承包的责任区域，成片草地归户经营，人工幼林作价归户，集体收回造林投资款，或增值分成，大头归社员；成片成林不宜作价归户，可由承包者管护，适当付酬。

16. 承包区域内原有的耕地可调整给承包户作为口粮田和责任田，以便统一经营。对原有耕地进行了改造，增强了地力，提高了单产，长期不提高包购基数；承包后新增加的耕地面积所有权归集体，使用权归承包户，十年内收入只作统计，不交提留，不增加粮油包购任务。

17. 在有利于水土保持、不妨害林木生长的前提下，允许在承包区域间作粮食、蔬菜、药材等低杆作物，以短养长，收入全部归己。

18. 自留山归农户长期使用，允许子女继承；不愿要自留山的农户也要签定合同，避免以后纠纷。责任山签定合同一般为十年不变，届期可以续订。

19. 为保护植被，无论自留区域和责任区域的林木砍伐权一律归县林业局，否则，处以没收、罚款、追究刑事责任等处分。

三、治理

20. 四荒治理坚持生物措施和工程措施相结合，以生物措施为主；大小工程相结合，以小型工程为主，生态效益和经济效益相结合，以生态效益为主。

21. 治理四荒不搞平均主义，要坚持民主、按能的原则。承包形式一般是：①独户承包；②联户承包；③“能人”牵头，自愿结合，组织专业队包揽较大工程；④集体组织治理，个人承包管护。以上形式中，独户承包有广泛的适应性，要大力提倡和推行，特别是有经营能力的专业户、重点户、更要鼓励其敞口承包。

22. 全县 25 万亩宜草牧坡全部种植沙打旺、紫苜蓿、老芒麦等优种牧草。从一九八四年起,每年完成五万亩,一九八八年全部完成。各社、队要根据全县计划,制订年度计划和相应措施。全县每年检查验收一次。

23. 四荒中的宜林面积要全部造林绿化。油松每亩四百株左右,刺槐每亩三百株左右;一九八五年完成四十五万亩宜林面积的绿化,八六年扫尾。从八六年到九0年,在完成有林面积补植补造任务的同时,采取起石换土、封山育林等措施,改造岩石裸露荒山十五至二十万亩,全县有林面积达到六十万亩,占版图面积百分之四十以上。

24. 四荒中,可栽植木材林又可栽植经济林的,要优先发展经济林。现有六千亩果园要进行更新改造,每亩经济林收入要达到三百元以上;现有一百三十万株干水果树,要在八八年前完成技术改造,品种改良任务。产量由现在的单产四点五斤提高到十斤以上。

25. 生物措施要多样化。乔、灌、草一齐上,经济树、木材树一齐上。优种树、乡土树一齐上。四旁绿化也要建立多样化结构。四旁绿化的成绩要纳入四荒治理中,统一检查验收。

26. 因沟设防;支沟要闸谷坊,主沟要筑拦洪坝,重点大坝要开挖泄水涵洞,防洪标准达到五十年一遇。

27. 四荒之内的耕地要采取里切外垫,起高垫低,筑培地埂,砌石堰等有机旱作措施进行整修改造,活土层达到一尺以上,水保效果达到一小时降雨五十毫米水不出地。

28. 四荒治理承包户要信守合同,逐年增加植被。林草覆盖面积三年占到百分之三十,五年达到百分之六十,到九0年达到百分之七十以上,承包二年无变化者,除征收荒芜费外,还要另行承包给治理效果好的农户。

四、管护

29. 管护是实现四荒治理的重要手段,每个公民和少年儿童都有管护花草、林木、作物、野生资源、防洪设施等的权利和义务,履行这种义务受法律保护。

30. 各系统和各部门在四荒面积中搞建设,均需保护植被和群众的治理成果。占用林草面积的批准权属县政府。占用后实行占地还田,占林还树;无条件还田还树的要按政策规定支付补偿费。

31. 大力提倡管护承包。对于已经治理、属于集体经营的面积一般都要承包到人进行管护,合理付酬,属于承包治理的面积,实行谁治理、谁管护、谁受益。

32. 公社林管员、水利员、县上任名的公安护林员以及专业干部和职工都要认真履行职能,负起责任,认法不认人,不计私利,不循私情,照章办事,违者要严肃处理。

33. 认真执行《森林法》《水土保持工作条例》和县委、人大、政府历次颁发的规定、布告。任何人不得越规行事,不准破坏植被,不准毁林开荒,不准私砍山林,违者予以严惩。

34. 违章在治理面积上搞种养业、造成水土流失后果者,不予树劳模,而且根据情况要进行经济处罚。

35. 及时查处毁林事件,如有拖延、隐瞒、舞弊行为者,要逐级追查,严肃处理;对于在案者要依据法律,从速从重惩办。

五、资助

36. 四荒治理受益周期较长,为了照顾群众当前利益,又能主动改造四荒,要广开财路,增加收入、筹集资金,对于四荒治理予以一定资助。

37. 资金来源主要靠大队生产收入中解决,也可实行部分固定财产转移,如牲口、房屋、机具归户的变价款部分用于植树种草,实行不同形式的积累。其次,国拨资金、地方财政、社队企业,也要拿出一定比例予以补充。

38. 以林养林。林业(包括干水果品)收入占总收入四分之一以上的大队,每年拿出林业收入的百分之二十用于四荒绿化。

39. 以副养林。所有煤矿从八四年开始,实行收取吨煤育林费一角的政策。外调煤每吨加收三角作为四荒治理资金。县营煤矿由县政府委托有关部门收取,社队煤矿分别由公社和大队收取。没有煤矿的社队,每年从工副业上交利润中提取百分之二十用于四荒开发。

40. 以地养林。各队责任田的收入根据当地情况确定一定的提取比例。有经济田的大队,要拿出经济田收入的百分之二十资助四荒治理。

41. 治理四荒抵顶欠款。欠款户参加开发四荒,三年后验收,绿化一亩顶款十元左右,四旁绿化,成活一株,顶款五角至一元。

42. 受益后比例分成。经济条件很差的队,社员承包治理四荒,可以集体供给苗种,受益后四六或三七分成,大头归社员。

43. 劳动积累。治理四荒是公益性事业,可以发动群众,采用投工积累的办法。每个劳力每年投劳动积累工十个。

44. 国家资助。绿化一亩资助三元。育苗一亩(一、二级苗木达到百分之八十以上)资助六元;打坝工程资助其工本费四分之一。国家资助款分期发放,验收整地后,发给百分之四十;造林种草验收后发百分之三十;保存面积验收后发百分之三十。打坝工程由县上确定标准,监督施工,分期付款。

45. 各级资助资金要从严掌握,专款专用,收支有凭。任何部门和个人均不得浪费、借支、挪用;更不得巧立名目,请客送礼、克扣群众、谋取私利。否则,以贪污公款,破坏山区建设论处。

1983年12月5日

壶关县第八届人民代表大会
关于动员全县人民加快绿化步伐的决定

（一九八四年五月二十三日通过）

（一）

在党的十一届三中全会精神指引下，一九七九年十月，中共壶关县委作出了《关于大力发展林牧业生产的决定》。我县经济发展，从此开始了由亩半地上“闹革命”到向大面积荒山荒沟进军的战略性转变。全县人民在县委和县政府的领导下，艰苦奋斗，连战五年，林业生产取得很大成绩，省人民政府授予了“绿化太行山先锋”的光荣称号。第八届全县人民代表大会对此深表满意和赞赏。

但是形势的发展给我们提出了新的任务和课题。其一，党中央和国务院发出了关于深入扎实开展绿化祖国运动的指示，要求我们把植树造林这项治理国土、造福子孙的伟大事业继续推向前进，做到一年比一年好，一年比一年扎实；其二，中央领导同志视察西北时明确提出，种草种树是实现中国北方生态系统良性循环，改造河山的根本措施和根本出路，要求我们要思想大解放，意志大集中，广泛大动员，反弹琵琶，大兴草木；其三，中央作出了“绿化太行山、黄龙变绿龙”的新的战略部署；其四，今年中央一号文件提出了发展农村商品生产的重大任务。植树造林既是一项开发性事业，也是一种商品生产。加速实现全县绿化，是充分发挥山区优势，加快农村致富步伐，实现全县经济翻番的迫切需要。

为此，壶关县第八届人民代表大会决定：我们必须在前五年连续作战的基础上，以更大的决心，更足的干劲，更快的速度，更高的标准，继续决战三年时间，保证到一九八六年，完成全县绿化任务，把全县建成绿化县。

（二）

三年绿化全县的主要任务是：

1. 荒山、荒坡造林三十点五万亩，其中包括改造岩石裸露面积十五万亩。连同以前已经植造的二十九点五万亩，使全县六十万亩林业用地面积全部绿化，人均有林地达到二点四亩。

2. 四旁植树九百万株，连同现有六百万株，达到一千五百万株，人均六十株。

3. 每年培育苗圃一万亩，其中要有三分之一定植培育大苗。

4. 将已绿化面积中的死树全部砍掉，“小老树”全部更新，所有失败面积和空隙地带全部补植补造。

5. 种植牧草十万亩。

绿化的重点是：

1. 常行至石坡、李掌至四家池、城关至碾谷驼、阳护至百尺等四条林带。

2. 平川乡(镇)村的农田林网。

3. 县乡和乡村公路绿化。

4. 苹果、红果、核桃、花椒等经济林。

总的要求标准是：乔灌草结合，引进新树种与乡土树种结合；用材林与经济林、风景林结合；速生丰产林与针叶林结合。力求做到适地适树，布局合理，治用协调，各得其所，见缝插树，缝隙造林。郁闭后使全县的林草覆盖率由现在的百分之十一，达到百分之五十。

（三）

实现全县绿化，希望在改革，法宝是政策。第八届全县人民代表大会要求各级政府思想再解放，政策放宽再放宽，以大胆改革的精神做好如下工作：

1. 要把现有宜林荒山沟坡全部或大部划给农民作自留山。群众愿意要多少，就划给多少，不封顶，不限制，不平均。特别要舍得把近山、肥山和承包地上下左右的荒坡、荒滩、荒地，根据坡随地走的原则，优先就近划给群众。三中全会以来所造的幼林和疏林，也可划作自留山，集体少收或免收成本费。

自留山归农民长期使用。自留山的林产品和副产品归农民所有，处理自主，不纳税，不提留。自留山由县人民政府发给证件，并树碑立界，允许继承，允许转让，任何人不得侵占和干涉。

自留山应限期绿化。提前和按期绿化者，要给予适当资助。不能按期绿化者，要征收荒芜费。

2. 自留山以外的宜林荒山沟坡，要全部承包给个人绿化和管护。承包面积不限，可以上百亩、上千亩、也可以上万亩；承包形式不拘一格，可以独户承包、联户承包，也可以邀伙集股承包，还可以跨乡、跨村承包。承包者可以是农民，也可以是城镇待业人员，离退休干部职工或留职停薪的国家工作人员。承包期限五十到一百年。

责任山承包后的收益，实行二八分成，集体得小头，个人得大头。暂无收益的承包户，国家和集体给予贷款或借款，有收益后在个人所得部分中如数扣除。

责任山的承包权受经济合同法保护，承包者有权自行处理按合同规定比例分成归个人的产品，有权本着山权不变、林权变，承包关系不变、经营对象变的方针，实行转手承包。

责任山承包应严格遵守承包合同，对模范履行合同规定，提前或按期完成绿化任务者，要给予奖励；对违犯或破坏合同规定，不能按期完成任务者，要给予处罚。

3. 鼓励农民在承包地和自留地上按照统一规划建设农田林网和各种苗圃。林网由集体供苗，国家资助，树随地走，谁栽谁有。苗圃由集体供种（条），国家资助，自销苗木，除按规定交纳农业税和集体提留外，收入全部归己。

公路两旁绿化，由集体供苗，义务植树，专业户管护，管护者与沿线土地承包者收益比例分成。

居民房前屋后和宅基地以外的闲散地、空白地绿化，在所有权不变的前提下，实行谁栽谁管归谁所有。

4. 社队集体经营的林场和苗圃，可在自愿原则下，实行场长承包，专业队承包和家庭承包。

国营林场和苗圃，也可以让干部、职工全部承包或部分承包。承包者可以分层向下承包，也可以携带家属亲友到林区落户育林。承包人员的工资可以根据承包效益上下浮动；可以实行利润或补贴包干，全奖全赔，奖不封顶，赔不保底；也可以实行比例分成。

5. 大力支持林业“两户”“一体”和农民家庭林场。

要给他们经营自主权。允许在经营区域内实行林粮间作，发展多种经营，允许自由引进资金、技术和各种苗木，允许按照有关规定实行林产品和副产品自销，允许顾帮工。特别鼓励农民到偏远荒山安家落户，专营绿化，允许他们在不破坏生态，不违犯国家法令的条件下，与集体脱勾，搞一家核算，独立经营。其中经营面积很大的，国家和集体还要免费为他们建成住房，修通道路，接通电线。

要给他们优惠的政策和经济待遇。凡营造面积在五百亩以上，完成时间和成活率都达到要求标准者，国家和集体资助可以比规定增加一倍；承包多，绿化快，贡献大的典型户，可以将承包区域内的若干成林，无偿归为个人；成绩非常突出，贡献非常的“两户一体”和家庭林场，要给予巨额奖励，授予“林业功臣”等光荣称号，符合条件的要积极吸收入党、入团。

要向他们提供积极有效的服务，从资金、技术、苗木、设备、场地等方面，给予优先照顾。

可保护他们的合法权益不受侵犯，为他们的安全生产提供切实保障。

6. 广开财路，集资育林。为加速实现绿化，各级可以打破各种框框条条的限制，从多方面筹集必需的资金：

国拨发展资金，需有较大比重用于造林；

县财政每年要拿出一定数额投资造林；

县、社、队煤矿每产一吨煤抽取育林基金二角，火车外销煤每销一吨抽取育林修路基金五角；

集体工副业和林牧业收入较大的乡村，每年要拿出百分之十至二十，作为育林费，集体工副业和林牧业收入缺乏的乡村，也可以从固定资产变卖款和收回的清欠款中抽取一定比例用于植树造林；

农户使用木材，可采取栽小树换大树的方法，各作各价，填平补齐，不收现钱，农户欠集体款，可以承包造林和管护，经过验收，以绩论价，抵顶欠款；

提倡个人集资造林，入股造林，提倡国家干部职工和农村“两户”、“一体”捐款造林。

7. 造林政策要宽了再宽，管护政策要严了再严。为次重申：

必须坚决贯彻执行国家森林法和国务院关于禁止乱砍滥伐的紧急通知，实行依法治林；

必须坚决执行县七届人大常委会关于管护花草树木的规定；

必须坚决贯彻执行县人民政府关于保护森林树木的布告。

要加强护林队伍，建立健全护林责任制，维护护林人员的合法权益和人身安全，给护林有功人员以优厚的政治、经济待遇，坚决打击破坏森林和水土保持的不法分子，严防火灾和各种毁林事故的发生。

8. 要把三年实现绿化的任务放到各级党政单位领导人的肩上，实行领导包片、包乡、包村、包绿化区段、包重点工程、包栽、包活、一包到底，逐级签订合同。完成好的奖，完不成的罚。不论那一级，不论主要领导还是一般干部，都一视同仁，决不迁就。还要把绿化任务完成好坏，作为衡量新班子能否开创新局面的重要标准，对魄力大、作风实、成绩突出、有所创造的要通报表扬、评模、记功、提职提薪、破格重用；对玩忽职守、贻误绿化者要批评教育，绳之以法，降职使用或就地免职。

三年绿化壶关，全县人人有责。第八届人民代表大会号召全县各行各业各阶层人民群众，都要在县委、县政府的正确领导下，进一步紧急动员起来，统一思想，集中意志，同心协力，树绿化志，干绿化事，创绿化业，为在一九八六年把我县建成绿化县而努力奋斗，开拓前进！

山西省绿化委员会文件

晋绿发（1984）7号

印发“搞好林业区划规划，

科学指导林业生产”一文的通知

各地、市、县（市、区）绿化委员会：

中共壶关县委书记王虎林、壶关县人民政府县长阎好勇二同志写的“搞好林业区划规划，科学指导林业生产”这篇文章，用他们自己的实践，说明了搞好林业区划规划的重要意义，具体总结了一个县开展林业区划规划工作的有效做法，明确提出了实施林业区划规划的关键所在，读来使人很受启发，现推荐给你们一阅。

发展林业，一靠政策，二靠科学。党的十一届三中全会以来，随着农村经济体制的改革，就全省来说，林业生产依靠政策的问题，在认识上和实践上已经基本解决了，但依靠科学发展林业的问题，在相当一部分地方实际上还没有认真地实行，缺乏一个适当的林业区划规划，就是一个突出的表现。因此，在继续搞好林业改革的同时，扎扎实实地采用科学技术指导绿化，是保持和发展我省林业生产大好形势，使我省林业生产进入更新、更高发展阶段的一项十分重要而又紧迫的任务，应当引起我们的高度重视。

在这个问题上，壶关县根据上级指示和群众要求，已经做了大量工作，给我们带了一个好头。他们的经验说明，搞林业不靠科学不行，用科学不搞区划规划也不行，有了区划规划不去认真实施更不行。区划规划是科学绿化的基础，是减少盲目性、增强自觉性，加快速度、提高效益的基本条件，实施区划规划则是科学发展林业生产的关键。壶关县已经这样做了，成效是显著的，群众是满意的，我们希望各地、各县都能这样做。最近，中央林业部在壶关召开有北方十四个省、市参加的“太行山区县级林业区划规划工作现场会”，推广他们的经验，我们同时希望壶关县委、县政府继续搞好这方面的工作，创造新的经验，取得新的成绩。

1984年11月1日

中共壶关县委文件

壶发(1985)52 号

中共壶关县委员会

壶关县人民政府

关于落实"七五"规划建设"绿色宝库"的

决　定

为了如期完成"七五"规划林业生产任务,搞好地上"绿色宝库"的建设,尽快改变我县面貌,使人民尽快富裕起来,特作如下决定:

一、"七五"期间我县林业建设的主要任务是:造林(包括封山育林)保存 28 万亩,连同现有基础达到 63.18 万亩,占全县应绿化面积的 90%以上;四旁植树净增 370 万株,连同基础达到 975 万株,森林覆盖率由现在的 12.4%增加到 25%。同时要完成四项重点工程。即:三线防护林工程、三川农田林网工程、五个流域经济林、丰产林工程和五个万亩林片工程。以上任务以及重点工程涉及的地方,都要逐乡(镇)、逐村、逐个承包单位地落实,保证完成。城关、辛村、集店、西川底、黄家川、黄山、柏林、百尺八个现有宜林面积在一万亩以下的乡(镇),要在 1990 年前基本完成绿化。

二、各机关、厂矿、企事业单位,要认真履行义务植树的职责。每到植树时节,由林业部门按各单位人数定山、定树,保栽保活,成活后移交有关乡村和专人管护,实行谁管护谁受益。有条件的,也可以单位投资,划定义务山,干部职工栽树,雇聘专人管护,单位长期所有。

三、大力推行和提倡栽纪念树活动。从今年开始,凡入党、入伍、结婚、生孩子,每人要栽纪念树三至六株。这项工作由各级党、团、妇联、工会、民兵组织负责落实。栽纪念树要固定场地,每年在适宜的季节由以上单位组织集中进行一次。另外,为移风易俗,树立社会主义新风尚,在一个老人去世后,提倡家属亲友栽活一至二株寄托哀思的"长生树"。

四、要认真宣传贯彻《森林法》,做到人人知法、懂法、守法。全县各级干部、教师、职员、职工、党员、团员,都要充分发挥模范带头作用,自觉爱林护林,同毁林毁树的行为作斗争。

五、今后,凡占用耕地开矿、取石、取土等,占用一分,造林一亩;占用宜林地一分,造林半亩;凡占耕地搞基本建设,占用一分,事先造林一亩。凡完成荒山绿化的地方,占用林地或耕地一分要在原林地或耕地单位指定的地点,栽四旁树 30 株。占用单位完不成这项任务,审批单位不得批准用地。

六、"七五"期间全部完成"四荒""四旁"绿化任务的乡(镇)、村,分别由县乡(镇)政府为该乡(镇)、村树绿化纪念碑。凡为本单位绿化大业有显著贡献的,不论前任或现任领导,都要写入碑文,以示纪念。对造林成绩特别显著的个人,由县人民政府命名为"林业功臣",并在本人60岁后,每年由所受益单位发给一定养老金。

七、党的十一届三中全会以来,凡县委、人大、政府发布的有关林业生产的决定、布告、通告、意见等,基本原则仍然有效,"七五"期间要连同此件一并创造性地贯彻执行。

开发荒山、植树造林就是发挥我县资源优势,是我们治穷致富的出路所在,各级党政领导,一定要把此作为责无旁贷的重大任务和为子孙后代造福的历史责任,在绿化事业上尽力开拓,有所建树,为我县的绿化事业,做出应有的贡献。

1985年10月29日

壶关县人民政府文件

壶政发(1986)35号

壶关县人民政府
关于授予一批造林功臣、绿化红旗手和
绿化红旗单位光荣称号并向他们学习的
决 定

各乡(镇)人民政府:

近年来,我县在林业生产中,继王五全等林业劳模之后又涌现出了一批植树造林、开发荒山的模范个人和先进单位。为了表彰这些同志和单位的模范事迹,进一步推动全县林业生产,县委、县政府决定授予余永富等五名在植树造林中做出杰出贡献的农民群众"造林功臣"的称号,授予刘书茂等二十名带头发展林业生产,取得突出成绩的乡(镇)、村干部"绿化红旗手"的称号,授予盖家川等二十二个绿化成绩显著的行政村"绿化红旗单位"的称号。名单附后。这些单位和同志,以艰苦创业的精神,绿化壶关的高度责任感,数年如一日坚持植树造林不止,为建设我县地上绿色宝库做出了积极的贡献,值得全县广大干部群众学习。为此,县委、县政府号召全县广大共产党员、共青团员、各级干部农民群众和林业"两户"要认真学习他们的精神、业绩和经验,为早日实现胡耀邦同志提出的"绿化太行山、黄龙变绿龙"的宏伟目标多做贡献。

1、学习他们植树造林，建设山区的雄心壮志。他们几年如一日坚持不懈地建设地上绿色宝库并取得了显著成绩。学习他们就要坚决贯彻发展林业的重大国策，树立为社会进步、振兴中华、兴林致富、造福子孙而拼搏的好思想，把发展林业作为改变壶关面貌的治本措施一抓到底，不断取得造林绿化的新胜利。

2、学习他们艰苦奋斗，战胜困难的创业精神。他们不怕山高坡陡、条件艰辛、兢兢业业、苦干实干成年累月造林护林，表现了艰苦创业的可贵精神。学习他们就要发扬老区人民的光荣传统，树立自力更生、艰苦奋斗、改善生态、绿化壶关的英雄气慨。

3.学习他们钻研技术，实行科学营林的态度。他们善于改革、勤于探索、勇于实践、创造了不少科学育苗、科学造林、科学管护的新技术、新经验，为提高营林水平和营林质量做出了有益的贡献。学习他们就要勇于开拓，不断创新，认真实施区划规划，加速绿化步伐。

4.学习他们不计名利，先公后私的高尚风格。他们不唯名、不唯利、认真负责、积极工作、忘我劳动、一心一意扑在绿化事业上，大大加快了我县的绿化步伐。学习他们就要克服一切向钱看的腐朽观念，树立全心全意为人民服务的思想，在绿化事业上做出新贡献。

5.学习他们实事求是、扎扎实实干实事的工作作风。他们脚踏实地，因地制宜，发挥本地自然优势，取得了显著经济效益。学习他们就要少说空话、多办实事、不断进取，在发展我县林业上出大力、流大汗、立大功。

（名单附后）

1986年7月20日

造林功臣名单

辛村乡北皇村　　余永富
晋庄镇北庄村　　杨李德
百尺镇方善村　　王树金
常行乡岭后村　　李爱忠
石坡乡盘马池村　　候松怀

绿化红旗单位

城关镇马驹村　　西川底乡下内村

辛村乡岭东村	集店乡常平村
晋庄镇常家池村	崇贤乡北掌村
黄山乡西底村	黄家川乡东街村
固村乡北大安村	五龙山乡刘寨村
店上镇角脚底村	百尺镇韩庄村
东柏林乡高崖头村	常行乡盖家川村
东井岭乡石盆村	石坡乡双井村
树掌镇树掌村	桥上乡梯脑山村
桥上乡南岭村	石河沐乡东沐村
鹅屋乡阴山坝村	鹅屋乡师家贝村

绿化红旗手名单

城关镇党委书记	刘书茂
集店乡党委书记	梁忠文
晋庄镇党委书记	张德忠
固村乡党委书记	韩振国
常行乡乡长	张转才
树掌镇镇长	程天保
鹅屋乡副乡长	梁永田
石坡乡副乡长	李志安
崇贤乡副乡长	冯来保

城关镇龙丽庄村党支部书记	牛长青
城关镇四家池村党支部书记	李双学
晋庄镇北庄村党支部书记	杨来圈
晋庄镇常家池村党支部书记	常福德
崇贤乡赵掌村党支部书记	申和保
黄山乡冯坡村副支书	李建珍
店上镇刁掌村党支部书记	赵爱景
百尺镇流泽村党支部书记	赵福贵
常行乡南凹村副主任	盖路孩

鹅屋乡沙岗沟村党支部书记	李才生
鹅屋乡师家贝村主任	杨振山

模范专业户名单

城关镇马驹村	平书忠
城关镇马驹村	王忠祥
城关镇修善村	赵喜贵
西川底乡川底村	连天保
西川底乡下内村	秦明山
辛村乡岭东村	崔仁则
辛村乡南皇村	路高松
集店乡李掌村	李三孩
集店乡常平村	申德勤
晋庄镇常家池村	常反德
晋庄镇晋庄村	阎国民
晋庄镇料阳村	韩福生
晋庄镇十里村	向保生
崇贤乡西山后村	张福屯
崇贤乡赵掌村	张成则
崇贤乡东河南村	来小旦
黄山乡油坊河村	雷进才
黄山乡牛盆村	李天才
黄家川乡沟洞村	秦文贤
黄家川乡东街村	李怀福
固村乡桥头村	申书则
五龙山乡刘寨村	王聚才
五龙山乡向庄村	王国青
店上镇小南青村	李俊方
店上镇牛居村	段天则
店上镇麻巷村	杜里虎
百尺镇流泽村	李松虎

百尺镇方善村	张石龙
百尺镇录池村	王小山
东柏林乡圪陀村	曹孝忠
东柏林乡委家岭村	委志仁
东柏林乡西柏林村	张海洲
常行乡城寨村	张其林
常行乡盖家川村	盖根有
东井岭乡口头村	王更有
石坡乡双井村	鲍德民
石坡乡双井村	郭屯则
石坡乡南头村	郭李荣
树掌镇磨掌村	谷进才
树掌镇树掌村	申文明
树掌镇神北村	杨贵书
桥上乡桥上村	马路喜
桥上乡西坡沟村	路长吉
桥上乡丁家岩村	秦冯贵
石河沐乡籽良庄村	崔海潮
石河沐乡籽良庄村	王保成
石河沐乡庙郊村	张昌顺
鹅屋乡沙岗沟村	郭余贵
鹅屋乡鹅屋村	郝付龙
鹅屋乡柳泉村	王细明

造林功臣主要成绩

余永富:男,44岁,群众,辛村乡北皇村,四年来,造林保存410亩,育苗21亩,管护林地450亩。

杨李德:男,41岁,群众,晋庄镇北庄村,四年来,造林500亩,成活率达到了85%以上,育苗25亩,管护林地500亩。

王树金:男,60岁,党员,百尺镇方善村,六年来,造林300亩,成活率达到了95%以上。

李爱忠:男,29,团员,常行乡岭后村,四年来,造林保存400亩,育苗21亩,植树5100株,管护林地613亩。

候松怀:男,63岁,群众,石坡乡盘马池村,五年来,培育油松苗190亩,亩均产苗量都在10万株以上,造林保存200亩。

绿化红旗单位简介

城关镇马驹村,全村325户,1359口人,总面积6419亩,其中林业用地2730亩。近几年来,这个村因地制宜地进行绿化,取得了良好效果,全村有林地达到了1400余亩,其中发展核桃等经济林200余亩,四旁植树16000株,其中经济树6520株,还新建农田林网500亩,营造丰产林50亩。

西川底乡下内村,全村200户,1000口人,总面积3261亩,其中林业用地745亩。从1980年开始,经过五年多的艰苦奋战,全村绿化荒山沟坡507亩,四旁植树10000余株。同时,还新建农田林网200亩,绿化庭院20个,新建果园66个。

辛村乡岭东村,全村102户,363口人,总面积1995亩,其中林业用地841亩。近几年来,这个村完成造林436亩,其中经济林53亩,丰产林50亩,四旁植树11000余株,其中经济树650株。

集店乡常平村,是一个工副业比较好的村,年人均收入高达500余元。全村300户,1450口人,总面积4565亩,其中林业用地1199亩。近几年来,村委采取以工补林的办法,积极发展林业生产,绿化荒山沟坡717亩,同时还发展红果园50亩,建设农田林网1500余亩,四旁植树20000余株,基本实现四旁绿化。

晋庄镇常家池村,全村210户,858口人,总面积5668亩,其中林业用地2981亩。近几年来,这个村大抓育苗生产,有力地促进了荒山绿化,现在全村共有苗圃150亩,有林地达到了2026亩,占宜林面积的67%,四旁植树13000余株,其中经济树1500余株。

东崇贤乡北掌村,全村165户,650口人,总面积4800亩,其中宜林面积3078亩。近几年来,这个村绿化荒山沟坡2242亩,四旁植树15000余株。

黄山乡西底村,全村64户,294口人,总面积1329亩,其中林业用地308亩。十一届三中全会以后,这个村认真落实林业政策,充分调动广大群众植树造林的积极性,近几年时间就实现了宜林山沟全绿化,房前屋后树成林,全村有林面积达到300余亩,四旁植树8000余株,林木覆盖率达到了28%。

黄家川乡东街村,全村102户,425口人,总面积1983亩,其中林业用地683亩。

近几年来,这个村造林保存 694 亩,其中退耕发展经济林 100 余亩,四旁植树 12750 株,人均 30 株,基本上实现了绿化。

固村乡北大安村,全村 199 户,773 口人,总面积 3620 亩,其中林业用地 1190 亩。近几年来,全村造林 1050 亩,其中各种经济林 353 亩,丰产林 300 亩,四旁植树 15000 余株,同时还大抓了育苗生产,现有各种苗木 140 亩,为今后发展林业奠定了良好的基础。

五龙山乡刘寨村,全村 272 户,1000 口人,总面积 7909 亩,其中林业用地 3977 亩。近几年来,这个村采取先治沟后治山的方法,先后绿化沟坡荒山 2022 亩,新建果园 300 亩,林地面积达到 2322 亩,占到宜林面积的 58%,同时四旁零星植树 15000 株。

店上镇角脚底村,全村 90 户,465 口人,总面积 3833 亩,其中林业用地 1360 亩。从一九八一年大抓林业至今,全村林地面积达到 1278 亩,四旁植树 15000 余株,同时还新建桑园 20 亩,果园 40 亩,基本实现了荒山沟坡都绿化。

百尺镇韩庄村,全村 374 户,1488 口人,总面积 7655 亩,其中林业用地 3076 亩,现在全村绿化面积已达 2000 余亩,四旁植树 20000 余株。

东柏林乡高崖头村,全村 167 户,672 口人,总面积 2684 亩,其中林业用地 364 亩。到 1985 年全村就基本上实现了绿化,现有林地 350 亩,四旁植树 8500 余株,新建果园 100 亩。

常行乡盖家川村,全村 150 户,621 口人,总面积 4501 亩,其中林业用地 2105 亩。1984 年全县第一个完成了全村的绿化任务,完成绿化后,又因地制宜退耕还林,建设山地果园 300 亩,全村累计造林达到 2000 余亩,植树 15000 株,林木覆盖率达到了 50%以上。

东井岭乡石盆村,全村 150 户,650 口人,总面积 5109 亩,其中林业用地 1967 亩。十一届三中全会以来,这个村从实际出发大抓植树造林,现在有林地面积达到了 1133 亩,四旁植树 11000 余株,基本实现四旁绿化。

石坡乡双井村,全村 395 户,1687 口人,分居在 6 个自然庄,总面积 21691 亩,其中林业用地 15585 亩。近几年来,这个村从绿化荒山入手,狠抓林业生产,现在全村有林地面积达到了 5596 亩,四旁植树 20000 余株,其中还因地制宜地发展经济林 150 亩,四旁栽植各种经济树 5000 余株。

树掌镇树掌村,全村 516 户,2014 口人,总面积 13857 亩,其中林业用地 7356 亩。从 1978 年开始,全村绿化沟坡 500 余亩,营造杨树丰产林 300 余亩,绿化荒山 1700 余亩,连同基础林地面积达到了 6077 亩。同时,还退耕还林建设山地果园 360 余亩,四旁植树 26000 余株,能栽树的地方基本都栽上了树。

桥上乡南岭村，全村 112 户，461 口人，总面积 6950 亩，其中林业用地 5343 亩。十一届三中全会以后，这个村在抓好荒山绿化的同时，积极发展经济林，收到了良好效益。全村共造林 950 亩，其中经济林就有 550 亩，四旁植树 12000 余株，其中经济树 3000 余株，现在全村挂果经济树就有 10000 余株，年产各种干鲜水果 20 余万斤，同时，还办起了水果加工厂，每年林业收入达 114000 元，人均 240 元，占到全村总收入的 50%。

桥上乡梯脑山村，全村 154 户，480 口人，总面积 12180 亩，其中林业用地 9061 亩。十一届三中全会以后，这个村积极向荒山进军，几年来全村共造林 3542 亩，占到林业用地的 39%以上。其中发展经济林 750 亩，四旁零星植树 14500 株，初步改变了过去穷山秃岭的面貌。

石河沐乡东沐村，全村 86 户，342 口人，总面积 3794 亩，其中林业用地 2764 亩。近几年来，这个村造林 911 亩，四旁植树 11000 株，同时这个村还因地制宜地发展经济林 150 亩。

鹅屋乡阴山坝村，全村 120 户，474 口人，总面积 9490 亩，其中林业用地 4396 亩。十一届三中全会以来，这个村从狠抓油松育苗入手，有效地促进了荒山绿化，全村累计培育油松苗 700 余亩，年均 100 亩，绿化荒山 3545 亩，占到林地面积的 80%以上。

鹅屋乡师家贝村，全村 105 户，458 口人，总面积 7483 亩，其中林业用地 5809 亩。近几年来，这个村坚持用材林和经济林同步发展的方针，全村有林面积达到了 3718 亩，人均 8 亩，其中经济林就有 275 亩，户均 2.7 亩，四旁植树 15200 株，人均 33 株。

绿化红旗手主要成绩

城关镇党委书记刘书茂：在鹅屋乡任职期间，积极带领全乡人民发展林业，把鹅屋乡的造林绿化引向高潮，成为全省林业先进单位。1984 年调到城关镇后，他又因地制宜地大抓平原绿化，新建农田林网 12000 余亩，基本实现了林网化，同时还绿化阳坡 3000 余亩，建设庭院果园 1000 个。

集店乡党委书记梁忠文：十一届三中全会以来，在造林绿化上，大胆开拓，较早地培养了林业专业户，定植了杨树幼儿班，营造了农田林网，起到了典型引路的作用，有效地促进了全县的绿化。全乡现已绿化荒山沟坡 18000 余亩，退耕还林 5000 亩，四旁植树 25 万余株，建设农田林网 1 万余亩，基本上实现四旁沟坡全绿化。

晋庄镇党委书记张德忠：近几年来，在林业上，坚持以身作则，带头实干，积极带领全镇群众兴林致富，连续三年全镇造林突破了万亩关。在近山近坡的绿化上，大胆创新，摸索出了一套大油松移植造林成功的经验，有效地促进了全县的近山近坡绿化。

固村乡党委书记韩振国：三年来，在林业生产中，以身作则，积极肯干，使全乡林业工作年年都有新突破、新变化。全乡三年完成造林5160亩，其中丰产林1000余亩，经济林1660亩，四旁植树12万株。

常行乡乡长张转才：十一届三中全会以来，从鹅屋乡到常行乡，坚持扎扎实实抓林业，1984年调到常行后，亲自培养典型，大力推广王五全油松造林的经验，有效地加快了全乡的绿化步伐，现已绿化荒山沟坡17000余亩，成为壶关县第一个基本完成绿化的乡。

树掌镇镇长程天保：近几年来，身居林区，积极保护现有森林资源，因地制宜，大抓植树造林，使全镇林地状况得到了很好的恢复，现在林地面积达到了57540亩，同时还发展经济林1600余亩，四旁植树30余万株。

鹅屋乡副乡长梁永田：自1984年调到鹅屋乡分管林业以来，主动给乡党委、乡政府当参谋，亲自深入各村检查落实营林情况，进行技术指导，努力提高营林效益和造林质量，在对待毁林案件上他更是铁面无情，敢抓敢管，不怕惹人，有效地促进了全乡林业生产的开展。

石坡乡副乡长李志安：自分管林业生产以来，坚持以身作则，带头实干，跑遍了全乡所有山沟，并亲自外出购买种苗，有效地促进了全乡的造林绿化。全乡连续两年造林都在10000亩以上，受到了上级有关部门的好评。

崇贤乡副乡长冯来保：从1981年调到崇贤乡分管林业以来，跑遍了全乡14个村庄的所有山沟，根据当地的自然特点，积极为乡党委、乡政府当参谋，制定了切实可行林业发展规划，并亲自外出购买种苗，带头实干，促进了全乡的林业发展，五年时间全乡完成造林1.1万亩，植树20万余株。

城关镇龙丽庄村党支部书记牛长青：近几年来，针对本村无荒山无沟坡、人稀地窄的自然条件，积极带领广大干部群众见缝插绿，大搞四旁绿化，共营造丰产林220亩，农田林网400余亩，累计植树5万余株，人均100余株。

城关镇四家池村党支部书记李双学：三年来，坚持扎扎实实地抓林业生产，高标准地完成了全村3600余亩的农田林网建设任务，绿化荒山200亩，四旁植树1.1万株，培育各种苗木43亩，成为全镇的林业先进村。

晋庄镇北庄村党支部书记杨来圈：十一届三中全会以来，带领全村群众积极开展山水田林路综合治理，特别是在林业生产上，舍得投资投劳，想方法调动大家的积极性，全村三年造林2500亩，育苗150余亩，植树2万余株，多次受到省市县的表扬。

晋庄镇常家池村党支部书记常福德：近几年来，从基础入手，大抓育苗生产，仅油松育苗一项就达200余亩，户均1亩，有效地促进了荒山绿化，现在全村的荒山遍地皆绿，四旁绿树成荫，绿化工作已初具规模。

崇贤乡赵掌村党支部书记申和保：自担任党支部书记以来，积极带领党支部一班人，调动人民群众积极开展植树造林，仅七年时间，就绿化了所有沟坡，还绿化荒山1700余亩，并已初步收到了经济效益，年林业收入达1万余元。

黄山乡冯坡村党支部副书记李建珍：担任村委主任期间，因地制宜，大抓林业，五年时间全村500余亩荒山沟坡就已全部绿化，并开始营造油松、刺槐混交林。

店上镇刁掌村党支部书记赵爱景：自1981年以来，坚持稳定完善责任山和自留山责任制，积极扶持农民个人在自留山上栽树，现在800亩责任山和600亩自留山已全部栽上了树，占到宜林面积的80%，500亩沟坡的树木也基本长成材。

百尺镇流泽村党支部书记赵福贵：十一届三中全会以来，认真落实党的林业政策，根据本村自然条件，积极带领广大干部群众进行植树造林，并组织了20余人的造林专业队，坚持常年从事林业，大大加快了绿化步伐，使全村宜林面积基本实现绿化。

常行乡南凹村副主任盖路孩：七年来，积极带领全村群众植树造林，基本实现绿化，同时本人还造林600亩，育苗15亩，植树710株。

鹅屋乡沙岗沟村党支部书记李财生：近几年来，积极带领广大群众植树造林，使全村穷山秃岭的面貌初步得到改变。全村已荒山造林11000余亩，造经济林200亩，培育各种苗木50余亩，植树15000余株。

鹅屋乡师家贝村委主任杨振山：六年来，积极带领全村干部群众向荒山进军，大搞植树造林，有效地加快了绿化步伐。同时还亲自培育油松苗30亩，绿化荒山1300亩，成活率达到了90%以上。

模范专业户主要成绩

城关镇马驹村平书忠：三年来，育苗20亩，绿化荒山300亩。

城关镇马驹村王忠祥：四年来，完成造林250亩，育苗34亩。

城关镇修善村赵喜贵：三年来，完成造林400亩，育苗30亩。

西川底乡西川底村连天保：五年来，绿化沟坡150亩，四旁植树600株。

西川底乡下内村秦明山：六年来，绿化荒山200亩，并负责管护，零星植树300株。

辛村乡岭东村崔仁则：四年来，育苗20亩，造林300亩，成活率达到了75%以上。

辛村乡南星村路高松：四年来，育苗17亩，绿化荒山200亩，成活率达到了70%以上。

集店乡李掌村李三孩：五年来，完成造林300亩，并负责管护。

集店乡常平村申德勤：四年来，绿化荒山400亩，并负责管护。

晋庄镇常家池村常反德：四年来，绿化荒山600亩，同时还管护林地400亩。

晋庄镇晋庄村阎国民：八年来，积极从事护林工作，同时还完成育苗25亩，造林400亩。

晋庄镇料阳村韩福生：三年来，绿化荒山500亩，成活率达到了80%。

晋庄镇十里村向保生：近几年来，绿化荒山350亩。

崇贤乡西山后村张福屯：五年来，完成造林450亩，育苗41亩，管护林地100亩。

崇贤乡赵掌村张成则：三年来，完成造林300亩。

崇贤乡东河南村来小旦：三年来，育苗20亩，造林160亩。

黄山乡油坊河村雷进才：五年来，培育油松苗20亩，绿化荒山100亩。

黄山乡牛盆村李天才：三年来，培育油松苗10亩，绿化荒山100亩。

黄家川乡沟洞村秦文贤：五年来，完成造林150亩，同时还义务育苗12亩，义务植树2000株，义务管护四旁树5000株。

黄家川乡东街村李怀福：三年来，绿化荒山200亩。

固村乡桥头村申书则：从1977年到现在，累计育苗70余亩，造林150亩，植树1000余株。

五龙山乡刘寨村王聚才：六年来，完成造林11亩，管护林地200亩。

五龙山乡向庄村王国青：四年来，育苗21亩，造林200亩。

店上镇小南清村李俊方：五年来，完成造林360亩，育苗45亩，植树1000株。

店上镇牛居村段天则：五年来，绿化荒山310亩，育苗20亩，植树2000株。

店上镇麻巷村杜里虎：六年来，造林150亩，育苗3亩，植树2000株。

百尺镇流泽村李虎松：五年来，他所管护的150亩林地和100亩杨树苗圃，从未发生过大的丢失现象，树木生产良好。

百尺镇方善村张石龙：三年来，造林300亩，管护林地300亩。

百尺镇录池村王小山：二年来，完成造林200亩，育苗11亩，并管护荒山400亩。

东柏林乡圪陀村曹孝忠：五年来，育苗12亩，造林130亩。

东柏林乡委家岭村委志仁：五年来，育苗8亩，造林140亩。

东柏林乡西柏林村张海洲：八年来，完成育苗12亩，造林110亩，植树3200株。

常行乡城寨村张其林：五年来，育苗25亩，绿化荒山720亩。

常行乡盖家川村盖根有：五年来，造林100亩，育苗15亩，植树500株，管护林地300亩。

东井岭乡口头村王根有：七年来，管护林地200亩，四旁树3000余株，坚持认真负责，敢抓敢管，有效地保护了森林树木。

石坡乡双井村鲍德民：四年来，造林300亩，管护林地500亩。

石坡乡双井村郭屯则：三年来，绿化荒山200亩。

石坡乡南头村郭李荣：三年来，绿化荒山150亩。

树掌镇磨掌村谷进才：五年来，造林400亩，育苗5亩，植树6000株，管护林地200亩。

树掌镇树掌村申文明：八年来，造林450亩，育苗13亩，植树2000株，管护林地500亩。

树掌镇神北村杨贵书：三年来，绿化荒山300亩。

桥上乡桥上村马路喜：二十多年来，共为集体管护林地150亩，育苗3亩，承包果园30亩，同时还义务嫁接各种经济树1100余株。

桥上乡西坡沟村路长吉：近几年来，育苗4亩，植树350株，荒山造林130亩。

桥上乡丁家岩村秦冯贵：近几年来，完成造林150亩，植树270株，嫁接红果树15000多株。

石河沐乡籽良庄村崔海潮：十多年来，为集体造林450亩，育苗55亩，植树5000余株。

石河沐乡籽良庄村王保成：三年来，育苗21亩，绿化荒山320亩。

石河沐乡庙郊村张昌顺：三年来，育苗13亩，植树500株，绿化荒山250亩。

鹅屋乡沙岗沟村郭余贵：五年来，育苗10亩，植树300株，绿化荒山500亩。

鹅屋乡鹅屋村郝付龙：五年来，育苗5亩，绿化荒山300亩。

鹅屋乡柳泉村五细明：十年来，培育油松苗10亩，绿化荒山500亩。

中共壶关县委
批转农工部《关于在全县建立劳动积累工制度的意见》的
通　知

各乡（镇）党委、政府、县直有关单位：

现将县委农工部《关于在全县建立劳动积累工制度的意见》批转你们，请认真贯彻执行。

建立劳动积累工制度是在农村新形势下提出的一项重要政策。它对于更加扎实有效地搞好农业基本建设,促进农村经济持续稳定发展,对于解决好统分结合,双层经营有着重要作用。各乡(镇)、村要认真抓好这项工作,不断总结经验,完善提高。当务之急是要通过劳动积累工的办法，组织动员广大干部群众抓好秋季植树造林和今冬的农田水利基本建设,为明年农村经济的进一步发展奠定一个良好的基础。

1986年11月13日

附:县委农工部《关于在全县建立劳动积累工制度的意见》

中共壶关县委农工部
关于在全县农村建立劳动积累工制度的
意 见

为了扎扎实实、持之以恒地抓好农业基本建设和植树造林,加快开发山区,建设山区，改变贫困面貌的步伐，根据中央一九八五年一号文件和中央书记处农村政研室、水利电力部联合下发的一九八六年九月十三日通知精神,有必要在全县农村实行劳动积累工制度,具体意见如下:

一、劳动积累工的性质和用途。劳动积累工,是指在乡、村统一领导下,为兴办治山治水、植树造林等农业基本建设,每个劳力按照要求参加的投工。劳动积累工主要用于由县、乡、村统一组织的,具有长远效益和公益性的、一家一户搞不了的,包括修坝、开渠、筑路、建池、办厂等在内的农业基本建设。春、雨、秋三季造林等大、中型工程,农民在自己承包土地范围内的土地平整和田面工程的整修,在自己的房屋前后,自留山坡上植树造林，在自己的院落里打旱井以及为军烈属、五保户等投的义务工等,不在使用劳动积累工范围之列。

二、劳动积累工的投工范围和标准。凡是农村的劳动力,包括人事农业生产的劳力,乡镇企业的劳力,在外搞劳务的劳力,户口在村的临时工劳力,以及从事其它行业的农村劳力和农村干部(在校师生除外),都应该投劳动积累工。

劳动积累工要合理负担,量力适度,一般每个农村劳力每年应投劳动积累工十五至二十五个,任务大的最高不超过三十个。男女半劳力折半投工。

对常年在外搞劳务或从事其它行业而没有投工或没有投够劳动积累工的，应该由亲属顶替或雇人完成;也可以以工折款,由集体统一雇工完成,村干部要根据自己的劳力类别,同群众一样完成劳动积累工任务。劳动积累工一般不提倡多投,由于当年农业基本建设任务大而多投的积累工,也可结转到下年。

关于交款顶工,各行政村可以根据本村当年实际劳均收入水平确定,谨防把折款当成罚款,而折算过高。

三、加强劳动积累工的管理。对每年劳动力所投的劳动积累工,要统一登记造册,建立往来账簿,年终结账公布。参加投工的劳力或农户要发给劳动积累工手册或卡片。

用劳动积累工集体组织治理所创造的财富,实行经济效益再分配。如植树造林,可以按照谁投工、谁收益的原则,按投工比例进行效益分成,周期长的,子女亲属有继承权。

要禁止在投劳动积累工上搞不正之风,不能把应投在农、林、水利建设上的劳动积累工用于支差,不能把少数人投的非生产性闲散工,干部、党团员的开会学习误工算作劳动积累工。

四、劳动积累工的使用要有计划。各乡(镇)、村在确定当年劳动积累工时,要根据年度计划中兴办农业基本建设的项目、规模、数量、用工情况,概算出所需劳动积累工总量,再分摊到人头。劳动积累工要实行严格的定额管理,投工要和完成任务紧密挂钩,劳动积累工还要实行群众监督、民主管理,年终要对当年所办的项目、用工多少及经济效益逐项公布,取信于民。

五、劳动积累工制度的执行时间。在提出这一制度前,全县大多数乡村已经建立了各种形式的劳动积累工制度,事实证明是行之有效的。但也存在着标准偏高或偏低、管理不完善、效益分配不明确等问题。为此,要求各乡(镇)、村要按照本意见精神,对今年以来的劳动积累工使用情况进行一次认真的检查,该补充的补充、该完善的完善、该兑现的兑现。前几年植树造林已成材有收益的就可以按当初投工,合理分配一次,使群众认识到建立劳动积累工制度的好处,调动其积极性,以进一步推动和促进当前正在全县开展的秋季植树造林和今冬农田水利基本建设。同时要根据此意见和本地实际,认真制定好明年的劳动积累工使用规划。

以上意见如无不当,请转批各乡(镇)贯彻执行。

1986年11月8日

长治市人民政府文件

长政发(1987)64号

长治市人民政府

批转市林业局《关于认真学习推广

壶关县科学营林经验的意见》的

通　知

各县、区人民政府、市直有关部门：

现将市林业局《关于认真学习推广壶关县科学营林经验的意见》转发给你们，请认真学习推广，从而把我市重点工程为主体的整个营林工作推向科学管理的新水平、新台阶。

1987年9月24日

长治市林业局

关于认真学习推广壶关县科学营林

经验的意见

七月下旬，省林业厅在壶关县召开太行山绿化规划实施经验交流现场会，学习推广壶关县科学营林的经验。全省学壶关，壶关在我市。我市各县区更应学习、推广好壶关的经验，争取经过一、二年的努力，使全市十三个县区的科学营林工作都达到壶关县的水平，在绿化太行山这项伟大工程中作出新贡献。为此，提出如下意见：

一、充分认识推广壶关经验的重要性。

全省壶关现场会认为，壶关县是八十年代林业战线上的新样板，是完善工程管理的新模式。它的经验对推动营林改革和科学营林具有普遍的指导意义。从立地条件看，壶关的造林条件比较差，多是干石山区，但从绿化成效上看，壶关的造林速度快，质量也高。一九八四年至一九八六年底，通过运用区划规划成果，三年时间全县造林22.6万亩，保存17.2万亩，占77%。壶关县这样高的绿化速度，靠的是什么？主要经验有三条：一是县、乡、村各级领导认识高，决心大，同时有一个很好的参谋部——林业局；二是有艰苦奋斗，不怕困难，持之以恒的事业精神；三是有一套坚持区划、规划、设计、施工、验收、建档“一条龙”生产程序的科学管理办法。对照壶关经验，检查我市的营林情况，虽然做了大量工作，但差距还很大。差就差在认识没有壶关那样高，决心没有壶关那样大,工作没有壶关那样细,作风没有壶关那样的扎实。有些地方还是"区划规划,纸上画画,墙上挂挂",没有做到象壶关那样,把区划规划和工程造林科学营林有机地结合起来,成果运用的不好;有的区划规划和设计施工基本上还是两张皮。因此,一些地方营林效益和经济效益没能充分显示出来。为了迅速改变这种状况,我们必须象壶关那样,运用好区划规划成果,把全市以重点工程为"龙头"的整个营林工作推向科学管理的新水平、新台阶。

二、推广壶关经验的任务和要求。

壶关县的经验是比较全面的、完善的、科学的、成功的经验,要学习好、推广开,需要做许多扎实细致的工作。根据目前各县区的实际情况,提出分期分批达到标准的要求。

平顺、沁县、屯留、黎城四县,要在巩固提高按区划规划、按规划设计、按设计施工的基础上,在一九八八年全部建起工程管理档案和营林效益档案,沁源县要突出建立好森林资源档案。这五县的建档工作,从现在起就要着手准备,打好基础,在全市先走一步。襄垣、长子、潞城、武乡、长治县、城区、郊区等七县、区,今年打好基础,八八年抓紧工作,八九年全部完成。壶关县要在现有基础上,进一步巩固、完善和提高,再创新经验。

具体要求是:

1. 要以县(区)为单位组织有关人员到壶关县学习,进行专题培训。

2. 加强县、区林业局的自身建设和乡、村两级的林业管理队伍建设。

一是各县区林业局要搞好调查研究,象壶关县林业局那样,做好具体的组织、安排、指导、督促工作,努力当好县委、县政府的参谋。二是各县区都要普遍建立健全县级林业规划设计队。至少有 4~6 人组成。三是各乡镇都要设立林业规划员,各行政村都设立营林指导员,大村 2 人,小村 1 人,要选配思想素质高、业务能力强、工作积极、热爱林业,并具有一定文化程度的人担任,专门负责本村的营林指导工作。

3. 一定要因地制宜,实事求是,分类指导。壶关县是典型的干石山区,多数地方造林条件差,搞造林一般不能进行大穴整地,这正是从实际情况出发。但是在其它县区,特别是在黄土丘陵区的荒山造林,必须进行予整地,这是科学营林的一个基本环节,必须严格遵循。其次,各县区在实施林业区划规划中,按照分类指导的办法,实行分区定点,分类抓点。要分别不同情况从用材林、防护林、经济林以及树种混交方式、治理方法等方面,抓好专题项目的试点,实行典型引路。第三,要突出重点。在普遍抓好一个村一个小班,扎扎实实从基础做起的同时,要注重抓好对实施整个林业区划规划起举足轻重作用的、集中连片的重点工程造林,并把"小班"纳入"工程",把"工程"落实到"小班",二者有机结合,坚定不移地抓好工程造林,工程管理。

三、采取有力措施保证壶关经验的迅速推开。

(一)层层加强领导,实行目标管理。县、乡、村各级领导,包括林业部门的负责同志,都要实行任期林业目标责任制。把抓林业工作的好坏,作为考核各级干部政绩的主要标志严格奖惩。县级领导要包工程、包乡镇,全盘负责,一抓到底;乡镇领导要包片、包村、包实施样板;村领导要包"小班"、包任务,严把质量关。并要做到有功则奖,有过则罚。在全市树立起"不抓林业不能当干部,抓不好林业不是好干部"的风气,形成全社会办林业的新局面。

(二)认真落实政策。根据壶关的经验,结合全市的实际情况,在荒山造林和林、果管理上,实行统分结合,双层经营。宜统则统,宜分则分。逐步完成造林承包责任制,要采取大稳定、小调整的政策。对集体的荒山荒坡在区划规划之前就以"三山"的形式承包给造林户和农民个人的,要本着尊重原承包合同的精神,在保证林权、使用权、承包权不变的前提下,作适当调整,使承包者毫无后顾之忧地按"小班"设计造林,以达到区划规划的要求。在造林投资上,要采取省造林工程重点扶持,县造林工程投劳动积累工为主的多形式造林政策。要把面上造林抓起来,保证林业区划规划工作的全面实施。在造林资助款的使用上,要按照标准要求,实行分年验收,分年兑现的政策,让农民得到实惠。

(三)加强技术培训,建设精干队伍。

实施林业区划是一项技术性强、要求高的工作,没有一支高质量的精干队伍不行。各县、区要加强对"一队两员"(县规划设计队、乡林业规划员、村营林指导员)的培训,使他们既懂得林业政策,又懂区划规划成果,懂造林典型设计,懂施工技术要求,会使用村级台帐资料,会指导群众按设计要求施工。

市、县两级林业部门的技术干部,要求实行包工程、包项目、包质量、包效益的"四包"技术责任制。在市、县、乡、村四级形成一个强有力的实施区划的网络系统。

(四)抓好优质对路育苗,保证工程需要。

在苗木问题上,全市目前的现状是:一般苗木多,优质壮苗少,特别是用于工程造林的对路苗木少,适应不了形势的需要。各县、区在村村都建苗圃的基础上,一定要舍得好地,舍得投资、投劳,建立骨干苗圃,发展育苗基地,培育优质对路的各类苗木,保证重点工程和整个植树造林的需要。

1987年9月24日

中共壶关县委文件

壶发(1987)33号

中共壶关县委员会

批转农工部《关于在全县农村建立劳动积累工制度的补充意见》

(讨论稿)的通知

各乡(镇)党委、政府、县直各有关单位:

现将县委农工部、政府农业办公室《关于在全县农村建立劳动积累工制度的补充意见》(讨论稿)批转给你们,望认真讨论执行。

1987年10月20日

中共壶关县委农工部

壶关县政府农业办公室

关于在全县农村建立劳动积累工制度的

补充意见

(讨论稿)

去年县委〔1986〕31号文件转发的农工部《关于在全县建立劳动积累工制度的意见》下达后,全县各级党组织和广大乡村干部认真贯彻落实,使劳动积累工制度在全县农村普遍建立,并在农田基本建设、植树造林、兴办公益事业等方面起到积极的作用。近一年来的实践证明,在农村建立劳动积累工制度是增强农业后劲,加快脱贫致富步伐的一项有效措施。但是,有少数乡村对这一制度仍然存在着认识模糊、制度不全、管理不善等问题。为进一步完善劳动积累制度,特制定如下补充意见:

一、合理使用,要求做到五明确、八不准

五明确是:

1. 明确劳动积累工的性质。劳动积累工是指在乡、村统一领导下,用劳动积累的形式,兴办治山治水,植树造林等农业基本建设,每个劳力按照要求参加的投工,投入建设所得成果为集体所有,所产生的效益可以按投工进行合理分配。

2. 明确劳动积累工的用途。劳动积累工主要用于县、乡、村统一组织的、具有长远效益和公益性的、一家一户办不了的、包括修坝、开渠、筑路、建池、办厂等在内的农业基本建设项目和春、雨、秋三季植树造林等大中型工程。

3. 明确劳动积累工的投工对象。凡是农村的劳动力，包括从事农业生产的劳力、乡镇企业的劳力、在外搞劳务的劳力、户口在村的临时工以及从事其它行业的农村劳力和农村干部（在校师生和国家招收的长期合同工除外）都应投劳动积累工。

4. 明确劳动积累工投工标准。劳动积极工要合理负担，量力适度。一般每个农村全劳力每年应投劳动积累工十五至二十五个，任务大的最高不得超过三十个。具体使用上，一般农田水利基本建设要占到全村总投工的百分之四十，植树造林占到百分之四十，兴办其它公益事业占到百分之二十，男半劳力和女全劳力投工减半。

5. 明确劳动积累工与摊派义务工的区别。劳动积累工和义务工都是按照有关政策和乡村规定，通过集体组织，每个农村劳力所投的工。劳动积累工与义务工的区别在于，劳动积累工是当年投工，年终结算分配或者受益之再逐年分配兑现的用工；而义务工则是乡村农民或者劳力应尽的义务，不再进行分配的用工。劳动积累工是给集体和个人增加积累和创造财富，并不是加重农民负担。

八不准是：

1. 不准把用于优待军烈属、五保户等所用的义务工算作劳动积累工。

2. 不准把农民在自留山上和自己院落里栽树、打井等投工算作劳动积累工。

3. 不准把非生产性的用工及其它闲散用工算作劳动积累工。

4. 不准农村干部、党团员的开会学习误工算作劳动积累工。

5. 不准农村干部例外。

6. 不准乱支劳动积累工。

7. 不准因本村经济条件好而不投或者不用劳动积累工。

8. 不准因在外从事其它行业等原因不投或少投劳动积累工。如有特殊原因不能出工者，可以工折款顶替，（款额要根据本村当年劳均收入水平确定，不得偏高或偏低，不能把折款当罚款），也可以由应出工劳力，请工代行完成；允许国家干部、职工、老师、战士、学生利用节假日帮助农村亲属顶做劳动积累工。

二、加强管理，建立四项制度

1. 用工计划制度。

使用劳动积累工要做到年初有计划，年中有检查，年底有结算。就是按照本村劳力数量，根据每个劳力的投工标准算出全村总投工数，再根据总工数，因地制宜选择项目，一般当年投工总数要和施工项目用工基本相符，凡超过当年投工标准时，多投的工可结转到下年。用工计划的制度要充分发扬民主，要根据用工计划确定用工项目,用工项目要以合同形式落实到人到户,严防劳民伤财,影响农民投工的积极性。

2. 定额管理制度。

劳动积累工要实行严格的定额管理,投工要和完成任务紧密挂钩,各行政村要严格掌握用工的定额标准。每项工程完成后,进行检查验收,验收之后,即可发给投工者工票或填劳动积累工卡片。

3. 分配结算制度

劳动积累工的分配结算,对调动农民投工积极性至关重要。集体经济实力雄厚的村当年能兑现的要做到当年兑现;集体经济薄弱的村,即使当年兑不了现的年终也要逐项结算到户,然后逐年分期分批兑现;工程周期长的子女有继承权。

4. 民主监督制度。

管理用好劳动积累工,集体要统一设置往来账簿,并发给本人劳动积累工手册或卡片,账目做到日清月结,年终贴榜公布。还要定期或不定期召开群众代表大会,讨论如何进一步完善劳动积累工的新办法,提出合理化建议和意见。真正达到个人投工、集中管理、群众监督、民主理财、尽快受益之目的。

三、应注意的几个问题

1. 切实加强领导,充分运用劳动积累工,把能办好的事办好,并要形成制度,执行下去。同时要建立使用劳动积累工考核登记薄和档案。把建立和使用劳动积累工这项工作作为农村干部考核政绩的一项重要内容。

2. 各行政村领导干部、党员、团员都要毫无例外地同群众一样完成劳动积累工任务。不但自己完成好,而且还要带动和帮助老弱户、困难户一同去完成。

3. 对于在建立和使用劳动积累工中的好典型、好经验要及时总结推广。对已建立制度的要按照本办法进一步加以充实完善。以前用积累工造林成材或者其它已有受益的工程,要及早兑现。让农民得到好处,以提高广大群众投工积极性。

4. 本补充意见,从发文之日起讨论执行,各乡(镇)要认真组织学习宣传,并付诸实施。

1987 年 10 月 20 日

壶关县人民政府文件

壶政发(1988)6号

壶关县人民政府

关于严禁乱捕滥猎野生动物的通告

近年来乱捕滥杀野生动物，使我县的生态平稳受到严重破坏，珍禽益兽频临绝迹，鼠类、虫类的天敌越来越少、鼠害、虫灾越来越严重。且由于打猎引起的森林火灾也时有发生。为了加强对野生动物和森林资源的保护，维持生态平衡，促进四化建设，特通告如下：

一、全县人民都要认真遵守国家关于保护野生动物的一系列法规、法令，树立保护野生动物人人有责的思想，自觉爱护和保护野生动物，为保护自然资源，促进生态平衡尽到应尽的义务。

二、严禁乱捕滥猎野生动物。凡在我县境内狩猎的人员必须遵守以下规定：

1. 持枪狩猎必须有公安部门下发的持枪证。

2. 狩猎必须有本县和县以上部门签发的狩猎证。

3. 非本县居民进入本县狩猎，必须经县林业局批准，并办理有关手续。

4. 禁止采用投毒、倒窝、拣蛋等方法杀害野生动物(除家鼠田鼠外)。

5. 严禁捕杀以下动物：老鹰、猫头鹰、蝙蝠、青蛙、喜鹊、灰喜鹊、啄木鸟、黄鹂、鹞子、燕子、豹子、野鹿、山羊等。

6. 狩猎者必须自觉接受护林人员的检查、监督。严禁在林区内吸烟、野饮、烤干粮、烧篝火、取暖等；严禁使用火枪火炮狩猎。

三、加强野生动物的收购管理。外贸、县社、乡(镇)供销社等收购部门，对禁猎的物种要拒绝收购，并要查明来路，及时报告有关部门处理，不得包庇纵容。

四、违犯第二、第三条规定者，要根据情节轻重分别给予没收枪支、没收猎物、处以50~100元的罚款，依法追究刑事责任等处分。

五、对违犯本规定，擅自乱捕滥猎野生动物者，人人有权劝阻，直至开展斗争，表现突出的要给予评功授奖。各乡(镇)村、国营林场的护林员对本规定的贯彻执行要负责具体的监督和落实兑现工作。

六、为了确保本通告的贯彻执行，在同外县(区)的交界处和通道上，特别是在集店乡东长井口要由公安、工商、林业等有关部门派人设置检查站，负责查禁进壶关境内打猎的人员，没收其所带猎具、猎物，并向主管领导报告。

七、本通告自公布之日起执行。

1988年2月7日

壶关县人民政府
于大力发展经济林生产的决定
（讨论稿）

我县山大坡广，气候温和，光照充足，昼夜温差甚大，发展经济林生产有着得天独厚的条件。

我县发展经济林历史悠久。解放初期，全县共有各种零星干鲜水果树1.7万株。此后，又几次抓了经济林园的发展，到1983年全县已拥有零星经济树79.1万株，各种果园22872亩。1984年后，我们运用林业区划规划成果，把经济林发展纳入了科学轨道，栽植质量显著提高，树种安排和布局趋向合理，发展速度明显加快，使我县的经济林生产进入了发展高潮。目前全县已有经济林6.5万亩，零星经济树89.9万株，分别比1983年前增加184.2%和13.7%。年产量811.24万斤，收入395.57万元，全县人均16元，经济林已成了部分集体和家庭收入的支柱。农民群众发展经济林的积极性也日益高涨。

但是经济林发展目前也存在很多亟待解决的问题：一是承包合同很不完善，掠夺性经营较为严重，整株、整园死亡现象长期存在；二是技术人才缺乏。全县现有经济林技术人才仅为300个，平均每200亩一个，而且业务水平很低，不适应现代管理的需要；三是管理粗放。现有技术人员知识陈旧，不注重综合管理措施，形成了一种习惯性的粗放管理，全县现有挂果树株产仅2.5斤，大大低于全省的平均水平；四是病虫害严重。全县现有盛果期果园317个，病株率在50%以上的就有194个，病株率在80%以上的有135个，长期下去就有整园死亡的危险；五是商品观念淡薄，全县原有果园中拳头产品寥寥无几，果品贮藏以及果品深加工技术、设施等极其贫乏。

为了彻底解决以上问题，振兴我县的经济林生产，我们的方针：一是继续抓好经济林的发展；二是加强现有经济林的科学管理。

发展目标是：在“七五”期间，全县经济林要新增3.5万亩，达到10万亩，户均2亩，零星树新增56.5万株，达到125万株，人均5株，人均经济林收入由现在的20元增加到100元。突出抓好三大干鲜水果基地：

一是店上、固村、五龙山、百尺、东柏林、黄山、黄家川七个乡镇以苹果、黄梨为主的水果基地三万亩。

二是桥上、鹅屋、石坡、树掌、东井岭、常行、石河沐七个乡镇以核桃、花椒、柿子、红果为主的干果基地六万亩。

三是城关、川底、辛村、晋庄、崇贤、集店六个乡镇以杂果、黄梨为主的水果基地一万亩。

为达到上述目标必须抓好以下几项工作：

一、明确政策规定，完善承包合同。调动农民发展经济林的积极性，如期完成“七五”规划，关键要落实各项林业政策，为此重申：一要坚决执行“谁栽谁有”的政策。农民在自己房前屋后栽植的树木永远归个人所有；地头岸边、四旁空闲等集体不好管护的地方划归个人栽植的树木归个人所有；集体、个人的树木，任何人、任何单位不得随意侵占，违者依《森林法》论处。二要坚决执行因地制宜，村村发展一个果园的决定。果园要适度规模，一般要求小村30亩，中村50亩，大村80～100亩。三要坚决执行奖优罚劣的政策。对掠夺性经营造成损失的承包人，除及时终止合同外，还要给以必要的罚款和责令其赔偿损失；对经营好的承包人要及时给予表扬和奖励；要维护合同的严肃性，不能意随变更，各级领导更不能在签订合同中以权谋私。

无论新建果园，还是老果园，都要进行承包，都要签定承包合同。签订承包合同要遵照以下规定：承包人选择实行三优先，即：懂技术、会管理的人优先；林果技术员优先；有事业心、热爱林业事业的人优先。承包方式和承包基数：承包方式可采用“以树定产，以产提留”和“包产到户，自负盈亏”两种形式；承包基数一般以三年平均产量为准。承包方式：小型果园以户承包，大中型果园以队或组承包，也可划归为乡、村、户办林场经营。承包期：5～15年以上，一般情况下变承包基数不变承包人。

二、制定管理指标，加强集约经营。今后对经济林木都要逐步实行集约经营。就象是种庄稼一样种树，象管理粮田一样管理果园。其好坏有三个衡量标准：①新稍年生长量：以当地各树种、品种、龄期新稍年生长量为标准。②果品产量：以当地各树种、品种、结果期年平均产量为标准。③有病株不超过50%。各地可根据这三个基本指标也可综合其指标实行果园生产力升降奖罚制度。

实行集约经营必须做到以下四点：一是深翻除草，每年春、秋进行两次，深度要在1尺以上；二是适度施肥：盛果期树株均施农家肥300～500斤，初果期树200～300斤，幼树100～200斤，并积极提倡根外施肥；三是合理修剪，增强树势，促使多结果、早结果；四是积极引进管理新技术，逐步实现生产、贮藏、加工、销售一条龙科学作业。

三、成立相应机构，落实技术队伍。加强充实必要的组织机构和技术队伍是保证经济林生产长久、健康发展的重要措施。因此，县、乡、村都要把此作为发展经济林的必要措施尽快落实。县经济林协会已经成立,其主要任务是进行技术指导,传授、研究和协调有关部门工作。各乡(镇)也要成立经济林协会或其它有关机构,其人员组成:果园面积二千亩以上的乡镇2~3人,二千亩以下的乡镇1~2人,主要职责是负责本乡镇经济林木的管理(规划、设计、技术传授、检查验收、防治病虫等),其报酬可按本乡镇的树木进行提留,每株1~5分钱。各行政村都必须有专职技术人员:果园面积30亩以下一人,30~100亩二人,100亩以上三人。专职技术员必须按时参加县乡培训,负责果园的技术管理、技术指导。为了充分发挥专职技术员的积极性,各果园还要签定技术承包合同,技术承包人的工资不能低于承包人的平均工资。

四、强化各项服务,搞好产品开发。发展经济林是振兴我县经济的一条根本大计,他不仅仅是哪一个部门的工作,而是全县人民的一件大事。因此,各行各业都要大力支持经济林的发展,为经济林生产搞好服务工作,林业、科技部门要做好新技术、新品种的引进和发展,搞好技术指导和科学规划,以及贮藏加工等;商业、外贸等部门要提供信息,搞好购销;政法部门要保证承包人的合法权益,坚决打击"轰抢"果品的犯罪分子,认真解决合同纠纷,保证合同兑现;供销部门要在农药、化肥、机具、器械等方面通力协作;工业、乡镇企业部门要在果品的加工转化方面提供信息、技术和人才;金融部门要优先提供贷款,解决生产急需。

同时,有关部门要在产品质量、包装和新产品开发方面下大力气,在一、二年内搞出一至两项林产拳头产品,以尽快打入国内以至国际市场。

五、提高思想认识,切实加强领导。我县资源贫乏,经济落后,土地很少,但山大坡广,从这个意义上讲,发展经济林正是发挥我县优势,是摆脱贫困的一项重大措施,各级领导都要从这一基点出发,深入认识发展经济林的现实意义和历史意义,自觉地加强对经济林工作的领导:首先要把经济林生产列入议事日程,作为林业生产中的一个大头抓紧抓好。其次抓好政策落实工作,保证各项合同兑现。第三要抓好管理工作,每年都要对各村果园进行两次全面检查, 对不达标的果园承包者进行批评教育以至处罚,真正做到该奖则奖,该罚则罚。第四要抽出强有力干部分管经济林工作,做到上下有人管,事事有人抓。第五要列入任期目标,保证经济林生产一任接一任,一任传一任地持久地发展下去,为我县的四个现代化建设贡献力量。

1988年2月28日

壶关县经济林协会章程(草案)

壶关县经济林协会是在县委、县政府领导下指导全县经济林生产、建设和发展的群众性组织。协会的基本任务是:联络农业、林业、科协、科委等多方面力量,搞好产前、产中、产后的政策服务,技术服务,资金服务,加快全县经济林发展步伐,提高经济林经营管理水平,发挥经济林的经济效益,把我县建成区域化、集约化、商品化的干鲜水果生产基地,为全县群众脱贫致富作出贡献。

第一章 组织机构

第一条 协会的领导机构是理事会,理事会由理事、常务理事、理事长、副理事长组成。

第二条 协会下设水果、干果、蚕桑三个组,在理事会领导下进行具体工作。

第三条 协会成员由从事经济林生产的农业、林业、科协、科委等局委的有关人员组成,包括二十个乡(镇)的林管员、农科员和部分乡村的果树技术员。

第二章 任务与要求

第四条 协会对经济林的发展,要全盘考虑,全面安排,要有规划设计方案,有可行性报告,有长远的目标指标。

第五条 协会是经济林系列化服务的总部,遵守技术指导服务宗旨,牢记服务至上,效益第一的原则,开展多渠道服务工作。

(一)技术服务。技术服务包括:栽培技术、管理技术、人才开发利用、规划设计、试验研究等。要有组织,有计划,根据不同季节和技术要求,定期举办技术培训和现场技术指导,充分发挥技术服务职能,尽快为农村培养造就大批的技术管理人才,满足广大群众对技术的渴求,每个协会成员最好同下面(经济林承包)签定技术联产合同一至二个,做到事业联心、技术联产。

(二)信息咨询服务。在经济林整个发展过程中,需要情报、信息来保障它健康发展。例如:苗木品种、市场行情、果品发展方向以及市场预测等等。经常用简报或用经济林协会专刊,不断地向下面进行传递指导,以便让广大果农了解掌握市场销路、发展前景。

(三)物资服务。协会在农业局、林业局设有综合技术服务公司(部)为经济林发展提供必要的药械、药物、种苗等物资,做到缺什么,供什么,需要什么有什么,保障供给。

第六条　协会对全县的经济林技术员要经常进行考核，考核合格者，发给技术合格证书作为承包果园的重要依据之一。各乡镇在经济林承包问题上，要和协会联系，共同协商，确定人选。有关经济林生产的发展安排，事前要经协会考察和论证方可施工。投资以及扶贫资金的使用，须经协会考察通过后方可下拨，对中途使用不当，造成损失者有权终止或收回。

第七条　协会每个季度向县委、县政府汇报一次工作，对发展中存在的问题、进度、效果要写成书面报告，提出合理化建议，为领导当好参谋助手。

第八条　协会成员要做到爱科学、懂技术，要不断钻研新技术，不断提高自身的业务素质，提高技术管理水平。

第三章　组织纪律

第九条　各有关局、委要统一服从协会的协调安排，要积极安排经济林所需要的资金、人员、车辆、物资，保障经济林建设的健康发展。

第十条　协会成员均要服从理事长、理事的安排，按时、按质量完成工作任务。所在单位要积极支持，提供方便。各成员都要自觉遵守协会的有关规定。

第四章　会议制度

第十一条　理事会每月召开一次会议，也可根据不同情况定期不定期召开。主要是研究解决日常工作中存在的问题，安排布署当前、下段工作。

第十二条　协会成员每月过一次生活会，回顾总结各自的工作，每季度召开一次汇报会，总结汇报个人的季度工作，每月举行一次学术讨论会，主要是发明、创造、技术探讨的学术交流，年终有一次评比总结会。

第五章　活动经费来源

协会正常的活动经费，每年从农业技术培训费中抽出五千元。协会成员一般下乡补助等项开支，由本人所在单位承担。

第六章　会章

第十三条　经济林协会印章是：壶关县经济林技术协会。

壶关县人民政府文件

壶政发(1988)5号

壶关县人民政府

关于发展和完善村办林场的决定

抓好林业生产是我县脱贫致富的一项重要战略措施。党的十一届三中全会以来，我县大抓了政策造林和科学造林，林业生产出现了可喜的局面。为了进一步加快绿化步伐，巩固现有绿化成果，增强林业发展后劲，把林业生产推进到一个新的层次，特作此决定。

一、意　义

我县乡村林场的发展，已具有二十多年的历史。从大跃进年代兴起的“社办林场热”到十一届三中全会以后出现的家庭林场，都在不同时期从不同程度上为林业的发展产生过积极的影响。近几年来，有的乡继续保留了原来的村办林场，有的村逐渐建立了一些新的村办林场，这些新旧林场在发展过程中探索和创造出了不少新经验、新做法，已为实践证明是巩固和壮大林业生产的一种好形式。从全县的形势看，随着各级领导对林业工作的日益重视，以及营林生产“一条龙”科学程序的全面实施，我县绿化步伐大大加快。目前全县有林面积已达到45.15万亩，四旁树总数达到745万株，林木总蓄积量达到36.86万立方米，果品产量达到698.8万斤，有不少乡村达到了基本绿化标准，还有不少村庄林业已成为群众的一项重要收入。形势的发展，迫切需要有一个新的“载体”来保证和促进林业生产的健康发展。在这种情况下，发展和完善村办林场就成为一种必然趋势。所以，发展和完善村办林场，既是巩固现有绿化成果的需要，也是进一步加快林业生产步伐的需要，还是深化林业改革的需要。全县各级领导和广大群众一定要充分认识发展村办林场的重要性，把发展和完善村办林场作为今后林业生产的一项工作重点，切实抓紧抓好，取得成效。

二、组织形式

1. 村办林场一般应以行政村为单位组建，居住分散的山区也可以按自然村组建。其性质属于村委领导下的一个村办企业。

2. 村办林场场长可以由村民民主选举产生，可以由村干部兼任，也可以通过承包的形式由竞争产生。无论那种方法，都要推举那些有绿化事业心，有工作责任心，有一定林业技术的人担任。

3. 村办林场经营规模由各村林业用地面积确定。林业用地面积在200亩以上的就可以成立林场。林场所需工人的数量，一般1000亩以下确定3—5个工人,1000亩—5000亩确定5—10个工人,5000亩以上的确定10—15个工人。经济林一般每10亩一人。

4. 村办林场实行场长负责制，林场内部可以结合实际推行各种形式的经济责任制。根据任务大小确定合理的承包指标,将指标层层分解到组或到人。工人工资要和完成任务好坏、经济效益高低挂起钩来。

5. 村办林场应有技术员,全面负责技术工作。技术员要选聘那些热爱林业、有文化、有技术的人担任,村营林指导员可以兼任村办林场技术员。

三、管理职权

1. 村办林场的经营范围是本村集体所有的林木资源,包括现有的成林、幼林、四旁树、丰产林、农田林网和其它林木。上述林木资源的所有权属集体,村办林场只有经营权。划分给个人的自留山和群众自有的零星树木不属村办林场的经营范围。具体经营范围的确定要经乡政府和村委两级领导部门批准，权属有争议的要报县林业部门裁定。经营范围确定后,村办林场要与村委签订经营承包合同,明确承包期及双方的权利和义务。

2. 对于村集体所有的,经过规划的宜林荒山荒坡,可以由村办林场全部经营,村委组织群众营造,造上林后由村办林场负责管护;也可以由村委先组织群众营造,逐年把经过验收的有林面积移交给村办林场经营。村办林场也可以直接承包一定的荒山沟坡造林和果园建设任务。

3. 对于现在已有收益的果园或其它经济林,有条件的地方可以由村办林场统管果园和经济林,无条件的也不要强行统管,可以继续维持原有承包合同,并对其进行完善。

4. 村办林场的职能,是在村委的领导下和上级林业部门的指导下,负责做好其经营范围内林地的补植补造、抚育间伐、病虫防治和护林防火工作,实行科学管护,集约经营,促进林业生产健康发展,提高林业经济效益。

5. 村办林场要认真执行国家《森林法》和有关林业政策,合理开发利用森林资源。抚育、采伐要在村委的领导下进行,并经上级林业部门审查批准,取得采伐许可证,严禁超额采伐、过量采伐。村办林场职工要坚决同乱砍滥伐,偷砍盗伐的行为作斗争。

6. 村办林场要发挥本身林业技术人员较多的优势，承担做好本村宜林地的造林规划和设计工作,并对家庭林场、林业“两户”和群众提供技术指导和服务。

四、收入和经费来源

1. 村办林场筹集发展经费的方针是:以林为主,多种经营,积极兴办林业经济实体,逐步实现由经济依附型向经济自主型的转变,逐步做到自主经营,自负盈亏,提高自我积累和自我发展的能力。

2. 村办林场目前尚无收入,村委要根据经营管理任务的大小给予定额补贴。随着林场收入的逐年增加,可以逐渐减补,收入完全自给后可以取消补贴;村办林场目前已有一定收入但入不敷出的,要以林场收入为主,村委少量补贴为辅;林场收入完全自给的,村委不再予以补贴。

3. 村办林场经营的木材林,要本着有利于林木健康生长的原则,实行科学的抚育、间伐和采伐。所得林木收入,大头交集体,小头经村委同意后留林场作为收入来源。

4. 村办林场经营有收益的经济林,由村委确定上交集体的收入基数,超基数部分的收入留林场作为收入来源。

5. 村办林场可以承包荒山造林,把完成造林任务后得到的国家资助作为收入来源,也可以育苗,靠出售苗木增加收入。

6. 在不影响水土保持的情况下,村办林场要积极开展种药、种花等多种经营活动,有条件的村要拿出一部分土地归林场耕种,以土地收入补充林场经费。

五、奖 惩

村办林场要实行场长任期目标责任制。把林木资源的消长作为考核林场场长政绩的主要内容,定期实行奖惩。成绩突出者给予奖励,完不成任期目标的给予经济处罚,以至免除职务。

要鼓励林场职工献身绿化事业。林场职工的收入一般不应低于同等农村劳动力的中等收入水平。对工作突出的林场职工,要授予“林业劳动模范”、“林业功臣”等光荣称号,符合条件的要吸收入团、入党。对经营管理好的村办林场,要授予“绿化红旗单位”的光荣称号。

发展和完善村办林场是深化林业改革的一项新课体,具体工作中不可避免地会遇到很多困难和问题,乡、村两级领导,县乡有关部门一定要解放思想,勇于探索,大胆试验,积极创造新办法,总结新经验。对有关发展和完善村办林场的其它具体问题,将在实践的基础上,由县林业部门制订出补充规定或实施细则下达施行。

1988 年 3 月 16 日

山西林业简报

山西省林业厅　　　　　　1989年9月29日

鼓舞人心的林业盛会

——全省林业工作会议上各地市的反响

省委、省政府9月21日到24日，在壶关县召开的全省林业工作会议，是建国以来全省规模大、震动大的一次林业会议，引起了强烈的反响。参加会议的各地市专员、市长，各县县长和有关部门的负责同志，一致认为：这次会议表明了省委、省政府带领全省人民艰苦创业、绿化山西的决心，是建国40年来的一次林业盛会，是动员全省人民加快造林绿化步伐，到本世纪末使全省有80%的县（区）实现基本绿化的动员会，是学习壶关艰苦创业精神、科学造林经验的现场会。这次会议，必将使我省的植树造林、绿化山西进入一个新的发展阶段。

这次会议开在壶关，看在壶关，议在壶关，使各地市县的领导同志受到了非常深刻的启发和教育。大家说，这次省委、省政府的决心下得好，点子选得好，会议开得好。看了壶关这个在干石山上造林绿化的过硬典型，坐立不安，动情动心，令人钦佩，催人奋进。壶关造林绿化的典型经验告诉我们：只要有了艰苦创业、坚韧不拔的精神和科学态度，在立地条件最差的地方，也可以栽活树造成林，完全能够实现荒山绿化。关键在于各级领导对造林绿化的认识、决心和行动，只要能像壶关那样，一任接一任的干下去，何愁荒山不绿，山区不富。

晋中地区行署副专员刘树岗在讨论中说：我们11个市县的条件都比壶关好，但造林绿化都比壶关差。根本的差距就差在领导的决心不如壶关大，艰苦奋斗的精神不如壶关硬。我们一定要以壶关的精神学习壶关的经验。贯彻落实这次会议精神，首先要在各级领导思想上解决问题，树立艰苦创业的精神，不能干一干，停一停。祁县、昔阳、寿阳、左权、平遥、太谷、灵石、介休、榆次市等县市长表示，一要组织县五大班子和乡镇主要领导及山区大村村长，到壶关参观学习，进行一次思想上的大发动，打好秋季造林这一仗。二要落实好规划，层层签订造林绿化任期目标责任状，把任务落到实处，真抓实干，不能只说不干。三要抓好政策落实，扎扎实实抓工作，把造林绿化同群众致富紧密联系起来，避免大轰大嗡一阵风。

雁北地区行署专员王善说：我和省政府的领导签订了责任状，这就明明确确地把造林绿化的重任担在了我们各级领导的肩上。今年春季,我向省委、省政府表示了我不绿化雁北死不瞑目的决心。这次看了壶关,更坚定了我的这个决心。我们一定要学习壶关的经验,走出雁北的路子。雁北地区要三年打基础,五年大发展,十年见成效,提前实现省委、省政府提出的本世纪末全省有80%的县基本绿化的奋斗目标。他要求各县回去以后,立即行动落实造林规划,每个县都必须搞出三张图(林业现状图、发展规划图、分期实施图),制定两本帐(造林投工帐、投资帐),搞好一个书(设计任务书),逐步建立三个档案(林木资源档案、设计施工档案、林木经营档案)。

运城地区参加会议的18位地县领导同志,联系思想,联系实际,进行了热烈的讨论。行署专员相从智说:这次会议领导重视,任务明确,规格高,规模大,现场好,是一次鼓舞人心的非常成功的会议。省政府领导和我们签订的任期造林绿化目标责任状,是任务书、军令状、保证书,也是接力棒。今后的关键是落实。运城地区的造林绿化和壶关比,艰苦奋斗的精神不如壶关,科学造林不如壶关,坚持接力赛不如壶关,我们必须迎头赶上。地县领导经过讨论表示,回去以后要先抓好三件事:一抓宣传发动,二抓规划落实,三抓秋季植树造林。地区准备10月下旬,在平陆县召开地县乡三级干部大会,专门研究林业工作,层层签订责任状。运城、永济、闻喜三个平原绿化未达标的县的领导,在会上表示,今年秋季再加一把劲,全面达标,从明年起,在新起点上前进。垣曲县原来打算到2010年实现绿化,学习了壶关经验,决心争取在2000年前实现基本绿化。

全省学壶关,壶关在长治,长治怎么办?这是长治市市县领导干部在会议上讨论的中心议题。吴昂副市长在发言中明确表态:长治要加快造林绿化步伐,全市13个县(区)要分别在1992年、1995年和1998年,分三批实现基本绿化,尽快把长治建成壶关式的市。这次会议之后,全市要扎扎实实抓好六件事:一是认真落实造林绿化规划,各县(区)实现基本绿化的年限要在责任状的基础上再提前一年。二是在秋季造林前,组织各县分管林业的副县长、林业局长和技术人员,到外地参观,学习科学造林和科学管理的经验。三是各县(区)的五大班子成员,必须到乡(镇)、村,亲自办造林绿化点。四是狠抓林业机构的建设。全市所有乡镇林业站要在今年年底前全部建起。加强县林业局领导班子建设,对不称职的领导及时调整。五是地方煤炭育林基金由县统一收回,县财政和林业局掌握,专款专用。六是今秋明春要突出抓好育苗,为今后大上,准备好苗木。

"反骄破满找差距,真抓实干搞绿化"。这是临汾地区地县领导同志,参观了壶关的造林绿化现场,学习了壶关艰苦奋斗持之以恒抓林业的精神,进行反思之后,说出的心里话。行署专员杨增杰说:壶关的造林绿化像一面镜子,把我们思想上工作上的差距都照出来了。过去我们老认为自己差不多，出过典型，出过经验，这次看了壶关，才知道不是差不多，而是差的多。大宁县长段纪兰说，壶关的干石山上都能栽活油松，而我们在土山上栽的侧柏却死的不少，千差万差就差在两方面，一是领导的决心不大，二是缺乏一整套科学的办法。今后如果再不下决心大干，就对不起党和人民了。地区林业局长高世才说："这经验，那经验，就看你干不干，干得好不好，关键在领导。"会后，在杨增杰专员的带领下，临汾地区的同志又到平顺县西沟、留村参观学习。

阳泉市市长李天瑞，用壶关的经验结合阳泉的实际，和各县（区）长共同讨论，起草了一个市委、市政府关于加快阳泉市造林绿化步伐的决定讨论稿，回去后经市委、市政府领导研究后正式执行。同时决定，10月份召开全市林业工作会议，认真贯彻全省林业工作会议精神，掀起秋季造林高潮。盂县副县长张万明表示，要按照李立功书记的指示，管好用好煤炭育林基金，每年要统一提取120万元煤炭育林费用于营造矿柱林。

太原市出席会议的同志，在市长万良适的主持下，9月23日听了省委、省政府领导同志讲话后，当晚一起讨论到深夜。大家用壶关的造林绿化现场和先进经验，对照太原市的工作，谈思想，谈打算，情绪非常饱满。一致认为，太原市是省城，林业建设一定要走在前边。为此，市委、市政府要作出《关于加快省城造林绿化步伐的决定》，要开好全市林业工作会，落实措施，一定要使省城林业建设，有一个更快、更大、更好的发展。

忻州、吕梁、大同、朔州、晋城等地市的同志，在分组讨论会上都谈了自己受到的启发、教育、感想和打算。定襄县县长吕德功说，看了壶关后，使我深刻地认识到，只有不认真植树的人，没有栽不活树的地。离石县县长王初顺说：我看了壶关造林绿化现场，就好像是三步曲，步步高。第一天上午看了认为是个点，下午看了是个面，第二天看了是十几万亩的大片工程，看壶关比自己，深受教育。大同市副市长刘文君说，原来我们强调条件不好造林难，现在看了壶关干石山的油松，听了壶关的经验，没说的啦，只有一条，下决心干，真抓实干。吕梁地区行署专员郭培荣说：拿吕梁和壶关比，我们的条件要比壶关好，可我们的工作不如壶关好。我们一定要学壶关赶壶关，上下拧成一股劲，领导一任接一任，念好草木经，创好绿化业，为绿化吕梁，造福人民作出贡献。

参加会议的各地市县领导同志，一致表示，一定要乘这次会议的东风，用顽强坚韧、艰苦奋斗、穷干苦干的壶关精神，学好壶关经验，进一步完善领导干部任期绿化目标责任制，落实好造林绿化规划，贯彻好会议精神，为实现省委、省政府提出的到本世纪末全省有80%的县基本绿化的林业目标而努力奋斗。

中共壶关县委办公室

壶关县人民政府办公室

壶办发(1990)第6号

关于为1989年林业生产前九名的

乡镇有关领导上浮一级年度工资的

通 知

各乡镇、县直有关单位:

为了进一步调动各级领导育树兴林的积极性,把我县林业建设推上一个新台阶,经县委常委3月12日研究决定,对1989年各乡镇造林、育苗、植树、人均造林四项指标排列前九名的乡镇党政主要领导和分管领导,授予1989年度"绿化模范"称号,并每人向上浮动一级年度工资。

他们是:赵德芳、崔天松、王兴盛、王书孝、郭金锁、栗相堂、李来增、赵迷锁、赵元有、郭东亮、王其中、王兰亭、秦刘贵、李书庆、候进福、马玉昌、郎进京、郭有全、李志强、张来胜、靳其廷、李满贵、常爱国、郭振山、鲍志平、牛明生、王考则、杨志飞、苏志兵、杨先录,共30人。

以上同志在1989年元月份工资基础上,上一级至1989年底。

特此通知

1990年3月18日

中共壶关县委办公室

壶关县人民政府办公室

壶办发(1991)第3号

关于给候进福等17名林业模范上浮一年一级工资的

决 定

为了极大地调动全县广大干部群众大抓林业生产的积极性,把我县早日建成高标准的生态经济林业县,根据壶政发(1990)第8号文件精神,经91年3月10日县五大班子会议研究决定,对在1990年度林业生产中,做出突出贡献的候进福等17名林业模范,给予上浮一年一级工资的奖励,上浮工资从下发各乡镇的林业奖金中提取,浮动时间从 1991 年元月 1 日起发至 1991 年 12 月 31 日。

受奖人员名单如下：

候进福 秦月胜 王其中 李书勤 张志明 赵元有

秦刘贵 栗相堂 王雪亭 王书孝 郭建国 王兴盛

赵德芳 李彦忠 王兰亭 郭雷平 崔天松

1991 年 3 月 20 日

绿 化 简 报

全国绿化委员会办公室　　　　1991 年 8 月 12 日

壶关县开展创先争优造林绿化“四佳”活动

山西省壶关县是一个干旱缺水，石厚土薄，地少山多的贫困山区县。近十多年来，县委、县政府和全县人民以蚂蚁啃骨头的精神，使昔日山高石头多，出门就爬坡，有山不长草，风吹石头跑的“干壶关”变成了漫山遍野松柏翠，山花烂漫让人醉的美好环境。有林面积占 45%，森林覆盖率达 30.9%，比 1978 年增长了近 5 倍，林业总产值达到 2700 万元，比 1978 年增长 4.4 倍，生态环境有了明显的改善，自然灾害减少，无霜期延长，降水量增加，水土流失面积由过去的 82.3%下降到 30%。

回顾十几年来造林绿化的成果，他们更增加了争创“四佳”活动的信心和决心。

一、壶关的希望在山上，山上的希望在栽树，绿化的关键是干部，抓不好林业不是好干部。壶关县委、县政府和全县干群认为发展和振兴壶关的希望在干石山，把劣势变成优势。靠山就要治山，治山首先就是要造林绿化。造林就能蓄水、就能保土、就能产粮、就能生财。他们决心把绿化干石山作为振兴壶关的战略目标，把任务和责任放在县、乡、村三级领导的的肩上。要求一任接着一任干。从十一届三中全会到现在，该县共换了五任县委书记，六任政府县长。领导虽几经变换，但绿化和兴林政策不变。从 1979 年到 1992 年，全县造林保存面积 60.7 万亩，3000 多条沟壑都载满了刺槐和经济林。一级带着一级干。县五大班子领导每年都要带领县级机关干部职工参加全民义务植树劳动，一年绿化一座山头。从 1983 年到现在，就绿化了八个山头、一条河滩。坚持实行县、乡、村三级领导承包责任制。县领导在大力注重造林绿化的同时，精心树人。近几年，全县从绿化政绩突出的中层领导干部中，先后提拔了 16 人到副县级以上领导岗位。

二、发动群众，大搞义务植树。人民群众是造林绿化的主力军，每年植树季节，适龄公民都自觉上山栽树，就连一些小娃娃和白发老人也主动参加了植树活动。

三、壶关县在实践中总结出了一套以投工为主的全社会办林业的好办法：

1. 实行劳动积累工造林。县委《关于在全县建立劳动积累工制度的决定》，明确规定每个劳动力每年应投劳动积累工10～20个，其中一半要用于林业生产。近几年，每年用于林业的积累工都在70万个左右。按每个工值3元计算，相当于200多万元的投资，是国家每年下拨该县林业资助款的十几倍。

2. 清欠造林。针对一些群众拖欠公款较多，一时又无法归还的实际，他们采取造林顶款的办法，鼓励欠款户承包荒山绿化，逐年抵还欠款。

3. 批伐木料造更新林，批宅基地造补偿林。桥上乡王家庄村规定，每批伐一根椽材，栽树5株；批伐一根檩材，栽树10株，批伐一根梁材，栽树20株。全县推行王家庄这一制度后，出现了房越盖越多，树越栽越多的可喜现象。

4. 节约造林资金。他们把国家每年下拨的林业资助款20万元，按省、市、县工程，每造1亩林，分别资助6元、4.5元、3元，比国家规定的资助款节约一半，使1亩林的资助款发挥2倍的作用。

5. 营造多种纪念林。如"三八林"、"五四林"、"结婚纪念林"等等。

6. 实行毁一栽三。对于乱砍乱伐森林树木或引起山林火灾的，除按规定罚款外，根据毁一栽三原则，令其限期造林。

四、合理规划，科学兴林。针对全县立地类型多，宜林条件差，阳坡面积广，造林难度大的实际，宏观上实施"区划、规划、设计、施工、验收、建档"一条龙工程造林管理程序；微观上推广王五全的干石山阳坡绿化技术，加快了干石山绿化步伐。

五、立体开发，以林养林。把绿化干石山的生态效益和经济效益有机结合起来。近几年来，重点抓了干石山脚的干果林和干石山凹的水果林开发。已形成山脚经济林带37条，新发展水果林3万亩。到去年底，全县经济林总面积达到10万亩，干鲜水果总产量达到1200万公斤，全县以林补林资金达210万元，约占林业年总投资的40%。

壶关县在争创"四佳"活动中，正朝着山坡林带化、沟凹林果化、河滩林粮化、粮田集约化、道路网络林荫化、村庄园林化、庭院经济立体化、厂校花园化、城镇公园化、群众生活小康化的目标努力奋斗。

中共壶关县委
壶关县人民政府
壶发(1994)19号
关于拍卖"四荒"使用权的实施意见

各乡镇人民政府,县直有关单位:

为了进一步深化农村改革,继续完善和放活土地使用权制度,加快"四荒"拍卖进程,根据上级有关精神,特制定本意见。

一、指导思想

拍卖"四荒"使用权的指导思想是:以市场为导向,以加快群众脱贫致富奔小康步伐为目标,以治理开发利用为目的,坚持效益第一,因地制宜,实事求是原则,统筹规划,科学安排,培养典型,以点带面,促进各项生产要素的合理配置和优化组合,最终达到生态效益、经济效益和社会效益同步发展的目的。

二、拍卖原则

1. 凡是我县范围内属农村经济合作组织所有,尚未进行治理的荒山、荒坡、荒沟、荒滩和初治成果都在拍卖之列。

2. 拍卖以小流域为单位(元),拍卖的只是使用权和经营权,拍卖的内容包括地表及地表附属物(指零星地块、树木、草坡),不包括地下矿藏。

3. 对过去已经发了小流域承包治理证、宜林地使用证,且治理较好的,不再拍卖,由原来承包户继续治理;对包而不治的,收回重新拍卖;对无力治理者,让其将所包流域退回集体,视治理成效给予补偿。

4. 拍卖期限一般50~100年,在此期限内,实行谁购买,谁治理,谁受益,可以转卖、转让、抵押和继承,但要履行和完善手续,期满后可有偿继续治理使用。

5. 凡有治理能力的农民、干部职工以及机关、团体、厂矿、企事业等单位,无论本地还是外地都可成为购买主体,但优先本地就近购买。

三、拍卖形式

在拍卖形式上可以采取以下六种模式:①单家独户购买治理;②联户联合购买治理;③机关、团体、厂矿、企事业单位、学校等集体统一购买治理;④一户牵头,用股份合作制的形式开发治理;⑤外地科技单位、科技人员与本地农民联合进行开发治理;⑥集体先治理,将治理成果和使用权一同拍卖进行开发治理。

四、拍卖办法

1. 建立机构，搞好发动。拍卖“四荒”使用权在我县是一项开创性的新工作，也是一项具体细致而艰巨复杂的工作。各级都要层层组建机构。县上拍卖“四荒”领导组组长由冯俊琪担任，副组长由张平和、张德忠担任，成员有农工部、农业、农经、水利、林业、土地、畜牧、司法、工商等单位的负责人组成。各乡镇、各行政村都要相应成立由村干部和群众代表组成的拍卖“四荒”领导机构，具体负责拍卖工作。同时，各乡村都要充分利用广播、板报、召开群众大会和逐家逐户上门发动的形式，对拍卖“四荒”使用权进行深入广泛的宣传发动，做到家喻户晓，人人皆知，增强广大农民对拍卖“四荒”重要性认识，充分调动他们的购买积极性。

2. 全面规划，民主定标。各村要在摸清“四荒”底子的基础上，由拍卖领导小组对本村“四荒”总面积、可拍卖面积及拍卖地块作出具体的拍卖和治理规划，提交群众讨论通过。地域确定之后，依据面积大小、距离远近、质地肥瘦、植被条件、治理难易、发展潜力等综合因素，进行以等定价，定出底标，然后再经群众大会民主通过后，张榜公布。

3. 公开投标，公平竞争。各乡村可根据本地实际，采用投标拍卖，招标拍卖，协商拍卖等形式具体进行拍卖。但是在拍卖中应尽量做到“四优先”，即优先考虑本村农民，优先考虑原承包有“自留山、责任山、小流域”的所有者，优先考虑有剩余劳力的贫困户，优先考虑积极性大并有治理能力和经验的农户。

4. 交款签约，完善手续。拍卖成交后，款要一次付清，对款额较大的购买户和贫困户，确实一次难以付清，要由群众讨论决定分期付清。对拍卖所得资金要作为小流域奖励、治理专项资金，设立专帐管理。同时，村委会要与购买户签订契约，发给“四荒”使用证。

购买者应严格遵守《水土保持法》等有关法规，严禁在25° 以上流域地带毁林开荒，严禁破坏原有的交通道路，防止造成新的人为水土流失。对不履行契约的购买户，村委有权依据契约及有关国家规定进行处置，严重者，收回重新拍卖。

五、优惠政策

1. 购买治理“四荒”户，因治理而新增的耕地归治理者使用，十年内不提留，免交农业税；流域内新增的林木及其果实，十年内免交农林特产税；以小流域为依托兴办的养殖性企业，在执行国家税收总政策的前提下给予照顾。

2. 允许购买者在所购买的“四荒”地内修建住房，发展畜牧业和农副产品加工业。

3. 购买者在治理“四荒”中投入的积累工可以抵顶集体积累工。大的基础工程建设，集体可组织村民有偿或无偿帮助完成。

4. 上级下拨的小流域治理投资及周转金等，购买户可优先使用，金融部门发放贷款时要向“四荒”治理开发倾斜。

5. 鼓励国家机关、企事业单位与农民联合治理开发小流域，鼓励科技人员以技术入股，干部职工以资金入股，在小流域中同农民合股联办开发项目。

六、加强领导

拍卖“四荒”是稳定党的农村政策，深化农村改革的一项重大举措。这项工作政策性强、涉及面广、难度较大。因此，各级一定要摆在重要位置，摆上重要议程，责成专人负责落实，要切实加强领导，科学指导，搞好优质服务。一是县上五大班子领导和各乡镇副科级以上领导都要亲自抓好一个拍卖典型，通过办点发现问题，总结经验，不断完善拍卖制度，改进办法，确保拍卖工作的顺利进行。二是县、乡、村三级要层层落实责任制，签订责任状，实行阶段性考核与总体目标考核相结合，进一步加快拍卖步伐，保证拍卖质量。三是县上由农工部牵头，农业、水利、土地、农经、畜牧、司法、工商等部门要积极配合，各司其职，同心协力搞好服务，打好总体战。

总之，全县各级各部门一定要把“四荒”拍卖工作作为农村工作的一项中心任务来抓，进一步提高认识，广泛发动，抓好典型，推动全面，加速“四荒”拍卖进程，为农民群众脱贫致富奠定良好的基础。

1994年10月26日

中共壶关县委

壶关县人民政府

壶发(1994)20号

关于加强“围山转”干果经济林(树)管理的若干规定

一、总　则

第一条　以核桃树为主的“围山转”干果经济林(树)，是全县人民艰苦奋斗，科学开发利用土地资源取得的重大成果，是生态经济县建设的重要组成部分，是全县人民脱贫奔小康的主导产业，必须加强管理，以尽快提高效益。

第二条　“围山转”干果经济林(树)主要指近几年在林地边沿、地埂、夹岸及小片荒山荒地栽植的干果经济树。

第三条 本办法是我县管理经济林(树)的中长期政策规定,具有法定性,一经实施,任何一届(级)党委、政府都要保证其持续执行,不得随意废止变更。

二、体制和经营形式

第四条 积极鼓励和支持国家、集体、个人发展"围山转"干果经济林。

第五条 凡坡多人少、地多人少的乡、村,可与机关、厂矿和企事业单位联股开发干果经济林,收益按比例分成。

第六条 农民个人经有关部门同意,在荒山、荒坡、荒沟及各类空闲地上栽植的经济树,谁栽谁有,产权归己,长期不变,县政府发放产权证,并在税收上给予一定优惠。

第七条 不论国家、集体,还是个人,对干果经济树的使用权可以有偿转让、租赁、抵押、入股和继承。

第八条 "围山转"干果经济林(树)的经营形式,可结合各地实际,灵活掌握。

第九条 "围山转"干果经济林(树)不论占用何种地类,采用任何形式经营,土地所有权归集体。

第十条 经营形式。

1. 树随地走。近地荒坡地埂、夹岸上的林木,作为土地的附属部分和经济补充,按照树、地一致的原则,树随地走,谁种地、谁管树,树随土地变更而变更,并由乡(镇)人民政府统一为新旧户主办理变更手续。

2. 股份经营。以经营户或村委作为股东,广泛吸收社会资金入股,明确责、权、利,按股金比例分红。

3. 联合经营。充分利用机关、团体、企事业单位的资金、技术、人才等优势,本着国家、集体、个人"三方有利"和调动"三个积极性"的原则,协议管理,受益分成。

4. 租赁转让。将所属夹岸、荒坡上的林木以租赁形式交给有经营能力的单位或个人进行经营,明确管理目标和起止年限,租赁收入按权属归集体或个人。

5. 自我发展。土地承包户在集体指定的夹岸、荒坡上自栽自种树木,与村委签定预期发展管理合同,自主经营,自己受益,集体不予提成。

6. 拍卖滚动型。各村民委员会(不含个人),本着有利于加快资源开发,促进科学管理和尽快受益"三个有利于"宗旨,按有关政策规定,把尚未承包到户的夹岸、荒坡树木,确定标的,确定发展管护目标,公开拍卖,不论国家、集体和个人一律平等竞争,凡中标的单位或个人乡政府发证,县公证处公证,受法律保护。

7. 集体代管型。对下放难度大或确需保留的夹岸、荒坡和林木，暂由集体安排专人或专业队统一经营，待时机成熟后逐步放开经营。

第十一条 凡得到林木经营权和所有权的单位(集体)或个人，须与村委会签定协议、合同，经乡(镇)人民政府核实发证，体制和土地一样长期不变，权利受法律保护。

第十二条 经济林木属于森林资源，无论何种原因，在未经县林业主管部门批准的情况下不得砍伐。

三、职责与义务

第十三条 发展"围山转"干果林(树)是一项福及当代、荫及子孙、功垂千秋的宏伟大业，各级政府、村民委员会和每个单位的适龄公民都有发展、管护的职责和义务。

第十四条 乡(镇)人民政府的职责与义务：

1. 针对生产季节，认真做好"围山转"干果经济林(树)发展、管理的组织发动，部署安排和监督检查等领导工作，搞好社会化服务。

2. 及时贯彻落实各级人民政府和林业主管部门制定的林业方针、政策、法规，理顺各种关系，为广大经营者创造一个稳定的经营环境。

3. 协调各职能部门和业务部门搞好林政执法和各项服务活动。

4. 发放林权证和经营证件。

第十五条 县、乡(镇)林业职能部门的职责、义务：

1. 加强林业宣传，保证党和国家以及各级人民政府林业方针、政策、法规的贯彻执行。

2. 强化林政管理，及时查处林权纠纷和各类毁林毁树案件，维护经营者的合法权益。

3. 搞好引进、推广新技术、新品种，进行技术培训和技术指导，为经营户调剂种苗、农药、器械，积极配合乡村两级搞好规划设计、检查验收、填卡发证和病虫害防治等一系列服务工作。

4. 逐树、逐户建立经济林(树)档案，搞好资源管理。

第十六条 村民委员会的职责与义务：

1. 造林、管护季节做好群众发动、劳力调配、任务落实等项组织工作，保证完成上级下达的各项生产、管护任务和改劣换优任务。

2. 根据林时要求，搞好作业施工、技术培训、质量把关和配合上级部门搞好检查验收、稳权发证工作。

3. 保证各项政策、规定和各类经营管护合同、协议的落实、实施、兑现。

4. 对不履行合同、协议、义务和毁树行为要及时查处，严重的迅速上报上级有关执法部门依法惩处。

5. 做好病虫害预测预报和树木防火工作。

第十七条 经营承包户(人)的职责与义务：

1. 凡经营"围山转"经济林木的当事者，都要无条件服从县、乡(镇)、村的统一安排，按时完成整坑、扩穴、清淤、松土、除草、改良嫁接、防病灭虫等项工作。基本要求是：整修树盘、松土、除草每年不少于三次；树盘活土层不低于30cm；年株均施农家肥不少于25公斤，用化肥不少于0.5公斤；新梢生长量不低于30cm；五年内全部完成嫁接改良任务。

2. 主动接受新技术、新成果普及应用，实行科学营林。

3. 认真履行合同义务，主动接受上级部门的监督、检查。

四、激励机制与措施

第十八条 凡"围山转"干果经济林(树)的经营者，10年内(含10年)不征收土地使用费和农林特产税；双层经营(指第六条第(一)款的五种)10年内(含10年)集体不提分成，对确系发展管理短缺的资金优先给予信贷或资助。(注：减免税费年限以树年限算起)

第十九条 农民经营户可减免相应负担的劳动义务工和积累工(转让、租赁出去的除外)；机关、企事业单位工作人员离职经营者，以留职停薪对待，单位不收管理费用，不影响晋级、晋职、转干、提拔和评模。

第二十条 对管理完好、效益突出的经营户主，县、乡(镇)、村都要隆重表彰和物质奖励，对获得国家和省级劳模称号的，年过六十可享受国家定补。

第二十一条 对发展不积极、管护不认真或不履行合同、协议、义务的，收纳荒芜费和绿化延误费，有掠夺经营者要视情节追究责任，严肃处理。

五、附 则

第二十二条 各乡(镇)、村都要根据本办法制定实施细则或补充规定，不得与本办法相抵触。

第二十三条 本办法自发布之日起。

1994年10月26日

中共壶关县委员会
壶关县人民政府
壶发(2000)17号
关于严禁乱砍滥伐等毁林行为的
决 定

经过全县人民二十多年的艰苦创业,我县的林业发展取得了重大成就。全县有林面积达到80万亩,森林覆盖率达到39.6%,林木总价值达30多亿元。昔日干旱瘠薄、寸草不生的干石山区,如今松柏苍翠、林木繁茂。十年九旱、水土流失、风沙肆虐的恶劣自然状况正发生着深刻变化,生态环境日益改善,以林业为屏障和依托的农业、牧业、旅游业方兴未艾,森林已成为全县人民赖以生存和提高生活质量的基本希望。

但是,近年来,我县有相当一部分干部群众,对林木管护产生松懈思想,毁林歪风时有抬头,对我县的林木资源造成极大威胁,任其发展,必将对我县的生态环境造成破坏,后果不堪设想。主要表现:

一是乱砍滥伐、不批就伐、少批多伐、错位采伐、违章采伐、偷砍盗伐林木等现象屡有发生,大量树木惨遭破坏,广大群众愤愤不平,引发的社会矛盾十分突出。

二是因小失大,"竭泽而渔"。以养兔、养羊或加工松针粉而乱砍乱扒树枝树叶,有的还在幼龄林中无序放牧,致使大量树木和幼林失去生长能力而濒临毁灭。

三是非法侵占林地进行开垦。采石、采沙、采矿、采土等现象非常严重,破坏了山体,破坏了树木,破坏了生态。

鉴于以上情况,特作如下决定:

一、全县人民,尤其是各级领导干部一定要从壶关人民的根本利益和长远利益出发,充分认识保护森林资源的重要性和必要性,采取有益措施,坚决制止各种毁林行为,确保全县林木资源完好。哪里出了问题首先要追究当地党政一把手的责任,情节严重的要就地免职,直至绳之以法。

二、严格执行林木采伐审批制度。采伐林木的单位或个人必须事先逐级申请,由县林业主管部门统一审核汇总并经县政府分管领导签发后报送省林业厅办理林木采伐许可证。只有取得林木采伐许可证,才能在规定的时间、规定的地点进行采伐。除此之外,其它任何单位和个人都无权批准采伐,否则均属乱砍滥伐行为,一律以破坏森林论处，并要追究准许采伐的单位领导或个人的责任。同时，严禁随意对林木进行抚育；严禁以抚育为名砍伐树木或乱扒树枝树叶，凡抚育林木的乡（镇）村、场，都要经林业部门批准，并在县林业局执法人员的监督下进行，违者以破坏森林论处。

三、严格执行林木采伐复查制度，取得林木采伐许可证的单位或个人必须在有关部门的监督下，严格按照采伐设计进行实施。采伐时林业部门要派人监督，采伐后还要组织人员复查。对少批多伐、错位采伐、违章乱伐的要严肃处理。

四、严禁非法征占用林地。开山取石、开采矿藏和其它建设工程，应当尽量不占或少占林地，必须征占用林地的，要事先到林业主管部门逐级办理征占用林地审批手续，并按国务院有关规定缴纳森林植被恢复费。否则，将依照《森林法》有关规定进行处罚。现已擅自占用的，要坚决依法纠正或依法取缔。同时，严禁将林地变更为农田；严禁在林坡内放牧。

五、严禁非法运输木材。凡从本县运出的木材或林副产品，必须持有林业部门核发的木材运输证、检疫证。否则，将依法没收所运木材并处以罚款。

六、规范木材市场，取缔非法经营。凡经销木材的单位和个人，必须办理木材经营加工许可证和营业执照。林业部门要定期、不定期对木材市场进行清查整顿，严禁非法经营。

七、加大毁林案件的查处力度。林业、公安、法院等执行单位要相互支持，互相配合，从严执法，有关单位和乡村要积极参与，协同作战，共同打击各种毁林行为。同时对不抓毁林案件查处的责任人要予以追究。做到发生一起，查处一起，对一些典型案件要公开处理，达到处理一案教育一片的目的。

八、护林墙是保护森林的重要设施，要严加保护，经常维修，确保完整无损。对于故意破坏者要坚决打击，严厉制裁。

九、建立褒奖激励机制。积极鼓励全县人民投身森林资源的保护之中，对在保护森林资源中有功的单位和个人，县委、政府将对其进行大张旗鼓的表彰奖励。大力弘扬护林光荣、毁林可耻的良好社会风尚。

十、保护森林，人人有责。全县人民一定要在各级党委、政府的正确领导下，积极同各种毁林行为作斗争，为保护森林资源，巩固绿化成果，建设壶关秀美山川而继续努力奋斗。

（翻印发至村级）

2000年8月25日

中共壶关县委
壶关县人民政府
壶发[2001]25号

关于我县森林防护墙创造大世界基尼斯纪录的报告

市委、市政府:

在市委、市政府领导的亲切关怀和大力支持下,经过近7个月的努力,我县森林防护墙申报大世界基尼斯纪录工作取得圆满成功。7月23日上午,上海大世界基尼斯总部将“最长的森林防护墙”证书颁发给我县,这不仅是壶关林业的光荣、壶关县的光荣,而且是长治市的光荣。

根据市委吕日周书记的提议,2001年1月10日,县政府向上海大世界基尼斯总部正式提交了申报“天下第一墙”的请示;2月16日县政府再次根据有关要求,进行了数量核实;2月21日接到该总部的正式申报表及申报须知,明确要求我们呈送省级林业厅(局)鉴定书和公证书。此后,我们积极运作,多次与省林业厅联系,省林业厅于5月21日派出山西省林业勘测设计院的专家和省林业公安局的同志共同进行技术鉴定,并于6月5日出台了一份高质量、高水平的森林防护墙鉴定报告;6月6日,报告经山西省第二公证处公证,在技术和法律程序上进一步规范化;6月8日,我们将所有要求的申报材料报上海总部;2001年7月23日,上海大世界基尼斯总部正式颁发证书,前后历时近7个月终获成功。

我县的森林防护墙建设虽然取得了较大成绩,成为一项世界纪录,但距1万里的建设目标还有近一半的差距,从质量上看还有许多地方没有达到“8415”要求,从难易程度上看今后的难度越来越大,要完成所剩将近一半的任务,需付出超过前段2至3倍甚至更多、更大的代价。因此,我们一定要再接再励,继续努力,更掀起建设高潮,要充分认识到万里护林墙的意义已经超出墙的本身,其作用已不仅仅是防火,已成为壶关的一笔巨大的无形资产,成为壶关人民艰苦创业、勇于创造精神的象征。我们已经把80万亩森林资源和万里防护墙作为壶关的一张王牌响亮地提出。今明两年,我们要集中精力、物力、财力,一鼓作气地把万里防护墙所剩的4600华里任务拿下来,使万里护林墙真正名符其实。要借助80万亩森林和万里防护墙带来的绿色生态环境,大力发展无公害的绿色有机食品,把壶关建设成为全省最大的绿色经济区,调优调高农业,变传统农业县为绿色生态农业县。同时我们要把防护墙建设中全县干群焕发出来的巨大热情和精神力量引导好、发挥好、运用好，并向其它行业和领域延伸拓展，具体就是要打好常平牌，调强调大工业，变省级贫困县为财政亿元县；打好大峡谷牌，调活拓宽旅游业，变山区县为旅游经济县；加快城镇化建设步伐，迅速膨胀城市，变小县城为大县城。概括地讲，就是要"打好三张牌，达到四大变"，实现壶关由贫困向富裕的历史跨越。

2001年7月23日

壶关县人民政府

壶政发〔2007〕13号

关于实行封山禁牧的决定

为贯彻落实《中共中央、国务院关于加快林业发展的决定》精神，进一步加快我县林业生态建设的步伐，根据中共山西省委、山西省人民政府《关于加快林业发展的意见》要求，现决定：从2007年3月1日起在全县范围内实行封山禁牧。具体要求是：

一、全县行政区域内1995年以来的所有荒山造林、耕地还林和四旁植树全部实行封山禁牧。

二、封山禁牧区严禁牛羊入坡、入地、入山；严禁割草、割蒿、割灌；严禁采沙、采石、采矿；严禁采集树籽、树叶、药材和狩猎、野炊等一切有碍于林木生长和自然植被恢复的人为活动，为树木的健康成长创造一个良好的环境。

三、封山禁牧的实施时限按照因地制宜、分类指导的方法进行，一般封禁时限为从植树造林之日起10年—15年为主封年限，但要遵循以片、区统一解禁的原则。

四、封山禁牧区设置醒目警示标志，封禁期满后由县政府发布解禁令方可开放。

为确保封山禁牧工作的顺利实施，采取以下措施：

一、建立目标责任制。为确保本决定的顺利实施，封山禁牧工作要和经济工作一样，列入县、乡（镇）、村各级干部主要工作范围，明确任期目标，具体任务要求，建立长效机制，细化考核标准，严格奖惩兑现。

二、实行行政首长负责制。封山禁牧涉及千家万户，关系大生态建设和"三农"工作大局，需要多方面的行政干预和政府行为，因此，各乡镇（区）乡镇长（主任）和各所辖行政村村委主任是封山禁牧工作的第一责任人，都应把封山禁牧工作列入主要工作议程，研究办法，制定对策，拿在手上，抓紧抓好，抓出成效。

三、追究违规责任人。全县所有牛、羊养殖户和牛、羊工，都要自觉遵守本决定，争做保护山林树木的模范。对违反决定，擅自进入山林放牧、割草割灌者，一经发现一次罚款100元，对毁坏树木者，除责令其补种被毁株数5至10倍的树木外，还要按规定处罚。对于屡教不改或掠夺性采石、采矿者要给予严处重罚。

鉴于封山禁牧是保护大生态的重大举措，直接关系到林业、畜牧业的健康发展，因此，林业、畜牧部门要通力合作，联合行动，共同搞好本决定的监管实施。

2007年3月13日

壶关县人民政府办公室

壶政办发(2008)14号

关于印发壶关县落实封山禁牧决定的实施方案的

通 知

各乡镇人民政府、常平开发区管委，县直有关单位，各行政村：

现将《壶关县落实封山禁牧决定的实施方案》印发给你们，请认真贯彻落实。

2008年3月9日

壶关县落实封山禁牧决定的实施方案

为了贯彻落实《(山西省人民政府令第210号)山西省封山禁牧办法》精神，2007年3月13日，县政府及时作出了《壶关县人民政府关于实行封山禁牧的决定》。为确保本《决定》的全面实施，现制定封山禁牧实施方案如下：

一、目的意义

建设生态文明是党的十七大提出的重大战略目标之一，封山禁牧既是防止牛羊毁林影响我县生态文明建设健康发展的有效途径，也是变革传统粗放饲养方式、提高畜牧业质量和效益的有效手段，要充分认识林业封山禁牧工作的重要性，不能因局部利益而影响了全县生态建设的大局，就目前而言：

一是现有荒山绿化需要彻底禁止放牧。我县所剩荒山立地条件差，造林难度大。近十几年来，我们不惜代价，采取起石换土，容器育苗和大苗绿化等超常规手段，对现有荒山已经进行了数次绿化，但效果并不理想，不是树木没有成活，而是牛羊长期危害所致。牛羊不禁，这些荒山难以绿化。

二是巩固退耕还林成果需要彻底禁止放牧。2003年以来，我县按照省市的安排部署，完成退耕还林造林 8.05 万亩，其中退耕地还林 4.75 万亩，每年享受国家政策性补贴资金 880 多万元。为了保全和巩固退耕还林成果，县委、县政府年年都要强调各退耕农户进行补植补造，但往往是前头栽植，后边放牧，年年栽植补造，年年不达保存率要求。影响了全县的造林成果，也影响了广大退耕农户的粮款兑现，群众意见很大，强烈要求采取措施，禁止放牧。

三是旅游业的健康发展需要彻底禁止放牧。近几年来，我县以太行山大峡谷森林公园为龙头的生态旅游蓬勃兴起，从一定意义上讲，太行山大峡谷的生态旅游业已成为提升我县形象，扩大对外影响和拉动全县经济发展的主要产业。但长期以来形成的无节制的进山放牧和砍柴，不但损害了旅游区内的绿化成果，破坏了靓丽的自然生态景观，而且举目可见的牛羊粪便也严重污染了旅游环境，影响了游客的愉悦心情。

四是建设生态名县需要彻底禁止放牧。创建全国生态名县是建设生态文明的重大举措和全面建设小康社会的重要方面，县委、县政府提出的“创建全国生态名县”发展战略已进入关键阶段。在这样的形势下，如果不尽快实施牛羊舍饲圈养和禁止遍地放养，我县的幼林幼树就会遭受破坏，我们的林业生态建设成果和成效就会大打折扣，就不可能如期实现山青水秀、天蓝水绿、污染降低、环境友好、人与自然充分和谐的全国生态名县建设目标。

二、方法步骤

（一）实施主体

封山禁牧工作的实施主体是各乡镇和各行政村，因此，各乡镇的乡镇长和各行政村的村委主任是封山禁牧工作的第一责任人，要彻底担负起封山禁牧工作的全部责任，并要积极引导广大牛羊养殖户学习圈养技术，筹集建圈资金，全面做好封山禁牧的落实工作。

封山禁牧关系生态文明建设的大局，县林业、畜牧、农业、公安等职能部门要紧紧围绕这个大局和中心，积极开展工作，妥善处理、协调林业建设与畜牧发展的关系，耐心细致地做好牛羊养殖户的思想工作，同心同德，搞好封山禁牧的各项技术指导和检查督促。

（二）实施办法：封山禁牧分为三个阶段进行

第一阶段——调查摸底，时间为 2008 年 3 月 1 日 ~ 3 月 31 日。这一阶段各乡镇要查清现有牛羊总数；已有舍饲圈养的数量及容量；暂不具备舍饲圈养条件的牛羊数量及需建圈数量。

第二阶段——实施阶段，时间为 2008 年 4 月 1 日 ~ 5 月 30 日。这个阶段的主要工作，一是要集中精力组织建圈，确保满足现有饲养需要。二是要统一时间进行处理，对不具备圈养条件的或不愿进行圈养的牛羊，该出售的出售，该出转的出转，做到不留死角，不留尾巴，不留隐患。

与外县交界的乡镇，要同时对外作好宣传工作，避免外地牛、羊进入本乡镇境内放牧。进入封禁期后，外地牛羊境内放牧者，按本县规定处理。

第三阶段——全面封禁阶段。即按照《山西省人民政府关于实行封山禁牧的办法》、《长治市人民政府实行封山禁牧的通告》的规定要求，从 2008 年 6 月 1 日开始，全县的牛羊要全部实行舍饲圈养，所有山坡、林地、街道不能出现一头牛、一只羊。各乡镇要抽调专人，组成封山禁牧巡回检查组，对辖区内的封山禁牧情况进行经常性的检查督促，确保禁的住，不反弹。

三、奖惩措施

为确保封山禁牧工作的顺利实施，采取以下奖惩措施：

1、在 2008 年 4 月 1 日 ~ 5 月 31 日之内，对能够主动建圈，并健全饲养设施设备的乡镇村给予一定的补助。

2、对不能按时间要求完成任务的乡（镇），要对主要领导进行通报批评，对完不成任务的村委主任要进行通报批评，执行《决定》的牛羊饲养户要给予罚款处理，情节严重的要追究法律责任。

3、对在 2008 年 6 月 1 日后，仍在进行野外放养的牛羊，一经发现，就地没收，并由林业局责令其按规定交纳破坏植被恢复费和补种被毁坏株数 5 倍以上的树木。同时对在封山禁牧区内采石、采土、野炊、采挖植被、猎捕野生动物和砍柴等破坏森林资源行为的要给予警告，责令其停止破坏行为，并处以 200 元至 500 的罚款。

2008 年 2 月 25 日

中 共 壶 关 县 委 办 公 室

壶关县人民政府办公室

壶办发[2008]66 号

关于调整壶关县集体林权制度改革领导组的

通　知

各乡镇党委、政府，常平开发区党委、管委，县直各党委（总支），县直各有关单位：

为认真落实省委、省政府《关于开展集体林权制度改革的意见》（晋发[2008]28 号）精神，扎实推进全县集体林权制度改革工作的顺利进行，县委、县政府决定调整壶关

县集体林权制度改革领导组,负责全县集体林权制度改革领导、指导、协调、检查和督促工作。现将领导组组成人员通知如下:

组　　　长:段树新(县委副书记、县长)

常务副组长:胡三虎(县政府副县长)

副　组　长:崔书华(县政府办主任)

秦庆祥(县林业局局长)

成　　　员:宋忠孝(县委办副主任)

张君平(县纪委副书记、县监察局局长)

李志方(县委宣传部副部长)

陈淑芳(县委政法委副书记)

马光明(县发改局局长)

赵保忠(县农业局局长)

王其堂(县土地局局长)

郭太国(县财政局局长)

牛忠平(县司法局局长)

李建芳(县民政局局长)

赵庆明(县档案局局长)

申和荣(县国税局局长)

任国华(县地税局局长)

崔文清(中国人民银行壶关县支行行长)

马秦孝(县水利局副局长)

郭军芳(县林业局副局长)

领导组办公室设在林业局。

办公室主任:秦庆祥(兼)

办公室副主任:郭军芳(兼)。

2008年8月15日

壶关县人民政府办公室

壶政办发〔2010〕65号

壶关县人民政府办公室

关于印发壶关县突发性林业有害生物灾害

应急预案的通知

各乡镇人民政府、常平开发区管委,县直各有关单位:

《壶关县突发性林业有害生物灾害应急预案》已经县人民政府同意,现印发给你们,请认真遵照执行。

2010年9月15日

壶关县突发性林业有害生物灾害应急预案

1 总 则

1.1 编制目的

规范应急管理和应急响应程序，及时有效控制突发性林业有害生物造成的大面积危害,最大限度地减少生态和经济损失,维护生态平衡和社会秩序。

1.2 编制依据

依据《中华人民共和国突发事件应对法》、《中华人民共和国森林法》、《中华人民共和国种子法》、《森林病虫害防治条例》、《植物检疫条例》、《山西省森林植物检疫实施办法》、《突发林业有害生物事件处置办法》和《壶关县突发公共事件总体应急预案》等法律、法规和规章,结合我县实际,制定本预案。

1.3 工作原则

(1)坚持预防为主,防控结合,防治并举的原则;

(2)坚持快速反应,紧急处置,防灾减灾的原则;

(3)坚持统一领导,分级联动,各司其职的原则。

1.4 适用范围

本预案适用于我县范围内发生的重大林业有害生物灾害的预防、应急准备和应急处置等。

1.5 林业有害生物灾害等级

（一）一般性林业有害生物灾害：局部发生的常发性病虫害中度以上发生面积50~150公顷。

（二）较大林业有害生物灾害：在当地范围内常发性病虫害中度以上发生面积150～300公顷。

（三）重大林业有害生物灾害：跨区域集中连片发生的常发性病虫害中度以上发生面积300～1000公顷；外来林业有害生物入侵或首次发现可直接造成树木死亡，经专家组评估可能暴发重大危害的林业有害生物灾害。

（四）特别重大林业有害生物灾害：跨区域集中连片发生的常发性病虫害中度以上发生面积达1000公顷以上；对人类健康构成威胁，可引起人类疾病的；新传入林业检疫性有害生物灾害。

2 组织指挥体系及职责

2.1 县林业有害生物灾害应急指挥部及职责

成立县林业有害生物灾害应急指挥部（以下简称“县应急指挥部”），作为全县突发性林业有害生物灾害应急工作的领导机构，其组成如下：

总 指 挥：胡三虎（县政府副县长）

副总指挥：徐思江（县人武部政委）

李寿昌（县政府党组成员、公安局局长）

秦庆祥（县林业局局长）

秦志强（县政府办公室副主任）

成　　员：李志方（县委宣传部副部长）

张君平（县纪委副书记、监察局局长）

赵保忠（县农业委员会主任）

马光明（县发改局局长）

王国林（县水利局局长）

郭太国（县财政局局长）

郭刚德（县交通运输局局长）

李建芳（县民政局局长）

李富增（县卫生局局长）

王明夫（县气象局局长）

李国祥（县文体广电新闻出版局局长）

王文斌（县广电中心主任）

张文宝（县新闻中心主任）

李玉堂（县社主任）

王红方（县商贸公司经理）

李志强（县供电公司经理）

马慧芳（县联通公司经理）

宋文明（县移动公司经理）

盖军利（县财保公司经理）

张厚山（县人保公司经理）

县应急指挥部主要职责：

（一）负责研究确定重大林业有害生物灾害应急防控方案；

（二）研究确定监测预警支持系统、应急保障队伍、保障体系；

（三）宣布启动或结束应急预案，组织、指挥应急防控工作；

（四）协调解决应急防控中遇到的资金、物资、交通、气象、保卫、通讯、人员等问题；

（五）审查批准指挥部办公室或专家组提交的工作报告、评估报告等。

2.2 县应急指挥部办公室及职责

县应急指挥部下设办公室，作为日常办事机构，办公室设在县林业局，办公室主任由县林业局副局长郭军芳兼任。

县应急指挥部办公室主要职责：

（一）贯彻县应急指挥部意见，组织实施应急防控工作；

（二）现场指导并监督检查各成员单位应急防控工作；

（三）协调解决应急防控中出现的有关问题；

（四）组建和管理重大林业有害生物灾害信息库和专家库；

（五）组织重大林业有害生物灾害应急预案编制和修订；

（六）向县应急指挥部和县政府报告重大林业有害生物灾害发生情况及应急防控工作有关情况，并授权发布有关信息；

（七）完成指挥部交办的其他工作。

2.3 壶关县应急指挥部成员单位职责

县政府应急办：负责各部门间突发性林业有害生物灾害应急工作的组织协调与指挥联络。

县人武部：负责武警部队、民兵、预备役的应急协调工作。

县公安局：协助查处有关重大林业有害生物灾害案件，必要时实行局部交通管制。

县林业局：承担林业有害生物种类鉴定和风险评估，牵头组织实施监测预警、检疫执法和应急处置工作，牵头督促、检查、评估应急工作及效果，协助灾害发生地开展灾后重建和受理援助。

县农业委员会:有害生物同时危害林木和农作物时,负责组织灾害发生地农作物病虫、杂草除治工作。

县水利局:负责组织河(渠)两旁及有关单位所属林木的灾害防控。

县财政局:负责落实重大有害生物灾害应急除治、奖励及灾后重建所需经费补助。

县民政局:负责组织协调灾害发生区域内受灾群众的生产、生活救济。

县发改局:配合搞好监测、检疫和除治重大林业有害生物的项目申报工作。

县卫生局:负责协调组织在防控重大林业有害生物灾害过程中可能出现的医疗救护、伤员救治、疾病预防等任务。

县交通运输局:负责优先承运应急处置需要调运的防治药剂、器械等物资;对规定必须检疫的植物或产品一律凭植物检疫证书承运,植物检疫证书随货运寄。

县气象局:负责为重大林业有害生物灾害预测、预报、预警提供气象服务。

县委宣传部、县文体广电新闻出版局、县广电中心、县新闻中心:把握抢险救灾应急宣传工作导向,负责做好有关宣传工作。

县供电公司:负责做好电力和运力调度,优先保证处理重大林业有害生物灾害的需要。

县商贸公司、县社:负责为重大林业有害生物灾害防控及应急处置所需的防治药剂、器械等供应提供支持。

县财保公司、县人保公司:负责及时做好林业有害生物灾害的财产和个人保险理赔工作。

各乡镇(区)要成立相应的突发性林业有害生物灾害应急机构,落实相关责任。

2.4 专家组及职责

壶关县应急指挥部下设专家组,由乡镇林业中心站、造林绿化站、森防站等站室专家组成。主要职责是:

(一)对重大林业有害生物灾害进行调查、评估和分析;

(二)对应急处置中的重大决策和行动进行科学论证和咨询;

(三)参与应急防控的紧急处置和现场指挥;

(四)开展重大林业有害生物灾害防控相关科学研究;

(五)完成指挥部交办的其他任务。

2.5 现场指挥部及职责

林业有害生物灾害发生后,各乡镇(区)应成立由政府主管领导任指挥长、有关部门负责人为成员的现场指挥部,立即开展现场防治和应急处置工作。根据灾情发展和灾害等级变化，及时调整现场指挥部成员级别。

现场指挥部主要职责：

（一）指挥、协调、实施灾害发生地现场防控处置工作；

（二）组织协调有关方面提供各种保障和支援；

（三）向县应急指挥部及时反映事态发展和处置情况，落实县应急指挥部的决定；

（四）负责做好处置现场其他事宜。

3 监测预警

3.1 常规数据监测和信息数据库

林业主管部门或其所属森防检疫机构应建立林业有害生物常规数据监测制度，逐步完善监测体系、监测系统和监测网络，根据森林资源分布划分监测区域，确定监测点，配备必要的监测仪器设备、设施和专兼职技术人员，对林业有害生物常规数据进行适时监测，确保林业有害生物灾害可以及时发现。

林业主管部门或其所属森防检疫机构应建立林业有害生物常规数据库。主要内容包括：

（1）可能影响和诱发林业有害生物的温度、湿度、降雨、风速、风向等气象信息及人口等社会信息；

（2）主要森林病、虫、鼠害、杂草以及其他有害生物种类、数量、特性、分布、潜在危险性、发生发展趋势等；

（3）可能影响社会公众健康的林业有害生物种类、药剂类型、施药方式、影响区域等；

（4）森林资源分布、地形地貌、交通和基础设施情况；

（5）应急力量的组成及其应急能力、分布，应急设施、物资的种类、数量、性能和分布，上级救援机构或相邻地区应急资源情况；

（6）可能影响救援的不利因素。

3.2 信息收集、分析、报告和交流

（1）林业主管部门建立和完善具有独立职能的森林病虫害防治检疫机构，具体负责实施林业有害生物监测预警工作。对收集到的重大林业有害生物疫情信息及时进行整理、鉴别和分析，经鉴定确认为重大林业有害生物灾害或外来林业检疫性有害生物疫情的，应及时报告县应急指挥部办公室，逐级上报市应急指挥部；灾情紧急的，应立即同时报市指挥部办公室。

（2）公民、法人和其他组织发现病死树和其他异常现象，要及时向当地人民政府林业主管部门报告。接到报告后，林业主管部门或其所属森防检疫机构应迅速派专人赶赴发生现场，进行调查取样和监控。对取得的林业有害生物样本，要立即送市林业主管部门确认和鉴定;市林业主管部门无法鉴定的,送省林业厅或国家林业有害生物检验鉴定中心鉴定。

(3)县应急指挥部办公室应建立重大林业有害生物灾害信息报告制度,设立并公布接警电话和电子邮箱。

3.3 预警级别

蓝色预警(Ⅳ级):一般性林业有害生物灾害;

黄色预警(Ⅲ级):较大林业有害生物灾害;

橙色预警(Ⅱ级):重大林业有害生物灾害;

红色预警(Ⅰ级):特别重大林业有害生物灾害。

3.4 预警发布

达到Ⅳ级预警(蓝色预警)、Ⅲ级预警(黄色预警)级别的林业有害生物灾害,由县应急指挥部办公室发布并报请县应急指挥部,启动本应急预案。

达到Ⅱ级预警(橙色预警)、Ⅰ级预警(红色预警)级别的林业有害生物灾害,由县应急指挥部发布并报请县应急委,启动本应急预案。达到Ⅰ级预警(红色预警)级别时,同时向市指挥部和省指挥部办公室报告。

4 应急响应

4.1 接警报告

壶关县应急指挥部办公室在接到重大林业有害生物信息报告后,要做好有关发生时间、地点、单位、原因、受害情况、报警人员及其联系方式等详细记录,并及时向县政府报告。

4.2 先期处置

重大林业有害生物灾害发生后,发生地乡镇(区)组织有关部门立即对灾害进行综合评估,对其类型、性质、影响面及严重程度作出初步判断,采取防控措施进行先期处置,并将灾害的发展趋势、处理情况、突出问题和建议及时上报县应急指挥部。

4.3 指挥协调

启动林业有害生物应急预案后,迅速成立现场指挥部,下设专家组、防控协调组、情报信息组、后勤保障组等。按照指挥部的指令分工负责指挥协调有关应急专业力量、应急资源,实施应急防控。

4.4 灾害处置

根据工作需要,灾害发生地森防检疫、农业植保、卫生防疫、公路等专业防控力量,应按照县应急指挥部的指令,迅速到达现场,开展灾害处置和扑救工作。

4.5 医疗救护

县卫生部门负责防控重大林业有害生物灾害全过程的医疗救护、伤员救治、疾病预防等任务。

4.6 交通管制

县公安、交警等部门负责做好道路交通管制工作。

4.7 社会动员

灾害发生后,必要时,灾害发生地乡镇(区)负责组织动员单位、社会团体和人民群众参与应急除治工作。

4.8 物资使用

根据应急防控需要,现场指挥部可使用、征用、调用国家机关、企事业单位、社会团体等机构的物资、房屋、场地等。

4.9 新闻报道

县应急指挥部办公室负责重大林业有害生物灾害信息的新闻发布。发布外来林业检疫性有害生物疫情信息时,按管理权限分别报请市指挥部或省指挥部办公室审核。

4.10 扩大应急

应急响应过程中,县应急指挥部办公室认定事态难以控制或有扩大、发展趋势时,应及时将情况报告县应急指挥部。指挥部调集相关后备力量投入应急防控。需要市政府提供援助的,由县政府上报请求支援。

4.11 应急结束

现场指挥部及专家组经综合评估,在确认重大林业有害生物灾害得到有效控制,危险已经解除后,向县应急指挥部、市指挥部或省指挥部提出结束现场应急报告,终止应急预案,并通过新闻媒体向社会发布应急终止消息。

5 后期处置

5.1 善后处置

壶关县应急指挥部负责做好应急预案实施过程中灾害损失补偿等善后工作。

5.2 社会救助

重大林业有害生物灾害救灾经费由县财政筹措,必要时申请市财政补助。县政府根据重大林业有害生物灾害发生范围和影响程度,在本行政区域内组织救灾捐助活动。

5.3 调查和总结

县应急指挥部办公室应当及时、准确地查清灾害发生原因和责任,总结教训并提出防范和改进措施。属责任事件的,应当对负有责任的单位和个人提出处理意见。

6 保障措施

6.1 资金保障

处置突发事件所需的财政经费,按《壶关县突发公共事件财政保障应急预案》执行。

6.2 装备保障

林业主管部门应建立现场救援装备数据库,配备必要的检疫、监测设备和大、中型喷药车或背负式、担架式机动喷雾器等防治器械。装备拥有单位应当切实加强设备的维护、保养,确保装备性能完好,保证应急需要。

6.3 通信保障

县应急指挥部办公室应构建互通互联的综合信息交流平台, 制作应急参与部门通讯录,明确值班制度,确保县应急指挥部与现场指挥部之间联络畅通。

6.4 队伍保障

林业主管部门要根据重大林业有害生物灾害应急防控需要, 培训专兼职技术人员,建立高素质的疫情监测、数据分析、风险评估等专业管理和技术服务队伍。同时,组建快速、高效、机动性强的防治专业队,并合理划分先期处置队伍、后续处置队伍和增援队伍,制定应急队伍调遣预案。

6.5 技术保障

林业主管部门、森防检疫机构要及时了解和掌握林业有害生物发生、防治信息,对潜在危险性有害生物进行超前研究,制订专项防治技术方案,为应急指挥决策提供技术支持。需开展科技攻关的,由科技部门特批立项,开展专题研究。

6.6 培训与演练

林业主管部门及其所属森防检疫机构要对专兼职测报员、检疫员、森防员、防治专业队队员进行定期专业技术培训, 必要时对广大林农及临时聘用人员进行集中培训。县应急指挥部办公室要定期不定期进行重大林业有害生物灾害防控实战演练,以提高指挥部及森防检疫机构的快速反应能力和综合控灾技能。演习内容包括应急联动、紧急集结、快速反应、协同配合、现场防控、后期处置等。

7 附 则

7.1 奖惩

壶关县政府对在处置重大林业有害生物灾害中做出突出贡献的单位和个人给予表彰和奖励。对在处置重大林业有害生物灾害中,未能履行职责、造成经济损失和社会后果的单位和个人,依法给予行政处分;构成犯罪的,依法追究其刑事责任。

7.2 预案制定、解释与实施

本预案由县林业局负责编制修订,并报县政府批准后实施。

本预案由县林业局负责解释。

本预案自公布之日起实施。

8 附 录

8.1 壶关县林业有害生物灾害应急响应程序示意图

8.2 县应急指挥部成员单位联系表

8.1 壶关县林业有害生物灾害应急响应程序示意图

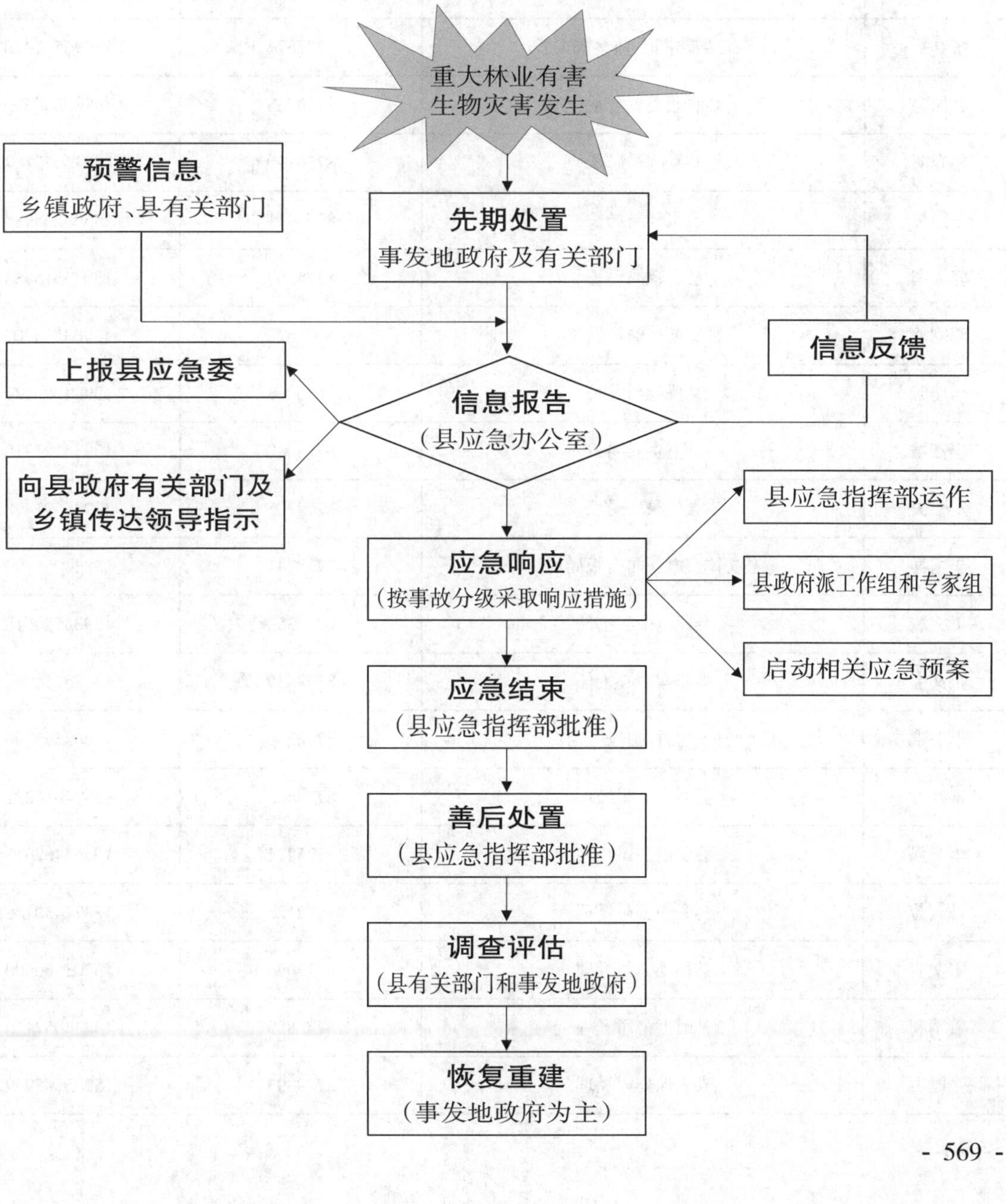

8.2 壶关县应急指挥部成员单位联系表

姓　名	职　　务	办公电话	移动电话
胡三虎	县政府副县长	8775645	13934050988
徐思江	县人武部政委	4242480	15835501899
李寿昌	县政府党组成员、公安局局长	8779419	13935566958
秦庆祥	县林业局局长	8773799	13503558215
秦志强	县政府办副主任	8778345	13835547727
李志方	县委宣传部副部长	8778320	13935596008
张君平	县纪委副书记、监察局局长	8777577	13096561426
赵保忠	县农业委员会主任	8770966	13935550579
马光明	县发改局局长	8776190	13934052187
王国林	县水利局局长	8778411	13593265988
郭太国	县财政局局长	8778367	13935515888
郭刚德	县交通运输局局长	8778622	13903555209
李建芳	县民政局局长	5520008	13934290221
李富增	县卫生局局长	8778080	13935527718
王明夫	县气象局局长	8779705	13935591478
李国祥	县文体广电新闻出版局局长	8778241	13834056799
王文斌	县广电中心主任	8771350	13935550618
张文宝	县新闻中心主任	8778639	13835556948
李玉堂	县社主任	8778266	13903555100
王红方	县商贸公司经理	8778463	13994616281
李志强	县供电公司经理	5525211	15303452011
马慧芳	县联通公司经理	8772126	13327450108
宋文明	县移动公司经理	8777024	13903550500
盖军利	县财保公司经理	8779889	13934052118
张厚山	县人保公司经理	8779993	15235505999

壶关县人民政府办公室

壶政办发〔2013〕128号

关于印发壶关县森林生态效益补偿基金管理办法实施细则的

通　　知

各乡镇人民政府、常平办事处，县直有关单位：

《壶关县森林生态效益补偿基金管理办法实施细则》已经县政府第8次县长办公会议研究通过，现印发给你们，请认真遵照执行。

2013年8月19日

壶关县森林生态效益补偿基金管理办法实施细则

第一章　总　则

第一条　为规范和加强我县森林生态效益补偿基金(以下简称财政补偿基金)管理，提高资金使用效益，根据《山西省森林生态效益补偿基金管理办法实施细则》的有关规定，结合我县实际，特制定本实施细则。

第二条　本细则所称森林生态效益补偿基金是指我县依法用于公益林营造、抚育、保护和管理的资金。

第三条　中央财政补偿基金的补偿范围是国家级公益林林地。

第二章 补偿标准及对象

第四条　中央财政补偿基金依据国家级公益林权属实行不同的补偿标准。国有的国家级公益林平均补偿标准为每年每亩5元，其中管护补助支出4.75元，公共管护支出0.25元由省级林业主管部门用于组织开展公益林监测、管护情况检查验收、森林火灾预防与扑救、林业有害生物防治和监测等工作；集体和个人所有的国家级公益林补偿标准为每年每亩10元，其中管护补助支出9.75元，公共管护支出0.25元由省级林业主管部门用于组织开展公益林监测、管护情况检查验收、森林火灾预防与扑救、林业有害生物防治和监测等工作。

第五条 国有的国家级公益林管护补助支出，按每亩3元的标准用于国有林场管护公益林的劳务补助,1元用于补植、抚育、小型管护设施的建设和一线管护设备的购置等支出,0.75元由县林业主管部门用于对国有的国家级公益林宣传活动和档案管理等。

第六条 集体和个人所有的国家级公益林管护补助支出每亩9.75元。其中:每亩3元用于集体和个人国家级公益林管护费支出;每亩3元用于县级森林巡护大队巡护人员管护费和小型管护设施的建设及一线管护设备的购置；每亩3元用于对国家级公益林的补植、补造及抚育;0.75元用于县级林业主管部门组织开展公益林宣传、监测、管护情况的检查验收、森林火灾预防与扑救、林业有害生物防治和监测,公益林公示碑、管护责任牌、观测点及档案建设等工作。

第三章 资金使用与管理

第七条 管护补助支出分别采取以下方式:

(一)国有的国家级公益林,管护补助支出由县林业主管部门根据县国营林场年度管护统筹安排。其中:管护劳务补助要根据管护人员承担的管护任务量和管护难易程度确定。补植、抚育、小型管护设施的建设和一线管护设备的购置等支出由县国营林场按年编制使用计划,经林业局审核后,报市级林业主管部门备案安排实施。

管护设备的购置要按照政府采购和国有资产管理的有关规定执行。

(二)集体和个人所有的国家级公益林,由县级林业主管部门根据本《实施细则》第六条确定的标准支出,具体支出方式为:

1. 在集体和个人自愿的基础上,按照县政府与各乡(镇)、办事处签订的管护协议要求,统一聘用管护员。管护员必须由村民提出申请,村民委员会推荐,经乡(镇)、办事处审查同意后,报县林业局审批。

2. 为加强对委托管护人员的监督、管理,加大巡查力度,由县林业主管部门组织成立县级巡查大队,对全县国家公益林进行全面巡查,经考核验收后,兑现到管护人员。

3. 用于集体和个人所有的国家级公益林的补植、抚育的补偿资金支出,由县级林业主管部门根据年度工作计划,结合各乡、村的实际情况,编制实施方案或作业设计,报市级林业主管部门备案,统一规划组织实施,经验收合格后,进行报账。

4. 小型管护设施及一线管护设备的购置支出，由县级林业主管部门根据年度工作要求，编制计划报市级林业主管部门备案后，组织实施。

第八条 国家级公益林公共管护支出按照省级部门统一安排，用于开展公益林森林火灾预防与扑救、林业有害生物防治、公益林监测等工作以及管护情况检查验收相关费用的支出。

第九条 县级财政部门和林业部门发生的其他管理经费由财政预算另行安排，不得在财政补偿基金中列支。

第十条 公益林实行年度委托管护管理。

国有的公益林，由县林业主管部门于每年12月20日前与县国营林场签订下一年管护责任书。县国营林场每年12月31日前与承担管护任务的管护人员签订下一年管护协议书。

集体和个人所有公益林，由县政府和各乡镇人民政府、常平办事处签订管护责任书，由所属乡镇、办事处于每年12月31日前与承担管护任务的集体和个人以及聘用的管护人员签订下一年管护协议书。

县级巡查大队由县林业主管部门于每年12月31日前与巡查人员签订下一年管护协议书。

第十一条 国营林场、集体和个人以及聘用的管护人员，以及县级巡查人员都应按照协议规定履行管护义务，承担管护责任。县级林业主管部门按照协议规定，定期组织各乡镇林业工作站对公益林管护单位、集体和个人委托的管护人员，以及县级巡查人员履行管护义务、承担管护责任情况进行检查验收，并出具验收报告。根据检查验收结果及时兑现财政补偿基金。

第十二条 县林业主管部门每年3月底前，要对上年度财政补偿基金拨付使用、公益林管护、森林资源消长、林地征占用、森林火灾、林业有害生物发生及防治等情况进行全面检查和总结。在此基础上，及时向省林业厅公益林管理办公室报送当年财政补偿基金申请。申请的内容包括上年度财政补偿基金使用管理情况、上年度公益林管理情况、公益林征占用资源变化情况、当年管护补助支出使用计划和政府采购计划等内容。

第十三条 县财政对财政补偿基金实行专项管理，分账核算。其他渠道筹集的用于公益林补偿基金可与财政补偿基金并账核算。县财政和县林业主管部门应分别建立健全财政补偿基金拨付、使用和管理档案。

国有单位和集体应建立健全财务管理和会计核算制度，对财政补偿基金实行分账核算。

第四章 检查与监督

第十四条 县财政和县林业主管部门应加强对财政补偿基金的监督管理，对违反本细则规定，截留、挪用或造成资金损失的单位和个人，按照《财政违法行为处罚处分条例》(国务院令第427号)有关规定处理、处罚和处分。

第十五条 各单位存在下列问题之一的，将在下一年度一次性调减其公共管护支出：

(一)违反财政补偿基金使用和公益林管护有关规定，问题严重的；

(二)上报征占用公益林等资源变化情况弄虚作假的；

(三)连续两年逾期1个月以上不报送资金申请，或报送的资金申请内容不符合规定的；

(四)经省财政厅和省林业厅在年度检查中认定需要调减资金的其他违法违规行为。

第十六条 各单位对财政补偿基金的使用管理规范、成效显著的，将用本细则调减的资金对其进行奖励。

第十七条 煤炭系统和其他部门财政补偿基金的使用和管理依照本细则执行。

第五章 附 则

第十八条 本细则由林业、财政部门负责解释。

第十九条 本细则自印发之日起执行。

第二节 技术报告

谈壶关林业

张平和

写在前面的话

在实现四个现代化的历史进程中，大规模地开展植树造林，加速绿化祖国，是摆在我们面前的一项重大战略任务。

壶关是个干石山区，荒山沟坡面积要占到全县总面积的70%，但是森林覆盖率只有7%(不包括四旁零星树木)。由于森林少，自然生态不平衡，不能有效地减免旱、涝、风、雹、霜等自然灾害，保障农业高产稳产，而且木材和林副产品也十分短缺。但是对于这种情况至今我们许多同志还认识不足，应当指出，农林牧相互依赖，缺一不可，三者系于同等重要的地位。根据壶关的自然优势，从扬长避短的观点出发，植树造林则是一项根本性的农业基本建设，林业没有一个大发展，我县的农牧业是过不了关的，群众的生活水平是提不高的。只有高速发展林业生产，才是壶关正确的致富之路。同时，对于防止空气污染，保护和美化环境，增强人民身心健康也有着重大意义。因此说，动员全县人民，发扬愚公移山、艰苦创业的精神，大搞植树造林，迫在眉梢，势在必行。我们必须扎扎实实地奋斗十年到二十年，在70%的面积上下功夫，才是从根本上改变壶关的自然面貌和经济状况的正确途径。

现状及分布

全县有森林面积99175亩(包括蔬林地)。其中，天然林50733亩，人工林48442亩。从林种上分：

1. 用材林有93329亩，占森林面积的94.1%，其中，油松林88225亩，刺槐林5100亩；

2. 经济林有850亩(不包括耕地栽植的经济树)占森林面积的0.8%，其中，红果650亩，花椒100亩，荆条100亩；

3. 薪炭林有5000亩，占森林面积的5.1%。

从林权上分：

1. 国营林有48000亩，占全县森林面积的48.5%；

2. 集体林有52070亩，占全县森林面积的51.5%。其中社办林场有林10000亩，占全县森林面积的10.5%，生产大队和生产小队有林41070亩，占全县森林面积的41%。全县森林覆盖率仅占总面积的7%，木材蓄积量只有90000立方米左右，而且分布不均，大都集中在树掌等几个公社。全县四旁植树累计保存1080万株，人均47株。其中，木材树1009万株(绝大多数是杨树、柳树和刺槐树、少量的乡土树)，经济树70万株。

在经济树中：

1. 木本粮食树17万株，其中，红枣15万株，柿子2万株，年产100万斤，收入6万元；

2. 木本油料树50万株，其中，核桃树33万株，花椒树17万株，年产52万斤，收入39万元；

3. 其它树3万株。全县木本粮油树主要分布在鹅屋、桥上、石河沐、石坡、树掌、辛村、晋庄等公社。

全县有果园6205亩，各种水果树999000株，年产果品630万斤，收入75万元。其中，红果36万株，年产100万斤，收入20万元；苹果31万株，年产200万斤，收入30万元；梨树165000株，年产160万斤，收入20万元；桃树53000株，年产50万斤，收入7万元；杏树35000株，年产60万斤，收入9万元；葡萄11000株，其它65000株，年产50万斤，收入9万元。全县新栽红果砧木和红果树56万株，集中分布在鹅屋、桥上等几个公社，苹果、梨等其它水果树在全县分布较为普遍。

全县有桑树200万株，人均8株。其中，大叶桑60万株，以地埂栽植为主，主要分布在黄山、阳户、店上等几个山下公社。现在全县年养蚕435张，产茧42300斤，收入76372元（今年全县栽育桑苗1600亩，栽桑园580亩）。

壶关森林资源稀少，木材奇缺灾害频繁

解放后，在各级党政的领导下，壶关的林业生产有了较大发展，森林面积由5万亩增加到9.9万多亩，增加了近一倍；四旁树由211万株增加到了1080万株，增加了近五倍。虽然植树造林成倍增加，但由于原有基础差，发展速度慢，壶关仍属于一个少林县。全世界森林覆盖率平均达22%，全国是12.7%，全省是10%，晋东南地区是14.3%，我县只有7%。全世界人均森林面积12亩，全国人均2亩，全省人均1亩，晋东南人均0.4亩，壶关人均只有0.9亩。

1. 森林少，木材奇缺，严重地影响了工农业生产。

壶关从计划节约的原则出发，全县每年需要木材3500立方米，本县自给量只有500立方米，绝大部分木材靠外调。因木材奇缺，直接影响了各项基本建设工程的进展和人民生活的改善。不少社队连做耧、犁的一点木材也没有，有的社员老了连土板也买不到，这个问题很严重。另外，因壶关县大面积成片的森林少，所以就连野生动物栖息繁殖的条件也没有，林产品、林副产品也很少，对于支援国家工业建设和增加社队经济收入影响极大，更重要的是失去了生态平衡。

2. 森林少，自然灾害频繁。

从历史上看，壶关的生态系统是向坏的方面变化。尽管解放以来，农、林、水的建设取得了很大成就，但一直没有扭转这一危局，旱、涝、冰雹、霜冻、风沙以及水土流失等自然灾害严重，甚至比历史上还严重。特别是近几年来的持续干旱，造成了人畜吃水困难，这对我们来说压力是很大的。尽管在各级党委的领导和支持下，采取了各种有效措施，战胜了困难，但是在人力、物力、财力上也是付出了较大代价。

前几年，由于林彪"四人帮"极左路线的干扰破坏，不按客观规律办事，全县出现了毁林开荒、毁林积肥、开荒修地、埋沟垫地、不重视植树造林，造成了严重的水土流失。杜家河水库原设计50年寿命，结果不到20年就淤满了。1971年石坡在后沟开荒填沟修地20余亩，当年夏季20分钟的大雨，造成了山洪暴发，冲了两个坝，土地全冲光，雨停流息。而有林的南山，植被没有遭到破坏，则没有发生洪水，雨停一个小时后，较清的小河仍在流，这就说明了植树造林对水土的保护作用。历史的经验告诉我们，在农业建设上只考虑眼前利益，不考虑长远建设；只考虑修水库，建池搞水利，不考虑林多才会水多，森林就是水源；只考虑千方百计抓粮食，不考虑毁林开荒破坏生态平衡，这是违背自然规律，好心办坏事。

壶关历史上不是没有森林的。大家都知道，壶关地下蕴藏着大量煤炭资源，而煤的构成又是森林。据调查，20世纪30年代初，全县的有林面积还很大，东井岭大井一代原是山林丛密，苍松参天，呼风唤雨，取木甚易。南北皇、黄角头山也是茫茫林海，常有野狼出没。店上麻巷一代曾是苍松密布，晋庄山仓、料阳一带更是松林茂密，遮天蔽日。城关周围的马驹山、修善山，机关造林整地，还刨出了大量的松树残根。事实证明壶关过去森林资源比较丰富，而且分布也比较均匀。但是由于长期的战争摧残，帝国主义掠夺，统治阶级大兴土木，毁林开荒，不合理的采伐，使许多郁郁葱葱的地方变成了荒山秃岭。到解放前夕，天然林也只有树掌一带分布较多一些，林内仍是山羊成群，野猪豹子横窜。20世纪50年代初曾出现狼群下山觅食之事。后来由于伐多于造，森林面积和密度大大下降，加之盲目狩猎，大的野生动物基本绝种。现在树掌等个别社队仍然沿袭旧的习惯，毁林开荒，无计划砍伐，吃祖宗饭，造子孙孽，破坏生态平衡，这是应该记取的沉痛教训。但是，现在还有一部分人对此不能认识，我们不能再干这种愚蠢的事了，应该保护森林，恢复和发展森林，这也是我们的当务之急。

发展林业生产是壶关的根本出路

壶关山多地少，全县版图面积150万亩，其中荒山沟坡面积占总面积的四分之三，大力发展林牧业生产，可以充分利用现有资源，为四化建设和全县人民的生活提供大量的物质财富。党中央、国务院关于大力发展植树造林的指示中强调：“植树造林是一项根本的农业基本建设，林业没有大发展，我国的农业是过不了关的。”经验证明，加速大面积的植树造林，可以卓有成效地改变壶关的干旱面貌，保障农业高产稳产，促进集体经济发展。

1. 植树造林是改变壶关干旱面貌的根本大计

壶关十年九旱，水源奇缺，对于发展农业生产十分不利。发展林业生产，可以控制水土流失，促进生态平衡，从根本上改变壶关的干旱面貌。

因为林冠像把张开的大伞,可以直接承受雨雪,减少落地降水量,削弱了雨点对土壤的冲击。据测定,有林的地方降雨时,80%以上降雨量能直接被枝叶苔藓、杂草、灌木与枯枝落叶层吸收和滞留。它不仅有很强的吸水能力,而且可阻拦地表径流的汇集,并使其渗透到土壤中,沿着树根逐渐下渗到岩石层,形成地下水,这就是森林涵养水源的本质。树掌公社汪流水一带泉水较多,原因也就在此。因此,群众说“山上多栽树,等于修水库。”据科学家测定,一亩有林地比无林地多蓄水二十吨,五万亩森林的含水量相当于一座库容一百方的水库。所以说,造林就是造水。从长远的利益上讲,要从根本上解决壶关的干旱问题,唯一的途径就是提高覆盖率。如果我们从现在起,认真抓这项工作,森林覆盖率就能达到30%以上,十年以后就会大见成效。否则,头疼治头,脚疼治脚,治来治去还是解决不了根本问题。当然,我们也要考虑当前利益和长远利益相结合,反对一刀切,采取两条腿走路的方针。这就需要教育广大干部群众,立足当前,着眼长远,树立全局思想,发扬愚公移山精神,下大决心,花大力气,把林业生产搞上去。

2. 森林可以调节气候,保障农业高产稳产

大自然的惩罚,教育了广大干部群众,特别是壶关连续三年大旱灾,造成全县多数社队粮食减了产,而林区树掌等几个公社在大灾之年夺得了丰收,亩产500多斤。为什么这些公社会在大灾面前夺高产呢?除人为的条件外,很重要的原因就是森林调节了气候,促进了农业的大丰收。其主要原因是:

① 增加了降水。通过森林枝叶的蒸腾和蒸发作用,把地下水吸起来,蒸发到空中,变成了天上水。据测定,一亩林,一个夏季可以蒸发约42吨水,一年大约可达300~500吨,故有人说森林树木是“抽水机”。由于水分的蒸腾和蒸发消耗了大量的热能,加之树冠的吸收和遮蔽作用,所以森林上空的气温比无林地上空的气温低10℃左右。空气湿度增大,温度降低,水蒸气容易饱和凝结成云和雨。“有林泉不干,天旱雨淋山”道理也就在此。据气象资料统计,树掌一带十八年来平均降雨量较城关一带多58.6毫米。

② 增加了湿度。树木的强烈蒸腾是空气湿度增大的直接原因。因此有林区及其影响区的空气比较湿润,加之林区风速小,空气对流减弱,湿润的空气停滞时间长。在夏季常常看到树掌林区上空多气多雾,故其附近的农田空气相对湿度大,土壤湿度较高,作物蒸腾强度降低,所以比无林区耐旱。群众说“旱收山、涝收川”是有道理的。

③ 减轻了风灾。防护林是抵御风害的绿色长城。森林、林带本身枝叶的机械阻力,能够增强摩擦,分散气流流向,形成乱流消弱能力,故可以降低风速。一般在农田防护林背面相当于树高的20–25倍的距离内风速可降低25%左右。一亩防风林可以保护

一百多亩的农田免受风灾。树掌虽是山区，但受风灾很少。

④ 推迟了霜期。由于森林和林带可以降低风速，故冷气流侵入后，不致大幅度降温，从而减轻了平流霜冻危害。

⑤ 减少冰雹。一般无林地区，由于地表辐射强烈，高空与地表层气温温差很大，容易产生气流上升，这些气流先是遇低温结成小冰点，随后被抬高至冰线，冻结成冰晶，冰晶随着上升气流的强弱或冷高压气流的有无，时而上升，时而下降，反复几次后，直到上升气流托不住或冷高压袭击而降落下来就是冰雹。树掌夏季上空气温较低，与地表温差小，不易激剧形成上升气流，因而就减少了产生冰雹的可能性。

3. 发展林业生产是壶关致富的道路

一些林业先进大队的经验已经证明"要想富，多栽树；壶关穷，穷就穷在没有树"。十年浩劫，全县人均收入一直徘徊在50元左右，群众生活水平很低。粉碎"四人帮"以后，特别是贯彻十一届三中全会精神以来，全县人民对林业的重要性有了进一步的认识，感到森林是大自然的绿色宝库。是水的资源、火的资源、建筑业的资源、轻工业的资源、养殖业的资源。林业没有一个大发展，壶关是翻不了身的。南宋壁大队，是四旁绿化的老点，全队有382户，1764口人，多年来坚持不懈大搞四旁绿化，现在有木材树20万株，人均114株，木材蓄积量达2000方左右，价值30万元。1967年到1979年，已经受益33万元，年均25000元。近两年来集体和社员修房172间，圈窑30多孔，所需木料是由集体解决的。如果以后实行植树、伐木、加工、出售一条龙，年收入仅木材一项可达5万元。树木全是宝，树干是木材，树枝做燃料，树叶又是好饲料。1斤干刺槐叶，所含粗蛋白质比玉米高0.95%，粗脂肪比玉米高1.89%。实践证明，羊、兔和大牲口吃了刺槐叶子都上膘。去年全县养兔约10万只，据调查绝大多数是靠吃树叶的。去年天旱无草，宋壁大队100余头大牲口，还有猪羊800余只，靠吃树叶过了四个月。而这些牲畜拉下来的肥，又是很好的有机肥料，有力地促进了农业的生产。所以说，树多、叶多、畜多、肥多、粮食也多。

树多了，林产品、林副产品也就多了，集体经济也就壮大了。黄崖底大队，人均生产4斤核桃油，林业收入6万元，占总收入的30%。桥上公社前后脑大队，人均只有八分地，过去是有名的穷山村，后来他们因地制宜大栽红果树，扎下了富根，改变了贫困的面貌，年产红果10万斤左右。1978年又联合办起了加工厂，收入较销售红果翻了一番，林业收入占总收入的50%左右，人均收入约50元。五龙头大队在发展木材的同时，大抓了水果树的管理，依靠林业收入买了各种粮食加工机、抽水机、电动机、铡草机、拖拉机等二十余种大小机器，有力地促进了农业的机械化，改善了群众生产生活条件。

森林作用很大，效益很广，还可以美化环境，净化空气。在一亩树林中间就可以隔绝外界噪音；一亩林每天能吸收67公斤二氧化碳，呼出49公斤氧气；一亩树林一年可以吸附各种灰尘22吨到60吨，有林的地方空气好道理就在此。全党动员、大办林业，将是全县人民致富的正确道路。

壶关林业建设的起步及途径

壶关的情况是山大沟深，沟坡面积大，人口众多，耕地甚少，群众生活也比较困难。要解决这些现实问题，一方面要有计划地控制人口增长，更重要的是发展生产，向生产深度和广度进军。因地制宜，扬长避短，发挥各地优势，才能卓有成效地改变面貌。

1. 搞好区划，抓好基础。

全县总面积150万亩，干石山区110万亩，占74%；土石山区27万亩，占18%；山间小平川13万亩，占8.8%。其中耕地36.7万亩，除去村庄、道路、河流外，还有近100万亩的资源没有充分利用起来。县境内有大小山头150个，大小沟壑3368条，由于山大沟深面积广，有着发展林业的自然资源，这就是壶关之长，但是全县土地少，人均只有一亩半耕地，这就是壶关之短。如何能使3/4的沟坡面积，也同1/4的耕地面积一样，为四化建设和全县人民的生活提供大量的物质财富，这是摆在各级党政面前急需解决的问题。县委关于大力发展林牧业生产的决定，正是根据三中全会精神，扬长避短，发挥山区优势而制定的。因此贯彻落实县委的林牧决定，就成了全县人民实现农业现代化的重要内容，荒山造林就成了全县林业生产的主要任务。

壶关地处太行屋脊，有“行头”之称。介于北纬35°5′~36°12′和东经113°10′~113°40′。全县平均气温在8.8℃左右，海拔最高点是双井大虎岭1822公尺，最低是桥上公社大河村486公尺。绝大多数山头的海拔高都在1000–1500公尺，而且多数是干石山，石厚土薄、土质很差，发展林业生产就必须考虑主栽树种问题。根据油松耐瘠薄、耐干旱、抗寒冷、适应性强的生物学特性和历史上壶关林业情况证实，壶关荒山造林应以油松为主，沟坡造林以刺槐、杨树、椿树为主。但也不能搞一刀切，各社队应该根据气温、坡向、海拔、土质和土层厚度来决定栽植树种，否则就会造成劳民伤财。常行公社川底大队，原来在山上栽刺槐，因土地条件差，气温不适宜，都失败了。后来在林业队长王五全的带领下，经过反复试验，适地适树栽上了油松，现在长势很好。

由于长期河流的切割和地形的崎岖复杂，以及坡向和海拔高度的不同，造成对局部气候有较大的影响，在全县境内被分成四个小自然区。①桥上公社和鹅屋公社黄崖底等五个大队气温较高，以产柿子闻名全县，年产100万斤，占全县总产量的90%以上，当然也是核桃、花椒、红果的主要产区。因此，在发展林业上，首先要考虑到木本粮油树的发展，尤其是柿子、核桃树的发展，这是其它地方想办也办不到的事情。如果抓好这个区的柿子树发展，就可以解决全县的鲜柿和柿饼的市场供应。荒山造林应以柏树、油松、橡树为主。沟坡发展木本粮油和红果为主。在发展的同时，狠抓现有树木的管理，力争在三、五年内产量翻一番。②树掌、石坡、石河沐、东井岭、常行、鹅屋的大部、晋庄、五龙山、店上(部分)属于高寒区。山大沟深，气候寒冷，但面积宽广，是壶关的用材基地，也是畜牧业基地。现有林面积10万亩，占全县80%左右，还有20余万亩宜林荒山沟坡没有绿化，还有60万亩左右的荒山未被利用，这个区的主攻方向是油松荒山造林和发展畜牧业，但也是盛产核桃，红果的地方，年产核桃40万斤，红果100万斤，占全县80%左右。今后要继续抓好发展，特别是要加强综合管理，采取先进技术，开展科学试验，尽快把产量搞上去。5~10年以后这些社队的林业收入要占到总收入的30%左右。③黄山、柏林、百尺等公社的山，大部分是青沙、黄干、炉渣。由于表层太阳暴晒，雨水侵蚀风化较好，虽然不是好的土质，但沙质较细，适宜栽植刺槐树。因为刺槐是浅根性的，而且喜欢疏松透气沙壤土，同时，刺槐生长过程又能产生大量的根瘤菌，这就保证了刺槐的正常生长。柏林公社山上大队坚持十年栽刺槐，全队共栽树14万余株，人均360多余株，已有1万余株成檩，4万余株成椚，总产值达10万元，年均1万元，户均125元，人均30元。要认真总结推广山上大队因地制宜栽刺槐，成活容易得利快的经验，其余的青石山应该造油松林。这三个公社也是发展蚕桑的重点，要突出抓好优良桑的发展，重点是实现地埂桑树化。④城关、川底、固村、阳户、辛村、西庄、崇贤等公社和店上公社的部分大队，属于山间平川区，也是粮食产区。虽然这个区的荒山面积不大，但有林面积很少，在荒山造林上也要引起各级领导的足够重视，三、五年内突击完成。四旁和沟坡绿化是这个地区的重点任务，有计划地搞好四万亩速生丰产林，能够在短期内提供大量木材，尽快解决木材供需的矛盾，并可改变木材供需的布局。大力发展速生丰产林可以增加社队收入，促进农业生产的发展，并使农村尽快富裕起来。一立方米的木材最多投资10元，而每立方米的售价最少80元左右，这样就可以大大增加社队集体和社员个人收入。南宋壁大队栽杨树的经验，已充分证实了这一点。速生丰产林的树种要以杨树、刺槐、椿树为主，条件好的沟坡，可以大力发展核桃、红枣等经济树。因核桃是深根的树种，必须栽到较厚的土层上，否则，达不到核桃之目的。红枣要注意品种的改良，壶关年产鲜枣二十余万斤、但多数是本地的小黄皮枣，不易晒干枣，因此，要积极引进新的优良品种。壶关酸枣资源丰富，可大量采用嫁接换种的繁育方法。在引种时，要千万注意到比壶关气温低的地区引种，我们应汲取从气温较高的地区引种的教训(挂果少，落果严重)。在荒山造林上采取针阔混交，适当发展一部分红果、黑椋子、木瓜、山桃、山杏等。这个区是壶关的蚕桑重点，除搞桑树地埂化外，要在河旁、人行道路旁和条件特别好的沟坡发展桑树，还可以有计划、少量地搞些高产丰产园，加速养蚕业的发展。

“林业大发展，苗木是基础；栽树不育苗，等于瞎放炮；植树造林靠买苗，劳民伤财成活少。”这是全县社队一个共同的体会。前几年不少社队不重视育苗工作，一说种树造林，便派人到外地购买苗木，结果是代价付的大，收获都很小。通过剖析小南清大队“三年拼命抓育苗，五年林业达‘纲要’”的典型事例，在全县震动比较大，绝大多数社队都较前重视了抓育苗工作。常家池大队，一年育苗 37 亩，比去年的 3 亩增加了 30 多亩，耕地育苗占到了总耕地的 4%。北庄大队在育苗上不但数量多，而且还注意到品种多样化和乡土化。由于广大干部群众认识到了发展林业的重要性，从而大大地提高了育苗的自觉性。

在中央三、五指标的鼓舞下，要完成和提前完成县委提出的林业规划指标，首先必须抓好育苗工作，在育苗上又必须做到“四舍得”。①舍得占好地。从调查的二十个大队看，除油松苗必须育在生荒地外，没有一个大队育苗育在三类田里。欢掌底大队育苗 96 亩，除 16 亩油松苗外，其余 80 亩苗田都占用了土层厚、肥力大的河湾高产田。②舍得用劳力。凡是林业生产搞得好的社队，都有一支精干的林业专业队伍，他们用于林业生产的劳力既不应付凑数，又不贪多打杂。牛洞上大队办了一个村办林场，各生产小队都有专业劳力共计二十六人，占到了总劳力的 21%。③舍得花投资。从东土池、牛洞上、常家池、十里四个大队来看，1980 年育苗造林投资 4300 元，队均 1100 元，较上年的 2100 元，增加了一倍多。前半年投工 16000 余个，其中专业人员投工 13000 个，较去年同期的 4500 个增加了两倍。④舍得上肥料。今年全县的育苗特点是：亩数多，而且长势也特别好，主要原因是加强了管理，施了底肥和追肥。欢掌底大队耕地育苗 80 余亩，在下种前就施下了 100 余担的高质农家肥，夏季结合中耕除草又拿出 4000 斤硝铵进行了施追，现在苗木长势非常喜人。

全县人民在县委的领导下，大干一年，完成耕地育苗 5400 亩，户均一分，占耕地的 1.5%，非耕地育苗 1400 亩，占计划的 1350%。手中有苗木，绿化必然快。待全县 7000 亩苗全部出田后，荒山造林可完成 14 万亩，连同基础人均将占有一亩林地，四旁沟坡植树可完成 2500 万株，连同基础人均可达 150 株，再连续抓两年育苗工作，五年以后，就可以基本上实现能栽树的地方都栽上树，能造林的宜林地都造上林。但是，这并不意味着绿化工作的终结，我们还要向发展林业的深度和广度进军。要向沉睡万年的光山秃岭要财富，必要时，还有少数社队要退耕还林，还要采伐更新，总之一句话，青山常在，永续作业。

2. 扬长避短，发挥优势。

要做到扬长避短，首先必须弄清壶关的“长”和“短”。“长”“短”是客观存在的事实，是不以人们意志为转移的。历史的经验证明，发展生产不按客观规律办事，必然受到大自然的惩罚。壶关之长，就是利用山区优势，发展林牧产业。①发展用材林是壶关林业的主攻方向。因为壶关人多地少，单在1/4的耕地上下功夫，不在3/4的面积上做文章是没出路的。那么，荒山造林、沟坡绿化就成了壶关近五年、十年的主要奋斗任务。这是个硬仗，也是一个翻身仗，这一点丝毫不能忽视和动摇。另外，壶关荒山立地条件差，大部分山坡栽经济树是不适宜的，倘若大量栽植，也达不到预想的目的。例如：万紫千红山栽的核桃树，十几年长的不达一米高，更谈不到结果了。南阳户的桑树山及北行头大队山上栽的桑树，基本上产不出叶子，因缺养分、水分而长成了圪针桑，达不到喂蚕的目的。根据壶关的自然条件，发展林业必须以用材林为主，树种以油松为主。今年县委狠抓油松育苗，措施是得力的，成绩是显著的，全县育松苗1000余亩，将会大大加快绿化步伐。虽然油松生长慢，受益周期长，但从实际效果上讲，还是油松合帐。少数条件好的荒山可以造刺槐林和一些经济林，沟坡以造刺槐、椿树为主的速生林。四旁和土质好的沟坡可以大种杨树、乡土树，有条件的队社要发展成片的木本粮油树。实践证明：在一些条件好的地方，发展速生木材树，五年可以成檩开始受益，10年以下每株每年能收1元，10年以上每株每年能收入2元以上。木材树适应性强、管理简便、投资小、收入大。②重点突出，全面发展。壶关县委关于大力发展林牧业生产决定中强调：要突出发展桑树、红果和木本油料。桑树和红果比较受益快，销路广，是解决发展林业中周期长、得利慢的战略措施，有计划的安排长短结合，将会有力地促进林业的发展。从壶关的实际出发，发展桑树、红果不是林业生产中的主攻方向。其理由是：①发展桑树、红果树要占耕地，与耕地少是有矛盾的。壶关发展桑树主要是地埂化，初步推算养一张蚕，平均需25亩左右的地岸，约占耕地的2亩左右。养1万张蚕就需占用2万亩的土地。因壶关气候干旱，又无水地，所以地埂桑产叶量比较差。如：1980年春季因干旱，不少地埂桑就没抽枝出叶，直到夏季落透雨才陆续长出叶子来，阳户公社的靳庄大队50%的地埂桑都是这样。要是讲效益得利快，还是必须建设必要的桑树丰产园和红果园，否则，得利快又是一句空话。②少数土质好的沟坡，河旁和人行道旁是可以发展桑树和红果树，但绝大多数沟坡是不适应的。根据实地调查，山上和沟坡栽植的桑树和红果树，长期不施肥，不松土锄草，就长成了圪针桑，叶子小，不抽条，达不到使用叶子之目的。红果树长在山上，新梢生长量很短，结果少而小，达不到高产优质。东土池大队的果农反映说：前几年他们在山上发展了一片红果树，但由于立地条件差，水肥各方面都跟不上去，树越长越小，越长越少。不得已才把剩下来的一部分树移到了地头岸边。据他们介绍,耕地上地头岸边的红果树比专门栽植在荒地上的红果树长得好,果实颜色正,产量高。③根据壶关的气候条件,同等数量的桑树,也要比阳城、沁水、武乡的受益小。据不全面的调查了解,由于气温、降水量和水利条件的限制,在同等技术管理的条件下,阳城、沁水、武乡桑树新梢生长量平均在1.3米以上,而壶关的桑树年生长量平均只有90厘米左右。从枝条的长度看,相差1/4,从产量上看就不是1/4,而是要差1/3左右。因为枝条越长,叶子就越多越大,就是同等数量的叶子也有差别。这就是说,同等数量的桑树,只能养人家3/4左右的蚕,收入也就相应的要小些。红果适应性比较强,立地条件愈好,产量就愈高。因此,发展红果不能仅限于山区几个公社,在平川沟坡的社队发展也较有前途。

但是,应该肯定在耕地上栽种桑树、红果要比种粮食作物收入大,最少是两倍以上,多者可达四倍左右。不过在发展上,应该考虑到总的布局问题。

要大大提倡发展枣树。壶关群山起伏,沟壑纵横,丘陵多、河谷多,而且气候偏旱,太阳辐射强,昼夜温差大,春季常有寒流侵袭等特点。适于枣树喜光、耐旱、适应性强和发芽开花迟的习性。林粮矛盾小、不占耕地也能发展。同时,枣树结果早,受益快、(群众说:桃三、杏四、梨五年,枣树当年就见钱。)寿命长、易管理、旱涝都能收,素有铁杆庄稼之称。红枣营养丰富,经济价值高,是良好的滋补品和中药材。鲜枣每1克内含蛋白质1.3克,含碳水化合物24克。还含有维生素C 300~600毫克,比柑橘高10倍多,比苹果高70–100倍。枣是强身药,又是保健药。从枣仁中可以提取"卢丁",是治高血压的特效药,还能酿酒、加工副食品,既好吃,又能代替粮食,是战略备荒的好食品,是出口换取外汇的主要物资。多栽枣树,多产枣,国家、集体、个人都有利。现在西庄、辛村、城关、阳户、固村、五龙山、桥上等公社都有较大面积的栽植,年产鲜枣20万斤左右。但品种不佳,应该改换品种。从现在起,各社队就要注意抓这项工作,三年之后就会大见成效。

木本油料要列入重要日程,要大种核桃、文冠果等油料树,逐步用木本油料代替草本油料,解决全县人民新长征路上的吃油问题。因为壶关土地少,拿出更多的土地种油料是不可能的。再说种植油料树既能绿化,又能抗御灾害,一年种植,年年有收,一举两得。当前,摆在我们面前的任务是,一手抓发展,一手抓管理。对原有的一些放任不管的老树要深刨除草,加水加肥,修剪治虫,迅速复壮,提高产量,尽快摘掉核桃低产的帽子。文冠果树冠小,耐干旱,抗瘠薄,喜欢沙质碱性土壤,栽植一年之后就可结果,今后要大力推广发展。

在这里必须指出的是,全县的各种经济树大部分生长在耕地里(特别是水果),但是不被人们重视,管理跟不上,产量低、收入低。特别是一些果园,已经定植果树二十年上下，按正常发育正是盛果期，可是因为不管理、不投资，再加上技术跟不上，收入甚微，有的甚至死亡。如：绍良、宋壁、紫岩掌等发展苹果树早的大队，已基本死光。因此一些社队领导同志认为发展果树收入小、靠不住。这种看法是错误的，必须立即纠正。全县果园面积6200多亩，如果每亩平均产果3000斤，每斤以一角五分计算，全县能收入279万元，这是一笔了不起的收入，也是当前见效最快的一种。店上公社井掌底大队37户人家，但苹果一项收入近万元，占全队总收入的50%以上，我们应该花力气，迅速搞上去。

农林牧三者相互依赖，缺一不可，要把三者放在同等地位。壶关荒山、沟坡面积将近100万亩，有着发展林牧业的优越条件。如果能正确处理好农林牧的关系，扬长避短，发挥优势，将会大大地加快壶关的建设步伐。

A.正确处理林与农、牧的矛盾。在幼林超过十年生的社队，着重点放在养牧上比较合适。十年以下的社队，牧业生产应以改良为主，发展为辅，稳步上升。林业初见眉目的地方，可采取“林牧坡界限分明，互不侵犯”的办法同时进行。但是林木不超过五年者，羊群要适当控制和压缩，或且进行原状改良，十年之后，羊群发展就具备了山舍条件，可以加快发展步伐。这样的方法叫做牧业（羊群）“休养生息”，为的是为期不长的高速度发展。林牧之间相互依赖的关系，毕竟还是以林业发展为前提，牧业在特定条件下需要委曲求全。否则，林牧相争，双方均无前程所在。如果在林牧适宜同时发展的地方，除合理地划分林、牧坡外，还必须选定相应的制度和办法来维护林业发展，不使遭到损害。

在处理农、林矛盾上，要推广“树随地走、随地到队、为队所有、收入归队、砍伐批准”的办法。这样让生产队得到实惠，就可以大大减少农林相争的矛盾，不仅有利于农业的发展，而且有利于林业的恢复与发展。东土池大队的红果、核桃树大都是分散地长在地头岸边，前几年，树木收入统一归大队所有，结果各生产队除不爱护外，还怕遮地，发动社员乱扒、乱砍，长的果实不到成熟就完了。现在采取树跟地走的办法，树木不但没损坏，而且保护的很好，产量显著提高，收入大大增加，树木还有了新发展。这个大队由于正确处理了农林牧的矛盾，到目前为止，荒山造林625亩，占宜林地的90%，人均1.2亩林；四旁植树30000株，人均64株，林业收入10300元。1979年粮食总产28万斤，社员口粮450斤。畜牧业生产由以前的18头大牲口、90只羊，发展到大牲口58头、生猪104头、羊405只、兔子1040只，全队总收入9万元的可喜局面。大队支书赵雪林说：俺队如今户户有存款、家家有余粮，如果没有林业做保障，再乱治富也失望。

B.合理安排农林牧生产，农林牧互相依赖，互相促进，但在发展上也有矛盾。在一个公社一个大队,整体上讲,要因地制宜全面发展,具体到一个生产单位就要适当集中,宜农则农,宜林则林,宜牧则牧,切不可千篇一律死搬教条,把全面发展当作一齐上是不对的。饭要一口一口地吃,活要一件一件地做,发展农林牧生产也和下象棋一样,棋哪个也能走,究竟走哪个好,其结果是不一样的。多年的实践证明,如果不能正确处理农林牧的布局问题,必然在人力、物力、财力上造成巨大损失。例如:万紫千红山绿化了近三十年一直没有绿化了,据调查主要是发展林业与发展羊群没有统一安排,一座百余亩的山,就有三、四个大队,七、八群羊放牧,这怎样能长起树来呢?当然,牧业也是很重要的,周期性短,得利快,关键要合理布局。当前,我们要继续抓好农业生产,壶关是个农业县,全县人口 24.1 万,农业人口就有 23 万多。23 万人的吃饭问题,这是个大事。各级领导丝毫不能产生农业成了可有可无的事,如果有了这种思想那就错了。过去,由于林彪"四人帮"推行的极左路线,搞单一经营,我们吃够了苦头,但是在调整农业内部的结构比例中,也不能放松农业生产,只有把农业搞好,才能加速向林牧方向转移。千万不能犯急性病,抽紧裤带搞转型是搞不好的,反而会挫伤群众的积极性。另外,我们要创造发展林牧的条件,壶关虽然荒山面积较大,但真正宜林、宜牧的面积不大。为了把壶关尽快建成林牧基地县,首先必须改造和恢复宜林宜牧荒山。其途径是封山禁坡,加强水土保持,恢复植被,有土才会长草,有草才会保土增土,曹家沟大队封禁荒山二年以后,草灌均有显著增长。这样做看来是慢,实则是快。如果牛羊常在山上跑,草不能复壮,逐渐枯死,就连草籽也难以产下,结果是破坏了植被,山越来越光,土越来越薄,草越来越少,石头越来越多,百亩牧坡不顶一亩用,既发展不了牧业,又不能栽树。另外是要种草栽灌,草多山就沃,先草后牧,先灌后树,逐渐改造成宜牧宜林荒山。

3. 落实政策,解除余悸。

鉴于十年浩劫,党的林业政策遭到了极大的破坏,国家、集体、个人的山林树木都失去了政策的保障,致使乱砍滥伐成风。在极左路线的干扰下,今天来个"共产没收",明天来个"割资本主义尾巴"。其实,"共产风"刮来刮去刮掉了社员群众植树造林的积极性,"割尾巴"割掉了广大群众对党的政策的信任。粉碎四人帮以后,尽管从中央到地方对于林业发展引起了高度重视,但在一部分社队至今仍存在着一种"干部怕右,社员怕变"的后顾之忧,在很大程度上影响了林业的高速度发展,特别是谁栽谁有的政策严重失信于民,再加上落实政策不坚决、不彻底,给林业生产设置了重要思想障碍。比如:有些社队虽然天天在喊落实政策,实际很不彻底,表现在大队平调了社员树木退了,公社平调大队的树木没有退;牵涉到干部本身的退了,而牵涉到社员群众的没有退;找的紧的退了,找的松的没有退;问题小的退了,涉及面大的没有退;明显的退了,不明显的没有退……。因此,群众说:“栽树多了有啥用,不等你树木成了事,来上一阵共产风,就会给你砍了净。到头来,栽树越多越伤心,不如落个自在好”。

一些社队因保护政策不落实,也挫伤了群众植树造林的积极性。他们反映:“政策是谁栽谁有,实际上是谁砍谁有”,直至目前,“撑死胆大的,饿死胆小的,气死栽树的”的现象依然不同程度的存在着。面对这样的现实,不下工夫落实党的政策,使党的林业政策取信于民,大力发展林业生产就变成了一句空话。在落实政策方面,必须强调抓好以下三项工作:

①继续宣传政策,做到深入人心。为了使党的林业政策做到家喻户晓、人人皆知,我们仍然面临着十分艰巨的宣传任务。多年的实践告诉我们:党的政策只要被广大群众所掌握,林业的大发展就将充满着希望。目前,之所以个别社队靠山不养山,部分社员栽树不积极,其中主要的原因是林业政策贯彻的不深入。有些社队的群众光听说国务院颁发了《森林法》,但对其具体内容了解的很少。对于中央的三、五指示,省、地县有关政策规定,至今还没有组织认真的学习讨论。于是,有必要在宣传贯彻上进行一次重新补课,使全县造成一种全党兴办林业,植树造林光荣的社会风气。

②认真落实政策,做到取信于民。要彻底治愈十年浩劫的创伤,就必须下大决心,下大工夫去落实党的林业政策。对于过去的遗留问题,不管涉及面大小,问题多少都要不打折扣地加以落实。只有认真落实了,党的政策才会取信于民,社员群众的积极性才会空前高涨起来,全县就会出现国家、集体、个人一起上的局面。

③大胆放宽政策,做到责任严明。很多先进单位的实践表明,要使林业有个高速度的发展,就必须解放思想,放宽政策。放宽政策并不是抽象的词句,而十分突出的标志就是敢不敢建立健全各种林业生产责任制。因为政策是发展林业的保证,而建立和加强责任制又是对党的政策的具体体现。

过去,一些地方林业生产发展缓慢,年年栽树不见树,岁岁造林不见林,一个重要原因就是管理不善,责任不明。今后各社队一定要因地制宜地建立各种责任制,从根本上改变那种“吃大锅饭”,不求实效的办法;在全县要推广北行头大队以路以山以沟定工,责任到人的保护办法;刘庄大队实行经济树估货定收,秋后交款记工的大包干的办法;川底大队实行育苗植树、造林的联产记酬责任制和刘寨大队实行五定一奖的管理办法,由于他们把广大社员的社会主义积极性建立在关心个人切身利益的基础上,所以收到了良好的效果。

荒山沟坡面积大的社队,要推广山仓大队放宽政策抓林业,分沟到户绿化快的经验。

4. 普及技术,科学造林。

谈起栽树,很多人都知道,栽上的树成活与否,很多人没有把握。这就是说,全县真正懂技术,精通业务的人还不多。近两年,全县栽树不少,成活率很低,除干旱外,其主要原因是不懂技术,不按操作规程办事,犯瞎指挥的错误。今春树掌公社用较大的代价从外地购买了40000株杨树,因长途运输,根系长时间暴露在空气中,又吹又冻,根系干枯,浅坑干土栽干树怎能成活?全县这样的事例太多太多。因此有人说是栽的早,冻死了,这是没有科学道理的,如果我们能选择适令树苗,做到随起随栽,栽时不窝根,深浅适宜,松紧合适,并能浇些水,成活是没问题的。要想使林业工作适应林业科技现代化的要求,避免一切不应有的人为损失,领导同志必须懂业务,要有一定文化程度和富有一定专业技术的人担任技术员。除县里统一重点培训外,要推广东柏林公社林果桑民办站普及林业技术的经验,使所有专业人员对于育苗、植树、造林的技术都要有一般的了解。

为了加快东山用材林基地建设,重点谈一下科学造林。造林的成败取决于各个造林技术环节掌握的是否正确,为使造林达到成活、成林、成材、速生、优质、丰产之目的,必须采取正确的技术措施。归纳起来不外乎适地适树、良种壮苗、密度合理、细致整地、精心栽植、加强营护六个方面。

(1)适地适树。适地适树就是将树木栽在它生长最合适的地方。我们造林是有目的的,主要是根据社会的需要,服从国家的计划。因为造林绝大部分在荒山上大面积栽树,受自然影响很大,而且造林又不是一年半载就有收获,一般用材要十年左右,经济树要三至五年以后才有产品。因此,造上林想活得多、长得快、收益大、效果好,首先要选定最合适的苗木。如果不管效果,盲目地有啥栽啥,很可能不是活不成、活的少,就是长不旺、不成材。这样不仅达不到原来造林目的,而且还浪费了很多劳力、种子和树苗,造成很大损失。比如:干旱的山坡上就不能栽垂柳,栽了会旱死;相反,把怕水湿的油松、刺槐栽到多水的河滩,也一定会涝死。如果把习惯寒冷的山地生长的落叶松栽在暖和的平川地上,也热得长不好。所以要做到适地适树,就先要摸清树木的性格。

第一,对土壤的不同要求。树木依靠根部从土壤里吸收水分和养分,这些养料是要溶解水里以后,才能被根吸收的。因此,同是一种树木,在水土肥足的地方,都要比在干旱瘠薄的地方生长得又快又好。但是,壶关造林地大多是荒山、荒沟,所以应当了解哪些树木在土壤干旱瘠薄的情况下也能生长,哪些树木根本不能在这些条件差的地方生长。这样,我们就可以将树木大致分为:耐干旱瘠薄、不耐干旱瘠薄、耐水湿、不耐水湿等几种。

耐干旱瘠薄的有:侧柏、山桃、山杏,其次是油松、刺槐、臭椿、桦树等。

不耐干旱瘠薄的有：泡桐、杨树等，多数树介于中间类型。

耐水湿的有：泡桐、楸树、杨树、柳树等。

不耐水湿的有：臭椿、木瓜、枣、油松等。

只要我们将这些树的性格弄清楚了，任何地方就都能造林成林了。

此外，选定造林树木，还要知道土壤是什么性质，否则就不能生长或长不好。

土壤的湿润干旱，肥沃瘠薄，以及盐碱性重不重都是可以看出来的，要知道是酸性还是石灰性就不太好区别。除用化学药品测定外，一般利用什么性质的土喜欢长什么植物这个规律来帮助我们辨别：

爱长灯笼草、狗脊、林盘子、牛辣子、映山红等植物的地方是酸性土。

爱长蜈蚣草、甘草、野花椒、蒺莉、贯中、马刺甲等地方是石灰性土。

爱生长芨芨草、盐逢，沙参、羊角菜等地方是盐碱土。

第二，对气候的不同要求。对树木生长关系最大的主要是温度和雨量，雨水多少直接影响土壤的干旱湿润，耐干旱的树木，就能在雨水少的地方生长，不耐干旱的树木，在干旱的情况下就长不好，今年春季为什么栽植多年的成片林中，柳树比杨树死的多，杨树比榆树死的多，除连续几年干旱，地墒严重不足外，与他们本身特性有关，西关党校就是典型一例。

温度对树木生长也有很大的关系，大家都知道，长在南方喜欢南方暖和的树木，一遇到很冷的天气就受不了，而在东北、西北的一些树木，在地冻几尺深的情况下照样活着。这就说明树木有抗寒和不抗寒之分。所以在选择树木时要注意它的耐寒、不耐寒性格。前几年，全县发展过软枣和柿子树，但因气温低不适宜，绝大部分被冻死，但也有极少数树因加以防寒保护而生存下来。对于引进树种既要考虑到耐寒性，又要人为的创造条件，使其逐步适应。

第三，对地势的不同要求。由于高山就比平地冷，风大，阴坡就比阳坡受到的日光少，温度低、土壤湿润，平地就比山地暖和少风；因此在平地生长的树，上山就长不好，适合在山上生长的树木，在平地也同样长不好。例如山桃、柏树喜欢日光，又不怕旱，要栽在阳坡；油松树耐阴又喜欢湿润，适于栽在阴坡。一般尽量在本地土生土长的树种中挑选，同时也应当重视当地历来的经验。我们只有把造林地的自然情况和一些树木的性格都弄清楚了，才能做到“适地适树”。

（2）良种壮苗。有了种苗才能绿化造林，林木种子是造林达到速生、丰产、优质的重要措施之一。实践告诉我们，哪里事先准备了充足的良种育苗，哪里的林业生产就高速度发展。一般地讲，良种是指种子纯净、饱满、发芽率高，而且遗传性好，能使后代林木保持优良品质。壮苗是指苗木根和茎大小相称、茎粗壮、根发达、生根能力强、无病虫害、生长快、能够保证栽活。由于树种、造林季节、造林方法、土地条件、造林目的不同,所用的苗龄也不同。大面积的荒山造林苗龄不宜过大,过大则根大根深,起苗而伤根,降低根系的吸水能力,而且大苗操作运输不便,增加了对保护根系的困难。苗大树身蒸腾量就大,而造成定植后林木的本身水分支大于收而死亡。但也不宜过小,苗小储蓄的水分少、抵抗不良环境能力弱,容易因干旱而死亡。油松一般二年生苗造林好,刺槐也是二年生好,杨树以二年根,一年梢的苗成活高,但必须加强保护,否则损失很大。

过河先搭桥,栽树先育苗。在林业大发展的形势下,县委狠抓了育苗生产,1980年全县育各种树苗近7000亩,但因管理技术跟不上去,苗木质量不十分高,优质苗木仅占50%左右,今后一定要把种苗抓好,有计划、有步骤地引进新品种,培育良种,开展选优、建立良种壮苗基地,以满足林业生产日益发展的需要。

(3)合理密植。为了更好地发挥造林的作用,需要一定的合理结构。所谓合理结构就是根据造林的目的、树种和立地条件,在选择前有计划地安排密度排列方式及树种构成,使之达到比较适宜的程度。如用材林保证树木各个体之间的相互关系,能够充分利用营养空间,发挥最大的生产潜力,尽可能的速生、丰产、优质;以利用果实为主的经济林,要保证每株树都通风透光,均匀生长发育,一般要求单层的松散结构;水土保持林要求紧密郁闭,最好是乔灌混交。

要做到合理密植,首先必须根据树种的生长特性,气候土壤条件和经营的目的统一进行考虑。一般地说,生长慢的,耐阴的或树冠小的树种栽的密一点,喜光的或树冠大的树种栽的稀一点;在土壤条件差的地区或在高山、陡坡和土质瘠薄的地方栽树应适当密些;防护林较用材林的密度大,薪炭林的密度更需大些;以产果品和油料为目的的经济林密度不宜过大,核桃每亩30株左右。

合理密植能够促进幼林适时郁闭,抑制杂草滋生,缩短抚育年限,节省抚育费用,提高单位面积的产量、质量和利用率。在我县油松、侧柏,每亩330株,刺槐榆树、椿树220株,杨、柳树每亩150株。

(4)细致整地。造林前整地是一项非常重要的工作。造林整地能够改变土壤的原有理化性质和局部山地地形,改善造林的环境条件,所以不但能提高造林成活率,而且可以大大促进幼树的生长。据调查,整地可使土壤含水量提高6%至8%,造林成活率提高30%至40%,可使油松生长提高30%至80%。其原因是:①改善了土壤的水分状况,主要是收多支少,增加了土壤含水量;②提高了土温,改善了土地通气状况,促进了养分转化。

根据壶关宜林地多半是山区,山高坡陡的特点,一般采用局部整地,因为过密和全面整地会引起冲刷。整地的形式:一般在坡度较陡时(26° 以上)可采用水平阶,水平沟整地。坡度较缓的地方可采用带状整地。地段零碎、石多土薄的地方,可采用块状或鱼鳞坑整地。壶关多数社队可采用小坑整地(2×2 尺),整地时要求土壤疏松,去掉石块,清除杂草,里低外高,有一定的坡度。裸岩多的山地,可采用小坑栽植。不管用哪种整地形式,都应成为环山等高,上下成品字排列,这样可以减少冲刷,截住地表径流。

整地的时间,应在造林的前一季进行,不能随整随下种。我县造林成活低与不能提高整地质量关系很大。预整地工作应引起全县人民重视,应努力做到先整后造。

(5)精心栽植。造林要取得成功,首先第一步是保证成活。而造林的季节和方法的选定,特别是种植是否专心,是决定成活与否的关键。因此必须认真对待,总的要求是"以成活为标准"。

造林方法有两种,一是直播造林;二是育苗移栽造林。壶关土地条件差,直播造林缺点多,现在生产上大都推广了育苗移栽的办法。常行公社、川底大队采用油松育苗移栽造林,在 1979 年严重干旱的情况下,造林 206 亩,成活率达 85%以上,一年超过了三十年的造林总和。

植树造林季节有春、雨、秋三个季节,早春是植树造林的最好季节,优点是气温低,蒸发不大,土壤比较湿润,苗根愈合快,再生能力强,芽未萌动,栽植后易成活。但是为什么近两年成活率不高呢?主要是连续大旱,特别是春旱。另外是错过了早春(解冻)水分比较充足的有利时机再进行整地,随整随栽跑墒严重;起苗运苗过程太长,没有采取保护措施,有冻根、干根现象而造成死亡。雨季造林多是指松柏树造林,通常在连阴多雨天,气温湿度大、风小、水分充足的情况下,有利于造林成活。一般在雨后的连阴天或是降雨之前进行,栽植时间要保证造林后小苗有两个月的生长期。雨季造林最好在阴坡和半阴坡进行。秋季造林也是一个非常重要的季节,特别是阔叶树截干造林很好,关键要适时,一般在十月下旬至十一月上旬。

油松造林要把好四关:一是起苗不要伤害根,二是要用泥浆蘸根,三是搬运时不要损坏苗,四是移栽埋土不窝根。这就要求坑要深,苗根靠直壁,复土要实但不能用攫头捣。群众把这个方法编了个顺口溜,"二三年苗成活高,移栽根系要保好,埋土不能窝了根,修好池池把水保"。

加强保护。造林后的保护工作是巩固造林成果,加强林木生长的重要措施,"三分造,七分保,造是基础,保是关键"。幼林保护的主要任务,一是要松土除草,改变林木的生长条件,要求做到"一培,二净,三不伤",即一培是将穴周围的肥土培于根部,还可以把铲除的杂草盖在穴上面,防止土壤水分蒸发;二净是杂草除净,石块拣净;三不伤是不伤根，不伤皮，不伤顶芽。二是要对幼林的生长发育进行适当调节和控制，如除萌、平茬、修枝、间苗等工作。三是对幼林进行保护，使其免受外界不良环境因子的危害。幼林保护包括防火、防治病虫害、防鸟兽害、防人畜破坏等。群众总结的好，“光栽不护，白费工夫。”所以造林以后，保护工作一定要跟上去。尤其是造林后的前几年，最易遭受羊群、牲畜和人为的损坏，所以必须做好宣传教育工作，认真贯彻《森林法》和森林保护条例，制定护林公约，建立护林制度，建全护林组织，落实专职护林员保护。

同时要做好检查验收工作，每年都要全面进行一次检查验收，目的是要考核造林的数量和质量，总结植树造林中的成绩和缺点，找出成败原因，以便改进技术措施。定植后三个月阔叶树成活率不达85%，针叶树不达80%者，要及时进行补植补种，成活率不达40%者，为失败面积，应重新造林。

在这里还需说明一点，全县树木普遍存在着树冠太小，严重影响树木的生长，造成了树势衰弱，高粗生长减弱，严重者树稍弯曲，干型不良，有树不成材。所以对人工林、四旁树我们主张轻修多留，一般阔叶树一二年，针叶树二三年，根据树种和生长情况修剪一次。幼树树冠要占到全高的四分之三，十年以下的树要保持三分之二的树冠，十年以上的树也要保持二分之一的树冠，只有这样才能保证速生丰产。经济树要根据树种特性和需要进行修剪整形，另作别论。

5. 加强队伍，狠抓收益。

多年的实践证明，“哪里有几个人，哪里就有几片林”。只有群众运动和专业队伍紧密配合，林业生产才能高速度发展。因此，全县社队都要办林场，建立健全林业专业队伍。保证专业劳力数量要达到县委的要求水平，平川要占到总劳力的5%至10%，山区要占到总劳力的10%至20%。各社队都要根据自己的实际情况，逐步加以实现。林业专业队一定要专业化，克服以往存在的名曰林业专业队，实际上是打杂队、副业队、种菜队、育种队、果园队、支差队等。各级领导要集中精力抓林业，真正把它拿到自己手上。同时要加强林业专业队伍的领导，各社队都要有一名热爱林业、懂专业技术，有领导能力的党委委员或主任专门负责这项工作，专业队要普及林业科学知识，实行老中青三结合。要有一名有文化、有技术专长的人担任技术员，要开展科学试验，研究林业生产中的新技术、新问题，要解放思想、大胆实践、敢于和善于走前人没有走过的路，用前人没有用过的办法和措施，把林木基地建设起来。

发展林业生产，虽然周期性长，但也和其他工作一样，要想真正把群众搞林业的积极性变为自觉行动并坚持下去，除抓好政策落实外，还必须着重抓收益兑现。在抓发展的同时，就要着重于培养典型，以点带面，尽快让群众得到利益，确实使大家认识到发展林业生产是一条致富的道路。否则，光嘴上讲林业重要，发展林业好处很多，群众得不到实惠，就是干也有顾虑，也就不可能真正把群众的积极性充分调动起来。各级领导要身体力行，认真学习和掌握技术，迅速把林业效益抓上去。

在用材林管理上要推广新技术，克服以往有树不成林，有林不成材的被动局面，在大力发展荒山造林的同时，要狠抓速生丰产林建设，力争五年开始受益。

木本粮油树，要一手抓发展一手抓管理，通过对现有树的综合管理，达到迅速提高产量之目的。目前，生产上存在着放任不管的现象，产量低而不稳。全县核桃株产二斤，回车大队6000余株核桃树，平均株产也只有二斤半多。这也说明提高核桃产量大有潜力可挖，但是产量低也影响发展，这个问题非解决不可。从现在起，各级领导必须重视抓收益工作，而且要抓得很紧很紧，一抓到底，抓出成效来，这样才会增强大干林业的信心。

总之，全县人民要在各级党政的领导下，树立艰苦奋斗精神，团结一致，共同努力，在最初几年里，舍得投工、投资，付出大的代价，打好林业基础工作。一定要把美好的远景规划同扎扎实实的工作结合起来，埋头苦干五年或者更长一段时间，为彻底改变壶关自然面貌和为子孙后代幸福奠定基础，做出贡献。到90年代末，将看到这样一幅光辉灿烂的前景："高山远山松柏山，低山近山干果山，四旁沟坡连成林，沟沟凹凹飘果香，生态平衡灾减缓，农业牧业大发展，有吃有喝有钱花，穷壶关变成幸福园。"

努力吧，目的一定能实现！

尾　音

为了贯彻落实县委的林牧决定，加快我县林业生产基地建设步伐，特编写了这本小资料，仅供各级领导和从事林业工作的同志参考。由于水平有限，资料中难免有认识肤浅和不妥之处，敬请同志们阅后批评指正，以便今后在实践中完善提高。

1980年7月1日

壶关县林业区划报告

山西省壶关县第八届人大常委会第四次会议

一九八四年十月十三日通过

壶关县位于山西省东南部，太行山系的东南端，素有"行头"之称。北靠平顺，南至陵川，西临长治，东接河南林县、辉县。地理位置在北纬35度51分至36度13分，东径113度10分至113度40分之间。据土地利用现状调查，全县总面积为1519255亩，其中农耕地630340亩(包括与耕地毗连的小块荒地,田间小路及地埂等辅助用地),占总面积的41.5%;有林地、疏林、未成林造林地、灌木林、苗圃等占地252752亩,占总面积的16.6%;人工草地3482亩,占总面积的0.2%;无林地(未利用的荒山荒地)442250亩,占总面积的29.1%;暂难利用地103780亩,占总面积的6.9%;另外还有村庄、工矿、交通、水域等其它用地86651亩,占总面积的5.7%。

第一章 自然及社会经济情况

一、自然概况

1. 地貌:我县属太行山系,是一个石质山区。除山间平地、河谷和部分黄土丘陵为沉积黄土外,其余基本为奥陶纪石灰岩覆盖。太行山主脉行头岭纵贯南北,把全县分为东西两个水系,东入卫河,西入漳河。整个地形是东部山岭陡峭,西部平缓。境内山峦起伏,沟谷纵横,石质山岭之间插花分布着黄土丘陵,冲积河谷阶地和山间小平川。其中城关镇、集店乡、辛村乡一带有3.98万亩山间小平地,海拔1000至1100米。其余乡(镇)海拔多在1200米以上,全县平均海拔为1252.5米。最高点是石坡乡大虎岭,海拔1822米;最低点是东部河郊沟的桥上乡川底村,海拔为486米。由于高差悬殊和河流长期切割形成了地形复杂、土地支离破碎的地貌特点。

2. 气候:我县属于暖温带大陆性季风气候区。年平均气温摄氏8.8度。一月平均气温零下6度至8度,七月平均气温为22度至23度,年极端最低气温零下24.5度,极端最高气温37.4度。大部分年份是春旱多风,夏季干热,秋凉多雨,冬季寒冷少雪。全年平均日照时数2602小时,日照率为59%,无霜期为110至180天。由于地形复杂,小气候差异较大,地处分水岭的盘马池、郭家陀、东井岭、行头岭到百尺镇赵屋川一带无霜期只有110天左右。东部河郊沟的河谷地带,地形较低,气候炎热,无霜期180天左右。全县年平均降水量600毫米左右,城关一带为610毫米左右,东部山区的树掌、鹅屋等地为620毫米左右,桥上为630毫米左右。从一九七七年以后,全县降水量明显减少,至一九八三年共七年间,总降水量为3176.4毫米,年平均453.8毫米。从降水量的分布来看,全年50%至70%集中在七、八、九三个月,三至五月份只有80毫米,约占10%左右。所以,春多干旱,夏多暴雨、水土流失严重,霜冻、冰雹、大风等自然灾害也时有发生。

3. 土壤:由于自然条件存在很大差异,土壤种类也较为复杂。全县分褐土和草甸土两个土类,21个土属,37个土种。我县土壤分布具有一定的规律性。

淋溶褐土一般在海拔1500米以上,面积为20520亩,占土地总面积的1.4%,主要分布于石坡乡打虎岭、村掌镇庙岭山。此类土壤为我县的林区土壤。

山地褐土，部分发育于针叶林和针阔叶混交林带，但绝大部分是荒山荒地，即粗骨性土壤。面积 1172268 亩，占土地总面积的 78.9%，主要分布于东部海拔 1300～1500 米的地带。

褐土性土，多发育于丘陵地带，被黄土质覆盖，面积 118545 亩，占土地总面积的 8%，分布于海拔 1100～1300 米之间，多数为耕地土壤。

碳酸盐褐土，分布于我县西北部的山间平地，呈水平分布，面积 106700 亩，占土地总面积 7.2%，是主要的农业土壤，是粮食的主要产区。

全县 80%以上的地区，属奥陶纪石灰岩地质构造。风化慢，漏水强，故形成地表干旱，地下水十分缺乏。由于水土流失严重，绝大多数山上岩石裸露，土薄而不成层。

4. 植被：本县属暖温带针阔混交林地带，油松、辽东栎、槲树林区。原始植被久遭破坏，残留无几，现有的植被类型有天然次生油松林、油松和辽东栎等针阔叶混交林，以虎榛子、胡枝子、荆条、酸枣为主的灌丛或灌草丛，还有白羊草、蒿属、针茅、地榆等组成的草地。此外还有少量的侧柏、白皮松天然次生林。乔木树种以油松、白皮松、辽东栎、侧柏为主。灌木主要以荆条、鼠李、胡枝子、虎榛子、黄刺梅、酸枣、杠柳为主。近年人工栽植的树种以油松、刺槐、杨树、椿树、旱柳、榆树为主，还有苹果、梨、桃、杏、红果、花椒、柿子、核桃等经济树。

本县的天然次生林主要分布在树掌镇和石河沐乡一带。人工林在全县均有分布。山区以油松为主，平川、沟坡以刺槐、杨树为主。灌草覆盖度阴坡一般在 0.5 以上，阳坡在 0.4 以下。农作物有玉米、谷子、小麦、高粱、糜子、豆类、马玲薯、茴子白、萝卜等。

二、社会经济情况

壶关县是一个以农业为主的县。全县 20 个乡（镇）、384 个村、988 个自然庄。总人口 247406 人，其中农业人口 233617 人，劳力 78265 个。解放前，经济很落后，解放后工农业有了很大发展，一九八二年工农业总产值为 5775 万元，其中农业总产值 2175 万元，占 37.7%，林业总产值 604 万元，占农业总产值的 27.8%。

1. 农牧业生产：解放初期粮食亩产仅有 180 斤，一九七八年亩产 319 斤，三十年每亩增产 139 斤，平均年增长率为 2.6%。从一九五九年至一九八一年人均集体分配口粮来看：400 斤以上只有一年，300～400 斤之间有十三年，300 斤以下九年，最低是一九六一年，人均集体分配口粮仅 254 斤。实践证明，单一经营粮食是违背自然规律和经济规律的。多年来，不但粮食发展缓慢，而且人均经济收入也只有 50 元左右。党的十一届三中全会之后，特别是落实农业生产责任制以来，农业开始振兴。一九八二年全县粮食总产 12464 万斤，亩均产粮 377 斤，比一九七八年提高 18.2%，按农业人口计算人均533斤,人均总收入85.3元。但受自然灾害袭击,收入低,粮食不足的局面仍未彻底摆脱。

过去对牧坡的建设一贯是盲目发展,过度滥牧,不讲求经济效益,造成了牧坡退化,载畜量下降,羊群和大牲畜的发展受到了限制。近几年,猪、鸡、兔等家庭畜牧业有了一定的规模,一九八二年有大牲畜18602头,猪53676口,羊48027只,鸡30.39万只,经济收入占农业总收入的10%左右。

2. 林业生产:长期以来没有受到足够的重视,没有得到应有发展。三中全会之后,我县对林业工作有所加强,充实加强了林业局的领导和技术力量。除林业局外,还有国营林场一个,国营苗圃一个。林业干部职工总人数达72人,其中行政干部9人,技术人员16人,职工35人(临时职工15人)。全县20个乡(镇)均配有分管林业副乡(镇)长及林管员。全县乡(镇)办林场14个,266人。林业专业户、重点户共2797户,其中造林户537户,育苗户1380户,植树户104户,管护户776户。虽然这些机构和队伍为发展林业生产做了大量工作,但是要加快绿化太行山的步伐,现有职工和林业队伍人数远远不够,技术水平也很不适应。

林业生产与其它各业相比发展进度慢,质量差,例如,解放以来到一九七八年三十年共造活人工林2.6万亩。林业生产发展不快的主要问题在于不重视科学造林,重造轻管,粗放经营,其次是林业资金不足,影响了林业生产的发展。

3. 工副业生产:全县各种矿产资源种类较多,有煤矿、铁矿、铝矾土、高岭土、硫磺、大理石、石灰石、坩土等。但除石灰岩以外,贮量不算丰富,形不成一种全县性的资源优势,所以在工副业发展上是小型多样,有采矿业、建材业、陶缸、运输、劳务等,一九八一年共收入1182万元。

在各工副业项目中,煤炭生产占有一定的位置。全县共有小煤矿62个,年产煤炭36.48万吨,年需坑木2000立方米,但由于本县木材缺乏,这些木材全部靠外地调进。因此,如果我们不利用本县荒山荒地多的优势,大力植树造林,势必要影响全县工副业的发展。

本县距长治市近,交通方便,有着发展工副业、林副业和商品生产的有利条件。

第二章　森林资源情况

据1983年调查,全县总面积1519255亩,其中有林地149153亩,疏林11154亩,灌木林3960亩,未成林造林地79128亩,计243395亩,占总面积的16%,有林地加灌木林加四旁树的森林覆盖率为12.4%。无林地442250亩,占总面积的29.1%,(具体见各类土地面积统计表）。全县森林蓄积量为 166486.2 立方米。

有林地、疏林、未成林造林地按权属分，集体林为多，尤其是人工林和未成林造林地、集体所占居多。在 243395 亩林地中，集体林 195452 亩，占 80.3%；国有林 47983 亩，占 19.7%。集体林蓄积量 102086.6 立方米，占 61.3%；国有林蓄积量 64399.6 立方米，占 38.7%。

（具体见森林面积蓄积按权属统计表）。

森林面积、蓄积按权属统计表

单位：亩、立方米

项目		总计	林地						灌木林	未成林造林地	苗圃	无林地
			合计	有林地								
				小计	天然林	人工林	经济	疏林				
面积	合计	695002	243395	149153	67293	58988	22872	11154	3960	79128	9357	442250
	其中国有		44023	40743	22102	18641		1461	未定	1819		
蓄积	合计	166486.2	166486.2	161486.2	123125.8	38360.4		5000				
	其中国有		64399.6	63248.1	47811.5	15436.6		1151.5				

现有林按林种划分，用材林占优势。在 243395 亩林地中，用材林 155496 亩，占 63.9%；防护林（包括灌木林）64127 亩，占 9.4%。在森林蓄积量中，用材林 83510.2 立方米，占 50.2%；防护林 82976 立方米，占 49.8%。

现有林主要是幼龄林，其次为中龄林，成熟林很少。这和全省森林情况是一致的，也是少林地区的特点之一。如有林地（除经济林外）面积 126281 亩，其中：幼龄林 79125 亩，占 62.7%；中龄林 44964 亩，占 35.6%；成熟林 2192 亩，占 1.7%。有林地蓄积 166486.2 立方米，其中：幼龄林 44944.6 立方米，占 27.8%；中龄林 111726 立方米，占 69.2%；成熟林 4815.6 立方米，占 3%。可见，现有森林蓄积在经营方向上主要是培育保护，不能急于采伐利用。

现有森林树种除经济林和灌木林外，以油松为主。在有林地中，以油松为主的森林 92157 亩，占 73%；其次为辽东栎林 13652 亩，占 10.8%；刺槐林 8594 亩，占 6.8%；

杨树林5792亩，占4.6%；侧柏林4094亩，占3.2%；其余为旱柳、白榆、楸树、臭椿、落叶松林、共1992亩，占1.6%。在森林蓄积中，也以油松为主，蓄积137019.9立方米，占84.8%；其次为辽东栎林，蓄积15233.3立方米，占9.4%。

此外，全县现有四旁林网树3498882株，折合林地34989亩，覆盖率2.3%。

为进一步弄清森林资源情况，下面分类予以说明：

一、天然林：我县天然林均为多次破坏后残留下来的次生林。有林地面积67293亩，蔬林面积5304亩，合计72597亩，其中天然林有林地占全部有林地(不包括经济林)的53.3%。天然林有林地中以中幼林为主，幼龄林23885亩，占35.5%；中龄林41361亩，占61.5%；而成熟林很少，只有2047亩，占3.0%。天然林蓄积126661.7立方米，占全县森林蓄积的76.2%。其中主要为中龄林，蓄积量106951立方米，占天然林有林地蓄积的84.4%，此外，还有天然灌木林3960亩。

全县天然林发展还是较快的。1962年只有天然乔木林25380亩，1975年增加到51075亩，1983年又发展到67293亩，每年增加2000亩以上，蓄积量也由1975年的83200立方米增加到126661.7立方米，每年增加5000立方米以上。

我县天然次生林集中分布于树掌镇境内，石河沐、鹅屋、东井岭、店上等乡(镇)也有少量分布。由于种种原因，这些天然林不断遭受破坏，林相不好，林窗较多，参差不齐，平均每亩蓄积量只有1.83立方米，低于全省水平，但是，这些天然林是我县重要林业资源，它既发挥着重要的水源涵养作用，也是发展林业的物质基础，除提供林木种子外，每年可更新扩大森林面积2000余亩，还可以提供少量商品木材。

二、人工林：全县共有人工林81860亩(包括经济林)。近几年新造的未成林造林地占的比重很大，为79128亩，占人工林的96.6%；人工疏林5850亩，占人工林的7.1%，。人工林中用材林45783亩，占55.9%；防护林13205亩，占16.1%；经济林22872亩，占28%。人工林蓄积39824.5立方米，占全县森林总蓄积的23.9%。

在人工林中，幼龄林55240亩，占93.6%，中龄林和成熟林很少。人工林树种，除经济林外，油松林43581亩，占73.9%；刺槐8421亩，占14.3%；杨树5290亩，占9%。其余为旱柳、榆树、侧柏、楸树、落叶松、辽东栎等，占2.8%。

长期实践证明，刺槐造林在我县成活率高，特别是秋季截干造林，效果更为明显，成活率一般可达90%，并且生长迅速，根系发达，耐干旱，很受群众欢迎，是我县海拔1200米以下的丘陵区较为理想的水土保持林树种。下表是今年调查的四块刺槐人工林样方材料。

调查地点	树种	年龄	平均胸径（cm）	平均树高（m）	冠幅		每公倾断面积（m²）	株行距（m）	每公倾现有株数	地形坡位
					SN	EW				
赵掌	刺槐	4	2.9	4.7	1.2	1.4	3.18	1*25	4800	丘陵上部沟坡
”	~~	4	2.9	4.4	1.3	1.05	4.80	1*1	7500	沟坡
刁掌	~~	4	2.1	4.0			2.53	1*1	6900	沟坡
”	~~	4	3.1	4.9				1*1	3380	坡下部

从这个抽样调查可以看出，刺槐年平均胸径生长 0.5 ~ 0.7 厘米，年高生长 1 ~ 1.2 米。

从保持水土的效益看，刺槐也不失为一个好树种，如黄山乡西底村一九七五年开始在一个水土流失严重的沟坡上全部营造刺槐林，现在已郁闭成林，水土流失基本控制，而且使一个间歇泉水变成四季长流的泉水。

刺槐是豆科植物，根系有固氮作用，能提高土壤肥力，一般育了刺槐苗后种玉米能提高产量 20%以上。刺槐叶无论干鲜，猪牛羊兔都很爱吃。近几年全县养兔业发展很快，每年饲养达十五万只，也主要是靠吃刺槐叶子。由此可见在沟坡发展刺槐，可解决部分饲料，减缓林牧矛盾，促进牧业发展。同时，刺槐木质坚硬，是制做农具、车辆和坑木的好原料。

我县的人工油松林，多在海拔 1100 米以上的石质山区，多数地区属于石灰岩、页岩和铝矾土地带，一般土壤呈微碱性反应，所以栽植的油松林前期生长慢。随着树木、草灌的生长，郁闭度的不断增加，树枝落叶和其它植物残体大量积累，土壤有机质发生变化，肥力增加，所以后期生长较快。据常行乡盖家川调查，油松前五年平均年高生长为 15.1 厘米，后五年平均年高生长为 32.5 厘米。

三、经济林：全县有成片经济林 22872 亩，其中：苹果 7000 亩，产量 618 万斤；梨 2741 亩，产量 250 万斤；红果 4321 亩，产量 95 万斤；柿树 486 亩，产量 53 万斤；红枣 68 亩，产量 20 万斤；核桃 3886 亩，产量 52.1 万斤；花椒 587 亩，产量 0.77 万斤。鹅屋乡西土池村共有红果树 825 株，年产红果 8 万斤，收入 6.92 万元，人均 93 元。由此看来，发展经济林是山区尽快致富的一个主要途径。

从经济林的现状来看，存在的主要问题是：

(1)经济林和经济树发展慢、数量少,人均只有0.1亩和3.4株。

(2)管理差、产量低。多数经济树是放任不管,产量低而不稳,个别村的苹果树甚至没结果就得了腐烂病。

(3)果品质量差,收入低。由于水、肥、病虫防治、修剪等管理措施跟不上去,果品个头小,虫孔多,仅食心虫危害一项就造成减产一半,价格最少降低三分之一。

四、丰产林的调查分析:我县搞速生丰产林是1981年开始的。仅从短短几年的情况看,营造速生丰产林是解决木材供需矛盾,增加群众收入的一个速效办法。全县有杨树丰产林4510亩,还有541亩刺槐及柳、榆、椿等树种的丰产林。据调查,城关镇南河村的三年生杨树速产丰产林,年胸径生长3.3厘米,年高生长1.62米,亩蓄积2.51立方米,价值383元,造林三年来每年亩均收入可达128元。

我县虽然水源奇缺,发展速生丰产林受到了限制,但目前发展的速生丰产林多在淤积的水库、路坝后尾下湿地,生长表现很好。而且这些地属于"拾地",也就是种上庄稼,如降雨少,还能收获,若碰上大雨便颗粒不收,用来发展杨树丰产林,经济效益很高。

目前存在问题

(1)管理粗放,舍不得投资。不施肥,不锄草,不治虫,任其生长,达不到速生标准。

(2)不懂管理技术。留头太小,修枝过多,影响正常生长,造林密度有的太大,遇到严重干旱,有枯梢枯死现象。

(3)品种单一。没有发挥本地乡土树种的优势。据调查,杨树占到总株数的56%,给病虫害防治带来了一定困难。

(4)管理差。护林责任制落实的还不够,责、权、利还不明确。

五、林木病虫害情况。据一九八三年普查,我县林木驻干害虫有天牛(星天牛、果天牛、枝天牛);食叶虫害有柳毒蛾、金花虫、松针扁叶蜂、松毛虫等;食果害虫主要是球果螟、食心虫、核桃举翅蛾、刺槐种子小峰;病害有泡桐丛枝病、枣疯病、杨树褐斑病、松苗立枯病、腐烂病等。

由于本县技术力量薄弱,资金困难,对病虫害防治工作抓得不紧,措施不力,效果也不明显,主要原因是:

(1)对林木病虫的危害性认识不足。

(2)林业技术推广跟不上,多数人不懂病虫害防治技术。

(3)本县经济比较困难,群众舍不得投资。

六、宜林地。用于发展林业的荒山荒地338180亩,暂难利用地90080亩,大多属于阳坡和半阳坡，立地质量差，不少地方岩石裸露，土不成层，其余地方土层也很薄，一般在10厘米左右，但因我县人口多，土地少，对这些土地必须开发利用，增加植被，改善生态环境形成，建立良性循环。

影响造林成败的主要因子是土壤水分条件和土层厚度及肥力。而这些因子又与地形（坡向、坡度）密切相关。为了因地制宜，适地适树安排造林，我们将全县计划发展林业的土地，划分为十个类型，其中，石质山区五个，黄土丘陵五个，并编制了立地条件类型表，表中除描述了各类型的基本特征外，还对其中立地条件和宜林性质作了分析（详见全县绿化规划方案中立地条件类型表）。

此外，还根据立地类型编制了26个造林典型设计。

第三章　发展林业的情况
——经验与问题

一、林业发展情况

历史上壶关县曾是个林木遍地的地方。县志记载有唐玄宗李隆基“潞国开新府，壶关宠旧林”的诗句。晋人刘琨到晋阳抗战时，途经壶关、长治，也留下了“狭路倾华盖，骇驷摧双辀”的诗句，亦说明沿路大树很多。据访问调查，三十年代初，壶关还有大面积的森林。地处分水岭的大井一带原是山林茂密取木甚易之地；属于半山区的晋庄、料阳一带也是林海茫茫，遮天蔽日，常有虎狼出没；城关附近的马驹、修善山头，在县直机关近年造林整地中，还刨出了不少的松树残根；树掌、东井岭、店上等地至今仍有楼房林立，也是过去森林丰富的有力见证。

到三十年代中后期，由于战争的摧残，大面积山林被毁，森林资源遭到了毁灭性的破坏。至解放初期，全县仅保留残林11745亩，森林覆盖率仅0.8%。自然生态失去平衡，水源渐渐枯竭，成了“土薄石厚，凿井无泉”之地。

解放以来，在党和政府的领导下，全县人民在林业建设上进行了不懈的努力，取得了一定成绩。至1962年，天然林恢复到25380亩，人工林达到20035亩，森林蓄积达到5.7万立方米，森林覆盖率3%。但是，此后由于受“左”的路线干扰，毁林开荒、滥伐林木的现象仍十分严重。在1975年“农业学大寨”运动中，仅西庄一村就砍掉地岸边枣树一千余株，鹅屋乡砍掉大核桃树三千余株，多数乡村造成了年年造林不见林，年年栽树不见树的局面。

1976年以后森林开始得到恢复，到1979年天然林发展到51075亩，人工林26175

亩，森林蓄积8.5万立方米，森林覆盖率达到5.1%。三中全会后，我县林业生产进入了一个迅速发展的新阶段，五年共造林20万亩，成活面积13.5万亩，成活率达68%，年均造林成活27000亩，森林面积达到了146153亩，加灌木林和四旁树，森林覆盖率增加到12.4%，木材蓄积量（森林蓄积加四旁树蓄积）增加了近两倍，达到了23.8万立方米。林业收入由1949年的43万元，增加到1982年的604万元。在三十多年林业生产过程中，我们总结出了以下经验和问题。

二、经验

1. 政府落实是动力。过去三十年林业生产徘徊不前，主要是政策不稳定，林权多变，放了收，收了放，反复折腾，失信于民，挫伤了群众的造林积极性。在“一五”时期，林业政策是谁栽谁有，林业发展很快。但一九五八年大刮“共产风”，群众树木被收归集体，林业生产遭到限制和破坏。随后林业生产虽又显生机，但又来了“文化大革命”“割资本主义尾巴”，群众植树造林积极性再次遭到打击。党的十一届三中全会之后，林业政策得到了贯彻落实，对以前平调、没收了群众的树木重新归还原主，发放了林权证、树权证。在此基础上又进一步放宽了林业政策，给群众划分了自留山、自留沟、并规定了长期不变，允许继承，允许作价转让等政策，极大地调动了广大群众的积极性。随着林业生产责任制的进一步落实，全县涌现出了2797个林业专业户、重点户，出现了建国以来从未有过的千家万户战荒山的大好局面。五年造林成活面积等于过去三十年的五倍。

2. 运用科学效果好。过去植树造林多，保存面积少，关键是不懂科学技术，不实行科学造林。主要表现是：造林沿用老习惯，无创新，无突破；苗木质量差，造林成活率低；造林密度大，成林不成材。这几年我们推广常行乡盖家川村王五全同志的油松育苗移植造林经验后，解决了石质山区造林的技术问题，使荒山造林出现了高质量，高效率，造林保存率由过去的10—20%，猛增到了60—70%。每造一亩林还节约种子费两元。推广这一经验后，全县共可节约资金三十万元。在造林时间上打破了季节限制，加快了绿化步伐。

3. 领导重视上得快。近几年来，县委、政府先后作出了《关于严禁乱砍滥伐保护森林树木的布告》；加强了林业技术队伍；拿出了一定基金发展林业；大力表彰林业先进个人；树立造林功臣等一系列措施，特别是县委还作出了变领导不变生产规划，不变指导方针的规定。近年来，历届县委和政府始终坚持了狠抓林业生产，三中全会后的五年，县委、政府连换四任书记，两任县长，任任都大抓林业，任任都有新的突破。

4. 必须抓育苗和管护。我县的林业生产是从抓育苗和管护起步的，实践证明这个起步是坚实的、正确的。这五年全县累计育苗达四万亩，为绿化提供了充足的苗木。

抓管护巩固了绿化成果。以前重造轻管，毁林开荒，偷砍盗伐成风。后来我们重视了管护工作，抓了依法治林，成立了护林机构，健全了护林组织，完善了护林规定，坚持了砍伐审批制度，扭转了长期以来“一把锄头造林，千把斧头砍树”的局面。

三、问题

我县的林业生产虽然取得了很大成绩，但仍然存在很多问题，如不及时加以解决，林业生产就不能更快发展。

1. 资金严重不足

就目前来讲，我县还是个穷县。1983年人均收入仅102元，是晋东南地区人均收入水平最低的县。而发展林业是一项近期投资大，受益周期长的事业，群众对林业投资的力量不大，国家用于林业的投资也很少，加之我县立地条件差，一次造林成功率很小。因此，发展林业资金感到严重不足。

2. 技术力量薄弱，不适应林业建设的需要

目前，全县共有林业干部职工72人，其中大专生1人，中专生10人。在技术人员中仅有助理工程师5人。近几年上级只分配过一个林校生，技术力量薄弱。在技术应用上只能照搬照做，缺乏对全县进行因地制宜的研究，赶不上林业生产发展的需要。

3. 对林业的重要性认识还不很够

对林业的认识不足，导致了一些毁林事件的发生。如砍树枝薰荒，严重破坏了树木正常生长功能，有的砍伐不成材的小树盖房，前几年甚至还有砍卖树木唱戏，兑现等情况。形成这些情况的原因主要是对林业的宣传不够，再则是对林业的收入统计不清。乡村木材价格很低，影响了人们造林护树的积极性，所以群众对栽“摇钱树”“绿色银行”之类的宣传是“耳听为虚”，致使一部分人对林业生产仅仅停留在“不干不行”的认识上，没有真正形成自觉的行动。

第四章　发展林业的必要性

鉴于我县地貌、气候、土地资源等自然条件和社会经济条件，以及林业所具有的特殊作用，我县必须大力发展林业，建立一个以森林为主体的生态系统。这就是，林业在我县现阶段的大农业建设中，必须占主导地位，在不放松粮食生产的同时，迅速地把林业搞上去，这是一条治穷致富，造福人民的正确道路。这个思想是在总结我县经验教训的基础上，经过大量调查研究，进行认真的科学分析后提出来的。其主要依据

是:

1. 旱灾严重,水源奇缺。吃水艰难是我县的致命弱点,严重阻碍着各业的发展。解放三十五年来,全县经历了二十四个干旱年,每次旱期最短的40天,最长的180天。1965年大旱,全年只降雨335毫米,造成十多万人闹水荒,尽管国家组织了车辆援助,仍不能解决问题。店上和东井岭一带,自由市场的水价每担高达八角到一元,真是水贵如油。1977~1979年连续三年大旱,年降水量分别为356毫米、434毫米、375毫米,使缺水人数高达十二万人,运水工具购置和汽油费花了150多万元。为了改变这种状况,全县人民进行了不懈的努力,共打旱井43171眼,修旱池409个,修水库20余座,总蓄水能力达到了4572.6万立方米。这对解决全县的人畜吃水问题发挥了巨大作用。但天不降雨,有井、有池照样蓄不上水,缺水问题得不到根本解决。1981年总蓄水431万立方米,1982年1315万立方米,1983年120万立方米,分别占总蓄水能力的18.7%、31.6%和2.9%。一九八三年十月份就出现了缺水乡村,汽车、拖拉机、小平车运水不断,直到今年六月降雨为止。

据一些老年人回忆,三十年代初,我县不少林木较多的地方,小泉小水,长年不断。直至现在,树掌境内还有汪流水、英英水、福水、翠谷河等长年流水的小溪。这些情况充分证明,森林对涵养水源起着重要作用,另外,树冠的截流作用,可以大量滞留雨水,大大减少了地表径流。科学家证明:一亩林地比一亩裸地能多蓄水20立方米,五万亩森林含蓄的水,相当于一座容量100万立方米的水库。所降雨水通过林地蓄积起来,再慢慢渗到土壤中去,这样就把天上水变为地下水。因此说,加快林业的发展,迅速提高我县的森林覆盖率,是解决人畜吃水的重要途径,同时也可以在一定程度上减缓旱灾对农业的威胁。

2、水土流失严重。据统计,现在全县水土总流失面积达812平方公里。由于水土流失,泥下山,河变滩,水利工程被淤塞,有的甚至完全失效。全县22座中小型水库,报废的已有8座,现有的14座总库容为6804万立方米,淤积量2041.2万立方米,占总库容的30%。特别是从安口岭发源的石子河,因为西岸植被稀少,水土流失尤为严重,1969年至1971年,晋庄镇在该河造地300亩,1972年一场暴雨全部冲光,所有泥沙和浆砌石料被冲入杜家河水库,一次淤积180万立方米,厚度达1.7米。加上历年淤积,致使该库从1958年建成到1975年,淤积量就达720万立方米,占总库容的三分之二。这座水库原设计五十年,但不到二十年就报废了。造成了人力、物力、财力的巨大浪费。1982年石河沐乡安居村遭受暴雨袭击,全村60户,户户土地受灾,冲毁岸边800条,有一半的农户减产50%以上。

森林保持水土的作用是很大的。一九七一年石坡村在北山桥后沟修地二十亩,由于上游林草少,再加上起石刨土破坏植被,当年夏季一场二十分钟的大雨,造成了山洪暴发,冲毁四座坝,二十亩地。而有树的南山,雨停后有清水缓缓下山。

3. 自然灾害频繁。据历史资料记载,我县几乎年年有灾。除旱灾以外,洪灾、雹灾、风灾、霜灾也时有发生。仅一九四五年全县就减产一半。这年九月十六日刮一场大风,十七日夜降一场大霜,全县普遍遭灾。山岭地庄稼遭风刮,黍子遍地落,山沟平川地庄稼被霜打,金皇后玉茭、豆子、大小麻、笨谷等作物全部受霜而死。1982 年部分地区又遭受了大雹灾,最重的地方树叶被打光,树枝被砸断,玉米成了光杆杆。这年遭灾区尽管在生产自救方面作了巨大努力,仍然吃国家供应粮 545 万斤。建国以后,全县光受灾面积累计达 222 万亩,平均每年有 6.5 万亩田禾遭受各种自然灾害袭击。回顾过去,我县是七灾八难,这些自然灾害正是我县农业长期徘徊不前,不能翻身的原因。

由于森林有着调节气候的特殊作用。它可以降低风速减轻风灾,推迟霜期,减免冰雹,可以消除或减轻各种自然灾害,给农业生产创造稳产、高产、增产、增收的条件。如 1977 ~ 1979 三年大旱,全县粮食大幅度减产,而树掌林区和接近老顶山林区的辛村乡,粮食亩产仍稳定在 500 斤以上,同时林业还可以为农业提供有机肥料、肥田沃土,提高土壤肥力和产量。林业还可以为人们提供木本油料,减轻对耕地的压力,达到增产增收的目的,为国家做出应有的贡献。

4. 我县林业基础差,牧业也发展不快。这是我县农业经济不能翻身的一个主要原因。牧业为什么上不去呢?原因之一是:牧地立地条件差,石厚土薄,加之连年干旱,牧草生长不旺。其二是牧草质量低,全县主要是白羊草、胡枝子群落和白羊草、荆条群落,分别是 8.8 亩和 7.9 亩放一只羊,还有一部分牧坡三十多亩才能养一只羊。这就严重地限制了牧业的发展。其三是畜禽结构不合理。长期以来把牧业发展简单地看作就是发展羊群,曾在一个时期出现了羊群与牧坡的比例失调,造成了掠夺性的放牧,使牧坡没有休养生息的机会,牧坡质量逐步降低,羊群也随即下降。

大力发展林业可以较好地解决以上问题。第一,为牧草生长和牧业生产创造一个良好的环境。第二,为畜牧业提供大量的营养丰富的树叶,据化学分析,几种树叶的主要营养成分含量是:刺槐叶含水分 48.3%,粗蛋白质 5.38%,粗脂肪 2.4%,粗纤维 9.6%;杨树叶含水分 58.3%,粗蛋白质 5.83%,粗脂肪 5.96%,粗纤维 4.06%;还有柿树、紫穗槐等都是很好的牲畜饲料。黄家川乡南宋壁村是我县林业生产的老典型,三年大旱时造成四个月牲畜断草,他们饲养的 100 余头大牲畜,800 余头猪羊,就是靠吃树叶度过来的。

5.党的十二大提出了到本世纪末实现工农业年总产值翻两番的宏伟目标，我县能不能翻番，林业占有举足轻重的地位。靠林增牧，靠林致富的乡村在我县已相继涌现出来，地处山区的鹅屋乡在大抓荒山造林的同时，大抓经济林树的发展和管理，林业收入显著增加，1982年全乡总收入100万元，其中林业收入40万元，占到了总收入的40%。桥上乡后脑村，年产红果10万斤，林业收入达到3.01万元，占总收入的48.6%。黄山乡西底村人均1.2亩林，加上四旁树，人均600株树，每株以一元计算人均产值是600元。这些乡村只要继续加强管理，不断发展，完全有可能提前实现翻两番。全县如果在较短时间内把荒山全部绿化起来，到2000年，林业生产将在农业总产值翻番中占到一定的比例。事实证明，发展林业是山区人民治穷致富的主要途径之一。

从上述分析可以看出，无论从改善生态环境，促进农牧业丰收，还是促使人们治穷致富实现经济翻番，都必须大力发展林业，积极植树造林，增加森林覆盖率。

第五章 林业发展方向和战略目标

一、林业发展方向

壶关县由于森林植被稀少，水土流失严重，自然条件恶劣，农业生产受客观因素制约，产量一直是低而不稳，不仅直接影响了我县人民生活水平的提高，而且给上党盆地工矿区和华北平原以至京津带来洪水之患。增加森林覆盖，改善生态环境，防止水土流失，涵养水源，建立良好的生态环境，促进农业增产，为保证山西能源重化工基地建设和华北平原及京津安全作出贡献。同时充分利用土地资源生产木材、干鲜水果等林副产品，增加群众收入，提高生活水平，达到富山保川的宏伟目标。

从上述任务出发，我县林业的发展方向是以大力发展水土保持、水源涵养等防护林为主，同时积极发展用材林和经济林。

为了使林业顺利发展，还必须有一个正确的指导方针，这就是:依靠群众，科学造林育草，个人、集体、国家一齐上;以短养长，治山致富;乔灌草结合，造封并举，加快绿化步伐。

在加快荒山绿化速度的同时，加快丘陵区和平川区的绿化步伐，实行山川林业同步发展。山区、丘陵区以涵养水源、保持水土为主，最大限度地利用土地资源，大力营造水源涵养用材林。平川区和丘陵区要利用一切有利条件发展速生丰产林和产品对路的经济林。

二、林业发展的战略目标

根据以上情况分析，我县林业发展的战略目标是：森林面积最终发展到75.9万亩，覆盖率50%，林网、四旁树发展到1163万株，人均50株，折合面积11.63万亩，覆盖率7.7%，二者合计为57.7%。另外种草面积22.8万亩，覆盖率为15%，林草总覆盖率将达到72.7%。

上述森林覆盖率规划指标是根据生态需要、社会需要和土地条件的可能确定的。

中央林业部《加速绿化太行山的规划意见》中提出，太行山的森林覆盖率平均为47%，《山西太行山区绿化规划方案》中规划壶关县森林覆盖率远景目标是46.8%。我们认为这些规划指标必须达到，而且也能够达到。

我县处于海河上游的浊漳河、卫河等支流上游，从涵养水源，保持水土，保障京津和华北安全出发，需要足够的森林覆盖率才能起到应有的作用。根据沁源县孔家坡水文站资料，其上游森林覆盖率56%，年降水量643.5毫米，土壤侵蚀数每平方公里只有271.5吨。我县城关、集店、辛村一带属于上党盆地的一部分，比较平坦。森林覆盖率按10%计算，其余为土石山区，面积为131.8万亩，按沁源县的标准计算，则全县森林覆盖率应达到50%左右，再加上种草面积，才能起到保持水土，涵养水源的作用。

从土地利用现状计算，这个森林覆盖率指标也是切实可行的。

目前全县共有人口24.7万人，到2000年可达到26.5万人，按旱作农业亩产600斤，人年均粮食800斤计算，加经济作物用地，人均需净耕地1.5亩，加10%辅助用地（地埂、田间道路等），全县共需农业用地44.5万亩，特用地8.7万亩，还有98.7万亩，占总面积65%的土地用于发展林牧业。其中15%的土地用来种草育草发展畜牧，50%的土地发展林业，包括暂难利用地10.4万亩，用来封山育草1.4万亩，其余9万亩封山育林和造林。

根据上述分析，规划全县的森林覆盖率达到50%，加林网和四旁树使总的覆盖率达到57.7%是切实可行的。具体见森林覆盖率规划表。

森林覆盖率规划表

项目		总面积	成片林		四旁林网树			森林覆盖率合计(%)
			面积	占总面积(%)	株数(万株)	折面积	覆盖率(%)	
现有		1519255	243395	16	350	34989	2.3	18.3
远景规划	Ⅰ	201018	55641	27.7	349	34900	17.4	45.1
	Ⅱ	186017	47062	25.3	233	23300	12.5	37.8
	Ⅲ	429257	180969	42.2	376	37600	8.8	51.0
	Ⅳ	636213	435340	68.4	182	18200	2.9	71.3
	Ⅴ	66750	40000	59.9	23	2300	3.4	63.3
	合计	1519255	759012	50	1163	116300	7.7	57.7

第六章　林种、树种规划和林业生产布局

一、林种规划

过去我们重视森林生态效益不够，从全省来讲，计划把东山地区（包括壶关）建设为用材林基地，所以壶关现有的有林地、疏林地、未成林造林地中用材林占63.9%，防护林占26.3%，经济林占9.4%，这种划分比例不符合自然条件和客观要求。因为绿化太行山的重要意义在于涵养水源，保持水土，改善山区生态环境，壶关处于太行山区的重要地段，山势陡峻、土壤瘠薄、自然植被稀少，水土流失严重，所以应该大力发展以水源涵养和水土保持林为主的防护林。

再从自然条件来说：全县荒山荒地54.6万亩。其中土层平均厚度在0.3米以下的占90%以上，并有10.4万亩为暂难利用地，其中主要是岩石裸露地。由于坡陡土薄，灌草稀少，林木生长较慢。例如：本县石坡乡有阴向急坡，土层厚不足30厘米的荒山油松人工林，二十一年生平均胸径6.2厘米，平均高3.5米，郁闭度0.7，每公顷蓄积只有16立方米。而在太岳林区灵空山林场，海拔1630米，阴坡18度，土层厚0.8米以上。同样年龄的油松人工林，平均胸径5.9厘米，平均高5.6米，每公顷株数上万株，蓄积可达123立方米，相差甚远，所以我县多数荒山立地条件较差，营造以生产木材为目的的用材林，经济效益较差。

但是营造用材林又是客观所需，无论从解决当地群众用材，支援煤炭基地建设，缓和山西木材紧缺局面出发，还是从发展商品生产，增加人民收入考虑，都必须利用一切可以营造用材林的土地，积极营造用材林。尤其是利用侵蚀沟谷，退耕荒地发展速生丰产林，作为发展用材林的重点。

经济林和速生丰产林一样，是林业上以短养长的重要手段，也是山区人民致富，实现收入翻番的重要项目。从壶关的气温、光照、雨量、土壤等条件来看，除分水岭近侧的高寒地区以外的大部分乡村，均适宜于苹果、梨、核桃、山楂、花椒等经济树的生长，因此，经济树也应抓紧抓好。

此外，发展一些特用林也是必要的。例如，在城镇附近营造小片风景保健林，有计划地营造科学试验林和母树林，都是今后发展林业本身和人民生活所需要的。

今后具体的林种结构为：防护林47.3%，用材林39%，经济林11.1%，特用林2.6%。过去划分不适当的林种，应在经营管理过程中逐步调整。具体见林种规划表。

林种规划表

项目		防护林		用材林		经济林		特用林		合计	
		面积(亩)	%	面积(亩)	%	面积(亩)	%	面积(亩)	%	面积(亩)	%
现状		64127	26.3	155496	63.9	22872	9.4	900	0.4	243395	100
远景规划	Ⅰ	26151	47.0	23370	42.0	4450	8.0	1670	3.0	55641	100
	Ⅱ	28237	60.0	12707	27.0	4706	10.0	1412	3.0	47062	100
	Ⅲ	90485	50.0	63340	35.0	23524	13.0	3620	2.0	180969	100
	Ⅳ	195900	45.0	182846	42.0	43534	10.0	13060	3.0	435340	100
	Ⅴ	18000	45.0	14000	35.0	8000	20.0			40000	100
	小计	358773	47.3	296263	39.0	84214	11.1	19762	2.6	759012	100

二、树种规划

选择造林树种非常重要。树种选择不当,不是造林失败,就是成林不成材,达不到造林的目的。造林树种的选择,一是根据造林地的自然条件,选用适合其生长的树种;二是按造林目的,即按规划的林种,选用生态效益和经济效益高的树种。此外,还要考虑可行性,即按现有技术和经济条件的可能性选择树种。

壶关县自然条件复杂,多数造林地立地条件差,必须慎重地选择造林树种。要坚持针阔叶树木并重,乔灌结合,多树种造林的原则。一般说:乔灌木造林比例以 4:1为宜,乔木中的针阔叶树种比例以 2:1 较好。造林中选用本地适合于造林目的的乡土树种以及引进多年实践证明是成功的树种。

适合石质山地造林的树种有油松、侧柏、辽东栎、栓皮栎、榆树、华北落叶松、杜松,以及胡枝子、山桃、山杏、锦鸡儿、荆条等,其中重点造林树种为油松、侧柏、辽东栎、山桃、山杏、锦鸡儿、荆条等。

适于黄土丘陵区和川沟地带造林的树种有毛白杨、北京杨、群众杨、小叶杨、刺槐、旱柳、榆、臭椿、油松、侧柏、山桃、山杏、紫穗槐等,其中毛白杨、北京杨、刺槐、油松、山桃、山杏等可作为重点选用树种。

上述造林树种也可用于四旁植树。此外,国槐、白腊、杜松和经济树种苹果、桃、杏、花椒、山楂、梨、核桃、柿子等也是四旁植树的好树种。农田林网造林树种有毛白杨、北京杨、群众杨、榆树、刺槐等。

今后还可试验性地引种一些树种,在小片试种,证明适用后再推广,如泡桐、沙兰杨以及其它优种杨。

经济林要根据不同海拔和不同的土地条件选择造林树种。一般在海拔1400米以下的丘陵和川谷地带,可以发展苹果、梨、桃、杏、核桃、花椒、枣、红果、桑树等;在桥上一带还可以选用柿子、板栗、竹子等。

三、林业生产布局

林业要在农林牧副全面发展,统筹安排的基础上,合理布局,大力发展。要坚持以短养长、长短结合、因地制宜、因害设防的原则,既要保证发挥森林的生态效益,也要使群众发财致富,收到经济效益。除在大片荒山营造防护林和一般用材林外,要大造经济林,小片丰产林,大搞四旁植树和农田林网。经济林、零星植树是林业生产的突破口,要下力抓好。

在石质山区主要营造防护林。土层较厚、植被较好、水土流失不严重的地段,也可营造一部分用材林。除油松外,还可选用落叶松、侧柏、山桃、山杏、荆条、榆类和臭椿等。在沟道及两岸毗地可以营造部分经济林。

黄土丘陵区以水土保持为主,积极发展用材林和经济林,在侵蚀沟坡栽刺槐,沟底发展杨、柳丰产林,梯田及向阳山凹营造各种经济林。

山间平川地区重点是抓四旁植树、农田林网和小片丰产林,同时有计划地发展经济林。

两个战线同时作战。一是荒山造林,二是营造经济林、丰产林及四旁植树,积极发展农田防护林,促进农业增产。

利用耕地造林要持慎重态度。目前可以逐步营造小片经济和速生丰产林。一般密度不可太大,林农间作,先以农为主,培育幼树生长,以后再以果树为主,间种农作物。若干年以后,随着农业单产的提高和荒山造林接近完成,在保证粮食总产增长的前提下,加速退耕步伐,大力发展经济林和丰产林。

造林要和牧业结合。要乔、灌、针、阔按比例协调发展。成林后在不破坏防护作用的前提下,开辟林中牧场,促进牧业发展。

人工造林要和封山育林结合。今后造林和封山育林的比例为4:1。对有天然母树而立地条件又好的宜林地,要有计划地封山育林;对暂时造林困难的地段,可以用封禁的办法恢复自然植被,逐渐营造灌木林或乔木林;对封山以后长期育林效果不好的地段,可以用人工补播的办法促其成林。

第七章 关键措施

林业要上去,关键在于大胆改革,具体有以下几条:

一、放宽政策,下放"两山"。"两山"不放,绿化无望。下放"两山",要解放思想,放宽政策,优惠群众:自留山造林归社员个人所有,长期不变;责任山承包期最少50年以上,二者均允许继承,允许折价转让,由县人民政府发给林权证。"两山"划定后,经营者的权益要予以法律保障,林产品、药材、蒿草等,他人不得随意侵犯,使经营者有利可图,无后顾之忧,放心大胆地开发荒山,治理山河。"两山"下放要充分发挥林业经营能手的智慧和才能,只要能在限定期间完成绿化任务,承包面积不受限制。承包期间可以根据生产需要雇请帮工,数量不限。通过以上一系列政策,调动千家万户积极性,加快绿化步伐。林业"两户"和户办林场是在当前形势下发展林业生产的好形式,是随着社会的分工、分业向专业化、社会化方向发展的必要途径。要不断总结完善这方面的经验,做改革的促进派。

二、明确林业生产的责、权、利。林业生产的责、权、利,要经县人民代表大会以立法的形式予以确定。根据各乡(镇)实际情况,确立最终应达到的森林覆盖率,把这一任务落实到各乡(镇)领导身上。每届乡(镇)领导都要按照总的规划,制定本届指标,由县人大批准,立案备考,对如期完成任务者给予颁发奖金、提职、树碑立传等奖励。对完不成任务的要给予罚款、降级以至免职的处分。

对从事林业生产的个体和群体,要在明确规定权、利的同时,明确规定应承担的责任。经营者在树种、林种上要服从统一规划,在采伐上要执行审批制度,并限期完成绿化任务,逾期完不成者要收土地荒芜费。

三、加强林木的计划管理,坚持依法治林。为了巩固绿化成果,必须加强林木的计划管理,坚持依法治林。

1. 不论国家、集体和个人所属的森林资源都要严加保护,实行国家统一管理,统一计划进行采伐更新等项生产。采伐林木(除个人房前屋后外)必须经县级林业部门批准。

2. 无论国家、集体、个人采伐林木都要向批准部门交纳5%的育林基金,以用于林业再生产。

3. 为了保持一定的森林覆盖率,在采伐前要营造一定面积的新林,作为审批采伐请示的一个主要条件。

4. 统一执行国家木材价格,避免因林区价格偏低而造成乱砍滥伐问题。

经过修改的《中华人民共和国森林法》已经公布,这是护林的法律依据。必须认真贯彻执行，坚持有法必依，违法必究。要加强以法治林的宣传，在广大群众中树立法制观念，自觉爱林护林。

四、科学造林育林，加快绿化步伐。科学技术是生产力，有了技术就有了质量，有了质量就有了速度。前三十年我县每年造林面积不少，但年平均保存面积仅 1170 亩，主要是不讲究科学技术。因此，要加快绿化步伐，必须实行科学造林育林，采取多种可行的技术措施。

1. 大力推广本县农民王五全的油松育苗造林经验。全县所有从事林业生产者都要掌握这一技术提高造林质量。

2. 把封山育林放在重要地位。封山育林是一项多、快、好、省扩大森林的好办法，要作为重点抓好这项工作。凡是自然条件不适合的地方都应采取封山措施，培育森林。

3. 在边远山区，如土层与湿度条件适合也可采用人工直播和撒播造林。

4. 要改变过去清一色造乔木林的作法。根据宜林地的条件，宜乔则乔，宜灌则灌，宜草则草，采取多种形式，加速绿化。

五、改变粗放经营，实行集约经营。当前，全县的林业普遍是粗放经营，经济效益很低。据调查，全县现有苹果、梨园 9741 亩，每年果产量只有 700 多万斤，亩均仅 802 斤。盛果期核桃树 3886 亩，亩均产核桃 56 斤。成林面积 2192 亩，总蓄积量 4815 立方米。亩均蓄积量仅 2.2 立方米，要改变这种情况，提高林业的经济效益，关键是集约经营。

集约经营，就是要象种庄稼一样种树，象管理农田一样经营林木，及时抚育，防火防虫防病，以使经济树稳产高产，木材树速生丰产。

目前的问题是病虫害越来越严重。树掌、石坡一带的油松纯林，前几年就有 2 万亩遭受松毛虫危害，经过几年的连续防治，虽然没有大的蔓延，但也没有彻底扑灭。北京杨介壳虫发展很快，全县普遍都有发生。为此，一方面要积极组织防治，严格林木检疫，防止病虫害蔓延；另一方面要从森林经营上采取措施，克服单一化，实行多林种、多树种、多品种一齐上。

六、实行林工商联合经营，提高木材等林副产品的利用率和商品率。林场和林区生产的木材、废材、果品等，要设法加工成多种多样的成品出售，以提高利用价值，同时要设立经销站、点，把产品变成商品，增加收益。

七、提高现有技术队伍的素质，大力培养新的技术人才，同时，广开才路，招聘能人。要加强对现有技术人员的培训工作，每年抽出一定的时间，结合实际，进行有组织的学习，力争在现有的水平上，分别达到大专、中专水平。继续办好本县的林业专业班，配备具有一定水平的教师，为发展林业生产培养更多的技术人才。根据生产需要，广开才路，招聘能人，引进技术，开发山区，振兴林业。

八、广开资金来源，改革使用办法。1、凡有林业收入的乡村，都要提取林业收入的一部分用于林业扩大再生产，取之于林、用之于林。提取比例最低要达到20%。2、征收煤炭费，资助林业生产。全县现有县营煤矿3个，乡（镇）营煤矿9个，村营煤矿50个，年总产煤364800吨，每吨煤收育林费一角，可收36480元。县营煤矿的育林费交林业部门；乡、村煤矿育林费交乡（镇）政府统一使用，育林费只能用于植树造林，不得挪用。3、县财政每年要拿出一定的资金扶持林业生产。省拨扶贫资金优先用于发展林业。4、国家除拨给造林资助款外，还可向林业户提供无息贷款，或微息货款。5、发动农民（含个人）投工投资，造林育林。要用立法的形式保护林业投资者的利益，使群众能够大胆地将资金用于林业生产。

第八章　区划和分区论述

一、区划

分区的原则依据

我县境内自然条件复杂，发展林业的差异很大。要高速度高质量地发展林业，就必须按照自然规律和经济规律办事，根据地域特征和自然条件分区划片，分类指导，进行林业区划。分区的原则依据是：

1. 主要根据影响林业生产、森林发育的自然条件（地貌、气候、特别是水热条件、土壤、植被等）和社会经济条件进行分区。

2. 与全县综合农业区划相协调，既要考虑与其它各业关系，也要有林业区划本身的特点和独立体系。

3. 在省级林业区划的控制指导下，与相邻县的区划互相衔接。

4. 一级区要保证地域上的连片。

分区情况

根据上述分区原则，全县林业区划分为五个一级区。分区命名采用“位置＋地貌类型＋林种”的三段命名法。这五个一级区是：

1. 西北部山间平地农田林网区

2. 西南部丘陵山地水保林区

3. 中部山地沟壑水保、经济林区

4. 东南部石质山水源涵养、用材林区

5. 东部河谷经济林区

二、分区说明

1. 西北部山间平地农田林网区

（1）本区范围及自然条件　本区位于我县西北部，包括辛村乡、集店乡、城关镇、西川底乡的全部，总面积 201018 亩。本区处于上党盆地边沿，为三面环山的小盆地，山川界限明显，盆地地势平坦，山岭低缓，多为石灰岩组成，部分山顶和山坡有黄土覆盖。山坡下部多分布有阶地和梯田。平川地带有长期河流切割的侵蚀沟。海拔一般为 1000～1200 米。

本区年平均气温 8～9 度，日温差大，一月份平均气温在零下 13 度～14 度；7 月份平均气温 26 度～28 度。年降水量 610 毫米，无霜期 150 天左右，大于等于摄氏 10 度的积温 2800 度～3200 度。

土壤：本区地势平坦，土壤肥沃，是我县的主要粮油产地。土壤为黄土质碳酸盐褐土，辛村乡、集店乡一带有红黄土质碳酸盐褐土。土壤耕作层有机质 1.5%以上，是我县土壤肥力较好的地区。荒山土层很薄，多在 30 厘米以下，一般为山地褐土，不利于造林。

植被：本区主要为栽培植被，以玉米、谷子、小麦为主，其次为各种人工林。树种以杨树为主，山丘上除成片人工林外，多为白羊草、针茅、荆条等组成的稀疏灌草群落。

（2）社会经济情况　本区是我县政治经济中心，也是粮油的主要产区。县城又在本区之内，人口集中，工副业较多，交通方便，文化发达，群众生活比较富裕。

本区农业人口 58135 人，每平方公里平均 433 人。耕地 125660 亩，人均 2.2 亩。交通运输方便，距县城和长治市较近，工副业发展较快，农业机械化生产水平较高，工副业收入比重较大，林牧业比重较小。例如：集店乡 1982 年总收入 370.81 万元，人均 283 元，其中农业收入 141.08 万元，占 38%；工副业收入 214.52 万元，占 57.85%；林业收入 4.55 万元，占 1.23%；牧业收入 1.87 万元，占 0.5%。

（3）森林资源情况　本区有林地 8019 亩（其中经济林 4143 亩），疏林地 736 亩，灌木林地 7 亩，未成林造林地 7132 亩，合计 15894 亩，占总面积的 7.9%。现有森林蓄积量为 46881.1 立方米。四旁用材树 917970 株，四旁经济树 193988 株，共计 1111958 株，按农业人口平均每人 19 株。森林覆盖率 9.5%（有林地加灌木林加四旁树，下同）。

有林地中，人工林 7865 亩，占 98%；天然林 154 亩，占 2%。

（4）林业生产情况　本区是我县的主要农业区，农耕地占总面积的 62.5%，林业生产重点是营造农田防护林网和四旁绿化。三中全会以后，林业生产有了较大发展，涌现出一批林业先进单位，如集店乡三年育苗一年绿化，去秋今春建成农田林网 132

个，面积达13182亩，栽树30143株。黄角头村在“造林功臣”路其昌带动下，全村实现了专业化生产，13个林业专业户三年完成育苗400亩，荒山沟坡造林1170亩，连同原有基础，有林面积达到了1200亩。同时也增加了经济收入，单育苗一项收入70000元。城关镇南河村，利用水库后尾土肥水足的优势，营造丰产林202亩，其中1981年栽的93亩北京杨平均胸径9.3厘米，高达9.2米，闯出了干旱地区营造丰产林的新路。集店乡李掌村共有枣树16225株，年产枣10万余斤，可收入25000元，人均20.06元。

目前，本区林业生产的主要问题：一是荒山造林速度慢，质量差；二是农田林网缺乏统一规划，网格偏大，不能正常地发挥防护效益；三是过早地砍伐四旁树，降低了树木的防护效益和经济效益。

(5)发展方向及森林覆盖率规划　本区的林业生产主要从农田防护和解决当地群众用材出发，大力发展农田防护林网和四旁树。在荒山营造水保林；在小片荒地、河沟和水库后尾营造速生丰产林；在沿山梯田适当发展干水果经济林。

集店乡的东长井川，城关镇的八里川，西川底乡的宋堡川，有早霜的袭击，所以该区的林业生产重点是经过规划，结合四旁绿化，建立完整的农田防护林体系。

四旁树木对美化环境，减轻污染和解决群众生产生活用材都有很大作用。如果平川每人平均有55株四旁木材树，按二十年成材计算，每年平均伐2.5株，可生产商品材0.3立方米，基本上可以满足当地群众的需要。如果每人平均5株经济树，十五年以后每株平均收入20元，人均就可以增加收入100元。

所以，本区今后主要是发展农田林网和四旁树，同时要注意发展一些经济树和速生丰产林。按百亩方田林网化和人均60株零星树的要求，四旁树应达到349万株，将成片林面积扩大到55641亩，其中用材林占42%，防护林占47%，经济林占8%，特用林占3%，全区林木覆盖率达到45.1%，其中森林覆盖率27.7%，四旁树覆盖率17.4%。

本区石质山地造林树种以油松、侧柏、山桃、山杏为主。林网和四旁绿化以毛白杨、北京杨、群众杨、旱柳、白榆、刺槐为主。四旁树还可选用国槐、白腊、臭椿以及苹果、梨、桃、杏、花椒、桑、枣等经济树。

2. 西南部丘陵山地水保林区

(1)本区范围及自然条件

本区包括黄家川乡的全部，黄山乡、东柏林乡、常行乡和百尺镇的大部，共76个村，总面积为186017亩。

本区地势由南向北倾斜，由页岩沙岩山地和黄土沟壑组成，山丘连绵，沟壑纵横，海拔1100~1400米。本区属于漳河水系，年平均气温8~9度。大于等于10度的积温为

2800~3200度,无霜期为150天,降水量600毫米左右。本区天然植被残留较少,分布零散。乔木主要有油松,灌木有酸枣、刺梅、荆条、狼牙刺、杠柳、草本有白羊草、蒿属和莎草类。栽培植被种类有玉米、谷子、小麦和杨树、刺槐、柳树、榆树等树木。土壤多为砂页岩质山地褐土和黄土质褐土性土,黄山、东柏林、黄家川三个乡还分布有红黄土质褐土性土。一般山上土层很薄,沟谷土层深厚,有较平的阶地,适于农业生产。

(2)社会经济情况

本区人口比较密集,交通方便。共有农业人口48258人,耕地127940亩(毛),按农业人口计算每人平均2.7亩。由于长期以来单一经营农业,土地没有得到充分合理的利用,加之水土流失,地力下降,粮食产量低于全县平均水平。本区是全县煤炭产区,近一、二年乡村煤矿发展很快,已由以前的30座发展到62座,但由于还处于起步阶段,经济效益不大。1983年人均收入为117元,高于全县平均水平。

(3)森林资源情况

本区有林地面积为8625亩(其中经济林3192亩),疏林地383亩,灌木林13亩,未成林造林地11219亩,共计20240亩,占总面积的10.9%。四旁用材树482491株,四旁经济树317464株,共计799955株,人均16.6株,森林覆盖率8.9%。

有林地中,人工林8589亩,占99.6%;天然林36亩,占0.4%。天然林树种主要为油松,人工林树种有油松、刺槐、杨树、椿树,此外为桑树、苹果、核桃等。

(4)林业生产情况

1979年以来,本区林业生产有了很大发展,特别是常行乡近几年来大力推广了王五全油松育苗,常年造林经验,林业发展步伐显著加快,造林保存率由过去的10%左右增加到60~70%,保存面积比1978年前翻了一番。但是,就整个区来讲,由于林业基础薄弱,发展速度仍相当缓慢,是全县林业生产较差的一个区。

本区是全县的蚕桑基地,地埂桑发展较早,近几年又发展了无杆桑园,蚕茧产量4.5万斤,占全县产量的46%。南阳护村利用地埂桑养蚕,年产量0.7万斤,人均产茧收入11.5元。

(5)发展方向与森林覆盖率指标

本区植被稀少,水土流失严重。林业发展的方向应从营造水土保持林入手,并积极发展用材林和经济林,管好现有桑树,提高蚕茧产量。山坡陡地退耕还林还草,增加植被覆盖率,维护良好生态环境。今后要求森林面积达到47062亩,覆盖率25.3%,其中防护林占60%;用材林占27%;经济林占10%;特用林占3%;四旁树加上赵屋川、韩庄川、黄家川、冯坡川、南河川、高崖头川的农田林网,发展到233万株,人均48.3株,覆盖率为12.5%,两项共达到37.8%。

在树种选择上，荒山荒地以营造油松、刺槐混交林为主；沟坡营造刺槐林；沟底、河滩营造柳树、杨树丰产林，并兼造核桃、杞柳等经济林。同时，要抓好毛白杨的造林。在背风向阳、土壤水分条件较好的地方营造梨、苹果等经济林，同时要加强地埂桑和无杆桑园的改良和管理，以提高其产量。

3. 中部山地沟壑水保、经济林区

(1)本区范围及自然条件

本区由北到南纵贯全县中部。全区包括晋庄镇、东崇贤乡、五龙山乡、固村乡、店上镇的全部范围，黄山乡、东柏林乡、常行乡、百尺镇的一小部分，共133个村，总面积为429257亩。

本区山丘连绵，沟壑遍布，地形复杂破碎，海拔由固村河的1100米到晋庄肖军岭的1500米，是全县最大的西堡、庄头水库的主要发源地。大部分地区气候温暖，年平均温度8~9度，大于等于10度的积温为2800~3200度，无霜期150天，年降水量近600毫米。本区植被较为丰富，局部地区茂盛。乔灌木主要有油松、刺槐、杨树、椿树、榆树、国槐、山桃、山杏、山核桃、黄刺梅、连翘、荆条、杜梨、山槐、狼牙刺、酸枣、杠柳。土壤多为褐土类、山地褐土为主，晋庄、店上、崇贤、固村、黄山、东柏林一带耕地为黄土质碳酸盐褐土性土，固村、店上还有黄土质碳酸盐褐土。

(2)社会经济条件

全区共有人口73740人，总耕地190113亩(毛)，按农业人口计算，人均26亩。粮食亩产平均193斤，每人平均495斤。全区农业总收入831.56万元，其中农业收入489.75万元，占59%；林业收入24.78万元，占3%；其它收入317万元，占38%。本区矿藏资源贫乏，大多数乡村工副业生产门路不广。就目前来看，只有充分利用荒山荒地发展林业，才是一条可靠的致富之路。

(3)本区森林资源情况

本区有林地面积为29873亩(其中经济林8310亩)，疏林地2290亩，灌木林2亩，未成林造林地28044亩，合计60252亩，占总面积的14%。森林蓄积量13810立方米，四旁植树842230株，人均11.4株，森林覆盖率8.9%。在有林地中，人工林25764亩，占86.2%；天然林4109亩，占13.8%，天然林树种主要为油松，人工林树种主要有油松、刺槐、杨树、苹果等。

(4)林业生产情况

本区林业生产发展较快，特别是1979年以后，成绩更为显著，沟坡造林已大见成效。店上镇麻巷河刺槐郁闭成林，基本控制了水土流失；固村乡绍良河、晋庄镇十里河也达到了初步治理；东崇贤乡赵掌、北掌、洪掌等河沟不但两岸造上了刺槐护岸林，而且还在沟地营造了杨树丰产林，取得了保持水土和增加收入双重效益。

(5)林业发展方向及森林覆盖率规划

本区一是宜林地面积广阔，发展林业的潜力很大，特别是背风向阳土质较好的山坡、山凹多，有着发展经济林的良好条件；二是水土流失严重，西堡水库26年，已淤积30%；三是人均占有耕地较多，部分地区仍然没有摆脱“广种薄收”的落后耕作方式，粮食生产水平很低；四是资源贫乏，群众致富门路少；五是十年九旱，水源奇缺，是全县人畜吃水最困难的地区。

签于上述情况，本区发展方向应该是：大力发展水土保持林，增加森林覆盖率，保持水土，涵养水源，调节气候，改变现有自然条件。同时在一切条件较好的山凹、山脚、沟坡、四旁及退耕地上营造经济林，开辟新的资源，打开致富门路。在沟坡营造水土保持林的基础上，还要选择土层深厚、水肥条件较好的地方发展用材林。

本区今后森林总面积要达到180969亩，其中防护林占50%，经济林占13%，用材林占35%，特用林占2%。森林覆盖率要求达到42.2%。四旁树要求发展到376万株，人均51株，覆盖率达到8.8%，两项覆盖率共计达到51%。

造林树种要乔灌结合，阴坡以油松为主，阳坡以侧柏、山桃、山杏为主，一些岩石裸露地以封山育林为主。经济林以苹果、红果、梨、核桃、花椒为主。此外，要引进适合本地的树种，如落叶松、栓皮栎、辽东栎等。

4. 东南部石质山水源涵养、用材林区

(1)本区范围及自然条件

本区包括东井岭乡、石坡乡、树掌镇、石河沐乡、鹅屋乡的全部，桥上乡的梯脑山、西坡沟两村，共96村，总面积636213亩。

本区面积较大，从北到南都是连绵不断的高山峻岭，山势陡峭，沟壑狭窄，坡面上挂满了山地梯田。海拔一般为1300~1600米。主要山峰较高，北部的打虎岭海拔高达1822米，中部的小庙岭高达1538米，南部的老阴山高达1435米。由于地形起伏变化大，气候条件也比较复杂。年平均气温7~8度，年降水量620毫米。全区大于等于10度的积温2400~2800度，无霜期一般为120~150天，石坡乡郭家陀村只有110天左右。

本区的土壤也较复杂。山上以石灰岩为主，间有片麻岩、沙岩。上部有淋溶褐土，中下部为山地草灌褐土和粗骨性土，比较肥沃湿润。在山间谷地和坡面上分布有黄土母质上发育的竭土，碳酸盐褐土和碳酸盐褐土性土。

山地的自然植被茂盛，分布有大片的天然次生林和灌丛草地，是良好的宜林地和放牧地。天然林树种以油松为主，间有辽东栎、山杨等，并发现有南方红豆杉。灌木有胡枝子、沙棘、虎榛子、土兰条、荚迷、荆条等。草本以白草、蒿属、紫苑、柴胡等多见。

本区群众生活水平较低。三中全会后,放宽了政策,发挥了优势,搞活了经济,修通了道路。现在,生活条件有了明显的改善。鹅屋乡以前是全县出名的穷乡,素称壶关的“西藏”,自然条件差,交通闭塞,人均收入只有 40~50 元,1983 年超过了 100 元。

(2)社会经济条件

本区共有农业人口 47869 人,每平方公里平均 103 人。全区耕地 180687 亩(毛),人均耕地 3.8 亩。粮食亩产 79 斤,每人平均 266 斤。从粮食产量到社员收入,在全县属下游。本区的交通情况好坏不一,但近几年,绝大多数村都修通了简易公路。山货、马铃薯等农林产品外销比较畅通,对加快山区经济建设起了积极的作用。

(3)森林资源情况

本区有林地面积为 97609 亩(其中经济林 4009 亩),疏林地 7299 亩,灌木林 3938 亩,未成林造林地 32313 亩,共计林地面积 141159 亩,占总面积的 22.2%,森林蓄积量 144157 立方米。四旁树 668545 株,人均 14 株。森林覆盖率 17.0%。

(4)林业生产情况

全区人工造林近几年发展较快,但不平衡。1979 年以来,鹅屋、石坡、石河沐、常行等乡的群众造林和国营造林成效都比较大。

中幼林抚育已基本进行过一遍。封山育林成效也较明显,1959 年至 1983 年共封育成林一万亩,占原有林的 16%。但天然次生林经营粗放,次生林抚育和次生林改造工作进展不快。

本区四旁植树条件较差,但地头岸边的经济树木分布较多,对增加群众收入,提高群众生活水平,起了很大作用。如鹅屋乡西土池村,1982 年农业收入 1.93 万元,占 17.6%;林业收入 6.92 万元,占 63%;副业收入 1.92 万元,占 17%;牧业收入 0.12 万元,占 1.1%;其它收入 0.05 万元,占 0.5%。

目前林业生产上存在的问题:一是成林破坏严重,尤其是林区村,乱砍滥伐现象仍然存在,不少密林变成了疏林,留下的树林相不整齐,群众称为“子孙林”。二是林木的经营管理差,一种是放任不管;另一种是乱修乱砍,不少树木成了光杆,丧失了生长能力。三是林种单一,油松称王,虫害火灾极易发生。四是经济树木经营粗放,管理技术跟不上去,产量低而不稳。

(5)林业发展方向及森林覆盖率的规划

本区的特点是荒山多,面积大,虽然土层薄厚分布不均,裸岩面积不小,但土壤比较肥沃,自然植被较好。树掌、石河沐一带残存着一些天然林散生林木,水土流失相对较轻。由于本区属海河支流卫河流域范围,发展林业增加森林覆盖,可以涵养水源,保持水土，对根治海河有重要作用。从本县十年九旱，水源奇缺，泉水干涸的现实出发，发展水源涵养林，是一项战略措施。从山区人民的治穷致富和生产生活上讲，也需要木材。因此，要在保证森林防护作用的前提下，利用森林生产必要的商品木材。在人烟稀少的大片缓坡地，要发展一些用材林，使用材林达到160795亩，占42%；在水土流失严重的陡坡地带，要营造水源涵养林和水土保持林，面积达到172280亩，占45%；在一些条件好的荒地要大力发展红果、核桃、漆树、连翘等特种经济林；在树掌南山东侧至桥上洪底沟建立一个自然植物园。要特别注意南方红豆杉等稀有树种的保护和发展。这些特用林要发展到11486亩，占3%。本区要求森林总面积达到435340亩，森林覆盖率达到68.4%。此外还要大搞四旁植树和田间经济树木的栽植，总株数要求达到182万株，人均38株，覆盖率达到2.9%，两项覆盖率共计达到71.3%。。

5. 东部河谷经济林区

(1)本区范围及自然条件

本区包括桥上乡(除梯脑山、西坡沟之外)的13个村，总面积66750亩。

本区处于一条西东走向的河槽，河槽狭窄，两岸是悬崖峭壁，下部有陡坡，河水长年不断，海拔在1000米以下，最低处仅486米。由于海拔较低，气候比较温暖，年平均气温12度以上，大于等于10度积温在3400~4000度之间。年降水量630毫米左右。无霜期195天。本区多为山地褐土和褐土性土。因雨量充沛，气候暖温，土壤较为肥沃。植被属于暖温带落叶栎林和栽培植被，自然生长的侧柏、荆条到处可见。

(2)社会经济状况

本区共有农业人口5994人，总耕地13751亩(毛)，人均2.3亩。其中水浇地1000亩。粮食作物以玉米、小麦为主。本区盛产柿子、花椒、红果。群众收入的相当一部分来自经济树。加之本区水资源较为丰富，小水电有了较大的发展，因此，各种加工业应运而生。前后脑村的友谊罐头加工厂，生产的红果、苹果、梨等罐头颇为畅销。本区虽处山区，但由于与河南林县毗邻，近几年农村经济政策放宽后，山区商品流通活跃，因此群众生活提高较快。

(3)森林资源情况

本区有林地面积5027亩(其中经济林3218亩，蔬林446亩)，未成林造林地420亩，共计5893亩，占总面积的8.8%。木材树117595株，四旁经济树48599株，共计166194株，人均27.7株，其中经济树人均8株。森林覆盖率10%。

(4)林业生产情况

本区在林业上注意了因地制宜，发挥优势，对经济林、经济树的发展抓得较好。特别是近几年大力发展了红果树，为山区致富打下了一定的基础。但在荒山造林上抓的不够,造林速度慢,致使水土流失较为严重。对经济树要进一步加强科学的经营管理,以提高多种干鲜果品的产量。

(5)林业发展方向及森林覆盖率规划

本区有着发展各种干鲜水果的得天独厚的条件,今后的发展方向,应从此基本点出发,在抓好大面积的荒山绿化,保持水土的基础上,尽力发展经济林。根据生产的发展,继续办好各类果品加工厂,实行生产、加工、销售一条龙。要求本区森林面积达到40000亩,覆盖率59.9%。其中防护林占45%;用材林占35%;经济林占20%。四旁树和零星树木发展到230000株,人均38株,覆盖率占3.4%,两项覆盖率合计达到63.3%。

在树种选择上,要大力引进适合本地条件的速生和经济价值较高的树种,如杨树、泡桐等,竹类、水杉也可试种。本区河谷上部山头可发展以侧柏为主的针阔混交林;在陡壁下的斜坡上部可发展荆条、山桃、中部发展花椒,下部重点发展红果、柿子、枣以及水果、桑树等经济林。在下部河岸边缘要大力发展杨树、柳树、泡桐、刺槐等速生树种。

壶关县林业区划分区情况表

分区号	分 区 名 称	村数	户数	农业人口	劳 力(个)
Ⅰ	西北部山间平地农田林网区	67	13576	58135	19106
Ⅱ	西南部丘陵山地水保林区	76	11581	48258	16182
Ⅲ	中部山地沟壑水保经济林区	133	17585	73740	25601
Ⅳ	东南部石质山水源涵养用材林区	96	11251	47869	15583
Ⅴ	东部河谷经济林区	13	1480	5994	1740

壶关县林业区划分土地面积统计表

统计单位	总面积	林业用地																				
		林业用地合计	有林地合计	林分					经济林	疏林地	灌木林地	未成林造林地	苗圃地	无林地			非林业用地合计	农用地	牧用地	水域	特用地	暂难利用地
				林分合计	用材林	防护林	薪炭林							无林地合计	荒山荒地	采伐迹地						
全县	1519255	695002	149153	126281	87068	38313	900		22872	11154	3960	79128	9357	442250	442238	12	824253	630340	3482	17011	69640	103780
其中			40743	40743	28516	12227				1461		1819		42250	42238	12						
Ⅰ	201018	39559	8019	3876	3492	384			4143	736	7	7132	1745	21920	21915	5	161459	125660		2393	21404	12002
Ⅱ	186017	39645	8625	5433	5278	155			3192	383	13	11219	1639	17766	17766		146372	127940		1081	13919	3417
Ⅲ	429257	188824	29873	21563	14269	7294			8310	2290	2	28044	2627	125988	125988		240433	190113	1800	5116	19566	17145
Ⅳ	636213	394983	97609	93600	62461	30239			4009	7299	3938	32313	3182	250642	250635	7	241230	180687	1682	4512	13199	55669
Ⅴ	66750	31991	5027	1809	1568	241			3218	446		420	164	25934	25934		34759	13751		3909	1552	15547

壶关县林业区划分区范围表

分区	分区代号	所在乡(镇)	村数	村名
西北部山间平地农田林网区	Ⅰ	辛村乡	12	全部
		集店乡	13	全部
		城关镇	29	全部
		西川底乡	12	全部
西南部丘陵山地水保林区	Ⅱ	黄山乡	12	部分(下好牢、薛家园、南河、黄山、西底、沙窟、小山沟、上好牢、牛盆、冯坡、牛王岭、长井头)
		黄家川乡	14	全部
		百尺镇	21	部分(百尺、寨河、水台底、柴家沟、南底、闲阳河、川河、录池、赵村、五集、紫水、葫芦沟、百佛图、方善、小南山、炭场坪、岭西、河南、牢村、赵屋、大南山)
		东柏林乡	17	部分(东柏林、山上、寨河、牙村、南村、东坡、宋家河、南崖上、后河、西柏林、高崖头号、魏家湾、魏家庄、曹家沟、星耀头、地南头、河西)
		常行乡	12	部分(崔家庄、岭后、南行头、南凹、西河沟、东马安、西坡、罗掌、常行、城寨、西马安、合观)

（续）

分区	分区代号	所在乡(镇)	村数	村　　名
中部山地沟壑水保经济林区	Ⅲ	黄山乡	7	部分(神东、油坊河、王家掌、神后、北兑川、杜家掌、郑家掌)
		百尺镇	8	部分(西王宅、西岭底、石南底、岭南底、东王宅、流泽、韩庄、沙堰)
		东柏林乡	2	部分(魏家岭、谷坨)
		晋庄镇	24	全部
		东崇贤乡	14	全部
		固村乡	15	全部
		五龙山乡	23	全部
		店上镇	37	全部
		常行乡	3	全部
东南部石质山水源涵养用材林区	Ⅳ	东井岭乡	14	部分(盖家川底、北行头、贾庄)
		石坡乡	15	全部
		树掌镇	29	全部
		石河沐乡	17	全部
		桥上乡	2	部分(梯脑山、西坡沟)
		鹅屋乡	18	全部
东部河谷经济林区	Ⅴ	桥上乡	13	除梯脑山、西坡沟外全部

壶关县林业规划报告(摘要)

一九八四年十月十三日县八届人大
常委会第四次会议通过

规划的方法步骤是:一、划分立地条件类型并编制立地条件类型表。宜林地是造林的最基本的物质条件,只有查清宜林地的立地条件,才能合理安排造林树种,制定科学的造林技术措施。为此,我们组织了立地条件调查专业组,对全县20个乡镇的立地条件进行了线路踏查,同时在土壤普查的基础上,又重点进行了森林土壤调查,确立了全县的立地条件类型,记载了各立地条件类型的地形、土壤、植被等自然情况,最后编制出全县三个地貌类型的十个立地条件类型表,提出了各类型适用的造林树种和造林措施等。

二、编制造林典型设计。编制造林典型设计是今后指导群众科学造林的有力措施,专业小组在普查现有林的基础上,重点调查了人工林的生长情况,并在总结以往造林经验的基础上,编制了典型造林设计23个,种草典型设计3个。

三、以小班为单位进行规划设计。各乡镇规划小组携带土地利用现状图和外业调查小班登记薄,到实地对需要绿化的宜林地和确定退耕还林、退耕还草以及暂难利用地,进行小班规划,即根据立地条件确定立地类型和林种、计算种苗需要量和用工、投资等。

这次规划的主要指标是:

一、绿化规划

全县总面积1519255亩。其中现有林地243395亩,草地3428亩,四旁树349.9万株,折面积34990亩,合计281867亩,占全县总面积的18.6%。新规划林地469484亩,草地244447亩,四旁树813.1万株,折81310亩,合计795241亩。基础与规划相加,最终我县林地要发展到712879亩,草地247929亩,四旁树1163万株,折116300亩,合计1077108亩,占总面积的70.9%。其中林地覆盖面积占46.9%,草地覆盖面积16.3%,四旁树覆盖面积7.7%。

二、林种规划

现有林地243395亩,其中防护林64127亩,占26.3%;用材林155496亩,占63.9%;经济林22872亩,占9.4%;特用林900亩,占2.4%。这次规划根据我县的特点和客观实际,在林种上做了大的调查。新规划的情况是:总任务469484亩。其中:防护林319732亩。占68.1%;用材林76260亩,占16.6%;经济林72689亩,占15.5%;特用林 803 亩，占 0.2%。加上现有基础最终结果是：防护林 383859 亩，占 53.8%；用材林 231756 亩，占 32.6%；经济林 95561 亩，占 13.4%；特用林 1703 亩，占 0.2%。

三、造林种草进度规划

除去现有基础，今后造林种草任务是 713931 亩。这个任务要在 1995 年全部完成。具体规划是：1984 ~ 1985 年完成造林 78710 亩，年均造林 39355 亩；1986 ~ 1990 年造林 279141 亩，年均 55828.2 亩，封山育林 37188 亩，年均 7437.6 亩，种草 115207 亩，年均 23041.4 亩，封山育草 30000 亩，年均 6000 亩；1991 ~ 1995 年造林 111633 亩，年均 22326.16 亩，封山育林 20658 亩，年均 4131.6 亩，种草 83701 亩，年均 16740 亩，封山育草 15539 亩，年均 3107.8 亩。

四、投资概算

全县绿化工作是一项宏伟的工程，完成这项任务需要足够的投资来保证。据规划计算，1984 ~ 1995 年共需绿化投资 2312.3 万元，其中造林投资 974.1 万元，种草投资 218.6 万元，四旁植树投资 1000 万元。在总投资中，直播种子费 65 万元，苗木费 394 万元，整地费 195.6 万元。栽植播种费 122.1 万元，幼林抚育费 405.6 万元。森林植被保护费 10.4 万元，设计验收费 15.6 万元，技术培训费 9 万元，管理费 95 万元，四旁林网植树补助费 1000 万元。

这些投资主要靠乡村和个人投资，其次是国家和地方财政资助。

林业规划完成后，全县的生态环境将会有一个大的改善。十年九旱，水源奇缺的自然条件将明显改变，同时林业收入也十分可观，预计到 2000 年人均将可以达到 200 多元，比 1983 年的农业总收入还要翻一番。

林业规划给我们描绘了一个美好的蓝图，要把规划变现实，关键在实施。从现在起，我们将采取切实措施，带领全县人民去完成这一伟大任务，为“黄龙”变“绿龙”，造福子孙后代进行不懈的努力！

请各位委员对规划草案和以上报告提出宝贵意见。

石灰岩山地裸岩区微域小地形
油松造林的初步研究

张平和　　李书贤　　程喜堂　　龚怀勋　　王加强

（壶关县林业局）　（山西省林科所）

摘要 本文划分了壶关县石灰岩山地裸岩区的类型，总结了微域小地形的形式，分析了微域小地形的土壤、水分情况，提出了造林利用的规格要求，介绍了微域小地形油松抗旱造林的主要技术，阐述了微域小地形油松造林的效果。

关键词 石灰岩 □岩区 微域小地形 油松造林

晋东南石灰岩山区，尤其是裸岩地区，土层瘠薄干旱，水土流失严重，生物产量很低。如壶关县山坡上的裸岩面积占40%左右，局部地区高达60%～70%。裸岩区绝大部分是阳坡，进而说明了裸岩区开发利用的难度很大。石块裸露是裸岩区的基本特点，裸露的石块在坡面上构成了各式各样的微域小地形。由于石块的影响，从而改善了微域小地形的水、土、光、热条件，为裸岩区的林业利用提供了可能。经过我们在壶关县多年的实践研究，初步摸索出一套裸岩区微域小地形油松造林的经验。

壶关县位于太行山中南部，全县多数地方海拔在1100～1500米，海拔最高点1822米，最低点486米。全县年均降水量550毫米，其中夏秋季降水占全年降水量的83.7%，冬春季降水占16.3%，春季严重干旱。调查区域为石灰岩山地，山地褐土，质地多为中壤，pH值在8左右，土层厚度一般为20厘米左右。土壤瘠薄，植被稀少，主要为白草和蒿类，有零星分布的黄刺梅。现将研究结果，总结如下：

1 石灰岩山地裸岩区的类型和特点

从壶关县的情况看，不同的海拔、坡向，裸岩区的类型和自然特点各有不同。按裸岩区的土层厚度大体可分为三个类型。

1.1 厚土型裸岩区

这类裸岩区一般分布在海拔1300米以上的阳坡、半阳坡，土层厚度在20厘米以上，土壤以山地褐土为主，海拔1500米以上有淋溶褐土或粗骨性土，植被较好，灌草覆盖度一般在0.3以上。裸岩面积30～60%，阳坡裸岩面积明显大于阴坡。这种裸岩区有两种情况，一是由活石块构成，一是由露头的基岩形成。

据我们在壶关县鹅屋乡林场老阴山调查，海拔1440米的半阴坡，裸岩面积40%左右，以活石块为主，植被盖度0.4左右，主要有虎榛子、胡枝子、荆条、地榆、柴胡、白草等。在有土壤覆盖的地段，调查了55个点，有33个点土层厚度在25厘米以上，占60%。

1.2 薄土型裸岩区

这类裸岩区的海拔分布多为1000～1300米，坡向以阳坡、半阳坡为主，土壤多数是山地褐土和粗骨性土，土层厚10～20厘米，植被盖度0.3左右，灌木稀疏，以活石构成的裸岩区为主，但基岩裸露区占很大比例，裸岩面积大于厚土型裸岩区，一般为40～70%。壶关县常行乡盖家川村五里坡黄池岭，海拔1270米，阳坡，裸岩面积70%以上，土层厚15cm左右，植被以白草为主，基本上没有灌木生长。

1.3 少土型裸岩区

分布于海拔1100米以下地区,1100米以上也间有分布。土壤以山地褐土和粗骨性土为主,土层厚度不足10厘米,植被以白草为主,零星分布有荆条、黄刺梅等耐干瘠灌木。在活石块构成上较前两个类型有明显不同,多以片状石块平列分布,石间的夹缝很窄,裸岩面积也大于前两个类型,一般为70%左右。壶关县集店乡西庄、李掌、五龙山乡东池、岭东、岭西、东归善等村有集中分布。东池、岭西的局部地带,裸岩面积达80%以上。

2 裸岩区微域小地形的主要形式

裸岩区裸露的石块,形成了各式各样的微域小地形,这些微域的局部土壤和湿度条件,相对要好一些,有很多微域小地形具有造林利用价值。

2.1 微域小地形的主要形式

2.1.1 石间盆地:由3~5个石块构成的,形成一个中间积蓄土壤的小"盆地"。见图1。

2.1.2 石缝:由两块以上石块形成的过水夹缝,石缝中间蓄、截土壤和水分。有两种形式,一为过水石缝,径流可以从石缝中间通过;二为石缝下端被石块堵死的封闭型的石缝。见图2(1)、2(2)。

2.1.3 石埂:横坡方向,由一块、数块或更多的石块构成"石梗",拦蓄水土。由于组成的形状、石块的多少不同,主要有3种形式。①由1~3块较小石块形成的短石埂;②由较多的小石块或大石块排成的长石埂,形如弯曲的石坝;③由石埂和石埂之间构成的横坡石缝。如图3(1)、3(2)、3(3)。

2.1.4 石侧"阴湿地":由突出坡面的大石块,其侧方既能存留一部分土壤,还能形成一个阴湿的小环境。见图4。

2.1.5 石坎:由石块或基岩的局部断陷,形成石坎。也可以积存水土。见图5。

2.2 微域小地形造林利用规格

裸岩区微域小地形是很多的,但不是所有的微域小地形都能造林利用。只有那些具备苗木生长基本条件的微域小地形,才能进行造林。微域小地形局部土壤的多少,尤其是土壤厚度是造林利用的主导因素。在具有一定的土壤厚度的情况下,还要考虑造林时操作的方便程度。就油松栽植造林来讲,可供造林利用的微域小地形的基本条件为:

1、土壤厚度:阴坡、半阴坡不宜小于20厘米。阳坡不宜小于25厘米。

2、石块间距:为便于造林操作,使幼树生长有一个较好的基础条件,石块间的空隙不能小于30厘米,缝状小地形不能窄于20厘米。

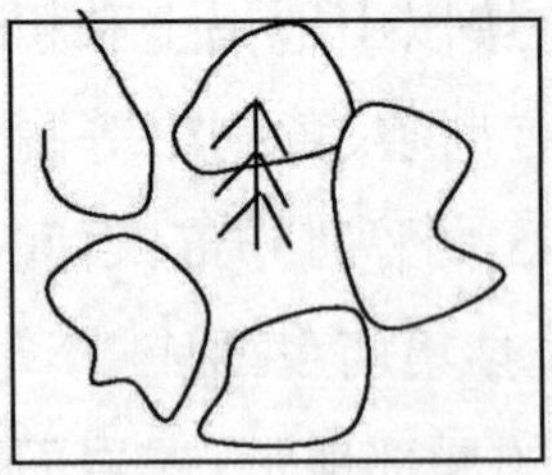

图1 石间盆地

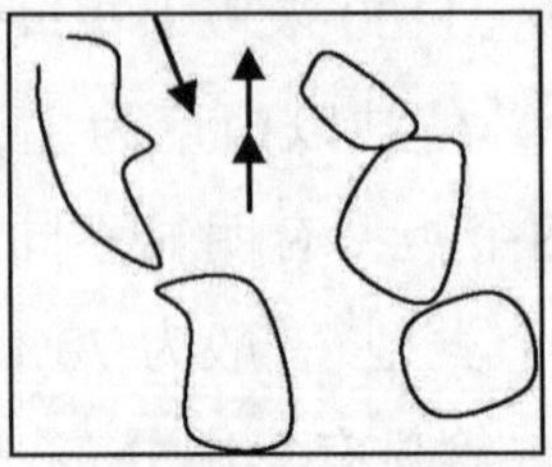

图2(1)石缝

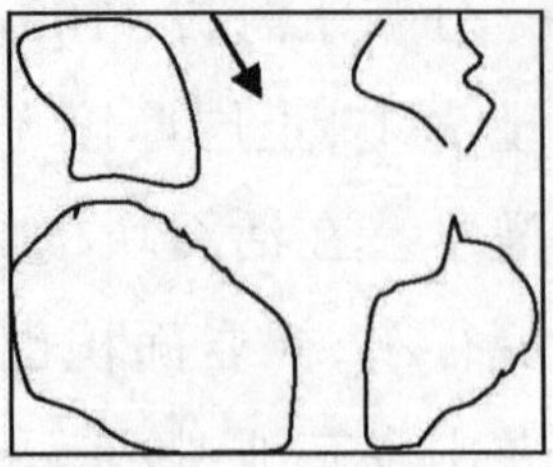

图2(2)封闭石逢

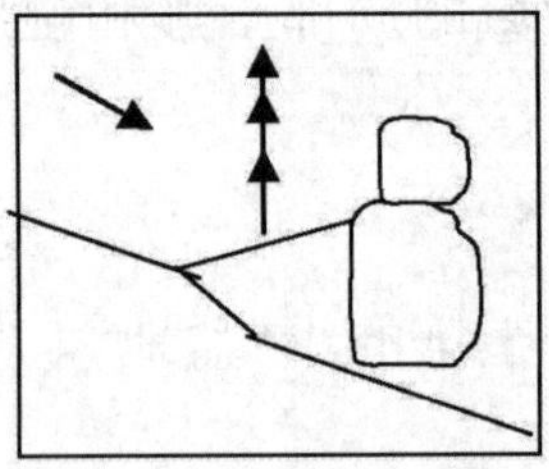

图3(1)短石埂

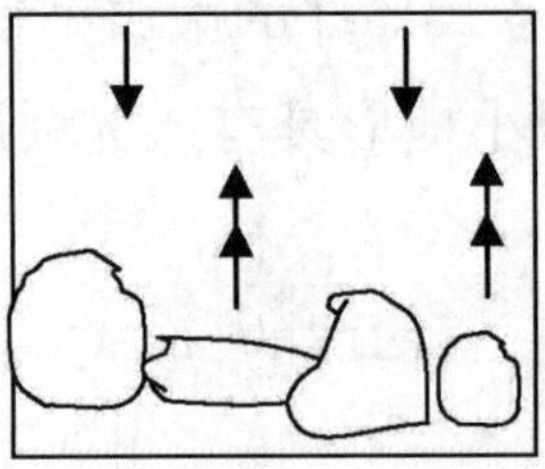

图3(2)长石埂

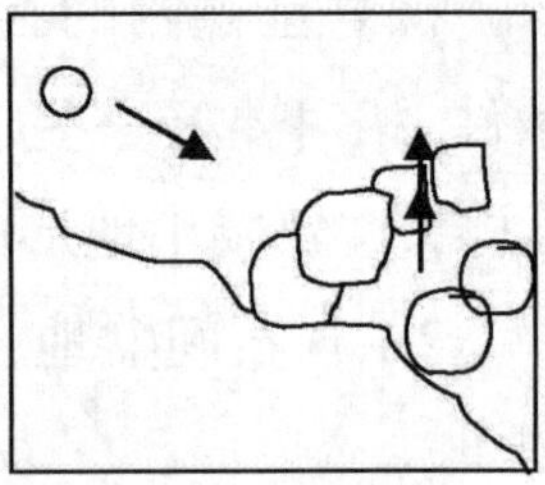

图3(3)横坡石逢

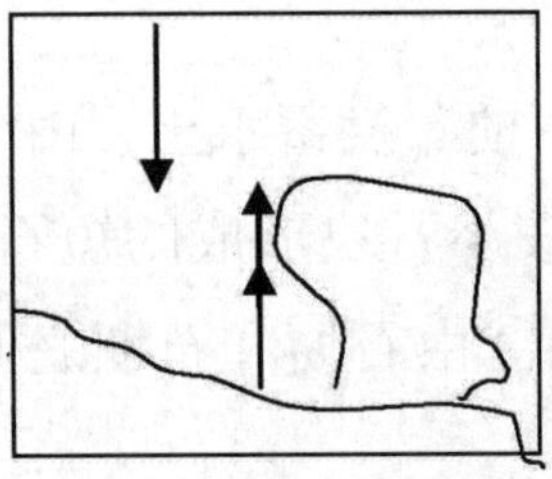

图4 石侧阴湿地

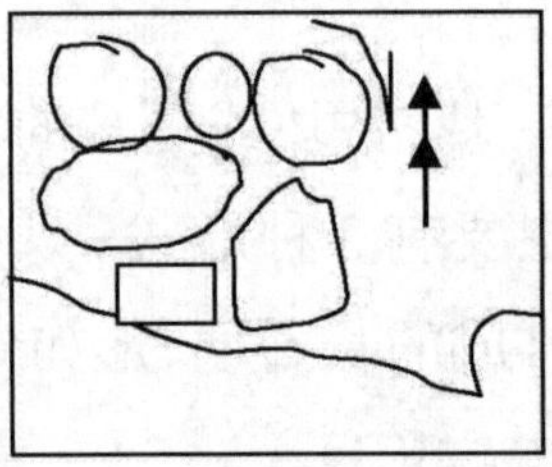

图5石坎

2.3 微域小地形的土壤温湿状况

坡面上的岩石有遮阴、不渗水等作用,从而改善了微域小地形的土壤温湿条件。1990年5月14日,壶关县常行乡降雨17毫米,我们于5月20日和5月26日调查了不同微域地形10~15厘米处的土壤含水率和15cm处的土壤温度。结果如表1。由表看出,微域小地形与一般荒坡相比,具有较好的保水蓄水能力。大雨后第5天,在土壤含水率普遍较大的情况下,微域小地形的土壤含水率比一般荒坡相对高16.7~26.1%。雨后11天比一般荒坡相对高62.9—98.1%。由第一次测定到第2次测定的6天时间,一般荒坡的土壤含水率相对降低59.1%,而微域小地形只相对降低了34.9~42.9%,微域小地形土壤水分的蒸发速率明显小于一般荒坡。

表 1　厚土裸岩微域小地形的土壤温湿度

微域小地形		石间盆地	横坡石缝	过水石缝	短石埂	一般
土壤含水率	5 月 20 日测定	33.3	32.4	31.2	30.8	26.4
	比率	126.1	122.7	116.7	118.2	100.0
	5 月 26 日测定	21.4	21.1	19.1	17.6	10.8
	比率	198.1	195.4	176.8	1623.9	100.0
15cm 处地温（7 天均值℃）		14.6	13.0	13.7	13.6	13.4

在干旱季节，微域小地形的蓄水保墒作用更加明显。1988 年春季壶关普遍少雨，旱情较重，据五月中旬在万紫千红山调查，阳坡薄土层裸岩区一般坡面 15 厘米处土壤含水率平均为 6.9%，而在同一坡面上的微域小地形（石间盆地或石缝，土厚 20 厘米）15 厘米处土壤含水率为 11.0%，比一般荒坡相对高 59.4%。

从表 1 15 厘米深处的地温来看，除个别的小地形由于石逢较深、较窄，光照时间短，地温稍低外，其它微域小地形较一般荒坡月均温度高 0.2 ~ 1.2℃。在炎热的夏季，微域小地形较一般荒坡温度低 0.6 ~ 2℃。

2.4 单位面积可供利用的微域小地形数量

裸岩区的类型不同，裸露的程度不同，单位面积可供造林利用的微域小地形的数量也是不一样的，裸岩面积 40 ~ 60% 的山坡，单位面积可供利用的微域小地形的数量见表 2。

表 2　单位面积可供利用的微域小地形数量

裸岩区类型	裸岩面积（%）	可造林利用的微域小地形（个 / 亩）
厚土型裸岩区	40–60	180–250
薄土型裸岩区	40–60	120–200

在一个坡面上,可供利用的微域小地形不是等距规则排列的,随着土壤分布状况的不同,有的地段较集中,有的地段分布较少。

3 微域小地形的造林效果

3.1 造林成活率

据我们在盖家川、城寨、南凹、北行头等地的调查,微域小地形油松栽植造林的成活率明显高于一般荒坡(表3)。

表3 微域小地形造林成活率

地点	裸岩区类型□	坡向	造林时间(年、月)	调查时间(年、月)	造林成活率(%)		注
					微域小地形	一般荒地	
盖家川	薄土	阳坡	86.4	87.4	82.7	76.2	树种:油松 苗岭:一年 造林方法:栽植
城寨	薄土	阳坡	86.4	87.4	81.4	72.8	
南凹	薄土	阳坡	87.4	87.9	81.4	74.7	
北行头	薄土	阳坡	88.4	88.9	80.6	73.1	

3.2 不同微域小地形油松造林保存率和幼树生长情况

1990年5月,在盖家川村的厚土裸岩区(阳坡、裸岩面积50%),对1983年营造的油松林,进行了微域小地形、一般荒坡保存率和幼树生长情况调查,结果见表4。

表4 微域小地形造林保存率和幼树生长量

微域小地形	石间盆地	横坡石缝	过水石缝	一般荒坡	注
保存率(%)	80.4	76.5	72.2	59.5	树种:油松
树高(m)	1.97	1.81	1.70	1.61	
胸径(cm)	1.90	1.70	1.70	1.60	

由表4可以看出

1. 微域小地形造林的保存率,明显高于一般荒坡造林。石间盆地、横坡石缝等3种微域小地形的保存率,比荒坡相对高21.3~35.1%。

2、幼树的高粗生长量，微域小地形也明显高于一般荒坡树高的 5.6% ~ 22.4%，胸径高 6.2% ~ 18.8%。

4 微域小地形造林技术措施

在生产实践中，以王五全为首的壶关县农民群众摸索创造了一套微域小地形造林经验，概括起来主要有下面几点。

4.1 就地育苗就地造林

就地育苗就地造林，是微域小地形造林的一个重要环节。①育苗地与造林地立地条件差异小，苗木容易适应造林地的环境条件。②造林地的湿热状况与苗木萌动的程度之间，矛盾差异不大。③运苗距离短，苗木水分散失的少。据我们在盖家川、岭东等地的试验和调查，就地育苗就地造林的效果如表 5。

表 5 就地育苗就地栽植的造林效果

<table>
<tr><th>地点</th><th>内容</th><th>调查株数</th><th>成活株数</th><th>成活率(%)</th><th>注</th></tr>
<tr><td rowspan="2">盖家川</td><td>阳坡苗阳坡就地造林</td><td>1540</td><td>1378</td><td>89.5</td><td rowspan="4">苗龄均为二年生油松苗，造林时间均为 1982 年 7 月。调查时间 1983 年 4 月</td></tr>
<tr><td>阴坡苗阳坡造林</td><td>1890</td><td>1558</td><td>62.0</td></tr>
<tr><td>岭东</td><td>阳坡苗阳坡就地造林</td><td>500</td><td>430</td><td>86.0</td></tr>
<tr><td>黄角头</td><td>异地苗造林（坡向相同，相距 Km）</td><td>500</td><td>272</td><td>54.4</td></tr>
</table>

表 6 1—4 年生苗造林成活率比较

<table>
<tr><th>苗龄</th><th>造林时间</th><th>成活率</th><th>比 率</th><th>注</th></tr>
<tr><td>1 年</td><td>1984 年春</td><td>60.5</td><td>69.9</td><td rowspan="4">调查时间：1984 年 9 月</td></tr>
<tr><td>2 年</td><td>1984 年春</td><td>86.5</td><td>100</td></tr>
<tr><td>3 年</td><td>1984 年春</td><td>64.0</td><td>74.0</td></tr>
<tr><td>4 年</td><td>1984 年春</td><td>40.4</td><td>46.7</td></tr>
</table>

4.2 保护苗木根系

苗木根系特别是侧根、须根的多少是造林成活的重要条件之一。油松苗须根较多,用常规的方法起苗,约有50%左右的须根被撕裂拉断,尤其在圃地土壤较干旱的情况下,根系被损程度更为明显。起苗先在一侧开沟,在另一侧刨起苗木。刨起来的苗木连同土坨放在水中,进行分苗,能有效地保持侧须根的完整。如表7。

水中分苗有两个优点:一是苗木根系完整。水中分苗比常规分苗一级侧根条数多21.4%,侧根总长多88.2%,根系的鲜重高44.4%,菌丝的损失程度比对照相对低46.3%。二是水中分苗,苗木根系离土不离水,使苗木不致过多失水,利于抗旱。

表7 不同分苗方法苗木根系保存情况

分苗方法	菌丝损失率(%)	一级侧根(条/株)	一级侧根总长(cm/株)	根系鲜重(g/株)	注
水中分苗	47.0	13.6	78.1	1.04	供试苗木2年生,平均高14.2厘米,地径2.9厘米
常规分苗	87.5	11.2	41.5	0.72	

4.3 掌握造林时机

春季造林。微域地形地温高,温湿度大,造林时间要比一般荒坡早一点,有利于成活。

雨季造林。要注意雨情,经过一、两场透雨后的阴天或透雨后下午造林效果最好,连续晴天应在下午5点以后造林,避开高温。

秋季造林。根据壶关县的气候情况,一般在10月下旬进行,效果较好。

工作中得到了刘学勤高级工程师的指导帮助。

主要参考资料

1. 王加强:1984,贫瘠干旱石质山地油松造林经验《山西林业科技》第3期

2. 张平和:1985年,贫瘠干旱阳坡油松造林技术的研究《北京林业》第3期。

3. 牛树元:1985年,太行山中段立地分类和评价的研究《北京林业》第3期。

4. 赵呈等:1985,太行山中段劣质立地的造林技术与效果《北京林业》第3期,待修改。

第三节　讲话　汇报　文章

壶关林业的发展过程，正是壶关县干部群众对林业认识深化、经验探索、技术形成、措施创新的过程。壶关的做法、经验、技术，在全国、全省林业发展的各个不同阶段，都发挥着引领和示范作用，本节选录的部分讲话、汇报、文章，真实反映了当时壶关林业发展的水平。

山西省东山用材林基地建设壶关现场会发言材料

加快造林步伐　改变壶关面貌

中共壶关县委

我们壶关县地处太行山巅，是一个名副其实的石质山区。全县版图面积151.9万亩，其中荒山沟坡面积就占3／4，有发展林业生产的优越条件。党的十一届三中全会以来，我们认真总结历史的经验教训，不断提高植树造林重要意义的认识，加强领导，全面规划，落实政策，讲究科学，坚持年年大搞以荒山用材林基地建设为重点的植树造林，使全县林业生产取得了初步成效。从1979年以来，全县荒山造林六万八千亩，超过新中国成立三十年营造人工林总和的两倍多；四旁植树八百八十万株，超过建国三十年植树总和的1.6倍；育苗年年保持在五千四百亩以上，占到了总耕地面积的百分之一点五。特别是今年雨季造林，面积之大，成活率之高，超过以往任何一年。全县共造林四万亩，一季超过了全年计划，造林成活率在80%以上。另外还搞了荒山予整地三万亩，新育油松苗四百七十亩。

一、总结经验 提高认识

过去，我县植树造林的速度十分缓慢，截止1978年，全县四旁植树八百六十五万株，荒山造林八万九千八百亩，人均只占有三十六株树和0.37亩林，覆盖率仅占总面积的6%，而且分布极不均匀，有林面积大部分集中在东部山区的几个公社。三十一万亩基地宜林荒山，仍有十五万两千亩属于荒山秃岭。

据调查，我县历史上的森林面积和分布状况远不是现在这个样子。三十年代初，全县有林面积曾达到过三十万亩左右。东部山区的大井一带原是山林茂密，苍松参天，取木甚易之地。属于山间平川区的晋庄、料阳　带也是茫茫林海，遮天蔽日，常有虎狼下山觅食之事。城关周围的马驹、修善山头，在机关近年造林整地中，还刨出了大量的松树残根。树掌、森掌、柏林、林青庄等村庄以“树”“林”取名，也是过去森林丰富的一个有力见证。但由于四十年代战争摧残，大面积山林被砍被毁。在1958年“大跃进”和农村人民公社化运动中，特别是在“文化大革命”的十年内乱当中，森林资源再度遭到严重破坏，1966年，全县植树造林的成活株数和保存面积分别为七百八十万株和八万六千亩，10年之后的1976年，反而分别减少了一百八十万株和六千三百亩。

由于森林植被和生态平衡遭到了严重破坏，山地裸露面积大大扩大，给全县人民带来了巨大危害。

首先是旱灾严重，吃水艰难。解放32年来，全县经历了二十三个干旱年。每次旱期最短的四十天，最长的达一百八十天。一九六五年大旱，全年只降雨三百三十五毫米，造成十多万人闹水荒，尽管国家组织了车辆援助，店上和东井岭一带自由市场的水价，仍然高达八角到一元钱一担。1977、1978、1979连续三年大旱，年降雨量分别为356、434和375毫米，使缺水人数最高时达到了十二万，国家组织汽车送水，三年仅汽油费花了一百多万元。今年，又遇到了严重干旱，到目前为至，降雨量只有310毫米。降雨少，蓄水也少，实际蓄水仅占井池蓄水能力的百分之四十。

第二是水土流失日益加剧。全县水土流失面积已占到了总面积的80%。由于水土流失，泥下山，河变滩，水利工程被淤塞，有的甚至完全失效。全县22座中小型水库，淤积量已占30%。特别是从安口岭发源的石子河，因为两岸植被稀少，水土流失更为严重。“文化大革命”中，属于该流域的晋庄公社，在左的错误影响下，只抓粮，不抓林，集中全社劳力在河滩大搞改河造地。1972年一场暴雨，把新造的三百余亩土地全部冲光，造成了人力、物力和财力上的巨大浪费。不仅如此，而且所有泥沙和衬砌石料被冲入下游的杜家河水库，一次淤积一百八十万立方，厚度达一点七米，加上历年淤积，致使该库从1958年建成到1975年，淤积量就达到七百二十万立方，占总库容量的三分之二。这座水库原设计为五十年寿命，不足二十年就报废了。由于水土流失，加据了洪水灾害。1971年石坡大队在桥后沟填沟修地二十亩，当年夏季一场二十分钟的大雨，因山洪暴发，冲跨两座坝，新修的土地也全部冲光。由于水土流失，土地越来越瘠薄，再加上旱、洪、雹、风、霜等灾害的频繁发生，给农业生产的发展带来了严重的影响。全县粮食产量一直低而不稳，不仅完不成国家征购任务，还要经常吃国家返销粮。去年社员口粮不占三百六十斤的核算单位仍占34.5%。

第三是森林少，林业收入低，牧业和工副业的发展也受到了限制，给全县造成了很大的经济困难。以去年为例，全县农林牧副业总收入为二千六百五十三万元，林业收入100万元，仅占总收入的约3%，牧业收入也仅有三十多万元。全县多种经营也不能得到较快发展。去年全县人均分配收入不达五十元的核算单位仍占25%。穷县的帽子至今还没有摘掉。

二、全面规划 加强领导

随着认识的不断提高，我们抓林业建设也就由不自觉到自觉了。1978～1979年，县委成立了规划领导组，组织了规划队伍。在县委主要负责同志的直接领导和带领下，规划组从自然和经济方面摸索规律，深入调查研究，进行实地勘察，然后根据“因地制宜”“因害设防”的原则，按山系、流域制订出了《壶关县用材林基地建设的总体规划》。

这个规划针对全县梁峁起伏，沟壑纵横、海拔高低相差一千米的自然特点，将境内的一百五十三座山头、三千三百六十八条沟壑，明确划分了封山区和放牧区，并作了“四带”“四区”“十个基地”的具体规划和分年度实施计划，提出了各带、各区、各个基地的营林设计、林种设置、整地方式、造林规格、技术措施等。

“四带”指全长二百华里，总面积五万亩的常行至石坡、城关至店上、李掌至常家池、黄山至百尺等四条骨干林带。

“四区”指海拔高度在五百公尺左右的“高温区”；海拔在一千二百至一千五百公尺左右的“高寒区”；荒山由青砂、黄矸、炉渣组成的“丘陵区”；山少沟多、地势平整的“山间平川区”。

“十个基地”指发展林业的重点项目不同的十个山区公社。

实现了规划要求，全县就将形成一个四条林带不断线，十个基地连成片，四区交错各有重，经济木材齐发展的林业体系。

根据总体规划的实施方案，1985年前，全县森林覆盖率要提高到20%，即造林面积达到三十一万亩，也就是四年干完过去三十年才干完的事情。四旁沟坡木材树要达到三千七百五十万株，人均一百五十株。

在发展周期长的木材树同时，我们实行以短养长，长短结合，在合理经营上做文章，确定既要大力营造速生丰产林，又要抓好经济林的发展。山区以红果、核桃为重点，山下以蚕桑为重点，沟坡以刺槐为重点，荒山以油松为重点。凡有条件的社队都要积极发展水果和木本粮油。蚕桑生产争取1985年全县桑树达到三千五百万株，产茧达到一百万斤。

规划的制定，使广大群众看到了前景，受到了鼓舞，同时也增强了各级领导大干林业、干好林业的高度责任心。各公社根据县委的统一规划，坚持荒山沟坡综合治理，工程措施与生物措施互相结合，也制定了本社的“小规划”，落实了育苗造林的各项具体任务。

要使规划付诸实现，加强党的领导是关键。在这方面，我们着重抓了以下几项工

作:

一是党和政府有关发展林业的文件下达以后,县委常委不仅及时召开会议认真学习,而且广泛深入地进行宣传,并及时地研究贯彻落实的办法。如《森林法》公布后,我们专门召开了有县委主要负责同志亲自参加的十万人的广播动员大会和县、社、队三级干部参加的贯彻《森林法》奖惩兑现大会,同时将《森林法》翻印分发全县,还组织林业、文教、共青团、广播站、公检法等单位密切配合,充分利用各种形式大造舆论,发动群众学习讨论,使《森林法》家喻户晓,深入人心。

二是为了下决心切实抓出成效来,县委坚持做到了连续抓,抓头头。县委要求县社队三级书记都当绿化书记;书记有变动,发展林业的总体规划不能变;书记抓林业,一班人也都要各管一个片,各抓几个点,既当指挥,又要实干。去年雨季前,我们在盖家川底大队召开了雨季造林现场会,参加会议的有各公社书记,林业重点大队的支部书记;今年雨季前,我们又召开了各公社书记参加的以林业为主的多种经营会议。两次大会,实际上是两次抓头头抓关键的发动会议。会议期间,不仅看现场,学经验,而且定任务,谈措施,对两年的雨季造林起了巨大推动作用。为使造林工作开展的比较扎实,县委常委和政府正副县长,都做到了亲自深入实际,亲自抓宣传发动,亲自抓任务落实,亲自组织检查,解决实际问题,带头植树造林。县社两级党委坚持以点带面的工作方法,共培养各种类型的林业新老典型一百一十个。

三是从我县实际情况出发做出有关《决定》和《规定》,并不断健全林业生产的组织领导机构。1979 年 10 月和 1980 年 2 月,县委做出了《关于大力发展林牧业生产的决定》和《关于保护山林树木的若干规定》。在衡量农业生产优劣的八大指标中,规定林业比分占 15%~20%。在具体组织领导方面,县上成立了绿化和护林防火两个指挥部,指挥部由一名县委副书记任指挥,四名常委任副指挥。各公社也都成立了相应机构。县委还给林业局充实了力量,配备了中青年干部,并将一名助理工程师提拔到领导岗位。林业局的干部实行了岗位责任制,激发了抓好林业的劲头和责任感。

三、解放思想 落实政策

过去,由于受左的错误思想束缚,我县林业政策一直没有得到很好落实。三中全会以来,我们坚决贯彻党的依靠社队集体造林为主、积极发展国营造林、并鼓励社员个人植树的方针,冲破禁区,解放思想,并不断解决干部怕右、群众怕变的疑虑,认真落实各项林业政策,调动了广大干部和群众植树造林的积极性,使全县初步形成了一个国家、集体、个人一齐上的局面。

在落实林业政策中,我们首先狠抓了树木退赔和山、林、树权属清理工作。长期以来,由于政策多变,农民吃了很大苦头,不少社员个人的树木被无偿平调,严重挫伤了群众植树造林的积极性。县委认为,要使农民的积极性重新焕发出来,必须首先解决这个问题。因此,对于十年内乱以至过去集体“平调”没收了的社员树木,不论问题多与少,涉及面大与小,都坚持不折不扣地认真落实。全县共退给社员树木七万五千四百九十七株,退树款四万一千零五十元。政策取信于民,调动了社员的植树积极性。黄山公社西底大队新植树三万株,人均一百零七株,其中社员个人植树六千株,人均二十一点四株、户均一百株。社员高兴地说:政策放宽顺人心,房前屋后树成林。十里大队社员向庆堂,院内一棵成材树被大队做了电杆,只付给他五元钱。他一气之下,就将另外的三十余株椽材树全部砍了个净,此后八年再没栽植一株树。落实政策中,大队又重新作价补给他十五元,1980年一春栽树一百一十株。

在权属清理上,我们于去冬今春在具有代表性的山区树掌公社、平川区西庄公社进行了稳权发证试点。在试点经验的推动下,全县的林木已基本上进行了清理,大多数公社还以管委会名义暂发了临时证书。从而使林业得到了保护和发展。回车大队与岭东大队两山相依,过去由于二十五亩山林界限不清,双方谁也怕谁砍的多,不造林却争先砍林,结果原有的林子几年就砍光了。通过林权清理,山头立了界限牌,谁造谁有分的清,于是他们造林积极性很高。单今年春雨两季,两个大队共造林五百五十亩,植树一点三万株,育苗三十亩,各自都超过了过去三十年来的总和。

搞好荒山沟坡绿化,必须发挥集体和个人两个积极性。为此,县委规定,凡有条件的大队、生产队,都应把三分之一或者更多一点的荒山、沟坡划分给社员植树造林,实行谁栽谁管归谁所有,并发给林权证和林地使用证,其子女有继承权。目前,全县已划给三千三百二十户社员荒山沟坡一万二千余亩,已经植树七十万株,造林二千六百亩。晋庄公社山仓大队,去年将七十亩沟坡划给社员户,并采取了定权属、定奖惩、定完成时间的“三定”措施,去今两年植树4万株,成活率达90%以上。另外,大多数社队还在社员植树造林的时间、种苗、化肥、农药、资金、技术上给予了大力帮助和支持。

社办林场和林业专业队,是发展林业的基本队伍和骨干力量,但在农业实行联产到组、到户、到劳,尤其是多数社队实行大包干责任制之后,都面临着一个如何巩固和发展的问题,特别是一些收益少或无收益的场、队、这个问题表现的更为突出。为了使集体林场和林业专业队得到进一步巩固和发展,县委在落实农业生产责任制时,明确规定,现有社办、队办林场,都不准解散,并要在今后逐步得到壮大和发展。并就存在的一些具体问题采取了针对性的措施。如在承包土地时规定从事林业生产的人员原则上只承包人口田,不承包劳力田。在收益分配中,规定林业人员的收入不低于或略高于其它同等劳力的收入水平。在解决林业人员的工资和补助问题上,规定可在社办企业利润中提取,也可由林场或专业队耕种一部分土地,开展多种经营,予以解决。这样，不仅原有的社办林场没有受到影响，而且长期没有林场的辛村公社也办起了林场。现在全县十八个林场越办越兴旺。鹅屋公社林场是1968年成立的一个老场，现有山林四千一百多亩，零星植树一万五千余株，曾连续三年评为省林业先进单位。1979年前本场基本没有收益，实行劳动在场、分配回队。去年从抚育间伐，进行大种大养等多种经营中，解决了当年林业投资，并以工均五角钱带款回队参加分配。今年针对大部分在生产队实行大包干责任制的现实，允许职工一年抽五十天时间回家种口粮田；允许林场在不破坏水土保持下开垦小片荒地，搞林、菜、粮间作，解决口粮不足和吃菜、吃油问题，工资款除本场解决外，不足部分从社办企业上交利润中提取，这样就较好地解决了部分职工"身在林场心在家"的后顾之忧。职工们造林的积极性很高，今年雨季完成造林五百五十亩，超过了以往任何一年。现在，全县十八个社办林场，在场人员二百七十六人。三百四十八个林业专业队，专业人员达到五千二百七十名，占到了总劳力的7%。

为了加快荒山沟坡的绿化，我们在落实政策中，还特别重视了林业生产责任制的建设和完善，改变了过去林业生产上的"大呼隆"，从而比较好地保证了造林速度和质量。

公社、大队、生产队对集体林场和林业专业队，普遍实行了"定造林、抚育、林粮间作任务，定以林为主的多种经营产值，定生产投工，定质量标准，定报酬、补助和超奖减赔"的"五定一奖惩"专业承包责任制。专业队对组、户、人，也实行联产计酬。现在全县专业人有一千五百个，专业户有三百九十个。这些专业户、专业人，已经在林业生产中显示了越来越明显的作用，今后必将有一个很大的发展，我们要大力提倡。东井岭、石河沐两个公社的专业队在雨季造林中，实行以山划片，责任到人，效果很好。两社集中大搞了本社境内的两条林带，分别完成造林四千二百亩和三千五百亩。西庄公社黄角头大队林业专业队由六个专业户组成。大队规定，整地、造林达到规格和成活率达到百分之八十以上的标准各记工三个，成活率不达标准按折合面积记工。年终验收后，超过任务每亩奖工两个，少完成一亩扣工一个。并规定了质量奖，成活率达到80%以上，每亩奖款一元，40%~80%不奖不惩，40%以下只记整地工。这个大队今年雨季造林七百余亩，人均达到二点七亩，等于建国三十年来的六倍多。专业户路其昌，承包了二百亩整地造林任务，现已完成二百三十亩，超额完成任务的15%。

对各社队育苗，我们也实行了明确的责任制。如在油松育苗上规定苗木出苗数达到每亩十五万株以上，国家资助八十元；县上奖励三十元；成活在60%~90%之间，以折合面积资助，县上不给予奖励；60%以下者，不但不予资助和奖励，还必须交回种子款。这样，各社队积极性很大，都结合自己的实际采取了不同的措施，育苗成活率一般都在85%以上。去年雨季全县油松育苗达到一千四百二十七亩,比任务超过一千多亩,鹅屋公社一社超额完成了全县年计划四百亩的育苗任务,出苗数都在十万株以上。

在搞好造林、育苗责任制的同时,我们还建立了严格的管护责任制。主要办法是:以山以路以沟定酬定奖,责任到人。零星树木管理到户,增值部分,队户分成。加强管护,是造林成败的大事。因此,从造林到成林我们始终如一地加强了管护。现在全县专职护林员达到了一千二百一十名。基本上做到了座座山头有人护,条条沟壑有人管。在林木管护当中,采取了封、揸、护三种办法。封就是封山,禁止人畜践踏;揸就是移植和播种后随时盖上圪针,防止鸟兽危害;护就是专人看护。这几种办法效果都很好。如晋庄大队护林员阎国民,针对本大队地处交通要道,行人繁多,集体树木丢失严重的情况,坚持不论刮风下雨,每天看护,从不间断。他还采取查看现场,重点调查掌握线索,顺蔓摸瓜等方法,自去年三月份以来,先后抓获盗伐林木者三十七人,破获毁林案件九起,尤其是破获了以牛计保为首的偷盗国家和集体树木一百七十六株,价值近千元的集团案。为了表彰他的先进事迹,县委授予他"模范公安护林员"的光荣称号。在加强群众性管护的同时,我们坚持以法治林,及时查处了一批毁林案件。从去年以来,全县共发生大小毁林案件三十二起,已经处理二十七起,其中重大案件四起,已侦破处理三起,捕办三人,拘留二人,有力地打击了乱砍盗伐的犯罪分子,保护了森林资源。

四、科学造林 保证质量

我县从新中国成立开始到1979年,累计植树造林分别达到了八千九百万株和四十七万亩,而实际保存下来的林木只有一千零八十万株和四点九万亩,实有数仅占累计数的1/8~1/12。严峻的现实使我们认识到,过去所以造成"春天插树栽,冬天烧"干柴""工没少误、钱没少花、力没少出,劳民伤财"的状况,主要原因是长期以来不讲科学造林,不搞科学管理的恶果。近几年来,我们重视了这项工作,取得的效果就比较明显。去年植树造林的成活率分别达到了85%和65%以上。较1978前提高了30%左右。

在科学造林上,我们主要抓了以下几项工作:

一是总结典型经验,推广科学成果。广大群众在长期造林实践中,摸索出了很多富有价值的成功经验,问题在于县委能否善于发现,及时总结,认真推广。几年来,我们认真总结推广了常行公社川底大队油松三季育苗,常年造林的经验,北行头大队刺槐截干造林的经验,店上公社小南清大队沟坡绿化的经验,城关公社南河大队营造速生丰产林的经验,崇贤公社赵掌大队苗木培育的经验等等。这些典型一经出现,我们就立即总结并且采取召开现场会的办法,大张旗鼓地推广,使广大干部群众从各地的典型经验中,看到了希望,受到了启发,学到了办法,大大提高了科学造林的自觉性。如今年雨季造林中,旱情继春旱持续发展,大多数社队只降雨二十多毫米,但他们认真学习川底大队的经验，硬是坚持“一坑一碗定根水”保住幼苗；硬是靠讲究科学技术，提高了油松移栽造林成活率。

二是培训了技术骨干。近几年来，县委年年要拿出一定的资金向各社队印发林业技术资料，供各级培训技术人员。经过县上分批训，以社集中训，各队自己训等多种形式的培训办法，目前各社队都具有一支“老、中、青”相结合的林业技术骨干力量，其中能够基本掌握造林技术要领的有一千四百余名。这些人员在保证林业生产高效率中起了重要作用。

三是做到了分类指导。我们在造林的时间方法上，充分注意了各自然区的气候、条件，在工作指导上做到不死搬硬套，不搞一刀切。过去春季植树造林往往是动员大会一开，检查工作队一派，全县同一天开始，同一日结束，结果“一阵风”吹成大呼隆，大呼隆造成了遍地空。树掌公社77年为了迎合运动，从外地花了一万多元钱购进了四万株杨树，因为受早春霜冻的危害，成活率不到%10。近年来，各地因地制宜，扬长避短，适地适树，宜早则早、宜晚则晚，整地也从实际出发，做到了什么办法效果好就采用什么办法。

四是建立林种基地，进行引种试验。过去造林“山上刺槐山下杨”，再也没有其它样。近年来，我们为了改变林、树种单一化，今年全县川底、山仓、赵掌、大井、回车等五个大队搞了毛白杨、波A十五号、优种核桃等五个引种实验。在国营林场、苗圃和回车大队等单位搞了阳坡油松造林、刺槐油松混交，杨树速生丰产林等七项林业科研项目，另外，全县还准备搞几个引种试验基地，大力引进优质树种和发展乡土树种，从根本上改变林、树种单一化的状况。

五是掌握了七个环节。即整地深挖，杂草大石不拣净不放过；造林深栽，不除去非规格苗不放过；抚育深锄，不去掉萌芽条不放过；及时管理，幼林管护不放过；封禁林地，管理不成林不放过；计划起苗，当日起的苗不栽完不放过。

六是狠抓了苗木培育。几年来我们为了解决育苗与造林脱节的矛盾，保证优良苗木的供应，坚持把育苗作为全县林业发展的基础和重点，广泛开展了“五级”育苗的群众运动，做到了“一不四舍得”。即：不受耕地1%的限制，按本队宜林面积大小，需要多少，育多少。舍得拿好地，舍得上肥料，舍得用劳力，舍得花投资。我们打算在现有基础上，今秋一季达到一万亩，为今后造林绿化创造雄厚的物质基础。

这次会议开在我县，对我们是一个很大的鼓励和促进。我们决心在六中全会精神指引下，乘这次会议的东风，进一步把全县林业生产搞上去，力争五年绿化荒山，三年绿化沟坡，尽快改变壶关面貌。

1981年9月

下定决心抓林业 誓变“三缺”为“三有”

中共壶关县委书记 张维庆

壶关县是一把“干壶”,既缺水,又缺粮,又缺钱。全县自然条件很差,物质条件贫乏,群众生活困难。在这三缺中,以缺水为最严重。壶关县年降雨量很少,解放三十二年来就有二十三个旱年。1977~1979年连续三年大旱,年降雨量不足四百毫米,全县缺水人口最多时占一半以上,超过了十二万人。国家组织汽车运水仅油费就花去一百多万元,真是水比油贵。这里虽然雨少,但由于没有覆盖,水土流失严重,耕地越来越少(全县人均耕地不到一亩半),越来越瘠薄,产量低而不稳,社员口粮没保证。去年有三分之一的社员基本口粮不到三百六十斤。发展工副业的条件又差,多数社队经济困难。前几年全县人均集体分配收入一直是四、五十元,去年也才六十九元,低于全国、全省水平。

解决“三缺”要靠林业

从面上看,壶关是个“干壶关”“穷壶关”,但是,也有些社队既不干也不穷。为什么会形成这种情况呢?根据我实地调查分析,这类社队大都是林区社队或发展林业较好的社队。树掌公社是个林区社,全社有山林三万三千八百五十多亩,林地覆盖率达24%(比全县7%高17%)。这里山清水秀气候好,降雨量比全县多五、六十毫米。三年大旱时多数公社大幅度减产,唯独他们粮食亩产一直保持在五百斤以上,而且用材方便,家家户户住楼房,成为全县羡慕的“楼房公社”。鹅屋公社黄崖底大队,很早就注意抓林业,大力发展用材林和干果树,现在已经大获其利。去年总收入二十二万四千元,林业收入占到41%。拿这两个地方的情形和全县作比较,就可以清楚地看出:壶关之所以“三缺”严重,根本的问题是长期受“左”的指导思想影响,在山区建设上被一种狭隘的“粮食观”“水利观”和“收入观”迷住了。只抓水库、旱池、旱井等蓄水工程建设,不注意增加覆盖、涵养水源,只顾急功近利抓现钱,不注意建设“绿色银行”。结果是欲得不得,反有所失,白白损失了一、二十年大好时光。我们要接受这个教训,正确认识林业同农业以及其它行业的关系,决心把抓粮、抓水、抓钱同抓林结合起来,并且把抓林作为改造自然、维护生态平衡,促进农业全面发展的根本措施,放在重要地位,突出抓紧抓好。

既抓管护又抓发展

党的十一届三中全会以来,县委的思想逐步解放,突出抓林的方向逐渐明确,决心日益坚定。先后作出了《关于大力发展林牧业生产的决定》和《关于保护山林树木的若干规定》，制订了“以林为首，多种经营，综合治理，治穷致富”的方针，并着重抓了两个方面的工作：

一是抓现有林的管护。全县配备了专职护林员一千二百一十名，建立了护林责任制，大力推广了小南清和北行头两个大队抓林木管护促林业发展的经验，做到了座座山头有人护，条条沟壑有人管。全县涌现出很多护林先进集体和模范个人。对这些护林有功人员，我们在全县范围内大力表彰，有的还树为全县人民学习的榜样，政治上给予了很高的荣誉，经济上给予奖励；有的每年给一定的优待工；有的发给雨鞋、雨衣、手电筒和土枪等，从各方面调动他们看山护林的积极性。同时，我们坚持以法治林，对各种毁林案件及时进行查处，严厉打击了乱砍滥伐森林的犯罪分子，保护了森林资源。

二是抓发展。我们建立健全了各种形式的林业生产责任制。各公社、大队、生产队对集体林场和林业专业队普遍实行了定任务、定产值、定投工、定质量标准、定报酬和超奖减赔的“五定一奖”责任制。林业局干部也实行了分片包干，超奖减赔的经济责任制。同时，我们在全县进行了稳权发证工作，对错收的社员树木作了退赔，并划给社员荒山、荒沟四万多亩，免费供应树苗，鼓励他们造林，因而，全县林业发展很快。三年来，荒山造林八万亩，四旁植树八百八十万株，育苗年年保持在五千四百亩以上，占到了总耕地面积的1.5%。

我们所取得的这点成绩只能算是起步。但从这一起步中，我们得到了很大教益：一是进一步提高了认识，统一了思想。现在有越来越多的人认识到了林业在壶关的特殊地位，认为县委突出抓林业是根本治理壶关山河，彻底改变贫困面貌的唯一正确的方针，是一项造福子孙后代的“万岁”事业。二是看到了希望、增强了信心。过去有的人对发展林业信心不大，担心在壶关这样的干石山区栽不活树，造林不成。近几年来，我们认真推广了常行公社川底大队的油松三季育苗，常年移植的经验，许多干山圪梁营造成功了成片的油松林。有些队还建成了红果山、苹果园、核桃坡，有的已开始得利。三是创造了经验，找到了办法。这几年，广大群众在实践中摸索出不少经验，懂得了很多科学造林的道理，基本做到了因地制宜，适地适树。近一、二年，我们接受过去买苗植树造林，造价不低，成活率不高的教训，把育苗作为发展林业的基础，造林成本大大下降，成活率也大大提高。

县委下一步打算

今年九月，省林业厅在我县召开的东山用材林基地建设汇报会议上，我们县委谈了打算，提出要把林业一鼓作气干到底，干出个高速度，保证一个高质量，夺取一个高效率。力争到1985年造林总面积达到四十五万亩,覆盖率达到百分之二十;林业收入由现在的3.4%达到15%。让壶关尽快变"三缺"为"三有",摆脱贫穷面貌,走上富裕之路。

《山西林业》一九八一年第六期

搞好林业区划规划
科学指导林业生产

中共壶关县委 书 记 王虎林

壶关县人民政府县长 阎好勇

为了贯彻落实胡耀邦总书记关于绿化太行山的指示,又快又好地发展我县林业,从去年十一月到今年九月,在省林业厅、省林业勘测设计院和晋东南地区林业设计队的帮助指导下,我们认真进行了全县性的森林资源调查和林业区划规划工作。现在森林资源调查报告和林业区划规划报告,也已通过省内外一些专家共同审议、上报,并得到国家林业部和省林业厅的基本肯定。

林业区划规划势在必行

林业生产和农业生产一样,一靠政策,二靠科学。林业生产靠科学,首先就必须有一个符合当地实际情况的林业区划规划。拿我们县来说,党的十一届三中全会以后,县委、县政府从建立比较合理的农业生产结构出发,带领全县人民实行了由在人均一亩半土地上"闹革命"到向大面积荒山坡沟进军的战略性转变,林业生产成就超过了建国三十年来的总和,去年曾被省政府命名为"绿化太行山先锋"。但回过头来检查,我县林业生产还存在两个明显的问题。一是林业的发展速度同全县人民付出的劳动不相适应。据有关部门统计测算,从1979~1983年,平均每投十二个工,才可造成一亩林。二是林业生产的效益同林业生产的发展不相适应。从经济效益上讲,1979~1983年,全县人均林业收入才增加了4.2元;从生态效益上讲,全县十年九旱的气候基本没有改变。形成这两个矛盾有执行因素,有客观条件的因素,但是很重要的一个原因就是县、乡(镇)、村各级在指导林业生产上缺乏一个切实可行的科学的区划规划,林业生产活动还带有盲目性。表现之一是我们对自己的家底吃得不清。过去我们以为经过这几年的努力,全县能够植树造林的地方不多了,说足了也不过三十来万亩。这次资源调查表明,除去疏林和未成林的造林地之外,实际还有四十四万亩。过去我们印象全县耕地只有三十六万亩，这次资源调查表明，除此之外，还有十一万亩二坡地、弃耕地、闲散地可以退耕还林。表现之二是我们对各地的立地条件和气候特点吃得不透，往往违背适地适树的原则。比如这次区划规划认定我县中部山地在大力发展水保林的同时，完全有条件发展经济林，使经济林的比重占到规划后总有林面积的13%。而实际上这一地区的经济林现在只占规划面积 的 4.68%。此外我们站在本县角度想问题多，对整个太行山系及太行山下的全局需要考虑的很少，或多或少地出现了轻重倒置、欲速不达的问题。由此可见，林业区划规划是科学指导林业生产的基础。建立这样一个基础，是我们在林业生产中减少盲目、避免失误，加快速度、提高效益的基本条件。林业生产周期较长，一旦失误，数年难纠，从这个意义上讲，进行林业区划规划更是势在必行，越早越好。

林业区划规划贵在合理

林业区划规划有很多技术要求，这些要求的实质都是一样的，就是要根据因地制宜、适地适树的原则，研究不同地区如何正确利用当地资源条件，发挥优势，扬长避短，建立一个生态上最适宜、技术上最合理、经济上最合算的林业生产结构。这是我们从事林业区划的根本出发点，也是最终落脚点。具体来说，我们的做法有三点：

一是根据自然资源作规划。自然资源调查是林业区划规划的基础。这次区划规划，我们以“小班”为单位，对每个山头、每条河沟、每块地块的实际面积、立地条件、利用现状和适宜造什么林、栽什么树，分别进行了详细的调查，然后经过协调、汇总，对各行政村、各乡(镇)以至全县的自然资源搞了个一清二楚。最后按照资源条件，对县、乡(镇)、村的综合农业区划、林业发展的目标和布局、森林覆盖率、林种树种规划等，逐级提出了相应的意见。拿全县说，我们把森林最终发展面积定为七十五点九万亩，林网和四旁树一千一百六十三万株，合计覆盖率 57.7%。把全县分成五个一级区，即西北部山间平川农田林网区；西南部丘陵山地水保林区；中部山地沟壑水保经济林区；东南部石质山水源涵养用材林区和东部河谷经济林区。把全县的林种结构规划为：防护林 47.3%；用材林 39%；经济林 11.1%；特用林 2.6%。把全县的林种规划原则确定为针、阔叶并重，乔、灌木结合。其中针、阔比例为二比一；乔、灌比例为四比一。

二是按照实际需要定重点。造林是要得福于林、取利于林。本着这个精神，我们在尊重客观条件，力求适地适树的同时，还把宏观需要与微观利益结合起来，合理拟定了全县林业发展的方向和重点。从宏观上讲，我县十年九旱，水土流失严重，不仅本县农业生产受到制约，而且对上党盆地、华北平原以至京津一带的防洪安全极为不利。所以我们把全县发展林业的基本任务规定为：以大力发展水土保持、水源涵养等防护林为主加快绿化步伐，增加森林覆盖，防止水土流失，积极涵养水源，为改善生态环境，促进农业发展，为保证山西能源重化工基地建设和华北平原及京津安全做出贡献。从微观上讲，我县资源贫乏，木材短缺，收入门路少。开辟“绿色银行”、尽快治穷致富，解决当地建设和毗邻地区煤炭基地建设的用材问题，缓和木材紧张的矛盾，是形势的迫切需要。所以，尽管总的来说全县的立地条件都不太好，我们还是确定在主要发展水土保持和水源涵养等防护林的同时，要充分利用一切立地条件相对优越的宜林地，尤其是利用侵蚀沟壑和退耕荒地，乃至于少量的耕地，积极发展用材林（包括速生丰产林）和经济林。两个方面加在一起，就是我们绿化壶关的方针：造林育草，保护植被，改善生态，增加收入，以短养长，富山保川。这个方针既适应全面整治国土、统筹安排河山的需要，又和整个太行山的绿化部署相吻合，也符合全县人民的长远利益和近期利益。

三是面对发展现状搞调整。林业区划规划的合理性不仅在于符合资源条件，符合生态的经济的需要，也在于正确估价林业发展的现状，然后扬其所长，抑其所短，拿出一套在现有基础上更快更好地实现绿化目标的调整方案。这次森林资源调查表明，我县现有林的特点是：森林资源少，分布不均匀；新造林多，幼龄林多；林种单一，树种偏少；单位蓄积量低。对待这些问题，我们的基本态度是：既要尊重全县人民现有的劳动成果，不搞“从头做起”“推倒重来”，又要按照资源条件和林业生产自身的规律，进行科学指导，有计划、有步骤、有目的地加以调整和纠正。例如对树种单一的问题，一方面从有利于护林防火，有利于防治病虫害，有利于充分发挥地力出发，本着根据自然条件选择树种，按照造林目的规划树种的要求，对全县不同地区规划了不同的树种；一方面根据全县的立地类型，搞了造林典型设计 23 个，种草典型设计 3 个，对每个典型的树种安排、造林方法、植造时间和留树密度等，都作了精心的设计，以利于引导和指导群众自觉改变林业现状中不合理的部分，逐步向科学造林的轨道靠拢。同时我们还区别轻重缓急，提出了改变树种单一状况的方针，即成功树种大力推广，失败树种停止发展，乡土树种择优选用，引进树种先点后面。

实践证明，我们这样做了，效果是比较好的。没有第一条，规划就脱离了客观基础，就可能使主观努力和实际效果相违背，就会事倍功半，劳民伤财；没有第二条，规划就不能为四化建设、为人类生存服务，就失去了发展林业的目的，实行起来就得不到群众拥护和多方支持；没有第三条，就不是一个辩证唯物主义和历史唯物主义者，就会在政策上和工作上发生偏差，给林业生产的发展造成不应有的损失。

林业区划规划重在应用

我县的林业区划规划是在省地一些专家和技术高手的直接指导下搞成的，是经过了将近一年的艰苦复杂的工作，靠上百人的心血和汗水换来的，是在占有大量第一手资料的基础上作出的。一般地说，是成功的、是科学指导全县林业生产的可靠依据。然而依据并不等于现实，应用区划成果，实现规划目标是比区划规划本身更重要、更见实的工作。因此，在全县林业区划规划基本完成以后，我们就及早动手，认真制定了实施区划规划的具体方案，对实施林业规划的方法步骤、组织领导、方针政策、主要措施、具体要求等提出了一整套意见。其中特别强调了实施区划规划的坚定性和连续性，明确指出林业区划规划是科学，而科学是不可违背的。要求各级领导、各届领导坚持一抓到底，不可“一个将军一道令，一任领导一本经”，使之中途夭折。与此同时，我们还胸怀长远，立足眼前，边搞区划规划，边抓成果应用，随时按照新的布局和新的要求，部署和安排当前的林业生产。比如区划规划要求西北部的山间平川要建成农田林网区，我们今春一季度就在这里建设农田林网43000亩，一举实现了林网化。区划规划要求把中部丘陵山地建成水保经济林区，把东部河谷建成经济林区。我们就及时发动群众培育经济苗木，今年一年全县就种植和嫁接红果树苗17万株，苹果树苗15万株，为今年秋季这两个区域发展经济林10000亩做好了准备。另外位居东南部石质山水源涵养用材林区的鹅屋、树掌等乡（镇），还按区划规划的要求，栽植了山桃、山杏等适应性较强的林木3200百多亩，开始打破了山上油松、沟坡刺槐、四旁杨柳的“老三样”结构。

林业区划规划是一件科学性很强、很复杂的工作。我县的林业区划规划工作是否得当，是否合理，还有待于有关方面的专家们继续研究讨论，有待于群众在实践中进行检验。我们自己也要克服一劳永逸的思想，在实施和应用过程中继续摸索，继续总结，尽快走出一条科学绿化太行山的成功之路。

山西省绿化委员会简报　1984年10月

在太行山区县级林业区划规划工作现场会上的发言材料

搞好区划规划　加快绿化步伐

中共壶关县委副书记、壶关县人民政府县长　阎好勇

（1984年10月22日）

各位领导和与会的同志们：

几天来，同志们长途跋涉、不辞劳苦，检查了我县三中全会以来的几个林业生产典型；昨天和今天上午，副县长刘德宝等几位同志向大会介绍了我县《森林资源调查

报告》《林业区划报告》《绿化规划方案》和《造林总体设计方案》。由于我们思想水平、政策水平和技术水平有限,我们的工作以及各类资料一定有不少缺点和失当之处,请求同志们提出宝贵意见。

现在,就我县一年来开展林业区划规划工作的做法和体会向同志们作一简要汇报:

(一)林业区划规划工作的起因

我县开展林业区划规划工作的起因,概括起来有四句话:中央有指示,实践有教训,群众有愿望,形势有要求。具体来讲:

一、中央有指示。去年七月,中共中央领导同志在视察河北、山西时,对绿化太行山作了重要指示:"要把太行山作一专题研究,要乔灌草长短结合。二十年能不能把这条'黄龙'变成'绿龙'?这里条件好,来得快,意义大。今年秋季你们召集太行山流域各县负责同志开一个会,作一个规划,三个月拿出个基本情况来,然后按规划去办。"这一重要指示,是对整个太行山区建设作出的一个重大战略决策。通过反复学习、多次讨论,我们认识到:绿化太行山,"黄龙"变"绿龙"是一条建设山区改善生态、富山保川的根本大计;是繁荣山区经济、根治海河水害、保卫华北平原和京津安全的战略决策;是中央领导交给我们太行山区各省、地、县一项义不容辞的光荣任务。去年七月,农牧渔业部在延安召开的北方地区农业旱作会议,我们县出席了一名代表,亲耳聆听了中央领导同志对改变干旱面貌、种草种树的重要指示,进一步提高了我们对绿化太行山意义的认识。同时我们感到,按照资源调查、区划规划、年度计划的程序办林业是又快又好绿化太行山和发展整个林业生产的前提条件、必由之路。因此,进行林业区划规划是全面贯彻落实中央领导重要指示的一项重要工作,是县委执行三中全会路线,与中央保持一致的实际行动。对于这样一项重要工作,干得越早越好,越快越好。

二、实践有教训。党的十一届三中全会以来,我们带领全县人民一方面大力调整生产方针,实行了由在人均一亩半土地上"闹革命"到向大面积荒山沟坡进军的战略性转变;一方面放宽林业政策,依靠千家万户绿化千沟万壑,全县林业生产取得了很大成就。但是也有不少教训,概括起来主要有四个方面:一是家底不清。对全县的资源情况没有个比较全面准确的了解,身在壶关不识壶关,指导林业生产仅凭老印象、老经验办事,因而在一定程度上仍然不可避免地存在着盲目性。几乎每年都搞一个林业规划,但不清楚全县有多少四荒面积可以造林,已经造了多少,还有多少,所谓规划不过是拿各地报来的数字和粗略的估计勾划出来的一张时间表,这次通过区划规划才清楚了,全县没有绿化的宜林荒山沟坡还有 47 万亩,大约到 1995 年才能基本完成绿化任务。二是方向不明。由于我们对各地的立地条件和气候特点吃得不透,在处理生态效益和商品经济上，在树木品种选择和确定林业发展重点上，往往违背了适地适树的原则。象我县中部山地沟壑的四个乡镇，从地理位置、年平均气温、极端最低气温、日照时数、年降水量等方面看，都符合苹果栽培的适宜条件，完全可以发展以苹果为主的经济林。但在实际上大多搞的是"山上油松，沟坡刺槐，路旁北京杨"的"老三样"结构，规划前这一地区的经济林面积只有 8848 亩，仅占规划面积的 4.8%。前后比较，还有很大的潜力没有挖掘出来。三是经济效益不高。近几年来，全县每年的林业总产值不过 400 多万元，人均仅仅 15 元左右。1958 年大跃进时期。全县组织十几万人大战花果山，声势规模之大，都是前所未有的。但由于违背了客观规律，大部分面积都失败了，仅仅保存下了一小部分面积。真是劳民伤财，教训沉痛。四是前后不一。林业生产是一项周期长，见效慢的开发性事业，需要几年、几十年、甚至是几代人持续不断的努力。但在实际上，我们从县到乡到村，往往没有一个始终如一的可以遵循的东西，"前面栽上后面改，砍了核桃换刺槐"之类的现象时有发生，折腾一次，几年都缓不过劲来，对林业本身讲损失很大，对群众来讲，严重挫伤了积极性。

四个问题归结为一个问题，就是决心干劲有余，科学指导不足，结果是林业的发展速度同全县人民付出的劳动不相适应。据有关部门测算，从 1979 ~ 1983 年，全县共造林 20 万亩，保存面积只有 13.5 万亩，只占造林面积的 67.5%；林业生产的效益同林业的发展也不相适应，从经济效益上看，1979 ~ 1983 年，全县人均林业收入才增加了 4.2 元，从生态效益上讲，全县十年九旱的气候基本没有改变。

三、群众有愿望。发展林业一靠政策，二靠科学。从政策上讲，十一届三中全会以后，我们解放思想，大放大包，全县共给 12540 户农民下放自留山 12.07 万亩，给 3812 户农民承包责任山 13.91 万亩，涌现出千亩以上的林业大户十多个，群众的积极性调动起来了。但随之而来的是群众要求给予科学指导的愿望越来越突出，呼声越来越高。特别是一些林业经营大户和户办小林场，这种愿望和要求更为迫切。政策调动了广大群众的积极性，但是光有政策这个"定心丸"，没有科学这个"开心丸"也是不行的。现在的问题，不仅是要大家真正把植树造林当作自己的事情，尽心尽力的来办，而且是要努力做到用较少的投工投资，取得尽可能大的经济效益和生态效益。而要应合群众的要求，就必须全面进行区划规划，建立一个生态上比较适宜，技术上比较合理，经济上比较合算的林业生产结构，并根据区划规划，给群众以具体的科学的指导。如果我们不是这样地提出问题和解决问题，那么靠政策调动起来的积极性，就不可能得到充分的发挥和持久的发展，闹不好还会受到挫伤。

四、形势有要求。所谓形势有要求，就是工作中不断提出了一些新课题、新要求。现在我们就面临着三个关系不好处理：一个是林农关系，一个是林牧关系，一个是林业生产同商品生产之间的关系。这三个关系中的两个方面,既有一致的地方,也暴露出一些矛盾的地方。比如林牧之间互相争地、争坡的问题就很普遍,导致的结果也很明显。这几年全县林业发展了,羊群却稳中有降。要处理好这些关系,做到统筹兼顾,突出重点,互相促进,同步发展,既需要一个综合的农业区划规划,也需要有一个和综合区划规划相协调、相一致的林业区划规划。

正是从上述四个方面的考虑出发，去年一月省林厅召开绿化太行山规划论证会之后,我们县委、县政府主动要求上级批准,在我县开始了太行山区县级林业区划规划试点工作。

(二)怎样进行区划规划

在统一思想,提高认识的基础上,我们在上级领导和各级业务部门的大力支持和帮助下,于去年十月份,在全县展开了林业区划规划工作,回顾整个过程,我们主要抓了四个方面的工作:

一、列入议事日程,层层加强领导

首先,我们成立了区划规划领导组。去年 10 月 12 日,县委、县政府领导向省林业厅及设计院发了请示电文,随后,又拟定了开展区划规划工作报告,呈送了具体意见和方案。1983 年 10 月 20 日成立了壶关县林业区划土地资源调查领导组。组长由县长阎好勇同志担任,副组长除一名副书记和一名副县长外,还聘请了省林业设计院副院长、高级工程师王国祥同志、地区林业局、地区农业区划办公室等单位领导同志担任。并吸收有关部局领导和省地专家、工程技术人员组成领导组成员。领导组下设办公室,具体主持和组织区划工作。各乡镇也建立了相应的机构,做到了上下一齐抓,层层有人管。第二,县委和县政府领导成员都做区划规划工作的有心人,每段工作开始和结束,都要专门召开会议进行研究和总结,提出改进和推动工作的具体措施。工作开展之中,领导同志经常深入第一线了解情况,掌握进程,解决实际困难和存在问题。如在外业调查中,部分乡镇干部勾绘村域界限有隐瞒耕地(怕加大农业税)、少报四旁树的现象,给调查人员增加了困难。针对这一情况,县政府领导亲临现场,解决了这些人的思想顾虑,保证了工作的顺利进行。第三,搞好后勤工作。我们专门抽出农工部一名副部长做区划工作的“后勤部长”,负责购置器材和工作用品,安排区划人员的食、宿、住、行,力求提供良好的工作和生活条件。每逢节假日,县委、政府都要组织慰问团,由领导带队亲临第一线进行慰问。各乡村干部和群众也从各方面创造条件,支持区划人员开展工作,进村欢迎,出村欢送:支锅灶、备粮菜、腾住房、作向导,热情关怀,大力协助。常家池村支书常福德因病手术,术后还没有抽线就急忙回村接待区划工作队员。由于领导重视,工作具体,区划队伍士气高涨,工作进展顺利。

二、集中技术力量，搞好区划会战

开展区划规划工作，战线长，任务大，技术强，需要有一支足够数量的、有专业知识的科技队伍。而科技队伍不足，技术力量薄弱，正是我县的困难所在。而对这种情况，我们采取了"一请二招三集中"的办法，组织起了一支专业区划队伍。

一请，就是向省地有关单位求援。省林业设计院、地区林业设计队的专家、工程技术人员20多名，于去冬十一月来我县作技术指导，充当我县区划工作的技术骨干。

二招，就是在县办农业职业学校毕业生中，通过考试择优录用了21名农村知识青年，充实到专业区划队伍中。尽管我县财力不足，县政府还是决定每年从财政上挤出一万元资金解决这些人的工资待遇，并吃上周转粮。这些人经过短期培训和省地技术人员带训，普遍提高了业务水平，胜任了工作。

三集中，就是集中农业、林业、水利、畜牧、农机、城建、科技以及有关乡(镇)的技术骨干75人，统一编组，统一使用。

通过上述三条途径，我们组成了一支130多人的专业区划队伍。他们当中有高级工程师一名，工程师4名，助理工程师22名，技术员45名。形成了一支数量充足，技术结构很好的区划专业队伍，这是搞好区划的决定性因素。

在外业调查工作中，分三路进行：一路由年富力强，技术过硬的技术人员组成，专门负责外业调绘调查；一路以省、地技术专家和有关领导为主，巡回检查，掌握进度，验收质量；一路以县、乡、村三级干部和群众为主，紧密配合，协同作战。这样，一项工作牵动上下左右，形成了全县性的区划会战。

三、坚持"短线反馈"，保证工作质量

为了保证区划工作进度快，质量高，区划队还采取了短线反馈的工作方法，即在每一段、每一片、每一个村庄、每一个山头的工作完成之后，立即返回头去重新检查一次，发现问题及时纠正。今年在外业调查中，共有2个乡、6个村、6个山头，120个小班经短线反馈，重新进行了调绘。集店乡外业调绘组在集店村作业时，因一时不慎，没有查出村东缸窑向北扩大了半亩左右；经查出之后，调绘小组立即返回去进行了更正。石坡乡山上的造林和宜林地仅相距5米，由于勾绘不清，当即进行返工。这样做看起来是耽搁了时间，实际上是把问题解决在了苗头，避免了大的反复、确保了质量。

四、落实工作任务，实行按劳计酬

区划工作的整个过程，我们都坚持严格的岗位责任制，实行技术包干，任务到人，定额计酬，奖勤罚懒。对搞外业调绘的人员不计出勤天数，而按面积和技术标准实行定额补助。内业转绘实行定额计酬，每完成一个小班转绘并达到要求标准，付酬8分，每抄一张小班表，并达到要求标准，付酬1角；每选准一个像主点，付酬4角。并建立了逐段检查验收的制度:一个乡(镇)为一个调绘组,两个乡(镇)交叉验收,逐队进行,项项不漏,综合验收组巡回各乡抽样验收。在内业验收上,每个省、地技术员负责验收五个内业转绘人员的工作。验收的原则是:百年大计,质量第一,从严要求,从准抓起,发现问题,及时纠正,不合标准,立即返工。

由于措施得力,工作进展很快。鹅屋乡虽然面积大,但由于外业调绘小组人员的努力,原计划两个月完成的土地资源调查,结果提前 20 天完成任务,每人奖款 25 元。全县外业调绘要求今年四月底结束,最后提前 15 天完成了任务。对搞内业的区划人员,我们也采取"上不封顶,下不保底"的奖罚政策,调动了大家的积极性,人人都是早上五点起床后就干,夜里加班到十二点,中午不休息,晚上不看电影电视,原来计划 15 个人一个月完成,结果只用了 10 个人,还提前五天完成了任务。报酬也有高有低,最少的人只有 18 元,最高的人一天就 17 元,这样严格验收保证了速度和质量。

(三)区划规划的主要收获

通过一年的紧张工作,我们在林业区划规划中取得的主要收获概括起来就是:

第一,摸清了资源家底,认识了壶关面貌

这次区划规划的第一阶段, 我们坚持森林资源调查和土地利用现状调查同步进行,查清了全县森林资源的类型、数量、质量、分布及利用现状;同时对土壤、气候、农业、畜牧、水利、农机等各种资源也进行了相应的普查,取得了 20 多万个数据。可以说,我们是对全县各种资源状况来了个"大翻腾""大清理"。这一工作的进行,使我们对壶关的自然资源和环境条件有了比较全面的了解,澄清了家底,思想认识也随之产生了飞跃。比如,我们曾经认为经过几年的努力,全县能够植树造林的地方不多了,这次森林资源调查表明, 全县还有宜林地 47 万亩。过去我们印象全县耕地只有 36 万亩,不可能退耕还林。结果,除此之外,还有 16 ~ 17 万亩坡地、弃耕地、闲散地等次等地可以退耕还林、退耕还草。从而进一步看到了壶关山区的开发潜力,增强了继续造林种草、搞好绿化的决心和信心。

第二,初步找到了一条合理开发山区,科学振兴林业的发展道路

这次区划规划,我们在专家和技术人员的指导下,遵循两个规律、着眼两个效益,对全县的版图面积和各种资源进行纵横摆布,绘制了一个比较全面、比较科学的林业生产蓝图。在这个大前提下,确定今后林业发展方向和目标是:大力发展防护林和水源涵养林,积极发展用材林和经济林,实行乔灌草一齐上,长中短相结合,既照顾到保卫华北平原和京、津安全,改善全县的生态环境,也考虑到建设山区、致富农民的经济效益。同时,根据我县地域差异大,立地类型多的特点,把全县林业布局划分为五个一级区,分别确定了每区的林种、树种和应当突破的重点,使全县有可能建立一个生态上适宜和技术上合理,经济上合算的林业生产结构,以促进整个山区建设。

第三,锻炼和培育了一支专业队伍

在区划规划过程中,我县有百余名同志直接参加了外业调查、内业转绘、综合统计、面积量算和成图等技术性较强的工作。通过一年的学习和实践,通过省地专家的传帮带,这支队伍熟悉了全县情况,提高了专业技术水平,有了一定的独立工作能力。这对我们县今后落实完善区划方案,应用区划成果,将是一支重要的技术力量。

第四、通过区划工作,促进了全县科学造林的步伐

这次区划规划历时一年,涉及千山万壑,千家万户,这项工作开展的本身就是一种很好的技术传播,是一次不下命令的造林发动,全县干部群众在这一工作的鼓舞和推动下,边规划、边实施,科学造林的步伐大大加快。比如区划要求 西北部山间平地要建成农田林网区,我们今春一季就在这里建设农田林网 4 万多亩,基本实现了农田林网化。区划规划要求把中部山地沟壑建成水保经济林区,我们就及时发动群众培养经济苗木,今年一年,全县种植和嫁接红果树苗 17 万株,苹果树苗 15 万株,为这个区域发展经济林 1 万亩打下了物质基础。位居东南部石质山水源涵养用材林区的鹅屋、树掌等乡(镇),在抓好大造针叶林的同时,还在阳坡栽植了山桃、山杏等适应性较强的灌木 3200 亩,实行了乔灌木一齐上。今年春雨两季,全县共完成荒山造林 10 万亩,育苗 15000 亩,四旁植树 200 多万株,无论数量和质量都是我县历史上最高最好的一年。

(四)应用区划规化成果的几点措施

取得林业区划规划成果,这仅仅是"认识世界",而认识世界的目的全在于"改造世界"。从这个意义上讲,我们的路程还很长,肩头的任务还很重,把森林覆盖率从 12.4%提高到 50%以上,还需作长期的艰巨的努力,为此,在今后应用和实施区划规划成果方面,主要采取以下几项措施:

一、认真做好宣传工作,鼓舞全县 24 万人民振兴林业的信心和干劲

区划规划的应用和实施,是人民的事业。宣传群众、动员群众是落实规划的关键。当前首要的是做好区划规划宣传工作。其中特别是宣传林业区划规划所展示的光辉前景;宣传到 2000 年规划实现后全县的有林面积、森林覆盖率、林木蓄积量、林业总收入、人均林业收入以及生态效益发挥后对农业生产、对人类生存的巨大好处;宣传区划规划的科学性、可行性和实现区划规划的有利条件; 组织乡村干部参观区划展览;同时也要宣传实现区划规划的艰巨性及其对全县干部群众的要求,从而坚定全县人民应用规划成果的信心和决心,激发干部群众艰苦奋斗,绿化太行的劲头。

二、放宽政策,坚持改革,充分发挥政策的威力和作用

应用和实施林业区划规划,是开拓性的艰巨工作,我们要用改革的思想和手段去落实、去实践。

首先要进一步贯彻中央的一号文件精神，解放思想，放宽政策，大放大包。截止今年春季，全县已下放自留山 12.07 万亩，承包责任山 13.9 万亩，出现了许多引人注目的林业大户和户办小林场。但是根据林业资源调查和区划，全县还有 40 多万亩宜林荒山。我们要继续实行大放大包，把宜林荒山全部下放或承包给群众个人经营。要坚定地实行承包期五十年不变、经营者有林木所有权、转让他人权、子孙继承权、林副产品自主权等政策，让广大群众稳权定心。

其次，要用"责任制"的形式把区划规划所要求的林种、树种、规格、效益、目标等项内容，具体地落实到经营者的头上。我们认为，光有林业区划规划，只能体现对林业生产的科学指导、如果还靠老办法管理仍将是纸上谈兵，不能实现。只有把林业区划、规划和承包责任制紧密结合起来，通过承包责任制来实施区划和规划，才能完整地体现中央关于发展林业生产一靠政策，二靠科学的方针。现在每个村庄、山头、地块都作了规划，下一步工作，我们要把规划落实到每家每户，让群众都知道自己的责任山和自留山栽什么树、种什么草，并用合同的形式法定下来，根据区划规划要求进行绿化。

三、抓好不同类型的典型，以点带面，推动全县

这次林业区划规划，根据地域分异规律，我县分了 5 个一级区，划分了 10 个立地类型。为了推动全县应用区划规划成果，我们首先抓好在不同区域、不同立地类型，实行科学造林、科学育林的示范户、示范村、示范乡（镇），尽快取得经验和成效，然后因地制宜、举一反三，以点带面，分类指导，以取得全县范围内实施规划的最佳效果。

四、加强区划科学技术的普及工作，提高广大干部群众懂科学、用科学的水平

开展区划规划靠科学技术，应用这方面的成果，也要靠科学技术。在这方面，我们一要充分发挥现有区划队伍和专业技术人才的作用，使其真正成为县委和政府指挥生产和进行决策的技术参谋。县上决定成立林业区划设计队，这支专业队伍的任务就是造林前的规划设计，造林中的技术指导，造林后的检查验收。二是抓好人才的培养。我们要立足当地，把培养林业技术人员作为一项战略任务列入教育改革的日程，现在开办的修善农业职业学校，要办好林果技术班；各乡（镇）的中学校要开设林业专业班；还要通过夜校、农业广播学校、短期培训等形式，在广大青年中普及林业科技知识，把绿化太行山的生力军武装起来，以改变全县劳动者的智力结构、技术结构，提高素质，保证区划、规划的科学实施。三要通过印发现有区划成果和应用区划成果好的典型材料，举办各种区划展览和区划专题广播等，使更多的干部群众接受区划知识。总之，要以科学技术的普及和提高，来推动区划成果的运用，推进绿化全县的步伐。

五、广开财源，增加林业投资

林业建设是项公益性很强的事业，是项宏伟的工程，要保证林业区划规划的实施，还需大量资金。因此在国家投资的同时，还必须发动集体和个人多方集资，兴林致富。①以林养林，以副养林，凡有林业收入的乡村，都要提取林业收入的一部分，用于林业扩大再生产，取之于林，用之于林。提取比例最低要达到20%；②征收煤炭育林金，在外调煤炭收入中提取一定资金，资助林业生产，县营煤矿的育林费交林业部门，乡村煤矿育林费交乡（镇）政府统一使用；③县财政每年要拿出一定的资金扶持林业生产；④省拨扶贫资金优先用于发展林业；⑤向农民提供无息贷款和微息贷款用于开发性生产；⑥发动农民投工投资，造林育林。要用立法的形式保护林业投资者的利益，使群众能够大胆地将资金用于林业生产。

六、提高领导水平，做好领导工作

从我县各级领导的情况来看，经过机构改革，领导班子的四化程度有了明显提高，但是要带领广大群众搞好应用区划成果工作，还必须继续解放思想，加强学习，努力更新自己的知识结构，使之既有实施区划规划的坚定性和连续性，又有驾驭和指导应用区划规划实践的能力和水平。为了使各级领导成为应用区划成果的带头人，我们还要把推广应用区划成果的责任放到县、乡（镇）、村各级领导干部头上，把这作为考核干部的一项主要内容，定期进行检查，分别给予奖惩。对魄力大，作风实，绿化成绩突出的要通报表扬，评模记功，提职提薪；对玩忽职守贻误绿化者要批评教育，直到降职免职。

各位领导，各位专家，植树造林，绿化太行，是一项长期的艰巨的开发性事业，特别对于十年九旱，石厚土薄的我们壶关县来讲，困难是很多的。我们要进一步振奋精神，靠政策、靠科学、靠全县人民的艰苦奋斗，把我县的绿化事业办好，以不辜负这次大会对我们的期望。

省委书记李立功同志
在壶关县视察林业工作时的谈话要点

9月4日，省委书记李立功，省委常委、副省长白清才，省委常委、宣传部长张维庆等省委、省政府领导同志在壶关县视察工作。在视察林业工作时，重点看了固村乡北大安村的生态经济林业，常行乡盖家川村的阳坡绿化和店上镇、百尺镇的麻巷河沟坡绿化。

省委书记李立功同志在视察期间指出：大抓农业，还要牢固树立一个大农业的观点。我们讲的农业,不是指粮食,还有畜牧业,林业等等。一定要把畜牧业,林业抓上去。林业见效的周期比较长,越是周期长的越是要早抓,抓得越迟,见效也越迟。壶关的植树造林,为什么搞得比较好呢?这里很重要的一条,就是壶关的历任(四任)书记、县长都坚持抓林业这个方针,一任一任地抓,而且一任比一任抓得紧,抓得好,一任比一任有发展。这一方面,要向壶关学习。壶关县总结的区划、规划、设计、施工、验收、建档一条龙工程管理经验很宝贵,还有一整套保证林业发展的政策措施,要认真总结,推广到全省去。

壶关现在看到的成绩,不光是一个盖家川,还有象固村乡的北大安村,1984年以来,在山坡、山沟、梯田发展了400多亩苹果,红果园,基本上解决了"穷山变富山"的问题。这里的林业发展很快,有规模,有质量,从山到坡到沟立体治理。既合理利用了空间,又保持了水土;既抓了生态效益,又抓了经济效益。林业发展就是要以短养长,长短结合,全面发展。在谈到集体林管理时指出,兴办村级林场是个好办法,能充分发挥个人和集体两个积极性,有利于林业的发展和管理。要不断研究完善经济林、木材林的管理办法和生产责任制,哪种办法好,哪种办法不好,由群众讨论决定。总之,要有利于发展生产,有利于群众致富。只要政策落实了,广大农民顾虑解除了,蕴藏在群众中的巨大积极性和创造性就会发挥出来,不仅已有的经验会很快推开,还会创造出更多的奇迹。

李立功在壶关时亲自登上了北大安村、盖家川村的山头,看到干石山上,长满了郁郁葱葱的小油松,高兴地说:"你们解决了一个穷山变富山,秃山变绿山的问题。"他对王五全称赞到:"你的阳坡种油松是一大创举,确实很好,名不虚传,要在全省推广你的经验,让更多的人向你学习"。李立功同志说:"这次看了壶关的植树造林,告诉我们一个问题,就是没有不能植树的地方,山顶可以植,山沟也可以植;阴坡可以植,阳坡可以植;有土的地方可以植,石头缝里也可以植。过去,总结推广的不够,山西荒山多,秃岭多,要大力推广壶关经验,变荒山为绿山。"

李立功同志对在盖家川实习的山西农业大学林学系的师生讲:"这里是个很好的大课堂,王五全的经验很丰富,你们要认真总结研究。你们是洋专家,老王是土专家,洋专家要向土专家学习,要土洋结合"。王五全的阳坡绿化和晋庄有机旱作,这两个典型都很不错,确实是两面旗帜,都要在全省好好宣传,普遍推广。

(山西省绿化太行山经验交流会议文件,根据视察时谈话记录整理)

在太行山绿化规划实施经验交流现场会议上的讲话

山西省林业厅厅长 李里

同志们：

这次会议是经厅里研究决定召开的。会议的目的，在于看壶关、学壶关、用壶关营林和管理上的完整经验，把全省的工程造林进一步完善提高，达到一个新的水平。林业部专家、领导，北京、河北、河南的同志前来参加这次会议，对我们的工作是个支持和鼓励。

九月份林业部要在雁北召开全国林业工作会，壶关要发言，壶关的经验要推广到全国去。河南、河北、北京市也有许多好经验，值得我们学习。这次会议，壶关准备了很好的现场、作了很好的经验介绍。为什么要搞工程管理，通过看现场、听介绍，大家在认识上要有个提高。壶关的经验生动地说明了工程管理的重要性。为了推动工程造林，我着重讲四个问题：

一、为什么要实行工程造林、工程管理。

实施工程造林，我们是总结了全省三十多年来、以及全国林业发展的经验教训得来的，是吸收国内和国外的先进经验得来的。同时，改革的形势、林业发展的形势迫使我们这样做，不是头脑里想出来的，而是客观的需要。

1. 形势发展要求林业有一个更快、更大、更扎实的发展。

(1)山西是个重化工基地，离不了林业发展，需要有个较好的生态环境。平朔煤矿要进一步扩大，河曲、保德、偏关黑铁矿要进一步建设，森林覆盖率要达到28%，现在还不足14%，需要增加14%。王省长讲，林业跟不上，其它无法搞。我省煤矿每年需200多万立方米木材，本省只能解决十几万方。这样下去是不能适应四个现代化建设要求的，都需要我们尽快把林业搞上去。

(2)农业的发展、畜牧业的发展需要有一个良好的生态环境。如果不发展林业，水土流失、风沙危害严重，生态恶性循环带来经济恶性循环，经济恶性循环带来人才外流恶性循环。三个恶性循环及干旱持续危害，我们必然是山穷必水尽，毁林必遭殃，土瘠必民贫，山西的农业增产，要在生态环境上作文章。

(3)全省干旱严重，群众致富，要求林业发展。山西山多、煤多，山区土地宽，群众要致富，就要改变干旱贫困面貌。王森浩同志到日本、美国考察，为何人家不干旱？就是森林覆盖率高。光靠水利不行，我省水位在急剧下降，这已经成了一个严重的问题，要靠发展林业。

(4)美化环境是精神文明建设的一个重要问题。环境要美,花草树木要多。省委提出林业要更快、更扎实地发展。山西现在的覆盖率是13.8%,要求到1990年增加到17%,现在有林地是3250万亩,再增加750万亩,每年要增加150万亩林地,覆盖率要增加0.64%。要求我们造林保存面积比“六五”以前翻一番,因此,撒胡椒面不行,我们由每年造林保存面积600万亩退到150万亩,为的是退一步进两步,退虚增实,扎扎实实地干工作,扎扎实实地抓效益。

2. 我们一定要看到,我国是一个大国,林业还很落后。森林覆盖率低,在世界是倒数三十几。外国森林覆盖率高,山清水秀。我去年去德国,我们现在的水平是人家20世纪30~40年代的水平。技术管理非上不行,这个落后面貌必须很快改变,技术、管理要大上。我们的技术水平谈不上什么水平,习惯于一般号召,红旗招展,到处人山人海。这种办法不行了,不能再沿袭下去了。德国的森林覆盖率高达60%,技术、管理上水平先进。当然,说他们好,并不包括社会制度,他们的社会制度是不好的。德国的林业体系上是两院一局。

林业规划设计研究院,这是技术权威单位。造林必须有三张图:一是立地类型图,详细记载立地条件;二是林种分布图,旅游区、别墅、飞机场周围等不同地方的不同林种分布;三是五年、十年规划图。其中有两个绝对保证数,覆被率不能下降到60%。5~10年如何更新改造,造林单位根据这三张图来搞施工计划和方案,几个图谁搞错了谁负责任。同时给予生产单位一定范围的修改权,对不符合实际的地方可以作小的改动。

林业科学研究院。有两个任务:一是推广研究成果,风倒木多,研究抗风倒、抗酸盐、抗病虫害。研究单位本身去推广,办训练班,生产单位必须用他的成果。科研单位依靠生产单位生活,生产单位离开科研单位又不能再生产。这样二者有机结合,促进知识不断更新;二是培养优质苗木,科学育苗。他们把世界上所有的云杉树种移植到一起,对比试验,选择优良树种。选优以后,苗圃大量培育。林科院审查同意后,才能出圃。一个育苗户,培育了80亩优种苗,其中有一根混杂的苗木,这80亩就全部报废销毁。相互制约,相互监督,苗木不检疫,不能随便推广。

造林局,就是生产单位,即按规划作业设计,用优质苗木进行造林。

我们要引进外国的先进技术,加速我国林业发展步伐。过去,我们造林失败教训很多,除天旱条件外,还跟苗木不合格,盲目上马,不能适地适树,政律不严,造林以后不管理,不尊重科学和没有一套严格的管理办法也是分不开的。我们实行工程管理就是解决这些问题的一个好办法,可以做到有目的、有计划造林。苗木不对路不行,吕梁现在还积压大量榆树苗,因此,要搞区划规划设计,资金适当集中,钱少可以用好。

造林、科研有机结合,科学营林和管理结合。要改变我们现在的落后状态,必须实行工程造林。

3. 林业发展有了生机,兴林致富成了群众愿望。解放后,特别是三中全会以后林业有了大发展,兴林致富,林业发展形势很好,群众要求造林致富,要爱护群众的热情。现在存在的问题是:“一虚、二低、三散”,即数字虚、质量低、面积、投资分散。去年工程造林任务150万亩,完成了127万亩,而群众造林无资助,却上报完成200万亩。这说明工程造林是比较扎实的,避免了虚报浮夸。造林绝对集中不行,但过于分散,形不成规模经营,形不成商品经济、形不成一个生态体系。搞工程造林就是一个好方法,就是要解决“虚、低、散”的问题。壶关县去年核实面积比上报面积多了,说明面积实在了。过去娄烦没有落叶松,现在却生长有胸径10厘米粗的落叶松;像偏关的大庙岭都搞的不错。去年工程验收,核实率为87.2%,成活率平均为75.8%,偏关、永和等县达85%,工程合格率为88%,苗木合格率为80%,以上好多地方用了塑料薄膜。

4. 造林效益。壶关三个时期,造林保存率大不相同,从建国初期到1978年,人工造林累计达44万亩,仅保存2.8万亩,占6.5%;1979年到1983年,造林24万多亩,保存15万亩,占65%;1984年到1986年底,造林22.6万亩,保存17.2万亩,占77%。

壶关的经验是实行林业区划、规划、设计、施工、验收、建档“一条龙”生产程序,我们要坚定不移地在全省推行工程造林。工程造林是三十多年经验总结,是营林体制上的重大改革,不管有多大困难,我们都要坚定不移地走下去。我们得到了林业部的支持,省委、省政府、省计委也很支持我们的工作。省委要我们总结经验继续前进。九月份在雁北召开会议,在全国推广山西经验。

实行工程造林的认识问题和老习惯的影响, 不少人, 甚至是林业部门的人都认为,按工程造林程序复杂,编报设计工程量大,占去了大量时间。对此,我们要逐步改进,但按工程造林的改革要坚定不移地搞下去,不能因噎废食。反回来说,我们林业部门不搞设计搞什么?现在面临的设计队伍严重不足,不会设计,绘图无人,或没有搞区划规划,有的搞了区划规划又没有和实施连进来。现在形势逼人,我们要学会运用成果。我们这一工程管理办法已应用到农业上去了。扶贫工作,农田盐碱地改造、填写项目申报设计任务书,审批后把切块投资压下来,按项目上,集中资金投资。

二、很好地学习推广壶关经验,把全省工程造林推向一个新的水平,上一个新的台阶。

现在我们提倡“讲科学、讲质量、讲扎实、讲效益”,把工程管理确实提高到一个新的水平。我反复看了壶关的材料,觉得他们“一条龙”的程序很好,各个环节之间的关系搞通了,而且运用得很好。特别是建档这一环节搞的很好。我们各县都要建立起资源档案、工程档案和营林档案。现在我们很多的国营林场还是一本糊涂账。壶关经验是一个科学营林的典型,每个县都这样去搞,我们心中就有数了。

壶关值得学习的经验是:

1. 领导认识高、决心大、措施得力。县委、县政府领导重视,同时有一个好的参谋部,即林业局。

2. 有一个艰苦奋斗的精神。壶关县是个穷县底子薄,条件恶劣,干石山上能造林,大家就没说的了。他们这种精神来自于高的认识。

3. 有一套科学的管理办法。我们要研究壶关、认识壶关,特别是实施区划规划的“一条龙”经验,从科学造林管理上来讲,壶关是全省东山、西山的一个好典型,20 世纪 80 年代的新样板。我们要运用好壶关经验。省委领导指出,壶关县实施林业区划、规划、设计、施工、验收、建档“一条龙”的经验值得全省学习。

(1)实行领导任期林业目标责任制,县乡领导肩负起绿化重担。他们提出:“忧国忧民好干部,先抓教育和植树”“不抓林业不能当干部,抓不好林业不是好干部”,林业是否搞的好,作为考核干部工作实绩的主要标准,抓不好林业的乡镇领导则降职使用。这一条厉害,比几百万钱都重要。

(2)从上到下有一套林业管理人员,善于总结群众经验,推广群众经验。农民技术员也懂得了林业术语,了不得。

(3)抓住重点、突破难点。全县推广了王五全油松育苗常年移栽经验,达到了因地制宜,适地适树。

(4)狠抓苗木、打好基础。全县建立 20 亩以上骨干苗圃 200 多个,11 个育苗基地,总育苗面积 10000 亩,培育优质对路的好苗木,为加速林业发展奠定了基础。

(5)科学管理,建立“两档”,即森林资源档案和营林档案。

三、回去贯彻,我提几点要求:

1. 把会议精神贯彻好,要向领导汇报好,向林业干部职工传达好,工程管理坚定不移。参加会议的地、市、县,回去以后,要把工程档案建立起来,作为今年检查工作内容之一。要组织科技人员到壶关来学习,最好以地区组织。凡参加这次会议的县,一定要组织 3 ~ 5 人搞调查设计,人员落实后,名单要报厅里,我们由设计院、造林局组织力量到壶关办培训班。

2. 各地区要搞好一个壶关式的县。壶关经验不能说在嘴上,一定要推广开。我们这一代一定要干成。这项工作作为造林局的一个重要工作来抓,设计院配合。

四、林业上的几件事:

1. 工程造林今年验收 40 个县,由设计院组织各地市调查队、工程办交叉检查,造林局抽人配合。

2. 雨、秋季造林。省政府增加100万亩的造林任务，各地市要增加飞播和直播任务，当前要搞好雨季造林、整地、作好秋季造林准备工作。

3. 苗木问题。当前良种壮苗不够，明年苗木缺。工程造林要和地县国营苗圃订合同，不签合同，不给资助。各县还要注意培育乡土树种的苗木。

4. 注意加强病虫害防治工作和林木检疫工作。特别要注意营造混交林，再也不能走造纯林的老路了。

5. 禁止乱砍滥伐，杜绝森林火灾。最近处理了一批毁林案件，大风刹住了，局部仍未控制。今年的林业排队要看三项，一是工程完成，二是制止乱砍滥伐，三是护林防火。

6. 反对官僚主义。我们要把反对官僚主义进行到底，就是要看敢不敢揭露、敢不敢处理。

1987年7月24日

在太行山绿化规划实施经验交流现场会上的发言材料

实施林业区划规划　推动林业生产发展

壶关县人民政府县长　刘德宝

（1987年7月22日）

各位领导和同志们：

正当雨季造林时节，省里在我县召开太行山绿化规划实施经验交流现场会议。这对我县的各项工作，特别是植树造林工作是一个很大的鼓舞和促进。我代表中共壶关县委、壶关县人民政府和全县人民，向各位领导和同志们表示热烈的欢迎和衷心的感谢！

下面，我把我县实施林业区划规划的情况，给大家作一简要汇报。

（一）实施林业区划规划的方法与步骤

我们壶关县位于太行山东南端，总版图面积151.9万亩。境内山峦起伏、沟壑纵横。荒山沟坡面积达106.7万亩，占到总面积的70.2%。党的十一届三中全会以后，我们从这种潜在的优势出发，作出了《关于大力发展林牧业生产的决定》，提出了“壶关的希望在山上”的口号,开始了由在人均1.5亩耕地上闹温饱到在151万亩版图上搞开发的战略转变。通过实行稳权发证、划分“两山”、发展“两户”等政策措施,极大地调动了广大农民植树造林的积极性,使全县林业生产走上了崭新发展的阶段。特别是1983年秋,我们在改革之风的吹动下,认真总结多年来林业生产的经验教训,致力把政策造林同科学营林结合起来,积极探索一条符合科学规律和我县实际、能够获得最佳效益的发展林业之路。经过省林业勘测设计院和原晋东南地区林业勘测设计队的大力支持和帮助,经过一年多的艰苦 工作,顺利地完成了全县土地资源调查和森林资源清查。并在综合农业区划的指导下,完成了林业区划规划,初步绘制出了一个比较全面、科学的林业发展蓝图,为建立生态上适宜、结构上合理、经济上合算的林业生产布局奠定了良好的基础。1984年10月,国家林业部在我县召开了北方十四省市参加的太行山区县级区划规划工作现场会,肯定了我县进行林业区划规划的经验。

有了林业区划规划,仅仅有了蓝图,有了第一手资料,有了方向和目标。林业区划规划贵在实施,重在落实。只有把蓝图变为现实,林业生产才能真正走上讲科学、讲效益的轨道。因此,从1984年以来,我们以改革精神,认真进行了实施林业区划规划的工作。经过三年的摸索,初步总结出一套行之有效的实施办法。其主要内容是在林业区划的基础上,实行按规划设计、按小班作业,把林业区划规划的具体要求落实到山头、地块和人头,逐年下计划、逐年抓实施、逐年搞验收。这一方法共有六个步骤:林业区划、林业规划、作业设计、造林施工、检查验收、资料建档。我们叫做区划、规划、设计、施工、验收、建档“一条龙”生产程序。

1. 林业区划。区划工作是整个程序的基础性工作。林业区划的目的首先是根据全县的自然、社会条件制定林业生产目标和发展方向,在空间和时间上安排林业生产;其次根据不同地形地貌,特别是水、热、土壤、植被等因素分区划片,作出各区林业发展方向和战略目标。我县经过林业区划,把全县划为5个一级区。即西北部以北京杨、毛白杨为主的山间平地农田林网区;西南部以刺槐、油松为主的丘陵山地水保经济林区;中部以油松、侧柏、山桃山杏和苹果为主的山地沟壑水保经济林区;东南部以油松、栎类和侧柏核桃、苹果为主的石质山水源涵养用材林区和东部以红果、花椒、柿子为主的河谷经济林区。提出的总的发展方向和目标是:大力发展防护林和水源涵养林,积极发展用材林和经济林,实行乔灌木一齐上、长中短相结合。这样,通过林业区划就为宏观上指导林业生产作出了决策。

2. 林业规划。规划工作是林业区划的进一步具体化,是实现区划的一个主要环节。规划方法是在查清全县土地利用现状和森林资源分布的基础上,编制立地类型表和造林典型设计,根据区划提出的目标和方向,制定全县2000年发展指标及各期发展进度，编写出全县绿化规划方案。经过规划，将全县划为3个地貌类型和10个立地条件类型，并编制了造林典型设计23个，规划造林小班13210个。分期发展目标是：1984~1985年造林78710亩；1986~1990年造林279141亩；1991~1995年造林111633亩；1995年新造任务全部完成以后，转入补植补造、幼林抚育和森林经营阶段。到2000年全县森林面积要达到712879亩，加上四旁植树和种草面积，覆盖率达到70%。这就为制定年度造林计划，安排乡村造林工程提供了依据。

3. 作业设计。作业设计是对区划规划的微观应用。设计分两步进行：首先根据规划指标来确定年度任务。将全县全年任务分配到乡，再以村为单位落实到造林小班，然后按小班进行设计。小班设计第一要确定实际作业面积、林种及造林树种比例；第二要对照航片和原规划资料，进行现场小班设计，包括造林密度、造林方式、技术要求、造林季节等；第三要填写清楚林权、承包者合同编号、林地议定书编号，上述内容都要在制定的小班设计片上反映出来。这种卡片既是任务落实卡、也是技术标准卡、又是施工责任卡、还是档案资料卡。一式四份，县、乡、村、小班承包人各执一份，在造林的整个过程中发挥作用。1984~1986三年，我县作业设计的小班数达到了2252个，总面积达到17.2万亩。

4. 造林施工。造林施工是区划、规划、设计等技术工作的具体实施和应用，直接体现设计成果。造林施工的工作由承包者按施工卡负责实施，营林指导员负责具体技术指导，村委按照施工卡的要求与承包者签订合同，规定标准，限期完成。

5. 检查验收。验收是对整个造林施工质量、数量的全面检查。通过检查可以对当年施工进行估价、总结经验、反馈信息，同时根据验收结果对承包者进行兑现，造林验收分两次进行：第一次在造林3个月以后进行，主要检查造林成活率。一般春、雨季造林，当年秋、冬季验收，秋季造林次年验收；第二次验收在第一次验收满一年后进行。验收内容除成活率和保存率这两个项目外，还要看其它项目是否与小班设计卡片的要求相吻合。每次验收都要详细填写验收卡片。由于严格实行了“一条龙”造林程序，三年来，我们的验收结果，小班合格率达到了95%以上。

6. 资料建档。建立档案是科学营林的重要内容，它是林业生产的真实记载，可随时总结实施情况和经验教训，为全面掌握林业发展情况，提高科学营林水平提供依据。建档有两个内容：一是以村建立营林档案；二是以乡镇和县建立森林资源档案。营林档案主要反映科学造林的进度、质量、成果等基本情况。其中包括各村造林情况图，林班各类土地面积统计表，林业用地按小班统计表，小班设计卡片，小班活动记实等资料。森林资源档案除反映每年林业生产的新内容外，还记载有森林资源的消长动态。

林业区划、规划、设计、施工、验收、建档“一条龙”生产程序，就像一条连环套，把整个营林环节连接起来，使它们相互作用，相互促进。上一个环节是下一个环节的基础，下一个环节是上一个环节的成果应用，形成了一个科学性和实践性都很强的整体，不仅有宏观的把握，而且有微观的实施；不仅有科学的指导，而且有 严格的检查程序，保证了植树造林的高标准、高质量。

（二）实施林业区划规划的政策和措施

实施林业区划规划，是一件牵涉面广、工作量大、技术性强、周期性长的工作，不仅需要严谨的科学态度，还必须有相应的政策和切实的措施来保证。我们的做法是：

一、提高思想认识，切实加强领导

林业区划规划的实施工作，贯串于整个林业生产的全过程。要使实施工作善始善终，取得成效，需要有过硬的、严格的组织措施作保证。为此，我们抓了以下四点：

1. 宣传实施意义。实施林业区划规划是调整林业布局不合理现状，走适地适树科学发展之路；是加快林业发展步伐，提高林业经济效益、生态效益，使人民尽快脱贫致富的根本措施。从这个认识出发，我们在全县范围内对实施林业区划规划的好处和重大意义进行了大张旗鼓的宣传。全县印发《林业区划规划简述》《林业区划规划实施要点》等资料一万余份，上发至县委、人大、政府每个领导，下发至乡村干部和广大群众，使全县人民对实施林业区划规划有了比较清醒的认识，从而增强了科学营林的自觉性。

2. 提供实施保证。林业区划规划之后，县政府就把区划规划这一科学成果提交了县八届人大常委会第四次会议，委员们一致审议通过，并作出了《关于实施林业区划规划的决定》，对实施林业区划规划给予了法律上的保证。在领导上做到了变领导不变规划，变人选不变实施。自1984年以来，我县共换了三任县长，但实施工作一任接一任，开展了实施林业区划规划的接力赛。

3. 普及实施技术。为了使广大干部群众掌握实施林业区划规划的实际本领，我县先后举行了四次县五大班子、乡村干部学习区划规划的培训班。今年县乡换届选举后，我们又对新班子补办了培训班，使广大干部达到了清楚实施区划规划的意义、清楚本区的发展方向及达到指标、清楚当年小班设计。在此基础上，县委、政府号召县、乡、村三级干部带头种“试验山”。仅1984年全县共种试验山132亩，育“试验苗”11亩。克服了指手画脚的浮夸作风，学到了扎实的林业技术，为指导实施林业区划规划取得了主动权。同时，我们还通过办培训班、兴办家庭咨询站、广播讲座等措施，对全县林业生产承包者进行了普遍的培训，累计达4000人次。

4、落实实施责任。为了把实施区划规划的责任放在各级领导头上,我们在县级五大班子领导中实行了包工程、包乡镇的双包责任制,五大班子20名成员每人包一个乡镇。重点工程造林实行领导包干制,全盘负责,一抓到底;乡镇主要领导包片、包村、包实施样板;各村主要领导包小班、包任务,严把实施关。并把实施任务以合同的形式落实到各级领导干部头上。县委还带领县级机关干部每年春季到县城周围山上实施造林规划。自1984~1987年,四年间共绿化了修善山、马驹山、凤凰山、小庙岭等5个山头,10个小班,造林1089亩。

二、制定相应政策,调动积极因素

实施林业区划规划,虽然是一项技术性要求很高的工作,但也必须有一套结合实际、行之有效的政策,才能调动和发挥广大干部群众实施的积极性。对此,我们抓了以下工作:

首先,在造林承包上,我们采取了大稳定、小调整的政策。实施林业区划,一般要求按小班承包、按设计造林。但是,由于相当一部分荒山在区划规划前已经承包到造林户手中,而且承包期长期不变。因此,就出现了承包造林与小班区域不相符合的矛盾。对于这一问题,我们本着尊重原承包合同的精神,在林权、使用权不变的前提下,作了适当调整,使承包者能够按小班设计造林,以达到区划规划的要求。对于区划规划之后的承包造林则全部实行以小班承包,面积小的小班独户承包,面积大的小班联户承包或者组织专业队承包。截至目前,全县共签订承包合同730份,其中:"两户"承包合同520份、联合体承包合同70份、专业队和林场承包合同140份,共承包小班3157个,总面积达22.2万亩。现已全部完成的小班3050个,部分完成的107个,小班造林面积达到21.2万亩。

其次,在造林投资上,我们采取了省造林工程重点扶持,县造林工程实行劳动积累工造林的政策。1986年,全省实行"按项目投资,按工程管理"的改革后,我县只有一小部分造林能享受上级资助,而相当一部分造林面积没有资助,从一定程度上影响了区划规划的实施。为此,我们从贫困的县情出发,发挥劳力多的优势,实行了劳动积累工造林的政策。县委专门下文对劳动积累工投向、用途、数量、使用办法作了规定,要求每个劳力每年投劳动积累工要达到10~15个。这一措施大大加快了造林步伐,仅1986年全县投造林积累工12.3万个,相当于24.7万元的投资,共造林26000亩。

第三,在造林款的使用上,我们采取了分次支付的政策。为了确保造林质量,我们实行分次验收、分次资助。第一次验收,造林成活率达到85%以上,支付资助款的60%;第二次验收保存率达到80%,其它各项符合设计要求的,资助款全部付清。如达不到上述要求标准，可在第三年内完成，但要扣减全部资助款的20%，作为延误费。如第三年仍完不成，就转包他人绿化，资助款全部收回。

第四，在奖惩上，我们采取了有功则奖，有过则罚的政策。县委、县政府把搞不搞绿化作为考核干部的一项重要标准，明确提出了“不抓林业不能当干部，抓不好林业不是好干部”的要求，鞭策大家在绿化上建功立业，有所建树。从1983年到现在，县委、县政府把在绿化上作出显著贡献，各方面条件具备的7名同志提拔到更高一级的领导岗位。同时还有两名在林业工作上作为不大的乡镇主要干部，今年被降职使用。1986年我们还在乡镇书记、乡镇长中，树立了5位书记、两名乡长、3名分管林业的干部为“绿化红旗手”，予以表彰。

三、建立实施队伍，逐级严格把关

实施林业区划规划没有一支精干的专业队伍不行。为了使实施工作上边有人抓，中间有人传，下边有人管，一竿子插到底，逐级把好关，我们根据需要逐级建立健全了“一队两员”：

“一队”是县级林业规划设计队。1983年林业区划时，林业局就招收了一批县职业中学农林班的毕业生。区划结束后，我们把20名业务强、思想好的青年保留下来，又配备了一名技术干部，成立了林业规划设计队，由县财政每年补贴10000元工资经费。这支队伍的主要任务是进行以小班为单位的作业设计，并将设计安排到各个乡村，负责指导施工和检查验收。三年来，这支队伍在实施区划规划中发挥了很大作用，已经成为我县实施区划规划的骨干力量。

“两员”是规划员和营林指导员。规划员在乡镇设立（林管员兼），主要任务是协同县设计队完成本乡镇的规划设计、组织施工检查验收和建档工作。营林指导员在村设置，全县387个村，村村有营林指导员。营林指导员的确定根据本村造林任务的大小确定，一般1000亩以下的村一名，1～2000亩的村两名，2000亩以上的村三名，全县共设置857人。营林指导员选拔热爱林业、工作积极、从事林业多年、有一定文化程度和经验比较丰富的人。职责是参加本村的规划设计，负责施工并做具体的施工指导和检查督促工作。

县上每年要对“一队两员”进行一次技术培训和若干现场实践，使他们初步做到“四懂两会”。即：懂林业政策、懂区划规划成果、懂造林典型设计、懂施工技术要求；会使用村级台账资料，会指导群众按设计要求施工。这样，县、乡、村形成了一个实施区划规划的网络系统，前呼后应，上下通气，各把一关，使实施工作有条不紊。

四、实行典型引路，搞好分类指导

实施林业区规划是一项新工作，对我们来说没有现成的经验可供借鉴。为此，我

们采用了典型引路,分类指导的办法,具体做法:

1. 分区定点,分类抓点。我们在全县的5个一级区内,分别不同情况从用材林、防护林、经济林以及树种、混交方式、治理方法等方面,先后抓了50个专题项目的试点和典型。现在这50个村的实施区划规划工作大都初见成效。固村乡北大安村就是其中之一,这个村共有197户,782口人,总面积3620亩,1983年全村共有林319亩。1984年以来,他们在县上指导下,根据区划规划要求,从山头到山脚、到河滩,从上到下,立体治理。目前为止,这里已发展水保林682亩、经济林469亩,速生丰产林296亩,绿化面积已占到总面积的48.7%,为全县实施区划规划树立了样板。

2. 引种试验,抓好新点。为了提高全县实施林业区划规划的速度和质量,我们还积极引进新树种、新技术,努力做到引进一个新品种,创造一条新经验,解决一个新问题,作出一个新示范。1984年至今,我们已先后引进华北落叶松、毛白杨、冬桃、红富士苹果等新品种十余种,抓了这方面的典型10多个。1984年我们在石坡村引种华北落叶松取得成功;1985年在晋庄、树掌等20多个村进行大油松移栽试验,取得了成活率在85%以上和一年见绿的成功经验,有效地解决了近山近坡绿化问题;1986年夏季,又在东崇贤、西川底等13个乡镇进行了20万株的毛白杨嫁接试验,也获得了成功;最近,我们又在山西农业大学有关专家教授的指导下,搞了栎类、油松混交造林试点。这些典型经验,都推动了林业区划规划的实施,丰富了实施经验。

3. 优化决策,突出重点。在普遍抓好1个村、1个小班,扎扎实实从基础做起的同时,我们又注重抓了对实施整个林业区划规划起举足轻重作用的、集中连片的重点工程造林,并实行了把“小班”纳入“工程”,把“工程”落实到“小班”,二者有机结合,互相促进的方法。三年来,我们在5个一个级区内,先后因地制宜确定了三线(即杜家河至常家池、城关至碾谷陀、高山寨万亩林片)、三川(即八里川、集店川、谷陀川)、五河(即麻巷河、十里河、油坊河、神郊河、赛里河)等7个绿化重点工程,目前已完成工程量的60%以上。去年,鹅屋乡英英山水源涵养林工程还被命名为省“全优工程”。今年高山寨工程也有了新的突破。

五、培育对路苗木,抓好基础工作

培育优质、对路苗木,是按区划规划要求如期完成绿化任务的一项基础工作。没有这个基础,再好的设想,也是一纸空文。所以我们在实施区划规划中,提出了“抓实施首先抓苗木,抓落实首先抓基础”。从1984年以后,我县每年育苗都保持在10000亩左右,使造林所需苗木(除侧柏外)基本自给,部分苗木还销往外地,支援了邻县乡村的绿化工作。

在抓育苗中,我们做到了:第一舍得平地、好地,舍得投资、投劳。我县人均耕地不到1.5亩,而且山地多,川地少。但为了保证林业用苗,我们每年都要拿出占总耕地1.7%的一、二类地培育苗木。石坡乡是个山区,一类地比例很小,就这样他们还拿出300多亩一类地用来培育苗木。同时,我们还从资金上给予扶持,每搞一亩山地油松育苗,资助80元;第二,建立骨干苗圃,培育优壮苗木。全县除村村建苗圃外,还在条件比较好的村,建立了200个面积在20亩以上的骨干苗圃。骨干苗圃以培育杨、柳优质壮苗为主,要求育成每亩在600~1000株,树高5米,地径5公分以上的大苗、好苗,以供林网、四旁、公路绿化之用;第三,发展育苗基地,实行补缺拾遗。几年来,我们在羊窑坡、宋堡河、杜家河等地建立了11个育苗基地,面积达1200亩,育苗品种齐全,数量丰富,凡全县各地实施林业区划规划中缺少的品种、苗数,都可以来这里购买使用。

(三)实施林业区划规划的成绩和体会

我县实行区划、规划、设计、施工、验收、建档"一条龙"程序以来,取得了以下明显成效:

第一,调整了林种布局,改善了树种结构。1983年底,我们进行森林资源清查时,全县有林面积为243395亩,其中用材林155496亩,占到64%,而防护林和经济林只分别占到26%和10%。这种林种布局,不仅对全县的水源涵养和防护发挥不出作用,而且也造成了营林效益差、用材林用不上材的弊端。通过实施区划规划,我们扩大了防护林和经济林面积,使林种布局得到调整。近三年我们共造防护林97851.9亩,经济林26933亩,防护林和经济林的面积分别占到近三年造林总面积的56.9%和15.6%。全县的树种结构也开始得到了调整,不仅引进了华北落叶松、云杉、毛白杨、白榆、山桃、山杏、栎类、侧柏、红富士苹果等优质丰产树种,还引进了醋柳、柠条、连翘等灌木品种。一改过去山上油松、沟坡刺槐、四旁杨树的"老三样"的结构,形成了多林种、多树种相结合,乔灌草、果药花一齐上的局面。

第二,改进了治理方法,加快了绿化步伐。以前运动造林和政策造林,光有领导和群众的积极性,缺乏科学态度和严密组织,结果是治滩不治沟,治沟不治山,忽东忽西,零敲碎打;或者是管你适合不适合,有啥苗栽啥树,想栽什么栽什么,想怎么栽怎么栽。实施林业区划规划中,我们一是按小班设计、按小班施工;二是按山系、按流域综合治理。山上营造油松、侧柏、辽东栎等防护林;山脚发展苹果、红果、核桃、花椒等经济林;河滩发展杨树丰产林。这样,既做到栽植品种上的适地适树,又避免了组织施工上的挂一漏万和重复交叉,使治理方法得到了很大改进,治理成效得到了很大提高，绿化步伐大大加快。1984～1986 年底，三年时间全县共造林 226984 亩，保存面积达到 171705 亩。

第三，加强了林业管理，杜绝了浮夸虚报。随着林业区划规划的实施，我县先后建立了森林资源档案和营林档案，以村设林班，村村建台账，小班有卡片，把森林资源消长和森林经营活动，通过台账记载下来，不仅便于领导决策生产、作业检查、工程管理，还有效地避免了制植滥造、虚报浮夸现象的发生。1986 年，省林业厅抽查了我县 5 个乡、15 个村，1984 年、1985 年、1986 年三年的造林情况，原上报面积 6766 亩，核实下来为 7059 亩，超出上报 293 亩。因此受到了省厅表扬。

第四，降低了造林投资，提高了造林质量。从解放初期到 1978 年 30 年时间，全县累计人工造林 44 万亩，实际保存面积只有 28600 亩，亩均投资高达 115.8 元；三中全会以后，从 1979～1983 年，全县累计造林 257561 亩，共投资 583.8 万元，实际保存面积 157797 亩，亩均投资 37 元；从 1984 年到 1986 年底，实施区划规划 3 年来，全县累计造林 226984 亩，共投资 566.6 万元，实际保存面积 171705 亩，亩均投资下降到 33 元。

第五，发挥了龙头作用，促进了各业发展。实施林业区划规划，不仅加快了植树造林步伐，提高了植树造林质量，而且还带动和促进了大农业内部农业、牧业、水土保持工作的发展。一方面实施林业区划规划"一条龙"程序，特别是以小班设计，以小班施工和建立绿化档案的经验，已被借鉴到全县的旱作农业上来，在对所有耕地进行土壤、气候、地形普查的基础上，开始逐地逐块实行"小班"设计，对种子、播种时间、留苗密度、施肥品种及数量等作出优化选择，建立实施档案，使我县的有机旱作更加制度化、规范化。另一方面实施林业区划后，随着造林保存面积大幅度增加，水土流失明显减少，农田"三保"能力增强。结果粮食产量得到提高。1986 年粮食总产达到 11636 万斤，成为建国以来少有的好年景。同时还产生了一系列连应效果，其它各业也同步发展。去年全县农村人均纯收入达到 241 元，比实施林业区划规划前的 1983 年增加 140 元。

各位领导，我们在实施林业区划规划中取得了一些成绩。这些成绩的取得，除了我们自己的努力之外，还得力于上级部门的大力支持和关怀。特别是省林业勘测设计院从区划规划到付诸实施都给予了可贵的指导。另外还需说明，由于我们实施时间短，实践经验不足，实施区划规划工作还有不少差距。我们决心通过这次会议，认真学习兄弟县的经验，取长补短，再鼓干劲，把实施林业区划规划的工作推上一个新的台阶，为加速全县绿化步伐做出贡献。

全国工程造林座谈会上的发言材料

实行工程造林 加快林业发展

中共壶关县委 壶关县人民政府

我们壶关县位于山西省东南部,境内山峦起伏,沟壑纵横,是典型的干石山区。全县总面积 151.9 万亩,其中荒山沟坡 106.7 万亩,规划林业用地 71.3 万亩,占总面积的 47%。

1984 年以来,我们在省林业厅的帮助下,认真总结了多年来林业生产的经验教训,积极探索科学营林的新路子,实行了以区划、规划、设计、施工、验收、建档“一条龙”程序为主要内容的工程造林办法,开始走上了集中投资,连片治理,讲究科学,注重效益的发展林业轨道,大大加快了我县林业生产步伐。

一、实行工程造林的方法与步骤

经过三年的实践,我县的造林已建立了一套工程管理的程序,它的基本环节是:

1. 林业区划。1983 年秋,在省林业勘测设计院的帮助下,我们以土地区划为基础对全县进行了林业区划,全县共划为 5 个一级区,即西北部以北京杨、毛白杨为主的山间平地农田林网区;西南部以刺槐、油松为主的丘陵山地水保林区;中部以油松、侧柏、山桃、山杏和苹果为主的山地沟壑水保经济林区;东南部以油松、栎类和侧柏、核桃、红果为主的石质山水源涵养用材林区和东部以红果、花椒、柿树为主的河谷经济林区。同时提出了总的发展方向和目标:大力发展防护林和水源涵养林,积极发展用材林和经济林,实行乔灌草一齐上、长中短相结合。这样,通过林业区划就为宏观上指导林业生产作了决策,为工程造林奠定了基础。

2. 林业规划。规划工作是林业区划的进一步具体化,是确定造林工程的主要依据。规划方法是在查清全县土地利用和森林资源分布的基础上,编制立地类型表和造林典型设计,根据区划提出的目标和方向,制定全县 2000 年前林业发展指标及分阶段发展进度,编写出全县绿化规划方案。经过规划,将全县划为三个地貌类型和 10 个立地条件类型,并编制了造林典型设计 23 个,规划造林小班 13210 个。分阶段发展目标是:1984 ~ 1985 年造林 78710 亩;1986 ~ 1990 年造林 279141 亩;1991 ~ 1995 年造林 111633 亩;1995 年新造林任务全部完成以后,转入补植补造、幼林抚育和森林经营阶段。到 2000 年全县森林面积要达到 712879 亩,加上四旁树折算面积和种草面积,覆盖率达到 70%。这就为制定年度造林计划,安排造林工程提供了依据。1984 年以来根据林业区划规划,全县先后共确定了七处重点工程,其中省批工程四处,县级工程三处,造林总面积 25 万亩。无论那一级工程都要进行工程设计、定任务、定完成时间、定投资、定标准,由下向上逐级申报,层层把关。

3. 作业设计。作业设计既是对区划规划的微观应用,又是工程造林的主要环节。设计分两步进行：首先根据工程规划指标来确定年度造林任务。将工程任务分配到乡,再以村为单位落实到小班,然后按小班进行设计。第一要确定实际作业面积、林种及造林树种比例;第二要对照航片和原规划资料,进行现场小班设计,包括造林密度、造林方式、技术要求、造林季节等;第三要填写清楚林权、承包者、合同编号、林地议定书编号。上述内容都要在特制的小班设计卡片上反映出来。这种卡片既是任务落实卡,也是技术标准卡,又是施工责任卡,还是档案资料卡,一式四份,县、乡、村、小班承包人各执一份,在造林的整个过程中发挥作用。1984 ~ 1986 年三年,我县共完成造林的小班 2252 个,总面积达到 17.2 万亩。

4. 造林施工。造林施工由承包者按施工卡片负责实施, 营林指导员负责技术指导,村委会按照施工卡片的要求与承包者签定合同,规定标准,限期完成。

5. 检查验收。检查的实质是服务和改进服务。每个造林季节县里都检查三次:第一次在造林发动后进行,主要检查种苗标准、任务落实情况。第二次是在造林中进行,主要检查是否按设计施工,造林质量如何,发现问题,现场解决。第三次在造林末期进行,主要检查管护措施和管护责任制的落实。验收是对整个造林工程施工质量、数量的全面检查。通过检查可以对当年施工进行估价,总结经验,反馈信息,同时根据验收结果对承包者进行资助兑现。造林验收分两次进行:第一次在造林 3 个月以后进行,主要检查造林成活率。一般春雨季造林,当年秋冬验收,秋季造林次年验收;第二次验收在第一次验收满一年后进行,验收内容除成活率和保存率这两个项目外,还要看其它项目是否与小班设计卡片的要求相吻合。每次验收都要详细填写验收卡片。由于严格实行了工程造林程序,三年来,我们的验收结果,小班合格率达到了 95%以上。

6. 资料建档。建立档案是工程造林的重要内容,它是林业生产的真实记载,可随时总结实施情况和经验教训, 为全面掌握林业发展情况, 提高科学营林水平提供依据。建档有两个内容:一是以村建立营林档案;二是以乡镇和县建立森林资源档案。营林档案主要反映造林的进度、质量、成果等基本情况,其中包括各村造林情况图,林班各类土地面积统计表,林业用地按小班统计表,小班设计卡片,小班活动记实等资料,森林资源档案除反映每年林业生产的新内容外,还记载有森林资源的消长动态。

林业区划、规划、设计、施工、验收、建档的程序,象连环套一样,把每个营林环节都连接起来,使它们互相作用,互相促进,上一个环节是下一个环节的基础,下一个环节是上一环节的成果应用,形成了一个科学性和实践性都很强的整体;不仅有宏观的控制,而且有微观的实施;不仅有科学的指导,而且有严格的检查程序,保证了工程造林的标准和质量。

二、推行工程造林的措施

实行工程造林是营林管理上的一项重大改革,涉及面广,工作量大,技术性强。为保证这项改革在全县扎扎实实地推广开,我们在组织领导工作上采取了一系列措施。

1. 提高思想认识,坚定改革信心。为了使广大干部群众充分认识和理解实行工程造林的优越性和必要性,积极支持和努力实行这项改革,我们针对“基本建设和水利建设可以搞工程,植树造林不适宜搞工程”“全县自然条件复杂,地形支离破碎,造林不便于搞工程”和“国营、集体、专业户三种体制不协调,难以统一组织,造林不好搞工程”等等思想,着重宣传了三个观点:一是植树造林本身就是一项有益当代,造福子孙的系统工程。所谓造林不能按工程管理,是耽心林木从造林到成林,受自然因素影响大,人们的主观意志难以左右。如果实行工程管理,就可以用科学技术的方法,尽量使造林符合自然规律,增加成功的可能性,从而改变过去“造林多,成林少”的状况。二是实行工程造林,就是要按照不同地类,合理确定工程,做到适地适树,集中连片。所以,只要本着因地制宜的原则,在安排和确定工程中做到宜大则大、宜小则小,按山系、按流域科学规划,就能克服我县地形、地貌复杂所造成的难度,把造林搞好。三是虽然营林管理体制存在着多种形式,但只要在工程管理的统一指导下,做好统筹协调工作,就一定能调动起多方面的积极性。由于宣传了上述观点,统一了干部群众的思想,提高了干部群众的认识,坚定了干部群众实行工程造林的决心和信心。

2. 建立三支队伍,搞好技术指导。搞好工程造林,必须有一支精干的技术指导队伍。我们根据需要,从县到村建立健全了“一队两员”这样的三支队伍。

“一队”是县林业规划设计队。我们从县职业中学农林班毕业生中招收了20名思想好、业务强的青年,又配备了1名林业技术干部担任队长,组成林业规划设计队,由县财政每年补贴10000元工资经费。其主要任务是进行工程设计,负责指导施工,组织检查验收。

“两员”是林业规划员和营林指导员。全县20个乡镇设立了林业规划员(由乡镇林业员兼)主要任务是协同县设计队完成本乡镇的工程设计,组织施工,检查验收和建档工作。各行政村,村村设立了营林指导员。营林指导员根据本村造林任务大小确定,一般1000亩以下的村1名,1000~2000亩的村二名,2000亩以上的村3名,全县共设置了857名。营林指导员选拔热爱林业,工作积极,从事林业多年,有一定文化程度的人担任。职责是参加本村造林工程的规划设计,做好施工技术指导和检查督促工作。营林指导员的待遇,根据任务的大小和工作的好坏由村委会每年发给50~150元的工资。

县上每年要对“一队两员”进行一次技术培训和若干次现场实习,使他们做到“四懂两会”,即:懂林业政策,懂区划规划,懂工程设计,懂施工技术要求;会使用档案资料,会指导群众按设计施工。这样,县、乡、村三级都有规划设计队伍,工作各有侧重,又都协同作战,有效地保证了工程管理工作的实施。

3. *层层实行承包,逐级落实责任*。搞好工程造林,还必须有明确的责任制。我们首先建立了领导联系工程的制度,县级五大班子主要领导每人包一个造林工程,其它领导每人包一个乡镇、培养一个实施样点。乡镇领导包村包任务,村干部包户包小班,通过联系工程取得了指导工程造林的主动权。同时还采取层层承包的办法,逐级签定合同,用合同来落实任务。如县政府委托林业部门与各乡镇政府组织、乡镇长和县林业工程技术人员签订合同,明确行政责任和技术责任,保证省批和县级造林工程的完成;乡镇长与各村民委员会主任、村营林指导员签定合同,以确保完成乡村造林工程;村主任又与小班承包人签订合同,从最基本的生产单位——小班抓起,确保造林质量。无论那级合同,都与承包者的经济利益直接挂钩,乡镇干部和林业部门技术人员拿出全年奖金的30%进行奖罚,村干部联系本人全年补贴工资的30%进行兑现,小班承包者联系工程资助进行浮动。这种层层承包的办法,把行政领导、技术人员和施工群众捆在了一起,有效地调动了县、乡、村、户四个层次干部群众抓工程造林的积极性。1986年全县共确定造林工程任务5.5万亩。签订合同1210份,年终验收,完成造林面积达到5.6万亩。有341份合同完成得好,奖乡、村干部和技术人员3600元,有57份合同完成得差,罚乡、村干部和技术人员450元。

4. *采取灵活措施,解决投资投工*。我县是贫困山区,资金短缺。为了解决好工程造林的投工投资,我们主要采取了以下几种办法。

一是用好上级投资。对省批造林工程专款专用,并采取分次验收,分次资助的办法以确保造林质量,提高投资效益。每次验收,造林成活率达到85%以上,支付资助款60%;第二次验收保存率达到80%以上,其它各项符合设计要求的资助款全部付清。如达不到上述要求标准,可在第三年内补救,但要扣留全部资助款的20%,作为延误费,如第三年仍完不成,就转予他人承包,并收回全部投资。

二是投好劳动积累工。由于造林资助费不足,需要用群众投劳的办法来补足。我县有劳力多的优势,我们实行投劳动积累工造林的办法。县委发出文件对劳动积累工的投向、用途、数量、使用办法作了规定,要求每个劳力每年投劳动积累工要达到10~15个。这一措施有效地解决了资金短缺的矛盾,大大加快了造林步伐。仅1986年全县投劳动积累工 82.3 万个,相当于 164 万元的投资。完成造林 2.6 万亩,育苗 1 万亩,幼林抚育 3 万亩,四旁植树 15 万株,预整地 1 万亩,以及林木管理和病虫害防治等项的经济投入。

三是抓好义务造林以及其它形式的造林投工活动。义务植树造林具有广泛的社会性和全民性,同时又具有义务性和法律性。近几年来我们统一规划了全民义务植树基地,与造林工程结合,动员各行各业和农民,开展义务造林活动,在一定程度上弥补了工作造林投资投工的不足。1984 ~ 1987 年,县委、县政府带领县级机关干部每年春季到县城周围山上参加工程造林,4 年共绿化了修善山、马驹山、凤凰山、小庙岭等 5 个山头,10 个小班,造林 1089 亩,起了推动作用。此外,我们还积极实行了清欠造林,栽植纪念林,批木料造更新林,批宅基地造补偿林等多种形式的造林投工活动。由于义务造林纳入了工程造林的统一管理、统一规划之下,收到了比较明显的效果。

5. *分类培养典型,发挥示范作用。*在全县 5 个一级区内,我们先后抓了英英山、麻巷河、神郊河等 3 个工程造林典型。这些典型有的按山系按流域集中连片,有的乔灌草立体治理,有的用群众投劳和国家补助相结合搞得好,各具特色,如鹅屋乡英英山水源涵养林工程建设期五年,设计面积 40000 亩。由于采用了上级资助和农民投积累工相结合的办法,加快了工程进度,1986 年一年造林 9350 亩,占总设计面积的 23.4%,经检查验收,被评为省全优工程。我们通过现场参观、经验介绍,让这些典型在全县推广。

6. *抓好种苗工作,满足工程需要。*我们主要抓了三点:一是按照设计抓苗圃。工程设计需要什么树种,就培育什么树苗,需要什么规格的苗木,就定什么样的标准。1984 ~ 1986 年,全县每年苗木面积保持在一万亩左右,优质壮苗达到了 70%以上。二是围绕工程建设基地,在全县选择了 11 个地势平坦,集中连片,水肥充足的河滩地、沟坝地建立育苗基地,面积达到 1200 亩。基地苗木品种齐全、数量充足,这几年已出圃苗木 300 万多株。三是放开视野搞引进。在抓好油松、侧柏等大路针叶树种和杨、柳、榆、槐、椿等乡土阔叶树种的同时,有计划、有目的地引进和发展了华北落叶松、毛白杨、辽东栎、柠条、醋柳、紫穗槐、连翘等乔灌木树种,使工程造林的树种实现了多样化、优质化。

三、实行工程造林的成绩和效果

我们县实行工程造林三年多来,取得了明显成效:

——造林速度大大加快。从 1979 ~ 1983 年,全县五年共造林 25.8 万亩,每年平均 5.16 万亩,保存面积 15.78 万亩,每年平均 3.15 万亩。实行工程造林后,1984 ~ 1986 年底三年共造林 22.67 万亩,每年平均 7.56 万亩,比前 5 年平均增长 46.3%,保存面积达到 17.17 万亩,每年平均 5.72 万亩,比前 5 年平均增长 81.6%。

——造林质量明显提高。实行工程造林后,林木的成活率、保存率明显提高。1984 年以来,全县造林成活率达到 85.3%,比 1978 年前提高了 68%;造林保存率达到 77%,比 1978 年前提高了 70%,比 1979～1983 年的平均保存率提高了 12%。

——造林成本显著下降。三中全会前 30 年间亩均造林投资(按保存面积计算)为 115.8 元,1979～1983 年亩均造林投资为 37 元。实行工程造林以来 3 年间,亩均造林投资下降为 33 元。比三中全会前下降 68.1%。比 1979～1983 年下降 10.8%。

——造林面积更加扎实。实行工程管理后,杜绝了浮夸虚报。1986 年,省林业厅抽查了我县 5 个乡,15 个村从 1984～1986 年三年的造林情况, 原上报面积 6766 亩,核实下来为 7059 亩,超出上报 293 亩。

——林业布局趋向合理。我们把实行工程造林和实施林业区划规划紧紧结合起来,在工程中科学安排林种、树种,使林业布局向着更科学、更合理方向发展。1984～1986 年共发展防护林 97851 亩, 经济林 26933 亩, 防护林和经济林所占比重分别由 1983 年的 26.1%、10%提高到 1986 年底的 56.9%、15.6%,同时由于引进和发展适宜我县的优质乔灌树种,形成了多林种、多树种互相配套,共同发展。

我县实行工程造林虽然取得了一些成绩,但由于这一改革时间短,经验少,工作还有不少差距。我们决心在今后的工作中,继续探索不断丰富工程造林的方法、步骤和标准,把工程造林工作推向一个新的台阶,为加速全县绿化步伐作出贡献。

1987 年 9 月

山西省林业工作会议典型材料之五

巩固发展绿化成果
建设生态经济林业

中共壶关县委　壶关县人民政府

根据大会的安排,我们壶关县委、县政府向大家汇报一下 1989 年全省林业工作会议以来我县的工作情况,请领导和同志们批评指正。

一、审时度势　确立新的发展方向

党的十一届三中全会以来,全县人民艰苦奋斗,持续绿化,到 1988 年底,全县有林面积达到 51.5 万亩,占到全县宜林面积的 72.5%,占到版图面积的 34%,森林覆盖率由 7%提高到 19.2%,水土流失面积由 80%下降到 40%。为此曾得到省委、省政府的高度评价，并于1989年在我县召开了全省林业工作会。

在成绩和荣誉面前怎么办？这既是省委、省政府和各级领导要求我们回答的一个新课题，也是我们自身发展中迫切需要解决的一个新问题。实事求是地讲，我县的荒山绿化有得也有失。所谓得，就是经过艰苦的努力，使全县大部分荒山、沟坡披上了绿装，改变了面貌，使生态环境和自然气候开始向好的方向转化；所谓失，就是由于立地条件不好、林木品种单调和总体布局不佳等原因，林业的经济效益不太理想，投入产出之间比例倒挂现象严重。以一个劳力每年投10个义务工、40个劳动积累工计算，10年劳均投工500个。这500个工，放到工副业比较发达的地方，可能是一个万元户，而在我们这里多数还没见到效益。长此下去，不仅广大群众的造林积极性会受到挫伤，绿化的成果也很难得到巩固和发展，所以省里在我县召开林业会议之后，我们及时进行了广泛的讨论研究，大家要求县委、政府要审时度势，带领全县人民探索和走出一条生态和经济效益并重的发展新路，使林业生产真正成为达小康的重要途径。基于这种认识，省林业工作会议结束后，县委、县政府立即组织开展了大规模的调查研究，并邀请有关专家协助论证，力争从较高层次上解决问题。最后提出了建设生态经济县的战略设想，其实质就是把林业同大农业中的其它各业以至全县整个经济的发展统筹考虑，科学安排，力争在全县的版图面积上，对农林牧副企等实行最优的时空布局，形成组合得当、结构合理、经济效益最佳的发展模式，实现生物素质、生物产量和经济收入三者之间的良性循环。围绕这个战略目标，还制定了“集中啃骨头，重点抓管护，突出抓效益”的近期林业生产方针。啃骨头，就是发扬蚂蚁啃骨头的精神，尽快消灭少数仍未绿化的暂难利用地，力争达到有山皆绿、无岭不青；抓管护就是通过强化防护意识，建立健全“三防”体系，把已经绿化的大面积林木管好、护好，千万不能因一时疏忽使前功尽弃；抓效益，就是利用现有条件，调动各种手段，在充分发挥林业生态效益和社会效益的同时，千方百计、集中力量提高林业的经济效益，加大林业生产收入在增加农民收入和实现经济翻番中所占的比重，一句话，就是要把林业生产纳入商品生产的轨道，把建设生态林业变为建设生态经济林业。这个方向一明确，全县各级干部和广大群众受到了很大的鼓舞，全县的林业生产和绿化工作进入了一个新的发展阶段。

二、深度开发 突出抓好经济效益

那么，怎样才能达到经济效益和生态效益的统一，使全县林业扎扎实实登上一个新台阶呢？从近三年的实际来看，全县林业面积达到65.3万亩，林草覆盖率达到了24%，水土流失面积下降到30%，与此同时，我们从商品经济的观念出发，集中抓了五个方面的开发。

1. 对林地实行立体开发。我们以原来的林业区划规划为基础，以新的视角和举止，重新摆布了林业发展的宏观格局，实行了对地面空间的立体开发，使全县的绿化面积得到了进一步的拓展，版图直接开发利用率由35%提高到43%。以山为例，我们根据山顶、山腰、山脚、山凹四种地段不同的光热水土自然条件，实施了“山顶油松林、山腰针阔林、山脚干果林、山凹水果林”的立体开发模式。特别是去年以来，我们重点对已绿化荒山突出搞了以“围山转”为特点的山脚经济林带的配套工程建设，全县累计完成土石方120万立方米，栽植京杏、核桃、山楂、花椒等经济树33万株，形成山脚经济林带25条。这样就使各种林地得到了充分的利用，能够依照自身的条件和特点，为全县人民提供不同的财富。

2. 对林区实行综合开发。根据林业是一个多样性的绿色宝库的特点，我们注重了对林区内的各种资源实行综合开发和综合利用。大体说来有三种形式：一是复合性利用。例如油松，过去只重视躯干的效益，而现在我们利用油松多的优势，大搞松籽采收，三年增收60万元。二是间接性利用。林业的发展，使野生动植物大量增加。我们大搞野生资源的开发利用，为群众拓宽了增收渠道。据统计，1991年，仅鹅屋、桥上、树掌、石河沐四个乡镇，采收天然蘑菇，采刨野生药材，捕猎山鸡野兔和利用山条搞编造共收入210万元，人均60元。三是互补性利用。我们改变行业分割之弊，协调各业关系，实行资源互补，比如把沟坡刺槐林的抚育由冬季改为夏季，每年可为养羊养兔提供600万公斤饲草，变废为宝，支持了牧业的发展。

3. 对林业实行全程开发。我们对林业的营林、管护、贮藏、加工、销售等各个环节，实行了一体经营、全程开发，力争达到环环增值，整体获利的目的。三年中，新建乡办、村办林场310个，果品贮藏库40个，县内外林产品经销站、点38个，加工企业50个。如县营林场与浙江平阳县联营办起了杂木加工厂，将一些林木的边角科和小杂灌木加工成镰把、锤把、手杖等日常用品，效益成倍增加。

4. 对林木实行优化开发。针对已绿化面积的林木成活不易，生长缓慢，全部更新冒险，产生效益困难的实际情况，我们从三个方面入手进行了优化开发：一是引进科学手段，加速林木生长，即在国营林场和一些乡村林区，试行叶面喷施等新技术，力求在现有立地条件下，尽量缩短林木的成材周期；二是推行科学管理，促进林木成材，即通过幼树抚育、疏树、间伐等必要的管理措施，给林木生长创造较好的外部环境；三是科学调整，对立地条件较好而经济效益低下的成林地，编制并实施林木更新计划，逐步更新为速生丰产林和经济树。比如在成千上百的刺槐沟，逐步建设“围沟转”工程，建成了一批“核桃沟”“红果沟”“苹果沟”“梨树沟”等。

5. 对经济林实行重点开发。根据经济林获得效益短、快、高的特点，我们把发展经济林作为突破口，近三年主要抓了“三个上”。一是上规模。全县新发展经济林2.1万亩,栽植零星经济树40万株,计划"八五"期间,全县新发展经济林达到4万亩,新植零星经济树70万株,连同原有基础,经济林达到10万亩,零星经济树达到177万株,经济树总数达到600万株,人均26株。二是上品种,我县原有的一些老果园、果品个小、质次、价低,针对这种情况,我们开展了以"劣种改优,老树换头"为内容的品种达优工作,到目前,全县已引进经济树优质新品种35个,新品种育苗100多万株,嫁接改优树木50万株,占到劣种树数的38%,计划"八五"期末,全县原有的132万株劣质树种全部实现改良达优。三是上管理。我们对集中连片的集体经济林园,推行了"集体承包、场长(个人)负责、工资挂钩、升奖降罚"的承包责任制,并认真施行了密植、矮化、早产、丰产等技术。今年夏管期间,我们组织了县乡村三级技术人员100多人,分组对全县147个重点果园进行了巡回示范管理,所到之处,修枝、施追、整地、喷药等都是一环一环地过。由于采取了上述措施,我县经济林建设的初步成效已经显示出来。1991年与1989年比较,果品产量由600万公斤提高到950万公斤,增长了58%。

通过以上五个方面的深度开发,我县建设生态经济林业的步子已经迈开,并初步收到一些成效。到1991年底,全县林业生产总值达到了2430万元,比三中全会前的1978年增加1930万元,在农业总产值中所占比例也由1978年的9%上升到27%,并涌现出一批令人鼓舞的典型。

三、强化措施 建立健全保证机制

回顾三年来的实践,我们在实现战略重点转变,致力建设生态经济林业中所采取的主要措施有如下三条:

1. 建立强有力的领导指挥系统。首先是县乡村三级领导整体作战。全县自上而下实行了领导包乡、包村、包山、包工程责任制。其次是各行各业总体参与。我们围绕生态经济林建设,在县直系统和单位开展了"有项目、有基地、有措施、有贡献"的竞赛活动。不少单位不仅结合自身特点在林果产品加工、贮运、销售等方面献智出力,而且直接参与了一些开发性生产。目前已有20多个县直单位在下面,开办项目32个,建立基地15个,起到了示范、服务和辐射作用。其三是专门机构统一协调。我们在加强林业局工作的同时,新组建了林果办公室和林果研究所,并成立了由主要领导参加的全县生态经济开发领导组,具体负责三家的协调工作。各乡办、村办林场则普遍实行了"人员分班制",一班抓木材林,一班抓经济林,这就为生态经济提供了领导上、组织上的保证。

2. 建立开放性的政策激动机制。一是经营放宽。我们以解放思想、大胆改革为先导,实行了"三个打破":打破身份界限,不仅允许农民搞林业开发,而且允许国家干部、职工、科技人员向林业实体分流;打破品类界限,有条件的乡村可以有偿转让幼林地、林果地;打破行业界限,各个部门都可以参与林业生产的发展经营。二是投入倾斜。一方面是县乡村都要合理筹措资金,扶持林业开发。像百尺镇仅去年就从煤炭企业税后利润中一次性拿出6万元用于果园建设。另一方面就是完善义务工、积累工制度,从用工上保证林业的深度开发。三是奖励兑现。仅今年年初的三干会上,我们就重奖了14个林业效益突出的乡村。

3. 建立多层次的科技开发体系。建设生态经济林,是一项知识高度密集型工程,它的成功与发展,很大程度上取决于科技进步和素质的提高。所以我们从三个方面大抓了科技的基础开发:一是抓科技学习。今年我们在全县开展了"科技学习年"活动,县上举办了干部科技夜校,五个班子的领导和县直副科级以上干部都参加学习;二是抓专业学习。采取大中专院校代培,职业中学扩大招生,普通中学推行"3+1"学制,以及鼓励函授、自学等办法积极挖掘和培育人才。全县总计达1700余人;三是抓技术推广。我们根据"县有中心,乡有站,村有场"的规划,不断完善健全了县乡村三级技术推广网络,组织推广了30多项林业通用技术,有效地推进了全县生态经济林业的建设。

我县建设生态经济林业的工作尚处于起步阶段。我们要在上级党政和林业部门的领导和支持下,借鉴和学习兄弟县区好的经验,力争今后能够取得更快更好的发展。

1992年9月

在全国林业厅局长会议上的发言材料

我们是如何绿化干石山区的

山西省壶关县县长 姚保维

各位领导、同志们:

国家林业部在我省召开北方地区林业厅局长座谈会议,这是对我省林业工作的有力推动和有力鞭策。我壶关县能有幸参加这次会议,感到深受鼓舞。借此机会,就我们的林业工作向领导和同志们作一简要汇报,不妥之处,敬请批评指正。

我们壶关县地处山西省东南、太行山南端,是一个名符其实的干石山区。"干",就是干旱缺水。壶关是全省有名的缺水县,素有"干壶"之称,县志中曾有"掘地三千尺犹不及泉"的记载。古往今来,十年九旱,仅解放40多年来,就有26个大旱年头。由于水源奇缺,别说种草种树用水无靠,就连人畜吃水问题至今也未彻底解决。"石",就是石厚土薄。全县绝大部分属石灰岩地区，70%是石山林立、乱石裸露的不毛之地，有些地表有土层覆盖，厚度也只有15厘米左右。所以1978年前全县残存下来的天然次生林只有3～5万亩，其余都是光山秃岭。“山”，就是山多川少，山多地少。全县总版图面积151.9万亩，其中荒山沟坡面积就达106.7万亩，耕地仅有40来万亩。全县20个乡镇、388个行政村，就有17个乡镇、331个行政村是山区，平川只有3个乡镇、57个行政村。

党的十一届三中全会以来，我们壶关人民就是在这样恶劣的自然条件之下坚持造林不放松，艰苦奋斗创大业，依靠科技攻难关，经过十几年的不懈努力，硬是在全县的干石山上绿化了一片又一片，改造了一处又一处，终于使只见石头不见树的旧面貌发生了历史性的变化。从1979～1991年，全县造林成活保存面积57.04万亩，是1978年前30年间造林保存面积总和的21.9倍，栽植四旁树2300万株，建设农田林网6万亩，发展经济林8万亩，加上原有林，到1991年底全县有林面积达到65.6万亩，占到全县宜林面积的90%，版图面积的43%，达到了国家林业部颁定的基本绿化县标准。由于绿化工作的开展，林业的生态效益、经济效益和社会效益也开始得到体现，全县森林覆盖率由7%提高到了23.4%，水土流失面积由80%下降到了30%，林业总产值由500万元增加到2430万元，占农业总产值的比重由9%上升到27%，果品总产量由350万公斤增加到950万公斤，涌现出了一批靠山吃山、兴林致富的乡村和农户。

回顾我县十多年来绿化干石山的实践，我们的主要做法是：

一、树立兴林治壶意识，各级领导连续抓

我县干石山区绿化能够持续不断、取得成效，首先取决于各级领导的认识和决心。全县一干、二石、三山的自然特点，多少年来给我们造成了很多的困扰和不幸，水土不能保持，气候不能正常，生产不能发展，生活不能提高。但它同时也给了我们理智和觉悟，使我们懂得了一个朴素的道理：靠山就得养山，苦熬不如苦干。特别是党的十一届三中全会之后，县委、县政府和全县干部群众进一步认识到：我们必须立足县情找出路，干石山上作文章。就是说：影响和制约壶关发展的客观条件是干石山，治理和发展壶关的希望也在于改变干石山。正是从这样的认识出发，我们提出了“壶关的希望在山上”和“向光山秃岭进军”的口号，把大兴植树造林、绿化干石山区作为坚定不移的奋斗目标，各级领导以此为训，始终做到了思想上紧啃不放，行动上紧抓不懈。具体体现在：

第一，实行绿化接力赛。从十一届三中全会到现在，我县共换了四任县委书记，五任县长，前前后后数十人，但领导几级变换，县委、政府集体作出的绿化决策始终没有变，每任都吹绿化调，每任都兴绿化业，一任接着一任抓，任任争上新台阶，搞不好就觉得理怯气短，脸上无光。

第二，落实绿化责任制。县委、人大、政府、政协、纪检委五大班子实行包乡镇绿化责任制，每人一个乡镇，一包绿化任务，二包完成时间，三包造林质量，每年都要集中精力抓好春、雨、秋三季造林，每季都要亲自抓三次，初期搞设计，中期卡质量，末期抓验收。县对乡镇逐年签订绿化责任状，年初定合同，年终搞验收，一年一兑现，三年算总帐。乡对村采取造林任务与村干部补贴工资挂钩的考核办法。一级抓一级，层层有责任。

第三，褒奖绿化有功者。县委、县政府把绿化政绩大小作为考核使用干部的一项重要标准，响亮提出“不抓林业不能当干部，抓不好林业不是好干部”，鞭策广大干部树绿化志，干绿化事，创绿化业。近几年来，全县因绿化政绩突出，提拔到副县级领导以上岗位的15人，由一般干部和半补贴干部提拔为乡镇副职以上领导的28人，家属农转非的40人。

第四，争当绿化带头人。县上五大班子领导每年春季都要带领县级机关单位干部职工到山上参加义务植树，一年绿化一座山头。从1983年到现在，共绿化万紫千红山、轿顶山、修善山、马驹山、凤凰山、小庙山、小北庄、十里河等8个山头、一条河滩，造林面积5000余亩，在全县发挥了表率作用。

二、发扬艰苦奋斗精神，群策群力扎实干

发展林业是群众的事业，干石山区绿化更离不开群众的力量。原山西省委书记李立功同志说过：“壶关老百姓穷而不懒，穷而有志”。原山西省林业厅长刘清泉同志写诗夸奖：“愚公移山不治山，治山愚公在壶关”。我县广大群众在绿化干石山区中所表现出来的艰苦奋斗精神确实是十分令人感动的。一到造林季节，就连一些七、八十岁的小脚老太太也都上山下坡，跪在地上起石换土，挖坑栽树，鹅屋乡西土池村有个刘法顺，二十年如一日住在山上，吃在山上，干在山上，经他手绿化起来的干石山就有1000多亩。可以说：正是靠了这样的群众、这样的精神，才有了干石山区的绿化。当然发展林业也需有一定的资金。我县属财政补贴县，地方财力很少，国家每年下拨的林业资助款又十分有限，而干石山绿化往往需要比其它地方多数倍乃至数十倍的投资。面对这种情况，我们以自力更生为主，坚持穷地方绿化用穷办法，建立和实施了一套以投工为主的全社会办林业的投入机制。归纳起来，有八种形式：

一是开展全民义务植树造林。1982年以来，我们年年要动员和组织各行各业的男女老少上山下沟义务植树，并采取建立基地，以单位划片，任务到人，落实责任的办法，保证了绿化的质量和成效。11年来，全县义务造林13万亩，义务植树600万株，义务整地14万亩。

二是实行劳动积累工造林。县委作出了《关于在全县建立劳动积累工制度的决定》,明确规定每个劳力每年应投劳动积累工 15~25 个,其中一半要用于林业生产。近几年来,全县每年用于林业的积累工都在 70 万个左右,按每个工值 3 元计算,相当于 240 万元的投资,是国家每年下拨我县林业资助款的 10 多倍。固村乡北大安村 1984 年以来群众投积累工 4.2 万个,劳均投工 140 个,绿化荒山 682 亩,建设果园 469 亩,提前实现了绿化目标。

三是以工养林,以农养林,以果补林。东柏林乡办煤矿发展起来后,每吨煤提取 0.5 元,每年提取 2.5 万元,投资办起了乡办林场,绿化荒山 500 多亩。店上镇办林场以 300 亩果园为依托,以果养林,使经营的 2000 多亩荒山披上了绿装。

四是清欠造林。针对一些群众历年拖欠公款严重,一时又无法归还的实际,我们采取了以造林顶还款的办法,鼓励欠款户承包荒山绿化,逐年抵还欠款。常行乡有 10 户历年欠款户承包荒山造林 5050 亩,合同规定每绿化 1 亩荒山抵顶欠款 10 元,三年后 5000 亩荒山全部绿化,90%的欠款户还清了欠款。

五是批伐木料造成更新林,批宅基地造补偿林。桥上乡王家庄村规定,每批伐一根椽材,栽树 5 株,批伐一根檩材,栽树 10 株,批伐一根梁材,栽树 20 株。栽树成活后,可按需要办理审批手续。实行这一制度后,使这个村出现了房越盖越多、树越伐越多的可喜现象。

六是营造各种纪念林。如"三八林""五四林""结婚纪念林""整党纪念林"等等。

七是实行惩罚性造林。对于乱砍滥伐森林树木或引起山林火灾的,根据毁一栽三原则,令其限期造林,将功补过。

在坚持自力更生造林的同时,我们十分重视和珍惜国家给予的林业资助。这些年来国家每年下拨我县造林资助款 20 万元,对此,我们坚持少花钱,多办事,每造一亩林只资助 4.5 元,比国家规定的每造一亩林资助 9 元少一半,使一亩林的资助款发挥了 2 倍的作用。

三、坚持因地制宜原则,依靠科技攻难关

绿化干石山区光靠"出大力,流大汗"是不行的,苦干还得加上巧干,有愚公精神还得有科学态度。为此,我们既注意从林业理论上研究探讨,又注意在实践中摸索总结,从而逐步由必然王国向自由王国走出了一条适合干石山区特点、实行效果较好的绿化途径。其主要做法:一是从宏观上实施了"区划、规划、设计、施工、验收、建档""一条龙"工程造林管理程序,即在全面进行林业区划规划的基础上,实行按规划设计,按小班作业,把区划规划的具体要求落实到山头、地块和人头,逐年下计划,逐年抓实施,逐年搞验收,通过各个环节的紧密连接,系统管理,保证标准,保证质量;二是从微观上推广了干石山阳坡绿化技术,这一技术是全国林业劳模、我县农民王五全在长期造林实践中摸索出来的一整套成功经验,主要特点是:培养适地苗,选用适令苗,随地巧挖坑,环环抓保根,从而在阳坡上创造了遮荫、避光、蓄水、保土的"小环境",获得了和阴坡一样的成活率。

为了抓好这两大关键技术措施的落实,我们采取了两条措施:

第一,级级建队伍。县林业局成立林业规划设计队,主要负责全县林业生产的工程设计、施工指导和检查验收;乡镇组建林业工作站,设有规划员,任务是协同县设计队完成本乡、镇的工程设计、施工指导和验收建档工作;村村发展村办林场,由村办林场的技术员兼任营林指导员,全县共配备857名,其职责是参加本村造林工程的规划设计,做好施工技术指导和检查督促工作。

第二,层层抓培训。一是聘请林业技术高手来我县为五大班子讲课,近几年,省林业厅、造林局、林业设计院、林科所的8位高工和教授先后来我县讲课12次。二是每季造林前由县林业部门对乡镇书记、乡镇长和分管林业的副职领导进行短期技术培训。三是每年冬闲季节以乡镇培训中心开设林业技术培训班,对乡村干部和技术人员讲授小班类型、造林设计和阳坡造林等技术。四是由村干部、营林指导员向群众现场传授一般性造林技术。

两项关键技术措施的落实,大大提高了全县干石山区绿化的成效。从1985~1991年,全县累计造林38.3万亩,保存面积34.3万亩,保存率达到89.6%,比建国后到1978年的造林平均保存率提高83%。

在上级领导的大力支持和全县人民的艰苦努力下,我县干石山区绿化取得了一些成绩,但与党和国家的要求相比,和兄弟县相比,还有很大差距。为了进一步抓好绿化工作,加快兴林致富步伐,去年我们县委、县政府又提出了建设生态经济县的发展战略。所谓建设生态经济县,就是在全县的版图面积上,全面合理地对农、林、果、牧、副、企各业实行最优的时空布局,形成组合得当,结构合理,经济效益最佳的生态经济模式,实现生物素质、生物产量、经济收入三者之间的良性循环。其中林业上就是要"重点抓管护,突出抓效益,集中啃'骨头'"。抓管护,就是建立健全林业"三防"体系,巩固干石山绿化成果;抓效益,就是在尽力提高荒山沟坡林木成材速度的同时,大力发展经济林,实现经营规模化,品种优质化,管理集约化,贮藏加工系列化;啃"骨头",就是发扬蚂蚁啃骨头的精神,一点一点地消灭掉少数仍未绿化的暂难利用地,达到有山皆绿,无岭不青。我们决心借这次会议的良机,学习和借鉴兄弟省、县的经验,进一步搞好干石山绿化工作,为整个太行山以至全省全国的绿化作出新的贡献。

1992年7月

在中国生态经济学会、中国林业区划研究会召开的壶关县生态经济发展研讨会上的发言

绿化干石山区　改善生态环境

山西省壶关县县长 籍先菊

各位领导、同志们：

现将我县的绿化工作向大会作一简要汇报，请批评指正。

我们壶关县位于山西省东南部、太行山东南端，总面积 1013 平方公里（折合 151.9 万亩），平均海拔 1250m，最高海拔 1882m，辖 20 个乡镇，总人口 26.6 万人。是一个干旱缺水，石厚土薄，地少山多的贫困山区县。

干旱缺水——壶关是山西省有名的缺水县，素有“干壶”之称，县志中曾有“掘地三千尺犹不及泉”的记载。古往今来，十年九旱，解放 40 多年，就有 26 个大旱年头。由于水源奇缺，别说种草种树用水无靠，就连人畜吃水问题至今也未彻底解决。

石厚土薄——全县绝大部分属石灰岩地区，70%以上的版图面积是悬崖峭壁，岩石裸露的不毛之地，有些地表虽有土层覆盖，厚度也只有 15 厘米左右。所以 1978 年前全县残存下来的天然次生林只有 4～5 万亩，其余都童山秃岭。

地少山多——全县人均荒山沟坡面积 4.1 亩，人均耕地面积只有 1.4 亩。长期以来，恶劣的自然环境给壶关人民带来了极大的灾难。水土流失严重，自然灾害频繁，经济发展落后，人民生活贫困，到 1978 年，全县粮食亩产还徘徊在 150 公斤上下，人均收入只有 48 元。

在国家、省、市领导的关怀和支持下，县委、县政府带领壶关人民，以蚂蚁啃骨头的精神、坚持不懈抓绿化，终于使昔日山高石头多，出门就爬坡，有山不长草，风吹石头跑的“干壶关”变成了满山遍野松柏翠，山花烂漫让人醉的旅游胜地。有林面积占到版图面积的 45%，占到林业规划用地的 84%，森林覆盖率达到 30.9%，比 1978 年增长了 23.9%，木材蓄积量增加到 48 万立方米，比 1978 年增长了近 5 倍，林业总产值达到 2700 万元，比 1978 年增长 4.4 倍，占农业总产值的 27%，农民人均收入也由 40 元提高到 436 元，增长了 9 倍。生态环境有了明显的改善，自然灾害减少，无霜期有所延长，降水量有所增加，水土流失面积由过去的 82.3%下降到 30%，每平面千米的年侵蚀模数由 4300T 下降到 1500T。现有森林蓄积量，相当于 100 万立方米的水库容量，每年可吸收二氧化碳 1026 吨，制造氧气 714 吨，吸附粉尘 100 万余吨。

我们县被国家林业部、绿委、山西省委、省政府授予“绿化太行山先锋”“科学营林

先进县”“全国造林绿化先进单位”等光荣称号。

回顾十几年来我县的造林绿化实践,我们的主要做法是:

一、壶关的希望在山上

我县的干石山绿化工作是在党的十一届三中全会之后开始起步的。面对恶劣的自然环境和贫困徘徊的农村经济,我们县委、县政府和全县干部群众都在思索一个问题:壶关的希望在哪里?在深入调查研究对县情进行再认识的过程中,我们看到制约壶关经济发展的是干石山,开发和振兴壶关的希望也在干石山。干石山是困难,也是潜力;是劣势,也能变成优势。靠山就要治山,治山首先就是绿化,尤其是对我们这个缺水、缺土、缺粮、缺钱的贫困山区县来说,造林就能蓄水,造林就能保土,造林就能产粮,造林就能生财。我们提出了“壶关的希望在山上”的口号,把绿化干石山作为振兴壶关的一项战略目标,把任务和责任放在了县、乡、村三级领导的头上。

一任接着一任干。从十一届三中全会到现在,我们县前前后后共换了五任县委书记、六任政府县长,领导虽几经变换,但变书记不变绿化主意,换县长不换兴林政策,县委、县政府集体作出的绿化决策始终都没有变。十几年来,每任都弹一曲,几任共创绿化业,一任接着一任干,一个山头一个山头地绿化,一条沟壑一条沟壑地治理。从1979~1992年,全县造林保存面积60.7万亩,是1978年前30年人工造林保存面积总和的21倍。有林面积达到68万亩,3000多条沟壑都栽满了刺槐和经济树。

一级带着一级干。县五大班子领导每年都要带领县级机关干部职工参加全民义务植树劳动,一年绿化一座山头,仅从83年到现在,县直机关干部就绿化了八个山头,一条河滩,造林5000余亩。坚持实行了县、乡、村三级领导绿化承包责任制,一包绿化任务,二包造林质量,三包完成时间。年初定合同,年终搞验收,一年一兑现,三年算总帐,层层抓落实,人人有责任。

绿化有功者“上”。在壶关,有句话很深入人心:“要想富,多栽树,抓不好林业不是好干部”,全县干部树绿化大志,创绿化大业蔚然成风。县委、政府也在大力栽树的同时,精心树人。近几年来,全县从绿化政绩突出的中层领导干部中,先后提拔了16人到副县级以上领导岗位,从一般干部中,提拔了38人到副科级、科级领导岗位。家属农转非40人。

二、人民群众是绿化太行山的主力军

太行山雄伟壮丽,太行山的人民坚强、伟大,绿化太行山这一宏伟大业,就是靠了英雄的太行山人民来创造的。

十几年来,壶关人民在县委和政府的领导下,每年都要大打一场义务植树造林的人民战争。从六、七岁的娃娃,到白发苍苍的老人,小脚老太太,除了不能出门的娃娃、病人和老人，几乎全县能上山的人全都上了山。到了植树季节，全县满山遍野都是植树人，到处都插着红旗。年青人担水、运土，老汉、闺女们挖坑，六、七十岁的小脚老太太也爬到干石山上，跪在地下起石、换土、放树苗，小娃娃拣石头盖“石头地膜”。

鹅屋乡西土池村有个老汉刘法顺，十几年如一日，吃在山上，住在山上，干在山上，经他亲手绿化的干石山就有1000多亩。当初的鹅屋山上岩石裸露，寸草不长，为了防止野兔、山羊等无草充饥，以幼树为食，刘法顺老人硬是一人一块石头一块石头地垒起了一道长1500多米，高1米的“护林长城”。鹅屋乡东庄上任赵成老汉，年逾花甲，自己一人造林1000多亩，护林2000亩。为了便于护树，他在林区垒起了几十年简易的小石房，号称“护林堡”。老人最后是在护林中不幸落崖身亡。常行乡常行村有一对老夫妇，自己没儿没女，为了绿化干石山，老俩口搬到山沟住，义务植树护树三、四年，集体的报酬分文不要。集店乡黄角头村农民路其昌，是我们山西省第一个造林专业户。刚开始，一家8口人，一年粮食不够半年吃，就是这样勒紧裤带去植树，两年造林600亩。我们正是靠了这样的群众，这样的精神，十一年间，共完成义务造林13万亩，义务植树600万株，义务整地14万亩。我们就是靠了这样的群众，这样的精神，才换来了今天漫山遍野的森林、山花，才有了远近闻名的太行山一景——紫团山森林公园，吸引着许多中外游客。难怪原山西省林业厅刘清泉厅长写诗赞叹曰：“愚公移山不治山，治山愚公在壶关”。

穷地方绿化用穷办法。林业生产周期长，投资大。干石山的绿化要比其它地方需要数倍乃至数十倍的投资。壶关县是贫困县，财政补贴县。吃饭尚且困难，更谈不上其它，省下拨的林业资金十分有限。绿化任务又十分艰巨。怎么办？还是自力更生。贫困逼使我们在实践中总结出了一套以投工为主的全社会办林业的穷办法，这就是：

1. 实行劳动积累工造林。县委作出了《关于在全县建立劳动积累工制度的决定》，明确规定每个劳动力每年应投劳动积累工10~20个，其中一半要用于林业生产。近几年来，全县每年用于林业的积累工都在70万个左右，按每个工值3元计算，相当于200多万元的投资，是国家每年下拨我县林业资助款的十几倍。

2. 清欠造林。针对一些群众拖欠公款较多，一时又无法归还的实际，我们采取了造林顶款的办法，鼓励欠款户承包荒山绿化，逐年抵还欠款。常行乡有10户欠款户承包荒山造林5050亩，合同规定每绿化1亩荒山抵顶欠款10元，三年后5050亩荒山全部绿化，90%的欠款户还清了欠款。

3. 批伐木料造更新林，批宅基地造补偿林。桥上乡王家庄村规定，每批伐一根椽材，栽树5株；批伐一根檩材，栽树10株；批伐一根梁材，栽树20株。栽树成活后，可按需要办理审批手续。全县推行王家庄这一制度后，出现了房越盖越多，树越伐越多的可喜现象。

4. 节约资金造林。这些年来，国家每年下拨我县林业资助款20万元。我们坚持少花钱，多办事，按省、市、县工程，每造一亩林，分别资助6元、4.5元、3元，比国家规定的资助款节约一半，使1亩林的资助款发挥了2倍的作用。

5. 营造多种纪念林。如“三八林”“五四林”“入伍林”“升学林”“结婚纪念林”“整党纪念林”等等。

6. 实行惩罚性造林。对于乱砍滥伐森林树木或引起山林火灾的除按规定罚款外，根据毁一栽三原则，令其限期造林，将功补过。

三、一条龙工程与王五全阳坡造林法

绿化干石山区光靠“出大力、流大汗”是不行的，有愚公精神还得有科学态度。为此，我们针对全县立地类型多、宜林条件差、阳坡面积广、造林难度大的实际，从宏观上实施了“区划、规划、设计、施工、验收、建档”一条龙工程造林管理程序，从微观上推广了王五全的干石山阳坡绿化技术，从落实上依托了两支队伍。

“一条龙”管理程序，是我县在上级林业部门支持下探索出的一套行之有效的工程造林办法。整个程序包括6个环节：一是区划。根据全县地形地貌特征看自然、社会经济等条件，把全县分为五个区域，分别制定出各区的发展方向和目标。二是规划。在区划的基础上编制立地类型表和造林典型设计，制定全县林业发展指标和阶段进度。三是设计。分两步进行，首先按规划指标确定年度造林任务，将任务落实到乡、村、造林小班，然后按小班进行作业面积、树种比例、造林密度、技术要求、造林季节等项目设计，搞出设计卡片。四是施工。在乡村组织和营林技术员的指导下，按照设计卡片的要求进行施工。五是验收。施工结束后，对照设计卡片对整个造林工程进行全面检验和核查。六是建档。验收完毕，将造林进度、质量、成活率等基本情况填卡建档，为全面掌握林业发展情况提供依据。

干石山阳坡绿化技术，是我县农民王五全在长期造林实践中总结出的一套成功经验。主要内容是把五关：一是培养适地苗，即阴坡育苗阴坡栽，阳坡育苗阳坡栽，就地育苗就地栽。二是选用适龄苗，一般以选用二年生苗为主。三是随地巧挖坑。如石上积水、石下栽树；石头截水，蓄水栽树；石隙过水，见缝栽树；石间盆地，中间栽树等，以此达到避热、遮荫、抗旱、蓄水的目的。四是环环抓保根。即起苗开沟保全根，运苗带土水浸根，水中分苗保须根，泥浆蘸根保润根，关键围根一把土，分层埋实不窝根，穴面盖石保水分。五是阳坡上制造小阴坡。即苗根要靠坑穴东南侧、穴面要造成反坡形，利用蒿草、石块搞覆盖。这套经验成功地解决了缺土、少水、石头多的干石山区如何提高树苗成活率的大问题。

两支队伍是我县落实"一条龙"工程造林和干石山阳坡造林两大技术措施的主要依托。一是林业规划设计队伍。这支队伍由县、乡两级40名专业人员组成。主要负责全县林业生产的工程设计、指导施工和检查验收。二是营林指导队伍。这支队伍以村办林场技术员为主体,全县共配备了857名,主要职责是参加村级工程造林的规划设计,重点是做好现场技术指导和检查督促工作。同时,我们依靠两支队伍并请上级专家大搞技术培训,培训县、乡领导,培训专业人员,培训广大农民。既搞集中培训,又搞现场指导,既有理论传授,又有实际操作。通过这样的办法,全县共有10多万名农民掌握了营林技术,大大提高了农民的整体素质。

两项技术措施的较好落实,大大加快了干石山的绿化步伐。从1985～1992年,全县累计造林42万亩,实际保存38万亩,保存率达到了90%,比建国初到1978年的造林平均成活率提高了83.5%。

四、立体开发,以林养林,把绿化干石山的生态效益和经济效益有机地结合起来

由于林业生产的周期长、见效慢,短期经济效益不太理想,我们的投入产出之间的比例倒挂现象非常明显。长此下去,不仅广大群众的造林积极性会受到挫伤,而且绿化的成果也很难得到巩固发展。为了把绿化干石山的生态效益和经济效益有机结合起来,通过以短养长,推动干石山绿化的持续发展,我们对干石山进行了全方位的立体开发。首先,根据山顶、山腰、山脚、山凹四种地段不同的光热水土等自然条件,我们实施了"山顶油松林,山腰针阔林,山脚干果林,山凹水果林"的立体开发模式。近几年来,我们重点是抓了干石山脚的干果林和干石山凹的水果林开发。一是山脚干果林开发。我们在干石山下端与地面相连的绿化空白的带状地段,大搞"围山转"工程建设。近三年,全县累计开发"围山转"工程3万亩,完成土石方120万立方米,栽植核桃、山楂、仁用杏、花椒等经济树120万株,形成山脚经济林带37条。二是山凹水果林开发。我们在全县55个适合水果林生长的干石山凹,整条田,刨大坑,栽果树,新发展水果经济林3万亩,栽植多种水果树240多万株,培育各种优质经济苗160万株。这样不仅使干石山的开发利用率提高,而且使群众的收入得到增长,林业的投资逐年增加。到去年底,全县经济林总面积达到10万亩,比1989年增长了50%,干鲜水果总产量达到1200万公斤,比1989年增长32%,全县农民人均林业收入达到87元,比1989年增长了41%。全县以林补林资金达到210万元,约占林业年总投资的40%左右。固村乡北大安村,立体开发干石山,营造油松、侧柏混交林682亩,发展干水果经济林469亩。去年,全村共产各种果品15万公斤,收入24万元,仅此一项全村人均收入300元。鹅屋乡在干石山上作文章,靠植树、求致富,1992年,全乡人均林业收入达到312元,占到全乡人均收入的80%以上。

向新的目标迈进。我们县委、县政府在经过大量的调查研究和专家学者科学论证的基础上，正在实施建设生态经济县的发展战略，这一发展战略的主体产业是林业，基本模式是：在全县版图面积上，全面合理地对农、林、牧、副、企各业实行最优的时空布局，形成组合得当，结构合理，经济效益最佳的立体生态经济模式，实现生物素质、生物产量、经济收入三者之间的良性循环。具体目标是体现五个特征，提高五个效率，达到十个标准。

五个特征：一是以林为主，树、花、果、草齐兴，植被覆盖率达到最大限度。二是地平土肥集约经营，粮、油、菜、桑并茂，旱涝增收。三是坡绿草丰，牧坡载畜量与产出量成正比例发展。四是农林牧特产品适量适时吞吐，交通运输四通八达。五是各业协调发展，良性循环，环环增值。

提高五个效率是：林草覆盖率达到70%以上，版图面积的直接开发利用率达到95%以上，农特产品加工率达到30%以上，工商、乡镇企业收入占到70%以上，经济效益年增长率达到10%以上。

达到十个标准是：山坡林草化、沟凹林果化，河滩林粮林，粮田集约化，道路网络林荫林，村庄园林化，庭院经济立体化，厂校花园化，城镇公园化，群众生活小康化。

这一战略的实施尚在起步阶段，我们要借这次会议的东风，在上级部门的支持帮助下，在专家、学者的指导下，团结带领全县人民，发扬绿化干石山的创业精神，一步一个脚印，一年一个台阶地抓实施，抓落实，为绿化太行山做出新贡献。未来的壶关县将是太行山上的一颗绿色明珠。

1993年8月

在全县森林防护墙建设动员大会上的讲　话

程　前

（2001年6月3日）

同志们：

今天是礼拜天，集中大家开这个会，因为它十分紧迫，非常重要，因为它的议题是我们壶关的三大品牌之万里防护墙。大家知道，常平集团、太行大峡谷和80万亩森林及万里护林墙是我们壶关的三张名片、三张特色王牌。过去提起壶关人们想到的是清流陶瓷厂、老陈醋，现在在全市乃至全省一提起壶关人们首先就会想到常平、想到大峡谷、想到林业、想到防火墙，在我们壶关人掐指算来能拿得出手的、值得向外地人、向领导介绍、推荐的也就是这三样，可以说这三样就是我们的优势，就是我们的特色，就是壶关的希望，就是壶关的潜力。我们提的“1126”经济发展思路主要的依托也是这三样，我们新一届县委、政府就是要打这三张牌。第一张牌，我们要打常平牌。市委农村工会会议上吕书记向我们提出一个课题，如何推广常平经验？我们认真总结常平经验之后提出了要走常平改革、开放、创新之路，绘壶关跨越发展蓝图的口号，省市的有关文件已经刊发了我们的文章，也就是说已经得到省市认可，常平这张牌在全市、全省已经打出去了。去年年底我们对常平集团进行了规范的股份制改造，使常平有了体制优势；借撤乡并镇的机遇，我们又扩大了常平的地域，吸收常平附近的 6 个村参加组建了常平开发区，常平由 1 村变成 7 村，由 3.3 平方千米扩大到 10.5 平方千米，发展的空间更大了，发展的后劲更足了。可以说常平航母已经启航，常平这架巨型飞机已经驶上跑道，常平已经由乡村路、县乡路驶上省道国道，由沙砾路、三级路、二级路驶上了一级公路，正在瞄准高速路。这第一张牌，我们打准了，已经初显效果。我们以化工集团、华阳矿山集团为龙头正在筹划建设第二个常平、第三个常平。平川地区要走常平之路，龙泉、集店、店上、百尺等地也正在冲刺、瞄准常平，奋起直追。第二张牌，我们要打大峡谷牌。绵山经验昭示我们，旅游可以兴县、旅游可以富民，只要精心运筹，苦心经营，后发能够先到，这就是后发优势。我们的太行大峡谷是大自然的造化，大自然对壶关的恩赐，也是我们壶关人民的金饭碗。华山、泰山别的山是登上山看山，我们的山是从峡谷看山，别有一番滋味，别有一种风格。过去山区的群众是守着宝山当穷山，端着金碗讨饭吃。这些年来，我们县虽然也有一些有识之士，大声疾呼发展旅游事业，但没有形成决策层的共识，没有形成全县人民的共识，加之受资金困扰、体制约束，开发力度不大，效果不明显。全委会上我们提出发展旅游经济这个课题，4 月 21～23 日县委理论学习中心组树掌会议，进一步统一了决策层的认识，统一了全县人民的认识，坚定了我们开发大峡谷，发展旅游经济的信心和决心，在峡谷内外，省市内外形成了一个强大的宣传攻势，五一长假效果立显，几天时间接待游客 4 万多人次，门票收入达到 30 万元。经过我们的精心运筹，在上月的 27 日一举对大峡谷 9 个景点进行了公开拍卖，场面异常火爆，拍卖价高出底价的几倍甚至十几、二十倍，拍卖总额达到 153.37 万元，这一槌敲到了《山西日报》头版予以报道，我们在全省首开拍卖旅游景点先例，可以说大峡谷大开发的序幕已经拉开，它将带动山区经济的发展，促进山区群众的脱贫致富，进而拉动县域经济发展。这第一张牌、第二张牌我们已经打出，并且打响。我们要打的第三张牌就是 80 万亩森林和万里防护墙。壶关造林绿化的精神已经名扬省内外，壶关修筑万里防护墙的创举也已经被省市肯定推广，引起国家重视，我们的万里防火墙是全县各级党组织凝聚力的产物，是壶关人民艰苦奋斗的结晶。我们打这一张牌也已经有了一定基础，但是，我们感觉，在这一张牌上还存在一些问题急待解决，这就是我们召开这次会议的初衷和目的。为此，在赵县长动员报告，牛县长总结兑现并补充安排的基础上，我再强调和补充这么几点：

第一，关于认识问题

认识是行动的先导。认识上不去，行动必然消极滞后。对防护墙的地位、作用和意义的认识是高标准高质量建设防护墙的重要前提。只有认识提高了，认识升华了，认识统一了，才能激发全县广大干部群众建设万里防护墙的责任和后劲，才能形成自觉意识、主动意识和参与意识。那么如何认识？我觉得应该把握三条：

万里防护墙是物质工程，更是精神工程，突出的是精神。建设万里防护墙，是为了保护来之不易的80万亩森林资源，这是全县人民的伟大创举，已经被专家肯定和实践证明是切实可行的。这一点不用我多说，我想要说的是万里防护墙本身的修建固然重要，但我们更看重的是在建设万里护林墙过程中，广大人民群众所表现出来的自力更生，艰苦奋斗，不屈不挠，争创一流的精神，也就是我们总结的“三创一争”精神，这是我们一笔最为宝贵的精神财富，这也是我们壶关发展、壶关振兴、壶关实现由贫困到富裕跨越的重要保证。

万里防护墙既是有形资产，更是无形资产，突出的是无形资产。建设万里防护墙耗费了大量的人力、物力、财力，是一项规模宏大的工程，连美国之音都报道太行山区发现了一条白色建筑，闹不清是什么军事工程。前来参观的各级领导和外地人也为之惊叹。然而我们不能单纯地把万里防护墙当作是一条防火的屏障、一项有形的工程，更要当作我们壶关的一张名片，一个品牌来经营。有形的工程有价，无形的品牌无价。只要把防护墙这个品牌打出去，使防护墙像北京的万里长城、林州的红旗渠那样，成为壶关的标志、壶关的象征、壶关的形象，这个无形的资产，就会越滚越大，我们壶关人民乃至我们子孙后代将享之不尽。

万里防护墙既是民心工程，更是形象工程，突出的是形象工程。万里防护墙的建设可以凝聚民心，激发广大群众热爱壶关、建设壶关的热情和干劲、豪情和壮志，防护墙能使干部和群众心连心，心贴心，形成一股劲，我们要通过防护墙的建设推动全县方方面面工作的开展，推动壶关各项工作上台阶。我们开展民心工程、富民工程、创税工程，要把防护墙的建设作为民心工程的第1号工程。同时，我们更要把防护墙的建设作为壶关的形象工程。万里防护墙就是壶关的标志，壶关的标签，壶关的名片，现在一些城市不是在大量建筑雕塑吗？我们现在不搞什么雕塑，防护墙就是我们的雕塑，它相当于的何止是十几个、几十个雕塑，我们就是要使人们一提到壶关就想到防护墙，一看到防护墙就联想到壶关，让万里防护墙成为壶关的形象。

第二，关于建设问题

打好万里防护墙这张牌，基础和根本还在于建设。没有规模宏伟、当惊世界殊的红旗渠工程，就不会有红旗渠精神；没有让参观者刮目相看的天下"第一墙"工程，也不会有"三创一争"精神。从目前来看，我县防护墙工程建设中还存在一些问题和不足：在投入方面，有的村垒的多，有的村垒的少，还有的村干脆没有垒；有的乡镇实实在在，有的乡镇支差应付。在质量方面，路边的垒的好，刷的白，离路远的地方垒的差、刷的不白。特别是保护措施不到位，有些地方的防护墙已经出现倒塌现象，长期无人过问。光注重数量，不注重质量，等于豆腐渣工程；光注重建设，不注重保护，等于不建设。因此，必须坚持数量质量并举，建设保护并重。

一是既要强化数量，又要注重精品，突出精品。我们号称万里防护墙实际上现在只有5400华里，所以建设防护墙的任务还十分艰巨，建设任务我们已经分解，各乡镇、各行政村必须按要求不折不扣地完成，并且保证进度，同时还要进一步强化质量意识、精品意识，树立万里长城永不倒的思想，彻底消除支差应付思想，一方面对倒塌的地方要加宽加固，另一方面要严格按照有关规定操作，不准在里层或靠山坡、地岸的一面垫土、围土，不准借岩石、彻岸冒充防护墙，不准用陈旧石灰汤刷墙，林业部门要严格检查验收，对不达质量标准的要坚决推倒重垒，绝不能搞成应景工程，支差项目。

二是既要注重建设，更要注重保护，突出保护。建设万里防护墙是一项宏大的社会工程，我们要结合"三个代表"学教活动，把这项工作作为转变作风，实行"三深""三同"的一项重要内容，层层落实建设任务，特别是包乡包村单位，在治乱、治愚、治穷的同时，要协助所包村保证完成建设防护墙任务。但是光注重建设还不够，还要坚持谁建设谁保护的原则，层层落实保护人，确保万无一失。在保护方面要多想些办法，比方说可以拍卖产权，可以确定承包人，用机制调动看护人的积极性，更为重要的是要教育大家、教育群众，自觉爱护我们壶关这个形象工程、窗口工程、生命工程，要像爱护我们的名誉和眼睛一样来爱护他们，确保万里长墙永不倒。

三是既要搞好面上工程，更要和旅游结合起来，突出风景线。防护墙首要的功用在于它的三防作用，今年发生的几起火灾也已经证明，凡是垒防护墙的地方火灾就能避免，凡是没有防护墙的地方火灾就容易发生，因此我们要高标准、高质量搞好面上工程建设，路边要垒，路上看不到、不被人注意的偏僻地方也要垒，要做到凡是能垒的地方都要垒，消灭死角，消灭空白点，特别是树掌等乡镇森林多，更要当作森林工程来对待，要下决心把这项工程拿下来。努力形成一个一个的封闭圈，真正起到三防作用。

同时防火墙的建设还要注意和大峡谷风景区的建设结合起来，要把最好的墙建到大峡谷，树掌、石坡、桥上三个乡镇今年必须有大动作、大力度、大变化，要使防护墙和峡谷风景成龙配套，相互点缀，相得益彰。

第三，关于宣传问题

打好防护墙这张牌，一靠建设，二靠保护，三靠宣传。我们要进一步加大宣传力度。宣传先得总结，所以我们不能只顾埋头苦干，让防护墙养在深闺人未识，只是墙内开花墙内香，还要做到墙内开花墙外香，让壶关的防护墙走向全省、走向全国、走向世界。要注意总结经验、总结典型，总结时要组织一批人员或请专家帮忙，从理论上分析，从实践上论证，要筹划几项大的宣传行动，形成几个有影响、有份量的材料。比如说，常平这个典型在全省出了名，陈忠孝成了全国劳模，常平的出名、常平的发展和宣传不无关系，因为只有你出名了，让客商得益了，了解了，才能吸引投资者，吸引人才。栽下梧桐树，要想引得金凤凰，还得使凤凰知道你有梧桐树。我们有几件事情就是宣传起了作用。石河沐矿区的整顿，就是通过宣传，统一了群众的认识，所以有的人说这样要发生流血事件，而我们设了三个卡，一天收入一万多元，并没有发生流血事件。还有大峡谷的开发和拍卖，没有宣传不可能有五一的火爆、不可能有拍卖的火爆，通过对大峡谷封闭开发，景点拍卖的宣传，增强了人们对开发大峡谷的信心和决心，吸引了不少省内外的报名者、竞买者，不少人还为没有报上名没有买到景点而遗憾。对于防护墙的宣传，我们虽然做了不少的工作，通过宣传，市领导来了，省领导来了，国家林业局的领导来了，光去年市里在我县就先后两次召开现场会推广我们的经验，省里也在我县召开了现场会，各级领导都肯定了我们这个创举。前几天，省林业局几名专家专门来我县考察防护墙，尽管这样，我们认为宣传万里防护墙方面还有许多不足之处，还需要从更高的层次、更深的内涵、更广的范围、更好的角度去挖掘、去总结、去宣传。宣传部门要像宣传大峡谷一样把宣传防护墙放到同样的位置，列为宣传工作的重中之重，加大投入力度，加大宣传力度，就要像林县宣传红旗渠那样宣传防护墙，像林县宣传红旗渠精神那样宣传“三创一争”精神，让全中国、全世界的人都知道壶关县有一道护林防火的天下“第一墙”，这一墙就是壶关的“红旗渠”。全县各级各部门也要把宣传防护墙工程作为自己工作的一部分，利用开会、出差、旅游等机会，利用报纸、电视、广播等媒体，利用名片、挂历、贺卡等形式宣传防护墙。总之，我们就是要把防护墙这个中国罕见，世界少有的伟大创举宣传出去，把 80 万亩森林资源随同保护它的防护墙宣传出去，把壶关的三张王牌宣传出去，把壶关的“三创一争”精神宣传出去，从而推动全县的发展，促进“三增”目标的实现。

第四,关于责任问题

万里防护墙建设之所以能够取得现在的成绩,重要的一条就是领导重视,责任明确。今后,我们要进一步强化责任意识,落实好建设、保护、宣传的各项任务。

强化责任首先要明确责任。县四套班子领导要把所联系乡镇的防护墙任务列为今年“三深”工作内容,履行好督查指导作用,宣传部门要把防护墙的宣传作为今年工作的重中之重,切实加大宣传报道力度,提供舆论支持和精神动力。林业部门要抓好规划,技术人员要深入到村、到“三边”进行具体的技术指导和质量监督。县直各包村单位和下乡的千名干部要为自己所联系村的防护墙建设出谋划策,出力流汗。特别是各乡镇要发挥好各自的职能作用,担负起建设防护墙的主要责任。工青妇武等各部门不能只把群众垒的防护墙作为自己的功劳,上边来检查了,领上去看一看,转一转,贪天之功为己有,而是要组织力量,深入基层,踏踏实实垒起自己的示范墙,建设自己的青字号工程、妇字号工程、兵字号工程。

强化责任就要分解责任。林业部门要把建设保护防护墙的任务量化细化,层层向下分解,逐级落实到村到户,形成一个人人挑重担,个个肩责任这样一个局面。各乡镇党政一把手要把防护墙建设工程当作民心工程、德政工程,切实负起第一责任人的责任。

强化责任就要追究责任。今天会议上安排的防护墙建设任务,是硬任务、是死任务,其重点和要求是经县委、县政府集体研究确定的,必须按时按质按量认真组织实施,确保任务完成。哪家完不了,干不好要严格按照市委吕书记讲的追究责任的要求,严肃追究有关责任人的失职、渎职责任,该撤职的撤职,该免职的免职,该调离岗位的就调离岗位,决不迁就,决不含糊,在这次机构改革中就要搞兑现,见分晓。

同志们,建设万里防护墙是今年全县的一项重要工作,是实施三项工程的一场战役,也是全县“三个代表”学教活动整改的一项重要内容,我们一定要放到实践“三个代表”的高度,放到壶关生命工程、形象工程、民心工程的高度去建设防护墙。各级领导作为指挥员要到场到位,广大干部群众作为战斗员要到场到位,林管员、林业局人员作为技术员要到场到位,宣传部门和新闻媒体作为宣传员到场到位,县委、县政府督查室、县上领导、分管领导作为督查员要到场到位,要全党动员,全民齐参战,举全县之力,打好这场战役,打胜这场战役,为“三个代表”学教活动献上一份成果,为建党80周年献上一份厚礼。

营造护林防火墙　保护绿色大银行

——在全市森林防火壶关现场会议上的讲话

（2000年4月5日）

冯国发

同志们：

今天，市委、市政府组织全市县处级领导干部在壶关县与农民群众同吃、同住、同劳动，并专门在这里召开会议，其目的就是针对当前森林防火的严峻形势，进一步推广壶关县营造防火墙的经验，变被动救火为主动防火，按照吕书记讲的“开展护林无火年活动，营造万里护林防火墙，保护我市500万亩绿色银行”的目标要求，搞好我市的护林防火工作。

下面，我讲三点意见：

一、统一思想，充分肯定壶关县的万里防火墙是人民群众的伟大壮举。

大家都知道，壶关县地处干石山区，十年九旱，水源奇缺，是全省闻名的缺水县。但是，他们不信天由命，立足山区实际，坚持造林不止，经过二十多年的艰苦创业，使昔日的光山秃岭披上了层层绿装。人们的生存、生活条件有了极大改善。为珍惜这来之不易的绿色摇篮，壶关县把保护森林视为生命工程，科学管理，严加保护，确保了资源安全，成为全省护林防火先进单位。去年以来，全县通过封山育林，全党动员，全民参战，在山边、地边、路边展开了修筑万里护林防火墙的建设工程，创造了全省乃至全国护林防火的典型模式，非常成功，意义重大。

一是有明显的防火、防畜、防盗伐的阻隔作用，增强了防火的主动性。二是体现了“森林防火，人人有责”的精神。通过“三边”防火墙建设，对干部群众进行了护林防火的宣传教育，在思想上形成了一道无形的防火墙，强化了人们的责任感。三是较好地解决了防火资金投入不足的问题，通过发动千家万户营造护林防火墙，就地取材，活化了劳动投入，增加了防火设施，使森林资源保护有了基础保障。各县市区要认真学习和推广壶关县护林防火的经验，保护好国家的森林资源。

二、提高认识，把加强防火设施建设当作保护绿色银行的基础工作认真抓好。

在我市585万亩有林面积中，各火险等级面积为526万亩。其中1级火险面积130万亩，2级火险面积205万亩，3级火险面积176万亩。森林防火的任务十分艰巨。

近几年来，随着林业生态环境建设的迅速发展，我市各级党政领导对资源保护的重视程度有了很大提高，森林防火意识也有了明显增强，工作力度逐步加大，防火设施得到进一步加强，取得了没有发生较大森林火灾的好成绩。但是我们也应该清醒地看到，由于资金投入的严重不足，基础设施的长期滞后，我市的防火能力还很低，往往是一遇火情仓促应战，有很大的被动性。不少地方在造林中不注意科学规划，做不到多树种混交，形不成生物防火林带；多数地方在预防中忽视防火隔离带建设，基础设施十分薄弱，远远不能适应森林防火形势的需要。为实现"护林无火年"的目标，各县、市、区，特别是重点林区，必须充分认识防火设施设备建设的重要性，在强化各项防范措施的同时，积极营造防火隔离带，增强主动防火的能力。

三、采取措施，切实加快推广壶关县营造护林防火墙的步伐。

推广壶关经验，营造万里护林防火墙，既是森林防火的重要措施，也是当前的政治任务。各级各部门一定要思想上高度重视，工作上加大力度，加快建设步伐。

一是要提高认识，加强领导。各级领导要从讲政治、促发展、保稳定的高度，充分认识营造护林防火墙，建设防火隔离带，是保护森林资源，减少火灾损失的重要措施，是维护生态平衡，保卫绿色银行，提高人民群众生存条件和生活质量的重要基础，是实施可持续发展的战略需要。

二是要因地制宜科学规划。壶关县建设"三边"防火墙经验必须学习推广，而且要加快步伐，形成规模，在全市造成保护绿色银行的大气候。但是不要搞一刀切，不要照搬照用，不要搞成形式主义，要因地制宜，科学规划，主要是学习他们的精神和做法。护林防火墙，实际上就是通常强调的防火隔离带，大家都可以搞，也都能够搞好。有石头的地方，要像壶关县那样，垒石砌墙，高标准建设；没有石头的地方，要通过科学规划，根据森林的分布状况，利用自然阻隔墙条件和人工建设相结合的办法，在林地边缘联成一个行之有效的庞大防火阻隔系统，把森林安全保卫起来。同时，要注意在新造林时就要考虑防火的因素，合理配置树种，实行多种树种混交，营造生物防火林带，与预留隔离带，做到防火设施和生物措施的科学化。

三是要全面发动，全民奋战。建设壶关式防火隔离带，是一项庞大的社会系统工程，是改善生态环境、保护绿色银行的伟大事业，工程浩大，任务艰巨。各级党委、政府要高度重视，加强领导，落实责任，充分发动全社会、各系统、各部门和广大人民群众共同参与，保证高质量、高标准地营造防火阻隔系统，实现"护林无火年，保护好绿色大银行"的宏伟目标。

同志们，我们要以这次会议为护林防火的新起点，发扬太行精神，推广壶关经验，真抓实干、奋力拼搏，走出一条具有我市特色的护林防火新路子，为保护国家森林资源，促进农业的持续发展作出新的贡献。

壶关县太行山绿化工程建设思路探讨

张云龙

壶关县是山西省太行山绿化的红旗县，也是全国造林绿化先进县，同时也是“全球五百佳”，昔日荒山秃岭的旧壶关，经过近二十年来，各级领导的真抓实干和全县人民的艰苦创业，变成了绿林尽染的新壶关。绿起来的壶关如何稳起来？带着这个问题，我们对壶关县进行了深入的调查研究，初步提出了壶关林业建设的思路，仅供参考。

一、概况

壶关县位于山西省的东南部，隶属长治市管辖，北靠平顺县，西连长治市、长治县，南接陵川县，东邻河南省林州市、辉县市，北纬35°51′~36°13′，东经113°10′~113°42′。全县东西长约46千米，南北宽约42千米，总面积10.1万公顷(151.9万亩)，其中山地7.5万公顷(113.2万亩)，占74.5%；丘陵1.2万公顷(18.6万亩)，占12.3%；盆地1.3万公顷(20.1万亩)，占13.2%。

全县林业用地面积6.3万公顷(95万亩)，其中有林地5.3万公顷(79万亩)，宜林荒山1.1万公顷(16万亩)。境内山峦起伏，沟壑纵横，共有大小山头150个，大小沟壑3368条，主脉行头岭纵贯南北，把全县分成两个水系，东部为卫河水系，河水由西向东注入卫河，西部河水注入浊漳河南源。西部较缓，东部陡峻，地形复杂，石质山岭蜿蜒不断，山岭之间插花分布着黄土丘陵、冲积河谷阶地和山间小盆地。全县平均海拔1252.5米，最高为与平顺县交界的打虎岭，海拔1822米，最低为桥上乡川底村，海拔486米。由于高低悬殊和河流的长期切割，致使地形复杂，支离破碎。

壶关县属于暖温带大陆性季风气候，年平均气温8.8℃，极端最低气温-24.5℃，极端最高气温37.4℃。大部分年份是春旱多风，夏季干热，秋凉多雨，冬季寒冷少雪，全年平均日照时数2560~2580小时，日照率为59%，无霜期110~180天，全县平均降水量500毫米左右，且大部分集中在雨季。

由于自然条件差异很大，土壤种类也比较复杂。全县分为褐土和草甸土两个土类，褐土中，淋溶褐土主要分布在海拔1500米以上的阴坡，面积很小，只占总面积的0.4%；山地褐土分布于东部海拔1300~1500米左右的山地，该类土壤分布面积最大，占总面积的78.9%；褐土性土分布于海拔1100~1300米，多发育在丘陵地带，其面积占8%，多为耕作土壤；碳酸盐褐土分布于西北部的山间盆地，地势平坦，土地肥力较好，是主要的农业土壤；草甸土分布于河流两岸，多为荒滩，面积较小。

该县属于暖温带植被类型，原始植被已不复存在，现有植被主要为油松林。部分地方属虎榛子、连翘、胡枝子、荆条等为主的灌丛和灌草丛，或以白羊草、蒿草等组成的草地。此外，还有少量的侧柏、白皮松、辽东栎、刺槐、杨树、柳树等。

壶关是一个以农业为主的县份，全县辖12乡镇和1个开发区，389个行政村，总人口27万人，也是国家级的贫困县之一。

二、回顾

壶关县林业发展可以分为四个阶段，即：准备阶段、规模造林阶段、完善阶段和保护阶段。

1. 准备阶段（1979～1984年）。1979年12月12日，壶关县委做出了“关于大力发展林牧业的决定”，成为壶关林业建设的里程碑。

（1）苗木准备：从1979年开始，壶关县每年培育山地油松苗66.7公顷（1000亩）以上，其他苗木266.7公顷（4000多亩），为全县大规模造林提供了苗木基础。

（2）技术准备：常行乡盖家川村林业队长王五全同志从1974年开始，在本村的荒山上开始了干旱阳坡造林的探索，历经三年直播、二年植苗，总结出“就地育苗就地栽”的造林办法，在1980年的检查验收中，才发现了他创造的这种造林技术，随后成为壶关县太行山绿化的技术支撑。

（3）政策准备：首先进行稳权发证，使农民吃上了定心丸，并十分注重专业户的培养，路其昌同志一年造林19.1公顷（287亩），超过了黄角头村建国以来造林面积的4倍，成为全省第一个造林专业户，随后，全县在两年内专业户发展到2345户，并成为全省个体造林的典型县。

（4）组织准备：壶关县委、县政府非常重视林业生产，当发现王五全造林先进典型之后，立即在常行乡盖家川村召开了全县三级干部会议，“学习王五全经验，绿化壶关河山”随之在壶关县掀起高潮。“不抓林业不能当干部，抓不好林业不是好干部”、“山要绿化，人要文化”等舆论响彻壶关大地。

（5）规划准备：从1983年开始，在林业部资源司的领导下，山西省林业设计院与原晋东南地区林业局、壶关县林业局的技术人员共同勘察、通力合作，利用两年时间，完成了壶关县级林业区划规划工作。1984年10月，林业部在壶关县召开了全国太行山绿化县级林业区划规划现场会，在全国110个太行山区县进行推广。

2. 规模造林阶段（1985～1989年）。从1985年开始，壶关县在前几年充分准备的基础上，开展了大规模造林运动。为了落实好县级林业规划，县林业局成立了全省第一个县级林业规划设计队，负责全县的造林规划设计和检查验收，各乡镇都成立了林业工作站，各村都培养了专职营林指导员，把规模造林建立在科学的基础上。

1986年，山西省实行工程造林，在全省推广壶关县“区划、规划、设计、施工、验收、建档”的一条龙管理经验，并首先在壶关安排了“高山寨防护林工程”“梯垴山防护林工程”“莺莺山防护林工程”等三个省级太行山绿化重点工程，壶关县借助这三个省级工程启动的有利机遇，在全县范围内进行全方位造林绿化活动，形成了“乡乡有重点、村村有工程”的浓厚绿化氛围，连续几年全县造林突破十万亩大关，国家、省、地的各种媒介都对壶关县造林绿化的成就给予大篇幅的报道和宣传，各地来壶关参观的领导和群众络绎不绝，据统计，共有17个省市区200多个县来壶关参观过林业生产。

1989年9月，全省第一次林业工作会议在壶关县召开，这是我省林业生产承前启后的一次会议，会上，郭裕怀副省长与各地市的领导签订了基本绿化责任状，省委、省政府出台了“关于在本世纪末全省80%的县实现基本绿化的决定”，从此，把全省生态林业建设推向一个全面发展的阶段，壶关为全省生态林业建设做出了非常突出的贡献。

“林业”成为壶关的一个品牌，全省各个行业一提起壶关，就会提起林业。“林业”成为壶关的一种精神，从林业生产所带来的效果，使全省各地都有一个共同的看法，壶关人民艰苦奋斗的精神是非常可贵的。

3. 完善阶段（1990～1994年）。壶关大面积的宜林荒山基本绿化之后，县委、县政府把林业的发展思路定在了经济的发展上，提出了“建设生态经济型林业县”的战略，在全县范围内大搞围山转经济林工程建设，经过4年的运作，由于当时规划不太合理，树种也不太对路，造成效果不太理想。

4. 保护阶段（1995～2000年）。从1995年开始，壶关县利用现有的宜林荒山，大搞林业精品工程建设，林业局领导本着“不求最大，但求最精”的思路，基本做到了栽一片成一片，成为全省造林成活率最高的县份之一。

从1999年6月开始，壶关县委、县政府领导从多次火灾中得到了教训，认识到壶关森林防火的重要性，在多次研究、多次讨论的基础上，提出了垒防火墙的思路，并发动全县干部群众投义务工，利用一年半时间，垒起了长达3500千米的防火墙，并列入了基尼斯世界纪录。

三、现状

壶关林业在县委、县政府的直接领导下，多年来取得了非常骄人的成绩，壶关也由于林业的发展而名扬全国，但分析目前的现状，可得出以下结论：

纯林多混交林少，三防任务非常艰巨；针叶树多阔叶树少，土壤改良和生物多样性任务非常艰巨；阴坡造林多阳坡造林少，二期工程建设任务也还非常艰巨；防护林多经济林少，林业的经济效益不很明显，兴林致富任务还非常艰巨；传统林业内容多现代林业内容少，壶关林业上台阶的任务也更加艰巨。

四、思路

1. 壶关林业建设的指导思想。以现代林业建设为方向，以近自然林业理论为指导，强化领导，活化机制，控针栽阔，适度改造，调整林种，力求高效，加强监测，数据可靠，信息管理，全面提高，力争在最短的时间内，把传统林业的旧壶关建设成为现代林业的新壶关，使绿起来的壶关县尽快稳起来，走出一条石质山区可持续林业发展的新路子。

2、壶关林业的突破口。林分稳定化、林种科学化、管理现代化、监测一体化。

3、壶关林业上台阶的理论基础。

(1)"可持续发展理论"是壶关林业明确目标的理论依据。

(2)"现代林业理论"是壶关林业制定方向的理论基础。

(3)"近自然林业理论"是壶关林业树种配置的理论指导。

(4)"生态经济学理论"是壶关林业可持续发展的理论基石。

五、壶关林业工程布局

1. 低效防护林改造工程：对现有的大片油松纯林进行间隔式"去针栽阔"的改造，形成生物隔离带，提高林分的稳定性。

2. 围山转生物隔离带建设工程：以兼用灌木树种造林为主，在油松林地和农耕地之间形成一个比较完善的生物隔离带，适应树种有连翘、山桃、山杏、金银花等，既有隔离带作用，又有经济效益。

3. 干石山太行山绿化工程：以灌木树种为主，选择抗旱能力最强的树种，如：山皂角、柠条、醋柳等树种，最好不要栽针叶树。

4. 地埂经济林工程：在背风向阳、海拔相对较低的地方栽植地埂经济林。桥上乡一带可栽培枣树、柿树、花椒等，其他地方以核桃为主，海拔较高的地方，可搞仁用杏等。

六、壶关林业需要说明的几个问题

1. 关于防火墙的问题。防火墙是壶关人民的创造，是壶关干部群众智慧的结晶，也是壶关精神的突出体现，更是森林经营的需要。但需说明两点：

(1)"防火墙"概念太小，应该说是：生物多样性保护墙或封山育林墙，这其中就包括了防火的内容。

(2)目前防火墙破坏非常严重,可能是因为修路而取石,但目前在林中取石,很可能造成下部树木的死亡,建议不要从林中取石。

2. 关于树种选择问题。壶关目前的林分大部分都是油松林,这也是壶关县立地条件差,可选树种少的缘故,但不是根本原因,在今后树种选择上,必须把握两点:

(1)油松最好不要再用,侧柏尽量少用,尽快选择好的灌木树种,这是建立稳定林业生态系统的需要。

(2)灌木育苗问题要尽快解决,尤其是技术问题。

3. 关于经济林建设问题。壶关地少是经济林发展的制约因素,但从长远来看,入世之后,是否应该考虑一下土地生产力的问题,我认为传统耕作方式,可能会使壶关农民不适应入世后的形势发展。

4. 关于壶关林业上台阶的问题。也可能有些领导和同志,尤其是壶关的领导和同志会认为:我们壶关已经绿化了,而其他县还没有绿化,我们只要管好现有的树木,就是最大的成绩。是的,这个观点,本人也不反对,但别的县都在大规模造林阶段,工程规模大,视觉效果好,上级领导非常称赞,所以项目多、投资大,壶关因为先走一步,所以现在只好跟在别人后面,那么红旗县的形象还如何体现。

壶关林业上台阶必须创新,必须走出别人以后十年或者二十年将要走的路,必须走出一条现代林业建设之路。

七、需要解决的几个问题

1. 强化各级领导现代林业意识。不能满足现状,要有不断创新的精神,同时要转变观念,进行壶关林业的第二次革命。

2. 强化林业部门科技兴林意识。依据现代林业的思路和近自然林业的方向,尽快制定壶关林业上台阶的工作方案和技术方案,并尽快研究有关营林的关键技术,更好地服务于林业生产实践。

3. 强化林业机制的完善和落实。全省第五次林业会议就是解决林业机制问题,所以壶关县应该像20世纪80年代初期落实个体林业一样,抓好民营林业的发展,尤其注意政策的完善和落实。

2003年5月

摘自《太行山绿化的理论与实践》一书

壶关县营造万里护林墙情况汇报

中共壶关县委 壶关县人民政府

我们壶关县位于长治市东南，全县版图面积1013平方千米，人口28万，辖5镇7乡389个行政村。其主要自然特征是山大沟深，石厚土薄，十年九旱。为改变生态环境，全县从20世纪70年代末到20世纪90年代初，举县兴林，过去寸草不生的光山秃岭，如今已是山山披绿，沟沟皆林。至1999年底，荒山绿化率达到84.9%，森林覆盖率达到39.6%，全县有林面积达到80万亩，树木总数约2.4亿株，总价值在30亿左右。是壶关人民的绿色银行。

俗话说，三分栽，七分管。如何把壶关人民用血汗浇灌起来的绿色伟业巩固壮大，如何把壶关人民几十年创造的巨额财富管好、用好，县委、县政府总结了群众的实践经验，从1999年春，开始实施万里护林墙工程。下边，将这方面的工作向各位作一简单汇报，以求征得大家的评议和指导。

一、关于营造护林墙的起因

1998年秋～1999年初夏，壶关同全省一样，点雨不降，片雪不飞，遭到罕见的秋旱连冬旱、冬旱连春旱的罕见旱象，由于旱象的持续，加之秋、冬、春季节风大物燥，1999年森林火灾特险期明显提前，火灾隐患一触即发。1999年清明前后，一天发生火灾数起，火险、火情此起彼伏，防不胜防。在此期间，县政府连续下达了第一号、第二号、第三号特急防火命令，县级四套班子领导深入所包乡镇同基层干部一道死看硬守，实行包片、包村、包山头责任制，强化防火意识和防火措施，在一定程度上减少了森林火灾的发生，但火灾隐患仍没有彻底根除。痛定思痛，如何彻底根除引发森林火灾隐患，成了县委、县政府亟待解决的一个课题。

1999年初夏，县委常委、政府副县长、全县护林防火指挥部总指挥牛建忠同志回老家店上镇井则口村探视身患重病的父亲，沿途发现一些地方烧秸秆、烧根茬和上坟烧纸是引发森林火灾的主要隐患。回到家乡他就召集村干部和有关群众共同磋商防火措施。干部群众说，森林火灾绝大多数是村边、路边、地边用火不慎而随风蔓延造成的。根除此类隐患，一是加强防火意识，二是设法营造障碍物与森林隔离。群众的提议，使牛建忠同志联想到外地拉扯铁丝网进行护林的经验。最后下定了“垒墙护林”的决心，并率先在井则口村实施。他们用当地山上的石头，在村边、地边、路边修筑了宽50厘米、高100厘米、长5千米的石质护林墙。不久，县四大班子带领有关中层领导深入该村进行调研，从群众的实践中，大家认识到了构筑护林墙的必要性和可行性。所谓必要性，就是鉴于壶关山多林多而又靠近耕田的实际，用护林墙来隔离由村边、地边、路边不慎引发的地表火，可以起到“三防”“三保”的综合作用，即：防火、防盗、防牲畜；保水、保土、保植被。所谓可行性，就是石头垒墙不属于高技术操作，男女老少都有用场，适宜群体性实施；石头可以就地采掘，不用高成本，不用花大钱，可以用较少的付出，获取较大的收益。通过对井则口村的考察和研讨，县委、县政府一致认为，建设护林墙，是符合壶关县情、又能保护壶关人民辛勤植树二十年成果的有效措施，是功在当今，利在百年的重要创新。从而在县级领导和中层干部中形成了一致的共识，为护林墙的营造奠定了必要的思想基础和工作基础。

二、关于营造护林墙的做法

店上镇井则口村建设“三边”护林墙的星星之火，是如何形成燎原之势的呢？我们的做法有四点：

一是现场发动、激发自觉性。护林墙工程是一项创新。起初，不仅广大群众不了解，连乡镇干部和林业主管部门也不熟悉。况且群众局限于传统的死看硬守的思维定势，对构筑如此宏大的护林工程思想准备不太充分。鉴于这种情况，我们先后召开了三个现场会，进行实地发动。首先，1999年6月20日，县上在井则口村，召开了第一个现场会。全县20个乡镇党政一把手集体参观学习，初步认识到了这项工作的现实意义和长远利益，星星之火，开始燎原。一月以后，西川底乡党委、政府广泛发动群众，到8月初，全乡已投入劳力万余人次，建设护林墙达到20华里，我们抓住机遇，在西川底乡召开第二次现场会，县四套班子主要领导亲临现场进行宣传鼓动；每个乡镇对照西川底乡逐个表态，对秋收前布置的任务确定了倒计时。此次会议，起到了护林墙建设承前启后的作用。会上，除书记、县长强调外，人大、政协的主要领导也慷慨陈词，他们说，创业难，守业更难，要保护壶关林业，营造护林墙不失为一项战略之举。乡镇的同志说，一家一户不好干，发动千家就好干；一村一庄不好干，村村动员就好干；小干大困难，大干小困难，形成气候无困难。这次会议之后，广大干部意气风发，摩拳擦掌，护林墙工程建设出现了比、学、赶、帮、超的良好态势。到国庆节前，全县20个乡镇全部进入了构筑护林墙的高潮阶段。我们趁势引导，采用流动形式召开了第三次现场会。县四大班子组织全县各级各部门对护林墙进行了参观检阅，所到之处，一处胜似一处。在初步评比的基础上，我们又作了秋后农建把护林墙作为重点任务完成的部署。由于我们采用现场教育、现场发动的方法，广大干部群众不断进行由被动到主动，由自发到自觉的跨越，象逐步拧紧发条的闹钟，最终达到了护林墙工程的正常运作。

二是领导带头，体现示范性。县上把护林墙建设列入了全县林业生产重点任务，连同其它生产指标一同考核。县乡村三级干部逐级签订了责任书,一级对一级负责,一级向一级交帐,形成了人人头上有指标,个个肩上有压力的领导氛围。县级领导在所包乡镇一般都有护林墙示范工程,不少同志和群众滚爬摸打在一块,既作指导,又受锻炼。县上明确提出,要求群众干的,干部先干;要求群众干好,干部先干好;要求群众返工的,干部先返工。在建设中涌现出许许多多感人的事例。比如东井岭乡上庄村支书李国明,每个环节都走在前头,他所垒的护林墙在全村及至全乡都是一流的,为群众做出了样板。晋庄村支书刘书成主动把自己垒的质量不太高的护林墙推倒重来,对群众起到了无声教育的作用。常行乡党委书记秦和平、乡长常爱国,在护林墙建设中,往往出工最早,下工最迟;在紧要三关的时候,有病不休息,假日不回家,身先士卒,率先垂范,有效带动了全乡工程的顺利推进。

三是严格标准,坚持实践性。护林墙作为一项工程,特别是一项具有长期意义的工程,不讲求质量,不科学施工就经不住实践的检验,就会出现事与愿违的后果。为此,我们特别把质量问题作为实践检验的主要客体放在了第一位。首先是规划设计好。在规划上技术人员要突出"紧靠三边,连绵不断",让其成为有林地带的一道天然屏障,把林地与耕地、林地与村庄、林地与道路隔开。客观上减少了对森林的人为破坏。其次是施工程序严。在这方面,群众编的口诀是:铲出根基、夯实不虚,大石垫底、最低1米,上窄下宽、梯形石体。再次是把好验收关。对全体技术人员和乡镇工作人员,村委干部进行了现场培训,明确标准,统一验收,对支差应付的花架子护林墙全部推倒重建;秋后又对全县的护林墙进行一米一米的测量检查,不合格的绝不验收。保证了绝大部分护林墙的质量标准。去冬今春,凡是构筑有符合标准护林墙的地方,都没有发生火灾和毁林事故,这项工程正在得到实践的检验和认可。

四是弘扬"本色",显示坚韧性。作为老区,艰苦奋斗是全县人民的本色。过去靠艰苦奋斗,绿化了千山万壑,赢得了生态环境的改变和宏大财源的形成;今天全县人民仍然是发扬不怕苦、不畏难的韧劲,咬定青山不放松,日积月累,含辛茹苦,创造着福荫子孙的业绩。实事求是地说,营造万里护林墙,确实是工程浩繁,用料巨多,劳民不少,举动非凡,没有困难是不客观的。特别是在市场经济条件下,县财政拿不出多少钱,要调动千军万马确非易事。但是全县人民深知,不依靠艰苦奋斗,不突破护林方面的困难,过去创造的生态效益、社会效益、经济效益就有被丧失的危险。所以老区人民忠诚纯朴、吃苦耐劳、以苦为荣的本色和坚韧不拔的斗志仍然是我们推进护林墙工程的重要法宝。截止目前,全县共出动劳力10万余人次,投工100余万个,动用土石方170余万方,修筑护林墙1700千米(合3400百华里),相当于创造2000余万元的经济价值。为巩固和发展壶关的绿色"灵气",为开拓壶关依林致富的前景迈出了重要的一步。

五是营造护林墙的几点体会。在实施万里护林墙工程中的一年多时间里,我们的主要体会有两条:第一,群众的实践活动是我们形成思路和完善思路的基本源泉。毛泽东同志曾说过,“群众中蕴藏着极大的社会主义积极性”。回顾当年,我们就是从农民造林专家王五全同志创造的“阳坡育苗阳坡栽、阴坡育苗阴坡栽、就地育苗就地栽”的朴素经验中得到了启示,发动群众向终年不毛的阳坡进军,赢来了壶关的秀美山川。而今,正象曹厅长过奖的“壶关正在进行林业的二次创业”。在这个由造林到护林的重大转折中,我们同样是总结了群众的实践活动,才产生出搞万里护林墙的思路。在某种意义上讲,没有当年王五全等一批群众的实践,就不会有今天巨额的绿色财富;如果没有井则口村群众的实践,我们也很可能在护林问题上还处于徘徊不定的状态。同时思路的完善也有赖于群众的探索和创造。比如,店上镇、晋庄镇在立地条件很差的地段,为了保证质量,就采用了专业队伍长期搞的办法,突破难点,拉动全盘。我们总结他们的做法,就在全县提出了群众运动与专业队伍相结合、长期搞与突击搞相结合的推进途径,既保证了护林墙的建设速度,又保证了工程的质量和效益。第二,“打破平衡”是实施发展思路的重要工作方法。俗话讲,平静的水是没有冲击力的,形成“落差”的水才能产生动能和势能。在工作中,我们坚持打破平衡,用反差形成的哲理效能推动工程的进展。一开始,我们以总结现场经验,表彰先进乡村为措施,鼓动大家大干巧干;后来发现一些后进的地方看了激动,就是不动,麻木不仁,认为搞不搞都行。于是在后一阶段,我们就采用了专门“挑刺”的工作方法。每到一地,不问成绩,专找问题,专挑毛病。行动迟缓的进行曝光;支差应付的就让其推倒重修。比如长树线固村段,起点就是低标准,致使多处出现了前边垒、后边塌的现象。在检查时,质量把关人员就将他们的“糊弄墙”推倒,让其翻工。并在一定的范围内进行通报批评。这就使个别不讲质量,满足于做表面文章的乡村大为震动,他们主动改进工作,克服了马虎从事的不负责任态度,工程质量大大提高。工作中,我们坚持在速度上打破平衡,度量出快与慢的反差;在质量上打破平衡,度量出好与劣的反差;在数量上打破平衡,度量出多与少的反差,从而用反差的对比作用求得平衡。通过平衡到不平衡、不平衡到平衡的反复转化,保持了工程不断推进的总体发展态势。

三、关于延伸护林墙的效能

近年来,我们在森林防护上做了一点尝试,取得了微不足道的成绩。但上级领导却给予了极大关怀和支持。前不久,省林业厅曹厅长亲临我县进行视察;今天有幸又得到与会领导和同志们实地指导;市委吕日周书记今天又派遣1000名部队官兵和500余名市直机关干部到我县参加修筑护林墙的义务劳动。所有这些,都是对我们的鼓励和鞭策。我们深知,可喜的背后有可忧,自足的身后是不足。我们一定要象吕日周书记在全市农村工作会议上指出的那样,“站得高一点,前一点;想的远一点,深一点;看的大一点,全一点”。力争在今明两年时间内,万里护林墙工程全部实施完毕。在适宜建设护林墙的地段,全部要建起护林墙,形成全县整个生态林业封闭网络。其次要相互配套,逐步健全防护林体系的软硬件建设,做到护林墙、封山碑、警示牌、风景亭相配套;护林的综合措施要进一步得到强化,做到有机构、有队伍、有设施、有公约、有标语、有制度、有监督、有奖惩、群防群治,确保森林防护万无一失。再次要综合开发,实现生态林业的多重利用。今后,我们要以太行山大峡谷为中心,以生态林业为屏障,将静态利用和动态利用、生态利用和经济开发结合起来,在森林区内大力开发生态林业景观,使县城万紫千红山公园、固村麻腰经济林、飞鹰岭、虎头山、麻巷河刺槐林、五全坡、高山寨等森林景观串点成线,使生态防护林产生风景旅游的效应,一林多用、一举多得,取得广泛的社会效益和经济效益。况且,护林墙内的区域就是圈定的一个绿色生态区域,将对动物种群、生物品种产生巨大的自然保护作用,有益于生态平衡,对山野绿色食品药品的开发也提供了广阔的领地,对靠山致富的农民将提供出大量的蘑菇、木耳、猴头、药材等山珍野味,绿色经济区域的设想力争变为现实。

谢谢大家

2004 年 4 月 5 日

山西省林权登记发证工作汇报会议材料

搞好林权登记发证 推进林业和谐发展

中共壶关县委 壶关县人民政府

(2006 年 6 月 23 日)

我们壶关县位于山西省东南部、太行山东南端,共辖 5 镇 7 乡 1 个经济开发区,390 个行政村,29 万人。全县有林面积 85.5 万亩,占全县总面积的 56.3%。2004 年以来,我县认真贯彻落实上级精神,在省林业厅、市林业局的支持下,以进一步明确产权主体,进一步保障林地林木所有者的合法权益,进一步扩大造林绿化成果,进一步推动林业产业发展为目的,落实林地所有权、林地使用权、林木所有权和林木经营权,取得了林业发展明显加快,林木管护明显加强,全社会造林绿化力度明显加大的良好效果。到目前为止,全县共发放林地所有权证、使用权证,林木所有权证、林木使用权证

10115份,面积91.1万亩,占林地面积的100%;其中个人申请登记发证4.65万亩,集体申请登记发证79.84万亩,国营申请登记发证6.61万亩;退耕还林登记发证8.75万亩 。共受理登记四旁树300万株,其中集体100万株,个人200万株,登记率占应登记数的100%。林定权、人定心,林业发展又进入一个跨越式发展的新时期。2005年以来,全县造林绿化总面积达到了5.5万亩,其中今年春季,启动和实施身边增绿工程5个,新增绿化面积3.5万亩。县城绿化打造出一带八街一园的新亮点,新植树木10万株,花灌木100万株。通道绿化210千米,绿化宽度达到了10米以上,并有小片林和园林小品点缀,形成了路路有荫、路路有景的绿色长廊。景区绿化共建小片林20处,景点30个,栽植各种风景树木10万余株,达到了河滩植绿、空地建绿、悬崖播绿、见缝插绿,处处见绿的新标准。园林村建设今春共建有环村林带、有街心花园、有庭园盆景、有绿化小品的园林化村庄30个,步入了标准化建设的新阶段。

回顾总结我县林权登记发证工作,我们的主要做法是:

一、把林权登记发证工作提上林业和谐发展的高度,精心组织、周密部署。

林权确定是事关林业生态建设持续发展和社会稳定的一件大事，搞好林权登记发证是确保林业和谐发展的重要方法和途径。为实现我县林业又快又好发展,调动社会各方面造林、育林、护林的积极性,我们把这次林权登记发证工作提上林业和谐发展的高度,进行了组织和部署。

*一是统一对林权登记发证工作的认识。*我们壶关县属于典型的干石山区,20多年来,全县人民艰苦奋斗,坚持不懈地大搞生态绿化,在干石山上植树造林,有林面积由1978年的8.7万亩增加到85.5万亩,森林覆盖率由5%上升到了47.6%,绿化率达到了56.3%,先后被评为“太行山绿化先锋县”“全省林业建设红旗县”“全国造林绿化先进县”“全国生态建设先进县” 等荣誉称号。特别是林业的发展改善了全县的生态环境,各业发展进入了良性循环的轨道。可以说林业已成为全县人民的生存之本,全县人民对林业的认识也达到一定的高度。为了保护宝贵的森林资源,1999年以来,全县人民修筑了一道长达3500千米的森林保护石墙,创造了生态保护奇迹,载入了大世界基尼斯纪录。这次林权登记发证,正是为了增强林业发展后劲,加快林业发展步伐,开创全社会参与造林绿化的新局面。

*二是及时召开会议,层层进行发动。*省、市林业主管部门关于林权登记发证工作安排之后,县委、县政府于2004年11月26日下午在县宾馆四楼会议室专门召开了由林业、农业、民政、财政、档案、国土资源、发展计划等单位的负责人,各乡镇党委书记、乡镇长、分管林业的副书记或副乡(镇)长,县、乡、村三级技术人员共200余人参加的林权登记发证动员大会,会上印发了《壶关县人民政府关于林权登记发证工作方

案》和《壶关县人民政府关于林权登记发证技术方案》,政府副县长、县林权登记发证领导组组长李志强进行了安排部署,政府县长马朝中作了重要讲话,并重点学习了国家和省市有关林权登记发证的文件和规定，使参会人员明确了林权登记发证工作的重要性和应遵循的原则、程序、重点等,为下一步工作奠定了坚实的基础。县上动员会之后,各乡镇又分别召开发动会,进行进一步深入发动,扩大动员面。农村也随之召开会议,面对面讲解政策,宣讲意义,使林权登记发证工作在全县迅速得到了贯彻落实。

三是精心组织培训登记发证队伍。组建队伍和业务培训是搞好登记发证工作的重要保证。如果没有足够的技术力量和熟练的业务水平,势必会影响这次林权登记发证工作的质量和进程。基于这样的认识,全县林权登记发证动员会后,县委、县政府迅速从相关部门抽调技术骨干40余人与县林业局技术人员、乡镇林管员、农科员、水利员、经管员、土管员等专业人员组成了一支100余人的林权登记发证队伍。随之又采用聘请省市专家讲课、印发资料、学习政策文件等方法,全面对县、乡、村三级发证人员进行了政策和业务培训，全县累计培训人数达到800余人次。培训中采用三个步骤:第一步首先由省市专家对县级技术人员进行培训;第二步再由受训的技术骨干对乡镇林权登记发证人员进行培训;第三步乡镇技术骨干对村级登记人员培训。同时,将国家、省、市有关技术和政策资料编印成册,人手发放一本。通过这种既当学生又当老师,先当学生后当老师,层层推进,层层渗透的培训办法,使这次林权登记发证工作的工作程序、方法、步骤、政策规定很快被每个工作人员所掌握,为林权登记发证工作的顺利推进提供了有力保证。

四是广泛开展宣传教育。林权登记发证工作,政策性强,涉及面广,是贯彻落实党和国家林业政策,维护和保障广大林木、林地权利人的合法权益,调动广大人民群众发展林业、改善生态的重要举措。这项工作如果没有良好的社会氛围,得不到广大群众的理解与支持是难以顺利开展和完成的。因此,我县充分利用电视、报刊、广播等宣传媒体,通过开设专栏、电视讲座、印发资料、刷写标语等多种形式,大张旗鼓地宣传林权登记发证工作的重要意义、基本原则、工作程序,赢得了全县人民群众的积极支持和广泛参与。工作开展以来,我们共在《壶关工作》、壶关电视台刊发林权登记发证方面的政策规定和知识讲座50多期,印发传单2万份,使林权登记发证程序、条件、期限等达到了家喻户晓、人人皆知,得到了全县广大人民群众的关心和支持。

二、把林权登记发证工作作为落实科学发展观的基础,加强领导、落实责任。

坚持以人为本是贯彻和落实科学发展观的内涵所在，实现林业的全面协调和可持续发展,人是关键因素。明晰和落实林木资源所有权、使用权,依法保护林权权利人的合法权益,正是体现了人的决定性作用。为了加强对林权登记发证工作的领导,全面落实林权登记发证工作的责任，确保全县林权登记工作的顺利进行和预期完成，我们主要抓了三个“三”：

一是成立三级领导组。说一千道一万，加强领导是关键。为确保林权登记发证工作顺利开展，县委、县政府成立了政府副县长李志强任组长，林业局局长秦庆祥任副组长，林业、发展计划、财政、档案、民政、农业、国土资源、城建、水利、交通等部门主要负责同志为成员的林权登记发证工作领导组，领导组下设办公室，办公室设在县林业局，办公室主任由林业局局长秦庆祥兼任，负责协调全县的林权登记发证工作。乡、村两级也成立了主要领导挂帅、相关人员参加的领导组，全面负责本辖区内的林权登记发证工作。同时，县领导组办公室根据我县地理条件，因地制宜将全县划分成四个作业区，分别由县林业综合行政执法大队下设的四个执法中队具体负责各辖区内的林权登记发证工作。领导组并定期到各中队检查指导林权登记发证工作。

二是签订三个责任状。林权登记发证工作时间紧、任务重，为确保进度和质量，县与乡，乡与村，林业局与各中队分别签订了责任状，把林权登记发证工作的任务和责任依次落实到了各乡镇书记、乡(镇)长，各行政村支书、主任和林业行政综合执法大队四个执法中队各中队长的头上。如有因责任不落实、工作不到位，影响工作进度的，将追究有关人员的领导责任。通过强化责任，形成了千斤重担大家挑、个个头上有指标的工作机制，有效加快了林权登记发证工作的进度。

三是制定三个时间表。林权登记发证工作量大、涉及面广，为确保在规定的时间内按要求完成任务，我县林权登记发证工作领导组专门召开会议，把林权登记发证工作分为三个阶段，研究制定了三个时间表。即：前期准备和填写申请登记表为第一阶段，于 2005 年 3 月底前完成；外业勘验和申请公示为第二阶段，于 2005 年 10 月底前完成；内业整理及发证工作为第三阶段，于 2006 年 5 月底完成。这样使林权登记发证工作达到了有条不紊、循序渐进，确保了各项工作目标的顺利完成。

同时，我们在落实工作中还做到了四为主。即：林权权利人的申请登记和四旁树登记工作以各村委为主；林权申请登记公示工作以各乡镇政府为主；林地四至勘验确定以各林业执法中队为主；林权证填写打印发证以县林业局为主。使林权登记发证工作做到了责任清、漏洞小、无推诿、高成效。

三、把林权登记发证工作作为依法治林的前提，严格程序、科学操作。

坚持依法治林，走林业法治化的建设轨道是《中共中央、国务院加快林业发展决定》和《森林法》赋予的神圣职责和林业发展的必由之路，开展林权登记发证就是实现依法治林、兴林的前提和基础。为了把这次林权登记发证工作做深、做细，加快我县林业法治化的进程，我们在工作中具体做到了三点：

一是科学便民，严格工作程序。为确保林权登记发证工作科学、规范进行，我县制定了《壶关县林权登记发证工作方案》，严格执行申请—公示—复验—登记—审查—发证的工作程序。同时，鉴于登记发证工作量大，涉及农户多的特点，我们又制定了农户自愿申请，村委负责上报，乡镇统一审查，中队集中上报的便民措施，这样既降低了一家一户报送申请的经济开支，又加快了林权登记发证的工作进度。

二是规范操作，坚持公开原则。我县将申请登记的条件、要求和政策公布于众，对申请登记的内容在受理之日起10个工作日内，在森林、林木、林地所在地进行了不少于30天的公示，然后再进行勘验。勘验完成后，再将林权申请表编写页码，发到各村，随时供群众查看。公示期满和勘验确认无误后，给予登记发证。有异议时，及时对所提出的异议进行核实，核实后给予登记发证。最大限度地增加了工作透明度，保证了林权登记发证工作的严肃性、准确性和公开、公平、公正。

三是抓好试点，以点带面稳步运作。为确保林权登记发证工作顺利开展，我县选择了具有代表性的4个乡镇的8个行政村进行了试点，对在试点中好的做法和存在的问题进行了总结，并组织乡、村二级技术人员进行了集中讨论和相互交流，统一了方法步骤，规范了工作程序，确保了林权登记发证工作的健康快速推进。

四、把林权登记发证工作作为明晰产权解决问题的契机，严格区别情况，认真化解纠纷。

由于历史的原因，我县的森林、林木和林地也不同程度地存在权属不清、职责不明或林权争执等问题，在一定程度上影响了林业的健康发展，特别是影响了农民造林、护林的积极性。据统计，全县每年要发生林权纠纷案件50多起，有的案件成为人大代表和政协委员的集体提案，既不利于社会的稳定发展，更影响到全县的和谐社会建设。今次我们抓住林权登记发证的契机，对全县存在的权属不清、职责不明或有争议等遗留问题，按照《国务院林木林地争议处理办法》和《山西省人民政府关于开展林权登记发证工作的通知》中关于解决林权争议的12条办法进行了较好调处。

1. 在解决林地所有权问题上，我们以充分协商为前提，以客观事实为依据，以审核证据（主要是当事村、乡镇出示的营造林时间、面积的证明材料和1982年林业“三定”时期的证件和有关证人、证言等资料）为手段，以不激化矛盾为原则，严格按照“谁造（栽）谁有”的政策界限，较好地解决了国营壶关树掌林场与相邻的树掌镇大坪上村，店上镇王桥凹村，石坡乡双井村、杜家岩村的国营与集体的林权争议和五龙山乡刘寨村、欢掌底村、程庄村、迎乐村的集体与个人的林权争议等遗留问题。

2. 在解决林地使用权问题上，我们本着有利于加快造林绿化，有利于促进林木管护，有利于调动人民群众发展林业、经营林业积极性和有利于加快林权制度改革的原则,凡在1982年林业“三定”中和之后所划分的自留山、责任山或所承包的荒山、荒坡,原则上仍由承包者使用。对尚未绿化的部分,签定绿化合同,限期绿化。对已绿化或成材的树木,属于个人绿化的一律颁发林权证,归个人所有;属于集体组织绿化或集体提供树苗绿化的,集体让步让利,作价交给原户主管护使用。今次共解决了这类的遗留问题15起,面积1500亩。同时,我们今次还强行关闭了5家未经批准占用林地的石料加工企业,并限制明年绿化,恢复林地面貌交于原林地使用单位(人)使用。

3. 在落实城镇街道林地绿地及林带管护问题上,我们区别情况把乡镇政府和驻地单位所在地的绿带和树木,把县城各单位门前,院内的绿地和树木清查登记,按照谁栽谁有的原则,分别把所有绿地的所有权、使用权和树木的所有权、经营权落实到了每个单位的头上。如长壶一级路的绿化带树木管护和环城林带的管护责任,落实到了县城建局;县城内“三路八街”的绿带、小品、游园和店铺门前树木的管护责任,落实到了县园林管理处。上述管护责任和任务均由县绿化委员会与各乡镇、各部门、各单位一把手签订了管护责任书,树木、绿地损害均由各责任单位负责补植补种,并追究主要负责人的责任。

各位领导、同志们,以上是我县在林权登记发证工作中的情况汇报,虽然通过全县上下的共同努力,取得了一定的成绩,但与国家、省、市的要求和先进县市相比,仍存在一定的差距。我们一定要以这次林权登记发证汇报会议为契机,认真学习兄弟县市的宝贵经验,进一步完善林权登记发证工作,进一步确立农民的经营主体地位,更好地调动广大人民群众造林护林的积极性,为建设山川秀美的新壶关而努力奋斗,为建设绿色山西作出更大的贡献。

在全省林权登记发证工作汇报会议上的
欢迎词

(2006年6月23日)

张红星

各位领导、同志们、朋友们:

在这百花绽放、草木葱笼、生机盎然的仲夏时节,在全省上下抓住国家实施“中部崛起”和省委、省政府推进“两区”开发战略决策的重大机遇,全面推进“十一五”发展规划的重要时刻,我们满怀喜悦的心情,迎来了全省林权登记发证工作汇报会在我县的胜利召开。这不仅是对我县林业工作的充分肯定和大力支持,也是对我县各项工作的极大鞭策和有力促进。在此,我代表壶关县委、县政府和全县29万人民,向会议的召开表示热烈的祝贺!向参加会议的各位领导、各位朋友和同志们表示热烈的欢迎!

我们壶关县是一个山区、老区和国家扶贫开发重点县。近年来,我们坚持以"三个代表"重要思想为指导,以科学的发展观为统领,以中央和省、市重大工作部署为要求,紧紧围绕"创环境、变作风、引资金、上项目、调结构、促发展、建小康"的工作思路,牢牢把握"跻身全市经济强县,建设全省旅游大县,打造中国北方绿城,创建全国文明卫生县城,争创全国生态名县,争当贫困地区小康建设先进县"的发展定位,大力实施"兴工富县、强农富民、亮城树形、做大旅游"的发展战略,矢志创优环境,强攻引资上项,狠抓产业开发,全县经济建设和社会各项事业呈现出跨越发展的良好态势。2005年全县生产总值达到17.8亿元,财政收入达到2.5亿元,农民人均纯收入达到2136元。先后被国家爱卫会命名为国家卫生县城,被省委、省政府表彰为山西省文明县城、全省双拥模范县,被中国国土研究会确定为全国中小城市生态环境建设实验区。太行山大峡谷被命名为"国家地质公园"和"中国十大最美峡谷"之一。一个充满活力、具有引力、富有魅力的新壶关初步展现在人们面前。

林业是发展绿色、建设生态、实现人与自然和谐的重要基础,也是推进经济社会可持续发展的重要产业。改革开放以来,我们壶关历届县委、县政府坚持把发展林业生产、改善生态环境作为人民群众脱贫致富的基础工作来抓,全民动员,全员参战,吃在荒山,干在荒滩,持续不断的播绿、造绿、护绿,将全县一座座荒山、一条条深沟、一片片河滩变成了滔滔林海,全县有林面积达到85.5万亩,森林覆盖率达到47.6%,先后荣获"全国造林绿化先进县""全球生态500佳提名奖""全国生态建设示范县""全国森林防火先进县"等荣誉称号。林权登记发证是林业的一项重要工作,关系到林业的健康发展,关系着国家、集体和个人的根本利益。近年来,我们按照上级精神要求,高度重视林权登记发证工作,加大力度,创新举措,狠抓落实,共发放林地所有权证1万多本,面积90多万亩,登记四旁树300多万株,有力地保证了全县林业工作的健康推进。

各位领导、同志们,虽然我们在林业发展中做了一些工作,取得了一些成绩。但与上级的要求相比,与兄弟县区的工作相比,我们还有很大差距和很多不足,我们决心以这次会议为契机,虚心学习兄弟县市的宝贵经验,不断改进我县的林权登记工作,进一步解放思想,开拓创新,强化措施,狠抓落实,努力把壶关建设成为山川秀美、环境优良、经济繁荣、社会进步的生态绿色家园。

最后,祝与会的领导和同志们工作顺利、身体健康、万事如意!

祝会议圆满成功!

谢谢大家。

在山西省造林绿化六大工程壶关现场会上的汇报

关小平

尊敬的各位领导、各位同志：

今天，在这百花争艳、绿意盎然的盛夏，各位领导不辞辛劳前来我县参观指导工作，这是对我县林业工作的极大关心和支持，也是对我县各方面工作的有力推动和促进。在此，我代表县委、县政府，对各位领导的到来表示热烈欢迎和衷心感谢！下面，我将我县实施六大造林绿化工程情况向各位领导作一简要汇报，敬请提出宝贵意见。

我县位于山西省东南部，太行山东南端，全县辖5镇7乡1个经济开发区，391个行政村，988个自然村，29万口人，全县总面积151.9万亩。其中山坡沟壑面积106.7万亩，占70.3%，是一个典型的干石山区。改革开放以来，我县把植树造林作为改变自然条件的根本措施，经过我们10任县委书记、县长一任接一任地带领全县人民不懈绿化接力，特别是通过在宏观上实行“区划—规划—设计—施工—验收—建档”一条龙管理程序，在微观上推广已故的全国劳模，我县原常行乡盖家川村民王五全创造的“阳坡育苗阳坡栽、阴坡育苗阴坡栽、就地育苗就地栽”的油松常年移植造林新技术和采用全民义务植树造林，农民投劳动积累工、义务工造林等造林形式，使全县的造林绿化工作取得了显著成效，生态环境和生存环境得到了翻天覆地的变化。到目前为止，全县有林面积已由原来的8.7万亩增加到了85.5万亩，森林覆盖率由5%上升到了49%，水土流失面积由82.3%下降到了15%左右，年降雨量增加了100多毫米，无霜期延长到了181.5天，使一个童山不毛、干旱缺水的干壶关变成了无山不绿、无沟不林的绿色壶关。并先后荣获“太行山绿化先锋县”“全省林业建设红旗县”“全国造林绿化先进县”“百佳县”和“全国林业生态建设先进县、示范县”等荣誉称号。

2006年以来，我们在省委、市委的坚强领导下，在省、市林业部门的大力支持下，又以构建人与自然和谐、可持续发展的绿色新壶关为方向，以调整结构为主线，以建立稳定的林业生态系统为目标，认真落实省委、省政府“十年不懈植树、绿化三晋大地”的重要指示，奋力实施县城绿化、环城绿化、通道绿化、村镇绿化、交通沿线荒山绿化、出省口绿化和厂矿区绿化等六大造林绿化工程，大打身边增绿硬仗，取得了较好的成绩。

一是结构性调整步伐加快。主要体现在绿化布局和绿化树种两个方面。在布局上过去的二十多年里，我县造林绿化的主抓项目是荒山绿化，主要林子都分布在深山沟坡等人口稀少的地方，严重地存在人住的地方树少、人多的地方树少等问题。近几年大力度、大面积的县城、乡镇、村庄、厂矿和通道沿线绿化，快速扭转了这个局面。在树种上我县的造林绿化工作由于起步早和受当时社会经济条件的限制等因素，过去发展起来的 80 多万亩森林 80%以上是油松林。这种林子在充分发挥其调节气候，防风固沙，涵养水源、保持水土等生态效益的同时，也明显曝露出了防护效能低、土壤酸化重、森林病虫害，特别是森林火灾隐患大、易发生等诸多弊端。针对这种情况，我们在实施造林绿化六大工程中，荒山绿化坚持把改善林分结构、提高抗逆性能力作为第一目标，利用林中空地和林边空地广泛栽植山桃、山杏、刺槐、火炬等防火防虫较强的阔叶树木，有效对原来林分进行了针阔改造；通道、城镇和村庄绿化中，有计划采取了油松下山，名树进村、进城、上路，针阔混交，乔灌花草结合，使近几年新绿化的面积，基本达到了有乔有灌、有针有阔、有花有草近自然的林分结构。

二是人居环境大大优化。我们在实施造林绿化六大工程中，以建设生态文明为方向，坚持打造北方绿城、绿乡、绿镇、绿村不松手，在城镇建设和新农村建设中，广栽大树、大建绿地小品和林带，极大优化了人居环境，充分体现了绿色生态主体和人与自然的和谐。几年来，我县共完成带宽百余米、树种十几个环城、环企、环村等林带 500 多千米；面积 100 ~ 300 亩的标志性绿地、片林 200 余处，较高标准的园林化村庄 97 个。我县去年被省政府授予“全省造林绿化先进县”和“全省园林化县城”，常平工业集团被省政府授予“全省造林绿化先进企业”，今年 1 月份，又被国家建设部授予“全国园林化县城”。

三是景观效益初步显现。主要采用造林造景、造林配景的手法，利用各种树木花叶不同的色泽，在通道绿化中进行宽林带、多树种立体式绿化，极大地优化美化了环境，形成了绿色大道、生态大道、景观大道的格局。其中长壶一级路和长平二级路每侧绿化宽度分别达到了 50 米和 30 米，乔木和灌木树种分别达到了 8 个和 5 个；在通往太行山大峡谷森林公园旅游区的干线公路两侧，营造了生态景观林 1 万亩，既丰富了旅游内涵、吸引了观光游客，又突出了公园主调，增加了森林面积，收到了一举多得的良好效果。

为了确保我县六大造林绿化工程的顺利实施，我们主要采取了以下措施：一是加强领导、精心组织。2006 年启动六大工程以来，我县高度重视，把加强组织领导作为第一措施来抓。成立了由县委副书记、县长马朝中为组长，政府副县长李志强、田兆伟任副组长，相关职能部门单位的一把手为成员的六大工程领导组，县四套班子领导多次到实地现场办公和参加了植树劳动，并把每项任务量化、细化后依次落实到了每个责任单位领导的头上，切实做到了领导到位，责任明确，为工程的顺利开展和推进提供了有力的保障。二是创新机制、精细施工。近几年来，我县的六大造林绿化工程，多数采用了专业队承包绿化，部分还推行了竞标绿化，把工程质量和进度直接和施工者的利益联系在了一起，每项工程任务都用签定合同的办法，分别落实给绿化专业队，从刨坑、整地、栽植、管护全程监控，一包到底，并通过大坑、大水、大树栽植方法和使用了根宝、植物蒸腾抑制剂等高科技产品，有效保证了工程质量，达到了一次成功，一次成林。三是多方筹资、合力共建。为保证六大造林重点工程建设的资金使用，消除造林专业队的后顾之优，我们采取财政挤、单位筹、企业集、干部捐等方法有效解决了绿化投资问题，并按合同规定，按时为各造林专业队给予兑现。近两年我县先后筹集了造林绿化资金1亿多，其中争取上级投资6000万元，县财政拨付3000万元，单位企业和干部捐集了1000万元，有效保证了工程使用。四是加强管护、巩固成果。我们把造林质量和树木的管护作为绿化工程的生命线，造管并重，多次召开树木管护专题会议，部署树木管护工作，层层签定了管护责任制。今春还对新植树木采取了严格浇水、支架固树、浇灌“根宝”和喷洒植物蒸腾抑制剂、培土覆膜、整穴、打埂、刷白、圈红、拉网等多项管护措施，对提高树木成活率发挥了重要作用。五是强化监查，追究责任。造林绿化六大工程启动以来，我县由县委、县政府督查室牵头，专门成立了由林业、新闻、绿化委等部门组成的壶关县造林绿化六大工程督查组，不断对施工质量标准和任务完成情况进行督查检查，每次督查结果都在壶关电视台、壶关电台和《壶关工作》等媒体上公开曝光，好的表扬奖励，差的写出检查，通报批评。限期改进，对于推推动动，不推不动，严重影响了全县工程进度和质量的绿化专业队和机关单位和领导，要分别给予终止兑现，取销参与资格和引咎辞职等处理。从而保证了全县造林和六大工程及其它林业工作的进度和质量。仅今年春季，督查组进行了刨坑栽植督查4次，浇水打埂、除草、绑支架等后期管护督查6次，有2个专业队被取销承包绿化工程资格，有1名单位领导受到责任追究。

但是，一分为二的讲，尽管我县的绿化造林六大工程取得了较好的成绩，但离上级的要求还有很大差距。今后，我们将以这次会议为契机，虚心学习各兄弟县市区的先进经验，继续发扬艰苦奋斗、坚韧不拔的壶关精神，加大工作力度，创新绿化举措，按照省市的部署和要求，继续把造林绿化六大工程引向深入，努力把我县的绿化工作再推上一个新台阶、新水平。

我的汇报完了，谢谢大家。

2008年6月

全国林业现场会壶关县参观点汇报

中共壶关县委书记　李全心

我们壶关县地处山西省东南部、太行山东南端，全县辖5镇7乡1个经济开发区、390个行政村,版图面积151.9万亩,其中荒山沟坡面积106.7万亩,是一个典型的干石山区,也是国家扶贫开发重点县。三十年前,这里荒山秃岭、生态脆弱,1978年以来,历届壶关县委、县政府带领全县人民攻坚克难、因地制宜、科学规划、持续推进生态绿化工程,取得明显成效。如今,走进这里,可以看到群山披绿,林海茫茫,全县有林面积由1978年的8.7万亩增加到了现在的103万亩,森林覆盖率由7%提高到了现在的50.6%,初步走出了一条生态效益、经济效益、社会效益有机结合的现代林业建设新路子,先后获得"全国造林绿化先进县""全国生态建设示范区""全球生态500佳提名奖""全省林业生态县"等荣誉称号。在多年的生态绿化中,全县探索并巩固了"五个一"举措,即一场接力赛、一项新技术、一种新办法、一套新模式和一道防护墙。

一是一场接力赛,就是十任书记、十二任县长弘扬太行精神,大搞造林绿化接力赛。30年来,书记变了10人,县长换了12人,但书记变了,绿化壶关的决心没有变,县长换了,举县造林力度没有减。都念草木经,都行绿化令,都树绿化志,都干绿化事,一任接着一任干,唤起民众千千万,以不畏艰难、百折不挠、艰苦奋斗的伟大太行精神,推动了群众性的造林实践生机勃勃,永不停息。

二是一项新技术,就是我县农民造林土专家、全国劳模王五全发明创造的干石山上油松栽植新技术。这项技术要点是阴坡育苗阴坡栽,阳坡育苗阳坡栽,就地育苗就地栽。这一技术彻底攻克了千百年来干石山上栽树难、成活难的难题,在我县大面积推广,并被中国农业电影制片厂拍摄成科教片推向全国。

三是一种新办法,就是首创"一条龙"工程管理新办法。这一办法依据地形、地貌、气候、土壤等特征,实行区划、规划、设计、施工、验收、建档"一条龙"管理,大大提高了造林绿化成活率。1984年,国家林业部在我县召开现场会,推广这一经验。

四是一套新模式,就是针叶林、阔叶林混交新模式。在以油松为主的大面积林地中,通过"林边围阔、林中补阔、抽针换阔"等措施,混交阔叶林20多万亩。这一模式的推行,稳定了林分结构,完善了生态体系,增强了抗灾能力,提高了综合效益,2004年被国家林业局确定为低效林改造试点县。

五是一道防护墙,就是万里森林防护墙。一点星星火,可毁万亩林。造林难,护林更难。为此,我们全党动员,全民参战,挖起石头栽树,垒起石墙护林;补助一包方便面,修筑一米防护墙。全县累计修筑森林防护墙5000千米,有效发挥了防火、防盗、防畜害,保水、保土、保生态的"三防三保"作用,并创造了一项上海大世界基尼斯纪录。

三十年不懈奋斗,三十年硕果累累。干部在绿化中受锻炼,群众在绿化中得实惠,山川在绿化中披绿装,壶关在绿化中大变样。今后,我们决心以科学发展观为指导,以建设生态系统更加完备、林业产业更加发达、森林文化更加繁荣、人与自然更加和谐的"森林壶关"为目标,学先进,找差距,增干劲,创一流,在生态文明建设的伟大进程中,再谱新篇章,再铸新辉煌。

2009年10月

发挥人大职能作用　持续推进造林绿化

——壶关县人大常委会持续推进全县林业生态建设

杨狗则

壶关县是一个典型的干石山区县,也是国家级贫困县。多年来,县人大常委会始终把造林绿化作为工作的大事来抓,作决定、强监督、重视察,以加快城乡生态环境建设、促进经济社会可持续发展为目标,以通道绿化增色、平原绿化增网、丘陵绿化增效、县城绿化增量、山区坡面增绿、市县出口增林为重点,有力地促进了全县造林绿化和护林防火工作,为打造绿色壶关、生态壶关、美丽壶关,发挥了积极的作用。全县有林面积由原来的不足9万亩,增加到现在的103万亩;森林覆盖率由5%上升到50.6%;水土流失面积由82.3%下降到不足30%;先后荣获"全国造林绿化先进县""太行山绿化先锋县""全球环保500佳提名奖""全国林业生态建设先进县、示范县""全国中小城市生态建设示范区"和"国家园林县城""全国绿色名县""全国生态文明先进县"等荣誉称号。绿色,已成为壶关对外宣传的一张"王牌",一张"名片"。

一、作决定,"增绿"工程全面铺开。素有"干壶"之称的壶关县有三缺:缺土,全县荒山沟坡面积占70%多,且多是瘠薄山丘,有很多是乱石裸露的不毛之地;缺水,县志记有"掘地三千尺犹不及泉"之说,地表不蓄水,地下缺水源;缺林,解放之初,全县森林覆盖率只有2.4%,到1978年,林木覆盖率也只有7%。面对如此恶劣的生存环境,全县人民认识到壶关的希望在林,出路在林。为此,历届人大常委会先后作出了《关于全民动员，大搞荒山绿化的决定》《关于大力发展林牧业生产的决定》《关于向省人大代表、造林英雄王五全学习的决定》等10多个决议和决定,有力地促进了全县造林绿化工作。

近年来,县人大常委会督促县政府进一步引深“增绿”工程,要求林业部门以补空挡、上精品为突破口,坚持“拆、垒、种、刷、美、快”六字方针,高起点规划,高标准建设,在财力十分紧张的情况下,投资2亿多元,全面铺开了10多项重点工程,使绿色壶关再添靓景。一是通道绿化工程。高标准完成了通道绿化,其中对环城高速、城际路进行宽林带、多树种、立体式绿化模式,长壶一级路进行整合和上档提高,长壶二级路初步形成了生态大道、景观大道的格局。二是荒山绿化工程。针对荒山面积土层薄、裸岩多的特点,建议林业部门采用起石换土、等高线整坑、“品”字型排列、石头砌边、石灰刷白等办法,对交通沿线两侧荒山进行高标准绿化。三是农田林网绿化工程。对重点村庄农田林网进行高标准绿化,进一步展示全县新农村建设成果。四是地埂绿化工程。在地边栽植苗木,高标准完成地埂绿化,达到山区坡面增绿的效果。五是景点绿化工程。搞好景点绿化,进一步提升县城绿化品位。六是园林村庄绿化工程。针对园林化村庄绿化任务重的实际,通过“政府做媒、自由结合”的方式,使县直单位与园林化建设重点村结成帮扶关系。七是矿企绿化工程。通过拆迁增绿、见缝播绿等办法对交通沿线企业进行高标准绿化,不仅改善了企业投资环境,而且进一步提升了绿化品位。八是大树进城绿化工程。大树进城,进一步增添了县城森林景观,成为全县绿化的一大亮点。九是干果经济林建设工程。栽植各种经济树,既增添了绿化景观,又充分发挥其经济效益,增加了农民收入。十是碑牌设施建设工程。对交通沿线的林业宣传碑牌进行全面装修。

二、强监督,“护绿”措施全面落实。为了保护好壶关来之不易的百万亩森林资源,人大常委会每年都要听取政府有关护林防火方面的工作情况报告，及时提出意见建议。人大常委会组成人员与全县各级人大代表,积极投身到护林防火墙建设工程中,壶关的万里防火墙创造了吉尼斯世界纪录。近年来,县委、政府主要领导经过充分调研,结合壶关实际,提出了“三三六”工作法,“三个万”:即万里防火墙、万名红袖章、万亩自然隔离带;“三个不”:即上山不带火、上地不点火、上坟不烧纸;“六个一”:即一户一个护林员、一户一个宣传员、一户一个红袖章、一户一个责任人、一村一个灭火队、一村一个工作队。人大常委会组成人员积极深入乡镇村宣传“三三六”工作法,对促进全县护林防火工作,起到了积极的促进作用。同时还建议县林业主管部门要按照《壶关县森林防火责任制》的要求,加大督促检查、日常巡逻和违章野外用火的查处力度,并及时修改和制定了扑救森林火灾预案，强化了森林灭火专业队的业务培训，对风向灭火机、油锯等进行了全面的维修和保养，新购置了干粉灭火弹和二三号灭火工具；全县各级各部门积极参与护林防火，坚持24小时值班和森林火灾零报告制度、森林防火工作动态日报制度；公安部门加大了对违章野外用火的查处力度；新闻部门强化了宣传，分别在电视、报纸开设了专栏，特别是通过免职撤职等手段严肃责任追究，在电视台开设反面宣传教育专栏，起到了警示教育的作用。通过以上举措，全县干部群众的森林防火意识明显增强，全县森林防火保持了平稳态势。

为了在森林管护方面建立长效机制，把森林的管护工作制度真正完善起来，县人大建议政府和林业部门在今后的工作中，要坚持不懈地抓宣传教育，提高全县人民的森林防火意识。要增加财政投入，完善县乡村三级经费保障机制，为森林管护提供必要的人力、物力、财力保障。每村至少确定3~5名护林员，建立一支稳定的护林防火队伍，常年负责森林管护；每村配备必要的灭火设备。要尽快开辟防火隔离带，建设瞭望哨。要严禁乱砍滥伐，杜绝各类毁林案件的发生，坚决打击采挖、倒卖树木行为，做好封山禁牧工作。交通沿线树木要全部新建防护网，实现拉网管理，有效保护绿化成果，切实把我县的各项森林资源保护措施落到实处。

三、重视察，“用绿”成效逐步显现。为了更好的使用和发挥好壶关的“绿色”名片效应，人大常委会集中力量，重点围绕生态旅游和经济效益两个方面进行经常性的执法检查和调查视察。一是围绕做大做强生态旅游进行视察。每年组织人大代表视察大峡谷，建议政府要充分利用太行山、大峡谷、山好、水好、林好的优势，做大做强生态旅游。大峡谷的林木品种要更丰富、沿线绿化要上档次、县城绿化要有特色，尽快改善人工景观高山寨的交通状况。二是围绕生态效益和经济效益进行视察。绿色是壶关的“底色”，绿色是壶关的“名片”。通过视察，督促政府要持之以恒抓绿化，一以贯之搞绿化，生态林和经济林齐抓，改善生态环境与增加农民收入并举。通过全县人民的共同努力，造林绿化改善了壶关的生态，形成了独特的生态小气候，小泉小河开始流，小雨不流河、中雨流清河、大雨不塌坡，珍稀动植物物种开始出现，粮食生产连年丰收，畜牧养殖稳步提升，是全省唯一的“无疫病清净县”，生态旅游年接待游客30万余人次，“环林型”“环农型”绿色食品企业持续增多，农民人均收入不断提高。一个水绿相映、生态良好、景观优美、人与自然和谐发展的美丽壶关正在逐步显现。

2015年10月

壶关县政协视察调研林业工作概述

王红平

1984年政协壶关县委员会成立以来，针对全县造林绿化、经济林发展、森林公园建设等林业工作的各个方面，通过大会发言、提交提案、调研视察、专题督查民主评议等形式，积极协商参政、建言献策，为壶关林业的发展做出了一定贡献。

一、上世纪八、九十年代，县政协重点围绕全县大力发展经济林这个中心开展建言献策工作。

1987年4月25日，首届县政协经济建设工作委员会组织到石坡乡石坡村调查经济发展情况，形成了《贫困山区经济振兴应从低层次开发抓起》的调查报告。其中在林业方面，针对该村山山、坡坡、沟沟、凹凹都适宜栽核桃、种山楂的有利条件的，提出"应侧重发展苹果、梨、红果、核桃四种干、水果经济林"的建议。

1987年换届后，二届县政协于当年7月9～17日，由经济建设工作委员会组织，深入五龙山、固村两个乡的九个村，对经济林发展情况作了进一步调查，提出大力促进干水果生产，应着力解决"领导不健全、管理不严密、技术不过硬、合同不合理、发展不平衡"五个问题的建议。1988年5月份，县政协再一次组织经济林发展专题调研，由副主席张福锁带队，先后深入到黄家川、百尺、东崇贤和石坡等7个乡镇、30个行政村、5个原生产队和106个农户，进行了大量调查和实地考察，并通过常委会议讨论协商，提出"全县广大干部群众要从思想上真正认识、重视果树的发展；要制定切实可行的措施，一手抓老果园的技术管理，一手抓新果园的发展建设；要真正造就一批会经营、懂管理的专业技术人才；要进一步落实和完善承包合同；要逐步实行专业经营；要把产品的储蓄转化和深加工摆上议程"的建议。1989年5月8～13日，县政协主席李小保带领政协常委视察组一行14人，对全县林业生产、草食家畜、水利工程进行了视察。

1990年三届县政协换届后，于当年8月2～4日，组织全体常委和机关干部共计23人，在主席李存福、副主席刘全付、关学孟、赵振国、阎书斌、魏海玲带领下，深入十七个乡镇二十余个行政村，对农业和林业生产进行视察，参观了常石林带和盖家川村雨季造林工程。县政府副县长张平和、农业局长马书勤、水利局长王金顺、绿委副主任张转才等同志自始至终陪同视察。1991年3月中旬，县政协组织相关委员深入店上、固村2个乡镇的2个乡镇办林场和4个村办果园进行专题调研，并向县委、县政府提交了《关于加强果园管理的建议案》，就提高认识、加强领导、培训人才、增加投入和管理体制等提出了5条具体意见和建议。1992年3月27~31日和5月6~12日,县政协组织部分懂果树技术的委员和机关干部,邀请县经济林办公室负责同志参加,分两次先后到城关、店上、晋庄、崇贤、辛村、集店、五龙山、西川底、固村、常行、东井岭等十一个乡镇,对三十五个百亩以上果园管理情况进行了实地调查和现场技术指导。并形成《关于对11乡镇35个果园调查视察情况的报告》报送县委、县政府。得到了县委、县政府主要领导批示,被县政府办公室予以转发。要求全县各乡(镇)党委、政府,县直有关部、委、局、室结合县委、政府《关于大力发展经济林的决定》和《壶关县建设生态经济县方案》很好地贯彻和实施,切实解决果园建设中存在的突出问题,把政协组织的合理化建议落到实处。同年7月21~23日,主席李存福、副主席刘全付带领部分委员,又一次深入辛村、城关、固村等乡镇8个百亩以上果园进行视察。11月16日至17日,县政协召开常委会对平川公路两侧苹果林、山区夹岸核桃等经济林工程进行视察。县政府副县长张平和及有关方面负责同志陪同视察。17日上午,县委书记姚保维、代县长籍先菊听取常委讨论,并分别就全县经济发展战略和1至10月份主要经济指标完成情况,向常委们进行了通报。1993年3月中旬,县政协组织10余名委员深入8个乡镇、20个果园进行视察调研。

1993年四届县政协换届。四届县政协于1994年4月18~25日,组织农林界部分委员以及农口有关单位的负责同志20余人,由主席李永胜、副主席闫书斌、魏海玲带队,并邀请县政府副县长张平和、龚承鹊参加,深入17个乡镇30余个行政村,对经济林重点工程和果园生产进行了为期一周的视察。形成了《关于经济林建设的调查与建议》,充分肯定了经过近十年持续努力,全县经济林发展取得的显著的成绩,分析了影响我县经济林发展的突出问题,提出"进一步提高认识、搞好规划、实施工程管理、加强现有经济林的管理、制定和明确发展经济林的优惠政策和具体规定、加强人才培养和优质苗圃建设"六条建议。6月24日,县委、县政府两办文件批转了县政协《关于经济林建设的调查与建议》,要求各乡镇采取措施、认真对照各自实际,落实意见、建议,把经济林摆在重要位置,切实抓好。1997年10月15~16日,县政协组织常委及部分委员,并邀请太行峡谷国家森林公园管理处负责人栗建平、城建局局长郭爱忠、工商局局长焦徐忠、林业局局长李书贤、县绿化委副主任张转才等有关部门的负责同志,在主席李永胜、副主席徐明柱、阎书斌、魏海玲、马有忠的带领下,深入荫林公路、太行峡谷国家森林公园的部分景点、县供水工程、北大街的开通工程、溢银市场建设工程、新建路拓宽改造工程和万紫千红山森林公园建设工程等进行了调查视察。提出"积极引进资金,加快开发太行峡谷国家森林公园和万紫千红山森林公园的建设步伐"等四条建议。

世纪之交，县政协主要围绕太行山大峡谷旅游开发与森林资源保护这个中心开展建言献策工作。

二、上世纪的最后几年，县委、县政府在发展林业、建设森林公园的基础上，作出开始开发太行山大峡谷旅游的决策，县政协主要围绕旅游开发建言献策。

1998年5月县政协换届，原县政府分管农业、旅游工作的副县长张平和当选五届县政协主席，县委分工让他继续主抓旅游开发工作。到2003年6月届满，县政协主席张平和带领县政协常委、委员和机关干部，紧紧围绕全县工作大局，在林业生态保护、森林公园建设和大峡谷旅游开发上，组织开展了一系列调研视察、协商议政、力推发展的工作。

1998年8月，县政协主席张平和、副主席张钟晓和森林公园主任栗建平一道，带领政协、林业等部门有关人员，对大峡谷交通沿线的绿化情况和一些旧有景点进行了考察，决定对黑龙潭和十八盘两个景点进行先期开发，同时对公路沿线的绿化工作提出了建议。

1999年6月～2000年10月，在县政协主席张平和主持下，组织政协机关人员、相关委员和部分县籍退休干部，组成两个调查考察小组，分别由副主席徐明珠、张钟晓带队，对太行山大峡谷国家森林公园的旅游资源要素，进行了深入全面的调研考察。历时一年多，完成了旅游资源普查和景区景点的划分、命名工作。同时提出并实施了“以保护和改善生态环境为前提进行旅游开发”的工作思路。

2001年上半年，县政协主席张平和陪同县委书记程前、县长赵春英，多次深入森林公园考察旅游资源，研究进一步保护森林公园和快速发展旅游业的思路和对策，确定了“面向社会公开拍卖景点开发权和经营权”的办法。

2001年5月，县政协机关人员个人集资拍得了红豆峡景区。在红豆峡景区前期开发中，县政协主席张平和特别强调，要高度重视对景区内森林资源，尤其是核心资源、特色资源红豆杉的保护，同时把绿化作为景区开发的头等大事。到2003年6月换届，红豆峡景区在县政协指导下，完成荒山绿化500亩，栽花种树20000余株，并开始建设红豆杉育苗基地。

县政协主席张平和还经常深入其它景区检查指导工作，明确要求各景区在开发旅游项目时，必须首先保护好森林资源。之后，张平和主席倡导的“开发与保护并重的原则”就成了太行山大峡谷旅游开发所遵循的一条重要原则，使大峡谷旅游事业发展和森林公园建设相得益彰，取得了“双赢”的效果。

三、进入新世纪后，县政协主要围绕造林绿化和护林防火这个中心开展建言献策工作。

2003年换届后，六届县政协重点围绕造林绿化工作组织了多次视察调研活动。2005年11月30日，县政协主席李彦忠召开常委会议，副主席徐明珠、高联喜、贾金花参加，带领20多名常委对全县通道绿化重点工程进行了视察，县林业局局长秦庆祥等陪同视察。

2006年4月4日，县政协主席李彦忠组织全体常委、农林界的部分委员、林业局负责同志等一行50余人，深入店上、东井岭、石坡、树掌、桥上、五龙山、晋庄等乡镇对春季植树造林情况进行了视察。4月29日，又召开常委会议，对县城春季绿化和环城绿化工作进行了视察。11月10日，再一次召开常委会议，组织30余名政协常委，在县农业局、林业局领导陪同下，分别到龙泉镇、集店乡、常平开发区、晋庄镇、五龙山乡、黄山乡、百尺镇等乡镇，对28个村50余个新农村建设项目和秋季造林绿化点进行了实地视察和督查。

2007年七届县政协换届，李彦忠继续当选主席。当年12月下旬，选择涉及民生问题的九个方面的重点提案，由主席李彦忠、副主席高联喜、贾金花、徐玉明带领机关专委会主任和有关委员，深入相关单位和现场，对提案落实情况进行了追踪督查。其中，涉及林业的两个提案是“建立护林防火长效机制”“加强、加快通道绿化”。督查认为，林业局落实政协提案，完成通道绿化186公里，分别在长平线、荫林线、李东线实施了加宽、增色和上绿化小品工程；为加强护林防火工作，正在筹划成立“森林灭火专业大队”，已印发护林防火政策法规和烧山处理案例等宣传资料，并组织下乡入户宣传，与广大群众签定了护林公约。同时认为，在护林防火工作中还存在一些问题和困难：一是群众防火灭火的意识普遍淡薄，特别是一旦山林着火后，发动群众扑火、灭火很困难；二是森林防火经费严重不足，缺乏必要的防火器具，开设防火隔离带的工作也无法正常进行；三是专业灭火力量薄弱。全县森林火灾、火情、火警频发，护林防火的形势相当严竣。督查提出要建立护林防火新机制，努力把森林火灾、火情、火警的发生起数降到最少，损失减到最小。①要加强教育引导。通过宣传教育、签订护林公约，引导人们自觉树立“护林防火、人人有责”的观念，从而使人们自觉杜绝野外用火，并能积极主动地参与森林灭火的行动。②要组建专业灭火大队。机构设在林业局，副科或股级建制，事业性质；采取调配或评聘的办法，组建一支至少50人的专业队伍；要将森林灭火经费纳入县财政预算，保证有充足的灭火器具和设施。③要为每年大量的秸秆、根茬找到有用的出路。我县多数火灾是由烧秸秆、根茬引起的，因此，处理好秸秆、根茬可以大大减少引发火灾的源头。政府一方面要大力推广我县晋庄等乡镇秋后深埋秸秆、根茬,改善土壤、增加地力的做法;另一方面要大力推广农村秸秆气化、集中供气,可再生能源充分利用和秸秆固化成型取暖,节约能源的新技术。④要加大对人为火灾事故的处理力度。专业灭火队成立后,要加强日常巡逻,对人为火灾事故要发现一起,处理一起。县政府或县人大常委会要制定地方性的条例或法规,加大对人为火灾事故的处理力度。据调查,对农村老百姓来说,入狱几天不疼不痒,经济处罚伤筋动骨。因此,对人为火灾事故的处理,要制定高额的罚款标准。2008 年 4 月 16 日,由县政协主席李彦忠主持召开七届四次常委会议,在县政府副县长李志强、林业局局长秦庆祥陪同下,围绕全县“1+5”城市群绿化和护林防火工作,深入龙泉镇、集店乡、晋庄镇、石坡乡、东井岭乡、店上镇等地,对绿化现场和护林防火工作进行了视察调研。在视察之后的议政座谈会上，林业局局长秦庆祥就全县春季重点造林绿化工程及森林防火工作进行了详细汇报;政协副主席高联喜、贾金花、徐玉明等 8 位常委先后发言,就进一步搞好我县“1+5”城市群绿化和护林防火工作提出意见和建议;李志强副县长代表县政府对常委们提出的意见和建议表示要认真研究、积极采纳、抓好落实。2009 年 2 月下旬,针对冬无雪、春少雨,全县山林面临森林火险等级居高不下的严峻形势,县政协组成调研组深入东井岭、石坡、树掌 3 个乡镇 11 个村,对护林防火工作进行了专题调研,针对存在的一些问题和困难,提出了 8 条改进工作的思路和对策。在此基础上,3 月 25 日又召开七届九次常委会议,在县政府及林业局有关领导陪同下,深入全国林业现场会参观路线,对沿线龙泉镇、店上镇、东井岭乡、石坡乡、晋庄镇的通道绿化和护林防火工作进行了视察。这次视察在通道绿化方面,提出了“进一步健全管护措施,落实管护责任,确保成活率;尽快尽早落实占地补偿和拆迁补偿;加快施工进度,确保绿化高度;及早筹划,建立规模化的苗木基地;千方百计解决资金问题,尽力保护乡、村干部干事创业的积极性”五条建议。在护林防火方面,提出了既要研究探讨并逐步建立护林防火的长效机制;又要在思想意识上要高度戒备,尽心尽责死看硬守,切实落实好“三个万”“六个一”措施。2010 年 4 月 1 日,县政协召开七届十四次常委会议,主席李彦忠、副主席高联喜、贾金花、徐玉明带领政协常委和部分委员,在县政府分管林业领导和林业局负责人陪同下,就全县植树造林和护林防火工作进行了视察。与会人员先后到 8 个乡镇 20 个村点进行了实地视察，听取了县林业局和各乡镇的汇报,并举行民主议政会进行了协商讨论,建议在植树造林上应着重抓好以下几点:一要更新观念,充分认识发展林业就是营造“绿色家园”。二要立足本地土壤和气候条件,合理搭配树种,推动绿化进程。三要认真实施园林化村庄建设规划,制定园林化村庄建设标准。四要进以提档增色、提质增效为目标，一步加强通道绿化工程的管护工作。五要创新机制，不断激发林业生产的内在活力。六要突出抓好资源保护，巩固林业建设成果。七要加强组织协调工作，形成工作合力。对进一步做好护林防火工作的建议是：一是在整个森林火险期，要进一步加强《森林法》的学习和宣传。二是贯彻“三三六”工作法的一切有效措施要坚持到底。三是要注重发挥森林防火专业队的作用，做好应对森林大火发生的各项准备。四是要进一步加大对森林失火肇事者的处罚和打击力度。五是在靠近林缘地带，要规划出一定距离的防火隔离带，尽量减少森林火灾发生的可能性和发生后的损失。六是增加投入，添置扑火设备，增强对火灾的扑救能力。

四、2011 年换届后，八届县政协更加重视对全县生态林业、民生林业发展的建言献策工作。

2011 年 5 月县政协换届，王明德当选八届县政协主席。王明德主席在多次会议、多个场合强调，壶关有 100 多万亩山林，森林覆盖率达到了 50.6%；壶关是闻名全国的林业先进县，建设有国家森林公园，曾经获得过“全球环保 500 佳”提名奖。绿色是壶关的底色和本色，是壶关的面子和形象。政协围绕中心、服务大局，就是要在保底色、葆本色、妆面子、树形象方面调查研究，通过卓有成效的建言献策工作，促进壶关林业持续、健康发展。

2011 年 6 月 12 日，针对当年“4·29”雷击起火，造成县域内部分山林被毁亟需修复的情况，由县政协主席王明德主持，副主席高联喜、贾金花、秦志平、秦庆祥参加，组织部分常委对省道川荫线两侧火烧迹地植被恢复工程进行视察后，提出“尽快清理火灾现场，及早上马植被恢复工程；植被恢复既要重视观赏性和生态效益，又要考虑经济效益，可增加中药材种植”的建议，引起了县政府和林业局的重视，扩大了观赏性树木和药材种植范围。

2012 年上半年，县政协组织力量专题对全县林权制度改革以来出现的新情况、新问题进行调研，形成的调研报告《切实做好林改善后工作，形成全民植树护林态势》，被省政协《信息专报》采用。同年，召开政协常委会议视察全县重点工程，其中涉及林业的重点工程有“壶关至长治市城际连接线通道绿化”和“集店至平顺县通道绿化”，并形成视察报告，为林业工作建言献策。

2013 年春季，全县护林防火的形势异常严峻。县政协按照县委统一部署，积极落实机关护林防火任务，主席、副主席以及五个专委会、办公室、信息中心的干部，分别到所包的乡、村督促检查、蹲点调研，与当地群众共吃共住共防火，共同研究发展林业的新举措、好办法。与此同时，县政协机关人员撰写了多篇有关森林防火、生态建设、经济林发展等方面的调研文章，为全县发展林业、打造绿色壶关提供了可资借鉴的参考意见。

同年，县政协主席会议在研究工作要点时，决定对县林业局工作进行一次民主评议，并写进了县政协常委会工作报告。当年11月下旬～12月底，县政协抽调部分常委、委员组成民主评议小组，用了一个多月的时间，面向全县公开征求对林业工作的意见，深入到林业局、森林灭火队听汇报、查资料、看演习，到石坡乡、树掌镇与乡村干部和群众座谈、征求意见，到田间地头、山坡沟谷察看造林绿化工程、经济林种植项目，在充分了解情况、掌握资料的基础上，召开大会对林业局进行了面对面的评议，并形成《政协壶关县委员会关于对县林业局民主评议的通报》，肯定了林业工作的四点成绩，指出了存在的四个问题和不足，提出“真正建立起权、责、利相统一的林权管理机制，加快推进林业项目实施，扎实做好森林防火工作，持续加大林业执法力度，切实加强林木管理养护，强化班子队伍建设，妥善处理林场职工工资问题和野猪伤农事件”等建议。

2015年10月

第二章　艺文集萃

第一节　现代诗文选

1. 现代文选

与树有关的那些事

田晋裕

槐花盛开时节，在乡下的姐姐来电话说，老槐树太老了，都“干梢”了，要不要砍掉。姐姐说的，是我老家院子里的那棵老槐树。我长年在内蒙古边防部队工作，父母去世后，老家的宅院便委托姐姐照看。那棵老槐树还是当年母亲嫁到田家时栽种的，细算下来，也有近百年树龄了，叶绿时间不断推迟，新枝生长明显减缓，树叶也不及过去那般肥大。看来，树木也像人似的，上了年纪，反应便变得迟纯了。但我还是不加思索地对姐姐说，别砍掉。浇点水，施点肥料，说不定还能缓过来。

不愿意动这棵老槐树，不仅因为它能够见证老家历史，也不仅因为那是母亲亲手所栽，可以见物思人，还在于我对树有一种天然的感情。于是我决定，回一趟老家。

一

我的家在太行山深处，许是生不逢时的原因，从记事起，家乡的景象并没有那般美好：山上没树木，河中没流水。那是个极“左”盛行的年代，在“以粮为纲”的口号下，大片的荒山改造成梯田，土地贫瘠，缺少肥力，农家肥有限，生产队便在冬季里组织“熏荒”——将荒山草皮刨起晒干，码成空心的宝塔形，塔尖留孔，在空心处放些柴草点燃，三五天过去后，原先的草皮、草根便熏烧成所谓的肥料，来年春季施在地里。就是这样一种严重破坏生态、造成水土流失的行为，居然披上了“为多产粮食做贡献”的光环。20 世纪 70 年代末我当兵离家的最后一天，还与本村一个叫“白猪”的社员共同“熏荒”三堆，报酬是生产队记了 10 分工分。那些年，尽管生产队上报的开荒造田面积年年增加，但除了每年上缴的“公粮”，百姓分到的粮食大都难以维持一年的生计。

初夏时节，正是家家粮食青黄不接时，村野的树木却郁郁葱葱，这似乎给人们带来了些许的希望，食材开始出现改变:吃树上长出的东西。只有这时，平时爱爬树捅鸟窝的孩子，才能破例得到父母的准许，可以爬上经不动成人却可以撑得起孩童的树上，采摘那些可食的杨叶、柳絮、槐花、榆钱，让家里当口粮吃。在这些植物中，最好吃的当数榆钱，因为榆钱是带油性的树籽，与玉米面加盐混拌成半干半湿状的“苦累”，上笼蒸熟，吃起来很香；槐树花的口感也不错，可与玉米面做成窝窝头吃；杨叶和柳絮就没那么可口了，开水煮过后，要多次滤水，仍然带有苦味。如果赶上生产队砍伐一棵榆树，那简直就是村民过节的日子，在榆树倒地的同时，村里男女老少一哄而上，拿着锤子斧头之类的家什，争相割脱树皮，即使是再深的榆树根，也要费力挖出来，将取下的树皮晒干碾压成粘性很强的榆皮粉，与玉米面掺合，就能在节日或是来客人时，做成一种叫饸饹的饭。就是这些树叶、树花、树根之类的绿色植物，伴着农村人度过了那些年的特殊岁月。

也许是受树木恩惠太多的缘故，农村人对植树便格外的上心。每年清明节前后，生产队都要组织种树。种苗来源也简单：在已经长大的杨柳树上，砍下树枝，掐头去尾，剪掉枝杈，栽深夯实，这些无根须的苗木大都能成活。由于技术含量低，我们这些孩童也学着大人的样子，在房前屋后栽一些细小的苗木，此后的一段时期，几乎每天都要看自己所种树苗的成活情况。天气逐渐转暖，空气中弥漫着一种春天的气息，伴随着丝丝的春雨，自己栽种的苗木由青变绿。忽然有一天，在苗木的某一节上鼓出了新芽，那芽嫩黄嫩黄的，很是可爱，自己的那份喜悦和激情无以言表，逢人便讲:“我种的树活了！”

二

有了树，还能成就农村姑娘的婚事。20 世纪 70 年代，农村姑娘出嫁既简单又复杂。简单的是，没有什么手表、自行车、缝纫机，没有后来的电视机、电冰箱、录音机，更没有现时的产权房、私家车子。复杂的是农村姑娘十分重视女红，大凡婚嫁，一手好的针线活是不可缺少的。鞋底要亲手纳，鞋子得亲手做。更见功夫的，是要在鞋面和枕头上绣花。或荷花，或莲花，或牡丹，或戏水鸳鸯。这些绣品，羞涩的农村姑娘平时密不示人，只是临到出嫁前几天，才按照惯例让人看。每到这时，村里的大嫂们、姑娘们，会三五成群地来待嫁的姑娘家里看嫁妆。这时，就见待嫁的姑娘洗干净手，庄重地打开箱子，将一件件绣品和盘取出，供女人们评品。其实，女人们此时各有各的心思:大嫂们在暗中对比着当年自己的绣品，姑娘们此时则揣摸着自己将来的绣品该如何取长补短。绣品成了一种婚嫁文化，其重视程度便可想而知了。做嫁妆绣品，主材料是丝。在商品紧缺的年代，不只是无钱买，还在于有钱也无处买。大姐到了谈婚论嫁的年龄时，为了备嫁妆，开始动议要栽桑养蚕。大姐不知从哪找来几株桑树苗，那苗杆青青的，根须黄黄的，我与大姐共同挖坑种苗，当春天来到时，居然都成活了。桑树成活的同时，大姐开始养蚕，头年秋天就买来蚕纸(布满蚕卵的纸)贴在水缸的外壁，使蚕卵休眠，春天里，当桑树吐出嫩叶时，便把蚕纸从凉爽的水缸外壁移至温度较高的室内，渐渐地，那小小的蚕卵便由白变黑，不几天，比蚂蚁还小的蚕虫便破卵而出。此时的大姐，便格外地忙碌起来，只见她用一根软软的羽毛，轻轻地将蚕虫扫进蚕盘里，再将嫩黄的桑叶盖在上面，不多时，那幼小的蚕虫便爬上叶面，开始吃桑叶。整个夏天，蚕虫由黑变灰，由黑变白，中间还要经过多次的褪皮，到结茧的前几天，整个蚕宝宝不再吃桑叶，齐刷刷地昂起头，开始“嘟嘴”。姐姐知道，蚕该上架结茧了。那洁白的蚕茧要变成五颜六色的蚕丝，还要经过煮茧、抽丝、搓丝、染丝等繁琐的工艺。由于经历了大姐栽桑养蚕的全过程，所以，上学后我最先理解了“作茧自缚”成语的含意。大姐养蚕三年，备齐了做女红的丝线，看着她亲手绣的件件绣品，我突然感到，爱情原来是多么庄重而又神圣的事情啊!

后来，女红绣品逐渐淡出家村，但当年与大姐共同栽种的桑树却枝繁叶茂，每年都要结不少桑葚，那蚕豆般大小紫微微的桑葚，被风一刮，辟里巴拉落的满地都是，吃一颗，那浓浓的汁液，酸酸的，甜甜的，沁人心脾，成为伴随终生的美好回忆。

三

1974年,在学校“以学为主,兼学别样”的号召下,我进入壶关县一中第40班读书,当时是“文化大革命”后期,文化课只是应景式的上,倒是专业班很是红火。我们那个年级设了文艺班、体育班、机电班、农林班,最红火的是文艺班,都是一些长相有模样的俊男靓女，文艺班的活动格外地吸引处于青春躁动期的学生们，一首唢呐独奏《山村来了售货员》听得全校都能哼哼上来;最牛气的是体育班,人高马大的一帮城市孩子中,干部子女不占少数,穿着回力牌运动鞋,谁也不敢惹;最让我们这些从农村进入县城中学的孩子羡慕的是机电班,因为能学习开手扶拖拉机。而我们这个班是农林班,学的是农作物优种培育和果树修剪,其它班的学生都有点看不起。尽管这样,大家对农林课还是格外的热心。兼任林业课老师的,是县林业局技术员张平和,张老师为人朴实,为我们上课很用心。正是在他的教学中,自己懂得了果树主枝、侧枝、副侧枝、营养枝、徒长枝之类的果树专业基础知识。那年冬天,在张老师的协调下,我们班还在一个叫黄角头的林场果园进行了为时不短的实习。我们这个班的学生，毕业回农村后,大都到村办林业队干活,我最要好也是全班最优秀的同学程喜堂,后来还被招录到县林业局工作。

我老家村里的林地,其实有两片,一片是北岸的核桃林,另一片是村西头上凹那片果园。那片果园可谓村里的世外桃园:山凹向阳且背风,早晨的阳光最先照在山凹里,干活不像生产队那么累。林业队的人都有被照顾的背景,一个是残废军人,一个是“赤脚医生”,还有三个是上了年纪的老人,平均年龄在50岁以上,只有我最年轻,在林业队实际上担任的是技术员的职能。果园里有苹果树、山楂树、李子树,还有梨树、桃树、杏树。春天里,整个果园姹紫嫣红,春意盎然,尤其是目睹自己亲手嫁接的果树上能同时开出几种不同的花,结出几种不同的果实,很是惬意。秋天时节,果实累累,我和相对年轻的“赤脚医生”负责夜间看果园,既有工分补助,还能悄悄摘几个果子送些人情,因此我在村里便很有人气。在林业队的两年多时间里,除了管理果园外,我还利用插枝技术,建起了一个苗圃,每年为村里提供上万株的树苗,虽然树苗单一,只是农村里常见的杨树苗,但照样有一种成就感。

树木在成长,自己也在成长。随着年龄的增长,开始思考一些事关人生的问题,便对农村生活有点不安分起来,觉得果园再好,毕竟不是生活的伊甸园,于是开始向往大山外面的生活。1978年底,中国与南部某邻国关系剑拔弩张,那个很冷的冬天,我穿上了军装,进入了军营。

虽然没能参加1979年初的对越自卫还击作战，但20世纪80年代终于还是参加了在云南老山地区的部队轮战，在中越边境犬牙交错的阵地上，经历了战争的无情，体验了生死的考验，见证了生命的瞬间消失。老山属于亚热带山岳丛林地区，多年的战争把前沿阵地的树木打成了残枝败叶，但毕竟是在一片原始森林作战，作为在集团军指挥所工作的我，得三天两头到前沿阵地了解一线情况。好在有了森林的掩护，每次上下阵地，只需防止脚下的地雷，不用过多担心对方的冷枪或炮击。经历了那场战争，我愈发感到，树木真是个好东西，关键时刻能保护人的生命。

四

离开生养自己的故乡36年，家乡的巨变让人不敢相信。不只是道路宽广了，楼房多了，更让人惊叹的，是家乡的绿化前所未有。车出素有"全国十大魅力城市"之一的历史古城长治市，不时看到公路边有"太行大峡谷"的巨幅广告牌，这个国家4A级景区就在我县。进而得知，太行山大峡谷旅游景点从论证到开发，正是我当年高中时的林业课老师张平和负责，张老师后来任县林业局局长、副县长期间，主导全县的植树造林工作，全国绿化工作现场会曾在这里召开，从县政协主席岗位退下来后，张老师仍然热心本县的生态建设，太行山大峡谷成为他的得意之作。

我那个小村庄的变化同样使人感叹。昔日的荒山秃岭，全部被绿色植被所覆盖，除了耕地，几乎没有裸露的土壤。原先挂在山梁上的层层梯田，全部退耕还林，淹没在了林海中。由于树林的原因，整个村庄似乎变小了，而四面的山似乎长高长大了。当年那条到邻村上初中的山路，早已被高大的树木遮盖得严严实实，取而代之的，是沿山脚走向修建的一条水泥路，车行其间，不时会被一侧的树叶扫得唰唰直响。直到看见掩映在密林中的建筑房顶，才觉出到家了。如果说当年是"树在村落中"，眼前的景象则是"村在森林中"。

村里出奇的静，除了偶尔传来几声鸡鸣狗叫，少见人影。姐姐告诉我，年青人都到外面打工去了，个别混得不错的，还在县城买了房子，连媳妇也出去陪孩子就读了。村里剩下的，多是年纪较大的人。傍晚时分，一辆外地的农用汽车进入村中，不多时，听得外面叽叽喳喳的说话声。出去看看，是一个收购商在与村人讨价还价，与我年龄不相上下的左邻右舍的乡亲们，扛着成袋成袋刚从林中采摘的松塔，等待过秤。本家表哥穿一身沾了许多松油的衣服，身边是两袋松塔。显然是刚从山中采摘回来，与我打过招呼后，表哥告诉我，虽然年纪大了，不能打工去了，但在家里除了种地外，夏天到山里采些中药材，秋后再上山采摘些松塔，辛苦一天，也能挣八、九十块钱。只要行情不跌，守在家里，挣钱也不比打工少。

在家小住的日子里，每天天没亮，早有鸟的叫声传来，许多叫声，当年在家时从未听到过。虽然没有“水清鱼读月”的风光，却有着“林密鸟谈天”的意境。家乡变了，家乡美了。憧憬之中，也有一些隐忧。是的，农村是我国传统文明的发源地，乡土文化的根不能断，农村不能成为荒芜的农村、留守的农村、记忆中的故园。望得见山、看得见水、记得住乡愁。

【作者简介】田晋裕，树掌镇教掌村人，1978年入伍，现任内蒙古乌兰察布军分区政委、乌兰察布市委常委，大校军衔。上世纪八十年代参加南部边境作战，本世纪开始在北部边境戍边。在职学习取得学士学位，业余写作出版《血殷泪咸》《兵败情场》《风雪边关》等专著。

在万分之一国土上搞绿化做贡献

——记壶关县原县长刘德宝同志育树兴林的事迹

马先明

1992年8月的一天，省林业厅原厅长刘清泉同志为一事驱车500里，来到长治县政府找他的林友——县长刘德宝同志。

说起来，他俩的交往已经10多年了。在刘德宝任壶关县副县长、县长期间，刘清泉年年都要到那里下乡指导林业生产，到长治县也是第二次了。往常，对刘厅长提出的建议刘德宝县长都是遵从的，但这次却着实让老厅长费了一番口舌。原来，省委决定要公开选拔农口副厅级干部，他是来说服动员这位林友报名参加公开选拔林业厅副厅长的。几乎在同一两天内，刘德宝又相继接到了省绿化委常务副主任马如龙、林业厅几位老厅长、长治市林业局几位局长的电话和信函，也都是为此事催促他快下决心参加报名。他们一致认为，在壶关县绿化接力赛的过程中，刘德宝这一棒接得很好，到省林业厅任职，是一合适人选。

“万分之一”的意识

壶关地处太行山南端，因辖内西端出口北有老顶山，南有双龙山，山形似壶，且以壶口为关而得名。境内山峦起伏，沟壑纵横，自然条件很差，是远近闻名的贫困县。

20世纪80年代初，伴随着改革开放的时代大潮，生于斯、长于斯的刘德宝走上了壶关县县级领导岗位。职位提升自然少不了踌躇满志，但他更多的是感到肩上担子的沉重。怎样才能无愧于26万家乡父老？怎样才能无愧于这一方热土？他的脑海里浮现出了一串串的数字和一个个的事实：壶关是个山多、沟多、石头多，缺水、缺林、缺钱花的贫困县。全县980平方公里版图面积，约占全国国土面积的万分之一。境内162个大小山系，3368条大小沟壑，荒山荒坡面积多达百万余亩，占到全县总面积的75%。一部壶关贫困的历史，其实就是一部日渐生态日渐恶化的历史，一部水土严重流失的历史。严峻的现实使刘德宝深切地感到：壶关最大的问题是穷，明显的潜力在山，根本的希望在林。在壶关当领导不能不抓治山兴林。他还认为：当村长就得负绿化一个村的责任，当乡长就得负绿化一个乡的责任，当县长就得负绿化一个县的责任；县县、乡乡、村村的领导都负起责任来，植树造林的国策就会落到实处，绿化祖国的号召就会变成现实。多年的工作实践还使刘德宝深知：要搞好一个地方的工作，必须抓住突破口，选准切入点，这样就能形成单项突破、整体推进的工作态势。而壶关造林有大面积的荒山沟坡为对象，有前几任县委、政府"接力绿化"的工作基础，有新调整后蓄势待发、锐意进取的乡镇一级领导，有业务素质很强的县林业局班子，有广大干部群众治山治穷改变面貌的积极性，全县林业一定能突破，各项工作一定能牵动起来。因此，他以蓄报国之心于万一的情怀，以救生态之失衡于一县的意识，以治穷先治山的心志，响亮地提出了"在万分之一国土上搞绿化做贡献"的口号，以此为凝聚力，带领全县人民继续投入治山兴林的伟大实践。

1983年，省林业厅决定在太行山区选择一个县作为绿化太行山示范县，先走一步，为全省造林绿化树样板，做示范。而究竟到哪个县搞，那就不仅要看客观条件，也要看县委、县政府的积极性大小了。消息传到壶关，时任县委农工部代部长的刘德宝敏锐地感到这是加速壶关林业发展的一个极好机遇，当即与时任林业局长张平和一块找到当时的县委书记聂庆保、县长阎好勇进言：积极争取省里确定来壶关搞绿化太行山示范县。县委、县政府经过研究，一致赞同这个提议，迅即展开了一系列的"攻关"活动：拍电报、上请示、开座谈会……精诚所至，感动了省林业部门的领导，很快确定壶关为绿化太行山示范县。随后不久，由省林业设计院的专家、技术人员60余人组成的区划规划调查队伍风尘仆仆来到壶关，一场声势浩大示范县的先期工作林业区划规划在全县铺开了。

为保证林业区划规划工作的顺利进行，已任副县长的刘德宝又主持召开各乡镇党委书记、乡镇长会议，详细安排有关事宜。他要求各乡镇党政领导一定要当好区划规划调查队伍的"后勤部长"，要像当年老区人民迎接八路军那样接待好调查队，要主动为他们选好房，做好饭，上山带好路，帮助完成好调查任务。他本人还多次下乡深入到点上，安排调查队队员的食宿生活。

经过一年多时间的共同努力，任务浩繁的全县林业区划规划工作顺利完成。从此，壶关林业步入了科学发展的轨道。此后的实践中，逐步形成独具特色的区划、规划、设计、施工、验收、建档一体化管理程序，被省内外林业部门的领导、专家赞誉为科技营林“一条龙”经验，称作“壶关模式”，在整个太行山绿化中起到了示范作用。次年秋，国家林业部在壶关召开了北方14省、市、自治区有关领导、专家参加的现场会，具体推广了这一经验。

为了充分调动广大群众的植树造林积极性，加快全县林业发展步伐，刘县长还十分注重调查研究。1986年间，他深入到王家庄、常家池、南行头等30多个林业先进村进行调研，根据这些村的经验，归纳总结了以劳动积累工为主的12种造林办法，即：劳动积累工造林，义务植树，“两户”（重点户、专业户）承包荒山造林，划分三山（自留山、责任山、义务山）造林，以工养林，以农养林，办苗圃、果园补林，造林抵顶清欠，批伐木材造更新林，批宅基地造补偿林，入党、入团、入伍、结婚、生子等营造各种纪念林，对损坏树木者责令惩罚性造林等。他持笔起草关于建立劳动积累工植树造林若干规定，两到北大安村征求村干部和农民意见，数易其稿，交县委常委、政府县长联席会讨论通过，正式发文至全县。这些政策措施的贯彻落实，产生了十分积极的效果。有人算过一笔账：从1986年到1989年，壶关县共完成造林面积22.09万亩，按时价每亩投资33元计算，共需投资728.9万元，而这一时期上级部门拨给壶关县造林资助款只有70万元。这就是说，由于依靠政策调动了群众的积极性，壶关人民四年时间为国家节约造林资金650万元。

“无山不到”的作风

刘德宝县长常常对壶关县的基层干部讲，在贫困山区工作，尤其是在这些地方要治山治穷，造福人民，干部首先要有忘我的吃苦精神和深入细致的工作作风，必须“既劳心又劳力，做到复杂的脑力劳动和繁重的体力劳动相结合”。他不仅是这样要求下面的，自己也是带头这样做的。

1986年雨季造林期间，为确保全县的荒山造林进度，刘德宝和林业局张平和等共乘一辆旧吉普，顶着烈日酷暑，一连奔波八九天，往返行程过千里，相继检查了店上、东井岭、石坡、树掌、鹅屋等10多个山区乡镇的雨季造林工作。每到一处，他都要爬山越岭，亲往造林现场，讲政策、查进度、作指导。当他来到离县城最远的大山区鹅屋乡，登上东壶陵水村的山头时，已经累得直不起腰，两腿酸痛不由得跪倒在山坡上……尽管如此，晚上回到乡里，他还连夜同乡领导汇总情况，分析问题，并提出了中肯的意见。他对刚刚调整过的乡党委、乡政府领导说：“鹅屋过去是全县的林业先进乡，连续5

年，每年造林1万亩，年年受表彰、戴红花。今年班子调换了，你们应该考虑如何保证林业工作长盛不衰，继续为全县带好头。"隔天返回县里，他意犹未尽，又提笔给乡党委书记王贵祥、乡长赵元有二位写了一封情真意切、题为《函嘱鹅屋绿化》的"四言信"：

鹅屋山乡，条件很差。
域内山多，百座千架。
各业之中，林业为大。
前任领导，狠抓绿化。
岁岁万亩，年年戴花。
如今要后，后任你俩。
应学前任，实干真抓。
当前雨季，造林最佳。
奉劝二位，决心要下。
因地制宜，搞好规划。
背水一战，抓住"西瓜"。
大路两厢，迎面背洼。
先阳后阴，先上后下。
依靠政策，调动大家。
"三山"落实，"两户"披挂。①
群众运动，精心筹划。
小组作业，宜小忌大。
订好制度，包括自家。
奖勤罚懒，说啥算啥。
乡村干部，天天检查。
上足发条，锡锣紧打。
干满一月，方言下马。
保证林业，只上不下。
年终评比，照戴红花。
倘非如此，干脆作罢：
请示县委，摘下"乌纱"。
此话难听，实是好话。

① "三山"指义务山、自留山、责任山，"两户"指造林专业户、重点户。

二位深思，不听算啦。

费我笔墨，关系不大。

落下工作，事关重大。

长话短说，快抓绿化。

过上半月，再去检查。

鹅屋乡的领导接到了这封“特殊”信函，倍受感动和鼓舞，铆足劲头大搞雨季造林。半月后，刘县长“如约而至”，当看到该乡造林任务全面完成，速度、数量、质量“三达标”时，他满意地笑了。

1987年，刘德宝当了县长，主持政府全面工作，仍然坚持在林业上投入足量的时间和精力。他坚持大的林事随时上议程，一年集中抓四次，即春、夏、秋三季造林，冬春护林防火，用他归纳的话说是“春抓早，夏抓巧，秋抓好，冬抓保”。1990年春，清明刚过，正是林时林事节令，也是刘德宝工作调离壶关的前几天，他又和省林业设计院乔俊副院长、县林业局张平和局长等人上了乌泉山。该山地处黄山、柏林、店上、固村等几个乡镇交界边缘。因为界限不清、责任不明，迟迟没有得到绿化，成了“五不交界四不管”的“死角”，也成了刘县长的一桩心事。虽说工作即将调动，有很多事等待处理，但他却觉得这个应该去的荒山还没有去，得补上这一课。在乌泉山顶，他们把周边涉及到的4个乡镇、7个村的负责同志集中起来，召开了联席会，现场划清界限，明确责任，并责成林业局提供苗木，各乡村划片作战，确保乌泉山两年绿化。如今，这块当年的“死角”，已被一片绿色所覆盖。

刘德宝到底去过多少山头？恐怕他本人难以记全，别人也不会有准确的统计。人们只知道，刘县长说起壶关的山山沟沟来，知根知底，了如指掌，其熟悉程度几近于当地的干部、世居的老农。人们还知道，在一次全县三级干部会上，当他向与会者汇报工作时，一口气数出他到过的一百八九十座山头的名字，最高的大虎岭，最深的黄崖底，最远的梯垴山，最险的猫路山，都留下了他播绿的足迹。

“心血浇灌”的典型

有经验的领导都懂得抓典型的重要性，都会下工夫抓好典型，以点带面，推进工作。壶关林业的发展，离不开典型的带动和示范；而许多典型的培养，都浸透着刘德宝县长的心血。

壶关县有大大小小三千多条沟壑，由于海拔高差悬殊，河流长期切割，这些沟壑侵蚀十分严重，是水土流失的重灾区。人称“害河”的麻巷河，地处县域中部，有1条主沟、5条支沟，涉及3个乡镇、20多个村庄，总长15公里，流域面积60多平方公里，是一条典型的侵蚀沟，一遇暴雨，就会有成百上千亩农田塌岸断崖，被冲被淹。麻巷河流域的主河沟北段5公里多已经初步绿化，南段和整个流域还不配套。为了做到治山与治沟并举，林业与农业互济，在全面治理沟壑方面走出一条成功的路子，从1984年起，刘德宝就抓住这条在全县有影响的沟壑，开始了他五下麻巷河的历程。1984年春，他初下麻巷河，和乡村两级干部共同作规划，研究决定了以速生、保土的刺槐为治理沟坡的"当家"树种。之后，他两下麻巷河，组织流域内3个乡镇20多个村庄的群众大举植树，亲临现场落实标准、督查质量。1986年，他四下麻巷河，又以刁掌村为样板，规划安排了闸谷坊、修塘坝等缓洪、蓄洪的工程措施。同年秋，他五下麻巷河，同林业部门的同志一道检查验收了东王宅、西王宅、流泽、麻巷、鳌街等村的小流域治理工程。经过连续几年的巩固提高，麻巷河全流域实现了"下小雨，不流河；下大雨，流小河；下暴雨，流清河；连阴雨，不塌坡，水土保持见效果"的治理目标，形成了树多畜旺、林茂粮丰的良性循环。在麻巷河这一典型的启示下，全县近10万亩沟壑开展了普遍治理，水土流失的状况得到了明显改善。多年之后一个槐花盛开的季节，老刘旧地重游，回顾麻巷河的治理过程，欣然赋诗曰：

雪树银花五月初，三十里路香满河。

鼻目皆醉君须记，人民辛劳功德多。

其实，面对茂密的槐林，雪白的槐花，扑鼻的芳香，其中又何尝没有他自己的一份心血呢？

林业区划规划工作完成后，如何具体实施区划规划，应用这一科技成果，亟需搞出一个示范村给全县带路。刘德宝从地形地貌、干群劲头、地理位置等条件综合考虑，经过对几十个村的分析比较，最后选定了北大安村，并作为自己的林业联系点。他同乡村干部一起走遍村前村后，山梁沟坡，按照林业区划小班做出了河滩栽植丰产林，沟坡栽刺槐和椿树，四旁栽满杨、槐，山凹建果园，二坡地上栽山楂，向阳山坡栽侧柏，阴坡、半阴坡上栽油松的规划。从1984年开始，北大安每年春夏秋三季，季季都要动员全村男女老少大栽其树。每个林事季节刘县长都要去四五次作现场指导。一年秋后，他看到北大安果园建设工地，乡党委书记韩振国、村支部书记牛晋科带领群众撸袖上阵，年轻人肩膀上压起了大疙瘩，拉水车的牲口累得单套换成双套，心里十分感动。回县之后，他立即派出县电影队专门去慰问演出了3场电影。几年后的北大安村山顶油松戴帽，山间果树缠腰，四旁浓荫夹道，生态效益和经济效益开始显现，全村人均林业收入600多元。县委、县政府组织乡村干部到这里参观学习，要求条件相近的村庄都要以北大安为样板，按照区划规划科学营林，从而带动全县成百个村庄走上了科学兴林致富之路。

20世纪80年代,壶关县林业战线上涌现出一大批劳模。这些先进典型,不少是刘县长下乡调研直接发现、亲手培养的;有的则是在工作中相识相知,之后往来甚密,联系频繁,成了他的"林友"。像闻名全国的林业劳模、首创了干石山阳坡油松移栽造林技术的常行乡盖家川村农民王五全,为把他的造林经验推广开,刘县长可没少下功夫。起初,一年一次的雨季造林会,他都要组织乡村两级干部到王五全的造林点上开,请王五全现场讲技术,做示范;之后,他又多次到盖家川下乡,几次给王五全写信,鼓励王五全办起了林业技术家庭咨询站;支持张平和局长帮助王五全把他创造的经验归纳条理,印成技术资料,让王五全走村串乡讲技术,上山下沟传经验。1984年,王五全的经验被拍摄成了《干石山上栽油松》的科教电影,刘县长又督促指导有关部门组织专门的电影放映队,到全县300多个建制村逐村放映,真正把王五全的经验普及到了全县群众中,做到了家喻户晓,人人明白。可以说,王五全经验之所以能在县内外、省内外获得成功并引起反响,除了他本人的辛勤探索和科学创造,其间也凝聚着刘德宝等领导和基层干部认真总结和带头推广的心力。到省里工作后,刘县长还和王五全保持着经常联系。最近,王五全患病住院,老刘在工作之余专门探望了他,并在病床边给这位老"林友"留下了一首《诗慰林友王五全》的诗:

阳坡绿化古来难,壶邑东南出树仙。
岭上风霜衰鬓发,手中镐铲折钢尖。
陪山日日知山意,伴树株株结树缘。
不别阴阳林木茂,太行屋脊绿连天。

"挤干水分"的数字

在壶关林业的发展过程中,一个相生相伴的问题是如何对待成绩和荣誉。对此,刘德宝县长一以贯之的态度是:实事求是,不尚虚名。

刘县长经常告诫林业部门的同志:上报数字,宁说九十九,不说一百一。他认为,少报了,顶多是个数量问题,因为少报了的东西还客观存在,一般坏不了事;而多报了,却是个原则问题,多报的东西根本不存在,发展下去会造成严重后果,会犯"浮夸风、瞎指挥"的历史性错误。所以对于下面上报的各种数字,他都要亲自把关"挤水分"。一次,记者写了篇壶关林业方面的报道,请刘县长审阅,他对文章中涉及的数字、事实、细节等5处不妥当的地方及过誉之词全部作了修改。壶关县林业工作从一开始就较为扎实,在他这种作风的严格要求下愈加扎实。全县消灭了今年叫"大顶山"、明年叫"小顶山"的"领款山",杜绝了年年验收都重复统计一遍的"数数树"。实行林业区划规划设计施工验收建档"一条龙"营林程序后,生产数字更能经得起考验了。1987

年，省林业厅组织对当年造林情况进行抽查验收，检查结果出来后，壶关全县实际造林面积比上报数字多出两千亩，难怪带队验收的同志感叹地说："壶关县的林业工作实打实，以后可以取得免验资格了。"

在数字上，刘德宝县长一挤再挤，在荣誉上，他则是一让再让。1988年，在给国家林业部汇报壶关林业生产情况时，部领导认为壶关林业几年来取得了很大成绩，完成了林业部规定的绿化面积占宜林荒山70%的荒山绿化任务，建议申报"基本完成绿化任务县"称号。而刘县长却感到，尽管壶关造林面积比例达到了部里规定标准，可就整体而言，剩余30%荒山立地条件更差，任务更艰巨，造林绿化工作量甚至会超过已完成的70%。所以经过和县委领导统一意见后，向林业部领导表示了"什么时候拿下全部荒山，什么时候再申请'基本完成绿化任务县'称号"的决心。至于他本人，在荣誉面前能推就推。新闻单位的同志要为他写专题文章，他不让写；省里作家来壶关写报告文学，他从目录上画掉了写他的题目；林业部门的领导要推荐他当省林业劳模，他坚持着让其他同志上……

在对待专业知识和业务工作上，刘德宝县长也是实事求是，钻研不止。他利用下乡机会，深入实践向劳模学习。王五全阳坡造林那一套技术他学得就很地道，走到哪里，他都能栽棵示范树给群众演示。他同林业局长张平和是对老搭挡，多年来每在一起，他都要主动求问张平和一些林业知识，使每次一同下乡都能"听一堂课"。上面林业部门来人指导，更是他学习的好机会。刘清泉厅长等省厅领导和技术人员来了，他都挤出时间全程陪同，一边议工作，一边学业务，碰到不懂问题，就寻根问底提出一系列"为什么"。工作之余，他还坚持自学了《土壤学》《造林学》等大、中专课程。从此，他指导工作更富有理性。他亲自动手总结壶关的造林经验，并多次给林业部、省政府领导作了汇报。对他的总结和汇报，大家都认为既实在也很在行。

1989年金秋，省委、省政府在壶关县召开了全省林业工作会议，对壶关造林绿化的成绩和经验给予了高度评价。是啊，十年树木，全县完成荒山造林56.2万亩，占到宜林荒山的80%；林业覆盖率也由1980年的10%提高到23.4%，成绩确实令人鼓舞。对于省委、省政府的评价，刘德宝县长感到由衷的欣慰。但是，他却没有被成绩陶醉，而是冷静地总结成绩，思虑未来，奋笔疾书，写了篇"会后十忧"：

一忧上下松发条，攻坚战役难打好。

二忧林木面积大，干群管护意识差。

三忧四旁树不好，小老病虫难改造。

四忧县城标准低，第一印象不满意。

五忧苗木亏空多，优种苗木有几何？

六忧果园出问题，占了耕地没效益。

七忧两工管理乱，群众重新动员难。

八忧区划易放松，只缺一笔难成龙。

九忧换届要选举，难免干部心不齐。

十忧会后都拼搏，红旗壶关难再夺！

古言忧患能兴邦，如今兴林也一样。

举着奖旗找差距，现场会后再前进。

对他的这种“忧患意识”，省委、省政府的领导给予了赞扬，并批示省政府《晋政信息》和林业厅《山西林业简报》刊载了这“会后十忧”。简报编者按指出：“刘德宝同志这种在成绩面前找差距、努力拼搏再攀登的精神很值得提倡和学习。”

“再绿一县”的开端

1990年4月，根据上级组织安排，刘德宝从家乡壶关县调到长治县工作。工作环境变了，但他谋林的使命感没有变，兴林的雄心壮志没有减，决心走到哪绿到哪，绿化长治县，再创新辉煌。

那么，抓好长治县的绿化工作从何入手呢？上任伊始，他集中两三个月时间，深入基层，了解情况，铺排工、农、财、文等全面工作。同时又深入到20个乡镇近百个村庄搞调研，广泛听取了基层干部、群众和林业部门干部关于搞好全县农业生产、农村工作，特别是搞好林业生产的意见。又拿长治县与自己长期生活工作过的壶关县进行分析比较。一番调查分析使他感到：壶关属于山区，长治大多是平川；壶关林业发展的潜力在“山”上，长治林业发展的优势在“川”里。同时，调查中还了解到，长治县的四旁树木存在着病虫树多，小老树多，劣种树多的“三多”问题。因此，他秉持县情有异，县策当别的理念，从长治县的县情出发，提出了“一年建基地，三年抓育苗，五年改结构，力争用五年或更多一点时间在全县消灭劣种树，实现以毛白杨优良品系为当家树种，其他优种树、乡土树兼容并存的林木良种化、多样化，高标准、高质量、高速度重建国家级平原绿化先进县”的发展思路，就此给县委等五大班子作了汇报，得到了大家一致认同。

为了尽快实施这一发展战略，他专程奔赴太原，邀请省林业厅刘清泉、李里、冉彬彦、李慧培、马维义、王国祥、张铁锁、王兆光等10多名厅、处长和专家先后到长治县考察指导；请求省林业厅确定厅技术站把长治县定为工作联系县，请求技术站把对毛白杨育种方面有研究的乔万祥、刘富堂两位专家派驻长治县帮助工作。在专家的协助下，长治县很快制订了实现林木良种化的具体发展规划和实施方案。之后，又根据省林业厅领导的建议，组织全县各乡镇党委书记，由他带队，到山东省冠县、泰安等地参观学习林木良种化的经验。参观学习归来后，他从财政上拨出20多万元专款，安排各乡镇规划出近千亩好地作苗圃，从冀、鲁等地组织引进21个抗病、抗虫、速生、优质的毛白杨优良品系，派人从冠县苗圃请来30名技术人员，进行炮捻嫁接，建成毛白杨良种苗圃700多亩，杂交柳等优种苗圃200多亩。对苗圃的承包责任制以及浇水、用肥、灭虫、除草等各个生产技术环节，他都作过周到安排，具体指导。几次集体劳动，他都是亲自带领政府机关的干部、职工到苗圃去除草松土，浇水抗旱。在他调离长治县之时，这些苗圃的毛白杨已同竹笋一般破土而出，拔节而起，长成了二三米高的壮苗，从而为该县的林木品种上水平、平原绿化上台阶奠定了基础。

……

在省林业厅刘清泉等老"林友"的鼓励下，刘德宝参加了省农口副厅级干部选拔，通过考试、考核，被省委录用分配到省农业厅任副厅长。虽然他去了农业厅，但他仍然一如既往地关心着造林绿化，一如既往地敬重他的师长刘清泉。年节之日和闲暇时间，他常到刘清泉宅第看望。他们一块回忆壶关林业的发展，议论农、林二业的关系，感叹对自然生态的忧患……一谈就是老半天。最近，刘清泉又推荐刘德宝为山西省林学会、生态经济学会会员、副会长。

(原载刘清泉主编、山西人民出版社出版《我的林友》)

猎猎战旗舞太行

——壶关县组织民兵参加修筑护林防火墙纪实

张月飞

太行山，英雄的山。

多少年来，雄居在太行之巅的壶关人民以其特有的英雄气概战天斗地，披荆斩棘，谱写出了无数豪迈的壮丽篇章，而在这个英雄的群体当中，有支坚强的主力军不能不提起，那就是壶关民兵。

从战火纷飞的革命战争年代到热火朝天的和平建设时期，从以全国杀敌英雄张小保为代表的第一代民兵进行著名的常行窑洞保卫战到以全国林业劳模王五全为代表的第二代民兵绿化太行山、创造全国干石山上栽油松的奇迹，无不显示着这支主力军的钢铁般的意志和坚强的战斗力。

如今，以省劳模向学平为代表的壶关第三代民兵更是勇立潮头吟高歌，他们汗浸热土，力拔裸岩，以大无畏的革命精神参加修筑的万里护林防火墙，不但誉满三晋，名闻全国，而且在吉尼斯纪录上写下了崭新的一页。

绿色，壶关县的最大景色。曾几何时，壶关人民为改变“十山九无树，山山和尚头”的恶劣生态环境和落后贫困面貌，咬定荒山不放松，跪扶幼苗，躬种丛林，付出的不仅仅是心血和汗水。冬去春又回，终于，壶关层林尽染，绿涛翻滚，80 万亩绿色为壶关大地换了新装。“全国绿化先进县、太行山造林绿化先锋县、全球环保五百佳提名”等桂冠也相继而来。

然而当时光推移到二十世纪末，连续的秋旱连冬旱，点雨不降，片雪不飞，壶关人民储备明天希望的“绿色银行”——价值 30 多亿元的茫茫绿林，却遭受着森林火灾的直接威胁，几代人辛勤耕耘换来的春华秋实岂能让无情的火魔吞噬，壶关县委、县政府领导殚精竭虑、绞尽脑汁，修筑护林防火墙这一凝聚着干部和群众聪明才智的伟大创举就这样在壶关大地应运而生。

“修筑护林防火墙，民兵应派大用场”，时任全县护林防火指挥部总指挥，分管人武工作的县委常委、副县长牛建忠在全县刚刚打响修筑万里护林墙战役之初，首先想到的便是民兵，去年相继上任的县委书记、县人武部党委第一书记程前，县政府县长赵春英在这场与大自然的又一次决战中，首先想到的也是以民兵为主体，坚决把这次战役打赢打胜。

“特别能吃苦，特别能战斗，特别能忍耐。”壶关的民兵始终保持着我军这一革命本色，为确保把这项工作落到实处，壶关县专门成立了以分管武装工作的县委常委、副县长牛建忠为总指挥，县委常委、人武部政委宋建庭，人武部部长卫马句为副总指挥，相关主要部门领导为成员的万里护林墙指挥部，各乡镇也相应成立了乡镇长任组长，武装部长为副组长的领导组。为切实抓好这项工作，县里和人武部党委还多次召开会议，统一思想，提高认识并专题研究组织民兵营造护林防火墙工作，并结合实际下发了《关于组织民兵参加“万里护林墙”建设的决定》《关于开展创建“民兵号”工程和争当科技致富带头人活动的决定》《关于进一步大力组织民兵参加“万里护林墙”建设的通知》等文件，明确规定每年的入伍新兵都要参加垒防火墙劳动，对跨村的艰巨性工程要统一组织集团攻坚，中小工程则以兵带民责任到人，同时，还建立了人武干部联系乡镇责任制，评模评先及时表彰等规章制度，号召全县武装干部、民兵干部和民兵要把营造“万里护林墙”工程建设作为自己义不容辞的责任，发挥壶关民兵和人民群众植树造林的艰苦创业精神，打头阵，当先锋，给人民群众作好表率，再铸壶关民兵风采。

军令如山倒。素以“召之即来，来之能战，战之能赢”著称的壶关民兵积极响应县委、县政府号召，立下“积极参战同心干，垒墙护林当好汉”的誓言，扛起战旗，背起锅灶，二话没说就上了山。

不出成效不收兵，不出精品不回城。广大人武干部、专武干部、民兵干部率先走在了最前面，一个个“民兵号示范工程”标牌、一面面“民兵突击队”战旗醒目地出现在壶关的山腰峰顶。

盖家川五全坡，是以全国林业劳模王五全得名的，著名的常行窑洞保卫战就发生在附近，2001年清明节，县委常委、人武部政委宋建庭，人武部部长卫马句率领武装部全体人员在常行窑洞保卫战遗址进行革命传统教育之后，便又一次来到了五全坡，蜿蜒曲折的穿林公路两侧，一个个身着军装的人武干部扛起大石头，硬是和当地的老百姓比高低，在这里，分不清谁是兵谁是官。盖家川村退休在家的王老师由衷感慨：当年的老八路又回来了！其实，这已不知是他们第几次到这里参加劳动了，公路两旁6000多米齐人高的护林防火墙好像茫茫林海巍然耸立的一排排哨兵，无不体现着军民同心、无私奉献的高尚情怀。

蜿蜒起伏的晋庄镇十里岭护林墙涉及七里、北庄、东郊等6个村庄，护林墙工程战线长，任务重，困难大，时间紧，镇党委、镇政府、镇武装部及时组织全镇15个村民兵连成建制进行作战，为确保工程进度，他们起早贪黑，冒严寒，战酷暑，表现了崇高的无私奉献精神和顽强拼搏精神，十里岭护林墙工程营营长向学平正值壮年，他不但自己率先垂范，还把老婆、孩子也都拉到工地，他看到运输工具不足，没有多想，就把自家的一辆三轮车和一辆拖拉机无偿奉献出来，连续的山头劳动，攀上爬下，腰酸腿困，向学平每天回到家头一挨枕头，恐怕天打惊雷也叫不醒，妻子望着汗流浃背的丈夫，心疼得几次流下眼泪，向学平则憨厚地笑了笑：“谁叫咱是营长呢？”向学平也果然不负众望，20多天就垒了100多米。

三年的苦战，十里岭护林墙已全线告捷，5万余米的如长城般的白色长龙从望不到头的山的尽头奔腾而来，又依山势盘旋每一座山头呼啸而去，再加上“天下第一墙”“绿满壶关”等几个山石大字的镶嵌，更加显得气势恢宏，成为壶关县一道亮丽的风景线。

2001年五一劳动节，一块山西省劳动模范的奖章挂在了向学平的胸前。

高山寨，林海苍茫，碧波荡漾，放眼四望，满目绿染，全县80万亩森林，这里便有18万亩，乃全县重点防护区域，就在壶关县召开“三边护林墙”建设再动员大会和该县人武部下达进一步大力组织民兵参加“万里护林墙”建设号召之后不久，林区内的东井岭乡党委、政府、武装部便迅速组成了由15个村、3000多名民兵参加的民兵工程营。

2001年7月6日，在乡党委书记、工程营教导员崔书华，乡长、工程营营长李富增的率领下，大军冒着酷暑进驻高山寨。拖拉机的轰鸣声，钎锤镐的撞击声，一时响彻整个高山寨，因缺乏机械设备，大井村民兵连教导员李文龙带领20名民兵，主动承担了开挖石料的任务，几天下来，李文龙的手掌打出血泡，肿得握不住钎把，但他没有一点怨气。民兵李书勤在外打工，一天要挣28元钱，可他也始终出现在垒墙工地，还有民兵李天锁、李水平，他们是村里最好的土建师傅，家里五间漂亮的小洋楼正盖到一半，他们也都无悔地把工停了下来，到垒防火墙一线进行技术指导。

高山寨的防火墙在一点一点地延伸，高山寨的故事也一个一个被流传，乡里开车的师傅就给我们讲了这样一个故事，那是工程进行到7月11日，下午4时，整个工地干得正热火朝天，忽然，漫天黑云骤然袭来，顷刻间，瓢泼大雨顺势而下，整个工地一时慌了起来，营教导员崔书华、营长李富增临危不惧果断指挥全体人员有序撤离，等到把全山的人马都安全地转移出去，两人已成"落汤鸡"。

十多天的艰苦奋战，3000多人个个晒得黑不溜秋，个个累得腰酸腿困，10000余米的高质量护林墙就这样在东井岭民兵的汗水中铸成，正在高山寨垒护林防火墙的县委书记程前一边检查工程质量，一边抚摸着晒得已脱了好几层皮的营长李富增的手臂，激动不已，称他们垒起的是"壶关第一墙"。高山寨竖碑曰：苍苍群山，显示着人民群众征服自然的智慧和力量，茫茫碧野，印记着"草木英雄"艰苦播绿的品格和功德。

"看我的""跟我来"这是护林防火墙战场上随时都能听到的话语，"打出旗子，亮出牌子，干出样子"，是这次战役中广大人武干部与民兵一致的目标。2001年7月16日，高山寨护林墙正进入攻坚阶段，东井岭乡武装部长吕永泽唯一的弟弟吕永清带着孩子到长治县给已骨折的媳妇看病，没想到半路车祸，吕永清命丧黄泉，小侄儿两腿又骨折，一家人雪上加霜，无人照料，吕永泽拍了拍身上的泥土，仅是回去安排了一下，便一抹眼泪又出现在防护墙现场。还有腰缠万贯的树掌镇大会村民兵连长玉芳带出一批垒墙小能人，龙泉镇南关村民兵连长赵大军带领全家齐上阵，店上镇青年民兵陈虎斌三次推迟婚期不下线，一桩桩、一件件可悲可泣的感人事迹，在这次战役中是举不胜举，数不胜数。县委常委、武装部政委宋建庭、武装部部长卫马句动情地说，到目前我们像十里岭、高山寨这样的以成建制式完成的"民兵号"工程已有38处，修建护林墙艰巨工程23处，护林墙是壶关人民的创举，但我们的民兵也确实发挥了主力军、突击队作用。

2001年4月8日，省委书记田成平、市委书记吕日周欣然来到了防火墙边，在十里岭，田书记望着远处一条条白色长龙，兴奋地指出这是一件利国利民、功在千秋的大好事，要一如既往地发展下去。8月12日，山西省军区政委郤万增，市委常委、长治市军分区政委张建军，长治市军分区司令员武世明深入到壶关视察民兵参建工作，看着高质量、高标准的护林墙，不停地伸出大拇指，壶关的民兵了不起。

是的，修筑万里护林防火墙不但打出了壶关民兵的神威，更显示出了壶关民兵善打硬仗的铮铮铁骨，壶关的民兵也必将在全县的经济建设中发挥更大的作用。

（作者系原《壶关新闻》主编，现为壶关县委常委、县委办公室主任）

壶关秋色

胡　正

中秋的壶关，层层梯田里的庄禾正在成熟，山坡上和壑谷里的松林杨槐依然繁茂。壶关的秋色，是漫山遍野的金黄和葱绿。

我们从太原到壶关县参加紫团山笔会的一行十余人，于9月10日参观了白云寺下的紫团洞。从那神奇美妙的溶洞出来后，又车行十几里，饱览了壶关秀丽的秋色。

当我们上到太行山的屋脊时，由于早晨落过了一阵细雨，空气清新舒爽。极目望去，奇峰壁立，山势峻峭。朵朵白云仍在山间飘绕，缕缕乳雾依然在松林中浮游。块块梯田里金色的谷子，犹如伏卧着无数的黄牛，又似蠕动的条条青蛇。俯首近看，山坡下松林，而绵延起伏的山顶林带和杨槐丛中，掩映着黄灿灿的梨柿和浓艳艳的红果。在雨后斜阳的辉映下，绿黛鲜亮，金红闪光。美艳的壶关秋色，壮丽的太行山秋景。

在这秀美的秋色中，最使我们感奋的，是壶关县人民连年种植成活的生机勃勃的翠绿的幼松。远看如灰黄的棋盘上横竖成行的绿色棋子。近看松针上尚有几滴晶莹闪光的露珠，而它的根须则深深地扎向石缝，吸取石缝中的湿润和土尘，生长出茁壮茂盛的青松。

太行山由此而南，在壶关县境大多为石山。有着革命根据地光荣传统的能吃苦耐劳的壶关县人民和胸怀绿化太行山的宏伟目标、并能和群众同甘共苦的历届领导和各级干部，硬是在青石山上凿坑直播，或育苗移栽。年年植树，年年保活。和我们一起饱览秋色的县长刘德宝同志就跑遍了几百个山头、几百条山沟，和群众一起艰苦奋斗。他给我们介绍壶关县的植树造林时，竟能说出每一个山头和山沟的名字。

秋天是收获的季节，也是播种的季节。在收获了农田庄禾之后，他们又将掀起秋季植树造林高潮。今天他们播种下树籽，播种下希望，来年他们将收获富裕和幸福。在松林的覆盖下，干石山上将会逐年以风尘腐叶增长出地表沃土，漫山遍野的松林将引来云雨，滋润着缺水的壶关土地。曾经如同一条黄龙的太行山，亦将变为绿色的长龙。

壶关的秋色将一年比一年更加壮丽美艳！

（作者系原山西文联党组书记、著名作家）

其兴其人其事

马先明

李其兴，男，75岁，农民，党员，系山西省壶关县石河沐乡六六城村人。幼年家贫，青壮当兵，知天命之年，曾任支书，花甲过后，退职护林。秉性刚直，嫉恶如仇。1983年7月，县委、县政府授予他“林业功臣”称号。本文试截取他护林生涯中的几个片段，点缀成篇，略记其事。

故事之前的故事

时间：1944年春。

地点：豫、鄂、皖三省交界的大别山区。

场景：苍苍茫茫的群山中，蜿蜿蜒蜒的山路上，一队身穿灰布军装的八路军战士在急行军。队列中，一位个子不高，黑紫面皮，年龄在30上下的战士，操着山西壶关口音，和战友们谈笑风生。

这就是你。那年春天，村里突然驻进了一队人马，一打听，才知是打日本鬼子的八路军。于是你便整天在队伍里泡、缠、磨，到队伍开拔的时候，你也穿上军装成了其中的一员了。不久，你担任了班长。再往后，闻名中外的徐州战役打响了，你们的部队也参加了战斗。一天，你和一个连的战士护送司令员向南转移，没料到中途遭遇了敌军。当时，敌众我寡，敌兵3倍于我，很快形成了短兵相接的混战局面。突然，几个敌人摸到了司令员身边，就要向上猛扑。说时迟，那时快，你一个箭步冲上前去，大喝一声：“老子来了！”三拳两脚打倒4个敌人，拉起司令员就跑，左冲右突，终于冲出了重围……

你立功了。提拔你当排级干部，你说：“咱是个粗人，没有文化，还是当兵吧。”提拔你当师后勤管理员，你又说：“咱不是那个料，还是让别人干吧。”师政治部派人来说服你，你婉谢了，师参谋部派人来做你的工作，你又婉谢了。莫非那个时候，你的心已经飞回了生养你的故土，太行山上的偏僻山庄？

斗转星移，在你的坚决要求下，1952年你退伍了。伴随你的是一张革命军人荣誉证书，是一块部队赠送的“真英雄”金字大匾……

第一个故事

第一个故事，得从你度入花甲之年讲起。

那时正是1973年，在你担任村党支部书记，年高德劭，权重威严的时候，你毅然卸下了支书的担子，按说你本该抱抱儿孙，享享清福，但你却当上了村里的护林员。村上一片哗然，大惑不解。

而你却自有心计：六六城本是个穷山庄，人贫地瘠山也光。退伍返乡的十几年来，你带着大伙，年年植树，岁岁造林，硬是凭着一股倔劲，让干石山冒出了片片新绿。你记得，买树苗，你垫出了自己400多元的退伍津贴；你还记得，采树籽，你带着几个人先后到本县福头、平顺县崖门寺，沁源县郭道林场“远征”，半月时间跑了三四百里，餐风露宿，采回了两大包；你也没有忘记，为了惊野鸟，保成活，你几天几夜蹲在山上……全村的山林从300多亩增加到1000多亩，山楂、核桃树从几千株发展到了万多株；这些都浸透着你的一片心血啊！可是，树多了，树大了，故事也就出来了，好端端的一棵树，不知啥时候被偷走了，留下一个白生生的树桩，不几天，又一棵，不几天，又一颗……看着好惨人，好揪心，好气愤！祖宗的家业，群众的血汗，就这样白白糟蹋掉？你心一横，搭上老命，也要看好这些树！

从此你一心操在了护林上。白天，黑夜，刮风，下雨，都能看见你佝偻着腰，拿着一根棍子巡逻在村里村外的身影。深夜，山里的夜风凉飕飕的，你不顾奔跑了一天的疲劳，扒了一碗饭又到了林子里。突然，你隐隐约约听见有人说话，还夹杂着锯树的声音。“谁？”你大喝一声。说话声没有了。山风还呼呼地吹着，卷来一片片树叶，落到你的脚边。你一动不动地站着，侧耳细听，一会儿又有人说话了，还夹杂着粗野的笑声。“谁在那边？”你又断喝一声，循声奔跑过去，模模糊糊看见三个人身影，心中顿时明白了：“偷树的！”三个人影见你走近，也拿着树枝围拢过来：“这老家伙，躲都躲不脱。”你怒不可遏，厉声喝问：“哪庄的？”

“别管哪庄的，今夜咱是冤家碰上对头了。你说一句干脆话，是放我们走还是不放？”

“放下树木，放下罚款，就放。要想白走，不行！”

“我看你这老家伙骨头发痒！”两条大汉扑了上来。你向后一闪，手中的棍子一摆，一个“金蛇狂舞”直朝两人的腿上扫去。人老了，手脚不如当年灵活，但余威犹在，仗着地势熟悉，你一个旋风腿，把一个大汉打倒了，又迅猛地向另一个大汉扑去。那两人见状，做贼心虚，“哎呀”一声，翻身就跑。你跑上山头，朝村里人喊：“有人偷树喽、有人偷树喽……”声音在夜空中发出阵阵回响，不一会村里人拿着手电抄近路向林子跑来，三个偷树人如瓮中之鳖，全被抓住了……

第二个故事

不知何时起，你在树林中的一块岩石前搭起了一个小草棚，里面放着一卷半新的被子，几个喝水吃饭用的粗瓷大碗。你说，那就是你在林子里的家。的确，有了这个“家”，你几乎把村里拥有妻子儿女的家都忘了。你常常在这儿出发，拿着一根棍子，佝偻着腰在林子里巡视。扶扶这株歪倒的小树，正正那棵斜垂的枝杈，你仿佛温柔的慈母；瞭瞭远处的山坳，惊惊近处的野鸟，又如同威严的将军。这儿是你君临护佑的“绿色领地”，也是你情思寄托的“碧蓝港湾”。

恼人的事经常有。

一次，你发现林子被人砍去很多树枝，露着刺眼的白茬，便急匆匆地来到山道口。这儿是进出山林的必经之路，你蹲伏在一块大石头上，你迎上前去一看，这不是自己的邻居二蛋吗？

“二蛋，你怎的也到林子里乱砍？”

“家里搭个小饭棚，急用。”

“再急也不能到这里乱砍，村里的规矩你不知道吗？”

你一言，他一语，你二人吵起来了。二蛋硬要走，你是硬不放，事到急处，二蛋肩一甩，把一捆树枝一下子砸在你的腰上。你被砸倒了，腰骨眼上麻辣辣的痛。你发怒了，不顾一切爬起来，拉起二蛋就往村委会走。

事情的最后结果是二蛋交了30元的罚款。但从此，二蛋看见了你象是见了仇人似的，一扭脸就走过去了，有时还啐一口。山村小庄，家门近邻，低头不见抬头见，这种别扭劲真受不了。但你却说：为树，咱认了！

第三个故事

其实，不只二蛋，西头的金柱，前院的铁头，南岸下的银狗，都是在“树”上与你结下了冤。就是你的小舅子，喜贵，不也因为树跟你有过一番波折吗？

那还是山楂树刚刚值了钱的时候。一天，喜贵从前庄来到六六城，找到山上对你说：“姐夫，我想刨两棵山楂树。”

“有乡里的证明没？”

“有你在这儿，开那干啥。”小舅子说着就要动手。

你一声大喝：“不行！”

小舅子吓得退了一步，又不相信地凑上前来问你：“姐夫，真不行？”

“今天你不开来证明，别想刨走一棵！”

小舅子往地下一蹲，生开气了："姐夫，你可真是，那年你和姐姐病了，家里无人照料，是谁伺候的你？前年你家里盖屋，又是谁来给你当的小工？今天，刨你两棵山楂树都不肯，你还算个有良心的人不算？"

你被说愣了。是呀，那年你得了胃病，妻子久病在床，孩子外出未归，要不是小舅子喜贵侍候你，你的胃能保到今天？前年家里盖房，喜贵跑里跑外，忙前忙后，亲戚里数他出的力大，流的汗多。可……

小舅子见事情难以办成，越发唠叨起来："唉，碰上你这个死榆木疙瘩，难。别看是亲戚，不如旁人。"

你听着这话，心中越发难受，但你忍着，强忍着。

晌午，你把小舅子叫到了家，好酒好饭招待。酒过三巡，你坐到小舅子身边，说："喜贵还怪我吗？不是我心硬。你知道，那山楂树是我前年领着大伙一颗汗珠摔八瓣换来的。现如今，山楂就要结果了，让你刨去，能对得起乡亲们？过了年，六六城还要买山楂苗，那时我替你买几棵，你看行不行？"

小舅子看你一眼，一声不吭只顾喝酒。然后默默地走了。你饭也没吃，不由自主地走到了山楂林，一遍一遍地抚摸着粗壮的枝杈，心情好沉重。

不久，就是你的70岁寿辰，山里人虽不讲究，但家里还是给你做了一顿寿面，让儿子送到了林子里。儿子还特意给了你两个寿馍，说是小舅舅喜贵送来的。你听了一愣，吃着寿馍，老泪纵横了。

第四个故事

对你的儿子，你也没有"例外"过。

那一年，二虎刚15岁。家里要修个鸡圈，妻子打发他去林子里找你，二虎找来找去没找到，爬到树上砍了一些枝条回来了。晌午，你回到家，一看院里放着一捆松树枝，吃了一惊：

"孩他娘，这松枝那来的？"

"拣的。"

"拣的？怎还有新茬茬？"

二虎怯怯地看着你："爹，砍的。"

"在哪？"

"桥石沟"

你一听火冒三丈，一把拖过二虎举掌就打。妻子一头扑过来，搂住你的胳膊，哭喊道："二虎是我让他去的，要打就打我吧！没见过你这号当爹的，别家的爹不是修房就是存钱，为孩子们张罗，你倒好，看着个林子，儿子砍点树枝也不行！"

你推了妻子一把，一屁股坐在院里，半天不吭。吃过晌午饭，你把二虎叫到村委，自动掏出了 5 元的罚款。

又一次，二虎偷偷跑到集体的核桃树林地里摘了一书包核桃，被你发现了，二话不说，拧住他的耳朵就往村里走，当着村干部的面，“哗啦啦”倒出了书包里的核桃，一共 30 颗，按规定交了 3 元罚款。

故事之后还有故事

在你护林生涯的十几年中，围绕着你与林，发生了一个又一个的故事，而正是这一个又一个故事，换来了六六城村十几年间基本没有发生丢失和损坏树木这一难能可贵的结果。

还有一个故事——

你的院中栽有两棵大核桃树，每年能下一二百斤核桃。是一笔不少的收入。家中一年的油、盐、酱、茶全靠它解决。但是，不知是梁上君子之流无意的顺手牵羊，还是歹毒者有意的挟嫌报复，忽然一天早上，两棵树不翼而飞了。邻居们大呼小叫地跑到山上告诉你，你却显得异常的平静，只回到家里看了看，然后叫上儿子又栽下了两棵小核桃树……

故事还不止这些。

如果把你争当林业专业户，带领全家一年造林 300 亩事迹写下来，那将是一个艰辛悲壮的故事。

如果把你为乡亲义务嫁接山楂 1000 株的举动写下来，那将是一个感人至深的故事。

如果把你成为全县“林业功臣”前后想的和做的写下来，那将是一个激动人心的故事。

有人说，人的一生就是由无数个故事组成的。

还有人说，从故事中可以体味人生。

而在你的故事里，人们分明看到了一个铁面无私的绿色卫士，虽则你始终佝偻着腰，但留给人们的形象却是那般伟岸，高大。

选自《太行树圣》一书

几件林业大事前后的回忆

张平和

从 1979 年县委作出关于大力发展林牧业生产的决定算起到现在，绿化大潮已在壶关大地浩荡了30多年，我能成为其中一段时间的林业局长，在这场改善生态环境，改变家乡面貌的伟大实践中献智献力深为荣幸。回忆当年几件林业大事的前前后后，感念县委、县政府历任领导对林业的支持，感念林业部、林业厅领导对壶关的关怀，感念全县人民为建设家乡的艰辛努力和长期付出。

一腔激情找县长　要为林业争地位

林业局是1977年下半年成立的，当时我任林业局办公室主任兼管业务方面的工作。1979年春季，县政府下达了一个各业生产使用扶贫资金的通知，有两项资金我记忆很深，即用于蚕桑的资金是27万元，用于林业的资金是3万元。我看了觉得这样对林业不够重视，其他同志也有同感。林业包括荒山造林、四旁绿化、苗木培育，任务大，涉及面广，而蚕桑任务只有千余亩。在同志们的督促下，我硬着头皮就去找了县长。敲开门，刚迈进门槛，县长就问我什么事，我也没来得及仔细考虑，就直截了当地说：那个资金使用通知上，林业投资只有3万元，蚕桑27万，不太合适吧。县长没等我说完，就很不高兴的说："都给你"。我看表情不对，就顺口说"我就是说说"，就退了出来。一边往回走，一边想，觉得自己太不自量，一个年轻小伙子敢直接说县长分配资金不合适，而且说话的方式生硬，理由也没讲清楚。当然领导的考虑也有他的理由。书记是阳城老家，县长是从阳城调到壶关的，蚕桑是阳城的一项主要产业，是群众脱贫致富的短、平、快项目，比林业见效快的多。

此事在我脑子里斗争了很长一段时间，放弃吧，不甘心，这不是在争一次林业投资，更是在阐明发展林业的重要性，为林业争地位。设身处地的想，领导不可能一下子对各行各业都了解透彻，在不同的阶段把握好各业发展的主次地位，简单地、就事论事地说事，既讲不清理由，更不能说服领导。思来想去，觉得发展林业是壶关的基础，地位很重要，不给领导讲清楚，是不敢担当，不负责任的表现。但要讲清楚必须从宏观上、微观上、理论上、实践上，有根有据有条有理，否则以其昏昏，使人昭昭，只能适得其反。基于这种认识，我到阳城县、沁源县和壶关的南阳护、树掌等公社实地调查考察，又查阅了林业发展和现代林业的发展轨迹，对壶关林业发展的重要性、必要性、紧迫性，发展的优势和重点，中长期目标设想，以及政策和保证措施等方面有了清晰的思路和足够的论据。之后开始动笔，用了近一年的业余时间，写出了3万多字的《谈壶关林业》。

因为当时还没有打字机，草稿出来后，全靠我自己复写。一天晚上，我正在林业局的临时办公地点党校加班复写时，当时在县政府任聂庆保县长秘书的秦斌同志看见了，他粗略的翻看了一遍，觉得有意思，要求抄完后，一定给他一份。不几日，他就来要，我随手给了他两份，让他先看看，提提意见，有价值就让书记县长看看，他说一定办到。后来怎样,我就不知道了。不久张国太书记调走,张维庆书记来了。他在一次会议上讲了我写的《谈壶关林业》的事情,还说壶关有人才,关心壶关事业的人大有人在。会后有人给我说,张书记在会上表扬你啦,我还不大相信,因为我没有给他送过这个材料。一天上午,张维庆书记打电话给我:“我是维庆,你有时间吗?咱们一块下乡转转。”在下乡途中,张书记说:“张国太书记走时,把你写的这个材料转给了我,他说内容很好,没来得及实施。”他还说,我给科委讲了,印个册子,发至全县。

那年三干会以乡镇召开,第一天就随张书记到常行公社参加三干会。会上公社领导要求张书记讲话,张书记说我来的时间不长,情况还不太了解,今天我带来一个人,让他谈谈壶关的情况。说实在话,我一听头都炸啦,真成了丈二和尚摸不着头脑,既没有准备,又不了解全县情况,更没有在正式场合讲过话。只好硬着头皮,侧重林业方面讲了些情况。由于是第一次,讲的结结巴巴。之后又连续跑了五个公社,有一天住东井岭公社,大风刮了一夜,早上车也被冻了,发动不了,张书记和我们一起推车,折腾了一个多小时,才发动着,张书记和大家一样累的满头大汗,此时,张书记那种以身作则、平易近人的形象,深深地打动了我。

八十年代初,乱砍滥伐林木现象十分严重,一些不法分子不但不服护林员的劝告,甚至殴打护林人员,事事请示公安局办案,也不太现实。为此我建议聂庆保县长,与公安局协商,以公安局任命了1200名公安护林员,并授予护林员一定的权力。一下就扭转了局面。现在看起来,那样的做法不一定合适,但在那种紧迫的形势下,果断采取措施,真的起到了作用。

不久,张维庆书记调往省里工作,聂庆保县长接任县委书记,闫好勇接任县长。聂书记由于坚持抓林木管护和亲自处理毁林案件,在全省已有一定名气。搞林业的同志都知道,省林业厅刘清泉厅长,特别善于“抓领导”这一环节,要想得到林业厅的支持,首先他要看县领导对林业的重视程度。正在这领导交接的时期,全省在大同召开重点县林业座谈会,闫好勇县长刚来三天,聂书记又在忙着县上的会议,眼看就要缺席省里的会议,一旦缺席,就有被取消全省重点县的可能。作为业务部门的我们,急的团团转。但光急没用,经过仔细分析,书记确实走不开,但县长有参加的可能。于是我就找到闫县长,说明了参会的重要性,他答应去。但必须书记同意,还必须准备好参会材料,其实材料已经准备好了。从县长办公室出来,直奔书记办公室,向书记汇报了开会通知,他说,县上要开会,去不了。我说,闫县长去行吗?他说,人家刚来,还不了解情况,会同意去吗?我说,如果县长愿去,你同意吗?书记看着我笑了。第二天,闫县长独自赴大同开会,并在会上发了言。之后听林业厅的领导说,那个年轻县长有魄力、有思想,壶关林业有希望。经过这几件事,我深深体会到,作为一个部门的领导,必须把该说的话说出来，让领导了解上情，明白下情，主动支持你的工作。同时说话还要讲究方式方法，能让领导愉快接受，把自己的想法，变成领导的行动。

争回来的区划 干出来的变化

胡耀邦总书记视察太行山时发出“绿化太行山、黄龙变绿龙”的号召。这对林业战线上的干部职工是个极大的鼓舞。当时我在想林业上一定会有个大举动。我们一定要抓住这次机会，赶上这一班车，享受国家的一些优惠政策。不然壶关那样贫穷，群众生活那样困难，从哪里投资发展林业呢？

由于壶关林业开局不错，在省里也稍有影响，来壶关下过乡的同志都有点好感。1983 年秋一个上午 11 点多，省林业厅有人打来电话说“我是林业厅的，告诉你们局长，今上午厅里开了会，明天到沁县、平顺考察选定林业区划规划试点县，没有壶关。”电话就挂了。急忙找局里的几个领导商议，大家分析说：把考察试点放在沁县、平顺，一是沁县林业基础不错，而且有土山，有石山，有较广泛的代表性；二是平顺是老先进、老典型，人文基础好。地域属于石山区，搞好了说服力更强。而壶关仅是开局好，影响力不大，所以没有壶关。搞林业的人都知道，林业厅长刘清泉就是抓林业出了名被提拔为厅长的，有非常丰富的工作经验，他特别注重抓领导，让县领导出面争取，或许还有些希望。但已到下班时间，能否及时找到县领导？找到领导往太原赶，去了又是下午下班时间，还是见不了厅领导，怎么办？急中生智，乘中午草拟了一封电报，电文是：尊敬的刘厅长，获悉林业厅明天要到沁县、平顺考察选点，壶关群众积极性也非常高，能否也把本县列为考察对象，如果成功，将不负众望。下午 2 点半，就到县委去找领导，给聂书记汇报了试点对我县好处，一是省资金，二是送来了技术力量，三是今后的实施也会优先。否则我们自己搞，也得搞，但困难就太多了。领导听了，问我怎么办，我讲最好是书记、县长亲自到省厅去争取，聂说来不及了，去到太原天就黑了。我忙说以领导的名义先发个电报好吗？他说可以，让办公室发。我说这里已草拟了一个，你看行吗？他看后笑了，拍着我的肩膀说了句“平和呀”！就在上面签了名字。我又跑到政府见了闫县长，闫县长也签了名。从政府出来直奔邮电局，发起了电报。下午下班前就有了回应，省厅打来电话说：“刘厅长说壶关领导的积极性很大，让考察组顺便也到壶关看看，你们做好准备”。听后高兴地流出了眼泪，并把消息回馈给领导。

第三天下午，考察组在林业设计院乔俊副院长的率领下，一行 10 人到达壶关，他们说你们不在计划，临行前厅长让顺便看看，怕挫伤了你们的积极性。尽管说的是实情，但也还感到初有成效。当天下午书记、县长、分管副县长刘德宝，参加了汇报会，并介绍了情况，之后的两天都有领导陪着，每到一处服务也非常到位，给考察组的人员留下了很好印象。考察组考察完平顺回到太原后，还打电话说我们对壶关印象最好，但做决定的是领导,下一个星期上会就定下来了。我又在此期间,陪同县领导赴厅作了工作汇报,做最后的争取。不几日消息传来,“太行山区划规划试点县定在了壶关”。

试点确定之后,迅速向领导作了汇报。因为整个野外调查工作都在冬季进行,天寒地冻,必须做好后勤服务工作。县上召开动员会,对接待工作作了非常详细的安排。一个星期省设计院、长治市设计队、县设计队50余人经过简单的集训就奔赴乡村。老百姓像迎接解放军那样迎接调查队,新火筒、新铺盖、好饭菜,天气虽冷,但人心是热乎乎的。

一天一位非常有威望、关心我的老领导对我语重心长地说:“平和,这件事不一定是好事,过去作过多少规划,群众说规划、规划,全是‘鬼话’,写写画画,墙上挂挂,费力不小,花钱不少,实际没用”。我听了觉得也很有道理,也知道不少地方做过区划、规划,但认真实施的基本没有。我们也要重蹈覆辙吗?这是我后来常思考解决的一个重要问题。这位领导说的话是真情、是实言、是忠告,我应该面对现实,用真心、用实干、用诚意去破解这个难题,为壶关人民做成这件好事,而不要办成坏事。

在后来的实践中,反复琢磨、反复尝试,初步谋划出一个破解的想法。一是光靠专家来搞不行,必须有自己的队伍。从资源调查入手,到按地类分区、到按区划规划设计的全过程,要有今后负责实施的人来掌握,这样就决定建议成立20人的县级林业设计队。这个建议深得县委政府的高度重视,并授权人事部门在县职业中学通过考试择优招聘,享受事业待遇。这20名小伙子通过培训,参加到野外调查、内业汇总、区划、规划的全过程,不仅学到了知识、掌握本领,在实施过程中更发挥桥梁作用。后来还到长治市各县、晋城、阳泉等地帮助工作,壶关县林业设计队在林业部颇有名气。二是光有成果不行,要有成果载体。区划规划成果出来以后,把成果用到生产实践中成了一个大课题,否则达不到适地适树、科学营林。成果在上边,实施在村户,老百姓怎样能掌握这套复杂的东西呢?办班培训不可能,只能让群众跟着走、照着办,我们试制小班设计卡片,按总体规划,每年下达的任务,分类分解到乡镇、村,村里要落到小班,县设计队按每个村户的小班类型、设计树种、挖坑标准、密度、种苗、栽植时间等要素都写的清清楚楚,老百姓只照住表认真去做,就达到科学营林的效果。三是光有办法不行,要有一个完善的监督和管理体系。小班设计卡,是实施规划设计的主要载体,怎样才能使之发挥更好的作用呢?我们在研究这个管理程序上下了很大功夫。县设计队按照总体设计填写设计卡片,随生产任务下达乡镇,乡镇林管员,要将县上下达的任务和卡片负责落实到村、到户,并负责施工指导工作,故又称营林指导员。完成任务后,营林指导员按照卡片进行验收,合格签字,不合格提出改进意见,待完成后复查,复查合格签名,待县上设计队组织验收,验收合格填写卡片,收入台帐入档。这样做大大减少了虚报、空报，造林质量也明显提高，管理责任也非常明确，实施工作得以落实。

区划、规划、设计、施工、验收、建档一条龙营林管理程序，打破了实施工作的瓶颈，保证了区划成果的落实，开创了科学营林新局面，提高了营林质量，加快了绿化步伐，被国家林业部列入教科书，山西省林业厅在此基础上，完善了一套工程造林管理办法，在全省广泛推广。时任林业部常务副部长刘广运专程到壶关考察这项营林管理程序，他不听汇报，只看档案资料，在县档案室查看了两天，又让设计队陪同到石坡乡看了两天，又到村上调查施工员，现场查看了小班造林的情况。回到县上，当时让给他找来笔墨，题下了“绿化太行山的好榜样”。这也是这个成果能够获得国家林业部科技进步二等奖的前提。那几年，林业局先后有 9 个奖项获得部、省、市科技进步奖，是农村户口的林业局职工家属都享受了“农转非”。

发现了造林能手，培养出全国劳模

在绿化壶关的大潮中，我县涌现出很多先进典型。但在工作中还必须善于发现，善于总结，善于推广，让典型的作用得到最大发挥。王五全同志能够成为全国劳模，与林业局的培养和县委、县政府的大力支持是分不开的。

那是 1980 年的年底，林业局对全县当年造林检查验收后进行汇总，因为干旱的原因，全县的造林成活率平均不达 40%，但唯有常行公社盖家川大队的造林成活率是 80.4%，经与验收人员核实，确认真实。这个数字引起了大家的特别注意，随即进行了实地调查，这一调查，就发现了王五全这个好典型。

王五全同志在七十年代任盖家村的林业队长，他管护着果园，也绿化着荒山，特别在荒山绿化上他付出过艰辛、付出过代价。一次一次的失败，一次一次的摸索，终于实践出育苗移植造林绿化荒山的经验。特别是在干旱阳坡造林上取得了突破，创造了最初的“干石山上栽油松的技术”。但也要清醒地认识五全经验还是初级阶段，仅仅停留在实践上，而没有形成规范的、量化的、标准的操作技术，作为一项技术推广还很不成熟。为此我等从 1980 年开始，协作王五全在五里坡设样地，进行不同地类、不同整地方式、不同苗龄、不同时期、不同栽植方法、不同防护措施的反复观察试验，经过 5 年的努力到 1984 年山西省林科所、中国林科院对此项技术才有了初步的认可。当然这项技术是全县人民造林智慧的集中体现，也是诸多林业功臣、造林能手、造林专业户长期实践经验的综合提升，更是长期从事林业工作广大干群、专家学者不断总结、不断完善、不断升华而形成的。后来在林业部科技委主任董智勇的倡导下，全国林学会在壶关召开了第三次例会。中国科学院院士、北京林业大学校长沈国舫、全国林学会秘书长王九龄等 30 多名著名专家学者出席了会议，专题讨论了这项技术。经专家的实地考察、数据分析、综合评审，一致认为此项技术有突破，在实际操作上有创新、有独到之处，荣获了林业部科技进步二等奖。

随着五全技术的成熟，造林成果的扩大，专家认可和领导的重视，王五全一度成了社会上的香巴巴。参观学习者络绎不绝，登门拜师的天天有，自己还有近200亩的造林任务，无论从时间上、空间上他都招架不过来。发现这个情况后，我及时召开了有五全同志参加的林业局、乡村领导座谈会，共同协商解决当前任务重，头绪繁的问题。最后决定由林业局派员协作王五全接待和介绍情况，并提供文字材料和接待用的物品，村上妇女主任帮助做好家里的接待服务工作，公社和大队负责参观接待，林管员负责情况介绍。通过短暂的运作，情况稍有好转。可是就全县林业发展需要看，绝大多数地方都需要王五全亲身传技。为了适应这种形势，协作王五全成立了"家庭技术咨询站"，早、晚在家传授技术，上午由林业局出车拉五全同志到各公社办班，84、85两年时间，走遍了全县20个公社、220个村庄，进行了300余次的技术传授和现场示范指导，同时还组织林业专业户帮助长林、崔家掌等7个村绿化干石山2000多亩，突破了绿化上的"老大难"。

为了适应全国林业发展对技术的需求，经与中国农业电影制片厂联系，以王五全技术为基础拍摄成科教片《干石山上栽油松》推广到全国。在本县推广中，县委、县政府专门召开了发行会，并下文通知责成电影队村村到、场场放，让"干石山上栽油松"技术家喻户晓、人人皆知。之后，邀请王五全传授技术，承包造林的省、地、县越来越多，为了顺应形势，成立了"王五全造林绿化队"，不但承包了本省长治市长治县、晋城市城区、郊区、阳泉郊区、忻州五台、朔州平鲁、大同山阴等地的造林，而且还南下广东进行造林绿化，都取得了好的效果，五全技术全国开花结果。这之间，王五全先后被评为全省劳模、全国劳模，成为壶关农民的杰出代表。

不断创新发展思路 首抓生态经济县建设

1989年山西省林业工作会议在壶关召开，会上肯定壶关的造林绿化速度和成果；肯定了四任书记、六任县长绿化接力赛的经验；肯定了王五全造林技术和区划、规划、设计、施工、验收、建档"一条龙"的工程管理办法。号召全省学习壶关咬定青山不放松的艰苦奋斗精神。会后全县干群高兴不已，不少同志说"壶关林业到了顶点"。可是作为一局之长的我，有两个问题使我难以破解，一个是壶关林业的快速发展，靠的是全民义务植树、义务工、积累工和广大干群艰苦奋斗的精神来完成的，老百姓只有付出，没有报酬，今后十年也不会有什么收入，群众艰苦到何年何月；二是林业会召开了，全省学壶关，壶关怎么办？不进则退，只有创新，才能领先。这两个问题像两座大山一样沉重，使我怎么也高兴不起来。那一段时间参加全国各类会议较多，认识各类专家也比较多，我就幼稚地想，如果壶关发现有金矿、银矿等贵重矿藏就好了，壶关很快就能翻身，老百姓也能好活些。于是利用在北京给联合国粮农组织"农用林业培训班"讲课的机会，就到国家计委找自然资源研究会帮忙，秘书长是个女的，因为在一块开过会，一说就痛快的答应了，"我们有扶贫任务，可以联系有关专家帮助探矿。"不几日打来电话说，他们明天出发，坐火车到长治，一共7人，由陈传友院士带队。我放下电话就找县上领导汇报情况，一个吃住，一个车辆，需帮助解决。领导说先找两个车接回来，安排到招待所，随后有事再说。这下可难坏了，当时车辆很少，领导又要下乡，实在难以解决。没办法，只得开出林业部奖励给壶关的越野车用了，因每天是早出晚归，在宾馆也很不方便，就干脆搬到林业局客房来住。生活是粗茶淡饭低标准，弄的我进退两难，实在觉得对不住人家。好在这几位专家对此很理解，他们说，我们是来扶贫的，不是来享受的。跑了七天全县跑了个遍，收获不大。但他们很想办点好事。一是清流瓷厂，用的原料都是从大同、黎城等外地来的，壶关也有硅石、煤矸石。如果瓷厂提供配方，专家组把外地和内地的矿石化验后形成一个新配方，但因配方保密，而没弄成。另一个是配件厂铁炉经常坐炉，需化验找出问题症结，并说给介绍一个铸造汽车搭钩的项目，就能保证这个企业翻身。但因没资金，也不积极，自我放弃。经过这件事，我更感到壶关致富前途渺茫，不知路在何方。

一次我应邀参加在北京召开的"北京西山造林绿化研讨会"，会中参观了河北邢台凤凰大队生态经济沟建设，这个村三面环山，森林覆盖率达到80%以上，村的四周和地里长满了板栗树，村舍点缀在林间，环境优美清新，经济收入人均超了3000元（当时），生态效益、经济效益双赢。我在由衷的敬佩中，一直深思的一个问题一下有了答案："生态经济是经济发展的方向"。壶关大面积绿化完毕，有了好的生态，建设生态经济县有了基础。回来之后，向县主要领导汇报了建设生态经济县的想法，他们听后感到提法新颖，内容顺应社会发展潮流，也符合壶关实际，可以进一步研究探讨这个问题。之后就进入了紧张的工作程序，一部分人收集资料，丰富我们的思路和认识，一部分人请专家，召开论证会。一些知名大专家靠我等是请不来的，怎么办？以书记、县长名义聘请，我带着聘请书、邀请函到北京、太原向专家汇报、请教。专家们也认为提法好，很有超前性，都愿意帮忙出力。不久30余名专家云集壶关，先视察参观，后开会论证。在论证会结束时，专家们讲到壶关提出建设生态经济县符合县情很有超前性。生态经济是生态学和经济学两大学科的边缘经济，需进一步研究探讨。我听了觉得"进一步探讨"不知又在何时，就请示讲几句。我说我不懂，但我不完全同意"生态经济是生态、经济两个学科的边沿学科"的观点，我认为生态经济是今后发展的主导学科和主流经济方式。它既包括单科生态经济的良性发展，又涵盖多学科经济的良性循环，是一个生态环境好、经济效益高、资源消耗低、环境污染少，可持续发展的经济体系，不是 1+1=2，而是 1+1＞2 的经济模式。大家都拍手笑了，不是我说的对，而是专家们都是站在自己学科立场上讲，不愿超出边线，我踏了地雷罢了。

会后，在专家的指导下，开始紧锣密鼓的编制方案，当年秋天就完成了《壶关县建设生态经济县方案》的编写工作。林业部帮助邀请了全国 50 余名专家学者进行了评审，会议中组织专家进行了实地考察。一天在考察完十里岭到桥上时，下雨了，走到土圪堆雨才基本停下，就在大家下车方便时，看到峡谷初洗，青山滴翠，雾罩秀峰，泉水叮咚，景色很美，多数专家喊着好景、好景，来到我的身边建议搞旅游开发。特别是北京林业设计院鲍院长、天津农业局局长，主动提出帮助规划设计，我说没钱，他们说管吃住就行。这是我后来钟情于旅游开发的思想基础。

在后来的实施中突出了经济林和旅游开发，当时想如果壶关的公路旁都栽上果树，春有花、夏有绿、秋有果，来旅游的人，一定会感到壶关是个大花园，与众不同，独领风骚。但因领导的变更，当时做的也早了一点，群众还没充分认识到它的特殊效益，中途夭折。后来又栽上了杨树等风景林，总还是沿着生态经济这条路向前走着，现在看来这条路没错，是正确的选择。

壶关林业与壶关精神

牛建忠

余乃本土人氏，也曾分管过几日林业，亲见壶关之变化。一提到本县林业，总是把它和壶关精神联系起来。总结壶关林业 30 多年的奋斗史，就是一曲壶关精神的胜利凯歌和壮丽华章。

绿满壶关 誉满壶关

1990 年我到太原出差，路过祁县境内，看见大路旁的高山上写着："绿化荒山学习壶关"，非常感动。那是全省第一次植树造林现场会在壶关召开不久，全省掀起了学习壶关荒山造林的热潮。作为壶关一分子，看到家乡的荣耀怎能不去点赞。

从 1979 年制定发展林牧《决定》到现在，三十多年过去了。三十年，壶关人咬定青山不放松，发扬"坚韧、厚道、睿智、奋进"的壶关精神，坚持在万分之一的国土上大搞植树造林，荒山绿化，森林覆盖率达到 50%以上。这真是一个了不起的数字。全国除南方一些县市和有原始森林和天然林的地方，在北方地区很少有能达到如此高的比例。喜看今日之壶关，山川秀美，漫山皆绿，满沟皆树，真可谓"绿满壶关"。

壶关的绿化成果受到省市和国家林业部的肯定和高度评价，省市获奖姑且勿论，单说“国字号”的奖项就有“全国造林绿化百佳县”“全国造林绿化先进县”“全球生态500佳提名奖”“全国生态文明建设先进县”“中国绿色名县”“中国优秀生态旅游县”“全国深呼吸小城100佳”等10多项称号。

从20世纪80年代起，前来参观林业的省内外，县内外单位和团体更是络绎不绝。如江西、福建、湖南、湖北、山东、重庆、河南、河北等有关县市，甚至国外的友好团体不下几百个，有些县市都是多次到壶关参观学习。至于前来参观的个人更是不知其数，真可谓“绿满壶关，誉满壶关”。

壶关绿化功业大名远扬，用两个“满”字来概括一点也不过分。林业成了壶关的名片。在历史上，在诸多工作中，还没有那一项能达到如此高的知名度。且这种知名度不断地在扩散和发酵，尤其让你感动的是在远离家乡，去旅游，去出差，在完全陌生的环境中，听到异乡人对家乡的赞许，一种恋乡的情结和骄傲心理油烟而升。

林业，着实给壶关人长了一把脸。

人要文化 山要绿化

壶关精神是一种传承，也是一种文化。

“人要文化，山要绿化”就是壶关精神在林业上的一种具体体现。其核心是一个认识问题。

壶关县版图面积150余万亩，荒山荒沟占到3/4。1979年县委、政府作出《壶关大力发展林牧业生产的决定》，提出壶关的希望在山上，“抓林就是抓水，抓林就是抓粮，抓林就是抓钱，抓林就是抓生活”。八个“抓”字抓出了壶关林业的真谛。这实际就是个认识问题。认识问题很重要，一切成功源于认识，认识上去了，工作就上去了。

由此，县委、政府采取了开会发文件，上电视拍电影，写材料抓典型等多种办法，其中很重要的一条就是拟定植树造林的标语口号，并打造包装印成宣传品，或散发村里，或写在墙上。那时从县城出发，无论走到哪里，一墙连一墙，一村接一村，村村墙上都有林业标语，它像一道独特的风景线，引人注目。

影响深的有这样几条，“人要文化山要绿化”“忧国忧民好干部先抓教育和植树”“不抓林业不能当干部，抓不好林业不是好干部”“山区要想富少生孩子多栽树”“树绿化志干绿化事创绿化业”“为官一任绿化一方”等等。这些地域化的标语口号，在别的地方很少看到。有些标语虽然比较偏激，不经推敲，甚至有点文理不通，但在一个时期，形成了一种强大的舆论攻势。拿“忧国忧民好干部先抓教育和植树”“不抓林业不能当干部，抓不好林业不是好干部”说事，许多人跟上这一条受益，当上了模范得到提拔，尤其是林业部门的干部几乎都得到提拔重用。

当然标语口号也是有保鲜期的，一个时期有一个时期的口号。随着时代的发展，口号也在不断地刷新内容。壶关人最知道与时俱进，到什么时期拟什么口号。林业发展之初是以上那些口号；农村实行“大包干”时，写出“发展专业户，绿化迈大步”“户均百株树十年万元户”等标语口号；新千年，喊出“退耕还林利国利民”“搞好生态建设享受低碳生活”等口号。这些口号接地气凝人心，通过这些标语口号，把党的林业政策送到千家万户，有力地调动了广大群众植树造林的积极性。

政策连续　接力传递

壶关人的厚道是出了名的。厚道是一种品质，是一种宽容，也因这种宽容，留住了人气，也留住了人生。

壶关是个贫困县，生活条件自然差一点，但省市一些干部偏偏愿来壶关工作，或者之前不愿来，来了不忍离开。这就是壶关精神的魅力。

壶关精神千好万好，人气是第一好。因为有了人缘人气，就有了那个政策连续，接力传递。

从 1979 年做出发展林业决定三十多年间，先后更换了 10 任县委书记，12 任县长，他们为官一任，造福一方，一张蓝图绘到底，换领导不换规划，一任接着一任干，终成壶关绿化大业。

壶关历任领导是非常值得尊敬的领导，他们接力棒式的工作经验，是一种弥足珍贵的经验。它对当今随处可见的急功近利，“一茬庄稼一茬干部”的现象，是一种有力的回击。在经济建设中大量存在的浪费现象，正是这种短期行为造成的恶果。

分析在壶工作的 10 任书记，12 任县长，三十多年的时间里，平均每个人也就在任二三年，可以说是“暂住”，时间非常短促，客观上也不可能做更多的工作。但积少成多，积沙成塔，只要一任接着一任干，坚持政策连续不间断，一点一滴加起来就是一个大数字。这是一条非常简单的道理，谁也懂得，但并不是人人都能做到。壶关各位前任深谙此道，结果就有了那 100 多万亩林地面积。

林业是项见效很慢的工程，可说无名无利，许多人并不把它看好，而壶关的领导甘愿默默奉献，当无名英雄。更可贵的是他们与时俱进，善于捕捉时机，把广大群众兴林绿化的积极性保持在最佳状态。

造林之初，大搞“三舍得”，解决了苗木问题；农村实行责任制，优先发展专业户、重点户，打开林业发展新局面；农村实行“三统一分”，坚持以林养林，推行国家、集体两条腿走路方针，林业工作上台阶；国家按工程下拨资金，县里实行公司承包，专业化造林，制定“林业标准”，保证造林质量。由于这办法适时出台，既保护了群众利益，又促进了林业的不断发展。

科学规划 科学营林

科学规划,科学营林是壶关植树造林的两大法宝。

最有别于其它地区的绿化经验是区划、规划、设计、施工、验收、建档一条龙。壶关人民把植树造林当成一项精致的工程来抓,严格按科学规律办事,大搞精致林业,保证了植树造林的高质量高效益。

最具壶关特色的经验是农民王五全创造的“适地适树”经验,即阳坡育苗阳坡栽,阴坡育苗阴坡栽,就地育苗就地栽。这种本土经验来自实践,老百姓看得到,学得懂,用得上,最容易掌握,是一条非常成功的经验。

壶关是个干石山区,总结以前年年栽树不见树的教训,主要是不能适地适树,从异地搞来的树苗由于不适合当地气候和土壤土质的小环境,苗木大量死亡,不但造成大量的浪费,而且严重挫伤了广大群众的积极性。王五全“就地育苗就地栽”的经验很好地解决了这个难题,使全县荒山造林出现了历史性的突破。

回想当年的情景,每逢早春和雨季全县百姓一齐出动,漫山遍野都是人。他们把在山上自育的苗木移植开来。阳坡育的树苗栽阳坡,阴坡育的树苗栽阴坡。有些村行动缓了点,老百姓都在督促干部,说不能眼看把树苗荒了。还有些村育的苗木多,自己用不完,就找邻村来移植。那时间村村动手,山山育苗,苗木多的用不了。由于解决了植树缺苗的老问题,保证了荒山造林的顺利进行。直到现在,上山留心一下还能看见许多育苗痕迹,凡是树木特别稠密的条状地块就是当年育苗的地方。

王五全适地适树的经验在很大成度上成就了壶关的荒山绿化成果, 王五全适地适树的经验也很好地诠释了壶关精神。壶关精神不仅是一种坚韧、执着,更是一种睿智、科学。王五全的植树经验也许就是一种智慧的化身。

王五全现已去世, 但他的事迹已拍成电影, 我们可以看到一个永远活着的王五全。

三分栽植 七分管理

植树造林三分栽七分管是经验之谈。再说深一点,栽树是一朝一夕的事,管理是一生一世的事。这样的道理人人都懂的,但做起来并不容易。

壶关历届政府高度重视林管工作,采取了许多行之有效的措施,包括印发资料,出台文件,加大力度处罚典型等等。最使人印象深刻的是修筑" 万里防火墙 ",这实际是一场以实际行动自我教育的群众运动。其参与人数之多,付出的代价之大,是其它教育形式不可比拟的。

据当时测算,垒一米防火墙需投资 30 元钱,而当时只补 5 毛钱,老百姓说连买一包方便面都不够。壶关人就是凭这“一包方便面,一米防火墙”的精神建起了延绵近万里的防火墙，并荣获上海大世界基尼斯记录，创造了壶关林业的又一个奇迹。

原长治市委书记吕日周来壶关下乡，看了壶关的防火墙，非常感动，说壶关人民是挖起石头种树，搬起石头垒墙，是坚韧不拔壶关精神的大发扬。市委并下达文件，把建设防护墙的经验归纳为壶关“首创”，市委“首倡”，号召全市人民向壶关学习，并由此把建设森林防火墙的经验推向全省。

进入新时期，新一届县委、县政府转变思路，坚持以生态文明建设为中心，以“身边增绿”“全面增效”为重点，把增绿和管护紧密结合，一手抓工程措施一手抓宣传教育，取得良好效果。

其做法总结为“三三六”工作法，即：上山不带火，上地不点火，上坟不烧纸；万里防护墙，万枚红袖章，万亩隔离带；一县一个专业队，一乡一个灭火队，一村一个应急队，一家一个护林员，一处一个责任人，一村一个工作队。由此，把山林树木防护管理工作提高到一个新的高度。

新绿潮涌满壶关

秦庆祥

2008年的春天，是一个绿潮涌动的春天，是一个充满生机与活力的春天。古城壶关，更是绿潮澎湃，绿涛一浪高过一浪。

艰苦创业绿在延伸

壶关人民具有艰苦奋斗、自强不息、坚忍不拔、开拓创新的“疙瘩”精神。正是依靠这种取之不尽、用之不竭的精神，近三十年来，在全国绿化劳动模范王五全精神的带动和感召下，壶关历届县委、县政府带领全县人民艰苦奋斗、播绿不止，创造出了造林绿化一连串令人钦佩的奇迹。全县有林面积由1978年的不足9万亩增加到现在的90多万亩；森林覆盖率由5%上升到47.6%；水土流失面积由82.3%下降到30%左右；先后获得“全国造林绿化先进县”“全球环保500佳提名奖”“全国林业生态建设先进县、示范县”“全国中小城市生态建设示范区”和“国家园林县城”等荣誉称号。

造林绿化使壶关县山川变得郁郁葱葱，绿意盎然；造林绿化改善了壶关的生态，形成了独特的气候；造林绿化也让壶关的干部群众清楚的认识到：绿色是壶关的“底色”，没有绿色作底色的县城是没有生命力的县城，没有绿色作底色的太行山大峡谷是没有生命力的旅游业，没有绿色作底色的新农村是不完整的新农村。由此在今年的全县三级干部会议上，新县委书记关小平提出，要树立绿色是壶关“名片”，优美的绿化环境是全县有形和无形资产的理念，在历届县委、县政府持之以恒抓绿化，全县人民一以贯之搞绿化的基础上，加大工作和投入力度，实施“植树造林、封山禁牧、护林防火”三位一体的工作思路，努力实现壶关林业的跨越发展，高效发展。由此，在市委、市政府提出“1+5”城市绿化群工程后，壶关县积极响应，超常工作，由县长马朝中亲自带队，县四大班子领导、工程区相关单位和部门一把手参加。先后两次到周边县市参观造林绿化工作，学习先进经验，提高思想认识，一场规模更大，起点更高，效果更好的造林绿化工程在壶关大地兴起。

战略转移绿起身边

在大面积的荒山绿化，沟坡绿化完成之后，壶关县的决策者又围绕建设生态文明，创建生态名县，打造最佳人居环境的绿化目标，抓住省市启动造林绿化六大工程的机遇，全面加快造林绿化的重点向身边增绿的战略转移，又取得了明显的成效。

——实施通道绿化工程，打造生态走廊。高标准完成长壶一级路造林绿化 9.6 千米，每侧栽植风景乔灌木树种 8 个，绿化宽度达到了 100 米，高标准完成长平二级路和省道荫林线绿化 150 千米，每侧栽植乔灌木树种 7 个，绿化宽度达到了 60 米，四赵线、晋五线、东忽路、树土路等县道也因地制宜进行了多树种、立体式的高标准绿化，每侧绿化宽度达到了 5 ~ 7 米，树种达到了 3 个以上。今春又结合“1+5“城市群生态建设。采用招标绿化的方式，完成了壶关至平顺通道绿化 11.9 千米，绿化宽度为每侧 20 米，建设面积 720 亩，每侧栽植 7 行国槐、一行油松。并在新建路与一级路交汇处、南园、化工路与一级路三角地段新建绿化景点三处，面积 100 亩。

——实施城市绿化工程，打造园林城市。近年来，壶关县不断加大县城建设和绿化力度，城市亮点逐步显现，对外形象有所提高，先后完成街道绿化带 30 条，游园绿地 20 个，面积 300 亩、树种 30 个植物园一处和面积 3010 亩的森林公园一个，基本形成了林在城中，城在林中，人在绿中的格局，被省政府命名为“全省园林化县城”被国家建设部命名为“国家园林县城”。为进一步提高城市园林绿化水平，弥补过去建设水平不高的不足。今年，壶关县又在县城外围补植完善环城林带 17.1 千米，建设面积 1282.4 亩.

——实施企业绿化工程，打造园林企业。以常平集团、壶化集团、环海集团、九牛寨乳业等企业为重点，加快环厂林带建设和厂区与小区景点建设，充分发挥了林木净化空气降低污染等方面的作用。去年常平集团因绿化突出被省政府授于“全省造林绿化先进单位”的称号。

——实施村庄绿化工程，打造绿色农村。绿不仅城镇需要，农村也需要，壶关县近年来把村庄绿化作为新农村建设的主要指标，奋力推进，取得了良好的效果，先后共完成达到省级标准的园林化村庄97个。其中今年，以县城周边已确定的24个新农村建设示范村为重点，以建设环村林带、进出村路、街道、庭院和公共活动场所绿化景观为主，使这24个村庄都成为了人均植树不少于15株，绿化覆盖率达到了35%以上，高标准园林化村庄，使城乡融为一体。

为确保各项绿化任务的顺利完成，县委书记关小平，县长马朝中多次深入绿化工地现场办公，分解落实任务，检查进度质量，筹措建设资金和解决造林绿化中的其它问题。并带领县四套班子领导、县直部门单位的负责人到建设工地与造林绿化专业队一道参加了义务植树劳动，领导的重视，干部的表率，极大地激发了全县人民植树造林、建设美好家园的斗志和热情，出现全家老少齐上阵，家家户户忙绿化的喜人景象，形成了全党动员，全民动手、全社会参与的良好局面。

创新发展绿在升华

创新是时代的主题，是林业发展的动力。过去壶关县在造林机制上通常采取农民义务植树、专业队承包等模式。但这种模式很难确保栽植成活率，经常出现造林绿化成活率不高，造林绿化质量达不到上级要求等问题。为确保造林绿化工程顺利进行，确保造林质量、提高绿化成效，今年壶关县加大创新力度，注重从机制上破解难题。一是搞活造林绿化投入机制，稳步推进由专业队承包绿化向招标投标绿化转型。对重点工程实行招投标绿化，进一步扩大 绿化工程承包范围，所有重点绿化工程从整地、刨坑、栽植、成活、管护等环节捆在一起招标承包下去，并以合同的形式固定下来，达不到质量标准和要求的不予兑现。二是强化造林绿化推进机制。专门组织召开了全县造林绿化动员大会，县与乡（镇、区）、厂矿，乡（镇、区）与村都层层签订了造林绿化责任状，把各项任务落实到村，明确到户，具体到地块和企业。县四套班子领导每人包一个绿化工程，带头义务植树。三是强化造林绿化质量保障机制，严把造林绿化质量关。每个工程每个工段每个专业队都确定有1名技术人员，从起苗、运苗、刨坑、栽植、浇水、培土等环节严格把关，确保了栽一棵活一棵，造一片绿一片。此外，还成立了由县委、县政府督查室牵头，林业新闻等部门组成的壶关县绿化工程督查组，不间断巡回检查，对绿化进度和质量进行全面督查。这些做法和措施，有效推动了全 县春季绿化特别是“1+5”工程的深入开展。到目前为止，今春全县义务植树70余万株，其中栽植油松2万株、国槐4万株、刺柏2万株、其它大树2万株，完成荒山绿化3万亩，环城林带建设17千米，通道绿化127.5公里，呈现出重点突破、全面推进的良好态势。

如今，经过全县上下的共同努力，经过绿色装扮的壶关县又焕发出新的生机，一个水绿相映、生态良好、景观优美、悠闲舒适、人与自然和谐发展的新壶关正在向我们走来。

选自《绿染太行》一书　2008年6月

作者系壶关林业局原局长、现任壶关县政协副主席

玩不够的"禁坡"南山坡

李长胜

小时候最爱去玩的地方，是村边叫做"禁坡"的南山坡。一年四季几乎天天都去，因为每到那里都会发现令人惊讶的新奇。

禁坡和村子中间隔着一条深沟，叫老鳖河。两边由一座砖石结构的"四眼桥"通连，桥的南端就架在禁坡山脚的磐石上。过了桥，就是沿山脚西行的出村大路，还有岔向山顶或山边种田穿行的毛道小径，所以上山去玩就很便当，就跟在村里玩一样，有人高喊一声，随即就能回应。况且常有人在附近地里劳作，大白天狼也不敢轻意涉足，孩子们钻山玩耍，大人们也都比较放心。

禁坡里灌木森森，松林蔽日，春夏秋三季山花争艳，百鸟啁啾。进入冬季，冰雪裹映青松，显得是那样洁净鲜亮。尤其是那两株并排而生的白皮"姊妹松"，婷婷玉立于山的中间，愈使禁坡显现了一种素雅清幽的神韵……站在村东北的中心山顶眺望，宛若一颗晶莹宝珠。更有暑季下大雨时东西两侧各有一股山洪顺濠而下，奔腾喧嚣，溅玉飞珠，直扑"老鳖河"，酷似两条飞龙入江，那气势非常壮观。所以我在编著本县《民间故事集成》时，便因景取名曰"二龙戏翠珠"。

进禁坡玩耍，那真是说不尽道不清的享受。从六七岁开始跟着大孩子们进山，到长大做起农活，一年间不知要进山里钻串多少回：春天掘小蒜疙瘩，拔山韭菜；夏天摘醋溜子、郁李子，捉小山雀；初秋时采松蘑菇、蔷薇果；到了深秋，便带了家伙，或弄些编篮子用的当年生细荆条，或弄点做胡琴用的小木料，或弄些能到供销社卖小钱儿的药材；进入冬天，或提着篮子去拾用于过大年时生年火、耍流星的松球，或跟着给山鸡、野兔下套子的大人去看有无收获……那真是一年四季景色变化多端，清新的空气一天能飘出几种馨香。禁坡，是儿时玩耍的天堂，是长大了欣赏大自然的课堂，那绮丽永远玩不够，那新鲜永远看不厌。

可是，据说这南山坡原是一座草木疏落、石板裸露、连兔子跑过都能看清的秃山。秃山怎么成了美丽的“禁坡”？有一个故事，讲述了它的来龙去脉：

相传很早以前，这南头村有位在开封经商，被乡人称为“大东家”的人。有一年，大东家回来对村人说，他做了个梦，梦见一位白胡子老汉告诉他，这南山有一股好脉气，若能种上树木青草，禁止六畜入坡，养得丰茂旺盛，就可拔出脉气，使南头村生富户，出贵人。村人听了，信以为真。于是就在大东家的呼吁和村上管事人的带动下，将山上栽了松籽，四周垒了石摞，取名“禁坡”，知会全村禁止六畜入坡。几年后，山上果然长出了青草灌木，小松树也芃芃而生。十几年以后，秃山就成了青山。又过了若干年，那松树就像拔着长起来似的，把南山坡遮了个严严实实，碧如堆翠，生机盎然。有几株大树垂下的浓枝密叶，长成了各种各样的形状，村人就因景取名叫做“松斗”“松簸箕”“松缽子”“松葫芦”……寄予了种种吉祥如意的希望。为了把山的景致点缀得更好看，村人又在山脚下东西两边水濠的出口处各安了一盘石碾，东边的叫“小碾子”，西边的叫“大碾子”，谓之“二虎看山”。

不知是大东家的美梦偶然应验了，还是南头村历史发展的必然使然，反正自此以后，下河南、走开封，做东家、当掌柜的人是越来越多。不过，除了大东家弟兄们和少数人发了财，盖起楼房、养了骡马之外，多数人家还过的是缺吃少穿的光景。于是人们就渐渐不信什么南山的好脉气之说，有的进山放牧，有的进山砍柴，有的割荆条，有的挖药材，禁坡的“禁”字失效，毁损日益严重。返家养老的大东家见此情状，痛心疾首，悲愤至极。为保住这处好风脉，他就建议村上管事人严加禁管，并放话警告：谁再进山砍柴，就罚谁的小米二斗。谁家牲畜进山，就杀了叫全村人吃肉。可是，有的人并不把这警告当回事，认为只不过说说而已，所以仍然我行我素。无奈，大东家只好设了个套子，用计谋治理了……

一天早晨，当众人像往常一样聚在街头吃早饭时，忽然有人指着禁坡大声说道：“呀！那是谁家的牲口进了山？”大东家听了，故做一怔，手搭凉棚往禁坡看了看，怒悻悻地说，“是哪个胆大的孬种？照这样还叫什么禁坡！把那牲口牵下来杀了！”随即就叫两个后生上山把牲口牵了下来。众人一看，原来是大东家最喜爱的马！众人正不知该说什么，大东家即气呼呼地大声说，“啊？原来是我花了二十石米买的马呀！唉！马倒真是好马，可管事的和我说过的话，就是板上钉钉子！我的马进山也不行！把它杀了，全村人吃肉！”

大东家的马被杀掉，叫全村人分吃了。从此禁坡就又禁住了。

几年以后人们才知道，这马是大东家特意叫人在黎明时分悄悄赶进禁坡的。

一个“禁”字在村里传承了几百年，使南山坡得以永葆青春几百年，使“玩不够”的乐趣满足了村人几百年。因而，我在步入老年之后，凡回家探亲办事，总要钻进禁坡，寻找一番儿时“祸害”的影迹，受用一回独有馨香的沐浴；离开时或拔一小把山韭菜，或端一个废弃的鸟窝……

啊！我在那玩不够的“禁坡”，一根无形的线常常把我牵向那里，让我在那里玩得忘情，玩得陶醉！

2012年11月4日草成

（作者系壶关籍作家，著有多部作品）

太行山上绿色明珠

左满明

1. 一个骑在太行之巅的古老县份

绿色，壶关的回忆。《潞州志》曰：“壶林，以其山形似壶，汉曾于此置关，县因名壶关。又以其林木茂盛，故名壶林云”。

到了近代，壶关的群众发出了一声声的叹息：“恨此山和水，生息太辛劳。天干水源竭，吃水十里挑。田地成龟裂，禾苗尽枯焦……”

水……水……，渴……渴……，旱……旱……

古老的太行山脊梁和它的子民一直在喊！

尽管这样，那时太行山脊梁上的壶关仍处于田园牧歌的理想社会，被誉称为壶林，森林荫翳蔽日，草木青翠繁茂，生态系统优化，小泉小水不时从岩缝里汩汩流淌，但靠天吃饭的饥渴总是屡屡光顾，使他们的田园梦好梦难圆，过着“小国寡民”的生活。

壶林，森林的荫蔽，产出了许多灵异之物。极为珍贵的紫团参，就产于现壶关树掌紫团山，在中国许多药典和诗词中多有记载，“头面手足皆具”（《五杂俎》），唐代诗人段成式求好友设法弄到一根相送，并告之“人形上品传方志，我得真英自紫团”。从宋代起，一直列为皇家贡品。《梦溪笔谈》记载，北宋宰相王安石患有哮喘病，有人得知吃紫团参有特效，便送一根给他。王安石竟不受，说：“我平生不食紫团参，也活到今日。”到了明代洪武六年，山西潞州进献人参，明太祖说：“人参得之甚难，毋重劳民”，均以之为奢。到了清代，由于人们的无情挖掘，更由于对森林生态大环境的无情破坏，以及缺乏可持续发展的战略眼光、竭泽而渔似的掠夺性经营，使这个珍稀的、喜欢阴林的风、阳崖的雨的紫团参，彻底绝迹。无奈进贡用党参代替，乾隆感慨颇深："奥壤灵区产神草，三丫五叶迈常化，而今上党成凡卉，自惜天公保异珍。"

然而，就是这种良好生态的太行大地，它的承载力还相当脆弱，还不能承载到少许十万以下的人口，穷、困、苦、难时刻伴随着他们。

渴望，渴望，渴望……

在渴望中形成了他们对水的诸多幻想文明：

——村庄的名称上，以龙、泽、池、井、水、潭、泉、淙、河、洪、沟、坝、海命名的超过了一半以上。以池为例，民谣有：

口头塔店巍巍池，南北行头连掌池，石坡安口盘马池，大河桥上杨家池，鹅屋柳泉二土池，......打开石门见水池，铜帮铁底燕子池。

这是大自然向人类、向壶关敲响的一个警钟，悲剧过后，又一次次重演，壶关县一棵有希望的萌芽从此枯萎了，贫穷和落后从此便笼罩这块曾经富有绿色和生命的大地。这活生生的现实，现在的《森林与人类》杂志的专家，一遍遍地进行了论证。

1945年回到人民手中的壶关，只是一把满目疮痍、难觅绿色的"干壶"。据有关资料表明：解放初期，壶关全县的森林覆盖率只有2.4%。"山荒鸟迹绝，滴水贵如油"。

恶劣的自然环境使壶关人民的生存面临着极为严重的挑战。

被曾经誉为壶林的壶关，究竟要向何处去？

让人难以置信的贫瘠

凡是到壶关履职的人，都知道壶关有三缺。

缺土。全县总面积1013平方千米，约合151.9万亩，其中荒山沟坡面积106.7万亩，占到70.2%，且大多数是只有10～20厘米的瘠薄山丘，还有约四分之一的乱石裸露的不毛之地。

缺水。壶关素称"干壶"。地质组成属奥陶纪岩层，在大约最少300米，最多700米的石灰岩地层里，是不能储水的。县志记载有"掘地三千尺犹不及泉"之说。地表不蓄水，地下缺水源。群众说，解放40年，旱了26年，20世纪70年代，由于人畜无水吃，晋东南地委动员驻长治市单位派了300多辆车为壶关送水，因水贫穷的村庄太多太多了……

还有缺林。到1978年，全县天然林残存五万余亩，四十年人工造林2.8万亩，林木覆盖率只有7%，只是全国林木覆盖率的一半。群众用时髦的歌曲唱道：在那山上唱着歌，很呀很荒凉！

由于"三缺"，带来了巨大的生态和社会问题。

气候干旱，生态恶化，风沙肆虐，土壤贫瘠，野生动物资源破坏，生物链遭到破坏。

水土流失，洪灾遍布。全县流失面积达80%，每年泥沙的流失量约240万吨。东部石子河1972年一年冲刷到下游杜家河水库泥沙达150万立方米，使这个设计五十年的水库，提前二十年报废！这就是我们小时候常常看的黄色的、滚滚而来的河头！

水土流失和生态恶化使群众生活异常艰难。28万人口在约30多万亩瘠薄的土地上闹温饱，山穷、水穷、地穷、人穷。

人穷就志短，马瘦便毛长。每年家家户户不到五月份便到处借粮，缺粮就吃野菜，行动晚了，野菜都被人捋光了；壶关乡下人不敢进城，更不敢进市，观念保守，成为长治市人奚落的对象。

许许多多的"唾洗脸""卖杏五毛一斤一元二斤不卖"等笑话成了壶关人的外部形象。

1978年前后，农村人均收入最高年是68元。多数家庭吃的是糠糊糊饭。

2. 接力赛，一个科学可持续发展的乐章

壶关的希望在山，出路在林。壶关的造林绿化，就是有这样一个代表县委县政府的声音："壶关的希望在山，出路在林！"首先发出这振聋发聩声音的是壶关县首任绿化书记——张国泰。

1978年前，壶关县也同全国许多生态脆弱的县一样，年年栽树不见树，年年造林不见林。往往是前头植树造林，后头毁林开荒。用一组数据可以说明：从1949～1978年，三十年间壶关县造林47万亩，实际保存下来的只有2.86万亩，保存率为6.1%，林木覆盖率7%。"大跃进""大炼钢铁""粮食达纲要、森林砍光"，更使壶关县的林业建设陷入停滞状态。

1977年7月，张国泰担任中共壶关县县委书记。此时，从1976年开始的持续干旱，使壶关大地赤地百里、禾苗枯黄，本来人畜无有饮用水的"干壶"，更是火上浇油，到1978年整整三年连年干旱。三年间，最低降雨量的年份只有400毫米，粮食平均亩产不到150千克。

1978年4月清明前后，张国泰到该县树掌搞调查，发现树掌镇粮食亩产却在250千克以上。究其原因，全县3万亩天然林大多集中在这里，森林涵养了水源，调节了气候，形成了良好的生态环境。这个典型的发现，对张国泰触动很大。

这时，绿色、富有的树掌太行小江南，就是我们富民富县的生态梦。

他与县委县政府一帮人认为："壶关的希望在山，出路在林！""绿化意识"在太行山东南巅的壶关县首先得到警醒！

接着，他在任内迅速成立了林业局；1979年10月13日，他主持制定了《关于大力发展林牧业生产的决定》。张国泰说："栽树不是贴对联，不能只图一时痛快，一定要苦干几十年,坚持不懈抓下去!”

1980年8月,张维庆接任壶关县县委书记。张维庆在第一次县委常委会上,明确表态:“壶关要致富,长远抓植树。”这是对正确方向的再次强化。不仅如此,在他任内,认真落实林权政策,对过去人为造成农民林业损失的,该退赔的退赔,该补偿的补偿。

他的后任者县委书记聂庆保是1982年8月上任的。这时,刚刚长出绿色的集体树苗急需保护,还有那些过去遗留下来的稀疏林木,也被时下“大包干”对集体财产分光吃尽的错误认识严峻考验着。此时,毁林现象屡屡发生。“腰插一把斧,一根七块五”,成了不少人的生财之道。

他主持制定了《关于保护山林树木的公告》,在全县城乡到处张贴,深入宣传。每逢下乡,都戴起了红袖章,迅速刹住了毁林歪风,让唯一地面上留存的集体资产,在“吃光分尽”思潮下保存下来并且能够不断增值。

据统计,任内共发生毁林案件24起,全部破获处理,先后判刑9人,行政处分4人,开除党籍2人,大大降低了毁林案件的发案率,保存了国家绿色财富。这在现在,我们看起来不算什么事,但在当时政治气候多变的情况下,这是需要多么大的决心和勇气!他的果敢向世人昭示:造林难,护林更难!也可以说,聂书记,是壶关护林事业的肇始者。

就是这样的造和护,从1979~1983年,全县完成造林25.76万亩,保存15.78万亩,保存率为61.3%,开始了造林的稳定增长。61.3%的保存率,较建国以来三十年的6.1%的保存率,整整增长了一个几何级数。这个几何级数,是壶关县绿化“马拉松”接力棒在前三棒的正常起跑、正常加速和正常推进。1982年7月,省林业厅在壶关县召开了东山用材林基地现场会,推广壶关经验;1983年壶关县被省政府命名为“绿化太行山先锋县”,县委书记聂庆保被评为省林业劳动模范,受到表彰奖励。

伟大的实践,需要科技的助推

不谋全局者,不足以谋一域。

谈英雄、论成败,人生豪迈。聂庆保后的继任者县委政府领导,是用科技助推壶关林业“接力棒”的成功实践者。

当时,前任者为当地留下一个良好的绿化环境,壶关的绿化已显现规模效应,如何“百尺竿头,再进一步”,则成为1983年10月新一届壶关县委县政府思考的一个问题。

壶关县群山叠嶂,众岭回环,沟壑纵横,共有3000多个山头、3872条沟。如何突破这一绿化的症结,让壶关绿化走上规范化、科学性的轨道,县委政府一班人苦苦思索着……

实践出真知。经过认真调研,新一届县党政领导上任伊始,第一件事就是争取把壶关县列入太行山区绿化区划规划试点县。县委书记和县长、县林业局长一起进北京、去太原,陈述壶关的有利条件,请来专家进行考察。诚心终于感动了上级。1983 年 11 月,由省、市、县三级组成的 136 人的林业区划规划队,正式在壶关县开始了工作。队员们说,壶关县当年用小米支持了八路军,现在,他们要用心血来支持绿化事业,我们怎能不迅速完成任务呢?结果,原来需用一年多时间才能完成的野外区划,仅用了半年就完成了,又用了 3 个月,总体设计也搞出来了。根据全县资源和立地条件,规划为东南山区水土防护林区、中部沟壑用材经济林区、中北部盆地林网花草种植区等 7 个绿色建设区域,编制了 13210 个绿化小班,囊括了全县的山沟。通过专家审议,认为是太行山区林业区划规划得最早、最好的。

1984 年 10 月,林业部在壶关县召开了北方 14 省、市、自治区参加的太行山区县级林业区划规划现场会。这是壶关县林业发展划时代的总纲和蓝图!

县长刘德宝还结合壶关版图约占全国版图的万分之一,响亮地提出了"在万分之一的国土上搞绿化作贡献"的鼓舞人心的口号,以求证壶关在全国的大盘子中敢为人先、敢踏禁区、敢做试验、敢标样板的唯物辩证法思维。

接着,全县又在实践中摸索出"区划、规划、设计、施工、验收、建档"一条龙的工程造林管理程序,形成了一个科学性和实践性很强的整体,保证了工程造林的标准和质量,掀开了壶关县造林史上新的一页。

1988 年 10 月,山西省林业厅在壶关县召开全省绿化太行山经验交流会,授予"80 年代科学营林新水平"锦旗。这充分表明,壶关县的林业接力赛正进入加速发展的轨道。

生态经济显峥嵘

1990 年接任县长、1992 年任县委书记的姚保维和此间与此后任县长、县委书记的籍先菊,2000 年 12 月继任者县委书记程前、张红星、关小平、李全心,1995 年至 2014 年依次任县长的常光明、王玉圣、赵春英、段树新、崔江华,是壶关县从建设生态林业到生态经济县的 10 余年。常言道,十年磨一剑。正是这十年间,他们始终在绿化上坚持"几道将军一道令,一张蓝图绘到底",紧紧地攥住绿化接力棒,不断创新,将低层次的生存林业、生态林业推向了更高层次的生态经济县发展水平。

20 世纪 90 年代初,经过十几年的艰苦绿化,荒山造林、四旁植树、沟沟岔岔、乔灌齐兴,壶关的山川大地已经是满目苍翠、郁郁葱葱,造林保存面积达到 47.6 万亩,绿化率达到 37%,绿化的效益日渐显现出来。

但是,一个矛盾解决之后,一个新的矛盾就又显现出来。

20世纪90年代初,壶关县党政召开了“生态经济研讨会”,请来自全国的环境、经济、社会、生态学专家教授对壶关求诊问药。专家尖锐地指出:“壶关如果在生态经济建设中不注意环境保护工作,不注意产业结构调整,不推行清洁环保生产工艺,依然是‘山上搞生态,山下搞破坏’,‘山上处处植树造林,山下处处点火冒烟’,那么,建设生态经济县将是一句空话。”

事实的确如此。以姚保维为首的党政一班人在广泛调研的基础上,壶关县委县政府于1991年作出了“建设生态经济县”的战略决策,并出台了《壶关县关于进行维护生态平衡搞好大环境保护的规划》《关于建设生态示范区的决定》,初步建立了壶关生态建设体系,把单纯的荒山绿化转化到荒山绿化与生态环境并重的轨道上来。并本着整体性、长远性、科学性和实用性的原则,对全县生态示范区建设制定了总体的、部门的、分阶段的单向发展目标。

籍先菊是1995年任县委书记的,常光明、王玉圣先后任县长。此间,分管农业工作的副县长张平和与县委常委副县长牛建忠, 坚持大力推广王五全干旱贫瘠石质山区阳坡油松造林经验,许许多多的偏远山区的阳坡山地和不宜栽植的山地,都采取群众性造林与专业队造林的办法,进行了造林。

县委书记姚保维、籍先菊,是壶关县生态经济县特别是生态旅游的创业者,后任者县委书记程前、李全心则是生态经济县真正的推波助澜、渐入佳境者。姚保维、籍先菊为把壶关县的生态优势转化为经济优势,与分管林业的副县长张平和、林业局副局长、林场场长栗建平,多次对太行山大峡谷进行徒步考察,聘请林业部生态旅游专家编制了《太行山大峡谷旅游规划》,制作了推介电视节目与精美的大峡谷风光挂历,成立了旅游局,太行山大峡谷被国家林业部命名为“国家森林公园”,将太行山大峡谷从一个名不见经传的绿色河郊沟终于开始登上了全国旅游的大雅之堂,成为继九寨沟、张家界、野三坡等之后崛起的生态旅游热土。

2000年12月,县委书记程前上任后,在全县上下大力打造太行大峡谷旅游、万里森林防火墙和膨胀常平工业园区“三张王牌”。

1999~2002年间,壶关县为保护80万亩森林不受火灾威胁,县委首创、市委首倡建设村边、路边、地边的“三边”护林防火墙,号召全县群众修筑了10000华里,该工程被长治市委誉为“创新、创造、创业”的创举,打破了世界基尼斯纪录。

2002年12月,县委书记张红星继任壶关县县委书记。

张红星为把壶关县创建成中国北方最适合人居的“北方绿城”,提出了“跻身全市经济强县,建设全省旅游大县,打造中国北方绿城,创建全国文明卫生县城,争当贫困地区小康建设先进县”的发展定位,出台了《壶关县建设北方绿城的决定》,拉开了对城镇、道路和荒山等工程性美化、绿化的战役。

长壶一级路是壶关的咽喉路、形象路、开放路和富裕路。经过一年多的努力，耗资1.2亿元的长壶路于2004年10月胜利完工。

县委书记张红星荣获全国绿化先进模范，壶关县获得了全国卫生县城、全国生态建设先进县、全国太行山绿化先进单位等称号。张红星也因突出的绿化成绩，荣获山西省绿化奖章，2007年4月，被全国绿化委员会授予"全国绿化奖章"。

李全心是2009年到壶关工作的。工作伊始，在调研的基础上，出台了"三三六"防火工作法。即"三个万"是：万里护林墙、万亩隔离带、万枚红袖章；"三个不"是：上山不带火、上地不点火、上坟不烧纸；"六个一"是：一县一个专业队、一乡一个灭火队，一村一个应急队，一户一个护林员，一处一个责任人，一村一个工作队。取得了植绿造绿的可持续发展。

绿色的接力棒从四棒增加到十一棒，还在不断地延伸着。

3. 草莽英雄

荒野里孕育着绿色文明

壶关的石头就是壶关人的一切，壶关人会让不会说话的石头唱歌。

拿破仑说："我是环境的产物。"

西方史学界有个著名的观点：环境越困难，刺激文明生长的积极力量就越强烈。

太行山里的人啊，久久地挣扎着、喘息着……

却终于苦出来一个草莽人物，苦出来一个绿色文明。

这个草莽人物就是壶关县常行乡盖家川村的王五全，县委、县政府的金字大匾誉他为"林业功臣"，百姓们则直呼他"油松专家"；这个绿色文明就是置绿造绿的巨大生产力。

1970年，年方"而立"的王五全想他自幼随母逃难到此，人地生疏，孤儿寡母，何等艰难。在合作化中，渐渐大起来，便一直担任组长和小队副队长。一日，大队长见王五全说想搞林业，思谋良久问道：

"你……身体真觉得不很要紧？"

"不当干部，我觉得就轻松了。"

"你真愿意去栽树？"

"当然愿意！"

"要行的话，我跟支书他们商量商量。可要成立林业队，你还得当队长。"

"你看着办吧。"毕竟当过几年小队长，王五全也懂得含蓄。

这个小山庄海拔1500米，160户人家聚积在一条狭长的山沟里。水源奇缺，光溜溜酷如和尚头的座座山丘植被很少,裸岩面积达80%。土质多系沙质风化的粗骨土,厚度仅有10厘米左右。这里冬春风沙不断,夏秋干旱却又常遭雹洪袭击,几乎年年受灾。

王五全的林业队长很有当头!

他率领二十员“大将”(除七八个能干活外,大都是“四属户”),从公元1970年初春开始了漫长的铺绿生涯。

好一个聪明绝顶的王五全,他没有忘记有成功的把握的红花圪道,只要红花圪道成功,便是一个向外“扩张”的根据地。

王五全聪明,大队支书更机敏,他响亮地喊着“以粮为纲”,却给了王五全79亩农田去搞林粮间作。可以叫林业队,也可以叫第四生产队。林业成功了当然好,失败了也不犯路线错误。

红花圪道的150亩坡地,第一年就获得了成功。杨柳青青,果苗依依,地道的林茂粮丰。这成功激励着全村人。

五全又向山顶冲击,连续三年冲击三次,结果是三次统计失败,三次油松直播,次次捉不住苗,用去两千多斤种子,投了两千多个工,花掉三千多元钱,松苗却寥寥无几。

有人不依不饶:大队有多大家当?吃得住这样折腾!

……

于是妻子板下脸来,说不费点劲吧,受人指戳图光荣哩?干甚也不如种地牢稳。

妻子实用主义么?其实正是这种实用主义救了五全的驾。因为林业队的粮食产量冠于各队之首。于是便有支书会计出面说话:红花圪道大家瞅着哩嘛。那片林子将来值多少钱!粮食产量也明摆着哩嘛。可以算算贡献嘛!……

五全激动不已。因为他的林业队得以苟延了。

他去找盖有成道谢。老会计笑笑,说,不要说傻话了。你们栽树为了谁?还不是为全村人!你不是说想搞油松育苗吗?快把那十斤松籽育出苗来,好生试打试打……

油松育苗移栽,原本是他从移栽杨柳刺槐的实践中生发出来的念头,可祖祖辈辈没人干过呀,谁知行不行?

五全心中沉甸甸地召集了林业队全体会议,然后一挥手,扛起镢头就率众上了山坡。

只半个月时间幼苗就出了土,五全两只不大的眼睛放射出亮闪闪的光芒。

又过半个月,光芒弱下去:除了当年新开荒地里的幼苗长势苗壮外,熟地里的苗子全部濒临死亡。吭吭哧哧担水浇也白搭,为什么?怎么办?

迷惘中,他想起树掌福头国营林场来,拔腿就往那里颠去。这一颠真令人振奋:他不仅搞清了生地病菌少易于松苗生长,熟地育苗容易得立枯病的道理,而且还约请林场一位同志作他的技术辅导员。

1974年第二次育苗,就是在技术员的指导下进行的。不过又有新问题——同是生地,却是地面凸起处苗子出的好。低凹积水地方出的差——而这个问题偏是技术员也未遇到过的。

五全俨然是一个土壤学专家,竟对研究土质发生了兴趣。他拿一块尖利的石片,刨刨挖挖,搓搓看看,思思想想,果然就有新发现:地凸的地方地质松软,自然容易出苗,而积水处则是淤泥板结,籽芽难以破土,只好枯萎,只好死亡!

于是便有结论:油松育苗地水平开,外高里低反坡形栽。垄堆整成瓦背形,保证油松出土快。

次年他们如法炮制,效果良好。接着往阴坡移栽,成活率竟达90%以上!激动得王五全禁不住红着眼圈唱开了壶关秧歌。

王五全从1974年初春解冻的三月起,便每日上山移栽几十株油松苗,精心进行最佳植树期试验,直至上冻。

多少年来,人们植树都讲节令,一年春夏秋三季,加起来也不过只三个月可以利用。

但五全的试验结果却表明,只要不封冻,天天都是最佳期,而这里的封冻期满打满算就三个月,他已把三个月的植树期变成了九个月,这无疑是一个历史性创举!

这个创举,使他仅仅奋斗十年就将全村1100亩干石山阴坡全部绿化。

从阴到阳的转化

阴和阳,是一个矛盾的两个方面。在壶关,它确是一个山头的两个坡面。阳面,阳光普照,坡面干燥,飞沙走石、寸草不生;阴面,潮湿湿润,水分较大,杂草丛生。实诚的大地会说话,干壶一把不奇怪,阴盛阳衰万物爱,不长就到阴坡来!

进入20世纪80年代,神州大地发生了撼人心魄的震颤,土地下户,承包风行,开放搞活,农民进城……人们经历着一场观念更新的沉重的阵痛!孤陋荒僻的盖家川,同样随之颤抖。

土地下户,各自种地收粮,这在长年不得温饱的村民看来,具有多么大的诱感力啊!用不着动员,用不着命令,土地呼啦啦便各投其主了。

唯独撇下王五全,他问:

“我能不能承包100亩阳坡造油松林?”

老婆差点没背过气去:“你个憨货!一家人还吃饭不吃饭?你见过阳坡长松树?打

算拿老婆孩子去贴呀……”

堂兄、相好也来劝,说现时不比往年了,一个鸡子两条腿,各自扒捞各自嘴。再说,阴坡你都绿化了,阳坡自古不长松树,那不是瞎子点灯……

五全小眼儿搭朦搭朦的,憨佬儿一般。于是有顺口溜编排道:

一年长个大头针,三年长个火柴梗。

五年长个筷子棍,十年长个气闷棍!

一三五年是形容油松长速慢哩,十年却是指五全心眼不够数哩。

五全端的“不够数”。他不听任何人劝阻,更用不着向谁们招呼了,把镢头往右肩一扛,单枪匹马上了山—你道为何右肩扛镢头?只那年给集体养蚕去陵川县那边摘蚕叶摔断了左锁骨。当时只是酸困,并不剧烈疼痛,因为没钱,又因为忙栽树,并未当回事,只在脖颈上套了个绳圈,将胳膊吊了几天。后来痊愈了,锁骨便尖楞楞立起火柴盒大一个骨头疙瘩来。如今落下个不能负重又久困不息的痼疾。

果然,第一年把阴坡育的苗子移上阳坡去,就有60%~70%先蔫后枯了。

第二年,他苦苦捉摸着阳坡育苗阳坡栽,有喜获得了成功,成活率竟达到85%以上!

于是明白原因:

阳坡土薄石头多,干旱主因照阳婆。

阴坡育苗环境好,强栽阳坡难成活。

于是总结阳坡育苗要领六条:

苗圃土层深,肥沃带酸性;

地要仔细整,早深透细平;

下种找雨季,七月上中旬;

种籽药剂拌,不要用水浸;

播幅宽一拳,覆土二指深,

踏墒要记牢,上冻解冻时当紧。

移栽松苗过程中,他还发现阳坡土薄光线强,气温高蒸发快,整地后苗子难成活的道理。于是他刨小坑栽植。边刨边栽,且有要领口诀:

起苗开沟保全根,运苗带坨用水浸。

水中分根保须根,泥浆蘸根保湿润。

栽前选好小地形,创造条件保水分。

栽时围根一掬土,浇水一碗保活命。

三埋一提需踏实,穴面阴坡要形成。

上盖一层保墒石,确保松苗活的稳。

用整地时由南向北倾斜的办法，在阳坡上人为地制造了小阴坡，实现了由阴到阳的转化。如此这般，这里的百亩阳坡造林成功了，随后再承包的300亩又成功了。先后一共承包的650亩干石山的阳坡全部变绿了！

王五全的劳模效应

1980年春，县委书记张国太到盖家川进行实地考察，对王五全的绿化成就与经验异常赞赏，并亲自帮其从科学角度总结提高。7月份，张国泰直接主持在盖家川召开全县植树造林现场会。1982年，聂庆保书记代表县委、县政府把"造林功臣"大匾端到王五全手中。王五全的经验开始向全县推广。

从此，王五全成为一方名人！

树大招风——

新闻记者们闻风而至，纷纷采访，摄影撰文，于是，市报省林业报环境报……常有王五全事迹载出。

中国农业电影制片厂在现场拍摄了《干石山上栽油松》科教影片，发行全国，广为传播。

本县本省乃至齐鲁、中原、东北、两湖等地的取经者纷至沓来。林业部的领导和专家千里迢迢先后五次莅临现场总结经验。随后……随后是王五全光荣入党，连年被评为省林业劳模和特级林业劳模，1987年，中央绿化委员会又授予他全国绿化劳动模范称号，1989年出席了全国劳模大会，受到党和国家领导人的亲切接见。可谓登峰造极！

王五全可谓功高盖世！各级授予他的光荣称号和应得的物质奖励。他当之无愧！

不要钱，作指导。据有的人说，这是一种原始落后的道德观念！20世纪60年代你拒绝专制，而20世纪80年代你又拒绝市场。不开化！不懂市场经济。然而，这却正是王五全的想法。

王五全象一支出墙的红杏，亮得耀眼，亮得动人。

1985～1987连续三年，他率领40～100人不等的队伍应聘杀向阳泉市，按合同完成了市郊10余村荒山绿化。据说"五全挣了不少钱"。

好象王五全真真正正逢其时，成为天之骄子了。世人如此看待王五全并无过错。当然不可例外地既有过振奋与欢乐，也有过困倦和烦恼。

20世纪80年代初，正是五全艰辛奔波苦苦劳作贴工贴钱挨饿绿了荒山绿了村的时候，他的人生烦恼却接踵而至。

时间在无情地流逝。

人们用王五全的技术和精神，掀起了绿化壶关大地的高潮，二十年，弹指一挥间，王五全阳坡绿化技术，绿了壶关濯濯童山，而自己却白了头，长期的劳作，又使他身患重疾。此间,各级领导给与了关心与照顾,尽力挽救劳模的生命。1996年,因医治无效,病魔终于夺去了王五全的生命。

壶关县各级领导、林业工作者和来自全省各地的置绿宾朋、农民朋友数千人最后含泪送别了叱咤绿化事业半个世纪的“草莽英雄”。

他用有形的生命,化作了万顷草木的生命,实现了自己生命的延续。

他的生命并没有结束!

请看一组资料:

近几年,壶关县认真总结推广了王五全的干石山造林经验,大大加快了全县的绿化步伐。1997~2000年,全县共造林12 万亩,其中油松11万亩,相当于建国三十年的3倍……

2000年以来的6年,全县造林18万亩,保存面积16万亩,天然林、人工林和沟沟岔岔乔灌草起兴,壶关县全县绿色覆盖率达到75%以上,抽样调查全县水土流失由80%下降到30%,呈现出“下雨不出坡,大雨流清河”的良好生态局面。

为祖国送绿工程,得到继续发扬光大。

1997年,一纸邀请函从广东中山市发到了壶关县林业局:“鉴于贵县王五全先生的干石山阳坡绿化成功经验,中山市政府诚邀贵局及王五全先生带人到我地进行绿化工程招标……”

4. 艰难的“相持”阶段

绿色使者

壶关的绿色使者难以计数,他是从一个林业技术员一步步走向县级主要领导岗位的普通干部,他也是壶关林业发展的见证。

1988年7月,中国林科院内,张平和正在为国际农用林业高级培训班上课,内容是《生态小流域的治理和研究》。来自美国、加拿大、泰国、印度、菲律宾等20多个国家30多位林业专家、博士神情专注,限定的90分钟迅速完了,一阵热烈的掌声过后,他们迅速涌上去,与他拥抱、交换名片、合影留念。主持这次培训的中方代表竺肇华先生笑了,这是一次最成功的培训……

1991年5月,德国林业专家格鲁吉亚·库尔特博士来壶关考察。他完全被这种干旱石质山区一山连一山、一片接一片的人工林惊呆了,竖起大拇指连称“奇迹!奇迹!”

这种成功与奇迹,就是张平和等绿色使者群体创造的。

张平和任壶关县林业局局长任内的10年,壶关林业在全市、全省、全国居于领先地位,被国家林业部列为全国林业重点县,山西省政府命名为“绿化太行山先锋县”,长治市政府命名为科学营林先进县。1984年,林业部在壶关县召开了十四省市和太行山区三十市县级林业区划规划现场会，推广他们的经验。他的林业局长和县政府分管林业工作副县长任17年内，在壶关召开市级以上的林业现场会、研讨会，达到了20多次，其中国家级6次。

张平和是怎么跟林业打上交道的呢？

翻开他的履历：1962年，进入运城农校；1966年，他以优异的成绩毕业。分配工作时，他毅然报名到了壶关县农林局所属的基层单位——苗圃。1975年，他被调到县农林局工作，1978年，农林局分设为农业局和林业局，张平和担任了林业局的办公室负责人，后又担任了副局长。由于工作成就突出，三年之后，又被任命了局长。1991年，又被任命为县政府分管农林工作的副县长。

1978年底全县森林面积不到9万亩，森林覆盖率只有7%。绿色植被稀少加之奥陶纪石灰岩地质构造，加剧了水土流失，壶关越发变成了一个典型的贫瘠干石山区。恶劣的自然条件给植树造林工作带来了巨大的困难。

20多年来，他的踪迹踏遍了壶关的山山岭岭，沟沟坡坡。他深入山区林场，检查林业生产情况；他陪同乡（镇）干部，一起在农村动员农民植树造林，发展林业……他每走一步，都要留下坚实的脚印。

奖惩兑现、狠煞毁林毁树歪风、严惩犯罪分子、颁发《保护山林树木的决定》、任命800多名公安护林员，业绩再延伸……

农业生产责任制的落实，给林业生产提出了新的课题，张平和及时发现并培养了集店乡黄角头村路其昌承包荒山造林的先进典型，在全县推广后，林业专业户、重点户发展到了2345个，承包造林19万多亩，植树72万株，育苗7000多亩，成了绿化壶关、振兴林业的主力军，受到上级部门的重视和表扬。

1983年的一天，山西省林业设计院的一支考察队来到壶关县，对壶关的林业资源分布、土质、地形、气候等自然条件进行了一系列的考察。而预先拟定的几个试点县里，恰恰没有壶关。

张平和得知这一消息后，立即给省林业厅和省林业设计院的领导去信，要求把壶关县作为一个点。由于张平和同志的主动工作，最终以县长书记的名义拍电报邀请成功。林业厅的领导同志似乎触摸到了壶关人治理太行山的炽热情怀，他们分析了壶关的条件后，厅长果断拍了板：到壶关去！

林业区划规划是林业发展的宏伟蓝图，只有经过大量的土地资源调查和社会经济状况调查，再经系统的科学分析、论证，方可绘制。在这方面，张平和率领林业局职工做了大量的、复杂的而又是必不可少的工作。从食宿安排到资料收集，从人员组织到实地作业，从数据处理到资料汇编……哪一件工作他都要身体力行。他亲自带领由他组建的林业规划设计队，随同省林勘设计院的工程师一道开赴全县各地，翻山越岭，风餐露宿，艰苦作业；他还亲手起草了总计10万字的《壶关林业区划报告》。

有了蓝图，还必须把它变为现实。在实施林业区划规划的过程中。张平和不断摸索，不断总结，终于创造出了“林业区划、规划、设计、施工、验收、建档”一条龙生产程序，成为壶关县造林的科学之“龙”，使造林成活率由1978年的20%左右提高到80%以上，保存率由7%上升到了80%以上。仅此，全县节省造林资金4000多万元。

仅1984~1987年底，壶关县共造林27.8万亩，保存面积达21.5万亩，保存率为77.4%，是全县1949~1978年期间造林保存率的14倍，比1979~1983年期间高了16.1%。四年来的造林保存面积是1978年前30年造林保存总和的8倍。

“交响乐之父”贝多芬：“我爱一棵树甚于爱一个人。”张平和用绿色弹奏了壶关的交响乐。为了使大地上多一点绿色，恨不得把自己变成小小的种子，播撒在干旱贫的太行山上。他写出了《林业基础知识广播讲座》《谈壶林业》《四旁绿化技术》《抗旱造林技术》《干石山区阳坡造林技术》等五十余万字的技术资料，以有线广播、印发传单等形式，广泛宣传到村村庄庄。他积极从外地引进华北落叶松、白皮松、侧柏、龙柏、毛白杨、白榆、红富士苹果、巨峰葡萄等10多个新品种，在太行之巅落了户。核桃修剪、果树综合管理、毛白杨繁育等近10项新技术在太行山之巅开花结果，极大地丰富了壶关的树种资源，提高了林业经济效益。他认真开展了阳坡造林、林业区划规划等十多个科研项目的研究，先后获得国家林业部优秀成果二等奖，山西省科研进步二等奖，山西省林学会科普奖，山西省环境建设保护厅优秀勘测设计二等奖，原晋东南地区科研成果一等奖和二等奖，长治市科普一等奖。

油松造林成活率是绿化的卡脖子关键。张平和说不清多少次深入常行乡盖家川村，同农民王五全一道，探索干石山上栽油松的秘诀。经过七年的摸索，终于总结出“贫瘠干旱石质山阳坡油松常年造林技术”，解决了阳坡造林的一大难题，为绿化太行山做出了重要贡献。林业部在全国推广了这项新技术，收到了显著效果。王五全也因此而成为全国劳模、山西省特级劳动模范和人大代表。

他的任内，壶关县成立林业规划设计队，各乡(镇)设立了规划员，村级设置了营林指导员，从上到下形成了一个系统的林业管理、技术指导网络。

在林业系统，工作最艰苦、最辛劳的要数设计队员和林管员了。林业局里每年要有大中专毕业生分配进来，有的还是外地人。刚参加工作小青年，一下子适应社会总非易事。申有贵，高平人，1980年由林业学校毕业分配到壶关林业局工作。刚来时，小伙子总有些心神不定，离乡背井，人地两生，二十大几了，女朋友还不知在哪朵云彩里。“这次第，怎一个愁字了得”。可时间不长，人们发现小申的情绪一下好多了，变得有说有笑，工作也蛮有精神。原来，有人给他牵线搭桥，小申热热闹闹地在林业局的大院里举办了婚礼。这以后，小申的心踏实了，工作更有劲头了。经过艰苦自学，他升入了山西农业大学干训班，毕业后，回局担任了设计指导员。壶关是他的第二故乡，是他施展才华的天地。他要用知识和赤诚来报效第二故乡。

林业局的人都知道，从给小申介绍对象到举办婚礼，都是局领导一手操办。

壶关县的林业工作成绩斐然，闻名全国，同时林业系统也英才辈出，涌现出许多国家和省、地（市）、县的劳动模范，林业局还有六位同志相继被提拔为县、乡两级的"父母官"，又为乡村洒下了绿色种子。

5. 生态旅游显峥嵘

绿色文化与漫长的回报周期

壶关有一句造林口号"十年树木，百年树人"，更响亮的："忧国忧民好干部，先抓教育和植树"；还有一句："前人栽树，后人乘凉"。

无怪乎人们慨叹：盛世兴林，盛世育人。

造林不仅是一种苦干，也是一种苦熬。苦熬是一种黑暗中的摸索，苦熬给予了人们许多智慧的亮花，叫人豁然开朗。这种亮花，我大胆地叫他绿色文化或者绿色智慧。

壶关的漫长回报周期中，第一种区划、规划、设计、施工、验收、建档等造林"一条龙"的绿色文化是抓林业的县党政干部创造的。

当时，全国绿化事业也是刚刚起步，科技营林工作尚在摸索之中，没有什么成式可循。后任长治县县长、省农业厅常务副厅长、时任壶关县县长的刘德宝、与后来分管壶关县林业工作副县长、后任县政协主席、时任林业局长的张平和，以及后任局长、书记的林业技术人员秦庆祥、杨斌芳、秦元忠等，一同爬山头、钻深沟、找良方、定思路。他们看看天空，心想，天这样大，飞机之所以不迷航，是因为地面导航的缘故；大海那样大，渔民耕海养鱼，是因为把大海网格化的缘故；农民耕种责任田，是由于分化界定的缘故。同样道理，如果把大山深沟规划成一个个单元，那样我们的管理就可以实现从茫无边际的面精确到一个个点上，那样，我们还怕任务不落实、质量不保证吗？

此间的 1987 年，壶关县"一条龙"林业科研成果荣获全国林业区划规划与实施科技进步二等奖；1988 年，"贫瘠干旱石质山区阳坡油松常年造林"获省级科技进步二等奖；同年 10 月，省林业厅在壶关县召开全省绿化太行山经验交流会，授予"80 年代科学营林新水平"锦旗；林业部还将壶关县阳坡绿化技术，拍摄成纪录片在全国各地放映；王五全被评为全国劳动模范。

第二种绿色文化是不断升级的造林方式。

1998 年秋冬，百尺镇与店上镇交界处的虎头山上，两镇集合群众 3200 人，采用了支锅起灶中午不回家方式,起石换土刨大坑,进行了霜冻前兵团式的整坑造林。绿化中,实行精品战略,采用群众性刨坑和专业队栽植的办法,树种选用常绿乔木和落叶乔木、灌木相结合,春、夏、秋三季开花与四季有绿、三季缤纷的树种相结合,单一不抗病林种和容易抗病林种的结合,减少染病和生物自然治病相结合,形成了科学的营林方式。林造到哪里,简易行车路通到哪里,人工隔离带建在哪里,人工创设的森林景观就创建在那里。

通过这种方式,3000亩飞鹰岭工程、5000亩白头山工程、2000亩天仓岭工程等20多个工程,荣获了省市级精品造林工程,一次成活,一次成景,一次成功,绿化工作在无声地得到推进。

第三种是绿色文化创设出良好的生态文化和人居环境。

1995年,壶关县获国家环保局"中国全球五百佳提名奖";1996年被批准为全国生态示范区试点县;2001年被确定为全国十三家、山西省唯一的生态示范区;2005年被中国国土研究会确定为"全国中小城市生态环境建设实验区"。由于生态大环境的创设,壶关县2004、2005连续两年被评为全国百名县域经济基本竞争力提升速度最快的县(市)之一,2005年相继被国家爱委会命名为"国家卫生县城",被省委、省政府表彰为"山西省文明县城"。由于绿色大环境的创设,良好的生态文化正在形成,壶关成为北方最适合人居化的县城之一。

第四种绿色文化创造出光彩四射的生态旅游文化。

绿色大环境,使壶关县东南100平方千米的太行山大峡谷异彩纷呈。太行山大峡谷先后被命名为"国家森林公园""国家地质公园""中国十大最美峡谷之一",旅游文化迸发出无限张力,一个充满活力、极具引力、富有魅力的新壶关开始展现在人们面前。

不断升华的实践——摸出来的林业经济

俗话说,无山没宝。

壶关县398个村庄,就有393个有山,有山就有宝,有宝就能发财。山有玉而韫。对,树长起来了,生态改变了,山林中的灌木也充分发育了,林下可以食用的菌类也生长了。这些林下资源不是宝藏吗?

聪明的壶关人看到了这些希望。有了希望,就不能失望。

时任政府分管农业工作的副县长张平和是最先知先觉的。可以说,他是撬起地球的那个杠杆的支点。几十年,他一个山头、一个山头地走,发现了许多树景、山景、洞景、石景、水景,便不失时机、不惜代价地把他们用相机拍下来。

他知道,一个人的力量是非常有限的,这个杠杆有了支点,没有巨大的力量去撬,也是枉然。

于是，他一次次地游说，一次次地推介，人多力量大，终于撬动了那个地球，这个地球就是“太行山大峡谷”。

县委书记籍先菊的办公室。张平和副县长对她说：“马鞍驼村，就是马驮着的村庄，村民十分贫穷，但是景色十分绮丽。”

这些话语，使善于深入农村的籍书记想去看看。从县城出发，行程近百里后，来到了石坡乡的马鞍驼村。走出车子，籍书记突然发现自己来到了仙境一般：见那些常年生长的松林，活像如马的山体马头的鬃毛，向下，在山脊的两边，村民居住在这里的山坳，活像马驮着的两个搭子。

籍书记自然自语地说：“太震惊了！想不到壶关还有此山水景色。”

张县长又说，这种情景还有许多。

“快领我去看！”说着，籍书记心中已经有了以旅游带动贫困地区脱贫的盘算。

一连他们看了好几个，一直看到天色傍晚。可以说，这是一次特殊的旅行，这次旅行，将壶关的旅游开发与扶贫开发拧成了一股绳，拧出了一个活脱脱的朝阳产业。

推介大峡谷

中学时代，我们都读了王安石的《游褒禅山记》，它一再告诫我们：“夫夷以近，则游者众；险以远，则至者少。而世之奇伟、瑰怪、非常之观，常在于险远，而人之所罕至焉，故非有志者不能至也。”

发源于壶关的淅河，河谷绵延悠长，时而宽阔狭窄，时而迂回曲折，绵延 100 余千米，现名为“太行山大峡谷”的风光旅游区。那时被我们俗称为河郊沟，是一处“山高石头多、出门就爬坡”的艰困之处。但是，在他的艰困劣势中，我们的“有志者”也能找到它的比较优势，那就是刀削斧砍的悬崖，如银似练的瀑布，惟妙惟肖的山形，暖湿喜人的气候，北方罕见的物种，再加上周边山林郁郁葱葱的天然灌木和人工林，几十年绿化的效应，成了这里天然的陪衬。这里成了山奇、水美、林密、粮丰的原生态区域。

然而，养在深闺人未识的“大峡谷”，何以展现在世人面前呢？

林业，为它的孕育和出生，提供了温床。绿色，为了它的成长，扮了靓装。

1991 年前后，世界范围内兴起了野外生态热。这种热波从欧洲、从北美迅速传递到中国大地。中国的有识之士纷纷推介野外生态游。生态，就是绿色的山水；生态，就是有氧的运动；生态，就是享受大自然的绿色、雨露和阳光。这种情况下，一直处于中国绿化最前沿的壶关县林业领导和专家，迅速抓住了这个信息。张平和副县长分管林业工作，李书贤任林业局长，栗建平任林业局副局长兼福头林场场长，他们在张县长办公室召开了碰头会：“听说林业部要搞国家森林公园，咱们壶关县能不能也搞个，开拓一个以林致富的道路？”

三人敲定之后，迅速向县委书记籍先菊、县长常光明进行了汇报，结果，大喜过望：以籍书记、常县长为首的领导，不仅政策支持，并且还要给予资金支持，并且籍书记还要带头亲自抓这件事。接着，县林业局迅速以县政府名义，聘请国家林业部、省林业厅专家，对太行山东南段壶关县境内的高山峡谷进行了考证、规划，命名为“太行山大峡谷”。

1996年秋，首都北京传来消息：“太行山大峡谷”被批准命名为首批国家森林公园！这标志着古老的壶关林业又将迎来了新的发展机遇。森林公园的规划中明确提出了壶关县东南部山区实施生态旅游的可行性，指出：这是山区在太行山基本绿化的形势下，林业由砍伐向抚育发展的二次创业过程，将开辟依林致富的重要增收渠道。

县政府迅速成立了太行山大峡谷国家森林公园管理处，与福头林场一套人马、两块牌子，启动生态旅游的基础工作。1997年，壶关县成立了旅游局，把“太行山大峡谷”国家森林公园管理处与旅游局一同设置，开发太行山大峡谷。大峡谷开始揭开了那张犹抱琵琶半遮面的面纱，如出水芙蓉一般，出现在世人的面前。

为激活生态旅游加温

世界上任何新生事物的成长都是曲折的。

生态旅游在缓慢地行进着。

2001年5月，时任省长助理、现任副省长的宋北杉，考察大峡谷后说：“壶关的山清水秀，非常难得，淅河流域的水流是全省唯一没有污染的。”

此时的大峡谷是全省不可多得的、最美的山水。

2001年4月22日上午壶关县十届一次人代会结束，下午县委书记程前就带领县委中心组奔赴大峡谷腹地树掌镇召开以“开发旅游”为主题的中心组学习调研会议。

会上，还专门把有生态旅游和绿色资源的村干部和有关人士找来，县领导认真听取了群众发展旅游呼声。桥上乡大河村支部书记王文洲说：“搞旅游，这个部门说土地不能动，那个部门说水流不能动，还有部门说林地不能动，想搞生态旅游，俺能不能买几条都能动的沟？”“能不能最少买一条沟搞生态旅游？”土给堆村仇女士更是发言激烈，她说：“产权不清，啥也搞不成！”会议通过热烈讨论，最终形成拍卖开发的共识。

4月26日，在大峡谷腹地煤焦站内举行了大峡谷景点拍卖仪式，市委副书记王进卯、副市长常反堂，县委书记程前、县长赵春英等领导亲自参加。拍卖会由本土培养出来的主持人桑世宏主持，异常热烈，一举将9条沟卖掉，明晰了产权；拍卖所得的100余万元，还作为开发资金，以财政名义支持了开发。通过此举，生态旅游开发才开始走上了快车道。

2013年，壶关县通过对太行山大峡谷内10个景区进行资源整合，实现统一规划、统一管理、统一开发、统一品牌、统一经营，形成“一个品牌、一个公司、一张门票”的发展模式，致力把太行山大峡谷打造成高档次、高品位的山西旅游旗舰和世界有名、全国一流的休闲旅游度假基地。壶关太行山大峡谷旅游资源整合完成后，自4月15日起成功试运行“一票通”模式。整合后的大峡谷各景区景点将按照统一规划、统一管理、统一开发、统一经营、统一品牌的“五统一”发展布局，景区门票也将由原来的300元降至125元。从4月15日起，游客持“一票通”门票可两日游。

终于，大峡谷走上了融资发展的健康之路。

世人瞩目大峡谷

旅游是一项创新产业，需要不断增加“卖点”。

2009年以来，大峡谷进入了快速成长期。县委县政府制定了“做大旅游”战略，狠抓了景区开发、服务提升和宣传推介三大工程，开工建设了国家地质公园博物馆，出版了太行大峡谷摄影集、商务旅游指南，落实了横穿峡谷的荫林公路改造、八泉峡拦水大坝资金，旅游循环路等，“卖点”纷呈，大峡谷旅游也呈现出旺盛的发展势头，被旅游商报社评为“最令人神往”的旅游景区之一。

到2013年底，共投入16000万元进行了景点开发。

2005年5月，壶关县政府通过国家体委，与世界攀岩组织取得了联系，邀请世界攀岩能手到大峡谷进行攀岩比赛。经过认真筹备，5月4日上午9时，八泉峡人山人海，彩旗招展，香港凤凰电视台、中央电视台等著名电视台、电台现场直播。

“中国·壶关世界攀岩邀请赛”正式开赛，长治市市长杜善学致开幕词，县长马朝中宣布：“攀岩开始！”

13名世界级选手，如同悬崖峭壁间的壁虎一般，身着绳索，手扒岩石，脚蹬罅隙，不断地向上攀登……

经过长达40多分钟的角逐，丹麦选手一举夺魁，赢得了这次攀岩的冠军。

攀岩，标志着太行山大峡谷结束了藏在深闺的时代，以一个开放的姿态，展现在全世界的面前。

太行山大峡谷，以其山景、林景、水景成了华北地区的最美所在，中国地理杂志评为2005年度中国十大最美峡谷之一，成了山西省作协创作基地，电视剧《清风亭》的外景地，海内外画家的写生采风地……

2006年，共接待游客48.8万人次，实现门票收入820万元，社会收入1.23亿元，分别较上年增长87%、52%和63%。

建设永不倒塌的护林长墙

县委常委、副县长牛建忠发明护林防火墙后，在规划上要求林业技术人员和乡村干部突出“紧靠三边,连绵不断”,让其成为有林地带的一道天然屏障,把林地与耕地、林地与村庄、林地与道路隔开。客观上减少了对森林的人为破坏。其次是施工程序严谨。在这方面,群众编了一个很好的口诀:

“铲出根基、夯实不虚,大石垫底、最低1米,上窄下宽、梯形石体,有棱有面,好干好看”。

再次是把好验收关。县里对全体技术人员和乡镇工作人员及村委干部进行了现场培训,明确标准,统一验收,对支差应付的花架子护林墙推倒重建;秋后又对全县的护林墙进行一米一米的测量检查,不合格的绝不验收,保证了绝大部分护林墙的质量标准。

时任县委书记籍先菊对记者说,营造万里护林墙,确实是工程浩繁,用料巨多,举动非凡,没有困难是不客观的。特别是在市场经济条件下,县财政拿不出多少钱,要调动千军万马决非易事。但是全县人民深知,不依靠艰苦奋斗,不突破护林方面的困难,过去创造的生态效益、社会效益、经济效益就有丧失的危险。今年的工程能如期进行,老区人民忠诚纯朴、吃苦耐劳、以苦为荣的本色和坚韧不拨的斗志就是我们推进护林墙工程的重要法宝。她还向记者介绍说,截至2000年3月底,全县共出劳动力10万余人次,投工100余万个,动用土石方170余万方,修筑护林墙1700千米(合3400华里),相当于创建2000余万元的经济价值,为开拓壶关依林致富的前景迈出重要的一步。

市委首倡壶关首创之工程

世纪开元之春,时任长治市委书记吕日周同志在下乡调研时,发现了壶关人民的这一伟大创举,他指出,这一伟大创举对当前全市开展的“绿我上党,爱我家园”的全民播绿活动具有重要指导意义。

这就是壶关人民的伟大创举!

这就是太行精神在新时期筑起的又一座丰碑!

这就是老区人民“绿色银行”的忠诚卫士!就是昭示着老区腾飞的巨龙!

2000年4月5日,清明节后的第一天。这天清晨,市委书记吕日周召开了市直机关干部千人大会,指出:“壶关的防火墙,是群众首创、市委首倡的工程。他的创新说明,离人民群众越近,经济建设的办法越多;离人民群众越近,克服困难的勇气越大;离人民群众越近,改革开放的步伐越快;离人民群众越近,作风转变的效果越好,离腐败也就越远。”并亲自率领市直机关千名干部,到壶关的山山岔岔实地垒筑防火墙,拉开了以防火墙为标志的“创新、创造和创业”的大举。

当日上午,一辆汽车载着山西省省长刘振华,也来到了修筑防火墙现场。刘省长一行从平顺县西沟村出来，当车子驶进壶关县境内时，一道无比壮观的景色映人眼帘:公路两旁被绿色覆盖的大山上,一条宛如长城般的巨龙,从望不到头的山的尽处奔腾而来,又依山势盘旋着每一座山头奔腾而去。左面、右面,近处、远处,凡是有山、有树的地方都盘旋着这条“白色巨龙”的身影。连声称赞这项工程“了不起”,连声称赞人民群众的创造“了不起”。他对同行的长治市领导说:“这是一项伟大的工程,这是人民群众的伟大创造,这是我们在家里、在办公室无论如何想不出、也不敢想的伟大工程。这既显示了壶关人民保护森林的决心,也说明一个真理:只要对人民群众有益的事情,人民就会积极响应”。

壶关县晋庄镇固店村。当刘省长看到山上有一处热火朝天的“防火墙”建设工地时,便情不自禁地走下车来,爬到山上,亲手搬起石头和干部群众共同筑起了“防火墙”。他一边搬运石头,一边向老农请教干垒防火墙的技术,并与在现场劳动的市政协主席戴海水和机关干部一一握手,表示慰问,高度赞扬了长治市机关干部转变作风带来的积极成果。

防火墙,成为了 2001 年春天长治市的第一声春雷,在太行山上,轰然震响！到 2001 年 5 月,全县修筑防火墙约 5000 千米(10000 华里),经山西省林业厅森林防火处全处长带人亲临壶关实地测量，壶关县实际修筑达标准森林防火墙 5078 千米,经公证后,报上海大世界基尼斯总部核准,颁发了“打破了一项大世界基尼斯纪录”证书。

壶关人民在绿化奇迹之后,又打破了一项护林护绿的奇迹!

再造绿色家园

县委书记李全心和县长崔江华等县委政府一班人，认真贯彻执行党和国家的林业方针政策,从林业可持续发展的高度出发,科学地提出了循环经济,生态格局,绿色是主基调,清洁化生产是发展方略的发展定位。

身边增绿,山上治本,就是城、镇、村、路均在绿中,构建森林化的人居城、人居镇、人居村、怡人路,让城乡绿起来、富起来、美起来、活起来!

第一个战役是城乡美化植绿战役。

思路决定出路。接着,县上迅速制定了“县城绿化要带头、乡镇绿化要跟上、通道绿化要上去、荒山绿化要持续、村庄绿化要启动”的绿化思路,从 2009 ~ 2013 年春,县城道路向南、向东、向北延伸,将由于沟壑冲浚隔离成互不联通的板块铺路架桥进行了连通,形成了国字型主骨架;将城东龙丽河水库改造为水上公园。围绕此主骨架,进行了人面积的绿化美化,形成了县城道路处处见绿、单元绿地处处有绿、水上公园绿波荡漾的美丽县城景象。

更重要地说，壶关是长治市“5+1”城市集群的近城县城，又是进入太行山大峡谷的必经之地，所见所闻，都是长治市魅力城市形象、环境、素质的组成，影响着长治市的整体对外开放环境。

在长治市计划申报国家优秀旅游城市。在申报的硬件指标之一，就是这个城市必须有一个“AAAA”级旅游景点。然而，遍寻上党大地，规模宏大，奇山丽水，绿色覆盖，周遭绿色陪衬，只有太行山大峡谷具备提升为AAAA级的可能。

进入大峡谷，必经壶关。长治到壶关的一级路，就是检阅市与县连接的窗口，也是长治市的窗口。

对此，则进行了高标准绿化。绿色有了层次，还有了宽度和视野，呈现出层次分明、高低错落的观赏效果。

累计在通道绿化中，栽植大树近10000棵，规划绿地小品850个共计250万平方米，使全县版图特别是视野所及实现了绿色均衡发展的格局。几年来，全县共高标准完成通道绿化600公里，县城新增绿地面积250万平方米，造林12.3万亩，退耕还林9.03万亩，园林化村庄建设70个，荒山绿化8万亩，先后荣获了生态建设先进县、全国太行山绿化先进单位等荣誉称号。

选自《绿染太行》一书

在转型跨越发展的大潮中创先争优

张庆利　闫婷婷

山区县、老区县、国家扶贫开发重点县——壶关，凭什么在转型跨越发展中争上游，创佳绩?

实施“四五”发展战略，走好“六化”发展路径，打造“5+1”经济格局，做靓三大县域名片，实现“五个翻番”目标，建设实力壶关、绿色壶关、和谐壶关!

以转型跨越论英雄，以攻坚克难论能力，以创先争优论高低，以德才标准用干部!

三年来，壶关经济社会发展拾级而上，不断攀升:

2010年，目标责任考核名列全市第二;

2011年，全年获省厅以上表彰奖励数量名列全市第二，目标责任考核名列全市第四;

2012年上半年，各项主要经济指标全部实现时间过半、任务过半，其中一般预算收入已完成全年任务，增速位居全市第一，地区生产总值、工业增加值、财政收入、农民人均收入四项指标增速均居全市第三；

国家卫生县城、国家园林县城、全国文明县城、全国低碳旅游示范县、全国生态文明先进县、全国科技进步先进县、中国绿色名县、中国优秀生态旅游县等“国字号”荣誉相继揽入囊中。

在全市首家出台《壶关县招商引资十大优惠政策》，大力实施“15311”招商引资办法，全力推动项目落地，大打招商引资、项目建设攻坚战

从常平集团150万吨高速线材、壶化集团复合高强度导爆管雷管，到兼并重组后赵屋煤矿扩能技改，规模化、集约化、环保化大型石料场，从特效烧伤药“克烧净”、30万吨矿渣纤维保温材料、12万吨绿色环保涂料、国电风力发电项目，再到食用菌冷冻调理食品（包子）加工、大象集团肉鸡产业化、8000吨系列速冻水饺……传统产业抓整合、抓延伸、抓改造，转型项目抓高端、抓引进、抓储备，招商引资、项目建设攻坚战正在壶关大地全面铺开。

千方百计、千言万语、千山万水、千辛万苦，走出去选项目，走上去引资金！中博会、能博会、农博会……北京、上海、广东、深圳、内蒙、黑龙江……各大招商引资活动中总能看到壶关招商队伍忙碌的身影。

率先制定出台《壶关县招商引资十大优惠政策》。在税款征收上，实行“免三减二”政策，三年内缴纳各种税收的县级留成部分全部奖励返还企业，三年后按50%的比例再奖励返还企业两年；在规费收取上，对项目建设期间涉及的行政事业性收费全部免收，建成后需要收费的，五年内先征后返；在奖励兑现上，大奖重奖招商引资有功之臣，对引资额5000万元以上的，一次性给予100～500万元不等的奖励。

大力实施“15311”招商引资办法。“1”就是县委书记、县长每人每年引进一个1亿元以上的项目；“5”就是县委常委、政府副县长和人大、政协“一把手”每人每年引进一个5000万元以上的项目；“3” 就是人大政协副职和其他处级领导，以及乡镇党委书记、经济综合部门负责人每人每年引进一个3000万元以上的项目；“11”就是其他科级干部和农村支部书记、村委主任，每人每年引进一个100～1000万元的项目；每个骨干企业每年引进或上马一个1000万元以上的项目，其中工业骨干企业每年引进或上马一个1亿元以上的项目。

着力创优发展环境。成立工业新型化、农业现代化、市域城镇化、城乡生态化四个招商引资办公室，由县长负责全县的招商引资工作；将全县招商引资、项目建设具体化、数字化、目标化、责任化，对重点项目实行一个项目、一位领导、一套班子、一抓到底；县领导带头深入项目第一线，帮助企业解难题，做到创优环境、攻坚克难“111”，即

小问题一天内解决，大问题一周内解决，难问题一月内解决；大力提高行政效能，对需要办理的项目手续，政府职能部门集中时间、集中地点，实行一站式办公，一条龙服务，原则上3天内办结，最长不能超过5天，全力破解制约项目建设的土地、环评、融资等问题；开展招商引资大竞赛、大观摩、大检查、大评比活动，一切为招商引资开路，一切为项目建设服务，全县招商引资和项目建设强势推进。

据统计，近年来，壶关累计投资270亿元，上马重点项目406个，其中投资亿元以上的项目44个；签约引进合作项目24个，签约金额387亿元。仅今年1~7月份，全县就引进项目10个，落地8个，引资额34亿元，落地率80%，一批市场前景好、科技含量高、带动能力强的大项目、好项目在壶关落地生根。

围绕打造优质农产品供应基地的目标，大力发展特色农业，扶持壮大龙头企业，多渠道促进农民增收。

"一户一个棚，胜过玉米种一生"。这句在壶关县广泛流传的话，说的就是紫团公司的食用菌生产大棚。这种大棚风险由企业承担，农民有可观收入，深受广大农民欢迎。

紫团公司是国家扶贫龙头企业、国家农业产业化龙头企业，也是全省最大的食用菌生产企业和农业现代化示范企业，其规划建设的"千棚十区"食用菌产业园区带动周边2市4县、8000多农户、30000多人、人均增收1600多元，生产的"百素珍"牌食用菌产品源源不断地销往北京、上海、郑州、西安、太原5大城市、1168个超市，出口量也不断提高。

全市"一村一品、一县一业""紫团模式"现场会召开后，市委书记田喜荣将"紫团模式"誉为"方向性工程"。副省长郭迎光在紫团公司调研时对其给予高度评价，该公司发展食用菌产业带动农民增收的做法在全省推广，壶关县也因此成为全省9个"一县一业"推进县之一。目前，紫团公司年产48000吨冷冻调理杂粮珍菇包子生产线建设项目基本建设已经完工，正在进行紧张的设备安装调试，这是紫团公司食用菌产业从"千棚十区"逐步向"百村万棚"发展、力争打造华北地区最大的食用菌种植加工基地之后的又一举措。项目投入运行后，年可实现销售收入7亿元，上缴税金1600万元，提供就业岗位1500个，带动3万多农户从事各类杂粮种植与加工，形成规模化、产业化的发展格局。

壶关县将旱地西红柿种植作为农民增收的示范项目，在政策上倾斜、资金上支持、技术上服务，逐步形成了涉及9个乡镇的规模化种植格局，旱地西红柿种植遍布全县平川区、半山区和山区，面积达到3万亩，亩均收入6000元，8000多农户从中受益。小西红柿成了农民增收致富的大产业，远销湖北、上海、浙江、山东、安徽等14个省市。

郭氏食品有限公司是全市惟一荣获国家“中华老字号”称号的企业。公司投资6300万元上马的年产8000吨系列速冻水饺项目开始试生产,年可实现销售收入1亿元、利税1500万元,带动4000余农户户均增收2900元。这将为壶关农民增收致富带来新希望。

做给农民看,带着农民干,帮着农民赚。像紫团、郭氏这样的农业龙头企业在壶关已有20余家。而400个农民专业合作社、115个特色专业村也随之在壶关大地生根开花。辛寨陈醋、九牛寨乳业系列产品、“百素珍”牌食用菌、晋庄小杂粮等特色农业产品享誉省内外,壶关初步形成食用菌生产、旱地西红柿种植、畜禽养殖、乡村旅游等六大特色产业板块,探索出一条龙头带基地、基地联农户、依靠规模经营增加农民收入的现代农业发展之路。

高起点规划、高品位开发、高水平管理、大力度宣传,打造世界有名、全国一流的休闲旅游度假基地。

景点爆满、摩肩接踵、购物拥挤……今年以来,太行山大峡谷各个景区车水马龙、水泄不通,旅游业带来的“井喷”效应正在显现。仅今年“五一”小长假期间,太行山大峡谷实现门票收入460万元,与去年同期相比增长130%。

壶关是生态大县。从上世纪70年代起,壶关全县干部群众坚持不懈抓绿化,目前绿化面积达到103万亩,森林覆盖率达到50.6%。2009年,壶关县圆满完成了全国造林绿化现场会参观任务,成为全省首批、全市惟一的“林业生态县”,先后接待11个省320多个市县近万人前来参观考察,伟大的壶关精神、靓丽的绿色名片和壮观的万里森林防护墙震撼人心,叫响全国。近几年,太行山大峡谷正以全新的优势为这个生态大县增光添彩,成为全县“生态园”中的一朵奇葩。

转型跨越新壶关,峡谷旅游是重点。为真正做大做强太行山大峡谷旅游产业,壶关县提出大力实施文化强县、旅游兴县战略,让旅游与文化对接,以文化推动旅游,做到“三高一大”兴旅游。

——高起点规划。聘请中国城市规划设计研究院制订《长治市太行山大峡谷风景旅游区总体规划》,一张蓝图绘到底,一切围绕旅游干,致力把太行山大峡谷打造成国家5A级旅游区、国家风景名胜区、世界地质公园。在规划实施中,注重文化保护,做到景区建设特色化和景区开发原生态化;

——高品位开发。投资4.58亿元的大峡谷旅游循环路竣工通车,投资1.1亿元的八泉峡大坝、投资7000万元的游客中心等工程的建设,将进一步提高旅游接待能力;近期规划建设“一坪一轨一道一院”,即直升飞机停机坪、专线火车路轨、高空索道、大型影剧院，将形成谷顶游、谷底游、栈道游、火车游、飞机游、索道游、水上游等多个旅游项目。同时，组织专人编写太行山大峡谷人文历史书刊，实现旅游文化与红色文化、民俗文化、民间传说的有机结合，真正让每一个景点都有故事，每一个景区都有传说；邀请著名导演和演出团体筹拍大剧大作，使游客来到大峡谷，白天看风景，饱览大峡谷的自然风光；晚上看演出，感受壶关独特的文化魅力；

——高水平管理。按照市委书记田喜荣提出的“一收回、四统一、两特色”要求，改革现行管理体制，整合重组旅游资源，组建一个公司，逐步实行统一规划、统一开发、统一管理、统一宣传，实现大峡谷旅游“一票通”；

——大力度宣传。坚持平面媒体、电视媒体、网络媒体、会议媒体、营销团体立体化、多形式、多渠道宣传推介大峡谷，推出“世界奇峡、天然氧吧”宣传主题，吸引更多游客前来观光旅游。

目前，太行山大峡谷成为全省重点打造的13个标杆景区之一，量身定做的宣传片首次在央视频道黄金时段播放，并成功举办四届国际攀岩精英赛，大峡谷的知名度和影响力进一步提高。让游客观山水景、享田园情、住农家乐、吃特色饭、看开心戏、读千年史、买壶关货，在吃、住、行、游、购、娱方面有全方位的新感受。

2011年，壶关全年旅游社会总收入达13.2亿元。2015年，壶关全县旅游人数将达到200万人次，门票收入达到2亿元，旅游社会总收入达到20亿元，旅游文化产业增加值超过8亿元，占GDP比重11%左右。太行山大峡谷旅游业将真正成为农民增收的朝阳产业和转型跨越的支柱产业。

越是发展，越重视民生；越是困难，越改善民生。不办形象工程，多做惠民实事受金融危机冲击，2009年壶关财政收入仅2.6亿元。但也就是这一年，壶关这个财政穷县，民生投入发生了历史性的转折——

历史上首次为全县建国前入党的农村老党员，70岁以上的国家、省、市级老劳模，70岁以上的老艺人，80岁以上的老寿星，工作二十年以上的农村离任老支书（主任），企事业单位离休人员发放生活补助；

率先在全市比较贫困的县份足额发放公务员津贴补贴和事业人员绩效工资，人均年增资13000元，真正实现了贫困县与富裕县干部职工同工同酬；

投资20亿元大力改善基础设施，铁路高速路旅游路省道地方路纵横交错、便民利民，全县交通建设刷新了历史，创造了辉煌。特别是实施了两个“4亿元大项目”，一是壶关作为上党城镇群惟一的贫困县，投资4亿元建设了城际路连接线，今年又投资4000万元实施了连接线五化工程，成为我市上报省里惟一的绿化标杆工程；二是投资4.58亿元建设了太行山大峡谷旅游循环路，彻底解决了“旅游难、出行难、致富难”三大难题；

投资1.5亿元实施校安工程，投资7000万元新建十五轨制初中树人学校和城南幼儿园，投资3000万元新建县人民医院门诊大楼和中医院病房大楼；

上马旧城区改造、保障性住房、集中供热、污水处理、垃圾回收、西山公园、人民广场、文体馆等项目，城市更美更靓，尤其是投资8000余万元建设的西山公园、人民广场工程，进一步完善了县城功能，提升了县城品位，成为县城居民游玩休闲、娱乐健身的好去处。县城建成区面积由原来的3.1平方公里扩展到现在的10平方千米，“十二五”末将达到20平方千米；人口由原来的3万人增加到现在的10万人，“十二五”末将达到19万人，城镇化率达到63%以上。

近年来，在每年三干会上，民生焦点频频列为关键词，民生工作件件成为重头戏。3年来，“财政穷县”壶关却掷10亿重资，相继实施“六大民生工程”“四十项惠民举措”“民生民计三大跨越”。喝上了安全水，走上了水泥路，领上了养老金，报销了医药费，读上了免费书，住上了保障房，烧上了暖心煤……全县人民真切感受到了县委、县政府抓发展、惠民生的信心和决心，实实在在享受到了改革发展带来的殷实成果。

在解决事关群众切身利益的问题同时，壶关还加大文化建设力度，相继举办了全县十大道德模范评选活动，组织电影放映队、文艺演出队深入农村演出，县图书馆、文化馆、文博馆、电子阅览室实行免费开放……一系列“民生套餐”极大地丰富了群众精神文化生活，百姓幸福指数节节攀升。

“这几年，壶关县工资发得好，干部调得好，公路修得好，煤矿整合得好，旅游兴得好，项目抓得好，城乡建得好，大家都夸县上决策好、工作干得好！”正在城南广场晨练的退休干部牛松根按捺不住内心的激动，兴奋地告诉记者。

选自2012年8月22日《长治日报》

○九之春

程喜堂　梁军斌

2009年的春天，是学习实践科学发展观的春天，是建国第60个周年的春天，是全国林业现场会议即将在长治召开的春天。

在这不同寻常的春天里，绿色的壶关无处不彰显着春色，响彻着春声，透射出春韵。

春　色

壶关的春天，历来是绿波涌动的春天，生机盎然的春天。但今年的春天，绿色的内容更多样，春色的内涵更深厚。

春色之一：全县39个有注册、有执照、有资质的造林绿化专业公司（中心）从2009年农历正月初八开始到七月份，每天有2000~6000人一日不间断地在各个绿化工地栽树、浇水、管护，他们要连续三年，直至所栽树木成林后方为完成任务。从专业程度上，刷新了壶关专业化造林的纪录。

春色之二：壶关县同时铺开12项造林绿化重点工程，总投资达1.2亿元。目前已完成荒山造林1.6万亩，刨标准大坑88万个，栽树176万株；通道绿化77公里，栽植树木32万株；完成地埂绿化1500亩，栽树15万株；园林化村庄建设51个，绿化企业43个，栽植各种树木和花灌木80余万株；建成绿色游园景点50多处；完成防火墙建设500千米；架设防护网53千米；完成大苗进城1万余株。全县已完成投资1.1亿元，刷新了壶关造林绿化资金投入纪录。

春色之三：林业部门于今年6月份，对今春所栽树木一个坑一个坑、一株树一株树的进行了认真地检查验收。全县的任务完成率达到100%，树木成活率达到95%以上，质量合格率达到97%以上。全面刷新壶关县植树造林“三率”纪录。

春色之四：在全国林业现场会议壶关参观沿线，共拆迁改造房屋1.5万平方米，拆除小预制厂、小砖厂28家，违章建筑158处，残墙断壁6000多米，扩大绿地300余亩。刷新了壶关清障扩绿的纪录。

春色之五：在全面整修万里森林防护墙的同时，对重点地段的500余千米防护墙进行加固新建，关键地段防护墙，用水泥沙浆砌筑。刷新了壶关森林防护墙建设质量的纪录。

春　声

2009年的春天，壶关大地无处不响彻着春天的声音。这声音里，有惊天动地的回响，也有润物无声的微音，但它都是壶关生态建设史无前例的新音。

春声之一：困难逼出新办法。

全国林业现场会议召开在即，壶关的生态建设任务和上级对质量标准的要求，都是以全国最高水平来要求，壶关面临重重困难。第一时间紧任务重，春天是植树造林的黄金时期，完成任务有效时间只有2个月，而全县的任务却是全市任务最大的县；二是参观沿线是一条长达77千米的非等级公路，存在村庄多、企业多、残墙断壁多等问题，要在短时间内完成整治任务并绿化美化，十分不易；这些还不是根本性问题，最让人头疼的是资金问题，受金融危机影响，壶关的骨干企业效益严重下滑，财政收入面临前所未有的困难。而全县的林业工程需要同时铺开12项，总投资高达1.2亿元，这对壶关来说是天文数字。

困难再大,没有市委、市政府的号召力大,困难再大,没有壶关县委、县政府建设生态大县的决心大。新的县委、县政府领导欣然面对,重重困难,寻求优势,迎难而上。

办法总比困难多。他们逐一找到解决问题的新办法:针对时间紧、任务重的困难,壶关县在全市2008年“11.18”动员会后,11月26日迅速召开全县今春造林绿化动员会,对造林绿化工作进行全面部署,林业部门迅速组织技术力量对全县的重点绿化工程进行规划设计,与此同时,在纪检、审计、财政、公证等部门的全程参与和监督下,于12月15日全部完成招投标工作。招标结束后,各绿化专业队整地、苗木订购等各项工作有序进行。从正月初八开始,各专业队每天有2000~6000多人投入造林绿化工程,争时间抢速度,力争在最有效的时间内完成栽植任务;针对资金问题,壶关县采取了三项有效措施:一是园林村建设由各单位帮扶,各单位筹资160万元;二是企业绿化采取谁的地盘谁负责,谁的环境谁治理的办法,筹资1000万元;三是县上资金捆绑集中使用,解决大工程资金不足问题,筹资6000万元;四是利用上级资金,带动乡村配套资金3000万元。最大的难题得以解决,绿化工程进展顺利。

春声之二:合力创出新天地。

起始之初,参观沿线犹如一团乱麻。沿途收玉米芯的小企业4处,废旧砖厂、预制厂20多处,石料厂20多处,破旧房屋、违章猪圈、占路厕所、残墙断壁更是不知其数。这些历来都是各级领导最头疼的问题,多年来治而不果,甚至有中梗阻问题发生。今年,县四套班子领导更新思路,集中相关乡镇村领导,现场办公一辆车,解决问题一个调,资金落实面对面,走一处定一处,落实到人一处。采用这样的形式,现场办公三次,解决了50多个老大难问题,使这条路的环境得到彻底治理。四家池村地处城乡结合部,由于村情不好,脏乱差问题突出。今春县镇村三级领导合力解决难题,拆除违章建筑4处,新建绿地50余亩,行道两侧新建花池花坛50多个,粉刷墙壁30多处,面貌焕然一新。石坡乡郭家驼村民房院墙、厕所、猪圈拥挤在路旁,形成参观线的瓶颈,涉及户数之多,拆迁难度之大,成为全县之最。县四套班子领导现场办公,把任务明确到石坡乡党委书记秦志云头上。秦志云经过耐心细致的工作,终于圆满完成任务,全村共拆除破旧房屋100余间,猪圈、厕所20多个,新垒石墙500米,栽植各类树木1000余株,开辟绿地5处。现在这个村是村容整洁、干群和谐、人居环境大为改善。

春声之三:卡尺卡出高质量。

为全国现场会议准备一个高质量的现场是县林业局局长秦庆祥的郑重承诺,为实现这个承诺,秦庆祥连续使出高招:一是一个标段落实一名技术员担保人。技术担保人就是林业局的技术员,技术问题实行工程承包商和技术员双重负责、双保险。二是有限割裂发包方、承包方和监理方三者关系。首次聘请山西省嘉森纳园林绿化监理有限公司对全县的绿化工程进行全程独立监理。在今春的绿化中,监理方严格把关,认真执法,用游标卡尺卡树的粗度,胸径精确到了毫米,用米尺测量根系长度,冠幅以目标要求,做到了根系不好的不栽、损毁树皮的不栽、粗度不达不栽"三不栽"。开始有人不理解,认为游标卡尺是用来测量精密仪器的,用来测量苗木没有意义,但正是因为有了这种一丝不苟的态度,才保证了今年造林绿化的高质量。

春声之四:拔树拔掉旧观念。

今年春天,多年形成的粗放经营的旧观念与关关把严的新理念发生了强烈冲击,有的专业队在技术人员明确通知坑不达标准,树不达粗度的情况下,仍然栽了下去。虽然是个别现象,但必须一个尺度量到底。因此在全县造林绿化进入关键时期的3月13日,县林业局组织了一次拔树现场会,集中各造林专业队负责人、各标段技术负责人、监理组人员乘车到工程一线检查造林绿化质量,每个标段随机抽查50株树,对7个绿化专业队不达要求的66株树全部拔除,并按规定进行了经济处罚。这样一来,使各造林专业队的观念发生了根本性变化,主动把原来胸径4.9厘米的树,悄悄地拔掉换上了达标树。

春声之五:督查查出"零火灾"。

春季既是植树造林的黄金时间,也是森林火灾特险期。今春以来,壶关县委、县政府在充分调研的基础上,提出了万里防火墙、万枚红袖章、万亩自然隔离带,上山不带火、上地不点火、上坟不烧纸,一户一个护林员、一户一个宣传员、一户一个红袖章、一户一个责任人、一村一个灭火队、一村一个工作队的"三三六"防火措施。但措施办法岁岁有,森林火灾年年发,关键是措施办法落到实处才能见效。今年壶关县委、县政府就在抓落实上下了真功夫。成立了以县委副书记李强安为组长的森林防火督查组,对全县各部门和各乡镇(区)各项森林防火措施落实情况进行严格的督查,县林业局成立了三个森林防火巡查组,代表县护林防火指挥部对全县的森林防火工作进行昼夜24小时巡查,县委副书记李全心、县长段树新,还经常深入各乡镇各部门夜查值班情况。由于上下齐抓落实,在一冬少雪,春季少雨的严峻形势下,壶关实现了森林"零火灾"。

春 韵

走进壶关,已非昨天。经过绿色装扮的壶关焕发出新的生机与活力:通道——一株株树木,争先吐翠;景点——一片片新绿,别致秀气;村庄——墙白房洁,绿色掩映;企业——绿色环绕,花团锦簇;荒山——树坑遍布,树苗茁壮;地埂——梯次环山,层次分明。迎宾苑、石书苑、天壶、九牛寨等一批标志性绿地的建成有效提升了壶关的绿化品位,四家池、北大安、瓜掌、东井岭、安口等一批园林化村庄的建设进一步改善了农村人居环境……

放眼壶关，绿涛奔涌，震撼人心，奇迹迭出，景色秀丽，是一道道风景线，更是一个个潜在的旅游资源。一个山水相映、生态良好、景观优美、悠闲舒适、人与自然和谐发展的富裕文明新壶关正在向我们走来。

绿色壶关三部曲

程喜堂

三十年，弹指一挥间！

地处太行山区的壶关县，由一个乱石滚滚的"黄色壶关"变成了一个群山吐绿，万木争翠的绿色壶关！

我亲历了她的变化，

我投身于她的"黄""绿"演变。

绿色壶关，展现给人们一部深刻而又耐人寻味的三部曲。

第一部，山水变化曲：

穷山恶水

青山绿水

金山银水

壶关县是个有名的干石山区县，全县总面积 151.9 万亩，其中荒山面积达 106.7 万亩，占 70.3%。而有林面积到 1978 年仅 8 万亩，森林覆盖率只有 5%。恶劣的自然条件，使这里的群众生存、生活受到严重威胁。

首先是十年九旱，水贵如油。据气象资料记载，壶关县从 1949 ~ 1979 年的三十年里，遭受不同程度的旱灾之年就有二十四年，粮食产量轻之减收三成左右，重之在五成以上。农民们年年种粮食，年年不够吃。特别是人畜吃水困难，利用旱井存储的雨水只能吃四、五个月，其余时间就靠找水吃和靠国家送水吃。为一担水跑五、六里地是很平常的事，常常是一个村的人围着一眼小泉水排队等候，从白天到晚上，从晚上到天亮。为争水源邻村械斗的事件时有发生。国家送水有时候也远水不解近渴，最多的时候一百多辆汽车往各乡村送水都供不应求。水在这里是比油都金贵的东西，无论家有几口人，都用一盆水洗脸，之后还要用于洗衣服，洗完衣服再用于喂猪喂牲畜。壶关县周边县的人传的更神,说壶关人一年就在过年这一天时洗一次脸,用的还不是水是唾沫。

其次是洪水泛滥,灾害不断。一方面是十年九旱,水贵如油,与之矛盾的是壶关县还时常遭受洪水灾害。每年的降水量集中在七、八、九三个月,这三个月一有暴雨就发洪水,山上成坡成坡的农田被“摊煎饼”,冲入河道。大量的农田水利设施遭到破坏,先后有 17 座水库淤满报废。全县的大型水库之一杜家河水库,设计寿命五十年,但只使用十七年就报废。尤其是在历年的洪水中还先后夺去 8 个鲜活的生命,真是穷山恶水。

旱灾、洪灾都因水而起,而水之根又在那里呢?

树掌镇与全县的情况截然不同。全县 80%的天然林集中分布在这个镇。这里不仅年年风调雨顺,而且村村都有小泉水,虽然不富裕,但基本可以自给自足。这里的群众似乎生活在世外桃源里。

由此壶关人在植树造林上找到了希望,开始了长达数十年的造林绿化工作。

青山绿水生态好。三十年的不懈奋斗,壶关县的石山变成了林山,干山变成了青山。生态环境、生存环境发生了质的变化。水土流失面积由原来的 85.3%减少到 15%左右,泥沙流失量由 4700 万吨减少到 150 万吨。降水量分布发生明显变化,七、八、九三个月的降水量由 360 多毫米下降为 300 毫米,春种季节的三、四、五三个月由原来的 35 毫米增加到近 70 毫米。这一减一增可帮了全县 25 万农民的忙,他们不在为春种捉不住苗犯愁,也不在为洪水冲地担忧。农民们开心地说:“老天爷真好,雨水都顺着我们的心愿下。”

最可喜的变化要数水资源的逐步丰富。由于森林树木涵养水源的作用,壶关县这把“干壶”开始有了水。一些季节性河流变成了长年河流。地下水也多起来,壶关旧县志曾有“掘井三千尺犹不及泉”的记载,而现在地下水已经通到了全县 70%以上的城镇户里。

绿起来的壶关不仅生存条件好了,而且各业发展的环境好了。粮食产量稳步增长,畜牧业更是如鱼得水,以丰富的林地资源为依托,牛、羊、兔等发展迅速。郭氏羊汤、九牛寨奶业、紫团奶业等一批企业已成为农业龙头企业。壶关的养羊、养牛户十分自豪地、也毫不夸张地说,我们的牛、羊每天吃的是中草药,喝的是矿泉水,是纯粹的绿色产品。

如果说从穷山恶水到青山绿水的转变,壶关人付出了更多的艰辛,那么从青山绿水之后,所产生的巨大的环境效应,则给壶关带来的是滚滚财源。山还是原来的山,水还是原来的水,但它却因绿而注入了灵气、财气,成为金山银水。不说 80 万亩人工林拥有的 1 亿 6 千万株树木,以每株 5 元计算,价值 8 亿元,也不说这些树木十倍于经济价值的生态价值,仅每年可以见钱的林副产品和干鲜果品收入就高达 8000 多万元，农村人口人均近300元。以油松为例，可供换钱的就有松籽、松脂、松花粉、松针粉、松菇等。林内的中药材更不知其数，也成为当地农民 的一大收入来源。尤使壶关人高兴的还是旅游业的发展，青山绿水的优美风光，吸引了大批游人光顾，本县境内的太行山大峡谷旅游异常火爆，全县旅游收入由十年前的零达到5000多万元。难怪壶关人兴高采烈地夸耀说，“真神了！这些山水成了让外人看看就给钱的商品！”

第二部，造绿护绿曲：

九任书记接力抓绿

八十万亩荒山披绿

七千华里石墙护绿

从1978年的县委书记张国太主持作出《关于大力发展林牧业生产的决定》那年起，到现在的县委书记关小平已经三十年了。三十年里壶关县换了九任县委书记、十任县长，在绿化事业上，他们不仅谁也没有否定谁，而且是一任在一任的基础上抓发展，一任比一任抓的紧，一任比一任抓的好，一任比一任有成效，形成了一场长达三十年的绿化接力赛。正是这样，壶关县近二十年来先后获得全国、全省三十多个奖项。

领导变，绿化思想不变、绿化规划不变，保证了绿化政策的连续性，使壶关县在绿化上创造了一大奇迹。壶关县处于太行山东段条件最恶劣的干石山区，经林业专家考察，这里多数荒山属于暂难利用地，就是在现在的条件下还不能利用。但就是在这种条件下，壶关人造出80万亩人工林，专家们称这是真正的奇迹。

当然，奇迹的创造一是靠顺应时代潮流的政策措施。七十年代他们发动群众造林，八十年代依靠专业户造林，九十年代搞承包造林，2000年后按工程造林，目前又在大力推行招投标绿化，针对不同时期的特点，调整造林绿化的形式，确保了绿化工程一年接一年、一山接一山、一坡连一坡地接连不断地干下去，绿起来。二是靠科技的支撑。在造林绿化上，壶关人学科学、用科学的精神令人敬佩。该县农民王五全就是他们中的杰出代表。王五全经过多年实践，探索出一套“阴坡育苗阴坡栽，阳坡育苗阳坡栽，就地育苗就地栽和石上积水石下栽树，石头截水蓄水栽树，石隙过水见缝栽树，石间盆地中间栽树”的成功经验。三年时间绿化了全村的两千亩荒山，被称为油松造林专家，并成为全国劳动模范，引起强烈反响。县委、县政府在全县推广后，得到热烈响应，上自六、七十岁的老人，下自十来岁的小学生，共有十万人掌握了这一技术，一个王五全变成了10万个王五全，绿化速度也由原来的年均1万多亩增加到5万多亩。

造林难护林更难，森林防火是难上加难。随着森林面积的增加，地边、村边、路边等人为活动频繁的地方都成了林木，森林火灾时常发生。要管住全县30万人都不野外用火，显然是做不到的，但森林已成为壶关人生存的依托，为了保护绿色，再难的事也要办，做不到的事想办法也得做到！一想到，过去没有绿色时所遭受的苦难时，壶关人就什么也在所不惜了。他们在抓好各方面护林防火措施的基础上，产生了一个大胆的想法——筑墙护林。在进行试点之后，利用当地石头资源丰富的优势，于 1999～2002 年共四年时间，围绕着八十万亩森林，筑起一道总长 7000 华里的石头防火墙。累计动用石方 1750 万方，投工 350 万个。在护林上又创造了一个世界奇迹，被确认为世界上最长的森林防护墙。防火墙的修筑，既是一项护林防火硬措施的落实，更是一次规模宏大的护林防火宣传教育，不仅在森林边缘筑起了有形防护墙，而且在全县人民群众的心中筑起了无形的防火墙，发挥了非常明显的作用。

第三部，思路进行曲：

植树造林

生态建设

生态文明建设

正确的思路决定着发展的方向。壶关县的绿化思路是在实践中逐步成熟、完善、发展起来和科学起来的。

20 世纪 70 年代的植树造林，目标是单一的，思路定位于木材和干鲜果品生产。在工作层面上是有什么苗栽什么树，什么树好成活栽什么树，什么地方条件好绿化什么地方，虽然取得明显成效，但就生物多样性的层面讲，不但效益发挥不够，而且还产生了一定的负面效应。如油松纯林过多，林分结构单一，护林防火和病虫害防治成为一种巨大负担。

植树造林是生态建设，而生态建设绝不仅仅是植树造林。1989 年县委、县政府把林业、水利、农业、气象等各路专家请来，经过研讨首次提出了建设生态经济县的新思路，对全县的山山水水进行了全面规划。按照因地制宜、因害设防的原则，根据全县的地形地貌等特点，把全县划分为五个生态发展区域，又根据各区域水土流失、风沙走向、霜冻规律等，按山系、按流域，在英英山、高山寨、梯脑山、塔店岭等处营造了总面积在 30 万亩以上的生态防护林带 13 条，初步构建起一个比较完整的生态屏障，各种自然灾害大大减少。在树种按排上，则大量使用果、材、叶、花、皮兼备，经济效益、生态效益、观赏效益具佳的树种，使同一种树、同一种林，同时有多种效益发挥。

党的十七大提出建设生态文明之后，壶关县委、县政府也循序渐进地提出新思路，并于近二年来开始了三项新工作。一是由山上治本向山上治本和身边增绿同时并举，在县城绿化和乡村绿化作文章，共建美好家园，同享和谐社会。近二年县城新增绿地 30 万平方米，人均绿地由 10 平方米达到 22.48 平方米，一年之内先后被山西省政府和国家命名为全省园林化县城和国家园林县城。结合新农村建设，这几年壶关县每年以 30 个园林村的建设规模向前推进，五年内使园林化村庄达到总村数的 50%以上。二是进一步对原有油松纯林进行改造，通过沿油松边沿栽阔叶树、油松林内空地补阔叶树、间伐油松换阔叶树的办法，把油松纯林改造成带、片、线状的针阔混交林，提高林分自身的抗病、抗虫、抗火能力，更好地发挥生态作用，造福全县人民。三是由物质利用向生态利用转变。发挥大面积绿色资源的优势，把旅游项目做大做强，同时还要利用良好的绿色环境，抓好农业、畜牧业、工业等项目的开发，在树木不减，绿色不退，生态优良，环境友好中实现增值，取得可持续发展和又好又快发展的良好效果。

2. 现代诗选

绿染壶关

闫元锁

昔日家乡多凄凉，
光山秃岭草不长。
今朝生态大变样，
满目绿色染山川。
铭记全民苦鏖战，
更念领导接力干。
植树造林名天下，
生态旅游富壶关。

作者壶关籍，系原山西省人大常委会副主任

壶关林业赞

马如龙

本人虽系九旬翁，故乡往事挂心中。
昔日壶关称干壶，缺水少林出了名。
童山秃岭恶环境，十年九旱民受穷。
自打有了共产党，唤起大众闹革命。

壶关人民真英雄，太行山巅建奇功。
战天斗地志坚定，咬住荒山不放松。
领导展开接力赛，届届都念造林经。
劳动大军齐出动，不分春夏与秋冬。
群众积极投“两工”①，乡乡村村出标兵。
林业员工冲在前，工程造林一条龙。
造林经验推全国，劳模功绩上电影。
五龙山到鹅屋岭，满目青山好风景。
请到壶邑走一圈，保你会有好心情。
今朝生态大变样，堪称林茂粮也丰。
太行造林先锋县，国、省领导都肯定。
荣入全球五百佳，深感自豪和光荣。
成绩作为新起点，大步跨入新征程。

注：①两工指积累工和义务工。

2015年中秋与太原

作者壶关人，系原山西省绿化委员会常务副主任现医疗待遇享受副省长级

壶关考察荒山绿化

刘清泉

愚公移山不治山，
治山愚公在壶关。
林多将使环境变，
蓄得溪流水潺潺。

（作者系原山西省林业厅厅长）

太行山大峡谷游记

李才旺

翡翠谷山巅揽胜

松林绵延上云端，登临犹如天上观。
李白若能揽此胜，定留佳句千古传。

紫团山

万壑千峰林森然，幽幽洞府半山悬。

白云古刹读碑刻，始信贡参出紫团。

作者壶关人，系原山西省文联主席

壶关树木咏(组诗)

刘德宝

阳坡绿化“五全法”

荒山阳坡日照强度大，水土流失多，立地条件差。因之，阳坡植树不易成活，是个普天之下的老大难问题，在太行山石质山区尤甚。过去壶关域内少数村庄的山岭阴坡上长有小片松林，对应阳坡上却寥无株树，呈童山秃岭状，老乡们形象地叫作“阴阳山”。

全国林业劳模王五全，坚持几十年如一日，带领林业队爬山务林，摸索出“阴坡育苗阴坡栽，阳坡育苗阳坡栽，就地育苗就地栽”为核心内容的一整套育苗移栽油松经验，人称这套做法为“五全法”。“五全法”首先在本村五里坡、小背凹等处育苗移栽成功。继而在省内外，尤其是太行山石质山区引起极大关注与反响。从此，五里坡、小背凹成为乡、县、市、省、部各级组织参观、研讨、培训现场，对绿化壶关乃至整个太行山起到了样本示范作用。咏七律相记：

阳坡绿化古来难，
壶邑东南出树仙。
岭上风霜衰鬓发，
手中镐铲折钢尖。
陪山日日知山意，
伴树株株结树缘。
不别阴阳林木茂，
太行屋脊绿连天。

贯彻“决定”泉复涌

西底村是壶关县林业生产“老先进”。改革开放之初，1979年春，壶关县原县委书记张国太带队赴西底大队驻队调研，拟成《壶关县关于大力发展林牧业生产的决定》

（以下简称《决定》），经县委研究通过，颁发全县贯彻执行。《决定》堪称壶关县大规模、可持续造林绿化的奠基之策。自此，壶关全民动员，举县兴林，“在万分之一国土上搞绿化”的宏伟工程得以启幕。

西底大队依托基础，贯彻《决定》，举村行动，连年树木，实现了院落推窗见绿，四旁绿树成荫，沟坡树林郁闭，整个村域生态得以修复、提升。1984 年一夏日，时任县林业局长张平和从西底下乡回来，直奔县政府欣告笔者：“树多了就是能改善生态，涵养水源，西底干涸了的几个小泉眼又有水了！”闻此佳讯，煞是兴奋，连声称“好”。咏七律为记：

喜闻西底典型新，
忙赋诗篇赞干群。
树木年年三十载，
务林位位百家人。
四旁四岭荫遮地，
三井三泉水润民。
生态还原难不再，
依凭西底好精神。

区划造林样本村

20 世纪 80 年代，壶关举县动员，干群踊跃，十年树木，“在万分之一国土上搞绿化”，建成“绿化太行山示范县”。其间，全县林业生产方式实现“三级跳”。即由初期第一阶段的运动造林，跨入中期第二阶段的政策造林，再跨入后期第三阶段的政策加科技造林。

壶关科技造林要点有二：一是推广“五全法”，即全国林业劳模王五全阳坡育苗移栽经验；二是实施省林业厅专家、技术人员帮助制订的全县林业区划、规划、设计、施工、验收、建档一条龙营林程序。固村乡北大安村、麻要村则是当年贯彻林业区划、规划，应用“五全法”，实施科技营林，全面完成造林任务的两个样本村。时至今日，麻要村党支部书记盖晓文回忆起 1989 年 9 月下旬，在壶关召开的全省林业工作会议，省领导带领与会代表参观麻要林业的盛况，仍春风满面，语气高亢，兴奋不已。咏五律相记：

松布山呈碧，
槐铺壑断蹊。

村周蝉唱柳，
垛地果红皮。
蜂蝶庭前舞，
灌乔街侧齐。
川凹禾穗好，
树作挡风篱。

沟坡示范麻巷河

壶关域内约有大小沟坡3600余条，先后均已造林绿化。而绿化最早，面积最大，水保效果最好，起到引领示范作用的是麻巷河。因之人称麻巷河是“壶关沟坡绿化的样本河滩”“金牌沟坡”。

是时，约15千米长的河滩里，繁茂刺槐郁闭成林，罕见昔日裸露黄土、石块。1986年北方14省市自治区林业区划现场会，1987年全省水保工作现场会，1989年全省林业工作会，“三会”都曾组织与会代表临此参观过。当时的国家林业部高德占、刘广远、徐有芳、董志勇、祝光耀，山西省委、省政府李立功、王茂林、王森浩、郭裕怀、王建功、张维庆诸位领导，京、省多位林业专家、技术人员都先后莅临麻巷河造林绿化现场考察指导。咏七绝相记：

雪树银花五月初，
槐香卅里漫沟坡。
目鼻皆醉君须记，
百姓汗流功德多。

绿染界山肖军岭

1940年12月5日日寇野蛮扫荡常家池、制造“125”惨案，杀戮村民42人，烧毁房屋546间。常家池村民在党的领导下，化恨为力，誓不维持，开展顽强抗日斗争。

20世纪80年代，在村党支部书记、山西省林业劳模常福德带领下，发扬抗战光荣传统，全村干群协力同心，艰苦拚搏，连年树木，将肖军岭3000余亩荒山实施造林绿化。填《江城子》相记：

肖军岭上战犹酣，
抢晴天，
战阴天。
磨短钢钎，
抡折铁锤杆。
不别阴阳全染绿，
坡九面，
亩三千。

肖军岭下忆当年，
举刀镰，
斩凶顽。
誓不维持，
惨案震人寰。
平战两时皆踊跃，
抬首望，
展新颜。

“伐一栽三”规约好

改革开放之后，农村陡然富裕起来，农民急迫修房盖屋，改善住宅条件。修房盖屋需要木料，而市场上木料奇缺，于是偷砍树木现象时有发生，时言“一把镢头栽树，三把斧头砍树，栽树赶不上砍树”。这个“房要盖，树要栽，村要绿”的矛盾亟待解决。王家庄制定关于村民“每批伐集体一棵枞材树，栽活三棵小树作补偿；每批伐一棵檩材树，栽活五颗小树作补偿”的村规民约。执行数年，成效渐见，境内四旁、河滩树木越伐越栽越多，终呈良性循环状态，成为“四十五里河郊沟中全面绿化第一庄”。

20 世纪 80 年代中期，壶关县总结推广王家庄“村民伐一栽三栽五作补偿树”的典型经验；促进全县四旁植树绿化步伐。填《浣溪沙》为记：

论树河郊第一滩，
白杨垂柳绿波翻，
房前屋后树遮天。

伐一栽三规约立，
益村利户劲头添，
造林不必逐家唤。

大会移植大油松

20世纪80年代中期，大会村干群在继承“五全法”的基础上，创造了林业专家称作“暂难利用地”的向阳石质山坡上，大面积移植大油松的成功经验。具体操作方法是打大树坑、刨掘囫囵根系大树、树杆阴阳定向、栽植不窝根、回填原处山土、造反坡地面、复盖石子石片、浇透水等。大油松均有镢柄粗细，来自五六年前林地里准备抚育砍除的多余树木。如此移栽，一解决了苗源，二抚育了旧林，三当年移栽，当年成活，当年见绿，造林绿化提速。百姓说是“一举三得”，文人称是“一石三鸟”。1987年雨季，壶关县委、县政府在大会村西北天池垴召开现场会，推广大油松移栽经验。咏七律相记：

县东绿化传佳讯，
大会村民敢创新。
移植油松何惧大，
挖掘坑穴不言深。
浸根泥水高墒土，
铺石反坡低日温。
抚育变成移整树，
当年见绿满山春。

独臂护林员郭喜松

长期以来，小南清是壶关县造林绿化先进单位。其经验有二：一是干群坚持连年植树不辍；二是伤残军人郭喜松悉心护林不怠。村人赞他“参战称英雄，护林作模范”。

小南清村东西狭长，由一条1.5千米(3华里)长大路贯通，运煤畜队上午从东到西，空载过路；下午从西到东，载煤复过。一天过往两趟，络绎不绝，牲畜啃树当食、赶脚人折枝当鞭原是常事。20世纪七八十年代，独臂伤残军人郭喜松任护林员，每天一大早从东到西，下午再从西到东，一趟一趟跟着来往畜队给赶脚人讲护树道理，送走一拨又一拨。当年，路过小南清村成百上千的运煤赶脚人，都受过他这种仆仆迎送的礼遇,听过他谆谆言教的道理。

2007年11月15日,郭喜松病逝,村里村外很多人难忘他的音容。吟七律相记:

鏖战汤阴左臂残,
返乡生产志弥坚。
护林日日身心累,
讲理番番口舌干。
晨起朝阳迟岭后,
夜归月亮上中天。
勋章数面胸前挂,
再领护林旗一杆。

紫团山——壶关地标

唐代之前,紫团山称抱犊山,时与福建武夷山齐名。《壶关县志》载:"天下名山者,南有武夷,北有抱犊。"紫团山上生长着三万余亩天然次生松林,绿岭绵延,自然景观壮美,人文资源丰厚,史上多有迁客骚人登临唱和,留有诗词上百首。为太行峡谷国家级森林公园中心部位,现已辟为太行山大峡谷主要旅游景区之一。

紫团山堪称壶关地标。改革开放后,邑人常用紫团山作商品品牌标志,县城南建有国家级龙头企业紫团公司,一县一业的壶关旱地西红柿注册紫团山牌,壶关文联办有《紫团山》文艺杂志……咏七律相记:

回肠九曲路途遥,
万木拥车上碧霄。
绿叶白松妆岭脊,
翠梢红豆缀山腰。
紫团时绕紫云吉,
福水长流福气高①。
暂让风骚予武夷,
北南可否并风骚?

注:①紫团山西侧谷中长流小溪称福水,为壶关15处名泉之一。

咏叹梁家双松诗

梁家村南有座东西向山岭，名楼树岭。楼树岭头生长两株巨松，间距10米许。两松树径相近，树冠相似，树龄似同；竞相生长，并傲苍穹，蔚为壮观，古来为梁家第一地标。1990年冬，雪后初霁，笔者下乡途经梁家，登楼树岭，瞻双松丰姿，咏五律相记。

2012年一秋日，笔者下乡又经梁家，登楼树岭，见西侧巨松生虫枯死，东侧巨松躯干也已多有虫洞，急咏五绝一首，鼓呼急救孤松，寄县林业局长李爱民为至嘱。不日，收到李爱民局长短信复：局里已派防疫检疫科长宋安明等技术人员前去打吊针、施药物抢救。

2014年8月25日，笔者下乡，再经梁家，登楼树岭上，见被抢救孤松满冠绿叶，青翠悦人，气象如初，心中略慰。复咏五绝诗为记。先后咏叹五律、五绝共三首为记：

咏双松

一幅岁寒图，
两株姊妹松。
雪披荫愈碧，
风刮杈凌空。
万木凋黄叶，
双松举绿龙。
山庄高树庇，
夕照百家红。

叹孤松

昨咏双松壮，
今悲一树孤。
如仍轻管护，
来日叹松无。

救孤松

孤松打吊针，

药到灭虫菌。
病树回春壮,
功归打吊人。

重上高山寨

高山寨,位于太行山分水岭脊东侧,壶关东部山区中央。其势呈一峰突兀居中,众岭相拱四围,俨然为群山之尊。相传峰顶古时曾筑有石寨,地名缘此而得之。登高山寨之巅纵目四望,树掌、东井岭、石坡、石河沐等乡镇山岭风光尽收眼底,顿生"一览众山小"之感。

笔者任壶关县长时,曾数临高山寨植树造林工程现场,与民同场树木。今日重赴旧地,攀援峰巅,纵目远眺,绿林如海,心翻如潮。即夜难寐,披襟灯下,感填《沁园春》相记:

古寨高峰,
千岭朝宗,
万壑认源。
望寨前寨后,
松风鸟语;
峰南峰北,
林海云岚。
岭涌青潮,
壑掀碧浪,
纵目乡山绿接天。
迎夕照,
望霞披大地,
壮美壶关。

往时数上高山,
感千万英雄战入酣。
藉五全实践[1],
阳坡染绿;
仗凭科技,

区划小班。
树木十秋，
接力四任[2]，
绿化太行旗帜鲜。
惊回首，
看城乡巨变，
喜有新贤。

（已未初秋辑于壶邑家中）

作者壶关籍，系原山西省农业厅常务副厅长

感天动地壶关人

张平和

巍巍太行天为党，
壶邑雄关美名扬。
历代兵家要塞地，
林毁树稀多创伤。
三中全会送春风，
林牧决定启新程。
全县上下总发动，
千山万壑齐开工。
全民植树尽义务，
劳动积累待分红。
修房用木补偿林，
先栽后伐办法灵。
常年不断栽油松，
五全经验拍电影。
工程造林是首创，
区划规划一条龙。
领导争当红旗手，
男女老少跟着走。
林业功臣树榜样，

以户造林啃骨头。
持之以恒搞绿化，
干石山上建奇功。
感天动地壶关人，
终将黄龙变绿龙。

附语：三分栽树，七分管护。栽之不易，管护更难。壶关林业是全县人民艰苦奋斗，科学营林的成果，是全社会的财富。保护好森林资源，任重道远。人叫人干人不干，政策调动千千万，千重要，万重要，落实政策第一条。只有下功处理好责、权、利关系，才能激发广大干部群众播绿护绿的积极性，把这项功在当代，利在千秋的伟大事业和建设美丽中国的世代工程紧密结合在一起，抓紧做好。

壶关林业百年史绩

刘书茂

峻岭千山换新装，
壶邑一改“黄龙”相。
全民鏖战绿化县，
同心普绘生态乡。
科学造林创奇迹，
持续兴绿铸辉煌。
史绩百年当永志，
福荫千载路修长。

万佛山拾韵

王广元

望风亭

春夏秋冬各不同，
远近高低次第层。
一亭收来万叶红，
山尽之处目不穷。

太行峡谷国家森林公园景观(诗三首)

马先明

天　桥

巉岩危崖势冲霄,鸟道羊肠何迢迢。
信是天公达人意,造化妙手筑此桥。

紫团山

百尺峰头雾霭浓,千尺崖水犹带冰。
紫团山中透暖意,浅绿淡红舞春风。

七仙峪

一道白波泻珠帘,半泓碧水结仙缘。
人间世情有冷暖,涤尽尘埃细细看。

壶关行

董全根

壶关山色在险峰,石壁裂开泉水涌。
四百二十景点盛,太行峡谷应驰名。
壶关脱贫有门径,生态经济正力兴。
一日奔走尚留憾,归途犹闻松涛声。
生态经济铸奇功,山绿水清驱贫穷。
蓄池旱井村社筑,梨园果园布山中。
人文古建峡谷大,设施配套旅游兴。
壶关特色在独创,一方水土一方人。

绿色的情愫

董耀章

壶关绿化,声名显赫,所见山坡,葱笼迭翠,山河多情,呼心换意,依山小照,诗兴盈来。

(1)

“咔嚓”一声

(2)

绿色是湿漉漉的,

留下一个绿色的记忆
“咔嚓”一声
圆润着绿色的梦呓

绿色是鲜淋淋的，
绿色是甜滋滋的，
绿色是美丝丝的。

（3）

绿色，绿化了天色，
绿色，绿化了山色。
绿色，绿化了水色，
绿色，绿化了人色。

（4）

在这里，我丢失了
生命旅途中的不少遗憾
在这里，我拾得了
大自然赋予我的许多意趣

（5）

我在苦心思索，
我在执着寻觅，
思索着绿色的诗色，
寻觅着人生的真谛。

（6）

只有把绿色的情愫
奉献给大地的人。
大地才会紧紧地，
把你抱在怀里。

作者：系《九洲诗文》杂志总编、作家、诗人

血

张志安

壶关，地质结构为奥陶纪石灰岩地层，地面无河。地下 340 米无水，十年九旱，一担水 1 元钱。

不服命运的人民
播下一粒粒松籽
没有水，就用热血沃育
鲜红 鲜红的血
血，燃亮火光
新的生命在血与火光诞生
一株新绿是一名共产党员
一株新绿是一个壶关人
双脚长出顽强的根须
深深扎根热峦的黄土地
一个常青的壶关站起来了
剑立太行脊

我来拜访果园的笑语
我来寻觅蓝湖的涟漪
我掬一把深情的松籽
播进故乡的相思地……

作者：系太原文联原副主席，诗人

壶关纪行兼谢刘德宝县长

王东满

常忆少壮访壶关，
旱池苦水饮也甘。
脚力难胜攀援苦，
酸目忍看百姓寒。
欣奉笔会欲寻旧，
携友重上紫薇巅。
秋雨怜我情切切，
借与红日照苍茫，
不见昔时羊肠道，
但见车行云雾间；
不闻昔时黄龙啸，
似听神女吟歌还；
东井岭、树掌镇
大会、常行、流泽川……
汗牛驼庙古神话。
石板栽松昭昭然。
二十春秋恍如梦，
半壁关山换新天。
对此茫然空惊叹，
感君为我一席谈，
为官一任何与民？
恨不肝胆化清泉。
更借东风催雨露，

草木英雄遍壶关。

作者：系山西省作协原副主席，著名作家、书法家

太行峡谷国家森林公园风光

北国红豆

张钟晓

本是南国长，偏恋北土生。
相思一粒豆，并蒂百年情。

家乡的油松

秦志云

我深爱着家乡的油松，
那太行之巅的郁郁葱葱。
每每驻足松涛林海，
每每放眼碧波绿浪，
总激起对你深深的爱恋。
你绿化了巍巍太行，
你装点了壶邑山川。
你托起了绿色壶关的梦想，
你谱就了魅力壶关的华章。
咬定青山、矢志不渝，
是你坚强的品质；
铮铮铁骨、刚正不阿，
是你昂然的气节；
风雨无惧、雷电不惊，
是你顽强的精神；
青春永驻、本色不改，
是你不变的情怀。
你绝不怕断壁危崖，

大虎岭上挺起勇士的脊梁。
你经得起风刀霜剑，
高山寨顶立起仪仗的威严。
你从没有私心杂念，
只把绿色奉献给田野山川。
你永不分高低贵贱，
只将希望播撒到群众心坎。
一棵，
你就是热情奔放的迎客松。
一排，
你就是遮风挡雨的行道树。
一片，
你就是舒畅惬意的景观林。
一山，
你就是忠诚担当的守护者。
坚韧，厚道；
你寄托着壶关精神的伟大力量；
顽强，奉献；
你传承着太行精神的优良传统，
生生不息，
直至永远。

沁园春·绿

秦元忠

绿色壶关，
百里峡谷，
万里长墙[①]。
望城内城外，
林海茫茫；
岭上涧下，
绿浪滔滔。

十任书记，
十二任县长，
绿色接力真英豪。
须奋进，厚道壶关人，
坚韧勤劳。
山川如此多娇，
引无数播绿者竞折腰。
忆当年拓荒牛，
挥汗织茵，
披荆斩棘，
谈笑风生。
一代树圣②，
当代愚公，
擎镐破岩论英雄；
展未来，
太行好儿女，
续航今朝。

注：①万里长墙：指壶关县万里森林防火墙；②树圣：指全国林业劳模王五全

题红豆峡

郭太国

红豆峡名红豆杉，
疑是蓬莱飞人寰。
岩溪喷空晴似雨，
苍林碍日夏多寒。
胜境石林尔更尊，
青嶂山叠生紫烟。
相伴闻声睹人难，
幽谷殊色倚云天。

故槐追忆

赵银书

笔者儿时,全村从东到西,古槐参天,遮天蔽日。如今,古槐虽已荡然无存,但它的雄姿和带给村民的好处,却永远留在了人们心中。

(一)

桑梓古槐遍村落,个个枝头鹊筑窝。
每逢浓荫夏日时,百鸟争先来会歌。

(二)

槐梢攀月会嫦娥,槐冠蔽日羿妒慕。
槐干劲雄入苍穹,槐豆如珠泽黎庶。

(三)

槐根缠绵诉相思,槐花飘香醉万家。
槐叶摇曳舞春风,槐枝欢歌胜胡笳。

(四)

旧村今在古槐去,无端砍伐太无情。
生态保护是国策,老小应视绿为命。

赞壶关三边防火墙

牛逢蔚

长城万里长,卫家保国防。
国家能安宁,首功秦始皇。
壶关垒长城,护林防火墙。
投工以万计,民众献力量。
一千七百万,动用土石方。
三千四百里,工程非寻常。
三边防火墙,护林好屏障。
防火又防盗,还能挡牛羊。
水土流失少,植被密度强。
有林八十万(亩),岁岁均无恙。

省长来壶关，亲身莅现场。
称赞“了不起”，中华第一墙。
载入基尼斯，世界也无双。

（2002 年 5 月）
选自《秋拾集》

绿色生态赋（北庄行吟）

王兰亭

昔日十里北庄沟，十年就有九不收。
穷山恶水不堪睹，山大沟深坡更陡。
缺粮少钱又没水，少吃无穿难糊口。
地瘠民贫穷出名，十人脸上九带忧。
干旱只盼天降雨，土焦禾枯水如油。
天一下雨又成灾，泻沙滚石水横流。
泥沙俱下遭横祸，连禾带土全冲走。
雨过天晴太阳晒，地裂田干更发愁。
衣不遮体食难继，残垣断壁室简陋。
官府衙门发善心，免除杂役和税收。
靠山吃山不治山，恶性循环吃苦头；

今日再看北庄沟，满目生机喜心头。
山水田林得治理，穷村变成生态沟。
环境经济双效益，良性循环尝甜头。
荒山秃岭面貌变，满目青山绿油油。
油松侧柏花椒树，经济园林核桃沟。
春花秋实香四溢，硕果累累满枝头。
乔灌花草巧搭配，猪鸡牛羊遍地走。
水利工程布遍野，谷方渠坝布满沟。
暴雨狂洪受驯服，任人摆布顺渠流。
千年水荒今日解，自来泉水家家有。
乱石河滩变良田，年年稳产大丰收。

草棚茅屋全不见，青堂瓦舍已落后。
残垣断壁一扫尽，宏伟蓝图立村口。
家家户户迁新居，瓷砖贴面小洋楼。
中小幼教敬老院，少教老养不再愁。
大小四轮拖拉机，客货汽车样样有。
村容村貌大改变，村风民风数一流。
生态建设树样板，持续发展有奔头。

1995 年于北庄
选自《石语集》

红豆杉林

侯志庭

久居绝谷岸，藏匿万绿丛。
身贵不张扬，谦和随众生。
春来不争俏，秋果吐情丝。
寒冬万木枯，雪中显芳姿。

四时红豆峡

王红平

（一）
石壁崇高昂隐天，幽水低回接龙渊。
千山含烟景色好，万木着绿春满园。
（二）
绿树浓荫夏日长，杖藜寻芳太行山。
最爱红豆仙游岩，满目霞蔚醉忘返。
（三）
时令一过寒霜降，满湖碧透红漫山。
仙游岩下崇云寺，红男绿女画图间。

（四）

十里长峡雪如尘，峰岭枝头妆素颜。
冰锁龙湖镶玉镜，夜对青宵伴月眠。

黄崖底

马江涛

风吹黄花俏万仞，
泉流危崖春意浓。
千里麦浪涌谷底，
一片柿园好风景。

题红豆峡

王林茂

太行千里入云端，
最美峡谷在壶关。
壶关三分荆浩画，
无奈二分三叠潭。

今日鹅屋乡

卫　宁

五月山花太铺张，
满山满沟满村庄。
寻迹天鹅进胜境，
绿涛绿浪绿海洋。
松风拂拂殷致辞，
俊鸟翩翩迎宾唱。
吸口气来精神爽，
望眼翠峰醉半晌。

摘自卫宁著《魏武上太行》一书

第二节　古代诗文选

1. 古代文选

静轩记

宋·范 钺

熙宁三年十二月,来尉于壶关。始至之日,见其穷山荒嶂,环乎左右。视其官居,庳污底滞。凡目之所及,莫不使人歔欷。既而翻然曰:“是岂不足以居耶?九夷居之,君子犹不以为陋,况潞距京师才数百里;而斯邑也,又在潞之左,是可处也。”居三月,得故材于厅事之东而屋之,自书而揭之曰“静轩”。列以图绘,缭以简编。当其无事时,一写之于文字笔砚之间,顾不可嘉哉!而时之能文者,皆以诗遗静轩。然吾之为是轩,固非掇静之名,而欲激于时也。以为天下之事来也无穷,而其应甚烦;以我之甚烦,对彼之无穷,犹鞭駃马、决积潦,疾驰大溃而不知止者。噫!亦惑矣。大抵人性无不静,有时而动者,物挠之也。故吾之为静者,将以御夫动也。天下之物,吾不能以一己胜之,使外物不足以撄吾心,吾能以虚而待之矣。至于死生得失,为累之大者,又奚能自必哉!若夫巢乎深山之谷,钓于野水之滨,或耕之田,或筑之岩,此古之真静者,吾不得跂而至焉。然坐于一轩之中,萧然自放,野鸟容与而上下,山云卷舒而去来;倚佳木而长吟,引清风而独啸,吾之乐如此,与夫逍遥于自得之乡,而超出乎尘垢之表者,亦庶几耳。本年七月一日记。

《拙庵看山图》序

元·李惟馨

山水佳丽,武夷为最,次则太行东南壶关、陵川之间也。壶关县东南一舍,里曰“林青”,即致道别业,聚庐而托处者,数世矣。乡曰“紫图”,乃太行绝顶,若武夷之幔亭峰也。世传神仙所宅山曰“紫团山”,洞曰“紫团洞”。洞一名曰“翠微”,洞中有潭曰“白龙”,泓澄渟汇,其远近浅深皆不可测。盛夏,雷云出于其中。《旧志》云乐氏二女,微子之后,采药于山中,常栖于洞,服食人参,得道仙去。宋政和间,敕赐冲惠、冲淑真人,庙额曰“真泽”。其他殊名异迹,不可胜纪。东迤自里,而近百丈原,康节故居;稍南,孙登长啸之所;少北,则隆虑也。峰石峙灵,草木秀润;翠松苍桧,凌云千丈;修竹茂林,与山无穷。葱茜醲郁，拨拂云霞，蔽亏日月，名状罔极。群山竦立，芒角峭拔，森若剑戟。风清雨霁，乘兴登览，使人神移目眩，应接不暇。如瀑布水帘，垂虹喷日。天巧捷出，五岳三涂似难伯仲。但人迹罕到，未尝表丽其胜景也。大抵一溪、一壑、一盘、一曲，丹崖恶壁，叠嶂巑峰，上接霄汉，下瞰烟霭，试一临之，毛骨耸竖，虽洞天神府，无以加焉。致道每憩于兹，时令童仆挈榼提壶，或吟咏云根，或独酌松下，因诛茅结屋，扁曰拙庵。于是乎奇岩绝 ，环列于轩户之外、几席之上。仍命工肖刑蜡屐、幅巾、野服、藜杖，自名曰“拙庵看山图”。谂予为文。大凡地有胜境，得人而后发；人有心匠，得物而后开，境心相遇，固有时耶？襄阳岘山，盖诸山之小者，而其状著于荆州，岂非羊叔子、杜元凯相继于此以成其胜哉！至于流风余韵，蔼然被于江汉之间，是兹山待其人而后著，紫团山有待于致道以彰显也。致道博学多闻，谦和儒雅；胸次洒落，襟怀夷敞，不为崖岸斩绝之行，近功小利未易以动。深明于《易》，其后凶、消长，进退、存亡之理，自有绳尺。尝为郡直学，讲明传授，他人莫及。一领乡荐，以投牒自媒为耻，后不复出。门人登第者恒有本末。是时阃外得专封拜，擢为陕西儒学提举，亦弗屑就。古所谓爵禄庆赏有不可致之人，今复见矣。自是以来，年高而德劭，学富而力行，教授乡里，丁宁恳至，将以传其业也。虽尝觞咏于泉石间，但遗怀舒兴，非耽乐放浪如晋人无检束也。好乐于斯者，有安重坚实与己同志。安重坚实其道光明，予于致道见之矣。

友松亭小记

明·杨四重

鸾山峨峨，作镇壶邑，盖余乡柏林之西山也。有松生其巅，葱郁成林，望之若烟云缥缈，故称松峰云。处于松峰之间者，紫微祠也。不知建自何代，士人媵腊以修祀事，而乡子弟之俊秀者，咸诵读其中，以廊庑为书舍，由来尚矣。余总角时，从家大人来习举子业，历冬涉暑，几十载。万历丙午，大人举于乡，以奉亲依子舍，所与共吾峰松者，余兄和宇、调鼎，友人宋君文英，亡兄开来及不肖重数人而已。家弟易固，犹是松下问字之童子也。间尝与二三兄弟箕踞长松间，读而酒，酒而叫，叫而复读，伊吾声几与谡谡风音相答。又或倚之而吟，据之而瞑，睇丹霞之朝荣，听清壑之夕响，未尝不叹此生与五大夫有缘也。一日和兄顾谓余曰：“吾乡先进如郭、如张、如吾宗科，第相望，虽所就不同，而文章德业要皆亭亭独上。吾辈下惟攻苦，将以绍述前休，他日得时而驾，其何以答神贶而为诸松吐焰也？”余唯唯。相与有盟，一笑而罢。岁壬子，余继大人鸣。又十七年，而成进士。一行作吏，牛马风尘，每念昔游，了不可得。吏之能俗人如此！今不幸读《礼》，追惟往事，命工庀材为亭。三楹于神之艮方，缭以藩垣，莳以花木，宁唯宿言是践。庶几与吾松共昕夕焉。以托吾臭味云尔。因名之曰友松。昔楚狂士陆通,常高卧松间以受霞气,而唐杜工部在流离琐尾中,每每不忘四松。形之篇什,不一而足。盖高人韵士,其遇物别有至性,匪第以其贯四时而不改柯易叶也。余之名斯亭也,意者其在斯乎!往吾松峰,由人樵牧,遂余苍然古干,不复如桐。有孙家弟辈,概然禁不得往,年来所生弥坂,其大者三尺强矣。倘徼神之灵,未即填沟壑,犹及见皆作龙鳞也。培植而呵获之、不无望余后之贤者。崇祯丙子秋七月记。

窗中望五龙山记

清·牛俊

潞南巨山,雄山为最,五龙次之。五龙居郡之正南,自郡门望之,如五马奔驰而至,形家谓为一郡之屏障,诚胜概也。余开窗即见之,其山凡五支,起伏屈曲,云气往来,草木芃茏,苍翠欲滴,晦明变化,气象万千。如贤主嘉宾揖让酬酢于几案间,盖五年于此矣。客岁,余友苏云盛、王六章曾携榼提壶,邀余登其巅,科头披襟,长歌短啸,飘飘乎有遗世之想。年来奔走劳碌于尘缘俗务中,迩日始静坐斋头,推窗一视,斯山苑在,顿觉烦襟尽涤。顷刻间,骤雨如注,潇潇可听。雨止日霁,清风振林木,燕子飞天半,莺啼蝉语相间杂,而山容益觉可人。探壶中,存白酒数盏,向山林饮之,如立海上望方丈瀛州,不知身之在人世间也。回思客岁之游,曾几何时,云盛已溘先朝露,而六章又羁绁于外,转增悒闷。虽然,朋友不必常聚也,试观之天,朝则日来,夜则月至,何必日月共临乃为快乎!况六章每归省,必来斋中,共坐窗下,各以其所领会于此山者相证,而山之形态愈尽,昔人所谓好山宜与故人共也。山距斋十余里,予或他适,窗则不启,是予有时而负此山。然龙山之麓,多名刹福地,游山时曾历数处,及他便道往观者亦数处,彼一邱一壑,虽极幽栖之盛,而山之全像,竟于小窗毕见之,亦快矣哉,故为记。

壶邑考

清·王华龄

壶邑在古为黎地,晋并婴儿,则为晋地,韩赵魏三分后始属韩,后属赵,在秦则又为上党郡地也。旧无为县名,自汉吕后立孝惠后宫子为侯国,始称壶县。后以地有壶山口,因险置关,又称壶关县。地宇峻绝,览舆图知太行为天下之脊,读壶志又知上党居太行之巅,而壶邑复在上党之最高处。当日左通岱恒,右连淆函,南接汴洛,北驰燕赵,固圉重镇，控制扼弭，故说者称为虎豹金汤，历《唐志》《金志》《通典地形志》悉载之，则地之险要可知矣。汉魏以降，晋與北魏、后魏、隋、唐，忽郡忽县，废置无常。今之治，实自唐贞观七年从高望堡所移。彼时犹设令丞各一员，教谕一员，训导二员。至壶口故关，早入黎城，即今之吾儿峪移置东阳者。明嘉靖七年，因平青羊贼，升州为府，割壶邑东郡置平顺县。十年，又置长治县，壶邑渐成蕞尔矣。虽乾隆二十七年，裁平顺县，拨还壶关地十里。较通志所载长治即隋唐以后之上党县，上党即古壶关者，相去远甚。然地虽褊小，而有事之秋未得安息。崇祯十五年，叛将任国琦夜逾壶关以袭北董，流贼老狦狦入境相延数十里。十六年，闯贼伪官张纮至壶，顺治六年，叛贼姜壤伪官胡宓至壶。嘉庆十八年，滑县贼牛亮臣串入壶邑十八盘。是地之僻，盖有不可忽者焉。今槲林隘、十八盘隘、河交口均系要地，而玉峡关旧名风门口，在隆虑万山之巅，为两河三晋之界，尤为天作之险。幸承平日久，圣天子以德化民，而绾绶斯士者，又皆循良茂著，风淳俗美，则山溪之险，封疆之界，殆有不必言者矣。

喜雨记

清·吴辉珇

壶邑土厚水深，无平川大泽，雨后山泉怒发，河涧皆盈，其涸可以立待。故民间皆汲井而饮，或凿池为堰以蓄水潦。稍旱则有行数里以汲水者，田畴灌溉之利概不可得。凡谷既播种，惟望天降时雨以资长养，偶有愆期枯高可虑。咸丰丙辰余摄篆斯邑，先是中夏颇旱，求雨於龙神祠既应。迨秋初时又有蕴隆虫之象，田间黍稷稻梁或吐秀、或结实，需泽甚殷，复步祷龙神祠。三日未得甘澍，中心皇皇，夜不假寐。因思民命系於造物神之监，观下土未尝不悯谷之将败，而民无以为生也。为民祈福责在有司，或诚有未至即不能有感应。乃率教谕石建绩，训导陈鼎勋，典史陈其倬，外委千总孟得禄斋戒沐浴，以十三日戊辰昧爽祷於神祇坛，命廪阎双林为文，深自引咎并歌乐府三章，冀邀神听。廪生张三元、附生陈自修左右相仪，莫不严恭寅畏，礼成。而是日浓云四起，雨脉霂旋施，次日更继以滂沱，合境优渥。爰以十八日癸酉，率同僚仍诣坛祭，谢如初礼。本年农事竟获有秋。都人士咸欢欣鼓舞，谓非神力不至于此！用书其事而垂诸石。

2. 古代诗选

苦寒行

三国·曹 操

北上太行山，艰哉何崔巍！

羊肠坂诘屈，车轮为之摧。
树木何萧瑟，北风声正悲。
熊罴对我蹲，虎豹夹路啼。
溪谷少人民，雪落何霏霏。
延颈长叹息，远行多所怀。
我心何拂郁，思欲一东归。
水深桥梁绝，中路正徘徊。
迷惑失故路，薄暮无宿栖。
行行日已远，人马同时饥。
担囊行取薪，斧冰持作糜。
悲彼东山诗，悠悠使我哀。

早登太行山中言志

唐·李隆基

清跸渡河阳，凝笳上太行。
火龙明鸟道，铁骑绕羊肠。
白雾埋阴壑，丹霞助晓光。
涧泉含宿冻，山木带余霜。
野老茅为屋，樵人薜作裳。
宣风问耆艾，敦俗劝畊桑。
凉德惭先哲，徽猷慕昔皇。
不因今展义，何必冒垂堂。

赐崔日知往潞州

唐·李隆基

潞国开新府，壶关宠旧林。
妙旌循吏德，持悦庶氓心。
礼乐中朝贵，神明列郡钦。
扬风非赠扇，易俗是张琴。
藩镇讴谣满，行宫雨露深。

会书丞相策，先赐颖川金。

游灵显观

唐·吕 岩

素衣邱壑寄生涯，相近衡茅共几家。
卧听松音临水石，坐看山色老烟霞。
林中有鹤窥来客，岩畔无人见落花。
但把琴书消白昼，不须炉里炼丹砂。

壶关道中作

唐·韦 庄

处处兵戈路不通，却从山下去江东。
黄昏欲到壶关寨，匹马寒嘶野草中。

奉和袭美谢友人惠人参

唐·鹿龟蒙

五叶初成椴树阴，紫团峰外即鸡林。
名参鬼盖须难见，材似人形不可寻。
品第已闻升碧简，携持应合重黄金。
殷勤润取相如肺，封禅书成动帝心。

以人参遗段成式

唐·周 繇

人形上品传方志，我得真英自紫团。
惭非叔子空持药，更请伯言审细看。

紫团参寄王定国

宋·苏 轼

谽谺土门口，突兀太行顶。
岂惟紫团云，实自俯倒影。
刚风被草木，真气入苕颖。
旧闻人衔芝，生此羊肠岭。

题紫团山三十六景

宋·王 寀

迎旸峰
阳燧初升八极车，飞光犹带赤城霞。
山英固有葵心在，不许群峰取次遮。
三秀峰
山形叠叠掩禅关，长薄萧森落照间。
开女欲夸新结束，都将翠藻簇烟鬟。
天 柱
不分苍园西北倾，只将一柱与撑撑。
而今六幕安然处，应教斯人乐太平。
磨 崖
家山本与语溪接，使节会过砥柱游。
见说紫团铭勒处，西风千里重回头。
濯缨溪
江上老人终独往，尘中孺子果何知。
溪翁欲识沧浪意，看取青霄浸月时。
东华表
借问辽东鹤，归来得许悲。
浮生随念变，何待冢累累。
西华表
寄谢西朝相，神奸古有图。
如何延客处，庭燎照丰狐。

碧萝峰

风曳山妃带,云穿木客衣。

青松容袅袅,红叶半飞飞。

月为幽人罡,春从旧处归。

明朝碧峰外,试与伴斜晖。

金屋山

云拂层峰四面朝,朝阳北过更岧峣。

金仙自合居金屋,不为胶东贮阿娇。

鸱尾山

天借溪山尊佛居,全将帝所作规模。

汉光不识真鸱尾,何笑区区问越巫。

山翁崖

仙翁爱山居,留形在东岭。

风林度啸声,云壑漾飞影。

华发欲萧萧,青瞳犹耿耿。

追踪有名流,回首发深省。

驻云亭

尘迹初从世网收,一邱一壑此优游。

却应化作飞云片,长向亭前伴客留。

老人峰

江庐已别游河侣,商洛休陪谒汉宾。

独立南山千嶂里,长将万寿祝严宸。

南极园

清徽有逸仙,畴昔下南极。

紫气远成图,照此大白域。

芝田手所耘,地灵亦知啬。

云根一十八,劚掘安可得。

惟余乱峰间,乔林竦寒色。

宝岩纪行

金·元好问

阴崖转清深，秋老木坚瘦。
城居望已远，步觉脱氛垢。
宝岩夙所爱，丈室方再叩。
嘌里才入门，径就石泉漱。
遥遥金门寺，宝焰出岩窦。
我岂无尽兮，昔见今乃又。
同来二三子，寝饭故相就。
况有杜紫微，琴筑终雅奏。
瞳瞳上初日，深樾炯穿漏。
逶迤陟两巘，万里若迎候。
绝壁三面开，仰看劳引脰。
两山老突兀，屹立柱圆覆。
诸峰出头角，随起随偃仆。
不可无烟霞，朝暮为先后。
横山连巨鳌，飞堕集灵鹫。
九华与奇巧，五老失浑厚。
想当位置初，遂欲雄宇宙。
太行有褀谷，胜绝无出右。
大似尘外人，眉宇见高秀。
哀湍下绝壑，电击雷怒斗。
崩奔翻雪窖，莹滑泻琼甃。
穷源得悬流，伟观骇初遘。
仙人宝楼阁，白雨散檐溜。
天孙指机丝，素锦绚清昼。
永怀登高赋，意匠困驰骤。
窘于游暴秦，百说不一售。
林间太古石，稍复杯饮旧。
已约铭洼樽，细凿留篆籀。
兹山绿未了，僧夏容宿留。

终当丐余年，奇探尽云岫。

谷圣灯

金·元好问

金门寺前山突起，井底宝岩三十里。
旧闻圣灯在山上，紫微侍郎宜不妄。
山空月黑无人声，林间宿鸟时一鸣。
游人烧香仰天立，不觉紫烟峰头一灯出，
一灯一灯续一灯。
山僧失喜见未曾，金绳脱串珠散迸，
玉丸走柈光不定。
飞行起伏谁抟控？华丽清园自殊胜。
北荒烛龙开晦冥，南极入地多异星。
岂知心光毫相有真遇，物外恍惚难为凭。
腐儒心魄为动荡，再拜中庭谢灵贶。
何曾办作刘更生，下照仍辱青藜杖。
昨朝黄华瀑流神所怜，
今朝金门佛灯佛作缘。
纷纷世议何足道，尽付马耳春风前。

羊肠坂

明·徐贲

盘盘羊肠坂，路如羊肠曲。
盘曲不足论，峻陡若踯躅。
上无树可援，下有石乱蹙。
一步一嗟吁，何以措手足。
途人互相顾，屡见车折轴。
少时徒耳闻，今日亲在目。
不经太行险，那识安居福。

佛耳摩云

明·张铎

胜概分黎国，崇冈俯柏林。
到来天逼近，坐久气萧森。
白日生灵籁，青云接地阴。
尘机何日息，从此听禅音。

过壶关

明·孔荫

壶关三月气萧森，满地风尘接暮阴。
行过溪桥问春色，数株松柏对孤岑。

同贾廉父游紫团山

明·周一梧

白云寺

鹫岭转三车，深林景足嘉。
禅林无外户，僧饭有胡麻。
一雨消尘障，连朝落宝花。
慈悲如爱客，故遣白云遮。

紫团山

明·周一梧

紫团山峭拔翠耸，俯瞰云烟，中间瀑布流泉，霞域洞府，求之海内，不可多得。而诸刹又创自隋唐，当重佛从文之世，宜诗文摩刻，无少逊于少林诸胜境。乃宫殿皆委于兵燹，而云盖又先为崩崖所压，仅得磨崖一碑。至慈林有辅道三十六诗，而已亡其十四。舟车不通，人迹罕至。居人鲜探奇揽胜之士，是以作者既湮，述者未接。地主乏九方之识，而山灵负盐车之泣矣。使此山移之长安吴会，则阐扬点缀，操管城而纪灵异者，将汗牛充栋，岂至寥寥若此哉。抚景增叹，总赋一律而返。

薄游寻胜迹，穷探入幽深。
断碣虫书缺，孤碑草色侵。
泉声喧急硐，阴雨蔽秋林。
惆怅随归雁，空怀吊古心。

游紫团慈云寺

明·郭忻

深云幽寺隐山隈，古柏青松荫石台。
草据参园仙女去，云遮龙洞暗泉来。
风生幽鸟穿林出，雨过闲花对酒开。
世事浮名何用绊，此身今夕到蓬莱。

送人还壶关

明·明 周

林花未吐怯轻寒，人在天涯送客还。
千里好山迎马首，白云飞处是壶关。

游紫团山

明·知县尹某

久慕云林好，偷间今始来。
危峰临水浒，古寺傍山隈。
草色连蹊径，松阴上砌台。
凭高秋月下，把酒共徘徊。

题宝岩寺

清·程之玿

花园村踞太行巅，上有古刹栖枯禅。
入夜金灯往往出，乍明乍灭树林边。
观灯佛子归佛力，自我思之恐不然。
中土无佛山即有，此灯灿烂几千年。

非从白马驮来物，不稽之语莫轻传。
暇日偶看草木子，谓灯皆是山灵宣。
明珠一颗皆润浦，良玉一片能辉田。
宝藏之兴萃陵谷，自然光怪冲云天。
峨嵋简州衡岳地，匡庐天章太白前。
到处有灯惊耳目，岂皆天竺种奇缘。
郯下崔生名下士，流连咏物题诗篇。
才华俊逸但仿佛，佛日岂借灯增妍。
我作此言告来者，读书明理莫牵缠。
山归山兮佛归佛，鉴朗衡平两不偏。

游紫团山

清·朱辅

紫团如盖锁山隈，石灯层层曲径开。
万木萧森环古寺，一潭澄澈曳青苔。
升仙姝子餐霞邈，揽胜游人蹑履来。
只此徜徉堪永岁，不须园里问参荄。

乌泉寺(外五首)

清·章经

曲嶂转幽径，盘回入长松。
殿角悬云汉，树杪度疏钟。
寺以泉得名，山半流淙淙。
我欲极大观，飞攀佛耳峰。
遥睇西山紫，层云徐荡胸。
暮归成短歌，因之纪游踪。

河交道中

山回路不穷，驱马行将夕。
远村入烟霞，返照翻山脊。
彳亍历层巅，去天不盈尺。

下际临深硐，削壁如列戟。
迤逦尽岸压，其境较坦适。
间以苍苍树，缭以累累石。
岩花不知名，或黄亦或白。
何由谢尘鞅，长此着游屐。

题澹宁堂壁

结庐数椽傍城阴，古木萧疏映碧岑。
疑在中条岩屋下，悠然一片白云心。

登升仙台

凭虚直上最高峰，天半台悬云影重。
鹤驭九霄劳怅望，万山暮霭动疏钟。

福岩寺

长啸招提境，公余蹑屐游。
白云孤寺晚，红叶乱山秋。
幢影无风动，经坛有月留。
尘机能顿悟，身世复何求。

登抱犊山同诸子各赋

携尊登抱犊，远眺且停杯。
野草争先发，林花独晚开。
青霞悬峭壁，细雨过荒台。
欲觅泉源处，遥从山底回。

登抱犊山（外二首）

清·周 骧

石室容登眺，千峰覆酒杯。

孤城春色晚，荒寺夕阳开。
鸡犬同村径，烟萝护玉台。
当年稽叔夜，空问素书回。

春日登壶关城作

壶关城古太行连，南望春迟忆杜鹃。
萧寺半悬青嶂外，烟村多住绿杨边。
上书三老家何处，抱犊仙人姓不传。
犹说频年经战伐，棠梨开遍草芊芊。

福岩寺

苍凉关塞迥，野寺白云通。
积雪孤城外，空山夕照中。
磬声归洞壑，塔影乱飞鸿。
垂老耽禅悦，围炉话远公。

佛耳摩云（外一首）

清·李天植

西来法相自氤氲，幻作青山护紫雯。
犹剩不生不灭耳，用摩乍卷乍舒云。
当年梵语临窗听，此日松涛隔岸闻。
一朵插天峰岞崿，羊肠细折路斜分。

北山雪霁

碎铺玉屑漫高峰，失却巉岩翠几重。
红耀赤城霞已散，白明瑶岛雪犹封。
烘晴烟拥孤村树，带冷风飘野寺钟。
试启轩窗聊北望，别开牛面荡心胸。

紫团山(外二首)

清·马士桂

紫气团团绕太空,危峰壁立郁葱葱。
石坛缥缈云藏日,琪树萧疏雨带风。
百丈飞泉溅曲径,一轮明月挂仙宫。
拟登绝顶为舒眼,三晋河山指顾中。

濯缨溪

千古争传孺子歌,紫团山下泛微波。
纤尘不动苍苔净,一色无痕白练拖。
此日濯缨绿忽净,当年洗耳意如何。
晚来更觉清辉溢,明月娟娟挂薜萝。

翠微洞

翠微深处远红尘,能得胡麻有几人。
仙迹沉沉青嶂在,洞门隐隐白云屯。
风生榻外松何古,雨洒灶旁草自春。
读罢残碑思往事,灵风疑下玉京宾。

杜四辅祠堂(外三首)

清·冯士翘

昔闻壶关四辅名,今来展拜思先生。
老从黄屋依龙衮,终卧紫团课鹤经。
阶藓空临遗像古,松风犹忆曳筇轻。
可怜当日诸名将,谁向秋泉啸月明。

佛耳山

秀拔东南独此峰,晴开扶步向遥空。

高低天地平分里，远近山川一气中。
细草常依云处露，幽葩不入世间风。
楼传十二何方见，呼吸遥遥帝坐通。

摩云寺

鹿苑岧嶤横碧空，白云生处辟梵宫。
画龙壁蚀三春雨，铁马塔抟午夜风。
僧去烟霞仍栏外，鸟归苔石自山中。
从来静境谁常住，谷口幽泉岭上松。

凤山徐真人祠

壶天深处碧嶙峋，传道仙家炼药频。
柏染灶烟千古翠，花含丹气四时春。
岭头云驻疑银鹤，石上露栖想玉宾。
独立高峰空怅望，一川浮霭上松榛。

问心轩（二首）

清·周 骧

碧柳叫黄鹂，玉砌朱樱红药。山县放衙时早，无意随琴鹤。 告天夜半静焚香，露浥绯衣薄。消受壶中日月，许觥飞河朔。

——《好事近》

初晴雀噪牡丹天，春城含翠黛，一庭烟。曲池双燕舞翩翩，轻风吹柳浪，落榆钱。醉翁亭上雪堂边，劳心多少事，恤民艰。荒村犬吠趁花眠，依稀忘晋魏，住桃源。

——《朝玉阶》

狮子岭杂咏

清·吴应杰

松下纳凉

狮子岗头数百松，松前列坐影重重。

涛声忽送东山月，照入池潭欲化龙。

第三章　碑文选

第一节　现代碑文

壶关县万里护林墙十里岭工程简介

碑文(阳)：

十里岭位于壶关县东北部山巅，因岑高且横亘十余华里而得名。斯地群岭逶迤、层峦叠嶂，为太行东南部漳卫水系分水岭，亦是沟通石坡、店上、晋庄三乡之要冲。昔有古寨，往来客商川流不息。今为晋百线之枢纽地段。该工程区拥有森林面积五万亩，设计规划修筑防护墙一百六十华里。始于二十世纪七十年代末的壶关县荒山造林，使该区千山披绿，森林万顷，生态环境始有改善，创造绿色财富数以亿计。因自然条件形成村山相连，田林相接之布局，人为引发火灾频繁，森林损毁惨重，为全县干部群众心腹之患。一九九九年，店上镇井则口村首创“三边”(村边、地边、路边)防护墙，不仅具有防火、防盗、防牲畜作用，而且有保水、保土、保植被功能，益莫大焉。付诸后，深得民意，星星之火，形成燎原之势。

十里岭护林墙工程于去夏动工，所涉两镇一乡，按规划设计，严格质量标准，以墙底宽零点八米、上宽零点四米、高一点五米之要求施工，干群同心，户自为战，妇孺、老幼踊跃上阵，四时农闲，义务投工，以户建档，统一验收，截至目前，此工程已出动劳力万人次，动用石方三万立方米，投工六万个，修筑防火墙八十华里，占设计量一半，全体工程预计于二〇〇一年告竣。届时，十里岭工程将与全县万里防护墙融为一体：万里长墙绕山转，亮丽绿苑风景线，造得伟业壮山河，效益雄风驰万年。谨此以记。

壶关县人民政府　　二〇〇〇年秋立

壶关县万里护林墙十里岭工程简介碑照

石碑简介：

2000年秋勒石。青石质，平首抹角，额题“興林擭绿”四字。碑高180、宽70、厚10厘米，碑座长80、宽50、高30厘米。楷书书写，额边、碑边均无刻花。现存于壶关县晋庄镇十里岭，保存状况完好。

护林公约

碑文（阴）：

森林树木，生存之需，壶关之基，保护森林，珍爱绿色，乃举县之业，当全民之为，特公而约之。

一：学法用法，知法守法；秉公执法，必究违法；依法护林，兴林之本，全县上下，共识形成。

二：林地封禁，牲畜免进；乱扒枝叶，罚不留情，滥伐盗伐，国法不容；占用林地，严格审批；采石取矿，照章补偿。

三：防火工作，重于泰山，众多措施，预防当先。防火险期，用火要批，火种进山，必将罚款，根茬岸草，不准焚烧；祭祖上坟，用火不准；电线电源，经常查看；呆傻人员，重点防范；儿童学生，强化监管；杜绝违章，消除隐患。

四：设施建设，全面加强。万里石墙，经常保养；警示碑牌，瞭望亭台，诸多设施，不得损害，谁敢破坏，严惩不贷。

五：护林组织，完善扎实；扑火分队，村村落实；护林人员，巡查要严，有人毁林，送交公安。

六：护林光荣，毁林罪人；社会氛围，定要形成；党委政府，激浊扬清，功过是非，奖罚分明；全民行动，众志成城；千秋基业，万代永存。

壶关县人民政府　　二〇〇〇年十月

护林公约碑照

石碑简介：

2000年立勒石。青石质，平首抹角。碑高180、宽70、厚10厘米，碑座长80、宽50、高30厘米。楷书，14行，每行约40字，共约500余字。额边、碑边均无刻花。碑阳为《壶关县万里护林墙十里岭工程简介》。现存于壶关县晋庄镇十里岭，保存状况完好。

全国劳模王五全发明干石山区栽树法

刻文（阳）：　全国劳动模范王五全发明干石山区栽树法—阴坡育苗阴坡栽，阳坡育苗阳坡栽，就地育苗就地栽。

碑照

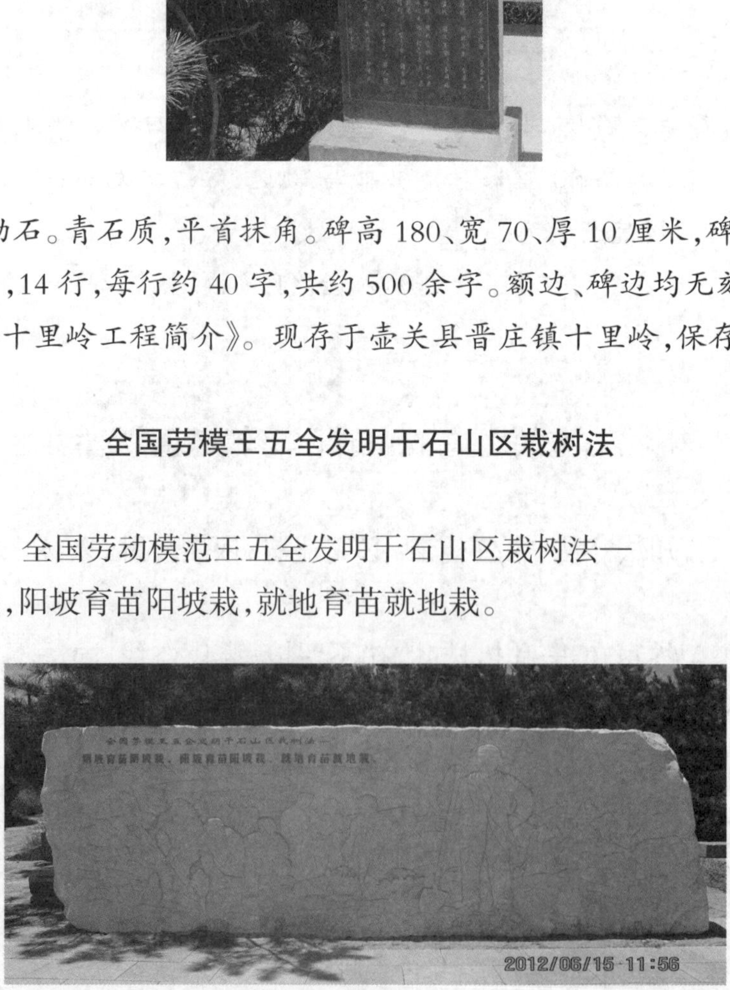

石碑简介：

2001年勒石。砂石质，该刻石阴阳两面近于平行四边形，长530、高200、厚60厘米。除阳面左上镌有两行小字外，其余部分均为全国劳模王五全率众栽植油松、绿化壶关写意浮雕图案。现存于壶关县晋庄镇十里岭，保存状况完好。

全国劳模王五全干石山区造林绿化简介

刻文（阴）：

王五全（1938～1999），男，汉族，壶关县东井岭乡盖家川村人，中共党员，壶关县造林绿化的杰出功臣，全国劳动模范和五一劳动奖章获得者。

王五全一生忠厚朴实，勤劳苦干，几十年如一日，献身造林绿化事业，为壶关县乃至整个太行山区的造林绿化事业作出了突出贡献。上世纪七十年代末八十年代初，他经过不断实践、反复探索，创造出〈干石山阳坡微域造林技术〉，即〈阴坡育苗阴坡栽、阳坡育苗阳坡栽、就地育苗就地栽〉，〈石上积水石下栽树、石头截水蓄水栽树、石隙过水见缝栽树、石间盆地中间栽树和穴面整成反坡形、阳坡上制造小阴坡及大面盖石〉等。该技术成功攻克了干石山上造林绿化成活率低的难题，成活率一举达到了90%以上，荣获山西省科技进步二等奖，被林业专家誉为绿化奇迹。1984年中国农业电影制片厂专门拍摄了科教片《干石山上栽油松》，在全国广泛推广该项技术。

三十多年来，在王五全精神的带动和感召下，历届壶关县委、县政府带领全县人民艰苦奋斗，辛勤播绿，壶关山川大地变得郁郁葱葱，绿意盎然。全县有林面积由1978年的87万亩，增加到2009年的103万亩，森林覆盖率由7%上升到50.6%，形成了独特的生态小气候。壶关县先后获得〈全国造林绿化百佳县〉，〈全球环境五百佳提名奖〉，〈国家级生态示范区〉，〈国家园林县城〉等荣誉称号。

碑照

石碑简介：

2001年勒石。砂石质，该刻石阴阳两面近于平行四边形，长530、高200、厚60厘米。与《全国劳动模范王五全发明干石山区栽树法》为同一块刻石的正反面。现存于壶关县晋庄镇十里岭，保存状况完好。

壶关县森林防护墙工程简介

刻文：

森林防护墙是壶关人民的伟大创举，是保护生态的壮举，是护林史上的奇迹。

1999年始，壶关县委、县政府为保护来之不易的绿化成果，带领和发动全县人民发扬"咬定青山不放松，敢教日月换新天"的壶关精神，挖起石头栽树，垒起石墙护林，一包方便面，一米防护墙，艰苦奋斗，自强不息，创造性地修筑了底宽80厘米、上宽40厘米、高150厘米（简称"8415"工程）的森林防护墙。此后十载，历任县委、县政府持续接力，全县干部群众戮力攻坚，防护墙得以延伸加固、提档升级。2001年6月，被上海大世界基尼斯总部认定为《最长的森林防护墙》。截至2009年夏，森林防护墙总长度达10000余华里，号称万里长墙，天下第一长墙。目前全县森林防护墙总投工400万个，动用石方500万方，造价2亿元。

森林防护墙不仅具有防火、防盗、防畜害和保水、保土、保生态的〈三防、三保〉作用，而且还衍生了美化环境、旅游观光、护绿教育、陶冶性情等社会功效。通过修筑森林防护墙，全县人民从思想上筑起了一道无形的〈护林长墙〉。放眼太行，蜿蜒起伏、气势恢宏的森林防护墙，既是壶关人民战天斗地、不屈不挠精神的真实写照，又是壶关人民落实科学发展观，建设生态文明的具体体现，更是展示太行精神、上党魅力和壶关特色的壮丽景观。

碑照（阴）

刻文(阳):

壶关人民创造万里森林防护墙基尼斯纪录

挖起石头栽树,垒起石墙护林,一包方便面,一米防护墙

碑照

石碑简介:

2001 年勒石。砂石质,形近于平行四边形,长 570、高 200、厚 60 厘米。阳面是壶关人修筑森林防护墙写意浮雕图案,阴面是壶关县森林防护墙工程简介。现矗立于壶关县晋庄镇十里岭,保存状况完好。

大世界基尼斯之最

上海大世界基尼斯總部

大 世 界 基 尼 斯 之 最

最长的森林防护墙

长 2600 公里

该森林防护墙位于山西省壶关县,于 1999 年 6 月 20 日至 2001 年 6 月 6 日建成,其中达标段为 1768 公里。Ⅰ级段 304 公里、Ⅱ级段 916 公里、Ⅲ级段 548 公里,共动用土石方 111.3 万立方米、砖 3399.4 万块,累计投工 444.2 万个。山西省壶关县林业局管理。

NO:01265

王以卓(章)上海大世界基尼斯总部(章)杨继才(署名)

上海大世界基尼斯总部郑重声明:如年内无新纪录产生,此证书为 2001 年大世界之最。

碑照

石碑简介：

2001年勒石。青石质，长方体，高180、宽100、厚20厘米。碑座长120、宽40、高48厘米。楷书。现存壶关县店上镇井则口村村外山腰之源头亭上，保存状况完好。

壶关县高山寨民兵护林墙工程简介

碑文：（阳）

高山寨位于壶关县东南部干石山区。经过全县干群、民兵二十余年的艰苦奋斗，植树造林十八万亩，使昔日的荒山秃岭变成了郁郁葱葱的苍茫林海。因林山相连，田林相接，极易引发火灾，造成森林损毁，是我县森林防火的重点区域。

为搞好高山寨森林管护工作，二00一年五月，东井岭乡党委、政府、武装部在县委、县政府、县人武部的领导下，成立了由乡党委书记任教导员、乡长任营长、武装部长任副营长、各村支部书记任指导员、民兵连长任工程连连长的高山寨民兵护林墙建设工程营。动员全乡十五个行政村三千余名民兵、群众，成建制参建，大兵团作战，掀起了轰轰烈烈的修筑高山寨护林墙工程战斗。他们在山上安营扎寨，支锅垒灶，头顶烈日，起早贪黑，艰苦奋斗十余天，投工二万三千个，动用石方九千立方，机动车一千二百余辆次，修筑高质量护林墙一万米，成为全县的样榜工程，被誉为“壶关第一墙”。

中共壶关县委 壶关县人民政府 壶关县人民武装部

二〇〇一年七月一日

碑照

石碑简介：

2001年勒石。青石质，长方形，长170、高68厘米。额刻两面红旗，正中刻一圆，圆中有一五角星，五角星内自上而下刻“八一”二字。碑边刻麦穗、向日葵图案。楷体，电脑字。碑文11行，每行约35字，共约380字。碑阴为组织机构。中共壶关县委、县人民政府、县人民武装部立。现存太行山大峡谷高山寨风景区内，保存完好。

壶关县高山寨民兵护林墙工程组织机构

碑文(阴)：

指挥部第一政委：程 前

总指挥：赵春英

副总指挥：牛建忠 宋建庭 卫马句 樊广平

工程营教导员：崔书华　工程营营长：李富增 副营长：吕永泽

东井岭工程连(三百三十人)指导员：王福青 连长：王书孝

郭堡庄村工程连(三百人)指导员：贾玉平 连长：李书玉

口头村工程连(一百七十人)指导员：王计方 连长：王豪

高岸上村工程连(一百三十人)指导员：靳满有 连长：靳国方

三郊口村工程连(一百四十人)指导员:靳补平 连长:靳志清

东脑后村工程连(一百二十人)指导员:李发松 连长:李向龙

石盆村工程连(一百六十人)指导员:牛有勤 连长:牛书保

大井村工程连(三百一十人)指导员:李文龙 连长:郭李兴

东掌村工程连(二百六十人)指导员:李仪 连长:郭庆方

南岸上村工程连(九十人)指导员:雷国明 连长:雷月胜

碾谷驼村工程连(二百一十人)指导员:李书平 连长:郭月□

南湖村工程连(一百三十人)指导员:赵扎根 连长:赵虎保

牛家掌村工程连(二百一十人)指导员:赵贵平 连长:赵志田

塔店村工程连(三百一十人)指导员:盖贵明 连长: 吴何芳

上庄村工程连(一百三十人)指导员:李国明 连长:李书庆

壶关县高山寨生态防护林工程碑铭

碑文:

正入万顷林海里,一波平伏一波起。

壶关县人多地少,山多水少,石多土少,十年九旱,自然条件恶劣。当年此处山无树,沟无草,四面不毛,乱石称雄,风沙肆虐,水土横流,林草覆盖率仅百分之七,继而造成的贫瘠,困苦不堪言状。

八十年代初,改革雷动,国策感人。县委县政府审视县情、多方考证,认定:壶关希望在山上,出路在造林。自此,举县上下形成树绿化志、干绿化事、创绿化业的□□热流。

地处壶关县东南石质山区的高山寨是全县向高山进军的一个缩影。二十年间,所涉五十六个村的党团干群,广大民兵,汗润瘠土,力拔裸岩,跪扶幼苗,躬耕丛林。累计投工一仟万,投资一仟三百万,植树一亿一仟万,绿化亩数三十万,获取了生态、经济、观赏、社会效益于一体的辉煌战绩。

苍苍群山,显示着人民群众征服自然的智慧和力量,茫茫碧野,印记着“草木英雄”艰苦播绿的品格和功德:青山常在,伟业永存。

试看今日高山寨,花香果盛,林茂粮丰,满目绿染,藏宝万贯,壶关的明天定将富饶,太行山的未来必将灿烂。

联曰:高山抒怀赏尽财源情愈高

林区观景踏遍青山人不老

壶关县绿化委员会记

公元二〇〇一年七月立

碑照

石碑简介：

2011 年勒石。青石质，平首，长方形，长 170、高 67 厘米。碑之四围刻 T 形花纹。楷书，电脑字，13 行，每行 5～45 字，共约 360 字。壶关县绿化委员会立。现存太行山大峡谷高山寨风景区，保存完好。

壶关县建设万里森林防护墙碑记

碑文(阴)：

登太行之巅，望壶关之境，千山万岭之中，一道道白色石墙蜿蜒起伏，势若长龙，屏障绿色林海，蔚成亮丽风景，此乃壶关人民首创、长治市委首倡之伟大工程—万里森林防护墙。

壶关自古缺水少土，童山不毛。二十世纪七十年代末，县委、政府审时度势，举县兴林，积二十年之功，造林八十万亩，覆盖率从百分之五提升到四十五点六。然而绿化大业初成，喜忧相继而至，喜者生态优化，忧者林火频发。尤其冬春，火情不断，防不胜防。痛定思痛，问计基层，常务副县长牛建忠组织井则口村群众在村边、路边、田边筑石墙，阻火源，收效明显。典型既出，全县推广。

2000年春，长治市委书记吕日周深入壶关调研，盛赞“挖开石头栽树，搬起石头垒墙”为壶关人民一大创举，并作出决定，倡导全市。随后又率市直五百多处级领导、千余武警官兵到壶关筑墙，全县人民倍受鼓舞。及至世纪之交，县委书记程前、县长赵春英之新一届班子励志图新，把防护墙作为三张王牌之一来打，推波助澜，加速发展，质量、长度、规模创出新高。值此，吕书记及时点拨，县委、政府趁势决断，向上海大世界基尼斯总部积极申报，经专家验收鉴定，于二〇〇一年七月二十三日获得基尼斯纪录，“天下第一墙”，从此扬名世界。

防护墙始建以来，工程效果日渐显现，社会各界迭有好评，省里相继在壶关召开森林防火，民兵参建现场会议，北京军区政委杜铁环上将、省委书记田成平、省长刘振华等省四大班子领导、国家林业局副局长马福亲临现场，支持肯定，省内外考察取经者络绎不绝，高度评价。目前工程已达七千华里，总用石料二百五十万方，投工六百万个，明年即可突破万里，总价值将达一亿五千万元。工程所及，可形成百余个封闭圈，既显防火、防畜、防盗功效，又有保水、保土、保植被作用，兼具观光旅游、美化环境效应，一举数得，其功莫大。

防护墙工程是壶关人民爱绿、护绿之体现，创业、创新之象征，是宝贵物质财富，更是无价精神财富。有此精神，什么奇迹都能创造，任何业绩都可建树。有感于斯，勒石以记，勉之今人，启后来者。

中共壶关县委

壶关县人民政府

公元二零零一年秋立

碑照

石碑简介：

2001年勒石。青石质，高185、宽100、厚17厘米，碑座长120、宽40、高43厘米。楷书，21行，每行37字，共约760字。碑之阳为《大世界基尼斯之最》，碑阴为《壶关县建设万里森林防护墙碑记》。现立于壶关县晋庄镇十里岭，保存完好。

壶关县万里护林墙起源碑记

碑文：

井则口村位于壶关县中部店上镇东八华里处，三山环绕，背山面水，藏风聚气。全村六十余户、三百多人。村民偎山而居，环山筑田，兴农桑，勤稼穑，已有累世。

七十年代末，井则口举村兴林，连续二十年绿化荒山千余亩。如今，三山披绿，遍地锦绣，生机盎然。然近年来，因自然条件形成村居山坳、田绕林转之布局，人为引发山林火灾频繁，林木损毁惨重，尤以一九九八年冬春为甚，村民深有切肤之痛。一九九九年春上，村人时任壶关县委常委、政府副县长、全县护林防火指挥部总指挥牛建忠，探父病回乡期间，目睹火灾之后林木惨状，念及全县八十万亩森林置于火灾威胁之下，心急如焚。其间，与家乡父老，数临现场，查究火因，得悉火情火险，皆由村边、路边、地边人们用火不慎引发。几度思虑，拟就地取石，砌石为墙，以墙隔火，消除火患。遂发动全村干群修筑“三边”护林墙，苦干月余，完成石墙十余华里。

此举引起县级领导关注并最终形成共识。全县于当年六月在此地首次召开现场会，肯定井则口“首创”经验，继而在全县推广、实施万里护林墙工程。迄今全县建墙长度达七千华里，星星之火，得以燎原。基于护林墙防火、防盗、防牲畜及保水、保土、保植被之功效，省市领导、专家均给予高度评价。壶关建设万里森林防护墙之举，不仅构筑起一道有形的森林防护设施，而且在群众心中筑起一道无形的护林长城。保护了绿色，保护了生态，保护了人类生存环境，益莫大焉。鉴于森林防护墙工程浩繁、作用巨大，二〇〇一年七月，上海大世界基尼斯总部颁发了“最长的森林防护墙”证书，该工程打破一项世界纪录，号称“天下第一墙”。为倡导创新，兴林护绿，造福人类，追根溯源，勒石为文。

中共壶关县委

壶关县人民政府

二〇〇一年秋立

碑照

石碑简介：

2001年勒石。青石质，长方体，高180、宽100、厚20厘米。碑座长120、宽40、高48厘米。楷书。壶关县委、县政府立。现存壶关县店上镇井则口村村外山腰之源头亭上，保存状况完好。

第二节 古代碑文

閤社公議修理南坡嚴禁刊伐碑記

碑文：

今夫山，林木之所生也。然無以培植之，則荊棘叢列而林木多卷曲之形；無以嚴禁之，則斧斤屡伐而材木有枯亡之憂。如吾村南山蔚然深秀，名曰翠微。其勢則巍巍聳立，其形則曲曲環圍。東西劈分兩段，中間以古界為限。自界而東，龍王社主之，屬已禁之地，姑弗深論。自界而西，本村佛堂主之。係丁、張姓所施。歷來培植未加，斧斤未禁，是以褓木荒蕪，迄無成材可取。今歲春，有丁公錫倫以植松之意，同閤社議論庙中，一時父老子弟莫不心服首肯，推為勝舉。於是，按门起工，披荊斬棘，移栽松樹於其上，而嚴行禁飭。嗣後，斧斤非時不入，牛羊勿得踐踏，則年深日久，小者滋生，大者暢茂，庶幾補修庙宇而材木不可勝用，整理社物，錢糧有所資藉矣。其有利於人民，有關於社稷者，豈淺鮮哉？是不可以不誌。

邑庠生丁向南撰書

施坡主人 丁羣鎖 丁九思 丁守業 丁錫侯 丁來貴 丁思敏 張世美 張美瑜 張口口 張跟奮 張口盛

捴社首 丁守業 張美瑜 張德祥 仝具

嘉慶庚辰仲秋穀旦

石工 趙八貴勒

碑照

石碑简介：

清嘉庆庚辰年(1820)勒石。修理南坡严禁砍伐碑。青石质，长方形，长85、宽42厘米，四围雕花。楷书，邑庠生丁向南撰書。正文19行，每行15个字，共约300字。现存壶关县树掌镇神南村。保存完好。

立永遠禁約山坡

碑文：

窃以天地之物，各有其主，雖鄰里鄉党，不得强而取之。情因黄崖底村，山木稀疏，柴火艰辛，使賃人砍伐，此往彼來，生之有限，取之無窮，將烟火之費，恐濯濯难継矣。奈有外村之人，賃意摧殘，取去便賣，甚止安窑燒炭，刨根砍伐，彼固為餬口計，我們獨不為燒燃計乎？保其長久，今三社同議，設法禁止。四至開明：東至輝邑界，西至資百崖，南至老崖分水嶺，北至老崖根。自禁之後，將一應等物、薪木，永不許砍伐刨根。倘有外來人等，照前砍伐，被社拿獲，定按社規議罰。即三社本村人等，倘有留破坡之人，有人查出，社内罰錢弍仟文，亦只公為取用，不得私放便賣。倘有不遵社規，送官究治。

壺陵弍邑社首 任福 靳天庫 楊秉武 徐明忠 秦德貴 秦松林 鄭世興

維首 韓天白 郭展 楊秉山 靳天金 郭祥 李粮蒼 何成 趙元巳 張義 趙三聚 任山 張根成 徐明全 張明義 陳郭鎖 郎小孩

石匠 秦法保 張成林

陵邑鄭耀先題

大清道光拾年弍月十五日 合社仝立

碑照

石碑简介：

清道光拾年(1830)勒石。青石质，圭首，碑首自右向左横题“碑□”二字。碑高118、宽55厘米。碑首周边及碑两侧、底边均有刻花。楷书，碑文7行，每行10～37字不等，共约240余字。现存壶关县鹅屋乡黄崖底村，保存一般。

立禁約碑

碑文：

立禁約碑文人等，芳岱村闔社同西栢坡闔社，因芳岱社有坡場一處，碑在西栢坡垴內，東至長脚嶺，西至西古箱，南至崖，北至河。四至之内儲養樹株，以備社內修理鳩工庀材之用。第芳岱村至西栢坡，相距一十三里，看守不便。嗣於道光己酉歲，經青楊口戚友並慈云寺住持人等，公同酌議，仍囑西栢坡闔社禁止。如西栢坡社內興工，知會芳岱社，亦準斬取木料。第不得私自刊伐。自禁之後，各宜秉公。倘有私自刊伐者，定行按照社規議罰，决不寬貸。庶乎愛養滋息，則材木不可勝用矣，是為記。

一议盗伐樹株每一株，按社規處罰大錢一千文入社內公用 。

一議樹木成材，上下社俱不興工，斬伐便賣，得價多少，芳岱社按六分抽取，西栢坡社按四分抽取。

盖鳳鳴 盖中立 盖楊鎖 龍 尾 寬 玉
經事人 西栢坡 秦慶則 秦九倫 秦九河 秦九俊 秦九高 秦九陵 秦九尚 秦李成 秦兆成
芳岱村 秦九口 九口 九口 九口 九栄 九義 惠龍 口口
步口
口口
口賢 仝立 道光三十年歲次庚戌五月穀旦 芳岱社同西栢坡社公立
匠人 李壘玉刊石

碑照

石碑简介：

清道光三十年(1850)勒石。禁约碑，青石质，平首，碑两侧边上刻有花纹 。高 121、宽 52 厘米。楷书书写，碑文中人名多有漫漶，碑记部分文字清晰。现存壶关县树掌镇芳岱村，保存较好。

东柏坡社补立禁坡碑记

碑文：

嘗思地靈者固由人傑，人傑者尤賴地靈。余村观音堂近靠小泉山，又接紫紅土池、嶺東流腳、風門口，此四所大關風氣。觀此，山凝木秀則欣欣向榮，山空木實則油油而成蔭，是材木之掩映此土者，實天地之栽培獨厚也。上長松柏茂盛，下連碧水永流，豈或可加以斧斤而忘夫慎守乎哉？奈有外來無知之徒，希圖微利，坎伐樹木，殊堪痛恨。今余村議定章程，永為禁止。嗣後，倘有在禁坡之中仍行損壞者，約社查出，即以窃盜為倫。輕則議罰，重則稟官，各宜自慎，勿貽後悔。此不特循窃木有罰之說，亦有以體上天生物之心云爾。

一議禁止小泉山私伐松柏樹，每顆罰大錢三千文 私伐一切樑木，每顆罰大錢一千文。

一議禁止紅土池嶺上至李九廣地下、至官路東北角、至吃水橋路西北角、至大□水河坡腳為界

一議禁止風門口東流腳上至山頂、下至大路官路、南至横嶺腳、北至□道腳，四至以裡，不許開坎，私伐松柏楊柳樹，每一顆罰錢一千五百文；私伐一切樑木，每顆罰錢五百文。有人巡來窃木之徒，罰錢多寡入社，六分賞巡查人，四分為賓。

大清國道光三十年孟夏吉日　立

碑照

石碑简介：

清道光三十年(1850)勒石。青石质，圆首，额题“永久”二字，额围、碑边均有刻花。

碑高126、宽52厘米。楷书碑文8行,每行33字,共约220字。另有小字禁约5行,刻于碑之下部。现存壶关县桥上乡东柏坡村,保存完好。

禁伐山林碑

碑文:

且夫人居山野之間,以柴火為先。今則柴火者,人稠山枯,生則有限,取则無□,不独思艰难,乃人人所憂也。於是壺陵二邑三社公議,將山坡一切柴根禁止,只許鐮割斧砍,不許抱根。雖則目下不濟與人,後世可以常常有哉。今將四至開明:東至輝邑界,西至資栢崖,南至分水嶺,北至老崖根。四至以裡,從此嚴禁。如有不遵社規,強抱根者,拿入社内,公同議罰。今將規條開名于後。

三合社禁止山坡柴木,睹今人心不古,不守法規,公議禁止。不許賣雜木小椽、殺雜條,不許科□。

一議 拿住抱柴根入社,輕者罰錢一千,重者罰錢二千。

一議 有人拿住抱柴者,按四六抽分。

一議 不論大家小户,不許留外來之牧羊,不許砍草人割柴、殺條,犯者所罰……。

一議 凡在社之家,家每養桑,不養桑者,社首查明,罰錢五百文。

一議 有人毁坏桑樹,私採桑者,加倍重罰。

一議 無論自己、他人,入坡者不許抱根,開地者無論,不尊社規,送官究處。

一議 拿住点坡人,不許留外來之人,如有犯者,以照舊規。犯者以社規所罰錢弍千文,不遵社規,送官究處。犯者罰戲三天。

壺陵二邑社首 原保應 元移山 何振江 靳群林 秦六女 王林 鄭魁明　維首 何滿貴 秦本多 □林 張成祥 靳三林 王根松 徐明全　楊逢祥 李良蒼 蓋永秋 秦群法 何金玉 趙志松 呂自　有 任小三 蘇聚寬 楊逢瑞 張芹 荣法成 張興運 鄭荣　聚

社首 楊思科 孫賈 秦江狗

維首 張太平 圪娘　石工 侯法崔 房銀

維首 王掌根 鄭淮明 張刘保 郭秋喜 秦魁法

大清同治十壹年四月初十日 宣統元年二月廿一日

碑照

石碑简介：

同治拾壹年(1872)勒石。青石质，圭首，首题“流芳”二字。额边、碑边均有刻花。楷书。碑文15行，2至35字不等，共约500余字。现存壶关县鹅屋乡黄崖底村，保存一般。

大事记

1936年

1936年，对壶关县的林业资源进行了一次统计。全县的林业情况是，自然山林占主要地位，人工植树一般仅限于房前屋后。全县共有经济林木4648株，主要品种有果树、枣、葡萄、柿子、核桃、杏、梨等，梨和枣的产量最大，分别是96000斤、50000斤。核桃主要销往河南，其它销在县内。

1947年

1947年1月，壶关县委、县政府制定了1947年生产计划，其方针目标是以农业为主，把副业、手工业生产贯穿全年。计划中就养殖、畜牧、植树造林等制定了具体规划。

1949年

1949年3月13日至17日，中共壶关县委召开150余人参加的县、区、村干部以及劳动模范及各种技术能手会议。会议在总结1948年工作的基础上，具体制定了《壶关县1949年增产计划》，提出了开展100天纺织运动，栽种各种果树，发展经济作物，奖励饲养大牲畜等计划。

1950年

1950年4月，壶关县长王振华签署发布了《壶关县人民政府关于加强林木管理、建立林业未尽事宜机构的指示》和《壶关县人民政府关于帮助群众设法解决树秧困难、推进造林工作的指示》。

1950年8月，壶关县人民政府发布农字第33号通令，禁止在林边野外用火，对引发森林火灾的由司法机关惩处。

1950年9月，出台了《壶关县人民政府保护和发展林木暂行约公》，对植树造林的重要性、林木权属、管理保护、奖励罚则等方面进行了详细规定。

1950年10月，县政府代县长范贵锁签署发布了《壶关县人民政府关于做好当前各项林业工作的指示》，提出抓好封山育林、荒山播绿、发展苗圃、建立管委会等具体要求，对恢复林业生产，加强林业建设起到了积极的作用。

1952年

1952年4月2日，壶关县人民政府发布《立即把群众动员起来，从清明节起开展植树造林竞赛突击周》的指示。

1953年

1953年3月,《壶关县人民政府关于迅速开展春季植树造林运动的指示》印发至各区公所、农场、林业小组、县委、团县委、县妇联,要求开展群众性造林,迅速掀起春季植树造林高潮。

1953年4月,《壶关县人民政府指示》农林字第二十四号,要求立即行动起来,以农业生产合作社、互帮组为基础,组织开展一个紧张、热烈、规模宏大的植树造林竞赛,对成绩突出的组织观摩座谈,交流经验,要坚持表扬好者与批判坏者相结合,保证完成春季造林任务。

1955年

1955年8月7~9日,壶关县人民委员会召开雨季植树造林会议,共87人参加,其中村生产主任69人,副乡长15人。

1960年

1960年3月,壶关县人民委员会颁发《"壶关县1960年林业果树蚕桑养蜂生产计划(草案)"的通知》,指出全年荒山造林总任务是30万亩,零星植树4500株,育苗500亩,全县除要建立两个国营林场,五龙山一个联合林场所的基础上,全县12个人民公社都要因地制宜,有重点的建立用材林和干水果基地,抓好四旁树绿化、播种育苗、技术培训工作,一浪赶一浪把林业建设全面推向高潮,为迅速改变壶关的河山面貌而努力奋斗。

1960年3月17日,县委组织各公社党委副书记和各管理区主要干部一百余人到长治县林移村参观林业。

1960年3月28日,县委书记处书记冯士端在有线广播上向全县人民发布了向荒山进军的动员令。之后组织35000名造林大军,分12个野战兵团,在山上扎营造林7天。

1961年

1961年,由县委书记处书记李金和和副县长马存有为首,吸收有关单位负责人,组成春季造林指挥部,以农建局为主组成了绿化办公室,具体指导造林工作。

1962年

1962年,固村公社的桥头、郭堡,店上公社的寺尾沟等生产大队,偷砍掉五泉寺生长一百多年的大油松20多棵。

1962年3月,壶关县人民委员会文件(62)壶农马字第59号《壶关县人民委员会关于做好春季护林防火工作的紧急通知》,要求层层加强领导,建立组织机构;分区划段,分片包干,任务到队,责任到人;大力宣传护林好处,认真贯彻林业政策;认真做好森林防火准备工作，解决好护林防火用工报酬。

1962 年 4 月，壶关县人民委员会印发《关于认真做好春季果树管理工作的通知》，同年 11 月壶关县人民委员会印发《关于做好果树越冬管理的通知》。

1963 年

1963 年 3 月，中共壶关县委员会、壶关县人民委员会第（63）4 号文件，印发《关于确定林木所有权与填发林木所有证的实施方案》，要求林木确权工作从 4 月 2 日开始到 5 月 30 日结束，这是壶关县第一个确定林权的纲领性文件。

1964 年

1964 年元月，壶关县人民委员会《关于转发 < 山西省人民委员会关于加强种子、苗木及农产品调运检疫工作的规定 > 的通知》（64）壶农怀字第 16 号，要求各人民公社、粮食局、商业局、公安局、交通局、外贸局、邮电局、县供销合作社各部门要认真执行，并在各生产队社员和职工中开展宣传，做到家喻户晓，人人遵守。

1969 年

1969 年 3 月，壶关县革命委员会文件（69）壶革字第 33 号印发了《壶关县革命委员会关于立即发动群众迅速掀起春季植树造林新高潮的通知》，指出要紧跟毛主席的伟大战略部署，认真贯彻落实毛主席的伟大指示，在全县立即掀起一个声势浩大的春季植树造林高潮。从培养林业样板大队、栽植各种树木、公路绿化等方面提出了具体要求，以显著的成绩迎接全国第九次代表大会的召开和向建国二十年献礼。文件开头，印有最高指示：要抓革命促生产、促工作、促战备，把各项工作做得更好。绿化祖国，实现大地园林化。

1971 年

1971 年 3 月，壶关县革命委员会文件壶革发（71）第 20 号《壶关县革命委员会关于坚决打好春季植树造林大会战的意见》，要求必须从战略出发，从改变本县十年九旱的自然面貌促进农业稳产高产出发，以最快的速度加快林业发展步伐，多快好省地“发展植树运动”，不失时机地打好春季植树造林大会战。

1971 年 10 月，发布《壶关县十年林业发展规划》（草案），指出全县森林面积由建国初期的三万亩发展到九万四千亩，森林覆盖率由 1.9%增加到 6.4%，四旁植树 1805 万株，人均 16 株。

1972 年

1972 年 10 月，壶关县革命委员会文件壶革发（1972）62 号《壶关县革命委员会转发省革委“关于林业政策若干问题的具体规定（试行）”的通知》，要求各公社、大队要认真组织学习，逐条讨论落实，划清政策界限，正确处理林权，促进农业丰收，农林牧副全面发展。

1977 年

1977 年 3 月，壶关县革命委员会文件壶革发（1977）14 号《壶关县革命委员会关于对三起森林火灾的紧急通报》，对店上公社小南清大队、树掌公社碣则上大队、树掌公社磨掌大队三起森林火灾事故进行通报，要求所在公社要在全社会范围内对肇事者进行批评教育，各公社、大队要严厉打击阶级敌人的破坏活动，杜绝事故的再度发生，要社社队队、家家户户订出护林公约，确保全县林业有一个较大发展。

1977 年 4 月，壶关县革命委员会以文件壶革发（1977）21 号请示上级为国营壶关树掌林场飞机防治油松卷叶蜂虫害。

1977 年 8 月，壶关县林业局成立。

1978 年

12 月，根据山西省林业厅要求，壶关县林业局技术人员开始进行东山用材林基地规划。

1979 年

9 月 23 日，中共壶关县委作出《关于大力发展林牧业生产的决定》。这个决定根据壶关的实际提出了在壶关"抓林牧就是抓粮、就是抓水、就是抓钱、就是抓生活、就是因地制宜地进行农业现代化建设"。把抓林业的意义提到了战略高度，从而实现了由在 1.5 亩耕地上闹温饱转向 150 万亩土地上搞开发。

是年，县委、县革委在树掌镇召开万余人参加的《森林法（试行）》奖惩兑现大会，表彰了 13 名护林有功人员，对 4 名毁林犯罪分子给予严肃处理。省护林防火指挥部发了贺电。地区林业局长李全方出席了会议。

是年，县护林防火指挥部在全县任命了 1200 名专职护林员，发有臂章、任命书。

1980 年

3 月 10 日，县委、县革委作出《关于保护山林树木的若干规定》。

是年，常行公社盖家川大队社员王五全、国营壶关林场工人冯安则被评为全省林业劳模，鹅屋公社林场、店上公社林场、小南清大队被评为全省林业先进集体，受到省政府的表彰奖励。

是年，县委、县革委在常行公社盖家川大队召开三级干部会议，推广王五全造林经验。全县一年完成油松育苗 1147 亩。开始走上了油松育苗移栽造林的新路。

是年，树掌公社南庄大队支书冯小福以多种经营为名，组织群众采种毁坏国营、集体树木 4400 余株，经县纪委、公检法、林业局联合查证，给予判刑二年的刑事处分。

是年，全县 20 个公社配备了林业管理员。

是年，壶关县绿化指挥部成立。

1981年

3月21～23日，县委、县革委在五龙山公社召开春季植树造林现场会。

9月4～10日，山西省林业厅在壶关县召开东山用材林基地建设汇报会。参加会议的有各有关地、市主管用材林基地的负责人和东山用材林基地县的林业局长等80余人。

9月8日，《人民日报》刊登《壶关县社员个人植树多》的报道。

9月20～30日，县委、县革委组织各公社书记、县有关单位领导到我省林业先进地、市、县参观学习。

是年，《山西林业》第六期刊登了县委书记张维庆“下定决心抓林业、誓变‘三缺’为‘三有’”的文章。

是年，西庄公社黄角头大队路其昌被评为全省林业劳模，鹅屋公社被评为全省林业先进集体，并受到省政府的表彰奖励。

是年，开始了林业稳权发证工作。这项工作历时一年，到1982年7月结束。

是年，县委、县政府成立了“三定”工作领导组。县委副书记丁松珍任组长，副县长李小保、农委主任杜虎英、林业局长王来全任分组组长，还有公安局、检察院、法院、交通局、城建局、农业局、畜牧局、水利局等领导共13人组成。共发“三证”50298张，其中林权证1237张，树权证42636张，宜林地使用证6425张。解决林权纠纷19起，树权纠纷3730起。

1982年

3月13日，《山西农民报》用两个整版介绍了本县林业专业户路其昌一家植树造林的事迹。

3月21日，《山西日报》头版头条刊登新华社太原消息《壶关县建立造林专业户》。

4月24日，县第七届人民代表大会常务委员会第七次会议通过《关于县城树木花草管护规定》。

6月8～9日，本县遭受了百年不遇的雹灾和近十年少见的洪灾，12个公社的110个大队受灾严重。树掌公社最为严重，6月8日的冰雹始于14点15分，终于15点35分，雹大如拳头。苗圃损失惨重，80亩油松苗被打光，小庙岭红果山毁于一旦。

11月27日，县委、县政府在县城召开万人大会，对101名护林模范表彰奖励，处理了5名毁林犯罪分子。县委、县政府领导亲自为护林模范披红戴花，会后在县城进行了游行。

是年，县委书记聂庆保、西庄公社黄角头大队路其昌被评为全省义务植树模范个人，鹅屋公社、石河沐公社、麻腰大队、赵掌大队、刘寨大队、盖家川大队、石盆大队、北岭大队被评为全省义务植树先进单位。

1983年

4月1日，县政府颁发《关于保护森林树木的布告》。

7月17日，县委、县政府授予王五全、刘发顺、李其兴、任赵成“林业功臣”称号，并号召全县人民向他们学习。

10月27日，壶关县作为全省两个基层代表之一，到北京参加林业部召开的绿化太行山问题讨论会。会议期间，县林业局局长王来全、干事程喜堂应邀到林业部作了汇报。

11月，省林业厅批准到壶关县进行林业区划规划试点，省林业设计院派来王国祥、乔俊二名副院长，一名高级工程师，5名工程师和15名助理工程师及技术员帮助工作。晋东南地区林业局派来10名技术员，县委、县政府在本县组织了120名技术人员，组成了省、市、县三级技术队伍，开始了为时一年多的林业区划规划工作。

是年，县委、县政府作出《关于改造、开发“四荒”的若干规定》。

是年，县委、县人民政府委托公安局、县护林防火指挥部在全县任命了800名公安护林员，发有“公安护林员证”，县委书记聂庆保被任命为公安护林员。

是年，成立了全国第一个县级林业规划设计队，队员21名。

是年，新华社在《人民日报》上发表“壶关县建立植树造林专业户”的消息。

1984年

3月，县林业局领导班子大调整，林业专业干部副局长张平和出任局长。

5月23日，县八届人民代表大会做出“关于动员全县人民加快绿化步伐的决定”。

6月，中国农业电影制片厂来本县拍摄《干石山上栽油松》科教电影片。本片介绍了常行乡盖家川农民王五全的油松育苗移植造林经验，并从理论上加以丰富，在林学界颇受好评。本片编导是中国农业电影制片厂王军武，撰稿人是县政府办公室赵江峰，技术顾问是林业局局长张平和。

6月，县委、县政府在晋庄公社召开林业现场会，会上向春季生产成绩突出的晋庄公社、城关公社、西川底公社、西庄公社、固村公社、石坡公社奖励了黑白电视机。

8月11日，来自全省各地30多名林业专家及工程技术人员对本县的林业区划规划成果进行审议。

10月13日，县第八届人大常委会第四次会议审议通过了《壶关县绿化规划方案》。

10月13～18日，国家林业部在本县召开《太行山区县级林业区划规划工作现场会》,北方十四省市的林业厅、局及区划办负责人和太行山区地、市、县林业局长,技术人员共250人参加了会议。

是年,聂庆保、王五全、路其昌、刘发顺、李其兴、任赵成被评为全省林业劳模,鹅屋乡、晋庄镇常家池村被评为全省林业先进集体,并受到省政府的表彰奖励。

是年,王虎林、阎好勇、刘德宝、张德忠、梁忠文、刘书茂、赵周清、常反德、杨孝明被评为全省义务植树模范个人。固村乡、常行乡、树掌镇、北庄村、孤山沟村、林业局被评为全省义务植树先进单位,并受到省绿化委员会的表彰奖励。

是年,县委、县政府授予路其昌、王满昌"林业功臣"光荣称号。

是年,省政府授予本县"绿化太行山先锋县"称号。

1985年

5月,应国家林业部的邀请,县林业局长张平和、副县长李小保到北京参加了全国林业厅、局长会议。

10月29日,县委、县政府作出"关于落实'七五'规划,建设'绿色宝库'的决定"。

同月,应北京市林学会的邀请,县林业局长张平和参加了北方干旱地区造林研讨会,会上宣读的《干旱石质山阳坡油松造林技术》论文被收入论文集。

是年,农民王五全应阳泉市郊区林业局邀请,跨区域到该区义井乡、平垣乡承包造林700亩。

是年,林业局"贫瘠干旱石质山阳坡油松植苗造林"获晋东南地区科研成果一等奖。

是年,林业局"壶关县林业区划"获晋东南地区科研成果二等奖。

1986年

1986年春,石坡乡石坡村一村民在地里烧根茬引燃国营林场20年生油松林,经石坡村、盘马池村、东水村、西水村等500余人奋力扑救,才得到控制。这次火灾是壶关县建国以来最大的一次,过火面积180亩,其中有林面积90亩。

11月13日,县委批转农工部《关于在全县建立劳动积累工制度的意见》,对劳力投林业积累工作了具体规定。

是年,县委、县政府授予余永富等五名在植树造林中做出杰出贡献的农民群众"造林功臣"的称号,授予刘书茂、梁忠文、张德忠、韩振国、张转才、程天保、梁永田、李志安、冯来保、牛长青、李双学、杨来圈、常福德、申和宝、李建珍、赵爱景、赵福贵、盖路孩、李才胜、杨振山等乡镇干部"绿化红旗手"光荣称号。授予城关镇马驹村、西川底乡下内村、辛村乡岭东村、集店乡常平村、晋庄镇常家池村、崇贤乡北掌村、黄山乡西底村、黄家川乡东脚村、百尺镇韩庄村、东柏林乡高崖头村、常行乡盖家川村、东井岭乡石盆村、石坡乡双井村、树掌镇树掌村、桥上乡梯脑山村、石河沐乡东沐村、鹅屋乡阴山坝村“绿化红旗单位”的光荣称号。

是年,全县实行“按项目投资、按工程营林”的改革,造林普遍实行了领导负责制、技术承包制、施工责任制和经济承包制,大大提高了营林效益。

是年,县委、县政府在县上成立林业规划设计队、乡镇设置规划员的基础上,村级又落实了营林指导员,全县共落实营林指导员857名,从上到下形成了一个林业管理、技术指导网络。

是年,本县与山西农业大学建立联系,共同探讨栎类和油松混交造林的问题,在城关镇万紫千红山、东崇贤乡的北掌、赵掌、常行乡的盖家川、固村乡的北大安、东井岭乡的郭堡庄等地搞辽东栎、蒙古栎和油松混交林试验250余亩。

是年,以县、乡、村建立了森林经营档案,为以后编制林业规划设计、计划、确定森林经营措施和安排营林活动提供了可靠依据。

是年,店上镇角脚底村,为使林业生产不断发展,在分户承包的基础上,创办了全县第一个林业合作社,并收到较好的经济效益,为全县林业生产摸索出了一条合作经营的新路子。

是年秋季,全县结合农村整党的开展,以整党促进生产,以生产检验整党,全县村村营造了整党纪念林或栽了整党纪念树,有效地促进了植树造林的开展。

1987年

4月7日,《山西日报》头版头条刊登《壶关县植树造林重成效》的消息,并配发了评论员文章。

6月18~22日,山西省绿化委员会在本县召开山西省农村义务植树工作会议,参观了30个典型乡村。

7月1日,《中国林业报》头版头条刊登《按工程管理、按设计施工》的文章,介绍了本县工程造林的经验。

7月4日,山西省委主办的《山西情况》刊登壶关县林业生产走上科学轨道的文章。

7月21~25日,山西省林业厅在本县召开太行山绿化规划实施经验交流会。国家林业部,北京、河南、河北三省市派代表参加。

9月8日,本县作为全省唯一的基层代表参加了国家林业部在大同召开的全国工程造林座谈会,张兆祥副县长、张平和局长参加,并在大会上作了“实行工程造林,加快林业发展”的交流发言。

10月20日,县委批转农工部《关于在农村建立劳动积累工制度的补充意见》,进一步明确了投劳动积累工的用途和数量。

是年，王五全被评为全国绿化劳模，并受到中央绿化委员会的表彰奖励。

是年，王五全被评为全市特级林业劳模，张平和被评为全市林业先进工作者，并受到市委、市政府的表彰奖励。

是年，长治市政府授予壶关县“科学营林先进县”称号。

1988 年

1 月，县委书记王虎林、县长刘德宝、县委常委、县委办公室主任牛建忠、政府办公室主任徐书录、林业局长张平和、林业设计队长秦元忠到国家林业部汇报工作。部领导对壶关县的林业工作给予高度评价，并赠送电子计算机一台。

1 月 30 日，县人民政府发布《关于护林防火的布告》。

2 月 7 日，县人民政府发出《关于严禁乱捕滥猎野生动物的通告》。

2 月 28 日，县人民政府作出《关于大力发展经济林生产的决定(讨论稿)》。

3 月 16 日，县人民政府作出《关于发展和完善村办林场的决定》。

7 月 20 ~ 27 日，县林业局长张平和作为全国三个特邀代表之一，前往黑龙江省东京城林业局参加了由国家林业部区划办和中国林学会、林业区划研究会联合召开的“全国林业区划学术研讨会”，并交流了《林业区划的生命力在于实施》的论文，受到了与会领导和专家的关注。

7 月 28 日，省绿化委员会在忻州市召开的义务植树工作经验交流会上，壶关县介绍了经验。

8 月 21 日，《人民日报》刊登《太行南麓的“植树王”》，介绍王五全造林事迹。

9 月 4 日，省委书记李立功，省委常委、副省长白清才，省委宣传部长张维庆视察了本县的林业生产，高度赞扬了壶关阳坡绿化，生态经济建设和区划、规划、设计、施工、验收、建档“一条龙”经验。

是年，山西大学、山西农业大学将壶关县定为毕业生必修基地，9 月 2 ~ 7 日，山西农大林学系应届毕业生 67 人首次来本县进行实习。

是年，中国科学院、中国自然资源研究会秘书长陈传友等一行 5 人来壶关县考察林业。

10 月 6 ~ 10 日，山西省林业厅在本县和襄垣县召开“山西省绿化太行山经验交流会”。常务副县长张兆祥作了《立足万分之一国土，加快造林绿化步伐》的交流发言。

11 月 3 日，省委副书记王茂林对壶关县林业进行了视察，给予了高度的评价。

是年，王五全、张平和、苏志斌、马光明、刘发顺、徐贺书、郭书则、杨来圈被评为全市绿化模范个人，县政府、国营苗圃、石坡乡、固村乡、城关镇、树掌镇、店上镇角脚底村、县人民医院被评为绿化先进单位，并受到市政府的表彰奖励。

是年，王虎林、刘德宝、王五全、盖建文被评为全省绿化模范个人，林业局、鹅屋乡、固村乡北大安村被评为全省绿化先进单位，并受到省绿化委员会的表彰奖励。

是年，由长治市绿化委员会拍摄的本县历任领导抓绿化的电视专题《神圣的接力赛》拍成，并于12月31日首次播出。

12月31日，原国家林业部副部长、科技委员会主任董智勇，资源司副司长张华令，高级工程师邱风杨，在省市林业部门领导的陪同下来壶关县视察工作，董主任称赞本县林业区划、规划、设计、施工、验收、建档"一条龙"生产管理程序是中国式森林经营管理的好办法，阳坡油松造林是一个突破，并兴致勃勃为本县林业生产题了词——"壶关县为少林地区经营林业、发展森林，促进国民经济和社会发展，改善生态环境方面积累了可贵的经验，树立了榜样，希望继续提高科学营林水平，以山林资源为依托，大力开展多种经营，建立山区的森林营林生态经济系统，振兴山区经济，兴林致富"。

是年，县林业局《贫瘠干旱石质山阳坡油松常年造林技术推广》获长治市科技进步一等奖。

是年，县林业局《贫瘠干旱石质山阳坡油松常年造林》获山西省1986年度科技进步二等奖。

是年，县林业局《壶关县林业区划》获林业部调查设计优秀成果二等奖。

是年，林业局《壶关县林业区划及其实施》获林业部科技进步二等奖。

1989年

3月12日，《山西日报》在头版头条位置刊登《壶关县四任书记搞绿化》的报道。同时刊登了山西省委书记李立功赞扬壶关林业建设的报道。

是月，县委、人大、政府、政协、纪检委五大班子领导带头集资兴林，全县干部群众积极响应踊跃捐资，全县共有4500余人捐款42816.03元，大大促进了春季林业生产。

4月1日，《山西日报》以《绿龙在这里腾飞》为题，用两版整个篇幅介绍了壶关县林业建设经验。

9月4日，县委作出关于建设高标准绿化县的决定。

9月20日，店上镇林场被命名为"全国先进乡村林场"，并在全国乡村林场工作会议上交流了经验。

9月21~24日，山西省林业工作会议在本县召开，这是建国以来我省规模最大的一次林业盛会。各地、市专员、市长、绿委主任、林业局长、省直有关单位负责同志、全省各县(区)县(区)长、部分大型工矿企业负责人等320余人出席了会议。省委书记李立功、省长王森浩、省委常委宣传部长张维庆、副省长郭裕怀做了重要讲话，对本县的林业建设成就给予了充分肯定。在这次会议上，省委、省政府授予壶关县和壶关县林业局“林业先进单位”称号，县委书记王虎林、县长刘德宝、林业局长张平和、盖家川村农民王五全被评为全省“林业劳模”。

9 月 28 日，常行乡盖家川村农民王五全，光荣地出席了全国劳模表彰大会，受到了江泽民、邓小平、李鹏等党和国家领导人的亲切接见。王五全是建国以来本县的第一个全国劳模。

10 月，县林业局助理工程师王建强任团长东渡日本学习果树管理技术。

11 月 2 ~ 4 日，国家林业部副部长刘广运对本县林业进行了视察，称赞本县是太行山过得硬的一个先进典型，并题词“壶关县是绿化太行山的先锋”。

是年，县林业局程喜堂创作的报告文学《傻子余永富》荣获全国建国四十周年“绿叶”文学有奖征文二等奖(一等奖空缺)，栗增录同志采写的《绿色的种子》荣获长治市广播电台举办的“兴中华爱上党”有奖征文二等奖。

是年，壶关县共接待本省县以上林业参观团 80 余个，3700 余人次。

1990 年

3 月，壶关县作为全国唯一的县级代表，参加了国家林业部在武汉召开的全国林业科技工作会议，并在会上作了《用技术武装农民，靠科技绿化山区》的经验介绍。

6 月，县林业局局长张平和当选壶关县政府副县长。

8 月，由全国劳模王五全担任总经理的全国第一个营林开发公司在壶关县成立，本县一大批造林能手面向全国承包绿化工程。

8 月 1 日起，40 名多年从事林业技术工作的临时人员正式聘为林业技术干部，享受国家干部待遇，壮大了本县林业技术队伍。

到 1990 年底，全国有 15 个省市，山西省有 101 个县、区，6700 人来本县参观林业，本县的造林经验已传播到大半个中国。

1991 年

3 月 12 日，壶关县荣获“全国绿化先进单位”称号，时任县长姚保维、县林业局长李书贤代表县委、县政府赴京参加全国绿化表彰大会，受到了党和国家领导人李鹏、田纪云的亲切接见。在这次会议上，政府副县长张平和被授予“全国造林绿化模范”称号。

5 月 19 日，中国林学会在本县召开太行山防护林体系建设工程学术会。本次会议通过了壶关县《建设生态经济县方案》，国家林业部科技委主任董智勇、北京林业大学校长沈国舫、中国科学院农村发展研究所主任何迺维等著名专家、教授被聘为建设生态经济县技术顾问。

9月,在中国林科院和加拿大国际发展研究中心联合举办的国际农用林业培训班上,县委书记王虎林、县长姚保维、副县长张平和撰写的《太行山区壶关县小流域治理的实践与研究》一文作为教材,由张平和副县长给来自18个国家的专家进行授课,引起轰动,多人索要资料,并争先与张平和副县长照相留影。同时,本县录制的《太行山区壶关县生态经济模式》电视片也受到国外学员的好评。

12月,在全省林业科技工作会议上,壶关县被评为"科技兴林先进单位",并在会议上交流了经验。

同年,壶关县的林业宣传、林业档案、森林病虫害防治工作,分别获得省林业厅、省人事局、省档案局的表彰奖励。

1992年

2月,反映壶关县科学营林的《营林科学管理》一书,由中国林业出版社出版发行,该书共10章28万字,系统介绍了本县林业"区划、规划、设计、施工、验收、建档"一条龙科学营林经验。

2月26日,县五大班子领导姚保维、李正印、焦怀生、李永胜、柴玉棉、张平和、龚承鹄等人作为首批学员,带头参加核桃树嫁接技术培训班,拉开了全县科技学习年的帷幕。

4月12日,格鲁斯库尔特博士等三名德国林业专家,在山西省林业厅科教处处长于若飞等人的陪同下,专程来壶关县进行考察,专家们看了本县的干石山造林,非常惊奇,连声称赞"太棒了"! 这是本县第一次接待国外林业专家。

1992年7月24日,县长姚保维、林业局长李书贤应邀参加了国家林业部在雁北召开的北方林业厅局长会议,会上姚保维县长介绍了本县的林业发展情况,并放映了介绍林业发展的电视片《太行明珠》。

9月14日,在平陆县召开的全省林业工作会议上,壶关县被山西省政府授予"全省林业建设红旗单位",王五全被授予"全省林业建设标兵",林业局长李书贤被评为全省"林业劳模"。

1992年12月,国家森林防火指挥部为本县配备"北京—213"高级森林消防车一部。

同年,山西农业大学、山西省林校首次为本县代培大、中专生26名,这是本县培养建设生态经济县人才的一个重要举措。

1993年

8月,中国生态经济学会、中国林业区划研究会联合在壶关县召开壶关县生态经济发展研讨会,30 多位专家学者经过实地考察、研讨,充分肯定了本县以林业为依托建设生态经济县的发展方向与取得的成就,并提出很多有益的建议与意见。

10 月,在阳泉召开的全省乡镇林业站建设会议上,壶关县被评为“林业站建设先进县”,五龙山乡林业站被评为“先进林业站”,受到山西省林业厅的表彰。

11 月 8~9 日,壶关县石坡、东井岭、树掌、常行等 7 个山区乡镇,遭受了一次罕见的冰冻灾害。两天的降水在树枝上逐渐凝结成冰,厚度 3~5 厘米不等,9 日夜又刮起了大风,树木在重压之下纷纷夭折。最粗的树木胸径达 35 厘米,荫林公路东井岭至南头段,长 15 华里的行道杨树,90%的被压折主杆,长树路东井岭至三郊口段,两侧的行道树以及成片林,85%的树木从基部或腰部压折, 其惨状令在现场查看灾情的干部群众无不伤心落泪。

是年,壶关县,《贫瘠干旱石质山阳坡油松造林技术的推广应用及效益》获山西省科学技术进步三等奖。

1994 年

1 月,国家林业部科技司司长刘效章、技术推广处副处长李兴、工程师田亚玲专程到壶关县考察林业技术推广工作,先后到常行乡盖家川村、石坡乡郭家坨村、固村乡北大安村考察了油松造林、生态经济林建设和营林管理办法,对本县的做法给予充分肯定。

2 月,在全省林业建设表彰大会上,壶关县荣获“林业建设特别奖”,省政府奖给“2020”吉普车一辆,是全省两个特别奖之一。

同月,本县被省林业厅评为“兴林杯”林业宣传先进单位。

同月,本县被山西省护林防火指挥部、省林业厅、人事厅授予森林防火模范单位。

10 月,国家林业部在长治召开太行山绿化工程建设汇报交流会,林业部部长徐有芳、省委书记胡富国等领导莅临本县参观指导,对本县造林绿化工作给予高度评价。

同月,本县首座森林火灾瞭望台在重点林区、海拔 1682 米的东井岭乡上庄村上庄岭建成。瞭望台分三层,总高度 8 米。

1994 年,以全国劳模王五全为总经理的壶关县营林开发公司,走出山西到广东、北京等省、市承包荒山造林,标志着本县营林开发走向全国。

1995 年

3 月,壶关县被国家绿化委员会授予“全国造林绿化百佳县”。

9 月,山西省人民政府授予壶关县“实现基本绿化达标”奖牌。

1995 年,本县被国家环保局授予“全球环境 500 佳提名奖”。

1996年

1996年，全国绿化委员会、林业部、人事部授予壶关县“全国绿化先进单位”称号。

是年，国家林业部授予本县“全国科技兴林示范县”，山西省仅一家。

是年，国家林业部批准本县建森林公园，并将公园名称更改为“太行峡谷国家森林公园”，县上成立了“太行山大峡谷森林公园管理委员会”，主任由政府副县长张平和担任，下设“太行峡谷国家森林公园管理处”，管理处主任由林业局局长李书贤兼任，副主任由林业局副局长栗建平兼任，管理处设在壶关林场。

是年，进入7月以来，全县一直阴雨连绵，一个月降水300毫米，进入8月份又连降暴雨，1～5日降水250毫米，仅3～4日晚就降水200毫米。全县境内遭受了严重的洪涝灾害，但没有发生大量山体滑坡灾害。这场灾害致使林业遭受严重损失，冲毁山地油松育苗500余亩，梯田夹岸经济树、四旁树数万株。

是年，本县被评为“全省太行山绿化示范工程先进县”，受到省林业厅的表彰奖励。

是年，本县被国家林业部确定为“全国森林经营试点县”，是山西省唯一的一个县。

1998年

4月3日，县委、县政府在石坡乡召开核桃示范区建设现场会。

1999年

1999年，壶关县森林防护墙建设在店上镇井则口村进行试点后，在全县掀起大规模的修筑森林防护墙活动。

是年，本县的油松林中有大量树木整株死亡，经紧急请示，市林业局山西省林业厅森林病虫害防治站，邀请山西农业大学张志勇教授，于11月17日到本县实地鉴定，初步认定为“小爪螨”，致使该虫发生的直接原因是持续干旱，水分缺少。这次虫灾造成11.78万亩油松林受灾，死亡20年以下树木130多万株。经组织防治得到控制，以后未再发生。

2000年

2000年，长治市委、市政府作出《学习壶关发扬艰苦奋斗精神、建设万里护林防火墙工程经验的决定》。

10月9日，山西省人大副主任王文学，长治市委书记吕日周、市长郭有勤、市人大主任张松仪到本县视察森林防护墙建设情况。王文学在十里岭还搬起石头将防护墙上的一个缺口垒上。

2001 年

3 月,山西省人民政府授予壶关县 1998-2000 年林业建设 " 先进单位 " 称号。

6 月,上海大世界基尼斯总部为壶关县颁发“最长的森林防护墙”证书,《人民日报》《山西日报》等 10 多家新闻媒体进行了报道。

9 月,国家林业局授予本县“全国林业生态建设先进县”称号。

是年,山西省人民政府授予壶关县“1998—2000 年林业建设先进单位”称号。

2002 年

3 月,壶关县被国家林业局授予“全国森林防火工作先进单位”。

3 月,壶关县被国家环保总局命名为全国首批、全省唯一的“国家级生态示范区”。

8 月,北京军区在本县高山寨召开民兵参建现场会,北京军区政委杜铁环、山西省委书记田成平等领导莅临参观指导,对本县民兵参建森林防护墙工作给予充分肯定和高度评价。

是年,全县开始实施退耕还林工程。

2003 年

5 月,本县四个地方林业标准顺利完成,山西省林业厅科技处处长尹福建组织专家进行鉴定并修改后,10 月 1 日由质量技术监督局按程序发布全县执行。这是本县有史以来,第一次制定并发布地方林业标准。

10 月 23 日,《人民日报》对本县东井岭乡南岸上村退耕还林工程补助粮款兑现中存在问题进行披露曝光,引起了全县的注意。

2004 年

2004 年,壶关县被国家林业局确定为全国太行山区唯一低效防护林改造试点县。

10 月 13 日上午,全国太行山绿化工程建设现场经验交流会议在长治市召开,会议首先参观了本县“十里岭”“高山寨”等太行山绿化工程,与会代表对全县 20 年如一日,“挖起石头栽树,垒起石墙护林”的创业精神给予充分赞扬。会上给本县颁发了“太行山绿化工程建设先进单位”奖牌,县林业局长秦庆祥、营林站长王海燕被评为“太行山绿化先进个人”。

10 月 14 日,国家林业局副局长祝列克、山西省林业厅厅长杜创业来本县视察,对本县的太行山绿化、低效防护林改造和森林防护墙建设等多项工作给予充分肯定。

2005 年

4 月 25 日,长治市春季植树造林流动现场会在壶关召开。

6 月 21 ~ 23 日,全省林权登记发证工作汇报会在本县召开,与会人员深入县林业局、晋庄镇和十里岭就林权登记发证工作进行了参观和考察，省、市领导给予高度评价。

6月28日，《中国绿色时报》头版头条报道了本县林业生态建设成就，报道的题目是《喜看壶关林业发展新跨越》。

8月30～31日，山西省三北防护林长治现场观摩会在本县召开，省林业厅副厅长霍转业、省造林局局长张云龙等领导和专家对本县广大干部群众发扬太行老区精神，坚持二十年如一日大搞生态建设所取得的成就给予由衷赞扬。

10月，国家标准化管理委员会、国家林业局，授予壶关县人民政府"一条龙"工程造林"国家林业标准化示范区"。

10月1～10日，县委、县政府组织各乡镇党委书记和相关部门的负责人到新疆石河子市考察林业，学习全国模范园林化城市的造林绿化经验。

是年，国营壶关林场在编干部职工的工资列入财政差额预算，县财政负担工资额的60%。

是年，本县被国家林业局列为"全国林业综合行政执法试点县"。

是年，县林业局在神山公园为全国劳模、"五一"奖章获得者、造林绿化的杰出功臣——王五全同志树立了汉白玉雕像，这是本县迄今为止首次为劳模塑像。

2006年

是年，本县圆满完成了森林资源二类调查工作，被省林业厅授予"森林资源二类调查工作先进单位"。

2007年

4月，为了加强森林防火，改变明火烧纸祭祖的方式，提高全民的森林防火意识，县林业局在清明节前，向全县免费发放高2米左右大侧柏3万余株，这是本县首次大规模免费发放树木。

6月28日上午，省林业厅厅长杜创业在市县领导的陪同下，深入本县视察了林业六大工程，杜厅长对本县林业六大工程的作法和成效给予了充分肯定，并就今后的林业工作提出意见和建议。

7月24日，具有里程碑意义的川荫线绿化竞标会召开，23家专业队经过激烈角逐，最后13家中标。此次竞标会的成功举行，标志着本县造林绿化机制改革进一步深化。

8月10日，在右玉县召开的全省六大造林绿化工程工作会议上，壶关县被省政府授予"全省造林绿化先进县"称号，这是对本县近年来林业建设成绩的充分认可。

9月2日，政府县长、县编委主任马朝中主持召开编制工作会议，研究决定成立了壶关县森林灭火大队，确定机构属性为全额财政拨款股级事业单位，编制3名，人员50人,人员从财政差补人员中调入。这标志着本县的森林资源管理和森林防火工作进入了新的发展阶段。

9月,由省林业厅法宣处副处长赵晓萍、县林业局秦庆祥、程喜堂、赵建斌撰写的《喜看壶关林业发展新跨越》一文,被全国政协人口资源环境委员会、国家绿化委员会、国家林业局和国家广播电影电视总局、中华全国新闻工作者协会等六部门授予"关注森林新闻奖"。

是年,由中共山西省委宣传部、省文明办牵头,省文明委相关成员单位及山西广电总台、山西报业集团、黄河新闻网等新闻单位共同组织的"中国移动杯"山西省第二届十大系列公德人物评选活动中,县林业局局长秦庆祥在1557人的推荐对象中脱颖而出,被评为"十大环保卫士",荣获二等功一次,是山西省林业系统唯一人选。

2008年

3月份,壶关县被国家建设部授予"国家园林县城"称号。

3月,首次为各乡镇乡镇长、分管林业的副职和林业森林防火专干发放森林防火津贴。

3月,招聘以退伍、复转军人为主的男性青年35名,成立了壶关县历史上第一支森林灭火专业队。

6月19~20日,全省造林绿化现场会在长治召开,19日上午,国家林业局局长贾治邦在省人大副主任郭海亮、副省长胡苏平、省政协副主席李雁红及市、县领导的陪同下,重点参观了本县县城绿化、通道绿化、荒山绿化、厂矿区绿化、村镇绿化等工程。贾治邦一行对本县近年来在绿化方面所取得的成绩给予高度评价,并对本县今后生态建设提出了很好的意见和建议。

11月18日,壶关县被市委、市政府授予"全市造林绿化红旗县",县林业局、县城建局、龙泉镇政府、集店乡政府、常平开发区管委被授予"造林绿化先进单位";县委书记关小平、县长马朝中、副县长李志强、林业局局长秦庆祥、财政局局长郭太国、绿化委副主任武建宏被授予"造林绿化先进个人"。

11月26日,县委、县政府隆重召开全县林业生态建设总结表彰暨今冬明春造林绿化动员大会,会上县委、县政府拿出近10万元,对在造林绿化工程建设中做出突出贡献的19个先进单位和62名先进个人进行了表彰奖励

2009年

全县总投资1.2亿元,铺开了通道绿化、交通沿线荒山绿化、园林化村庄建设等12项造林绿化重点工程,投资数额、绿化规模、造林成效均创历史之最。

8月26日,全国造林绿化长治现场会召开。全国政协副主席罗富和、国家林业局

局长贾治邦、副省长刘维佳及全国绿化委员会成员单位、全国各省市、国家林业局有关司局负责人等近200余人观摩考察了壶关县造林绿化工作。对本县人民“挖起石头栽树、垒起石墙护林和“一包方便面、一米防护墙”的艰苦创业精神和全国劳模王五全发明的“阳坡育苗阳坡栽、阴坡育苗阴坡栽、就地育苗就地栽”干石山区栽树法给予高度评价。

是年,全国造林绿化现场会后,本县造林绿化工作引起各方关注,先后有10多个省市30多批观摩团2000余人次前来参观学习,大大提高了壶关的知名度和影响力。

10月,县委书记李全心,经过深入调查研究,对全县的森林防火工作提出三个万、三个不、六个一的“三三六”工作法。即:万里防火墙、万枚红袖章、万亩自然隔离带;上山不带火、上地不点火、上坟不烧纸;一户一个护林员、一户一个宣传员、一户一个红袖章、一户一个责任人、一村一个灭火队、一村一个工作队。在森林防火十分严峻的形势下,实现了全年“零火灾”的目标。

12月18日,北京举办的第三届中国旅游论坛上,壶关县被授予“中国优秀生态旅游县”荣誉称号,这是对本县多年来造林绿化和生态建设的充分肯定。

2010年

3月28日,中国绿色名县推介委员会、中国县镇绿色发展论坛组委员会在人民大会堂给本县颁发了“中国绿色名县”证书,在全国予以推介。

6月21~22日,在晋中市召开的全省造林绿化现场会上,省政府对全省造林绿化先进市县和单位进行了隆重表彰,壶关县被授予长治市唯一的“林业生态县”称号。

12月,通过县、乡、村三级的共同努力,全县集体林权制度改革工作全面完成,确权到户60.06万亩,其中家庭承包24.1万亩,联户承包29.07万亩,家庭承包率为88.5%,林改后人均林地面积3.3亩,被授予“全省集体林权制度改革先进县”。

2011年

3月26日上午,壶关县公安局森林派出所、森林公安警察大队在林业局正式挂牌成立,并举行了隆重的揭牌仪式。

4月29日晚9时15分,本县石坡、东井岭、店上、百尺等4个乡镇同时遭受干雷暴袭击,引发多处森林火情。火情发生后,中共中央政治局常委、国务院总理温家宝,中共中央政治局委员、副总理回良玉,国家森林防火指挥部总指挥、国家林业局局长贾治邦和省委、省政府等领导先后作出重要批示,要求全力扑救。在前线指挥部的统一指挥下,实行空中飞机与地面扑火相结合、部队官兵与地方力量相结合、专业队伍与干部群众相结合的办法,于5月2日16时52分将最后一处火点明火全部扑灭,取得了“4·29”雷击森林火灾扑救工作的决定性胜利,火灾扑救工作得到了国家森林防火指挥部的高度赞誉。

5月,县林业局局长秦庆祥当选壶关县政协副主席。

11月18日，在北京举行的全国生态文明建设发展论坛暨全国生态文明先进县成果发布会上,本县以良好的环境和卓有成效的生态文明建设成就,被评为“全国生态文明先进县”,县委书记李全心亲赴北京参加授奖仪式。

11月,市政府在长治市八一广场隆重举行森林消防专用车发放仪式,为壶关县重点林区乡镇配发森林消防专用车11辆，县政府又配发4辆，至此，本县13个乡镇(区)及国营林场都有了森林消防专车,进一步提升了基层森林防火装备和森林火灾应急处置能力。

2012年

5月20日,在纪检、财政、新闻等单位的全程监督下,通过体能测试、综合知识考试、面试、体检、政审等程序,公开向社会招聘25周岁以下退伍军人30名,县森林灭火队总人数达到60名,有力提升了本县预防和扑救森林火灾能力。

7月,店上镇政府被省绿化委、省林业厅授予“林业生态乡(镇)”。

是年,经国家批准,壶关县73.23万亩森林被列入公益林,占到全县有林面积的96.1%,国家每年补助资金680万元,这项固定长久的投资,将对巩固本县生态建设成果、保障林业可持续发展产生积极的作用。

2013年

2月20日上午,县委、县政府在宾馆四楼会议室召开森林防火知识应知应会培训会议,这是本县首次开展规模最大、覆盖面最广的森林防火知识培训活动。

4月23日,省绿化委常务副主任、省林业厅副厅长霍转业一行在市政府副市长马四清、县政府副县长秦元忠的陪同下,检查本县春季造林绿化工作,对本县坚持“生态林业、民生林业”思路,大力度抓林业生态建设的做法给予充分肯定。

8月6日，国家林业局检查组一行深入壶关县对全市创建森林城市工作进行检查验收。市委副书记、市长席小军,副市长马四清、县委书记李全心、县长崔江华、副县长秦元忠陪同检查。检查组一行通过现场考察和听取汇报,对本县林业生态建设和创建国家森林城市工作给予充分肯定，高度评价本县30年如一日坚持绿化接力赛,大抓林业生态建设和挖起石头栽树、垒起石墙护林新举措。

8月19日县政府制定出台了《壶关县森林生态效益补偿基金管理办法实施细则》。

10月25日,全市森林防火暨林缘秸秆杂草清理工作推进会在本县召开,现场观摩学习树掌镇大会村林缘秸秆杂草清除的有效做法，安排部署全市秋冬季森林防火工作,副市长马四清、市林业局领导出席会议。

附　录

附录一

县委、政府主要领导及分管林业领导任职时间　（1977年后）

姓名	职务	任职时间
张国太	县委书记	1977年8月～1980年8月
张维庆	县委书记	1980年8月～1982年8月
聂庆保	县委书记	1982年8月～1983年10月
王虎林	县委书记	1983年10月～1993年5月
姚保维	县委书记	1993年5月～1995年10月
籍先菊	县委书记	1995年10月～2000年6月
程　前	县委书记	2000年9月～2003年1月
张红星	县委书记	2003年1月～2007年10月
关小平	县委书记	2007年10月 2009年3月
李全心	县委书记	2009年3月至今
聂庆保	县长	1977年8月～1983年5月
阎好勇	县长	1983年5月～1985年3月
徐水云	县长	1985年3月～1987年5月
刘德宝	县长	1987年6月～1990年4月
姚保维	县长	1990年4月～1992年8月
籍先菊	县长	1992年8月～1995年12月
常光明	县长	1995年12月～至1998年4月
王玉圣	县长	1998年5月～2000年11月
赵春英	县长	2000年12月～2005年3月
马朝中	县长	2005年3月～2009年3月
段树新	县长	2009年3月～2011年5月
崔江华	县长	2011年5月至今

分管林业的领导

姓名	职务	分管时间
丁松珍	县委副书记	1977 年 11 月~1987 年 9 月
李小保	政府副县长	1981 年 6 月~1983 年 12 月
李正印	县委副书记	1987 年 9 月~1990 年 5 月
张兆祥	副县长	1987 年 6 月~1990 年 4 月
	副书记	1990 年 5 月~1992 年 5 月
刘德宝	政府副县长	1983 年 12 月~1987 年 6 月
冯俊琪	县委副书记	1992 年 5 月~1995 年 5 月
王文才	县委副书记	1995 年 5 月~1998 年 5 月
张平和	政府副县长	1990 年 5 月~1998 年 5 月
马明贤	县委副书记	1998 年 5 月~2001 年 5 月
牛建忠	政府副县长	1998 年 5 月~2001 年 6 月
李彦忠	政府副县长	2001 年 7 月~2003 年 6 月
王淑彦	县委副书记	2003 年 6 月~2006 年 6 月
李志强	政府副县长	2003 年 6 月~2009 年 3 月
田兆伟	政府副县长	2009 年 3 月~2009 年 8 月
胡三虎	政府副县长	2009 年 8 月~2011 年 5 月
秦志云	政府副县长	2011 年 5 月~2012 年 6 月
连树斌	政府副县长	2012 年 6 月~2012 年 7 月
秦元忠	政府副县长	2012 年 8 月至今

附录二

壶关县接待外来参观林业的单位、团体与人士

1985 ~ 1989 年外省、市赴壶关参观林业的人士与单位：

李　英(北京市人大副主任)

张　满(北京市林业局党委书记)

王增录(北京市林业局办公室副主任)

程维远(北京市大众农业委员会)

张德成(北京市林业局巡视员)

樊目增(北京郊区绿化办副主任)

金日镜(吉林省农工部)

王　立(吉林市林业局)

姜有余(吉林市永吉县林业局)

张维汉(吉林市永吉县林业局)

罗贵远(吉林蛟河县林业股长)

湖南省衡阳市绿化委员会 11 人

吉林省东丰县林业局 15 人

辽宁省桓仁县林业局 12 人

河南省郑州市农林农机局 10 人

河南省西峡县林业局 10 人

陕西省咸阳市 8 人

1985—1989 年本省、市赴壶关参观林业的单位与团体

隰县

沁源县五龙川乡

潞城县十良家乡

襄垣县

长治县

大同市林业局

黎城县

晋城市郊区

平顺县林业局

长子县林业局

临汾市林业局 40 人

武乡县林业局

五台县

阳曲县 44 人

山西农大 851 班 57 人实习

平陆县 20 人

临汾地区专员一行 30 人

武乡县 70 人(两次)

晋中地区 10 县 67 人(两次)

五台县 34 人

榆社县 50 人

陵川县 70 人

长治县(荫城镇 40 人、城关镇 10 人)

和顺县 38 人　城关镇 83 人

蒲县 36 人　林业站 13 人

阳泉市 75 人

左云县 7 人

平顺县　林业局 4 人

平定县　冶西镇 13 人

忻州地区 13 县 17 人

晋城郊区 62 人 南岭乡 15 人 高都镇 63 人　　巴公镇 65 人

阳泉市郊区 24 人　西南异乡 23 人

高平县 90 人

阳城县 108 人(两次) 北留镇 26 人

沁水县 110 人(两次)

应县 39 人

昔阳县 60 人

右玉县 42 人

汾西县 27 人

天镇县 25 人

阳高县 28 人

霍县 67 人

吉县 31 人

翼城县 20 人

兴县 10 人

乡宁县 32 人

平遥县 43 人

安泽县 25 人　唐城镇 20 人　翼氏镇 20 人

临汾市　城隍乡 13 人

中阳县 42 人

石楼县 25 人

灵丘县 31 人

寿阳县 43 人

神池县 38 人

盂县 60 人

垣曲县 51 人

绛县 29 人

闻喜县 78 人

古县 29 人

祁县 60 人

灵石县 62 人

曲沃县 32 人

襄垣县 50 人 强计乡 20 人

黎城县 东阳关镇 50 人

大宁县 30 人

长治市郊区 60 人

晋城市林业局 5 人

娄烦县 40 人

各地向壶关赠送部分物品统计

内 容	赠 品	赠送单位	时 间
精诚相助	锦旗	太行山区林业区划规划工作现场会	1984年10月
绿化荒山的楷模	工艺匾	河南省林勘院	1985年10月
千里来送宝	锦旗	太原市政府绿化东西山办公室	1985年10月
携手绿太行	锦旗	阳泉市郊区林业局	1985年11月
真诚支援区划规划	锦旗	榆社县林业局	1986年8月
共同携手绿化太行	工艺匾	共青团长治市委、市林业局	1986年1月
山区绿化样板	工艺匾	河南省博爱林业局	1987年4月
营林样板管理典型	工艺匾	吉县参观团	1987年5月
联护联防势在必行	匾	陵川护林防火指挥部	1987年
七道坡场慨流盛名	匾	长子县林业局	1987年12月
经验丰富热情传授	锦旗	山西省实施林业区划规划经验交流现场会	1987年9月
创营林新路	锦旗	山西省太行山绿化经验交流现场会	1988年7月
绿壶关山河	工艺匾	河南省西峡县林业学习组	1988年10月
八十年代营林新水平	工艺匾	太原市阳曲县林业局	1988年8月
森林经理的榜样	工艺匾	山西省农业大学林学系	1988年9月
绿化太行的标兵	工艺匾	临汾地区参观团	1988年11月
学习壶关振兴林业	工艺匾	辽宁省桓仁县林业局	1988年

注：1989年全省多数县到壶关进行了参观，大都赠送了锦旗或工艺匾。

2009年后外省市来壶关县参观林业情况统计(部分)

参观日期	省 市 县	接待领导	参观人数	参观地点
2009.9.28	黑龙江	长治市政府副市长许霞、县委书记李全心	60余人	十里岭、肖军岭、水上公园
2009.10.11	全国人大副委员长	县委李书记李全心	40余人	十里岭、肖军岭、水上公园
2009.10.13	江西省景德市、干洲市两市	县委书记李全心等	50余人	十里岭、肖军岭、水上公园
2009.10.14	江西省宜春等2市、山西省孝义市	县委书记李全心等	80余人	十里岭、肖军岭、水上公园
2009.10.16	北京市延庆县、辽宁省葫芦岛市、山西省运城市、山西省风沙区各县局长	县委书记李全心等	70余人	十里岭、肖军岭、水上公园
2009.10.18	三北防护林区各县林业局长、大同县四套班子	县委副书记王淑彦等	370余人	十里岭、肖军岭、水上公园
2009.10.19	江兴、南昌等三市	长治市副市长许霞、市林业局副局长郝晓宏等	70余人	十里岭、肖军岭、水上公园
2009.10.20	湖南、江西二省二市	县绿委办公室副主任武建宏等	70余人	十里岭、肖军岭、水上公园
2009.10.29	山西省大同市	县绿委办公室副主任武建宏等	50余人	十里岭、肖军岭、水上公园
2009.10.31	山西省平陆县	县林业局局长秦庆祥等	50余人	十里岭、肖军岭、水上公园
2009.11.07	江西山峡江县委四套班子	长治市林业局副局长原俊敏等	35余人	十里岭、肖军岭、水上公园
2009.11.09	江西省新干县有关局长、乡镇书记	政府县长段树新、林业局长秦庆祥等	30余人	十里岭、肖军岭、水上公园
2009.11.09	河北省武安县	县绿委办公室副主任武建宏等	30余人	十里岭、肖军岭、水上公园
2009.11.25	江西省抚州市	政府副县长胡三虎、林业局长秦庆祥	79余人	十里岭、肖军岭、水上公园
2009.11.26	国务院来调研	长治市政府市长、副市长许霞、壶关县委书记李全心、县长段树新	80余人	十里岭、肖军岭、水上公园
2010.02.08	国家出版署等	县委书记李全心等	30余人	十里岭、肖军岭、水上公园

（续）

参观日期	省市县	接待领导	参观人数	参观地点
2010.02.24	邯郸市永年县	县人大副主任李志平等	70余人	十里岭、肖军岭、水上公园
2010.03.18	山西省左权县四套班子	县政府副县长胡三虎等	200余人	十里岭、肖军岭、水上公园
2010.03.24	山西省方山县四套班子	绿委办公室副主任武建宏等	30余人	十里岭、肖军岭、水上公园
2010.04.01	山西省静乐县四套班子及各乡镇书记	山西省造林局局长张云龙、县委书记李全心等	50余人	十里岭、肖军岭、水上公园
2010.05.24	三北林局	市林业局副局长郝晓红等	10余人	十里岭、肖军岭、水上公园
2010.08.15	山西省检察院检察长等	县委书记李全心、县长段树新等	30余人	十里岭、肖军岭、水上公园
2010.08.17	江西省浮梁县	副县长胡三虎、林业局长秦庆祥等	15余人	十里岭、肖军岭、水上公园
2010.09.10	山西省造林局副科以上	山西省造林局局长张云龙、市林局史元胜科长等	20余人	十里岭、肖军岭、水上公园
2010.09.11	阳城县四套班子领导等	副县长胡三虎等	60余人	十里岭、肖军岭、水上公园
2010.09.12	山西省太行山区县林业局人员	山西省造林局局长张云龙、县绿委办公室副主任武建宏等	100余人	十里岭、肖军岭、水上公园
2010.09.15	吉林省参观团	省林业厅领导	30余人	十里岭、肖军岭、水上公园
2010.09.23	重庆市各市、区、县书记、县长、林业局长等	山西省林业厅副厅长常光明、县长段树新、林业局长秦庆祥等	40余人	十里岭、肖军岭、水上公园
2010.09.26	江西省抚州市	长治市副市长许霞、市林业局局长王俊杰、县长段树新、副县长胡三虎等	16余人	十里岭、肖军岭、水上公园
2010.09.30	湖北省襄樊市政府、林业部门	县绿化委员会办公室副主任武建宏等	6余人	十里岭、肖军岭、水上公园
2010.10.13	山东烟台市	副县长胡三虎、人大副主任李志平、林业局长秦庆祥等	15余人	十里岭、肖军岭、水上公园
2010.10.17	北京市延庆县林业局	县绿化委员会办公室副主任武建宏等	12余人	十里岭、肖军岭、水上公园
2010.11.12	山西省绿化委员会	副县长胡三虎、人大副主任李志平、林业局长秦庆祥等	120余人	十里岭、肖军岭、水上公园
2012.11.6	安徽省副省长和6名副市长	县领导	10人	通造绿化沿线
2013.8.6	国家林业局创建全国森林城市检查组	李全心、崔江华	30人	十里岭、高山寨、县城

附录三

壶关县县树、县花评选记实

根据县委、县政府文化强县“12345”工程实施方案关于征集县树、县花、县标、县歌、县魂的要求，于2012年4月1日，我们以县委、县政府名义，在壶关电视台、《壶关工作》、壶关吧等新闻媒体和网络刊登《征集启事》，在全省范围内开展征集工作。同时，向壶关籍在外工作人士邮寄了100多份征集启事，并亲自将征集启事送到县里有名望的老同志和文化人手中，征集工作得到了社会各界的大力支持。截止2012年5月30日共征集到县花应征作品210件，8个品种分别是月季、牡丹、菊花、连翘、君子兰、丁香花、太阳花、玉兰；县树应征作品185件，8个品种分别是国槐、刺槐、青杨树、油松、元宝枫、银杏、风景柳、翠柏。

一、县树

1. 国槐：国槐是北京市市树，同时也是陕西省西安市、辽宁省大连市、山东省泰安市的市树。国槐是蝶形花科落叶乔木，宜栽种、宜成活。生长周期较长，树形美观，木材坚硬，既可观赏，又有很高的经济价值，是城市、村镇道路绿化美化的最佳树种。国槐在我县栽种历史悠久，据县志记载，在我县境内，树龄在500年的国槐有6棵，100年到200年的国槐有12棵。国槐这种不择条件、随地而安、坚韧挺拔的性格，象征着壶关精神。

2. 刺槐树：宜栽种，生长性快，结实早，繁殖易，产量丰富，用途广，是速生树种。根部有根瘤，有提高地力之效，木材坚硬，耐腐蚀。刺槐花为白色，可食用。刺槐树冠高大，叶鲜色绿，观赏价值高，开花季节绿白相映，素雅芳香，是绿化美化的先锋树种，冬季落叶后枝条向上，造型有国画韵味，适合我县广泛种植。刺槐树代表着脚踏实地、坚忍不拔、敢于奉献的精神，符合壶关县委、县政府咬定青山不放松、敢教日月换新天的壶关精神。

3. 油松：油松是大同市的市树，同时又是内蒙古赤峰市和辽宁沈阳市的市树。油松为阳性树种，喜光、抗风、耐寒、根系浅、抗瘠薄、宜生长，尤其适合干石山区的地质条件。油松造林容易成活，由于我县独创的油松栽植法，使其在我县贫瘠少雨的自然条件下被广泛种植，为我县森林覆盖做出了巨大贡献，到目前为止，我县油松面积达80余万亩，是我县森林生态的主体，赖以生存和发展的必要支持。油松不惧风霜、顽强生存、苍劲挺拔、四季常青的风格正是壶关人民“不畏艰险，勇于创造，敢教日月换新天”的精神体现。

二、县花

1. 月季花：月季花人称“花中皇后”，又称“月月红”，是我国十大名花之一，是全国39个城市的市花，也是长治市的市花。月季花花姿秀美，花色绚丽，花大色美，按月开花，四季不断，花有微香，可提取香料，根、叶、花均可入药，具有活血消肿，消炎解毒之功效。月季花适应性强，生命力强，耐冷耐旱，对土壤要求不严格。广用于园林花坛、花境、庭院花材、盆景、花篮、花束等。月季花代表美丽纯洁，俭朴纯真，具有壶关人俭朴淳厚、诚挚善良、热情好客、吃苦奉献的精神品质。

2. 牡丹花：牡丹花为富贵花，有“花中之王”之称，是我国十大名花之一，是河南洛阳市的市花。牡丹花花形五彩缤纷，雍容华贵，被誉为国色天香。中国人把牡丹看做是人类和平、幸福、繁华与富足的象征。牡丹花也深受壶关人民的喜爱。我县尚属国家级贫困县，尽快脱贫致富，繁荣昌盛，实现小康，走向幸福是全县人民的向往，将牡丹花确定为县花，是对我县干部群众转型跨越，建设小康社会的鼓舞和推动。

3. 菊花：菊花是全国10个城市的市花，也是太原市的市花。菊花为多年生草本植物，喜凉爽、较耐寒，地下根茎耐寒，其花瓣呈舌状或筒状。菊花是经长期人工选择培育的名贵观赏花卉，也称艺菊，品种达三千余种。菊花是我国十大名花之一，在中国有三千多年的栽培历史，中国人也极爱菊花，从宋朝起民间就有一年一度的菊花盛会。古神话传说中菊花被赋予了吉祥、长寿的含义，它丰满的花容、艳丽的色彩象征着壶关富贵吉祥、繁荣昌盛和幸福美满。

2012年3月1日，县委、县政府组织召开文化强县建设大会，对我县文化发展作出具体部署。

集聚民智，汇聚民意。2012年4月1日，《关于县树、县花、县歌、县魂、县标的征集启事》通过《壶关工作》、壶关电视台、壶关广播电台、壶关吧等媒体发布，其中县树247份，县花283份，确定了3件入围作品，分别是：县树：刺槐、油松、国槐。县花：月季、连翘花、菊花。刺槐和油松的认同者相持；连翘花认同者居多。

9月20日，在县委、县政府召开的全县正科级干部会议上，县委常委、县委办主任张月飞在会上就县树、县花、县歌、县魂、县标的征集情况和拟选作品作了详细的说明，同时县四大班子领导和全县科级干部对县树、县花、县歌、县魂、县标的拟选作品进行了现场记名投票。经统计，现场发出选票123份，收回123份，其中同意“油松”为县树的87票，同意“连翘花”为县花的122票。至此，经过反复征集意见、推敲，坚持成熟一个确定一个、宁缺毋滥的原则，确定了县树、县花、县歌、县标的拟选作品，分别是县树：油松，县花：连翘花。

对县树、县花、县歌、县魂的确定情况进行了通报。12月4日，县十五届人大常委会第十次会议隆重召开，会上，由政府副县长赵文栋作《壶关县人民政府关于壶关县“县树、县花、县歌、县魂”的报告》，人大常委会最终决议通过《县树、县花、县歌、县魂的报告》。

县树县花评选结果

壶关县县树

油　松

壶关县县花

连　翘

附录四

限外文存

绿色壶关的“精神密码”

——探源壶关县建设百万亩人工林万里防护墙的伟大壮举

绿色是生命的象征。

绿色是发展的永恒主题。

绿色也是壶关的一张亮丽名片。

地处太行山之巅的壶关县,是典型的太行山干石山区。从1978年起,全县干部群众坚持不懈造绿,矢志不渝护绿,40年间绿化荒山105万亩,建成森林防护墙1万余里,全县森林覆盖率达到52.6%,是全国全省平均水平的两倍多,走出了一条生态、经济和社会效益有机结合的绿色发展之路,生动诠释了“绿水青山就是金山银山”的时代内涵。

如今,站在壶关十里岭,放眼望去,林海莽莽,绿浪滔滔,犹如在天地间铺开了一幅绿色画卷。与此交相辉映的是就地建起的一道道白色石墙,或在山脚下,或在丛林间,或在通道边,错落有致,绵延不断,成为太行山上的一道亮丽风景线。这就是壶关干部群众在造林护林中创造的两大奇迹:一是发明“干石山上栽油松”技术,在干石山上植树造林105万亩,把干石山区变成了生态绿洲,被誉为新的“太行奇迹”;二是发明“搬起石头垒石墙”技术,用石头垒成1万余里的森林防护墙,被誉为“天下第一长墙”,载入上海大世界基尼斯纪录。

壶关的绿化成果来之不易。壶关是国家级贫困县,在干石山上造林,难度可想而知。是什么力量推动壶关创造出这两大奇迹?市人大常委会副主任、现任壶关县委书记李全心给出了答案:“壶关精神是我们战胜一切困难挑战的重要法宝。大家都听说过壶关‘疙瘩’精神,从根本上讲,这种精神是一种不畏难、不怕苦、不松劲、不服输的精神,我们概括为坚韧厚道睿智奋进的壶关精神。在实际工作中,我们始终强调事在人为、既干必成,始终强调只要精神不滑坡、办法总比困难多,始终强调财力不足人力补、资金不足精神补。壶关生态建设取得的成绩,说到底是我们大力发扬壶关精神结出的丰硕成果。”

探寻壶关县造林护林的生动实践,我们深切地感受到,壶关精神是融合在全县干部群众思想和血脉中的一种强大精神力量,这种精神主要体现为坚韧不拔、矢志不渝的必胜信念,艰苦奋斗、勤俭办事的纯朴风气,尊重科学、开拓创新的务实态度,奋发有为、激情干事的精神状态。

这一精神,是壶关人民在长期改造生存环境、改变落后面貌的奋斗过程中凝聚而成的；

这一精神，是一代代壶关人在创新创造、永不停歇的发展征程中丰富完善的；

这一精神，是壶关县优化生态环境、创造太行奇迹的特殊密码，也是新时代续写绿色传奇、实现绿色发展的不竭动力。

提起壶关的过去，老辈人记忆最深的是“三缺”：一是缺土，全县70%以上的面积是丘陵山区，山大沟深，山多地少，石厚土薄，土地是群众的命根子；二是缺水，壶关干旱缺水，十年九旱，历史上被称为“干壶”，《壶关县志》中有“掘地三千尺犹不及泉”的记载，当地一直流传着狼和羊争水的故事；三是缺树，干石山上树少草稀，植被覆盖率低，水土流失严重，自然灾害频发。

特殊的环境造就了壶关人特殊的性格。千百年来，壶关人民为改变贫穷落后面貌，在一千余平方公里的土地上进行了艰辛探索。新中国成立后，全县人民在党的领导下，自力更生、艰苦奋斗，通过起石垒岸、填土造地、开荒种树，生产生活条件得到逐步改观，但干旱缺水、水土流失、灾害频发、靠天吃饭、广种薄收的局面仍未得到根本改变。1978年前，全县粮食亩产还徘徊在150公斤上下，农民人均收入不足50元。

转机出现在1978年，这一年是中国改革开放元年。改革开放的春风让壶关这个边远山区县迎来了发展的春天。

这一年，时任县委书记张国太召集部分党员干部和群众代表，开了一次“诸葛会”，围绕解决全县干旱缺水、水土流失、农牧业生产效益低下等瓶颈问题，听汇报、问情况、想办法、找出路。会议一连开了八九天，思想的火花互相碰撞，发展的思路渐渐清晰。

“壶关的希望在山，出路在林”“要想富，多栽树”“治水必先治山，治山必先种树”“造林就是造水，造林就是造粮”。县委、县政府发出了“向荒山秃岭进军”的号召，一场全党动员、全民参战的绿化大会战在壶关大地拉开序幕，从此一干就是40年，从未间断。

干石山上栽树面临的最大问题是成活难。为了解决这一技术难题，县领导深入造林一线蹲点调研，林业部门抽调技术人员开展攻关。原常行乡盖家川村林业队长王五全，以“咬定青山不放松、不达目的不罢休”的执著信念，经过反复试验，成功发明了“干石山上栽油松”新技术，把全村1100余亩荒山荒坡全部绿化，一举攻克了千百年来干石山上栽不活树的技术难题。县委、县政府抓住这一契机，因势利导、乘势发力，及时在盖家川村召开了全县植树造林现场会，大力推广这一造林新技术。

星星之火，可以燎原。“干石山上栽油松” 技术一经推广，全县植树造林活动高潮迭起。

“在万分之一的国土上搞绿化、作贡献”成为当时最引人注目的一条标语，最催人奋进的一句口号。

县委、县政府大搞造林绿化的科学决策和坚定决心，让全县干部群众看到了希望，看到了出路，植树造林的热情空前高涨。干部群众纷纷背着干粮上山，天不明就出工，天黑透才回家，还有的在山上支锅垒灶、安营扎寨。栽树没有土，就一筐一筐从山下往上背；山上没有水，就一担一担从山下往上挑；买苗没有钱，就四处找亲戚朋友借……

在植树造林过程中，涌现出了许多感人肺腑的故事，“傻子”余永富就是一例。余永富是北皇村人，当时他正值壮年，家里两个儿子均已成年，实行改革开放政策后，按说他家搞养殖、跑运输都能致富，可余永富却主动承包了村里的几百亩荒山，带着全家人上山栽树，不但用光了家里的所有积蓄，还借了一屁股外债，过年连肉都买不起。面对家人的埋怨、亲戚的劝告，他一声不吭、一步不让，硬是把昔日光秃秃的荒山荒坡栽满了树。余永富多次被省、市、县评为“劳动模范”“林业功臣”。树多了、山绿了，余永富却人老了、头发白了……

“过去村子周边的山上都是光秃秃的，气候十年九旱。大家心里既盼着下雨，又害怕下雨。因为一旦遇上大雨，水顺着山坡流下来，会把沟坝地里的庄稼给淹了，地里就没有收成了。自从山上的植被越来越多，村里再也没发过洪水。”汪流水村的赵永生说。

在植树造林过程中，林业技术人员坚持科学态度和实干作风，边研究边试验，边探索边实践，先是创造出了区划、规划、设计、施工、验收、建档“一条龙”工程造林管理办法，后来又探索出了“林边围阔、林中补阔、抽针换阔”技术改造模式，大大提高了造林质量，加快了造林进程。从一开始的油松当家，到后来的针阔混交、乔灌搭配、林粮间作、林药结合，从最初的荒山绿化，到后来的村庄绿化、通道绿化、景区绿化、县城绿化，壶关绿化工作在发展中创新，在创新中发展。

绿了一坡绿一坡，绿了一山绿一山，绿了山上绿山下，绿了乡村绿县城。壶关干部群众把能栽树的地方都栽上了树，实现了荒山披绿装，大地换新颜。绿化面积105万亩，森林覆盖率52.6%，沉甸甸的数字，是全县人民用心血和汗水书写出来的。

这是一场持续40年的绿化接力赛。

功成不必在我，功成必定有我。40年来，壶关的县委书记换了10人，县长换了12人。但书记变了，绿化壶关的决心没有变；县长换了，举县造林的力度没有减。十任县委书记、十二任县长之间没有任何约定，有的甚至互不相识，但他们都念草木经，都行绿化令，都树绿化志，都干绿化事，一张蓝图绘到底，一任接着一任干，唤起民众千千万，推动了群众性造林实践生机勃勃、永不停息。

2009年李全心担任壶关县委书记后，进一步确立了“生态立县、旅游兴县”战略，提出了乡村增色、通道增绿、山上增林、林业增效的总体思路，大力发展现代林业，推动全县造林绿化工作由规模扩张向提档升级转变。他还总结出了“六个一”造林护林长效机制，成为指导全县林业生态建设的规范文本。

现任县长崔江华对生态建设也是情有独钟、不遗余力，凡是涉及生态建设的项目资金，都倾力支持、优先保障。近年来，全县生态建设方面的投入逐年增加，全县林业生态建设呈现出勃勃生机。

春华秋实四十年。壶关植树造林取得的显著成效，引起了国家、省、市有关领导和林业部门的高度重视，先后有2任国家林业局长、4任省林业厅长到壶关调研指导工作，中国农业电影制片厂专门录制了壶关《干石山上栽油松》科教片，把壶关经验推向全国。在造林绿化中成长起来的一批技术管理人员，主动走出太行山，到广东佛山等地承包绿化工程，把壶关的绿化经验和绿化精神传播到了全国各地。壶关林业工作成为全市、全省乃至全国的一个典型。

1989年9月，山西省林业工作会议在壶关县召开，这是新中国成立以来全省规模最大的一次林业盛会，时任省委书记李立功、省长王森浩出席大会，对壶关林业工作给予充分肯定和高度评价。李立功高兴地说，

“壶关能栽活树，全省就没有栽不活树的地方。”

2009年8月，全国造林绿化现场会在长治、晋城召开，全国绿化委员会、国家林业局和各省区市的200余名代表参观了壶关的造林绿化后，许多代表发出感叹：一个国家级贫困县，能在干石山上造林海，是个奇迹！

“全国造林绿化百佳县”“全国科技兴林示范县”“全国林业生态建设先进县”“全国造林绿化先进县”“全国生态文明建设示范县”“国家园林县城”“中国绿色名县”“全国森林旅游示范县”“全国十佳生态休闲旅游城市”“全球环境保护500佳提名奖”……一个又一个“绿色名片”落户壶关。

近年来，先后有29个省市、130多个县区、1.2万余人前来壶关县参观考察林业生态建设工作，壶关精神、壶关奇迹被越来越多的人了解、称赞、传播……

绿色覆盖的崇山峻岭间，宛如长城般的白色石墙与绿树交相辉映、绵延万里……这就是被上海大世界基尼斯总部认定为“最长的森林防护墙”的伟大工程——壶关县万里森林防护墙。这道用石头垒起的万里长墙，既是守护森林安全的生态屏障，也是改善生态环境的独特景观。

建设万里森林防护墙，初衷是为了保护绿化成果，保护绿色家园。

造林难，护林更难。在植树造林的后期，林多了，树大了，护林防火压力也越来越

大。特别是每年进入护林防火特险期,火情火警时有发生,森林安全受到威胁,干部群众提心吊胆。

一点星星火,可毁万亩林。如何创新管理措施,完善防护机制,保护来之不易的绿化成果,成为壶关攻克造林难题之后遇到的又一个新挑战。

办法总是从实践中来。1999年春,时任壶关县委常委、常务副县长牛建忠回老家店上镇井则口村探望生病的父亲时,抽空和乡亲们拉起了家常。当他听说村里一处果园因为有石墙保护而躲过一场山火的时候,一个想法在脑中迅速形成:“山上遍地是石头,用石头垒一道防护墙,应该能起到隔离和保护作用。”牛建忠把这个想法给村里的党员干部一说,大家一致同意试一试。说干就干,牛建忠当即带领村民在村边、路边、地边开始垒墙。

“全村200多口人,只要能动弹的都去垒墙了,用种树时挖起的石头垒,早起出工,赶黑拉倒,都是义务工,70来天就把1000多亩山林围了一圈,有7000多米长。”54岁的牛友好是当时的井则口村党支部书记,他说,“我们村自从垒了防护墙,山上再没有着过火。”

初战告捷,让全县干部群众看到了希望,增强了信心。当年6月,县委、县政府做出了在全县修筑围山森林防护墙的决定,并在井则口村召开现场会,组织各乡镇党委书记和乡镇长参观井则口村防护墙,号召各乡镇学习推广井则口村的经验做法,搬起石头垒墙,保护绿色家园。

县委、县政府一声令下,全县干部群众齐动手,男女老少齐上阵,山上山下红旗招展,林边地边人潮涌动,党员、民兵、妇女、青年团员之间展开了大竞赛、大比武。一些在外企业家和打工人员也纷纷返乡,加入修墙护林的行列中。

不干则已,既干必成。这是壶关干部群众的一贯作风。在修筑防护墙过程中,各级领导干部冲锋在前,广大党员群众日夜奋战,不达目的不罢休,不打胜仗不收兵。

西川底乡在时任乡党委书记马先明的带领下,全乡出动劳力1万多个,机动车300多辆次,仅用一个月时间就完成高标准防护墙10公里。同年8月,全县第二次现场会开在了西川底乡。

晋庄镇十里村作为当时防护墙建设的重点村,开工之初,不少村民有畏难情绪。时任村党支部书记的向学平带领支村“两委”班子和全体党员,抬着锅灶,带着工具,开赴十里岭,在山上挖石头垒石墙。连续十多天,向学平都吃住在山上。在党员干部的影响带动下,村民自觉组织起来,奔赴十里岭,安营扎寨、风餐露宿、坚持垒墙。从一开始的犹豫不决变为积极参与,再到全家老小齐上阵,十里村的防护墙建设顺利推进,成为全县的精品工程、样板工程。

哪里有树，防护墙就垒到哪里；哪里有山，防护墙就延伸到哪里。从最初的几千米，到后来的几百里、几千里，干部群众越干越有劲，森林防护墙越修越长。

时任长治市委书记吕日周听说壶关修筑防护墙的事情后，专程到壶关调研，对全县干部群众“挖起石头栽树、垒起石墙护林”“一包方便面、一米防护墙”的做法给予高度称赞，作出了群众首创、市委首倡的指示，要求各县市区学习推广壶关经验，并率市直机关千余名干部，利用周末休息时间到壶关义务劳动，帮助当地群众修筑防护墙。

山西省政府和长治市委、市政府先后发出了学习壶关经验建设森林防护墙的决定。

2001年6月，全县建成了一条底宽0.8米、上宽0.4米、高1.5米、长2600公里的森林防护墙，被上海大世界基尼斯总部认定为“最长的森林防护墙”。

2001年9月5日，全省民兵参建工作现场会在壶关县召开，时任北京军区政委杜铁环上将、省委书记田成平深入晋庄镇十里岭、东井岭乡高山寨参观指导，对壶关县建设森林防护墙工作给予充分肯定。

目前，全县森林防护墙已达1万余里。沿山沿林沿沟建起的森林防护墙，有效发挥了防火、防盗、防畜害，保水、保土、保生态的“三防三保”作用。

“栽树难，护树更难。几辈人辛辛苦苦栽活的树，往往是一场大火就什么都没了。”一身迷彩服、一双解放鞋，今年59岁的林管员向胜有，在十里岭的沟沟壑壑整整走了11年，“森林防护墙可给我们解决了大难题。一方面可以提醒人们勿带火种上山，从根源上杜绝火灾隐患；另一方面遇上自然火灾时，也能起到阻隔作用，给我们救火争取时间。”他欣慰地说。

万里防护墙背后，凝结着壶关县30万干部群众的心血和汗水。

“当时家家户户都出义务工，每天补助一包方便面。为了抓紧工期提高垒墙速度，我们全家四口人白天搭黑夜地干，每天一人能垒近两米。”鹅屋乡阴山坝村党支部书记李国平回忆。

河东村村民李法生说：“最难的不是垒墙，是从山上挖石头。那会儿穷呀，手套也舍不得戴，手被磨破皮、脚被划伤是常事，但没人因此歇下来。那个热火朝天的情景，多少年了我还一直记着。”

防护墙作为一项长期工程，只有讲求质量，坚持科学施工，才能经得住时间的检验。“当时，我们在规划设计、施工程序上认真把关，现场培训技术人员和乡村干部，明确标准，统一验收。对全县防护墙一米一米地测量检查，支差应付的‘花架子’全部推倒重建，严格保障防护墙的质量标准。”县林业局原办公室主任程喜堂介绍道。

“壶关干部群众用一块块石头筑起的，不仅是一道守护绿色的安全堤坝，更是一座坚不可摧的精神堡垒。”曾担任过县林业局长的县政协副主席秦庆祥说。

近年来，在垒墙护林的基础上，壶关县逐步总结了“三三六”护林防火工作法，第一个“三”是上山不带火、上地不点火、上坟不烧纸，第二个“三”是万里防护墙、万枚红袖章、万亩隔离带，“六”是一县一个专业队、一乡一个灭火队、一村一个应急队、一户一个护林员、一处一个责任人、一村一个工作队，构筑起了坚固的森林安全防护网。

县里要成立森林消防应急队啦！消息一传出，县直机关各单位党员干部积极响应，踊跃报名，一支千人队伍迅速组建而成。一把铁锹、一个水壶、一个手电筒、一套迷彩服、一双胶鞋、一个袖标，通过技能培训和应急演练，这支队伍成为森林防火应急处置的生力军。

植树造林，人人受益；护林防火，人人有责。护林防火意识已经在壶关人心中生了根、发了芽。

正值中午放学时分，蓝天白云、绿树青山映衬下的鹅屋乡，佩戴着护林防火红袖章的学生们仿如大山深处一道亮丽的风景线。

防火意识人人拥有，绿色家园才能天长地久。“我们经常给学生上护林防火专题课、举行防火演练、开展主题班会，课后要求学生向爸爸妈妈宣传防火知识，让每个学生做家庭护林防火小监督员。”鹅屋中学教师陈康希望通过“小手拉大手”活动，带动更多家庭参与到护林防火中来。

“小朋友，笑呵呵，大家来唱拍手歌。你拍一，我拍一，森林防火要牢记；你拍二，我拍二，野外千万别玩火……”鹅屋小学年轻的郭丹萍老师，一字一句地教孩子们学唱《森林防火拍手歌》，嘹亮的歌声在鹅屋乡的山谷里回旋飘荡……

四月的壶关，千山竞秀，万木争荣。

40年坚持不懈造林护林，壶关实现了从绿起来到富起来的两大飞跃。昔日的荒山秃岭，如今已成为树的世界、花的海洋。生活在这片土地上的30万壶关人民，开始享受植树造林带来的巨大红利。

最大的变化是生态环境的改善。当年栽下的小树苗，如今已长成参天大树，成为保护生态环境的“绿色卫士”，发挥着涵养水源、调节气候、阻挡风沙、保持水土的作用。与1978年相比，全县年均降水量增加了100多毫米，无霜期延长了12.7天，风沙雷雹等自然灾害减少了53%，水土流失面积下降了599平方公里。壶关县连续4年被评为“全国百佳深呼吸小城”。

环境好，百业旺。全县农业生产实现了历史性跨越，粮食总产量连续七年达到1亿公斤以上。

百万亩森林成为群众身边的“绿色银行”。成片成片的油松林，为当地群众提供了丰富的松针、松花、松子、松蘑等林产品。漫山遍野的连翘、山桃、山杏、蒲公英等“山货”，为村民带来可观的收入。桥上村村民靳江平和妻子每年从农历六月份开始上山采摘连翘，一年可收入上万元。他乐呵呵地说：“现在大山可是咱的宝贝了。”

生态旅游成为全县转型发展的支柱产业。依托良好的生态环境和丰富的旅游资源，壶关县确立了“两谷两镇两带两园”的全域旅游发展思路，大力发展生态旅游产业，努力把旅游业打造成转型发展的支柱产业、富民强县的主导产业。太行山大峡谷成为国家森林公园、国家地质公园、国家AAAA级景区、山西省风景名胜区，目前正在创建国家AAAAA级景区。2017年，太行山大峡谷景区共接待游客115万人次，营业收入突破1亿元，旅游社会总收入达到44.1亿元。2017年，壶关被国家林业局授予全省唯一的“全国森林旅游示范县”。

休闲农业和乡村旅游的发展，有效带动了当地群众增收致富。桥上村群众过去的主要收入来自玉米、谷子、红薯等农作物。“那时候家里困难，全靠4亩农田过活，没有钱买菜，就把红薯放盐当菜吃。遇上年景不好，地里连红薯都收不上。”村民李改花说。县上搞了生态旅游开发后，她便在村里开起农家乐，游客越来越多，生意越做越火，如今年收入在十万元左右。目前，全县已建成凤凰山庄、南平头坞七彩山庄、瓜掌民居古建等特色旅游村20多个，特色“农家乐”达到1000余家，带动3000余名贫困群众就业增收。

“从攻克干石山上栽树的技术难关，到筑起万里森林防护墙的伟大创举，再到打造绿色生态经济的发展实践，壶关干部群众走过了一段盼绿、栽绿、护绿、用绿的特殊历程。壶关的绿化成果确实来之不易，我们要好好珍惜、好好保护、好好利用。现在，从中央到地方，从领导到群众，对生态文明建设越来越重视，对生态环境治理抓得越来越紧。这样坚持下去，绿色发展的目标一定能实现！”曾担任过县林业局副局长、局长、政府副县长、县政协主席的张平和，一生与林业有着不解之缘，他的一番话里，饱含着深情，寄托着希望！

“生态兴则文明兴，文明兴则经济兴。”市人大常委会副主任、壶关县委书记李全心表示，“我们要坚持以习近平新时代中国特色社会主义思想为指引，按照党的十九大的部署，坚持绿色发展理念，大力发扬壶关精神，持之以恒地抓好生态文明建设，努力把壶关打造成为当地百姓的幸福家园、长治市区的东部花园、海内外游客的休闲旅游度假乐园。”

雄关漫道真如铁，而今迈步从头越。站在新的历史起点，30万壶关干部群众意气风发、斗志昂扬，正在朝着全面建成小康社会的目标奋勇前进。

我们有理由相信，拥有壶关精神，创造过绿化干石山百万亩、修筑防护墙万余里两大奇迹的壶关人民,必将在新时代续写新传奇,创造新辉煌!

原载《长治日报》2018 年 5 月 3 日头版

跋

2016年春，我从乡镇奉调县林业局任职。履新不久，喜堂同志拿着厚厚的《壶关林业志》来到我的办公室，要我抽空审阅审阅并写一篇序或跋。对于这件事情，我起先是持推辞态度的，主要原因有两个，一是书不是自己任内所编，贸然下笔，坐享其成，有掠美之嫌；二是壶关林业不好写，写不好会贻笑大方。喜堂同志是个“老林业”，又年长我几岁，他反复陈述了要我写的理由，终究没有推辞掉，还是应承了下来。编志修史是一件苦差事，不仅有大量的资料要收集整理，而且有大量的文字要撰写校核，没有一点毅力和功夫是不能胜任的。其实喜堂同志牵头编纂《壶关林业志》的事，我早就知道，编纂工作从2013年开始，历经收集、整理、汇辑、增删、校勘等阶段，删繁就简、去伪存真、数易其稿，始成现在这本煌煌百万言的林业志书，其披阅之累，增删之苦；其毅力之坚，精神之贵，我是十分感佩的。

壶关林业是值得大书特书的。它的发展史，是一部壶关人民战天斗地的创业史，也是一部壶关精神薪火相传的心灵史。壶关地处干石山区，石厚土薄，十年九旱，生态脆弱是壶关自然条件的一个真实缩影。就是在这样恶劣的条件下，全县人民不畏艰难、奋发图强，立下愚公移山志，咬定荒山不放松，从改革开放初，十任县委书记、十二任县长一任接着一任干，一张蓝图绘到底，带领全县人民在干石山上描绘出了一幅幅和谐美丽的生态图卷，为壶关赢得了无尚的荣光，在壶关的历史上写下了浓墨重彩的一笔。《壶关林业志》再现了全县人民数十年来播绿不息、美化生态的壮丽画面，展示了全县人民共同奋斗、来之不易的劳动成果，这是应该进行礼赞、弘扬光大的，更是应该树碑立传、励志后人的。

壶关林业是一座当代生态建设的博物馆。干石山上栽油松技术克服了千百年来干石山区栽不活树的难题；“区划、规划、设计、施工、验收、建档”绿化模式成为干石山区造林绿化的新典范；王五全、路其昌等绿化劳模如一座座丰碑矗立在人们的心中；万里森林防护墙荣获大世界基尼斯纪录，“全球环保五百佳提名奖”“全国造林绿化先进县”“全国生态建设示范区”“全国森林旅游示范县”等一个个金字招牌使壶关的知名度和美誉度越来越高，愈加响亮。壶关现在已形成了独特的生态小气候，生态建设的红利正在惠泽着生活在这片神奇土地上的人们。走在壶关，目及之处林海莽莽、蓝天白云，所到之处绿意盎然、生机勃发。追昔抚今，每一个壶关林业的建设者和见证者都应该为此而骄傲。

幸福都是奋斗出来的。壶关林业经过数十年的发展，为全县的小康建设奠定了坚实基础。党的十八大把生态建设提到了前所未有的地位，壶关的生态建设面临着新的挑战和新的机遇，今后的任务更艰巨、使命更光荣。“正入万山圈子里，一山放过一山拦”。我们要认真学习习总书记提出“绿水青山就是金山银山”的生态建设新理念，继续弘扬壶关精神，不忘初心、牢记使命，播绿不止、护绿不息，把壶关建设的更加美好、更有魅力。

我与喜堂同志相识多年，他是一名林业战线的老黄牛，也是壶关文坛的一株长青树。他担任县林业局办公室主任二十几年，不仅本职工作做的井然有序、令人称赞，而且业余时间以西塘的笔名发表了许多脍炙人口的文学作品，可谓事业文艺兼收并蓄，成就斐然，颇有建树。今年，喜堂同志就要退休，颐养天年了，在即将退休之年，用他辛勤的劳动和汗水，更为我们编纂了一部好书，奉献了一部好作品，其志可嘉、其劳可钦、其成可赞。现在《壶关林业志》即将付梓出版，借这个机会写下以上文字，一为壶关林业继续喝彩，二对喜堂同志的劳动表示真挚的敬意。

祈愿壶关林业再创辉煌。

祝愿喜堂同志再出新作。

闫晓陵

2018年5月8日

后记

一

壶关县的干石山绿化和万里防护墙建设曾被视为两大奇迹闻名全省、全国，荣获多项荣誉，壶关林业的多项经验和技术成果一度传遍大江南北，壶关县的绿化成果为壶关人造下千秋福祉，壶关林业的成功实践带给壶关人的是自信、自强的精神财富。

编纂一部林业志，将全县人民在县委、县政府的领导下，艰苦奋斗、坚持不懈，造林绿化，改善生态气壮山河的奋斗史；万众一心，团结奋进，点石成林，将不毛之地化为锦绣河山的辉煌史记载下来。让后人铭记这段历史，传承这种精神，开拓壶关更加美好的未来。这是编纂林业志的初衷。

二

编写一本志书不是一件容易的事，我们于2013年6月开始着手编写，2013年8月编出提纲提交会议通过，并安排林业局相关站室收集资料，2015年2月初稿出手，向相关领导和老干部征求意见，之后进入补充完善、修改润色和收集照片阶段。历时5年终于脱稿。

林业志共分十四章另有大事记、附录等。在编写林业志的过程中，一是坚持把壶关林业多年形成的一种硬精神，一场接力赛，一项新发明，一种新办法、一套新模式，一道防护墙的“六个一”贯穿始终，这是壶关林业生生不息的亮点。二是力争在章节安排和记事叙事上有所创新，特别是发挥资料丰富的优势，在编写部分章节时，以原始资料代替记叙，使之更具时代性、完整性和真实感。三是立足现在，着眼未来，把壶关特有的、有传承价值的、对后人有励志作用的，以及形成坚韧、厚道、睿智、奋进壶关精神，体现在造林绿化和生态建设方面的东西，完整载入，期待发挥承前启后之作用。

概述是林业志的开篇，壶关的林业发展，壶关林业带给壶关的巨大变化，完全可以用气吞山河、改天换地来形容。每个参与其中的人，都会被这种几代人不懈奋斗，几十年持续发力，全县人民踊跃投身，不达目的誓不罢休的执着所感染。受这种激荡情怀的影响，在文字表达上难免有些许情感的成分，与史志的语言有所偏差，但还是坚持了这种表达方式。

在第一章的第三节，根据林业按山系流域治理的观念，林业志中将山系作了特别处理，由规划设计队队长杜水平和相关人员，误时好几天，对照地形图和沙盘，进行了细致的划分，较为完整地分出了全县的山系，并将这些山系按其中的“名山”进行了命名。

在关于气候的章节中，把与林业相关的气候及降水等作了详细的记录，这为今后林业发展规划或引进新树种既有现实意义也有长远意义。

在森林资源章节中，为了弄清壶关历史的森林情况，不惜精力，查阅了很多历史资料，终于得出一个结论：从上古到民国数千年，壶关的森林历史就是一个持续破坏的历史。直到中华人民共和国成立，才终结了这个历史，到中国共产党十一届三中全会后的1979年，我县才真正开始了恢复森林生态的转变，这对林业来说，是一个扭转历史的功绩。

这一章中，森林资源现状数字需要做点说明，国家森林资源是五年清查一次，本志中的现状数字是2009年的清查数字，概述中用的是我县一直使用的动态数字，由于两个数字包括的内容不一样，所以有一定出入。

在几十年的植树造林实践中，我县创造了很多技术经验，这是我县林业的一笔宝贵财富。在编写第四编中，林业志将这些零散的技术经验，进行了归类整理，编写成六大类59项技术模式，专列一节记载，使之更规范，更实用。这是一项技术成果，一些老专家看了样稿后，对之给予了很高评价。

森林防火是林业生产中的一大重点，我县在这方面创造了很多成功的经验。如万里防护墙+生物隔离带+隐患清理带的“三保险”措施，“三三六”工作法，全民培训、持证上岗等等，都是独特的、富有成效的，这些都作了重点记载。特别是将“4.29”森林火灾作了完整记载。一是因为此次火灾由于雷暴引起，这在我县历史上没有记载，以期引起人们对自然火灾的防范意识。二是在扑救过程中，军民奋战的事迹可歌可泣，三是在扑救组织过程中，创造了很多值得今后借鉴的成功经验。

在第五章的森林产业中，重点对森林景观作了介绍，有几处选自太行山大峡谷志，多数是新发现的新景观。将这些景观记入志中，是想引起人们的注意，为今后的森林旅游开发抛砖引玉。

在第六章中，详细记载了上世纪九十年代，我县的生态经济县建设，这在全国是有一定影响的。 同时记载了我县创建山西省生态县的过程，这里有个重要的资料，就是山西省林业厅组织的省级专家验收组的验收报告，其中很多数据是专家根据实地验收得出的，具有权威性、科学性，因此，将此报告收录其中。从中可以看出，林业给壶关带来的变化，不仅是壶关人的切身感受，更是专家从科学角度的充分认定。

科技教育与对外开放同样是我县林业的特色，最值得说明的是，壶关林业的技术经验与成效，曾在国际上产生影响，原副县长张平和应邀到中国林科院给外国的林业专家讲课，并引起他们的极大兴趣，德国林业专家也曾到我县考察干石山造林，与我们的林业技术人员进行交流。这在一定程度上已经超越了科学技术本身，而表现为一种对外开放的姿态，所以专列一节记载。

我县的林业宣传在全国是有名的，宣传在我县的林业建设中发挥了不可磨灭的作用。林业志把30多年来发表在省级以上报刊上的林业文章、报道题目，以及一些重要篇目收录其中，从中可以窥见林业后浪推前浪的波澜壮阔的前行轨迹，也可见当时壶关林业的引领作用和轰动效应。

在人物一章中，为了弘扬劳模精神和科技创新精神，将省以上林业劳模、获得中级以上技术职称以及获得科研成果者一一作了介绍，但只是记述重点事迹，不对每个人作评价。

长期以来，林业干部吃苦耐劳、务实求真的精神，受到了领导和广大群众的充分肯定，他们中的很多人得到提拔重用，成为保证林业持续发展的一支中坚力量。这是壶关特有的现象，在林业志中作了重点记载。

第十四章是林业志中占比最大的一编，第一节主要收集了县委、政府对林业发展带有里程碑意义和产生深远影响的文件，县领导应邀参加全省、全国林业会议的发言稿、上级领导单位及领导针对壶关发布的文件、讲话，以及在全省、全国产生影响的技术报告等。这些文献是反映当时林业情况最好的史料，但限于篇幅，只是择要而载。第二节除收集了一些有关林业的古诗文外，主要收编了一些名家及我县一些老领导、作家、文人讴歌壶关林业的诗文。正是他们坚持不懈对林业的鼓与呼，壶关林业才更精彩纷呈，选择一些具有关乎全局性、代表性的作品收录其中，留作历史纪念。第三节是林业碑文，在三晋文化研究会的大力帮助下，完善了这个内容，特别是几个古碑文，更能让我们了解壶关林业的厚重历史。

大事记的编写，好在几十年来，壶关林业简报每年都要出一期十件大事，在此基础上取舍、选择起来比较容易，这得益于平时的积累。

三

林业志的编纂是一个群体的智慧，在编写的过程中，得到了很多上级及本县领导的亲切关怀和大力支持、得到很多老领导、老干部、老林人的鼎力帮助。正是他们的热情支持和大力帮助，林业志才能够顺利完成。使我们深为感动的是，山西省林业厅厅长任建中，怀着对壶关林业的深厚感情，特例为壶关林业志写序，山西省林业厅副厅长尹福建多次提出指导意见；长治市人大常委会副主任、壶关县委书记李全心，多次为林业志编写作出指示，为林业志题写书名并作序；鼎力支持林业志出版。县长崔江华在百忙中不忘关心林业，县委常委常务副县长秦元忠、副县长李立堂，对林业志的编纂进行了全面策划。新任林业局长闫晓陵，履新之后对林业志初稿认真审定，严格把关，提出精辟的增删意见，为林业志增色不少。使我们难以忘怀的是，原山西省人大副主任，壶关籍90多岁高龄的闫元锁老人，作为山西省唯一的老兵代表，刚刚参加完“9.3”天安门阅兵，应邀到家乡作报告时，听说要出版林业志，非常高兴，并赋诗一首，以示支持。原山西省绿化委员会专职副主任，90岁的马如龙老人，也亲自为林业志写来赞美家乡林业的诗文。原内蒙古乌兰察布军分区政委、壶关籍军旅作家田晋裕，专为林业志发来自己的作品。原山西省农业厅副厅长刘德宝，对林业志的编纂作了全程指导，把自己在各级报刊上发表的文章提供出来，尤其是他在看过初稿后，给予很高评价，又将自己的修改意见具体到章节一一列出。最使我们感动的是，他对提供的诗稿反复推敲，多次修改，千锤百炼、精益求精的精神，让我们受益匪浅。原壶关县政协主席张平和是林业科班出生，老林业局长，熟知林业，对林业志提出了很多好建议，并写了回忆文章，同时还把保存的林业照片贡献出来供选择。原县委常委、常务副县长牛建忠，看了初稿后，写了壶关林业与壶关精神的文章，其立意之高、内涵之深，从中可见他对壶关林业的理解已在一个新水平。原政协主席李彦忠，在初稿上批注了很多修改意见，并给我们很大鼓励。原人大副主任张钟晓，在林业照片上给予了极大帮助，不仅把几十年前的照片底板翻出来一一查找，还自带相机下乡拍照，对丰富充实照片内容做了大量工作。原县委常委、县委办公室主任(现县委常委、政法委书记)张月飞、县人大副主任栗建平、政协副主席秦庆祥等领导都给予了热情支持和鼓励。马先明书记、秦志云局长，编写林业志期间虽已调离壶关，但对壶关林业和编写林业志仍非常支持，提供了他们的优秀作品。县委宣传部李逢松副部长、县志办杨狗则主任、王林茂副主任、政协文史委王红平主任，在文字和章节编排上给予了指导。刘书茂局长、徐明珠主席、李长胜主席、赵银书局长、王兰亭局长、左满明主任、张庆利书记、秦王康主任、马江涛主任等老领导、老师、朋友都给予了关心与支持。壶关县档案局、壶关县新闻中心、壶关县气象局、壶关县水利局、壶关县住房保障和城乡建设管理局、壶关县财政局等单位的领导，在多方面给予了极大方便。林业局的领导和同事们更是满腔热忱，全力支持，特别是李清芳、贾赵平、梁军兵、石保红、王路风、马婷婷和一帮心细认真的女同志，除完成了本站室的资料收集任务外，还在其他方面和打印、校对等环节给予了大力帮助，在这里对所有关心、帮助、支持林业志出版的人，表示最衷心的感谢！

四

林业志就要出版了，但其中肯定存在不少问题。一是资料收集可能还有遗漏，尽管在县档案馆查找了很多资料，也在壶关报上发布了征集资料的公告，但难免还有散失的东西；二是由于我们长期单一从事林业工作，知识、视野深受局限，林业志在思想深度和广度上一定存在缺陷；三是因文字水平有限，肯定有不少缺点甚至错误的地方，还有校对方面不细致、不专业造成的失误。凡此种种，敬请大家谅解并提出宝贵意见，以供今后修正。

李爱民

2018年6月